HEIDELBERGER KUNSTGESCHICHTLICHE ABHANDLUNGEN

Neue Folge • Band 21

Heidelberger kunstgeschichtliche Abhandlungen
Neue Folge • Band 21
Herausgegeben vom Kunsthistorischen Institut
der Universität Heidelberg

Meinen Eltern

Christoph Zuschlag

»Entartete Kunst«

Ausstellungsstrategien im Nazi-Deutschland

Wernersche Verlagsgesellschaft
Worms

Gedruckt mit Unterstützung
des Förderungs- und Beihilfefonds Wissenschaft
der VG-WORT Gmbh

Gesamtherstellung: Verlag
Druck: Druckhaus Beltz, Hemsbach
ISBN 3-88462-096-7
Printed in Germany

Inhalt

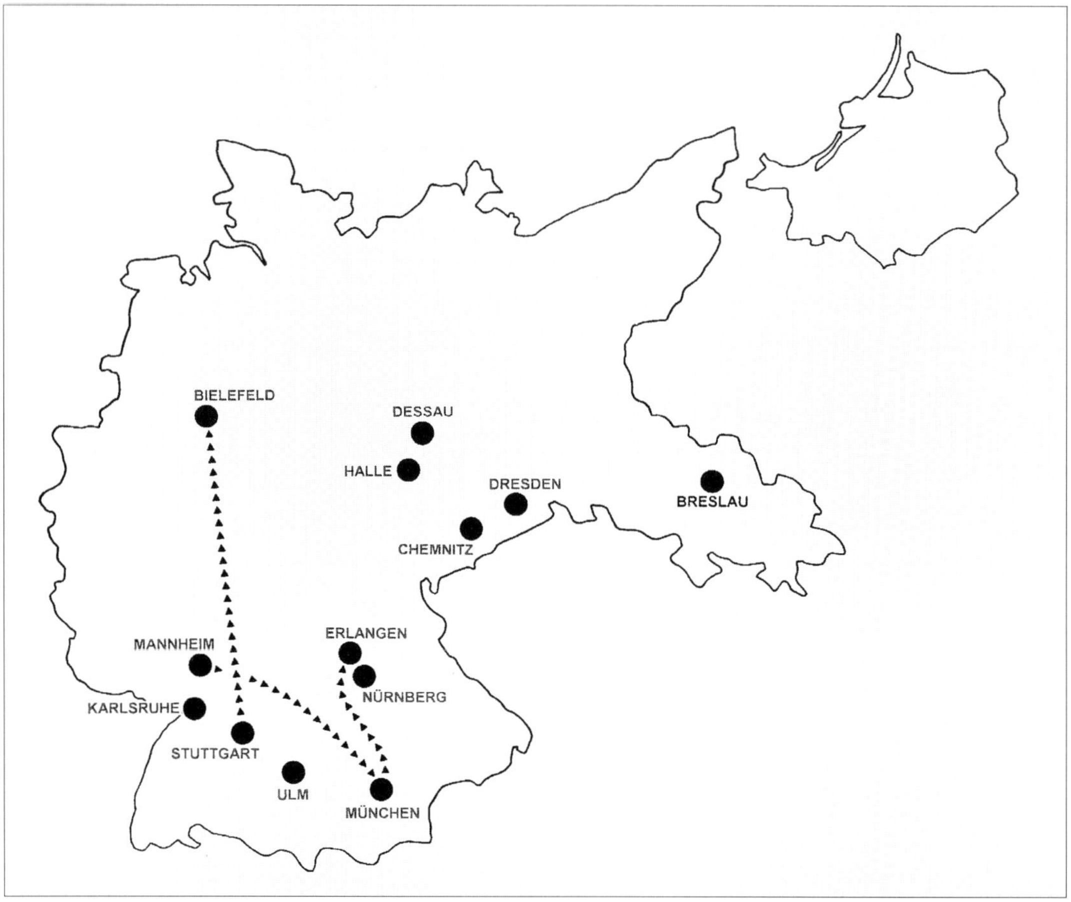

1 Orte der Vorläuferausstellungen (Karte Gerhard Roese, Darmstadt)

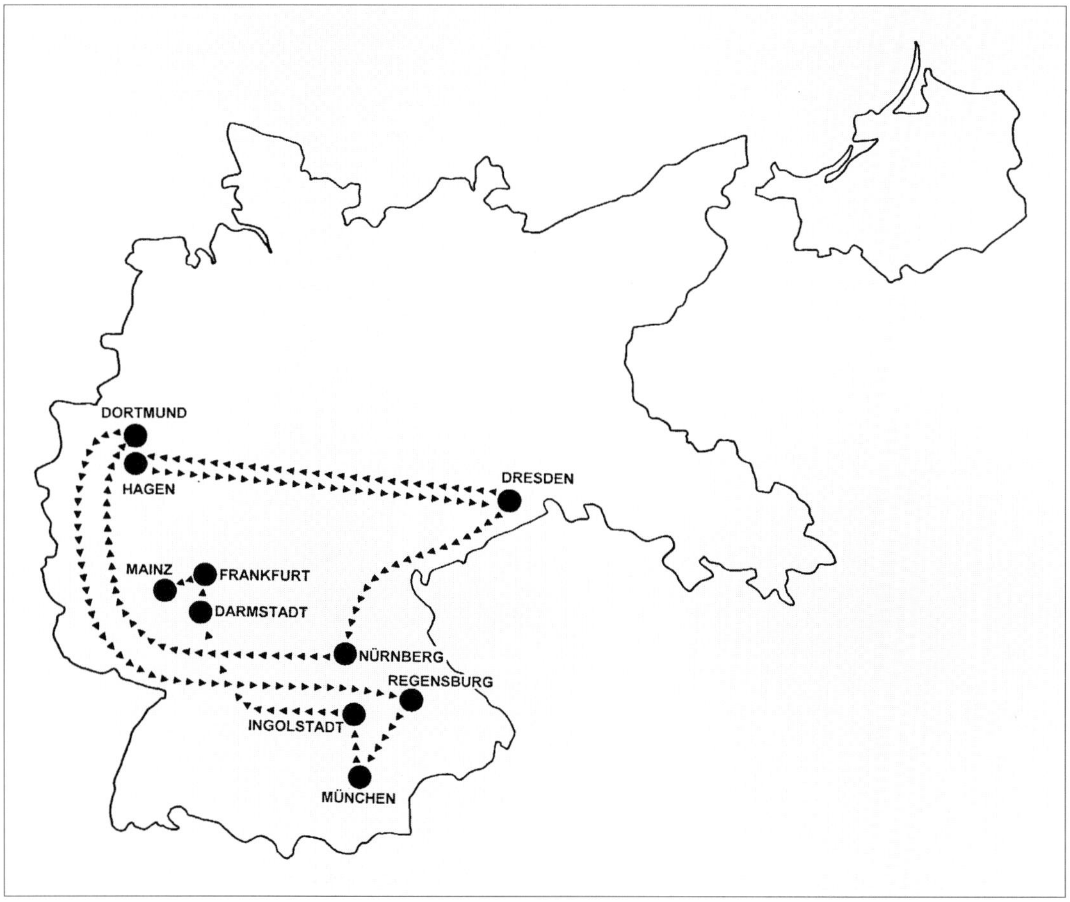

2 Stationen der Dresdner Wanderausstellung »Entartete Kunst« 1933-1936 (Karte Gerhard Roese, Darmstadt)

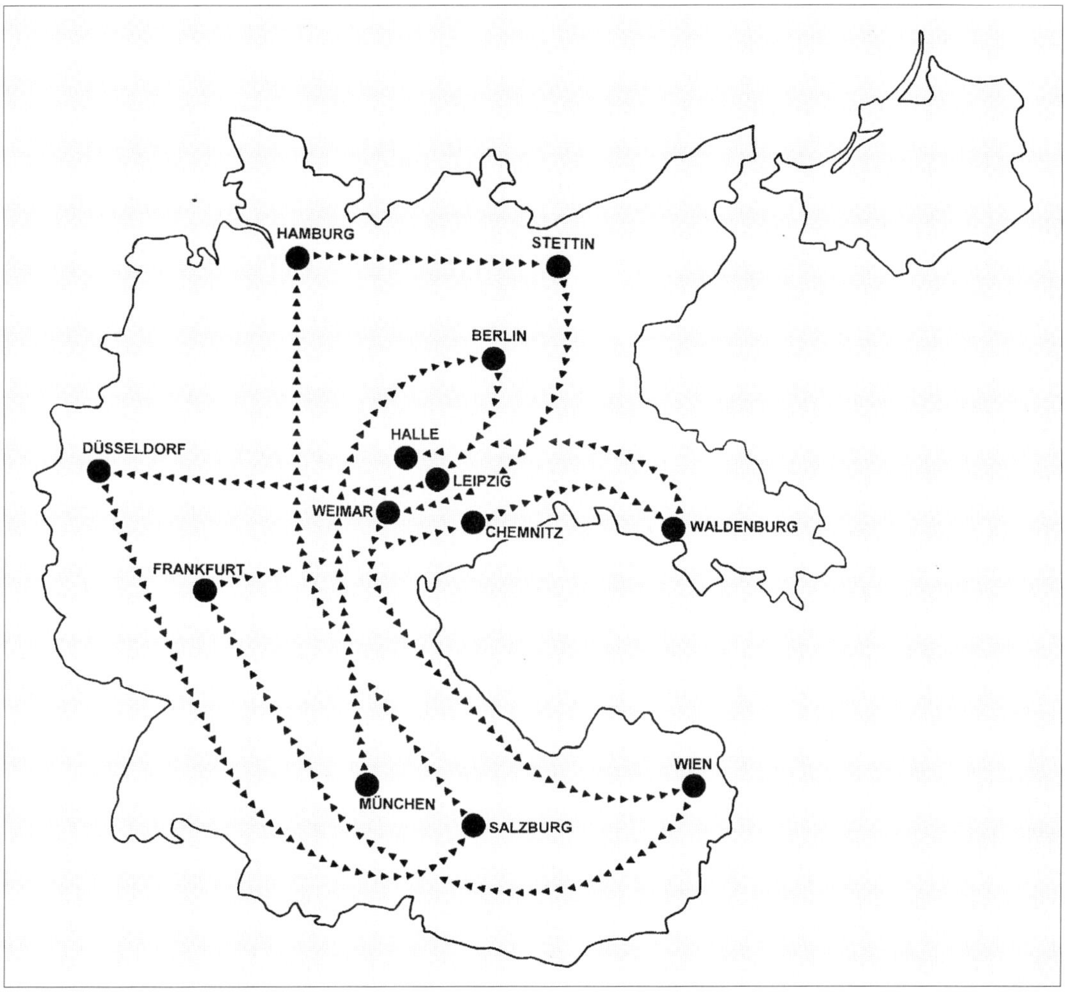

3 Stationen der Münchner Wanderausstellung »Entartete Kunst« 1937-1941 (Karte Gerhard Roese, Darmstadt)

Abkürzungen

ABK	Archiv für Bildende Kunst am Germanischen Nationalmuseum Nürnberg
BA	Bundesarchiv, Koblenz
BayHSTA	Bayerisches Hauptstaatsarchiv München
BDC	Berlin Document Center (seit 1. Juli 1994: Bundesarchiv – Außenstelle Berlin-Zehlendorf)
DAF	Deutsche Arbeitsfront
DAZ	Deutsche Allgemeine Zeitung
DHM	Deutsches Historisches Museum Berlin
DK	Deutscher Kunstbericht (bis Februar 1932 Deutsche Kunstkorrespondenz)
DKG	Deutsche Kunstgesellschaft
DPA	Deutsches Propaganda-Atelier
FAZ	Frankfurter Allgemeine Zeitung
FR	Frankfurter Rundschau
FZ	Frankfurter Zeitung
GDK	Große Deutsche Kunstausstellung
Gestapo	Geheime Staatspolizei
GLA	Generallandesarchiv Karlsruhe
HdDK	Haus der Deutschen Kunst
HSTA	Hauptstaatsarchiv
IfZ	Institut für Zeitgeschichte München
IKWP	Institut für Deutsche Kultur- und Wirtschaftspropaganda
IPRax	Praxis des Internationalen Privat- und Verfahrensrechts
IW	Illustrierte Wirtschaft
KdF	Kraft durch Freude
KfdK	Kampfbund für deutsche Kultur
KIDR	Die Kunst im Deutschen Reich (bis September 1939: Die Kunst im Dritten Reich)
KZ	Konzentrationslager
MdL	Mitglied des Landtags
MdR	Mitglied des Reichstags
MittRbK	Mitteilungsblatt der RbK
MNN	Münchner Neueste Nachrichten
NGBK	Neue Gesellschaft für Bildende Kunst Berlin
NJW	Neue Juristische Wochenschrift
NL	Nachlaß
NSDAP	Nationalsozialistische Deutsche Arbeiterpartei
NSMH	Nationalsozialistische Monatshefte
NSV	Nationalsozialistische Volkswohlfahrt
Ogr	Ortsgruppe
OPG	Oberstes Parteigericht der NSDAP
PA	Personalakte(n)
Pg	Parteigenosse/Mitglied der NSDAP
PrASlg	Presseausschnittssammlung
RbK	Reichskammer der bildenden Künste
RGBl	Reichsgesetzblatt
RKK	Reichskulturkammer
RM	Reichsmark
RMVP	Reichsministerium für Volksaufklärung und Propaganda
RPL	Reichspropagandaleitung der NSDAP
SA	Sturmabteilung
SBBPK	Staatsbibliothek zu Berlin – Preußischer Kulturbesitz
SMPK	Staatliche Museen zu Berlin – Preußischer Kulturbesitz
SPD	Sozialdemokratische Partei Deutschlands
SS	Schutzstaffel
StA	Stadtarchiv
STA	Staatsarchiv
SZ	Süddeutsche Zeitung
UWuW	Unser Wille und Weg
VB	Völkischer Beobachter
VJHZ	Vierteljahrshefte für Zeitgeschichte
ZSTA	Zentrales Staatsarchiv Potsdam (seit 3. Oktober 1990: Bundesarchiv – Abteilungen Potsdam)

Vorwort

Der auf die Erde hinabgestiegene Engel Cassiel, dargestellt von Otto Sander, fällt bei einem Besuch der Alten Nationalgalerie Berlin mit einem Mal in die Feme-Ausstellung »Entartete Kunst« des Jahres 1937 zurück. Er bricht zusammen, krümmt sich auf dem Boden – stummer Verzweiflungsschrei eines Besuchers. Mit dieser kurzen beklemmenden Szene erinnert Wim Wenders in seinem Film »In weiter Ferne, so nah!« an die nationalsozialistische Schau »Entartete Kunst«.

Die vorliegende Arbeit ist meine grundlegend überarbeitete, aktualisierte und um einen Anhang ergänzte Dissertation, die im Sommer 1991 von der Philosophisch-Historischen Fakultät der Ruprecht-Karls-Universität Heidelberg angenommen wurde. Sie entstand im Zusammenhang mit der Ausstellung »›Entartete Kunst‹. Das Schicksal der Avantgarde im Nazi-Deutschland« von Stephanie Barron (Los Angeles County Museum of Art), die 1991 und 1992 in Los Angeles, Chicago, Washington, D. C. und Berlin präsentiert wurde.

Fünf Jahre nach der Vereinigung beider deutscher Staaten und fünfzig Jahre nach Kriegsende kommen in Anbetracht des politisch-gesellschaftlichen Klimas böse Erinnerungen auf: Während die Staats- und Regierungschefs des 50. Jahrestages der Befreiung vom NS-Regime gedenken, verüben Unbekannte zum zweiten Mal innerhalb von 14 Monaten einen Brandanschlag auf die Synagoge in Lübeck. In Hoyerswerda, Mölln, Rostock, Solingen und in anderen Orten werden ausländische Mitbürger Opfer von Mordanschlägen – alarmierende Zeichen für neuaufbrechenden gewalttätigen Antisemitismus, Fremdenhaß und Nationalismus.

Vor diesem Hintergrund gewinnt die Beschäftigung mit dem Nationalsozialismus erneut an Brisanz. Eine fortschreitende Tabuisierung, wie sie sich etwa in der Absage der von Rudolf Herz im Münchner Stadtmuseum erarbeiteten Schau »Hoffmann & Hitler. Fotografie als Medium des Führermythos« in Berlin und Saarbrücken geäußert hat, scheint mir fehl am Platze. Ähnliches gilt für Bestrebungen, welche unter die »Aufarbeitung der Vergangenheit«[1] am liebsten einen Schlußstrich ziehen möchten, beispielsweise, indem sie sie dem Abrißbagger überantworten – jüngstes Beispiel ist die Kontroverse um die Zukunft des »Führerbunkers« unter dem Gelände der ehemaligen Reichskanzlei in Berlin. Wie unzureichend die Aufarbeitung der NS-Vergangenheit in beiden deutschen Staaten war, hat der Leiter der Zentralen Stelle der Landesjustizverwaltungen zur Aufklärung von NS-Verbrechen in Ludwigsburg, Alfred Streim, unlängst nachgewiesen.

Auch im kunstpolitischen Bereich werden die Folgen der Nazi-Diktatur in jüngerer Zeit durch eine Reihe von Ereignissen in Erinnerung gerufen: In Bremen, Dresden, Essen, Halle, Leipzig und Wuppertal haben Museen seit 1988 mit Unterstützung der Kulturstiftung der Länder Werke zurückerwerben können, die 1937 als »entartet« beschlagnahmt worden waren, so in Dresden Wilhelm Lehmbrucks Plastik »Kniende«, in Essen Emil Noldes »Stilleben mit Holzfigur«, in Halle Erich Heckels »Beim Vorlesen« und zuletzt in Leipzig Otto Muellers »Liebespaar«. Der Prozeß um die Rückgabe von Paul Klees 1937 in Hannover beschlagnahmter »Sumpflegende« aus der Sammlung Lissitzky-Küppers hat zur Aufarbeitung der NS-Beschlagnahmungen aus juristischer Sicht geführt, die freilich noch ganz am Anfang steht.[2] Im Juli 1994 hat Deutschland einige Werke an Frankreich zurückgege-

1 Der mittlerweile etablierte Begriff entstammt dem Titel eines Vortrages aus dem Jahre 1959, in welchem sich Adorno für eine öffentliche Thematisierung der NS-Zeit einsetzt (vgl. Adorno 1977). Zum Thema Aufarbeitung unter den Bedingungen der »doppelten Vergangenheit« vgl. Habermas 1992. Zum Umgang mit dem NS-Erbe äußerte sich jüngst Nerdinger 1993b, S. 9-16.

2 Das Urteil des Kammergerichts Berlin vom 21. Mai 1992 wurde gedruckt in: NJW 46, 1993, Heft 22, S. 1480f. In zweiter Instanz wies das Landgericht München I die Klage am 8. Dezember 1993 ab; vgl. zu diesem Urteil, gegen das keine Berufung eingelegt wurde und das rechtskräftig ist, den Kommentar von Erik Jayme, in: IPRax 15, 1995, Nr. 1, S. 43. Vgl. ferner Jayme 1994a, 1994b und 1994c sowie Steven A. Reich/Fischer 1993. Ebenfalls heranzuziehen sind Knott 1992, Günther Picker 1992 und Raue 1992.

ben, die von den Nationalsozialisten während der deutschen Besatzungszeit in verschiedenen privaten Sammlungen Frankreichs geraubt worden waren. Im Februar und März 1995 hat die kunstinteressierte Öffentlichkeit nach St. Petersburg und Moskau geblickt, wo die lange geheimgehaltene sogenannte Beutekunst erstmals der Öffentlichkeit gezeigt wurde. Die Diskussion um die Rückgabe der betroffenen Werke, die zwischen 1945 und 1948 aus Deutschland nach Russland abtransportiert wurden, ist in vollem Gange. Im März 1995 sind von den deutschen Besatzern verschleppte Bücher an ukrainische Bibliotheken zurückgegeben worden, etwa zur gleichen Zeit hat die Bremer Kunsthalle ein Selbstporträt von Hans von Marées von dem Sohn eines russischen Veteranen zurückerhalten. Ebenfalls im Frühjahr 1995 haben Raubgräber den Privatbunker Görings auf dessen ehemaligem Landsitz Carinhall entdeckt. Scherben griechischer Vasen sind die spärlichen Überbleibsel von Görings umfangreicher Sammlung alter und moderner Kunst, deren Verbleib zu einem großen Teil bis heute ungeklärt ist.

Erst im Laufe der Arbeit wurde deutlich, wie vielschichtig die Verbindungen in die Gegenwart sind, wie nah das, was wir in weiter Ferne wähnen, in Wirklichkeit ist. Auch wenn allmählich mehr und mehr Informationen sowohl über verschollene Kunstwerke als auch über Ablauf und Hintergründe der NS-Kunstpolitik ans Licht kommen, so liegt doch noch immer vieles im dunkeln. Da weitere Projekte zu diesem Thema in Arbeit sind, insbesondere ein von Stefan Frey-Albrecht und mir betreuter Band über »Paul Klee und die ›Entartete Kunst‹« sowie ein mit Unterstützung der Kulturstiftung der Länder von Andreas Hüneke zu erstellendes Gesamtverzeichnis der beschlagnahmten Werke, wäre ich für jegliche Hinweise dankbar (Kunsthistorisches Institut der Universität Heidelberg, Seminarstraße 4, 69117 Heidelberg).

Ohne die Hilfe zahlreicher Personen und Institutionen hätte dieses Buch nicht geschrieben werden können. Ich danke allen Archiven, Bibliotheken und Museen, die mir Zugang zu ihren Beständen gewährten. Sie sind im Quellenverzeichnis einzeln aufgeführt. Für Hinweise, Anregungen, Kritik und Widerspruch danke ich Myrah Adams (Ulm), Dr. Werner Alberg (Düsseldorf), Marion Badenhop M. A. (Heidelberg), Stephanie Barron (Los Angeles), Dr. Gisela Bergsträsser (Darmstadt), Dipl.-Phil. Heike Biedermann (Dresden), Cornelis Bol (Frankfurt am Main), Dr. Bettina Brand (Zürich), Dr. Gerlinde Brandenburger-Eisele (Offenburg), Klaus Bregler (Ober-Hambach), Marianne Broeker-Liss (Oberursel), Georg Brühl (Chemnitz), Dr. Maike Bruhns (Hamburg), Wolfgang Büche (Halle an der Saale), Rita Casanova-Altherr (Zürich), Dr. Jürgen Döring (Hamburg), Ulf Dräger (Halle an der Saale), Dr. Volker Duvigneau (München), Janis Ekdahl (New York), Stefan Frey-Albrecht (Bern), Dr. Cordula Frowein (Frankfurt am Main), Josephine Gabler (Berlin), Dipl.-Pol. Jeanpaul Goergen (Berlin), Gitta Günther (Weimar), Dr. Gisela Haase (Dresden), Dr. Thomas Haffner (Heidelberg), Dr. Friedrich W. Heckmanns (Düsseldorf), Dr. Erwin Heizmann (†), Mariusz Hermansdorfer (Breslau), Dr. Rudolf Herz (München), Dr. Karoline Hille (Mannheim), Dr. Susanne Himmelheber (Heidelberg), Karl-Ludwig Hofmann (Heidelberg), Dr. Wolfgang Holler (Dresden), Andreas Hüneke (Potsdam), Roland Jaeger (Hamburg), Dr. Annegret Janda (Berlin), Prof. Dr. Dr. h. c. Erik Jayme (Heidelberg), Gabriele Juppe (Chemnitz), Dirk Justus (Hamburg), Dr. Gert Kerschbaumer (Salzburg), Dr. Markus Kersting (Frankfurt am Main), Siegfried Kett (Nürnberg), Prof. Dr. Michael Klant (Freiburg), Dr. Eckhardt Krause (Hamburg), Prof. Dr. Georg Kreis (Basel), Henning Kunze (Heidelberg), Dr. Helmut R. Leppien (Hamburg), Prof. Dr. Bernfried Lichtnau (Greifswald), Dagmar Lott-Reschke M. A. (Hamburg), Dr. Ulrich Luckhardt (Hamburg), Dr. Mario-Andreas von Lüttichau (Essen), Dr. Karin von Maur (Stuttgart), Jutta Moster M. A. (Krefeld), Dr. Rosamunde Neugebauer Gräfin von der Schulenburg (Frankfurt am Main), Wolfram Pichler (Wien), Dr. Christmut Präger (Heidelberg), Dr. Johann Schlick (Kiel), Andrea Schmidt M. A. (Heidelberg), Prof. Dr. Diether Schmidt (Dresden), Eike D. Schmidt (Florenz), Prof. Walter Schobert (Hanau), Wolfgang Schröck-Schmidt M. A. (Neckargemünd), Prof. Dr. Dietrich Schubert (Heidelberg), Peter Silze (Hamburg), Dipl.-Phil. Annette Sprengel (Magdeburg), Dr. Johann Adam Stupp (Erlangen), Dr. Elisabeth Vorderwülbecke (Flensburg), Dr. Thor von Waldstein (Mannheim), Dr. Sigrid Wechssler (Heidelberg), Dr. Stephan von Wiese (Düsseldorf), Johann Winkler (Wien), Karl Bernhard Wohlert (Dortmund) und Rita Zeppelzauer (†). Für Auskünfte über Plakatkünstler danke ich Dr. René Wanner (Poster Bibliography Project, Rheinfelden/Schweiz). Ingeborg L. Klinger (Heidelberg) danke ich für zahlreiche Photoarbeiten und Gerhard Roese (Darmstadt) für die Anfertigung der Karten. Annette Seel (Ludwigshafen) hat mir bei der Literaturrecherche zur Seite gestanden und war an redaktionellen Arbeiten beteiligt, auch dafür vielen Dank.

Für ihre Gesprächsbereitschaft und Offenheit danke ich den Zeitzeugen Margot Christiansen (Hamburg), Dr. Hans Walter Crodel (Halle an der Saale), Prof. Dr. Werner Doede (Kassel), Dr. Karla Eckert (Hamburg), Dr. Ferdinand Eckhardt (Winnipeg/Canada), Prof. Dr. Gerda Freise (Göttingen), Prof. Dr. Peter Guenther (Houston/USA), Geno Hartlaub (Hamburg), Volker Detlef Heydorn (Hamburg), Dr. Hermann Krämer (Frankfurt am Main), Carl Lauterbach (†), Dr. Willy Messmer (Karlsruhe), Erich Moebes (Hamburg), Hartmut Pistauer (†), Siegfried Poppe (Hamburg), Heribert Reul (Kevelaer), Dr. Wilhelm Rüdiger (Süddeutschland), Prof. Dr. Max Schefold (Stuttgart), Prof. Dr. Hans Scheuerl (Hamburg), Prof. Bernard Schultze (Köln), Prof. Dr. Gunther Thiem (Stuttgart), John Willett (London) und einigen Damen und Herren, die nicht genannt sein möchten.

Besonders herzlich danken möchte ich für seine Anteilnahme und die kontinuierliche Betreuung Prof. Dr. Peter Anselm Riedl, meinem Doktorvater am Kunsthistorischen Institut der Universität Heidelberg. Von Anfang an begegnete er dem Projekt mit großem Interesse, ermutigte und unterstützte mich in jeder Weise. Für die Übernahme des Korreferates danke ich Prof. Dr. Werner Giesselmann. Die erste Fassung des Manuskripts wurde außerdem von Stefan Frey-Albrecht und Andreas Hüneke gelesen. Auch ihre konstruktiven Anmerkungen sind an vielen Stellen in die Endfassung eingeflossen.

Der Studienstiftung des deutschen Volkes danke ich für die großzügige Gewährung eines Grund- und eines Promotionsstipendiums, dem Förderungs- und Beihilfefonds Wissenschaft der Verwertungsgesellschaft Wort für die Bereitstellung eines Druckkostenzuschusses. Für die vorzügliche verlegerische Betreuung danke ich Dr. Ferdinand Werner und Claus Reisinger.

Vor allem aber danke ich Katrin, die das Manuskript gründlich mit mir durchgearbeitet hat, mich vor Fehlern bewahrte und immer wieder zu Präzisierungen zwang. Ohne ihre intensive Mithilfe und ihre Geduld hätte das Buch nicht die vorliegende Gestalt gewonnen.

Heidelberg, im Mai 1995 *Christoph Zuschlag*

1. Einleitung

1.1 Gegenstand und Methode der Untersuchung

Der große Maler Raphael,
Der war ein Hauptgenie!
Käm' der mal 'runter, ging' er gleich
Zur Bilder-Galerie.
Dort wär' er aber gleich perplex
Und spräche voller Hohn:
»Ich nenn' so'n Bild 'nen Farbenklex,
Die nennen's Secession.
Die Maler, das sieht jedes Kind -
Sind heutzutage farbenblind.«
Am besten wär's, so scheint es mir,
Spräch' Raphael darauf:
»Man hinge statt der Bilder hier
Den Maler selber auf!«

Otto Reutter[1]

Ob nicht Otto Reutter (1870 bis 1931), dem für seine witzig-ironischen Couplets berühmt gewordenen Berliner Humoristen, der Gesang buchstäblich im Halse steckengeblieben wäre, wenn er die bald nach seinem Tode einsetzenden Ereignisse noch erlebt hätte?

Thema der vorliegenden Untersuchung ist die systematische »Verwertung« der künstlerischen Moderne durch die Nationalsozialisten. Am Beispiel der sogenannten »Schreckenskammern« (1933 bis 1937) und der Wanderausstellung »Entartete Kunst« (1937 bis 1941) wird analysiert, auf welche Weise Kunst- und Ausstellungspolitik im Hitler-Deutschland als Instrumente der politischen Propaganda und Massenmanipulation eingesetzt wurden. Dabei verstehe ich mit Hildegard Brenner Kunstpolitik im doppelten Sinne als »Politik, die sich auf Kunst richtet«, und als »Politik, die mit Kunst gemacht wird«.[2]

Die Studie versteht sich als Beitrag zu einem komplexen Thema mit folgenden Bezugspunkten und Bedeutungsschichten:

1. Rezeptionsgeschichte der Moderne
2. Geschichte des Ausstellungswesens
3. Funktionen und Wirkungsweisen der NS-Propaganda
4. Kunst und Staat: Zensur als gesellschaftlich-politisches Phänomen.

Für das Verständnis und die kritische Beurteilung des Gegenstandes ist zweierlei grundlegend: Zum einen müssen die politisch-sozialen und geistes- wie ideologiegeschichtlichen Voraussetzungen berücksichtigt, zum anderen die Kunstpolitik im allgemeinen und die Ausstellungen im besonderen in den zeithistorischen Kontext einge-

1 Strophe aus dem Couplet »Wiederkehr«, erschienen in: Unsterbliche Reutter-Vorträge o. J., S. 43.
2 Hildegard Brenner 1963, S. 275.

bettet werden. Dem möchte die Einführung (Kapitel 2) Rechnung tragen. In stark verkürzter Form werden eingangs geistige Wegbereiter des Nationalsozialismus im 19. Jahrhundert vorgestellt, welche die wesentlichen, auch die Kunstpolitik bestimmenden faschistischen Ideologeme entwickelten. Daß der NS-Femepraxis in langjährigen Gesinnungskämpfen der Boden bereitet worden war, veranschaulicht der Blick auf exemplarische Kontroversen um die Moderne vor und nach dem Ersten Weltkrieg – wobei ich mit dem Begriff Moderne die historischen Avantgardebewegungen vom Impressionismus bis zum Surrealismus meine. Zum politischen Programm wurde der Kampf gegen die Avantgarde von national-konservativen und völkischen Gruppen seit Anfang der zwanziger Jahre erhoben. Diese Bestrebungen gingen nahtlos in die Frühphase der NS-Herrschaft über, was die Schilderung der Ereignisse in Thüringen 1930 belegt, wo erstmalig ein Nationalsozialist Regierungsgewalt erlangte. Da es bei den Femeaktionen mitnichten um ästhetische Fragen ging und die mit ihnen transportierte Ideologie nicht kunstspezifisch war, sondern vielmehr übergeordneten politischen Plänen diente, kann sich die Betrachtung nicht auf die kunstimmanente Ebene beschränken. Zur Bestimmung des geschichtlichen Standorts und historischen Zeitpunkts der Ausstellungen versucht Kapitel 2.4, einen Überblick über die Kunstpolitik ab 1933 bis in die Kriegsjahre zu geben. Hier geht es um die Eingliederung der Ausstellungen in eine sich erst allmählich formierende, im Grunde bis zuletzt mit Widersprüchlichkeiten und Inkonsequenzen behaftete Kunstpolitik.

Breiten Raum nimmt die Untersuchung der »Schreckenskammern« ein, also der Serie von lokalen Vorläufern der zentral organisierten Ausstellung »Entartete Kunst« des Jahres 1937 (Kapitel 3). Die jeweiligen Geschehnisse, die zur Einrichtung dieser Sonderausstellungen führten, werden rekonstruiert, die Schlüsselpersonen erörtert. Weil entsprechende Verzeichnisse, Kataloge und Raumaufnahmen in fast allen Fällen fehlten, mußte zunächst der Inhalt der Ausstellungen ermittelt werden, bevor ideologische Stoßrichtung, Präsentationskonzept, Presseberichterstattung und Rezeption analysiert werden konnten. Der Dresdner Schau »Entartete Kunst«, die zwischen 1934 und 1937 in zwölf weiteren Städten gezeigt wurde, kommt hierbei als direktes Vorbild der Münchner Schau »Entartete Kunst« eminente Bedeutung zu.

Diese ist Dreh- und Angelpunkt der nächsten Kapitel. Zunächst wird ihre unmittelbare Vorgeschichte dargestellt (Kapitel 4.1), dann die Ausstellung selbst charakterisiert (Kapitel 4.2). Daran anschließend werden die Beschlagnahmungen und die im Sommer 1938 einsetzende »Verwertung der Produkte entarteter Kunst« untersucht (Kapitel 5). Es folgen Abschnitte über das für die Wanderschau »Entartete Kunst« zuständige, vom Propagandaministerium kontrollierte »Institut für Deutsche Kultur- und Wirtschaftspropaganda« (Kapitel 6.1) und den Ausstellungsführer (Kapitel 6.2). In Kapitel 6.3 wird sodann die vierjährige Tournee durch zwölf deutsche und österreichische Städte verfolgt, während derer sich das Profil der Exposition durch sukzessiven Austausch der Exponate vollständig veränderte. Andere, ebenfalls vom »Institut für Deutsche Kultur- und Wirtschaftspropaganda« organisierte Propagandaausstellungen, die deutliche Parallelen zur Kunstschau aufweisen, werden in Kapitel 7 diskutiert. Hier wird am Beispiel von »Antibolschewistischen Ausstellungen« und »Der ewige Jude« die Bedeutung von großangelegten Wanderausstellungen innerhalb der NS-Propaganda evident.

Die abschließende vergleichende Betrachtung (Kapitel 8) versucht, die wichtigsten Ergebnisse und Beobachtungen in den Bereichen Ausstellungstechnik, Presseberichterstattung und Publikumsresonanz zu resümieren. An die Schlußbetrachtung (Kapitel 9) schließt sich der Anhang (Kapitel 10) an, in welchem die Ausstellungen rekonstruiert, die Beschlagnahmungen dokumentiert und die Hauptprotagonisten biographisch erfaßt werden.

Im Hinblick auf eine bessere Lesbarkeit werden Begriffe der NS-Terminologie wie Gauleiter, Machtergreifung, Gleichschaltung oder Reichsstatthalter nicht in Anführungsstriche gesetzt – bei einigen Ausdrücken hingegen, wie etwa »Führer«, »Arier« und »Rasse«, habe ich auf Anführungsstriche bewußt nicht verzichten wollen. Bei Zitaten aus zeitgenössischen Quellen werden offensichtliche Satzfehler korrigiert. In der Zitierweise der Dokumente unterbleibt aus Platzgründen in der Regel die Angabe, ob sie als Original, Abschrift, Durchschlag oder Kopie benutzt wurden.

Thematisch gehört die Dissertation in den Bereich der Kunstpolitik, methodisch zur Rezeptionsgeschichte[3]. Daraus resultiert, daß die klassischen kunsthistorischen Methoden der Formanalyse, Formgeschichte, Ikonographie und Ikonologie keine oder fast keine Anwendung finden. Vielmehr ist die Betrachtungsweise eine historisch-kritische, auf den Kontext des Gegenstandes bezogene.

Grundlage der Arbeit ist die Sichtung und Auswertung schriftlicher Quellen, also hauptsächlich der in Archiven und Museen überlieferten Akten und Dokumente sowie zeitgenössischer Printmedien. Eine Auswahl dieser Quellen, 147 Abbildungen und 75 Dokumente, ist dem Buch beigefügt – wobei leider nicht in allen Fällen einwandfreie Reproduktionsvorlagen zur Verfügung standen. Berichte von Zeitzeugen in schriftlicher (Autobiographien, Erinnerungen, Briefe, Tagebücher)[4] und in mündlicher Form (Interviews)[5] stellen eine wertvolle Ergänzung der Archivmaterialien dar. Diese Schilderungen vermögen einen Einblick in das subjektive Erleben der Ausstellungen und ihre tatsächliche Wirkung zu geben. 25 Personen wurden zu ihren Erinnerungen befragt. Die Ergebnisse der größtenteils auf Tonband dokumentierten Interviews sind an verschiedenen Stellen in die Untersuchung eingearbeitet. Zwei der Gesprächspartner seien hier stellvertretend erwähnt: Karla Eckert (Hamburg), die in den dreißiger Jahren als Journalistin arbeitete und im Auftrag des Hamburger Tageblatts an den Eröffnungen der »Großen Deutschen Kunstausstellung« und der »Entarteten Kunst« am 18. und 19. Juli 1937 in München teilnahm. Erstmals wird in dieser Studie der – inzwischen verstorbene – Ausstellungsleiter der Schau »Entartete Kunst« zu Wort kommen, den ich in München ausfindig machen und befragen konnte: Hartmut Pistauer, seinerzeit vierundzwanzigjähriger Student aus Graz, organisierte im Auftrag der Reichspropagandaleitung 1937/38 die Tournee der Ausstellung. Eine Zusammenfassung des mehrstündigen Gesprächs vom 10. März 1990 (ein zweites folgte am 10. Juni 1990), welches eine Fülle anderweitig nicht dokumentierter Fakten zutage förderte, ist als Dokument in das Buch aufgenommen.

3 Bibliographische Hinweise zu diesem methodischen Ansatz finden sich bei Raphael Rosenberg 1989, S. 301f.

4 Eine Hauptquelle sind die Tagebücher von Propagandaminister Goebbels, die in der Edition von Elke Fröhlich (1987a) benutzt wurden. Zu Inhalt, Quellenwert, Überlieferungsgeschichte und Lücken in diesen Aufzeichnungen vgl. Fröhlich 1987b.

5 Zum Thema Oral History vgl. Niethammer 1980 und 1985; Schirmbeck 1988; Hans Thieme 1983; Vorländer 1990.

Farbabb. 1 Plakat »Jugend kämpft für deutsche Kunst«, Berlin 1933. Buchdruck, 29,4 x 85 cm (Christoph Zuschlag, Heidelberg)

Farbabb. 2 Plakat »Von der entarteten zur völkischen Kunst«, Krakau 1942. Hochdruck, 63 x 48 cm (BayHStA Plakatslg 18194)

Farbabb. 3 Hans Vitus Vierthaler, Ausstellungsplakat »Entartete Kunst«, München 1936. Vgl. Abb. 16

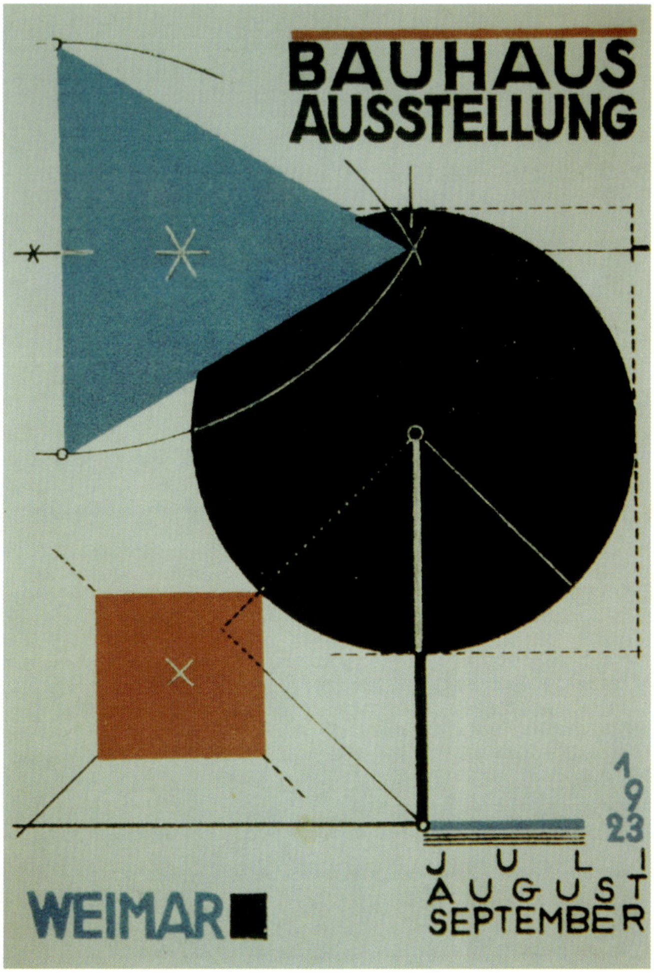

Farbabb. 4 Herbert Bayer, Postkarte zur Bauhaus-Ausstellung, Weimar 1923.

Farbabb. 5 Ausstellungsplakat »Gebt mir vier Jahre Zeit«, Berlin 1937. Vgl. Abb. 22

Farbabb. 6 Ausstellungsführer »Entartete Kunst«, Außentitel. Vgl. Abb. 57

Farbabb. 8 Anto (d.i. Ottomar Anton), Ausstellungsplakat »Entartete Kunst«, Leipzig 1938. Vgl. Abb. 73

Farbabb. 7 HE, Ausstellungsplakat »Entartete Kunst«, Berlin 1938. Vgl. Abb. 60

Farbabb. 9 Rudolf Hermann, Ausstellungsplakat »Entartete Kunst«, Hamburg 1938. Vgl. Abb. 85

Farbabb. 10 Rudolf Hermann, Ausstellungsplakat »Entartete Kunst«, Chemnitz 1939. Vgl. Abb. 109

Farbabb. 11 Ausstellungsplakat »Entartete Kunst«, Chemnitz 1939. Vgl. Abb. 110

Farbabb. 12 Ausstellungsplakat »Weltfeind Nr. 1 – Der Bolschewismus«, Plauen 1937. Vgl. Abb. 118

Farbabb. 13 Max Eschle, Ausstellungsplakat »Der Bolschewismus – Große antibolschewistische Schau«, München 1936. Vgl. Abb. 120

Farbabb. 14 HE, Ausstellungsplakat »Bolschewismus ohne Maske«, Berlin 1937. Vgl. Abb. 129

Farbabb. 15 Horst Schlüter, Ausstellungsplakat »Der ewige Jude«, München 1937. Vgl. Abb. 131

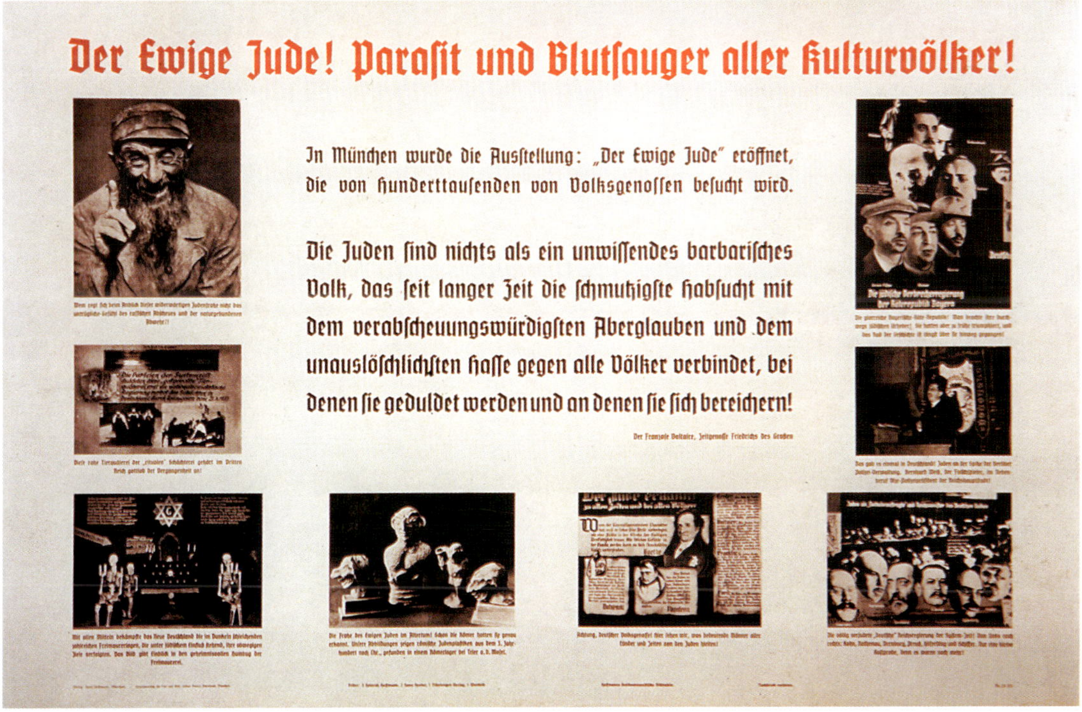

Farbabb. 16 Hoffmanns Antikommunistische Bildtafeln Nr. 23/XII anläßlich der Ausstellung »Der ewige Jude«, München 1937. Vgl. Abb. 132

Farbabb. 17 Ludwig (Lucky) Tersch, Außentitel der Broschüre »Entartete Musik. Eine Abrechung« von Hans S. Ziegler, Düsseldorf 1938. Vgl. Abb. 137

1.2 Forschungsstand

Die erste Studie zum Thema NS-Kunstpolitik[1] schöpfte aus den persönlichen Erfahrungen und Erinnerungen ihres Autors, Paul Ortwin Rave (1893 bis 1962), der als langjähriger Mitarbeiter und Kustos an der modernen Abteilung der Nationalgalerie Berlin, deren kommissarische Leitung er von 1937 bis 1945 innehatte, Zeit- und Augenzeuge war.[2] Rave versah seinen Text mit einem umfangreichen Anhang – darunter summarische Listen zu den Beschlagnahmungen »entarteter Kunst« –, der bei der Neuherausgabe des Buches durch Uwe M. Schneede 1987 nicht vollständig übernommen wurde. Dafür ergänzte Schneede aus dem Rave-Nachlaß in Berlin die Berichte Raves über die Beschlagnahme in der Nationalgalerie und seinen Besuch in der Münchner Ausstellung »Entartete Kunst«.

Mit umfassenderem Anspruch, aus größerer historischer Distanz und von einem politologisch-soziologischen Ansatz ausgehend, verfaßte Hildegard Brenner 1963 ihre profunde, bis heute nicht erreichte Untersuchung. Ebenfalls in den sechziger Jahren erschienen die Quellenpublikationen von Joseph Wulf und Diether Schmidt[3] sowie ein Buch von Franz Roh[4], der, mehr als die obengenannten Veröffentlichungen, den Vordenkern der NS-Kunstanschauung seine Aufmerksamkeit widmete und darüber hinaus erstmalig Berichte über Beschlagnahmungen sammelte. Werteten diese Autoren die Aktion »Entartete Kunst« vorwiegend als Kunstereignis, so rückte Georg Bussmann[5] 1985/86 in einem programmatischen Aufsatz den historisch-politischen Kontext in den Mittelpunkt und eröffnete damit der Historiographie eine neue Perspektive.

Was die Ausstellung »Entartete Kunst« in München betrifft, so waren bis 1987 nur ein knappes Dutzend Photographien und einige wenige Einzelheiten bekannt. Auf dieser Grundlage fand 1962 anläßlich des 25. Jahrestages der Femeschau eine Gedenkausstellung im Münchner Haus der Kunst statt, die von Carl Georg Heise und Franz Roh angeregt worden war. Ihr Ziel war nicht die Rekonstruktion der ursprünglichen Schau, sondern die Präsentation von 1937 beschlagnahmten Werken.[6]

Einen grundlegenden Fortschritt bedeutete die Wand-für-Wand-Rekonstruktion, die Mario-Andreas von Lüttichau, basierend auf 188 Raumaufnahmen im Archiv der Alten Nationalgalerie Berlin, im Rahmen einer Gedenkausstellung zum 50. Jahrestag der Ausstellung vornahm.[7] Auch andere Städte nahmen das Jahr 1987 zum Anlaß, um das lange vernachlässigte Kapitel in der Geschichte ihrer Museen aufzugreifen: Düsseldorf[8], Halle[9], Karlsruhe[10], Lübeck[11], Mannheim[12], Stuttgart[13], Potsdam[14], Weimar[15] und Konstanz[16]. In den zu diesen Anlässen

1 Vgl. zur Forschungsgeschichte auch Hinz 1986.

2 Vgl. Rave 1949. Rave wurde bei Paul Clemen in Bonn promoviert und begann seine Tätigkeit an der Nationalgalerie 1923 als Hilfsarbeiter (vgl. Thormaehlen 1962, S. 190). Nach 1945 war er Direktor der Nationalgalerie.

3 Die fünfbändige Dokumentation von Joseph Wulf erschien erstmals 1963, ich zitiere nach der Taschenbuchausgabe von 1983. Diether Schmidt publizierte sein Buch 1964.

4 Roh 1962a.

5 Bussmann 1986.

6 Vgl. Claus 1962. Vgl. etwa folgende Rezensionen: Breyer 1962; Haftmann 1962; Müller-Mehlis 1962. Vgl. auch Bruno E. Werner 1962.

7 Vgl. von Lüttichau 1987 sowie auch den Ergänzungsband zur Ausstellung (Schuster 1988).

8 Die Düsseldorfer Kulturinstitute veranstalteten das Gemeinschaftsprojekt »1937. Europa vor dem 2. Weltkrieg«. Von den in diesem Rahmen publizierten sieben Katalogen sind für die vorliegende Arbeit wichtig: Alberg 1987; Flechtheim 1987; Museum der Gegenwart 1987.

9 Vgl. Hüneke 1988c. Von Hüneke stammt eine ganze Reihe grundlegender Veröffentlichungen, vgl. etwa Hüneke 1984, 1985a, 1986a, 1987b und 1987c.

10 Vgl. Rößling 1987a.

11 Vgl. Howoldt 1987.

vorgelegten Ausstellungskatalogen wurden die Ereignisse aus lokal- und sammlungshistorischer Sicht aufgearbeitet. Ein Schwerpunkt lag in der Rekonstruktion und Darstellung der Beschlagnahmeaktionen, wodurch wichtige Quellen für die weitere Forschung publiziert wurden. 1983, zum 50. Jahrestag der Machtergreifung, sind in Duisburg[17] und Hamburg[18] Projekte mit ähnlicher Zielrichtung organisiert worden. Hingegen galt das Interesse der 1986 von Werner Haftmann und 1987 von Günther Wirth und vom Verband Bildender Künstler Württemberg veröffentlichten Bücher primär dem Schicksal der verfolgten Künstlerinnen und Künstler.

Seit 1980 widmet sich die Bielefelder Oper verstärkt Komponisten, die im Nationalsozialismus verfemt waren und seither dem Vergessen anheimgefallen sind[19], in Düsseldorf begann 1988 eine Wanderausstellung über die Schau »Entartete Musik« von 1938[20].

Das Anliegen der von Stephanie Barron erarbeiteten und 1991/92 in Los Angeles, Chicago, Washington, D. C. und Berlin gezeigten Ausstellung[21] war die Einbettung der Aktion »Entartete Kunst« in das gesamte Spektrum der NS-Kulturpolitik durch Einbeziehung der Bereiche Literatur, Musik und Film. Außerdem befaßte sie sich, im Unterschied zu den oben erwähnten Publikationen der Jahre 1987/88, auf überregionaler Ebene mit dem Thema. Für den in einer englischen und in einer deutschen Version erschienenen Katalog überarbeitete Mario-Andreas von Lüttichau die Rekonstruktion der Münchner Femeausstellung. Ich verfaßte einen Beitrag, der einen ersten Überblick über die Vorläuferausstellungen und die Stationen der 1937er Ausstellung gab.[22] Die 1991 und 1992 in zwei niederländischen und vier deutschen Museen präsentierte Schau »Deutsche Bildhauer 1900-1945 Entartet« konzentrierte sich erstmals auf die Gattung Skulptur.[23]

Erst seit 1987 ist also eine intensive und systematische Forschung im Gange, die versucht, den Ablauf und die Hintergründe der Aktion »Entartete Kunst« zu erhellen. Obwohl in jüngerer Zeit im Rahmen stadtgeschichtlicher Projekte, etwa von Dortmund, Nürnberg und Ulm[24], auch die »Schreckenskammern« von 1933 behandelt wurden, liegt erst eine einzige erschöpfende Fallanalyse vor, nämlich die von Michael Koch[25] für Karlsruhe. In den meisten anderen Fällen mangelt es noch an elementaren Informationen. Ebensowenig liegt Literatur über die einzelnen Etappen der Ausstellung von 1937 vor.[26] Hinsichtlich der Vorläuferausstellungen ab 1933 und der Tournee der Ausstellung »Entartete Kunst« zwischen 1938 und 1941 möchte diese Untersuchung eine Lücke schließen und damit einen Beitrag zur Untersuchung der NS-Ausstellungsstrategien leisten.

Das Thema »NS-Kunst« wird nur gestreift, etwa bei der Erörterung der »Großen Deutschen Kunstausstellung«. Seit einer Monographie von Berthold Hinz und einer entsprechenden Ausstellung in Frankfurt im Jahre 1974 wird das Thema zunehmend einer kritischen Sichtung unterzogen.[27] Die Übergabe der »German War Art Collection« an die Bundesrepublik durch die Amerikaner im Frühjahr 1986 hat die Kontroverse um die Frage »Nazi-

12 Vgl. Buderer 1990.

13 Vgl. von Maur 1987.

14 Zu der von Andreas Hüneke organisierten Ausstellung erschien kein Katalog.

15 Vgl. Kunstsammlungen zu Weimar 1988.

16 Vgl. Andrea Hofmann 1987a. Vgl. auch Jacobi 1987 und 1988.

17 Vgl. Barbara Lepper 1983. Aus Anlaß der Hannoveraner Ausstellungsstation erschien die Dokumentation von Katrin Sello 1983.

18 Vgl. Paas 1983.

19 Vgl. Bruns 1993.

20 Vgl. Dümmling/Girth 1988.

21 Barron 1992. Vgl. die Rezension der ersten Ausstellungsetappe von Kipphoff 1991.

22 Vgl. Zuschlag 1992a.

23 Vgl. Tümpel 1992 und die Rezension der Bremer Etappe von Winter 1992.

24 Vgl. Bickendorf 1992, Kett 1992 und Adams 1993.

25 Koch 1981. Vgl. ferner Hille 1987, die sich weitgehend auf Mannheim konzentriert.

26 Hüneke 1988d geht auf die Berliner Station ein.

27 Vgl. Hinz 1974; Bussmann 1974; zuletzt Mittig 1993. Dagegen rein affirmativ die jüngst erschienene Monographie über den Maler Adolf Wissel von Bloth 1994.

Kunst ins Museum?«[28] entfacht, die jüngst durch den Streit um eine mögliche Präsentation im Deutschen Historischen Museum Berlin fortgesetzt wurde.[29] An neueren Ausstellungsprojekten, denen es um die Analyse faschistischer Ästhetik und Bildpropaganda und um die Frage des Umgangs mit dem NS-Erbe ging, seien hier »Inszenierung der Macht – Ästhetische Faszination im Faschismus« (Berlin 1987), »Geschichte in Arbeit – Arbeit in Geschichte« (Hamburg 1988) und »Rollenbilder im Nationalsozialismus – Umgang mit dem Erbe« (Bonn 1991) genannt.[30] In diesem Zusammenhang ist auch die Diskussion um die Verwendung von NS-Motiven in der Gegenwartskunst zu nennen.[31]

Mit dem Thema Kunst und Kunstpolitik in totalitären Systemen setzten sich 1994 zwei Wiener Ausstellungen auseinander: »Kunst und Diktatur« und »Tyrannei des Schönen«.[32] Im Münchner Haus der Kunst, jenem 1937 mit der »Großen Deutschen Kunstausstellung« eingeweihten NS-Kunsttempel, fand 1993/94 die Exposition »Widerstand – Denkbilder für die Zukunft«[33] statt, eine Präsentation internationaler zeitgenössischer Kunst, welche die Frage nach der gesellschaftlichen Rolle und den Möglichkeiten der bildenden Kunst stellte. Am selben Ort war im Frühjahr 1995 die zuvor in anderer Form in Edinburgh und London inszenierte Schau »Ernste Spiele. Der Geist der Romantik in der deutschen Kunst 1790-1990« zu sehen, die eine mehr als fragwürdige Verbindungslinie von der deutschen Romantik über die klassische Moderne und NS-Maler wie Adolf Wissel und Oskar Martin-Amorbach bis hin zu Beuys und Baselitz zog.[34]

28 Vgl. die ARD-Fernsehsendung »Scholle, Schamhaar, Schützengraben – Wohin mit der Nazi-Kunst?« von Walter Smerling vom 17. Mai 1987. Vgl. auch Die Grünen im Bundestag 1989; Staeck 1988; Themenheft »Nazikunst ins Museum?« von Tendenzen (28, 1987, Nr. 157). Vgl. ferner Adam/Eggensperger 1989, Brock/Preiß 1990, Hinz 1989 und Poley 1991. Die Kieler Diskussionsveranstaltung »NS-Kunst ins Museum – wie?« vom 6. November 1989 ist dokumentiert in: Manitz/Greifeld 1993, S. 255-282.

29 Vgl. Kotteder 1993.

30 Vgl. NGBK 1987 und 1988; Bussmann 1988; Poley 1991.

31 Vgl. hierzu Bussmann 1988 sowie die Aufsätze Hans-Ernst Mittigs in Hinz 1989. Vgl. ferner die Themenhefte »Faschismusrezeption in Kunst und Kunstgeschichte nach 1945« der Kritischen Berichte (18, 1990, Heft 4) und »Transformation und Wiederkehr. Zur künstlerischen Rezeption nationalsozialistischer Symbole und Ästhetik« von Kunstforum International (95, 1988).

32 Vgl. Tabor 1994 und die Rezensionen von Gorsen 1994 und Siemes 1994.

33 Vgl. Schulz-Hoffmann 1993.

34 Vgl. Vitali 1995 und die Rezension der Londoner Etappe von Kipphoff 1994. Die Schau entfachte eine lebhafte Diskussion, zu der etwa die Beiträge in der FAZ von Helmut Simon (7. April 1995) und von Franziska Augstein (6. Mai 1995) zählen.

2. Einführung

2.1 Vordenker

Eine Untersuchung über nationalsozialistische Kunstpolitik kann deren ideologie- und geistesgeschichtliche Voraussetzungen nicht außer acht lassen. Die Wurzeln des faschistischen Rassenwahns und des Antisemitismus, von denen sich die Vorstellung einer »deutschen« (d. i. »arischen«) und einer »entarteten« (d. i. »jüdischen«) Kunst ableitete, liegen im 19. Jahrhundert und noch weiter zurück. Das Gedankengut einiger maßgeblicher Wegbereiter nationalsozialistischer Weltanschauung – welches sich Hitler in »Mein Kampf« (1925) zu eigen machte und aus dem führende Kunstideologen wie Alfred Rosenberg ihre »Theorien« entwickelten – soll hier gestreift werden.[1]

Als »einer der ersten Gelehrten, die sich ernsthaft mit dem Rassenproblem in allen seinen Folgerungen und Schlüssen auf Leben und Sterben der Völker befaßten«[2], wurde Joseph Arthur Comte de Gobineau (1816 bis 1882) gefeiert.[3] Der französische Diplomat, Schriftsteller, Archäologe und Freund Richard Wagners veröffentlichte 1853 bis 1855 in Paris seinen vierbändigen »Essai sur l'inégalité des races humaines«. In deutscher Übersetzung von Ludwig Schemann[4], Mitglied des »Alldeutschen Verbandes«, erschien die Abhandlung unter dem Titel »Versuch über die Ungleichheit der Menschenrassen« von 1898 bis 1901 im J. F. Lehmanns-Verlag München. Aufstieg und Niedergang der Kulturen erklärt Gobineau einzig aus der »rassischen Zusammensetzung« der Völker, welche er in drei »Grundrassen« – die weiße, die gelbe und die schwarze – einteilt. Nur die »weiße Rasse«, die »Arier«, in Europa repräsentiert durch die »Germanen« (und den französischen Adel), besitze eine schöpferische kulturschaffende Kraft. Folglich sei sie den anderen überlegen und zum Herrschen prädestiniert. Den Juden widmet Gobineau keine besondere Aufmerksamkeit. Sprachgeschichtlich manifestiert sich in seinem Buch ein Bedeutungswandel des Begriffs »Degenerierung« bzw. »entarten«. Die frühesten Quellen für das Wort sind im Mittelhochdeutschen und dann wieder in der zweiten Hälfte des 18. Jahrhunderts zu finden und belegen seine allgemeine Bedeutung von »aus der Art schlagen«[5]. Erst seit dem 19. Jahrhundert und in Publikationen wie derjenigen Gobineaus wird das Wort »zur generellen Deklassierung von Menschengruppen«[6] verwendet. Ein Absatz aus der Schrift Gobineaus möge das verdeutlichen:

> Wenn man das Wort »degeneriert« auf ein Volk anwendet, will man damit besagen, daß der innere Wert dieses Volkes nicht mehr seinem früheren gleicht, weil das Blut, das in seinen Adern kreist, durch die fortwährende Vermischung mit anderem Blut nicht mehr vom gleichen Werte geblieben ist. Anders ausgedrückt: Unter dem gleichen Volksnamen hat

1 Zu den Themen Kulturpessimismus, Konservativismus und Rassismus vgl. Peter Emil Becker 1988; Hermand 1988; Mendlewitsch 1988; Mohler 1989; Mosse 1978b und 1979; Sontheimer 1992; Stern 1986; Weinberger 1988. Textauszüge der in diesem Kapitel vorgestellten Autoren befinden sich in: von Westphalen 1971, S. 43-46.

2 Schwinkowski 1934, S. 549.

3 Zu Gobineau detailliert Arendt 1955, S. 280-287.

4 Schemann 1932. Schemann (1852 bis 1938) gründete 1894 eine Gobineau-Vereinigung und 1906 ein Gobineau-Museum in Straßburg. 1903 bewirkte er die Erwerbung des Gobineauschen Nachlasses durch die Universitätsbibliothek Straßburg. 1928 bis 1931 veröffentlichte Schemann im Münchner Lehmanns-Verlag das dreibändige Opus »Die Rasse in den Geisteswissenschaften. Studien zur Geschichte des Rassengedankens« (nach Mohler 1989, S. 219f. und S. 366f.).

5 Berning 1964, S. 65f. Zur Begriffsgeschichte vgl. Jens Malte Fischer 1984; Flaker 1987; Rothe 1990, besonders S. 7-11; Horst Rüdiger 1981; Tabor 1994, Bd. 1, S. 90-97. Auf die Verwendung des Terminus »Entartung« nach 1945 komme ich in Kapitel 9 zurück.

6 Mattenklott 1987, S. 25.

> sich nicht die gleiche Rasse, nämlich die seiner Gründer, erhalten. [...] Die Hautfarbe der Arier ist weiß und rosig. [...] Diese Spielform der menschlichen Art, die sich also durch ihre besondere körperliche Schönheit auszeichnete, war nicht weniger überlegen an Geist.[7]

Ein anderer »Prophet«[8] des »Dritten Reichs« war der aus Berlin gebürtige Paul Anton Boetticher (1827 bis 1891), der sich nach seiner Adoptivmutter de Lagarde nannte.[9] Lagarde studierte Theologie und Orientalistik, war im Schuldienst tätig und erhielt 1896 eine Professur für orientalische Sprachen und Bibelforschung an der Universität Göttingen. 1880 erschienen in Paris seine »Deutschen Schriften«, mit welchen Lagarde »sein Volk nicht zu irgendeiner Kultur an sich, sondern zu einer artbewußten, völkischen Kultur erzogen wissen«[10] wollte. Die »starke Betonung der Werte des Volkes und des Volkstums« verband der fanatische Antisemit (»Die Juden sind als Juden in jedem europäischen Staate Fremde, und als Fremde nichts anderes als Träger der Verwesung.«[11]) mit Vorstellungen eines »germanisierten Christentums«. Die Nationalsozialisten erkoren Lagarde aber auch aus dem Grunde zu einer Art politischem Klassiker, weil er ein »glühender Vorkämpfer des großdeutschen Gedankens« war: »In dem kleindeutschen Reich von 1871 vermag er im besten Falle nur eine Vorstufe zu dem Mitteleuropa und noch mehr umfassenden Deutschland der Zukunft zu sehen. Auch trat er für eine Stärkung des deutschen Bauerntums und eine planmäßig geleitete Kolonisation, ebenso für eine starke und groß angelegte Ostpolitik, ein«[12]. Es war der Münchner Verlag Lehmanns, auf den noch zurückgekommen werden muß (vgl. Kapitel 4.1 und 9), der Lagardes Schriften in Deutschland verlegte und wesentlich zu seinem postumen Ruhm beitrug.

Das Denken des französischen Grafen und des deutschen Universitätsprofessors beeinflußte nachhaltig den zweifellos einflußreichsten »völkischen Seher«[13]: Houston Stewart Chamberlain (1855 bis 1927).[14] Der gebürtige Engländer verbrachte zwei Jahrzehnte in Wien, bevor er aus Begeisterung für Nietzsche und Wagner nach Deutschland übersiedelte. In Bayreuth heiratete er 1908 des verehrten Komponisten jüngste Tochter Eva und lebte fortan in der Villa Wahnfried. Bereits 1899 veröffentlichte der Münchner Verlag Bruckmann Chamberlains Buch »Die Grundlagen des 19. Jahrhunderts«, welches bis 1918 zwölf weitere Auflagen und durch Übersetzungen große Verbreitung erlebte. Wie Gobineau deutet Chamberlain die Weltgeschichte, angefangen bei den alten Kulturen, als Geschichte von »Rassenkämpfen«, wobei er zwischen »arischen Kulturschöpfern« und »semitischen Kulturzersetzern« unterscheidet.[15] Der durch ein »Völkerchaos« bedingte Untergang des Imperium Romanum dient ihm als Exemplum historischer Degeneration. Im »Germanentum« sieht er den entscheidenden Einfluß auf die Entwicklung der europäischen Kulturen. Kaiser Wilhelm II. hielt den Wahldeutschen, mit dem er einen Briefwechsel unterhielt, und sein Buch für gottgesandt.[16] Ähnliches dachte Chamberlain von Hitler. »Sehr geehr-

7 Zitiert nach von Westphalen 1971, S. 43f.

8 Vgl. den Titel von Groß 1930.

9 Vgl. Schweinshaupt 1932; Tiltack 1941; Merker 1983, S. 15f.; Mohler 1989, passim und Ergänzungsband, S. 49f.; Roh 1962a, S. 28f.

10 Tiltack 1941, S. 1016.

11 Zitiert aus den »Deutschen Schriften« nach von Westphalen 1971, S. 44.

12 Tiltack 1941, S. 1016.

13 Zitiert aus einer Bildunterschrift in: Der Schulungsbrief 4, 1937, 1. Folge, o. S. Die dortige Photographie zeigt Chamberlains Grab in Bayreuth.

14 Vgl. Kaltenbrunner 1967 und Mohler 1989, S. 341-343 und passim sowie Ergänzungsband, S. 65. Der Nachruf auf Chamberlain in der NS-Wochenzeitschrift Illustrierter Beobachter vom 15. Januar 1927 ist abgedruckt bei Mosse 1978b, Abb. 6.

15 Wörtlich spiegeln sich diese Vorstellungen in Hitlers »Mein Kampf« wider: »Würde man die Menschheit in drei Arten einteilen: in Kulturbegründer, Kulturträger und Kulturzerstörer, dann käme als Vertreter der ersten wohl nur der Arier in Frage [...]. Nein, der Jude besitzt keine irgendwie kulturbildende Kraft [...]. Daher wird sein Intellekt niemals aufbauend wirken, sondern zerstörend [...]« (Hitler 1938, S. 318 und S. 332). – Chamberlain veröffentlichte weitere Bücher, z. B. über Wagner (1895; Textauszug in: Dümling/Girth 1988, S. 27-29) und »Arische Weltanschauung« (1905).

16 Vgl. den Brief Wilhelms II. an Chamberlain vom 31. Dezember 1901, zitiert bei Kaltenbrunner 1967, S. 581. In seinen »Erinnerungen« schreibt Wilhelm: »Das Germanentum in all seiner Herrlichkeit ist dem erstaunten deutschen Volk erst durch Chamberlain klargemacht worden« (zitiert nach Roh 1962a, S. 17).

ter und lieber Herr Hitler«, schrieb er am 7. Oktober 1923, »daß Deutschland in der Stunde seiner höchsten Not sich einen Hitler gebiert, das bezeugt sein Lebendigsein.«[17]

Alfred Rosenberg, der mit seinem Buch »Mythus des 20. Jahrhunderts« (1930) in der Nachfolge Chamberlains steht, publizierte 1926 die Schrift »Houston Stewart Chamberlain als Verkünder und Begründer einer deutschen Zukunft«[18].

In diesem Zusammenhang von besonderer Signifikanz ist das 1892/93 in Berlin erschienene zweibändige Buch mit dem Titel »Entartung«, welches bald in alle Weltsprachen übersetzt und in Deutschland in vielen Auflagen vertrieben wurde. Es stammte von Max Simon Südfeld (1849 bis 1923), der sich den Namen Max Nordau zugelegt hatte.[19] Der aus Budapest gebürtige jüdische Arzt und Schriftsteller übersiedelte 1880 nach Paris, wo er in den neunziger Jahren mit Theodor Herzl den politischen Zionismus mitbegründete. Nordau dedizierte sein fast 1.000 Seiten starkes Opus dem Turiner Psychiater und Gerichtsmediziner Cesare Lombroso (1836 bis 1909), der 1864 die Schrift »Genio e follia« veröffentlicht hatte[20], und übertrug dessen Ansatz in das Gebiet der bildenden Kunst, Dichtung und Musik seiner Zeit:

> Die Entarteten sind nicht immer Verbrecher, Prostituierte, Anarchisten und erklärte Wahnsinnige. Sie sind manchmal Schriftsteller und Künstler. Aber diese weisen dieselben geistigen – und meist auch leiblichen – Züge auf wie diejenigen Mitglieder der nämlichen anthropologischen Familie, die ihre ungesunden Triebe mit dem Messer des Meuchelmörders oder der Patrone des Dynamit-Gesellen statt mit der Feder oder dem Pinsel befriedigen. Einige dieser Entarteten des Schrifttums, der Musik und der Malerei sind in den letzten Jahren außerordentlich in Schwang gekommen und werden von zahlreichen Verehrern als Schöpfer einer neuen Kunst, als Herolde der kommenden Jahrhunderte gepriesen.[21]

Seinem Ausgangspunkt entsprechend strukturierte Nordau sein Buch wie eine medizinische Studie: Kapiteln über »Symptome« und »Diagnose« folgen solche über »Prognose« und »Therapie«. Die Beispiele suchte er z. B. bei den Präraffaeliten, Realisten, Impressionisten und Symbolisten. Auf dem Widmungsblatt formulierte er seine Intention:

> Ich habe es nun unternommen, die Moderichtungen in Kunst und Schrifttum möglichst nach ihrer Methode zu untersuchen und den Nachweis zu führen, daß sie ihren Ursprung in der Entartung ihrer Urheber haben und daß ihre Bewunde-

17 Zitiert nach der Wiedergabe des Briefes in der Fränkischen Tageszeitung vom 10. September 1935.

18 Ein Abschnitt ist wiedergegeben in den NSMH 5, 1934, Heft 47, S. 188-191.

19 Zu Nordau vgl. Jens Malte Fischer 1977 und 1984; Mattenklott 1987; Roh 1962a, S. 30-32; Wyss 1989, S. 240-258. Jens Malte Fischer (1984, S. 348) verweist darauf, daß der Begriff »Entartung« bereits in der antisemitischen Diskussion der Bismarckzeit in die kulturpolitische Debatte einbezogen worden sei: »In der ›Antisemitischen Correspondenz – Centralorgan der deutschen Antisemiten‹, die zwischen 1885 und 1890 in Leipzig erschien und eng mit der ›Deutschen Antisemitischen Vereinigung‹ zusammenhing, findet sich in der Ausgabe vom 1.9.1888 folgender Satz [...]: ›Die Entartung der Kunst ist aber der sichere Vorbote der sittlichen und weiterhin der leiblichen Entartung‹«. Darin sieht Fischer einen der ersten Belege für eine dezidiert agitatorische Begriffsverbindung im deutschen Sprachraum.

20 Deutsch von A. Courth, Genie und Irrsinn, Leipzig 1887 [?]. Lombroso – bekannt geworden durch seine Thesen von der durch erbliche physiopsychische Anomalie bedingten Ursache von Verbrechen (dem »geborenen Verbrecher«) – fußte auf den Darlegungen seines französischen Kollegen Bénédict Augustin Morel, welcher 1857 den Satz geprägt hatte, der als »Morelsches Gesetz« in die Geschichte der Psychiatrie eingehen sollte: »Les dégénérations sont des déviations maladives du type normal de l'humanité héréditairement transmissibles, et évoluant progressivement vers la déchéance« (zitiert nach Horst Rüdiger 1981, S. 288). Die deutsche Psychiatrie übernahm den Terminus (vgl. etwa Arndt 1895; Hildebrandt 1920, Bumke 1922). Letzterer setzt sich kritisch mit Nordau auseinander: »Das schon erwähnte Beispiel Nordaus belegt nur die allgemeine und beinahe selbstverständliche Erfahrung, daß jede Ausdehnung dieses Begriffes, die von Fachgenossen vorgenommen wird, zu den abenteuerlichsten Übertreibungen in der nichtärztlichen Literatur Veranlassung gibt« (S. 97); »Denn der Schluß Nordaus: ein Volk, das sich von psychopathischen Künstlern begeistern läßt, muß selbst entartet sein, kehrt in der literarischen Behandlung der Entartungsfrage auch heute noch in allen möglichen Tonarten wieder. In Wahrheit liegt, wenn man nicht jede ungewöhnliche Begabung an sich zur Degeneration zählt, gar kein Grund für die Annahme vor, daß psychisch abnorme Persönlichkeiten in der literarischen und künstlerischen Entwicklung der letzten 50 Jahre eine größere Rolle gespielt haben als früher« (S. 99). Vgl. auch Baader 1990, besonders S. 25; Pallmert 1993, S. 308; Wittkower 1989, S. 116-120 und S. 300-302.

21 Nordau zitiert nach Mattenklott 1987, S. 28.

rer für Kundgebungen des stärker oder schwächer ausgesprochenen moralischen Irrsinns, des Schwachsinns und der Verrücktheit schwärmen.[22]

Die »Entartung der Urheber« und ihrer »Bewunderer« als psychische und physische Krankheit! An anderer Stelle schrieb Nordau, die »merkwürdige Vortragsweise neuerer Maler, der Impressonisten, Punktierer oder Mosaisten, der Zitterer und Flimmerer, der brüllenden Koloristen, der Grau- und Fahlfärber«[23] sei nur durch eine Störung des Nervenapparates und der Netzhaut zu erklären. Wie unmittelbar diese biologistische Anschauung von den Nationalsozialisten übernommen wurde, zeigt eine Passage aus Hitlers Rede zur Eröffnung der Großen Deutschen Kunstausstellung am 18. Juli 1937:

Entweder diese sogenannten ›Künstler‹ sehen die Dinge wirklich so und glauben daher an das, was sie darstellen, dann wäre nur zu untersuchen, ob ihre Augenfehler entweder auf mechanische Weise oder durch Vererbung zustandegekommen sind. [...] Oder aber sie glauben selbst nicht an die Wirklichkeit solcher Eindrücke.[24]

Natürlich haben sich die Nationalsozialisten nie explizit auf den Juden und Zionisten Nordau bezogen, folgten ihm aber letztlich bis zur Verwirklichung der von ihm verschriebenen »Therapie«. Nordau schreibt:

Die Mystiker, besonders aber die Ichsüchtigen und die unflätigen Pseudo-Realisten, sind Gesellschaftsfeinde schlimmster Art. [...] Für das lüsterne Raubtier ist bei uns kein Platz, und wenn du dich unter uns wagst, so schlagen wir dich unbarmherzig mit Knüppeln tot.[25]

1894 veröffentlichte der Maler, Bildhauer und Kunstkritiker des General-Anzeigers Martin Feddersen[26] in München (das in der zweiten Hälfte des 19. Jahrhunderts als die bedeutendste deutsche Kunststadt galt) ein 38seitiges Pamphlet mit dem Titel »Die Entartung der Münchener Kunst«[27]. Es richtete sich gegen den im April 1892 gegründeten und im Juli 1893 erstmals mit einer eigenen Ausstellung an die Öffentlichkeit getretenen »Verein bildender Künstler Münchens«, die Secession. Feddersen greift die Vertreter der »modernsten Richtung«[28] – namentlich Lovis Corinth, Franz von Lenbach, Max Liebermann, Edvard Munch, Franz von Stuck, Wilhelm Trübner, Fritz von Uhde u. a. – scharf an. Dabei spricht er von »scheußlichen Verirrungen«[29], die er hauptsächlich an Exponaten der 6. Internationalen Kunstausstellung (1. Juni bis Ende Oktober 1892 im Münchner Glaspalast[30]) festmacht:

Aber in den schmutzigen, verblasenen Landschaften der Schotten, in den geradezu unsinnigen Bildern eines Toorop, in der schwachsinnigen und niedrigen Darstellung der heiligen Geschichte eines Uhde, in der geradezu gemeinen Auffassung Christi eines Trübner, in der gräßlichen Kreuzigung eines Stuck u.s.w. sieht man Originalität oder künstlerische Individualität, weil sie in einer Art geschaffen sind, an die allerdings bisher niemand gedacht hat.[31]

Dabei versichert der Verfasser:

Nicht philisterhaftes Festhalten an dem Alten ist es, was uns diese Werke geringschätzen, ja verabscheuen läßt, sondern die sittliche Empörung gegen das Kleinliche, Niedrige, Rohe, Gemeine, gegen Unwahrheit und Unnatur.[32]

22 Zitiert nach ebenda.
23 Zitiert nach Roh 1962a, S. 30.
24 Zitiert nach Schuster 1987, S. 250f.
25 Zitiert nach Flaker 1987, S. 115.
26 Feddersen, 1849 in Hamburg-Altona geboren, übersiedelte 1872 nach München (vgl. Thieme/Becker, Bd. 11, S. 332).
27 Benutzt wurde das Exemplar in der Bayerischen Staatsbibliothek München (Signatur Bavar. 8° 1317 xtp 3). Auszüge in: Ebertshäuser 1983, S. 161f. Vgl. auch Heise 1975, S. 32.
28 Feddersen 1894, S. 5 und S. 10.
29 Ebenda, S. 15.
30 Daten nach Hütsch 1980, S. 92.
31 Feddersen 1894, S. 4. Vgl. Feddersens Bezugnahme auf die Ausstellung auf S. 1. Die genannten Werke lassen sich identifizieren, beispielsweise handelt es sich bei Franz von Stucks »Kreuzigung« um das seit 1903 der Staatsgalerie Stuttgart gehörende Bild (vgl. Lange 1907, S. 275, Nr. 903a; Voss 1973, S. 267, Nr. 77/290; Schuster 1984, S. 174, Nr. 47).
32 Feddersen 1894, S. 10.

Darüber hinaus empört er sich über den »verderblichen Einfluß« dieser Künstler, dem es zuzuschreiben sei, »daß man für die Werke der fremden Nationen ein größeres Interesse hat, als für die Werke des eigenen Volkes« und »daß das Kunsturtheil hier in München [...] ein ganz verworrenes, unklares geworden« sei.[33] Indem er die staatliche Ankaufspolitik anprangert, nimmt er einen weiteren Topos nationalsozialistischer Femepraxis vorweg. Wie zuvor Nordau, so empfiehlt auch Feddersen ein härtere Gangart:

> Mich dünkt, es wäre doch endlich an der Zeit, mit den Sezessionisten eine ganz andere Sprache zu führen und ihnen ihren Künstlergrößenwahn und Hochmuthsteufel gehörig auszutreiben und das kann nur dadurch geschehen, daß man diesen Leuten zeigt, wie es eigentlich um ihre Kunst bestellt ist, wie ihre Kunstanschauung im groben Grund verdorben ist. Denn die Sezession ist doch entstanden aus einer faulen Kunstrichtung, welcher nur die heutigen Führer und deren Schüler oder Anhänger huldigen.[34]

Die Reihe der geistigen Wegbereiter des Nationalsozialismus, der proto- und präfaschistischen Autoren ebenso wie solcher, die von den Nationalsozialisten für ihre Zwecke vereinnahmt wurden, ließe sich fortsetzen. Zu denken ist hier etwa an Richard Wagner (1813 bis 1883), Georg Ritter von Schönerer (1842 bis 1921), Friedrich Nietzsche (1844 bis 1900), Julius Langbehn (1851 bis 1907), Georges Comte Vacher de Lapouge (1854 bis 1936), Adolf Bartels (1862 bis 1945), Stefan George (1868 bis 1933), Adolf Josef Lanz (»Jörg Lanz von Liebenfels«, 1874 bis 1954) und Arthur Moeller van den Bruck (1876 bis 1925). Dort sind die Elemente des NS-Ideenkonglomerats vorgeprägt: Rassenwahn, Antisemitismus, Germanenkult, Kampfdoktrin, Radikalnationalismus, »Lebensraum«-Ideologie, Antimarxismus bzw. Antibolschewismus, Antiparlamentarismus, Fortschrittsfeindlichkeit, Intellektuellenhaß. Hierzu schreibt Martin Broszat:

> Den Kernbestand der nationalsozialistischen Ideologie bildeten nationalistische, alldeutsche, völkisch-antisemitische, antimarxistische und antiliberale Vorstellungen, die in dieser oder anderer Zusammensetzung schon vor 1914 in Deutschland zu Wort gekommen waren, aber erst nach dem Erlebnis des Ersten Weltkrieges, der Niederlage und Revolution stark an Virulenz zugenommen hatten. Im ersten Abschnitt ihrer Existenz (bis 1923) war die NSDAP eine der zahlreichen völkischen Gruppen, die nach Kriegsende nahezu überall in Deutschland als Ausdruck des irrationalen nationalen Protestes und Trotzes entstanden waren.[35]

33 Ebenda, S. 1, S. 2 und S. 5.
34 Ebenda, S. 16.
35 Broszat 1989, S. 33. Vgl. zur NS-Ideologie auch Hans Mommsen 1991.

2.2 Kunstskandale in Kaiserreich und Weimarer Republik

Der nationalsozialistischen Kampagne »Entartete Kunst« war während des Kaiserreichs und der Weimarer Republik in langjährigen Auseinandersetzungen um die moderne Kunst der Boden bereitet worden. Wie stark die antimodernistischen Strömungen, die sich parallel zur modernen Kunst gegen Ende des 19. Jahrhunderts entwickelten, mit konservativer und nationalistischer Ideologie durchsetzt waren, zeigt der Streit um den französischen Impressionismus.

Der erste Museumsleiter, welcher der französischen Avantgarde die Pforten seines Hauses öffnet und damit ein weithin sichtbares Signal setzt, ist Hugo von Tschudi, Direktor der Nationalgalerie Berlin von 1896 bis 1909.[1] Von der Bedeutung dieser Kunst – auch im Hinblick auf das Verständnis des aktuellen Kunstschaffens in Deutschland – überzeugt, verfolgt Tschudi den Aufbau einer repräsentativen Sammlung französischer Malerei der Gegenwart. Als sein kühnes Vorhaben am Widerstand der Verwaltung (Landes-Kunstkommission), die an einem strikt traditionalistischen Kurs festhält, zu scheitern droht, bemüht sich Tschudi erfolgreich um Schenkungen. Auf diesem Wege gelangen 1896 Werke von Constable, Courbet, Manet, Monet, Degas, Segantini, Rodin und Meunier in die Sammlung. Im Dezember desselben Jahres veranstaltet der Direktor eine aufsehenerregende Ausstellung der Neuzugänge. Sie bringt ihm die Unterstützung von liberaler und progressiver Seite sowie die erbitterte Gegnerschaft offizieller und (sich benachteiligt fühlender) konservativer Künstlerkreise (Anton von Werner) ein. Es kommt zum Eklat. Im März 1899 wird der Museumsleiter im Preußischen Landtag öffentlich angegriffen. Ende August des Jahres geht beim Kultusministerium ein Erlaß Kaiser Wilhelm II. – dessen Ressentiments gegen die moderne Kunst, insbesondere des »Erzrivalen« Frankreich allgemein bekannt waren[2] – ein, wonach alle Neuerwerbungen der Nationalgalerie (Schenkungen inbegriffen!) der vorherigen Genehmigung des Monarchen bedürfen. Außerdem heißt es in der Anordnung:

> Ich habe bei einem Besuche der Nationalgalerie im Frühjahr d. J. wahrgenommen, daß Gemälde, welche vermöge des Gegenstandes ihrer Darstellung besonders geeignet scheinen, einen bildenden Einfluß auf die Besucher auszuüben, und auch durch ihren künstlerischen Wert die nationale Kunst in hervorragender Weise repräsentieren, von ihrem bevorzugten Platze beseitigt und durch Bildwerke der modernen Kunstrichtung ersetzt worden sind. Diese Veränderungen finden meinen Beifall nicht, und ich wünsche, daß die bezeichneten Werke wieder an ihre alte Stelle gebracht und die neueren Bilder an einer weniger hervorragenden Stelle untergebracht werden.[3]

1 In der Darstellung der »Affäre Tschudi« fuße ich auf Teeuwisse 1986, S. 197-220. Vgl. hierzu jüngst ausführlich Barbara Paul 1993. Zur wilhelminischen Kunstpolitik im allgemeinen und zur Rezeption des Impressionismus in Deutschland im besonderen vgl. ferner Bartmann 1985; von Bismarck 1992; Bushart 1990, S. 53-57 und passim; Czymmek 1990; Eckhardt 1956; Feilchenfeldt 1993; Glaser 1984; Barbara Lange 1992; Lenman 1994; Mai/Pohl/Waetzoldt 1982; Paret 1981. Vgl. auch die Sammelrezension von Wappenschmidt 1988.

2 In seiner berühmten Rede »Die wahre Kunst« vom 18. Dezember 1901 anläßlich der Eröffnung der Berliner Siegesallee prägte Wilhelm II. die denkwürdigen Sätze: »Eine Kunst, die sich über die von Mir bezeichneten Gesetze und Schranken hinwegsetzt, ist keine Kunst mehr [...]. Wenn nun die Kunst, wie es jetzt vielfach geschieht, weiter nichts tut, als das Elend noch scheußlicher hinzustellen, wie es schon ist, dann versündigt sie sich damit am deutschen Volke. Die Pflege der Ideale ist zugleich die größte Kulturarbeit, [...] und soll die Kultur ihre Aufgabe voll erfüllen, dann muß sie bis in die untersten Schichten des Volkes hindurchgedrungen sein. Das kann sie nur, wenn die Kunst die Hand dazu bietet, wenn sie erhebt, statt daß sie in den Rinnstein niedersteigt« (zitiert nach Johann 1966, S. 102). Vgl. Julius Meier-Graefe, Wilhelm II. und die Musen, in: Berliner Tageblatt, 30. April 1929 (abgedruckt in: Schumann 1987, S. 221-228) sowie Paul Westheim, Von der »Rinnsteinkunst« zum »Kulturbolschewismus«, in: Die Sammlung 1, 1934, Heft 10, S. 544-559 (abgedruckt in: Tanja Frank 1985, S. 5-12).

3 Zitiert nach Teeuwisse 1986, S. 213f.

Obwohl sich Tschudi der kaiserlichen Intervention beugt, weicht er doch nicht von seiner Grundlinie ab. Als der unbeliebte Direktor sich nachdrücklich für die 1898 gegründete Secession engagiert, spitzt sich der Konflikt zu. Im Kultusministerium wird die Versetzung des Direktors erwogen. Jedoch bringt erst das Jahr 1908 das Ende von Tschudis Tätigkeit in Berlin. Nachdem der Direktor mit Billigung des Kaisers vier Gemälde von Künstlern der Schule von Barbizon mittels privater Gelder erworben hat, verbietet Wilhelm ihre Ausstellung. Tschudi ist unhaltbar geworden. Er wird zunächst beurlaubt und verläßt 1909 endgültig Berlin, um einer Berufung zum Direktor der Bayerischen Gemäldesammlungen in München zu folgen. Zwei Jahre später stirbt er.

Der französische Impressionismus – den der Heidelberger Kunsthistoriker Henry Thode 1907 als »entartet« inkriminiert[4] –, sein Einfluß auf deutsche Künstler und sein Eindringen in deutsche Museen, ist auch der Hintergrund zweier vielbeachteter, von kulturellem Chauvinismus und Frankophobie zeugenden Schriften des Jahres 1911. In dem dickleibigen Buch »Die Herabwertung deutscher Kunst durch die Parteigänger des Impressionismus«[5] setzt sich sich der Mannheimer Rechtsanwalt und Stadtrat Theodor Alt, Mitglied der Ankaufskommission der Städtischen Kunsthalle, mit Julius Meier-Graefes 1904 in erster Auflage und in drei Bänden erschienener »Entwicklungsgeschichte der modernen Kunst« auseinander. Der Impressionismus, so der Autor, führe zu einem »perversen Kunstspiel« (Seite 233), seine Geschichte sei eine »Entartungsperiode der Kunst« (Seite 364). Vincent van Gogh ist für ihn »dieser geisteskranke Dilettant« (Seite 353), »Cézanne war geistig nicht normal« (Seite 366). Alt vergleicht z. B. Defregger mit Manet, Liebermann mit Marées und Hildebrand mit Rodin und kommt zu dem Schluß, die deutsche Kunst sei der französischen überlegen.

Als Gustav Pauli 1910/11 ein Gemälde van Goghs (»Mohnfeld«) für die Bremer Kunsthalle erwirbt, erhebt sich ein Sturm der Entrüstung. Carl Vinnen (1863 bis 1922), ein aus Bremen gebürtiger, der Künstlerkolonie Worpswede nahestehender Landschaftsmaler[6], organisiert einen »Protest deutscher Künstler«[7]. Unter diesem Namen erscheint im Verlag Eugen Diederichs (Jena) ein Pamphlet, über welches Franz Marc in einem Brief an August Macke vom 12. April 1911 schreibt:

> Die Broschüre [...] enthält neben dem Kampfteil des Herausgebers (der Worpsweder Vinnen) eine Masse von Zustimmungserklärungen, mit ausführl. Begründungen, von deutschen Künstlern und Kunstschriftstellern, ein einmütiger wütender Protest gegen die heute herrschende Wertung der französischen Moderne (van Gogh, Signac bis Matisse u. Picasso) und vor allem deren Ankauf von Museumsleuten und sonstigem Snob. Unter den Beifallserklärungen figuriert fast die gesamte Münchner Sezession, ferner Worpsweder, Arthur Kampf, Trübner, Zwintscher, Greiner, Schultze-Naumburg, Dill etc. Berliner Sezession scheinbar niemand. Mir kam sofort die Idee einer Entgegnung, aber natürlich auf breiter Basis, mit dem Rückhalt von Namen (Tschudi, Berliner Sezession, Sonderbund etc). Aber jemand muß dazu die Anregung geben, – warum sollten wir es nicht thun?[8]

4 In einer am 15. Mai 1907 in der Heidelberger Zeitung (4. Blatt) erschienenen Rezension über eine Ausstellung von Heinrich Reifferscheid im Heidelberger Kunstverein (vgl. Präger 1994, S. 124) schreibt Thode mit Blick auf den Impressionismus: »Der ist ja so alt, so alt, so entartet und so abgelebt [...]« (Das Manuskript befindet sich im NL Henry Thode, Universitätsbibliothek Heidelberg). Henry Thode (1857 bis 1920) war Professor an der Universität Bonn (1886 bis 1889) und Direktor des Städelschen Kunstinstituts in Frankfurt am Main (1889 bis 1891), bevor er den neueingerichteten Lehrstuhl für Kunstgeschichte an der Universität Heidelberg bekleidete (1894/96 bis 1911). Der Schwiegersohn Cosima Wagners sah das Ideal einer »deutschen« Kunst in Wagner und Hans Thoma verkörpert. Seine ablehnende Haltung gegenüber der Moderne führte zu publizistischen Kontroversen mit Julius Meier-Graefe und Max Liebermann. Vgl. hierzu Szylin 1993, passim.

5 Alt 1911. Zu den Invektiven Alts, auch im Zusammenhang mit den Erwerbungen von Bildern Édouard Manets (»Die Erschießung Kaiser Maximilians von Mexico«, erworben 1909) und Paul Cézannes (»Raucher mit aufgestütztem Arm«, erworben 1912) durch die Kunsthalle Mannheim, vgl. Brömmer 1993, S. 127; Heinz Fuchs 1983, S. 6 und S. 10; Barbara Lange 1992, S. 175f.; Barbara Paul 1993, S. 319-327; Roh 1962a, S. 32f.

6 Werke Vinnens befinden sich in mehreren öffentlichen Sammlungen, darunter Berlin, Braunschweig, Bremen, Dresden, Hamburg und Lübeck. Vgl. Thieme-Becker, Band 34, S. 394 sowie in jüngerer Zeit ausführlich von Düring 1992, S. 22 und S. 48-52.

7 Zu Vinnens Protestschrift und ihrer Wirkung vgl. Busch 1969, S. 30-35; von Bismarck 1992, S. 31f.; Bushart 1990, S. 46-48; Eckhardt 1956, S. 64-73; Flechtheim 1987, S. 37 mit Anm. 3 und S. 116; Hüneke 1986b, S. 413-437; Lenman 1994, passim; Manheim 1987; von Maur 1979, Bd. 1, S. 30f.; Paret 1981, S. 261-285; Barbara Paul 1993, S. 319-327; Reinhard Piper 1947, S. 431-433; Roh 1962a, S. 33-35; Schuster 1987, S. 22f.; Staatliche Museen zu Berlin 1986, S. 98-102.

Die Einleitung Vinnens basiert auf zwei Zeitungsartikeln des Autors in den Bremer Nachrichten und enthält folgende Kernsätze:

> Angesichts der großen Invasion französischer Kunst, die sich seit einigen Jahren in den sogenannten fortgeschrittenen deutschen Kunstkreisen vollzieht, scheint es mir ein Gebot der Notwendigkeit zu sein, daß deutsche Künstler ihre warnende Stimme erheben. [...] Worin liegt die große Gefahr dieser Einführung fremder Kunst, sobald die Spekulation sich ihrer bemächtigt? Nun, vor allem in der Überschätzung fremden Wesens, das unserer eigenen, ursprünglichen Veranlagung nicht adäquat ist. [...] Und wo fremde Einflüsse hier nicht nur verbessern, sondern von Grund aus umgestalten wollen, da liegt eine große Gefahr für unser Volkstum vor. [...] Bedenkt man nun die ins Riesenhafte gesteigerten Preise, so gehen jährlich Millionen der vaterländischen Kunst verloren [...].[9]

Die Attacken Vinnens richten sich gegen Künstler der jüngeren Generation, gegen Kunsthändler, Kunstkritiker und Museumsdirektoren. Unter den 138 Künstlern, welche sich zustimmend äußern, figurierten prominente ebenso wie gänzlich unbekannte: Neben den von Marc genannten waren es z. B. Fritz Boehle, Hans am Ende, Max Feldbauer, Thomas Theodor Heine, Angelo Jank, Friedrich August von Kaulbach, Käthe Kollwitz, Fritz Mackensen, Richard Müller (der 1933 maßgeblich an der Dresdner Vorläuferausstellung beteiligt sein wird), Fritz von Ostini, Leo Samberger, Franz von Stuck, Albert Weisgerber und Heinrich von Zügel. Noch im selben Jahr, im Juli 1911, erscheint die von Franz Marc initiierte Entgegnung im Münchner Verlag Piper: »Im Kampf um die Kunst. Die Antwort auf den ›Protest deutscher Künstler‹«. Günter Busch, ein Nachfolger Paulis in der Leitung der Bremer Kunsthalle, äußert sich hierzu:

> In rund 60 Beiträgen nehmen Künstler, Galeriedirektoren, Sammler und Schriftsteller von Rang und Namen in seltener Einmütigkeit Stellung – nicht weil sie die Argumente Vinnens im einzelnen für diskussionswürdig erachteten, sondern [...] weil sie darin symptomatische Äußerungen begreifen.[10]

Das Wort ergreift eine Gruppe von 44 Künstlern (z. B. Max Beckmann, Wassily Kandinsky, Max Liebermann, August Macke, Max Pechstein, Christian Rohlfs, Max Slevogt), neun Galeriedirektoren (darunter Alfred Lichtwark, Karl Ernst Osthaus, Gustav Pauli, Georg Swarzenski), 15 Kunstkritikern (Wilhelm Hausenstein, Wilhelm Worringer u. a.) sowie etlichen Kunsthändlern (z. B. Paul Cassirer, Alfred Flechtheim) – zwei Jahrzehnte später eine regelrechte »schwarze Liste« für die Nationalsozialisten. Ron Manheim bemerkt zum Sprachgebrauch in der Debatte:

> Die vielfache Verwendung von Begriffen aus dem Bereich der medizinisch-psychologischen Normierung, wie »krankhaft«, »pathologisch« und »Entartung« fällt besonders auf. Sie waren sowohl in Protest- wie auch in Antwort-Kreisen allgemein gebräuchlich, ebenso wie das Wort »gesund«, das als ihr Gegenpart zum gleichen Vokabular gehört. Eine Kategorie von Begriffen, die zum Bereich der »Völkerkunde« gehörten, wurde ebenfalls von beiden »Parteien« mit gleicher Selbstverständlichkeit benutzt: »Rasse«, »rassenmäßig«, »germanisch«, »arisch«, »nordisch«, »Blut«, »Volkstum«, usw. Schließlich fällt auf, daß in dieser Kunstdebatte mit Redewendungen wie »die Gegner beiseite drücken«, »Rückstoß in geschlossener Linie«, »Kampf um die Kunst« und »sieghafte Kraft« mehrmals und auf beiden Seiten ein Ton angeschlagen wurde, der eher an Kriegsführung als an künstlerische Rivalität erinnert.[11]

Mit der Kontroverse um den Impressionismus begann und kulminierte zugleich der Streit um die Moderne in Deutschland.[12] In Kaiserreich und Weimarer Republik fand er seine Fortsetzung in zahlreichen Skandalen um das Werk und die öffentliche Präsentation einzelner Künstler. Ankäufe wurden verhindert, Ausstellungen zensiert oder geschlossen – so etwa am 13. November 1892 nach nur fünf Besichtigungstagen die Munch-Ausstel-

8 Zitiert nach Staatliche Museen zu Berlin 1986, S. 98.
9 Zitiert nach ebenda, S. 99.
10 Busch 1969, S. 34. Vgl. auch Reinhard Piper 1947, S. 431-433.
11 Manheim 1987, S. 285f.
12 Das Thema blieb auch in den nächsten Jahrzehnten virulent. Vgl. Wilhelm Westecker, Wider die Franzosensucht. Wandlung der deutschen Kunst, in: Berliner Börsen-Zeitung, 20. Mai 1932 (auszugsweise zitiert in Kapitel 3.7), in welchem sich der Autor über die Ankaufspolitik in Ulm und Mannheim mokiert.

lung im Verein Berliner Künstler[13] –, Künstler mußten sich vor Gericht verantworten. Nicht selten entzündeten sich die Attacken an Kunstwerken und Künstlern, die später in der NS-Aktion »Entartete Kunst« eine Rolle spielen sollten, so z. B. im Falle von Otto Dix, George Grosz, Ludwig Gies und Wilhelm Lehmbruck.[14]

Eine Ausstellung ist es auch, die am 12. April 1913 den preußischen Landtag in seiner 164. Sitzung beschäftigt. Der 1909 gegründete »Sonderbund westdeutscher Kunstfreunde und Künstler« richtet 1912 in Köln die berühmt gewordene Sonderbundausstellung aus, die Werke der internationalen Avantgarde (Cézanne, Gauguin, van Gogh, Vlaminck, Picasso, Munch, Kandinsky, Barlach, Lehmbruck u. a.) präsentiert. Dieses vielbeachtete Ereignis nimmt ein Abgeordneter der Freikonservativen, Julius Vorster, zum Anlaß einer Polemik, über welche Herwarth Walden, Kunstkritiker, Galerist und Schriftsteller, in der von ihm herausgegebenen Zeitschrift Der Sturm berichtet:

> Herr Vorster versah sich mit einigen Reproduktionen der Sonderbundausstellung zu Köln und einigen Nummern dieser Zeitschrift und versuchte durch eine lange Rede die »krankhafte Entwicklung der bildenden Künste« aufzuhalten. [...] Er beklagt sich über die Porträts, die wie Karikaturen aussehen (sehr richtig!). Über Landschaften, bei denen man versucht hat, der Natur die allerhäßlichste Seite abzugewinnen (sehr richtig!). Er beruft sich auf die Herren Landwirte als Sachverständige für Tierbilder: »Sehen Sie bitte einmal diese gelbe Kuh an« (sehr richtig!). Ganz besonders interessant findet er »die sogenannten Vexierbilder«. Diese Vexierbilder erinnern ihn an die erste Schöpfung der Malerei bei den Naturvölkern [und] an die Kunstleistungen von achtjährigen Knaben [...]. Er findet ferner, daß »Ziel und Aufgabe der wahren Kunst ist, das Schöne und Erhabene in der Natur und im Menschenleben zu schildern«. Und hierauf bittet Herr Vorster das Kultusministerium dringend, »der krankhaften Kunst keine Förderung angedeihen zu lassen (bravo!), d. h., insbesondere keine Ankäufe für Museen (Heiterkeit). [...] Denn, meine Herren, wir haben es hier mit einer Richtung zu tun, die von meinem Laienstandpunkt aus eine Entartung bedeutet, eins der Symptome einer krankhaften Zeit« (lebhafter Beifall). [...] Von 443 Abgeordneten widersprach niemand.[15]

In der hier aufgestellten Gleichung: abweichend vom Naturvorbild = häßlich = pathologisch/entartet, ist der Einfluß von Nordaus Gedankengut evident. Und was ist die Berufung auf das Urteil der »Herren Landwirte« in Sachen Tierdarstellungen anderes als das von den Nationalsozialisten so häufig (und dabei scheinheilig) beschworene »gesunde Volksempfinden«? Wie verbreitet diese Vorstellungen sind und wie häufig sie Eingang in die Kunstpublizistik gefunden haben, mögen einige wenige exemplarische Pressestimmen zu Ausstellungen moderner Kunst verdeutlichen. In ihnen ist die NS-Berichterstattung über die »Schreckenskammern« und die Ausstellung »Entartete Kunst« in Inhalt und Diktion vorweggenommen.

Vom 1. bis 14. September 1910 findet in der Münchner »Modernen Galerie« von Heinrich Thannhauser die zweite Ausstellung der »Neuen Künstlervereinigung München« statt, die anschließend nach Karlsruhe, Mannheim, Hagen, Berlin und Dresden wandert. Sie vereinigt Werke von Mitgliedern der Vereinigung – Adolf Erbslöh, Alexej von Jawlensky, Wassily Kandinsky, Alexander Kanoldt, Alfred Kubin, Gabriele Münter und Marianne von Werefkin – mit solchen internationaler Künstler wie Georges Braque, André Derain, Kees van Dongen, Pablo Picasso, Maurice Vlaminck u. a. Die Reaktionen der Tageszeitungen reichen von verständnislosem Kopfschütteln bis zu wütenden Attacken. In den Münchner Neuesten Nachrichten schreibt M. K. Rohe am 10. September 1910:

13 Vgl. hierzu Teeuwisse 1986, S. 183-197 sowie zuletzt Kneher 1994, S. 9-22.

14 Zu Dix' monumentalem Bild »Schützengraben« vgl. Crockett 1992 sowie Schröck-Schmidt 1989 und 1991, zu Dix' Gemälde und Radierung »Mädchen am Spiegel« Dietrich Schubert 1991a, S. 52f. Zur Kohlezeichnung »Maul halten und weiter dienen (Christus mit der Gasmaske)« von Grosz aus dem Jahr 1928, reproduziert als Blatt 10 der Mappe »Hintergrund«, vgl. Neugebauer von der Schulenburg 1993. Vgl. zu diesen Werken von Dix und Grosz sowie weiteren Fällen auch Hütt 1990. Zur Holzskulptur »Kruzifixus« von Ludwig Gies vgl. Ernsting 1990b, Howoldt 1988 sowie Nikolov 1990, S. 38-42 und 1992, S. 142f. Zu Wilhelm Lehmbrucks Plastik »Kniende« vgl. Salzmann 1979 und 1981. Zum Thema von Interesse ebenso Kneher 1994, Lankheit 1968, Wahl 1988 sowie die jüngst erschienene umfassende Darstellung zur Zensur in der Weimarer Republik von Petersen 1995.

15 Zitiert nach Claus 1962, S. XII. Ein längeres Zitat der Rede Vorsters ist abgedruckt in: Verkannte Kunst 1957, o. S. Vgl. auch Hoffmann-Curtius 1990, S. 57; Ott 1968, S. 99f.; Pallmert 1993, S. 308.

Diese absurde Ausstellung zu erklären, gibt es nur zwei Möglichkeiten: Entweder man nimmt an, daß die Mehrzahl der Mitglieder und Gäste der Vereinigung unheilbar irrsinnig ist, oder aber, daß man es mit schamlosen Bluffern zu tun hat, denen das Sensationsbedürfnis unserer Zeit nicht unbekannt ist und die die Konjunktur zu nutzen versuchen. Ich für meinen Teil neige, trotz gegenteiliger heiliger Versicherungen, letzterer Ansicht zu [...]. Einmal ist ihre Ausstellung als Ganzes genommen konzentrierter Unsinn, dann aber findet man auch außerdem noch eine Synthese aus sämtlichen Unzulänglichkeiten und nichts weniger als entwicklungsfähigen Manierismus der Kunst der Völker und Zonen vor, von den kannibalistischen Naturvölkern bis herauf zu Neupariser Decadents.[16]

In ähnlicher Weise äußert sich G. J. Wolf in der Zeitschrift Die Kunst für Alle:

Man greift sich wie von Sinnen an den Kopf, wenn man vor diesen merkwürdigen Gebilden steht. Man will es lange nicht glauben, daß man es hier nicht mit einem spaßhaften Bluff zu tun hat. Und wenn man sich endlich wohl oder übel entschließt, die Sache Kunst zu nennen, so steigen einem wohl berechtigte Zweifel pathologischer Natur auf. Hier muß eine ganz verrückte Massensuggestion am Werk gewesen sein [...]. Jetzt phantasieren sie mit Pinsel und Stift wie Fieberkranke, wie Morphium- und Haschischtrunkene [...]. Von Euch wird uns kein Heil kommen, westlich-östliche Apostel einer neuen Kunst![17]

Als »ganz ordinären, gewöhnlichen Schwindel« apostrophiert Fritz Karpfen in seiner Schrift »Der Kitsch. Eine Studie über die Entartung der Kunst« (Hamburg 1925, o. S.) ein Werk des Bauhaus-Lehrers Johannes Itten. Weitere typische Vorwürfe artikuliert ein Rezensent der Darmstädter Exposition »Deutscher Expressionismus 1920« im Jahre 1920. Er vergleicht die Exponate mit Kinderzeichnungen (»Das bringt der kleine Moritz auch fertig«) und bedauert, »daß man sich nicht auch aus einer psychiatrischen Klinik von Geisteskranken gezeichnete Motive verschafft hat«.[18] Ab 1933 werden das die Inszenatoren der »Schreckenskammern« in die Tat umsetzen.

Auch der Terminus »Schreckenskammer« entsprang nicht der Phantasie der Nationalsozialisten. Als Alfred Lichtwark, Direktor der Hamburger Kunsthalle von 1886 bis 1914, eine »Sammlung von Bildern aus Hamburg« zeitgenössischer Maler zusammenträgt und sie in einem eigenen Saal ausstellt, wird dieser vom Volksmund bald »Schreckenskammer« genannt.[19] Dieser Begriff taucht ebenso in einer Rezension der Ausstellung »Französische Künstler« im Münchner Kunstverein auf, erschienen in den Münchner Neuesten Nachrichten vom 12. September 1906.[20] Und Kokoschka berichtet 1937:

Im Jahre 1908 war ich über Nacht zum Bürgerschreck in Wien geworden durch meine erste Ausstellung, die im Volksmund die Schreckenskammer hieß, weil ich mit dem Grundsatz der offiziellen Kunstgeschichte gebrochen hatte, der in Wien lautete: »Das Gewandl macht das Madl«, und weil ich Bilder von den Gesichtern der Menschen malte, wie sie eben wirklich ausschauen. [...] Die Kunstschau hatte mit einer Rauferei des Publikums geendet.[21]

Der von den Nationalsozialisten mit Vorliebe verwendete Slogan vom »Bolschewismus in der Kunst« bzw. »Kunstbolschewismus« (eine irrational-abstruse Wortkombination, hinter der sich letztlich die bürgerliche Furcht vor einer proletarischen Weltrevolution verbirgt) scheint ab etwa 1919 Eingang in die reaktionäre Kunstkritik zu finden, also zu einer Zeit, in der, als Reaktion auf die deutsche November- und vor allem die russische Oktober-

16 Zitiert nach Zweite 1991, S. 28. Vgl. auch Hüneke 1986b, S. 29f.; Lankheit 1968, S. 99f. sowie von Lüttichau 1992b, S. 302f.

17 Zitiert nach Lankheit 1968, S. 99. Zur Ausstellung der »Neuen Künstlervereinigung München« im Kunstverein Barmen (Ruhmeshalle) im Mai 1910 vgl. Becks-Malorny 1992, S. 47-51.

18 Erich Grill [Direktor des Wormser Museums], in: Wormser Volkszeitung, Datum nicht bekannt. Zitiert nach dem auszugsweisen Wiederabdruck in der Wormser Zeitung vom 27. April 1933 anläßlich der Mannheimer Vorläuferausstellung »Kulturbolschewistische Bilder« (Presseausschnitt im Archiv der Städtischen Kunsthalle Mannheim). Offenbar waren in der Darmstädter Schau von den Veranstaltern Kinderzeichnungen ausgestellt worden, um damit auf eine Inspirationsquelle der Avantgarde zu verweisen. Hier wurde der antimodernistischen Polemik eine Angriffsfläche geboten, auf die ich in Kapitel 9 zu sprechen kommen werde. Vgl. auch Kapitel 3.1.2 mit Anm. 74-76 und 80-84.

19 Vgl. Meyer-Tönnesmann 1986, S. 75.

20 Vgl. das Zitat bei Koch 1993, S. 168.

21 Oskar Kokoschka, In letzter Stunde, in: Die Wahrheit 16, 1937, Nr. 4-7 (zitiert nach dem Abdruck bei Diether Schmidt 1964, S. 89-106, hier S. 93).

Revolution, die Angst vor dem »Weltbolschewismus« weitverbreitet ist und von rechten Kreisen geschürt wird – ein gewichtiger Faktor für den Erfolg der NSDAP.[22] Die am 25. Oktober 1919 eröffnete »Herbstschau Neuer Kunst« der Stuttgarter Üecht-Gruppe, welche u. a. Werke Paul Klees und Oskar Schlemmers präsentiert, provoziert einen anonymen Artikel »Kunst und Bolschewismus« in der Süddeutschen Zeitung vom 12. November 1919. Der Verfasser sieht

> auch in dieser neuen Kunst ein neues Spiegelbild unserer Zeit und ihres Zuges nach unten, ihrer demokratischen, bolschewistischen Tendenz, in der das Tüchtige, Gesunde, das Persönliche, das Anständige, Gute, Schöne, alle aufbauenden schöpferischen Kräfte von den zerstörenden nivellierenden Kräften zugunsten des Untüchtigen, Krankhaften, Gemeinen und Rohen, des Mittelmäßigen, Schlechten und Häßlichen überwuchert werden. Bolschewismus überall![23]

In der 1919 veröffentlichten, gegen die »Secessions-Kunst« polemisierenden Broschüre »Diktatur in der modernen Kunst« bescheinigt Paul Herrmann dem Impressionismus und dem Expressionismus »die Uebertreibung und Mißhandlung der gesunden Grundideen«; gar angewidert zeigt sich der Autor von den »perversen Auswüchsen der Kubisten, Futuristen und anderer ›Sturm‹-Genossen«.[24] Im Anhang dieser Schrift echauffieren sich 80 nicht namentlich genannte Künstler über die modernen Stilrichtungen und die Museumspolitik progressiver Direktoren, dabei das Wort »Kunstbolschewismus« im Munde führend.[25] Wenig später müssen sich die Museumsleiter Carl Georg Heise (Lübeck) und Friedrich Schreiber-Weigand (Chemnitz) den Vorwurf des »Kunstbolschewismus« gefallen lassen.[26]

Daß diese Diskussionen von Anfang an von einer antisemitischen Gesinnung bestimmt sind, belegt beispielsweise ein anläßlich der »1. Internationalen Kunstausstellung Düsseldorf« im Jahre 1922 anonym veröffentlichtes Flugblatt mit der Überschrift »Jüdisch-französische Kunst in Düsseldorf«.[27] Darin wird die Ausstellung als »jüdisch-dadaistische Ausgeburt des Wahnsinns« diffamiert, die Künstler Raoul Hausmann, Otto Freundlich sowie El Lissitzky werden als »jüdische Bolschewisten« verunglimpft. Auf ähnlichem Gedankengut basieren die Schriften des Dresdner Malers und Bildhauers Richard Guhr, der als Professor an der Kunstgewerbeschule lehrte:

> In seiner 1922 erschienenen Broschüre »Der Judenstil oder der Expressionismus« beschimpfte er in primitiver Weise Max Liebermann und Oskar Kokoschka und bezeichnete die Akademien »als Brutstätten bolschewistischer und kommunistischer Theorien«.[28]

22 Massive »antibolschewistische« Agitation, die von den Nationalsozialisten aufgegriffen und mit großer Vehemenz weitergeführt werden sollte (Kap. 7.1), betrieben z. B. die »Vereinigung zur Bekämpfung des Bolschewismus« und die »Antibolschewistische Liga« in Berlin; vgl. entsprechende Plakate aus den Jahren 1918/19 bei Döring 1994, S. 86f. und Malhotra 1988, S. 14f. und Nr. 37, 87, 92. Zu den Plakaten des Münchner »Vereins zur Bekämpfung des Bolschewismus« in der unmittelbaren Nachkriegszeit vgl. Suckale-Redlefsen, in: Duvigneau/Suckale-Redlefsen 1975, S. 115-119; vgl. ferner das Wahlplakat der Bayerischen Volkspartei, 1919, in: Haerendel/Ott 1993, S. 106, Nr. 6.1. Wiederum in Berlin ansässig war die 1920 gegründete »Liga zum Schutze der deutschen Kultur«, die – z. B. durch Herausgabe einer »Antibolschewistischen Korrespondenz« – primär »antibolschewistische« Propaganda betrieb (Programm und Broschüren in: BA ZSg. 1-193/1). Diese spielte in der Frühphase der NSDAP eine zentrale Rolle: »Die gerade unter den kleinen Selbständigen verbreitete Angst vor ›bolschewistischer‹ Zerstörung ihrer Existenzgrundlagen, die auch christlich-konservative Kreise systematisch schürten, begünstigte den Ruf nach dem ›starken Mann‹« (Lehnert 1983, S. 13).

23 Zitiert nach von Maur 1979, Bd. 1, S. 89. Ebenda auch weitere Pressestimmen zu der Ausstellung – etwa der Artikel von Hermann Missenharter in der Württemberger Zeitung vom 30. Oktober 1919, in dem Klee als »Paul Zion Klee« tituliert und unter die »wurzellosen krankhaften Zeitgenossen« eingereiht wird – sowie Reaktionen der Künstler (vgl. auch Grote 1959, S. 36f.).

24 Paul Herrmann 1919, S. 5. Vgl. auch Wiemann 1949, S. 349.

25 Vgl. Paul Herrmann 1919, S. 17.

26 Heise im Zusammenhang mit dem »Kruzifixus« von Gies (vgl. Howoldt 1988, S. 170), Schreiber-Weigand bezüglich seiner Sammeltätigkeit (vgl. Kapitel 3.4).

27 Das zweiseitige Flugblatt ist reproduziert in: von Wiese 1993, S. 214f.

28 Bächler 1990, S. 305; zu Guhr vgl. Thiele 1990, S. 317-319.

29 Guhr 1923.

Im folgenden Jahr veröffentlicht Guhr das 14seitige Pamphlet »Die Schuld am Verfall der Künste«[29], in welchem er eine »unaufhaltsame Abwärtsentwicklung in Kunst und Kunstgewerbe« (Seite 3) seit dem Jugendstil konstatiert; die moderne Kunst fühle sich »zum Kunstniveau des – Negers, des Südseeinsulaners hingezogen« (ebenda) und habe »in [ihrer] eingestandenen Verwandtschaft mit den Produkten unserer Irrenhäuser jeden Anspruch auf Kulturgeltung verwirkt« (Seite 13). Der dafür verantwortliche »Schwerverbrecher« (Seite 7) sei die fortschrittliche Presse, »diese über den Erdball hin verfilzte Loge der in allen Wassern gewaschenen Intellektuellen« (Seite 8):

> In kleinen Konventikeln der Großstädte – für Deutschland Zentrale Berlin – die aus Pressemitgliedern, Kunsthändlern, Literaten und auch aus Künstlern bestehen, werden die Meinungen und Schlagworte, die »Ismen«, die meist vom Auslande importiert sind, ausgemacht und die dazu notwendigen Berühmtheiten für die kommende Saison nominiert. (Seite 10)

Empört stößt der Autor aus: »Welch' bolschewistische Narrheit!« (Seite 4) und bemüht am Ende gar die griechische Mythologie: »So leicht gibt das ›Reptil‹ die Andromeda nicht heraus; aber auch sein Perseus wird kommen, wenn es an der Zeit ist« (Seite 14). Guhr trat im Frühjahr 1933 in die NSDAP ein und wurde im folgenden Jahr von Rektor Richard Müller an die Dresdner Akademie der bildenden Künste berufen, wo er bis 1938 als Professor lehrte.

Die »Kunstskandale« im Kaiserreich und der Weimarer Republik können im einzelnen an dieser Stelle nicht weiterverfolgt werden. Gleichwohl gilt es, für den Fortgang der Untersuchung zweierlei festzuhalten:

1. Als Gegner der Avantgarde profilierten sich keineswegs nur politisch rechtsstehende konservative Kreise, sondern ebenso Liberale sowie traditionsorientierte Künstler und Intellektuelle. Wie stark das nationalistische Element im gesamten politischen Spektrum vertreten war, verdeutlichen nicht zuletzt die Reaktionen auf die Entfesselung des Ersten Weltkrieges.
2. Im Verlauf der Kunstskandale verschärften sich die Gegensätze zwischen Befürwortern und Gegnern der neueren Kunstentwicklung: Vertreter einer »deutschen« Kunst auf der einen, Streiter für eine an keine nationalen oder stilistischen Grenzen gebundene, primär qualitätvolle Kunst auf der anderen Seite. In den an Schärfe und Aggressivität zunehmenden Auseinandersetzungen kristallisierten sich – auch auf sprachlicher Ebene – die Ideologeme, Argumentationsstrategien und Stereotypen heraus, die von den Nationalsozialisten nur noch aufgegriffen werden brauchten. Das »gesunde Volksempfinden« wurde zum Richter über eine »volksfremde« Kunst aufgerufen, die man als »Verfallskunst«, »Bluff«, »pathologisch«, »unsittlich«, »gotteslästerlich« etc. inkriminierte.

2.3 Völkische und nationalsozialistische Kunstpolitik bis 1933

1920 formierten sich die völkischen Kräfte zur kulturpolitischen Offensive. In diesem Jahr wurde in Leipzig – unter dem Ehrenvorsitz des Weimarer Literaturhistorikers und Namensstifters – der »Adolf Bartels-Bund« gegründet. Erklärtes Ziel dieser 1932 in »Völkischer Kulturbund« umgetauften Vereinigung, die einen »Arierparagraphen« in der Satzung führte, war der Kampf »gegen fremdrassiges, insonderheit gegen jüdisches Geistesleben auf deutschem Boden«[1].

Was der Bartels-Bund auf dem Gebiet der Literatur und des Theaters zu erreichen suchte, verfolgte für die bildende Kunst die im selben Jahr in Dresden ins Leben gerufene, aus dem 1894 gegründeten ultranationalistischen »Deutschbund« hervorgegangene »Deutsche Kunstgesellschaft«: den Kampf gegen »die alten Erbfeinde Deutschen Wesens, Rom und Juda« und gegen den »Verfall Deutscher Kunst« durch Förderung »lebender echter Deutscher Künstler«.[2] Damit waren natürlich »deutschstämmige« Künstler gemeint, denn nur solche konnten Mitglied in der Vereinigung werden. Ihre Gründung und Aktivität verdankte sie hauptsächlich der fanatischen Dresdner Malerin Bettina Feistel-Rohmeder, die sich ganz dem publizistischen Kampf gegen den »Kunstbolschewismus« verschrieben hatte. Anfänglich stand ihr der Dresdner Akademieprofessor Richard Müller zur Seite, der uns bereits als Unterzeichner des Vinnen-Protests bekannt ist und uns im Zusammenhang mit der Dresdner Vorläuferausstellung noch einmal begegnen wird.

Die ersten Jahre fristete die Gesellschaft ein eher kümmerliches Dasein, bis die »1. Internationale Kunstausstellung Dresden 1926«, organisiert von Museumsdirektor Hans Posse (1879 bis 1942), »eine solche Empörung in völkischen Kunstkreisen« hervorrief, daß »die Deutsche Kunstgesellschaft offen auftreten und rasch auch Geldmittel an die Hand bekommen konnte, um nach außen zu wirken«.[3] Sie wurde »Zweckgemeinschaft des Deutschbundes«[4], der Anfang 1927 die Gründung des Nachrichtendienstes »Deutsche Kunstkorrespondenz« (ab März 1932 »Deutscher Kunstbericht«) finanzierte. Rund 100 Redaktionen bekamen die Artikel regelmäßig zum kostenlosen Nachdruck zugesandt, in denen Feistel-Rohmeder wüste Polemiken über Ausstellungen und Vertreter der Moderne führte (und dabei Liebermann und Corinth nicht verschonte) und das Erbe der deutschen Malerei des 19. Jahrhunderts, namentlich der Romantiker, beschwor. Aus der ebenfalls von Feistel-Rohmeder geleiteten Vierteljahresschrift Deutsche Bildkunst ging im Herbst 1933 die Zeitschrift Das Bild (Monatsschrift für das Deutsche Kunstschaffen in Vergangenheit und Gegenwart) hervor, in der auch Artikel aus dem Deutschen Kunstbericht abgedruckt wurden. Sie erschien in Karlsruhe (Verlag C. F. Müller), wohin die Gesellschaft im November 1933 ihren Sitz verlegte. Hauptschriftleiter war Hans Adolf Bühler – Schüler Hans Thomas und Direktor der Landeskunstschule wie der Badischen Kunsthalle –, der 1933 für die Karlsruher Vorläuferausstellung verantwortlich sein sollte. Seit 1930 Mitglied der Vereinigung, wurde er 1932 zu ihrem »künstlerischen Leiter« ernannt. Bühler wird uns ebenso noch interessieren, wie ein weiterer Mitarbeiter der Zeitschrift Das Bild, Josef August Beringer, der an der Durchführung der Mannheimer »Schreckenskammer« beteiligt war.

1 Zitiert nach Hildegard Brenner 1963, S. 171. Bartels operierte in seiner populären »Geschichte der deutschen Literatur« (1901/02) in erster Linie mit den Kategorien »jüdisch« und »deutsch«.

2 Zitiert aus dem »Rückblick auf die Entstehung und Entwicklung der Deutschen Kunstgesellschaft«, in: Feistel-Rohmeder 1938, S. 211-217, hier S. 211f. Diese Selbstdarstellung der DKG ist für deren Analyse eine wichtige Quelle.

3 Feistel-Rohmeder 1938, S. 214. Vgl. die Eingabe mehrerer der DKG nahestehender Verbände an Reichspräsident von Hindenburg aus dem Jahr 1929 [?], in welcher massiv gegen die »1. Internationale Kunstausstellung Dresden 1926« und die Ausstellung »Deutsche Kunst Düsseldorf 1928« protestiert wird (Text bei Hildegard Brenner 1963, S. 162f.; abgedruckt bei Hütt 1990, S. 267f.). Zur Dresdner Ausstellung von 1926 vgl. Kapitel 3.8.

4 Feistel-Rohmeder 1938, S. 214.

Wieviele »deutschstämmige« Künstler Mitglied der Deutschen Kunstgesellschaft wurden – unter den Ehrenmitgliedern figurierten Alfred Rosenberg und der »Rasseforscher« Hans Friedrich Karl Günther – ist nicht exakt bekannt. 1937/38 waren es rund 500, 1940 etwa 400 und 1944 gerade noch 50.[5] Sie waren in Ortsgruppen in Berlin[6], Dresden, München und Stuttgart organisiert. Neben der Herausgabe des Deutschen Kunstberichts und der Zeitschrift Das Bild organisierte die Vereinigung Vorträge und »Wanderausstellungen Deutscher Kunst«.
Die erste dieser Art, unter dem Ehrenvorsitz des braunschweigischen NS-Volksbildungsministers und späteren Ministerpräsidenten Dietrich Klagges stehend, wurde am 30. April 1933 auf der Burg Dankwarderode in Braunschweig[7] in der Absicht eröffnet, »Höchstleistungen lebender rein deutscher Kunst«[8] zu vereinigen. Sie umfaßte ca. 150 Werke – so Rave – »höchst mittelmäßigen Ranges, weniger als bieder, wobei die paar etwas bekannteren Namen sich unter dem Schock unbekannter und auch wirklich belangloser Künstler verloren«[9]. Der Katalog[10] kündigte großspurig eine Tournee der Schau nach Potsdam, Berlin, Darmstadt, Karlsruhe, München, Kassel, Weimar und Dresden an, zustande kamen indes nur die Stationen Kassel (Juni bis 14. Juli 1933)[11], Karlsruhe (9. September bis 15. Oktober 1933)[12], Mannheim (ab 29. Oktober 1933)[13]und Frankfurt am Main (26. Mai bis 29. Juli 1934)[14]. Auch wenn dieser Exposition nicht der erhoffte Erfolg beschieden war – aufgrund der mittelmäßigen Qualität der Exponate lehnte z. B. Ludwig Justi eine Übernahme in die Nationalgalerie Berlin ab[15] – so läßt sich in ihrer Zielsetzung, der verhaßten Moderne Musterbeispiele »deutscher« Kunst gegenüberzustellen, ein Vorläufer der »Großen Deutschen Kunstausstellung« erkennen. Obgleich diese ab 1937 jährlich in großem Rahmen stattfand, stellte die Deutsche Kunstgesellschaft ihre Ausstellungsaktivitäten nicht ein. Die »II. Wanderausstellung Deutscher Kunst« war zwischen Oktober 1937 und März 1938 in München (ab 3. Oktober 1937)[16], Stuttgart und Karlsruhe (31. Dezember 1937 bis 27. Januar 1938)[17] zu sehen. Eine dritte Veranstaltung, die im Januar 1940 in Leipzig beginnen sollte, mußte wegen der »äußeren Verhältnisse« zunächst verschoben[18], konnte aber dann doch noch am 31. Januar 1943 von Ministerpräsident Klagges im Herzog Anton Ulrich-Museum Braunschweig eröffnet werden.[19]

5 Angaben nach DK 14, 1940, Folge 10 (abgedruckt in: Das Bild 7, 1940, o. S.) und Das Bild 11, 1944, S. 40.

6 Berichte über Gründung und Unternehmungen der Berliner Ortsgruppe aus dem DK sind abgedruckt bei Nungesser 1983, S. 110.

7 Vgl. DK 7, 1933, Februar (abgedruckt in: Feistel-Rohmeder 1938, S. 179-181); Deutsche Bildkunst, Mai/Juni 1933, Ausstellungsheft (mit zwei Innenraumaufnahmen und einem Photo von der Eröffnung; benutzt wurde das Exemplar im StA Frankfurt am Main Magistratsakten 6022/1, Bd. 1). Vgl. von Lüttichau 1987, S. 85f. Zu einem Vorläufer dieser Schau, der »1. Ausstellung rein Deutscher Kunst« in Lübeck 1929, von Deutschbund und DKG ausgerichtet, vgl. Feistel-Rohmeder 1938, S. 215 und Hildegard Brenner 1963, S. 38 mit Anm. 5.

8 Zitiert aus dem Einladungsschreiben der DKG zur Teilnahme an der Exposition vom 8. März 1933, hier gerichtet an den Berliner Künstler Franz Lenk (Archiv der Alten Nationalgalerie Berlin).

9 Rave 1987, S. 46f. Zu den »etwas bekannteren Namen« zählen Adolf Bühler, Ludwig Dill (Ehrenvorsitzender der DKG), August Gebhard, Wilhelm Sauter und Edmund Steppes.

10 Eingesehen wurde das Exemplar im Archiv der Alten Nationalgalerie Berlin.

11 Datum nach dem Schreiben Feistel-Rohmeders an den Oberbürgermeister von Frankfurt am Main vom 28. Juni 1933 (StA Frankfurt am Main Magistratsakten 6022/1, Bd. 1).

12 Vgl. Koch 1981, S. 127, Anm. 199; Rößling 1981, S. 129f. und 1987a, S. 44-46; Zuschlag 1993, S. 197 und S. 201.

13 Vgl. Brömmer 1993, S. 154.

14 Vgl. DK 8, 1934, Folgen 11 und 12 (abgedruckt in: Das Bild 1, 1934, o. S.): Notiz betreffend die Verlängerung der ursprünglich nur bis zum 29. Juni 1934 geplanten Schau. Korrespondenz zur Frankfurter Ausstellungsetappe befindet sich im StA Frankfurt am Main Magistratsakten 6022/1, Bd. 1. Die Ortsgruppe des KfDK zeichnete als Mitveranstalter.

15 Vgl. Rave 1987, S. 47.

16 Vgl. DK 11, 1937, Folge 9 (abgedruckt in: Das Bild 4, 1937, o. S.). Vgl. ferner Meißner 1987b, S. 50.

17 Vgl. MittRbK 2, 1937, Heft 12, S. 15. Vgl. auch Zuschlag 1993, S. 202.

18 Vgl. DK 14, 1940, Folge 3 (abgedruckt in: Das Bild 7, 1940, o. S.).

19 Vgl. Das Bild 10, Januar/Februar 1943 (Ausstellungs-Sonderheft). Anschließend wanderte die Schau nach Leipzig (20. Juni bis Ende Juli 1943); als nächste Station war Dresden vorgesehen (vgl. Feistel-Rohmeder 1943).

Weitaus einflußreicher und wirkungsvoller als die Deutsche Kunstgesellschaft war die 1927 im Auftrage Hitlers von Alfred Rosenberg ins Leben gerufene »Nationalsozialistische Gesellschaft für Kultur und Wissenschaft« bzw. »Nationalsozialistische Gesellschaft für Deutsche Kultur – nationalsozialistische wissenschaftliche Gesellschaft«, die unter dem Namen »Kampfbund für deutsche Kultur« am 23. Februar 1929 mit einem Vortrag des Wiener Staatswissenschaftlers Othmar Spann über »Die Kulturkrise der Gegenwart« im *Auditorium maximum* der Universität München erstmalig öffentlich in Erscheinung trat.[20] Im Gründungsaufruf des in der »Hauptstadt der Bewegung« ansässigen Kampfbundes, in dem auch ein Wort Lagardes zitiert wird, ist § 1 der Satzung wiedergegeben:

> Der Kampfbund für deutsche Kultur hat den Zweck, inmitten des heutigen Kulturverfalles die Werte des deutschen Wesens zu verteidigen und jede arteigene Äußerung kulturellen deutschen Lebens zu fördern. Der Kampfbund setzt sich als Ziel, das deutsche Volk über die Zusammenhänge zwischen Rasse, Kunst und Wissenschaft, sittlichen und willenhaften Werten aufzuklären. Er setzt sich zum Ziel, bedeutende, heute totgeschwiegene Deutsche in Wort und Schrift der Öffentlichkeit näherzubringen und so dem kulturellen Gesamtdeutschtum ohne Berücksichtigung politischer Grenzen zu dienen. Er setzt sich zum Ziel, durch Sammlung aller Kräfte, welche die Bestrebungen teilen, die Voraussetzung für eine das Volkstum als ersten Wert anerkennende Erziehung in Schule und Hochschule zu schaffen. Er setzt sich namentlich das Ziel, im heranwachsenden Geschlecht aller Schichten des Volkes die Erkenntnis für das Wesen und die Notwendigkeit des Kampfes um die Kultur- und Charakterwerte der Nation zu wecken und den Willen für diesen Kampf um die deutsche Freiheit zu stählen.[21]

In der anschließenden Mitgliederliste – sie enthält Namen wie Adolf Bartels, Eva Chamberlain (geb. Wagner, die Ehefrau von Houston S. Chamberlain), J. F. Lehmann, Ludwig Schemann, Paul Schultze-Naumburg und Winifred Wagner – ist die Deutsche Kunstgesellschaft als korporatives Mitglied aufgeführt. Auch wenn es heißt, die Unterzeichner seien »politisch nach jeder Richtung ungebunden«, auch wenn sich der Kampfbund nach außen als parteiunabhängig darstellte, so war er doch gezielt als kulturelle Massenorganisation der NSDAP und »Sammelbecken für die geistigen Berufe nationalvölkischer Gesinnung«[22] auf- und ausgebaut worden. In allen Gauen wurden Orts- und Fachgruppen eingerichtet, geleitet von »verdienten Kämpfern«. Bereits im März 1929 meldete der Kampfbund, daß 25 Ortsgruppen ihre Arbeit aufgenommen hätten, darunter München, Weimar, Dresden, Bonn, Düsseldorf und Karlsruhe.[23] Die Tätigkeit bestand zunächst in der Durchführung von Vortragsreihen über die »Kulturkrise der Gegenwart« in Architektur, bildender Kunst, Literatur und Musik – zeithistorisch durchaus brisant vor dem Hintergrund der innenpolitischen Krisenjahre 1929/30, beginnender Wirtschaftskrise und steigender Arbeitslosigkeit.

Daneben gingen die einzelnen Kampfbundgruppen zum »örtlichen Kulturkampf« über. In Zwickau führte die Ortsgruppe im Verein mit jener der Deutschen Kunstgesellschaft eine Kampagne gegen Hildebrand Gurlitt, der seit dem 1. Juni 1925 das König-Albert-Museum leitete und sich für die Moderne engagierte. Am 21. Februar 1930 schrieb der örtliche Kampfbundführer Karl Zimmermann in der Zwickauer Zeitung:

> Die Pflege der Gegenwartskunst nach der Art des Museums dient tatsächlich in weitem Umfange der Zersetzung unseres Volkstums und seiner Kultur und ist darum letzten Endes bolschewistisch. Wir sehen Bolschewismus in der Art des Kultes mit dem Untermenschentume der Kollwitz, Zille, Barlach. Das ist eine verwirrende Verfälschung des Typs des deut-

20 Quellen zur Geschichte des KfdK befinden sich im BA (besonders NS 8/122, NS 15/47, NS 15/82, R 56 I/44-45, R 56 I/67-68). Grundlegende Literatur: Hildegard Brenner 1963, S. 7-35; Bollmus 1970, S. 27-61 (mit detaillierter Darstellung der ideologischen und machtpolitischen Auseinandersetzungen im und um den KfdK sowie einer Liste seiner Veröffentlichungen auf den S. 339-342); Hille 1983b (mit Abdruck von Dokumenten).

21 Zitiert nach dem Abdruck in den NSMH 2, 1931, Heft 11, S. 61-65, hier S. 63f. Der vollständige Text auch bei Hille 1983b, S. 180-183.

22 Zitiert nach Hildegard Brenner 1963, S. 21. Vgl. auch Hille 1994, S. 288.

23 Vgl. Hildegard Brenner 1963, S. 11. Nach der Mitgliederstatistik von Bollmus (1970, S. 29) stieg die Zahl der Ortsgruppen und »Stützpunkte« zwischen dem 1. April 1929 und dem 1. Oktober 1933 von circa 25 auf circa 450, die der Mitglieder im selben Zeitraum von rund 300 auf etwa 38.000. Vgl. auch Merker 1983, S. 88.

schen Arbeiters, das ist lediglich ein winziger niederrassischer Bruchteil von der Peripherie unseres Volkstums, der in Groß-Berlin zugesiedelt ist und im ostbaltisch-mongoliden Osten seine rassischen Wurzeln hat. Wir sehen Bolschewismus in dem Kulte der technischen Stümper Klee, Nolde, Schmidt-Rottluff, Chagall und – mit Einschränkung – der Kokoschka und Pechstein, die einen intellektuellen Primitivismus und Infantilismus als expressionistische Genialität ausgeben. Wir sehen Bolschewismus in dem Kulte des Kranken und Faulen der Kriegel, Christoph u. a., in dem saftigen Ausmalen von Dingen, die höchstens als Dokumente für medizinische und psychiatrische Kabinette in Frage kommen. Wir sehen Bolschewismus in dem Kulte des ethischen Nihilismus, wie er uns in den Machwerken der Dix, Hofer und Grosz entgegengrinst.[24]

Wegen der schlechten Finanzlage der Stadt, so die offizielle Begründung, wurde Gurlitt zum 1. April 1930 gekündigt. Er ging nach Hamburg, wurde Geschäftsführer des dortigen Kunstvereins und nach seiner abermaligen Entlassung 1933 Kunsthändler.[25] Der Lübecker Museumsleiter Carl Georg Heise schrieb am 4. März 1931, die kommenden Ereignisse vorausahnend, an Gurlitt:

Es ist mir durchaus klar, daß wir sehr schwierigen Zeiten entgegengehen und uns mit einer großen Portion Zivil-Courage werden zu wappnen haben. Sie sind der erste gewesen, der für seine Gesinnung mit dem Verlust seines Amtes hat zahlen müssen – das vergessen wir Ihnen nicht.[26]

In Thüringen wurde der NSDAP-Reichstagsabgeordnete Wilhelm Frick am 23. Januar 1930 vom Landtag zum Innen- und Volksbildungsminister in einer Koalitionsregierung gewählt, womit erstmals ein Nationalsozialist Regierungsverantwortung übernahm. Frick, ebenso wie seine nationalsozialistischen Fachberater Hans Severus Ziegler, Paul Schultze-Naumburg und Hans F. K. Günther aktiver Kampfbundfunktionär, entwickelte in seiner bis zum 1. April 1931 dauernden Amtszeit eine kunstpolitische Aktivität, die das Spektrum späterer NS-Kulturpolitik präzise vorwegnahm[27]: Am 5. April 1930 unterzeichnete er den Erlaß »Wider die Negerkultur – für deutsches Volkstum«[28], der zu einem ersten Verbot von Musikstücken (z. B. Jazz, Hindemith, Strawinsky), Büchern (Remarques »Im Westen nichts Neues« u. a.), Filmen (z. B. von Eisenstein, Pabst, Pudowkin) und Theaterstücken führte. Außerdem gab der Minister in diesem Erlaß die Umbildung der Weimarer Staatlichen Hochschule für Baukunst, bildende Kunst und Handwerk (des vormaligen Bauhauses) zu den Vereinigten Kunstlehranstalten bekannt. Als Direktor setzte er Schultze-Naumburg ein. Der kündigte einem Großteil der Lehrkräfte und ließ im Oktober 1930 in einem demonstrativen Akt im van de Velde-Bau, dem ehemaligen Schulgebäude des Bauhauses, die Wandreliefs und -bilder Joost Schmidts und Herbert Bayers sowie im Werkstattgebäude die Reliefs und Wandmalereien Oskar Schlemmers zerstören. Anfang November 1930 kam es zu einer ersten »Säuberungsaktion«, als das Innenministerium dem Weimarer Landesmuseum den Befehl erteilte, den gesamten Bestand der neuen Abteilung – darunter Werke von Barlach, Corinth, Crodel, Dix, Feininger, Heckel, Kandinsky, Klee, Kokoschka, Kollwitz, Lehmbruck, Marc, Marcks, Munch, Nolde, Schlemmer und Schmidt-Rottluff – unverzüglich aus den Ausstellungsräumen zu entfernen.[29]

24 Zitiert nach Hüneke 1988b, S. 28. Zum »Zwickauer Skandal« vgl. Hildegard Brenner 1963, S. 17; Justi 1930; Rave 1987, S. 35.

25 Vgl. Hildegard Brenner 1963, S. 17 und Wietek 1990, S. 219, Anm. 939. Zu Gurlitts Tätigkeit im Zusammenhang mit der »Verwertung« der verfemten Moderne ab 1938 vgl. Kapitel 5, zu seiner Rolle als Agent des »Sonderauftrags Linz« vgl. die in Kapitel 10.3, Anm. 10 genannte Literatur.

26 Zitiert nach Howoldt 1987, o. S. mit Anm. 14. Auch in anderen Fällen nahmen die KfdK-Ortsverbände Einfluß auf personalpolitische Entscheidungen, etwa bei Besetzungen von kunstgeschichtlichen Lehrstühlen (z. B. in Aachen und Köln), Museums- und Akademiestellen; vgl. die Tätigkeitsberichte der KfdK-Landesleitungen im BA (R 56 I/45).

27 Vgl. hierzu Bollmus 1970, S. 32-39; Hildegard Brenner 1963, S. 22-35; Hille 1983a, besonders S. 204-212 (mit Abdruck von Dokumenten).

28 Abgedruckt bei Hildegard Brenner 1963, S. 169f. und Hille 1983a, S. 210.

29 Hildegard Brenner (1963, S. 33) gibt die Anzahl der betroffenen Werke mit 70 an, was in der späteren Literatur meist übernommen wird (vgl. Gitta Günther/Huschke/Steiner 1993, S. 107; Steckner 1978, S. 37). Neuerdings schätzt Horst Dauer (1988, S. 17) die doppelte Anzahl.

Während Feistel-Rohmeder in der Deutschen Kunstkorrespondenz triumphierte – »Es wird ein großer Bildersturm durch Deutsches Land gehen müssen! In Weimar hat er begonnen. Heil Frick!«[30] –, zeitigte die Anordnung Fricks landesweit Spott, Unglauben und Proteste, so daß sich der Minister genötigt sah, sie in einer öffentlichen Erklärung zu rechtfertigen.[31]

Im März 1930 schlossen sich in Weimar 17 völkische und alldeutsche Organisationen mit annähernd 250.000 Mitgliedern – z. B. Deutsche Kunstgesellschaft, Ortsgruppen des Kampfbundes für Deutsche Kultur, Bund völkischer Lehrer Deutschlands, Deutschbund, Frauenkampfbund – zum »Führerrat der Vereinigten Deutschen Kunst- und Kulturverbände« zusammen. Dieser veröffentlichte unmittelbar nach den Wahlen vom 5. März 1933, in denen die NSDAP 43,9 % der Stimmen errang, den Aufruf »Was die Deutschen Künstler von der neuen Regierung erwarten«. Darin wird gefordert,

> daß Materialismus, Marxismus und Kommunismus nicht nur politisch verfolgt, verboten, ausgerottet werden, sondern daß der geistige Kampf, den die völkischen Künstler durch mehr als ein Jahrzehnt ohne jegliche Hilfe des Staates geführt haben, nunmehr vom Volksganzen in die Hand genommen und der bolschewistischen Unkunst und Unkultur Vernichtung geschworen wird – wobei es Ehrensache des Staates zu sein hat, die erprobten Soldaten dieses Kulturkampfes in die vorderste Reihe zu stellen![32]

Desgleichen werden fünf Forderungen formuliert, deren auszugsweise Wiedergabe sich deswegen empfiehlt, weil darin die Etappen des NS-Kampfes gegen die Avantgarde exakt vorgezeichnet werden:

> Auf dem Gebiete der bildenden Kunst bedeutet das:
> 1. daß aus den Deutschen Museen und Sammlungen alle Erzeugnisse mit weltbürgerlichen und bolschewistischen Vorzeichen entfernt werden. Man kann sie vorher in einer Häufung der Öffentlichkeit vorführen, kann diese mit den dafür aufgewandten Summen, den Namen der dafür verantwortlichen Galeriebeamten und Kultusminister bekannt machen – worauf die Werke der Unkunst nur noch einen Nutzwert haben können: nämlich als Heizmaterial öffentliche Gebäude zu erwärmen;
> 2. daß alle Museumsleiter, die sich durch die gewissenlose Vergeudung öffentlicher Mittel in schwerster Zeit am verarmten Staat, am darbenden Volke versündigten, die unter der Pressefuchtel volksfremder Kunstgeschichtler allem Undeutschen unsere Kunsthallen öffneten, die wahrhaft Deutschen Kunstwerke aber »magazinierten«, in muffigen Kellern verstauten, sofort »beurlaubt«, ihrer Ämter für immer verlustig erklärt werden. [...]
> 3. daß von diesem Tage ab in Deutschen Druckwerken die Namen sämtlicher vom Marxismus und Bolschewismus mitgeschwemmten Künstler nicht mehr genannt werden dürfen. [...]
> 4. [daß wir] künftig keine Wohnkisten, keine Kirchen, die wie Gewächshäuser mit Schornsteinen oder rekonstruierte Wikingerschiffe aus Stein wirken, keine Glaskästen auf Stelzen, [...] keine aus öffentlichen Mitteln errichteten Strafkolonien, die als Arbeitersiedlungen gelten sollen, in unserem Vaterlande mehr anschauen müssen [...]
> 5. daß die vom Volksempfinden abgelehnten Standbilder oder Bildhauerwerke, die öffentliche Plätze und Gärten verunzieren, schleunigst verschwinden, seien die Urheber auch so »geniale« Leute wie Lehmbruck oder Barlach, um den dutzendfach vorhandenen Deutsch-Schaffenden Platz zu machen.[33]

Der Forderungskatalog brachte die »Zeichen der Zeit« auf den Punkt. Jedoch hing es nicht mit einem besonderen Einfluß der völkischen Truppe zusammen, wenn der NS-Staat ihn nach und nach erfüllte. Im Gegenteil: Die Hoffnung der Völkischen, der Staat möge es als Ehrensache ansehen, »die erprobten Soldaten dieses Kulturkampfes in die vorderste Reihe zu stellen«, sollte sich nicht verwirklichen. Mit der Machtergreifung war die »Kampfzeit« und damit die große Stunde dieser Gruppierungen vorbei. Organisatorisch, ideologisch und propagandistisch hatten sie den Boden für die NS-Kulturpolitik bereitet – nun verloren sie zusehends an Macht und Einfluß. Die Verbände lösten sich entweder selbst auf – so der Führerrat im Juni 1933 – oder fielen der Gleichschal-

30 DK 5, 1931, März (abgedruckt in: Feistel-Rohmeder 1938, S. 127).

31 Vgl. Thüringer Allgemeine Zeitung, 29. November 1930 (zitiert bei Hüneke 1988b, S. 28f. und 1990c, S. 384, Anm. 97). Die Stellungnahme des Deutschen Museumsbundes zu dieser Erklärung ist abgedruckt bei H. E. 1931, S. 250.

32 DK 7, 1933, März (abgedruckt in: Feistel-Rohmeder 1938, S. 181-184, hier S. 181).

33 Zitiert nach ebenda, S. 182-184. Vgl. Hildegard Brenner 1963, S. 37 und S. 172f.; Hüneke 1988b, S. 29; von Lüttichau 1987, S. 93f.

tung zum Opfer (vgl. Kapitel 2.4). Die Deutsche Kunstgesellschaft wurde vermutlich nur deswegen nicht gleichgeschaltet, weil ihr als Organisation keine große Bedeutung beigemessen wurde. Der Kampfbund hingegen wurde 1934 mit der Theaterbesucherorganisation »Deutsche Bühne« in der »NS-Kulturgemeinde« vereinigt und diese Anfang 1937 in die NS-Gemeinschaft »Kraft durch Freude« überführt, welche als Freizeitorganisation der »Deutschen Arbeitsfront« Reichsorganisationsleiter Robert Ley unterstellt war.[34]
In unserem Zusammenhang ist vor allem von Interesse, welche Rolle der Kampfbund hinsichtlich der Vorläuferausstellungen spielte. Deren Organisation setzte in verschiedenen Städten gleich nach der Machtübernahme ein, d. h. noch vor dem stufenweisen Aufbau der staatlichen Kontrollinstanzen im kulturpolitischen Sektor, die im nächsten Kapitel untersucht werden sollen. Dies legt den Verdacht nahe, daß der Kampfbund, welcher als einziger in Frage kommender Verband über ein landesweites Netz von Stützpunkten verfügte, die Aktionen koordinierte. Doch das war höchstwahrscheinlich nicht der Fall. Gewiß: In den meisten Fällen, darunter Mannheim, Erlangen, Karlsruhe, Nürnberg und Ulm, rekrutierten sich die Veranstalter der »Schreckenskammern« aus den lokalen Kampfbundkadern oder standen mit diesen in engem Kontakt. Im Hinblick auf die Programmatik der »Schreckenskammern« kann die Nähe zum geistig-ideologische Milieu des Kampfbundes, der nachweislich für ähnlich beschaffene Expositionen verantwortlich war[35], auch nicht überraschen. Daß entsprechende Anregungen vom Kampfbund ausgingen, belegt nicht zuletzt der Brief von Paul Juckoff-Skopau, einem mit Schultze-Naumburg persönlich bekannten Bildhauer, an den Hallenser Kampfbund vom 9. Mai 1933:

> Dürfte ich mir erlauben, die Anregung zu geben, daß der Kampfbund ähnlich wie in Dresden und Nürnberg bei der Stadtverwaltung den Antrag stellt, daß recht bald eine Ausstellung veranstaltet wird, in der alle Ankäufe der letzten 13 Jahre für das Hallische Museum gezeigt werden. Vielleicht auch mit Nennung der gezahlten Preise und der Namen der jeweiligen Direktoren, die für die einzelnen Ankäufe verantwortlich zeichneten.[36]

Gleichwohl ließ sich kein Indiz für ein von der Münchner bzw. später Berliner Zentrale gelenktes oder auch nur beeinflußtes Vorgehen finden. Vielmehr sprechen sowohl die von Reinhard Bollmus nachgewiesenen Autonomiebestrebungen der örtlichen Kampfbundgruppen[37] als auch bemerkenswerte Unterschiede in der inhaltlichen Ausrichtung der einzelnen Vorläufer für organisatorisch voneinander unabhängige lokale Kampagnen.

34 Vgl. VB, Süddeutsche Ausgabe, 28. Juni 1937; Bollmus 1970, S. 51f., S. 66f. und S. 101f.; Reichel 1991, S. 243-254. – Der VB erschien in mehreren Ausgaben (Norddeutsche, Berliner, Süddeutsche, Münchner, ab 1938 auch Wiener Ausgabe), die sich vor allem im Lokalteil unterschieden. Soweit bekannt, werde ich die jeweils benutzte Ausgabe zitieren, allerdings fehlt diese Angabe in den PrASlgen der Archive häufig.

35 Z. B. in Breslau im Oktober 1933 eine Schau »Nationaler Kitsch in Wort, Bild und Ton« (vgl. BA R 56/I 44, Bl. 44) und in Halle an der Saale im Februar und März 1934 eine Ausstellung »Mitteldeutsche Heimat im Bild. Mitteldeutsches Kunstschaffen. Kunst und Kitsch« (vgl. Piechocki 1985, S. 88). Unter Kitsch verstanden die Nationalsozialisten auch die als »entartet« gebrandmarkte Kunst (vgl. auch Karpfen 1925). Die Ortsgruppen des KfdK bemühten sich auch verschiedentlich um Schließungen von Ausstellungen verfemter Kunst.

36 The Getty Center for the History of Art and the Humanities, Archives of the History of Art, Alois J. Schardt Papers (die Schardt Papers konnten dank freundlicher Mitteilung von Andreas Hüneke einbezogen werden). Zu Paul Juckoff-Skopau, der selbst nicht Mitglied des KfdK war, vgl. Piechocki 1985, S. 87f.

37 Nach Bollmus (1970, S. 28) war Rosenberg außerstande, ein Agitationsschema für den KfdK zu entwerfen. Zudem fehlten die materiellen und organisatorischen Voraussetzungen für eine straffe vereinheitlichte Operationsweise. »Als Folge des Versagens der Münchner Leitung zeigten sich nun in Landes- und Ortsgruppen des KfdK Selbständigkeitstendenzen« (ebenda, S. 34; vgl. auch S. 39). Hingegen spricht Hildegard Brenner (1963, S. 36 und S. 80) von »meist koordinierten Aktionen« und – mit Blick auf die »Schandausstellungen« – von Rosenbergs »mittelbarer und unmittelbarer« Regie. Vgl. zu diesem Problem auch Koch 1981, S. 118.

2.4 Kunstpolitik ab 1933: Gleichschaltung und Widersprüche

Nach der Ernennung Hitlers zum Reichskanzler begann der systematische Auf- und Ausbau der nationalsozialistischen Herrschaft auf allen Ebenen des politischen und gesellschaftlichen Lebens. Am 4. Februar 1933 erließ Reichspräsident Paul von Hindenburg (1847 bis 1934) die Verordnung »Zum Schutz des deutschen Volkes«, welche der neuen Regierung eine weitreichende Handhabe zum Eingriff in die Presse- und Versammlungsfreiheit sowie zur Verfolgung politischer Gegner bot.[1]

Die nach dem Reichstagsbrand eilig erlassene Verordnung des Reichspräsidenten »Zum Schutz von Volk und Staat«[2] vom 28. Februar 1933

> setzte praktisch die politischen Grundrechte der Weimarer Verfassung außer Kraft, die ja während der zwölfjährigen Dauer des Dritten Reiches formell weiterexistierte. Im Prinzip war damit der permanente Ausnahmezustand erklärt, und die Verfolgung sowie Terrorisierung politischer Gegner durch die Regierung erhielten damit den Schein des Legalen.[3]

Presse und Versammlungen konnten verboten, Haussuchungen und Beschlagnahmen angeordnet, politische Gegner rigoros verfolgt und ohne richterliche Kontrolle in »Schutzhaft« genommen werden. Das Gesetz zur »Behebung der Not von Volk und Reich« (»Ermächtigungsgesetz«)[4] vom 23. März 1933, das der Regierung uneingeschränkte Gesetzgebungsvollmacht verlieh, bedeutete faktisch die Ausschaltung des Reichstags. Es bot auch die juristische Grundlage für eine ganze Reihe von Gleichschaltungsgesetzen, mit welchen die Länderparlamente und Organe der kommunalen Selbstverwaltung (31. März 1933), Wirtschaftsverbände (1. April), Bauernorganisationen (4. April), Studentenschaften und nichtkonfessionellen Jugendverbände (12. April), Gewerkschaften (2. Mai) sowie die Organisationen von Handwerk und Handel (4. Mai) unter den bestimmenden Einfluß von Nationalsozialisten gebracht wurden.[5] »›Gleichschaltung‹ meint den Prozeß, in dem die NSDAP ihre Monopolstellung errang und mit dem Staat zu einer Einheit verschmolzen wurde.«[6] Die Identität von Staat und Partei wurde durch das Gesetz zur »Sicherung der Einheit von Partei und Staat« vom 1. Dezember 1933 institutionell festgelegt. Darin heißt es: »Nach dem Sieg der nationalsozialistischen Revolution ist die NSDAP die Trägerin des deutschen Staatsgedankens und mit dem Staat unlöslich verbunden. Sie ist eine Körperschaft des öffentlichen Rechts«[7].

Nach dem Gesetz zur »Wiederherstellung des Berufsbeamtentums« (7. April 1933) konnten Beamte entlassen werden, wenn sie »nichtarischer Abstammung« waren oder »nicht die Gewähr dafür bieten, daß sie jederzeit rückhaltlos für den nationalen Staat eintreten«.[8] Willkürlich wurden unliebsame Beamte »beurlaubt« und in den

1 Vgl. zu diesem Abschnitt Broszat 1989, S. 82-129 und Frei 1989, S. 38-85.

2 Text abgedruckt bei Kühnl 1980, S. 192f., Nr. 102.

3 Hildebrand 1987, S. 3.

4 Text abgedruckt bei Kühnl 1980, S. 195, Nr. 104. Das bis zum 1. April 1937 befristete Gesetz wurde am 30. Januar 1937 um weitere vier Jahre verlängert.

5 Vgl. Herbert Hoffmann 1982, S. 154.

6 Hildegard Brenner 1963, S. 36.

7 Zitiert nach dem auszugsweisen Abdruck bei Kühnl 1980, S. 240, Nr. 130.

8 Zitiert nach der auszugsweisen Wiedergabe des Gesetzestextes bei Kühnl 1980, S. 197f., Nr. 106 (dort irrtümlich mit »Anordnung der Parteileitung der NSDAP vom 28. März 1933 über die Durchführung antisemitischer Maßnahmen« überschrieben). Vgl. auch Barbara Lepper 1983, S. 29-31.

Ruhestand versetzt, Disziplinarverfahren gegen sie angestrengt, Pensionen aberkannt. Allein in den deutschen Museen verloren rund 35 Direktoren und Abteilungsleiter über Nacht ihre Posten[9], dazu kamen mehrere Dutzend Hochschullehrer an Kunstakademien und Universitäten[10]. Viele konnten sich nur durch Flucht ins Exil der drohenden Verfolgung entziehen.

Durch Zentralisierung und Schaffung von Kontrollorganen bemächtigten sich die Machthaber systematisch und in allumfassender Weise auch des kulturellen Sektors. Für eine Untersuchung nationalsozialistischer Kunstpolitik und Propaganda ist es unverzichtbar, sich die wichtigsten Etappen der administrativen Gleichschaltung dieses Bereiches zu vergegenwärtigen: die Errichtung des Reichsministeriums für Volksaufklärung und Propaganda (März 1933) und der ihr untergeordneten Reichskulturkammer (September 1933).[11]

Reichspräsident Paul von Hindenburg unterzeichnete am 13. März 1933, keine sechs Wochen nach der Machtergreifung, folgenden Erlaß:

> Für Zwecke der Aufklärung und Propaganda unter der Bevölkerung über die Politik der Reichsregierung und den nationalen Wiederaufbau des deutschen Vaterlandes wird ein Reichsministerium für Volksaufklärung und Propaganda errichtet. Der Leiter dieser Behörde führt die Bezeichnung »Reichsminister für Volksaufklärung und Propaganda«. Die einzelnen Aufgaben des Reichsministeriums für Volksaufklärung und Propaganda bestimmt der Reichskanzler. Er bestimmt auch im Einvernehmen mit den beteiligten Reichsministern die Aufgaben, die aus deren Geschäftsbereich auf das neue Ministerium übergehen, und zwar auch dann, wenn hierdurch der Geschäftsbereich der betroffenen Ministerien in den Grundzügen berührt wird.[12]

Das Reichsministerium für Volksaufklärung und Propaganda war eine nationalsozialistische Neuschöpfung; Vergleichbares hatte es weder im Kaiserreich noch in der Weimarer Republik gegeben. In seiner 1947 verfaßten Abhandlung über die Herkunft und Geschichte des Begriffs Propaganda spürt W. E. Süskind den Wurzeln des Wortes im religiös-kirchlichen Bereich *(propaganda fides)* nach. Die entscheidende Neuerung des Goebbels-Ministeriums sieht Süskind in dem Umstand, daß sein Name nicht den Gegenstand der Propaganda enthalte (was sollte propagiert werden?), sondern diese vielmehr absolut setze:

> Eine tragikomische Dekadenz des Begriffs Propaganda sprach allein schon daraus, daß es ein Ministerium für Volksaufklärung und Propaganda gab. Da in der Bezeichnung eines Ministeriums doch wohl sein Aufgabenbereich ausgedrückt sein soll, war hier also die Propaganda schlechthin als Aufgabe gestellt, und zwar war sie einer Behörde anvertraut, als einer dazu am allerwenigsten geeigneten Instanz.[13]

9 Vgl. die 28 Namen – darunter Lilli Fischel (Karlsruhe), Ernst Gosebruch (Essen), Gustav F. Hartlaub (Mannheim), Carl G. Heise (Lübeck), Ludwig Justi (Berlin), Max Sauerlandt (Hamburg), Friedrich Schreiber-Weigand (Chemnitz), Fritz T. Schulz (Nürnberg) und Erich Wiese (Breslau) – umfassende Liste bei Rave 1949, S. 92. Zu ergänzen sind: Wolfgang Balzer (Dresden), Julius Baum (Ulm), Heinrich Becker (Bielefeld), Rudolf Busch (Mainz), Walter Cohen (Düsseldorf), Fritz Grewenig (Saarbrücken, Gründungsdirektor des Staatlichen Museums und der Staatlichen Schule für Kunst und Kunstgewerbe, nach der Rückgliederung des Saarlandes an das Deutsche Reich 1935 entlassen) und Wilhelm Schurz (Mönchengladbach). Georg Swarzenski (Frankfurt am Main) wurde 1933 seiner städtischen Ämter enthoben, blieb aber bis gegen Ende des Jahres 1937 Direktor der Städelschen Stiftung (vgl. Kersting 1992a, S. 26f. mit Anm. 82).

10 Ihre Akademieprofessuren büßten z. B. ein: Willi Baumeister und Max Beckmann (Frankfurt am Main), Otto Dix (Dresden), Karl Hofer (Berlin), Karl Hubbuch (Karlsruhe), Paul Klee (Düsseldorf), Gerhard Marcks (Halle an der Saale), Oskar Moll (Düsseldorf). Entlassen wurden auch der spätere documenta-Gründer Arnold Bode (bis 1933 Dozent am Berliner Werklehrerseminar) und Albert Henselmann (seit 1924 Gründungsdirektor der »Freien Akademie« in Mannheim, 1937 suspendiert).

11 Vgl. zum folgenden Bramsted 1971, S. 99-147; Faustmann 1990, S. 26-30 und S. 41-46; Reichel 1991, S. 157-207.

12 RGBl. 1933, Teil I, S. 104 (zitiert nach Wulf 1983a, S. 99).

13 Süskind 1989, S. 152. Einen Überblick über die historischen Erscheinungsformen von Propaganda bieten Schieder/Dipper 1984, besonders S. 108-112. Vgl. auch den jüngst erschienenen Sammelband Daniel/Siemann 1994. Im folgenden verstehe ich unter dem Begriff Propaganda mit Gerhard Paul (1990, S. 18) »die Gesamtheit der Mittel und Methoden der planmäßigen Verbreitung politischer Meinungen und Ideen mit dem Ziel der Gewinnung und Mobilisierung von Volksmassen«. Adorno erkennt in Propaganda »die rationale Manipulation des Irrationalen« (Adorno 1977, S. 570).

Die Einrichtung des Propagandaministeriums war nur konsequent, bedenkt man die überragende Bedeutung, die Hitler der Propaganda im Kampf um den »Sieg einer Idee« zuwies. Ziel und Maximen der NS-Propaganda entwarf er 1925 in »Mein Kampf«:

> Die Propaganda versucht, eine Lehre dem ganzen Volke aufzuzwingen [...].
> Der Sieg einer Idee wird um so eher möglich sein, je umfassender die Propaganda die Menschen in ihrer Gesamtheit bearbeitet hat und je ausschließlicher, straffer und fester die Organisation ist, die den Kampf praktisch durchführt.[14]
> Jede Propaganda hat volkstümlich zu sein und ihr geistiges Niveau einzustellen nach der Aufnahmefähigkeit des Beschränktesten unter denen, an die sie sich zu richten gedenkt. Damit wird ihre rein geistige Höhe um so tiefer zu stellen sein, je größer die zu erfassende Masse der Menschen sein soll.
> Gerade darin liegt die Kunst der Propaganda, daß sie, die gefühlsmäßige Vorstellungswelt der Masse begreifend, in psychologisch richtiger Form den Weg zur Aufmerksamkeit und weiter zum Herzen der breiten Masse findet. [...] Die Aufnahmefähigkeit der großen Masse ist nur sehr beschränkt, das Verständnis klein, dafür jedoch die Vergeßlichkeit groß. Aus diesen Tatsachen heraus hat sich jede wirkungsvolle Propaganda auf nur sehr wenige Punkte zu beschränken und diese schlagwortartig so lange zu verwerten, bis auch bestimmt der letzte unter einem solchen Worte das Gewollte sich vorzustellen vermag.[15]

Hitler war es, auf den 1921 die Gründung einer zentralen Reichspropagandaleitung der NSDAP[16] zurückging. Sie sollte »in der Kampfzeit für die Partei die Werbung für ihre Weltanschauung und für nationalsozialistisches Wollen«[17] durchführen. 1930 übernahm einer der treuesten Gefolgsmänner und engsten Vertrauten Hitlers, Paul Joseph Goebbels, ihre Leitung. Als erfolgreicher Gauleiter Berlins hatte Goebbels Organisationstalent und eine praxisbezogene Begabung als innovativer Propagandist unter Beweis gestellt. Der gelehrige Schüler des »Führers« sah in der Propaganda die »gefährlichste Waffe, die eine politische Bewegung zur Anwendung bringen kann. Gegen alle anderen Mittel gibt es Gegenmittel; nur die Propaganda ist in ihrer Wirkung unaufhaltsam«[18]. Als wirkungsvolles Instrument zur Disziplinierung und Beherrschung der Massen sei ihr Ziel, das, »was der Programmatiker erfunden und erdacht hat, den breiten Massen in augen- und sinnfälliger Weise zur Erkenntnis zu bringen«[19]. Als das Kabinett am 11. März 1933 die – von Hitler wohl schon seit 1932 geplante – Errichtung des Propagandaministeriums beschloß, hatte Hitler seinen Kandidaten längst gefunden. Goebbels erhielt seine Ernennungsurkunde am 13. März 1933, am Tage des Hindenburg-Erlasses. Eine Verordnung Hitlers vom 30. Juni 1933 beschrieb des Ministers zukünftigen Geschäftsbereich.

> Der Reichsminister für Volksaufklärung und Propaganda ist zuständig für alle Aufgaben der geistigen Einwirkung auf die Nation, der Werbung für Staat, Kultur und Wirtschaft, der Unterrichtung der in- und ausländischen Öffentlichkeit über sie und der Verwaltung aller diesen Zwecken dienenden Einrichtungen. Demzufolge gehen auf den Geschäftsbereich des Reichsministers für Volksaufklärung und Propaganda über:
> 1. Aus dem Geschäftsbereich des Auswärtigen Amtes: Nachrichtenwesen und Aufklärung im Auslande, Kunst, Kunstausstellungen, Film- und Sportwesen im Auslande.
> 2. Aus dem Geschäftsbereich des Reichsministeriums des Inneren: Allgemeine innerpolitische Aufklärung, Hochschule für Politik, Einführung und Begehung von nationalen Feiertagen und Staatsfeiern unter Beteiligung des Reichsministers des Inneren, Presse (mit dem Institut für Zeitungswissenschaft), Rundfunk, Nationalhymne, Deutsche Bücherei in Leipzig, Kunst, Musikpflege, einschließlich des Philharmonischen Orchesters, Theaterangelegenheiten, Lichtspielwesen, Bekämpfung von Schund und Schmutz.

14 Hitler 1938, S. 652f.
15 Ebenda, S. 197f.
16 Zur RPL vor 1933 äußert sich detailliert Gerhard Paul 1990, S. 55-80.
17 Gerhard Menz, Der Aufbau des Kulturstandes, München/Berlin 1938, S. 13-17 (zitiert nach Wulf 1983a, S. 101).
18 Goebbels 1938, S. 91 (zitiert nach Gerhard Paul 1990, S. 46; ebenda, S. 45-50, eine Analyse von Goebbels' Propagandaverständnis und -konzept). Vgl. auch Bramsted 1971, S. 45-97.
19 Goebbels, Wille und Weg, in: UWuW 1/1931, S. 3 (zitiert nach Gerhard Paul 1990, S. 47). Die 1931 gegründete Monatsschrift »Unser Wille und Weg« war das von Goebbels herausgegebene Organ der RPL.
20 RGBl. 1933, Teil I, S. 449 (zitiert nach Wulf 1983a, S. 99f.).

Auf den bezeichneten Gebieten ist der Reichsminister für Volksaufklärung und Propaganda für alle Aufgaben einschließlich der Gesetzgebung federführend. Für die Beteiligung der übrigen Reichsminister gelten die allgemeinen Grundsätze.[20]

Zwölf Abteilungen[21] erfaßten alle Bereiche von Kultur und Presse:

I Verwaltung, Haushalt, Personalien, Gesetzgebung, Reichskulturkammer
II Propaganda
IIa Überwachung der kulturellen Betätigung der Nichtarier
III Rundfunk
IV Inlandpresse
IVa Auslandpresse
V Film
VI Theater
VII Ausland
VIII Schrifttum
IX Bildende Kunst
X Musik
XI Volkskulturelle Arbeit
XII Fremdenverkehr

Daß bei einem so weit gefaßten Zuständigkeitsbereich Konflikte mit sachlich angrenzenden Ressorts, insbesondere dem Innen- und Erziehungsministerium, nicht nur vorprogrammiert waren, sondern von Goebbels geradezu gesucht wurden, werden wir am Beispiel der Kunstpolitik verfolgen können.

Um eine flächendeckende Repräsentanz des Ministeriums zu gewährleisten, wurden in den Ländern und Provinzen Landesstellen (am 9. September 1937 in »Reichspropagandaämter« umbenannt) etabliert, die ihrerseits über Nebenstellen verfügten.[22] Die Landesstellen waren (ganz im Sinne der Gleichschaltung, der Einheit von Partei und Staat) identisch mit den Gaupropagandaleitungen der NSDAP, die Landesstellenleiter des Ministeriums also in Personalunion die Gaupropagandaleiter. In letzterer Eigenschaft unterstanden sie dienstlich dem jeweiligen Gauleiter. Was offiziell als »einheitliches Zusammenwirken von Partei und Staat auf dem Gebiet der Kulturpflege«[23] deklariert wurde, führte in der Praxis auf allen Ebenen zu Kompetenzgerangel. Denn das

> Prinzip der geteilten Zuständigkeit – fachliches Weisungsrecht der Goebbelsschen Propagandazentrale, dienstliche Unterstellung unter den jeweiligen »Hoheitsträger« der Partei – galt genauso weiter abwärts für den Kreis- und den Ortsgruppenpropagandaleiter sowie für die entsprechenden Propagandafunktionäre der Parteigliederungen und angeschlossenen Verbände, die im »Reichsring für nationalsozialistische Propaganda und Volksaufklärung« von Goebbels einheitlich »ausgerichtet« wurden.[24]

Das Reichspropagandaministerium in Berlin und die Reichspropagandaleitung[25] in München existierten neben- bzw. gegeneinander – in beiden Fällen mit Goebbels an der Spitze.

21 Im folgenden zitiert nach Vespignani 1976, S. 67. Zu späteren Umgliederungen und Aufteilungen der Ressorts vgl. Heiber 1988, S. 132.

22 Vgl. Gutterer (1933, S. 204), wo es heißt: »Der verantwortliche Propagandaapparat des Reichs ist mit dem der Partei von der obersten Spitze bis herunter identisch«. Nach Rathkolb (1991, S. 17) gab es auf dem »Höhepunkt des nationalsozialistischen Expansionismus [...] 43 Reichspropagandaämter – Zweigstellen nicht mitgerechnet«.

23 Gerhard Menz, Der Aufbau des Kulturstandes, München/Berlin 1938, S. 13-17 (zitiert nach Wulf 1983a, S. 101).

24 Heiber 1988, S. 134. Zu dem am 26. Juli 1935 gegründeten »Reichsring«, in welchem 26 Verbände (z. B. DAF, Oberste SA-Führung, Reichsführung SS, Amt Rosenberg) zusammengeschlossen waren, vgl. Tießler 1935.

25 Über Organisationsstruktur und Aufgabengebiete der RPL informiert ein nicht namentlich gezeichneter Artikel in der Zeitschrift UWuW (Anonym 1936), der im BA (NSD 12/3) eingesehen wurde. Den Verwaltungseinheiten der Partei entsprechend, hatte jeder Gau und jeder Kreis, jede Ortsgruppe und jeder Stützpunkt einen Propagandaleiter, der in den unteren Chargen ehrenamtlich tätig war.

Die größte und wichtigste der dem Propagandaministerium unterstellten Körperschaften war die mit Gesetz vom 22. September 1933 gegründete und am 15. November 1933 mit einem pompösen Festakt im Großen Saal der Berliner Philharmonie im Beisein Hitlers eröffnete Reichskulturkammer.[26] Dieses Gesetz[27] ermächtigte und beauftragte den Propagandaminister, »die Angehörigen der Tätigkeitszweige, die seinen Aufgabenkreis betreffen, in Körperschaften des öffentlichen Rechts zusammenzufassen« und bestimmte zugleich die Bildung von sechs[28]»berufsständischen« Einzelkammern:

I Reichsschrifttumskammer
II Reichspressekammer
III Reichsrundfunkkammer
IV Reichstheaterkammer
V Reichsmusikkammer
VI Reichskammer der bildenden Künste

Goebbels' »Erste Verordnung zur Durchführung des Reichskulturkammergesetzes« vom 1. November 1933 definierte in § 3 als Aufgabe der neuen Kammer,

> durch Zusammenwirken der Angehörigen aller von ihr umfaßten Tätigkeitszweige unter der Führung des Reichsministers für Volksaufklärung und Propaganda die deutsche Kultur in Verantwortung für Volk und Reich zu fördern, die wirtschaftlichen und sozialen Angelegenheiten der Kulturberufe zu regeln und zwischen allen Bestrebungen der ihr angehörenden Gruppen einen Ausgleich zu bewirken,

und legte in § 10 fest:

> Die Aufnahme in eine Einzelkammer kann abgelehnt oder ein Mitglied ausgeschlossen werden, wenn [...] die in Frage kommende Person die für die Ausübung ihrer Tätigkeit erforderliche Zuverlässigkeit und Eignung nicht besitzt.[29]

In Wahrheit diente die unter der Präsidentschaft von Joseph Goebbels stehende Reichskulturkammer, mit der bereits vorhandene Interessenverbände gleichgeschaltet wurden, aber weniger der Förderung als vielmehr der totalen ideologisch-politischen, sozialen und ökonomischen Kontrolle des gesamten kulturellen Lebens. Sämtliche »Kulturschaffenden»[30] wurden zentral überwacht. »Nichtarische« (seit dem 26. Mai 1936 wurde allen Mitgliedern im Sinne der Nürnberger Gesetze vom 15. September 1935 der »Ariernachweis« abverlangt) oder aus andere Gründen mißliebige Personen wurden nicht aufgenommen bzw. konnten jederzeit ausgestoßen werden, was einem Berufsverbot gleichkam.[31] Produktion, Distribution und Rezeption künstlerischer Erzeugnisse unterlagen der unmittelbaren nationalsozialistischen Zensur. Kultur und Propaganda waren gleichgeschaltet:

26 Der Bericht über die Eröffnung in der FZ vom 16. November 1933 ist gekürzt abgedruckt bei Ernst Piper 1987, S. 92f. Die Rede von Goebbels ist vollständig wiedergegeben bei Dreyer 1934, S. 23-32. Eine Photographie der Eröffnungsfeier findet sich u. a. bei Heinrich Hoffmann 1974, Abb. nach S. 128. Vgl. das Schaubild zur RKK bei Hinkel 1937, S. 15, wiederabgedruckt bei Barron 1992, S. 10, Abb. 2 und bei Wolfram Werner 1987, S. 159. Vgl. folgende Quellen im BA: Best. R 56 (vgl. Wolfram Werner 1987), besonders die PrASlgen in R 56 I/7-9, R 56 I/95 und R 56 I/102; Die Reichskulturkammer, Amtliches Mitteilungsblatt der Reichskulturkammer (RD 33/1); Moraller 1936 (NSD 12/3-1936); Schmidt-Leonhardt 1936 (Sonderdruck in der Bibliothek des BA: E I d 45); Hinkel 1937. Vgl. ferner Dreyer 1934. Literaturauswahl: Brenner 1963, S. 53-63; Brady 1990; Dahm 1986; Merker 1983, S. 125-131; Rathkolb 1991, S. 12-23. Hervorzuheben ist die juristische Dissertation von Faustmann 1990.

27 Vgl. RGBl. 1933, Teil I, S. 659-661. Der Text ist abgedruckt bei Dreyer 1934, S. 33f. und bei Wulf 1983a, S. 102f. (ebenda, S. 103-107, weitere Dokumente zur RKK).

28 Eine Reichsfilmkammer existierte schon seit dem 14. Juli 1933, sie wurde als »vorläufige Filmkammer« mit der RKK vereinigt.

29 RGBl. 1933, Teil I, S. 797f. Zitiert nach der vollständigen Wiedergabe des Textes bei Dreyer 1934, S. 34-41, hier S. 35f. Auszüge auch bei bei Wulf 1983a, S. 103.

30 Vgl. W. E. Süskind, Kulturschaffende (1946/1957), in: Sternberger/Storz/Süskind 1989, S. 102-108.

31 Vgl. etwa: das Schreiben der RbK an den Maler Heinz Buchholz vom 8. März 1935, mit welchem dessen Aufnahmeersuchen abgelehnt – Grund: »Nichtarier« (abgedruckt in: Rainer Zimmermann 1994, S. 136); den Brief des am 25. April 1936 aus der RKK hinausgeworfenen Malers Hans Grundig an das Stadtwohlfahrtsamt Dresden vom 13. März 1937 (abgedruckt in: Diether Schmidt 1964, S. 107); das Schreiben der Reichsmusikkammer an den Musiker Carl Stenzel vom 15. April 1937, mit welchem

> Mit der hierarchischen Struktur der Kammern, mit dem Mitgliedschaftszwang und der persönlichkeitsbezogenen Mitgliederauslese, mit der Ermächtigung der Kammern, produktions- und marktregelnde Vorschriften zu erlassen und soziale Reglements zu treffen [...] und nicht zuletzt mit der sich bereits im Namen niederschlagenden weihevollen Selbstdarstellung wurden längst untergegangene Prinzipien zünftischer Lebens- und Gesellschaftsordnung reaktiviert. Gleichwohl kann von einer bloßen Restauration prämoderner Sozialordnung nicht gesprochen werden. Indem die archaischen Inhalte völkisch aktualisiert wurden, gerieten sie zum Instrument faschistischen Herrschaftswillens.[32]

Die Reichskammer der bildenden Künste[33], deren Präsident (zunächst der Architekt Eugen Hönig[34], ab 1. Dezember 1936 bis 1943 dessen Stellvertreter, der Maler Adolf Ziegler), dem Führerprinzip[35] gemäß, von Goebbels als dem Präsidenten der Reichskulturkammer ernannt wurde, erfaßte alle Architekten, Maler, Graphiker, Bildhauer, Gartengestalter, Restauratoren, Kopisten, Kunsthandwerker, Raumausstatter, Kunst- und Antiquitätenhändler, Kunstverleger u. a. sowie Künstler- und Kunstvereine: 1938 rund 100.000 Personen[36].
Eine weitere einschneidende Etappe der Gleichschaltung von Kultur und Presse[37] war die »Anordnung des Präsidenten der Reichskammer der bildenden Künste betr. die Veranstaltung von Kunstausstellungen und Kunstmessen«[38] vom 10. April 1935, derzufolge alle Kunstausstellungen der Anmeldungspflicht und vorigen Genehmigung durch die Reichskammer der bildenden Künste unterlagen. Im Falle der Dresdner Wanderausstellung »Entartete Kunst« bestand jedoch keine Klarheit über die Frage, ob sie unter den Erlaß falle oder nicht. Nach einem Schreiben des Kulturamtes Dresden an den Oberbürgermeister von Dortmund vom 25. Oktober 1935 handelte es sich nicht um eine Kunstausstellung im Sinne der Verordnung, sondern um eine *politische* Schau.[39] Als dieselbe Exposition jedoch in Regensburg gezeigt werden sollte, beharrte die Reichskammer der bildenden Künste auf einer Anmeldung als Kunstausstellung und schickte das unvollständig ausgefüllte Formular zurück (vgl. Dok. 13). Erziehungsminister Rust erließ am 6. Juni 1935 eine Verordnung, nach welcher der Erlaß des Präsidenten der Reichskammer der bildenden Künste vom 10. April 1935 für die dem Erziehungsministerium unterstehenden staatlichen und kommunalen Museen *nicht* gültig sei.[40]
Am 27. November 1936 wurde die Kunstkritik mit der »Anordnung des Reichsministers für Volksaufklärung und Propaganda über Kunstkritik« abgeschafft und durch einen – vermeintlich wertneutralen – »Kunstbericht« ersetzt. In dem am folgenden Tag im Völkischen Beobachter publizierten Goebbels-Erlaß heißt es wörtlich:

dessen Aufnahmeantrag abgelehnt wurde – Grund: »Ehefrau Volljüdin« (abgedruckt in: Hildegard Brenner 1963, S. 197f.); das Entlassungsschreiben der RbK an den Graphiker Manfred Pahl vom 4. Februar 1938 (abgedruckt in: Verband Bildender Künstler Württemberg 1987, S. 21). Die unter Androhung von Strafmaßnahmen erteilten Arbeits- und Ausstellungsverbote wurden von der Gestapo überwacht, z. B. durch unangemeldete Atelierkontrollen.

32 Dahm 1986, S. 75.

33 Vgl. das Schaubild zur RbK bei Hinkel 1937, S. 75, wiederabgedruckt bei Hildegard Brenner 1963, S. 247 und bei Wolfram Werner 1987, S. 159. Vgl. ferner die Dokumente bei Wulf 1983a, S. 108-117.

34 Vgl. Das Deutsche Führerlexikon 1934, S. 199.

35 Dem faschistischen Herrschaftsprinzip entsprechend, waren im NS sämtliche Körperschaften und Verbände, also auch Universitäten, Kunstakademien und Kunstvereine, nach dem »Führerprinzip« organisiert, d. h. an die Stelle demokratisch-pluralistischer Herrschaftsformen trat die allein verantwortliche Autorität des »Führers« (vgl. Hildegard Brenner 1963, S. 192).

36 Vgl. Wulf 1983a, S. 109; vgl. auch Faustmann 1990, S. 171. Die Mitglieder erhielten kostenlos das seit dem 1. Oktober 1936 monatlich in Berlin erscheinende MittRbK (BA RD 33/5); vgl. hierzu Thomae 1978, S. 223-225.

37 Zu den Themen Gleichschaltung von Literatur, Presse und Sprache liegen etliche Untersuchungen vor. Hier seien nur einige der jüngst erschienenen Titel genannt, über welche die ältere Literatur bibliographiert werden kann: Ehlich 1989; Frei/Schmitz 1989; Graumann 1990; Haarmann/Huder/Siebenhaar 1983; Löwenthal 1987, Sauder 1985; Walberer 1983. Auf die Formen der Presseberichterstattung über die Femeausstellungen werde ich in jedem einzelnen Fall sowie resümierend in Kapitel 8.2 zu sprechen kommen.

38 Veröffentlicht im VB, 12. April 1935. Vgl. das Schreiben des Landesleiters München-Oberbayern der RbK an den Oberbürgermeister von München vom 22. Juni 1935 (StA München Kulturamt 649/1).

39 Vgl. StA Dortmund 113-29/151-116, Bl. 14.

40 Vgl. GLA 235/6733.

Ich habe seit der Machtergreifung der deutschen Kunstkritik vier Jahre Zeit gelassen, sich nach nationalsozialistischen Grundsätzen auszurichten. [...] Da auch das Jahr 1936 keine befriedigende Besserung der Kunstkritik gebracht hat, untersage ich mit dem heutigen Tage endgültig die Weiterführung der Kunstkritik in der bisherigen Form. An die Stelle der bisherigen Kunstkritik, die in völliger Verdrehung des Begriffs »Kritik« in der Zeit jüdischer Kunstüberfremdung zum Kunstrichtertum gemacht worden war, wird ab heute der Kunstbericht gestellt; an die Stelle des Kritikers tritt der Kunstschriftleiter. Der Kunstbericht soll weniger Wertung, als vielmehr Darstellung und damit Würdigung sein. [...] Das Amt des Kunstschriftleiters wird in der Berufsliste der deutschen Presse an eine besondere Genehmigung geknüpft sein [...].[41]

Inhalt und sprachliche Form der neuen Kunstberichte wurden in den seit dem 24. Juli 1936 wöchentlich im Propagandaministerium stattfindenden »Kulturpolitischen Pressekonferenzen«[42] bis in alle Einzelheiten festgelegt und einheitlich geregelt.

Indes vermag die systematische Bemächtigung des Kulturbereiches im Sinne einer totalen Überwachung nicht darüber hinwegzutäuschen, daß hinter den Kulissen ideologische Richtungskämpfe und Kompetenzrangeleien ausgefochten wurden, die einen eindeutigen kunstpolitischen Kurs in den ersten Jahren der faschistischen Diktatur verhinderten.[43] Protagonisten dieser Rivalitätskämpfe waren vor allem Propagandaminister Goebbels (der übrigens Kunstgeschichte im Nebenfach studiert hatte) und Kampfbundgründer Rosenberg, aber auch Erziehungsminister Bernhard Rust, dem gegen den Widerstand von Goebbels die Museen und Kunstakademien zugewiesen wurden[44], sowie der preußische Ministerpräsident und Innenminister Hermann Göring. Dieser häufte auf seinem Landsitz in der Schorfheide (Nordbrandenburger Uckermark), den er zum Gedenken an seine Frau Carinhall nannte, umfangreiche Sammlungen alter und neuer Kunst an, die er ab 1940 durch Plünderungen in den besetzten Gebieten bereicherte. Aus den 1937 beschlagnahmten Beständen sicherte er sich 13 Meisterwerke von Cézanne, van Gogh, Marc (darunter den seither verschollenen »Turm der blauen Pferde«), Munch und Signac.[45] Die ideologischen Gegenpole verkörperten indes Goebbels und Rosenberg: Dieser lehnte die Moderne, ganz im Geiste der engstirnig-traditionalistischen Deutschtümelei seiner völkischen Kampfgenossen, kategorisch als »undeutsch« ab. Jener vertrat zunächst eine weniger doktrinäre Kunstauffassung, verhehlte nicht gewisse Symphatien für die Avantgarde[46], schätzte dabei besonders den Expressionismus: In seinem Arbeitszimmer hatte Goebbels eine Barlach-Plastik aufgestellt[47], seine Wohnung ließ er mit Werken Noldes ausstatten – was

41 Zitiert nach Wulf 1983a, S. 127f. Weitere Dokumente zum Thema Kunstkritik ebenda, S. 126-137; vgl. auch Hildegard Brenner 1963, S. 202; Liška 1978; Thomae 1978, S. 133-141. Zu den Folgen dieses Erlasses für die Theaterkritik vgl. etwa die Lebenserinnerungen Bernhard Minettis (Günther Rühle 1985, S. 137f.).

42 Vgl. Fröhlich 1974; dort heißt es: »Die Kulturpolitische Pressekonferenz reihte sich in eine Kette von Berliner Pressekonferenzen ein, in denen die Journalisten zur Kanalisierung der gesamten Berichterstattung täglich einer Flut von ›Sprachregelungen‹ ausgesetzt wurden« (S. 348).

43 Auch im Bereich Kunstpolitik, speziell im Umgang mit der »Verfallskunst«, läßt sich beobachten: »Gerade das Kompetenzenchaos der mannigfachen und einander befehdenden Institutionen erforderte und ermöglichte die jeweils notwendige Führerentscheidung und ist somit in gewisser Hinsicht als Basis der Macht Hitlers einzuschätzen« (Hildebrand 1987, S. 6). Zum Thema Kompetenzen und Konflikte vgl. Hildegard Brenner 1963, S. 78-82; Michael Meyer 1991, S. 188-193 und passim; Ernst Piper 1987, S. 113f. und S. 116-118; Reichel 1991, S. 83-100 sowie Kapitel 5.

44 »Bei der Aufgabenteilung zwischen Reichserziehungsministerium und Reichspropagandaministerium (Reichskunstministerium) sind die Museen als wissenschaftliche Anstalten dem Reichserziehungsminister zugeschrieben worden. Versuche, die Museen nach ihrer Art in wissenschaftliche Anstalten und Kunsteinrichtungen zu scheiden, sind als vergeblich aufgegeben worden. Die Museen sind, gleichgültig ob es sich um Museen der bildenden Kunst, der Geschichte oder der Heimatpflege handelt, als Einheit der Kunstabteilung des Reichserziehungsministeriums unterstellt« (Berliner Tageblatt, 22. August 1935).

45 Zur Sammlung Carinhall vgl. Haase 1991, S. 86-153; Irving 1986, S. 447-460; Nicholas 1995, S. 53-55 und passim; Wulf 1983a, S. 439-444. Eine Auflistung der aus den Beständen »Entartete Kunst« requirierten Werke bei Hüneke 1992a, S. 132, Anm. 20 und Diether Schmidt 1964, S. 226f. Zu Görings Rolle beim Kampf gegen die »entartete Kunst« vgl. Kapitel 5.

46 Z. B. wollte er Fritz Lang den Vorsitz der Reichsfilmkammer verschaffen und Thomas Mann zur Rückkehr aus dem Exil bewegen (vgl. Merker 1983, S. 131). – Zu Goebbels' Haltung gegenüber seinen völkischen Rivalen wie Rosenberg und Schultze-Naumburg vgl. auch Heiber 1988, S. 180f.

47 Vgl. Heinrich Hoffmann 1974, S. 149.

den »Führer« allerdings gar nicht erfreute. Diese Episode schildert Albert Speer, der den Auftrag hatte, Goebbels' Haus auszustatten, in seinen Erinnerungen:

> Von Eberhard Hanfstaengl, dem Direktor der Berliner Nationalgalerie, lieh ich [...] einige Aquarelle von Nolde aus. Goebbels und seine Frau akzeptierten sie mit Begeisterung – bis Hitler zur Besichtigung kam, sie aufs schärfste mißbilligte und der Minister mich sofort zu sich rief: »Die Bilder müssen augenblicklich weg, sie sind einfach unmöglich!«.[48]

Am 12. Dezember 1933 schrieb Goebbels in einem in der deutschen Tagespresse veröffentlichten Glückwunschtelegramm »namens der deutschen Künstlerschaft« an den norwegischen Künstler Edvard Munch, er schätze ihn als »kraftvolle[n], eigenwillige[n] Geist-Erbe[n] nordischer Natur«, sein Werk sei »nordisch-germanischer Erde entsprossen«.[49]

Der Expressionismus als »nordisch-germanische« Kunst? Tatsächlich prallten die unterschiedlichen Kunstauffassungen innerhalb der Parteispitze erstmals über die Frage der Einschätzung des Expressionismus aneinander. Auslöser war der öffentliche Disput über diese Stilrichtung (»Expressionismusstreit«) und die zukünftige staatliche Kunstpolitik, der im Sommer 1933 – als Reaktion auf die beginnenden landesweiten Repressalien und »Schrekkenskammern« – die Gemüter bewegte. In der trügerischen Hoffnung, ihn auf diese Weise vor Verfolgung zu bewahren oder gar in den Genuß staatlicher Förderung zu bringen, kämpften verschiedene Personen und Gruppierungen aus teilweise sehr unterschiedlichen Motiven für eine Anerkennung des Expressionismus als Inbegriff einer »deutschen« Kunst und gegen eine pauschale Verfemung der Moderne.[50]

> Die Argumente, mit denen sie den Politikern die Stilrichtung schmackhaft zu machen versuchten, waren die gleichen, die in der Diskussion über die moderne Kunst seit 1912 immer wieder vorgebracht worden waren: Man pries die Hinwendung der Künstler zum Volk, zur Rasse und zum mittelalterlichen Gemeinschaftsideal.[51]

• In der Zeitschrift Deutsche Rundschau stellt der Kunstkritiker Paul Fechter die Expressionisten als Vorkämpfer des Nationalsozialismus dar: »Man wird vor allem den bürgerlichen Kreisen der nationalsozialistischen Bewegung [...] zum Bewußtsein bringen müssen, wie sehr die expressionistische Bewegung Deutschlands, der Kreis der Brücke, genau wie in Italien der Futurismus für den Fascismus, dem neuen Nationalismus vorgearbeitet hat, indem er dem Leben, der Kunst wieder die Grundlage eines echten, unmittelbaren Gefühls gab und gegen den zerflatternden Relativismus der impressionistischen Zeit sich bekennend das aufrechte Ja und Nein seiner Form und seiner Farbe stellte«[52].

• Am 26. März 1933 eröffnet der Lübecker Museumsdirektor Carl Georg Heise die Ausstellung »Schleswig-Holsteinische Graphik« im Behnhaus. In seiner Ansprache führt er aus, es werde lange dauern, »bis es sich durchsetzen wird, daß Nolde und Barlach nicht nur die besten und am meisten norddeutsch-bodenständigen, sondern zugleich auch im revolutionären Sturm ihres gefühlsbetonten intellektfremden Schaffens diejenigen Meister sind, die mit geistigen Waffen in der gleichen Richtung längst vorgestoßen sind, in der jetzt auf politischem Gebiet die jungen deutschen Führer ihr Ziel erkennen«[53].

• Am 19. April 1933 veröffentlicht Otto Pankok in der Düsseldorfer Zeitung Der Mittag einen Artikel mit der Überschrift »Nationale Malerei«, in welchem er »die Kunst von Barlach, Corinth, Nolde, Dix, Marcks, Lieber-

48 Speer 1970, S. 40f.

49 Zitiert nach Arntz 1962, Nr. 7, S. 26.

50 Zum Thema »Kunstpolitische Opposition« und »Expressionismusdebatte« vgl. Hildegard Brenner 1962, S. 17-42 und 1963, S. 65-86; Bushart 1990, S. 224-226; Bussmann 1986, S. 106-108; Germer 1990; Hein 1992, S. 252-265; Hüneke 1978; Koch 1987, S. 57-61; Liška um 1975, S. 17-19; Merker 1983, S. 131-137; Ernst Piper 1987, S. 16f. und passim; Schäfer 1981, S. 18-20; Schulze 1991, S. 173-178; Tümpel 1992, S. 21-24.

51 Bushart 1990, S. 225f.

52 Paul Fechter, Der Zusammenbruch des Kunstbetriebes, in: Deutsche Rundschau 23, 1933, Nr. 2, S. 9-12, hier S. 11 (zitiert nach Bushart 1990, S. 225).

53 Zitiert nach dem Abdruck der Schlußworte der Rede bei Nikolov 1990, S. 99f. Vgl. auch Howoldt 1987, o. S.

mann, Slevogt und Kubin gegen die Angriffe des ›Kampfbundes für deutsche Kultur‹ verteidigte«[54]. Am 15. Oktober 1933 protestiert Pankok in einem Schreiben an den Reichsleiter des Kampfbundes, Alfred Rosenberg, gegen die Entfernung fünf seiner – aus dem Passions-Zyklus stammenden – Werke aus der Essener Ausstellung »Westfront 1933«.[55]

• Am 25. April 1933 wendet sich Oskar Schlemmer »tief erschüttert« und »mit der dringenden Bitte, hier Einhalt zu gebieten« an Goebbels, um gegen die »Schreckenskammern der Kunst« zu protestieren.[56]

• Am 12. Mai 1933 bezieht der Kunstkritiker Bruno E. Werner in einem Artikel der Deutschen Allgemeinen Zeitung unter der Überschrift »Der Aufstieg der Kunst« gegen die Entlassung progressiver Museumsleiter, die Schließung moderner Abteilungen in Museen und des Bauhauses[57] sowie gegen die »Schreckenskammern« Stellung und sieht in der neuen Kunst eine »Wegbereiterin der nationalen Revolution«: »Wir haben es in den vergangenen Wochen, während die regierenden Persönlichkeiten mit dem politischen und moralischen Aufbau des neuen Reichs beschäftigt waren, erlebt, daß in den Bezirken der Kunst Maßregeln von untergeordneten Stellen vorgenommen sind, die sicher nicht im Sinne Adolf Hitlers und der führenden Männer des neuen Reiches waren. [...] wenn man in Mannheim Direktor Hartlaub beurlaubt und aus seinen Ankäufen eine kulturbolschewistische Ausstellung aufbaut, in der ungefähr alles an jüngerer deutscher Kunst enthalten ist, was wir an Rang und Wert besitzen [...], so geschieht dies sicher nicht auf Wunsch und Veranlassung der Regierung«[58].

• Im Juni 1933 wird Ernst Barlach aufgefordert, Präsident einer Ausstellungsgemeinschaft »Ring deutscher Künstler« zu werden. »Die Initiatoren dieses Zusammenschlusses, Hans Weidemann[59] und Otto Andreas Schreiber[60], führende Mitglieder des ›Nationalsozialistischen Deutschen Studentenbundes‹ in Berlin, planten das Experiment, der Hitlerbewegung den Expressionismus unter der Losung ›Gegen französisches Ästhetentum – für bodenständige deutsche Kunst‹ schmackhaft zu machen. Sie suchten sich einiger Persönlichkeiten zu versichern, die ihnen im rassischen Sinne ›artrein‹ schienen, u. a. Heckel, Marcks, Kokoschka, Rohlfs, Kubin.«[61] Die Vereinigung kommt nicht zustande.[62]

54 Karl-Ludwig Hofmann/Präger/Bessel 1982, S. 16.

55 Der Wortlaut des Briefes ist zuletzt vollständig wiedergegeben in: Mensch 1993, S. 305, Anm. 15.

56 Der Wortlaut des Briefes ist zuletzt vollständig wiedergegeben in: Hüneke 1990c, S. 273f.

57 Das Bauhaus Berlin war am 12. April 1933 von der SS durchsucht und bald darauf geschlossen worden (vgl. Kapitel 3.6).

58 Zitiert nach dem gekürzten Abdruck bei Wulf 1983a, S. 83-85, hier S. 85. Vgl. Hüneke 1990d, besonders S. 200 und Rave 1987, S. 56f. Die Zeitungen DAZ (Berlin) und FZ genossen als Aushängeschilder des NS-Staates eine vergleichsweise große publizistische Freiheit (vgl. Kapitel 8.2).

59 Der 1904 geborene Maler Hans Weidemann gehörte dem Präsidialrat der RbK sowie der RPL und als Referent dem RMVP an. Im April 1934 zeigte die Galerie Ferdinand Möller in Berlin eine Einzelausstellung seiner Werke. Im Oktober 1935 wurde er Vizepräsident der Reichsfilmkammer (vgl. Thieme-Becker, Bd. 35, S. 264; Vollmer, Bd. 5, S. 97; Koch 1987, S. 59; Merker 1983, S. 134; Roters 1984, S. 303; Thomae 1978, S. 389, A. 152). – Am 14. März 1949 schrieb Weidemann im Zusammenhang mit seiner »Entnazifizierung« an Alois J. Schardt (der ihn in Hinsicht auf seine Haltung zur modernen Kunst entlastete): »Wissen Sie auch, daß ich in den ersten Apriltagen 33 bei Goebbels durchsetzte, daß uns die Blamage einer Bilderverbrennung – wie sie die Herren Kollegen von der Schrifttumsabtlg. zustandebrachten – erspart blieb? Und mich weigerte, eine Ausstellung ›Entartete Kunst‹ zu inszenieren? Diese Ausstellung fand erst statt, als wir nichts mehr zu sagen hatten« (The Getty Center for the History of Art and the Humanities, Archives of the History of Art, Alois J. Schardt Papers).

60 Zu Otto Andreas Schreiber (1907 bis 1978) vgl. Thieme-Becker, Bd. 30, S. 283; Vollmer, Bd. 4, S. 219; Blum 1978; Kunsthandlung Goyert 1987; Rainer Zimmermann 1994, S. 442. 1937 wurden von ihm ein Aquarell in der Nationalgalerie und eine Graphik im Kupferstichkabinett Berlin beschlagnahmt (vgl. Janda/Grabowski 1992, S. 197, Nr. 476 und Blume 1988, S. 27). Ein Holzschnitt war in der Münchner Schau »Entartete Kunst« ausgestellt (vgl. von Lüttichau 1992a, S. 79). – Als Leiter der Abteilung Bildende Kunst in der DAF-Freizeitorganisation KdF soll Schreiber (nach eigenen Aussagen gegenüber Brenner und Bollmus sowie seinem Aufsatz im Ausstellungskatalog Die Dreissiger Jahre 1977) zwischen 1934 und 1942 rund 4.000 für Werktätige bestimmte »Fabrikausstellungen« veranstaltet haben, in denen regelmäßig auch Graphiken »entarteter« Künstler gezeigt wurden. Daß es solche »Fabrikausstellungen« gegeben hat, steht außer Frage (vgl. A. Sch. 1938), allein erscheint es zweifelhaft, ob darin tatsächlich in dem beschriebenen Maße verfemte Künstler vertreten waren (vgl. hierzu Bollmus 1970, S. 65; Hildegard Brenner 1963, S. 73f. und S. 86; Koch 1987, S. 59; Meinik 1994, S. 17f.; Merker 1983, S. 136).

• Am Freitag, den 30. Juni 1933, veranstaltet der Nationalsozialistische Deutsche Studentenbund eine vielbeachtete Kundgebung »Jugend kämpft für deutsche Kunst« im *Auditorium maximum* der Berliner Universität (Farbabb. 1). Die Redner – nämlich der Kreisführer des Studentenbundes Fritz Hippler[63], Otto Andreas Schreiber sowie der Schriftsteller und Reichsschulungsleiter des Bundes Johann von Leers – apostrophieren Heckel, Nolde, Rohlfs, Schmidt-Rottluff, Barlach, Kolbe und Lehmbruck als »die Vorläufer der Kunst, die der Nationalsozialismus in ihrem Geiste fortsetzen wolle« und verurteilen die »Schreckenskammern« als Werk »organisierter Dilettantenklüngel«.[64] In der abschließenden Resolution heißt es: »Die Hauptgefahr in der Schaffung einer neuen Kunst liegt [...] in engstirniger Ausschließung wertvoller deutscher Künstler von diesem Aufbauwerk aus Gründen, die nicht allein in der Persönlichkeit und im Werk selbst zu suchen sind, und auf der anderen Seite in der bevorzugten Mitarbeit von an sich achtbaren Männern, die aber einen wilhelminischen Akademismus mit nationaler Kunst verwechseln und durch keinerlei persönliche künstlerische Eignung das Ausmaß der von ihnen angemaßten Kompetenzen rechtfertigen«[65]. Der Studentenbund beansprucht für sich, die nationalsozialistische Revolution auf dem Gebiet der bildenden Künste weiterzuführen[66] und kündigt weitere Veranstaltungen an.
• Am 10. Juli 1933 hält Alois J. Schardt, Direktor des Moritzburg-Museums in Halle an der Saale und seit dem 4. Juli 1933 kommissarischer Direktor der Nationalgalerie Berlin, in der Staatlichen Kunstbibliothek Berlin einen Vortrag zum Thema »Was ist deutsche Kunst?«. Darin zieht er eine Entwicklungslinie des »ekstatischen Expressionismus« von der germanischen Ornamentik über Gotik und Romantik bis hin zum Expressionismus, um diesen als »typisch deutsch« zu legitimieren.[67]
• Am 13. Juli 1933 veröffentlicht die Deutsche Allgemeine Zeitung einen Aufsatz von Karl Hofer mit dem Titel »Der Kampf um die Kunst«. Darin wirbt der seit April 1933 von seinem Lehramt an der Berliner Kunsthochschule »beurlaubte« Maler für Verständnis gegenüber der modernen Kunst, verwirft die »Greuelausstellungen« und Schlagworte wie »bolschewistisch« und warnt vor einer falsch verstandenen »Volkskunst«.[68]
• Am 22. Juli 1933 eröffnet die Berliner Galerie Ferdinand Möller, Lützowufer 3, eine Ausstellung »Dreißig Deutsche Künstler«, die auf Einladung des NS-Studentenbundes zustande kam. In ihr sind u. a. Barlach, Heckel, Kanoldt, Kolbe, Lehmbruck, Macke, Marc, Marcks, Nolde, Rohlfs, Schmidt-Rottluff und Otto Andreas Schreiber vertreten. Auf Betreiben des Kampfbundes und Rosenbergs läßt Innenminister Frick die Ausstellung am 25. Juli 1933 vorübergehend schließen, Hippler und Schreiber werden aus dem Studentenbund ausgeschlossen.[69]

61 Jansen 1981, Bd. 3, S. 74; Erläuterung Jansens zu einem wohl im Juni 1933 verfaßten Briefentwurf Barlachs als Vorlage für einen Antwortbrief, den sein Sekretär, der Kunsthändler und Bildhauer Bernhard A. Böhmer (vgl. Kapitel 5), an Otto Andreas Schreiber richten sollte. Vgl. auch das Schreiben Barlachs an Kubin vom 12. Juni 1933 bei Dross 1969, S. 380, Brief 1049 und Ernst Piper 1987, S. 81f.

62 Vgl. Ernst Piper 1987, S. 16.

63 Hippler leitete später die Filmabteilung im RMVP, von 1939 bis 1943 war er Reichsfilmintendant. 1940 gestaltete er den antisemitischen Propagandafilm »Der ewige Jude« (vgl. Kapitel 7.2).

64 Nach dem Bericht von Dr. E. L. im Berliner Tageblatt vom 1. Juli 1933.

65 Beiblatt zum Berliner Hochschulblatt, 14. Juli 1933 (zitiert nach Hüneke 1978, S. 51).

66 Vgl. Hildegard Brenner 1963, S. 66.

67 Vgl. den Brief Max Sauerlandts vom 7. Juli 1933 (in: ders. 1957, S. 426f.) und den Bericht von A. D. im Berliner Tageblatt vom 11. Juli 1933 sowie Hildegard Brenner 1963, S. 71 und Hüneke 1990a, besonders S. 55.

68 Vgl. Rave 1987, S. 57. Hofers Text ist abgedruckt bei Hüneke 1991b, S. 193-195 (vgl. auch den Kommentar Hünekes ebenda, S. 394-396) sowie bei Richard 1982, S. 242-244. Das Organ des KfdK entgegnete Hofer mit dem Artikel von Waldemar Wünsche, Karl Hofer und die neue Kunst, in: Deutsche Kultur-Wacht, 1933, Heft 17, S. 13 (abgedruckt bei Wulf 1983a, S. 48-50). Dort heißt es: »Die Werke des Herrn Hofer und seiner Gesinnungs- und Kunstfreunde sind nämlich nicht wahrhaft revolutionär und damit schöpferisch und zukunftweisend, sondern dekadent – und gehören einer bereits überwundenen Vergangenheit an« (S. 50).

69 Vgl. Roters 1984, S. 126f. Die Schau sollte ursprünglich bereits am 4. Juli 1933 eröffnet werden – eine Pressevorbesichtigung hatte bereits stattgefunden (vgl. Berliner Tageblatt, 4. Juli 1933) –, was Frick verhinderte (vgl. die Briefe Max Sauerlandts vom 6. und 7. Juli 1933, in: ders. 1957, S. 425-427).

• Am 12. August 1933 hält der Münchner Ordinarius für Kunstgeschichte, Wilhelm Pinder[70], im Dachauer Schloß einen Vortrag zum Thema »Die bildende Kunst im neuen deutschen Staat«. Dabei handelte sich um eine Wiederholung des Vortrages, den Pinder am 3. August 1933 im Rahmen einer Tagung des Pädagogisch-psychologischen Instituts der Universität München im Auditorium maximum gehalten hatte. In dem Vortrag begrüßt der Kunsthistoriker die »nationalsozialistische Erhebung« ausdrücklich und verkündet den Grundsatz: »Kunst und Volk, das gehört unlöslich und unaufhebbar zusammen. Daß Kunst international sei, [...] das habe ich immer als Ausflucht und Vorwand derjenigen angesehen, die es nötig haben: der Wurzellosen und Entarteten.« Zugleich aber plädiert er für eine Trennung von Kunst und Politik, nimmt die angegriffenen und entlassenen Museumsleiter in Schutz, äußert sich kritisch über den Begriff »Kunstbolschewismus« und ausgespochen positiv über den »Bauhaus-Stil«. Gegen Ende führt er aus: »Der neue kommende Stil wird wohl die Steigerung und Verklärung aus dem Grunde des modernen Stils bringen – ganz bestimmt aber nicht verkapptes Biedermeier in irgendeiner Form sein.«[71] Der Vortrag führt zu einem publizistischen Schlagabtausch zwischen Pinder und dem Kunstkritiker des Völkischen Beobachters, Franz Hofmann.[72]

• Am 5. November 1933 legt der Schriftsteller und Arzt Gottfried Benn in der Wochenzeitung Deutsche Zukunft sein »Bekenntnis zum Expressionismus« als der »letzten großen Kunsterhebung Europas« ab, »wobei er den schriftstellerischen und bildnerischen Vertretern dieser Richtung höchstes Lob für ihre Auf- und Umbruchsgesinnung« zollt, »nicht ohne die formende und bahnende Rolle des NS-Systems zu betonen«.[73]

• Am 7. Januar 1934 erscheint, ebenfalls in der Deutschen Zukunft, ein Aufsatz von Max Sauerlandt (der am 5. April 1933 von seinem Amt als Direktor des Museums für Kunst und Gewerbe in Hamburg »beurlaubte« Sauerlandt war am 1. Januar 1934 im Alter von 53 Jahren verstorben), in welchem dieser ausdrücklich die Aktivitäten des Studentenbundes lobt und sich für die Kriegsgeneration der Expressionisten einsetzt. Statt deren Werke in Ehren zu halten, werde geduldet, »daß sie wahllos von unverantwortlichen Handlangern der Revolution in die Keller und Magazine der Museen gesteckt oder wohl gar an den Pranger gestellt werden. Besinnung tut endlich not, Einsicht, Umkehr. Zu viel steht auf dem Spiel: Lebenswille und Schaffenskraft dieser innerlich Zartesten, Empfindlichsten, Verletzlichsten, am leichtesten Zerstörbaren, die seit bald einem Jahr schutzlos jedem brutalen Angriff preisgegeben sind!«[74].

Manche Künstler hofften, in diesem Sinne positiven Einfluß auf den Kampfbund für deutsche Kultur ausüben zu können. Dies belegt ein Brief Kandinskys an Baumeister vom 23. April 1933, worin es heißt: »Sie fragen, was man tun oder lassen soll. Meiner Meinung nach sollten Künstler in den Kampfbund gehen – besonders diejenigen, die dort ruhig und sachlich tätig sein könnten. Eine ganze Anzahl unserer Bauhaus-Jugend will es machen und es kann nur begrüßt werden«[75]. Auch der Deutsche Museumsbund versuchte, den Kampfbund zu unterwan-

70 Zu Pinder und seiner Rolle im NS vgl. Belting 1992, passim; Bushart 1990, S. 225, Anm. 5; Dilly 1988, passim; Halbertsma 1990, besonders S. 244f. und 1992, besonders S. 137-146; Justin 1982, passim; Poliakov/Wulf 1978, S. 107; Bettina Preiß 1990, passim. Korrespondenz zwischen Pinder und Carl Georg Heise ist abgedruckt bei Nikolov 1990, S. 93.

71 Zitiert nach der leicht veränderten Druckversion Pinder 1934, S. 33, S. 67 und passim. Vgl. zu dem Vortrag die ausführlichen Darlegungen bei Halbertsma 1992, S. 137-139.

72 Vgl. VB, Münchener Ausgabe, vom 16. August 1933 (Hofmann), 23. August 1933 (Pinder), 28. August 1933 (Hofmann). Vgl. ferner: DK 7, 1933, September/Oktober (abgedruckt in: Feistel-Rohmeder 1938, S. 202-204); Zweite 1987, S. 274; hier Kapitel 3.1.1.

73 Merker 1983, S. 134f. Benn kollaborierte anfangs mit den Nationalsozialisten, wurde dennoch 1938 aus der Reichsschrifttumskammer ausgeschlossen und erhielt Publikationsverbot (ebenda, S. 328, Anm. 335, mit Literatur). Vgl. Hildegard Brenner 1963, S. 74; Roh 1962a, S. 109f.; Ryan 1980; Theweleit 1987. Vgl. auch die zuletzt erschienene Benn-Biographie von Rübe 1994.

74 Zitiert nach dem Abdruck des Textes bei Sauerlandt 1974, S. 513-519, hier S. 516f.; in den Anmerkungen (S. 622) wird der Text als unveröffentlicht klassifiziert, der Hinweis auf die Zeitung Deutsche Zukunft folgt Hildegard Brenner 1963, S. 74. Zum »Fall Sauerlandt« vgl. ter Haar 1974.

75 Zitiert nach Willi Baumeister 1989, S. 42. Vgl. den Brief der Bauhaus-Schüler an den KfdK, der am 15. April 1933 in der DAZ erschien (reproduziert in: Hahn 1985, S. 131). Zum Thema Bauhaus und KfdK vgl. Hahn 1985, S. 129-131.

dern, dessen Ortsgruppe für bildende Kunst in Halle an der Saale beispielsweise von Alois J. Schardt geleitet wurde.[76]

Die »Expressionismusdebatte« war von großer Virulenz – der Völkische Beobachter vom 29. Juni 1933 sprach nicht wenig theatralisch von der »Lösung der Zukunftsfrage der deutschen Kunst« – und sorgte für eine beachtliche Resonanz in der Öffentlichkeit. Alfred Rosenberg und seine Gesinnungsgenossen ergriffen jede Gelegenheit, um gegen die Auffassung, der Expressionismus sei »nordisch« und ein zukunftsträchtiger Träger der »NS-Revolution«, Front zu machen.[77] Wie kam es, daß die hier angedeutete Kontroverse, wie auch die Analyse der Rezeption der Vorläuferausstellungen verdeutlichen wird, öffentlich und diskursiv ausgetragen werden konnte, wenngleich geschickt hinter taktischen, dabei dennoch mutigen, Formulierungen getarnt? Die Voraussetzungen scheinen sowohl im organisatorischen als auch im ideologischen Bereich zu liegen: Zum einen ging die Gleichschaltung der Presse, beginnend mit dem Verbot der SPD-Presse im Februar 1933 und sich fortsetzend mit dem Austausch der Schriftleitungen, nur allmählich voran, d. h. bürgerliche und liberale Zeitungen konnten ihren Kurs zunächst noch halten.[78] Zum anderen fehlte es an eindeutigen Direktiven seitens der NSDAP-Spitze und der Regierung, die selbst über die einzuschlagende Marschrichtung uneins war. In diesem Zusammenhang ist signifikant, daß keine einzige offizielle Stellungnahme zu den »Schreckenskammern« bekannt ist! Im »Führerstaat« war es schließlich der »Führer«, der versuchte, einen Schlußstrich unter die Diskussion zu ziehen.

Im Rahmen der Kulturtagung des Nürnberger Parteitages hielt Hitler am 1. September 1933 seine erste Kulturrede:

> Die nationalsozialistische Bewegung und Staatsführung darf auch auf kulturellem Gebiet nicht dulden, daß Nichtskönner oder Gaukler plötzlich ihre Fahne wechseln und so, als ob nichts gewesen wäre, in den neuen Staat einziehen, um dort auf dem Gebiete der Kunst und Kulturpolitik abermals das große Wort zu führen. Ob die Vorsehung uns alle die Männer schenkt, die dem politischen Wollen unserer Zeit und seinen Leistungen einen gleichwertigen kulturellen Ausdruck zu schenken vermögen, wissen wir nicht. Aber das eine wissen wir, daß unter keinen Umständen die Repräsentanten des Verfalls, der hinter uns liegt, plötzlich die Fahnenträger der Zukunft sein dürfen. Entweder waren die Ausgeburten ihrer damaligen Produktion ein wirklich inneres Erleben, dann gehören sie als Gefahr für den gesunden Sinn unseres Volkes in ärztliche Verwahrung, oder es war dies nur eine Spekulation, dann gehören sie wegen Betruges in eine dafür geeignete Anstalt. Auf keinen Fall wollen wir den kulturellen Ausdruck unseres Reiches von diesen Elementen verfälschen lassen; denn das ist unser Staat und nicht der ihre.[79]

Das war deutlich. Von einem revolutionären Expressionismus – sei er auch von »deutschen Ariern«, teilweise sogar Parteimitgliedern geschaffen – und jedweden Liberalisierungstendenzen gegenüber der »Verfallskunst« wollte Hitler nichts wissen. Gleichzeitig ließ er durchblicken, unter welchen Voraussetzungen er das Thema Kunst in Zukunft zu behandeln beabsichtigte: »Die Kunst ist eine erhabene und zum Fanatismus verpflichtende Mission«[80]. Goebbels beugte sich (wie schon im Falle seiner Wohnzimmerdekoration) der Autorität Hitlers. Doch wenn Rosenberg sich schon genüßlich die Hände rieb und als Sieger wähnte, so hatte er sich kräftig geirrt. Auf dem nächsten Parteitag erteilte Hitler nämlich nicht nur erneut jeglichen kunstpolitischen Liberalisierungsversuchen eine scharfe Abfuhr, sondern auch den völkisch-reaktionären Traditionalisten:

76 Vgl. Hüneke 1990a, S. 54 und 1992c, S. 287.

77 Zur »Einkreisungspolitik« Rosenbergs und seinen VB-Leitartikeln gegen die »Studentenrevolte« (z. B. im VB vom 7. Juli 1933, auszugsweise zitiert in Ernst Piper 1987, S. 83f.) vgl. Hildegard Brenner 1963, S. 69f. Vgl. auch Alfred Rosenberg 1934 (Text eines Vortrages für den KfdK vom 6. Juli 1933, Erstveröffentlichung im VB vom 15. Juli 1933; vgl. hierzu den Brief von Max Sauerlandt vom 6. Juli 1933, in: ders. 1957, S. 425f. sowie ter Haar 1974, S. 595 mit Anm. 104).

78 Das gilt auch für Zeitschriften. Vgl. etwa einen Beitrag von Theodor Heuss in Die Hilfe (Heuss 1933). Dabei handelt es sich um eine 1895 von Friedrich Naumann in Berlin gegründete Zeitschrift für Politik und Kultur, welcher Heuss über viele Jahre in leitenden Funktionen verbunden war.

79 Hitler 1933, S. 441f. Der vollständige Wortlaut der Rede erschien auch im VB, Berliner Ausgabe, vom 2. September 1933 und bei Dreyer 1934, S. 9-19.

80 Hitler 1933, S. 441.

> Zum zweiten aber muß der nationalsozialistische Staat sich verwahren gegen das plötzliche Auftauchen jener Rückwärtse, die meinen, eine »teutsche Kunst« aus der krausen Welt ihrer eigenen romantischen Vorstellungen der nationalsozialistischen Revolution als verpflichtendes Erbteil für die Zukunft mitgeben zu können.[81]

Hitler hatte die »Expressionismusdebatte« theoretisch beendet[82] und unmißverständlich erklärt, daß es gegenüber der »Verfallskunst« generell kein Pardon gebe.[83] Gleichwohl gehörte es zu den immanenten Widersprüchen der nationalsozialistischen Herrschaftspraxis, daß es auch in den nächsten Jahren nicht zu einer Vereinheitlichung des Umgangs mit der »Verfallskunst« kam. Bis 1937 und, wie zu zeigen sein wird, auch darüber hinaus stellte sich die Situation wie folgt dar: Die Werke moderner Künstler wurden in »Schreckenskammern«, in Reden Hitlers und in der NS-Presse verfemt, aus den musealen Schauräumen verbannt und mitunter sogar verkauft. Kunsthochschulen und die Preußische Akademie der Künste in Berlin wurden systematisch »gesäubert«[84] sowie Denkmäler geschleift[85]. Bereits im Februar 1935 fand eine Beschlagnahmung in einem Berliner Auktionshaus mit anschließender Verbrennungsaktion statt.[86] Erste »Schwarze Listen«[87] zirkulierten. Eingriffe in bzw. Schließungen von Ausstellungen hielten die Presse in Atem. Dafür einige Beispiele:

- Im Frühjahr 1935 wurden aus der von der Preußischen Akademie der Künste zusammengestellten Schau »Berliner Kunst« in der Münchner Neuen Pinakothek auf Anweisung des Gauleiters Adolf Wagner Werke von Barlach, Feininger, Kollwitz, Nolde, Schmidt-Rottluff u. a. entfernt.[88]
- Aus der von Januar bis März 1936 ebenfalls in der Neuen Pinakothek gezeigten Schau »50 Jahre Münchener Landschaftsmalerei und Bildnisplastik« ließ Wagner u. a. zwei Bilder von Maria Caspar-Filser herausnehmen.[89]
- Am 21. Juli 1936 wurde im Hamburger Kunstverein die Jahresausstellung des Deutschen Künstlerbundes mit dem Untertitel »Deutsche Kunst im Olympiajahr 1936« eröffnet, die bis zum 20. September 1936 laufen sollte. Die Werke von 179 Künstlern – darunter Barlach, Beckmann, Caspar-Filser (vertreten mit einem der beiden Bilder, die wenige Monate zuvor aus der obengenannten Münchner Schau entfernt worden waren), Dix, Feininger, Hofer, Marcks, Munch, Nay, Nolde, Pechstein, Rohlfs, Schlemmer, Schmidt-Rottluff und Voll – boten einen repräsentativen Querschnitt durch die deutsche Gegenwartskunst. Reichskammer-Präsident Adolf Ziegler begab sich höchstpersönlich nach Hamburg, um die Schau unter dem Protest der Aussteller am 31. Juli 1936 zu schließen. Am 30. November 1936 löste sich der Künstlerbund auf, der Hamburger Kunstverein wurde aus der Reichskammer der bildenden Künste ausgeschlossen.[90]

81 Zitiert nach Hildegard Brenner 1963, S. 83. Die Autorin fährt fort: »Hitler nannte keine Namen. Doch jeder Eingeweihte wußte, wer gemeint war: die völkischen Veteranen, alle jene Bau-, Sprach-, Schrift- und Kleidungsreformer, jene Fidus, Fahrenkrog und Lanzinger, jene alte Garde der Völkischen, die 1934 im Gefolge Rosenbergs stand«. Auch in seiner Kulturrede auf dem Parteitag 1935 (vollständig abgedruckt in: 8 Uhr-Blatt, 12. September 1935) bekräftigte Hitler seinen 1933 und 1934 vorgetragenen Standpunkt.

82 Dennoch wurde sie publizistisch weitergeführt; vgl. Böttcher 1935 und Stapel 1936.

83 Hitlers Entscheidung hatte einen wichtigen innenpolitischen Hintergrund, auf den Mosse (1980, S. 136) verweist: »Der Expressionismus stellte nicht nur Hitlers banalen, wilhelminischen Geschmack in Frage, vielmehr mußte der Führer zugleich auch den Aktivismus, der den Anfang seiner eigenen Bewegung bestimmte, unter Kontrolle bringen. Der Expressionismus wurde etwa zur gleichen Zeit geächtet, als der sogenannte Röhm-Putsch stattfand, der die SA disziplinierte«. Vgl. ferner Merker 1983, S. 135.

84 In zwei Aktionen, 1933 und 1937, drängte die Akademie mißliebige Künstler zum Austritt, andere wurden als »Nichtarier« ausgeschlossen. »Freiwillig« erklärten 1933 u. a. ihren Austritt: Dix, Kollwitz, Liebermann, Schmidt-Rottluff; 1937: Barlach, Belling, Gies, Kirchner. Vgl. die Dokumente bei Diether Schmidt 1964, S. 43-56 sowie ausführlich Hildegard Brenner 1972 und Fischer-Defoy 1987.

85 Näheres bei Tümpel 1992, S. 20 mit Anm. 17.

86 Vgl. hierzu Janda/Grabowski 1992, S. 48.

87 Im Bereich der bildenden Künstler kam es offensichtlich erstmals 1936 im Zusammenhang mit der Dresdner Vorläuferausstellung »Entartete Kunst« zur Erstellung eines Index (vgl. Kapitel 3.8.2).

88 Vgl. Jansen 1989, S. 162.

89 Vgl. Smitmans 1993, S. 19.

90 Vgl. den Brief Wilhelm Niemeyers an Franz Radziwill vom 7. August 1936, abgedruckt in: Wietek 1990, S. 149f. sowie Heydorn 1974, S. 174; Neuenhausen/Lyra-Wex 1986; Ernst Piper 1987, S. 19 und passim; Smitmans 1993, S. 19.

• Aus der am 5. November 1936 eröffneten Jubiläumsausstellung »Berliner Bildhauer von Schlüter bis zur Gegenwart« der Preußische Akademie der Künste wurden am Vorabend der Eröffnung die Werke von Ernst Barlach und Käthe Kollwitz beseitigt.[91]

• 1937 wurde eine Rohlfs-Ausstellung im Kunstverein Barmen geschlossen.[92]

Gleichzeitig hingegen waren einige der betroffenen Künstler Mitglieder der Reichskammer der bildenden Künste, konnten ihre Werke weiterhin mehr oder weniger unbehelligt in privaten Galerien ausstellen[93] und erhielten private wie staatliche Aufträge. Bis 1935 konnte Otto Andreas Schreiber zweiwöchentlich die Zeitschrift Kunst der Nation[94] mitherausgeben, die sich mutig für die Brücke-Künstler, Barlach, Lehmbruck, Marcks, Nolde, Pankok u. a. engagierte. Vom 12. Januar bis 3. Februar 1936 wurden im Märkischen Museum Witten Werke von Beckmann, Josef Eberz, Felixmüller, Kandinsky, Walter Jacob, von Jawlensky, Klee, Kokoschka, Nolde, Max Peiffer-Watenphul und Rohlfs aus der Wiesbadener Privatsammlung Heinrich Kirchhoff, die sich bis 1933 als Leihgabe im Museum Wiesbaden befunden hatte, präsentiert.[95] Einige dieser Künstler waren auch in der Dresdner Vorläuferausstellung »Entartete Kunst« vertreten, deren Regensburger Etappe ebenfalls am 12. Januar 1936 eröffnet wurde (vgl. Kapitel 3.1.8.4). 1935 erwarb das Kunstmuseum Düsseldorf aus der Sammlung Rudolf Ibach drei Gemälde von Heckel, Nolde und Pechstein[96] und noch am 25. August 1936 der Verein der Freunde der Nationalgalerie Berlin von der Galerie Ferdinand Möller zwei Arbeiten auf Papier von Nolde – »wohl eine der spätesten Erwerbungen expressionistischer Kunst für eine öffentliche Sammlung in Deutschland«[97]. Bis zum 30. Oktober 1936 waren im obersten Stockwerk des Berliner Kronprinzenpalais Plastiken und Gemälde der Expressionisten zu bewundern[98] – darunter Barlach, Klee und Marc, von denen jedoch wenige Monate zuvor Bücher polizeilich beschlagnahmt worden waren! Folgende Buchbeschlagnahmungen sind dokumentiert:

• Im April 1935 wurde die Ende Oktober 1934 im Potsdamer Verlag Müller & Kiepenheuer veröffentlichte Monographie »Paul Klee. Handzeichnungen 1921-1930« von Will Grohmann konfisziert.[99]

• 1935 wurde Max Sauerlandts aus einer Vorlesung an der Universität Hamburg im Sommersemester 1933 hervorgegangenes Buch »Die Kunst der letzten 30 Jahre« (Rembrandt Verlag, Berlin) beschlagnahmt.[100]

• »Am Mittwoch den 25. März 1936 wurden in meinem Verlag von der Bayerischen Politischen Polizei sämtliche Exemplare des Werks ›Zeichnungen von Ernst Barlach‹, mit Einführung von Paul Fechter, beschlagnahmt und

91 Vgl. Bohnke-Kollwitz 1989, S. 686 und S. 923.

92 Vgl. Becks-Malorny 1992, S. 91f.

93 Zur Ausstellungstätigkeit der Galerie Möller in Berlin zwischen 1933 und 1937 vgl. Roters 1984, S. 123-141, zu jener des »Graphischen Kabinettes Günther Franke« in München Meißner 1989b, S. 268 und Doris Schmidt 1970. Vgl. ferner Meißner 1989a, S. 89-92.

94 Vgl. hierzu Germer 1990 und Halbertsma 1992, S. 141. Kirsten Baumann schloß an der Universität Bochum eine Magisterarbeit mit dem Titel »Die Zeitung Kunst der Nation (1933-1935)« ab (vgl. Kunstchronik 46, 1993, Heft 8, S. 435).

95 Parallel wurde die Wittener Privatsammlung von Bob Gésinus-Visser ausgestellt, darunter Werke von Kokoschka, Modersohn-Becker und Heinrich Nauen. Vgl. die Listen der Exponate, Korrespondenzen und Rezensionen im Archiv des Märkischen Museums Witten, dem ich für die Bereitstellung von Unterlagen und detaillierte Auskünfte danke.

96 Vgl. Schweiger 1994, S. 65f.

97 Blume 1992, S. 16 mit Anm. 18.

98 Die im ehemaligen Kronprinzenpalais untergebrachte moderne Abteilung der Berliner Nationalgalerie war schon seit langem Angriffsobjekt der völkischen und NS-Presse; vgl. etwa den Artikel »Kronprinzenpalais säuberungsbedürftig«, in: Das Schwarze Korps, 2. April 1936 (auszugsweise abgedruckt in: Janda/Grabowski 1992, S. 45f.; vgl. zu diesem Artikel und einer Erwiderung Paul Fechters in der Wochenzeitung Deutsche Zukunft: Heuss 1936). Wohl aus taktischen Gründen wartete Rust bis zum 30. Oktober 1936 mit der Schließung: Die Reichshauptstadt Berlin zog die meisten ausländischen Touristen an. Zumal während der Olympischen Spiele (1. bis 16. August 1936) legte Deutschland einen großen Wert auf ein Image als friedliebendes und kultiviertes Volk. Vgl. hierzu Bohlen 1979; Bramsted 1971, S. 221-223; Hilmar Hoffmann 1993; Reichel 1991, S. 262-272. Zu den Vorgängen um das Kronprinzenpalais vgl. Alfred Hentzen 1970, S. 24-89, besonders S. 42; Janda 1988, S. 72-74 und 1992; Janda/Grabowski 1992.

99 Vgl. Frey 1990, S. 112 und Hopfengart 1989, S. 101-103.

100 Vgl. die Briefe Sauerlandts von Mai bis Juli 1933, in: ders. 1957, S. 423-427.

eingezogen, weil das Werk geeignet sei, die öffentliche Sicherheit und Ordnung zu gefährden. Ihr eigenes Exemplar können Sie natürlich behalten. Mit besten Grüßen Ihr R. Piper.«[101] Dieses Buch und der oben angegebene Band über Paul Klee sollten 1937 in der Münchner Ausstellung »Entartete Kunst« mit dem Kommentar ausgestellt werden: »Die Geheime Staatspolizei greift ein – einige beschlagnahmte Bücher aus den letzten Jahren«[102].

• Dasselbe Schicksal ereilte im Juli 1936 Alfred Kubins 1924 bei Piper erschienene Schrift »20 Bilder zur Bibel«.[103]

• Ebenfalls 1936 wurden im Rembrandt Verlag konfisziert: Carl Dietrich Carls' erstmals 1931 erschienenes, zuletzt 1935 neuaufgelegtes Buch über Barlach[104] sowie

• Alois J. Schardts Monographie über Franz Marc[105].

• Ende Januar 1937 schließlich wurde das Ende 1936 im Berliner Verlag Gustav Kiepenheuer veröffentlichte Buch »Die Passion in 60 Bildern« von Otto Pankok eingezogen.[106]

1937 erschien im Rembrandt Verlag die zweite, beinahe unveränderte Auflage von Alfred Hentzens erstmals 1934 publiziertem Buch »Deutsche Bildhauer der Gegenwart«, in dem zahlreiche Künstler, die im selben Jahr in der Ausstellung »Entartete Kunst« angeprangert wurden, Lob und Anerkennung finden. Ähnliches gilt für die von Bruno E. Werner umgearbeitete Version dieses Buches, die 1940 unter dem Titel »Die deutsche Plastik der Gegenwart« veröffentlicht und möglicherweise – hierzu existieren widersprüchliche Meldungen – beschlagnahmt wurde.[107]

Diese paradoxe, unübersichtliche und divergierende kunstpolitische Praxis brachte auch Museumsbeamte in eine unangenehme Lage. »Was hängt noch bei Ihnen im Kronprinzenpalais bzw. was haben Sie weggehängt?«[108], wandte sich der Breslauer Museumsdirektor Erich Wiese am 9. Juni 1933 hilfesuchend an Ludwig Justi, Leiter der Nationalgalerie Berlin, der eine Art Vorbildfunktion zukam. Justi antwortete am 12. Juni 1933: »Die Stellung der Regierung zur neuen deutschen Kunst ist noch keineswegs geklärt«, und er habe nichts weggehängt.[109] Hier ist auch die Begründung von Interesse, mit der Alexander Dorner, Direktor des Landesmuseums Hannover, am 4. Juli 1933 die Unterstützung einer »Schreckenskammer« ablehnte: »Im Gegenteil zeigt es sich, daß das, was noch gestern von den Reaktionären in der nationalsozialistischen Bewegung in Grund und Boden verdammt worden ist, heute bereits von den führenden Stellen anerkannt wird«[110]. Ein anderes Beispiel: Am 26. November 1934 fragte das Hamburgische Staatsamt im Zusammenhang mit der »Neuordnung« der Kunsthalle beim Erziehungsministerium in Berlin nach, ob »es künftig noch angängig« sei,

101 Maschinenschriftlicher, mit dem Vermerk »München, den 27. März 1936« versehener und vom Verleger Reinhard Piper eigenhändig unterzeichneter Zettel in dem von mir eingesehenen Exemplar des Buches in Frankfurter Privatbesitz. Vgl. Dross 1969, ab Brief Nr. 1290 mit weiteren Hinweisen in den Anmerkungen zu Brief 1282, Brief 1303 und auf S. 896f.; Fechter 1949, S. 264-269 und 1955, S. 87f.; Jansen 1981, Bd. 3, Nr. 417 (mit Literatur); Ernst Piper 1987, S. 22 und passim; Reinhard Piper 1950, S. 184f.

102 Vgl. von Lüttichau 1992a, S. 71.

103 Vgl. Dross 1969, Anm. zu Brief 1319; Hoberg 1990, S. 33f.; Ernst Piper 1987, S. 177; Reinhard Piper 1950, S. 232. Nach Aussage des Münchner Kunsthändlers Günther Franke (in: Doris Schmidt 1970, S. 135) wurde auch das 1942 bei Piper publizierte Buch »Abenteuer einer Zeichenfeder« mit Federzeichnungen von Kubin und einer Einleitung von Max Unold beschlagnahmt und die Auflage vernichtet, dies trifft jedoch vermutlich nicht zu (vgl. Reinhard Piper 1950, S. 225-236, besonders S. 234-236).

104 Nach einem Artikel von Carl Dietrich Carls im Tagesspiegel vom 15. August 1980 (abgedruckt bei Ernst Piper 1987, S. 178f.; vgl. ebenda, S. 22). Dagegen weist Tümpel (1992, S. 30f., Anm. 26 und Anm. 57) darauf hin, daß das Buch noch Anfang der vierziger Jahre in den Verlagsanzeigen angeboten wurde.

105 Vgl. Dross 1969, Anm. zu Brief 1308; Hüneke 1990a, S. 56; Florian Karsch, in: Tittel 1992, S. 66f.; Ernst Piper 1987, S. 22 und passim.

106 Vgl. Karl-Ludwig Hofmann 1980, S. 66-69; Karl-Ludwig Hofmann/Präger/Bessel 1982, S. 17; Mensch 1993, S. 298-300; Weidemann 1990; Rainer Zimmermann 1964, S. 51.

107 Vgl. Tümpel 1992, S. 20f. und S. 29 mit Hüneke 1990d, S. 202.

108 Zitiert nach dem Abdruck des Schreibens bei Janda/Grabowski 1992, S. 34.

109 Zitiert nach dem Abdruck des Briefes ebenda.

110 Brief von Alexander Dorner, Provinzialmuseum (Landesmuseum) Hannover, an Eduard Schoneweg, Städtisches Museum Bielefeld (StA Bielefeld, ohne Signatur). Vgl. Kapitel 3.5.1.

daß von Nichtariern geschaffene Werke der bildenden Kunst in deutschen Gemäldegalerien zur Ausstellung gelangen und ob Bilder, die von jüdischen Familien als Leihgaben zur Verfügung gestellt worden sind, noch weiterhin in staatlichen Kunstsammlungen verwaltet werden dürfen.

Die Antwort vom 22. Dezember 1934 besagte lapidar, eine diesbezügliche Entscheidung liege »mangels besonderer Vorschriften [im] eigenen Ermessen der einzelnen Museumsleiter«.[111]

Die Situation verlangte nach Klärung. Wenige Wochen nachdem die olympischen Gäste Berlin verlassen hatten, ergriff Erziehungsminister Rust die Initiative: Anläßlich einer Ausstellungseröffnung der Berliner Akademie der Künste Anfang November 1936 hielt er »die längst erwartete programmatische Rede über die Neuordnung der Museen«[112]. Er »habe sich entschlossen, gewisse im Bereiche der Kunst bisher geduldete Werke dem Blick des Volkes zu entziehen«. Die »Säuberung der Museumsbestände« werde »über ganz Deutschland« ausgedehnt. Auf diese Weise sollten »ein für allemal die Fragen nach wahrhaft deutscher Kunst verstummen«. Doch bei dem hier angekündigten Feldzug gegen die Moderne sollte es dem raffinierten Taktierer Goebbels gelingen, sich machtpolitisch gegenüber dem taktisch schwachen, zu unentschlossen handelnden Rust durchzusetzen (vgl. Kapitel 4.1 und 5).

Tatsächlich markierte das Jahr 1937 eine Wende in der Kunstpolitik. Der Zeitpunkt erklärt sich indes nicht allein durch die Notwendigkeit einer längst überfälligen Definierung eines einheitlichen kunstpolitischen Kurses, sondern nur durch die Analyse des gesamtpolitisch-historischen Kontextes. Das Jahr 1937 bedeutete eine Zäsur in der Geschichte der NS-Herrschaft: Innenpolitisch stabilisiert, ökonomisch saniert, wuchs auch im Ausland das Prestige Hitler-Deutschlands. Nach den ersten vier Jahren nationalsozialistischer Herrschaft galt es, über die »erfolgreiche Arbeit« Rechenschaft abzulegen, Bilanz zu ziehen. Die Ausstellungen »Entartete Kunst« und »Große Deutsche Kunstausstellung« waren Bestandteil dieser propagandistischen Selbstdarstellung. Zugleich trat das Reich in die offensive Phase der Aufrüstung und der ideologischen Vorbereitung des Krieges wie auch des Massenmordes an den Juden ein. Die Schau »Entartete Kunst« ist hier im Zusammenhang mit anderen großangelegten Propagandaschauen zu sehen (»Antibolschewistische Ausstellungen«, »Der ewige Jude«).

Kunstpolitisch gesehen, sollten die beiden Expositionen des Jahres 1937 – »ein für allemal«, wie Rust sich ausdrückte – eine Art Kanon und sichtbare Norm schaffen, und dies sowohl in Hinsicht auf die »entartete« als auch auf die »arteigene« Kunst.

Was die verfemte Kunst betraf, ging die Rechnung zu einem beträchtlichen Teil auf: Die Ausstellung »Entartete Kunst« war das Fanal für eine beispiellose Beschlagnahmewelle im ganzen Land (eine erste war der Schau bereits vorausgegangen), führte zur systematischen Eliminierung der Sammlungsbestände und »Verwertung« (Verkauf, Vernichtung) der modernen Kunst. Wer in der Femeschau vertreten war, dem war das Stigma »entartet«, nun staatlich sanktioniert, auf die Stirn gedrückt. Den betroffenen Künstlern blieb nur die Wahl des Exils oder der inneren Emigration, Verstöße gegen Mal- und Arbeitsverbot waren mit großen Risiken verbunden. Ein offenes Eintreten für die geschmähte Kunst war fortan nicht mehr möglich.[113]

Trotz dieser eminenten Radikalisierung blieben innere Widersprüche bestehen. So erzielte Alexander Kanoldt just in dem Jahr, in welchem 17 seiner Werke den Konfiszierungen anheimfielen, bedeutende Verkaufserfolge bei Museen.[114] Schmidt-Rottluff und Nolde, zwei der Hauptbetroffenen in der Ausstellung und Beschlagnahmeaktion »Entartete Kunst«, waren bis 1941 formelle Mitglieder der Reichskammer der bildenden Künste.[115] In diese

111 STA Hamburg 131-4-1934 A 95.

112 Wissenschaftlicher Pressedienst Nr. 260 vom 6. November 1936 (BA NS 15/163). Daraus entnommen auch die folgenden Zitate.

113 Die Feuilleton-Schriftleitungen wurden in der »Kulturpolitischen Pressekonferenz« vom 19. August 1937 ersucht, über in der Schau vertretenen Künstler künftig nichts mehr zu berichten (vgl. Thomae 1978, S. 341).

114 Vgl. Koch 1987, S. 67. Zu Kanoldt vgl. auch Kapitel 3.2.

115 Schmidt-Rottluff wurde am 3. April 1941 aus der RbK ausgeschlossen, Nolde am 23. August 1941. Vgl. den Abdruck der entsprechenden Schreiben des Präsidenten der RbK, Adolf Ziegler, bei Rave (1949, S. 94), Hildegard Brenner (1963, S. 206) und Diether Schmidt (1964, S. 96) sowie bei Urban (1987, S. 29).

war am 1. Januar 1934 auch Dix eingetreten, der sich 1937, zeitgleich mit der Münchner Ausstellung »Entartete Kunst«, an der Jubiläumsausstellung des Kunstvereins Gera zur 700-Jahr-Feier Geras beteiligte – ungeachtet seiner Entlassung aus dem Dresdner Lehramt und der Anprangerung in den Femeschauen.[116] Mutige private Galeristen setzten sich – mehr oder minder im verborgenen – weiterhin für die verfolgten Künstler ein.[117] Allen Pressereglementierungen zum Trotz veröffentlichte das Berliner Tageblatt, wie Hans Dieter Schäfer nachweist, »bis Ende 1938 dreiundvierzig positive Würdigungen von Einzel- und Sammelausstellungen ›entarteter Künstler‹ in Berlin«[118]. Auch in offiziellen Expositionen tauchten vereinzelt Werke »entarteter« Künstler auf: Die lebensgroße Skulptur »Schwimmerin« von Gerhard Marcks[119] aus dem Jahre 1938 stand 1940 in der Wanderausstellung »Deutsche Bildhauer der Gegenwart«, wurde mit 1.000 RM prämiert[120] und später vom Kaiser Wilhelm Museum in Krefeld angekauft[121]. Auf der vom 3. Dezember 1939 bis 28. Januar 1940 zugänglichen Jahresschau des Kölnischen Kunstvereins wurde Malerei und Plastik u. a. folgender Künstler gezeigt, die 1937/38 von den Beschlagnahmungen betroffen gewesen waren: Hermann Blumenthal, Theo Brün, Eugen Kerschkamp, Carlo Mense, Heinrich Nauen, Edwin Scharff, Milly Steger und Friedrich Vordemberge-Gildewart.[122] Paul Klee, der 1933 sein Lehramt an der Düsseldorfer Akademie verloren hatte, war 1941 mit der Lithographie »Die Hexe mit dem Kamm« auf der »Herbstausstellung Düsseldorfer Künstler« vertreten.[123] Anderen, weniger bekannten »Verfallskünstlern« wurden gar Einzelausstellungen gewidmet: z. B. Eugen Kerschkamp (Kölnischer Kunstverein, 23. Januar bis 9. Februar 1941), Max Schulze-Sölde (Städtisches Gustav-Lübcke-Museum Hamm i. W., 4. Mai bis 4. Juni 1941), Emil Bizer (Kunstverein Freiburg i. Br., 7. Juni bis 6. Juli 1941), Otto Schubert (Mannheimer Kunstverein, Oktober 1942), Charles Crodel (Graphisches Kabinett Günther Franke, München, Mai 1943), Max Peiffer-Watenphul (Mannheimer Kunstverein, 9. Mai bis 6. Juni 1943).[124]

Die verworrenen und indifferenten Zustände der NS-Kunstpolitik manifestieren sich auch an der Person und dem Werk des Bildhauers Ludwig Gies[125], dessen expressive Holzskulptur »Kruzifixus« wie eine Trophäe am Beginn der Ausstellung »Entartete Kunst« in München hing (Abb. 31) und auch auf den nachfolgenden Etappen eine exponierte Rolle spielte (Abb. 77-78, 87, 92).[126] Gies wurde 1936 von seinem Lehramt an der Berliner Kunstakademie (Vereinigte Staatsschulen für freie und angewandte Kunst) »beurlaubt«, die förmliche Entlassung erhielt er zwei Jahre später. 1937 wurde er zum »freiwilligen« Austritt aus der Preußischen Akademie der Künste gedrängt. Trotz dieser Ächtung erfolgte noch 1936 die Aufnahme in die Reichskammer der bildenden Künste.

116 Vgl. Tittel 1992, S. 58 und S. 612.

117 Der Münchner Kunsthändler Günther Franke berichtet (in: Doris Schmidt 1970, S. 29): »Kritisch wurde die Situation mit der berüchtigten Ausstellung ›Entartete Kunst‹; von da an mußten wir unsere Tätigkeit für die lebenden Künstler hinter Ausstellungen aus der Romantik tarnen«. Franke stellte u. a. 1940 Emil Nolde und Xaver Fuhr, 1942 Otto Mueller und Christian Rohlfs, 1943 Charles Crodel und Ernst Barlach sowie 1944 James Ensor und Max Beckmann aus (nach der Ausstellungsliste bei Meißner 1989b, S. 268f.).

118 Schäfer 1981, S. 19 mit den Belegen in Anm. 118.

119 Marcks war am 15. Juli 1937 von Rust in die Preußische Akademie der Künste berufen (vgl. Barbara Lepper 1983, S. 32f.) und nur vier Tage später in der Münchner Schau »Entartete Kunst« angeprangert worden (vgl. Kapitel 4.2). Vgl. Helga Doering 1990, passim.

120 Vgl. Heydorn 1974, S. 183.

121 Vgl. Kemfert 1987, S. 89.

122 Vgl. Junge Kunst im Deutschen Westen 1939. Das Verzeichnis der von den Beschlagnahmeaktionen betroffenen Künstlern bei Rave 1949, S. 85-90.

123 Vgl. Alberg 1986, S. 255 mit Anm. 45.

124 Vgl. MittRbK: 6, 1941, Heft 3, S. 7 (Kerschkamp); 6, 1941, Heft 6/7, S. 7 (Schulze-Sölde); 6, 1941, Heft 8/9, S. 9 (Bizer); 8, 1943, Heft 3/4, S. 8 (Crodel); 8, 1943, Heft 5/6, S. 7 (Peiffer-Watenphul). Das Datum der Schubert-Ausstellung nach Brömmer 1993, S. 162.

125 Gies (1887 bis 1966) entwarf nach Kriegsende das 1954/55 ausgeführte monumentale Stuckrelief des Bundesadlers für den Plenarsaal des Deutschen Bundestags.

126 Vgl. zum folgenden Ernsting 1990a, S. 14-17 und 1990b sowie Howoldt 1988.

Im selben Jahr war der Künstler in der »Reichshauptstadt« an der baukünstlerischen Ausstattung des Olympiageländes und des Neubaus der Reichsbank beteiligt. 1937 schmückte er den Filmvorführungsraum der Berliner Propagandaausstellung »Gebt mir vier Jahre Zeit« mit einem Fries aus vergoldeten Eichenblättern aus.[127] 1941 erhielt er den Auftrag, in Krakau an der künstlerischen Ausgestaltung des Amtssitzes des »Generalgouverneurs« mitzuarbeiten.

Höchst aufschlußreich ist ein 1940 von Rosenberg verfaßter, nach einem handschriftlichen Vermerk aber nicht abgeschickter Entwurf eines Briefes an Goebbels. Dort heißt es:

> In letzter Zeit häufen sich die Fälle, daß in verschiedenen führenden Zeitschriften, in Ausstellungen, aber auch bei sonstigen Anlässen, Vertreter der vom Führer eindeutig als entartete Kunst bezeichneten Richtung demonstrativ in Erscheinung treten. Es handelt sich hier keinesfalls um Einzelfälle, sondern um eine Serie fortlaufender Versuche, die offizielle Kunstanschauung des neuen Deutschland zu sabotieren. Es werden in diesem Zusammenhang zwar nicht die prominenten Namen der Kunstentartung in den Vordergrund geschoben, sondern es werden weniger belastete Namen gewählt, die als Versuchsballone in den Zeitschriften eine eindeutige Kunstverfallstendenz wiederum propagieren.[128]

Rosenberg stand mit dieser Auffassung nicht allein, im Propagandaministerium und der Reichskulturkammer dachte man ähnlich. Ziegler erließ am 1. Oktober 1940 eine »Anordnung gegen minderwertige Kunsterzeugnisse«, die den Zugriff auf die Bestände moderner Kunst in privaten Galerien und Sammlungen ermöglichte.[129] Am 23. April 1941 gab er »aus gegebener Veranlassung« einen weiteren Erlaß heraus, der am 1. Mai im Mitteilungsblatt der Reichskammer der bildenden Künste veröffentlicht wurde und der erkennen läßt, daß die braunen Machthaber ihren Kampf gegen die »Verfallskunst« keineswegs als abgeschlossen, geschweige denn als Sieg verbuchten:

> Ich werde zukünftig mit den mir zur Verfügung stehenden Mitteln nunmehr unerbittlich gegen jeden vorgehen, der Werke der Verfallskunst erzeugt oder solche als Künstler oder Händler verbreitet. Ferner bestimme ich, daß Werke der Verfallskunst, die sich im Eigentum oder in Kommission der Kammermitglieder (insbesondere Kunst- und Antiquitätenhändler) befinden oder bei ihnen aufbewahrt werden, der Reichskammer der bildenden Künste, Berlin W 35, bis zum 10. Juni 1941 angezeigt werden, und daß ferner Werke dieser Art, die aus Privatbesitz zum Verkauf oder zur Versteigerung zukünftig angeboten werden, unverzüglich gleichfalls der Reichskammer der bildenden Künste gemeldet werden. Jede Anzeige hat zu enthalten: Name und Anschrift des Künstlers, des Besitzers, Titel und Format des Werkes und seine Herstellungsweise (Technik).[130]

In der Tat wurde in der Folgezeit verschärft gegen Kunsthändler vorgegangen. Der Düsseldorfer Galerist Alexander Vömel berichtet:

> Im April 1941 hat der Chef der Sicherheitspolizei Heydrich dem Propagandaminister berichtet, daß in der Galerie Vömel in Düsseldorf entartete Kunst ausgestellt und feilgeboten werde. Diese Tätigkeit sabotiere die Kunstpolitik des Führers. Am 25.4.1941 wurde mein Galeriebestand beschlagnahmt und nach Berlin geschafft. Glücklichen Umständen verdanke ich die Freigabe und die Möglichkeit der Weiterführung meiner Galerietätigkeit.

Unter den bei Vömel beschlagnahmten Werken befanden sich offensichtlich auch einige von Nolde.[132] Dieser schreibt – allerdings schon am 9. April 1941 – an den Münchner Kunsthändler Günther Franke:

127 Vgl. Büchner 1984, S. 20. Zur Ausstellung vgl. Kapitel 4.1.

128 Entwurf eines Schreibens von Adolf Rosenberg an Joseph Goebbels vom Juni [?] 1940 (BA NS 8/172, Bl. 181-183, hier Bl. 181).

129 Vgl. Hüneke 1988b, S. 35.

130 Zitiert nach ebenda. Vgl. das Schreiben des Landesleiters für bildende Künste beim Landeskulturwalter Gau Hessen-Nassau an den Direktor der Städtischen Galerie Frankfurt am Main vom 12. Dezember 1941 (Archiv Städel/Städtische Galerie, Bd. 36). Auf diesen Erlaß Zieglers bezieht sich wohl Xaver Fuhr in einem undatierten Brief an Günther Franke: »... gewiß haben Sie Kenntnis genommen über die nunmehr ›letztmalige‹ Verfügung des Kunstvollstreckungsbeamten Ziegler, wonach alle im Besitz oder Kommission eines Kunsthändlers befindliche ›Verfallskunst‹ anzumelden ist« (zitiert nach Doris Schmidt 1970, S. 97). Vgl. auch die beiden Briefe Emil Noldes an Günther Franke vom 9. April und 2. Mai 1941 (ebenda, S. 196), die weiter unten behandelt werden.

131 Vömel 1978.

132 Zu den 1941 aus Noldes persönlichem Besitz beschlagnahmten sieben Gemälden, 46 Aquarellen und einer Lithographie vgl. Urban 1990, S. 19f.

Von Herrn Vömel hörten wir inzwischen, daß über die nach Berlin gekommenen Bilder und Aquarelle Minister Goebbels sein Urteil gesprochen habe und demnach ein Teil der Bilder an Vömel zurückgehe, ein Teil an die Besitzer und einiges scheint dort zu bleiben.[133]

Genaueres geht aus Noldes Brief vom 2. Mai 1941 hervor:

Von Herrn Vömel hatten wir die Mitteilung, daß 22 von den beschlagnahmten Sachen von der Kammer zugestellt werden sollen. Vier (es sind z. T. ganz kleine Blätter) hat man zurückbehalten, und es scheint, daß Herr Vömel meine Bilder nicht mehr verkaufen darf.[134]

Aus diesen Beobachtungen läßt sich nur ein Schluß ziehen: Wenn den Nationalsozialisten auch die faktische Zerstörung der verfemten Kunst und nicht selten die physische und psychische Vernichtung ihrer Urheber gelungen ist, so war ihr Konzept »Entartete Kunst« doch weitgehend gescheitert. Dies lag vor allem daran, daß ihm von Anfang an gar kein theoretisches Konzept, sondern lediglich eine diffuse Idee zugrundelag. Diese Idee projizierte faschistische Ideologeme wie »jüdisch-bolschewistisch« auf künstlerische Erzeugnisse. Da diese Schlagworte aber nichts mit Kunst zu tun hatten, ließen sie sich zwar beliebig auf die unterschiedlichsten Produkte »anwenden«, nicht aber konkret und schlüssig an einzelnen Werken verifizieren. Eine allgemeingültige und logisch begründete Definition dessen, was als »entartet« zu gelten habe, gab es nie und konnte es auch nicht geben. Die verschwommenen Erklärungsversuche – als »entartet« seien Werke anzusehen, die »dem deutschen Empfinden widersprechen [...], auf eine Zerstörung der Form hinauslaufen oder kein handwerklich solides Können aufweisen«[135] – waren schwache Hilfskonstruktionen, die sich nicht in verbindliche Richtlinien, geschweige denn praktische Handlungsanweisungen umsetzen ließen. Daher verwundert kaum, daß »Grenz- und Problemfälle« allmählich aus der Ausstellung »Entartete Kunst« herausgezogen wurden und daß Beschlagnahmen willkürlich verliefen, d. h. in einem Museum konfisziert wurde, was in einem anderen als unbedenklich verbleiben konnte. Kulturverwaltung und Zensur waren überfordert. Die oben geschilderte, im Grunde auch nach 1937 bestehende widersprüchliche Situation in der Kunstpolitik resultierte zwangsläufig aus der Brüchigkeit des ideologischen Konstruktes »Entartete Kunst«.

Wie oben angedeutet, war es die Funktion der Parallelausstellungen des Jahres 1937, der Kanonbildung in zweifacher Hinsicht zu dienen; nun bleibt die Frage nach der offiziellen (»arteigenen«, »gearteten«) Kunst. War dem NS-Staat hier mehr Erfolg beschieden?

Als ahnte er die kommenden Ereignisse bereits voraus, sagte Hitler in seiner Rede vom 1. September 1933: »Ob die Vorsehung uns alle die Männer schenkt, die dem politischen Wollen unserer Zeit und seinen Leistungen einen gleichwertigen kulturellen Ausdruck zu schenken vermögen, wissen wir nicht«[136]. Die Vorsehung hielt sich mit Geschenken zurück. Als Hitler die »Große Deutsche Kunstausstellung«, welche als fulminante repräsentative Selbstdarstellung des Staates gedacht war, vorbesichtigte, bekam er ob der mangelnden Qualität der Exponate einen Tobsuchtsanfall (vgl. Kapitel 4.1). Thematisch illustrierten die systemkonformen Künstler zwar artig die geforderte Ideologie und das faschistische Menschenbild (Landschafts- und Familienidyllen, Verherrlichungen der bäuerlichen Welt und der Arbeitswelt, Akt- und Tierbilder sowie Bildnisse von NS-Größen herrschten vor), künstlerisch kamen die Werke aber nicht über eine banale, bieder-handwerkliche Stufe hinaus. Es fällt auf, daß die Nationalsozialisten der propagandistischen Wirkung der Femeschau vertrauten, aber offenbar nicht wagten, die »große deutsche Kunst« auf Tournee zu schicken. Dies wäre ohnehin nur in Verbindung mit der »Entarteten Kunst«, derer sie als Negativfolie bedurfte, möglich gewesen; denn in München war es zweifellos auch eine Funktion der Femeschau, der profillosen »deutschen« Kunst überhaupt erst zur Kontur zur verhelfen!

133 Zitiert nach Doris Schmidt 1970, S. 196.
134 Zitiert nach ebenda.
135 Mitteilung des Erziehungsministeriums an die Museumsleiter im August 1937. Zitiert nach Barbara Lepper 1983, S. 37.
136 Hitler 1933, S. 441.

Indessen dürfte Hitler kaum verborgen geblieben sein, wie es zu diesem Desaster gekommen war: In Literatur, Musik, Film, darstellender und bildender Kunst hatten die »Säuberungen« die schöpferischen Talente beseitigt und mäßig begabte, dafür gesinnungstreue Künstler begünstigt.

Die nationalsozialistische Kulturpolitik befand sich in einer bitteren Lage: Sie mußte sich um die zweite und dritte Garnitur von Künstlern kümmern, denn es mangelte an wirklich guter Musik, die neuen Opern waren unbrauchbar und die eingesandten Bilder qualitativ weit unter dem Durchschnitt.[137]

Aufwendiger Nachwuchsförderung zum Trotz, erwiesen sich die Erneuerungsabsichten in der Kunst bald als Illusion. Zur Ausprägung einer genuinen und spezifischen »Nazi-Kunst« kam es nicht:

Es gelang den Nazis weder einen Stil noch eine eigene Bildsprache zu erarbeiten, geschweige denn durchzusetzen. Das formale und thematische Repertoire der Künstler, die sich als Nationalsozialisten verstanden, sich in den Dienst der Bewegung stellten oder vom NS-Regime gleichgeschaltet wurden, entstammt samt und sonders Quellen, die nicht erst der Nationalsozialismus als politische Bewegung und Regime eröffnet hat.[138]

Niemand aber erkannte die kulturelle Misere so genau wie die Nationalsozialisten selbst. Hans Hinkel, Geschäftsführer der Reichskulturkammer, beschrieb in einem Brief 1937 am Beispiel des Theaters schonungslos die Lage:

Auch auf den Bühnen manchen großen Theaters oder gar Staatstheaters spukt es heute ergötzlich von »Blut und Boden«, einer Parteikunst, die schlecht sein muß und im Interesse der großen Forderungen nach künstlerischer Leistung abgelehnt werden muß. Ganz abgesehen davon, daß dann in solchen übernordischen Stücken Menschentypen erscheinen, bzw. diese Stücke darstellen, die man aus gesundem Instinkt ablehnen muß, auch wenn sie sich noch so nationalsozialistisch geben! [...] Sie werden alle eines Tages an ihrer eigenen Unehrlichkeit und ihrer sogenannten Gleichschaltung zerfallen und werden sich von ehrlicheren, befähigteren Künstlern ablösen lassen müssen. Diese Ergebnisse der sogenannten Säuberung der Bühnen müssen selbst von den schärfsten Parteigängern abgelehnt werden.[139]

Und Goebbels selbst mußte 1941 gestehen: »Die Bewegung hatte in der Kampfzeit wenig Zeit für kulturelle Aufgaben zur Verfügung. Nach der Machtübernahme erfolgten mehrere mißglückte Versuche, die z. T. mit einem Fiasko endeten [...]«[140]. Eine wesentliche Funktion des Propagandaministeriums lag darin, von der kulturellen Leere abzulenken, sie durch forcierte propagandistische Aktivität zu kompensieren.[141] Dies geschah – noch in den vorgeschrittenen Kriegsjahren – unter anderem durch Publikationen und Vorträge zum Thema »Von der entarteten zur völkischen Kunst« (Farbabb. 2). Dabei wurden die Aktivitäten auch auf die besetzten Gebiete ausgedehnt. 1941, bald nach dem Überfall der Deutschen auf die Niederlande, erschien in Amsterdam das Buch »Ontaarde Kunst. Een aantal opstellen over beeldende kunst« (»Entartete Kunst. Einige Aufsätze zur bildenden Kunst«) von M. Meuldijk. In der Nationalgalerie Oslo organisierte im April 1942 ihr Leiter, der Maler und Radierer Søren Onsager[142], aus eigenen Beständen die Ausstellung »Kunst og Ukunst« (»Kunst und Unkunst«), in welcher – nach bewährter NS-Propagandamanier – anerkannte Kunst (überwiegend von Meistern des 19. Jahrhunderts wie Johan Christian Clausen Dahl) »entarteter Kunst« (darunter ein Bild von Georges Braques und drei Gemälde von Pablo Picasso) gegenübergestellt wurde. Zu sehen waren ferner vier Gemälde von Edvard Munch.[143]

137 Fröhlich 1974, S. 374.
138 Brock 1990, S. 9. In dem Sammelband beschreiben die Autoren die NS-Kultur als »Geschichte eines ästhetischen Fehlschlags« (Klappentext).
139 Zitiert nach Fröhlich 1974, S. 357.
140 Zitiert nach ebenda, Anm. 49.
141 Vgl. ebenda, S. 359. Auch die »Kulturpolitische Pressekonferenz«, so weist Fröhlich überzeugend nach, war »als Mittel zur Ablenkung vom kulturellen Unvermögen sowie zur Ankurbelung und Kontrolle vom Kulturbetrieb« (S. 381) konzipiert worden.
142 Vgl. Thieme-Becker, Bd. 26, S. 22 und Vollmer, Bd. 3, S. 519.
143 Vgl. Langaard/Revold 1961, S. 61. Eine Kopie des Ausstellungskataloges verdanke ich der Nationalgalerie Oslo, die Übersetzung Dr. Jan Kneher (Mannheim).

3. *Schreckenskammern* und *Schandausstellungen:* Die Vorläufer der Ausstellung *Entartete Kunst*

Möge man leise reden, es ist ein Sterbender im Zimmer. Die sterbende deutsche Kultur, sie hat im Innern Deutschlands nicht einmal mehr Katakomben zur Verfügung. Nur noch Schreckenskammern, worin sie dem Gespött des Pöbels preisgegeben werden soll; ein Konzentrationslager mit Publikumsbesuch. Das wird toll und immer toller.
Ernst Bloch 1937[1]

3.1 *Kulturbolschewistische Bilder*

Mannheim, Städtische Kunsthalle, 4. April bis 5. Juni 1933

Gustav Friedrich Hartlaub (1884 bis 1963), seit 1914 an der Städtischen Kunsthalle Mannheim und seit 1923 als Nachfolger Fritz Wicherts (1878 bis 1951) ihr Direktor, schrieb am 11. Januar 1932 einen Brief an Alfred Hentzen, Nationalgalerie Berlin:

> Herr Schreiber-Weigand [Leiter der Städtischen Kunstsammlungen Chemnitz; vgl. Kapitel 3.4] in Chemnitz sagte mir, daß Sie allerlei Material gesammelt hätten über die Angriffe von nationalistischer Seite gegen das Sammeln und die Pflege moderner Kunst. Auch hier in Mannheim sind im Hakenkreuzbanner schon nicht weniger als sieben Artikel erschienen, welche die gesamte Ankaufstätigkeit der Kunsthalle in Bausch und Bogen als undeutsch abtun und immer wieder die Behauptung aufstellen, daß wir die echte deutsche Kunst überhaupt nicht sammeln. Als Vertreter dieser echt deutschen Kunst werden genannt: Fidus, Fahrenkrog, Hendrich und einige andere, deren Namen ich nicht im Kopf habe. Wenn die Angriffe überall nach dem gleichen Schema gemacht werden, müsste man doch daran denken, wie man sich gemeinsam zur Wehr setzt. Haben Sie sich mit dem deutschen Museumsbund (Direktor Noack) in Verbindung gesetzt?[2]

Das Schreiben wirft ein bezeichnendes Licht auf die massiven Anfeindungen, denen Hartlaub und seine Museumskollegen wegen ihres Engagements für die moderne Kunst seit den zwanziger Jahren ausgesetzt waren und die in den Jahren vor der Machtergreifung – besonders in der völkischen und NS-Presse wie dem erwähnten Hakenkreuzbanner – zahlenmäßig und an Schärfe des Tons drastisch zunahmen. In diesen Attacken wurde ideologisch und propagandistisch vorbereitet, was sich nach dem 30. Januar 1933 binnen kürzester Zeit vollzog. In jenem Jahr fiel auch in der Quadratestadt das freie politische und kulturelle Leben der Weimarer Jahre innerhalb weniger Wochen der nationalsozialistischen Gleichschaltung zum Opfer. Am 11. März wurden der verdienstvolle Oberbürgermeister Hermann Heimerich und eine Reihe führender Sozialdemokraten in »Schutzhaft« genommen. Am 18. März »beurlaubte« man Generalmusikdirektor Josef Rosenstock und Intendant Herbert Maisch, am 20. März Kunsthallendirektor Gustav F. Hartlaub.[3] An ihre Stelle sollten »verdiente Kämpfer« der NS-Bewe-

1 Bloch 1985, S. 80. Der Text erschien erstmals in: Die neue Weltbühne, 29. Juli 1937.

2 Archiv der Alten Nationalgalerie Berlin. Hentzen, seit 1927 als wissenschaftlicher Hilfsarbeiter an der Nationalgalerie tätig, antwortete am 25. Februar 1932, daß er keine solche Materialsammlung besitze und die Unternehmungen des Museumsbundes »etwas lahm« seien (ebenda). Tatsächlich stand der 1929 gegründete Deutsche Museumsbund den Attacken auf die Museen und ihre Vertreter ziemlich hilflos gegenüber, wie 1933 im Zusammenhang mit den »Beurlaubungen« und »Schreckenskammern« evident werden sollte.

gung treten. Die am 14. März 1933 vom Polizeipräsidium eingesetzten Stadtkommissare Otto Wetzel und Karl Renninger – der am 8. Mai 1933 zum Oberbürgermeister avancieren sollte – bestellten für die einzelnen Ämter und Bereiche der Stadtverwaltung ehrenamtliche Hilfsreferenten, die den Vollzug von Beschlüssen des Stadtrats, der Bürgermeister oder anderer Organe der städtischen Verwaltung zu überwachen hatten. Am 3. April 1933 wurde Otto Gebele von Waldstein, einer der führenden NSDAP-Funktionäre in Mannheim und als Stadtrat Mitglied der Kunsthallenkommission, zum Hilfsreferenten für die Kunsthalle und das Nationaltheater ernannt. Er hatte einen klar definierten Auftrag, den er selbst wie folgt beschrieb:

> 1.) Den bisherigen schwer belasteten Verwaltungsbetrieb der Kunsthalle zu prüfen und
> 2.) die systematisch betriebene bolschewistische Kunstpolitik und kommunistische Werbungsarbeit aufzudecken und abzustellen.
> 3.) Auf Anordnung des Oberbürgermeisters Pg. Renninger hatte ich eine Schau aufzustellen, in der a) die kulturbolschewistische Tendenz, b) die Verschleuderung von städtischen Geldern an den jüdischen Kunsthandel nachgewiesen werden sollte.[4]

Bereits am 4. April 1933 wurde in der Kunsthalle unter dem Titel »Kulturbolschewistische Bilder« eine »Schrekkenskammer« eröffnet und mit ihr die erste Exposition überhaupt in der gesamten Geschichte des Ausstellungswesens, die allein ein diffamatorisches Ziel verfolgte. Von allen Vorläuferausstellungen (Abb. 1), die in den folgenden Kapiteln untersucht werden, ist die Mannheimer am besten dokumentiert. In ihr wurden, der überlieferten Originalliste (Dok. 1) zufolge, 64 Gemälde, zwei Plastiken und 20 Graphiken von 55 Künstlern wie z. B. Adler, Baumeister, Beckmann, Chagall, Delaunay, Dix, Ensor, Grosz, Heckel, Hofer, Kanoldt, Klee, Marc, Munch, Nolde, Schlemmer und Schlichter als »kulturbolschewistische Machwerke« denunziert. Obwohl sämtliche in der Kunsthalle vorhandenen Stilrichtungen der Moderne – Expressionismus und Neue Sachlichkeit, verschiedene Tendenzen der abstrakten Malerei und Werke von Bauhäuslern – unter diesem Begriff subsumiert wurden, lag der Schwerpunkt auf dem Expressionismus (vier Gemälde von Jawlenskys, jeweils drei von Fuhr, Heckel und Nolde) und den Künstlern, welche Hartlaub 1925 in seiner wegweisenden Ausstellung »Die Neue Sachlichkeit: Deutsche Malerei seit dem Expressionismus«[5] präsentiert hatte (vier Gemälde von Beckmann, ferner Werke von Dix, Grosz, Kanoldt, Schlichter u. a.).

Zeichnete Gebele von Waldstein allein für die Ausstellung verantwortlich? Nach den Angaben von Edmund Strübing, Kustos der graphischen Abteilung der Kunsthalle seit 1920 und nach der »Beurlaubung« Hartlaubs bis zum Dienstantritt seines Nachfolgers Walter Passarge am 1. Juli 1936 offiziell mit der Vertretung des Direktors beauftragt, trug »Herr von Waldstein, der sich als Mitarbeiter die Herren Prof. Beringer, [den] Maler Karl Stohner und Dr. Gustav Jacob berufen hatte, [...] die volle Verantwortung für die Ausstellung [...]«[6]. Waldstein hatte

3 Vgl. hierzu Walter 1950, S. 176-213; Hoffmann 1982, S. 180-205. Bis zum 1. Januar 1938 verloren insgesamt 244 Arbeiter, Angestellte und Beamte aus politischen bzw. »rassischen« Gründen ihre Stellung bei der Mannheimer Stadtverwaltung. – Hartlaubs Versetzung in den Ruhestand erfolgte am 2. Oktober 1933, trat aber erst zum 1. August 1934 in Kraft; vgl. Hille 1994, S. 386, Anm. 43 und Wechssler 1963. Nachrufe auf Hartlaub weisen nach: Lautenschlager/Schulz, Bd. 8, Teil 2, Nr. 49177.

4 Otto Gebele von Waldstein, Bericht über Angelegenheit Kunsthalle und Dr. Kattermann, 9. November 1934, S. 1 (Durchschrift im ABK, NL Rolf Ludwig Fahrenkrog, 1 B 34). In diesem 42seitigen Rechtfertigungsbericht mit 14 Anlagen, auf den mich Andreas Hüneke aufmerksam machte, berichtet von Waldstein im Zusammenhang mit einem Rechtsstreit mit dem Hauptschriftleiter des NS-Organs Hakenkreuzbanner, Kattermann, über seine Tätigkeit an der Kunsthalle und über die Ausstellung »Kulturbolschewistische Bilder« (vgl. hierzu besonders S. 9-12). – Auch im Tätigkeitsbericht der Städtischen Kunsthalle Mannheim für das Jahr 1933 ist von einem städtischen Auftrag die Rede: »In den oberen Galerieräumen fand [...] eine Ausstellung ›Kulturbolschewistische Bilder‹ statt, die im Auftrag der Stadtkommissare zusammengestellt worden war« (Mannheim 1936, S. 226).

5 Zur Ausstellung »Die Neue Sachlichkeit« vgl. den jüngst erschienenen Katalog von Buderer/Fath 1994.

6 Brief von Edmund Strübing an Wilhelm Michel vom 2. Mai 1933. Ein ähnlich lautendes Schreiben schickte Strübing am 24. April 1933 an Alfred Hentzen (beide Archiv der Städtischen Kunsthalle Mannheim). Die Besetzung dieses »Sachverständigenausschusses« auch im Neuen Mannheimer Volksblatt vom 5. April 1933. Bei Wilhelm Michel dürfte es sich um den Kunstkritiker und Autor des Buches »Das Teuflische und Groteske in der Kunst«, München 1919, handeln. Strübing erlag »am 25. April 1937 einem schweren Leiden« (Mannheim 1939, S. 202).

Sogen. „ Bolschewistische Kunstausstellung ":

Verzeichnis:

I. Gemälde:

1. Adler, Jankel : Zwei Mädchen
2. Baumeister, Willi: Tischgesellschaft
3. Beckmann, Max: Pierette und Clown
4. Beckmann, Max: Frau Tube
5. Beckmann, Max: Stilleben mit Holzscheiten
6. Beckmann, Max: Christus und die Ehebrecherin
7. Best, Jakob: Taunuslandschaft
8. Chagall, M.: Der Rabbiner
9. Chagall, M. : Blaues Haus
10. Delaunay, Rob.: St. Severin
11. Derain, A. : Landschaft
12. Davringhausen, H.M.: Selbstbildnis
13. Dettmann, Edith Strasse
14. Dix, Otto: Arbeiterknabe
15. Ensor, James: Masken und der Tod
16. Filla, de, Emil: Der Tisch
17. Fuhr, Xaver : Im Café
18. Fuhr, Xaver : Gräber
19. Fuhr, Xaver : Hafenlandschaft
20. Gleichmann, O.: Die Braut
21. Grosz, George: Die Großstadt
22. Grosz, George: Portrait Weisse
23. Haag, Berthold: Stilleben
24. Heckel, Erich: Kirche
25. Heckel, Erich: Sonnenblumen
26. Heckel, Erich: Drei Frauen
27. Henninger, A.: Selbstbildnis
28. Heyden, v., Helene: Netzeflicker

I. Gemälde :

29. Hofer, Karl: Karneval
30. Hoerle, H. : Melancholie
31. Jawlensky, A.von: Strenger Winter
32. Jawlensky, A.von: Nacht
33. Jawlensky, A.von: Blüte
34. Jawlensky, A.von: Sizilianerin
35. Kanoldt, Alex.: Ruinen (Klausen)
36. Kanoldt, Alex.: Stadt
37. Kars, Georg: Stilleben
38. Kirchner, Ernst: Stilleben
39. Kirchner, Ernst: Rote Häuser
40. Kleinschmidt, G.: Stilleben
41. Knaus, Eugen: Bildnis Gelb
42. Krohg, Per: Genreszene
43. Lansky : Interieur
44. Marc, Franz: Hund, Katze, Fuchs
45. Modersohn-Becker, Paula: Kinderbildnis
46. Moll, Oskar: Stilleben
47. Moll, Oskar: Im Park
48. Munch, Edvard: Landschaft mit Gärtner
49. Nolde, Emil: Stilleben
50. Nolde, Emil: Marschlandschaft
51. Nolde, Emil: Tulpenbeet
52. Oeser, Willy: Landschaft
53. Oeser, Willy: Abschied Christi von den Frauen
54. Oeser, Willy: Madonna
55. Otto, Wilfried: Frauenbildnis
56. Pechstein, Max: Stilleben
57. Rohlfs, Christ.: Kirche von Soest
58. Scharff, Edwin: Pferde an der Tränke
59. Scheffels, Otto: Friede

I. Gemälde:

60. Schlichter, R. : Portrait Kisch
61. Berna, de la: Stilleben
62. Sterling, R.: Stilleben
63. Schlemmer, Oskar: Frauentreppe
64. Stitzel, Richard: Dürre Tannen

II. Plastik:

1. Schreiner, C.M.: Sitzendes Mädchen
2. Archipenko, A. : 2 Frauen

III. Graphik:

1. Adler, Jankel: Mädchenkopf
2. Chagall, M.: Über der Stadt
3. Delaunay, Rob.: Eiffelturm
4. Grosz, George: Blätter aus „ Ecce homo ".
5. Kaus, Max.: Knabe am Meer
6. Kerschbaumer: Strasse
7. Kirchner, E.L.: Frauenakt
8. Klee, Paul: Kalte Stadt
9. Kokoschka, Oskar: Liegende Frau
10. Lissitzky: Komposition
11. Masereel, Frans: Mädchen am Fenster
12. Masereel, Frans: Wolkenkratzer
13. Nolde, Emil: Mann
14. Nolde, Emil: Russin
15. Nolde, Emil: Junges Paar
16. Pechstein, Max: Weiblicher Akt
17. Pechstein, Max: Südseeinsulaner beim Mahl
18. Rohlfs, Christian: Mohn
19. Rohlfs, Christian: Mann und Frau
20. Kayser-Darmstaedter: Liegende (gerahmt)

Dok. 1 Verzeichnis der Ausstellung »Kulturbolschewistische Bilder« in der Städtischen Kunsthalle Mannheim (Städtische Kunsthalle Mannheim) seine Aktivitäten in der Kunsthalle bereits unmittelbar nach der Entfernung Hartlaubs, d. h. schon vor seiner formellen Ernennung zum Hilfsreferenten begonnen, die erst einen Tag vor Eröffnung der Femeschau erfolgte. Eine erste Ankündigung aus seiner Feder findet sich drei Tage vor Ausstellungseröffnung in der Neuen Mannheimer Zeitung vom 1. April 1933. In diesem Zusammenhang ist eine Darstellung von Walter Passarge – als Direktor der Kunsthalle Mannheim zwischen 1936 und 1958 allerdings kein direkter Augenzeuge der Vorgänge von 1933 – aus dem Jahr 1950 im Rahmen eines Wiedergutmachungsvorgangs beim Landgericht Mannheim aufschlußreich:

> Bei der »Machtergreifung« 1933 wurde [...] Dr. Hartlaub sofort seines Amtes enthoben. Gleichzeitig besetzte der Kulturreferent der NSDAP Gebele (genannt von Waldstein), ein Telegrafen-Sekretär, mit bewaffneten SS-Leuten die Kunsthalle, deren kommissarische Leitung er übernahm. Bald darauf veranstaltete er mit engen nationalsozialistischen Helfershelfern aus den Beständen der Kunsthalle eine Schandausstellung.[7]

Von Waldstein, Leiter der NSDAP-Ortsgruppe Mannheim und von 1930 bis 1933 Stadtverordnetenvorstand im Mannheimer Stadtrat, war zudem Verfasser der Artikel im Hakenkreuzbanner, die Hartlaub in seinem zu Beginn des Kapitels abgedruckten Schreiben an Hentzen zitiert.

Der Maler, Graphiker, Buch- und Schriftkünstler Paul Friedrich August Renner (1878 bis 1956) veröffentlichte 1932 eine Broschüre mit dem Titel »Kulturbolschewismus?«, in der er die völkisch-reaktionäre Kunstpolitik verspottete.[8] Möglicherweise reagierte Renner damit auf eine Broschüre des »Evangelischen Volksbundes« mit dem Titel »Kulturbolschewismus«, die von Kurt Hutten verfaßt und 1931 erschienen war.[9] Renner beschreibt Otto Gebele von Waldsteins Aktivitäten wie folgt:

> Herr von Waldstein hat [...] das künstlerische Hochziel des Kampfbundes für deutsche Kultur enthüllt. Unter der wuchtigen Schlagzeile: »Judas Hand auf Kunst und Kunstverwaltung!« klagt er im »Hakenkreuzbanner« darüber, daß die jüdische Direktion der Mannheimer Kunsthalle die Erzeugnisse des ausländischen Juden Kokoschka ausgestellt und daß die Stadt Mannheim acht dieser Bilder erworben habe. Mit einer Stimme, die vor Empörung zittert, fragt er: »Hat man in Mannheim noch nichts gehört von deutschen Künstlern, die himmelhoch über einem artfremden Kokoschka stehen, aber zum Teil auf der Straße liegen, wegen Armut durch fehlende Aufträge? Selbst hier in Mannheim! Wo bleiben die Ausstellungen der Werke eines Fahrenkrog, Hendrich, Stassen, Fidus, Wolfgang Müller usw.? Oder Hand aufs Herz, sind solche nur deswegen nicht genehm, weil sie deutsch sind und deutsch malen?«. In einem Schreiben an diesen »jüdischen Direktor« sagt der Anwalt deutscher Belange ausdrücklich, daß er nicht für sich spreche, sondern »im Namen der hinter ihm stehenden politischen Kreise, wie auch des Kampfbundes für deutsche Kultur«.[10]

Der zeitgenössische Bericht ist in mehrfacher Hinsicht aufschlußreich. Zum einen erfahren wir, daß von Waldstein mit dem Kampfbund für deutsche Kultur assoziiert war. Tatsächlich hatte er einem Schreiben an die Polizeidirektion Mannheim vom 8. Oktober 1931 zufolge[11] tags zuvor eine öffentliche Versammlung des Kampfbundes in Mannheim geleitet. Zum anderen wird deutlich, daß er in seinen Artikeln offenbar gezielt falsche Anga-

7 Brief Passarges an die Stadtverwaltung Mannheim vom 19. Januar 1950 im Archiv der Städtischen Kunsthalle Mannheim, hier zitiert nach Buderer 1990, S. 19. Von der SA in der Kunsthalle ist in einem Artikel von Waldsteins im Hakenkreuzbanner vom 23. März 1933 die Rede, den Hille (1994, S. 305) zitiert.

8 Wegen dieser Broschüre wurde Renner 1933 aus seinem Amt als Leiter der von ihm 1927 mitbegründeten Meisterschule für Deutschlands Buchdrucker in München entlassen. Renner entwarf u. a. die Druck-Groteskschrift »Futura« (1924 bis 1928) sowie Signets für den Münchner Piper Verlag (vgl. Abb. in: Reinhard Piper 1950, S. 288f.). 1947 veröffentlichte er eine Farbenlehre. Vgl. Thieme-Becker, Bd. 28, S. 168f.; Vollmer, Bd. 4, S. 47; Duvigneau/Suckale-Redlefsen 1975, S. 251; Pawlik 1976, passim; Stölzl 1979, besonders S. 198-203 und S. 761.

9 Vgl. Polster 1989, S. 13. Dort schreibt Polster auch, daß der Begriff »Kulturbolschewismus« auf den Chefkolumnisten des Berliner Lokal-Anzeigers, Friedrich Hussong, zurückgehe.

10 Renner 1932, S. 13. Vgl. Fath 1987, S. 179; Heinz Fuchs 1983, S. 23f; Hille 1994, S. 300. Die unmittelbare Vorgeschichte der hier erörterten Ausstellung – nämlich die Korrespondenz zwischen von Waldstein und Hartlaub, die Angriffe im Hakenkreuzbanner sowie die Kontroverse um die Schrift von Renner – wurde erstmals eingehend von Hille 1994, S. 292-305 dargestellt.

11 Vgl. GLA 465c Mannheim 70.

ben machte, um die Haßgefühle der Bevölkerung zu schüren – ein Verfahren, welches er, wie wir noch sehen werden, ebenso bei der Inszenierung der Femeschau anwandte. Denn weder war Hartlaub Jude noch hatte die Kunsthalle finanzielle Mittel zum Ankauf auch nur eines einzigen Werkes aus der Ausstellung »Oskar Kokoschka – Das gesammelte Werk« (18. Januar bis 1. März 1931) zur Verfügung gehabt.[12] Daß sich von Waldstein durch seine beschriebenen publizistischen Aktivitäten in den Augen der nationalsozialistischen Machthaber als Hilfsreferent für die Kunsthalle und als Organisator einer Ausstellung »Kulturbolschewistische Bilder« qualifiziert hatte, liegt auf der Hand. In der Tat waren die neuen Machthaber mit seiner Arbeit zufrieden. Über die Pressevorbesichtigung der Ausstellung am 1. April – also noch zwei Tage vor der Ernennung von Waldsteins zum Hilfsreferenten – heißt es in der Parteipresse:

> [Zur Pressevorbesichtigung] war die Mannheimer Presse, Kommissar Renninger und Erster Bürgermeister Dr. Walli erschienen. [...] Kommissar Renninger gab bei dem Rundgang seiner Meinung über diesen zum Himmel stinkenden Skandal in unverblümter Weise Ausdruck und wurde dabei von allen Anwesenden unterstützt.[13]

Zur Unterstützung ihrer Arbeit wurden den städtischen Hilfsreferenten Mitarbeiter bewilligt.[14] Nach Auskunft Strübings stellte von Waldstein einen »Sachverständigenausschuß« zusammen, dem drei Herren angehörten: der Mannheimer Maler Karl Stohner, der Kustos und spätere Leiter des Mannheimer Schloßmuseums Gustav Jacob sowie der Kunsthistoriker Josef August Beringer, welcher der Deutschen Kunstgesellschaft und dem Kampfbund für deutsche Kultur nahestand.[15] Beringer, mit Hans Adolf Bühler – dem Initiator der Karlsruher »Schreckenskammer« – befreundet, hatte vermutlich den maßgeblichen Einfluß auf die Mannheimer Ausstellung. So nimmt Rößling an,

> daß der »Obertelegraphensekretär« und »kommissarische Hilfsreferent« von Waldstein keine genaue Kenntnis von dem Bestand der Mannheimer Kunsthalle hatte und sicherlich mit dem völkischen Begriff Kulturbolschewismus in der Praxis nicht viel anzufangen wußte. Um so höher muß dann der Einfluß Beringers auf die Mannheimer Ausstellung [...] gewesen sein.[16]

Ungeachtet des sicher großen Einflusses von Beringer, welcher später zudem die Auswahl der Werke für die Münchner Ausstellungsstation treffen sollte, scheint der Grund für die Berufung des »Sachverständigenausschusses« weniger in von Waldsteins Unkenntnis zu liegen als vielmehr in der »Legitimation der Aktion nach außen durch ausgewiesen kunstwissenschaftliche Reputation der graduierten ›Sachverständigen‹«[17].
Die Ausstellung »Kulturbolschewistische Bilder« war in der Kunsthalle in zwei Räumen des Obergeschosses untergebracht, von denen vier Photographien existieren (Abb. 6-9). Nimmt man die Presserezensionen hinzu, so erhält man von der Hängung und Präsentationsweise folgendes Bild: Sämtliche Ölgemälde waren aus ihren Rahmen genommen und ohne erkennbares Gliederungsprinzip (Chronologie, Stilzusammenhänge) dicht bei dicht gehängt worden. Auf den Beschriftungstäfelchen wurden neben Künstlername und Werktitel auch Ankaufsjahr und -preis sowie in einigen Fällen die Herkunft des Werks (Kunsthändler) und die »Rasse« des Künstlers angegeben. Bei diesen Angaben legte man offenbar keinen Wert auf Genauigkeit bzw. gab man bewußt falsche Informationen.[18] Neben den zu Ausstellungszwecken erworbenen Werken wurden auch solche von Per Krohg, Willy

12 Vgl. die Liste der finanziellen Zuwendungen an die Städtische Kunsthalle Mannheim mit einem Verzeichnis sämtlicher Ankäufe zwischen 1918 und 1936/37 im GLA 235/40412. Diese Liste schickte das Badische Kultusministerium am 24. Dezember 1937 auf Anforderung des Reichsministeriums für Wissenschaft, Erziehung und Volksbildung und der RbK nach Berlin.

13 Hakenkreuzbanner, 3. April 1933. Dagegen schreibt das Neue Mannheimer Volksblatt am 5. April 1933 mit Bezug auf den Artikel im Hakenkreuzbanner: »Das ist unzutreffend. [...] es wurde auch deutlich zum Ausdruck gebracht, daß man in vielen Punkten gar nicht zustimmen könne, insbesondere weil die hier angelegten Maßstäbe absolut unzulänglich und unsachlich seien. Daß solche Maßstäbe künftig wirksam bleiben sollten, möchten wir nicht hoffen«.

14 Vgl. Herbert Hoffmann 1982, S. 187.

15 Vgl. die Kurzbiographien in Kapitel 10.3.

16 Rößling 1987a, S. 46.

17 Hille 1994, S. 307.

Oeser, Wilfried Otto, Otto Scheffels u. a. gezeigt, die aus einem besonderen Fonds zur Unterstützung unbemittelter Mannheimer Künstler angeschafft worden und die gar nicht dazu bestimmt gewesen waren, in der Kunsthalle ausgestellt zu werden. Zum ersten Mal wurden Blätter aus der insgesamt 84 Lithographien und 16 Aquarelle beinhaltenden, 1923 im Berliner Malik Verlag erschienenen Graphikfolge »Ecce homo« von George Grosz öffentlich ausgestellt, die »bisher unter Verschluß gehalten [...] und nur auf besonders begründete Anforderung an Künstler oder wissenschaftlich arbeitende Menschen, d. h. im ganzen gewiß nicht mehr als fünf Mal ausgegeben wurde«[19]. Als Kontrast zu den »kulturbolschewistischen« Bildern wurde ein »Musterkabinett«, auch »Kabinett der Vorbildlichen« genannt, eingerichtet, das – selbstverständlich gerahmte – Gemälde von Mannheimer Künstlern enthielt: darunter ein Landschaftsbild des Mitglieds des »Sachverständigenausschusses« Karl Stohner, Werke von Theodor Schindler und Philipp Klein, ein mit einem Trauerflor umrahmtes Selbstbildnis des gerade verstorbenen Künstlers Wilhelm Oertel und bemerkenswerterweise ein Stilleben von Xaver Fuhr[20], der gleichzeitig mit drei Gemälden in der »Schreckenskammer« vertreten war! Auch der Mannheimer Maler Wilfried Otto war in beiden Abteilungen der Ausstellung vertreten. Die genaue Anzahl der im »Musterkabinett« versammelten Künstler und Werke ist nicht bekannt. Entsprechende Photographien sind nicht überliefert, und auch in der Presse fand dieses Sonderkabinett kaum Niederschlag. Dies hängt vermutlich damit zusammen, daß im Frühjahr 1933 in völkisch-nationalsozialistischen Kreisen das Feindbild der zu verdammenden Kunst sehr viel stärker ausgeprägt war als die Vorstellung von einer »guten« und »deutschen« Kunst. Der Eintritt zu der Ausstellung war frei, Jugendlichen unter 20 Jahren der Zutritt untersagt.

Das oben beschriebene Präsentationskonzept läßt sich wie folgt interpretieren: Das Jugendverbot diente der Erzeugung einer Aura des Verbotenen und schuf einen Sensationscharakter, der durch markige Pressekommentare (etwa die Verheißung von »Rinnstein-Erotik« bei Grosz[21]) gesteigert wurde. Die Bilder waren aus dem Rahmen genommen, um sie als derer unwürdig zu brandmarken. Sie standen gleichsam »nackt« am Pranger[22]. Die Angabe der Ankaufspreise[23] und der Verkäufer implizierte zweierlei: zum einen den Vorwurf der gewissenlosen Verschwendung oder gar Veruntreuung von Steuergeldern, der sich gegen die ehemalige Museumsleitung und diese als Repräsentantin eines »überwundenen liberalistischen Zeitalters« richtete; zum anderen eine dezidiert antisemitische Komponente durch die Behauptung, die Händler, die pauschal als Juden bezeichnet werden, hätten die Museumsleute in betrügerischer Absicht getäuscht, um sich auf Kosten des »deutschen Steuerzahlers« zu bereichern.[24] Dabei wurden durch die Inflation bedingte hohe Ankaufspreise absichtlich nicht in Reichs- bzw.

18 Vgl. den Bericht im Hakenkreuzbanner vom 10. Mai 1933 und die Erwiderung darauf im Neuen Mannheimer Volksblatt vom 27. Mai 1933 sowie die Kritik von Georg Schmidt in der National-Zeitung (Basel) vom 9. Juni 1933.

19 Brief Strübings an Hentzen vom 24. April 1933 im Archiv der Städtischen Kunsthalle Mannheim. Zur Präsenz der Mappe »Ecce homo« von Grosz auf den NS-Femeausstellungen vgl. Neugebauer von der Schulenburg 1993, S. 177-179.

20 Dabei handelt es sich vermutlich um das 1926 aus Mitteln des Künstlerunterstützungsfonds angekaufte »Stilleben mit Gummibaum« (vgl. Buderer 1990, S. 51, Nr. 29).

21 Hakenkreuzbanner, 3. April 1933.

22 Der Begriff »Pranger« taucht mehrfach in zeitgenössischen Rezensionen auf, z. B. Berliner Börsen-Zeitung, 12. April 1933 (»Hier steht ein System am Pranger [...]«) und Münchener Zeitung, 4. Juli 1933 (»Einer der in dieser Ausstellung an den Pranger gestellten Herren [...]«).

23 Schon einmal waren in der Städtischen Kunsthalle Mannheim Kunstwerke mit ihren Preisen ausgestellt worden, freilich mit genau entgegengesetzter Zielsetzung. Heinz Fuchs (1983, S. 5) schreibt im Zusammenhang mit der überwiegend aus Leihgaben des Kunsthandels bestrittenen »Ausstellung von Werken des 19. Jahrhunderts« (der sogenannten »Meisterausstellung«) nach der Wiedereröffnung des Hauses 1909: »›Mit dem Hauptzweck des vorübergehenden Gemäldeschmuckes‹ verband er [Fritz Wichert] noch einen Nebenzweck, nämlich den ›einer Demonstration über den Inhalt des Kunstmarktes, über Qualität und Preise‹. Vor allem die Preise; sie waren fast überall neben den Bildern vermerkt und sollten als Anhaltspunkte dafür dienen, welche Mittel erforderlich sind, ›um unter den heutigen Verhältnissen noch eine Galerie von einiger Bedeutung zu schaffen‹«.

24 So schreibt das Hakenkreuzbanner vom 3. April 1933: »Beim Durchgehen der Schau wird dem deutschen Menschen erst so recht bewußt, daß es Juden und jüdische Kunsthandlungen (Flechtheim, Cassirer, Dr. Tannenbaum) waren, die einem [...] für die Kunsthalle als ungeeignet zu bezeichnenden Dr. Hartlaub ›Werke‹ aufschwatzten, die Afterkunst darstellen und die Ästhetik

Goldmark umgerechnet, so daß sie der Bevölkerung als sehr hoch erscheinen mußten. Durch die Gleichsetzung der »Aktivitäten der jüdischen Kunsthändler« mit dem »Eindringen des Marxismus« als Ursache des »Verfalls der Kunst« wurden antisemitische und antikommunistische Attacken geschickt verquickt, entsprechende Ressentiments in der Bevölkerung gleichermaßen geschürt. Durch die gleichartige Präsentation von Galerieankäufen und Künstlerunterstützungskäufen – letztere wurden in den Beschriftungen nicht als solche kenntlich gemacht – wurden Kunstwerke unterschiedlichster Qualität und Bedeutung auf eine Ebene gestellt, Qualitätsunterschiede also bewußt nivelliert. Die plakative, zum »Vergleich« aufrufende Gegenüberstellung von verfemten und vorbildlichen Werken von ausschließlich Mannheimer Künstlern beinhaltete den auch in der Presse immer wieder erhobenen Vorwurf, die bisherige Museumsleitung habe die heimischen Künstler zugunsten der auswärtigen vernachlässigt. Außerdem sollte den Besuchern durch das antithetische Ausstellungsprinzip Entscheidungsfreiheit in ihrem Urteil suggeriert und letztlich eine Identifikation mit der Aussage der Ausstellung erreicht werden. Tatsächlich erweist sich der Appell an das »gesunde Volksempfinden« (»Die Bevölkerung hat hier Gelegenheit, selbst ein Urteil zu fällen«[25]) in Wirklichkeit als ein – die Anziehungskraft der Schau steigernder – Propagandatrick, da das zu fällende Urteil durch die Intention der Veranstalter und das oben beschriebene Präsentationskonzept bereits festgelegt war. Schon der Name der Schau beinhaltete das Verdikt.
Als Höhepunkt der Hetzkampagne kam es zu einer spektakulären Aktion, deren Hergang durch die bislang zur Verfügung stehenden Quellen nur ungefähr geklärt werden konnte. Hartlaub erinnerte sich 1959:

> [...] als ich nun aus meinem Amte gewaltsam entfernt war, da wurde dieser Chagall auf einem Wagen durch die Stadt gefahren und in einem bekannten Ladengeschäft ausgestellt. Das Volk drängte sich in riesigen Mengen dort und las daneben ein Plakat, worauf stand, daß ich aus den Mitteln der Steuerzahler für 3.500 RM [tatsächlich waren es RM 4.500] dieses scheußliche Gebilde angeschafft habe. [...] Damals, als besagter Stadtverordneter [von Waldstein] hier war, und ich nun endgültig [...] entlassen wurde, da wurde mir dann auch gesagt: »Wie konnten Sie ein Bild kaufen – ein Jude, nämlich der Rabbiner, gemalt von einem Juden und auch noch von einem Ostjuden.« Ich war sehr verblüfft [...] und sagte: »Ja, Herr Stadtverordneter, Rembrandt hat doch auch Rabbiner, Juden gemalt.« Darauf dachte er sehr tief nach, versank in Schweigen, und dann sagte er etwas, womit er übrigens gar nicht unrecht hatte, so daß ich dann auch wieder der Geschlagene war, ja er sagte: »aber anders!«.[26]

Helmut Lehmann-Haupt schrieb 1954, daß auf der einen Seite des Wagens das Chagall-Gemälde, auf der anderen eine große Photographie Hartlaubs und ein Plakat mit den Ankaufspreisen befestigt gewesen seien.[27] Nach Auskunft von Hartlaubs Tochter Geno wurde das Bild in einer Prozession vor das Wohnhaus der Familie Hartlaub geschleppt, das sich damals in der Drachenfelsstraße 6 im rund drei Kilometer von der Kunsthalle entfernten Stadtteil Lindenhof befand. Später sei das Bild im Juweliergeschäft J. Lotterhos Uhren u. Goldwaren, Bestecke, P 1, 5 (Eckhaus Breite Straße/Freßgasse, heute Kaufhof) im Stadtzentrum zur öffentlichen Verspottung gezeigt worden.[28] Nach Walter Passarge soll es ein Zigarrengeschäft gewesen sein, in welchem das Bild mit

eines gesunden Menschen in Harnisch bringen müssen«. Die Verwendung des Begriffes »Afterkunst« in kunstpolitischen Debatten reicht weit zurück; so bezeichnet Boehm (1922, S. 84) den Dadaismus als »Afterkunst der Hölle«. Zur Tätigkeit Herbert Tannenbaums (1892 bis 1958), der ab 1920 in Mannheim die Kunsthandlung »Das Kunsthaus« führte, mit der er wesentlich zur Verbreitung und Vermittlung der modernen Kunst im südwestdeutschen Raum beitrug, vgl. Karl-Ludwig Hofmann/Präger 1994. Tannenbaum emigrierte 1937 nach Amsterdam und von dort 1947 in die USA.

25 Hakenkreuzbanner, 3. April 1933.

26 Tonbandabschrift des am Vorabend seines 75. Geburtstages, am 11. März 1959, von Hartlaub frei gehaltenen Vortrages »Mannheimer Kunsterinnerungen« (Archiv der Städtischen Kunsthalle Mannheim, PA Hartlaub). Vgl. hierzu Mannheimer Morgen, 13. März 1959. In dem in Anm. 4 zitierten Bericht von Waldsteins vom 9. November 1934 heißt es: »Auf Anordnung des Oberbürgermeisters wurde dieses Bild von mir in einem Schaufenster ausgestellt« (S. 4).

27 Lehmann-Haupt 1954, S. 74f.

28 Freundliche Mitteilung von Geno Hartlaub vom 27. Februar 1992. Frau Hartlaub entsinnt sich, hinter den Gardinen gestanden zu haben, als das Bild auf den Lindenhof gefahren wurde. Ihr Vater habe sich seinerzeit aus gesundheitlichen Gründen im Schwarzwald aufgehalten. Vgl. auch Geno Hartlaub 1987, S. 67-69 sowie Karl-Ludwig Hofmann/Präger 1994, S. 64.

dem Schild »Steuerzahler, Du sollst wissen, wo Dein Geld geblieben ist«, ausgestellt war.[29] Im Hakenkreuzbanner vom 14. April 1933 heißt es, das Bild werde »im Augenblick im Fenster der ›Völkischen Buchhandlung‹ dem Mannheimer Publikum zur Kritik vorgelegt«[30]. Wahrscheinlich wurde das Bild tatsächlich an mehreren Orten diffamierend präsentiert, denn dieselbe Zeitung schreibt am 12. Juni 1933 über den »armen ›ewigen Juden‹ von Chagall, der, wie bekannt, in Mannheimer Schaufenstern dem staunenden Publikum vorgestellt wurde«. Auch der genaue Zeitpunkt der Aktion ist unklar. Am 27. Mai 1933 meldete das Neue Mannheimer Volksblatt, daß »der arme ›ewige Jude‹ [...] inzwischen auch wieder in der Kunsthalle [...] angelangt« sei, was mit den beschriebenen Ereignissen zusammenhängen dürfte. Es ist zu vermuten, daß die Initiatoren der Ausstellung »Kulturbolschewistische Bilder« dieses Spektakel im April und Mai 1933 inszenierten, um ihre Ausstellung in der Öffentlichkeit zu propagieren. Daß 1933 in Mannheim auf Anordnung von Goebbels ein Autodafé von Chagalls Werken stattgefunden habe, wie bis in jüngste Zeit behauptet wird[31], ist jedoch in den Bereich der Legende zu verweisen.

Über die Aufnahme der Ausstellung in der Öffentlichkeit und Besucherreaktionen ist nichts bekannt. Sicher ist aber, daß sie »beim Mannheimer Publikum ein Interesse [erregte], wie es kaum je einer Kunstschau entgegengebracht wurde«[32]. Dies bestätigt die ungewöhnlich hohe Zahl von 20.141 Besuchern.[33] Georg Schmidt notierte: »Des größten ›Publikumserfolges‹ sicher ist die Anführung der Preise, die für jedes Bild bezahlt worden sind«[34]. Breite Resonanz fand die Schau auch in der Mannheimer Tagespresse. Das NSDAP-Parteiorgan Hakenkreuzbanner, welches, wie oben beschrieben, seit seiner Gründung am 3. Januar 1931 die Kunsthalle immer wieder attakkiert hatte, begrüßte die Schau euphorisch und sah ihren Zweck, »dem Volke gegenüber die Augen zu öffnen, wie mit seinen seelischen Werten Schindluder getrieben wurde«[35], erfüllt. Die konservative Neue Mannheimer Zeitung stimmte der Ausstellung grundsätzlich zu (»[man wird sich] mit Recht fragen, warum [...] die Schweinereien von Klee und George Grosz überhaupt angekauft wurden«) und empfahl den Verkauf der angeprangerten Werke zugunsten heimischer Künstler. Gleichzeitig bezeichnete sie aber die Auswahl einiger Exponate – zumal solcher, die nicht für Ausstellungszwecke erworben worden waren – als unverständlich:

> Aber es erscheint selbst einem Belgier wie Ensor gegenüber angebracht zu sagen, daß sein Maskenbild im Jahre 1929 dem an sich sehr hohen Preis von 15.000 Mark entsprach. Heute wird man für dieses Bild diese Summe nicht erzielen, aber das hängt nicht mit dem Wert oder Unwert gerade dieses Werkes allein, sondern mit der ganzen Bewegung am Kunstmarkt zusammen [...]. Die Kunsthalle wird sich solche Werke zweifellos ohne große Einbußen vom Halse schaffen können und diese Gelegenheit sicherlich gerne benutzen, die heimischen Künstler im gerechten Ausgleich zu unterstützen. Wie eine Landschaft von Munch, dem nordischen, einem Dichter wie Hamsun benachbarten Künstler in diese Reihe der

29 Nach Buderer 1990, S. 19.

30 Diesen Artikel zitiert Hille 1994, S. 308. Von der Völkischen Buchhandlung ist bereits bei Heinz Fuchs 1983, S. 25 und Fath 1987, S. 184 die Rede. Das Adressbuch 1932/33 weist die Völkische Buchhandlung in P 5, 13a, danach in P 4, 12 (gemeinsam mit der »Hakenkreuzbanner-Verlag und Druck GmbH«) aus. Eine Redaktion des Völkischen Beobachters, in der das Bild laut Peter Sager (1986, S. 64) gezeigt worden sein soll, ließ sich dagegen in den Adressbüchern nicht finden (Schreiben des Stadtarchivs Mannheims an den Verfasser vom 23. März 1992).

31 Vgl. etwa Compton 1985, S. 46 und Güse 1985, S. 261.

32 Neue Mannheimer Zeitung, 8. April 1933.

33 Nach Buderer 1990, S. 25. Zum Vergleich die Besucherzahlen anderer Mannheimer Kunstausstellungen: Neue Sachlichkeit (14. Juni bis 13. September 1925): 4.405 Personen; Max Beckmann (19. Februar bis 1. April 1928): 6.709 Personen; Oskar Kokoschka (18. Januar bis 1. März 1931): 14.704 Personen; Christbaumschmuck und Weihnachts-Tand aus alter und neuer Zeit (26. November 1933 bis 7. Januar 1934): 22.396 Personen (alle Daten nach Koch 1981, S. 123, Anm. 54.).

34 National-Zeitung, 9. Juni 1933. – Georg Schmidt (1896 bis 1965) war Bibliothekar und Mitglied der Kommission des Basler Kunstvereins (1922/23 bis 1937), später Konservator und schließlich Direktor der Öffentlichen Kunstsammlung/Kunstmuseum Basel (1939 bis 1961); vgl. Georg Schmidt 1966, S. 328. In einem Brief an Max Sauerlandt vom 9. Juni 1933 beschreibt Schmidt die Vorgänge in Mannheim (Staats- und Universitätsbibliothek Hamburg, NL Sauerlandt; dort auch ein Schreiben Hartlaubs an Sauerlandt vom 13. September 1933; freundliche Mitteilung von Andreas Hüneke).

35 Hakenkreuzbanner, 3. April 1933; vgl. auch die Artikel in dieser Zeitung vom 10. und 24. Mai 1933 (beide abgedruckt bei Buderer 1990, S. 23) sowie vom 12. Juni 1933.

Minderwertigen kommt, erscheint ebenfalls nicht ganz verständlich; man hätte noch eher sein Selbstbildnis zeigen können, das er seinerzeit der Kunsthalle geschenkt hat. Ähnlich könnte man bei dem Bild der alten Frau von Beckmann fragen oder bei dem ohne Halt des Rahmens ganz verloren dahängenden Kinderbild der Paula Modersohn-Becker, einer Künstlerin reinster deutscher Prägung, bei der die Empfindsamkeit das malerische Können so stark überwog, daß sie allein durch jene überzeugt. Ein Sonderfall, gewiß [...].[36]

Während also die konservative Neue Mannheimer Zeitung die Aufnahme von Munch, Beckmann und Modersohn-Becker beanstandet, weil sie sie für »deutsch« und »nordisch« hält, ist die Kritik des liberalen Neuen Mannheimer Volksblatts radikaler und dabei ganz anderer Natur. Der Autor des Artikels »Gefahren für die öffentliche Kunstpflege«[37] bezeichnet zwar das Gemälde »Zwei Mädchen (Mutter und Tochter)« von Jankel Adler – neben dem Rabbiner-Bild von Chagall das in der Tat am heftigsten angefeindete Bild der Ausstellung, dessen sich die Kunsthalle zu entledigen suchte[38] – als »abscheuliches Machwerk« und räumt ein, daß die bezahlten Preise in vielen Fällen »angesichts der herrschenden Not« als zu hoch anzusehen seien, stellt aber zugleich die Qualität z. B. der Werke von Dix, Hofer und Ensor außer Frage. Obzwar mit verhaltenem Ton, so doch unmißverständlich spricht er den Organisatoren jegliche Kompetenz ab:

Aber hier wie bei manchen anderen Bildern zeigt sich nun das sehr Bedenkliche dieser Ausstellung, die unter Begutachtung eines »Sachverständigenausschusses« zusammengestellt wurde [...]. Sie verrät, daß dabei Kräfte am Werk sind, die uns für Sachlichkeit des Urteils keine Gewähr zu bieten scheinen. [...] Was soll man überhaupt dazu sagen, wenn gute Bilder von Rohlfs, Nolde, Marc, Heckel, Munch als »Kulturbolschewismus« abgetan werden sollen? [...] Wir würden unser öffentliches Amt vernachlässigen, wollten wir unsere ernstliche Sorge verschweigen, daß hier unzureichende Kräfte herangezogen worden sind.

Des weiteren entlarvt der Rezensent den plebiszitären Appell als scheinheiligen Trick und kritisiert die Präsentationsweise:

Und doch sollen nun dem Volk »die Augen geöffnet« werden, »das Volk soll aufgerufen werden, selbst Richter zu sein«. Aber man hat ja alles getan, es zu verwirren, ihm die Augen zu verbinden! Man hat die Bilder in rücksichtslosem Durcheinander dicht aufeinandergehängt, nachdem man sie aus dem Rahmen genommen hat. Es ist, als ob man ein Orchester auf jedem einzelnen Instrument ein anderes Stück spielen ließe, mag der einzelne noch so schön spielen, es wird eine greuliche Katzenmusik geben, und mag einer sein Ohr auch dicht an ein einzelnes Instrument halten, er wird keinen reinen Genuß und kein klares Urteil bekommen können.

Dieser letzte Vergleich ist bedeutsam, weil er etwas von der Atmosphäre in der Ausstellung vermittelt und deutlich macht, wie das Präsentationskonzept die Wirkung der Kunstwerke beeinträchtigte. Ferner beanstandet der Autor die fehlende Unterscheidung von Galerie- und Unterstützungsankäufen und bezeichnet es als »Gewalttätigkeit [...], einem Bild wie dem Kinderporträt der Modersohn oder dem Landschaftsbild Edvard Munchs den Rahmen zu nehmen«. Obgleich er das Unternehmen der Ausstellung mit keinem Wort prinzipiell ablehnt, läßt die differenzierte Kritik des Berichts im Neuen Mannheimer Volksblatt nichts an Deutlichkeit übrig.

Die einzelnen, unterschiedliche politische Positionen repräsentierenden Presseberichte sind hier deshalb so ausführlich zitiert und kommentiert worden, weil sie – wenn auch meist ambivalent und stets im systemkonformen Rahmen – einen Grad an Diskussion und Auseinandersetzung reflektieren, wie er nur im Zusammenhang mit

36 Neue Mannheimer Zeitung, 8. April 1933.

37 Neues Mannheimer Volksblatt, 5. April 1933; vgl. auch den Artikel in dieser Zeitung vom 27. Mai 1933 und die Entgegnung darauf im Hakenkreuzbanner vom 12. Juni 1933.

38 Im Archiv der Städtischen Kunsthalle Mannheim bezeugen mehrere Schriftstücke, daß sich das Museum zwischen 1933 und 1937 um den Verkauf bzw. Tausch der Gemälde von Adler und Chagall bemühte und in dieser Angelegenheit mit mehreren Kunsthändlern, darunter Abels (Köln), Gurlitt (Hamburg) und Nierendorf (Berlin) sowie Privatpersonen korrespondierte. Aus einem Briefwechsel mit der Galerie Nierendorf im Juli 1935 geht außerdem hervor, daß auch Werke von Davringhausen, Grosz und Kirchner »eventuell getauscht werden könnten«. Es kam jedoch offensichtlich zu keinem Geschäftsabschluß. – Die genannten Werke von Adler und Chagall hatten bereits bei ihrer Erwerbung 1930 bzw. 1928 Skandale hervorgerufen (vgl. Hille 1992, S. 136 und 1994, S. 284-287 sowie Zuschlag 1995).

der Mannheimer Vorläuferausstellung feststellbar ist. Das hängt zum einen mit der zwei Monate nach der Machtergreifung noch relativ vielfältigen Mannheimer Presselandschaft zusammen; andernorts war die Gleichschaltung der Presse bereits rigoros durchgeführt worden. Zum anderen war die Äußerung einer abweichenden Meinung und mehr oder minder unverhohlener Protest gegen die Kulturpoltik lokaler NS-Politiker zu diesem Zeitpunkt auch deswegen noch möglich, weil der offizielle Kurs der Regierung in kunstpolitischen Fragen keineswegs festgelegt, sondern vielmehr durch interne Differenzen und Machtkämpfe innerhalb der NSDAP-Führungsspitze heftig umstritten war. Wenn sich, wie oben beschrieben, die Neue Mannheimer Zeitung gegen die Diffamierung von Munch und Beckmann wendet, so ist das symptomatisch für die in Kapitel 2.4 erläuterten Auseinandersetzungen um die ideologische Vereinnahmung des Expressionismus, d. h. seine Anerkennung als »nordische« und »deutsche« Kunst. In dieser brisanten Situation verfolgte die nationale und internationale Presse mit erhöhter Aufmerksamkeit das Geschehen im »Reich«, so daß die Mannheimer Ereignisse – die sich aus historischer Sicht nicht als Episode, sondern als Beginn einer ganzen Reihe ähnlicher Vorgänge erweisen – in überregionalen sowie in ausländischen Zeitungen registriert wurden.[39]
Naturgemäß nahm auch die Fachwelt, selbst im unklaren über den Fortgang der Entwicklung auf dem kunstpolitischen Sektor, Anteil an dem Geschehen in Mannheim. Alfred Hentzen bat am 21. April 1933 schriftlich um ein Verzeichnis der Exponate der Ausstellung »Kulturbolschewistische Bilder«.[40] Der Schweizer Historiker und Kunstkritiker Georg Schmidt reiste am 3. Juni 1933 im Auftrag der Basler National-Zeitung zur Besichtigung der Schau nach Mannheim. »Auf seine Frage nach grundsätzlichen Veröffentlichungen über die Bilderausstellung wurden ihm (nach telefonischer Rücksprache mit Dr. Strübing im Zeughaus) die Ausschnitte aus Mannheimer Zeitungen mit den offiziellen Äußerungen, wie es üblich ist, zur Einsichtnahme überlassen.«[41] In seiner Rezension, erschienen in der National-Zeitung vom 9. Juni 1933, verurteilte Schmidt die Ausstellung, ergriff Partei für Wichert und Hartlaub und bemerkte am Ende, daß die Schau »in Deutschland selber nicht eitel Freude ausgelöst«[42] habe. Alois J. Schardt, als Nachfolger des entlassenen Ludwig Justi vom 4. Juli bis 20. November 1933 Leiter der Neuen Abteilung der Berliner Nationalgalerie im ehemalige Kronprinzenpalais und mit dessen Neuordnung beauftragt[43], erbat im September 1933 Innenraumaufnahmen der Mannheimer Ausstellung. Strübing sandte ihm am 27. September 1933 vier Photographien zu.[44]
Kritik an der Ausstellung »Kulturbolschewistische Bilder« artikulierte sich auch in den Reihen des Museumspersonals. Hier ist in erster Linie der schon genannte Edmund Strübing zu nennen, der sich entschieden von Gebele von Waldsteins Schau distanzierte, sie aber offensichtlich nicht verhindern konnte:

39 Vgl. etwa den Artikel von Bruno E. Werner in der Deutschen Allgemeinen Zeitung vom 12. Mai 1933, auszugsweise zitiert in Kapitel 2.4.

40 Postkarte im Archiv der Städtischen Kunsthalle Mannheim. Hentzen wandte sich auch an die Organisatoren der Vorläuferausstellungen in Nürnberg und Stuttgart (vgl. Kapitel 3.3 und 3.5).

41 Aktennotiz im Archiv der Städtischen Kunsthalle Mannheim. In der Ausstellung »Kulturbolschewistische Bilder« konnte Georg Schmidt die vier Werke besichtigen, die er 1939 aus den 1937 in Mannheim beschlagnahmten Beständen für das Basler Kunstmuseum erwerben sollte: Chagalls Gemälde »Die Prise (Rabbiner)« sowie – direkt in Berlin über den Kunsthändler Buchholz (vgl. den Brief Schmidts an Paul Westheim vom 15. Juli 1939, zitiert in Kapitel 5) – Derains »Landschaft«, Noldes »Marschlandschaft« und Schlemmers »Frauentreppe«. Insgesamt kaufte Schmidt auf der Auktion der Galerie Fischer in Luzern am 30. Juni 1939 und in Berlin 19 Bilder – darunter Corinths »Ecce homo« aus der Nationalgalerie Berlin, Dix' »Elternbildnis« aus dem Kölner Wallraf-Richartz-Museum, Kokoschkas »Windsbraut« aus der Kunsthalle Hamburg und Marcs »Tierschicksale« aus dem Hallenser Moritzburg-Museum – und eine Plastik (Barlach), heute allesamt Glanzpunkte des Kunstmuseums Basel (vgl. hierzu Kreis 1990; Georg Schmidt 1964; Zuschlag 1995).

42 Dieser Satz wurde im Allgemeen Handelsblad (Amsterdam) vom 20. Juni 1933 zitiert.

43 Vgl. Hüneke 1990a, S. 55 und Janda 1988, S. 64-66.

44 Im Archiv der Städtischen Kunsthalle Mannheim befinden sich drei diesen Vorgang betreffende Schriftstücke, da Strübing beim Oberbürgermeister erst um Genehmigung für den Versand der Photographien nachsuchen mußte. Bei den vier Aufnahmen dürfte es sich um die gleichen handeln, die sich bis heute erhalten haben (Abb. 6-9).

Ich möchte ausdrücklich betonen, daß die Ausstellung entgegen meiner Warnung und meinem wiederholten Einspruch ohne meine Beteiligung unter voller Verantwortung des der Kunsthalle beigegebenen Kommissars, Herrn Gebele von Waldstein, veranstaltet worden ist. [...] Es liegt mir viel daran, daß diese Tatsachen allgemein bekannt werden.[45]

Aber auch ein Mitglied des »Sachverständigenausschusses«, Kustos Gustav Jacob, rückte Wochen nach ihrer Eröffnung von der Femeschau ab. Am 21. Mai 1933 richtete er einen fünfseitigen Brief an von Waldstein, der einiges über die Hintergründe der Schau verrät:

Die Tatsache, daß die »Bolschewistische Ausstellung« [...] noch nicht geschlossen ist und daß weiterhin, wie ich von verschiedener Seite höre, in Aussicht genommen sein soll, dieselbe nach auswärts zu schicken, hat in Kreisen, die [...] ein aufrichtiges Interesse an einer Erneuerung nehmen, vielerlei Bedenken ausgelöst. [...] Nachdem Sie die Freundlichkeit hatten, mich zur Beratung hinzuzuziehen, sah ich es als meine Aufgabe an, frei von jeder Voreingenommenheit und Gehässigkeit als wirklich neutraler Sachberater meine Kenntnisse zur Verfügung zu stellen, ich mußte aber [...] sehr bald einsehen, daß ich mit dieser meiner Einstellung in mancher prinzipiellen Frage alleine stand. [...] In einer persönlichen Aussprache erlaubte ich mir dann auf allerlei Gesichtspunkte hinzuweisen, um die Fehler dieser Ausstellung aufzuzeigen, worauf Sie davon sprachen, die Dauer der Ausstellung möglichst abzukürzen. Von allem Anfang setzte ich mich dafür ein, daß die Bilder in den Rahmen verbleiben sollten, und daß man die Mannheimer Künstler tunlichst ausscheiden möge. [...] Deutsche Künstler, wenn sie sich offen und ehrlich in reiner Gesinnung für eine künstlerische Anschauung eingesetzt haben, auch wenn sie ein Extrem darstellt, sind keine Bolschewisten und können nicht aus der Kunstgeschichte des 20. Jahrhunderts ausgestrichen werden. [...] Es wäre unsinnig und ungerecht, restlos alles auszulöschen, und etwa da wieder beginnen zu wollen, wo ein Thoma, ein Feuerbach oder die Maler der Romantik geendet haben. [...] Unter diesem Gesichtspunkt heißt es, den Mut aufzubringen, [...] sorgsam auszuwählen, was unter den Beständen der Deutschen Kunst der letzten zwei Jahrzehnte bleibenden oder mindestens geschichtlichen Wert hat. Bedenklich aber ist es, wenn man alle Äußerungen der Malerei aus dieser Zeit [...] ausnahmslos als bolschewistisch boykottiert. Es ist weiterhin notwendig, einen Maler nicht nur nach einem Einzelwerk, sondern nach seinem Gesamtschaffen [...] zu beurteilen. Man wird dann in zahlreichen Fällen zu ganz anderen Ergebnissen kommen.[46]

Jacobs nachträgliche Kritik an der »Schreckenskammer« und an der ihr zugrundeliegenden pauschalen Verurteilung der modernen Stilrichtungen verdeutlicht, daß auch innerhalb des »Sachverständigenausschusses« Uneinigkeit über ihren Inhalt bestand.

Vermutlich als Reaktion auf die an verschiedenen Stellen laut gewordene Kritik an der Ausstellung trat von Waldstein am 5. April, 13. April und 9. Mai mit Presseerklärungen an die Öffentlichkeit, in denen er die Absichten der Schau zu erklären und ihre Auswahl zu rechtfertigen versuchte. Diese Erklärungen wurden in mehreren Mannheimer Tageszeitungen veröffentlicht.[47] Es ist nicht sicher, ob von Waldstein der Autor der Presseerklärungen war. So heißt es etwa in einer der Erklärung vorangestellten Bemerkung des Mannheimer Tageblatts vom 16. April 1933: »Von Herrn v. Waldstein [...] werden uns die folgenden Ausführungen zur Verfügung gestellt mit dem Bemerken, daß sie von sach- und fachkundiger Seite stammen«. Als Autor ist Beringer in Betracht zu ziehen. In der ersten Erklärung heißt es: »Der instruktive Charakter der Ausstellung bedingte es auch, daß der Sachverständigen-Ausschuß auch Grenzfälle berücksichtigen mußte, die an sich noch nicht in den Rahmen dieser Schau gehören, aber bereits die Irrwege aufzuzeigen geeignet sind«[48]. In der zweiten Erklärung liest man:

Mit einem klaren Gestalten [...], einer künstlerischen Zielsetzung hat diese Kunst nichts mehr zu tun, das sieht man daran, daß von ein und demselben Künstler in der »bolschewistischen Abtlg.« Bilder hängen und in dem Saal der »Mannheimer«, z. B. Fuhr oder Otto. Diese Künstler können so und können auch anders. [...] Die Ausstellung soll den

45 Brief Strübings an Hentzen vom 24. April 1933 im Archiv der Städtischen Kunsthalle Mannheim. In dem Schreiben wendet sich Strübing speziell gegen die unterschiedslose Präsentation von Galerie- und Künstlerunterstützungsankäufen sowie gegen die Ausstellung der Graphiken von Grosz. Ganz ähnlich auch in dem Schreiben an Michel vom 2. Mai 1933 (ebenda).

46 Abschrift des Briefes von Jacob an von Waldstein vom 21. Mai 1933 im Archiv der Städtischen Kunsthalle Mannheim. Ein Antwortschreiben von Waldsteins ist nicht überliefert.

47 Vgl. Hakenkreuzbanner, 6. April und 10. Mai 1933; Neue Mannheimer Zeitung, 5. und 13. April sowie 9. Mai 1933; Mannheimer Tageblatt, 16. April 1933.

48 Neue Mannheimer Zeitung, 5. April 1933.

Abgrund zeigen, an den wir getrieben wurden. Sie soll erzieherisch wirken durch den Schrecken vor der Zerstörung unseres Kunstwesens und durch allmähliche Zurück- und Hinleitung zu den alten deutschen Kunstidealen [...]. [...] von all den »Meistern« der bolschewistischen Ausstellung ist und wird keiner der »Klassiker von morgen«. Sollte sich die Bilderkommission in einem oder dem anderen Fall doch irren, so wird sie dem Schicksal dankbar sein, daß seine Weisheit menschliche Unzulänglichkeit korrigierte.[49]

Offenbar ebenfalls als Reaktion auf die Beanstandungen wurden in der Ausstellung »Kulturbolschewistische Bilder« nachträglich Veränderungen vorgenommen. Bereits am »Tage nach der Eröffnung wurden daraus entfernt die Bilder von W. Oeser, R. Stitzel, Eugen Knaus, Xaver Fuhr«[50]. Der Grund ist wohl in – nur teilweise dokumentierten[51] – Protesten gegen die Diffamierung speziell dieser Mannheimer Künstler zu suchen bzw. im Falle Fuhrs in dem Bestreben, eine Doppelpräsenz seiner Arbeiten in beiden Abteilungen der Schau doch zu vermeiden. Später erfahren wir, daß »auf Wunsch des Herrn Prälaten Bauer Bilder aus der Ausstellung entfernt [wurden] aus dem einzigen Grund, weil sie religiöse Themen zum Inhalt hatten«, womit wohl Oesers Bilder »Abschied Christi von den Frauen« und »Madonna« gemeint waren.[52] Zu einem nicht bekannten Zeitpunkt muß es zu weiteren »Korrekturen« gekommen sein, auf die wiederum ein Zeitungsbericht die Aufmerksamkeit lenkt.[53] Danach wurde Franz Marcs Gemälde »Hund, Katze, Fuchs« (vgl. Abb. 8) ausgetauscht gegen »ein Bild von der ominösen Oberbürgermeistervilla, gemalt von einem ehemaligen Mitglied des [...] ›Sachverständigenausschusses‹ und inzwischen im Keller aufgefunden«. Damit kann nur Karl Stohner gemeint sein, von dem, wie oben beschrieben, anfangs ein Landschaftsbild im »Musterkabinett« gezeigt wurde. Vielleicht war es zu Auseinandersetzungen zwischen von Waldstein und Stohner gekommen, wegen derer der Maler in Ungnade fiel. Dies könnte das immerhin bemerkenswerte Phänomen erklären, daß ein an der Zusammenstellung der Ausstellung »Kulturbolschewistische Bilder« Beteiligter später selbst in ihr angeprangert wurde. Ferner sei am Ende derselben Wand eines der beiden Gemälde Alexander Kanoldts und im zweiten Saal das »Kinderbildnis« von Paula Modersohn-Becker[54] entfernt worden. Diese Entwicklung legt den Schluß nahe, daß von Waldstein durch diese »Korrekturen« einem fortgesetzten Druck – der öffentlichen Meinung oder von nicht bekannter Seite – nachgab. Schließlich scheint es nicht zuletzt wegen der Ausstellung gar zu einem Prozeß gegen von Waldstein vor dem Gaugericht Karlsruhe gekommen zu sein.[55]

49 Ebenda, 13. April 1933.

50 Schreiben Strübings an Hentzen vom 24. April 1933 im Archiv der Städtischen Kunsthalle Mannheim. Vgl. auch Neues Mannheimer Volksblatt vom 27. Mai 1933: »Es fehlen schon lange einige Bilder von Mannheimer Malern, sie wurden bereits in den ersten Tagen wieder ›begnadigt‹«.

51 Z. B. Willy Oeser betreffend. So fragt der Autor des Artikels im Neuen Mannheimer Volksblatt vom 5. April 1933: »Ein Kapitel für sich ist da die Tatsache, daß auch drei Bilder von Willy Oeser einrangiert worden sind. [...] Aber was haben denn diese Bilder überhaupt mit ›Kulturbolschewismus‹ zu tun?«. Auch die Neue Mannheimer Zeitung vom 8. April 1933 findet, daß »Willy Oeser [...] sich in der Nachbarschaft des Bolschewismus etwas sonderbar ausnimmt«. Eine Stellungnahme Oesers zur zweiten Presseerklärung von Waldsteins druckte das Mannheimer Tageblatt am 19. April 1933.

52 Hakenkreuzbanner, 12. Juni 1933 (vgl. Dok. 1, Nr. 53 und 54). Eine Abb. des 1937 beschlagnahmten Gemäldes »Madonna« bei Buderer 1990, S. 144, Nr. 82 und bei Rößling 1987a, S. 51, Abb. 41. Oeser stellte nahezu ausschließlich religiöse Themen dar.

53 Vgl. zum folgenden Neues Mannheimer Volksblatt, 27. Mai 1933.

54 In der Ablehnung der Zurschaustellung dieses Bildes im Rahmen der »Schreckenskammer« waren sich alle Zeitungsrezensenten einig. So auch Bruno E. Werner, der in seinem oben erwähnten und in Kapitel 2.4 zitierten Artikel »Der Aufstieg der Kunst« in der DAZ vom 12. Mai 1933 über die Ausstellung schrieb: »[...] selbst eine so brave stille Malerin, wie die verstorbene Paula Modersohn-Becker befindet sich darunter [...]« (zitiert nach dem gekürzten Abdruck bei Wulf 1983a, S. 83-85, hier S. 85). Das Gemälde wurde 1937 nicht beschlagnahmt und befindet sich noch heute im Besitz der Kunsthalle.

55 Im Zusammenhang mit diesem Prozeß entstand der in Anm. 4 zitierte Rechtfertigungsbericht von Waldsteins »über Angelegenheit Kunsthalle und Dr. Kattermann« vom 9. November 1934. Darin heißt es, Kattermann habe sich bei Kreisleiter Wetzel über die Anprangerung einiger Künstler beschwert (S. 11) und von Waldstein wegen einer Fahrenkrog-Ausstellung im März 1934 »Vetterles-Wirtschaft« in der Ausstellungspolitik vorgeworfen (S. 19).

3.1.1 *Mannheimer Galerieankäufe*

München, Kunstverein, 25. Juni bis 12. Juli 1933

Das offizielle Resümee von Waldsteins über die Femeschau lautete freilich anders:

> Die Ausstellung erfüllte ihren Zweck. Sie schlug derartig ein, daß die Stadt München, Bamberg, Erlangen, Frankfurt (Main), Köln usw. die Ausstellung nach einer Besichtigung durch einen Vertreter ihrer Zweckmäßigkeit wegen anforderten.[56]

In der Tat scheinen zumindest die Kunstvereine München und Erlangen die Initiative ergriffen und in der Kunsthalle Mannheim um leihweise Überlassung der Ausstellung nachgesucht zu haben. Von Mannheim aus übernahm von Waldstein die Organisation. Am 23. Mai 1933 schrieb er an den Kunstverein München:

> Den Eingang Ihres Schreibens vom 12. Mai d. J. bestätigend, teilen wir Ihnen mit, daß besagte Bilder kurz nach Pfingsten hier abgehen. Die Bilder sind gerahmt und in unseren Kisten verpackt. Ein Verzeichnis der abgehenden Bilder ist beigefügt. Die Aussuchung erfolgte wunschgemäss durch Herrn Prof. Dr. Beringer. Aus verpackungstechnischen Gründen musste jedoch ein geringfügiger Teil der Bilder (2 bis 3) durch andere ersetzt werden. Gegen die Überlassung der Bilder an Durchgangsstädte ist grundsätzlich nichts einzuwenden, vorausgesetzt, daß die Bedingungen hinsichtlich des Transports und der Versicherung – nämlich zu Lasten der Ausstellerin – Gültigkeit behalten. Es wird gebeten, die Kunsthalle Mannheim jeweils zu unterrichten. Desgleichen wäre der Unterzeichnete für Übersendung von Zeitungskritiken dankbar.
> [Unterschrift: v. Waldstein] kommissarischer Hilfsreferent[57]

Offenkundig hatte der Kunstverein München (im Auftrag anderer Interessenten?) angefragt, ob die Schau als Wanderausstellung an »Durchgangsstädte« weitergegeben werden könne. Die Auswahl für München wurde von Waldstein zufolge von Josef August Beringer getroffen, der als Mitglied des »Sachverständigenausschusses« vielleicht auch den Kontakt zum Kunstverein München hergestellt hatte. Die dem Brief beiliegende Liste der Leihgaben (Dok. 2) verzeichnet 28 Gemälde und vier Aquarelle von 25 Künstlern, aber weder Plastiken noch Graphiken – insgesamt also etwas mehr als ein Drittel der in Mannheim gezeigten Exponate. Von den 32 Arbeiten waren 31 in Mannheim gezeigt worden, zusätzlich ist ein nicht mehr identifizierbares Aquarell von Paul Klee (»Konstruktion«) aufgeführt. Neben Angaben zu Künstler und Werk enthält die Liste auch jeweils Ankaufsjahr und -preis. Beringer hatte wohl gezielt auf sämtliche Arbeiten, die in Mannheim aus der Femeschau entfernt worden waren, verzichtet – mit Ausnahme zweier Werke von Fuhr und Oeser. Am 17. Juni 1933 bestätigte der Kunstverein München den Erhalt von acht Kisten mit 32 Gemälden und teilte mit, die Ausstellung werde am 25. Juni eröffnet.[58]

Die Zurschaustellung der Leihgaben aus Mannheim fand in München in einem besonderen Rahmen statt. Aus Anlaß des 60. Geburtstages von Edmund Steppes (1873 bis 1968)[59], ein in der Tradition der Münchner Landschaftsmalerei des 19. Jahrhunderts stehender Maler, hatte der Kunstverein eine Retrospektive organisiert. »Auf vielseitigen Wunsch« und um »dem Betrachter die Möglichkeit zu Vergleichen«[60] zu bieten, wurden die Mann-

56 Otto Gebele von Waldstein, Bericht über Angelegenheit Kunsthalle und Dr. Kattermann, 9. November 1934, S. 9 (vgl. oben, Anm. 4).

57 Archiv der Städtischen Kunsthalle Mannheim. Das Schreiben des Kunstvereins München vom 12. Mai 1933, auf welches in dem Brief von Waldsteins Bezug genommen wird, hat sich nicht erhalten. Das Archiv des Kunstvereins München verbrannte im Zweiten Weltkrieg.

58 Postkarte im Archiv der Städtischen Kunsthalle Mannheim.

59 Der mit Josef August Beringer, Hans Thoma und Henry Thode befreundete Steppes zählte zu den protegierten Künstlern des NS. Er war 1933 auf der »1. Wanderausstellung Deutscher Kunst« der DKG, 1934 auf einer offiziellen deutschen Ausstellung in Florenz und der Berliner Ausstellung »Die Auslese« sowie seit 1937 regelmäßig auf den GDK vertreten. 1938 Goethemedaille für Kunst und Wissenschaft. 1955 Bundesverdienstkreuz. Ausstellungen mit Katalogen zuletzt 1990 in der Kunststiftung Hohenkarpfen und 1991/92 im Oberhaus-Museum Passau (vgl. hierzu Gode Krämer 1991 mit Literaturangaben). Zu Steppes vgl. Thieme-Becker, Bd. 32, S. 2 und Vollmer, Bd. 4, S. 357f. sowie Renn/Zimmermann/Zoller 1993, S. 249; Rößling 1987a, S. 269; Schulte-Wülwer 1989, S. 280 mit Nr. 750; Thomae 1978, passim; Wichmann 1973, S. 621f.; Zweite 1987, passim.

Kunsthalle

Verzeichnis
der
abgehenden Gemälde.
an den Kunstverein München.

			Ankaufs-Jahr:
1.	Chr. Rohlfs:	Kirche in Soest , Geschenk d. Kunstfreunde	
2.	L. Kirchner:	Rote Häuser	1350RM: 1921 :
3.	R. Schlichter:	Bildnis (d.russ.bolschew.)Dichters Kisch:	1400: 1928:
4.	Gg. Gross:	Großstadt	3000.-: 1925 :
5.	Gg. Grosz:	Dichter Hermann Neisse	2500.-: 1926 :
6.	O. Dix:	Knabe	1000.-: 1925:
7.	E. Nolde:	Stilleben	18000.-PM. 1980 RM.: 1920
8.	W. Oeser:	Landschaft	1000.-RM: 1929
9.	Lansky:	Interieur (aus Maison Bing, Paris)	fres: 1400.-: 1925
10.	M. [illegible];v:	Sizilianerin	12000 PM: 1922 1280RM.
11.	A. Jawlensky;v.:	Strenger Winter	}
12.	A.v.Jawlensky:	Nacht	} 10.000PM 1100 RM: 192[illegible]
13.	A.v. Jawlensky:	Blüte	}
14.	P. Klee:	Konstruktion	300RM: 1925
15.	P. Klee:	Kalte Stadt	350RM: 1925
16.	Per Krogh:	Genre	500RM: 1928
17.	Jakob Best:	Taunuslandschaft	300 RM: 1928
18.	M. Beckmann:	Pierette und Clown	7.000 RM. 1927
19.	M. Henninger:	Selbstbildnis	2000 PM: 1922
20.	E. Nolde:	Tulpenbeet	12000 PM: 1919
21.	Jankel Adler:	Zwei Mädchen	800 RM: 1931
22.	Kleinschmidt, Paul:	Stilleben	600 RM: 1929
23.	Xaver Fuhr:	Im Kaffee	500 RM: 1928
24.	Beckmann, Max:	Christus und die Sünderin	8000 PM: 1919
25.	Schlemmer, Oskar:	Frauentreppe	600 RM: 1928
26.	Gleichmann, Otto:	Braut	470 RM: 1929
27.	M. Chagall:	Rabbi (Replik) vom Kunsthaus Tannenbaum:	4500RM.: 1928
28.	Baumeister, Willi:	Tischgesellschaft	500RM.: 1927
29.	Filla de, Emil:	Der Tisch	500RM.: 1927
30.	Delaunay, Robert:	St. Severin	1000RM.: 1927
31.	Heckel, Erich:	Kirche (Galerie Neumann)	4000PM.: 1919
32.	Hoerle, Heinrich:	Melancholie	600RM.: 1929

Dok. 2 Verzeichnis der Leihgaben der Städtischen Kunsthalle Mannheim aus der Ausstellung »Kulturbolschewistische Bilder« an den Kunstverein München (Städtische Kunsthalle Mannheim)

heimer Bilder in einem separaten Raum des Kunstvereins aufgehängt. In der Eröffnungsansprache[61] bezeichnete der Präsident des Münchner Kunstvereins, Ludwig von Knözinger, Steppes als

> einen der deutschesten Künstler unserer Tage [und] eifrigsten Vorkämpfer im Ringen um die Erhaltung deutscher Kunst und deutscher Kultur [...]. Einem Zufall, der von keiner Absichtlichkeit beeinflußt sei [!], sei es zuzuschreiben, daß neben der uns wesensverwandten Kunst des Münchner Meisters eine Bilderschau zu sehen sei, die in eine völlig andere Welt führe. Damit streifte der Vortragende kurz die weltanschauliche Vergleichsausstellung von Werken, welche der Mannheimer Galeriedirektor und Kunstbolschewist Dr. Hartlaub in den Jahren 1922-32 zusammengetragen hat, das Urteil über dieselbe der Kritik anheimstellend, und wandte sich wieder der positiven Seite zu.

War in Mannheim ein »Musterkabinett« als positives Gegenbeispiel zur »bolschewistischen« Kunst inszeniert worden, so war es in München gerade umgekehrt: Ein »Schreckenskabinett« diente als Negativfolie für die anerkannte Kunst. Diese Gegenüberstellung war sicher pointierter und in München zu diesem Zeitpunkt von besonderer Signifikanz. Mit Blick auf die propagandistischen Mittel wurde das in Mannheim angewendete Schema modifiziert, das Prinzip blieb aber dasselbe.

Wie wurde die Femeschau in München aufgenommen? Die gleichgeschalteten Tageszeitungen berichteten in uniformer Manier über die »Mannheimer Galerieankäufe« oder »Mannheimer Schreckenskammer«. Kritische Stimmen, wie sie sich in Mannheim hatten artikulieren können, wurden nicht hörbar.[62] Neben den schon stan-

60 Bayrischer Kurier, 21. Juni 1933.

61 Im folgenden zitiert nach dem Bericht im VB vom 27. Juni 1933.

62 Das gilt nur für das inländische bzw. Münchner Presseecho. Die Schweizer Monatszeitschrift »Das Werk« (20, 1933, Nr. 8, S. 38f.) hingegen brachte einen kritischen Bericht, der das Ausstellungsunternehmen verurteilte und die Sammeltätigkeit Wicherts und Hartlaubs in Schutz nahm.

dardisierten Topoi – etwa »Verschleuderung öffentlicher Gelder für undeutsche Kunst« (die Beschriftungen der im Rahmen belassenen Bilder nannten auch hier die Ankaufspreise) – lassen sich in der Polemik der Münchner Zeitungen aber gewisse Akzentverschiebungen feststellen, die vor dem Hintergrund der lokalen Bedingungen gesehen werden müssen. Dazu zählt der Umstand, daß die Vorwürfe gewissermaßen personalisiert werden: Die Persönlichkeit Hartlaubs gerät in das Zentrum der Kritik. Während in Mannheim meist von »der früheren Museumsleitung« die Rede ist, wird in München stets betont, daß »die besonders geartete Persönlichkeit [...] Dr. Hartlaubs, der seinen Hang für bolschewistische Kunsterzeugnisse immer unzweideutig vertreten hat«[63], Schuld an dem Skandal sei. Zugleich wird er isoliert: »Dr. Hartlaub galt immer schon als einer der radikalsten Museumsleiter und stand hierin in schroffem Gegensatz zu anderen, besonnenen Galeriedirektoren«[64]. Ein weiterer bezeichnender Unterschied, der auch in der oben zitierten Eröffnungsansprache und in fast allen weiteren Zeitungsbesprechungen auffällt, ist die häufige Verwendung des Begriffs Weltanschauung. Während in den Mannheimer Rezensionen, aufs Ganze gesehen, eher versucht wird, den »bolschewistischen Charakter« am einzelnen Kunstwerk zu »belegen« (etwa anhand des anaturalistischen oder deformierten Menschenbildes) bzw. ihn in Frage zu stellen, wird in München dem speziellen Kunstwerk kaum Aufmerksamkeit geschenkt. Ebenso stellt sich die in Mannheim diskutierte Frage, ob dieser oder jener Künstler zu Recht in der »Schreckenskammer« vertreten ist, in München erst gar nicht. Hier wird pauschal der »weltanschauliche Gegensatz« betont, richtet sich das Interesse auf die Gesamtsituation der Kunst: »Wir erhoffen davon eine Klärung der Lage. Es tut not, daß wir uns über vieles klarer werden, damit wir nicht sogleich in neue Irrtümer verfallen«[65]. Auch wenn die oben skizzierte Unterscheidung keine ganz strikte sein kann: Die Rezeption der »Schreckenskammer« findet in der bayrischen Metropole unter anderen Voraussetzungen, in einem anderen politischen Klima[66] und auf einer anderen Ebene statt als in der Provinz – und zu einem anderen Zeitpunkt! Denn ein Vierteljahr nach der Eröffnung der Schau in Mannheim befindet sich die kunstpolitische Diskussion und Entwicklung im »Reich« in einem anderen Stadium. Hierin liegt die besondere Bedeutung der Präsentation der Mannheimer Ausstellung in München im Sommer 1933.

Dies soll an dem ausführlichen Artikel von Franz Hofmann im Völkischen Beobachter vergegenwärtigt werden.[67] Hofmanns Loblied auf Steppes, in dessen Schaffen er die »geistige Erbmasse des nordischen Menschen wieder lebendig« werden sieht und den er mit Dürer vergleicht, beginnt mit den Worten:

> Es ergibt sich aus dem geistigen Umbruch einer neuen Zeit, daß heute auf dem Gebiet der bildenden Kunst jede Ausstellung unter dem Gesichtspunkte betrachtet wird und betrachtet werden muß, ob sie zur Lösung der Zukunftsfrage der deutschen Kunst einen Fortschritt bedeutet.

Unter der Zwischenüberschrift »Das weltanschauliche Gegenstück« schreibt der Autor weiter:

> Es ist gut, daß gerade durch die Gegenüberstellung der Ausstellung Steppes und der Mannheimer Galerieankäufe [...] der Öffentlichkeit einmal schlagend vor Augen geführt wird, was uns in Deutschland drohte, und was [...] noch keineswegs beseitigt ist. [...] Die Nachkriegskäufe der Nationalgalerie in Berlin im Obergeschoß des Kronprinzenpalais werden z. B. nicht als negative Muster, sondern als »deutsche« Kunst unserem Volke heute noch gezeigt. Während auf dem Gebiete der Literatur der Scheiterhaufen für Schmutz, Schund und Zersetzung bereits aufgeleuchtet hat, blieb er für die bolschewistische Bildkunst bisher aus, obwohl sie durch die Unmittelbarkeit ihrer Wirkung noch viel gefährlicher ist.

63 München-Augsburger Abendzeitung, 29. Juni 1933.

64 MNN, 28. Juni 1933.

65 Ebenda.

66 Zum lokalgeschichtlichen und kommunalpolitischen Hintergrund vgl. die materialreiche Untersuchung von Hanko 1981, besonders S. 426-440.

67 Die nächsten Zitate sind der Rezension Franz Hofmanns im VB vom 29. Juni 1933 entnommen.

Nicht ganz zwei Monate später kommt Hofmann noch einmal auf die hier behandelte Ausstellung zurück: Im Rahmen seiner publizistischen Kontroverse mit Wilhelm Pinder nach dessen Vortrag im Dachauer Schloß über das Thema »Die bildende Kunst im neuen deutschen Staat«[68] schreibt Hofmann am 16. August 1933 im Völkischen Beobachter:

> Daß die Ankäufe solcher Werke, wie wir sie etwa kürzlich in München aus der Sammlung Dr. Hartlaub [...] zu sehen bekamen, als innerpolitische Angelegenheit aufgefaßt wurden und zur Absetzung solcher Burschen führten, hat sicher mit verfolgter Unschuld nichts zu tun. Es wäre ihnen nur ein Aufenthalt in Dachau, [...] im Konzentrationslager dazu zu wünschen.

Für die völkisch-reaktionäre Publizistik bietet die Ausstellung im Kunstverein sichtlich eine willkommene Gelegenheit, ihrer kunstpolitischen Position Nachdruck zu verleihen. Indem Hofmann unter Hinweis auf die Bücherverbrennungen indirekt zur Vernichtung der modernen Kunst aufruft und gar auf das Konzentrationslager Dachau anspielt, nimmt er letztlich die Konsequenzen der Politik vorweg, die 1933 mit den »Schreckenskammern« begann.
Die Femeschau war in München nur 17 Tage (in Mannheim zwei Monate) geöffnet. »Um weitesten Kreisen den Besuch der Ausstellungen zu ermöglichen«[69], hatte der Kunstverein vorsorglich den Eintrittspreis auf 25 Pfennige gesenkt. Jugendverbot bestand nicht. In der ersten Woche wurden 1.500 Besucher gezählt.[70]

3.1.2 *Mannheimer Schreckenskammer*
Erlangen, Orangerie (Kunstverein), 23. Juli bis 13. August 1933

Elf Tage nach Schluß der Ausstellung in München wurde sie unter dem Titel »Mannheimer Schreckenskammer« in der Orangerie Erlangen, dem Ausstellungsgebäude des Kunstvereins, eröffnet. Obgleich kein separates Verzeichnis existiert, darf als sicher gelten, daß in Erlangen dieselben 32 Werke gezeigt wurden wie in München. Diese Vermutung wird durch die in den Erlanger Presserezensionen namentlich genannten Kunstwerke gestützt. Bei den »Nachbildungen einzelner Werke von Klee, Oppenheim, Archipenko und Derain«[71] handelt es sich aller Wahrscheinlichkeit nach um Photographien, da im Erlanger Tagblatt vom 28. Juli 1933 von »Abbildungen von Werken ähnlicher Tendenz« die Rede ist.
Nach einem ausführlichen, verhältnismäßig sachlichen Zeitungsbericht läßt sich eine Vorstellung von der Hängung der (offenbar gerahmten) Bilder gewinnen, die »übersichtlich in sinngemäße Gruppen geordnet [!]«[72] waren. In der ersten Abteilung hingen die Arbeiten von Delaunay, Chagall, Nolde, Heckel, Kirchner, Rohlfs, Oeser, Klee und von Jawlensky. Die zweite Gruppe vereinigte die Gemälde von Schlemmer, Baumeister, Hoerle, Beckmann und Per Krogh. In der dritten Abteilung waren Grosz, Dix, Adler, Fuhr, Gleichmann und Schlichter repräsentiert. Diese Auskunft verblüfft: Daß die Hängung einer »Schreckenskammer« einem erkennbaren, sich an Stilrichtungen der Moderne zumindest orientierenden Konzept folgt, ist außergewöhnlich – ja unlogisch, weil es dem pauschalen Urteil, welches die Femeausstellungen zu transportieren versuchen, zuwiderläuft. Es setzt

68 Vgl. hierzu Kapitel 2.4 mit Anm. 71-72.
69 Bayrischer Kurier, 21. Juni 1933.
70 Meldung in der Münchener Zeitung vom 6. Juli 1933 und im VB vom 9. Juli 1933.
71 Mit E. Lt. gezeichneter Presseartikel ohne Quellenangabe im Archiv der Städtischen Kunsthalle Mannheim.
72 Erlanger Tagblatt, 28. Juli 1933.

voraus, was bei den Organisatoren der »Schreckenskammern« in der Regel nicht vorhanden ist: das Interesse an Differenzierung.

Die Erlanger »Schreckenskammer« zeichnet sich auf der einen Seite durch eine »übersichtliche Hängung«, auf der anderen Seite jedoch auch durch die erstmalige Erprobung einer perfiden Diskreditierungstechnik aus. In Zeitungsrezensionen, also auf abstrakt-verbaler Ebene, waren Hartlaub, die Künstler und die Kunstwerke bereits in die Nähe von Geisteskranken bzw. von deren Schöpfungen gerückt worden.[73] In Erlangen verlieh man diesem Vergleich einen anderen Realitätsgehalt, indem man ihn – erstmals in der Geschichte der Diffamierungsausstellungen – auf visueller Ebene verwirklichte: Den Kunstwerken wurden authentische Zeichnungen und Malereien von psychisch Kranken gegenübergestellt, über deren Provenienz nichts bekannt ist.[74] Die verunglimpfende Absicht ist eindeutig:

> Die erschreckende Unsicherheit einzelner Arbeiten wird durch den Vergleich mit Zeichnungen und Malereien von Geisteskranken, die ebenfalls ausgestellt sind, doppelt fühlbar. In welch hohem Grade hier das künstlerische Gestalten der Zerrüttung und Zersetzung anheimgefallen ist, läßt sich namentlich an den Blättern von Czebel ermessen.[75]

Der Betrachter sollte durch die »vergleichende Gegenüberstellung« die Schöpfungen von Künstlern und Geisteskranken als »ähnlich« ansehen und dadurch zu dem Schluß geführt werden, daß auch die Künstler »krank« (»zerrüttet, zersetzt«) seien. Absichtsvoll wurde damit der Diskriminierung beider Gruppen Vorschub geleistet.

Zum Thema »Moderne Kunst und Schizophrenie« war bereits 1923 eine Arbeit von Willi Rosenberg erschienen, die in der Forschung bislang kaum Beachtung fand.[76] Paul Schultze-Naumburg verglich in seiner 1928 in München erschienenen Schrift »Kunst und Rasse« körperliche Mißbildungen mit Werken moderner Kunst.[77] Der Kunsthistoriker und Psychiater Hans Prinzhorn (1886 bis 1933), der während seiner Tätigkeit an der Psychiatrischen Universitätsklinik in Heidelberg von 1919 bis 1921 gemeinsam mit dem damaligen Klinikleiter Karl Wilmanns die rasch berühmt gewordene, weltweit einzigartige Sammlung von über 5.000 bildnerischen Äußerungen von etwa 500 Patienten aufbaute (welche im Zusammenhang mit der Wanderausstellung »Entartete Kunst« eine traurige Rolle spielen sollte), hat in seinem 1922 erschienenen wegweisenden Werk »Bildnerei der Geisteskranken« eindringlich vor solchen Fehlschlüssen gewarnt:

> Wie wir es ablehnen mußten, das Wesen schizophrener Gestaltung an äußeren Merkmalen darzulegen, so lehnen wir es nicht minder ab, durch Vergleich äußerer Merkmale Parallelen zwischen der Zeitkunst und unseren Bildern zu ziehen, wie das nicht nur von Laien, sondern sogar von namhaften Psychiatern in platter und sensationeller Weise in der Tagespresse geschieht. Abgesehen davon, daß damit, selbst wenn die mitgeteilten Parallelen stichhaltig wären, nur der Banause mit neuen Schlagworten unterstützt würde, liegt diesem Verfahren ein grober psychologischer und logischer Irrtum zugrunde. Es ist nämlich oberflächlich und falsch, aus Ähnlichkeit der äußeren Erscheinung Gleichheit der dahinterliegenden seelischen Zustände zu konstruieren. Der Schluß: dieser Maler malt wie jener Geisteskranke, also ist er geisteskrank, ist keineswegs beweisender und geistvoller als der andere: Pechstein, Heckel u. a. machen Holzfiguren wie Kamerunneger, also sind sie Kamerunneger.[78]

73 Vgl. etwa VB, 29. Juni 1933: »Die Vermutung, daß [beim Erwerb der Kunstwerke] Geisteskrankheit mit hereinspielte, liegt nahe«. Neue Mannheimer Zeitung, 8. April 1933: »Allerdings hat man in Mannheim allzusehr dazu beigetragen, diese Raritäten der Wildnis nicht als Bildnerei der Irren zu sammeln, mit der sie ganz ernsthaft eine starke Verwandtschaft zeigen, sondern als Museumsstücke den Beständen der Kunsthalle einzugliedern«.

74 Ob die fraglichen Objekte aus der »Kreis-Irrenanstalt« Erlangen (heute Bezirkskrankenhaus) stammten, konnte nicht geklärt werden.

75 Erlanger Neueste Nachrichten, 26. Juli 1933. Über den genannten Czebel ist mir nichts Näheres bekannt. Als einzige wertende Reaktion auf die Präsentation von Arbeiten Geisteskranker schrieb das Erlanger Tagblatt am 28. Juli 1933, sie ergänze die Ausstellung wirksam.

76 Vgl. Willi Rosenberg 1923 (freundlicher Hinweis von Stefan Frey-Albrecht).

77 Seiten aus diesem Pamphlet wurden bereits mehrfach publiziert, z. B. von Barron 1992, S. 12f.; Grasskamp 1989, S. 114f.; Hinz 1991, S. 149; Wyss 1989, S. 257. Vgl. auch Paul Westheim, Rassebiologische Ästhetik, in: Zeitschrift für freie deutsche Forschung 1, 1938, Heft 2, S. 113-123 (abgedruckt in: Tanja Frank 1985, S. 13-33).

78 Prinzhorn 1994, S. 346.

In Erlangen war für die beschriebene propagandistische Methode der Mann verantwortlich, der bei der Durchführung der »Schreckenskammer« in dieser Stadt die Schlüsselrolle spielte: Hermann Müller. Er war Ortsgruppenleiter des Kampfbundes für deutsche Kultur und hatte nach der Gleichschaltung des Kunstvereins seine Leitung übernommen. Müller war promovierter Psychiater und Medizinalrat.[79]

Was die Inszenierung der »Schreckenskammer« betrifft, so ging man in Erlangen auch in anderer Hinsicht eigene Wege. Wir erfahren, daß »Kinderzeichnungen [...] ›dadaistischen‹ Malereien gegenübergestellt«[80] waren – wobei mit den »dadaistischen Malereien« vielleicht am ehesten die Blätter von Grosz gemeint sein dürften. An anderer Stelle werden »amerikanische Kinderzeichnungen«[81] genannt. Die Herkunft dieser Zeichnungen ist unbekannt. Vielleicht besteht ein Zusammenhang mit dem Internationalen Archiv für Jugendzeichnungen, welches Hartlaub 1927 in der Städtischen Kunsthalle Mannheim gegründet hatte.[82] Dort hatte er bereits im Frühjahr 1921 die Ausstellung »Der Genius im Kinde« veranstaltet und eine gleichnamige Buchpublikation vorgelegt.[83] Zugleich war der Vergleich mit Kinderzeichnungen aber auch ein alter Topos der gegen die abstrakten Tendenzen der Moderne gerichteten Kunstkritik. So heißt es in einer Rezension der Ausstellung »Zwei Künstlerphantasten« in der Neuen Mannheimer Zeitung vom 6. Dezember 1924 über Paul Klee: »Kinder machen in ihrer spielerischen Freude solche Zeichnungen. [...] Schwer nur wird es uns zu glauben, daß ein erwachsener Mensch unserer Tage, der normale Sinne entwickelt hat, auf diesem infantilen Standpunkt verblieben ist [...]«[84]. Die Gegenüberstellung in Erlangen diente dem Zweck, eine »Ähnlichkeit« zu postulieren und somit die vermeintliche Minderwertigkeit der Künstler und ihrer Werke zu beweisen. Ein entsprechendes Bestreben wird man auch als Motiv für die Ausstellung einer Reproduktion einer russischen Ikone aus dem 15. Jahrhundert annehmen dürfen, die als »Beispiel primitiver Kunst« mit Werken von George Grosz kontrastiert wurde.[85] Dies stieß jedoch interessanterweise in den Medien auf Ablehnung, denn in der Presse heißt es: »Aber grundfalsch ist es, ein derartiges Zeugnis einer hohen Kultur mit dem Schlagwort ›primitiv‹ zu degradieren und eine Gegenüberstellung in diesem Rahmen vorzunehmen«[86]. Und an anderer Stelle: »Hingegen ist der Sinn der russischen Ikone [...] im Rahmen der Schrekkenskammer nicht ganz deutlich. [...] Dieses Bild als Beispiel für primitive Kunst zu wählen, ist verfehlt«[87].

Mit einem wortgleichen Artikel kündigten die beiden Erlanger Tageszeitungen die Ausstellung am Tage vor der Eröffnung an. Die Absicht der Schau wird mit relativ nüchternen Worten beschrieben: Sie wolle »dem Volke [...] zeigen, in welcher Weise man nach dem Weltkrieg Kunstpflege trieb, für welche Art von Kunst die Gelder der Steuerzahler verwendet wurden und wie weit der Verfall unserer Kultur gediehen war«[88]. Beide Zeitungen kamen nach wenigen Tagen mit längeren Beiträgen auf die Femeschau zurück, in denen sich grundsätzliche Zustim-

79 Zur Betätigung Müllers im Kampfbund vgl. die Tätigkeitsberichte der Ortsgruppe Erlangen vom 23. Juli und August 1933 im StA Erlangen 32.Nr.32.T.5. Müller wird auch in den Listen der Landes- und Ortsgruppenleiter des KfdK vom 28. Dezember 1933 geführt, die in Koblenz überliefert sind (BA R 56I/44, Bl. 3-19, hier Bl. 6). – In der späteren Tätigkeit Müllers offenbarte sich die mörderische Konsequenz der in der »Schreckenskammer« vorgenommenen Diskriminierung Geisteskranker. Er war nämlich maßgeblich an der »Vernichtung unwerten Lebens« beteiligt und endete 1945 durch Selbstmord.

80 Erlanger Neueste Nachrichten, 26. Juli 1933.

81 Presseausschnitt ohne Angabe im Archiv der Städtischen Kunsthalle Mannheim.

82 Vgl. hierzu Mannheimer Tageblatt, 7. Januar 1928.

83 Vgl. Heinz Fuchs 1983, S. 17f.; Howoldt 1982, S. 218, Anm. 642-657.

84 Zitiert nach Buderer 1990, S. 10. Vgl. auch Kapitel 2.2 mit Anm. 18. – In völlig anderem Kontext, gleichwohl in äußerst fragwürdiger Weise, stellt die renommierte Archäologin Gisela M. A. Richter in einem 1970 erschienenen Buch über die Perspektive in der griechischen und römischen Kunst Vasenbildern aus geometrischer Zeit (circa 800 bis 700 vor Christus) moderne Kinderzeichnungen gegenüber und kommt dabei zu dem Ergebnis, »that children even of today generally draw in the same manner« (Richter 1970, S. 10 mit Abb. 25-31).

85 Presseausschnitt ohne Quellenangabe im Archiv der Städtischen Kunsthalle Mannheim.

86 Ebenda.

87 Erlanger Neueste Nachrichten, 26. Juli 1933.

88 Erlanger Neueste Nachrichten und Erlanger Tagblatt, 22. Juli 1933.

mung mit verhaltener Kritik und Befürwortung des Expressionismus mischen. So seien die ausgestellten Arbeiten »zum allergrößten Teil ohne künstlerischen Wert«, erzeugt von »Epigonen des Expressionismus«, die

> zu der kraftvollen, durchaus fruchtbaren Revolution der ersten deutschen Expressionisten, etwa dem 1916 an der Somme gefallenen Franz Marc oder zu Wilhelm Lehmbruck, [...] keine Beziehung [haben]. [...] Nur ganz wenige Werke heben sich als Lichtblicke aus dem Wust dieser Schreckenskammer heraus und lassen wirklichen künstlerischen Instinkt ihrer Urheber erkennen. Es sind dies vor allem die beiden frühen Blumenstücke von Nolde, [...] auch die »Kirche« von Heckel [...].[89]

In einem anderen Artikel werden die »hochwertigen und heute gültigen Kunstwerke der führenden Köpfe der neuen Kunst wie Barlach, Marc, Macke und Nolde« und die Bilder von »Kirchner [...] und Heckel« noch prononcierter abgehoben von den »blutleeren und nüchtern und sachlich eingestellten Arbeiten eines Baumeister [...] oder der lästernden Bilder Beckmanns [...] oder den mathematischen Konstruktionen Schlemmers [...] oder gar den Untermenschentypen [...] Jankel Adlers [...]«; der Autor fährt fort: »Das Vertretensein von Nolde, Heckel und Kirchner erklärt sich zum Teil daraus, daß es frühe und keine starken Werke dieser Künstler sind.«[90] Mit diesem Plädoyer für den Expressionismus – der in der Erlanger Tagespresse über die Femeschau ein auffallend dominierendes Thema ist – als der Kunst der Zukunft verbindet der Autor eine im Ton vorsichtige, gleichwohl prinzipielle Kritik an der Politik der »Schreckenskammern« wie auch der pauschalen Verdammung der Moderne:

> Zum andern Teil bleibt aber doch die Frage, ob das Vorgehen gegen problematische Kunstzeugnisse heute anerkannter Künstler sich mit dem neuen Kunstwillen deckt. Wir glauben nicht, daß sich ihre Entfernung allein damit rechtfertigen läßt, daß man sie ebenfalls als wesensfremd zu einer abgeklungenen Zeit rechnet. Es soll doch durch die lebensfähigen künstlerischen Kräfte unseres Volkes eine neue in die Zukunft weisende Kunst sich entwickeln und die Kunsterzeugnisse der letzten Jahre, die jetzt bereits der Geschichte angehören, nicht dadurch unschädlich gemacht werden, daß man sie wegräumt und als »Bolschewismus« brandmarkt.

Mit den »problematische[n] Kunstzeugnisse[n] heute anerkannter Künstler« spricht der Verfasser ohne Zweifel die in der Femeschau ausgestellten Werken der weiter oben als die »führenden Köpfe der neuen Kunst« paraphrasierten Künstler an, deren Anerkennung freilich so unumstritten nicht war. Die Erklärung, es handele sich um »unreife Frühwerke« ist dabei durchaus ambivalent: Zwar werden die Künstler in Schutz genommen, sozusagen »entschuldigt«; gleichzeitig bedeutet sie aber eine Abqualifizierung dieser Arbeiten und damit Zustimmung zum Werturteil der Ausstellungsorganisatoren. Trotz der negativen Bewertung von Baumeister, Beckmann, Schlemmer und Adler ist der Artikel fast völlig frei vom Nazi-Jargon (wie wir überhaupt im Autor einen Kritiker des NS vermuten dürfen). In seiner generellen Ablehnung der nationalsozialistischen Kunstpolitik stellt er eine absolute Ausnahme dar, die sich so vermutlich nur in der Provinz artikulieren konnte.
Die »Mannheimer Schreckenskammer« wurde in Erlangen drei Wochen gezeigt. Führungen wurden angeboten, Jugendlichen war der Zutritt gestattet. Im Tätigkeitbericht der Ortsgruppe des Kampfbundes für deutsche Kultur heißt es:

> Leider war der Besuch der Ausstellung trotz wiederholter aufklärender Hinweise in der Presse nicht so, wie wir ihn erwartet hatten. Es zeigte sich wieder, wie mit Beginn der Universitätsferien in Erlangen der hier an sich nicht besonders stark entwickelte Sinn für bildende Kunst fast vollständig erlahmt, es zeigte sich aber auch, dass die Teilnahme am kulturellen Leben auch in nat.soz. Kreisen noch recht gering ist und dass noch viel Arbeit zu leisten sein wird, um die Bedeutung des kulturellen Lebens diesen Kreisen einzuhämmern.[91]

Am 5. September 1933 teilte die Kunsthalle Mannheim dem Oberbürgermeister mit, daß »die den Kunstvereinen München und Erlangen leihweise überlassenen 32 Bilder aus dem Besitz der Kunsthalle [...] in gutem Zustand wieder eingetroffen«[92] seien. Im Zusammenhang mit der Rücksendung der Exponate aus Erlangen steht

89 Erlanger Neueste Nachrichten, 26. Juli 1933; vgl. auch Erlanger Tagblatt, 28. Juli 1933.
90 Presseausschnitt ohne Quellenangabe im Archiv der Städtischen Kunsthalle Mannheim. Daraus entnommen auch das folgende Zitat.
91 Tätigkeitsbericht der Ortsgruppe Erlangen des KfdK vom 23. Juli 1933 im StA Erlangen 32.Nr.32.T.5.

auch das einzig erhaltene Schriftstück des dortigen Kunstvereins. Auf einer handschriftlichen Postkarte vom 7. August 1933 heißt es:

> Auf Ihren Wunsch hin haben wir von der Stadt für die Ausstellung polizeilichen Schutz erbeten und erhalten. Wir werden sie am kommenden Sonntag schließen und Ihnen gleich zusenden. Da dadurch aber unsere Auslagen wesentlich erhöht werden, müssen wir Sie mit der Fracht belasten.
> Mit vorzüglicher Hochachtung Dr. Müller.[93]

Was geschah nun mit den Exponaten der Ausstellung »Kulturbolschewistische Bilder«? Die Vermutung, sie seien sämtlich im Depot der Kunsthalle magaziniert worden, läßt sich nur teilweise belegen. So ist dokumentiert, daß 1933 im Rahmen einer ersten Umgestaltung der Galerie – eine zweite erfolgte im Juli 1937 nach Eröffnung der Ausstellung »Entartete Kunst« in München – 29 Bilder abgehängt wurden, davon 25 aus der »Schreckenskammer«.[94] Passarge berichtete später, daß sich die Beschlagnahmekommission im Juli 1937 empört hätte, als sie in den Schauräumen Arbeiten von Lehmbruck, de Fiori, Schrimpf, Nolde, Munch, Ensor und Corinth vorfand.[95] Es ist bei aller Widersprüchlichkeit also nicht unwahrscheinlich, daß eine Reihe der in der »Schreckenskammer« angeprangerten Werke hinterher wieder in der Schausammlung präsentiert wurde.[96] Für Karlsruhe ist ein solcher Vorgang belegt.

Für die vom 28. April bis 13. Mai 1934 in den Rhein-Neckar-Hallen Mannheim veranstaltete »Braune Messe« mußte die Kunsthalle u. a. Adlers »Zwei Mädchen (Mutter und Tochter)«, von Jawlenskys »Sizilianerin mit grünem Schal« und Chagalls »Die Prise (Rabbiner)« zur Verfügung stellen.[97] Ein Verleih dieser und anderer Werke für eine nicht näher bezeichnete Ausstellung in Heidelberg, derentwegen ein Vertreter der NSDAP-Kreisleitung am 24. Mai 1934 in der Kunsthalle vorstellig wurde, kam dagegen nicht zustande.[98]

Mit Ausnahme von elf Arbeiten[99] fielen alle Exponate der Femeschau von 1933 den Beschlagnahmeaktionen am 8. Juli und 28. August 1937 zum Opfer, von denen insgesamt über 600 Werke der Kunsthalle Mannheim betroffen waren. Zwölf bzw. 13 Werke der »Schreckenskammer« wurden 1937 in der Ausstellung »Entartete Kunst« in München gezeigt und damit erneut öffentlich diskreditiert.[100] Sechs Mannheimer Bilder standen auf der Auktion der Galerie Fischer in Luzern am 30. Juni 1939 zum Verkauf.[101]

92 Archiv der Städtischen Kunsthalle Mannheim.

93 Ebenda.

94 Vgl. die Liste bei Buderer 1990, S. 31 mit Anm. 31.

95 Buderer 1990, S. 31. Ebenda fährt Buderer fort: »Aus einem Vergleich der Listen über Galeriebestand und Magazinierung geht jedoch hervor, daß die 1933 abgehängten Bilder nicht wieder zur Präsentation gekommen waren. Was die Kommission am 8.7.1937 aus der Galerie heraus beschlagnahmte, waren Arbeiten, die im Rahmen der ersten Umgestaltung der Galerie nicht abgehängt worden waren.«

96 Das gilt jedoch sicher nicht für die Graphikfolge »Ecce homo« von George Grosz und das (allerdings in der Femeschau nicht vertretene) 1931 erschienene Buch »La France« mit Zeichnungen von Karl Hubbuch. Dem Graphikinventar der Kunsthalle zufolge (S. 306, Nr. 1959 und Nr. 2686) wurden diese Werke am 5. Juli 1933 bzw. im Mai 1933 »ausgeschieden u. vernichtet«. Vgl. hierzu die Äußerung Hubbuchs, daß »La France« in Mannheim auf dem Scheiterhaufen verbrannt worden sei, zitiert bei Hartmann 1993, S. 87 sowie Hille 1994, S. 12 und Neugebauer von der Schulenburg 1993, S. 179 mit Anm. 10.

97 Diesen Vorgang erwähnt auch von Waldstein in seinem in Anm. 4 angeführten Bericht vom 9. November 1934, worin von einer »Aussuchung von kulturbolschewistischen Bildern für die braune Messe« durch »Pg. Kaiser« die Rede ist (S. 37). Dabei handelt es sich um Fritz Kaiser, den badischen Gaukulturwart und späteren Verfasser des berüchtigten Ausstellungsführers »Entartete Kunst« (vgl. Kapitel 6.2 und 10.3). In den Presseberichten über die Mannheimer Braune Messe (vgl. Hakenkreuzbanner, 28./29. April, 9./10. Mai und 16. Mai 1934; Neue Mannheimer Zeitung, 28./29. April 1934) werden zwar verschiedentlich Kunstwerke erwähnt, es fehlen aber explizite Hinweise auf die Leihgaben aus der Kunsthalle. Zu den »Braunen Messen« vgl. Kapitel 6.1.

98 Schreiben der Kunsthalle an den Oberbürgermeister vom 25. Mai 1934 mit handschriftlicher Notiz im Archiv der Städtischen Kunsthalle Mannheim.

99 Vgl. die Liste bei Buderer 1990, S. 25.

100 Vgl. die Rekonstruktion der Münchner Ausstellung von Mario-Andreas von Lüttichau (1992a, passim) sowie Barbara Lepper 1983, S. 27.

101 Vgl. Barron 1992, S. 147-169

3.2 *Regierungskunst 1918-1933*
Karlsruhe, Badische Kunsthalle, 8. April bis 30. April 1933

Obgleich die Karlsruher Ausstellung »Regierungskunst 1918-1933«[1] vier Tage nach der Mannheimer Schau »Kulturbolschewistische Bilder« eröffnet wurde, nämlich am 8. April 1933, findet sich bereits am 17. März 1933 der erste konkrete Beleg für ihre Planung. An diesem Freitag veröffentlichte das Karlsruher NSDAP-Organ Der Führer auf der Titelseite unter der Überschrift »Der Kunstbolschewismus wird beseitigt. Mißwirtschaft in der Kunsthalle. Die Bevölkerung selbst soll prüfen« einen Artikel, in dem Ziel und Methode der Ausstellung exakt vorgezeichnet sind:

> Der kommissarische Kultusminister Dr. Wacker besichtigte am Donnerstag unter Führung von Professor Bühler [...] die Ausstellungsräume der Staatlichen Kunsthalle. Im Erdgeschoß hängt noch die Bizer-Ausstellung, eröffnet in der Ära des Kultusministers a. D. Baumgartner, eine Sammlung formaler Unzulänglichkeiten, die in einer Staatlichen Kunsthalle schwer zu verantworten sind. [...] Als Hans Thoma [...] der Abschiedsbrief in die Hand gedrückt wurde [...], begann eine Kunstrichtung einzuziehen, die alles Banale und Unwesentliche in den Vordergrund stellte und es als Kunst stempelte. Verzerrung, Spielerei, Exotik, auf diesen drei Straßen bewegte sich die neue »moderne« Linie. [...] Unsummen sind hier hinausgeworfen worden für Bilder von Slevogt, Liebermann, Munch, Hofer oder Corinth, während gleichzeitig wertvolle Kunstschätze aus dem Bestande der Kunsthalle auf dem internationalen Kunstmarkt verramscht wurden. Der Kultusminister Dr. Wacker bestimmte, daß die badische Bevölkerung selbst Einsicht nehme in die Kunstwerke der »Kulturepoche von 1918-1933«. In allernächster Zeit wird eine Zusammenstellung jener bolschewistischen und krankhaften Werke erfolgen, die in dieser Zeit von der Regierung angekauft wurden. Unter jedem Bild soll der Preis sichtbar sein und der Name des jeweiligen Kultusministers, der die Verantwortung trug. Dann muß eine Völkerwanderung zur Kunsthalle einsetzen, und wir wissen, daß die Besucher ein einstimmiges Urteil fällen werden über jene vergangene Epoche, in der alles getan wurde, unser arteigenes, geistiges Leben zu zerschlagen.[2]

Otto Wacker und Hans Adolf Bühler, die beiden Hauptprotagonisten der im Text angekündigten Ausstellung, waren infolge der Machtergreifung der Nationalsozialisten in Baden und Karlsruhe[3], die sich binnen weniger Tage ereignet hatte, in ihre neuen Ämter gelangt: Im Zuge der Gleichschaltung der Länder mit dem Reich war am 8. März 1933 der Gauleiter Badens, Robert Wagner, von der Berliner Reichsregierung als Reichskommissar in Karlsruhe eingesetzt worden. Am nächsten Tag besetzte er mit SA- und SS-Männern das badische Innenministerium, um die Regierungsgewalt zu übernehmen. Sogleich ernannte Wagner den Hauptschriftleiter der Parteizeitung Der Führer, Wacker, zum kommissarischen Kultusminister und den Direktor der Landeskunstschule, Bühler, zum kommissarischen Leiter der Badischen Kunsthalle. Wacker und Bühler ergriffen unverzüglich die Initiative. Mit sofortiger Wirkung wurde Lilli Fischel, kommissarische Leiterin des Museums seit 1927, »beurlaubt« und zwei Monate später entlassen. Die im zitierten Text erwähnte Ausstellung von Aquarellen und Zeichnungen von Emil Bizer wurde vorzeitig [?] geschlossen, weitere Ausstellungsprojekte Fischels (Graphiken von Alfred Kubin und Alexander Kanoldt) wurden abgesagt.[4] Nur wenige Tage darauf fand die oben geschilderte Inspektion der Kunsthalle statt, setzte die Vorbereitung der Femeschau ein.
Daß ausgerechnet die Badische Kunsthalle das erste Objekt nationalsozialistischer »kultureller Erneuerungspolitik« in Karlsruhe wurde, erklärt sich aus dem besonderen lokalgeschichtlichen Hintergrund. Hans Thoma, des-

1 Diesem Kapitel liegt wesentlich der umfassende und überaus aspektreiche Aufsatz von Michael Koch 1981 zugrunde. – Bei Durchsicht der zeitgenössischen Quellen fällt auf, daß der Ausstellungstitel in den meisten Fällen mit »Regierungskunst 1918-1933« angegeben wird, in einigen wenigen indes mit »Regierungskunst 1919-1933«. Offenbar war zunächst übersehen worden, daß 1918 noch der Maler Hans Thoma (1839 bis 1924) Direktor der Kunsthalle war.

2 Der Führer, 17. März 1933. Die Zeitung war am 1. April 1927 gegründet worden.

3 Vgl. zum folgenden Bräunche 1987 und Koch 1981, S. 102-104.

4 Vgl. Rößling 1987a, S. 218.

sen Werk sich nach einer ersten größeren Ausstellung im Münchner Kunstverein 1890 zunehmend etabliert und der seit der Jahrhundertwende wachsende Verehrung erfahren hatte[5], war von 1899 bis 1919 in Karlsruhe als Museumsdirektor und Professor an der Landeskunstschule tätig gewesen. Als seinen Nachfolger in der Kunsthalle berief man den Assistenten an der Städtischen Kunsthalle Mannheim Willy F. Storck und nach dessen Tod Lilli Fischel als stellvertretende Leiterin. Die progressive Museumspolitik der beiden Kunsthistoriker Storck und Fischel zeichnete sich durch eine Neuordnung und Erweiterung der Sammlung nach kunsthistorischen – und nicht, wie zu Thomas Zeiten, regionalen oder sozialen – Gesichtspunkten aus. Darüber hinaus verliehen sie der Sammlung durch Ankäufe zeitgenössischer Werke deutscher Impressionisten (Corinth, Liebermann, Slevogt) und kritischer Realisten bzw. Künstlern der Neuen Sachlichkeit (Schlichter, Scholz, von Zabotin), die z. T. durch Verkäufe künstlerisch weniger bedeutender Depotbestände finanziert wurden, ein neues Profil.

Auf diese Weise zogen Storck und Fischel den Zorn völkisch-nationaler Kreise sowie einer sich übergangen und in der Kunsthalle unterrepräsentiert fühlenden konservativen Künstlerschaft auf sich. Seit Anfang der zwanziger Jahre kam es zu vehementen kulturpolitischen Auseinandersetzungen, die maßgeblich von Schülern Thomas getragen wurden.[6] Einer von ihnen, August Gebhard, publizierte unter dem Pseudonym Christoph Kraft am 13. Mai 1921 in der Badischen Landeszeitung einen Artikel mit dem Titel »Expressionismus oder Anarchie«, dessen Inhalt bereits das Konzept der späteren »Regierungskunst«-Ausstellung vorwegnahm.[7] Der prominenteste Thoma-Schüler hieß freilich Hans Adolf Bühler. Er hatte 1914 Thomas Amt als Professor an der Landeskunstschule[8] übernommen und sollte 1932 zu ihrem Direktor avancieren. Bühler, welcher sich durch eine romantisch-mystische Kunstauffassung auszeichnete (»Er malt immer Weltanschauung«[9]), entwickelte sich zur »Leitfigur der Künstler, die auf Volkstümlichkeit, Schönheit und Bodenständigkeit setzten und zugleich die überregional wirksamen Kunstauffassungen als artfremd ablehnten«[10]. Als sich im Frühjahr 1930 auf Initiative Bühlers und Wackers die Ortsgruppe des Kampfbundes für Deutsche Kultur formierte, fungierte Bühler als Vorsitzender.[11] Im Frühjahr 1933 sahen die reaktionären Kräfte die Stunde gekommen, ihre Forderungen aus der »Kampfzeit« in die Tat umzusetzen.

Nur drei Wochen nach der Inspektion der Kunsthalle durch Wacker und Bühler berichtete Fritz Wilkendorf in Der Führer über die Pressevorbesichtigung der Ausstellung:

> Zwecks der Neurichtung deutscher Kunst waren gestern die Vertreter der Karlsruher Presse in die Badische Kunsthalle (Gemäldegalerie) zu einem Rundgang unter Leitung von Prof. Hans Adolf Bühler für die Ausstellung »Regierungskunst 1918 bis 1933« geladen worden. In Gegenwart des kommissarischen Ministers des Kultus und Unterrichts, Dr. Wacker, der Vertreter des Ministeriums und der Karlsruher Schulen erbrachte die Führung den Beweis, daß die hier erstmals vereinte Afterkunst von 1918 bis 1933 ein unbestreitbarer Krebsschaden für die Volksbildung gewesen ist. [Nach der Begrüßung durch Wacker wies] Bühler zunächst auf den wertvollen Besitz der Staatsgalerie hin. Schwinds Fresko »Die Einweihung des Freiburger Münsters«, die Romantiker, der Schirmersaal und Feuerbachs Werke, die badischen Landschafter Fries und Frommel [...]. Nach dieser kurzen, eindrucksamen Führung betraten die Erschienenen die in allen Teilen nega-

5 Zur Geschichte der Thoma-Rezeption vgl. Angermeyer-Deubner 1988.

6 Vgl. das Kapitel »Materialien zur Kunstpolitik der zwanziger und frühen dreißiger Jahre« bei Koch 1981, S. 108-117. Bereits 1910 hatte die Ausstellung der »Neuen Künstlervereinigung München« im Badischen Kunstverein, in welcher u. a. Erbslöh, Kanoldt, von Jawlensky, Kandinsky, Vlaminck, Rouault, Braque und Picasso vertreten waren, zu Kontroversen geführt (vgl. hierzu Lankheit 1968 sowie auch Kapitel 2.2).

7 Vgl. Koch 1981, S. 108 mit Anm. 63.

8 Am 15. Oktober 1933 wurde die Landeskunstschule in Badische Hochschule der bildenden Künste umbenannt; vgl. Heusinger von Waldegg 1987a und 1987b.

9 So ein Rezensent der Frankfurter Bühler-Ausstellung im Organ des KfdK: Deutsche Kultur-Wacht, 1933, Heft 3, S. 13 (zitiert nach Wulf 1983a, S. 76).

10 Rößling 1987b, S. 33.

11 Sein Stellvertreter war August Gebhard, erster Schriftführer Otto Wacker. Bühler, Gebhard und wohl auch Wacker waren ebenfalls Mitglieder der Dresdner DKG, die ab 1933 in Karlsruhe residierte (vgl. Kapitel 2.3).

tive Ausstellung »Regierungskunst 1918 bis 1933«. [...] *Ad oculus* kann jedermann feststellen, wie hier 14 Jahre lang mit Staatsgeldern gewissenlos geaast worden ist. [...] Billigste Erotik und blöder Nihilismus ziehen wie ein roter Faden durch alle diese sogenannten Werke schlimmster Kunstbolschewisten. [...]. Ein besonderer Raum hat die schreckhaften Ölbilder vereint. Hier hängt jenes Marées-Fragment, das der badische Staat mit 55.000 Mark bezahlen mußte [...]. Ein Liebermann wurde unter Remmele 1930 zu 15.000 Mark angekauft, ein Lovis Corinth unter Leers 1921 für 21.000 Mark. [...] Als stärksten Gegensatz führte [...] Bühler die Erschienenen zuletzt vor Thomasche Kunst.[12]

Diese Pressestimme verdeutlicht, was bereits in der eingangs wiedergegegebenen Ankündigung der Femeschau festzustellen war und uns noch beschäftigen wird: Die von Bühler organisierte Ausstellung trug deutliche Züge privater Abrechnung. Bemerkenswert ist auch die Art und Weise seiner Inszenierung der Führung, in die er die ständige Sammlung geschickt miteinbezog. Verbrämt als instruktive Gegenüberstellung mit der »Regierungskunst« führte Bühler die Anwesenden zunächst vor die Malerei des 19. Jahrhunderts. Den »stärksten Gegensatz« erblickte er schließlich in den Arbeiten des Lokalheros Thoma, dessen Tradition fortzusetzen sein Schüler sich berufen fühlte.[13] Weiterhin vermittelt der Bericht den Eindruck, daß der inhaltliche Akzent der Ausstellung auf dem deutschen Impressionismus und der Schwerpunkt ihrer Polemik auf der »Verschleuderung der Steuergelder« lag. Dies gilt es anhand der folgenden Rekonstruktion zu überprüfen.

In drei Sälen im Obergeschoß des zum Schloß hin gelegenen Ostflügels der Badischen Kunsthalle (sogenannter Thoma-Bau) wurden 18 Ölgemälde sowie 79 Zeichnungen, Aquarelle und Druckgraphiken präsentiert.[14] Bei den in einem Raum versammelten Ölgemälden handelte es sich um Werke von Bizer, Corinth, Erbslöh, Fuhr, Hofer, Kanoldt, Liebermann, von Marées, Munch, Purrmann, Schlichter und Slevogt. In der Gemäldeabteilung lag der Akzent also eindeutig auf dem deutschen Impressionismus. Dies aber geschah zwangsläufig; denn Kunstwerke anderer Stilrichtungen der Avantgarde waren im Bestand der Kunsthalle entweder nicht vorhanden, oder aber sie waren durch Schenkungen ins Museum gelangt (z. B. Baumeister, Campendonk, Kerkovius), womit sie einer gegen die angeblich zu hohen Ankaufspreise gerichteten Polemik keine Angriffsfläche boten.[15] Aus den regionalen Auseinandersetzungen zwischen der von Bühler repräsentierten Deutschen Kunstgesellschaft und der 1927 in Freiburg gegründeten Badischen Secession erklärt sich der zweite Schwerpunkt der Ausstellung: Hofer, Kanoldt und Schlichter waren Gründungsmitglieder der Badischen Secession. Indem Bühler diesen Künstlern einen prominenten Platz in seinem Femegericht einräumte, griff er indes nicht nur gezielt die verfeindete Künstlergesellschaft an. Gleichzeitig rechnete er mit drei prominenten, aus Karlsruhe gebürtigen bzw. dort wirkenden Künstlerrivalen ab.[16]

Breiter stellt sich das Spektrum der Stilrichtungen in der Auswahl der 79 Aquarelle, Zeichnungen und Graphiken von 22 Künstlern dar[17], darunter Blätter von Beckmann, Bizer, Campendonk, Corinth, Dix, Feininger, Grosz, Heckel, Hofer, Hubbuch, Kirchner, Kogan, Meidner, Nolde, Schlichter, Schmidt-Rottluff, Scholz und Stoh-

12 Regierungskunst 1918 bis 1933. Der gesammelte Kulturbolschewismus der Bevölkerung zum vernichtenden Urteil übergeben, in: Der Führer, 8. April 1933. Bereits in der Überschrift schreibt der Autor unverhohlen das gewünschte Urteil der Ausstellungsbesucher fest. – Am 7. April 1933 lud Wacker die Beamten seines Ministeriums für den folgenden Tag zu einer Besichtigung mit Führung ein (GLA 233/27808).

13 »Bühler, ein Schüler Hans Thomas, der den Meister noch in den letzten Tagen seines Lebens malte, wird wieder anknüpfen an die Tradition, die diese Kunststätte aufgebaut hat« (Der Führer, 17. März 1933).

14 Koch (1981, S. 105f.) rekonstruierte die Schau einzig nach den Presseberichten (vgl. Kapitel 10.1). Angermeyer-Deubner (1987, S. 142-148) wertete zusätzlich eine weitere zeitgenössische Quelle aus, welche ein Verzeichnis der Exponate bzw. der ausgestellten Künstler enthält und auch die Grundlage meiner Rekonstruktion darstellt: Kircher 1936 (abgedruckt bei Karl-Ludwig Hofmann 1993, S. 194). Gerda Kircher war seit 1933 wissenschaftliche Mitarbeiterin an der Kunsthalle.

15 Vgl. Koch 1981, S. 105.

16 Vgl. dazu Rößling 1987a, S. 59-82 und S. 213f. An der Universität Freiburg hat unlängst Antje Michaela Lechleiter eine Dissertation über »Die Künstlergruppe ›Badische Secession‹. Geschichte, Leben und Werk ihrer Maler und Bildhauer« abgeschlossen (vgl. Kunstchronik 46, 1993, Heft 8, S. 465).

17 Kircher 1936 vermerkt leider nur die Gesamtzahl der Zeichnungen, Aquarelle und Graphiken sowie die Namen der Künstler, nicht aber die einzelnen Blätter. Man wird aber nicht fehlgehen in der Annahme, daß die Mehrzahl der 1937 beschlagnahmten Blätter (vgl. Kapitel 10.2) in der Vorläuferausstellung am Pranger stand.

ner[18]. Bemerkenswert ist die große Anzahl der Expressionisten. Von den im Zuge der Bühlerschen »Neuordnung« der Landeskunstschule zunächst »beurlaubten« und dann offiziell entlassenen Lehrern[19] waren Georg Scholz und Karl Hubbuch mit Einzelblättern sowie letzterer mit einer Auswahlmappe vertreten. Zu den Verfemten gehörten mit Scholz und Schlichter zwei Gründungsmitglieder und Hauptvertreter der heftig umstrittenen Karlsruher Künstlergruppe Rih, die sich als Ortsgruppe der revolutionären Berliner Novembergruppe verstand.[20]
Die – aus den erläuterten sammlungsspezifischen Gründen notgedrungene – Dominanz der Impressionisten bei den im Mittelpunkt der Femeschau stehenden Gemälden unterscheidet die Karlsruher von allen anderen Vorläuferausstellungen, in denen meist vielfältigere Bestände moderner Kunst zur Verfügung standen. Andernorts unterblieb jedoch die Anprangerung von Liebermann, Corinth und Slevogt auch mit guten Gründen, da es sich um weitgehend anerkannte und vielfach ausgezeichnete Künstler einer älteren Generation handelte.[21] Liebermann war zudem als langjähriger Präsident und Ehrenpräsident der Preußischen Akademie der Künste (er erklärte am 7. Mai 1933 seinen Austritt[22]) eine Respektsperson. Hinzu kam, daß sich Werke dieser Stilrichtung wenig für eine propagandistische »Verwertung« eigneten, weil ihnen inhaltlich-thematisch und formal-ästhetisch mit den üblichen Scheinargumenten nichts anzulasten war. So blieb als einzige Angriffsebene die »absurde Qualität-Preis-Relation, die das angeblich mangelnde Urteilsvermögen der bisher verantwortlichen Kunstsachverständigen desavouieren«[23] und zugleich »die jüdischen Kunsthändler« der absichtlichen Täuschung und Gewinnsucht überführen sollte. Der angebliche Beweis für »das Versagen des Kunsthistorikers [auf dem] Gebiet der lebenden Kunst«[24] diente Bühler ferner als Legitimation für seine eigene Doppelfunktion. War doch mit seiner Person erstmals seit Thomas Zeiten wieder ein Künstler Leiter des Museums und gleichzeitig der Landeskunstschule!
Wenn sich die Polemik in Karlsruhe im wesentlichen auf die (impressionistischen) Gemälde und ihre angeblich zu hohen Ankaufspreise konzentrierte – im Mittelpunkt der Schau und des öffentlichen Interesses stand zweifellos das »Familienbild« von Marées'[25] –, so ist dies nicht nur in Anbetracht der genannten pragmatischen Gründe konsequent. Es schließt auch nahtlos an die kunstpolitischen Kontroversen in Karlsruhe an, deren Schwerpunkt sich seit der Übernahme der Kunsthalle durch Storck vom Expressionismusstreit auf die Ebene der Museums-,

18 Die Verfemung von Werken Karl Stohners verdient besondere Beachtung, weil er an der Organisation der Mannheimer Vorläuferausstellung beteiligt und dort im »Musterkabinett« vertreten war; vgl. hierzu Kapitel 3.1 und die Kurzbiographie in Kapitel 10.3.

19 »Auf Veranlassung von Bühler werden zehn der elf Professoren der Karlsruher Akademie im März 1933 entlassen. Auch Studenten, die politisch mißliebig eingestuft wurden, verlieren ihre Stipendien und werden zwangsexmatrikuliert« (Jacobi 1988, S. 13). Vgl. das Entlassungsschreiben an die Hochschullehrer vom 25. Juli 1933 (GLA 235/40092), reproduziert bei Heusinger von Waldegg 1987a, S. 38f.

20 Scholz und Schlichter waren 1920 der KPD beigetreten. Zur Gruppe Rih vgl. Karl-Ludwig Hofmann/Präger 1981 und Kliemann 1969, S. 12.

21 In der Mannheimer Schau »Kulturbolschewistische Bilder« (vgl. Kapitel 3.1) beispielsweise wurden im Bestand vorhandene Gemälde und Graphiken von Corinth (vgl. Buderer 1990, S. 48 und S. 69) nicht gezeigt. – In der Münchner Ausstellung »Entartete Kunst« von 1937 (vgl. Kapitel 4.2), in der sieben Ölgemälde von Corinth ausgestellt waren, griff man zu der grotesken Erklärung, Corinth habe nur bis zu seinem Schlaganfall (1911) »gesund und bodenständig« gemalt. Auf diese Weise sollte ein Zusammenhang zwischen physischer Krankheit und »Degenerationserscheinungen« in der Kunst konstruiert werden, letztere sollten somit eine medizinische Erklärung erhalten. Hier sei daran erinnert, daß der Terminus »entartet« dem medizinisch-psychiatrischen Bereich entlehnt worden war.

22 Die diesbezüglichen Erklärungen Liebermanns sind abgedruckt bei Diether Schmidt 1964, S. 40.

23 Koch 1981, S. 105.

24 Der Führer, 23. April 1933. Der Autor, August Gebhard, wurde noch im selben Jahr von Wacker zum Professor an die Landeskunstschule berufen.

25 »Das ›Hauptstück‹ dieser eigenartigen Ausstellung ist das nur halbvollendete Gemälde von Marées' [...]« (Schwäbischer Merkur, 11. April 1933; zitiert nach Koch 1981, S. 123, Anm. 45). Dies erklärt sich aus der spezifischen Erwerbungsgeschichte des Bildes: Nachdem am 6. Juni 1931 der Brand des Münchner Glaspalastes u. a. Moritz von Schwinds »Ritter Kurts Brautfahrt« aus dem Besitz der Kunsthalle zerstört hatte, wurde die gesamte Versicherungssumme (RM 40.000) in den Ankauf des von Marées' aus Münchner Privatbesitz (Preis: RM 55.000) investiert, worüber in Karlsruhe ein kunstpolitischer Kampf bisher nicht bekannten Ausmaßes entbrannte (vgl. dazu Koch 1981, S. 114-117).

insbesondere der Ankaufspolitik verlagert hatte. Berücksichtigt man außerdem die Verschärfung der materiellen und sozialen Lage der Bevölkerung seit der Wirtschaftskrise von 1923, so erklären sich die, von Koch zu Recht hervorgehobenen, ökonomischen Implikationen der »Regierungskunst«-Ausstellung.

Auch im Hinblick auf Präsentation und Inszenierung entwickelte Bühler ein eigenes Konzept. Wie aus dem zitierten Presseartikel hervorgeht, waren bei den Ölgemälden nicht nur Jahr und Preis der Erwerbung vermerkt – natürlich ohne Umrechnung der Inflationssummen in Reichsmark –, sondern ebenso die Namen der verantwortlichen Kultusminister. In dem hier evident werdenden Angriff auf die von den Kultusministern repräsentierte staatliche Kulturpolitik der Weimarer Republik (»Systemzeit«) offenbaren sich die politischen Implikationen der Exposition.[26] Der Ausstellungstitel, »Regierungskunst 1918-1933«, indiziert dieselbe Absicht.[27] Hinterfragt man ihn im Hinblick auf den Inhalt der Schau, bleibt er völlig unverständlich: Fast alle angefeindeten Gemälde waren vor 1918 entstanden, das älteste, von Hans von Marées, um 1867. Im Sinne der Organisatoren meinte »Regierungskunst« wohl solche Kunst, die durch die Förderung (Ankäufe) der »Regierung« – also des »Systems« der Weimarer Republik – Eingang in die Museen gefunden hatte. Der Begriff reflektiert letztlich die Ideologie des totalitären NS-Staates, der die völlige Identifizierung von politischer Organisation und Kunst proklamierte. Was für die offizielle Nazi-Kunst gefordert wurde, nämlich daß sie repräsentativer Ausdruck des Staates sei, erfuhr im Begriff »Regierungskunst« gewissermaßen seine negative Umkehrung. Seiner propagandistischen Verwertung lag ein logischer Fehler zugrunde, da das eine jeweils als Beweis gegen das andere verwendet wurde: Die Regierung war schlecht, weil sie solche Kunst förderte, und die Kunst war schlecht, weil sie durch diese Regierung gefördert wurde.

Ausgestellt waren ferner eine »Liste, die alle Verkäufe und Täusche mit genauen Preisen, Daten und Händlernamen verzeichnet sowie [...] im [östlichen] Treppenhaus aufgehängte Abbildungen verkaufter Bilder«[28]. Die Mitteilung bezieht sich auf die oben erwähnten Verkäufe bzw. Tauschaktionen aus Magazinbeständen durch Storck und Fischel, deren Legalität und durchaus plausible Begründung geflissentlich verschwiegen werden. Es genügte Bühler demnach nicht, die Ankäufe zu diskreditieren; er trachtete danach, die Entrüstung des Publikums durch die Dokumentierung der verkauften, zu besonders wertvollen und volkstümlichen Arbeiten hochstilisierten Werke zu steigern. In einer Besprechung der Schmähausstellung pries der Thoma-Schüler und Kampfbund-Gefährte August Gebhard die veräußerten Arbeiten als »Darstellungen aus dem deutschen Volksleben [...], die eine Verbundenheit der Menschen mit Blut und Boden, Sitten und Gebräuche darstellten und infolgedessen sich beim Volk großer Beliebtheit erfreuten« und reduzierte die komplexen Zusammenhänge auf die simple, aber eingängige Formel, »daß mit dem vorhandenen Staatsbesitz [...] gewissenlos umgegangen wurde und auf der anderen Seite wieder Staatsgelder für absolut wertlose Dinge hinaus- und zwar nahezu ausnahmslos in die Taschen jüdischer Kunsthändler geworfen wurden.«[29] In Wirklichkeit jedoch »handelte es sich entweder um drittklassige Gemälde barocker flämischer und italienischer Schulen oder um deutsche, holländische und skandinavische Genredarstellungen aus dem 19. Jahrhundert, die einem sinnvollen Ausbau der Galerie im Wege standen«[30].

Mit der diffamierenden Einbeziehung der durch Storck und Fischel getätigten Verkäufe denunzierte Bühler, der 1934 selbst drei Gemälde veräußern sollte (vgl. weiter unten), seine beiden Vorgänger als inkompetent und ver-

26 Das verdeutlicht auch die Meldung in der Berliner Börsen-Zeitung vom 12. April 1933, in der es unter der Überschrift »Kampf dem Kitsch« über die Mannheimer und Karlsruher Vorläuferausstellungen heißt: »Hier steht ein System am Pranger, das die Verbindung mit dem Volk verloren hat und im Schlepptau des internationalen Kunstmarktes seine treuhänderische Pflicht dem Volkstum gegenüber sträflich vernachlässigte«.

27 Vgl. hierzu den Titel der in Kapitel 3.9 zu behandelnden Breslauer Vorläuferausstellung: »Kunst der Geistesrichtung 1918-1933«.

28 Gerda Kircher, in: Der Führer, 11. April 1933.

29 Der Führer, 23. April 1933.

30 Koch 1981, S. 107. Eine Liste sämtlicher abgegebener Gemälde befindet sich im GLA 235/40237. Nach Kircher (in: Der Führer, 11. April 1933) betrafen die Verkäufe u. a. Arbeiten von Baisch, Bautier, Defregger, Emmele, Sohn, Tidemand und Zügel.

antwortungslos. Zugleich erfüllten die ausgestellten Photographien der verkauften Werke im Rahmen der Ausstellungsinszenierung den Zweck, der in Mannheim dem »Musterkabinett« zugekommen war: die plakative Konfrontation von verfemter und favorisierter Kunst. Um diese noch pointierter in Szene zu setzen, eröffnete Bühler am 15. April 1933 im graphischen Kabinett der Kunsthalle eine Ausstellung mit Graphiken von Max Klinger, der eine weitere mit Zeichnungen von Adolf von Menzel folgte[31] – »im Gegensatz zu der Graphik der ›Regierungskunst‹ die klassischen Meister deutscher Zeichenkunst des 19. Jahrhunderts«[32].

Eine Besonderheit der Karlsruher Inszenierung war »die Einrichtung eines ›erotischen Kabinetts‹, in dem ein Aufseher auf Verlangen ›obszöne‹ Blätter vorführte«[33], nämlich Zeichnungen von Schülern der Landeskunstschule. Die Aura des Verbotenen, die schon allein durch die Öffnung der Ausstellung nur für Erwachsene geschaffen wurde, erhielt so den Hauch des Obszönen und Lasziven, der das Publikum stimulieren und sein Sensationsbedürfnis befriedigen sollte. Daß dieser Appell an die »niederen Instinkte« sich unverblümt der »billigen Erotik« bediente, die man der geschmähten Kunst anlastete, schien Bühler und Wacker nicht weiter zu stören.

Es wurde bereits darauf hingewiesen, daß Bühler und Wacker sich schon früh als Protagonisten des Kampfbundes für Deutsche Kultur und der Deutschen Kunstgesellschaft Dresden exponiert hatten. Die geistige Urheberschaft der »Regierungskunst«- Ausstellung ist zweifellos in der völkisch-radikalen Ideologie dieser Verbände und ihrer Mitglieder zu suchen. Dennoch fällt auf, daß die Ortsgruppe des Kampfbundes in der lokalen Presseberichterstattung über die »Schreckenskammer« kein einziges Mal genannt wird, geschweige denn, wie Hildegard Brenner annimmt[34], als Initiatorin und verantwortliche Organisatorin in Erscheinung tritt. Berücksichtigt man außerdem, daß der Kampfbund im kulturellen Leben Karlsruhes nur eine marginale Rolle zu spielen vermochte, so wird man der These Kochs zustimmen, der hier »ein erstes Symptom für den [...] Machtverfall der völkischen Kampftruppe innerhalb der Partei«[35] erkennt. Die maßgebliche Rolle des Kunsthallendirektors Bühler bei der Durchführung der Ausstellung in seinem Hause geht aus den Rezensionen hingegen zweifelsfrei hervor. Und auch wenn kein schriftlicher Auftrag des eben ernannten kommissarischen Kultusministers der NSDAP, Otto Wacker, existiert, kann als sicher gelten, daß Bühler auf dessen Veranlassung und in enger Absprache mit seinem alten Kampfbund-Gefährten handelte.

Es ist bedeutsam, daß die Schmähausstellung zunächst nur »jeweils Samstags, Sonntags und Mittwochs von 11-1 Uhr unentgeltlich geöffnet«[36] sein sollte. Wenn nicht äußere und organisatorische Gründe für diese Einschränkung verantwortlich waren, könnte hier ein Indiz dafür vorliegen, daß die Verantwortlichen ein Ausbleiben des erhofften Zustroms und mithin des gewünschten Effektes fürchteten. Vielleicht sollte sich das Publikum zumindest in den wenigen Öffnungsstunden in den Räumen stauen. Etwaige Bedenken dieser Art erwiesen sich wohl als unbegründet, denn ab dem 11. April war die Ausstellung auch nachmitags für jeweils zwei Stunden zugänglich.[37]

31 Vgl. Angermeyer-Deubner 1987, S. 161.

32 Kircher 1936, S. 224.

33 Koch 1981, S. 105 mit Anm. 41. Ein entsprechender Hinweis auch bei Rave 1987, S. 45. Hildegard Brenner (1963, S. 38) unterstreicht, daß Jugendlichen nur der Eintritt zu dem »erotischen Kabinett« untersagt gewesen sei. Dagegen heißt es im Führer vom 8. April 1933 mit Bezug auf die ganze Schau: »Es muß aber nochmals betont werden, daß die Jugend unter 18 Jahren keinen Zutritt hat«.

34 »Die Initiative zu diesem Aufruhr ergriff die Kampfbundgruppe Karlsruhe« (Hildegard Brenner 1963, S. 37). Dem folgt Klaus Backes (1988, S. 73): »Schon kurz nach der Machtübernahme veranstaltete die Kampfbundgruppe Karlsruhe eine Ausstellung mit dem Titel ›Regierungskunst von 1918-1933‹«.

35 Koch 1981, S. 104, der sich dabei auf die Ergebnisse der Untersuchung von Bollmus 1970 stützt. Charakteristisch für die Situation der Ogr Karlsruhe des KfdK ist auch die Meldung Wackers an den Reichsinnenminister vom 11. April 1934: »Ein klägliches Dasein führt in Baden der Kampfbund für deutsche Kultur. Soweit es ihm überhaupt gelungen ist, Fuß zu fassen, erschöpft sich seine Tätigkeit in Darbietungen, die alles andere als volkstümlich und für die breite Masse ungeeignet sind« (zitiert nach Koch 1988, S. 245).

36 Der Führer, 8. April 1933.

37 Vgl. Der Führer, 12. April 1933.

Für die dreiwöchige Laufzeit errechnet sich somit eine, vergleichsweise noch immer sehr geringe, Gesamtöffnungszeit von 62 Stunden. Wenngleich eine Besucherstatistik fehlt, überliefern Presse- und Augenzeugenberichte einen immensen Andrang.[38]

Nach Brenner wurde die Karlsruher Vorläuferausstellung »weit über Karlsruhe hinaus zum Blickfang und löste Empörung in der bürgerlich-liberalen, Beifall in der völkisch-nationalen Presse aus«[39]. Kochs Analyse bestätigt dies jedoch nur im Hinblick »auf die selbstverständliche Akklamation nationalsozialistisch-völkischer Feuilletonisten«[40], die von den meisten lokalen und auswärtigen Rezensenten übernommen wurde. Überregionale Blätter hätten dagegen keine Notiz von dem Ereignis genommen bzw. sich mit der Wiedergabe knapper Agenturmeldungen begnügt. Wie in den anderen Städten des Deutschen Reichs war das sozialdemokratische Organ auch in Karlsruhe zum Zeitpunkt der Ausstellung bereits mit einem Erscheinungsverbot belegt.[41] Zu einer kritischen Auseinandersetzung, wie sie in Mannheim nachweisbar ist, oder gar einer »Empörung« über die Schau kam es in Karlsruhe – zumindest was die Presse betrifft – nicht.

Wenn auch keine öffentlichen Proteste an der Durchführung der Ausstellung laut wurden, trug sie nachträglich gleichwohl dazu bei, daß Bühlers Machtstellung (durch seine Ämterkonzentration als Direktor der Kunstakademie und der Kunsthalle war er nach Wacker der einflußreichste badische Kulturfunktionär) in der Folge systematisch demontiert wurde. Es erwies sich als folgenreicher taktischer Fehler, daß der Kunsthallendirektor – offensichtlich wegen künstlerischer Konkurrenz und privater Rivalitäten – auch ein Gemälde Alexander Kanoldts (»Stilleben mit Gummibaum«) in der Ausstellung gebrandmarkt und eine geplante Graphik-Ausstellung dieses Künstlers abgesagt hatte. Kanoldt, ein Hauptvertreter der Neuen Sachlichkeit und seit dem 1. Mai 1932 Mitglied der NSDAP, wurde nämlich zum 1. Mai 1933 vom preußischen Minister für Wissenschaft, Kunst und Volksbildung, Bernhard Rust, zum Direktor der Berliner Hochschule der bildenden Künste berufen. Auch war er Gründungsmitglied der Badischen Secession, die sich seit der »Schreckenskammer« gegen das selbstgefällige, diktatorische Gebaren Bühlers im Karlsruher Kulturleben in verstärktem Maße zur Wehr setzte. In einer konzertierten Aktion nahmen der Vorsitzende der Badischen Secession, der Freiburger Stadtrat und NSDAP-Anhänger Edmund von Freyhold, und Kanoldt den Lapsus Bühlers zum Anlaß für eine scharfe Verurteilung der aktuellen badischen Kunstpolitik. Als »badischer Staatsbürger und Nationalsozialist« sandte Kanoldt am 8. Juni 1933 ein Schreiben an das badische Kultusministerium, in dem er energisch gegen seine Diffamierung in der »Ausstellung ›krankhafter bolschewistischer Werke‹« protestiert und »Bühler und Genossen« als »Saboteure der deutschen Kultur« bezeichnet.[42] Am 30. Juni 1933 richtete von Freyhold einen Brief an das Kultusministerium in Karlsruhe, in dem es heißt:

> Nach dem kapitalen Unfähigkeitsbeweis und der Blamage der famosen »Sensationsafterkunstausstellung« ist zu überlegen: Taumelte jemals ein fähiger Politiker oder Kunstpolitiker zwischen Dummheit und Halbbildung? [...] Einen Marées in eine Afterkunstausstellung gehängt zu haben, Beschlagnahmen aus den Schubladen der Schüler [gemeint sind die Zeichnungen des »erotischen Kabinetts«] zur Täuschung des Volkes und vieles anderes, das ist es, was zum Himmel stinkt und die saubere frische Naziluft in Baden verpestet [...].[43]

In diesem Zusammenhang sei auch ein Schreiben Karl Hofers an seinen Freund Leopold Ziegler vom 24. August 1933 zitiert:

38 »Nie hatten in Mannheim oder Karlsruhe Ausstellungen solchen Besuch, wie diese Schreckenskammern« (Berliner Börsen-Zeitung, 12. April 1933). »Die Ausstellung wurde außergewöhnlich stark besucht« (Kircher 1936, S. 224). Der Massenandrang wird auch von Augenzeugen bestätigt (vgl. Kapitel 10.1).

39 Hildegard Brenner 1963, S. 38.

40 Koch 1981, S. 117.

41 Der Volksfreund war seit dem 9. März 1933 verboten.

42 Zitiert nach Koch 1981, S. 120. Zu Kanoldts Rolle im Nationalsozialismus vgl. die eingehende Untersuchung von Koch 1987. Vgl. des weiteren Kapitel 2.4.

43 Zitiert nach Wulf 1983a, S. 77f.

Hat es nicht etwas von der Unheimlichkeit eines bösen Traums, wenn, um nur ein Beispiel herauszugreifen, in unserer Heimat ein menschlicher und künstlerischer Schweinehund, das vollkommenste Nichts mit Namen Bühler, das Kunstleben nach Willkür und Laune reiner Stupidität tyrannisieren darf? Ein Stück Mist, dem seine Dummheit die Frechheit eingegeben hat, Bilder eines Marées (auch die meinen) in eine Schreckenskammer zu hängen, in die nur er hineingehörte! Der mir verbieten kann, in Baden meine Werke zu zeigen![44]

Vor dem Hintergrund der Kritik an Bühlers »von Arroganz, Destruktivität und taktischem Unvermögen gekennzeichnete[r] Kunstpolitik, die zwar das Sensationsbedürfnis eines breiten Publikums befriedigt haben mochte, die jedoch zugleich alle Elemente der geforderten ›geistigen Erneuerung‹ vermissen ließ«[45], gewinnt ein anderer Sachverhalt an Interesse. Auch in Karlsruhe war die »Schreckenskammer« als Auftakt zu einer gründlichen Neuhängung des Sammlungsbestandes inszeniert worden.[46] Drei Wochen nach Schließung der »Regierungskunst«-Ausstellung hatte Bühler die Neuordnung teilweise und offenbar zu seiner vollen Zufriedenheit abgeschlossen, denn er lud offizielle Gäste zur Besichtigung.[47] Doch was das Publikum nach der angekündigten »Reinigung« in der Kunsthalle zu sehen bekam, dürfte zu einigen Irritationen Anlaß gegeben haben:

Im 2. Stock des rückwärtigen Anbaus konnte der Besucher nämlich genau diejenigen Werke von Marées', Liebermann, Corinth und Slevogt wiederfinden, die noch kurz zuvor als »Fragmente« und »künstlerische Belanglosigkeiten« zu den Attraktionen der »Greuelausstellung« gehört hatten.[48]

Eine Revision seiner Anschauungen über den Impressionismus als Beginn aller vermeintlichen »Verfallserscheinungen« war sicherlich nicht der Grund für diese frappierende Handlungsweise, die doch allzu offenkundig die Gefahr in sich trug, den Kunsthallendirektor vollends unglaubwürdig werden zu lassen. Eher dürfte es sich um eine Konzession an die Kritiker, also um einen rein taktischen Schachzug gehandelt haben. Leider sind unmittelbare Reaktionen auf Bühlers Neuhängung der Kunsthalle nicht bekannt.

Zeitigten die Attacken Kanoldts und der Badischen Secession auch keine unmittelbaren personellen Konsequenzen, so setzte sich die Kritik an der Inkompetenz und an den taktischen Manövern Bühlers doch unvermindert fort, so daß er Anfang Juli 1934 – nach dem überstürzten, öffentliches Ärgernis im In- und Ausland erregenden Verkauf von Munchs Gemälde »Landstraße« an einen Basler Sammler[49] – aus den Ämtern als Direktor der Kunstakademie und der Kunsthalle ausschied.[50] Im Scheitern Bühlers offenbart sich auch das oben schon angedeutete

grundsätzliche Dilemma, in dem sich die völkischen Kunstsachwalter spätestens 1934 befanden. Sie hatten sich in den ersten Monaten nach der Machtergreifung zwar weidlich ausgetobt, es war ihnen aber nicht gelungen, eine auch nur annähernd respektable und propagandistisch verwertbare Kunst zu etablieren.[51]

Bühlers Nachfolger an der Kunsthalle, Kurt Martin, zuvor Kustos am Badischen Landesmuseum, scheint die Hängung seines Vorgängers zunächst beibehalten zu haben; denn am 13. Mai 1936 gab der Kreiskulturstellenlei-

44 Zitiert nach dem Abdruck des Briefes bei Hüneke 1991b, S. 195f.

45 Koch 1981, S. 119.

46 Im Karlsruher Tagblatt vom 8. April 1933 hieß es: »Um die grundsätzliche Neuhängung der Gemäldegalerie recht sinnfällig zu machen, hat das Unterrichtsministerium eine Ausstellung ›Regierungskunst‹ veranstaltet« (zitiert nach Koch 1981, S. 127, Anm. 205).

47 Im GLA Karlsruhe (235/40237) befindet sich eine vom 22. Mai 1933 datierende Einladung Bühlers an den Oberregierungsrat im Karlsruher Kultusministerium Dr. Karl Asal.

48 Koch 1981, S. 119, der sich auf den Artikel »Neuordnung in der Badischen Kunsthalle« in der Badischen Presse vom 24. Mai 1933 stützt.

49 Vgl. z. B. das Schreiben von Kurt Bauch, Ordinarius für Kunstgeschichte an der Universität Freiburg, vom 19. Juni 1934 an das badische Kultusministerium, in welchem er energisch gegen die Veräußerung des Bildes protestiert und die Entlassung Bühlers fordert (GLA 235/40269). Das Munch-Gemälde war 1929/30 für 12.000 RM angekauft worden, ging 1934 für 5.000 SFR bzw. 4.037,15 RM an den Basler Sammler und Konsul Fritz Schwarz von Spreckelsen (freundliche Mitteilung von Stefan Frey-Albrecht) und befindet sich seit 1978 als Geschenk im Kunstmuseum Basel. Bühler stieß 1934 noch zwei weitere der im Vorjahr angeprangerten Werke ab: Hofer, »Häuser in Bernau« und Purrmann, »Blumenstück«. Diese beiden tauschte er gegen ein Landschaftsbild von Johann Nepomuk Rauch aus dem Jahr 1837. Vgl. hierzu Kircher 1936, S. 224 und Angermeyer-Deubner 1987, S. 142.

50 Vgl. hierzu Koch 1981, S. 121.

51 Koch 1988, S. 245.

ter der NSDAP Mannheim der Gaupropagandaleitung Karlsruhe zu verstehen, daß die Präsentation von acht »Werken jüdischer Künstler« in der Badischen Kunsthalle (darunter die drei Gemälde Liebermanns, die in der Femeschau angeprangert worden waren) unerwünscht sei.[52] Vom Kultusministerium um eine Stellungnahme gebeten, teilte Martin am 13. Juni 1936 mit:

> Die Hängung der Badischen Kunsthalle ist unverändert geblieben, wie sie Herr Professor Bühler nach der Ausstellung Regierungskunst 1918-1933 aufgebaut hat. Das geschah einmal aus Gründen des Taktes gegenüber Herrn Professor Bühler und weiterhin, weil eine grundsätzliche Neuhängung schon seit einem Jahr vorbereitet ist und teilweise in diesem Sommer zur Durchführung gelangen wird.[53]

Obgleich Martin in diesem Schreiben darauf hinwies, daß »Bilder von Max Liebermann in allen größeren deutschen Museen« gezeigt würden, und empfahl, eine »Stellungnahme des Reichskulturministeriums« abzuwarten, entschied das badische Kultusministerium am 26. Juni 1936: »Es sind alle Werke nichtarischer Künstler aus den der Öffentlichkeit zugänglichen Ausstellungsräumen zurückzuziehen.«[54] Während es in der Literatur heißt, Martin habe die Kunsthalle nach seinem Amtsantritt wegen beabsichtigter Renovierung und Neuhängung für fünf Jahre geschlossen, um sie so aus dem öffentlichen Blickfeld zu nehmen[55], belegt der beschriebene Vorgang, daß das Museum, zumindest teil- und zeitweise, öffentlich zugänglich war.

In einem Abstand von nur vier Tagen eröffnet, kommt den Vorläuferausstellungen in den badischen Städten Mannheim und Karlsruhe der traurige Ruhm zu, die ersten ihrer Art zu sein. Das wirft die Frage auf, ob sich, abgesehen von der grundsätzlichen ideologischen Gemeinsamkeit und Zielsetzung, direkte Verbindungslinien nachweisen lassen, etwa in Form einer Zusammenarbeit oder Absprache der Organisatoren. Nach der Analyse Kochs »gibt es bislang so gut wie keine Hinweise für eine Kooperation zwischen den Veranstaltern oder auch nur für eine abgestimmte Strategie. Die auffällige Ignoranz, mit der man sich gegenseitig bedachte, vermag diesen Eindruck nur zu bestätigen«[56]. Indes wurde in der bisherigen Forschung nicht berücksichtigt, daß auf personeller Ebene durchaus eine Verbindung bestand. Bühler war nämlich ein langjähriger Freund von Beringer, der bei der Mannheimer »Schreckenskammer« vermutlich die maßgebliche Rolle spielte.[57] Beide waren alte Mitstreiter der beiden wichtigsten völkisch-reaktionären Verbände (Deutsche Kunstgesellschaft, Kampfbund für Deutsche Kultur). Vielleicht war der in Karlsruhe spätestens Mitte März gefaßte Entschluß zur Durchführung einer »Schrekkenskammer« über Bühler und Beringer nach Mannheim gedrungen und hatte die dortigen Kulturpolitiker der NSDAP zur Erwägung eines ähnlichen Unternehmens veranlaßt. Befanden sich Bühler und Beringer gar in einem lebhaften Gedankenaustausch über Inhalt und propagandistische Aufbereitung der Ausstellungen? Für das Fehlen jeglicher Belege einer derartigen Kooperation und die in der Tat auffällige gegenseitige Nichtachtung in der Tagespresse könnte es freilich auch eine Erklärung geben, die in eine ganz andere Richtung weist: Rivalität. Denn rechnete man es sich nicht als einen besonderen Verdienst an, mit dem »Kulturbolschewismus« abzurechnen, als eine Ehre, die man nur ungern mit einer anderen (zumal benachbarten) Stadt zu teilen gewillt war?

52 GLA 235/40237.

53 Ebenda.

54 Ebenda.

55 Vgl. etwa Angermeyer-Deubner 1987, S. 151.

56 Koch 1981, S. 118 mit Anm. 186 und 187. Dort stellt Koch fest, daß die Karlsruher Presse die Mannheimer Kampagne mit keinem Wort erwähnte und umgekehrt das Mannheimer Publikum nur durch den Artikel Kirchers in Der Führer vom 11. April 1933 – er erschien nämlich in mehreren regionalen Tageszeitungen, darunter auch im Mannheimer Hakenkreuzbanner vom 17. April 1933 – Details über die Karlsruher Ausstellung erfuhr. Rößling (1987a, S. 46) ist der Meinung, daß es die DKG war, die mit den beiden »Schreckenskammern« in Mannheim und Karlsruhe ihre »Abrechnung mit ›undeutschen‹ Künstlern und deren Förderern vollzog« und daß zwischen »beiden Veranstaltungen [...] sehr wahrscheinlich ein enger Zusammenhang [bestand]«, wofür er aber die Belege schuldig bleibt.

57 Vgl. Kapitel 3.1. Von Beringer stammen der Artikel über Bühler im Thieme-Becker (Bd. 5, S. 190) sowie eine 1926 erschienene Schrift über Bühlers Malereien im Rathaus von Karlsruhe. Umgekehrt schrieb Bühler 1939 einen Nachruf auf Beringer. Vgl. die biographischen Angaben in Kapitel 10.3.

3.3 *Schreckenskammer*
Nürnberg, Städtische Galerie, 17. April bis 16. Mai 1933

Die Stadt Nürnberg gilt geradezu als Symbol des Nationalsozialismus.[1] Nachdem die ersten Parteitage der NSDAP 1923 in München und 1926 in Weimar stattgefunden hatten, wurden sie 1927 und 1929 in der fränkischen Metropole abgehalten. Im Sommer 1933 bestimmte Hitler, daß auch in einem nationalsozialistisch geführten Deutschland Nürnberg der Ort der Reichsparteitage bleiben sollte.[2] Am 15. September 1935 wurden auf dem Reichstag zu Nürnberg die berüchtigten »Nürnberger Gesetze« (Gesetz zum Schutze des deutschen Blutes und der deutschen Ehre, Reichsbürgergesetz) erlassen, die die juristische Grundlage für die völlige Entrechtung der jüdischen Bevölkerung lieferten.[3] Von 1923 bis 1945 erschien in Nürnberg die antisemitische, von Julius Streicher gegründete und herausgegebene Wochenzeitung Der Stürmer, in der auch hetzerische Artikel gegen die moderne Kunst gedruckt wurden.[4] Von 1945 bis 1948 war die Stadt Schauplatz der »Nürnberger Prozesse«, in denen die Siegermächte die Verbrechen Nazi-Deutschlands ahndeten.[5]

Wie in anderen Städten, so blieb auch in Nürnberg der Kulturbereich nicht von der Gleichschaltung verschont, die bald nach der Machtübernahme einsetzte. Die mit der »Schreckenskammer« zusammenhängenden Ereignisse lassen sich nach den Akten im Stadtarchiv, den Eintragungen in der Stadtchronik und den Pressemeldungen wie folgt rekonstruieren: Am 6. April 1933 meldete die Nürnberger Tagespresse, daß der Direktor der Städtischen Kunstsammlungen, Fritz Traugott Schulz, aufgrund »des Art. 111, Abs. 1, Satz 2 der bayerischen Gemeindeordnung [...] mit sofortiger Wirkung vorläufig [seines] Dienstes enthoben«[6] worden sei. Schulz befand sich bereits seit dem 25. März als »staatsgefährdendes Element« in »Schutzhaft«, desgleichen Oberbürgermeister Hermann Luppe seit dem 18. März.[7] Schon am 5. April 1933 war in der Nürnberger Zeitung zu lesen, daß mit »der Leitung der Städtischen Kunstsammlungen [...] vorläufig der Studienrat aus den Städt. Schulwerkstätten Lange Zeile, Emil Stahl, unter Oberleitung des Kunstreferenten Stadtrat Brugmann betraut«[8] worden war. Am 8. April 1933 erschien unter der Schlagzeile »Wie Nürnbergs Kunstschätze vermoderten« ein Bericht über angeblich »wertvolle Kunstgegenstände«, die bei der Durchsuchung der Bodenräume des Rathauses und in der Städtischen Galerie gefunden worden seien:

> So wurde u. a. eine Kopie des Tafelaufsatzes, den die Stadt Nürnberg ihrem Patenschiff Kreuzer Nürnberg [...] zum Geschenk gemacht hatte, gefunden. Im Büro des ehemaligen Direktors der städt. Galerie Dr. Traugott Schulz wurden alte wertvolle Humpen vorgefunden, die von der Stadt angekauft worden waren, aber so der Öffentlichkeit vorenthalten wor-

1 Vgl. Glaser 1992.

2 Die Nürnberger Reichsparteitage fanden von 1933 bis 1938 statt, ab 1939 wegen des Krieges nicht mehr. Vgl. Centrum Industriekultur Nürnberg 1992; Henke 1978; Reichel 1991, S. 116-138; Thamer 1992; Zelnhefer 1991 und 1992.

3 Auszüge bei Kühnl 1980, S. 270-272. Weitere Dokumente zur Judenverfolgung ebenda, S. 269-279. Zu den »Nürnberger Gestzen« vgl. auch Gruchmann 1992 und Zelnhefer 1991, S. 224-228.

4 Z. B. »Der Saustall in der Norishalle« auf der Titelseite der Ausgabe Nr. 40, Oktober 1929 (abgedruckt in: Verband Bildender Künstler Württemberg 1987, S. 17). Dort heißt es: »Was nun schon seit Monaten in der Norishalle als deutsche ›Kunst‹ öffentlich dargeboten wird [...] ist das Ergebnis entarteten Fühlens und Denkens, der Ausfluß perversen Trieblebens, das teuflische Hohngelächter banaler Unnatur«. Vgl. auch Froschauer 1992.

5 Vgl. Jörg Friedrich 1992.

6 8 Uhr-Blatt, 6. April 1933. Schulz war 1920 zum ehrenamtlichen Leiter der Städtischen Sammlungen berufen worden, hauptamtlich war er Hauptkonservator am Germanischen Nationalmuseum. Vgl. Kett 1992, S. 60. Zur Ankaufspolitik der Städtischen Galerie vgl. ebenda, S. 66-70.

7 Vgl. Kett 1992, S. 72f. Schulz konnte das Gefängnis Ende April verlassen.

8 Nürnberger Zeitung, 5. April 1933. Die Nachricht findet sich in der Stadtchronik unter dem 4. April 1933 (StA Nürnberg, Stadtchronik 1933-1935, Rep. G 1 – Nr. 46, S. 107).

den sind. [...] In einem Nebenraum der städt. Galerie fanden sich ferner eine ganze Auswahl von Bildern der früheren Kaiser [...], die ebenfalls absichtlich dem Publikum unterschlagen worden waren. [...] Der 1. Bürgermeister der Stadt Nürnberg Willy Liebel beabsichtigt nun, eine Ausstellung dieser Gemälde und der anderen gefundenen Gegenstände im Prunksaal des Rathauses zu veranstalten, um der Nürnberger Bevölkerung einen Überblick zu geben, wie das alte Regime derart wertvolle Kunstgegenstände der Öffentlichkeit unterschlagen hat. Bürgermeister Liebel hat sich ferner bei einem Besuch der städt. Galerie persönlich davon überzeugt, daß auch hier unter der alten Herrschaft die deutsche bodenständige Kunst vernachlässigt und in den Hintergrund gedrängt worden ist, um der angeblich neuen Kultur den Platz zu räumen. Die schlimmsten Machwerke dieser Art werden nun ebenfalls in einer besonderen Schau in der städt. Galerie zusammengefaßt, damit sich auch hier in Nürnberg die Bevölkerung ein Bild machen kann, in welche Richtung sie gedrängt werden sollte.[9]

Der Bericht wirft ein Licht auf die Methoden, mit denen die Nationalsozialisten – nach der Erringung der politischen Macht und der Beseitigung ihrer Widersacher – die Machtergreifung auf lokaler Ebene fortsetzten, auch durch Bemächtigung des kulturellen Sektors. Offenbar unmittelbar nach der Inhaftierung und Entlassung des Museumsdirektors Schulz wurden sein Büro und die Galerieräume durchsucht, zweifellos, um vermeintlich belastendes Material zu finden. Bei den dabei ans Licht gezerrten Objekten handelte es sich anscheinend um Nachbildungen und Depotbestände geringen künstlerischen und materiellen Wertes. Diese wurden der Öffentlichkeit als »Beweise« dafür vorgeführt, »wie Nürnbergs Kunstschätze« in der Vergangenheit »vermoderten« bzw. wie »deutsche bodenständige Kunst vernachlässigt« und »der Öffentlichkeit unterschlagen« wurde. Die Aktion wurde propagandistisch zum einen als pauschale Attacke gegen die Kunstpolitik der Weimarer Republik, zum anderen als persönlicher Angriff gegen Schulz eingesetzt. Wichtig ist die Ankündigung einer »besonderen Schau« für die »schlimmsten Machwerke« in der Städtischen Galerie. Hier wird die Planung einer »Schreckenskammer« für Nürnberg erstmals greifbar.

Am 13. April 1933 wurde die Eröffnung der Sonderausstellung in den Nürnberger Tageszeitungen angezeigt:

Wie bereits angekündigt, hat die neue Leitung der Städtischen Kunstsammlungen die unter dem früheren Regime aus Mitteln der steuerzahlenden Bevölkerung unserer Stadt angeschafften »Werke« der übermodernen bolschewistischen Kunstrichtungen in einigen Kabinetten der Städtischen Galerie am Königstor vereinigen lassen. Der für die Allgemeinheit in mancher Beziehung sehenswerte und aufschlußreiche Inhalt dieser Räume kann am Ostermontag von 10 bis 13 und 15 bis 20 Uhr bei freiem Eintritt erstmals besichtigt werden.[10]

Am 18. April heißt es dann unter der Überschrift »Eine vielbesuchte Ausstellung«:

Wie bekannt, ist seit gestern im Künstlerhaus eine Ausstellung von Gemälden zu sehen, über deren Wert man in weiten Kreisen geteilter Meinung ist und die in den letzten 14 Jahren von der Nürnberger Stadtverwaltung zu teilweise horrend hohen Preisen erworben wurden. Der Andrang zu dieser Ausstellung seitens der Nürnberger Bevölkerung ist außergewöhnlich stark. Am gestrigen ersten Tage der Ausstellung wurde diese bereits von über 6.000 Besuchern besucht.[11]

Schon aus diesen kurzen Mitteilungen wird die politische Stoßrichtung der Schau evident. Mit ähnlichen Worten umschreibt Emil Stahl, der als kommissarischer Museumsleiter und mit tatkräftiger Unterstützung des NS-Oberbürgermeisters Willy Liebel die Ausstellung organisiert hatte[12], ihre Intention in einem Brief vom 22. April 1933 an Alfred Hentzen, Nationalgalerie Berlin:

9 8 Uhr-Blatt, 8. April 1933. Am 10. April 1933 erschien in derselben Zeitung ein Artikel unter der Überschrift »Kunstpolitik des alten Regimes«, in welchem die »amtliche Mitteilung« über den Vorgang veröffentlicht wurde. Bei weitgehender Übereinstimmung mit dem Inhalt der Meldung vom 8. April 1933 fällt auf, daß vom Besuch Liebels in der Galerie und der geplanten »besonderen Schau« für die »schlimmsten Machwerke« nicht berichtet wird.

10 8 Uhr-Blatt, 13. April 1933. Die Nürnberger Zeitung und die Bayerische Volkszeitung brachten Meldungen desselben Wortlauts.

11 8 Uhr-Blatt, 18. April 1933. Auffallend ist die vorsichtige, ambivalente Äußerung, daß man über den Wert der Bilder »in weiten Kreisen geteilter Meinung« sei.

12 Seine Mitwirkung an der Femeschau betont Liebel am 3. September 1937 in einem Brief an den Präsidenten der RbK Adolf Ziegler: »Ich habe wohl auch als erster Oberbürgermeister sogleich nach der Machtergreifung aus den überkommenen Beständen der

Die unter meiner Leitung zustandegekommene Sonderausstellung hat zunächst den Zweck, der Nürnberger Bürgerschaft zu zeigen, wie mit den von ihr aufgebrachten Steuergeldern gehaust wurde. Andererseits sollen diese Bilder, die z. T. »zeitgemäß«, z. T. bolschewistischer Art sind, endgültig aus unseren Sammlungen verschwinden. Mein Vorgänger war nach meiner Ansicht bestrebt, immer der Zeit den Tribut zu geben und zahlte dafür die höchsten Preise, während er gleichzeitig den ehrlich schaffenden Nürnberger Künstlern die Preise in unglaublicher Weise drückte.[13]

In einem offiziellen Bericht fällt dann auch der Begriff »entartete Kunst«: »Die Städtischen Kunstsammlungen wurden in der Nachkriegszeit durch Musterbeispiele entarteter Kunst mit Dirnenmotiven und proletarischen Zerrbildern im Sinne der marxistischen Weltanschauung angefüllt«[14]. Die Schuld dafür wird der Stadtverwaltung (und dieser als Exekutivorgan der verhaßten Weimarer Demokratie) zugewiesen, die öffentliche Gelder verschleudert habe, bzw. der »alten Leitung unserer Galerie«[15], die der Vernachlässigung heimischer Künstler bezichtigt wird. In den Zeitungsmeldungen und in der zitierten Briefstelle wird auf den Inhalt der Femeschau lediglich durch den Hinweis Bezug genommen, es handele sich um »›Werke‹ der übermodernen bolschewistischen Kunstrichtungen«. Was man in Nürnberg, dessen Sammlung überwiegend aus Werken des 19. und nur einigen wenigen des frühen 20. Jahrhunderts bestand, darunter verstand und wie die Ausstellung präsentiert wurde, gilt es im folgenden zu untersuchen.[16]

Die Ausstellung war in den oberen Räumen der Städtischen Galerie am Königstor (Künstlerhaus) untergebracht. Über die Anzahl der dort gezeigten Werke und ihre Hängung ist nichts bekannt. Es kann lediglich als sicher gelten, daß die Beschriftungen die Ankaufspreise nannten:

Am auffälligsten ist der für Slevogts Monumentalgemälde »Der Hörselberg«, das im Hauptkabinett der Galerie untergebracht ist, zum Ankauf aufgewendete Betrag von 27.000 Mark. Bei den übrigen in der Sonderschau gezeigten Arbeiten handelt es sich vorwiegend um Schöpfungen [der] expressionistischen Kunstrichtung.[17]

Neben dem Slevogt-Bild sind nur noch Gemälde von Charlotte Berend-Corinth (»Der Boxer«), Dix (»Bildnis der Tänzerin Anita Berber«) und Josef Scharl (»Professor Albert Einstein«)[18] namentlich bekannt, während von den 19 übrigen vertretenen Künstlern nur die Namen überliefert sind (vgl. Kapitel 10.1).

Welche Resonanz fand die »Schreckenskammer« in der Öffentlichkeit? Wir erfahren, daß am ersten Ausstellungstag (Ostermontag) 6.000 Personen »in langen Reihen«[19] durch die Ausstellungsräume zogen. Bei einer Laufzeit von vier Wochen besuchten insgesamt 10.000 Personen die Schau.[20] Über Reaktionen des Publikums fehlen jegliche Nachrichten. Die Berichterstattung der Nürnberger Tagespresse ist im Vergleich zu anderen Städten auffallend dürftig. Der einzige bekannte längere Artikel, betitelt »Nachösterlicher Schreckenstraum«, ist ein Musterbeispiel nationalsozialistischen Jargons: Der Autor Karl A. Stauder beschreibt seinen Besuch in der »Schreckenskammer« als Alptraum. So heißt es etwa über Dix' Temperagemälde »Bildnis der Tänzerin Anita Berber« von 1925:

Nürnberger Galerie eine Sammlung bolschewistischer Machwerke zusammengestellt und in einer Ausstellung der breitesten Öffentlichkeit zugängig gemacht« (zitiert nach Kett 1992, S. 80). Nach einem Schreiben des Bildhauers Paul Juckoff-Skopau vom 9. Mai 1933 war es der Kampfbund, der bei der Nürnberger Stadtverwaltung den Antrag auf Durchführung einer Femeschau gestellt hatte (vgl. das Zitat aus dem Brief in Kapitel 2.3). Stahl war Kampfbund-Funktionär (vgl. Kapitel 10.3).

13 Archiv der Alten Nationalgalerie Berlin.

14 Verwaltungsbericht der Stadt Nürnberg für 1933/34, S. 71.

15 Nürnberger Zeitung, 18. April 1933.

16 Die Quellenlage hierfür ist äußerst dürftig. Da weder ein Ausstellungsverzeichnis noch Photographien der Ausstellungsräume zur Verfügung stehen, ist man auf die wenigen Zeitungsrezensionen sowie den weiter oben erwähnten Brief Stahls an Hentzen angewiesen.

17 Bayerische Volkszeitung, 18. April 1933.

18 Zum Schicksal des Einstein-Porträts von Scharl vgl. Kapitel 5.

19 Bayerische Volkszeitung, 18. April 1933. Die Besucherzahl in: 8 Uhr-Blatt, 18.April 1933.

20 Vgl. den Verwaltungsbericht der Stadt Nürnberg für 1933/34, S. 71.

> Schon tauchte hinter ihr in einem roten Kleiderfetzen, der eng um eine unkeusche Hüfte hing, eine Frauenperson auf. Ihr Gesichtsausdruck ist die Gemeinheit der Gosse, ihre Hand die Kralle einer habgierigen Hexe. Ihr Gesicht ohne Körperfarbe zeigt nur Schminke, die nicht mehr verkleiden kann, über Narrheiten und Laster einer Heruntergekommenen gekleckst. Das Ganze ist das zum Leben erweckte Phantasiegebilde eines Abseitigen.[21]

An dieser Stelle sei darauf hingewiesen, daß dieses Porträt in Nürnberg zwischen 1933 und 1938 insgesamt dreimal in diffamatorischer Absicht zur Schau gestellt wurde. Nach der 1933er »Schreckenskammer« magaziniert, wurde es im September 1935 anläßlich der Präsentation der Dresdner Wanderausstellung »Entartete Kunst« erneut in der Städtischen Galerie angeprangert (Abb. 13; vgl. auch Kapitel 3.8.1.2). Dort fiel es 1937 der Beschlagnahmung anheim.[22] Im September 1938 stellte das Propagandaministerium das Bild, eine Skulptur und ein Relief von Gerhard Marcks sowie weitere »Produkte entarteter Kunst« als Leihgaben für die Ausstellung »Europas Schicksalskampf im Osten«[23] zur Verfügung, welche das Amt Rosenberg und die Deutsche Arbeitsfront anläßlich des Parteitages (6. bis 29. September 1938) in der Norishalle veranstalteten und die später als Wanderausstellung u. a. in Karlsruhe präsentiert wurde. In einem Schreiben von Rolf Hetsch (vgl. Kapitel 5 und 10.3) vom Propagandaministerium an die Deutsche Arbeitsfront vom 12. September 1938 bittet dieser um die vorzeitige Rückgabe der genannten drei Werke, da er sie dringend »für die Durchführung der mir vom Führer übertragenen Verwertung der sichergestellten Verfallskunst benötige« (Dok. 31). Die plötzliche Rückforderung der drei Kunstwerke stand im Zusammenhang mit der Einrichtung des Depots Niederschönhausen, in dessen Inventar das Dix-Bild aufgeführt wird (vgl. Kapitel 5). Auf einer der zehn erhaltenen Photographien des Depots im Archiv der Neuen Nationalgalerie Berlin ist der Kopf Anita Berbers erkennbar (Abb. 53). Im Sommer 1939 wurde es auf der Luzerner Auktion angeboten, fand aber keinen Käufer.[24]
Auch die Münchner Neuesten Nachrichten äußern sich zur Nürnberger Femeschau von 1933, allerdings in auffallend sachlichem Ton:

> Von dem neuen Stadtrat darf auf Förderung nur eine Kunst rechnen, die dem sittlichen Willen und ästhetischen Empfinden der bewußt nationalen Kreise des deutschen Volkes Ausdruck gibt oder zum mindesten zu diesen Faktoren nicht in offensichtlichem Gegensatz steht. [...] Angeprangert werden vor allem Künstler oder angebliche Künstler, die sich über das sittlich-ästhetische Urteil der normal empfindenden Volksgenossen rücksichtslos hinwegsetzen. [...] Das Kunstwerk soll eine allgemein verständliche, nicht eine allgemein unverständliche Sprache sprechen.[25]

Bei aller Unterschiedlichkeit im Tenor verbindet die beiden Berichte in der Nürnberger Zeitung und in den Münchner Neuesten Nachrichten etwas, was für alle bekannten Pressereaktionen auf die Nürnberger Vorläuferausstellung gilt: das Fehlen der antisemitischen Komponente. Wie erklärt sich dieses – zumal in der Stadt des Stürmers – ungewöhnliche Faktum? Berücksichtigt man die insgesamt als zurückhaltend einzustufende Presseberichterstattung, in der die Femeschau zunächst nur als Sonderausstellung angekündigt und allein in den beiden zitierten Artikeln als »Schreckenskammer« apostrophiert wird, so führt das zu der Frage, ob sich der Ausstellungsleiter seiner Sache ganz sicher war. Er trat nämlich auch nicht mit Presseerklärungen oder anderen Werbemaßnahmen an die Öffentlichkeit. Emil Stahl konnte bei der Zusammenstellung der Schau nicht – wie etwa die Organisatoren der Mannheimer Vorläuferausstellung – auf eine der bedeutendsten Kollektionen moderner Kunst zurückgreifen. In Nürnberg bestand die Sammlung zu großen Teilen aus Werken lokaler, z. T. traditionell arbeitender Künstler, die Stilrichtungen der Moderne spielten keine exponierte Rolle. Für eine »Schreckenskammer« nicht eben eine Fundgrube! Vielleicht reflektiert die Zurückhaltung der Presse die Unsicherheit Emil Stahls

21 Nürnberger Zeitung, 19. April 1933.

22 Vgl. Roh 1962a, S. 243.

23 Vgl. hierzu Zelnhefer 1991, S. 194 und S. 196.

24 Vgl. Barron 1992, S. 154. Otto Dix selbst erwarb das Bild 1964 von einer Mailänder Galerie zurück. Heute befindet sich als Dauerleihgabe der Otto-Dix-Stiftung, Vaduz, in der Galerie der Stadt Stuttgart. Zu dem Gemälde vgl. Lothar Fischer 1988, S. 60f.

25 MNN, 20. April 1933.

ob seiner Auswahl der Künstler und Arbeiten für die Ausstellung. Dieser Eindruck vertieft sich bei der Lektüre einer weiteren Passage aus dem oben zitierten Brief von Stahl an Hentzen:

> Mit der Ausstellung soll also keinerlei Angriff gegen die Künstler selbst unternommen werden, denn zu ihrer Ehre nehme ich an, daß sie viel bessere Bilder gemalt haben, als wir besitzen. [...] Als besonders krasse Beispiele im eingangs erwähnten Sinne habe ich Bilder folgender Künstler ausgeschieden, wobei ich nochmals betone, daß ich glaube, daß ich damit nicht die besten Bilder derselben ausscheide [...].

Die hier anklingende Auffassung: »Die Künstler können so, sie können aber auch anders«, ist ambivalent; denn wenn Stahl auch vorgeblich die Künstler in Schutz nimmt, so entschuldigt er ebenso sich selbst. In diesem Zusammenhang ist auch von Interesse, daß Stahl in dem Schreiben einzig die Namen der repräsentierten Künstler nennt, es aber geflissentlich vermeidet, das von Hentzen am 21. April 1933 erbetene Ausstellungsverzeichnis nach Berlin zu schicken.[26]

In Nürnberg blieb es nicht bei der Absetzung von Schulz und der Organisation der Schmähausstellung. Am 9. Mai 1933, einen Tag bevor in der fränkischen Metropole und in allen größeren Städten die Bücherverbrennungen stattfanden[27], und noch während die Femeschau geöffnet war, meldete die Presse, daß »gegen den früheren Leiter der Städtischen Kunstsammlungen, Prof. F. T. Schulz [...] auf Antrag des Nürnberger Stadtrates bei der mittelfränkischen Kreisregierung [ein] Disziplinarverfahren eingeleitet«[28] werde. Stahl und einige gleichgesinnte Nürnberger Maler beschuldigten Schulz der Bevorzugung bestimmter Künstler, der Verschwendung von Steuergeldern sowie außerehelicher Beziehungen zu einer Jüdin. Das Verfahren zog sich über ein Jahr hin. Es wurde nach der Hauptverhandlung im Juni 1934 eingestellt.[29]

Nach Schließung der »Schreckenskammer«-Ausstellung unterzog Stahl, der um ein Haar den Titel »Professor der bildenden Künste« erhalten hätte, die Städtische Galerie einer vollständigen Neuordnung. Zu diesem Zweck blieb das Museum vier Tage geschlossen.[30] Unter der Überschrift »Die Städtische Galerie im Neuen Gewande« heißt es dann am 20. Mai 1933 in der Presse:

> Ab Sonntag, 21. Mai, ist die Städt. Galerie am Königstor wieder für den Besuch geöffnet. Die Ausstellung zeigt sich in einer neuen Aufmachung. Dadurch, daß ein Teil der Bilder abgehängt wurde, ist es möglich geworden, die einzelnen Künstler in ihrer Eigenart besser zu beobachten und auf den Beschauer einwirken zu lassen. [...] Gleichzeitig ist der Nürnberger Bevölkerung Gelegenheit gegeben, einen bodenständigen Thüringer Künstler in einer großen Sonderausstellung kennenzulernen. Es handelt sich um [...] Alexander von Szpinger. Es ist beabsichtigt, periodisch deutsche Künstler durch Sonderausstellungen der kunstliebenden Nürnberger Bevölkerung näherzubringen. Diese ab Sonntag gezeigte Sonderausstellung soll damit den Anfang machen.[31]

Die Ausstellungen »führender deutscher Künstlerpersönlichkeiten«[32] wurden dann auch in den folgenden Jahren mit Fritz Erler, Hans Otto Schönleber, Edmund Steppes u. a. fortgesetzt.

26 Vgl. den Brief Alfred Hentzens an Emil von Hauth vom 21. April 1933 im Archiv der Alten Nationalgalerie Berlin. Darin heißt es: »In Mannheim hat die kommissarische Leitung der Kunsthalle eine ›Bolschewistische Kunstausstellung‹ veranstaltet [...]. Ich habe eine vollständige Liste in Mannheim erbeten [...]. Etwas ähliches scheint man in Nürnberg unternommen zu haben, auch davon habe ich eine Liste erbeten«.

27 »Am Abend des 10. Mai 1933 fand auf dem Hauptmarkt eine große Kundgebung statt, in deren Mittelpunkt ein riesiger Scheiterhaufen stand: Verbrannt wurden ›jüdisch-marxistische, volkszersetzende und undeutsche‹ Bücher aus den städtischen Bibliotheken« (Fritzsch 1983, S. 27).

28 8 Uhr-Blatt, 9. Mai 1933.

29 Vgl. Kett 1992, S. 73f.

30 Vgl. 8 Uhr-Blatt, 16. Mai 1933.

31 8 Uhr-Blatt, 20. Mai 1933. Mit derselben Überschrift, aber in gekürzter Form erschien der Artikel in der Nürnberger Zeitung vom 20./21. Mai 1933. Bei den abgehängten Arbeiten dürfte es sich um die Exponate der Femeschau handeln (vgl. Fritzsch 1983, S. 27 und Kett 1992, S. 77).

32 Verwaltungsbericht der Stadt Nürnberg für 1933/34, S. 71. Einzelheiten zu diesen u. a. Sonderausstellungen bei Pilz 1934.

Um den Anschaffungsetat aufzustocken, bemühte Stahl sich vergeblich um Verkäufe der »bolschewistischen« Werke, einige Tauschaktionen kamen hingegen zustande.[33] Als er 1936 das an das Germanische Nationalmuseum ausgeliehene Gemälde »Gesellschaftsstück« von Pieter de Hooch gegen eine Spitzweg-Fälschung eintauschen wollte, was der Leiter der Bayerischen Staatsgemäldesammlungen, Ernst Buchner, im letzten Moment verhindern konnte, büßte Stahl gewaltig an Ansehen ein. Die alleinige Verantwortung für die Städtische Galerie wurde ihm entzogen, er für ein Jahr beurlaubt und am 1. Januar 1938 in den Ruhestand versetzt.[34]

33 Vgl. hierzu Kett 1992, S. 79.
34 Vgl. ebenda, S. 79f. sowie Lott 1987, S. 292f.

3.4 *Kunst, die nicht aus unserer Seele kam*
Chemnitz, Städtisches Museum, 14. Mai bis Juni 1933

Auch in Chemnitz fand im April 1933 eine der ersten Dienstenthebungen unliebsamer Museumsdirektoren statt. Dort wurde der Gründungsdirektor der Städtischen Kunstsammlung, Friedrich Schreiber-Weigand, am 21. April 1933 vom nationalsozialistisch geführten Stadtrat »beurlaubt« und im Oktober des Jahres aus den städtischen Diensten entlassen. Der aus Chemnitz gebürtige Schreiber-Weigand war seit 1911 ehrenamtlicher Ausstellungsleiter des 1860 gegründeten Chemnitzer Kunstvereins »Kunsthütte« und seit 1920 Direktor der neugeschaffenen Städtischen Kunstsammlung gewesen. In diesen Jahren machte er sich um den systematischen Aufbau einer Sammlung moderner Kunst verdient, in welcher er den Künstlern der »Brücke« – insbesondere Kirchner, Heckel und Schmidt-Rottluff (der aus Rottluff bei Chemnitz stammte) – einen bevorzugten Rang zuwies.[1]

Wieder einmal wurde mit der Amtsenthebung des progressiven Museumsleiters vollzogen, was in lokalen kunstpolitischen Auseinandersetzungen der zwanziger und frühen dreißiger Jahre, zuletzt unter eifriger Mitwirkung der Ortsgruppe des Kampfbundes, publizistisch und ideologisch vorbereitet worden war. Schlaglichtartig verdeutlichen dies die Ereignisse um die Ausstellung »Neue Sachlichkeit«, welche die Kunsthütte zu Chemnitz als dritte Station nach Mannheim und Dresden vom 13. Dezember 1925 bis zum 17. Januar 1926 übernahm.[2] Am 2. November 1925 wandte sich Schreiber-Weigand an seinen Mannheimer Kollegen Hartlaub mit der Bitte um einige Änderungen in dessen Vorwort für den Ausstellungskatalog:

> Ich bin Ihnen sehr dankbar, daß Sie uns die Genehmigung zum Abdrucke des Katalogvorwortes gegeben haben, hätte bloß im Hinblick auf unsere besonders gearteten kunstpolitischen Verhältnisse eine Bitte. Da man in den Angriffen auf unsere Sammlungstätigkeit den Kampf auf das politische Gebiet geschoben und von »Bolschewismus in der Kunst« gesprochen hatte, wäre es mir sehr lieb, wenn man im dritten Abschnitte einige Wendungen etwas anders ausdrücken könnte. Vielleicht kann man auf der 1. Seite das Wort »Katastrophenzeit« einfach weglassen und vielleicht auf der nächsten Seite dem letzten Satz eine etwas harmlosere Formung geben. Ich möchte vermeiden, daß die Angriffe unter Berufung auf Ihr Vorwort sich erneuern und bitte Sie deshalb in freundlicher Berücksichtigung der lokalen Situation um Entgegenkommen. Sie wissen ja selbst, wie sich jetzt alles auf die politische Waffe stützt und alles umbringen möchte, was ihm nicht in den Kram paßt. Dazu gehört natürlich auch der Expressionismus, insonderheit hier meine Ankäufe von Bildern von Schmidt-Rottluff, Kirchner und Heckel.[3]

Hartlaub hatte gute Gründe, auf den Wunsch seines Kollegen einzugehen. Es war

> primär die Sorge, als Werkzeug von reaktionären Tendenzlern mißbraucht zu werden. Seine Intention, mit den Vertretern der neuen Sachlichkeit eine neue, den Expressionismus überwindende Künstlergeneration zu zeigen, stand in der Absicht einer sachlichen Information über aktuelles Kunstgeschehen und war mit Sicherheit nicht als Argument gegen den Expressionismus zu verstehen, als das es in Chemnitz hätte umgedeutet werden können.[4]

Es war also die wachsende Besorgnis der Museumsleute über die immer aggressiver und gehässiger werdenden Angriffe gegen ihre Sammeltätigkeit moderner Kunst – Angriffe, in denen das später von den Nationalsozialisten auf ihre Fahnen geschriebene Schlagwort vom »Kunstbolschewismus« bereits dezidiert eingesetzt wurde –, welche zur Selbstzensur führte.

Als Nachfolger Schreiber-Weigands und kommissarischen Leiter der Städtischen Kunstsammlung und der Kunsthütte berief man Ende April 1933 einen seit 1930 der NSDAP angehörenden Kunsthistoriker, der bei Wilhelm

1 Vgl. Ebert 1986 und Juppe/Pfalzer 1992.
2 Vgl. hierzu Buderer, in: ders./Fath 1994, S. 32 mit Abb. des Titelblatts des Chemnitzer Ausstellungskatalogs.
3 Archiv der Städtischen Kunsthalle Mannheim, hier zitiert nach Buderer 1990, S. 11f. Dort auch Abdruck der Schlußpassage der ursprünglichen und der veränderten Fassung der Hartlaubschen Einführung.
4 Buderer 1990, S. 12.

Pinder promoviert worden war und durch die Publikation zweier programmatischer Artikel im Völkischen Beobachter die wohlwollende Aufmerksamkeit des Chemnitzer Stadtrates auf sich gezogen hatte: Wilhelm Rüdiger.

»Die Bilanz eines Jahrzehnts: Kulturpolitisches Schreckenskabinett« – so überschrieb Rüdiger den ersten Teil seiner »Generalabrechnung«, der keine zwei Wochen nach der Machtübernahme erschien.[5] Selbsterklärtes Ziel des Autors war es, am Beispiel des Theaters, insbesondere der Ur- und Erstaufführungen an Berliner Bühnen (»Novemberberlin, dem Sitz der systemseligen preußischen und Reichsregierungen«), »die durch die Novemberparteien heraufbeschworene kulturbolschewistische Gefahr mit nicht zu überbietender Eindringlichkeit aufzuzeigen«. Im typischen boshaft-gehässigen NS-Jargon zieht Rüdiger über Walter Hasenclever, Ödön von Horváth, Heinrich Mann, Ferenc Molnár, Luigi Pirandello, Arthur Schnitzler, Frank Wedekind u. a. Schriftsteller her und verteufelt sie allesamt als »jüdisch-marxistisch«. Als »literarischen Lieblingsgegenstand jenes Jahrzehnts« glaubt Rüdiger das erotische Moment, die »Aufpeitschung der Sinnlichkeit und Proklamation der Perversität«, zu erkennen. Dem Inhalt und Ton späterer Rezensionen der Ausstellung »Entartete Kunst« in nichts nachstehend schreibt er:

> Bei diesem Rückblick wird jedem gesund Empfindenden das Grauen noch nachträglich überkommen. Wie ist hier all die Jahre über auf die schmutzigsten Instinkte spekuliert worden! Welche nicht zu überbietende Gewissenlosigkeit hat ihr obgewaltet, unter Duldung seitens der verantwortlichen Machthaber, unter Zustimmung weitaus des größten Teils der Presse! Der Masse des Publikums hat eingeredet werden dürfen, die Welt sei ein Bordell, das Leben eine einzige Ausschreitung, der Mensch ein Tier. Daß von denselben Kreisen, welche diese kulturbolschewistische Aushöhlung betrieben, die Bühnen obendrein zu rein marxistischer, pazifistischer und philosemitischer Propaganda mißbraucht wurden, daß die »moralischen Anstalten« in den Dienst der rassefeindlichen System»moral«, der künstlerischen Belanglosigkeit und jüdischen Autoreninteressen gestellt wurden, soll in weiteren Ausführungen nachgewiesen werden.

Die hier angekündigten »weiteren Ausführungen« folgten 14 Tage später in Gestalt eines halbseitigen Artikels unter der Überschrift »Unsere Generalabrechnung wird fortgesetzt: Vom deutschen Kunstreich jüdischer Nation«[6]. Wie fünf Jahre später der »Ausstellungsführer Entartete Kunst« die »Fülle der verschiedenen Entartungserscheinungen« in verschiedene Gruppen einteilen wird, so untergliedert Rüdiger in pseudo-wissenschaftlicher Manier die »Kunst des Nachkriegsgeistes« in drei Kategorien:

1. Rechnerische Konstruktionskunst,
2. Psychopathenkunst,
3. (oft mit 2. verbunden) Kunst mit dem Sinne der Entwertung aller Werte, Glorifizierung des Unterwertigen.

Hemmungslos beschimpft Rüdiger Künstler des – rund sechs Wochen später, am 11. April 1933, aufgelösten – Bauhauses (Bayer, Feininger, Kandinsky, Klee, Moholy-Nagy), Dadaisten (Arp, Schwitters), russische Konstruktivisten (El Lissitzky, Rodtschenko), Veristen (Dix, Grosz), Mitglieder der – ebenfalls 1933 aufgelösten – Berliner Architektenvereinigung »Der Ring« (Hilberseimer, Gropius, Mendelsohn, Scharoun, Gebrüder Taut; ferner Le Corbusier) u. a. (Baumeister, Chagall, Ernst) als Juden, Kommunisten, Ausländer und Geisteskranke. Dichter wie Döblin, Ringelnatz und Werfel werden ebenso in die Verleumdung einbezogen wie Kunstkritiker (Westheim) und Händler bzw. Sammler (Cassirer, Flechtheim). Es fällt auf, daß sich der Autor offenbar noch nicht traut, die Expressionisten zu diskreditieren (einzig und nur beiläufig werden Mueller und Nay erwähnt), was sich bald ändern sollte. Besondere Beachtung verdient Rüdigers Schlußfolgerung hinsichtlich der Museen: »Was wohl alles zutage kommen würde, wenn man einmal die Keller und Magazine unserer Galerien inspizierte! Mit solcherweise sicher ruchbar werdenden Verantwortungslosigkeiten wird man sich noch einmal auseinandersetzen

5 Vgl. VB, Münchener Ausgabe, 11./12. Februar 1933; daraus entnommen die folgenden Zitate.

6 VB, Münchener Ausgabe, 27. Februar 1933; daraus entnommen die folgenden Zitate. In der Berliner Ausgabe des VB erschien der Artikel bereits am 25. Februar 1933; vgl. die Reproduktion in: Hahn 1985, S. 124. Vgl. zu diesem Artikel auch Zweite 1987, S. 273.

müssen«. Es ist evident, daß dieser Artikel Konzept und Strategie der »Schreckenskammern« und der Ausstellung »Entartete Kunst« präzise vorwegnimmt.

Folgerichtig bestand die erste Tätigkeit des neu ernannten Museumsdirektors in der Umsetzung seiner Ideen durch die Organisation einer Femeschau. Bei der Vorstellung seines Programms in Chemnitz verkündete er, es sei die Aufgabe des Museums, nur das »Echte« zu sammeln und »alles der deutschen Rassenseele Fremde« auszumerzen.[7] Die »Ausmerzung« begann unverzüglich. Nur zwei Wochen nach Amtsantritt, am 14. Mai 1933, eröffnete Rüdiger die Ausstellung »Kunst, die nicht aus unserer Seele kam«.

Die Schau vereinte 15 – namentlich bekannte – Gemälde, drei Kleinplastiken und etwa 120 Aquarelle, Handzeichnungen und Druckgraphiken.[8] Dabei lag der Schwerpunkt der Ausstellung deutlich im Bereich des Expressionismus, insbesondere bei den Künstlern der »Brücke«, und entsprach somit dem der Erwerbungen Schreiber-Weigands. Im Sammlungsbestand ebenfalls vorhandene Gemälde von Corinth und Liebermann, Hofer, Mueller und Munch wurden dagegen nicht angeprangert. Die Chemnitzer Vorläuferausstellung ist die einzige, die gezielt den Expressionismus in das Zentrum ihrer Schmähungen rückt, wie das 1937 auch auf der Ausstellung »Entartete Kunst« in München der Fall sein wird. Diese von den zur Verfügung stehenden Originalen bestimmte Stoßrichtung war in Anbetracht der unentschiedenen Haltung des Nationalsozialismus zum Expressionismus durchaus nicht unproblematisch. Noch in seinem oben zitierten Schmähartikel im Völkischen Beobachter hatte Rüdiger wohlweislich eine Anfeindung dieser Stilrichtung vermieden. Mit der Ausweitung des Verdikts auf den Expressionismus griff Rüdiger einer Entscheidung vor, die auf übergeordneter Ebene noch gar nicht gefallen war. Vielleicht lag hierin der Grund für den relativ vorsichtigen Ton der Presseberichte und dafür, daß sich der Museumsleiter bald nach Eröffnung der Ausstellung öffentlich zu ihrer »allgemeinere[n] Begründung und tiefere[n] Rechtfertigung« veranlaßt sah. Diese Vorsicht läßt sich z. B. in dem Artikel des Chemnitzer Tageblattes vom 18. Mai 1933 spüren, der ersten mit Illustrationen versehenen Presserezension einer Vorläuferausstellung (Abb. 10).[9] Interessant ist hierbei auch, daß gleich im ersten Satz der Zusammenhang mit den anderen »Schrekkenskammern« hergestellt wird:

> Wie in vielen Städten hat die neue Museumsverwaltung auch in Chemnitz mit ihrer ersten Ausstellung ein weltanschauliches Bekenntnis abgelegt. Sie hat eine Auswahl von Bildern und Plastiken, die in jüngster Zeit erworben wurden, nicht um der Künstler, sondern der Sache willen jetzt zur Schau gestellt, teils um sie wegen ihres Inhalts an den Pranger zu stellen, teils wegen ihrer Form zum mindesten als volksfremd zu bewerten. Darunter befanden sich Künstler, die [...] in ihren Anfängen, obwohl sie von der breiten Masse sofort abgelehnt wurden, doch Verheißungen für eine Entwicklung [waren]. [...] Dann unter der schrankenlosen Demokratie, [...] hat die Kunst sich vollends Selbstzweck angemaßt und vom Volke getrennt, ja es überheblich behandelt, verspottet und begeifert. Wenn auch in dieser Zeit aus öffentlichen Mitteln Bilder erworben wurden, folgte man dem weitverbreiteten Irrtume, daß in einem Museum auch diese »kranke« Zeit aus historischen Gründen vertreten sein müßte. Die alte Museumsleitung hat also nur Pech gehabt, daß die Verschwendung öffentlicher Mittel [...] hier immer sichtbar bleibt, während die schnellebige Zeit sie anderen Behörden nachzusehen scheint. Es sei hier aber betont, daß sie ihre Kraft auch anderweitig der Städtischen Sammlung gewidmet hat [...]. Also ein Racheakt ist diese Ausstellung nicht, eher eine Gelegenheit zu erörtern, welche Stellung im neuen Staate der Kunst eingeräumt werden soll und was man unter Kunst verstehen will.

Künstler, die vom verheißenen rechten Wege abkommen, eine Museumsleitung, die einem »weitverbreiteten Irrtume« unterliegend »nur Pech gehabt«, sich aber dennoch verdient gemacht habe! Dazu ein Ausstellungsrezen-

7 VB, Münchener Ausgabe, 29./30. April 1933 (zitiert nach Zweite 1987, S. 273).

8 Während das Chemnitzer Tageblatt am 13. Mai 1933 schreibt, die Ausstellung werde »aus im letzten Dezennium erworbenen eigenem Besitz [der Städtischen Kunstsammlung] beschickt«, teilt Brix in seinem Artikel über diese Ausstellung (1988a, hier S. 64), welcher sich auf Briefe Schreiber-Weigands an den Rat der Stadt Chemnitz aus dem Jahr 1933 stützt, mit, sie habe auch Werke des Chemnitzer Vereins Kunsthütte umfaßt. – Karl Brix war von 1956 bis 1981 Leiter der Städtischen Kunstsammlungen Karl-Marx-Stadt.

9 Abgebildet sind: Schmidt-Rottluffs »Der kranke Junge« (Bildunterschrift: »Dafür wurden 3.000 Mark bezahlt«), Kandinskys »Scala« (»Ahnen Sie, was das sein soll?«) und Klees »Heilige vom inneren Licht« (»Und das ist das Tollste!«).

sent einer »Schreckenskammer«, der nicht einen einzigen Künstler, nicht ein einziges Werk namentlich angreift! In Anbetracht des überwiegend vorsichtig-sachlichen Stils des Berichts mutet der Versuch geradezu paradox an, einerseits die Femeschau mit der »Volksfremdheit« der gezeigten Kunst zu rechtfertigen, andererseits ihr jeglichen Anschein eines »Racheaktes« eilig zu nehmen. Und auch wenn der Autor die »Verschleuderung von Steuergeldern« ankreidet, so geschieht dies eher *en passant* und ist, vor allem wegen der gleichzeitigen Inschutznahme der Museumsleitung, beileibe nicht mit den üblichen polemisch-aggressiven Abrechnungen mit der »Kunstpolitik der Systemzeit« zu vergleichen. Von »jüdischer« und »bolschewistischer« Kunst ist ebensowenig die Rede wie von »Verfallskunst«. Kurzum: Der Autor ist sichtlich bemüht, eine offene Kritik an dem Unterfangen Rüdigers zu vermeiden, scheint diesem aber mit Vorbehalten gegenüberzustehen. Auf eine Bewertung einzelner Kunstwerke, sei es in inhaltlich-»moralischer« Hinsicht (die angebliche »Entwertung aller Werte« war ein gängiger, z. B. von Rüdiger in seinem oben behandelten Artikel massiv erhobener Vorwurf) oder auf formal-ästhetischer Ebene, läßt er sich bewußt nicht ein. Dem (noch zu erläuternden) Ausstellungstitel folgend, kritisiert er lediglich in allgemeiner Weise die mangelnde »Volkstümlichkeit« der Avantgarde schlechthin – was auch aus heutiger Sicht schwerlich zu bezweifeln sein dürfte.

Möglicherweise als unmittelbare Reaktion auf den oben auszugsweise wiedergegebenen Beitrag veröffentlichte Rüdiger drei Tage später eine ausführliche Stellungnahme, in der »diese bedeutsame Ausstellung eine allgemeinere Begründung und tiefere Rechtfertigung« erfahren, und die »zugleich auch ein Programm für die Zukunft« in sich schließen sollte.[10] Der Titel der Schau sei in Anlehnung an ein Wort Hitlers (»Wir wollen eine Kunst, die aus unserer Seele kommt«) aus der Rede zur Eröffnung des Reichstages am 21. März 1933 entstanden. Als einzigen Qualitätsmaßstab für die Kunst möchte Rüdiger die »Resonanz beim Volke« gelten lassen. Den Beginn der »Loslösung« der Kunst vom »Volk« und von ihren »rassischen Grundlagen« glaubt der Autor im (französischen) Impressionismus zu erkennen, »der die Kunst zum optischen Problem erniedrigte«. »Die allmähliche Entwertung, Umkehrung und Leugnung aller arteigenen Qualitäten war die Folge der ›Neutralisierung‹ der Kunst auf das ästhetische.« In langatmigen Darlegungen, denen der kommissarische Museumsleiter aufgrund seiner Ausbildung ein wissenschaftliches Gepräge zu verleihen weiß, versucht er sodann, die kunsthistorische Entwicklung seit dem Impressionismus als einen Prozeß der zunehmenden Entfremdung der Kunst vom »Volk« und parallel dazu des allmählichen Verlustes der »arteigenen Grundlagen« zu interpretieren.[11] Dabei geht er nacheinander auf die in der Ausstellung vertretenen Stilrichtungen ein. Im Expressionismus und dessen Interesse an außereuropäischen Kulturen sieht er eine »Verlogenheit der Form und Gesinnung«: »Man gebärdete sich wie ein Südseeinsulaner – und lebte doch in Berlin. [...] Man glaubte, menschlich ursprünglich, ›vital‹ zu sein und war doch nur ›untermenschlich‹«. Dennoch sind die expressionistische Künstler betreffenden Urteile – vielleicht ein Zugeständnis an die öffentliche Meinung – von auffallender Ambivalenz:

> So wird auch einem formal sehr begabten Künstler wie Schmidt-Rottluff alles nur zum Anlaß zu Formversuchen. Die Beziehungen, die persönliche, seelische Stellungnahme zum Inhalt fehlen völlig. (Geradezu grotesk sind etwa die Holzschnitte oder Aquarelle.)

Zwar heißt es über die Künstler des Bauhauses und ihre Werke:

> [...] unsinnliche, unsinnige, alogisch gehäufte Trümmer von mathematisch-technisch-wissenschaftlichen Konstruktionen. Die Blätter von Kandinsky, Schreyer u. a. sind Zeugnisse für die Gesinnung des »Bauhauses«, dessen Endziel der Mensch

10 Der Text erschien mit jeweils anderen Überschriften im Chemnitzer Tageblatt vom 21. Mai 1933 (hieraus die folgenden Zitate) und in der Chemnitzer Tageszeitung, dem NSDAP-Organ, vom 23. Mai 1933. Dort waren Werke von Kandinsky, Klee, Nolde und Schlemmer abgebildet.

11 Seine Vorstellung von einer »volksentfremdeten« Kunst und die hieraus resultierende Forderung nach einer »volksnahen« und »völkischen« Kunst der Zukunft entwickelt Rüdiger auch in einem Aufsatz in den NSMH. Dort heißt es: »Die Grundlage der neuen deutschen Kunst, überhaupt einer neuen deutschen Kultur, wird und muß die biologisch-geistige Einheit ›Volk‹ sein [...]« (Wilhelm Rüdiger 1933, S. 467). Es fällt auf, daß er dort als einziges negatives Beispiel mehrfach Nolde anführt.

als »animal géométrique« [...], der »Einheitsmensch«, dessen Wohnung die »Wohnmaschine« war, der alle seelischen Qualitäten als metaphorischen Ballast ablehnte.

Doch fährt der Autor fort:

Als einziges Positivum kann dieser Bauhauskunst im allgemeinen der Vorwurf der Verrohung der Mittel, der schwerste handwerklich-künstlerische Vorwurf gegen fast die gesamte »moderne Kunst« nicht gemacht werden.

Gänzlich unversöhnlich begegnet er hingegen Klee, dem er Geisteskrankheit unterstellt (»psychopathische Anfälle«, »krankhafter unverschuldeter Infantilismus«) sowie Grosz (»nicht zu unterbietende Niedrigkeit der Gesinnung«) und Dix (»intimer Kenner und Darsteller des Untermenschentums«), bei denen die Kritik auf der Ebene der vermeintlich »niederen« Weltanschauung liegt. Um die Kunstwerke vollends dem Spott preiszugeben und gleichzeitig die »Wortführer des modernen Kunstklüngels« anzugreifen, sind aus dem Zusammenhang genommene Erklärungen der Kunstkritiker bzw. Dichter Willi Wolfradt und Theodor Däubler eingestreut – ein Verfahren, welches in der Wanderausstellung »Entartete Kunst« systematisch eingesetzt werden sollte. Zudem versucht Rüdiger, den negativen Charakter der Schau ins Positive zu wenden, wenn er versichert, daß »die gegenwärtige Ausstellung weniger den Sinn der Anprangerung, als den einer Art ›Gegenbeispiele‹ für echte, volkshafte Kunst« habe. Das von der Ausstellungsleitung intendierte Urteil des Publikums antizipierend, sieht er den Zweck der Femeschau in einer Form von Katharsis: »Indem so der echt geartete deutsche Mensch aus sich heraus zur gleichen Ablehnung gelangen wird, helfen wir gemeinsam in uns den Boden bereiten einer kommenden Kunst, aus der Seele unseres Volkes«. Subtil wird hier psychologisch-moralischer Druck ausgeübt: Denn wer nicht »aus sich heraus« zum ablehnenden Urteil kommt, muß sich aus der »Volksgemeinschaft« der »echt gearteten« Deutschen ausgeschlossen fühlen.

Über Hängung und Präsentationskonzept haben wir keine Kenntnis. Es ist lediglich sicher, daß »für die extremsten Beispiele die Ankaufspreise angegeben«[12] waren. Auch über die Rezeption der Femeschau, Besucherfrequenz und -reaktionen fehlen jegliche Informationen (noch nicht einmal das genaue Ende ihrer Laufzeit ist überliefert), so daß dem oben ausführlich behandelten Text Rüdigers besondere Bedeutung zukommt. Da sein legitimierendes und apologetisches Anliegen unverkennbar ist, wird man die These wagen dürfen, daß die Bevölkerung dem Tenor der Ausstellung nicht uneingeschränkt folgte. Vielleicht kritisierte man, wie in anderen Städten bezeugt, die Diffamierung einzelner Künstler und Werke. Das könnte auch die Anmerkung der Redaktion im Anschluß an Rüdigers Beitrag in der Chemnitzer Tageszeitung vom 23. Mai 1933 erklären, in welcher mit drohender Gebärde von »Maulwürfen« und »heimlichen Widersachern« die Rede ist, welche »die völkische Erneuerung unseres Kunstlebens zu sabotieren« versuchten.

Indessen gilt es bei der Analyse der Bedingungen, unter denen die Öffentlichkeit die Ausstellungen rezipierte, auch die Tatsache zu berücksichtigen, daß im Alltag die NS-Propaganda allgegenwärtig war. Das zeigt z. B. ein Blick auf die Veröffentlichungen, die die »Volksgenossen« während der Laufzeit der Femeschau in der Presse lesen konnten. Artikel wie »Was ist Kulturbolschewismus?«[13], »Begründung des Antisemitismus«[14] und »Was uns die Rassenkunde lehrt«[15] bereiteten einer »Schreckenskammer« den Boden. Auch wenn solchermaßen ideologi-

12 Chemnitzer Tageblatt, 13. Mai 1933.

13 Hanns Johst, Was ist Kulturbolschewismus? Die neuen Aufgaben der deutschen Bühne, in: Chemnitzer Tageblatt, 8. Mai 1933. Johst war Schriftsteller (»Schlageter«), Preußischer Staatsrat, Präsident der Reichsschrifttumskammer und der Deutschen Akademie der Dichtung, Intendant der Berliner Staatstheater sowie SS-Gruppenführer (vgl. Wulf 1983b, S. 15 und passim). Der oben zitierte Artikel wurde gleichlautend in fast allen Tageszeitungen des Landes abgedruckt.

14 Waldemar Bonsels, Begründung des Antisemitismus, in: Chemnitzer Tageblatt, 13. Mai 1933. Einer Anmerkung der Redaktion ist zu entnehmen, daß der Beitrag Bonsels vom RMVP zur Verfügung gestellt worden war.

15 Hans F. K. Günther, Was uns die Rassenkunde lehrt, in: Chemnitzer Tageblatt, 1. Juni 1933. Es handelte sich um einen Auszug aus Günthers Buch »Kleine Rassenkunde des deutschen Volkes« (München 1929).

sche Lektionen regelmäßig während der zwölfjährigen NS-Herrschaft erschienen, so war ihre Auswahl doch wahrscheinlich auf Ereignisse wie die »Schreckenskammern« abgestimmt.

Nach Abbau der Ausstellung im Juni 1933 verbannte Rüdiger die Exponate in die Depots und entzog sie so den Blicken der Öffentlichkeit. 1934 initiierten Rüdiger und Waldemar Ballerstedt[16]– Chemnitzer Stadtrat, Kreiskulturwart der NSDAP, Leiter des Städtischen Kulturamtes und seit 1933 auch Vorsitzender der Kunsthütte – in großem Umfang Verkaufs- und Tauschaktionen. Darüber schreibt Brix:

> Nach und nach verkaufte die neue Leitung der Sammlung und der städtischen Instanzen [...] neben einer nicht mehr zu ermittelnden Zahl von Aquarellen, Zeichnungen und druckgraphischen Blättern wahrscheinlich 13 bedeutende Gemälde und vier ebenso gewichtige Skulpturen oder tauschten sie geringschätzig gegen Arbeiten deutscher Künstler des 19. Jahrhunderts ein.[17]

Unter den veräußerten Werken befanden sich folgende, in der Femeschau von 1933 angeprangerten Gemälde: Kirchner, »Selbstbildnis (Doppelbildnis)« und »Wohnzimmer«; Kokoschka, »Selbstbildnis mit gekreuzten Armen«; Nolde, »Christus in Bethanien«; Schmidt-Rottluff, »Bildnis Lyonel Feininger« und »Männer bei Kerze«.[18] Ferner wurden zwei Skulpturen von Barlach (»Stehende Bäuerin [Steppenweib]«, »Das Grauen«)[19] sowie Plastiken, Gemälde, Aquarelle und Zeichnungen von Barlach, Corinth, Grosz, Heckel, Liebermann, Marcks, Mueller, Pechstein, Schmidt-Rottluff u. a. verkauft.[20] Geschäftspartner bei diesen bis September 1937 laufenden Transaktionen waren in erster Linie die Düsseldorfer Galerie Vömel und die Chemnitzer Kunsthandlung Gerstenberger. Das Ausmaß dieser Veräußerungen moderner Kunst aus Museumsbesitz lange vor der späteren staatlichen »Verwertung entarteter Kunst« steht ohne Beispiel da.

Welche gewichtige Rolle der oben erwähnte Waldemar Ballerstedt bei den Verkäufen spielte, veranschaulicht folgende Episode. Der vormalige Schriftleiter des NSDAP-Organs Chemnitzer Tageszeitung hatte in diesem Blatt zwischen dem 8. Juli und 12. August 1934 eine Pressekampagne gegen die »Stehende Bäuerin (Steppenweib)« geführt.[21] Ganz im Tenor der oben analysierten Vorläuferausstellung schrieb Ballerstedt: »Wer weiß, aus welcher mongolischen Wüste dieses Wesen zu uns gekommen ist. Unser Art ist sie jedenfalls nicht, und wer sie uns wirklich als Bäuerin aufreden will, der beleidigt damit unsere Mütter, Schwestern und Töchter!«[22]. Gleichzeitig regte der Autor den Verkauf der Skulptur an und rief die Bevölkerung auf, ihre Meinung darüber zu äußern. Am 12. August 1934 konstatierte er triumphierend: »weit über 300 Einsendungen sind eingelaufen, die sich zumeist in recht drastischer Form gegen das Bildnis und für den Verkauf aussprachen«[23]. Nachdem die Kampagne tatsäch-

16 Der NL Ballerstedts tauchte erst kürzlich im StA Chemnitz auf und konnte leider nicht mehr berücksichtigt werden.

17 Brix 1984, S. 6.

18 Kirchners »Selbstbildnis (Doppelbildnis)« wurde 1934 von der Galerie Vömel gegen ein kleines Gemälde von Heinrich von Zügel (»Ausziehende Schafherde«, 1879) eingetauscht und 1949 von der Nationalgalerie West-Berlin erworben. Zum heute in deutschem Privatbesitz befindlichen Selbstbildnis von Kokoschka vgl. die Provenienzangaben in: Museum der Gegenwart 1987, S. 136, Nr. 35. Noldes Gemälde »Christus in Bethanien« gelangte 1937 über die Galerie Vömel zu Hermann Lange in Krefeld und dann über Schweizer Privatbesitz in die Sammlung Wiebe in Bielefeld (1984). Schmidt-Rottluffs »Bildnis Lyonel Feininger« gehört seit 1983 dem Germanischen Nationalmuseum in Nürnberg, sein Gemälde »Männer bei Kerze« ist in einer deutschen Privatsammlung (Angaben nach Brix 1988a, S. 65-67 und Urban 1987, Nr. 353).

19 Vgl. Jansen 1981, Bd. 1, S. 75f., Nr. 54 und S. 77-79, Nr. 56; vgl. ferner Kapitel 10.1., Anm. 4. Die »Stehende Bäuerin (Steppenweib)«, 1929 von Schreiber-Weigand erworben, befindet sich heute in deutschem Privatbesitz, »Das Grauen« im Museum Folkwang Essen. Ein drittes Werk Barlachs, das 1917 geschaffene und 1930 von Schreiber-Weigand angekaufte Holzrelief »Grablegung (Totenklage)«, entging sowohl Rüdigers »Säuberung« als auch jener vom 19. August 1937. Es befindet sich noch heute in den Städtischen Kunstsammlungen Chemnitz (vgl. Jansen 1981, Bd. 1, S. 65-67, Nr. 44).

20 Vgl. Brix 1987, S. 17 und Juppe/Pfalzer 1992, S. 71.

21 Vgl. hierzu Brix 1988b.

22 Till Eulenspiegel [d. i. Waldemar Ballerstedt], Schlacken und Licht, in: Chemnitzer Tageszeitung, 8. Juli 1934 (zitiert nach Brix 1988b, S. 556).

23 Briefkastenonkel [d. i. Waldemar Ballerstedt], Der Streit um Barlachs »Bäuerin« beendet, in: Chemnitzer Tageszeitung, 12. August 1934 (zitiert nach Brix 1988b, S. 556). Als »positives Gegenbeispiel« konfrontierte Ballerstedt die Holzskulptur mit einer Abbildung von Albrecht Dürers bekannter Bildniszeichnung seiner Mutter aus dem Jahr 1514 in Berlin.

lich, wie oben ausgeführt, zu einem Verkauf geführt hatte, brüstete sich Ballerstedt damit.[24] Höchst aufschlußreich für die Strategie der NS-Kulturpolitik nach der Machtübernahme sind die Worte, die Ballerstedt dabei formulierte:

> Für uns hieß es nun zunächst, die äußere »Gleichschaltung« vorzunehmen und negative Kulturpolitik zu treiben, d. h. auszumerzen, zu verbannen, zu scheiden; selbst auf die Gefahr hin, vorübergehend da und dort Verstimmungen und Mißverständnisse hervorzurufen. [...] Nach der äußeren Gleichschaltung folgte das Größere und Eigentliche: die innere Gleichrichtung.[25]

Im Juli 1937 kam die Beschlagnahmekommission nicht nach Chemnitz, weil sie unter großem Zeitdruck arbeitete und daher nur die führenden Sammlungen moderner Kunst bereisen konnte. Daraus erklärt sich auch, warum auf der Münchner Ausstellung »Entartete Kunst« keine Werke aus der Städtischen Kunstsammlung Chemnitz vertreten waren. Hingegen wurden am 19. August 1937, also im Rahmen der zweiten Beschlagnahmewelle, umfangreiche Bestände eingezogen (vgl. Kapitel 10.2). Das Gemälde »Herbstlandschaft« von Schmidt-Rottluff, 1939 auf der Auktion in Luzern angeboten, aber nicht verkauft, gelangte 1954 nach Chemnitz zurück.[26]
Mitte 1934 folgte Rüdiger einer Berufung an den Völkischen Beobachter nach München, wo er als Referent für bildende Kunst fürderhin Ausstellungsrezensionen verfaßte.[27] Sein Nachfolger in der Leitung der Städtischen Kunstsammlung Chemnitz wurde der bisherige Leiter der stadtgeschichtlichen Sammlung, Josef Müller, der zugleich das Amt des Ausstellungsleiters der »Kunsthütte« übernahm.[28] Über die weitere Entwicklung Rüdigers schreibt Rave:

> Später allerdings hat der junge Mann sein Damaskus erlebt und ist heute aus Saulus ein Paulus geworden. Eine von ihm zusammengebrachte, durch Baldur von Schirach geförderte und mutig gegen die offiziöse Kunstpolitik gerichtete Ausstellung wurde sofort wieder geschlossen oder ist gar über die Pressevorbesichtigung nicht hinausgekommen.[29]

Diese am 7. Februar 1943 unter dem Titel »Junge Kunst im Deutschen Reich« im Wiener Künstlerhaus eröffnete Ausstellung[30], laut Katalog von Wilhelm Rüdiger im Auftrag Baldur von Schirachs (von 1933 bis 1940 Reichsjugendführer, anschließend Gauleiter und Reichsstatthalter in Wien) organisiert[31] und bis 28. März 1943 vorgesehen, umfaßte 582 Werke. Unter den 175 Künstlern befanden sich auch solche, von denen wenige Jahre zuvor Werke in deutschen Museen konfisziert worden waren, darunter Josef Hegenbarth, Josef Henselmann, Hanna Nagel, Carl Moritz Schreiner, Milly Steger und Friedrich Vordemberge-Gildewart.[32] Nach einer auf Anordnung

24 Vgl. Ballerstedt 1935, S. 13. In dem Geleitwort zu dieser Schrift proklamiert Ballerstedt »eine Kulturpolitik, wie sie bereits Julius Langbehn, einer der geistigen Wegbereiter des Dritten Reiches, in seinem Buche ›Rembrandt als Erzieher‹ vorgeahnt und als eine der wichtigsten Vorbedingungen für die völkische Erneuerung der Nation erkannt hat« (S. 7).

25 Ebenda, S. 14. Vgl. hierzu Juppe/Pfalzer 1992, S. 69.

26 Vgl. Barron 1992, S. 169. Im Ausstellungskatalog Museum der Gegenwart (1987, S. 156, Nr. 53) wird irrtümlich das im selben Jahr entstandene und ebenfalls aus Chemnitzer Besitz stammende Bild »Dorfecke« von Schmidt-Rottluff als das in Luzern angebotene bezeichnet.

27 Z. B. erschien im VB, Süddeutsche Ausgabe, 18. März 1936, eine Besprechung der aus Dresden nach München übernommenen Ausstellung »Entartete Kunst« (vgl. Kapitel 3.8.1.5). Auch die Femeschau des Jahres 1937 kommentierte er im VB, so am 20. Juli 1937 (StA München ZA Entartete Kunst; darin Bezugnahme auf die »Schreckenskammern« von Chemnitz, Nürnberg und Mannheim) und am 22. Juli 1937 (Dok. 25). Weitere Artikel Rüdigers, die u. a. in der Zeitschrift KIDR erschienen, weist nach: Thomae 1978, S. 338f.

28 Vgl. Juppe/Pfalzer 1992, S. 70 mit Anm. 105.

29 Rave 1987, S. 52.

30 Vgl. hierzu Müller-Mehlis 1977, S. 187-193; Rathkolb 1991, S. 73f. und 1994, S. 335; Rudolf Schmidt 1951, S. 304; Tabor 1994, Bd. 2, S. 940f.

31 »Rüdiger hatte die Ausstellung in fast derselben Zusammensetzung zuvor aus Anlaß eines ›Europäischen Jugendtreffens‹ in Weimar gezeigt, wo sie von Beauftragten des SD [Sicherheitsdiensts] und der Reichskulturkammer geschlossen worden war. Schirach hatte sie dort gesehen und Rüdiger eingeladen, sie in Wien zu zeigen, wo Schirach die oberste Partei- und Reichsinstanz war« (Müller-Mehlis 1977, S. 191).

32 Vgl. Junge Kunst im Deutschen Reich 1943. Die Liste der von den Beschlagnahmungen betroffenen Künstler bei Rave 1949, S. 85-90.

von Goebbels durchgeführten Inspektion der Schau durch Karl Kolb, geschäftsführender Direktor und Ausstellungsleiter des Hauses der Deutschen Kunst in München, und Benno von Arent, Reichsbühnenbildner, wurde sie am 7. März vorzeitig geschlossen.[33]

In einem Schreiben Wilhelm Rüdigers an den Verfasser vom 11. September 1992 heißt es:

> Ihr Brief vom 5. 9. erinnert mich an alte Jugendsünden, in die ich vom Zeitgeist und alten NS-Kämpfern, die in Chemnitz an die Macht gekommen waren, hineingetrieben wurde. [...] Schwierig war es damals für mich, einen Teil solcher »entarteten« Künstler gleichzeitig mit der Show in der Kunstsammlung als wirkliche Kunst auszustellen. Sie sehen daran die Gespaltenheit meiner Anschauung von damals. Weiter zu sagen: Ich bin nach einem Jahr von Chemnitz weggegangen, da ich *in rebus artium* mit dem Kulturreferenten der Stadt, Ballerstedt, und dem neuen Oberbürgermeister der Stadt, Schmitt, immer schwerere Auseinandersetzungen hatte und obendrein telefonisch überwacht wurde. Meine Wandlung »vom Saulus zum Paulus«, wie Rave seinerzeit geschrieben hat, fand in München statt, mit dem Endergebnis der Wiener Ausstellung 1943 »Junge Kunst im Deutschen Reich«, die verboten wurde und mir vom Präsidenten der Reichskunstkammer, Adolf Ziegler (»im Auftrag des Führers«), ein lebenslängliches Berufsverbot einbrachte.[34]

33 Nach Müller-Mehlis 1977, S. 189f. und Tabor 1994, Bd. 2, S. 941. Hingegen erfolgte die Schließung der Ausstellung nach Darstellung Baldur von Schirachs, der zu Hitler zitiert worden war, bereits sieben Tage nach der Eröffnung (vgl. von Schirach 1967, S. 288). Noch im April 1943 erschien eine ausführliche positive Rezension von Henri Nannen in der Zeitschrift Kunst für Alle (vgl. Nannen 1943). Zur ambivalenten Kulturpolitik Baldur von Schirachs vgl. Rathkolb 1991, S. 68-78 und 1994.

34 Im Besitz des Verfassers. Schreibweise geringfügig geändert.

3.5 *Novembergeist – Kunst im Dienste der Zersetzung*
Stuttgart, Kronprinzenpalais, circa 10. Juni bis circa 24. Juni 1933

> Auch in unseren Museen hat sich die Richtung Platz zu schaffen gewußt, die wir als Kulturbolschewismus zu bezeichnen pflegen. Sollen unsere Kunstausstellungen, sollen unsere Museen die letzten Schlupfwinkel dieses zersetzenden Geistes sein? Soll vor den Toren unserer Kunsttempel die Forderung nach einer art- und deutschbewußten Kunst Halt machen?[1]

Sie machte es nicht. Carl Albert Drewitz, aus dessen am 29. März 1933 im Stuttgarter NS-Kurier publizierten Artikel »Deutsche Kunst in deutsche Museen!« diese Sätze stammen, war sicher zufrieden mit dem, was sich wenige Wochen später in der schwäbischen Metropole ereignete: Nach Mannheim, Karlsruhe, Nürnberg und Chemnitz war Stuttgart die fünfte Stadt, in der eine Diffamierungsausstellung inszeniert wurde. Die Schlüsselperson hieß Klaus Graf von Baudissin. Er war seit 1925 am Graphischen Kabinett der Württembergischen Staatsgalerie Stuttgart zunächst als Assistent, dann als Konservator, später als Oberkonservator und zeitweise auch als kommissarischer Direktor des Museums tätig. Baudissin, seit dem 1. April 1932 Mitglied der NSDAP, war alleine verantwortlich für die Ausstellung »Novembergeist - Kunst im Dienste der Zersetzung«, die vermutlich am 10. Juni 1933 in den Räumen der Graphischen Abteilung im Kronprinzenpalais eröffnet wurde.[2] Er hatte sie vorwiegend aus Beständen des Kronprinzenpalais zusammengestellt, in dem seit dem 22. Mai 1930 die graphische Sammlung (Hauptgeschoß), die neuere Plastik (Erdgeschoß) und die neuere Württembergische Malerei (Obergeschoß) der Staatsgalerie untergebracht waren.[3]

Nach der Liste der Leihgaben für die Bielefelder Ausstellungsetappe (Dok. 3) waren Graphiken und Plakate von Beckmann, Dix, Grosz und Felixmüller sowie Bücher aus der Reihe »Junge Kunst«, Photographien und Zeitungsauschnitte zu diesen Künstlern und zu Meidner ausgestellt. Auch die Broschüre »An alle Künstler«[4] ist auf der Liste verzeichnet. Den Pressestimmen zufolge gehörten weiterhin Dix' Radierfolge »Der Krieg«[5], Exemplare der Zeitschriften Der Sturm[6] und Die Aktion[7] sowie Paul Kleinschmidts Ölgemälde »Duett im Nord-

1 Carl Albert Drewitz, Deutsche Kunst in deutsche Museen!, in: NS-Kurier, 19. März 1933 (reproduziert in: Heyd 1987, S. 48). Drewitz war Kulturberichterstatter des Stuttgarter Parteiorgans NS-Kurier, später Pressereferent der Landesstelle Württemberg des RMVP und Gaupresseamtsleiter der NSDAP (vgl. Rößling 1987a, S. 96, Anm. 154; Thomae 1978, passim; Weitz 1984, S. 150).

2 Vgl. Weitz 1984, S. 150f. und von Maur 1987, S. D 3. Die Kenntnis über diese Ausstellung, von der sich kein Verzeichnis der Exponate erhalten hat (sämtliche Akten der Staatsgalerie fielen mit den Gebäuden 1944 dem Feuer zum Opfer), stützt sich in erster Linie auf die in Kapitel 10.1 aufgelisteten Zeitungsartikel und Bielefelder Quellen.

3 Vgl. die Meldung in: Museum der Gegenwart 1, 1930, Heft 2, S. 61.

4 Unter diesem Titel veröffentlichte die revolutionäre Berliner »Novembergruppe« 1919 eine Broschüre mit Druckgraphiken, literarischen Beiträgen und Erklärungen von 14 Künstlern, darunter Feininger, Klein, Meidner, Pechstein, Tappert, Becher, Hasenclever und Zech. Das Titelblatt war von Pechstein gestaltet. Zur »Novembergruppe« vgl. Kliemann 1969 und Galerie Bodo Niemann 1993 sowie zur Broschüre Barron 1989, S. 15.

5 Karl Nierendorf hatte 1924 die Radierfolge »Der Krieg« in fünf Mappen publiziert, die zusammen 50 Einzelblätter enthielten. Die Staatsgalerie Stuttgart besaß die komplette Serie (vgl. von Maur 1987, S. D 50, Nr. 103-105).

6 Der Sturm, hrsg. von Herwarth Walden, Berlin 1910 bis 1932. Der Direktor der Staatsgalerie Heinz Braune schreibt am 19. Juni 1933 nach Bielefeld: »Es handelt sich vor allem um die bekannten Blätter von George Grosz und Otto Dix, ferner um einige Proben von Schwitters und anderen Dadaisten aus der Zeitschrift ›Der Sturm‹« (StA Bielefeld). Darauf bezieht sich wohl auch die folgende Passage aus dem Württembergischen Staatsanzeiger vom 22. Juni 1933: »Auch die reinen Experimentierer, die in Dadaismus und Konstruktivismus stecken blieben [...], sind mit einbezogen und in Zeitschriften wie dem ›Sturm‹ oder der ›Aktion‹ zu studieren«. Originalwerke von Dadaisten gehörten aber wahrscheinlich nicht zu den Exponaten.

7 Die Aktion, hrsg. von Franz Pfemfert, Berlin 1911 bis 1933.

Café«[8] zu den Exponaten. Dieses einzige Ölbild der Ausstellung befand sich in der Abteilung neuerer württembergischer Kunst – der aus Bublitz in Pommern gebürtige Kleinschmidt war 1930 nach Ulm übersiedelt – und stand somit im Kronprinzenpalais zur Verfügung.[9]

Rätsel gibt die Mitteilung Heinz Braunes, seit 1928 in der Nachfolge Otto Fischers Direktor der Staatsgalerie, auf, die Femeschau bestehe »nur zum kleinsten Teil aus eigenem Besitz, vielmehr größtenteils aus Leihgaben [...], die ich mir von den verschiedensten Seiten zusammengeholt habe«[10]. Über Art und Herkunft der Leihgaben konnte bislang fast nichts in Erfahrung gebracht werden. Der einzige Hinweis findet sich im Württembergischen Staatsanzeiger vom 22. Juni 1933, wo es heißt, die Exponate seien »zum Teil aus dem Besitz der Weltkriegsbücherei geliehen«. Am ehesten dürfte dies die Zeitschriftenbände betreffen. Genaueren Aufschluß könnte eventuell ein detaillierter Vergleich der wenigen namentlich bekannten Ausstellungsstücke mit dem – 1932 von Baudissin verfaßten – Bestandskatalog der Staatsgalerie erbringen. Bemerkenswert ist der zitierte Satz Braunes aber auch deshalb, weil er nicht Baudissin erwähnt, sondern Braune selbst als an der Zusammenstellung der Ausstellung aktiv Beteiligten bezeichnet. Daraus wird man zumindest schließen dürfen, daß sich Braune nicht von dem Vorhaben Baudissins distanzierte. In diesem Fall hätte er wohl auch kaum der Verleihung der Schau nach Bielefeld zugestimmt. Was die Haltung Braunes betrifft, ist eine Mitteilung Alfred Hentzens von Interesse, Baudissin habe

> gleich im Juni des Jahres 1933 als Konservator an der Staatsgalerie in Stuttgart mit Einverständnis seines Direktors Heinz Braune eine der ersten Schandausstellungen [...] veranstaltet [...]. Damals hatte ich ihn als Kollegen brieflich deshalb zur Rede gestellt und ernste Bedenken wegen der Rechtlosigkeit solcher Unternehmungen ausgesprochen. Seither waren wir auf gespanntem Fuß.[11]

Nach dem Bericht im Württembergischen Staatsanzeiger vom 22. Juni 1933 war die Ausstellung »in verschiedene Gruppen eingeteilt«, die nach thematischen Gesichtspunkten, z. B. Kriegs- und Frauendarstellungen, geordnet waren.

Die Auswahl der repräsentierten Künstler und Werke verdeutlicht die Zielsetzung und politische Stoßrichtung der Ausstellung, die bereits in ihrem Titel prägnant umrissen wird. »Novembergeist« knüpft an das Schlagwort »Novemberverbrecher« an, welches seit den zwanziger Jahren zu einem Haupttopos reaktionärer und nationalsozialistischer Agitation geworden war und bald auch zur Verunglimpfung von Künstlern verwendet wurde.[12] Das »Verbrechen« der nach der Revolution vom 9. November 1918 regierenden Demokraten wurde vor allem in der Erfüllung (»Erfüllungspolitiker«) des Versailler Vertrags (»Schmachfrieden von Versailles«) gesehen. Mit Blick auf die Aussage im Titel ist es durchaus folgerichtig, daß im Mittelpunkt der Anfeindungen der kritische Realismus bzw. Verismus der zwanziger Jahre steht, besonders die politisch-revolutionäre Kunst von Grosz und Dix. Überhaupt ist festzuhalten, daß die Stuttgarter Vorläuferausstellung sich in der Erkennbarkeit eines Konzeptes, in der

8 Das am 3. Dezember 1925, im Jahr seiner Entstehung, vom Museum erworbene Ölbild Kleinschmidts kann zweifelsfrei nach einer Passage im Schwäbischen Merkur vom 14. Juni 1933 identifiziert werden: »Konnte doch z. B. ein Kunstschriftsteller von erstem Rang über ein von der Stuttgarter Gemäldegalerie im Jahre 1925 [...] angekauftes Bild, das jetzt auch in dieser Greuelschau zu sehen ist, schreiben: ›Der Künstler malt mit trunkener Begeisterung, vergißt sein Objekt, schwelgt im Traum seiner heillosen Weiber und sieht ihnen im Rausch unerhört neue bestrickende Harmonien ab‹«.

9 Es wurde am 10. Juli 1937 beschlagnahmt, in der Münchner Schau »Entartete Kunst« gezeigt und im Ausstellungsführer auf S. 17 unter der Hetzparole »Die Dirne wird zum sittlichen Ideal erhoben!« abgebildet (vgl. von Maur 1987, S. D 29, Nr. 24). Ferner erscheint es in einer Rezension der Hamburger Etappe der Wanderausstellung »Entartete Kunst« (Abb. 87).

10 Schreiben Braunes an Eduard Schoneweg, den Direktor des Städtischen Museums Bielefeld, vom 19. Juni 1933 im StA Bielefeld.

11 Alfred Hentzen 1970, S. 53. Hentzen hatte auch an die Organisatoren der »Schreckenskammern« in Mannheim und Nürnberg geschrieben (vgl. Kapitel 3.1 und 3.3).

12 Beispielsweise war am 22. Februar 1933 im nationalsozialistischen Frankfurter Volksblatt ein gegen Willi Baumeister gerichteter Artikel mit der Überschrift »November-Verbrecher in der angewandten Kunst« erschienen. Baumeister verlor, zusammen mit Beckmann und vier weiteren Kollegen, am 31. März des Jahres seine Professur an der Städel-Schule (vgl. Willi Baumeister 1989, S. 42 und Hirner-Schüssele 1990, S. 20f.).

Stringenz von im Titel anklingender Programmatik und Zusammenstellung der Exponate, in der Eindeutigkeit der Konturierung des Feindbildes und im Grad der Explikation der Stoßrichtung von allen anderen unterscheidet. Bezeichnenderweise fällt in ihrem Zusammenhang auch nicht der irrationale und diffuse Begriff »Kulturbolschewismus«, unter dem – das wird bei der Betrachtung der übrigen Vorläufer ersichtlich – Künstler und Werke aller Stilrichtungen und Tendenzen subsumiert wurden. Wenn man von einer »Sicherheit [in der] Bildauswahl«[13] sprechen möchte, dann im Falle Baudissins. Obwohl Blätter von Corinth, Schmidt-Rottluff, Kirchner, Marc, Nolde, Hoelzel, Baumeister u. a. verfügbar gewesen wären, ließ er die Werke der Impressionisten, Expressionisten und Abstrakten beiseite und konzentrierte sich auf Kunst politisch-revolutionärer Tendenz. In diesem Sinne hätte er kaum schlagkräftigere Beispiele auswählen können als etwa den 1923 erschienenen Band »Abrechnung folgt!« mit 57 politischen Zeichnungen von Grosz, darunter »Für die Reichen ist die Beute – für das Volk die Not der Kriege«, »Der Bürger hetzt – und der Prolet muß bluten« und »Gegen den Kommunismus sind sie einig!«

Diesem Konzept entspricht die Ebene, auf der die Kunstwerke in den Presserezensionen hauptsächlich angegriffen werden. Es wird nicht auf einer formal-ästhetischen Ebene argumentiert und das künstlerische Resultat als solches verworfen. Im Gegenteil, den Künstlern werden sogar »hohe artistische Fähigkeiten« attestiert. Vielmehr ist es die »Gesinnung« der Künstler, der eine »zersetzende Wirkung« anhafte:

> In der Ausstellung wird eine Fülle von Beispielen vorgeführt, in denen Künstler von zweifellos hohen artistischen Fähigkeiten ihre Kunst dazu mißbraucht haben, in den Dreck zu ziehen, was dem sein Deutschtum liebenden Bürger heilig war: das Vaterland, das deutsche Lied, die deutsche Frau, das Heldische, das Schöne, das Fromme, das Gemütvolle.[14]

Hier sind nicht »rassische Abkunft« – Antisemitismus spielt in der Stuttgarter Presseberichterstattung über die Schau keine Rolle – oder »krankhafte Sinne« der Künstler »schuld« an den geschmähten Produkten. Die »Schuld« wird auf eine moralisch-ethische Ebene verlagert: »Der Besucher sieht, daß das Können allein nicht den großen Künstler ausmacht, es muß [...] das Ethos hinzukommen«[15] – der Künstler als Überzeugungstäter, der durch seinen Angriff auf die bürgerlichen Normen und Tugenden seine Fähigkeiten bewußt »mißbraucht« und somit eine Gefahr für die Gesellschaft darstellt, die sich auf diesen Moralkodex stützt. Hier wird fast wörtlich vorweggenommen, was 1937 an den Wänden der Münchner Ausstellung »Entartete Kunst« zu lesen sein wird: »Verhöhnung der deutschen Frau«, »Bewußte Wehrsabotage«, »Freche Verhöhnung des Gotterlebens« (vgl. Kapitel 4.2).

Das Bemerkenswerte bei der Stuttgarter Vorläuferausstellung ist – ungeachtet der durch den Kontext festgelegten diffamatorischen Absicht – die (teilweise) Übereinstimmung von Vorwürfen der Veranstalter und Intention der Künstler. So heißt es über den Kriegszyklus von Dix:

> Da sind Pazifisten, die unter der Losung »nie wieder Krieg« die Schrecken des Schützengrabenkrieges schildern. An sich gewiß ein Thema, das dem Griffelkünstler erlaubt ist – wer denkt nicht an Goyas Schrecken des Krieges? – und das auch teilweise sehr wirksam behandelt wird, nur eben in der absichtlichen Beschränkung auf die grausigen Nachtseiten. Als Heldenehrung ist natürlich ein Kriegszyklus wie der von Dix nicht geeignet [...].[16]

Wohl wahr! Was hatte der Kriegsteilnehmer Dix anderes beabsichtigt, als Krieg und Militarismus durch die realistische Schilderung der »apokalyptische[n] Hölle der Wirklichkeit«[17] zu bekämpfen? Es ist bezeichnend, daß der Rezensent nicht weiter auf die schockierende Darstellungsweise und ihre Beziehung zur Kriegswirklichkeit eingeht. Er kritisiert die Graphiken lediglich als einseitig und stellt (zu Recht) fest, daß ein solchermaßen pazifisti-

13 So Buderers (1990, S. 20) wenig überzeugende Einschätzung von von Waldsteins Tätigkeit in Mannheim.
14 Schwäbischer Merkur, 14. Juni 1933.
15 Ebenda.
16 Württembergischer Staatsanzeiger, 22. Juni 1933.
17 Henri Barbusse im Vorwort zum Radierzyklus »Der Krieg« von Dix, der 1924 bei Karl Nierendorf in Berlin erschien (zitiert nach Dietrich Schubert 1991, S. 150).

sches Werk für die Heldenehrung, die der Autor stillschweigend als Ziel der Kunst fordert, ungeeignet sei. Letztlich wird also nicht Dix' Zyklus »Der Krieg« angeprangert, sondern der Pazifismus an sich als geistig-ethische Haltung, die den faschistisch-militaristischen, zum Krieg rüstenden Staat gefährdet (»zersetzt«).

Ähnliches gilt für die in aller Polemik die Moral der bürgerlichen Gesellschaft entlarvenden Satiren von Grosz. Über diesen bemerkt der Rezensent: »Grosz' gegen Familie und Gesellschaft gerichtete Satire mutete uns schon immer recht gehässig an«[18]. Dagegen kennt Drewitz vom NS-Kurier die der Satire eignenden Gestaltungsprinzipien nicht bzw. schenkt ihnen keine Beachtung: »Haß sät er, ohne zu versöhnen, Leidenschaften peitscht er auf, ohne ihnen ein edles Ziel zu geben. Jede einzelne Form entbehrt der Schönheit, ist sogar häßlich; sie entbehrt der Wahrheit, denn sie vergewaltigt die Natur«[19].

Die Öffentlichkeit wurde durch die Presse wie folgt auf die Intention der Schau vorbereitet: Sie wolle »nicht erfreuen, sondern aufklärend und abschreckend wirken«[20]. Die bei den anderen Vorläuferausstellungen übliche Nennung der Ankaufspreise entfiel, weil die Preise für graphische Arbeiten naturgemäß nicht so hoch waren wie für Gemälde oder Skulpturen. Baudissin erscheint als Urheber nur einmal: »Der Konservator Dr. Graf von Baudissin hat nun eine Auslese der ärgsten Greuelerzeugnisse novemberlicher Kunst zusammengestellt, um einem beschränkten Kreise noch einmal vor Augen zu führen, wie gefährlich Tendenzkunst sich auswirken kann [...]«[21]. Über die Besucherfrequenz und Publikumsreaktionen ist nichts überliefert. Zugänglich war die Femeschau nach Baudissins eigenen Angaben nur für zwei Wochen und zwar allein für Personen über 21 Jahren.[22] Vielleicht gab es, wie später in Bielefeld, eine weitere Einschränkung. Ist nämlich oben von einem »beschränkten Kreise« die Rede, so heißt es an anderer Stelle, die Ausstellung sei »wesentlich für Künstler und Erzieher gedacht«[23]. Berücksichtigt man zudem die relativ schwache Presseresonanz, so legt das die Vermutung nahe, daß die Stuttgarter Vorläuferausstellung in der Öffentlichkeit ein eher geringes Gewicht hatte.

Wie sind die Intentionen und Motive Baudissins einzuschätzen? Darüber liegen zwei Berichte vor, die sich in ihren Aussagen stark widersprechen. Sie sollen nacheinander zitiert und diskutiert werden. Der eine stammt von Graf von Baudissin selbst und ist Teil seiner nach dem Zweiten Weltkrieg verfaßten Erinnerungen. Der andere wurde, ebenfalls aus der Retrospektive, von Heinrich Theodor Musper (1895 bis 1976) geschrieben, der 1933 als Assistent an der Staatsgalerie Augenzeuge der Ereignisse war. Musper schreibt:

> Der Grund für die Gehässigkeit war der, daß zwischen mir und Baudissin, der seit etwa 1931 Parteimitglied war, Spannungen schon aus dem Grunde bestanden, weil ich den Kampf gegen die sogen. »entartete« Kunst verwarf und er außerdem im Dienst dauernd Propaganda für Hitler trieb. Baudissin war ein Mensch, der alles kritisierte, nur eines nicht: Hitler und die NSDAP, weil er sich davon großen Vorteil versprach und dann auch tatsächlich hatte. [...] Um sich wichtig zu machen und weil er sofort wußte, daß das Hitler-Regime den Krieg bedeuten würde, wollte er eine Ausstellung mit dem Titel arrangieren: »Im Anfang war der Krieg«. Ich scheute damals keine Anstrengung, um diese Irrsinnsausstellung zu verhindern [...]. Was ich erreichte, war lediglich, daß die Ausstellung umgetauft wurde und nun hieß: »Von Krieg zu Krieg«. Der Zufall wollte es, daß gerade damals Hitler nach Stuttgart kam. Die Ausstellung wurde dann kurz zuvor auf Weisung der Nazis abgehängt, da es ihnen nicht tragbar schien, die Katze schon aus dem Sack zu lassen und sie selbst bei Hitler mit Widerspruch rechnen mußten. Um sich das Wohlwollen der NSDAP zu erhalten, erklärte Baudissin es als unumgänglich, eine weitere Ausstellung zu machen, die die richtige Überzeugung klar zum Ausdruck bringe und so kam es dahin, daß die Staatsgalerie eine Schau unter dem Titel »Novembergeist« veranstaltete, in der sie die Dinge der Diffamierung preisgab, die sie einige Zeit vorher selbst erworben hatte, ja die Baudissin etwas früher noch gepriesen und entweder teilweise zum Ankauf empfohlen oder sogar selbst gekauft hatte. Da ich gegen diesen unerhörten Mißbrauch der Kunst Ein-

18 Schwäbischer Merkur, 14. Juni 1933.
19 NS-Kurier, 13. Juni 1933 (zitiert nach Weitz 1984, S. 151).
20 Württembergischer Staatsanzeiger, 22. Juni 1933.
21 Schwäbischer Merkur, 14. Juni 1933.
22 Vgl. Weitz 1984, S. 151.
23 Schwäbischer Merkur, 14. Juni 1933.

spruch erhob, kam es in der Diffamierungsausstellung zu heftigen Auseinandersetzungen, an denen sich auch Direktor Braune beteiligte, der sich glaubte ganz auf die Seite von Baudissin stellen zu müssen.[24]

In Muspers Darstellung stellt sich die »Novembergeist«-Ausstellung in erster Linie als persönliche Profilierungsaktion Baudissins dar, der sich beeilte, seine »richtige Überzeugung« vor seinen Parteigenossen zu bekunden, um sich einen Vorteil für seine Karriere zu sichern. Sollte diese Sicht, nach der Baudissin die Ausstellung als »Beweis seiner Nazigesinnung« (Musper) inszeniert hat, zutreffen, so würde sich ihr Charakter als dezidiert politische Musterschau im Sinne antimarxistischer NS-Propaganda erklären. Allerdings muß hier die extreme Parteilichkeit und Voreingenommenheit Muspers betont werden, dessen Gegnerschaft zu Baudissin aus dem Text ja auch explizit hervorgeht. Auch irrte sich Musper in der Einschätzung der Chronologie. Die Ausstellung »Von Krieg zu Krieg« eröffnete Ende September 1933 in der Staatsgalerie und mithin erst nach der »Greuelausstellung«.[25]
Ganz anders schildert Baudissin den Sachverhalt:

In Mannheim und Karlsruhe spielten sich inzwischen die bekannten Vorgänge ab. Was war zu tun? Hilfe von Berlin? Kam nicht. Die Hände in den Schoß legen und kommen lassen, was man kommen sah? Gab es eine Möglichkeit, der Sache einen Schubs zu geben, um sie abzulenken? Konnte man versuchen, das Heft in der eigenen Hand zu halten, wenn nicht das Schlimme, doch das Schlimmste zu verhüten; wie verhält sich der Kustode, der Schatzwächter, wenn die Bilderstürme losbrechen, und er allein steht auf weiter Flur? Wollte man das Heft in der Hand behalten, dann stand nur ein Weg offen. Man mußte wie ein Feuerwerker verfahren, den aufgehäuften Zündstoff der aufgepeitschten öffentlichen Meinung so zur Entzündung zu bringen, daß es möglichst puffte, knatterte und knallte und dabei so wenig wie möglich zu Schaden kam. Das Museum wagte es, das Steuer selbst in die Hand zu nehmen. Es wurde eine Ausstellung gestartet »Novembergeist – Kunst im Dienste der Zersetzung« auf folgender Grundlage: Keine Gemälde – die des Museums selbst hätten ja zur Verfügung gestanden – sondern Graphik und Photos. Keine Namen. Nicht ein Name wurde genannt. Unter den Ausgestellten beispielsweise kein Nolde, Barlach, Rohlfs, Schlemmer, – wie hätte ich dazu kommen sollen – kein Baumeister usw. Abgestimmt auf den Bildinhalt. Beiseitesetzung gerade dessen und derjenigen, gegen die sich der Angriff richtete. Der damals noch vorhandene Teil der nicht nationalsozialistischen Presse begriff die Absicht und ging mit. Die NS-Presse war mit der Attrappe befriedigt. Nach 14 Tagen wurde abgebaut. Die Feuerwerker hatten ihre Arbeit wie beabsichtigt durchgeführt. Das, was sich in Mannheim und Karlsruhe ereignet hatte, blieb aus.[26]

Die Widersprüche der Aussagen Baudissins zu denen Muspers sind evident. Bei der Einschätzung des Quellenwerts muß jedoch berücksichtigt werden, daß beide Darlegungen aus der Retrospektive und wohl auch als Rechtfertigungsberichte verfaßt wurden. Baudissin schickte seine Ausführungen 1949 an Braune und Musper mit der Bitte um Bestätigung. Braune schrieb am 1. Oktober 1949 unter das Manuskript: »Ich bestätige die Richtigkeit dieser Angaben im allgemeinen. In geringfügigen Einzelheiten habe ich in beiliegender Sondererklärung einige Ergänzungen und Retuschen vorgenommen«. In dieser mehrere Punkte umfassenden Erklärung bezieht sich Braune mit keinem Wort konkret auf die »Novembergeist«-Ausstellung. In Punkt drei heißt es lediglich: »Graf Baudissin hat in selbstloser und aufopfernder Weise den Kampf gegen die Parteihetze für Museum u. meine Person durchgeführt, obwohl er sich leicht an meine Stelle setzen konnte«. Musper hingegen verweigerte eine Bestätigung am 22. September 1949. In seiner eineinhalbseitigen Begründung heißt es:

Außerdem müßte ich hinzusetzen, daß Ihre Schilderung, wenn auch möglicherweise in Einzelheiten zutreffend, ein ganz falsches Bild ergibt, weil sie nur Fragmente, Ausschnitte, aber nicht das Ganze bietet. Und daß das Ganze nun leider ganz wesentlich anders war, werden Sie doch wohl selbst nicht bestreiten wollen. [...] Ich könnte nur einen Text unterschreiben, der die ganze Wahrheit enthält. Leider bin ich nämlich nicht so glücklich veranlagt, daß ich die gräßlichsten Ereig-

24 »Beilage zu dem Fragebogen Musper, Heinrich Theodor«; vom August 1945 datierendes Typoskript von Heinrich Theodor Musper im Besitz von Hildegard Musper (Stuttgart). Auszüge des Textes wurden erstmals veröffentlicht und ausgewertet von Karin von Maur (1987, S. D 3 mit Anm. 3). Ihr verdanke ich eine Kopie und Frau Musper die Erlaubnis, die Textpassage zu zitieren. – Musper war nach 1945 Direktor der Staatsgalerie Stuttgart.

25 Vgl. Weitz 1984, S. 154.

26 Unveröffentlichtes, 1949 [?] von Baudissin verfaßtes Typoskript mit dem Titel »Die Vorgänge in Stuttgart 1933« im Besitz der Nachkommen Baudissins, denen ich für die Erlaubnis, den Text zu zitieren, danke.

nisse auf die leichte Schulter nehmen könnte wie Sie. [...] Sie waren imstande, sich rechtzeitig ein Urteil über Hitler und das 3. Reich zu bilden. Aber Sie haben bedauerlicherweise die Konjunktur trotzdem mitgemacht.[27]

Einige inhaltliche Aspekte der Stellungnahme Baudissins seien kurz gestreift. Es waren offenbar die von ihm gleich zu Beginn erwähnten Vorläuferausstellungen in Mannheim und Karlsruhe, die seine Aktivitäten auslösten. Entgegen der Information Baudissins war nachweislich ein Gemälde, »Duett im Nord-Café« von Kleinschmidt, ausgestellt. Ob in der Ausstellung die Namen der Künstler genannt waren, muß offen bleiben. In der Presse jedenfalls war dies der Fall. Was die Auswahl der Exponate betrifft, fällt auf, daß Baudissin die Namen der Angeprangerten verschweigt und nur die nicht ausgestellten Künstler erwähnt. Dabei handelt es sich, mit Ausnahme Schlemmers, um Expressionisten, die auch in der Stuttgarter Presse explizit in Schutz genommen wurden.[28] In diesem Zusammenhang ist von Bedeutung, daß die Auseinandersetzungen um die Anerkennung des Expressionismus noch im Gange waren. Auf kritiklose Zustimmung zur Diffamierung dieser Stilrichtung konnte man sich keineswegs verlassen, wie die Vorgänge in Mannheim gelehrt hatten. Von diesem Gesichtspunkt her betrachtet, war es taktisch klüger, ein Konzept wie das oben analysierte zu entwickeln und Künstler wie Grosz und Dix in den Mittelpunkt zu stellen. Dieses Konzept (und nicht etwa das Bestreben, die Gemälde zu »schützen«) scheint auch die (weitgehende) Konzentration auf Graphiken zu erklären; denn Gemälde mit ähnlicher Schockwirkung wie Dix' Radierungen im »Kriegs«-Zyklus besaß die Staatsgalerie nicht.[29]

Doch die Stuttgarter sollte nicht die einzige von Baudissin organisierte Femeschau bleiben, der nach seinem Weggang aus der schwäbischen Metropole noch reichlich Gelegenheit haben sollte, seinen Kampf gegen die »entartete Kunst« mit Vehemenz fortzusetzen. Als Direktor des Folkwang-Museums richtete er innerhalb der Schausammlung eine temporäre »Schreckenskammer« ein, wie die Stadtchronik von Essen 1934 berichtet:

> Hieran schloß sich entsprechend den auf kulturellem Gebiet vom Nationalsozialismus gestellten Forderungen eine innere Umgestaltung und Erneuerung des Museums durch den neuen Leiter, der eine Durchprüfung der Bestände und eine Ausmerzung solcher Werke vornahm, die dem Geiste nationalsozialistischer Kunstpolitik widersprachen. [...] Dabei wurden nicht nur ganze Bilderserien der sogenannten abstrakten Kunst rücksichtslos entfernt, sondern auch verschiedene Gemälde von Malern wie Nolde, Schmidt-Rottluff, Kirchner, Pechstein u. a. vorläufig im Magazin abgestellt. Die exotischen Bilder von Nolde fanden in der exotischen Sammlung Unterkunft. Die Hauptstücke der entfernten Bilder wurden für einige Zeit in einem Saale als Sammlung abschreckender Gegenbeispiele gezeigt.[30]

1936 drängte Baudissin, die Ereignisse der kommenden Jahre vorwegnehmend, »ganze Arbeit zu tun«. Er schlug eine landesweite Sammlung und »Verwertung« der »Verfallskunst« vor:

> Die »Spitzenleistungen« der Verfallskunst müssen in den privaten Schlupfwinkeln aufgesucht werden. Wir halten es für ein dringendes Bedürfnis, diese Erzeugnisse, wo sie noch anzutreffen sind, zu beschlagnahmen, ihre Abgabe zu verfügen und ihre vorherige Vernichtung unter Strafe zu stellen. [...] Die Sammlung [...] hätte einmal als Archiv und zweitens der Schulung von Parteigliederungen zu dienen. Dem öffentlichen Besuch wird man diese Sammlung kaum zugänglich machen können, so ekelerregend wird ihr Inhalt sein. [...] Endlich sollte man alle diejenigen, die es immer noch nicht begriffen haben, in dieser Schau auch acht Tage zwecks Ausgiftung einsperren. [...] Giftstoffe kann man nur beschlagnahmen, unschädlich machen oder medizinisch verwenden.[31]

27 NL-Archiv Paul O. Rave, Berlin; eine Kopie verdanke ich Andrea Schmidt.

28 »[...] wir wollen damit nichts gegen den Expressionismus an sich sagen« (NS-Kurier, 13. Juni 1933; zitiert nach Weitz 1984, S. 151).

29 Von George Grosz befand sich keines, von Otto Dix lediglich das »Arbeiterbildnis« in der Stuttgarter Sammlung (vgl. von Maur 1987, S. D 23, Nr. 8).

30 Zitiert nach Vogt 1983, S. 113; vgl. auch Museum Folkwang Essen 1983, besonders S. 103-113. Dort und bei Vogt auch Einzelheiten zu den weiteren Aktionen Baudissins in Essen, wie die Ausschreibung eines Wettbewerbs für den Minnebrunnenraum (nach der Entfernung der Wandbilder Schlemmers) und den Verkauf des Kandinsky-Gemäldes »Improvisation 28« an den Berliner Kunsthändler Ferdinand Möller. Vgl. des weiteren die Dokumente bei Wulf 1983a, S. 344-347.

31 Klaus Graf von Baudissin, Kandinsky und Franz Moor, in: National-Zeitung, 24. September 1936 (zitiert nach Wulf 1983a, S. 346f.). Die Frankfurter Zeitung berichtete über Baudissins Vorstoß, wie aus Willi Baumeisters Tagebucheintrag vom 28. September 1936 hervorgeht: »Laut Artikel in der Frankfurter Zeitung will von Baudissin auch in den Privatsammlungen die ›Greuel‹-Bilder beschlagnahmen« (zitiert nach Willi Baumeister 1989, S. 45; vgl. auch Hirner-Schüssele 1990, S. 28 mit Anm. 4).

Es war Baudissin, der sich solcherart als Vorkämpfer gegen die »entartete Kunst« profiliert und den NS-Kunstpolitikern anempfohlen hatte, vergönnt, als Beobachter des Reichs- und Preußischen Ministeriums für Wissenschaft, Erziehung und Volksbildung in der ersten Beschlagnahmekommission an den »Ausmerzungen« und »Säuberungen« teilzunehmen (vgl. Kapitel 10.2 und 10.3).

3.5.1 Bielefeld, Städtisches Museum, 20. August bis circa 18. September 1933

Auch in anderen Teilen Deutschlands informierte die Tagespresse über die Stuttgarter Vorläuferausstellung, z. B. in Hannover. Am 16. Juni 1933 richtete Eduard Schoneweg, seit 1930 Direktor des Städtischen Museums Bielefeld, ein Schreiben an die Württembergische Staatsgalerie Stuttgart:

> Im »Hannoverschen Kurier« las ich von Ihrer Ausstellung »Novembergeist – Kunst im Dienste der Zersetzung«. Ich halte es für außerordentlich verdienstvoll, daß Sie eine derartige Ausstellung veranstalten. Wäre es wohl möglich, daß Sie dem Städt. Museum in Bielefeld das Material dieser Ausstellung für einige Wochen leihweise überließen? Ich bin der Überzeugung, daß man hier daran großes Interesse hätte. Aus der Zeitungsnotiz geht hervor, daß es sich wohl im wesentlichen um Graphik handelt, die ja ohne Schwierigkeit und Gefahr zu verschicken ist. Hinreichend große Wechselrahmen stehen uns hier zur Verfügung. Sehr dankbar wäre ich, wenn die Sonderausstellung uns außer den Transport- und Versicherungskosten keine Ausgaben verursachte.[32]

Drei Tage später antwortete Heinz Braune in dem bereits zitierten Schreiben, daß die Ausstellung wegen der Leihgaben zwar nicht *en bloc* verschickt werden könne, er aber die der Staatsgalerie gehörigen Blätter »gerne unter der Voraussetzung der Genehmigung durch das Ministerium zur Verfügung stellen«[33] wolle. Am 3. Juli 1933 nimmt Schoneweg das Angebot mit der Bemerkung, es genügten Blätter für etwa 40 Wechselrahmen, dankend an. Die »Blätter von George Grosz und Otto Dix, ferner die Merzschöpfungen Kurt Schwitters' und einiger anderer Dadaisten« wolle er sich anderweitig besorgen. Des weiteren erkundigt er sich nach einer Serie von Lichtbildern, da er die Erfahrung gemacht habe, »daß die Ausstellungen ganz anders besucht werden, wenn wir mittels Lichtbildern und kurzer Vorträge Einführungen geben«. Nach einer nochmaligen Rückfrage von Braune (5. Juli 1933) bittet ihn Schoneweg am 7. Juli, »alles das zu schicken, was Sie uns geben können«, da seine eigenen Bemühungen um Leihgaben[34] vergeblich gewesen seien. Es folgen die Mitteilung Braunes, »daß das Kultusministerium auf meinen Antrag die leihweise Abgabe einer Anzahl von graphischen Blättern [...] unter der üblichen Bedingung der vollen Wertversicherung [und] der Übernahme sämtlicher Kosten genehmigt hat [...]« (14. Juli 1933) sowie die Übersendung der Leihgabenliste (Dok. 3) mit der Festsetzung der Versicherungssumme auf RM

32 Die hier und im folgenden angegebene Korrespondenz und Tagespresse befindet sich im StA Bielefeld.

33 Schreiben Braunes an Schoneweg vom 19. Juni 1933.

34 Überliefert hat sich im StA Bielefeld einzig Schonewegs Anfrage an das Landesmuseum (Provinzialmuseum) Hannover vom 3. Juli 1933. Am folgenden Tag lehnte Alexander Dorner, Direktor der Gemäldeabteilung seit 1925, eine Unterstützung »aus prinzipiellen Gründen« ab: »Wir sind hier in Übereinstimmung mit sämtlichen Mitgliedern der Museumskommission zu dem Ergebnis gekommen, daß die Veranstaltung solcher einmaligen Ausstellungen zersetzender Kunst nicht nur von sehr geringer Wirkung, sondern auch sehr gefährlich ist. Im Gegenteil zeigt es sich, daß das, was noch gestern von den Reaktionären in der nationalsozialistischen Bewegung in Grund und Boden verdammt worden ist, heute bereits von den führenden Stellen anerkannt wird. Es gibt noch eine ganze Reihe anderer Gesichtspunkte, aus denen heraus solche Ausstellungen prinzipiell [!] zu verwerfen sind.« – Wegen seines Engagements für die künstlerische Avantgarde und seines progressiven Museumskonzepts – insbesondere das 1927 mit El Lissitzky entwickelte »Kabinett der Abstrakten« hatte internationale Beachtung gefunden – wurde Dorner zum 1. Februar 1937 unter dem Vorwand finanzieller Unregelmäßigkeiten gekündigt.

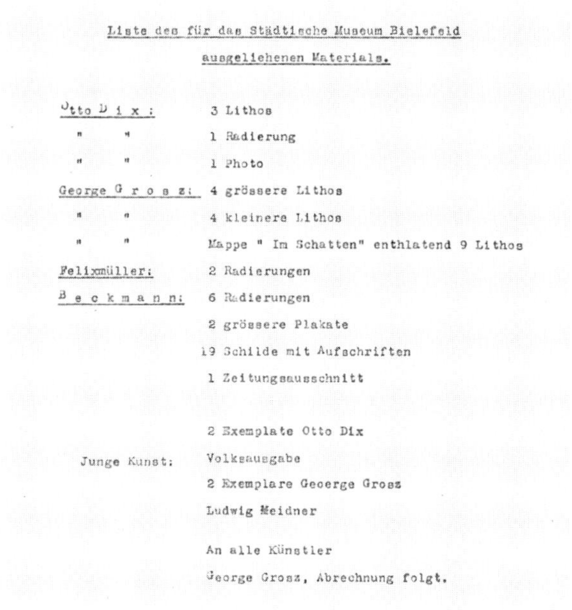

Liste des für das Städtische Museum Bielefeld
ausgeliehenen Materials.

Otto D i x :	3 Lithos
" "	1 Radierung
" "	1 Photo
George G r o s z:	4 grössere Lithos
" "	4 kleinere Lithos
" "	Mappe " Im Schatten" enthlatend 9 Lithos
Felixmüller:	2 Radierungen
B e c k m a n n:	6 Radierungen
	2 grössere Plakate
	19 Schilde mit Aufschriften
	1 Zeitungsausschnitt
	2 Exemplate Otto Dix
Junge Kunst:	Volksausgabe
	2 Exemplare Geoerge Grosz
	Ludwig Meidner
	An alle Künstler
	George Grosz, Abrechnung folgt.

Dok. 3 Verzeichnis der Leihgaben der Staatsgalerie Stuttgart aus der Ausstellung »Novembergeist – Kunst im Dienste der Zersetzung« an das Städtische Museum Bielefeld, 29. Juli 1933 (StA Bielefeld)

300 (29. Juli 1933). In einer ersten Presseankündigung, die am 18. August 1933 in beiden Bielefelder Tageszeitungen veröffentlicht wurde, ließ das Städtische Museum kundtun:

> Mit Unterstützung der Staatlichen Galerie in Stuttgart und anderer Museen veranstaltet das Bielefelder Museum in der geschichtlichen Abteilung [!] an der Wertherstraße 3 eine höchst lehrreiche Ausstellung unter dem Titel »Novembergeist«, Kunst im Dienste der Zersetzung. Man wird diese Ausstellung nicht ohne Erschütterung verlassen. Sie soll auch aufrütteln und abschrecken. Man findet die bekanntesten Vertreter des Novemberzeitgeistes: Otto Dix, George Grosz, Felixmüller, Archipenko, Beckmann, Kleinschmidt, Meidner u. a., die bis zum 5. März 1933 als Große im Reiche der Kunst galten und deren Zersetzungsarbeit der deutsche Bildungsphilister mit bewunderndem Augenaufschlag hinnahm [...]. Die Ausstellung wird am Sonntag morgen, um 11.30 Uhr, mit einem kurzen Vortrage von Museumsdirektor Dr. Schoneweg eröffnet. Sie steht unter besonderer Aufsicht. Jugendlichen unter 20 Jahren ist der Zutritt verboten. Allen, die am kulturellen Leben unseres Volkes inneren Anteil nehmen, sei der Besuch dieser ernsten Ausstellung empfohlen.[35]

Schonewegs Verlautbarung, die Femeschau der Allgemeinheit zu öffnen, stieß bei seinen Parteigenossen auf Kritik. Noch am Abend des 18. August kam es zu einer Aussprache mit Karl Wilke, Kreiskulturwart der NSDAP in Bielefeld. Dieser forderte den Museumsleiter auf, die Ausstellung nicht öffentlich, sondern »nur zu Schulungszwecken« zugänglich zu machen:

> Sehr geehrter Herr Parteigenosse! Ich habe die größten Bedenken davor, daß die Ausstellung »Novembergeist 1918«, die Sie morgen eröffnen wollen, der Öffentlichkeit zugänglich gemacht wird. Ich muß, wie ich Ihnen das gestern abend bereits mündlich erklärte, darauf bestehen, daß die Ausstellung nur zu Schulungszwecken dient und bitte Sie, in diesem Sinne zu verfahren. Über die Form können wir uns dann noch einmal mündlich unterhalten.[36]

Schoneweg mußte sich dem Druck beugen. In einem zweiten, offensichtlich ebenfalls von ihm verfaßten und an die Tageszeitungen verschickten Bericht über die Ausstellungseröffnung heißt es nämlich:

35 Die weder datierte noch unterzeichnete, aber vermutlich von Schoneweg verfaßte Pressemitteilung (StA Bielefeld) erschien am 18. August 1933 in der Westfälischen Zeitung und in den Westfälischen Neuesten Nachrichten. Über die im Text erwähnten anderen Museen und deren eventuelle Leihgaben konnte ebensowenig etwas in Erfahrung gebracht werden wie speziell über die Präsenz von Werken Archipenkos, dessen Name handschriftlich ergänzt wurde. Das erwähnte Datum 5. März 1933 war das der Reichstagswahl, bei der die NSDAP 43,9 % der Stimmen und die Regierungskoalition eine knappe absolute Mehrheit erreicht hatte.

36 Schreiben Wilkes an Schoneweg vom 19. August 1933.

> Dr. Schoneweg hob hervor, daß es sich hier um eine Schulungsausstellung handele, die in Zukunft nur Lehrern, Ärzten, Geistlichen, Richtern und insbesondere den Amtswaltern der NSDAP unter seiner Führung gezeigt werden solle, d. h. solchen Menschen, die für die Volkserziehung im wesentlichen verantwortlich seien. Der Öffentlichkeit sei sie nicht zugänglich.[37]

Dieser Vorgang verdient Beachtung. Hier artikuliert sich von ganz anderer Seite und aus ganz andersartigen Motiven, als es bisher begegnete, Kritik an der Durchführung einer »Schreckenskammer«. In der Tat ist es der einzige bekannte Fall, bei dem der Zugang zu einer Vorläuferausstellung durch die Intervention der NSDAP kontrolliert wurde. Auch das gehörte natürlich, indem es ihren Sensationscharakter erhöhte, zur Inszenierung der Femeschau. Auf der anderen Seite zeigt es, daß man sich über eine positive Wirkung der Schau im Sinne ihres Konzeptes und ihrer Veranstalter nicht sicher war. Man zweifelte offenbar am »Erfolg« der Femeausstellung, deren spezifische Didaktik auf einem Zweischritt beruhte: Das Entsetzen und die Empörung der Öffentlichkeit über die ausgestellten Werke waren nicht Ziel, sondern nur ein Mittel, um Zustimmung zu der »nationalsozialistischen Revolution« zu bewirken, die das Ende »dieser« Kunst versprach und sich gleichzeitig als Retter der »wahren deutschen« Kunst darstellte. Schoneweg brachte die gewünschte Publikumsreaktion auf die Diffamierungsausstellungen auf den Punkt, wenn er als Abschluß seines oben zitierten Berichts einem fiktiven Besucher als Resümee die Worte in den Mund legte: »Es war höchste Zeit, daß Adolf Hitler kam«. Bei den zur Ausstellung zugelassenen Berufsgruppen konnte nach der weitgehenden Gleichschaltung, d. h. Entfernung mißliebiger Personen, ein ideologischer Konsens vorausgesetzt und mithin davon ausgegangen werden, daß die »Schreckenskammer« im gewünschten Sinne wirksam wurde.
Die Maßnahme zeigte Wirkung: Der leitende Psychiater eines Bielefelder Krankenhauses schickte zwei Assistenten mit einem Empfehlungsschreiben zu Schoneweg, mit der Bitte, ihnen die »Ausstellung kommunistisch-marxistischer Bilder« zugänglich zu machen, da sie »gerade für den Psychiater von besonderem Interesse«[38] sei. Aber es zeigte sich auch Widerstand. In dem abschließenden Schreiben Schonewegs an Braune, das die Zurücksendung der Ausstellung nach Stuttgart begleitete, schrieb der Bielefelder:

> Sie hat bei vielen Menschen einen starken Eindruck hinterlassen, wenngleich [...] eine kleine Minderheit, besonders geführt durch die freien Künstler, sich von vornherein gegen die Ausstellung wandte und alles versuchte, um sie wieder vorzeitig zu schließen.[39]

Einzelheiten über diese Proteste oder andere Besucherreaktionen sind leider nicht bekannt.

37 In gekürzter und teilweise veränderter Fassung erschien der zweieinhalbseitige Bericht unter der Überschrift: »Novembergeist – Eine Schreckenskammer des Kulturbolschewismus« am 22. August 1933 in der Westfälischen Zeitung und in den Westfälischen Neuesten Nachrichten.

38 Dr. Jaspersen, Leitender Arzt der Psychiatrischen und Nervenabteilung der Westfälischen Diakonissenanstalt »Sarepta«, Bethel-Bielefeld, in einem Brief an Schoneweg vom 29. August 1933.

39 Schreiben Schonewegs an Braune vom 19. September 1933.

3.6 Dessau, Anhaltische Tageszeitung, Juli 1933

»Wir fordern: Sofortige Streichung sämtlicher Ausgaben für das Bauhaus. [...] Der Abbruch des Bauhauses ist sofort in die Wege zu leiten.«[1] An erster Stelle stand diese Forderung auf dem Flugblatt, mit welchem die NSDAP-Ortsgruppe Dessau für die Gemeindewahlen am 25. Oktober 1931 um Stimmen warb. Der mit missionarischem Eifer geführte Feldzug gegen das »bolschewistische« Bauhaus, das 1925 – auf Initiative des sozialdemokratischen Oberbürgermeisters Fritz Hesse und gegen die Stimmen der bürgerlichen Rechtsparteien Deutschnationale Volkspartei (DNVP) und Deutsche Volkspartei (DVP) – nach Dessau übersiedelt war, hatte sich bereits 1930 bei den Landtagswahlen in Thüringen als publikumswirksam erwiesen und in Weimar zu entsprechenden kulturpolitischen Aktionen geführt (vgl. Kapitel 2.3). In Dessau verfehlte er seine Wirkung ebenfalls nicht: Die Nationalsozialisten gewannen die Mehrheit im Gemeinderat und konnten nach mehreren vergeblichen Anläufen die Schließung des Bauhauses mit Wirkung vom 1. Oktober 1932 durchsetzen.[2]
Auch nach seinem Umzug nach Berlin spielte das Bauhaus in den politischen Auseinandersetzungen Dessaus eine bedeutsame Rolle. Hesse wurde sogleich nach dem 30. Januar 1933 »beurlaubt«, in »Schutzhaft« genommen und durch den stellvertretenden Gauleiter der NSDAP, Stadtverordnetenvorsteher und Polizeidezernenten P. Hofmann ersetzt, einen der fanatischsten Gegner des Bauhauses. Dessen erste Amtshandlung war die »Säuberung« der städtischen Bücherei. Am 6. Februar 1933 meldete die Frankfurter Zeitung unter der Überschrift »Ein ›Bilderstürmer‹ in Dessau«:

> Der Polizeidezernent Bürgermeister Hofmann, der der NSDAP angehört, hat mit sofortiger Wirkung folgende Bücher aus der städtischen Bücherei entfernen lassen: »Volksbuch vom großen Krieg« (Kästner), »Vom weißen Kreuz zur Roten Fahne« (Max Hölz), »Ein Prolet erzählt« (Turek), sämtliche Werke Trotzkis und Remarques »Im Westen nichts Neues«. Ferner hat Hofmann ein Verzeichnis aller Bücher kommunistischen und pazifistischen Inhalts und eine Vorschlagsliste nationaler Bücher angefordert, die an Stelle der pazifistischen und kommunistischen treten sollen.

Am 1. April 1934 übernahm der dreißigjährige promovierte Jurist und NS-Stadtrat Richard Harms das Amt des Bürgermeisters. Bereits seit Frühjahr 1933 leitete er einen Untersuchungsausschuß, welcher gegen Hesse ermittelte. Von Harms ging die Initiative zur polizeilichen Durchsuchung und damit zur Schließung des Berliner Bauhauses am 11. April 1933 aus, welche von der Staatsanwaltschaft Dessau unter dem Verdacht veranlaßt worden war, es ließe sich hier kommunistisches Propagandamaterial als Beweismittel gegen Hesse beschlagnahmen.[3] Im Oktober 1935 kam es zu einem Disziplinarverfahren, in dem der Hauptgegenstand der gegen Hesse erhobenen Vorwürfe die Förderung des Bauhauses war – wozu sich der Angeklagte ausdrücklich bekannte. Der Prozeß endete 1937 für Hesse relativ glimpflich mit einer Kürzung des Ruhegehalts um zwei Fünftel und der teilweisen Auferlegung der Verfahrenskosten.[4] Daß Harms sich ganz dem Kampf gegen das Bauhaus verschrieben hatte, verdeutlicht eine 1938 von ihm herausgegebenen Schrift:

> [Harms'] besonderes Arbeitsgebiet war der berüchtigte, weit bekannte Bauhausfall, den er zunächst 1931 innerhalb der nationalsozialistischen Stadtverordnetenfraktion bearbeitete, dann 1933 als Vorsitzender eines gemeindlichen Untersuchungsausschusses behandelte und schließlich 1935-1937 als Staatsanwalt in dem Dienststrafverfahren gegen den ehemaligen Oberbürgermeister weiter verfolgt hat.[5]

1 Flugblatt der Dessauer Nationalsozialisten für die Gemeindewahlen am 25. Oktober 1931, zitiert nach der Reproduktion bei Droste 1990, S. 226. Vgl. zum folgenden: ebenda, S. 120 und S. 227f.; Hahn 1985, passim; Miller Lane 1985, S. 169-184.

2 Zur Vorgeschichte der Schließung vgl. Hahn 1985, S. 63-90 und Hüneke 1990c, S. 386, Anm. 108.

3 Vgl. Hahn 1985, S. 127-129.

4 Vgl. ebenda, S. 139-141 und S. 150f.

5 Harms 1938, S. 27.

Vor dem Hintergrund des Vorgehens gegen Hesse muß das Zustandekommen der Dessauer Vorläuferausstellung im Juli 1933 gesehen werden. Ihr ging eine Durchsuchung des Magazins der Staatlichen Gemäldegalerie[6] und des Bürgermeisteramtssitzes im sogenannten Messelhaus[7] voraus, wovon eine Zeitungsnotiz berichtet:

> Seit dem Fortzuge der Bauhausprofessoren nach Berlin war es ruhig geworden in der sonst stets stark rumorenden Bauhausangelegenheit. Nun hat Dessaus Oberbürgermeister Hesse einen vierwöchigen Urlaub angetreten, und diese Gelegenheit benutzten die nationalsozialistischen Bauhausgegner zu einer gründlichen Bilderrazzia – mit durchschlagendem Erfolg. In einer Rumpelkammer der Staatlichen Gemäldegalerie und in einer unbenutzten Küche des Messelpalais' – der Wohnung des Oberbürgermeisters – fand man nicht weniger denn sechs Bilder von Feininger, Kandinsky, Möller [!] und Nolde, für die von dem Oberbürgermeister 30.000 Mark ausgegeben worden waren. [...] Die Bilder sollen jetzt der Öffentlichkeit zugänglich gemacht werden.[8]

Der Urlaub des Bürgermeisters, eine Rumpelkammer und eine unbenutzte Küche, dazu eine Razzia, die die (buchstäblich) versteckten Machenschaften des früheren Stadtoberhaupts enthüllt! Der Artikel ist an geballtem Zynismus kaum zu überbieten. Im letzten Satz wird man die erste Andeutung der geplanten Ausstellung erkennen dürfen.

Bei den im zitierten Presseartikel erwähnten sechs Kunstwerken handelt es sich um einen Teil der Ankäufe, die Fritz Hesse – auf Empfehlung des Gründungsdirektors der Anhaltischen Gemäldegalerie und Landeskonservators von Anhalt, Ludwig Grote[9] – in den Jahren 1928 bis 1931/32 getätigt hatte. Die Gemälde, Aquarelle und Graphiken verblieben im Besitz der Stadt, die sie als Dauerleihgaben der Staatlichen Gemäldegalerie zur Verfügung stellte. Ob sich sämtliche Erwerbungen, wie der Pressebericht glauben machen möchte, zum Zeitpunkt der Razzia im Depot des Museums bzw. im Messelhaus befanden, oder ob nicht auch einige in den Schauräumen des Palais Reina hingen, ist nicht bekannt.

Der Untersuchungsausschuß warf Hesse verantwortungslosen Umgang mit Haushaltsmitteln, Schädigung der Öffentlichkeit, Umgehung bzw. Täuschung des Gemeinderats sowie zweckentfremdete Verwendung der für die Staatlichen Gemäldegalerie vorgesehenen Mittel vor.[10] In diesem Zusammenhang versammelte man einen Teil der von Hesse angekauften Werke in einer »Schandausstellung«. Die Kunstwerke fungierten gleichsam als *corpora delicti*, als »Beweisstücke [für die] Verschleuderung öffentlicher Gelder«[11].

Als einzige unter ihresgleichen fand die Dessauer Vorläuferausstellung in den beiden Schaufenstern einer Tageszeitung statt, nämlich des örtlichen NSDAP-Organs Anhaltische Tageszeitung (Fürstenstraße). Schaufensteraus-

6 Die Anhaltische Gemäldegalerie (heute Staatliche Galerie Dessau Schloß Georgium) wurde 1927 gegründet, um die Kunstschätze aufzunehmen, die 1919 und 1926 aus dem Besitz des ehemaligen Herzoglichen Hauses in den des Freistaates Anhalt übergegangen waren. Sitz der Galerie wurde das 1821 bis 1824 nach Plänen von Carlo Ignazio Pozzi errichtete, in der Kavalierstraße gelegene Palais Reina, das ursprünglich Prinz-Georg-Palais hieß (vgl. Ehlert o. J., S. 3-5).

7 Das 1902/03 von dem Architekten Alfred Messel erbaute Palais in der Kavalierstraße beherbergte ab 1910 das Städtische Museum. Später war es Amtssitz des Oberbürgermeisters und des NS-Reichsstatthalters.

8 Zeitungsausschnitt aus einer überregionalen Tageszeitung ohne Datum im StA Dessau, dem ich für eine Abschrift danke. Mit Möller ist der Berliner Kunsthändler Ferdinand Möller gemeint, von dem die Stadt Dessau 1931 je ein Werk von Alexej von Jawlensky und Emil Nolde erworben hatte. Der Ankaufspreis von RM 30.000 vermittelt ein falsches Bild, da er sich nicht nur auf sechs, sondern auf sämtliche städtische Ankäufe zwischen 1928 und 1931 bezieht (s. u.).

9 Grote (1893 bis 1974), Freund und Förderer des Bauhauses, der Hesse für die Übernahme dieser Institution von Weimar nach Dessau interessiert hatte, wurde 1932 auf Betreiben der Nationalsozialisten nahegelegt, seinen Rücktritt einzureichen. – Von 1951 bis 1962 war Grote Erster Direktor (seit 1958 mit dem Titel Generaldirektor) des Germanischen Nationalmuseums Nürnberg, nach seiner Pensionierung bis zu seinem Tod leitete er den Arbeitskreis Kunstgeschichte der Fritz Thyssen Stiftung; vgl. Deneke/Kahsnitz 1978, passim; Junge 1993; von der Osten 1974 sowie die Beiträge von Christoph Bernoulli, Stephan Waetzoldt und J. A. Schmoll gen. Eisenwerth, in: Schadendorf 1975, S. 7-12.

10 So sinngemäß eine Meldung im Anhalter Anzeiger vom 11. Juli 1933, welche von den Mitgliedern des Untersuchungsausschusses (Harms, Jericke, Leidenroth und Sommer; alle Mitglieder der NSDAP) gezeichnet ist. Vgl. auch den ausführlichen Artikel des Ausschusses »Das kostspielige Bauhaus – Eine Keimzelle bolschewistischer Zersetzung – Schwere Anklagen des Untersuchungsausschusses gegen Hesse«, in: ebenda, 16. Juli 1933 (reproduziert in: Hahn 1985, S. 140f.).

11 Anhalter Anzeiger, 20. September 1937.

stellungen waren im Dritten Reich nichts Ungewöhnliches: 1933 wurde in Berlin ein von Max Oppenheimer geschaffenes Porträt des ehemaligen Oberbürgermeisters Gustav Böß im Schaufenster eines SA-Sturmlokals angeprangert[12]. Ähnliches passierte in Mannheim dem Gemälde »Rabbiner (Die Prise)« von Chagall (vgl. Kapitel 3.1). Im November 1935 fand im Schaufenster der »Großdeutschen Buchhandlung« in Nürnberg eine Ausstellung über die »jüdische« Freimaurerei statt (vgl. Kapitel 3.8.1.2). 1940 wurde im Verlagsschaufenster der Karlsruher NS-Zeitung Der Führer ein aus Frankreich geraubtes Gemälde gezeigt, das angeblich den Fliegerangriff auf Karlsruhe vom 22. Juni 1916 verherrlichte – mit dem offensichtlichen Ziel, antifranzösische Stimmung zu schüren.[13]

Über die genaue Laufzeit der Dessauer Ausstellung, die Auswahl der Exponate, die Art und Weise der Präsentation und die Rezeption durch Presse und Öffentlichkeit ist fast nichts bekannt – nicht einmal ein offizieller Name, so es einen solchen gegeben hat, ist überliefert. In der Literatur begegnet als Titel zwar allenthalben »Schreckenskammer« bzw. »Schreckenskammer der Kunst«[14], gleichwohl ist dies in den Quellen nicht belegt und in Anbetracht einer Präsentation in Schaufenstern auch wenig wahrscheinlich. Es darf lediglich als gesichert gelten, daß die Schau im Juli 1933 stattfand und daß es eine Auswahl der (in Kapitel 10.1. aufgeführten) städtischen Ankäufe (namentlich Werke der Bauhaus-Künstler) war, die in diskriminierender Weise zur Schau gestellt wurde. Der Zeitpunkt läßt sich aus der oben dargelegten Chronologie des Geschehens sowie einer Notiz in der Anhalter Woche vom 23. Juli 1933 erschließen:

> So soll z. B. in Dresden im September in einer Ausstellung gezeigt werden, was eine marxistisch-demokratische Stadtverwaltung an sogenannten Kunstwerken aus Stiftungsmitteln angekauft hat. Jedes Kunstwerk soll mit dem dafür bezahlten Preis ausgezeichnet werden. Da werden wahrscheinlich die Dresdener nicht weniger erstaunt sein wie wir in Dessau.

Über die Planung einer Femeschau muß es allerdings schon zu einem früheren Zeitpunkt offizielle oder inoffizielle Verlautbarungen gegeben haben, wie zwei Briefe Oskar Schlemmers dokumentieren. Bereits am 25. April 1933 schreibt er: »Der Bildersturm scheint zu grassieren. Dessau, Mannheim, jetzt auch Dresden. Es werden ›Schreckenskammern der Kunst‹ in den Museen eingerichtet«[15]. Freilich darf daraus nicht geschlossen werden, daß die Dessauer Schau bereits im April 1933 stattfand[16], denn auch die von Schlemmer erwähnte Dresdner Ausstellung eröffnete erst im September 1933 (vgl. Kapitel 3.8). Nach Auskunft von inzwischen verstorbenen Zeitzeugen soll »vor den Schaufenstern [...] ein ziemliches Gedränge gewesen sein«[17].

Laut zeitgenössischen Mitteilungen kam die Dessauer Ausstellung auf Veranlassung des Reichsstatthalters und langjährigen Gauleiters Friedrich Wilhelm Loeper zustande, der sich bereits vor der Machtübernahme als »temperamentvoller Redner und fanatischer Verfechter der nationalsozialistischen Ideen«[18] hervorgetan hatte. So stand im Zusammenhang mit der 1937er Femeausstellung in Dessau (vgl. Kapitel 3.11) im Anhalter Anzeiger vom 20. September 1937 zu lesen: »Es handelt sich in der Hauptsache um Stücke, die bereits im Jahre 1933 auf Veranlassung des verstorbenen Reichsstatthalters und Gauleiters Loeper [...] ausgestellt waren«. Und in einer vom Anhaltischen Staatsministerium herausgegebenen Schrift hieß es:

12 Vgl. Thomas Friedrich 1991.

13 Vgl. Der Führer, 1. September 1940.

14 Vgl. etwa Backes 1988, S. 73; von Lüttichau 1987, S. 94 (dort auch irrtümlich Nennung des Dessauer Schloßmuseums als Ausstellungsort); Merker 1983, S. 123; Museum der Gegenwart 1987, S. 70. Alle Erwähnungen der Dessauer Ausstellung basieren auf Hildegard Brenner 1963, S. 38.

15 Schlemmer 1958, S. 308.

16 So von Lüttichau 1987, S. 94.

17 Brief des StA Dessau an den Verfasser vom 3. August 1989.

18 Zitiert aus einem Brief des Polizeipräsidenten in Magdeburg an seinen Berliner Amtskollegen vom 11. Juni 1931, betreffend ein Beleidigungsverfahren gegen Loeper (BDC, PA im Best. Hauptarchiv; vgl. das Zitat aus dem Brief in Kapitel 10.3).

Daraufhin wurde noch im Herbst 1932 das Bauhaus geschlossen; die Bauhausmeister wurden entlassen; ihre minderwertigen Machwerke, die von dem früheren demokratischen Dessauer Oberbürgermeister Hesse für gewissenlos große Summen angekauft worden waren, ließ Reichsstatthalter Gauleiter Loeper kurz danach beschlagnahmen und öffentlich anprangern, um Anhalt vor Augen zu führen, welchem Abgrunde das deutsche Volk entgegentrieb und welche Rolle bei der ins Werk gesetzten bolschewistischen Revolution von oben dem Bauhaus zugefallen war.[19]

Die bisherigen Erörterungen haben gezeigt, daß es der konkrete Zweck der Dessauer Ausstellung war, den ehemaligen sozialdemokratischen Oberbürgermeister – und nicht den früheren Museumsleiter Ludwig Grote[20], der ja bereits 1932 seinen Dienst hatte quittieren müssen – parallel zu den laufenden Ermittlungen öffentlich zu diskreditieren. Sie diente gewissermaßen als Illustration und somit Rechtfertigung der gegen ihn erhobenen Vorwürfe. Auf diese Weise sollten die gegen Hesse eingeleiteten Maßnahmen eine Art plebiszitäre Bestätigung erhalten, wobei in diesem Zusammenhang der seitens der NSDAP schon lange forcierte Kampf gegen das »bolschewistische« Bauhaus nicht Ziel (zum Zeitpunkt der Ausstellung lag die polizeiliche Durchsuchung und faktische Schließung des Berliner Bauhauses schon einige Monate zurück), sondern propagandistisches Mittel zur Abrechnung mit Hesse als einem sozialdemokratischen Repräsentanten der Weimarer Republik war. Daß es sich ganz um eine Aktion der Partei handelte, wird in der Wahl des Ausstellungsorts sinnfällig. Die Staatliche Gemäldegalerie war offenbar in keiner Weise involviert; sie konnte (auch räumlich) ohne weiteres übergangen werden, da sich die Werke ja in städtischem Besitz und, zumindest teilweise, im Messelhaus befanden.

Nach Beendigung der Schaufensterpräsentation wurden die inkriminierten Werke offensichtlich im Keller des Messelhauses verstaut. Gerhard Händler[21], kommissarischer Landeskonservator für Anhalt, Vorsitzender des Anhaltischen Kunstvereins und von 1933 bis 1943 Direktor der Staatlichen Gemäldegalerie, ersuchte am 27. Mai 1937 den Magistrat der Stadt Dessau, dem Museum abermals Werke der Moderne als Leihgaben zu überlassen. Erstaunlicherweise wurde dem Ersuchen stattgegeben. Die Galerie erhielt u. a. zwei Bilder (Alexander Schawinsky, »Marine«; Fritz Winter, »Das rote Pferd«) und vier Bauhaus-Graphikmappen.[22]

19 Anhaltisches Staatsministerium 1937, S. 65. Ebenda, S. 70, ist Klees Werk »Paukenorgel« mit der Unterschrift »Kunstbolschewismus im Bauhaus« neben einem Rubens-Gemälde abgebildet.

20 Hahn (1985, S. 151) interpretiert die Diffamierungsausstellung in erster Linie als Angriff gegen Grote.

21 Nach 1945 war Händler als Direktor des Moritzburg-Museums in Halle an der Saale, als Assistent an der Kestner-Gesellschaft Hannover und als Direktor des Lehmbruck-Museums in Duisburg tätig.

22 Schreiben der Staatlichen Galerie Dessau an den Verfasser vom 12. Februar 1991. Vielleicht waren nur diese wenigen, 1937 an die Anhaltische Gemäldegalerie ausgeliehenen Werke vier Jahre zuvor angeprangert worden.

3.7 *Zehn Jahre Ulmer Kunstpolitik*
Ulm, Städtisches Museum, 4. August bis circa 8. September 1933

Daß 1933 auch in Ulm eine Vorläuferausstellung stattgefunden hat, wurde in der einschlägigen Literatur über die NS-Kunstpolitik bislang nicht berücksichtigt.[1] Indes entsprechen sowohl die Ereignisse, die der Organisation der Femeschau vorausgingen, als auch ihre propagandistische Funktion und Inszenierung eindeutig dem Muster einer »Schreckenskammer«.

Am 1. April 1924 trat Julius Baum, zuvor Konservator am Württembergischen Landesamt für Denkmalpflege und Professor für Kunstgeschichte an der Technischen Hochschule in Stuttgart, sein Amt als Direktor des Ulmer Städtischen Museums an.[2] Mit Baum war zum ersten Mal ein Kunsthistoriker für die Museumsleitung gewonnen worden, sein Vorgänger, der gelernte Schlosser Heinrich Herrenberger, hatte sich autodidaktisch die Geschichte Ulms angeeignet. Die Ära Baum sollte den eigentlichen Beginn der Geschichte des Ulmer Museums markieren. Durch umfangreiche Um- und Erweiterungsbauten, eine grundsätzliche Neuordnung der eher zufällig gewachsenen Sammlungsbestände nach kunsthistorischen Gesichtspunkten sowie eine umsichtige, auch moderne Kunsttendenzen berücksichtigende Ankaufspolitik gelang ihm die Umwandlung des Gewerbe- und Heimatmuseums in ein kunst- und kulturgeschichtliches Institut von Rang. Am 4. Oktober 1925 wurde das »Museum der Stadt Ulm« feierlich eröffnet.

Mit Konsequenz und Beharrlichkeit verfolgte Baum die Realisierung seines Konzepts. Er integrierte die Bestände der »Städtischen Gemäldegalerie« (»Schwörhausgalerie«), die aus etwa 65 Werken Ulmer, Stuttgarter und Münchner Maler bestand, in die des Museums. Um diesen Grundstock herum und mit Unterstützung des kunstsinnigen Oberbürgermeisters Emil Schwammberger, im Amt seit 1919, begann er mit dem systematischen Aufbau einer »Galerie moderner Kunst«, wobei der Akzent deutlich auf nationaler und internationaler, weniger auf lokaler und regionaler Malerei und Graphik lag. Da die städtische Haushaltslage der Ankaufstätigkeit des Museums enge Grenzen setzte, prägten von Anfang an stets wechselnde Leihgaben das Profil der Sammlung. Auf diese Weise brachte es Baum zuwege, in seinem Haus die wichtigsten Stilrichtungen des 19. Jahrhunderts und der aktuellen Kunst mit qualitätvollen Werken exemplarisch zu dokumentieren. Vertreten waren u. a. der französische Romantiker Delacroix, deutsche Romantiker, französische und deutsche Impressionisten (Renoir, Sisley, Corinth, Liebermann), Fauves (Derain, Dufy, Vlaminck), Expressionisten (Felixmüller, Heckel, Hofer, Alexej von Jawlensky, Andrej Jawlensky, Kirchner, Kokoschka, Munch, Nolde, Scharff) – hier lag der Schwerpunkt der Baumschen Erwerbungen –, Veristen (Dix, Grosz) sowie Künstler aus Ulm und Oberschwaben (Wilhelm Geyer, Leo Kahn, Paul Kleinschmidt, Karl Schäfer, Albert Unseld).[3] Überdies veranstaltete Baum im 1. Obergeschoß des Schwörhauses am Weinhof regelmäßig Wechselausstellungen zeitgenössischer Kunst. Daneben pflegte er auch die Sammlungen älterer Kunst. Baums moderne, auf Didaktik und Dialog ausgerichtete Museumskonzeption, die bis heute nichts an Gültigkeit eingebüßt hat, folgte dem erklärten Ziel,

> in dem Museum eine Einrichtung zu schaffen, die der Vergangenheit ebenso wie der Gegenwart dient, dem Menschen von heute ein lebendiges Verhältnis zu den geistigen Strömungen der Gegenwart gewinnen hilft, dem Freunde der heimischen Geschichte eine Stätte der Sammlung und der Erforschung des Vergangenen bietet.[4]

1 Grundlegend für alle in diesem Kapitel behandelten Aspekte ist der Ausstellungskatalog »Kunst und Kultur in Ulm 1933-1945« von Myrah Adams 1993, der ich für Auskünfte und eine anregende Korrespondenz danke.

2 Vgl. zum folgenden Adams 1993, S. 48-55; Fried 1975; von Neubeck 1987; Rieber 1983, S. 5; Treu 1981, S. 12f. und 1983, S. 9-14.

3 Vgl. Baum 1925/27/30/33 (mit Verzeichnissen der Ankäufe).

4 Baum 1927, S. 6. Vgl. auch Treu 1983, S. 10.

Vor allem Baums Engagement für die »Moderne Galerie« und hier im besonderen für ausländische Künstler rief den Unwillen der Öffentlichkeit in und außerhalb von Ulm hervor. Den Grund dafür sieht Erwin Treu darin, daß bestimmte Kreise »mit der Berufung Baums nicht einverstanden gewesen waren, was sicher nicht mit seiner Person als Museumsmann und Kunstwissenschaftler zusammenhängen konnte, sondern vermutlich allein mit der Tatsache, daß Julius Baum Jude war«[5]. Baums Aktivität führte auch zu Protesten seitens seiner Museums- und Fachkollegen, die sich in der renommierten Leipziger Zeitschrift Cicerone 1926 wie folgt artikulierten:

> Das Interesse des Museums müßte sich in erster Linie auf die heimatlichen Künstler [...] konzentrieren [...] dann endlich zuletzt [auf die] Franzosen. Anstatt sich an dieses bewährte Beispiel zu halten, kaufte der Direktor, ausgerechnet für Ulm, sollte man es für möglich halten, Franzosen vierten oder fünften Ranges [...]. [Das Museum ist] verpflichtet, eher für die Repräsentation der deutschen Kunst zu sorgen [...]. Überhaupt scheint es dem neuen Direktor sehr an Klarheit seines Programmes zu fehlen, was bei der Aktivität des Herrn doppelt zu beklagen ist.[6]

Noch weitaus polemischer und aggressiver griff 1932 Wilhelm Westecker in seinem Artikel »Wider die Franzosensucht. Wandlung der deutschen Kunst« Julius Baum an:

> Dem Museum der alten deutschen Reichsstadt Ulm [...] hat Museumsdirektor Prof. Baum französische Kunst beschert, damit Ulm endlich den Anschluß an die Kultur findet, den es nach der Meinung dieser Leute wahrscheinlich im Mittelalter versäumt hat. Dieser Museumsdirektor kaufte für ein Muscum, das doch gewiß nicht die Aufgabe hat, die Kunst der ganzen Welt zu zeigen, sondern nur die Aufgabe haben kann, die der alten und neuen heimischen Schule und darüber hinaus evtl. noch einiges aus der deutschen Kunst der Gegenwart darzustellen, [...] Bilder von Delacroix, Marie Laurencin, [...] Paul Sérusier, Vlaminck [...]. Man fragt sich vergeblich, welche Gesichtspunkte bei diesen Käufen maßgebend gewesen sein können. Man stößt nur auf die französische Hörigkeit oder auf gewisse Marktzusammenhänge oder auf den Ehrgeiz, modern zu sein und von sich reden zu machen. [...] man soll verhindern, daß dem deutschen Volk minderwertige französische Kunst statt deutscher Kunst vorgesetzt wird, daß deutsches Geld für solche Bilder verschleudert wird, daß solche Bilder junge deutsche Künstler und deutsche Kunstliebhaber auch nur einen Augenblick verwirren können.[7]

Beide Artikel dokumentieren, welche überregionalen Proteste die Baumschen Ankäufe erregten. Neben dem unüberhörbaren deutschtümelnd-nationalistischen Ton (man beachte den inflationären Gebrauch des Wortes »deutsch« allein im letzten Satz), bei dem die Rivalität mit dem »Erzfeind« Frankreich eine nicht unwesentliche Rolle spielen dürfte, sprechen aus diesen Zeilen wohl ebenso Neid und Mißgunst. Präzise wird hier die propagandistische Stoßrichtung der »Greuelausstellung« vorweggenommen, in der im August 1933 die Erwerbungen des progressiven Museumsleiters angefeindet werden sollten.

Noch einen Tag nach der Machtergreifung, am 31. Januar 1933, meldete die Frankfurter Zeitung: »Die Stadt Ulm legt den 4. Jahresbericht ihres Museums [...] vor. Trotz der Verknappung der Mittel gelang es, wichtige Stücke zu erwerben und die moderne Abteilung zu pflegen, auch das Kupferstichkabinett wurde bereichert [...]«[8]. Als diese Notiz erschien, waren die Tage Julius Baums bereits gezählt. Anhand der »Ulmer Bilder-Chronik« läßt sich einmal mehr nachvollziehen, wie die Nationalsozialisten sich in den Städten und Gemeinden binnen kürzester Zeit aller wichtigen Ämter bemächtigten.[9]

Am 16. März 1933 besetzen SS und Schutzpolizei das Ulmer Rathaus und nehmen Hausdurchsuchungen bei städtischen Beamten vor. Oberbürgermeister Schwammberger muß einen »Krankheitsurlaub« antreten und wird am nächsten Tag von Wilhelm Murr, Staatspräsident und späterer Reichsstatthalter von Württemberg, offiziell »beurlaubt«. Am 18. März stellt der neueingesetzte, den Oberbürgermeister vertretende Staatskommissar Hermann Schmid »eine Umgestaltung des Gemeinderates in Aussicht, sowie Untersuchungen über die Führung der

5 Treu 1983, S. 10. Baum soll Anfang der dreißiger Jahre getauft worden sein, was ihm den Beinamen »Christbaum« einbrachte (freundlicher Hinweis von Myrah Adams in einem Schreiben an den Verfasser vom 11. Januar 1991).

6 Zitiert nach Treu 1983, S. 10.

7 Berliner Börsen-Zeitung, 20. Mai 1932.

8 FZ, 31. Januar 1933.

9 Vgl. zum folgenden Sander 1988, S. 15-45.

Stadtgeschäfte und die Amtstätigkeit einzelner Beamter«[10]. Am selben Tag wird Baum »beurlaubt«. Auf der Grundlage des Gesetzes zur »Wiederherstellung des Berufsbeamtentums« wird er am 29. Mai 1933 aus den städtischen Diensten entlassen[11] und am 6. Oktober 1933 ohne Entschädigung und Pension in den Ruhestand versetzt. 1938 kommt er im Konzentrationslager Welzheim in »Schutzhaft«, bevor ihm die Emigration in die Schweiz gelingt, wo er Holocaust und Krieg überlebt.[12]

Mit der interimistischen Museumsleitung wird der Stuttgarter Innenarchitekt Adolf Häberle beauftragt, der seit 1924 als Kustos und Assistent Baums am Ulmer Museum tätig war. Ihm zur Seite bildet sich ein Museumsbeirat, dessen Konstituierung Häberle dem »Staatskommissar für die Verwaltung der Stadt Ulm«, dem Baurat und späteren (ab. 3. August 1933) Oberbürgermeister Friedrich Foerster, am 29. Mai 1933 mit der Bitte um schriftliche Genehmigung bestätigt:

> Auf Vorschlag des Museumsleiters Kustos Häberle ist im Einvernehmen mit Herrn Staatskommissar Baurat Foerster dem Museum ein Beirat zugeteilt worden, der auf Vorschlag des Schriftleiters des Kampfbundes für deutsche Kultur, Herrn Architekten Kraus, außer seiner Person noch aus Herrn Rechtsanwalt Dr. Hoelder-Weiss besteht. [...] Herr Staatskommissar wird gebeten, das bereits mündlich gegebene Einverständnis schriftlich zu wiederholen. Am Mittwoch, den 24. [des Monats], war bereits die erste Beiratsbesprechung, in der die im Protokoll festgelegten Punkte beschlossen wurden. Wenn es von Herrn Staatskommissar gewünscht wird, wird der Unterzeichnete nach jeder Sitzung das Protokoll zur Einsichtnahme bzw. Unterschrift vorlegen.[13]

Die Aufgabe des neuen Museumsbeirates war ohne Zweifel die Kontrolle der weiteren Aktivitäten des Museums. Gleich in seiner ersten Sitzung, am 24. Mai 1933, beschloß er »Änderungen in der Modernen Galerie«. Eine mit diesen Worten überschriebene Liste[14] lag dem Protokoll über die Sitzung bei. Sie verzeichnete 34 Werke und gab unter der Rubrik »Bemerkungen« im einzelnen an, was man mit ihnen zu tun beabsichtigte. 21 Arbeiten von Ernesto de Fiori, Rudolf Grossmann, Heinrich Nauen u. a., die Baum von den Galerien Arnold (Dresden) und Flechtheim (Frankfurt am Main)[15] sowie von privater Seite als Leihgaben für die moderne Abteilung erhalten hatte, waren zur Rückgabe an ihre Eigentümer vorgesehen. Handschriftliche Ergänzungen auf der Liste belegen die sukzessive Durchführung der geplanten Rückgaben zwischen Juli und Dezember 1933. Dabei wurden die acht Flechtheim gehörenden Werke am 14. Oktober 1933 an die Kunsthandlung Alex Vömel in Düsseldorf geschickt. Vömel hatte im März 1933 die dortigen Galerieräume Alfred Flechtheims übernommen. Die übrigen 13 Werke auf der Liste, mit einer Ausnahme Ölgemälde im Besitz des Museums, wurden »zum Tausch bestimmt«. Es handelte sich um Werke von Karl Caspar (»Glückliche Zeit«), Maria Caspar-Filser (»Schloss Baldern«), Grosz (»Häuser mit Bar Terminus in Marseille – Marseille«), Maria Hiller-Foell (»Russische Braut«), Ulfert Janssen (»Kopf des Malers Koeppen«), Kokoschka (»Genfer See«), Nolde (»Johannes der Täufer«), Wolf Schwammberger (»Freibergsee«)[16] und den Franzosen Delacroix (Ölskizze zu »Dante und Vergil«), Laurencin (»Mädchenbildnis«), Sérusier (»Bretonisches Bauernhaus«), Sisley (»Seinelandschaft«; Fälschung) und Vlaminck

10 Ebenda, S. 15.

11 Vgl. die Abschrift des Briefes von Staatskommissar Foerster an Baum unter diesem Datum, reproduziert bei Adams 1993, S. 48, Nr. 31.

12 Nach dem Zweiten Weltkrieg wird er vom damaligen Kultusminister von Württemberg-Baden, Theodor Heuss, zum Direktor des Württembergischen Landesmuseums in Stuttgart berufen. Baum stirbt 1959. Vgl. Gesellschaft zur Förderung des Württembergischen Landesmuseums 1952.

13 StA Ulm Best. 322/00 Nr. 8. Dr. Karl Hoelder-Weiß war von 1929 bis 1937 und erneut von 1958 bis 1960 Vorsitzender des Ulmer Kunstvereins, seinen NL verwahrt das StA Ulm (H-Dr. Hoelder-Weiß, mit PrASlg).

14 StA Ulm Best. 322/20 Nr. 16. Die Liste trägt dasselbe Datum wie der zitierte Brief Häberles an die Stadtverwaltung (29. Mai 1933) und wurde diesem wohl beigelegt. Die Vorderseite des beidseitig beschriebenen Blattes ist reproduziert bei Adams 1993, S. 59, Nr. 45.

15 Vgl. den Brief Alfred Flechtheims an das Ulmer Museum vom 8. Juli 1933 (vgl. Adams 1993, S. 59, Nr. 46). Ab November 1922 befand sich in Frankfurt am Main eine von Gustav Kahnweiler, dem Bruder von Daniel-Henry Kahnweiler, geleitete Filiale der Galerie Alfred Flechtheim. Mit Flechtheim verband Baum eine Freundschaft.

16 Nur dieses Bild des Sohnes des abgesetzten Oberbürgermeisters wurde mit der Bemerkung »magaz[in]« versehen.

(»Landschaft – L'Oise à Anvers«). Es fällt auf, daß sich unter den für Tauschaktionen ins Auge gefaßten Gemälden in Museumsbesitz keine von Ulmer Künstlern befanden. Auch Hofers Gemälde »Die Trunkene – Die Bacchantin« und »Die Kartenspieler« waren nicht darunter.

Die neue Museumsleitung und der ihr zugeteilte Beirat waren offensichtlich sehr bemüht, sich der einschlägigen (d. h. vor allem ausländischen) Erwerbungen Baums oder der ihm zur Verfügung gestellten Leihgaben für die »Moderne Galerie« zu entledigen. Es darf angenommen werden, daß die 34 Werke zunächst abgehängt und magaziniert wurden. Ob dies mit einer durchgreifenden Neuordnung der »Modernen Galerie« einherging, entzieht sich zwar unserer Kenntnis, scheint aber sehr wahrscheinlich. Besondere Beachtung verdient der Plan, einen immerhin beachtlichen Bestandteil der Sammlung durch Tausch zu veräußern. Auch wenn dies nicht realisiert wurde[17], so stellt allein der Umfang der beabsichtigten Transaktionen im Vergleich zu ähnlichen Vorhaben anderer Museen eine signifikante Ausnahme dar.

In Anbetracht des mit der Ablösung Baums eingeschlagenen Kurses erscheint es durchaus folgerichtig, daß Staatskommissar Foerster, ohne Zweifel rekurrierend auf das Ersuchen Häberles vom 29. Mai 1933, am 19. Juni 1933 anordnete:

> Das Museum der Stadt soll künftig grundsätzlich nur noch im Sinne eines Heimatmuseums geführt werden, wie es übrigens seit Jahren immer wieder aus Kreisen gefordert worden ist, die sich hier die Pflege der Kunst und den Schutz geschichtlich und künstlerisch wertvoller Altertümer angelegen sein lassen. Es ist erwünscht, mit diesen Kreisen bei der Leitung des Museums in ständiger Fühlung zu stehen. Der Staatskommissar verfügt deshalb: 1. Zur Beratung des Bürgermeisteramts und des Gemeinderats in Fragen des Museums der Stadt wird ein Beirat gebildet. 2. In den Beirat werden zunächst berufen als Vertreter des Museums Kustos Häberle, als Vertreter des Kampfbunds für deutsche Kultur Stadtrat u. Architekt Kraus, als Vertreter des Kunstvereins Ulm Dr. Hoelder-Weiss, Rechtsanwalt hier. 3. Die nähere Abgrenzung der Befugnisse des Beirats bleibt vorbehalten, die Niederschriften über seine Verhandlungen sind jeweils dem Bürgermeisteramt vorzulegen.[18]

Mit dieser Verfügung wurde der weite Horizont der Konzeption von Julius Baum definitiv verabschiedet und zugleich die – von der Stadtverwaltung und dem Beirat überwachte – zukünftige Linie des Museums programmatisch festgelegt. Bemerkenswert ist die exponierte Rolle des Kampfbundes, der eines von drei Mitgliedern des Museumsbeirates stellte und späterhin auch an der Durchführung der »Greuelausstellung« beteiligt sein sollte. Dies scheint vor allem mit der einflußreichen Persönlichkeit des Ulmer Stadtrates und späteren Kreiskulturwartes Carl Kraus zusammenzuhängen – der Gründer und Vorsitzende der Ortsgruppe Ulm des Kampfbundes für deutsche Kultur avancierte in den Kriegsjahren sogar zum Leiter des Museums.[19] Sechs Wochen nach der oben wiedergegebenen Anordnung der Stadtverwaltung meldete die Presse:

> Im Auftrag der Stadtverwaltung und im Einvernehmen mit der Kreisleitung der NSDAP und dem Kampfbund für deutsche Kultur werden jetzt in den Räumen der modernen Galerie und des Graphischen Kabinetts des Stadtmuseums die in den letzten Jahren gemachten Erwerbungen moderner Kunst der Öffentlichkeit zugänglich gemacht.[20]

17 Lediglich ein nicht auf der besprochenen Liste aufgeführtes Bild von Karl Hügin (»Zürichsee«) wurde am 6. November 1933 gegen Heinrich Altherrs »Schiffe im Hafen« getauscht, welches 1937 beschlagnahmt werden sollte. Trotz diverser diesbezüglicher Schriftwechsel 1933 und 1934 kamen keine weiteren Tauschaktionen zustande. Acht der 13 zum Tausch vorgesehenen Gemälde wurden 1937 beschlagnahmt: Caspar, »Glückliche Zeit«; Grosz, »Häuser mit Bar Terminus in Marseille – Marseille«; Hiller-Foell, »Russische Braut«; Kokoschka, »Genfer See«; Laurencin, »Mädchenbildnis«; Nolde, »Johannes der Täufer«; Schwammberger, »Freibergsee«; Vlaminck, »Landschaft – L'Oise à Anvers«. Zur Provenienz der übrigen fünf Gemälde: Caspar-Filser, »Schloß Baldern«, Verbleib unbekannt; Delacroix, Ölskizze zu »Dante und Vergil«, 1953 verkauft; Janssen, »Kopf des Malers Koeppen«, im Museumsbestand vorhanden; Sérusier, »Bretonisches Bauernhaus«, 1955 verkauft; Sisley, »Seinelandschaft«, im Museumsbestand vorhanden, jedoch Fälschung (Mitteilung des Ulmer Museums vom 7. November 1990).

18 StA Ulm Best. 322/00 Nr. 10. Vgl. die Reproduktion des Dokuments bei Adams 1993, S. 99, Nr. 130.

19 Zu Kraus vgl. Adams 1993, S. 32, Nr. 3 und S. 124-127. Er erscheint in der Liste der Ortsgruppenleiter des KfdK vom 28. Dezember 1933 (BA R 56 I/44, Bl. 4-16, hier Bl. 15). Am 30. April 1933 eröffnete er im Museum eine von der Ortsgruppe des KfdK ausgerichtete Schau »Deutsche Art über alles« mit Werken Ulmer Künstler (vgl. hierzu Adams 1993, S. 118f.).

20 Ulmer Sturm, 3. August 1933.

Die Nachricht, die Erwerbungen würden »jetzt zugänglich gemacht«, erhärtet die oben geäußerte Vermutung, daß ein (wesentlicher) Teil der Bestände aus Baums »Moderner Abteilung« zunächst in das Depot geräumt und nachher zum Zwecke der Sonderausstellung wieder hervorgeholt worden war. Vor allem aber wird hier exemplarisch deutlich, daß die geistig-politische Urheberschaft der »Schreckenskammern« im engen Geflecht von kommunalpolitischen Institutionen, Partei und völkischer Kampfbundideologie zu suchen ist. Der Impuls zur Organisation einer Femeschau in Ulm war vielleicht von den vorausgegangenen Unternehmungen anderer Städte im süddeutschen Raum – Mannheim, Karlsruhe, Nürnberg und Stuttgart – ausgegangen.
Der Titel der Ausstellung, »Zehn Jahre Ulmer Kunstpolitik«, umreißt ihre propagandistische Zielsetzung und verweist auf den zu erwartenden Inhalt. In der Tat waren es dezidiert die Erwerbungen Julius Baums auf dem Gebiet der modernen Kunst, die verurteilt wurden – auch wenn dieser strenggenommen nur knapp neun Jahre dem Museum vorgestanden hatte. Die Nennung eines Dezenniums im Titel sollte offenbar das Schreckgespinst einer (historischen) Phase heraufbeschwören, deren Überwindung zu beweisen eine zentrale agitatorische Funktion der Ausstellung war.
Eine Rekonstruktion der Femeschau ist bisher nicht erfolgt. In Ermangelung anderer Quellen kann sie sich nur auf Zeitungsrezensionen stützen. Danach waren 22 Bilder, zwei Plastiken und vier Graphiken sowie eine Reihe nicht identifizierbarer Graphiken zu sehen (vgl. Kapitel 10.1). Die Ulmer Vorläuferausstellung ist übrigens die einzige, in der sich die Diffamierung Picassos belegen läßt. Ungewiß ist indessen, ob – im Sinne des antithetischen Ausstellungsprinzips – die inkriminierten Werke mit »positiven« Gegenbeispielen konfrontiert wurden. Die Rezension im Ulmer Tagblatt vom 17. August 1933 benennt zwar einige Werke Ulmer bzw. regionaler Künstler (z. B. Wilhelm Geyer, Reinhold Nägele, Karl Schäfer, Albert Unseld, Wolfgang Zeller) im Sammlungsbestand, es wird aber nicht deutlich, ob und auf welche Weise sie in die Sonderschau einbezogen waren.
Die Beschriftungen der Gemälde nannten nicht nur Ankaufsjahr und -preis, sondern auch die Namen der betreffenden Kunsthändler (z. B. Abels, Flechtheim, Goldschmidt, Thannhauser).
Welche Kriterien bedingten die Auswahl der Exponate, wie läßt diese sich interpretieren? Erwartungsgemäß präsentierte die Ausstellung den größten Teil der im Mai/Juni 1933 abgehängten, zum Umtausch bestimmten Werke. Was man in diesem Rahmen diffamierte, glaubte man später ohne Erregung von Widerspruch abstoßen zu können. Bei weitgehender Dominanz der ausländischen, insbesondere der französischen und Schweizer Künstler fällt die völlige Abwesenheit Ulmer und schwäbischer Maler sowie die relativ geringe Präsenz der deutschen Expressionisten auf. Der Schwerpunkt der Femeschau spiegelte den der Sammlung also nur teilweise wider. Auf diese Weise mußte die Sonderausstellung von dem tatsächlichen Bestand der modernen Abteilung einen einseitigen, d. h. verfälschenden Eindruck vermitteln. Überdies wurde ein künstlerisch zwar bedeutendes, in der Baumschen Konzeption aber eher peripheres Werk in den Mittelpunkt des Angriffs gestellt: die Ölskizze von Delacroix. Die entscheidende Motivation für diese Selektion und das Konzept der Vorläuferausstellung war die beabsichtigte Stoßrichtung des Angriffs: Das Ulmer Museum sollte als »Auslandsmuseum«[21] gebrandmarkt werden.
So heißt es in dem Bericht des Parteiorgans Ulmer Sturm vom 3. August 1933 unter der Überschrift »10 Jahre Ulmer Kunst-Politik«:

> Damit die franz. Malerkolonie in Ulm vollständig sei, sind noch zu erwähnen die Franzosen Sérusier (für RM 2.000), Sisley (für RM 5.000) und Adrion (für RM 600). Für teures Geld ganz mittelmäßige und für Ulm völlig unerhebliche Franzosen. Man nenne uns dagegen ein französisches Provinzialmuseum, das auch nur ein Bild eines deutschen Malers aufgehängt hat! Doch auch das übrige Ausland kam im Ulmer Museum voll zur Geltung: »Finanziell« gut vertreten sind z. B.

21 Ebenda. Der Artikel im Ulmer Tagblatt vom 17. August 1933 war mit den Worten »Ausländische Gemäldegalerie oder Heimatmuseum?« überschrieben.

die Schweizer Brühlmann (RM 3.500), Pellegrini (RM 2.800) [...], ferner der Belgier Meunier (RM 1.000), der Russe Jawlensky (RM 2.300) und nicht zuletzt der österreichische Jude Kokoschka, dessen noch 1931 erworbenes Bild »Genfer See« nicht weniger als RM 14.000 kostete. [...] Und welche Summen im Verhältnis zu obigen Riesensummen gab die Museumsleitung in 10 Jahren für die Ulmer Künstler aus? Alles in allem kaum RM 6.000. Außerdem wurden die Gemälde der Ulmer Maler in einem Sonderraum seitab der prominenten Ausländer gehängt. [...] Es sei jedem Ulmer dringend empfohlen, sich diese Ausstellung und die Anschriften genau anzusehen, damit er endlich klar erkennt, was mit seinen Steuergeldern in den letzten zehn Jahren unter jüdischer Museumsleitung für die Internationale, die Deutsche und die Ulmische Kunst hier getan worden ist. Vielleicht [...] kommt [er dann] zur Einsicht, daß das Ulmer Museum ein Heimatmuseum und keine Filiale des jüdisch-internationalen Kunsthandels sein muß. Daß dies der Fall sein wird, kann er heute sicher sein.

Für den polemischen NS-Jargon charakteristisch ist das perfide Gemisch von scheinbar objektiven Fakten (die in einen solchen Kontext gesetzt jegliche Objektivität verlieren) und subtil eingestreuten Falschinformationen. So handelte es sich bei den Baumschen Erwerbungen französischer Künstler keineswegs um »mittelmäßige« Werke. Die internationale Avantgarde wurde naturgemäß auf dem Kunstmarkt zu höheren Preisen gehandelt als Maler der Region. Vor allem in der graphischen Abteilung hatte Baum mit großer Akribie und auf Vollständigkeit bedacht lokale Künstler gesammelt.[22] Mit »der Russe Jawlensky (RM 2.300)« waren wohl zwei Arbeiten von Alexej von Jawlensky (»Regard Suprême«) und von dessen Sohn Andrej Jawlensky (»La Santa«) gemeint, deren Ankaufspreise addiert worden waren.[23] Schließlich war Kokoschka kein Jude.

War es das Hauptanliegen der Ausstellung, das Museum als ein angebliches »Auslandsmuseum« zu diskreditieren, so verbot sich von vornherein eine allzu große Präsenz von Werken deutscher Expressionisten und heimischer Ulmer oder schwäbischer Künstler. Bei letzteren kam hinzu, daß sie zu den Opfern der »internationalistischen« Ankaufspolitik stilisiert werden sollten. Überdies waren ihre Arbeiten nicht selten als Geschenke in die Sammlung gekommen, womit sie dem Vorwurf »Verschleuderung von Steuergeldern« keine Angriffsfläche boten. Denn, das verdeutlicht obiges Zitat, die Polemik (und zugleich Selbstlegitimation) der Femeschau basierte hauptsächlich auf der – propagandistisch sicher wirksamen – Angabe der vermeintlich horrenden Ankaufspreise. So bedauerte denn auch der Ulmer Sturm am 3. August 1933 ausdrücklich, daß sich bei den Erwerbungen des Kupferstichkabinetts die Preise für die einzelnen Blätter »wegen der ›übersichtlichen‹ Buchführung des früheren Museumsassistenten« nicht mehr ermitteln ließen. Der Tenor lautete: »Nicht genug, daß Werke von Ausländern angeschafft werden, man bezahlt sie auch noch mit viel zu hohen Summen aus Steuergeldern!« Das im Titel explizierte Ziel war, die Kunstpolitik der vergangenen Jahre anzuprangern und nicht etwa die Kunst selbst. Von daher ist es konsequent, daß die NS-Berichterstattung die einzelnen Exponate fast völlig ignorierte und auf eine Diffamierung der Inhalte oder Ästhetik verzichtete. In den meisten Fällen wurden nicht einmal Werktitel genannt, die Arbeiten gar nur über die Ankaufspreise definiert bzw. auf diese reduziert. »Das Interessante an dieser Ausstellung«, heißt es am 3. August 1933 im Ulmer Sturm, »sind die den einzelnen Kunstwerken beigefügten Anschriften über Ankaufspreise und Verkäufer«.[24]

Gleichzeitig benutzte man die Femeschau für eine massive antisemitische Hetzkampagne gegen Baum und seine »Rassegenossen« im »jüdisch-internationalen Kunsthandel«, die bei den Verkäufen ihr »gutes Geschäft« gemacht hätten.[25] Zudem hing offenbar gleich am Beginn der Ausstellung »das lebensgroße Bildnis des früheren Stadt-

22 »Aber auch die damals in Ulm lebenden und arbeitenden Maler kamen zu Wort und keiner der uns heute geläufigen Namen fehlte in der Sammlung, wenn auch Karl Schäfer, Wilhelm Geyer und Albert Unseld besonders stark vertreten waren« (Treu 1983, S. 13).

23 Ähnlich verfuhr man im Falle Pellegrinis, von welchem Baum 1925 zwei Gemälde (»Sintflut«, »Bildnis des Malers Reinhold Nägele«) für insgesamt RM 2.800 ankaufte.

24 In vielen Fällen ermöglichte nur die Nennung der Ankaufspreise die Identifizierung der Exponate mittels der überlieferten Inventarbücher. Dafür wie auch für die Angaben zu Provenienzen danke ich dem Ulmer Museum.

25 Ulmer Sturm, 3. August 1933.

oberhaupts von dem Maler Essig«[26], jenes kulturell aufgeschlossenen und ebenfalls suspendierten Oberbürgermeisters Emil Schwammberger also, der die Gründung des Ulmer Museums und die Berufung Baums maßgeblich vorangetrieben und letzteren in seinen Bemühungen stets aktiv unterstützt hatte. Das Gemälde wurde nicht wegen des Künstlers[27] oder der Art der Darstellung angeprangert, sondern einzig wegen des Dargestellten. Dahinter stand die Absicht, die Verurteilung der »Zehn Jahre Ulmer Kunstpolitik« auf das »Novembersystem« als Ganzes auszudehnen, als dessen Repräsentanten der Bürgermeister und »sein« Museumsleiter angesehen wurden. Schwammbergers bildliche Vergegenwärtigung im Kontext der Femeschau kam einer Aburteilung *in effigie* gleich.

Das sozialdemokratische Organ Ulms, Donauwacht, war, wie in den meisten anderen Städten des Landes, bereits seit März 1933 verboten. Abgesehen von der oben ausführlich dargelegten selbstverständlichen Akklamation der NS-Presse zur Femeschau, der ein zweifach abgedruckter Leserbrief[28] bereitwillig Beifall zollte, ist die Stellungnahme des bürgerlichen Ulmer Tagblatts zu berücksichtigen. Am 17. August 1933 veröffentlichte die Zeitung eine Rezension, die der Ausstellung zwar prinzipiell zustimmte, gleichwohl eine durchaus differenzierte und ambivalente Argumentation verfolgte. Die Besprechung hebt sich von jener im Ulmer Sturm schon dadurch ab, daß sie sich auf die Ebene der Kunstwerke begibt und sich um eine ernsthafte, abwägende Betrachtung derselben bemüht. Der Autor zeigt, zumindest was die impressionistischen und expressionistischen Stilrichtungen betrifft, Verständnis für die Moderne:

> Die [...] Ausstellung bietet, einmal an sich betrachtet, einen kleinen, aber bezeichnenden Ausschnitt der stilistischen Wandlungen der modernen Malerei. Da ist ein Pastell von Renoir: typischer französischer Impressionismus – zart, duftig, voll naiver unbekümmerter Freude an Farbenschönheit und zarten Stimmungstönen. Oder eine Seinelandschaft von Sisley: ein kleines Stück echter Freiluftmalerei, in dem Farbe, Stimmung, Luft und Licht der Landschaft eingegangen sind. Und dann als Gegenstücke expressionistische Bilder von Führern dieser Richtung: Picasso, Kokoschka, Nolde u. a. Sie wollen nicht zarte Stimmung, sondern den kraftvollen, brutalen, aufrüttelnden Schrei der Farbe und Linie. Kokoschkas »Genfer See«, den impressionistischen Landschaften gegenübergehalten, zeigt den Unterschied und die Merkmale der verschiedenen Stile bis ins Kleinste. [...] Von der Darstellung des Wilden (Negerporträts) steigt man weiter hinunter in die Niederungen des Menschentums. George Grosz [...] zeigt Fleischlichkeit, Gemeinheit, Verkommenheit. [...] Mit sezierender Schärfe, aber mit der Eiseskälte des Arztes wird bei ihm und bei Otto Dix, der bereits der neuen Sachlichkeit angehört, [...] die allerscheußlichste Wirklichkeit dargestellt. Auch aus Hofers flächigen, plakathaften Bildern [...] grinst die Seelenlosigkeit einer mechanisierten Zeit.[29]

Es folgen einige Gedanken über die ausländischen Werke, für die der Rezensent Vokabeln wie »hübsch«, »wirklich gut«, »künstlerisch einwandfrei« findet. Vollends in den Gegensatz zur NS-Presse begibt er sich mit der folgenden Position: »Zu den wertvollsten Stücken der Galerie gehört die kleine Studie ›Dante und Vergil‹ von Delacroix, der als Klassiker der Malerei sehr wichtig und nicht einfach abzulehnen ist, weil er Franzose ist«. Ihr folgt ein unverhohlenes Plädoyer für die Anerkennung der Tätigkeit Julius Baums: »Die Um- und Neugestaltung des Ulmer Museums durch den bisherigen Direktor Prof. Dr. Baum wird ihren hohen, unbestrittenen Wert behalten«.

Wohl absichtlich verbleibt der Autor in der kunstimmanenten Ebene. Seine teilweise positive Beurteilung der Exponate und der Aktivitäten Baums führt ihn nicht zu der (*a priori* naheliegenden) Frage, was denn die Kunstwerke in einem solchen Kontext zu suchen hätten, oder gar zu einer grundsätzlichen Infragestellung der Femeschau. Er scheint ihr vielmehr jeglichen politischen Gehalt nehmen zu wollen, als ob es ihr Anliegen wäre, »stili-

26 Ebenda. Vgl. die Abb. des Bildes bei Adams 1993, S. 55, Nr. 44. Das Bildnis Schwammberger hängt heute im Treppenhaus des Ulmer Museums, gegenüber Hofers Gemälde »Die Trunkene – Die Bacchantin«.

27 Am 30. August 1933 bemühte sich der Leiter der Ulmer Gewerbeschule, Dr. Christof Klaiber, im Ulmer Tagblatt um eine Ehrenrettung Gustav Essigs, indem er betonte, daß die Familie des Münchner Portraitisten »mit Judentum nichts zu tun« habe. 1937 war Essig mit einem Bildnis auf der GDK vertreten.

28 Vgl. Ulmer Sturm und Ulmer Tagblatt, 9. August 1933.

29 Ulmer Tagblatt, 17. August 1933.

stische Wandlungen der modernen Malerei« zu dokumentieren. Eine solche, die moderne Kunst nicht pauschal in Bausch und Bogen verdammende Position wurde unfreiwillig durch die NS-Presse ermöglicht, weil die sich, salopp gesagt, gar nicht um die Kunst geschert hatte.

Die Gründe für das – trotz aller impliziten Kritik evidente – Bemühen des Rezensenten, eine explizite Desavouierung des Unternehmens zu vermeiden, mögen taktischer Natur sein. Vielleicht trifft das auch für den zweiten Teil des Artikels zu, denn dieser steht zu dem ersten in Inhalt und Diktion in denkbar krassem Gegensatz, ja Widerspruch. Der Verfasser bezeichnet die »Ulmer Kunstpolitik der letzten zehn Jahre« mit ihrer »starken Bevorzugung einer gewissen Art von Kunst« als »Irrweg«. Er verwirft die für »Tausende und Abertausende von Mark« bezahlten »internationalen, volksfremden Gemälde« als Ausdruck einer »entarteten, kranken Weltanschauung«: »Wir lehnen eine große Anzahl dieser hier angesammelten Bilder grundsätzlich ab, weil ihre Art deutschem Wesen und Empfinden, ja einer tiefen, innerlichen Kunstauffassung überhaupt ins Gesicht schlägt«. Als »wirkliches Heimatmuseum« sei es seine zukünftige Aufgabe, »wahre, echte Kunst für die Einheimischen zu bieten«. In schwerlich zu überbietender Deutschtümelei schließt der Artikel mit einem Wagner-Zitat aus »einem der deutschesten Werke«, den »Meistersingern«: »Ehrt Eure deutschen Meister, dann bannt ihr gute Geister!«.

Weitere Pressestimmen sowie Mitteilungen über die Besucherfrequenz oder die Rezeption der Ausstellung durch das Publikum liegen nicht vor. Auch das genaue Ende der rund vierwöchigen Laufzeit ist nicht bekannt. Der Schwäbische Volksbote forderte am Donnerstag, den 31. August 1933, in einer kurzen Notiz die Leser auf, die Ausstellung zu besuchen und wies darauf hin, daß sie »Anfang nächster Woche zu Ende« gehe. Damit könnte der darauffolgende Montag, der 4. September, gemeint sein. Jedoch erscheint die Schau im Tageskalender derselben Zeitung bis einschließlich Freitag, den 8. September. Am selben Tag publiziert die Zeitung bereits eine Rezension der nächsten Ausstellung im Kupferstichkabinett des Museums, Graphik von Josef Nicklas. Der Abbau der »Schreckenskammer« wird demnach zwischen dem 4. und 8. September 1933 stattgefunden haben.

Der Auftrag für die Realisierung der Schau, so heißt es, sei »im Einvernehmen« mit der NSDAP und dem Kampfbund von der Stadtverwaltung gekommen. Es sei angemerkt, daß sich bei den Organisatoren der Vorläuferausstellungen zwar meist enge Berührungen mit dem Kampfbund nachweisen lassen, doch in keiner anderen Stadt wird diese Organisation offiziell als Mitveranstalter oder nur als mitverantwortlich genannt. Im Gegenteil, die Presse scheint den Kampfbund in der Regel in auffälliger Weise zu übergehen! Ulm ist hier zweifellos schon deswegen eine Ausnahme, weil hier der führende Vertreter des Kampfbundes, Kreisleiter Kraus, als Mitglied des Museumsbeirats unmittelbaren Einfluß auf die Museumspolitik ausüben konnte. Vermutlich wegen dieser Verbindung fand auch eine »wissenschaftliche Vortragsreihe« des Kampfbundes im Städtischen Museum statt. Im Dezember 1933 wurde Kraus zum Vorsitzenden des Vereins der Museumsfreunde ernannt.[30]

Die Quellen geben leider keine Auskunft über die konkrete Rolle von Adolf Häberle, der nach dem Ausscheiden Baums die Museumsgeschäfte kommissarisch leitete. Es ist mit hoher Wahrscheinlichkeit anzunehmen, daß er für die Konzeption der Femeschau verantwortlich war. Sicher ist dagegen, daß Häberle sich eifrig bemühte, der Forderung nach einem »Heimatmuseum« durch eine forcierte Sammeltätigkeit von Kunstgewerbe und Volkskunst gerecht zu werden.[31] Auch verbannte er die Exponate der Ausstellung »Zehn Jahre Ulmer Kunstpolitik« nach der Laufzeit wieder ins Magazin.

In der Münchner Ausstellung »Entartete Kunst« waren keine Ulmer Werke zu sehen. Karl Hofers Gemälde »Die Trunkene – Die Bacchantin«, zusammen mit rund 230 weiteren Werken am 26. August 1937 [?] beschlagnahmt, gehörte vermutlich ab Berlin zum Ausstellungsgut und reiste von dort weiter nach Leipzig, Düsseldorf und Salz-

30 Vgl. den Zeitungsausschnitt ohne Herkunftsangabe (aus Ulmer Sturm oder Ulmer Tagblatt?) vom 18. Dezember 1933 im StA Ulm, H-Dr. Hoelder-Weiß, Nr. 9.

31 Zur Ankaufspolitik Häberles vgl. Adams 1993, S. 99, Nr. 131.

burg, von wo aus es im Oktober 1938 nach Berlin zurückgeschickt wurde (Dok. 50).[32] Alexej von Jawlenskys »Regard Suprême« gehörte ab der sechsten Station, Hamburg, zum Bestand der Wanderschau (Dok. 55), in welchen zu einem nicht bekannten Zeitpunkt auch Grosz' »Häuser mit Bar Terminus in Marseille – Marseille« gelangte. Beide Arbeiten erscheinen auf der Rückgabeliste vom November 1941 (Dok. 62).
Auf der Auktion der Galerie Fischer vom 30. Juni 1939 wurden neben Hofers »Die Trunkene – Die Bacchantin«[33] (seit 1985 wieder im Ulmer Museum) auch das Gemälde »Genfer See« von Kokoschka (Privatsammlung) und das »Mädchenbildnis« von Marie Laurencin (Musée des Beaux-Arts, Lüttich) versteigert.[34]
Von den namentlich bekannten, in der Schau »Zehn Jahre Ulmer Kunstpolitik« gezeigten und 1937 nicht beschlagnahmten Gemälden befinden sich jene von Boss, Essig, Hofer und Pellegrini sowie die Sisley-Fälschung noch bzw. wieder im Museumsbesitz. Mit Ausnahme der Bilder von Hügin (1933 getauscht) und Stäbli (Verbleib unbekannt) wurden die übrigen zwischen 1955 und 1989 verkauft oder getauscht.

32 Vgl. ebenda, S. 62, Nr. 54 und S. 77, Nr. 94.

33 Der Verkauf der »Trunkenen« auf der Luzerner Auktion wurde in der Ulmer Presse wie ein Triumph gefeiert. Vgl. den Artikel »So kaufte der Jude. Schandstück des Ulmer Museums in der Schweiz versteigert« in: Ulmer Tagblatt-Ulmer Sturm (die beiden Zeitungen waren seit dem 1. April 1935 vereinigt), 4. August 1939. Der mit einer Abbildung des Bildes illustrierte Artikel ist bereits mehrfach reproduziert worden, so in: Verband Bildender Künstler Württemberg 1987, S. 54 und in: Adams 1993, S. 67, Nr. 70.

34 Vgl. Barron 1992, S. 156 und S. 160f. Zur Provenienz des Bildes von Laurencin vgl. auch Barbara Lepper 1983, S. 113.

3.8 *Entartete Kunst*
Dresden, Lichthof des Neuen Rathauses, 23. September bis 18. Oktober 1933

Auch über die wichtigste Vorläuferausstellung, seit Raves Publikation unter dem irrigen Namen »Spiegelbilder des Verfalls in der Kunst«[1] geläufig, waren bisher nur wenige Einzelheiten bekannt. Erstmalig soll hier eine detaillierte Rekonstruktion und Analyse dieser Schau versucht werden. Dabei werden im einzelnen ihre Vor- und Entstehungsgeschichte, ihre vierjährige Tournee durch mindestens zwölf Städte (Abb. 2) sowie ihre Inszenierung und Rezeption zu untersuchen sein. Schließlich gilt es, die Bedeutung der Dresdner Femeschau als konkretes namensstiftendes Vorbild und als Bestandteil der Münchner Ausstellung »Entartete Kunst« von 1937 herauszustellen.

In den ersten drei Jahrzehnten dieses Jahrhunderts war Dresden ein Zentrum der aktuellen Kunstentwicklung.[2] Das betraf die bildenden Künste ebenso wie die Musik, Dichtung, Bühnen- und Filmkunst. Neben bedeutenden kunsthistorischen Sammlungen besaß die sächsische Metropole eine Kunstgewerbeschule und eine Kunstakademie sowie Galerien, deren einflußreiche Ausstellungen entscheidend zur Verbreitung der internationalen Avantgarde beitrugen. Hier sind in erster Linie die alteingesessenen Galerien Emil Richter und Ernst Arnold, aber auch die Galerie Neue Kunst Fides von Rudolf Probst, der Sächsische Kunstverein, die Künstlervereinigung und die Kunstgenossenschaft zu nennen. Die Galerie Arnold präsentierte regelmäßig Werke der 1905 in Löbtau bei Dresden gegründeten expressionistischen Künstlergemeinschaft »Die Brücke«, 1912 eine große Einzelausstellung Vincent van Goghs sowie 1919 die Schau »Der Sturm –Expressionisten, Futuristen, Kubisten«, in der auch Picasso, Léger, Chagall, Kandinsky und andere Moderne vertreten waren. Auch die 1909 ins Leben gerufene progressive »Künstlervereinigung Dresden (Secession)« bereicherte das Ausstellungsprogramm.

Während bis zum Ersten Weltkrieg die Spätimpressionisten – vertreten durch die populären Akademieprofessoren Otto Gussmann, Gotthardt Kuehl und Robert Sterl – dominierten, führte in den Jahren nach 1918 und in der ersten Hälfte der zwanziger Jahre eine junge Künstlergeneration die Dresdner Kunstszene zu einer neuen eindrucksvolle Blüte. 1919 wurde der junge Kokoschka als Lehrer an die Kunstakademie berufen und im selben Jahr zum Ehrenvorsitzenden der von Conrad Felixmüller und dem Architekten und Publizisten Hugo Zehder gegründeten »Dresdner Sezession Gruppe 1919«[3] ernannt. Ihr gehörten Peter August Böckstiegel, Otto Dix, Gela Forster, Wilhelm Heckrott, Otto Lange, Constantin von Mitschke-Collande, Otto Schubert und Lasar Segall an. 1920 traten Walter Jacob und die Bildhauer Christoph Voll, Eugen Hoffmann und Ludwig Godenschweg hinzu, 1922 Otto Griebel. Die meisten Mitglieder der bis 1925 bestehenden Gruppe waren Studenten der Kunstakademie oder der Kunstgewerbeschule. 1928 schlossen sich einige ehemalige Angehörige der Gruppe 1919, wie Griebel und Hoffmann, mit Hans Grundig, Wilhelm Lachnit u. a. zur Dresdner Ortsgruppe der »Assoziation Revolu-

1 Der erstmals 1949 von Rave in Anlehnung an die Überschrift des Artikels von Richard Müller im Dresdener Anzeiger vom 23. September 1933 verwandte Ausstellungstitel wurde in der Literatur bis in die jüngste Zeit übernommen. Die Erklärung hierfür liegt wohl darin, daß Müllers Artikel in späteren Untersuchungen zur NS-Kunstpolitik mehrfach nachgedruckt wurde. Der richtige Name, »Entartete Kunst«, ist, wie zu zeigen sein wird, durch zeitgenössische Quellen, Zeitungsrezensionen, Briefe und Erinnerungen von Künstlern zweifelsfrei belegt.

2 Vgl. zum folgenden Galerie Remmert und Barth 1987; Hochschule der bildenden Künste Dresden 1990, S. 197-306; Lehmann 1992; Söder 1989; Staatliche Kunstsammlungen Dresden 1980 und 1985; Thiele 1990.

3 Vgl. hierzu Löffler 1980 und 1989. An der Universität Tübingen bereitet Andrea Hollmann eine Dissertation über die Gruppe vor (vgl. Kunstchronik 46, 1993, Heft 8, S. 502).

Dok. 4 Verzeichnis der Exponate der Dresdner Ausstellung »Entartete Kunst« aus dem Besitz des Stadtmuseums Dresden (Stadtmuseum Dresden)

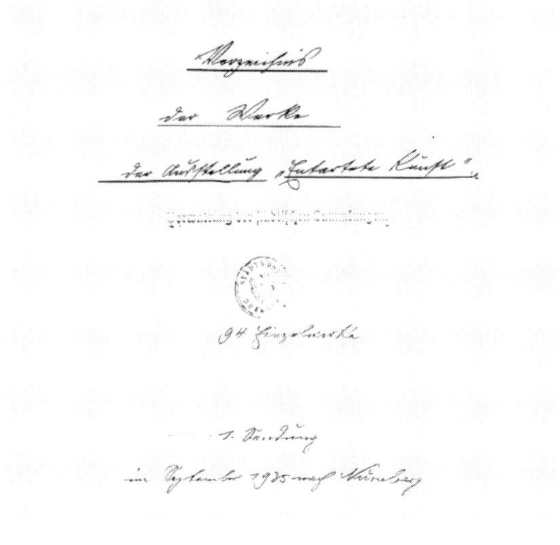
Verzeichnis
der Werke
der Ausstellung „Entartete Kunst“
94 Einzelwerke
1. Sendung
im September 1935 nach Nürnberg

tionärer Bildender Künstler Deutschlands« (ASSO) zusammen. Es waren speziell diese politisch links stehenden gesellschaftskritischen Künstlergemeinschaften, gegen die sich der Haß der Faschisten richten sollte.

Es ist gewiß kein Zufall, wenn sich gerade in Dresden, dieser »Hochburg des Kunstumsturzes«[4], auch die fortschrittsfeindlichen und völkisch-reaktionären Kräfte formierten. Schließlich war es die Stadt an der Elbe, in der 1920 die Deutsche Kunstgesellschaft die »Gegner der undeutschen Neukunst«[5] zur kulturpolitischen Offensive gesammelt hatte. Ihre Attacken richteten sich besonders gegen Paul Ferdinand Schmidt, der als Direktor des Dresdner Stadmuseums, Publizist und Herausgeber verschiedener literarisch-politischer Zeitschriften engagiert für die junge Kunst, insbesondere den Expressionismus, stritt. Fritz Löffler schreibt über Schmidt:

> Er war es, der die Werke der Mitglieder der Sezession als erster und im großen Umfang als einziger für seine Sammlung erwarb und museal ausstellte, während die Staatliche Gemäldegalerie entsprechend ihrer anderen Aufgabe sich distanziert verhielt. Als die Stadtväter 1924 nach dem Ende der Inflation eine Besichtigung dieser übrigens mit geringen Mitteln erworbenen Ankäufe vornahmen, beschlossen sie, die Direktorenstelle Schmidts einzuziehen und ihn in den vorläufigen Ruhestand zu versetzen. Er wurde so das erste Opfer behördlicher Eingriffe in eine gegenwartsnahe, junge Kräfte fördernde Ankaufspolitik. Sein Nachfolger [Karl Großmann] vereinte dann diese Ankäufe in der sog. »Schreckenskammer« des Museums und schloß seine Führungen nach dem Ludwig-Richter-Zimmer mit deren Besichtigung zur Entrüstung der Besucher ab.[6]

Die Mitteilung, daß in Dresden nachweislich schon in den zwanziger Jahren eine – auch so genannte – »Schreckenskammer« existierte, ist in unserem Zusammenhang von herausragendem Interesse. In ihr läßt sich ein namensstiftendes Vorbild der Vorläuferausstellungen des Jahres 1933 erkennen.

Der Kampf gegen die künstlerische Avantgarde ging weiter. 1925 richtete der Stadtverordnete Blumentritt eine Anfrage an Oberbürgermeister Blüher, in welcher zu lesen stand:

> Unter den jüngsten künstlerischen Neuerwerbungen für die Stadtmuseen [...] befinden sich sogenannte Kunstwerke, die [...] den Geist der völligen Auflösung und Zersetzung in sich tragen. Ist der Herr Oberbürgermeister als Mitglied der städtischen Stiftung bereit, dafür zu wirken, daß derartige Mißgriffe und unwürdige Schenkungen im Interesse des Ansehens der Stadt [...] unterbleiben?[7]

4 Feistel-Rohmeder 1938, S. 65.

5 Ebenda.

6 Löffler 1980, S. 42.; vgl. ders. 1967, S. 95. Näheres über diese »Schreckenskammer« ist mir nicht bekannt. In einem Schmähartikel der von der DKG herausgegebenen DK (2, 1928, Dezember, abgedruckt in: Feistel-Rohmeder 1938, S. 44-46, hier S. 44) wird Schmidt als der »Schöpfer der [Dresdner] Schreckenskammer« angegriffen.

7 Dresdener Anzeiger, 6. November 1925 (zitiert nach Hansen 1942, S. 171).

Blatt 1. 50

Lfd. Nr.	Name	Bezeichnung des Werkes	Technik	Inv. Nr.	ger. = g. unger. = ug.	Ankaufs- Jahr	Preis M.	Versk Summe RM
1	Campendonk	Badende	Öl	25/6	g.	25	Stiftg	200
2	Cassel, Pol	Männl. Bildnis	Öl	25/47	g.	25	650	300
3	Dix, Otto	Der Krieg	Öl	28/60	g.	28 Stadt-anteil	10000 5000	2000
4	ders.	Kriegskrüppel	Öl	21/46	g.	Geschenk		300
5	ders.	Sonnenaufgang	Öl	20/1	g.	20	Gesch.	100
6	ders.	Matrose u. Dirne	Rad.	20/102	ug.	20	50	20
7	ders.	Streichholzhändler	Rad.	20/103	ug.	20	50	20
8	ders.	Kriegskrüppel	Rad.	20/70	ug.	20	50	20
9	ders.	Sappenkopf	Aqu.	20/5	ug.	20	125	30
10	Feininger, Lionel	Gelmeroda	Öl	25/4	g.	25	Stiftg	300
11	Gross, George	Abenteurer	Öl	20/150	g.	21	10000	400
~~12~~	~~ders.~~	~~Maientag~~	~~Aqu.~~	~~20/64~~	~~g.~~	~~20~~	~~680~~	30
13	ders.	Nr. 25	Aqu.	20/65	g.	20	680	30
14	ders.	Menschen	Aqu.	20/66	ug.	20	1200	30
15	ders.	Menschen aus Südende	Zeich.	20/62	ug.	20	270	30
16	ders.	Schreiender Pöbel	Zeich.	20/61	ug.	20	360	30
17	Grundig, Hans	Krank. Knabe	Öl	29/2	g.	29	500	100
18	Hebert, Guido	Selbstbildnis	Öl	25/78a	g.	25	600	100
19	ders.	Mein Bruder	Öl	25/78	g.	25	300	100
20	ders.	2 Mädchen	Aqu.	26/182	g.	26	200	50
21	xxxx.Heckel, Erich	Sitzend. Mann	Öl	20/42	g.	20	3000	200
22	ders.	Bauernhaus	Aqu.	19/101	g.	20	400	30
23	ders.	2 Akte im Atelier	Aqu.	19/102	g.	19	200	30
24	Heckrott, Willy	Maienkönigin Marien Königin	Öl	20/54	g.	20	2000 Stift.	200
25	ders.	Rinder	Öl	26/116	g.	26	2000	300
26	Hoffmann, Eugen	Stehendes Weib	Holzpl.	21/83	Leihgabe des Sächs. Staates			100
27	ders.	Adam u. Eva	Holzpl.	25/10	./.	Stiftung		30
28	ders.	Torso	Holzpl.	24/36	./.	24	500	50
29	ders.	Mädchenbüste	Gips	19/70	./.	19	500	50
30	ders.	Mutter u. Kind	Ton	22/49	./.	22	5000	30

5210.-

Blatt 2. 51

Lfd. Nr.	Name	Bezeichnung des Werkes	Technik	Inv. Nr.	ger. = g. unger. = ug.	Ankaufs- Jahr	Preis	Versich Summe RM
31	Hoffmann, Eugen	Traum	Holzsch.	21/75	ug.	21	60	10
32	ders.	Weibl. Akt	Tuschz.	20/91	ug.	20	125	10
33	ders.	Krüppel	Rad.	19/73	ug.	19	50	10
34	ders.	Nacktes Weib	Rad.	19/74	ug.	19	50	10
35	ders.	Liebespaar Menschen u. Köpfe	Rad.	19/75 19/76	ug.	19	100	20
36	ders.	Landschaftsphantasie	Aqu.	19/72	ug.	19	125	20
37	ders.	Mädchen	Aqu.	20/95	ug.	20	250	30
38	ders.	Komposition	Aqu.	19/71	ug.	19	125	20
39	ders.	Stehende Frau	Aqu.	23/3	ug.	23	50000	30
40	Jacob, Walt.	Traum	Öl	20/9	g.	20	1000	100
41	ders.	Blaues Pferd	Aqu.	20/28	ug.	20	Gesch.	20
42	ders.	Komposition	Aqu.	-	ug.	-	-	20
43	ders.	Menschenpaar	Aqu.	20/27	ug.	20	200	20
44	ders.	Menschen	Aqu.	20/26	ug.	20	100	20
45-	ders.	Eine Folge 6	Lithos	20/89	ug.	20	600	50
51		Vorwort 1	Lithos	-	-	-	-	
52	Johansson, Eric	Fabrik	Öl	24/35	g.	24	350	50
53	Kirchner, Ludw.	Strassenscene	Öl	26/134	g.	26	4000	400
54	ders.	Berglandschaft	Aqu.	20/10	g.	20	750	100
55	Klee, Paul	Um den Fisch	Öl	26/138	g.	26	2000	400
56	Kokoschka, Osk.	Heiden	Öl	20/38	g.	20	10000	500
57	Kurau, Walt.	Weinberg	Öl	16/92	ug.	Leihgabe d. Sächs. Staat.		100
58	Lange, Otto Otto Lange	Tschau der Katzenfreund	Öl	21/79	g.	21	2000	200
59	ders.	Stilleben m. rot. Figur	Öl	21/80	g.	21	1000	100
~~50~~	~~ders.~~	~~Stilleb. mit Flasche~~	~~Holzsch.~~	~~17/121~~	~~g.~~	~~16~~	~~100~~	~~20~~
51	ders.	Auf d. Kammstein	Aqu.	20/83	ug.	20	400	20
52	Lüthy, Osk.	Madonna	Öl	25/11	g.	25	6000	1000
53	v. Mitschke-Collande, Const.	Familie	Öl	20/31	g.	20 26	2000 500 Nachzahlung	300
64	ders.	Kinder	Aqu.	20/33	ug.	20	200	20

3600.-

Blatt 3. 52

Lfd. Nr.	Name	Bezeichnung des Werkes	Technik	Inv. Nr.	ger. = g. unger. = ug.	Ankaufs- Jahr	Preis	Versic Summe RM
65	Müller, Felix Felix Müller	Paar	Öl	24/41	g.	24	1000	300
66	ders.	Die Angebetete	Öl	25/3	g.	25	Stiftg	300
67	ders.	Selbstbildnis	Öl	25/53	g.	25	1000	200
68	ders.	Bedrücktsein im Atelier	Holzsch.	19/13	ug.	19	30	10
69	ders.	Liebespaar	F.Hsch.	19/122	ug.	19	120	10
70	Müller, Otto	Liebespaar	Aqu.	19/138	ug.	19	100	20
71	Nolde, Emil	Frauenkopf	AQu.	20/30	g.	20	800	200
72	ders.	Mädchen im Garten	Öl	25/8	g.	25	Stiftg	300
73	Pechstein, Max	Aus Palau	Litho	19/140	ug.	19	150	20
74	Rudolph, Wilh.	Wirtsstube um Mitternacht	Öl	20/75	g.	20	1500	100
75	ders.	Regenlandschaft	Öl	24/42	g.	24	500	100
76	Schmidt-Rottluff	Topfstilleben	Öl	19/87	g.	20	3800	200
77	ders.	Pharisäer	Öl	19/88	g.	20	3000	200
78	ders.	Akte	Aqu.	19/90	g.	20	350	30
79	ders.	Weibl. Akt	Aqu.	19/91	g.	20	400	30
80	ders.	Sitzende Frau	Öl	25/7	g.	25	Stiftg	100
81	Schwitters, Kurt	Merzbild	Mat.	20/67	g.	20	1400	200
82	ders.	Ringbild	Mat.	21/109	g.	21	225	100
83	ders.	Merzgedicht	Geschr. Blatt					
84	Schubert, Otto	Freud und Leid	Öl	20/43	g.	20	2500	200
85	ders.	Verkündigung	Aqu.	20/44	g.	20	150	20
86	Segall, Lasar (Jude)	Die ewigen Wanderer	Öl	19/1	g.	19	4000	200
87	Skade, Fritz	Dame	Öl	26/25	ug.	26	500	100
88	ders.	Frauenbildnis	Öl	25/92	g.	25	400	100
89	Tietz, Johannes	Doppelbildnis	Öl	28/46	g.	28	600	100

3740

Blatt 4. 53

Lfd. Nr.	Name	Bezeichnung des Werkes	Technik	Inv. Nr.	Ger. = g. unger. = ug.	Ankaufs- Jahr	Preis M	Versich Summe RM
90	Voll, Christoph	Stehendes Weib	Holzplast.	21/87	-	Leihgabe d. Sächs. Staat.		300
91	ders.	Kopf	Aqu.	21/23	ug.	21	Gesch.	30
92	ders.	Zwei Akte	Zeich.	21/68	ug.	21	200	20
93	ders.	Weibl. Akt	Aqu.	24/2	ug.	24	300	30
94	ders.	Akt am Ofen	Aqu.	21/102	ug.	21	250	30
95 96	Zörner, Oberbürgermeister	Erläuterung über entartete Kunst	= 2 geschrieb. Blätter				-	-

470

Ausstellung „Entartete Kunst"

Lichthof des Neuen Rathauses

Am 26. Juni 1933 ist ein Beschluß der Dresdner Stadtverordneten, dem der Rat zu Dresden beigetreten ist, gefaßt worden, nach dem die Nationalsozialistische Arbeiterpartei es als ihre Pflicht betrachtet, der Oeffentlichkeit einmal sichtbar den geistigen und kulturellen Verfall des deutschen Volkes nach dem Kriege vor Augen zu führen. Dem Volke soll in einer Ausstellung im Lichthofe des Rathauses gezeigt werden, was eine marxistische, demokratische Stadtverwaltung an sogenannten Kunstwerken (Malerei und Plastik) aus Mitteln der Dr. Güntzschen Stiftung angekauft hat. Vom 23. September bis 18. Oktober findet eine Ausstellung „Entartete Kunst" statt, die die von der Stadt seit 1914 angekauften Bilder und Plastiken vorführt, welche den Verfall und die Entartung der Kunst am markantesten zeigen. Diese Ausstellung soll der Oeffentlichkeit unentgeltlich zugängig sein, damit das Volk die Möglichkeit des Vergleiches mit gesunder, artgemäßer Kunst hat, die in den zu gleicher Zeit in Dresden stattfindenden Kunstausstellungen gezeigt wird.

In einer Vorschau vor der Presse berichtete der Direktor des Stadtmuseums, Dr. Großmann, über die Entstehung der Kunstsammlung der Stadt Dresden. Er führte aus: Bis 1919 gab es verhältnismäßig nur wenig Ankäufe, in denen der Geist etwa der Zeit Kuehls zum Ausdruck kam. Unter Einwirkung der großen Kunstausstellungen und bei Anwachsen des Angebotes entstand der Gedanke, neben den Verwalter der ortsgeschichtlichen Sammlungen, Dr. Großmann, einen zweiten Direktor für die Erweiterung des Kunstbesitzes einzustellen. Von 1919 bis 1928 nahm Dr. Paul F. Schmidt diese Stellung ein; er hat auch noch 1924 und 1925 durch Beratung auf die Ankäufe eingewirkt. Der ursprüngliche Ausschuß von 15 Herren wurde verkleinert auf eine Ankaufskommission, über deren Tätigkeit indessen keine Akten bestehen. Die Beschlüsse wurden ohne Protokoll in mündlicher Beratung gefaßt. In der Zeit von 1919 bis 1929 wurden (unter Umrechnung der Inflationsgelder) für etwa 500 000 RM. reine Kunstankäufe getätigt. Die auf diese Weise erworbenen Werke sind der Oeffentlichkeit nie zugänglich gemacht worden, sondern wurden in engstem Raume gestapelt, weil kein Raum zur Ausstellung da war. Das betrifft die jetzt aus den der Oeffentlichkeit bisher vorenthaltenen Beständen ausgesuchten Werke der Malerei, Plastik und Graphik. Diese Ausstellung umfaßt 112 graphische Blätter, 43 Aquarelle, 42 Oelgemälde und 10 Plastiken, die eine verhältnismäßig kleine Auswahl darstellen. Die Kommission hat sorgfältig abgewogen, noch zuletzt 16 Bilder ausgeschieden und auch selbst einige Arbeiten als „Grenzfälle" bezeichnet. Das Ganze ist aber nun ein Bild der Entartung deutscher Kunst nach 1919, für die die Bezeichnung „Expressionismus" zu einseitig und eng ist. Eine Sammlung der Abschreckung ist zustandegekommen, die das Schlimmste und Scheußlichste zusammengedrängt hat, was in jener Zeit erzeugt worden ist.

Gewiß, der Expressionismus ist überwunden und viele Künstler sind von ihm abgerückt oder haben sich gewandelt und entwickelt, wie ihre jetzigen Werke, zum Teil gerade auch in den gegenwärtigen Sommerausstellungen beweisen. Gerade von Dresden war die Entwicklung des Expressionismus durch die Künstler der „Brücke" wesentlich mit ausgegangen. Dabei darf, wie Dr. Großmann bemerkte, nicht vergessen werden, daß, wie immer in solchen extremen Fällen, der Kunsthandel sich sehr willfährig gezeigt hat und daß beim Entstehen dieser Entartung die Sensation eine große Rolle gespielt hat. Die Kunstliteratur über den Expressionismus enthält dafür viele Beweise. Die Loslösung der Künstler von der Wirklichkeit führte zur Auflösung der Naturformen, zur Verzerrung der Gestalt und zur Entwirklichung der Welt bis in die reine farbige Abstraktion hinein. Wieviel aus den Ideen und Werken des Expressionismus etwa auch an Gewinn zu buchen sei, wie die Neubewertung der Farbe, das steht hier nicht zur Erörterung. Die Richtung zeitigte jedenfalls Erscheinungen so furchtbarer Art, daß man sie als Verfall, als eine Zeitkrankheit bezeichnen muß, gegen die sich das Gesunde nur schwer, fast verborgen durchhalten konnte und erst jetzt in ungehemmter Reinheit und Klarheit durchsetzen kann. Wenn man bedenkt, daß in dieser Ausstellung das Schlimmste zusammengetragen ist, was eine übel beratene Stadtverwaltung erwerben konnte, so ergibt sich allerdings ein Bild, das mit erschreckender Deutlichkeit den Abstand zwischen Krankheit und Gesundung, Verfall und Neuerstehen vor Augen bringt. Es entspricht einer besonderen Entscheidung des jetzigen Oberbürgermeisters, wenn auch Jugendliche von 15 Jahren an die Ausstellung besichtigen sollen, um heilsame Eindrücke davon mitzunehmen. — An jedem Bild ist angegeben, welcher Preis im Ankaufsjahre dafür bezahlt worden ist. Eine Reihe von Werken sind sehr teuer gekauft worden; anderseits sind einige der extremsten Machwerke Geschenke des Künstlers oder anderer.

Einiges sei hier herausgehoben. Die Graphik von Felixmüller, Wilhelm Rudolph, Schmidt-Rottluff, Dix, Heckel, Hofer, Eugen Hoffmann zeichnet sich durch die Formverzerrung aus. George Grosz, dessen unheilvoller Einfluß überall zu spüren ist, tritt als der Verhöhner des deutschen Menschen grausig genug hervor; seine Sammelbücher enthalten aber noch viel Schlimmeres. Kokoschka wirkt besonders blasphemisch, wo er religiöse Motive behandelt. Von Nolde sind zwei Radierungen bloßgestellt worden. Otto Schubert, der bald genug so ganz anders gestaltete, auch Kretzschmar, wie man ihn heute kennt, dürfen als Verführte der Zeit gelten. Otto Lange hat Paul Klee nachgeahmt. Voll ist besonders widerwärtig in Dirnendarstellung. Segall, ganz östlicher Herkunft, schuf reine Masken, nicht Menschen. Sachen von Schanze, A. Rudolph wurden als Grenzfälle aufgenommen. Bei vielen Graphikern liegt das Zersetzende in der Gesinnung, mit der sie Themen wie „Familie" und Bürgertum ironisch-satirisch abgehandelt haben.

Unter den Gemälden ist das berüchtigte Bild von Dix, „Krieg", das furchtbarste. Es hat seine besondere Geschichte, war in Köln und Berlin ausgestellt und wurde heftig befehdet; 1928 wurde es zur Hälfte vom Patronatsverein, zur Hälfte von der Stadt Dresden für 5000 RM. angekauft. Grausig ist das Bild der Kriegskrüppel von Dix, ein „Geschenk", allerdings ein Danaergeschenk, eine einzige Grimasse des Hohnes. Den fargiben Expressionismus vertreten die früheren Arbeiten von Felixmüller, der sich inzwischen ein paarmal gewandelt hat, Bilder von Heckrott, Rudolph, Otto Lange, Mitschke-Collande, Cassel und anderen damals jungen Dresdnern; von auswärtigen sind Heckel, Pechstein (dieser mit dem futuristischen „Abenteurer", 1921 für 10 000 RM. gekauft!), Campendonk, Walter Jakob, auf die der Russe Chagall eingewirkt hat, Kirchner („Straßenkehrer", 1926 für 4000 RM. gekauft!), Schmidt-Rottluff mit seinen pyramidenförmigen Gruppen, Kandinsky mit seiner abstrakten Malerei vertreten. Eine Nummer für sich ist Schwitters, der das „Merzbild" erfand, das aus Pappe, Draht und Bindfaden zusammengeleimt ist, ein böser Ulk des Dadaismus, der wohl belacht und verlacht, aber nicht ernsthaft angekauft werden dürfte.

In der Plastik sind Christoph Voll und Eugen Hoffmann am weitesten gegangen, was die Zerstörung der Form, die Pflege des Häßlichen und Widerlichen betrifft. Nicht nur die Negerplastik war ihnen Vorbild, sie haben aus eigenem Geiste die menschliche Gestalt in aller Formentartung gebildet. Hoffmanns rot bemalte Mädchenbüste und seine affenartigen Figürchen „Adam und Eva" sind dauernde Zeugnisse dieser Zersetzungsarbeit. Volls gedunsene Aktfiguren sind aus Freude an der Mißbildung entstanden.

Die Gerechtigkeit fordert, daß man nicht ganz vergessen darf, daß hier das Schlimmste vom Schlimmen gehäuft wurde. Es bleibt allerdings kennzeichnend, daß die Verantwortlichen nie gewagt haben, diese Erwerbungen öffentlich zu zeigen. Dieses Museum der Entartung dient der Aufweisung der Gegenpole von einst und jetzt, und damit doch vor allem der Absicht, die neue Volkskunst der Gegenwart scharf vom Gewesenen zu trennen.

F. Z.

Dok. 5 Dresdner Nachrichten, 22. September 1933 (Sächsische Landesbibliothek Dresden)

Ein Jahr später rief die »1. Internationale Kunstausstellung Dresden 1926«, »die den unbestrittenen Höhepunkt eines außerordentlich vielfältigen und progressiven Ausstellungsgeschehens in der Stadt markierte [und] erstmals nach dem Krieg wieder einen Gesamtüberblick der zeitgenössischen Weltkunst«[8] gab, große Empörung in völkischen und konservativen Kreisen hervor (vgl. Kapitel 2.3). 1933, kaum einen Monat nach der Machtübernahme, wurden die Wohnungen einiger »politisch verdächtiger« Künstler durchsucht. Daraufhin wurden in das Gefängnis Mathilde und z. T. anschließend in das Konzentrationslager Hohenstein verschleppt: Ernst Bursche, Wilhelm (Willy) Dodel – beide Schüler von Otto Dix –, Herbert Ebersbach, Gotthard (Johnny) Friedlaender, Otto Griebel, Herbert Gute, Eugen Hoffmann, Fritz Schulze und Eva Schulze-Knabe.[9] Friedlaender äußerte sich dazu in einem 1992 publizierten Interview in Paris wie folgt:

> Als ich [aus Prag] nach Deutschland zurückkam, weil ich dachte, daß man etwas gegen die Nazis unternehmen müsse, hat man mich verhaftet und in ein Gefängnis gebracht. [...] Ich wurde drei Nächte hindurch geschlagen, damit ich alles mögliche aussage; was ich aber natürlich trotzdem nicht gemacht habe. Daher hat man mich nach Hohenstein in Sachsen ins Konzentrationslager gebracht; [...] So mußte ich ein Jahr lang im KZ bleiben.[10]

Auch die Vorbereitungen zur Ausstellung »Entartete Kunst« lassen sich bis wenige Wochen nach der Machtergreifung zurückverfolgen. Der früheste Hinweis findet sich im Brief Schlemmers an Goebbels vom 25. April 1933

8 Söder 1989, S. 26. Vgl. auch Horst Zimmermann 1987b, S. 37.

9 Staatliche Kunstsammlungen Dresden 1980, S. 358. Zu den Künstlerverfolgungen auch Thiele 1990, S. 308f. Vgl. außerdem die 23 Personen umfassende »Liste der Künstler, gegen die der Verdacht besteht, daß sie ihre radikale politische Gesinnung bisher besonders stark betätigt oder sonst betont und zur Schau getragen haben«, welche das Polizeipräsidium Dresden am 10. Mai 1933 an das Ministerium für Volksbildung auf dessen Anfrage schickte (Sächsisches HSTA, Best. Ministerium für Volksbildung, Nr. 14901, Bl. 132-135; vgl. Staatliche Kunstsammlungen Dresden 1985, S. 145, Nr. 174).

10 Haffner 1992, S. 45.

(vgl. Kapitel 2.4). Aus einem Schreiben des Bildhauers Paul Juckoff-Skopau vom 9. Mai 1933 geht hervor, daß der Kampfbund in Dresden bei der Stadtverwaltung einen Antrag auf Durchführung einer entsprechenden Ausstellung gestellt habe.[11] Am 12. Juni 1933 schrieb der Berliner Museumsleiter Ludwig Justi an seinen Breslauer Kollegen Erich Wiese: »Sie wissen, daß man in Karlsruhe, Mannheim, Nürnberg, Chemnitz sogenannte ›Schand-Ausstellungen‹ gemacht hat (in Dresden wird etwas Ähnliches geplant)«[12].

Am 26. Juni 1933 (die »Schreckenskammern« von Mannheim, Karlsruhe, Nürnberg, Chemnitz und Stuttgart hatten ihre Pforten bereits geöffnet) faßte die Stadtverordnetenversammlung auf Antrag der NSDAP-Fraktion und ihres Sprechers Willy Waldapfel einen Beschluß, wonach »dem Volke [...] in einer Ausstellung im Lichthofe des Rathauses gezeigt werden [solle], was eine marxistische, demokratische Stadtverwaltung an sogenannten Kunstwerken [...] angekauft« (Dok. 5) habe.[13] Der Plan entstand im Zusammenhang mit umfangreichen Konfiszierungsaktionen und Neuordnungen in der Skulpturensammlung sowie den modernen Abteilungen der Staatlichen Gemäldegalerie und des Stadtmuseums zwischen März und Mai 1933.[14] Auf Betreiben und unter persönlicher Beteiligung des Malers und Führers der Gaufachgruppe der Bildenden Künste in Sachsen, Walther Gasch, waren im März und April 1933 allein aus der Staatlichen Gemäldesammlung 28 Bilder von Beckmann, Böckstiegel, Chagall, Feininger, Felixmüller, Heckel, Hofer, Alexej von Jawlensky, Kandinsky, Kirchner, Klee, Kokoschka, Otto Lange, Marc, Munch, Nolde, Schlemmer, Schmidt-Rottluff sowie aus der Plastiksammlung 27 Skulpturen entfernt worden.[15] Dabei handelte es sich sowohl um Leihgaben der Stadt und des Patronatsvereins[16] als auch um staatliche Ankäufe. In einer diesbezüglichen Zeitungsmeldung vom 27. April 1933 heißt es:

> Gleichlaufend mit den Aktionen im Reiche hat die Gaufachgruppe der Bildenden Künste, Gau Sachsen, bei dem Staatskommissar für Volksbildung eine Reinigung der modernen Abteilung der Dresdner Galerie angeregt und unter seiner persönlichen Jury ausgeführt. Die Bilder des Novembersystems sollen auf Wunsch des Staatskommissars für Volksbildung mit den dafür ausgeworfenen Preisen in einer Ausstellung vereinigt werden.[17]

Was bis dahin mit den aus den Schauräumen ausgeschiedenen Werken geschah, ob sie magaziniert oder der »Schreckenskammer« im Stadtmuseum angegliedert wurden, ist nicht bekannt. An ihrer Statt präsentierte man in der Staatlichen Gemäldegalerie vor allem – teilweise aus Depotbeständen stammende – Dresdner Malerei des 19. Jahrhunderts, deutsche Impressionisten und traditionell arbeitende Professoren der Akademie (z. B. Otto Gussmann und Richard Müller).[18]

11 Vgl. das Zitat aus dem Brief in Kapitel 2.3.

12 Zitiert nach Janda/Grabowski 1992, S. 34. Vgl. das längere Zitat aus dem Brief in Kapitel 3.9.

13 Vgl. Thiele 1990, S. 325.

14 Vgl. zum folgenden Johne 1987, besonders S. 170; Roh 1962a, S. 149; Staatliche Kunstsammlungen Dresden 1980, S. 359.

15 Darauf bezieht sich Bruno E. Werner in dem bereits in Kapitel 2.4 und 3.1 zitierten Artikel »Der Aufstieg der Kunst« in der DAZ vom 12. Mai 1933: »Wenn ein unbekannter Maler, mit nichts ausgerüstet als mit einer nationalen Gesinnung, den Dresdner Galeriedirektor zwingt, den größten Teil der modernen Galerie einschließlich Lovis Corinth abzuhängen [...], so geschieht dies sicher nicht auf Wunsch und Veranlassung der Regierung« (zitiert nach Wulf 1983a, S. 85; vgl. auch Koch 1981, S. 128, Anm. 217).

16 Der 1917 als Freundes- und Förderkreis gegründete »Patronatsverein der Staatlichen Gemäldegalerie« »kaufte bei allen sich bietenden Gelegenheiten, vor allem auf Ausstellungen, grundsätzlich nur Werke jüngerer, noch umstrittener Künstler. Diese Bilder wurden zehn Jahre lang der Galerie kostenlos zur Verfügung gestellt. Nach Ablauf dieser langen Frist wurde erst entschieden, ob eines dieser Bilder in die Galerie aufgenommen werden konnte. Bis zum Jahre 1933 kaufte der ›Patronatsverein‹ insgesamt 23 Bilder, von denen von der Galerie nach Ablauf der ›Bewährungsfrist‹ sieben Werke als Geschenk übernommen wurden« (Seydewitz 1957, S. 109; vgl. Horst Zimmermann 1987b, S. 39 und passim). Nach einem Artikel in der DK 1/2, 1927/1928, Januar/Dezember (abgedruckt in: Feistel-Rohmeder 1938, S. 30f.) erwarb der Verein in der ersten Dekade seines Bestehens Werke von Peter August Böckstiegel, Pol Cassel, Chagall, Erbslöh, Felixmüller, Emile Othon Friesz, Heckel, Kandinsky, Kokoschka, Arthur Oskar Lange, Constantin von Mitschke-Collande, Nolde und Pechstein. 1928 erstand er zusammen mit der Stadt Dresden Dix' »Schützengraben«. Kandinsky hielt 1930 vor den Mitgliedern des Patronatsvereins einen Vortrag über »Abstrakte Malerei«.

17 DAZ, 27. April 1933 (zitiert nach Koch 1981, S. 126, Anm. 184). Vgl. das Zitat aus der Anhalter Woche vom 23. Juli 1933 in Kapitel 3.6.

18 Vgl. DAZ, 10. Oktober 1933. Zu diesem Artikel äußert sich Rave 1987, S. 54.

Zwischen dem Beschluß des Gemeindeparlaments und der Eröffnung der Femeschau am 23. September 1933 – drei Wochen nach Hitlers Rede zur Eröffnung der »Kulturtagung« des Nürnberger Parteitages – vergingen drei Monate. Als Ort wählte man den, auch in späteren Jahren für Ausstellungen benutzten[19], Lichthof des Neuen Rathauses, welches 1907 bis 1910 nach Entwürfen der Architekten Karl Roth und Eduard Bräter errichtet worden war und in seinen Erdgeschoßräumen um den Lichthof das Stadtmuseum beherbergte.
Von den ausgestellten 207 Werken – 42 Ölgemälden, 10 Plastiken, 43 Aquarellen und 112 Graphiken – stammte der Großteil aus dem Besitz des Stadtmuseums und dessen »Schreckenskammer« (Dok. 4), die übrigen aus den im Frühjahr 1933 ausgesonderten Beständen der Staatlichen Gemäldegalerie sowie eventuell auch aus dem Staatlichen Kupferstichkabinett. Das Auswahlkriterium liegt klar auf der Hand: Mit ganz wenigen Ausnahmen (Campendonk, Feininger, Kandinsky, Klee, Nolde) gehörten sämtliche der rund 40 vertretenen Künstler einer der drei obengenannten Dresdner Künstlergruppen (»Die Brücke«, »Dresdner Sezession Gruppe 1919«, »ASSO«) an und/ oder waren ehemalige Schüler der Dresdner Kunstakademie.[20] Hingegen wurde eine Reihe von Werken, die im Frühjahr 1933 aus der Gemäldegalerie entfernt worden waren, für die Schmähausstellung nicht ausgewählt. Bezeichnenderweise handelt es sich dabei um solche Künstler, die keinerlei Bezug zu Dresden haben: Beckmann, Chagall, von Jawlensky, Marc, Munch und Schlemmer. Aus dem hier evident werdenden Selektionsprinzip ergeben sich auch die beiden inhaltlich-stilistischen Schwerpunkte der Femeschau: einerseits die expressionistische Kunst der ersten und zweiten Generation, andererseits die realistisch-gesellschaftskritische und linkspolitische Kunst der Nachkriegszeit und der zwanziger Jahre.
Die Stoßrichtung der Ausstellung erklärt sich nicht nur aus den in Dresden vorhandenen Beständen und den oben analysierten Auswahlkriterien, sondern auch durch die Betrachtung der für sie verantwortlichen Personen. Aus den zeitgenössischen Quellen erfahren wir lediglich, daß eine »Kommission« (Dok. 5) die Auswahl getroffen habe, nichts aber über deren Zusammensetzung bzw. Leitung. Felixmüller schreibt in einem Brief vom November 1935: »Die Ausstellung ist vom Dresd. Oberbürgermeister Zörner zusammengestellt auf Veranlassung von nat.soz. Collegen, – Malern mit Neid u. pers. Hass«[21]. Den Lebenserinnerungen zweier anderer ebenfalls in der Schau angeprangerter Künstler zufolge war Richard Müller, seit März 1933 Rektor der Dresdner Kunstakademie und Autor des Artikels im Dresdener Anzeiger, Initiator des Unternehmens.[22] Diese Auffassung wird auch von Rave vertreten.[23]

19 Im April und Mai 1938 wurde im Lichthof des Neuen Rathauses die »Sudetendeutsche Kunstausstellung 1937« gezeigt, über die es in den Leipziger Neuesten Nachrichten vom 10. Mai 1938 heißt: »Im Lichthof des Dresdner Rathauses ist die Sudetendeutsche Kunstausstellung untergebracht, die am 8. Dezember des vorigen Jahres mit einer Ansprache Konrad Henleins in Berlin eröffnet wurde und nun auf Wanderschaft durch deutsche Städte geht«. Vor ihrer Ankunft in Dresden war die Schau vermutlich in Stuttgart, München und Köln gezeigt worden (vgl. Holz 1992, S. 37, mit Nachweisen in Anm. 19-23; Liška 1978, S. 60 mit Anm. 16 und S. 61 mit Anm. 23 sowie zur Berliner Etappe Heuss 1937).

20 Keiner der genannten Gruppen, dafür aber der Akademie hatten angehört: Grosz, Kretzschmar, Lüdecke, Maskos, Schwitters und Skade.

21 Felixmüller an seinen Bruder Hellmut, November 1935 (zitiert nach ABK 1981, S. 145). Das »Verdienst« Zörners, Oberbürgermeister seit Juli 1933, um die Femeschau und ihre Tournee wird in den Presseberichten unterstrichen. Jahre später schreibt auch Walter Hansen (1942, S. 171), die Ausstellung sei »unter der tatkräftigen Förderung« Zörners zustandegekommen. Er behält sich die letzte Entscheidung über den Verleih der Schau an interessierte Städte persönlich vor (Dok. 7).

22 »[Müller] wurde zum Initiator der Ausstellung ›entarteter Kunst‹ in Dresden und brachte viele Künstler in namenloses Unglück und Lebensgefahr« (Hans Grundig 1986, S. 229; ihm folgt Wulf 1983a, S. 366, Anm. 1). »Wir hatten in Dresden die allererste dieser diffamierenden Ausstellungen ›Entartete Kunst‹. Im Herbst 1933. Im Lichthof des Rathauses. So eine zusammengehauene Ausstellung, gehängt auf Sackleinen. Diffamierende Unterschriften, Preise der Inflationszeit; eine Gemeinheit! Das hatte Müller ins Werk gesetzt, Richard Müller, der neue Rektor, dieser Lump. Das war sein Werk« (Rudolph 1983, S. 7). Wilhelm Rudolph – der langjährige Dozent an der Dresdner Kunstakademie hatte Müller wegen seiner Aktivitäten im Zusammenhang mit der Femeschau im Professorenkollegium mit derben Worten kritisiert – wurde auf Betreiben Müllers und Waldapfels zum 30. April 1935 gekündigt (vgl. Thiele 1990, S. 320 und S. 336).

23 »[Müller war] einer der Hauptdrahtzieher der schamlosen Schandschau« (Rave 1987, S. 53). Rave verweist außerdem auf die maßgebliche Beteiligung Gaschs.

Ruth und Max Seydewitz sowie Brenner halten dagegen den oben erwähnten Maler und Kunstkommissar Walther Gasch für den Hauptverantwortlichen.[24] Fritz Löffler schließlich bringt einen weiteren Namen ins Spiel: den des Malers und NS-Stadtrats Wilhelm (Willy) Waldapfel.[25] Dessen Anteil am Zustandekommen der Femeschau unterstreicht auch der betroffene Maler Otto Griebel. Im Prozeß gegen Richard Müller 1947/48 machte Griebel als Zeuge folgende – allerdings nur indirekt überlieferte – Aussage:

> Müller ist politisch indifferent und wahrscheinlich nur aus Konjunkturgründen in die NSDAP eingetreten [...] In seiner Eigenschaft als Rektor der Kunstakademie Dresden maßregelte er antifaschistisch eingestellte Künstler ([...] Dix, Dodel, Bursche u. Querner). Von der Ausstellung »Entartete Kunst« wurde auch ich betroffen. Ich kam mit auf die schwarze Liste, welche eine Folge des Müllerschen Artikels im Dresdener Anzeiger war [...] Ich bin der Ansicht, daß Müller in der Durchführung der Ausstellung nicht der eigentliche Urheber ist, sondern er von anderen (Waldapfel) mit verwendet wurde.[26]

In der Tat können Zörner, Müller, Gasch und Waldapfel als die Hauptakteure der Dresdner Vorläuferausstellung und mutmaßlichen Mitglieder der Auswahlkommission angesehen werden. Auch wenn sie in direkter Verbindung mit der Deutschen Kunstgesellschaft und wohl auch mit der Ortsgruppe des Kampfbundes für deutsche Kultur standen – die als eine der ältesten seit Herbst 1929 aktiv war[27]–, so trat keiner dieser Verbände offiziell als Veranstalter der Exposition auf, sie werden in ihrem Zusammenhang nicht einmal erwähnt.

Die Dresdner Ausstellung »Entartete Kunst« ist primär als persönliche Abrechnung dreier nationalsozialistischer antimodernistischer Künstler zu sehen, die ihre Chance gekommen sahen, ihre politischen und künstlerischen Widersacher, die zudem weitaus erfolgreicher waren als sie selbst, öffentlich zu diskreditieren. So nimmt es nicht wunder, daß zwei Hauptwerke des wegen seiner sozialkritischen Werke besonders heftig bekämpften, aus der Akademie ausgestoßenen Otto Dix im Zentrum standen: die »Kriegskrüppel« und der »Schützengraben« (Abb. 11). Richard Müller widmete seinem privaten Feind in dem bereits erwähnten Zeitungsartikel einen ganzen Absatz:

> Im Hauptsaal – in der Mitte – wird [dem Besucher] schon wegen der Größe des Formates »Der Krieg« von Otto Dix auffallen [...]. Man sieht auf diesem Bild das Innere eines Schützengrabens nach der Beschießung. [...] Der Nervenkitzel, das ist die Hauptsache – ganz einerlei, ob mit den Helden eines Volkes, mit heiligen Toten, ein Handel getrieben wird. Man könnte sich das Gemälde auch als Demonstrationsstück kommunistischer Agitatoren denken [...]. Eine gerechte Würdigung würde das Bild erfahren, wenn man es als eine Entwürdigung des gefallenen deutschen Frontsoldaten ansehen wollte [...]. Das hohe Lied deutschen Heldenmutes und -todes können nur innerlich reife Menschen schreiben. Und den Kritikern, die in Dix auch heute noch den Sachwalter altmeisterlicher Malkultur sehen möchten, denen möchte man empfehlen, sich den »Schützengraben« einmal genauer auf seine technischen Mängel hin anzusehen – auch vielleicht jene »Kriegskrüppel« von 1920 [...]. Von diesen Motiven aus ist der Schritt nur klein zu denen, die für Dix charakteristisch sind und die er zahlreich abgewandelt hat – Bordellszenen, Zuhälter, Dirnen in gewagtesten Stellungen, entnervte Lebemänner usw. [...] Welch schwere Schuld haben manche Leute auf sich geladen, als sie ausgerechnet diesen Mann als

24 »Angeregt wurde diese Ausstellung vom Kunstkommissar Walther Gasch« (Seydewitz 1957, S. 117), »einen Tag vor der Eröffnung von Gaschs Dresdener Ausstellung« (dies. 1960, S. 129), »und in Dresden unter der Leitung des besonders rührigen Kunstkommissars Walther Gasch« (Hildegard Brenner 1963, S. 38; ihr folgt Merker 1983, S. 123). In jüngerer Zeit schließt sich Hopfengart (1989, S. 101) dieser Auffassung an. Vgl. dazu Gaschs Rolle bei den oben erläuterten »Säuberungsaktionen« in Dresdner Sammlungen zwischen März und Mai 1933, in deren Rahmen die Ausstellung geplant wurde.

25 »Um die bisher mißglückte Ausschaltung der unerwünschten Künstler durchzusetzten, schlug der inzwischen zum Ratsherrn aufgerückte Waldapfel vor, eine Ausstellung ›Entartete Kunst‹ im Lichthofe des Rathauses zu veranstalten« (Löffler 1967, S. 95; vgl. ders. 1980, S. 46 und 1981, S. 45f.). Auch Dietrich Schubert (1991a, S. 107) zählt Waldapfel – neben Müller und Gasch – zu den für die Ausstellung verantwortlichen Personen. Zuletzt hat Thiele (1990, passim) Waldapfel und Müller als maßgebliche Protagonisten namhaft gemacht.

26 Das Vernehmungsprotokoll (hier zitiert nach Rolf Günther 1993, S. 18) ist in einem Brief Müllers an Otto Griebel vom 10. Dezember 1947 überliefert. In diesem Schreiben benennt Müller als weitere Verantwortliche für die Ausstellung Oberbürgermeister Zörner, Museumsdirektor Großmann und Baudirektor Hirschmann (vgl. ebenda, S. 14 mit Anm. 32). Zum Prozeß gegen Müller 1947/48 vgl. die Kurzbiographie in Kapitel 10.3.

27 Vgl. Hildegard Brenner 1963, S. 11.

Lehrer an die Kunstakademie beriefen und so die Jugend jahrelang seinem vergiftenden Einfluß aussetzten, einer Tätigkeit, der durch seine Entlassung im Frühjahr dieses Jahres ein wohlverdientes Ende bereitet worden ist.[28]

Seit der Entstehung des »Schützengraben« 1922/23 hatte die realistische Darstellungsweise der Kriegsgreuel zu massiven Protesten in der Öffentlichkeit geführt. Die Dresdner Galerie, die das Bild 1928 gemeinsam mit dem Patronatsverein erwarb, mußte es im Depot verbergen.[29] Der sich vor allem an den Werken von Dix kristallisierende Vorwurf der »Verhöhnung des deutschen Soldaten« und der »Wehrkraftzersetzung« war einer der Hauptslogans des NS-Kampfes gegen die Moderne. Das zeigt auch die Münchner Wanderausstellung »Entartete Kunst«, auf der die »Kriegskrüppel« und der »Schützengraben« zu den wichtigsten »Attraktionen« zählten.[30] Es war ein geschickter Schachzug der Dresdner, gerade die Antikriegsbilder von Dix in den Mittelpunkt ihrer Kampagne zu stellen: Sie konnten sich der Empörung der Bevölkerung sicher sein. Der Maler Karl Kröner schrieb am 20. Dezember 1933 an Dix:

> Die Greuelausstellung wurde zum Kabinett verquälter Seelen, die sich dort enragierten oder die daselbst von einsam gewordenen Kunstfanatikern mannhaften Bescheid bekamen. Das spielt sich meist vor ihrem großen Kriegsbild ab. [Der Maler Curt] Querner soll wegen seiner Verteidigung einmal einige Stunden von der Stelle weg in Schutzhaft gelangt sein, und mir sagte eine hysterische Dame nach einer Verteidigungsunterhaltung davor, daß ich mich schämen sollte, ein Deutscher zu sein. [...] Wenn nicht Ihr Kriegskrüppelbild aufgehängt worden wäre, würde die Lage für Sie wesentlich günstiger sein, denn ich habe mich des öfteren überzeugen können, daß man den Krieg [»Schützengraben«] verstand oder »gerade noch« verstand.[31]

Vergeblich bemühte sich Dix beim Rat der Stadt Dresden darum, das »Kriegskrüppel«-Bild in der Ausstellung gegen ein anderes auszutauschen.[32]
Die Veranstalter ließen nichts unversucht, die Femeschau als Sensation zu inszenieren. Die Ankaufspreise wurden genannt – auch hier großenteils in Inflationssummen –, Jugendliche nur im Rahmen einer Führung zugelassen.[33] Presse und Wochenschau taten ein übriges, um der Ausstellung zum Erfolg zu verhelfen. Einzig die Deutsche Allgemeine Zeitung schrieb eine kritische Rezension, die die noch unklare kunstpolitische Situation bemängelte und zu Besonnenheit aufrief: Was in Dresden als »entartet« gebrandmarkt werde (insonderheit die Expressionisten), gelte andernorts als Hoffnungsträger deutscher Kunst.[34] Wie viele Besucher in der knapp einmonatigen Laufzeit bei freiem Eintritt den Weg in das Neue Rathaus suchten, ist nicht überliefert. Einige Berichte sprechen von einem Massenbesuch: »Kaum jemals hat eine Schau einen solchen Massenbesuch gezeitigt wie diese, man zählte täglich rund 1.000 Besucher und durfte sicher sein, daß dieser ›Anschauungsunterricht‹ manchen Irrwahnbehafteten geheilt hat« (Dok. 6).[35] Indes scheinen nicht alle Besucher »geheilt« worden zu sein. Künstler bemühten sich um den Rückkauf ihrer Werke und intervenierten bei staatlichen Stellen:

> Da war es denn recht bezeichnend, dass gewisse Urheber solcher Greuel den Versuch machten, durch vermittelte Angebote ihre Schanderzeugnisse zurückzukaufen. Andere Beteiligte erregten in der Ausstellung selbst Unruhen, und als das auch noch nicht zur Schließung der sie bloßstellenden Sammlung half, wandten sie sich an den Stabschef Röhm und an das Ministerium für Volksaufklärung und Propaganda! (Dok. 6)[36]

28 Dresdener Anzeiger, 23. September 1933.

29 Hans-Werner Schmidt 1983b, S. 116. Vgl. zum »Schützengraben« Crockett 1992 und Schröck-Schmidt 1989 sowie 1991.

30 Im Ausstellungsführer (vgl. Kapitel 6.2) wurden unter der Rubrik »Gemalte Wehrsabotage« Dix' »Kriegskrüppel« und ein Detail aus dem »Schützengraben« abgebildet.

31 Zitiert nach Lothar Fischer 1981, S. 100. Vgl. auch die Auszüge des Briefes bei Löffler 1981, S. 46 und Veit 1977, S. 52, D 40.

32 Vgl. Veit 1977, S. 52, D 38.

33 »In Dresden ist die Sammlung auch Jugendlichen gezeigt worden, allerdings nur in geschlossener Führung durch Lehrer, Führer der HJ und sonstiger Verbände« (Schreiben des Kulturamts der Stadt Dresden an den Oberbürgermeister von Dortmund, 18. November 1935; StA Dortmund 113-29/1951-116, Bl. 49).

34 Vgl. DAZ, 10. Oktober 1933. Der Artikel endet mit den Worten: »So geht es also auch nicht. Wohin geht der Weg? Viele warten im Interesse der Kunst auf eine Klärung und wünschen, daß sie bald kommen möge«.

35 In dem Bericht ist irrtümlich von einer fast zweimonatigen Laufzeit der Ausstellung die Rede.

Dok. 6 Deutscher Kunstbericht 7, 1933, Folge 77 (GLA 235/40090)

-7-

Quertreiber.

Im Lichthof des Neuen Rathauses zu Dresden war bekanntlich eine "Greuelausstellung", unterbrochen durch die Vorbereitungen für die Novemberwahl, fast 2 Monate hindurch zu sehen: die Ausstellung der Ankäufe der Stadt während der 14 Jahre des "Systems". Kaum jemals hat eine Schau einen solchen Massenbesuch gezeitigt wie diese; man zählte täglich rund 1ooo Besucher und durfte sicher sein, dass dieser "Anschauunsunterricht" manchen Irrwahnbehafteten geheilt hat. Da war es denn recht bezeichnend, dass gewisse Urheber solcher Greuel den Versuch machten, durch vermittelte Angebote ihre Schanderzeugnisse zurückzukaufen. Andere Beteiligte erregten in der Ausstellung selbst Unruhen, und als das auch noch nicht zur Schliessung der sie blosstellenden Sammlung half, wandten sie sich an den Stabschef Röhm und an das Ministerium für Volksaufklärung und Propaganda! Die Veranstalter der Ausstellung "Entartete Kunst" liessen sich aber durch diese Quertreibereien nicht beirren; vielmehr wurde auf Veranlassung des Oberbürgermeisters folgende Einführung am Eingange zum Lichthof aufgehängt:

"Diese Ausstellung soll zeigen, in welchen Sumpf von Gemeinheit, Unfähigkeit und krankhafter Entartung die vordem so hohe, reine und edle deutsche Kunst in fünfzehn Jahren bolschewistisch-jüdischer Geistesherrschaft hinabgesunken war. Die Ausstellung soll weiterhin ein Spiegelbild sein von der alles Gute, Wahre und Schöne zersetzenden, jede Form auflösenden, Sitte und Scham und Ehre verhöhnenden Weltanschauung, die uns fünfzehn Jahre lang bedrohte und noch heute bedroht und von der uns der Nationalsozialismus Adolf Hitlers errettet hat. Die Ausstellung soll endlich den verheerenden Einfluss zeigen, den der Einbruch der uns Deutschen wesensfremden, mit unseren Begriffen von Kunst und Sitte unvereinbaren jüdischen Geistes in die deutsche Kunst ausgeübt hat; denn was hier an entarteter Kunst gezeigt wird, ist entweder jüdische Arbeit oder solche, die von Halbjuden (Kritikern, Sammlern, Schriftstellern, Museumsleitern) begünstigt und gefördert wurde, so dass ungeheure Summen aus den Taschen der Steuerzahler verschwendet worden sind."

Dass diese Einführung auch von der Presse berichtend abgedruckt werden musste, die durch ihre Kunstschriftsteller dem Unwesen 1 1/2 Jahrzehnte hindurch Vorschub leistete, ist ein Genuss für sich.

D.K. 77.

Nach dem oben zitierten Schreiben Karl Kröners an Dix und einer Mitteilung Löfflers führten Proteste von Besuchern gar zu polizeilichen Interventionen: »Trotz Festnahmen durch die Polizei fanden sich aber immer wieder Besucher, die unverblümt und offen ihrem Abscheu gegen dieses schändliche Treiben Ausdruck verliehen«[37]. Nach Schluß der Ausstellung wurden die Exponate vermutlich zunächst an ihre Besitzermuseen zurückgegeben. Erst im Februar 1934 läßt sich ein Teil der Werke aus dem Stadtmuseum Dresden in Hagen nachweisen, weitere Ausstellungsetappen sollten folgen.

3.8.1 Die Wanderausstellung *Entartete Kunst*

3.8.1.1 Hagen, Städtisches Museum, 11. Februar bis April 1934

Am 11. Februar 1934 wurde im Städtischen Museum Hagen (Westfalen) die Ausstellung »Kunst zweier Welten« eröffnet. In einer Vorankündigung hieß es, es handele sich um eine von der Stadt Hagen und dem Karl-Ernst-Osthaus-Bund veranstaltete »große Kunstausstellung von Gemälden älterer deutscher und holländischer Meister sowie Meister des 20. Jahrhunderts [...] Prachtstücke der Ausstellung bilden ein Rubens und ein Rembrandt«[38]. Bei der feierlichen, von Musik Max Regers und Johannes Brahms' eingerahmten Eröffnungsfeier erläuterte Oberbürgermeister Vetter Inhalt und Zweck der Ausstellung:

36 Auch in einem anonymen Aufsatz in der Zeitschrift Deutsche Zukunft (15, 1934, Nr. 3, S. 18f., hier S. 18), der den DK zitiert, heißt es, »daß in Dresden wiederholt in Fachversammlungen ohne Widerspruch gegen diese Ausstellung aufgetreten werden durfte«.

37 Löffler 1967, S. 96. Vgl. auch ders. 1981, S. 46: »Eine Reihe von Besuchern, die die Arbeiten zu verteidigen suchten, wurden verhaftet«. Griebel (1986, S. 350) erinnert sich an uniformierte SA-Männer als Aufseher, »die auch darauf achten mußten, daß keine positiven Äußerungen seitens der Besucher erfolgten«.

38 Hagener Zeitung, 10. Februar 1934. – Von einem Dortmunder Ausstellungsprojekt ähnlichen Namens, aber mit anderer Intention, berichtet Rave 1987, S. 84: »In Dortmund zeigte man eine Ausstellung ›Zwei Welten‹, einen Versuch, das Haltbare vom Unhaltbaren zu trennen, auf der einen Seite die wahre Schöpferkraft des Expressionismus, auf der anderen die mehr politisch geartete Auswirkung, wie sie sich in Blättern von George Grosz, Felixmüller oder Otto Dix kundtat«.

Er sei erfreut, daß es ihm gelungen sei, diese Ausstellung zusammenzustellen. [...] Jede Kunst müsse blut- und bodenverhaftet sein und auf eine Einheit von Blut und Rasse hinweisen. Sei sie so orientiert, dann werde sie auch vom Volk verstanden. Man habe übrigens in den oberen Räumen des Museums auch solche Werke ausgestellt, die diese Verhaftung mit Blut und Boden nicht aufwiesen. Diese Werke seien bewußt im Gegensatz zu den guten Gemälden ausgestellt worden. Es handele sich um Werke, die aus der Zeit kurz nach dem Kriege stammten und bei denen man manchmal beim besten Willen nicht feststellen könne, was sie eigentlich darstellen sollten. Diese Werke stammten aus Dresden, wo man sie damals angekauft habe. [...] Die große Zahl der guten Werke hingegen stamme aus Berlin [...]. Übrigens seien auch Bilder aus der jüngsten Zeit in der Ausstellung zu finden, Werke, bei denen die heutige Zeit bereits innerlich erfaßt sei.[39]

Auch im Falle Hagens enthielt der Titel der Ausstellung ihr Programm: Zur Illustration »zweier Welten« wurde gezielt das antithetische Ausstellungsprinzip angewendet, welches in bekannt plakativer Manier »deutsche« und »bolschewistische« Kunst miteinander konfrontierte. Da beide Teile der Ausstellung vermutlich nur mit Leihgaben bestritten wurden, dürfte der organisatorische Aufwand kein geringer gewesen sein. Zumindest im Bereich moderner Kunst waren nennenswerte Bestände in Hagen nicht mehr vorhanden, seit 1922 das von Karl Ernst Osthaus gestiftete Museum Folkwang an die Stadt Essen verkauft worden war.[40]

Im Erdgeschoß des Städtischen Museums waren Werke älterer deutscher, holländischer und italienischer Künstler sowie anerkannter deutscher Künstler des 20. Jahrhunderts versammelt.[41] Nur wenige namhafte Künstler (Turchi, Rubens, Rembrandt, Graff, Chodowiecki) befanden sich darunter, zum überwiegenden Teil scheint es sich um zweit- und drittrangige Arbeiten gehandelt zu haben. Der Leihgeber, nach Oberbürgermeister Vetter eine Berliner Institution, ist nicht bekannt. Darüber hinaus wurden eine Holzplakette mit dem Porträt Hitlers sowie der Ehrenbürgerbrief der Stadt Hagen für den »Führer« präsentiert. Im Obergeschoß waren die Leihgaben aus Dresden, 48 Bilder und eine Plastik, ausgestellt. Die Presse kommentierte: Die »›Gegenbeispiele‹ gestalten sich zur ›Schreckenskammer‹«[42].

Offenbar gingen die Initiative zur Organisation der Exposition und die Idee der »geschickte[n] und wirkungsvolle[n] Gegenüberstellung«[43] von Oberbürgermeister Vetter persönlich aus. Daß er sich wegen der »Gegenbeispiele« mit Erfolg an die Stadt Dresden gewandt hatte, spricht sowohl für die hohe Popularität der dortigen Ausstellung »Entartete Kunst« als auch für die Bereitschaft der Dresdner, ihre Femeschau an andere Städte zu verleihen. Stolz vermeldet der Jahresbericht der Stadt Hagen die positive Bilanz der Schau:

[Es] brachte das Berichtsjahr als Teilgebiet der großen Hagener Veranstaltung »Kunst zweier Welten« eine solche Gegenüberstellung auch für das Gebiet der bildenden Kunst, die wegen ihrer für eine gesunde und einem nationalsozialistischen Empfinden entspringende Kunstauffassung kämpfenden Haltung überall im Reiche stärkste Beachtung gefunden hat. Das wird schon durch die für Kunstausstellungen ganz ungewöhnliche Besucherzahl von 14.520 Personen bewiesen.[44]

Die hier genannte in der Tat beachtliche Besucherzahl gewinnt noch mehr Aussagekraft, wenn man sich die Gesamtbesucherzahl von 23.368 Personen des Städtischen Museums im Jahre 1934 vergegenwärtigt.[45] Mithin entfielen fast zwei Drittel der Museumsbesucher allein auf die Ausstellung »Kunst zweier Welten«. Gleichwohl zeugt es von der Paradoxie der kunstpolitischen Situation jener Zeit, daß im Dezember 1934 in demselben Museum das Werk eines Künstlers gezeigt wurde, welcher der geschmähten Stilrichtung des Expressionismus angehörte: Christian Rohlfs.[46] Nach dem Ende der Hagener Ausstellung im April 1934 wurden die Leihgaben vermutlich direkt nach Dresden zurückgeschickt.

39 Hagener Zeitung, 12. Februar 1934.
40 Vgl. hierzu Museum Folkwang Essen 1983, S. 9-61.
41 Vgl. Tremonia-Westdeutsche Volkszeitung, 13. Februar 1934.
42 Ebenda, 14. Februar 1934. Vgl. auch Westfälische Landeszeitung-Rote Erde, 12. Februar 1934.
43 Westfälische Landeszeitung-Rote Erde, 12. Februar 1934.
44 Die Stadt Hagen im Jahre 1934, S. 76 (StA Hagen, ohne Signatur).
45 Vgl. ebenda.
46 Anlaß für die Ausstellung neuer Arbeiten von Rohlfs, der seit 1901 in Hagen lebte, war sein 85. Geburtstag am 22. Dezember 1934.

Das weitere Schicksal der Dresdner Werke »entarteter Kunst« gibt zunächst noch Rätsel auf. Höchstwahrscheinlich wurde die Sammlung 1935 – in Antithese zu den Neuerwerbungen seit 1933 oder zur »Sächsischen Kunstausstellung 1935«, deren Plakat Willy Waldapfel gestaltete[47] – erneut in Dresden ausgestellt. Einen Hinweis darauf gibt der Brief des Malers Ernst Bursche an Otto Dix vom 13. Januar 1935, in dem der Schüler seinen Lehrer über den »Sturz« Richard Müllers, d. h. über dessen Abberufung als Rektor der Akademie am 10. Januar 1935, berichtet:

> Ich glaube nicht fehlzugehen, wenn ich annehme, daß Ihnen die Nachricht vom Sturze dieses Mannes wenigstens eine kleine Genugtuung geben wird. Ehe dieser Herr abtreten mußte, fand er es noch für notwendig, sich durch eine besondere Tat auszuzeichnen, indem er noch einmal eine Ausstellung »Entartete Kunst« aufzog. Ich kann Ihnen versichern, daß sich sehr viele gefreut haben, noch einmal Ihre Bilder sehen zu können – und daß es in Fach- und anderen Kreisen in der Wertschätzung Ihrer künstlerischen Persönlichkeit das Gegenteil von dem hervorgerufen hat, was betreffender Herr damit erreichen wollte. Dieser Herr hat sich redlichste Mühe gegeben, Ihre Person in den Dreck zu stampfen, das ist ihm aber nur bei Leuten gelungen, auf die Sie gern verzichten können. Er hat sich nicht träumen lassen, daß er über seine geistvolle »Denkschrift« (wahrscheinlich glaubte er dadurch zum obersten Kunstrichter von Deutschland zu werden) stolpern würde. [...] Die [...] Druckschrift sollte zum Sturze anderer dienen und wirkte sich aber zum eigenen aus. Nie haben sich die Maler so eifrig und vergnügt eine Neuigkeit mitgeteilt wie gestern und heute. Erstaunlich, wie viele Feinde dieser Mann hat, und trotzdem konnte er sich so lange halten. [...] Nach dem vor kurzem die Ausstellung im Rathaus eröffnet worden war, fragte er seine Schüler, was ihnen dort wohl gefiele. Darauf antwortete ihm ein Schüler mit folgendem: »Mir gefällt am besten das Kriegsbild von Otto Dix«.[48]

Im Zusammenhang mit dieser erneuten Ausstellung entstand wohl auch der sich über zwei Doppelseiten erstreckende Bildbericht (Abb. 12a-b) in der Kölnischen Illustrierten Zeitung vom 17. August 1935. Unter der Überschrift »Schreckenskammer der Kunst« heißt es dort:

> Die hier veröffentlichten Bilder entstammen der Ausstellung »Entartete Kunst«, die zur Zeit in Dresden berechtigtes Aufsehen erregt. [...] Auch der Führer und Reichskanzler besichtigte bei einem Besuch in Dresden diese Schreckensschau; er gab seiner Empörung über die Verfertiger solcher Bilder ebenso wie über die gewissenlosen Amtspersonen Ausdruck, die für solchen Schund öffentliche Gelder, die ihnen anvertraut waren, verschleudert hatten. Diese einzig dastehende Schau, erklärte der Führer, müßte in recht vielen deutschen Städten gezeigt werden. Auch zahlreiche Mitglieder der Reichsregierung und Parteileitung, unter ihnen Ministerpräsident General Göring, Reichsminister für Volksaufklärung und Propaganda Dr. Goebbels, nahmen Gelegenheit, die Dresdner »Schreckenskammer« zu besichtigen. Und viele Besucher Dresdens, zahlreiche Reisegesellschaften aus dem In- und Ausland versäumen nicht, sich mit eigenen Augen darüber zu bilden, wie man in der Vergangenheit um die Zersetzung deutscher Kunst und Kultur bemüht war. [...]. Dresden [bietet] gegenwärtig in seiner »Sächsischen Kunstausstellung 1935«, in die eine Sonder-Kriegsbilder-Ausstellung eingegliedert ist, eine Sehenswürdigkeit höchsten Kunstniveaus.

Bei der im Text erwähnten Kriegsbilderausstellung handelt es sich um die »Frontbilderausstellung ›Vorn‹« des Görlitzer Kriegsmalers Otto Engelhardt-Kyffhäuser, welche allein bis 1938 in 31 Städten gezeigt wurde.[49] Mit Bezug auf diese Rezension schrieb George Grosz am 23. August 1935 an Erwin Piscator:

> Gestern sandte mir ein Freund die Kölnische Illustrierte. Da haben sie einen Artikel drin, betitelt »Schreckenskammer«, und reproduzierten, neben Dix, unter anderem auch ein Bildchen von mir [»Menschen«]. Als scheußlich abschreckendes und lächerliches Beispiel für das, was eben unter dem Novemberregime möglich war und als »Kunst« gekauft wurde. Na, ich habe herzlichst gelacht – es war auch wirklich schauderhaft. Für mich ist das erledigt und liegt weit, weit zurück. Überall setzt sich eben der Feldwebelgeist durch, oder der Bürofeldwebelgeist und der so teure »Geschmack« des »kleinen« Mannes [...].[50]

47 Vgl. die Abb. in: Plakate 1990, S. 19, Nr. 74. Zur »Sächsischen Kunstausstellung 1935« vgl. den Bildbericht in: Dresdner Illustrierte 12, 1935, Nr. 32, S. 8f.

48 ABK, NL Otto Dix I C 66. Vgl. Veit 1977, S. 31, B 57. Über die erwähnte Denkschrift ist nichts bekannt.

49 Vgl. die Korrespondenz des Künstlers mit dem Kulturamt der Stadt Frankfurt am Main im Zusammenhang mit der Präsentation der Schau in den Frankfurter Römerhallen im April 1939, die ein Verzeichnis mit einer Auswahl der Ausstellungsorte von 1933 bis 1937 enthält (StA Frankfurt am Main Magistratsakten Az. 6040, Bd. 1). Zu Engelhardt-Kyffhäuser, der regelmäßig auf den GDK ausstellte, vgl. Thomae 1978, S. 449, A. 399 und passim.

50 Zitiert nach Knust 1979, S. 221.

Eine der 13 Abbildungen des Bildberichts zeigt Hitler beim Ausstellungsbesuch (Abb. 12a).[51] Nach einem Dokument vom Januar 1937 soll er bei dieser Gelegenheit vor den Bildern von Dix verkündet haben: »Es ist schade, daß man diese Leute nicht einsperren kann«[52]. Eine Datierung des Hitler-Besuches in der Ausstellung ist bislang nicht möglich. Die Veröffentlichung des Photos im August 1935 bedeutet nicht zwingend, daß auch der Besuch zu dieser Zeit stattgefunden hat. Laut einer Aktennotiz eines Mitarbeiters des Dortmunder Verkehrs-, Wirtschafts-und Presseamts vom 25. Oktober 1935, die im Zusammenhang mit der Übernahme der Ausstellung nach Dortmund steht, fand Hitlers Visite bereits 1934 statt.[53] Das könnte als Indiz dafür gewertet werden, daß eine (permanente?) »Schreckenskammer« in Dresden nicht erst 1935, sondern schon ein Jahr zuvor – etwa nach Rückkehr der Exponate aus Hagen – eingerichtet worden war. Rechts von Hitler ist Heckels »Sitzender Mann« zu erkennen, darunter Grundigs »Knabe mit gebrochenem Arm«. Die Präsentationsweise – die Hängung ist so dicht, daß das schief hängende Gemälde Heckels den Rahmen des benachbarten Bildes zu berühren scheint, einige Exponate sind auf dem Boden abgestellt, die Beschriftungstäfelchen sind direkt auf der Leinwand befestigt – nimmt die der Münchner »Entarteten« von 1937 vorweg. Auf der darüber befindlichen Photographie steht Göring vor Volls Skulptur »(Schwangere) Frau«, an der Rückwand hängt das »Selbstporträt« Felixmüllers, rechts »Tschum, der Katzenfreund« von Lange. Ganz links im Bild (mit Brustkette) steht Oberbürgermeister Ernst Zörner. Auf der zweiten Doppelseite (Abb. 12b) sind »Proben einer überwundenen ›Kunst‹« (Werke von Dix, Klee und Johann Walter-Kurau) dem »Ausdruck einer neuen Zeit« (Arbeiten von G. Richter, Merseburg und Gerlach) gegenübergestellt. Der Besuch Hitlers und seine Erklärung, die Ausstellung müsse in »recht vielen deutschen Städten gezeigt werden«, ist für die weitere Entwicklung von besonderer Signifikanz. Die nachfolgende Tournee erweist sich somit als Erfüllung eines »Führerauftrages«.[54]

3.8.1.2 Nürnberg, Städtische Galerie, 7. September bis 21. September 1935

Zur bombastischen Inszenierung der jährlichen Parteitage der NSDAP in Nürnberg gehörten stets auch spektakuläre Propagandaausstellungen, z. B. die »Große Antibolschewistische Ausstellung Nürnberg 1937« (vgl. Kapitel 7.1), »Europas Schicksalskampf im Osten« 1938 (vgl. Kapitel 3.3 und 5) und »Frau und Mutter –Lebensquell des Volkes« 1939.[55] Für den vom 10. bis 16. September 1935 stattfindenden »Reichsparteitag der Freiheit« übernahm ein Mann, der uns schon wohlbekannt ist, diesen Teil des Programms: Emil Stahl. Der Organisator der »Schrekkenskammer« vom Frühjahr 1933 (vgl. Kapitel 3.3) war inzwischen zum Direktor der Städtischen Kunstsammlungen aufgestiegen. Mit der Übernahme der Dresdner Ausstellung »Entartete Kunst« sorgte er nun dafür, daß die Städtische Galerie am Königstor zum zweiten Mal Schauplatz einer Femeschau wurde. Vielleicht war es der Gauleiter Frankens, Julius Streicher, der die Initiative dazu ergriffen hatte. Denn bei der Vorbesichtigung am 4. September 1935 verkündete er der versammelten Presse:

> Wenn diese Ausstellung, die ich als einer der ersten in Dresden gesehen und von der ich gesagt habe, daß sie hinausgehen muß in das Land, durch ganz Deutschland kommt und man dabei allen sagt, warum so etwas entstehen konnte, so ist dies eine Belehrung und eine Möglichkeit, langsam eine Grundlage zu schaffen für ein neues Denken und Fühlen auf dem Gebiete der Kunst.[56]

51 Dieselbe Photographie mit einem größeren Ausschnitt und in besserer Qualität ist reproduziert bei Peter Adam 1992, S. 122f.

52 Diether Schmidt 1964, S. 219.

53 StA Dortmund 113-29/1951-116, Bl. 11.

54 In diesem Sinne hieß es z. B. in einem Artikel im DK 10, 1936, Folge 4 (abgedruckt in: Das Bild 3, 1936, o. S.): »[...] lehrreich, wie die auf Befehl des Führers in Deutschland wandernde ›Entartete Kunst‹«.

55 Vgl. Zelnhefer 1991, S. 193-197. Einige der Ausstellungen fanden im Germanischen Nationalmuseum statt oder wurden in Zusammenarbeit mit diesem vorbereitet; vgl. ebenda, S. 194f. und Deneke/Kahsnitz 1978, S. 76-81 und S. 1145f.

Im übrigen diente die »jüdische« und »kulturbolschewistische« Kunst dem Gründer des antisemitischen Blattes Der Stürmer und maßgeblichen Initiator der Judenverfolgungen als Scheinbeweis für die Unterlegenheit der »jüdischen Rasse«: »Hat ein Mensch fremdes Blut, Judenblut, in sich aufgenommen, so wird sich dieses Blut immer wieder in seinem Tun und Lassen auswirken, dann wird sich das immer wieder in seinen Bildern offenbaren«[57].

Die propagandistische Wirkung wurde verstärkt durch eine zweite, von Stahl parallel zur »Entarteten Kunst« in der Städtischen Galerie veranstaltete Hetzausstellung mit dem Titel »Der Judenspiegel«.[58] Sie bestand aus 61 Zeichnungen des Pragers Karel Rélink, die angeblich »den Juden schlechthin«[59] zeigten. Die beiden Expositionen waren unmittelbar aufeinander bezogen:

> Wer die »Schreckenskammer« [...] sieht und weiter durch die Sammlung der Rélinkschen Bilder geht, dem wird ein Zusammenhang klar werden: Was Rélink in seinen Bildern vom Wesen des Juden zeigt, hat in der »Schreckenskammer« ehemaliger Kunst seine Verkörperung gefunden.[60]

Diesem Grundtenor entspricht, daß auch in den Nürnberger Rezensionen der »Entarteten Kunst«[61] (Abb. 13) die antisemitische Komponente sehr viel drastischer und aggressiver zutage tritt als 1933 in Dresden und 1934 in Hagen. Der Grund hierfür liegt gewiß nicht nur in der angedeuteten lokalen Tradition und im Klima der »Stadt Julius Streichers«, sondern vor allem in der allmählichen Verschiebung des Feindbildes von der »überwundenen Systemzeit« zum »Volksfeind Nr. 1«. Daß nur ein einziger der Künstler (Lasar Segall) tatsächlich Jude war, störte dabei naturgemäß nicht, da eine sachlich richtige Information gar nicht in der Intention der Veranstalter lag. Der zeitpolitische Kontext, in welchem die Exposition gesehen werden muß, wird durch eine signifikante Koinzidenz erhellt: Während der Nürnberger Laufzeit wurden nur wenige Meter von der Städtischen Galerie entfernt die berüchtigten »Nürnberger Gesetze« erlassen, die die weitgehende Entrechtung und Diskriminierung der jüdischen Bevölkerung festschrieben. In diesem Zusammenhang sei auch die »Freimaurerausstellung« erwähnt, die ab dem 3. September 1935 im Schaufenster der »Großdeutschen Buchhandlung« stattfand (»Freimaurertum ist organisiertes Judentum«).[62]

Stahl ergänzte die 94 Leihgaben aus Dresden und, indem er Werke aus Nürnberger Besitz hinzufügte, verlieh der Ausstellung gleichzeitig eine lokale Note:

> Auch von Nürnbergs bolschewistischer Kunstrichtung geben zwei Kabinette Aufschluß. »Anita Berber« von Dix zeigt, wie sich künstlerische Begabung in den Dienst des Negativen im Weibe stellt, ebenso »Revolution« von Jungfritz. »Sonnenblumen« von Carsten stellen eher einen Embryo denn die Motivbezeichnung dar. Ohne jedes naturalistische Gefühl für Wahrheit des Gegenständlichen und die herrliche Seele der Landschaft arbeitet Otto Helbig in »Straße unter Bäumen«. Solche Ergebnisse, die uns innerlich eiskalt lassen, wurden als »beste« deutsche Kunst von der Deutschen Albrecht-Dürer-Ausstellung angekauft.[63]

56 Bayerische Volkszeitung, 7. September 1935. Vgl. die Eintragung in der Stadtchronik 1933-35 (StA Nürnberg Rep. G1 - Nr. 46, S. 707).

57 Fränkische Tageszeitung, 7. September 1935. Die von Streicher gegründete Zeitung war Nürnbergs NSDAP-Organ.

58 Vgl. hierzu folgende illustrierte Rezensionen: 8 Uhr-Blatt, 5. September 1935 (K. Ls.); Fränkische Tageszeitung, 13. September 1935 (R. R.); Nürnberger Zeitung, 7./8. September 1935. Vgl. auch Kett 1992, S. 79.

59 8 Uhr-Blatt, 5. September 1935.

60 Ebenda.

61 Die Rezensionen, in Kapitel 10.1 einzeln aufgeführt, zitieren meist die »Einführung« Zörners (vgl. Dok. 6). Es sind zudem stets dieselben Werke, die im Text besonders hervorgehoben und oft auch abgebildet werden: Dix (»Kriegskrüppel«, »Bildnis der Tänzerin Anita Berber«), Hoffmann (»Mädchen mit blauem Haar«, »Adam und Eva«), Lange (»Tschum, der Katzenfreund«), Schwitters (»Merzbild«, »Ringbild«) und Segall (»Die ewigen Wanderer«). Dabei fällt auf, daß es sich – mit Ausnahme von Schwitters' Assemblagen – stets um Menschendarstellungen handelt.

62 Vgl. Fränkische Tageszeitung, 3., 7. (mit Photographie des Schaufensters) und 11. September 1935.

63 Fränkische Tageszeitung, 14. September 1935. Das erwähnte »Bildnis der Tänzerin Anita Berber« von Dix ist z. B. in der Rezension der Fränkischen Tageszeitung vom 7. September 1935 (Abb. 13) abgebildet. Ob auch die anderen Arbeiten bereits in Stahls »Schreckenskammer« vom Frühjahr 1933 angeprangert worden waren, muß offen bleiben.

Unter den meist euphorisch zustimmenden Pressestimmen fällt eine auf, deren Verfasser die Expressionisten couragiert in Schutz nimmt und ihre Diffamierung kritisiert:

> Es ist etwas anderes, ob ein Mensch Form, Linien, Proportionen verkrampft und zerstört oder ob ein Mensch Form, Linien, Proportionen übersteigert um eines für ihn notwendigen gesteigerten Ausdrucks willen. Darum gehört ein Nolde nicht in diese Ausstellung, ebensowenig ein Schmidt-Rottluff, Erich Heckel, Willi Geiger. Sie alle sind nicht aus einem einzelnen Werk zu fassen, sondern nur aus ihrem Streben und ihrem Weg und aus ihrem Gesamtwerk. Wir wollen versuchen, dies an Nolde zu zeigen. Was hat Nolde, dieser niederdeutsche Bauernsohn, mit seinen lodernden, oftmals so erschreckenden Bildern gewollt? [...] Das Wesentliche ist: vertieften Ausdruck. Unbändig und oft verworren, aber nicht entartet, ist sein Streben nach dem Ausdruck des kosmischen Erlebens.[64]

Diese mutige Stimme blieb eine Ausnahme. Stahl konnte mit der Resonanz der Femeschau vollauf zufrieden sein. An die Stadt Dortmund, der nächsten Ausstellungsetappe, schrieb er am 18. November 1935: »Der Erfolg der Veranstaltung hat sehr befriedigt. Es konnten vom 10. [bis] 21.9.1935 12.706 Personen gezählt werden. Sie waren stark beeindruckt von dem Gesehenen und nahmen in lebhaften, zwanglosen Aussprachen vor den ›Kunstwerken‹ dazu Stellung«[65]. Stahl pflegte seine neuen Dresdner Kontakte und zeigte im Dezember in der Städtischen Galerie eine Sonderschau mit Arbeiten Richard Müllers.[66]

3.8.1.3 Dortmund, Haus der Kunst, 11. November bis 8. Dezember 1935

Die Präsentation der Dresdner Sammlung in Nürnberg hatte im ganzen Reich für große Publizität gesorgt und das Interesse anderer Stadtverwaltungen geweckt. Als das Ausstellungsgut am 24. September 1935 wieder in Dresden eintraf, lagen im dortigen Kulturamt bereits einige Anfragen von Städten vor, die um leihweise Überlassung der Ausstellung baten. Darunter auch jene von Oberbürgermeister Banike aus Dortmund, der in einem Brief vom 12. September 1935 an den Direktor des Dresdner Stadtmuseums sein lebhaftes Interesse bekundete (vgl. Dok. 7). Nach längeren schriftlichen Verhandlungen über Terminfragen und die Übernahme der Transport- und Versicherungskosten teilte Dresden am 17. Oktober 1935 der Stadt Dortmund mit, die Bilder seien »versandfähig verpackt und bedürfen bei engster Hängung eines Raumes von rund 100 qm, für eine übersichtliche und gute Hängung [!] etwa 300 qm. Das Gewicht der Kisten mit den Bildern und Plastiken beträgt 18 Zentner. Insgesamt handelt es sich um 48 Bilder, 6 Plastiken, 40 Blatt Graphiken«[67]. Eine Woche später, am 25. Oktober 1935, hieß es, der Bahntransport der Sammlung nach Dortmund samt eines »genaue[n] Verzeichnis[ses] der einzelnen Stücke« (Dok. 9) sowie Zeitungsartikeln und »53 Aufnahmen zur gefl. Verwendung zu Werbezwecken« sei angeordnet.[68] Am 30. Oktober 1935 bestätigte der Dortmunder Oberbürgermeister dankend den Erhalt der Sendung.[69]
In der Zwischenzeit liefen die Vorbereitungen in der westfälischen Stadt auf Hochtouren. Vertreter der Stadt (Städtisches Verkehrs-, Wirtschafts- und Presseamt) und der Kreisleitung der NSDAP kamen überein, »der Sammlung ›Entartete Kunst‹ eine Abteilung mit guten Bildern anzugliedern, um die mit dieser Veranstaltung beabsichtigte politisch-weltanschauliche Erziehung weitestgehend sicherzustellen«[70]. Als die Bemühungen um entspre-

64 Fränkischer Kurier, 7. September 1935. Willi Geiger war in der Dresdner Sammlung nicht vertreten, wohl aber in der Nürnberger »Schreckenskammer« von 1933 (vgl. Kapitel 10.1).
65 Brief Emil Stahls an das Verkehrs-, Wirtschafts- und Presseamt der Stadt Dortmund vom 18. November 1935 (StA Dortmund 113-29/1951-116, Bl. 54).
66 Vgl. Fränkischer Kurier, 28. Dezember 1935. Vgl. auch den Eintrag in der Stadtchronik 1933-35 (StA Nürnberg Rep. G1 - Nr. 46, S. 776).
67 StA Dortmund 113-29/1951-116, Bl. 9.
68 Ebenda, Bl. 14.
69 Ebenda, Bl. 19, verso. Beim Auspacken der Kisten am 5. November 1935 wurde eine weitere Liste angefertigt (Dok. 10).
70 Protokoll einer Besprechung vom 1. November 1935 (ebenda, Bl. 20).

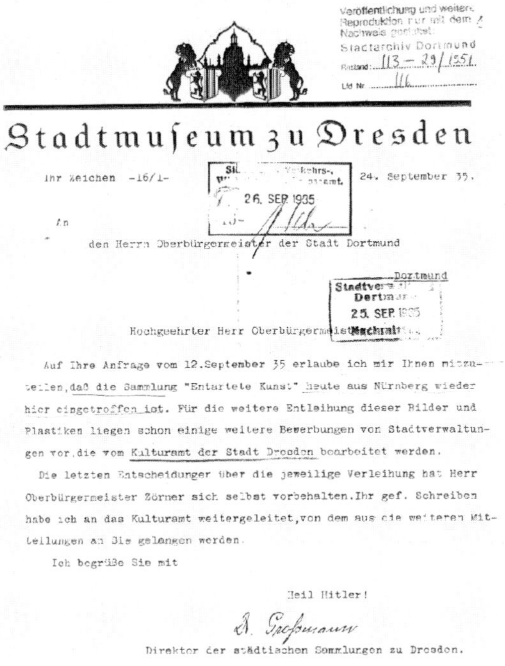

Veröffentlichung und weitere Reproduktion nur mit dem Nachweis gestattet: Stadtarchiv Dortmund Bestand: 113 – 29/1951 Lfd Nr. 116

Stadtmuseum zu Dresden

Ihr Zeichen -16/1- 24. September 35.

26. SEP 1935

An

den Herrn Oberbürgermeister der Stadt Dortmund

Dortmund

Stadtverwaltung Dortmund 25. SEP 1935

Hochgeehrter Herr Oberbürgermeister!

Auf Ihre Anfrage vom 12. September 35 erlaube ich mir Ihnen mitzuteilen, daß die Sammlung "Entartete Kunst" heute aus Nürnberg wieder hier eingetroffen ist. Für die weitere Entleihung dieser Bilder und Plastiken liegen schon einige weitere Bewerbungen von Stadtverwaltungen vor, die vom Kulturamt der Stadt Dresden bearbeitet werden.

Die letzten Entscheidungen über die jeweilige Verleihung hat Herr Oberbürgermeister Zörner sich selbst vorbehalten. Ihr gef. Schreiben habe ich an das Kulturamt weitergeleitet, von dem aus die weiteren Mitteilungen an Sie gelangen werden.

Ich begrüße Sie mit

Heil Hitler!

K. Großmann

Direktor der städtischen Sammlungen zu Dresden.

Dok. 7 Brief von Karl Großmann, Stadtmuseum Dresden, an den Oberbürgermeister von Dortmund, 24. September 1935 (StA Dortmund 113-29/1951-116, Bl. 4)

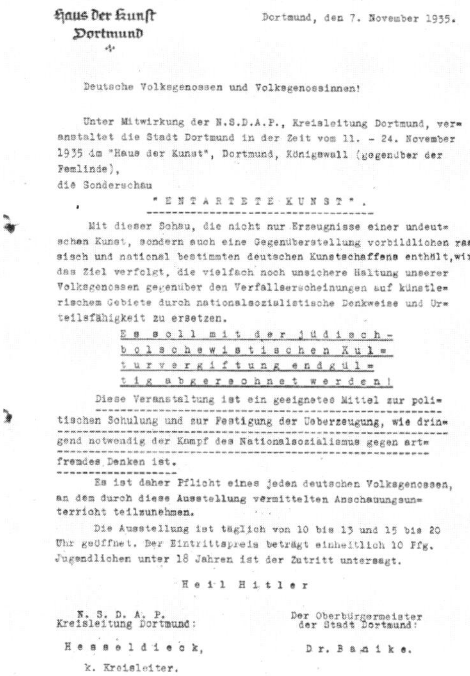

Haus der Kunst Dortmund

Dortmund, den 7. November 1935.

Deutsche Volksgenossen und Volksgenossinnen!

Unter Mitwirkung der N.S.D.A.P., Kreisleitung Dortmund, veranstaltet die Stadt Dortmund in der Zeit vom 11. – 24. November 1935 im "Haus der Kunst", Dortmund, Königswall (gegenüber der Femlinde),
die Sonderschau

"E N T A R T E T E K U N S T".

Mit dieser Schau, die nicht nur Erzeugnisse einer undeutschen Kunst, sondern auch eine Gegenüberstellung vorbildlichen rassisch und national bestimmten deutschen Kunstschaffens enthält, wird das Ziel verfolgt, die vielfach noch unsichere Haltung unserer Volksgenossen gegenüber den Verfallserscheinungen auf künstlerischem Gebiete durch nationalsozialistische Denkweise und Urteilsfähigkeit zu ersetzen.

E s s o l l m i t d e r j ü d i s c h - b o l s c h e w i s t i s c h e n K u l t u r v e r g i f t u n g e n d g ü l t i g a b g e r e c h n e t w e r d e n !

Diese Veranstaltung ist ein geeignetes Mittel zur politischen Schulung und zur Festigung der Ueberzeugung, wie dringend notwendig der Kampf des Nationalsozialismus gegen artfremdes Denken ist.

Es ist daher Pflicht eines jeden deutschen Volksgenossen, an dem durch diese Ausstellung vermittelten Anschauungsunterricht teilzunehmen.

Die Ausstellung ist täglich von 10 bis 13 und 15 bis 20 Uhr geöffnet. Der Eintrittspreis beträgt einheitlich 10 Pfg. Jugendlichen unter 18 Jahren ist der Zutritt untersagt.

H e i l H i t l e r

N. S. D. A. P. Kreisleitung Dortmund:

H e s s e l d i e c k,
k. Kreisleiter.

Der Oberbürgermeister der Stadt Dortmund:

D r. B a n i k e.

Dok. 8 Rundschreiben des Oberbürgermeisters und der NSDAP von Dortmund, 7. November 1935 (StA Dortmund 113-29/1951-116, Bl. 32)

chende Leihgaben bei örtlichen und auswärtigen Museen und Galerien aber nicht zum gewünschten Erfolg führten, beschloß man, sich mit »Reproduktionen klassischer deutscher Kunst«[71] zu behelfen.

Am 11. November 1935 wurde die Schau als »politische Sonderschau«[72] im Dortmunder Haus der Kunst – einem zum Ausstellungsgebäude umgebauten ehemaligen Kloster nahe dem Hauptbahnhof, das am 22. Juni 1934 mit der »Großen Westfälischen Kunstausstellung« seiner neuen Bestimmung übergeben worden war – eröffnet. Morgens fand eine Pressevorbesichtigung statt, nachmittags folgten eine Sonderführung und ein Einführungsvortrag von NSDAP-Kreiskulturleiter Paul Marquardt für die »politischen Leiter und Führer der Gliederungen«.[73] Mit den Einladungen zu den Führungen war ein Rundschreiben (Dok. 8) verschickt worden, das die Ziele der Schau umriß: Beabsichtigt sei,

> die vielfach noch unsichere Haltung unserer Volksgenossen gegenüber den Verfallserscheinungen auf künstlerischem Gebiete durch nationalsozialistische Denkweise und Urteilsfähigkeit zu ersetzen. Es soll mit der jüdisch-bolschewistischen Kulturvergiftung endgültig abgerechnet werden! Diese Veranstaltung ist ein geeignetes Mittel zur politischen Schulung und zur Festigung der Überzeugung, wie dringend notwendig der Kampf des Nationalsozialismus gegen artfremdes Denken ist.[74]

71 Aktennotiz vom 7. November 1935 (ebenda, verso).

72 Vorausgegangen war am 21. Oktober 1935 eine Anfrage des Oberbürgermeisters der Stadt Dortmund bei seinem Dresdner Amtskollegen, ob die Ausstellung »Entartete Kunst« unter die Kategorie der Kunstausstellungen – im Sinne der Bekanntmachung des Präsidenten der RbK vom 10. April 1935 (vgl. Kapitel 2.4) – falle und ob die Genehmigung der RbK vorliege (StA Dortmund 113-29/1951-116, Bl. 8). Die Antwort vom 25. Oktober 1935 besagte, es handele sich nicht um eine Kunstausstellung, sondern um eine politische Ausstellung, für die folglich die Genehmigungspflicht durch die RbK entfalle (ebenda, Bl. 14).

73 Vgl. die Muster der am 7. Januar 1935 versandten Einladungen zu den beiden Führungen (ebenda, Bl. 27 und 29) und der vorgedruckten Anmeldungskarten (ebenda, Bl. 30 und 31) sowie die maschinenschriftliche, 216 Namen umfassende Einladungsliste für die nachmittägliche Führung (ebenda, Bl. 61-66) und die zwölf Personen aufzählende handschriftliche Liste der Teilnehmer an der Pressebesichtigung (ebenda, Bl. 47).

74 Das vom 7. November 1935 datierte und von der Stadt Dortmund (Haus der Kunst) und dem Propagandaamt der NSDAP-Kreisleitung verschickte Schreiben ist von Oberbürgermeister Banike und Kreisleiter Hesseldieck gezeichnet.

Inhalt der Dresdener Sammlung, Entartete Kunst

I

Campendonk	"Badende"	Stiftung	
Dix, Otto	Kriegskrüppel	Geschenk	
Cassel, Pol	Bildnis	Kaufpreis 1925	650.- RM
Dix, Otto	"Der Krieg"	Anteil der Stadt 1928	5.000 M
Dix, Otto	"Sonnenaufgang"	Geschenk	
Dix, Otto	Matrose und Dirne		
Dix, Otto	Sappenkopf		
Dix, Otto	Kriegskrüppel		
Dix, Otto	"Streichholzhändler"	Kaufpreis 1920	50.-M
Feininger, L.	"Gelmeroda"	Stiftung 1925	

2

George Gross. Bekannt durch den Gotteslästererprozess

Gross, George	Nr. 25	Kaufpreis 1920	680.- M
Gross, George	Maientanz	Kaufpreis 1920	680.- M
Gross, George	"Menschen aus Südende"	Kaufspreis 1920	270M
Gross, George	Menschen		
Gross, George	"Schreiender Pöbel"	Kaufpreis 1920	360 M
Gross, George	"Der Abenteurer"	Kaufpreis 1921	10.000 M
Grundig, Hans	"Kranker Knabe"	Kaufpreis 1929	500 M
xxxxx Hebert, Guido	"Mein Bruder"	Kaufpreis 1925	300 M
Hebert, Guido	"Zwei Mädchen"	Kaufpreis 1926	200 M
Hebert, Guido	"Selbstbildnis"	Kaufpreis	600 M
Heckel, Erich	"Sitzender Mann"	Kaufpreis 1920	3.000 M

3

Heckel, Erich	"Zwei Akte im Atelier"	Kaufpreis 1920	200M
Heckel, Erich	"Bauernhaus"	Kaufpreis 1920	400 M
Heckrott	"Maienkönigin"	Geschenk	
Heckrott	"Rinder"	Kaufpreis 1926	2.000 M
Hoffmann, Eugen.	"Krüppel"	Kaufpreis 1919	50 M
Hoffmann, Eugen	"Mädchenbüste"	Kaufpreis 1919	500 M
Hoffmann, Eugen	"Adam und Eva"	Stiftung	
Hoffmann, Eugen	"Stehendes Weib"	Leihgabe des Sächs.Staates	
Hoffmann, Eugen	"Sitzende Mutter"	Kaufpreis 1922	5.000 M
Hoffmann, Eugen	"Torso"	Kaufpreis 1924	500 M
Hoffmann, Eugen	"Komposition"		
Hoffmann, Eugen	"Mädchen"	Kaufpreis 1920	250 M

4

Hoffmann, Eugen	"Mädchen"	Kaufpreis 1920	250 M
Hoffmann, Eugen	"Traum"	Kaufpreis 1921	60 M
Hoffmann, Eugen	"Landschaftsphantasie"	Kaufpreis 1919	125 M
Hoffmann, Eugen	"Stehender Akt"	Kaufpreis 1923	50.000 M
Hoffmann, Eugen	"Sitzendes Weib"		
Hoffmann, Eugen	"Weibl. Akt"	Kaufpreis 1920	125.- RM
Hoffmann, Eugen	"Liebespaar / Menschen u.Köpfe"	Kaufpreis 1919	100.- M
Jacob, Walter	"Blaues Pferd"	xxxxxxx Geschenk	
Jacob, Walter	"Menschen"	Kaufpreis 1920	100.- M
Jacob, Walter	Komposition		
Jacob, Walter	"Traum"		
Jacob, Walter	"Menschenpaar"	Geschenk	

5

Jacob, Walter "W.Jacob-Mappe". 11 Litho. Kaufpreis 1920 600 ℳ

Johansson, Eric "Fabrik" Kaufpreis 1924 350.- ℳ

Kirchner, E.L. "Berglandschaft" Kaufpreis 1920 750.- ℳ

Kirchner, E.L. "Strassenscene" Kaufpreis 1926 4000 ℳ

Klee, Paul "Um den Fisch" Kaufpreis 1926 2.000 ℳ

Kokoschka, O. "Die Heiden" Kaifpreis1920 10.000 ℳ

Kurau, W.J. "Weinberg"

Lange, Otto "Tschun der Katzenfreund",Kaufpreis 1920 2000 ℳ

Lange, Otto Auf dem Kammstein Kaufpreis 1920 400 ℳ

Lange, Otto "Stilleben II" Kaufpreis 1916 100 ℳ

Lange, Otto "Stilleben mit roter Figur" Kaufpreis 1922 1000 ℳ

Lüthy, Oskar "Madonna" Kaufpreis 6000 ℳ

6

v.Mitschke - Collande "Familie" Kaufpreis 1927 500 ℳ

Mitschke - Collande, C. "Kinder" Kaufpreis 1920 200 ℳ

Müller, Felix "Bedrücktsein im Atelier" Kaufpreis 1920 30 ℳ

Müller, Felix "Selbstbildnis" Kaufpreis 1925 1000 ℳ

Müller, Felix "Selbstbildnis mit Frau" Kaufpreis 1919 120 ℳ

Müller, Felix "Paar" Kaufpreis 1924 1000 ℳ

Müller, Felix "Das Bild der Angebeteten" Karl-Adrian-Stiftung

Müller, Otto "Liebespaar" Kaufpreis 1920 100 ℳ

Nolde, Emil "Frauenkopf" Kaufpreis 1920 800 ℳ

Nolde, Emil "Mädchen im Garten" Stiftung

Pechstein, Max "Aus Polan 1918" Kaufpreis 1919 150 ℳ

Rudolph, W. "Regenlandschaft" Kaufpreis 1924 500 ℳ

7

Rudolph, Wilhelm "Wirtsstube um Mitternacht" Geschenk

Schmidt - Rottluff "Akte" Kaufpreis 1920 350 ℳ

Schmidt - Rottluff "Bildnis" Stiftung 1925

Schmidt - Rottluff "Pharisäer" Kaufpreis 1920 3000 ℳ

Schmidt - Rottluff "Topf-Stilleben" Kaufpreis 1920 3800 ℳ

Schmidt - Rottkuff "Weiblicher Akt" Kaufpreis 1920 400 ℳ

Schubert, Otto Freud und Leid

Schubert, Otto "Verkündigung" Kaufpreis 1920 150 ℳ

Schwitters, K. "Das Merzbild" Kaufpreis 1920 1400 ℳ

Schwitters, K. "Das Ringbild" Kaufpreis 1921 225 ℳ

Segall, Lasar "Die ewigen Wanderer" Kaufpreis 1919 4000 ℳ

Skade, Fr. "Frauenbildnis" Kaufpreis 1925 400 ℳ

8

Skade, Fr. "Dame" Kaufpreis 1926 500 ℳ

Tietz, Joh. "Doppelbildnis" Kaufpreis 1928 600 ℳ

Voll, Christoph "Zwei Akte 1921 Kaufpreis 1921 200 ℳ

Voll, Christoph "Weiblicher Akt 1924 Kaufpreis 1924 300 ℳ

Voll, Christoph "Sitzender Akt am Ofen" Kaufpreis 1921 250 ℳ

Voll, Christoph "Kopf" Geschenk

Dok. 9 Verzeichnis der Dresdner Wanderausstellung »Entartete Kunst« (StA Dortmund 113-29/1951-126, Bl. 1-8)

Dok. 10 Verzeichnis der Dresdner Wanderausstellung »Entartete Kunst« (StA Dortmund 113-29/1951-126, Bl. 74-77)

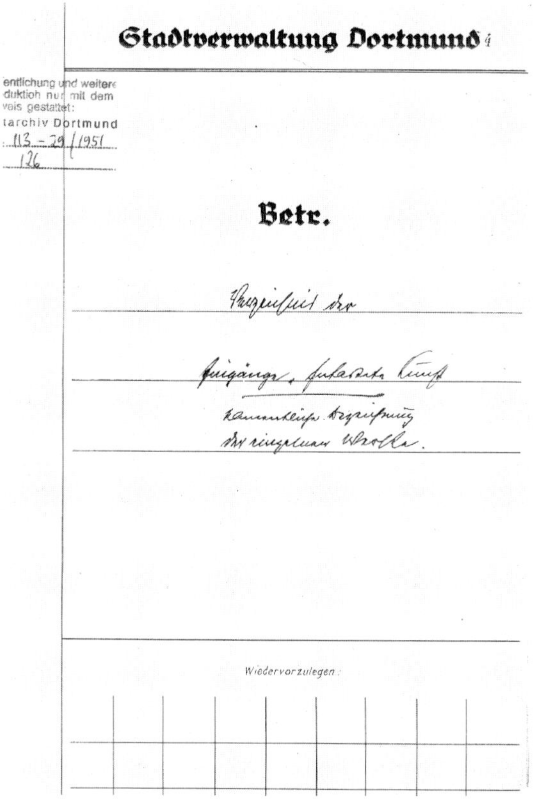
Stadtverwaltung Dortmund

Betr.

Wiedervorzulegen:

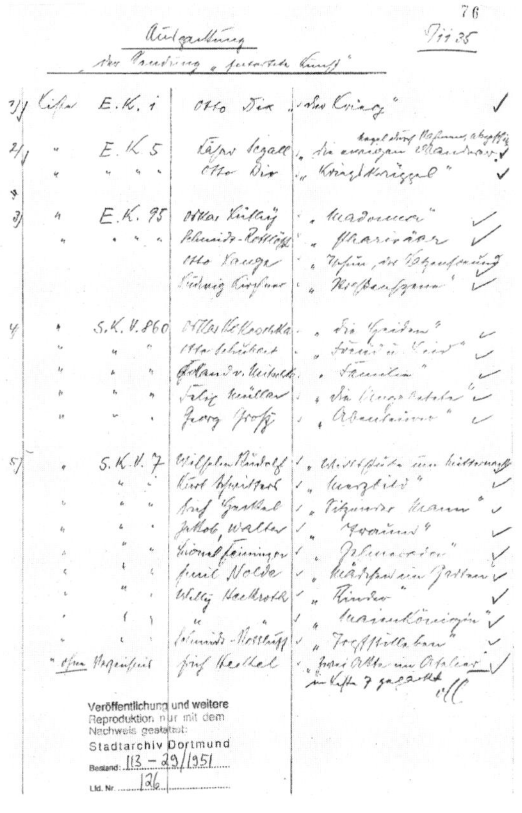
76

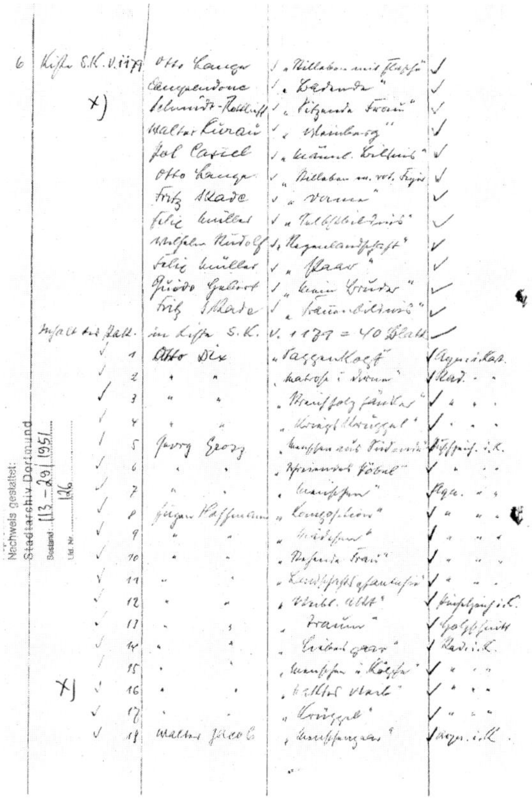

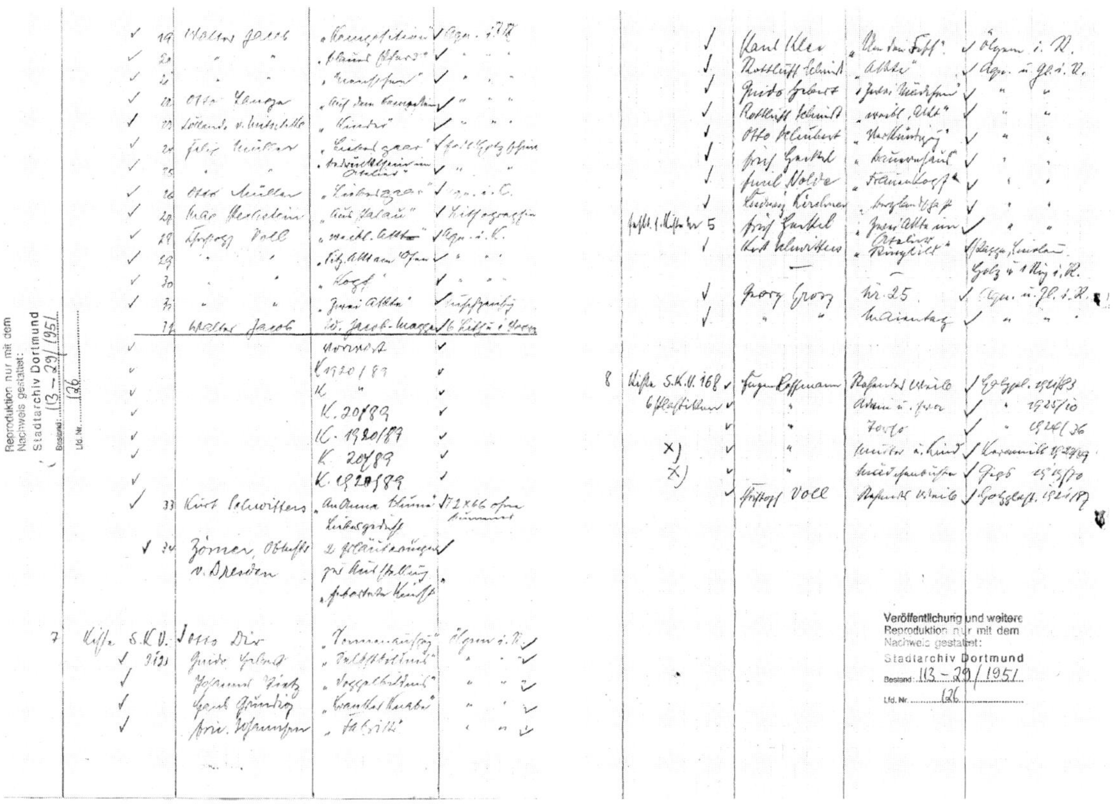

Daß die »jüdisch-bolschewistische Kulturvergiftung« ausgerechnet im städtischen Haus der Kunst untergebracht war, schien die Verantwortlichen nicht zu stören.

Beherbergte das Erdgeschoß die »Schreckenskammer«, so stieg man im Obergeschoß zu den Höhen der deutschen Kunst auf. Diese begegneten dem Besucher in Gestalt sogenannter Reichsdrucke, die von den Verlagen Piper und Hanfstaengl hergestellt und für ihre Qualität weithin bekannt waren. Die Dortmunder Kunsthandlung Wilhelm Utermann hatte sie – und offenbar auch einige wenige originale Gemälde – leihweise zur Verfügung gestellt.[75] Es handelte sich um Reproduktionen »nach den besten Erzeugnissen unserer kerndeutschen Künstler«[76] wie Holbein, Riemenschneider, Friedrich, Kobell, von Marées (»Ruderer«), Leibl (»Dorfpolitiker«, »Frauen in der Kirche«), Leistikow (»Grunewaldsee«), Thoma, Zügel und Peiner. Das antithetische Ausstellungsprinzip wurde in der Presse stets gewürdigt: »Gerade die Gegenüberstellung dieser beiden grundsätzlich verschiedenen Abteilungen macht die Gesamtausstellung so überaus wirkungsvoll«[77]. Eines freilich durfte nicht fehlen: »Das aus der Reichskanzlei entliehene Bildnis Adolf Hitlers des Düsseldorfer Malers Rüter«[78].

Auch sonst betrieb Dortmund einen bislang einzigartigen propagandistischen Aufwand. Am Beginn der Ausstellung wurde der »deutsche Volksgenosse« mit einem knappen einprägsamen Text auf den Besuch vorbereitet. Der Entwurf zu diesem Text ist überliefert:

75 Vgl. das Dankesschreiben der Stadt Dortmund an die Kunsthandlung Utermann vom 12. November 1935 (StA Dortmund 113-29/1951-116, Bl. 52).

76 Der Mittag, 12. November 1935.

77 Tremonia-Westdeutsche Volkszeitung, 29. November 1935.

78 Dortmunder Zeitung, 12. November 1935 (mit Abb.). Vgl. das Dankesschreiben der Stadt Dortmund an Rüter vom 12. Dezember 1935 (StA Dortmund 113-29/1951-116, Bl. 51).

Haus der Kunst, Dortmund

Königswall (gegenüber der Femlinde)

11.-24. November 1935

Sonderschau

„Entartete Kunst"

Abrechnung mit der jüdisch-bolschewistischen Kulturvergiftung

Geöffnet von 10–13 und 15–20 Uhr • Eintrittspreis 0,10 RM

Geleitwort zur Ausstellung

Die wahre, deutsche Kunst gestaltet zu allen Zeiten
das Reine, das Innige und Schöne.
Schon vor dem großen Krieg machte
sich im Kulturleben jener kalte,
jüdisch-intellektualistische Geist versteckt bemerkbar,
der dann im Krieg und nach dem Krieg
die deutsche Seele und damit auch die deutsche Kunst
in aller Öffentlichkeit zu zersetzen versuchte,
indem sie die Höchstwerte des deutschen Menschen
– Ehre und Freiheit – in den Schmutz zerrten,
Soldaten, die ihre Heimat mit dem Leben deckten,
als Mörder hinstellten,
die deutsche Mutter zur Dirne entheiligten.
Der Schmutz und Unrat, das Kranke und Degenerierte,
das Dunkle und Trostlose, roher Geschlechtssadismus,
traurige Verirrungen und Entartungen:
das alles war der Inhalt der Machwerke
und Schmierigkeiten solcher verbrecherischen
oder idiotischen Menschen.
Einen kleinen Ausschnitt aus solchen „Werken"
zeigen wir in unserer Ausstellung „Entartete Kunst".
Diese Ausstellung soll unsern Volksgenossen
eine eindringliche Mahnung sein,
wie notwendig der Kampf des Nationalsozialismus
gegen artfremdes Denken war und ist.
Und sie soll Jeden zum fanatischen Kämpfer
für die kulturelle Erneuerung
im Deutschland Adolf Hitlers entflammen.

Dok. 11 Faltblatt zur Ausstellung »Entartete Kunst«, Dortmund 1935 (StA Dortmund 113-29/1951-126, Bl. 16)

> I. Deutscher Volksgenosse, Denke daran: Juden und Kommunisten – verbrecherische Vertreter artfremden Denkens – haben viele Jahre vor dem nationalsozialistischen Umbruch das Kunstleben vergiftet und zersetzt. Häßlichkeit und Zote waren Trumpf, Chaos und Anarchie das Ziel! Sei Dir bewußt: Der Nationalsozialismus hat durch seinen Kampf diese jüdisch-bolschewistische Kulturvergiftung beseitigt und die reine deutsche Kunst wieder in Ehren eingesetzt. Bekenne Dich zum deutschen Denken! Erhebe Dich an deutscher Kunst! II. Wir klagen an: Verbrecher und geistig Minderwertige, die Volksverrat begingen.[79]

In einer Auflage von 5.000 Stück wurde ein vierseitiger gefalzter Prospekt verteilt, der ein »Geleitwort zur Ausstellung« enthielt (Dok. 11).[80] 4.000 Textplakate (Abb. 14) – die ersten zu einer »Schreckenskammer« –, deren Motiv auch in Pressewerbeanzeigen erschien, machten in ganz Dortmund und Umgebung auf die Femeschau aufmerksam.[81] An die Ortsgruppenleiter der NSDAP und alle sonstigen politischen Leiter erging die Aufforderung, den Ausstellungsbesuch gruppenweise zu organisieren.[82] Der einheitliche Eintrittspreis war mit zehn Pfennig bewußt »volkstümlich gehalten«[83]. Die Schau versprach eine Sensation, war sie doch für Jugendliche unter 18 Jahren verboten. Wenige Tage nach Eröffnung meldete die Presse: »Vielseitigen Wünschen der bisherigen Ausstellungsbesu-

79 »Vorschläge für die Eingangsworte« im StA Dortmund 113-29/1951-126, Bl. 14.

80 Vgl. die Entwürfe zu dem Geleitwort (ebenda, Bl. 12 und Bl. 13). Die Anzahl geht aus der Rechnung der Druckerei hervor.

81 Nach einer Rechnung stammte der Plakatentwurf von dem Dortmunder Graphiker Karl Schiller. Der Rechnung der Druckerei (ebenda) zufolge handelte es sich um einfarbig rot gedruckte Textplakate, die in den Größen 84 x 60 cm und 120 x 84 cm hergestellt wurden. Ein Original ließ sich in keiner der großen deutschen Plakatsammlungen (BA, BayHSTA, Deutsches Plakat Museum Essen, Institut für Zeitungsforschung Dortmund) nachweisen.

82 StA Dortmund 113-29/1951-126, Bl. 20, verso. Vgl. auch Westfälische Landeszeitung-Rote Erde, 12. November 1935.

83 Tremonia-Westdeutsche Volkszeitung, 18. November 1935.

Ausschnitt

aus Nr. 316

der Westfälischen Landeszeitung
– Rote Erde –, Dortmund,
vom 17. XI. 1935.

In zwölfter Stunde vor Fertigstellung dieses Artikels erfahren wir, daß Bratfisch an Kummer einzugehen droht. Symptom: er verweigert das Essen. Warum? Er stand in der Ausstellung „Entartete Kunst" versunken vor einer der seelenvollen Plastiken, als die Leute sich um ihn versammelten, den Kopf schüttelten und „Tzck, tzck, tzck, tzck" machten. Sie hielten ihn für ein Stück der Ausstellung; als spezielle Beigabe „Entartete Natur". Henner.

Dok. 12 Westfälische Landeszeitung-Rote Erde, 17. November 1935
(StA Dortmund 113-29/1951-115, Bl. 33)

cher entsprechend, finden ab sofort täglich um 11 und 16 Uhr Führungen statt«[84]. Es war ein Künstler, der Dortmunder Bildhauer und »Parteigenosse« Gerwing, der diese Führungen hielt.[85]

Die Propaganda hatte den gewünschten Erfolg. Der Andrang übertraf die kühnsten Erwartungen. »Schon der am Eröffnungstag einsetzende starke Besuch hat unvermindert bis zum letzten Tag der Ausstellung angehalten [...]. Als Gesamtbesuch ist die Zahl von 22.000 Personen ermittelt worden, das ergibt einen täglichen Durchschnittsbesuch von 800«[86]. Wegen des großen Ansturms wurde die anfänglich nur auf 14 Tage angesetzte Laufzeit um zwei Wochen verlängert. In einem vergleichbaren Zeitraum verzeichnete die »Große Westfälische Kunstausstellung«, die vor der »Schreckenskammer« im Haus der Kunst gezeigt worden war, nur 3.245 Besucher.[87]

Die gleichgeschaltete Presse berichtete unisono zustimmend, nachdenkliche oder gar kritische Stimmen ließen sich nicht vernehmen. Erstmals läßt sich im Zusammenhang mit einer Schmähausstellung die Verwendung der Mundart[88] und des Genres der Karikatur (Dok. 12)[89] nachweisen, um die angeprangerte Kunst Spott und Lächerlichkeit preiszugeben. Wenngleich die Berichte übereinstimmend und triumphierend die angeblich einhellige Ablehnung der »entarteten Kunst« durch die »deutschen Volksgenossen« konstatierten, so zeigen einige Bemerkungen, daß das Spektrum der Besucherreaktionen tatsächlich breiter gefächert war. Es war kein anderer als der Kreiskulturleiter der NSDAP, Marquardt, der die Eröffnungsrede gehalten hatte und anläßlich der Verlängerung »zu den Einwürfen und Fragen [der Ausstellungsbesucher] nochmals Stellung«[90] nahm. Eine kurze Passage dieser Stellungnahme sei zitiert:

84 Dortmunder Zeitung, 16. November 1935.

85 Gerwing war von Kreiskulturleiter Marquardt vorgeschlagen worden (StA Dortmund 113-29/1951-126, Bl. 70).

86 Dortmunder Zeitung, 11. Dezember 1935. Die Zahl 22.000 wurde in der Tagespresse veröffentlicht, die interne Statistik registrierte exakt 21.668 Besucher (»Verzeichnis der Ausstellungen im ›Haus der Kunst‹«, StA Dortmund 113-29/1951-168, Bl. 15). Vgl. auch die Tagesstatistik (StA Dortmund 113-29/1951-126, Bl. 44), der zufolge die meisten Besucher (3.124) am Buß- und Bettag (20. November 1935) gezählt wurden. Nur für Dortmund liegen Angaben über die Ausgaben und Einnahmen im Zusammenhang mit der Dresdner Ausstellung vor, die belegen, daß die Schau auch finanziell ein Erfolg war. Danach standen den Ausgaben von RM 931,85 Einnahmen in Höhe von RM 2.283,80 gegenüber (ebenda, Bl. 26).

87 Nach dem die Jahre 1934 bis 1940 dokumentierenden »Verzeichnis der Ausstellungen im ›Haus der Kunst‹« (StA Dortmund 113-29/1951-168, Bl. 15-20).

88 Vgl. Dortmund-Mengeder Lokalanzeiger, 18. November 1935.

89 Mit dem an der Wand hängenden Gemälde ist vermutlich Constantin von Mitschke-Collandes »Familie« gemeint.

90 Westfälische Landeszeitung-Rote Erde, 26. November 1935 (daraus auch das folgende Zitat). Der Text erschien gleichlautend in mehreren Dortmunder Tageszeitungen.

Unser schönes »Haus der Kunst« hat noch nicht so viel erregte und heftig diskutierende Gemüter beherbergt, wie in diesen Tagen der Sonderschau »Entartete Kunst«. Bis in Hörsäle, Klassenräume und kleine Familienkreise klingt die Diskussion hinein. [...] Es ist beglückend, feststellen zu können, wie natürlich und selbstverständlich sicher die Haltung der Besucher vor den gezeigten Erzeugnissen der vergangenen Niedergangsepoche ist. Um so merkwürdiger hebt sich eine Handvoll Intellektueller aus dem Kreis der Besucher hervor, die glaubt, dieses oder jenes Bild »wenigstens zum Teil« bejahen und verteidigen zu können.

Der Artikel ist von besonderer Signifikanz und läßt darauf schließen, daß es in der Ausstellung zu Kontroversen kam. Denn warum sollte sich der offizielle Vertreter der Ausstellungsorganisatoren genötigt fühlen, seinen Artikel fast ausschließlich der Auseinandersetzung mit solchen »Quertreibern« zu widmen, wenn es sich dabei nur um »eine Handvoll Intellektueller« gehandelt hätte? Warum war die Diskussion »erregt und heftig«, wenn die Haltung der Besucher doch so »natürlich und selbstverständlich sicher« war? Die Widersprüchlichkeit der Angaben entlarvt die Verlogenheit von Autor und gleichgeschalteter Presseberichterstattung.

Nach knapp einmonatiger Laufzeit wurde die »Schandausstellung« in Dortmund abgebaut. Zwischenzeitlich hatten auch Kaiserslautern[91] und Castrop-Rauxel[92] ihr Interesse an der Ausstellung geäußert, dann aber (offensichtlich aus Kostengründen) von einer Übernahme abgesehen. Am 11. Dezember 1935 teilte das Verkehrs-, Wirtschafts- und Presseamt der Stadt Dortmund dem Kulturamt der Stadt Dresden mit, das Ausstellungsgut sei am Tage zuvor dem Dortmunder Spediteur W. Hemsoth zur Rücksendung nach Sachsen übergeben worden. Die Ausstellung habe »weit über Dortmund hinaus Interesse gefunden und [sei] als ausgezeichnetes Mittel zur pol. Schulung allgemein anerkannt«[93] worden.

In der Ausstellungspolitik des Dortmunder Hauses der Kunst markierte die Femeschau einen Wendepunkt: »Während zuvor der Anschluß an die lokalen Traditionen gesucht wurde, begann danach die strikte Ausrichtung der Ausstellungen auf die Parteilinie. Einen zentralen Punkt bildete dabei die künstlerische Verharmlosung und Verherrlichung des Krieges«[94].

3.8.1.4 Regensburg, Kunst- und Gewerbeverein, 12. Januar bis 26. Januar 1936

Im November 1935 ist erstmals von dem Plan zu hören, die Schau wieder nach Süddeutschland zu schicken. In einem Schreiben des Kulturamtes Dresden an die Stadt Dortmund vom 22. November 1935 heißt es: »Das Ausstellungsgut müßte jedoch spätestens am 20. Dez. 35 in Dresden wieder eintreffen, um einer Überprüfung unterworfen und dann evtl. nach Bayern weiter versandt zu werden«[95]. Ob und in welcher Form eine solche Überprüfung stattgefunden hat, ist nicht bekannt.

Im Januar 1936 ist die Ausstellung in der »Bayerischen Ostmark« nachzuweisen: Vom 12. bis 26. Januar 1936 wurde sie in den Räumen des Kunst- und Gewerbevereins Regensburg e. V. gezeigt. Veranstalter war nicht die Stadt Regensburg, sondern der Verein selbst. Als dessen verantwortlicher Leiter zeichnete der Verlagsbuchhänd-

91 Am 17. Oktober 1935 schrieb das Dresdner Kulturamt an den Oberbürgermeister von Dortmund, daß die Landesleitung Pfalz-Saar der RbK die Sammlung »Entartete Kunst« für eine Präsentation in Kaiserslautern in Verbindung mit den saarländisch-pfälzischen Kunstwochen ab dem 1. Dezember 1935 zur Verfügung gestellt bekommen habe. Allerdings sei die Übernahme der Transport- und Versicherungskosten noch nicht geregelt (StA Dortmund 113-29/1951-116, Bl. 9). Die dann erfolgte Absage Kaiserslauterns war die Voraussetzung für die Verlängerung der Ausstellung in Dortmund.

92 Castrop-Rauxel war am 19. November 1935 an die Stadt Dresden wegen Überlassung der Exposition herangetreten. Vgl. folgende Briefe: Kulturamt der Stadt Dresden an die Stadt Dortmund, 22. November 1935 (StA Dortmund 113-29/1951-116, Bl. 55); Antwort Dortmunds vom 25. November 1935 (ebenda, Bl. 50); Oberbürgermeister Dortmunds an Kulturamt der Stadt Dresden vom 11. Dezember 1935 (ebenda, Bl. 55, verso).

93 StA Dortmund 113-29/1951-116, Bl. 55, verso.

94 Bickendorf 1992, S. 216.

95 StA Dortmund 113-29/1951-116, Bl. 55.

Anmeldung einer Kunstausstellung.

(In zwei Exemplaren an den zuständigen Landesleiter der Reichskammer der bildenden Künste einzusenden.

Ausstellung: "Entartete Kunst"

Ort der Ausstellung: Regensburg

Genaue Anschrift: Kunst- und Gewerbe- Verein Regensburg e.V. Ludwigstrasse 6

Dauer der Ausstellung: 12. Januar 1936 - 26. Januar 1936

Veranstalter: Kunst- und Gewerbe-Verein Regensburg e.V.

Mitglied der Reichskammer? ja Mitgl.-Nr.: Ausstellungen genehmigt lt. Schreiben vom 5.1.34 Aktenzeichen I/34/4.1 Tagebuch Nr. 3087/34

Anschrift: Regensburg. Ludwigstrasse 6

Künstlerischer Ausstellungsleiter: Gustav Bosse, Verlagsbuchhändler und Buchdruckereibesitzer

Mitglied der Reichskammer? ja Mitgl.-Nr.: Kb 3045

Anschrift: Gustav Bosse, Regensburg, Glockenstrasse 12

Für die berufsmäßige Verbreitung und Vermittlung der ausgestellten Werke:

Gustav Bosse

Mitglied des Fachverbandes: siehe oben

Mitgl.-Nr.:

Anschrift:

Ich versichere, daß die geplante Kunstausstellung gemäß der ersten Anordnung des Präsidenten der Reichskammer der bildenden Künste betr. die Veranstaltung von Kunstausstellungen und Kunstmessen vom 10. April 1935 durchgeführt wird. (Veröffentlicht im „Völkischen Beobachter" Nr. 102 vom 12. April 1935).

Regensburg, den 9. Januar 36

Kunst- und Gewerbe-Verein Regensburg E. V.
(Unterschrift des Veranstalters)

Form. 27

Dok. 13 Anmeldeformular für die Ausstellung »Entartete Kunst«, Regensburg 9. Januar 1936, gezeichnet von Gustav Bosse (StA Regensburg Vereine 10 S)

Zur Ausstellung „Entartete Kunst"

im Kunst- und Gewerbeverein Regensburg E. V.

Kaum hat die „Jahresschau 1935 Kunst und Kunstgewerbe in der Bayer. Ostmark" unsere Räume verlassen, um als erste größere Wanderschau durch die größeren Städte der Bayer. Ostmark zu gehen, da ist schon wieder eine neue Schau eingetroffen. „Entartete Kunst" nennt sie sich. Sie hat bewußt eine politische Tendenz! Sie will bewußt den systematischen Vergiftungskampf in der Kunst, der von jüdischen „Künstlern", jüdischen Kunsthändlern und vor allem von der gesamten jüdischen Presse der Nachkriegsjahre geleitet wurde, zeigen. Ein entsetzliches, abschreckendes Bild der Verfallsjahre wird uns hier aufgezeigt und durch nichts kann wohl ein klareres Bild der Zersetzungsarbeit gegeben werden, die Juden, Judenstämmlinge und Judengünstlinge dem deutschen Volke zufügten, als durch diese „Kunst"!

„Entartete Kunst" wurde diese Ausstellung benannt, denn sie zeigt uns eine Kunst, die wirklich „ent–artet" ist, die mit deutscher Art nichts mehr gemein hat.

Der Ausdruck ist auch noch in einer anderen Bedeutung richtig. Dieser „Kunst" liegt nämlich – zumindest von ihren jüdischen Führern aus – die bewußte Absicht zu Grunde, den deutschen Menschen zu ent–arten, ihn wurzellos zu machen, sein Kultur- und sein Lebensgefühl, die die Grundlage sind für alles völkische Leben, zu zerstören, ihn für den Bolschewismus und das Chaos reif zu machen.

Aus den Ausführungen des jetzigen Direktor des Dresdener Stadtmuseums, Dr. Großmann, entnehmen wir dazu noch folgendes: Die gegenwärtige Ausstellung umfaßt 94 Ölgemälde, Graphiken und Plastiken. Das ist nur eine „kleine" Auswahl, was dieser Art in den Jahren 1919 bis 1929 angekauft wurde. Die Kommission, welche die Auswahl traf, hat sorgfältig abgewogen und auch zuletzt noch manches ausgeschieden und auch selbst einige Arbeiten als „Grenzfälle" bezeichnet. Das Ganze ist aber nun ein Bild der Entartung deutscher Kunst nach 1919, für die die Bezeichnung „Expressionismus" zu einseitig und eng ist. Eine Sammlung der Abschreckung ist zustande gekommen, die das Schlimmste und Scheußlichste zusammengedrängt hat, was in jener Zeit erzeugt worden ist.

Gewiß, diese Art der Kunst ist überwunden und die meisten Künstler sind davon abgerückt oder haben sich gewandelt und entwickelt, wie ihre jetzigen Werke zeigen. Die Loslösung der Künstler von der Wirklichkeit führte zur Auflösung der Naturformen, zur Verzerrung der Gestalt und zur Entwirklichung der Welt bis in die reine farbige Abstraktion hinein. Wieviel aus den Ideen und Werken des Expressionismus etwa auch an Gewinn zu buchen sei, wie die Neubewertung der Farbe, das steht hier nicht zur Erörterung. Die Richtung zeitigte jedenfalls Erscheinungen so furchtbarer Art, daß man sie als Verfall, als eine Zeitkrankheit bezeichnen muß. Wenn man bedenkt, daß in dieser Ausstellung das Schlimmste zusammengetragen wurde, was eine übel beratene Stadtverwaltung erwerben konnte, so ergibt sich allerdings ein Bild, das mit erschreckender Deutlichkeit die Krankheit und den Verfall jener Zeit vor Augen führt.

Nach einer Mitteilung der Dortmunder Zeitung ist es

der Wille des Führers, daß jeder Deutsche diese Schau gesehen haben muß

zur Festigung seines Glaubens, zur Schärfung unseres Blickes für das, was unserer nationalsozialistischen Weltanschauung **nicht** entspricht.

Die Liebe zu unserer Zeit kann uns nur tödlichen Haß eingeben gegen die Entartung solchen volksfremden Empfindens!

Gedruckt in der Graphischen Kunstanstalt Heinrich Schiele zu Regensburg

Dok. 14 Informationsblatt zur Ausstellung »Entartete Kunst«, Regensburg 1936 (StA Regensburg Vereine 10 T)

ler und Druckereibesitzer Gustav Bosse (Dok. 13).[96] Wie zuvor in Dortmund, so erstellten auch die Regensburger Organisatoren ein Informationsblatt (Dok. 14), welches offenbar in der Ausstellung verteilt wurde und über ihre Ziele unterrichten sollte.[97]
Über die Besucherfrequenz und die Rezeption der Schau in Regensburg ist ebensowenig etwas bekannt wie über den Grund für die kurze Laufzeit von nur 14 Tagen. Der Werbeaufwand war offensichtlich bei weitem nicht so groß wie in Dortmund, noch nicht einmal eine Eröffnungszeremonie scheint stattgefunden zu haben. Die Tagespresse berichtet in einem kurzen Artikel am 18. Januar 1936 mit dem ausdrücklichen Hinweis, daß »die Räume geheizt«[98] seien. Der einzige ausführliche und illustrierte Beitrag (Abb. 15) erschien am 16. Januar 1936 in der NSDAP-Gauzeitung Bayerische Ostmark. Der Autor verwendet u. a. die Erklärung Zörners und gibt eine längere Passage aus Schwitters' Gedicht »An Anna Blume« wieder. Ferner erwähnt er Ausstellungsplakate, auf denen das Wort Kunstwerke in Anführungszeichen zu lesen stehe. Ein solches Plakat ist jedoch leider nicht erhalten. Die Kreisleitung der NSDAP benutzte die Femeschau zu Schulungszwecken.[99]

3.8.1.5 München, Alte Polizeidirektion, 4. März bis 31. März 1936

Die nächste Etappe der Dresdner Wanderausstellung war München, das seit dem 2. August 1935 den von Hitler verliehenen Titel »Hauptstadt der Bewegung« führte.[100] Wo das Ausstellungsgut in den fünf Wochen, die zwischen dem Ende der Regensburger und dem Beginn der Münchner Station lagen, lagerte, ob in Dresden oder anderswo, ließ sich bislang nicht eruieren. Nach den wenigen für München überlieferten Schriftstücken läßt sich lediglich feststellen, daß die Organisation sehr kurzfristig vonstatten ging: Zwei Wochen vor Eröffnung standen weder die Veranstalter noch der Termin fest.[101]
Die Eröffnung fand am Mittwoch, den 4. März 1936, um 11 Uhr vormittags im sogenannten Weißen Saal der Polizeidirektion (Neuhauserstraße) statt, in welchem auch die Ausstellung selbst untergebracht war. Dieser von der Polizeidirektion München für Ausstellungen, Versammlungen und sonstige Veranstaltungen vermietete Trakt bestand aus einem großen und mehreren Nebenräumen.[102] Die Einladungskarte (Dok. 15) benannte die Landes-

96 Der Verlag Gustav Bosse publizierte Musikpropagandaschriften, z. B. Raabe 1935 und 1936 sowie Trienes 1940. Desgleichen war Bosse Herausgeber und Verleger der nationalsozialistischen Zeitschrift für Musik. Vgl. Michael Meyer 1991, passim.

97 Im Text wird der Direktor des Dresdner Stadtmuseums, Karl Großmann, zitiert, wobei offensichtlich der Artikel in den Dresdner Nachrichten vom 22. September 1933 (Dok. 5) verwendet wurde. Weiterhin wird auf einen Bericht in der Dortmunder Zeitung vom 12. November 1935 rekurriert. Abschriften dieser Rezensionen befanden sich also vermutlich unter dem Werbematerial, welches die Ausstellung begleitete. Der Text des Regensburger Informationsblattes, demzufolge die Schau auch in dieser Etappe 94 Exponate umfaßte, erschien auch im DK 10, 1936, Folge 2 (abgedruckt in: Das Bild 3, 1936, o. S.).

98 Bayerischer Anzeiger, 18. Januar 1936; leicht modifiziert auch in: Bayerische Ostmark, 18./19. Januar 1936.

99 Brief des Kreisschulungsamts Regensburg der NSDAP vom 28. Januar 1936, worin Bosse für den kostenlosen Ausstellungsbesuch gedankt wird (StA Regensburg Vereine 10 T). Laut einer Notiz im Bayerischen Anzeiger vom 23. Januar 1936 betrug der reguläre Eintrittspreis 50 Pfennige.

100 Seit Rave hat sich in der Literatur hartnäckig der Name »Antikomintern-Ausstellung« gehalten, der jedoch im Zusammenhang mit der Dresdner Wanderschau »Entartete Kunst« in keiner einzigen zeitgenössischen Quelle nachweisbar ist. Vermutlich liegt eine Verwechslung mit der 1936/37 ebenfalls in München gezeigten »Antibolschewistischen Ausstellung« vor, für die der Begriff verwandt wurde (vgl. Kapitel 7.1).

101 In einer Aktennotiz des Kulturamtes der Stadt München vom 13. Februar 1936 heißt es, die Ausstellung solle »wegen des schlechten Eindruckes auf die olympischen Gäste jetzt nicht stattfinden, sondern auf Mai verschoben werden. [...] NS-Kulturgemeinde und Stadt veranstalten die Ausstellung gemeinsam« (StA München Kulturamt 649/2). Es kam aber weder zu der Terminverlegung noch zu einer Beteiligung der Stadt München. 14 Tage später war die Wandbespannung in den Ausstellungsräumen bereits in Arbeit (vgl. den Brief der NS-Kulturgemeinde an das Städtische Kulturamt vom 27. Februar 1936; ebenda).

102 Z. B. fand vom 1. August bis 10. September 1934 in diesen Räumen eine vom KfdK bzw. von der KdF veranstaltete Ausstellung »Kunst der Bayerischen Ostmark« statt (diesbezügliche Schriftwechsel im StA München Kulturamt 595 und 649/1; vgl. auch die Notiz in: Der Führer, 3. August 1934). Im Mai 1936 war der »Weiße Saal« Veranstaltungsort einer Ausstellung »Seefahrt und

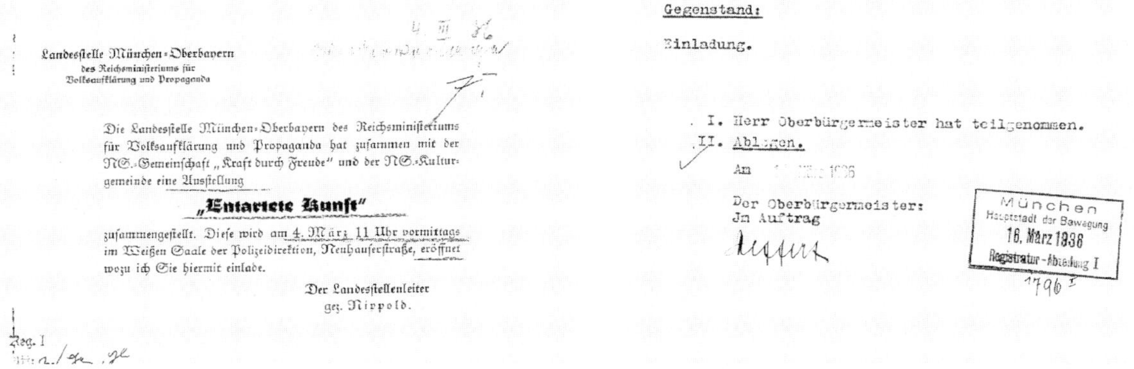
Landesstelle München-Oberbayern
des Reichsministeriums für
Volksaufklärung und Propaganda

Die Landesstelle München-Oberbayern des Reichsministeriums für Volksaufklärung und Propaganda hat zusammen mit der NS.-Gemeinschaft „Kraft durch Freude" und der NS.-Kulturgemeinde eine Ausstellung

„Entartete Kunst"

zusammengestellt. Diese wird am 4. März 11 Uhr vormittags im Weißen Saale der Polizeidirektion, Neuhauserstraße, eröffnet wozu ich Sie hiermit einlade.

Der Landesstellenleiter
gez. Nippold.

Reg. I

Gegenstand:

Einladung.

I. Herr Oberbürgermeister hat teilgenommen.
II. Ablagen.

Am [illegible] 1936

Der Oberbürgermeister:
Jm Auftrag

München
Hauptstadt der Bewegung
16. März 1936
Registratur-Abteilung I
1796 I

Dok. 15 Einladung zu Eröffnung der Ausstellung »Entartete Kunst«, München 1936 (StA München Kulturamt 649/2; links Vorderseite, rechts Rückseite)

stelle München-Oberbayern des Propagandaministeriums, die NS-Gemeinschaft »Kraft durch Freude« und die NS-Kulturgemeinde als Veranstalter der Ausstellung. Die NS-Kulturgemeinde, in der 1934 der Kampfbund für deutsche Kultur aufgegangen war, wurde zwar separat als Mitveranstalter genannt, gehörte aber eigentlich zur NS-Gemeinschaft »Kraft durch Freude«. Eine andere Tatsache verdient indessen unsere Beachtung: Das Goebbels-Ministerium tritt hier erstmalig als für eine Femeschau offiziell mitverantwortliche Instanz auf. Folgerichtig war es der Kulturreferent der Landesstelle des Ministeriums, Ernst Leichtenstern, der die Eröffnung mit einem Begrüßungswort einleitete. Er hatte offenbar bei der Vorbereitung der Schau eine maßgebliche Rolle gespielt.[103] Zuvor lauschte die anwesende Partei- und Kulturprominenz – darunter der Präsident der Münchner Kunstakademie Adolf Ziegler, der 16 Monate später selbst eine gleichnamige Ausstellung eröffnen sollte – »einem ›zur Abschreckung‹ übertragenen Stück einer Symphonie von Arnold Schönberg«[104]. Die solchermaßen inszenierte Eröffnungszeremonie, welche mit einer Rede des stellvertretenden Gauleiters und Landesstellenleiters Otto Nippold fortgesetzt wurde und mit einem »›Sieg-Heil‹ auf den Führer« endete, wirft ein Licht voraus auf die spätere Ausstellung »Entartete Musik«.

Drei Raumaufnahmen vermitteln einen Eindruck von der Präsentationsweise. Zu sehen sind »Kriegskrüppel« von Dix, »Weiblicher Akt« von Hoffmann (Abb. 18), »(Schwangere) Frau« von Voll, »Familie« von Constantin von Mitschke-Collande (Abb. 19) sowie »Adam und Eva« von Hoffmann und »Knabe mit gebrochenem Arm« von Hans Grundig (Abb. 20).[105] Die beiden erstgenannten Photographien zeigen denselben Raum, die »Kriegskrüppel« lassen sich deutlich auf beiden erkennen. Das Gemälde hängt an einer Stellwand, die eine Tür verdeckt, deren Rahmen oberhalb der Stellwand sichtbar wird. Die beiden Skulpturen flankieren den hölzernen Steg, der zu den »Kriegskrüppeln« führt. Die Hängung auf mit Rupfen bespannten, etwa 260 cm hohen Stellwänden ist dicht, aber geordnet. Oberhalb der Stellwände werden ältere Gemälde sichtbar, die nicht zu der Femeschau, sondern wohl zur Ausstattung des »Weißen Saales« gehören. Diese Konfrontation scheint aber eher Ergebnis des Zufalls denn intendierter Bestandteil der Inszenierung zu sein.

Kunst« (StA München Kulturamt 649/2). Vgl. auch die »Bedingungen für die Benützung des ›Weißen Saales‹ im Polizeigebäude, Neuhauserstr. 53, zu Ausstellungen, Versammlungen und sonstigen Veranstaltungen« (ebenda).

103 Laut VB vom 5. März 1936 war Leichtenstern »die Zusammenstellung und Aufstellung der Ausstellung mit zu danken«. Auch an der 1937er Exposition »Entartete Kunst« war er beteiligt (Dok. 19, 23), z. B. begrüßte er bei deren Eröffnung am 19. Juli 1937 die Gäste, bevor Ziegler seine Rede hielt (Dok. 24).

104 MNN, 5. März 1936. Dem Bericht im VB vom selben Tag ist zu entnehmen, daß die Symphonie von einer Schallplatte übertragen wurde.

105 Abb. 18 und Abb. 19 bei von Lüttichau 1987, S. 95, Abb. 18-19. Abb. 20 wurde erstveröffentlicht von Flügge/Freitag 1992, S. 9. Sie stammt aus dem Buch Tag der Deutschen Kunst 1937, für dessen leihweise Überlassung ich Andreas Hüneke danke.

Über dem Eingang zur Austellung empfing den Besucher ein großes Schriftband, dessen Text die appellative Funktion der Femeschau prägnant resümierte: »Damals Entartung, heute Kunst – dankt Adolf Hitler!«[106]. Wie viele Personen die ausnehmend langen Öffnungszeiten – werktags elf Stunden, sonntags acht Stunden – und den niederen Eintrittspreis von 20 Pfennig nutzten, ist nicht bekannt. Gleichwohl rechtfertigen die intensive Presseberichterstattung und die massive Propaganda die Annahme, daß der Zuspruch ein großer gewesen ist. Allein am Eröffnungstage wurden über 500 Personen gezählt.[107] Für Betriebe bot »Kraft durch Freude« reduzierte Eintrittsgelder und geschlossene Führungen an.

Zu den Werbemaßnahmen gehörte ein in seiner Gestaltung auffallendes, höchstinteressantes Plakat (Abb. 16), das einer eingehenderen Betrachtung würdig ist.[108] Im oberen Bereich spaltet ein schwarzes Dreieck einen roten Kreis, in dessen Innern es in Weiß umschlägt. Um die untere Hälfte des Kreises ist der gebogene Schriftzug »Entartete Kunst« geführt. Die untere Begrenzung des Plakats bildet eine Schriftleiste mit näheren Angaben zur Ausstellung. Auf ihr steht am rechten Rand ein schwarzer hochrechteckiger Balken, in welchen rechts unten die Bezeichnung »vierthaler« eingeschrieben ist. In der linken Ecke beschließt ein breiter roter Segmentbogen die Komposition, seine geschwungene Form zeichnet der darüber angeordnete Text aus roten Lettern (»was wir in dieser interessanten schau sehen, wurde einmal ernst genommen !!!!!«) nach. Zwischen den beschriebenen vier Hauptmotiven (Dreieck, Kreis, Rechteck, Segmentbogen) ist in drei diagonal angeordneten Textzeilen aus schwarzen Buchstaben zu lesen: »ausstellung von ›kulturdokumenten‹ des bolschewismus und jüdischer zersetzungsarbeit. vom 4.III. bis 31.III. 1936«. Die einzelnen Teile der chiastischen Farbkomposition korrespondieren ebenso miteinander wie die runden und eckigen Formen.

Die Anlehnung an Gestaltungsprinzipien der modernen Plakatgestaltung und an neue Typographie ist evident. Nach Hans-Ernst Mittigs Analyse des Plakates (und einer darauf basierenden Arbeit von Klaus Staeck aus dem Jahr 1979) knüpfte Vierthaler

> weit zurückgreifend die Form und die politische Farbsymbolik von El Lissitzkys Plakat »Schlagt die Weißen mit dem roten Keil« (1919) an. In Vierthalers Plakat spaltet ein schwarzer Keil einen roten Kreis. Entweder glaubte der Künstler damit das parodistische Bild einer überholten Verrücktheit zu liefern, die auch noch auf den Kopf gestellt sei. Oder er sah in den schwarzen Elementen Ordnung und Kraft, die mit den roten, labileren aufräumten und dazu auf das Schlachtfeld der »entarteten Kunst« ausgerückt seien. In beiden Fällen wurde abstrakte Kunst für »entartete« gesetzt.[109]

Dagegen sieht Dagmar Lott eine Übernahme »der konstruktivistischen Formensprache des Bauhauses« und vergleicht Vierthalers Werk mit einem Plakat von Joost Schmidt zur Bauhaus-Ausstellung 1923 in Weimar.[110] In der Tat scheinen mir die Vorbilder für das Plakat dem Umfeld des Bauhauses zu entstammen. Als konkrete Vorlage sehe ich die von Herbert Bayer zur Weimarer Bauhaus-Ausstellung 1923 gestaltete Postkarte (Abb. 17). Die Parallelen in der kompositionellen Anordnung der Bildfläche liegen auf der Hand. Ebenso allerdings auch die stilistischen Unterschiede: Vierthaler reduziert die Farbpalette auf rot und schwarz, die wichtigsten Druckfarben der zuerst von Moholy-Nagy am Bauhaus eingeführten »neuen« oder »elementaren« Typographie.[111] Zugleich eliminiert er jenen im Bayerschen Werk auf spielerische Weise evozierten Assoziationsraum; denn sowohl die Zirkelschläge

106 Die Deutsche Bühne, April 1936, S. 7.

107 Münchener Zeitung, 5. März 1936.

108 Die Nationalsozialisten legten großen Wert auf die Gestaltung wirksamer Ausstellungsplakate, das betonten schon Hitler in »Mein Kampf« (1938, S. 196f.) und die RPL in verschiedenen Schriften (vgl. etwa Schockel 1938). Zur Bildsprache von NS-Plakaten vgl. Diederich/Grübling 1974; Kämpfer 1985; Malhotra 1988; Peter Zimmermann 1990.

109 Mittig 1990b, S. 38. Eine Farbabb. von Lissitzkys genanntem Werk in: Staatliche Galerie Moritzburg 1988, S. 85, Abb. 47 (dort in das Jahr 1920 datiert). In Lissitzkys Plakat dringt ein roter Keil in einen weißen Kreis ein, der in einem schwarzen Feld liegt.

110 Lott, in: Schuster 1988, S. 83. Vgl. die Farbabb. des Plakates von Schmidt in: Droste 1990, S. 107. Eine »Imitation des konstruktivistischen Bauhausstils, dessen Wirkungskraft [...] das Argument zersetzender Tendenz ad absurdum führt«, konstatiert Mellinghoff 1978, S. 14.

111 Vgl. Droste 1990, S. 148 (mit Beispielen).

und die Angabe von Zirkelstichen als auch gestrichelte Linien sind Werkspuren bzw. Markierungen des Geometers. Zu diesem Reduktionsprozeß gehört die konsequente Verflächigung. Auf der Grundlage dieser Vereinfachung konnte Vierthaler mit geringem Aufwand die Komposition als ganze und die Beziehung der einzelnen Elemente zueinander dynamisieren. Beides, Vereinfachung und Dynamisierung, steigert die Expressivität und plakative Wirkung. Die andere Strategie, mit welcher der Künstler seine Vorlage umformt, besteht darin, zur Stilrichtung des Vorbildes gehörige Gestaltungselemente quantitativ und qualitativ zu akkumulieren: Während Vierthaler die von Bayer benutzte Groteskversalschrift einerseits in den Worten »Entartete Kunst« aufgreift, kombiniert er sie andererseits auf engem Raum mit unterschiedlichen Schrifttypen aus der Bauhaus-Typographie (links unten imitiert er Schablonenschrift) unter gleichzeitiger Verwendung verschiedener Schriftgrade und -farben, Versal- und Minuskelsatz. Es handelt sich um ein signifikantes Beispiel parodistischer Aneigung moderner Gestaltungsprinzipien seitens der Nationalsozialisten zu diffamatorischen Zwecken.[112] Bei der Frage des möglichen Vorbildes ist auch der Aspekt der Verbreitung zu berücksichtigen. Bayers Postkarte erschien vielleicht in einer Auflage von mehreren hundert[113] und war für Vierthaler mit großer Wahrscheinlichkeit eher verfügbar als das Plakat Lissitzkys.

Der Künstler, Hans Vitus Vierthaler (1910 bis 1942), war Schüler des norwegischen Graphikers und Karikaturisten Olaf Gulbransson an der Münchner Akademie.[114] Vierthaler beabsichtigte wohl, bereits in der Plakatgestaltung die Empörung des Publikums über die »entartete Kunst« hervorzurufen, sozusagen als Vorgeschmack auf die Ausstellung. Indem er aber auf der Grundlage der Bauhaus-Ästhetik ein durchaus nicht unoriginelles Plakat entwarf, anerkannte er die Sprachfähigkeit und Wirkungskraft der von ihm manipulativ eingesetzten Gestaltungsprinzipien. Doch hielt die Schau nicht das, was das Plakat versprach. Denn abstrakte Künstler und Meister des Bauhauses (Kandinsky, Klee, Feininger) spielten nur eine marginale Rolle. Dies traf auch für die Wanderausstellung »Entartete Kunst« der Jahre 1937 bis 1941 zu. Wahrscheinlich liegt hierin die Ursache dafür, daß Vierthalers Plakat das einzige »abstrakte« einer Nazi-Femeschau bleiben sollte.

3.8.1.6 Ingolstadt, Neues Schloß (Kunstverein), 1. Mai bis 1. Juni 1936

Obschon die Münchner Presse mehrfach meldete, die Ausstellung werde von der bayrischen Hauptstadt direkt nach Darmstadt wandern[115], gab sie noch ein Intermezzo in Ingolstadt. Vom 1. Mai bis zum 1. Juni 1936 war sie in den Ausstellungsräumen des Kunstvereins, der offenbar die Schau veranstaltete, im 2. Stock des Neuen Schlosses am Paradeplatz untergebracht.[116] Der Tag der Eröffnung war zweifellos bewußt gewählt. Die Stadtchronik notierte: »1. Mai: Kundgebung auf dem Volksfestplatz. Weihe neuer DAF-Fahnen. Im Schloß wird eine Ausstellung ›Entartete Kunst‹ eröffnet«[117].

Bei der Lektüre des spärlichen Presseechos in den beiden Tageszeitungen entsteht der Eindruck, daß die Veranstaltung in Ingolstadt ein ziemlicher Mißerfolg war. Da über eine eventuelle Eröffnungszeremonie keinerlei

112 Zum Thema Moderne und NS vgl. Kapitel 8.1.

113 Die exakte Auflagenhöhe ist nicht bekannt, »es dürften wenig mehr als hundert, höchstens einige hundert« gewesen sein (freundliche Auskunft des Bauhaus-Archives, Berlin, in einem Brief an den Verfasser vom 6. Dezember 1990).

114 Vgl. Duvigneau/Suckale-Redlefsen 1975, S. 256. Er war der Sohn des – regelmäßig auf den GDK vertretenen – Münchner Bildhauers Johann Vierthaler (1869 bis 1957). Im Münchner Stadtmuseum befindet sich ein weiteres Plakat von Hans V. Vierthaler, und zwar für das Faschingsfest Tohuwabohu, München 1937 (Inv.-Nr. C 6/242).

115 Vgl. etwa Neue freie Volkszeitung, 5. März 1936.

116 Der aus der 1. Hälfte des 15. Jahrhunderts stammende Bau beherbergte bis 1965 das Stadtmuseum. Seit den 70er Jahren befindet sich dort das Bayerische Armeemuseum. Seit Frühjahr 1986 ist in diesem Museum die »German War Art Collection« magaziniert. Dabei handelt es sich um rund 6.250 Werke der »Nazi-Kunst«, die 1945 von amerikanischen Militärbehörden requiriert und im Pentagon eingelagert worden waren.

117 Stadtgemeinde Ingolstadt, Verwaltungsbericht für 1935/36, 36/37, 37/38 – erstellt von Stadtarchivar G. Kuhn, Dezember 1938, S. 12 (StA Ingolstadt B 231, 1935-37).

Nachrichten vorliegen, muß bezweifelt werden, ob eine solche überhaupt stattgefunden hat. Am 5. Mai 1936 schrieb das Ingolstädter Tagblatt, die Schau könne »leider nur Samstag nachmittags und an den Sonntagen gezeigt werden. Eintritt 30 Pfg., für Schüler und Militär nur 10 Pfg«. Es ist anzunehmen, daß geringe Resonanz zu den reduzierten Öffnungszeiten führte, denn der Donaubote, die »parteiamtliche Tageszeitung für das Kreisgebiet Ingolstadt«, ließ am 8. Mai seine Leser wissen: »In den Großstädten war die Ausstellung direkt überlaufen, und es wäre ein beschämendes Zeichen für Ingolstadt, wenn dies nicht auch hier der Fall wäre«. So wurden denn auch, einem Leserbrief aus Ingolstadt zufolge, »die jungen Arbeitsdienstmänner geschlossen zur Besichtigung kommandiert«[118]. Erst ab dem 13. Mai war die Femeschau wieder täglich geöffnet.[119] Nur ein einziger längerer Bericht erschien, merkwürdigerweise erst zwei Tage vor Schluß der Exposition.[120]

3.8.1.7 Darmstadt, Kunsthalle (Kunstverein), ab 20. Juni 1936

Anschließend gelangte die Ausstellung dann tatsächlich nach Darmstadt. Dort wurde sie von der NS-Kulturgemeinde in Verbindung mit dem Kunstverein, in dessen Räumen in der Kunsthalle am Rheintor sie am 20. Juni 1936 eröffnete, veranstaltet. Die Initiative zur Übernahme der Schau scheint vom Darmstädter Oberbürgermeister ausgegangen zu sein. Denn bei der Eröffnung berichtete der Leiter des Kunstvereins, Emmerling, »wie er diese [...] Ausstellung auf Veranlassung von Oberbürgermeister Wamboldt unter mancherlei Schwierigkeiten nach Darmstadt bekommen habe«[121]. Welcherart diese Schwierigkeiten waren, führte Emmerling leider nicht aus. Einen wichtigen Hinweis entnehmen wir der anschließenden Rede des Oberbürgermeisters: »Wir haben die Dresdener Sammlung nur mit einer verhältnismäßig kleinen Zahl von Darmstädter Erinnerungen ausgestattet, denn wir wollen nicht Wunden aufreißen, sondern einen Strich unter das Vergangene machen und vorwärts stürmen«. Offenbar verfuhren die Veranstalter ähnlich wie in Nürnberg und ergänzten Werke verfemter Künstler der Region, um der Ausstellung einen zusätzlichen lokalen Aspekt zu verleihen.

Weitere Einzelheiten über die Darmstädter Etappe sind nicht bekannt. Der einzige ausführliche Artikel erschien bereits vor ihrer Eröffnung.[122] Laut einer Pressenotiz drei Tage nach Eröffnung war »das Interesse der Darmstädter Volksgenossen und derjenigen der näheren Umgebung [...] außerordentlich groß«[123].

Der Hessische Kunstverein bemühte sich offenbar um die Fortsetzung der Ausstellungstournee, wie aus einem Sitzungsprotokoll der Vorstandssitzung des Badischen Kunstvereins Karlsruhe vom 16. Januar 1936 hervorgeht. Die dort festgehaltene Diskussion spiegelt die kunstpolitischen Kontroversen der Zeit wider:

> Der Vorsitzende [Franz Xaver Honold] verliest ein Schreiben des Hessischen Kunstvereins in Darmstadt, womit dieser empfehlend auf die Übernahme einer Ausstellung »Entartete Kunst« aufmerksam macht. Abschriftlich gab er die Anfrage am 12.12.1935 an die hiesige Landesstelle der Reichskunstkammer, wie auch an das Kultusministerium weiter, mit der Bitte um Stellungnahme. Das Kultusministerium teilte am 23.12.1935 fernmündlich mit, daß der Herr Minister die Ausstellung nicht wünsche; es wäre auch kein Bedarf, da in der hiesigen Kunsthalle bereits 1933 eine ähnliche Ausstellung stattgefunden habe. Herr Ministerialrat Asal bezeichnet dies auch als seine persönliche Meinung. Herr Professor Kupferschmid bemerkt hierzu, dass die Kammer auf einem anderen Stand stehe und die Ausstellung gerne durchgeführt sehen möchte. Die Bedenken des Ministeriums erklärten sich wohl damit, dass in der Ausstellung »Entartete Kunst« einige

118 DK 10, 1936, Folge 6 (abgedruckt in: Das Bild 3, 1936, o. S.).

119 Vgl. Donaubote, 13. Mai 1936.

120 Vgl. Donaubote, 30. Mai 1936.

121 Darmstädter Tagblatt, 21. Juni 1936. Aus diesem Bericht über die Eröffnung ist auch das folgende Zitat entnommen.

122 Vgl. Darmstädter Wochenschau 2, 1936, Nr. 24, S. 1-4. Abgebildet sind die »Kriegskrüppel« und ein Arbeiterbildnis von Dix (identisch mit »Sappenkopf« im Ausstellungsverzeichnis?, vgl. Dok. 9-10) sowie das Aquarell »Menschen« von Grosz (im Artikel fälschlicherweise als »Die Menschen sind Engel« bezeichnet).

123 Darmstädter Tagblatt, 23. Juni 1936. Dort wird ferner darauf hingewiesen, daß sich der Eintrittspreis von 30 Pfennigen bei Führungen von Betrieben auf 10 Pfennige reduziere.

> Arbeiten (Plastiken) des Prof. Voll-Karlsruhe gezeigt werden. Herr Prof. Gebhard erwähnt, dass sich auch die Landesstelle des Propagandaministeriums hier für die Ausstellung interessiert habe und sie zur Kultur-Woche, die im Frühjahr stattfinden wird, hierher bringen wollte. Der Plan komme aber nicht mehr in Frage. Herr Honold erklärte, er habe das seitherige Schreiben der Kammer-Landesstelle auf unsere Anfrage als Ablehnung gedeutet; er werde der Kammer schriftliche Mitteilung von der Stellungnahme des Kultusministeriums geben. Bei dieser Stellungnahme käme die Ausstellung aber wohl für uns nicht mehr in Frage.[124]

Nicht nur der Badische Kunstverein in Karlsruhe, sondern auch der Württembergische Kunstverein in Stuttgart lehnte eine Übernahme der Dresdner Schau »Entartete Kunst« ab.[125]

3.8.1.8 Frankfurt am Main, Volksbildungsheim, 1. September bis 30. September 1936

Die nächste Station der Dresdner Wanderausstellung war Frankfurt am Main. Die Eröffnung fand am 1. September 1936 im sogenannten Volksbildungsheim (Eschersheimer Anlage 40/41) statt, dessen Vermietung und Geschäftsführung der Stadt Frankfurt oblag. Als Veranstalter der Ausstellung fungierten das Deutsche Volksbildungswerk in der NS-Gemeinschaft »Kraft durch Freude« und die 1922 gegründete Hans-Thoma-Gesellschaft. Deren Mitgründerin und Leiterin, Sofie Bergman-Küchler, war bei der Übernahme und Vorbereitung der Schau die treibende Kraft.

Aus den Rezensionen läßt sich erschließen, daß im Untergeschoß Malerei und Skulptur, im Obergeschoß die Arbeiten auf Papier untergebracht waren. Darüber hinaus wurde – wie zuvor in Hagen und Dortmund – das antithetische Ausstellungsprinzip angewendet: »Dann aber kommt in einer kleinen Ausstellung die Rechtfertigung des nationalsozialistischen Kampfes in einem Sanktuarium echter, unvergänglicher deutscher Kunst« (Dok. 16).[126] Dieses Musterkabinett enthielt Gemälde und Graphiken unbekannter Provenienz u. a. von Fritz Boehle, Hans Adolf Bühler, Hermann Dumler, Hans Happ, Georg Poppe, Otto Scholderer, Hermann Terstegen, Hans Thoma und Rolf Winter.

Etliche Quellen belegen, daß die Durchführung der Femeschau in Frankfurt nicht ohne Hindernisse und Widerstände vonstatten ging. Das wird schon in einem Bericht über die Eröffnung angesprochen:

> Es hat einen richtigen Kampf gekostet, [die Ausstellung in Frankfurt] überhaupt durchzusetzen, und es hat sich dabei gezeigt, wie zahlreich in dieser Stadt noch diejenigen vertreten sind, die ihre eigenen Sünden und die ihrer Gesinnungsgenossen mit Stillschweigen übergangen sehen möchten.[127]

In einem ausführlichen Beitrag schildert das Frankfurter Volksblatt am 9. September 1936 die Kritik einer Gruppe von – als »Juden und Judenstämmlingen« diffamierten – Besuchern an der Ausstellung. Am selben Tag kam es im Zusammenhang mit dem Besuch von Schulklassen gar zu einem Skandal, der verschiedene Behörden über zweieinhalb Monate lang beschäftigte: Ein Lehrer einer städtischen Schule hatte sich vor seiner Klasse positiv über die ausgestellten Kunstwerke geäußert und war darüber mit einer Aufsichtsperson oder einem anderen Besucher in Streit geraten. Dieser hatte ihn deswegen beim Landesleiter Hessen-Nassau der Reichskammer der bildenden Künste denunziert.[128] Näheres über diesen Vorfall erfahren wir aus dem Bericht eines der beteiligten Schüler. Hermann Krämer, der 1937 an der Frankfurter Wöhlerschule das Abitur machte, erinnert sich an den Ausstellungsbesuch mit seinem Zeichenlehrer Paul Schubert:

124 Sitzungsprotokoll der Vorstandssitzung vom 16. Januar 1936, eingebunden in den Band: »Sitzungs-Protokolle ab 1919 bis 1936 einschl.«, o. S. (Archiv des Badischen Kunstvereins Karlsruhe); vgl. Zuschlag 1993, S. 199. Trotz dieser ablehnenden Entscheidung meldete die FZ noch am 30. August 1936: »Jetzt kommt sie aus Darmstadt. Von Frankfurt aus wird sie nach Karlsruhe gehen«. Ähnliches verlautete im DK 10, 1936, Folge 9 (abgedruckt in: Das Bild 3, 1936, o. S.).

125 Vgl. Osterwold 1977, S. 77.

126 Vgl. auch FZ, 30. August und 9. September 1936.

127 DK 10, 1936, Folge 9 (abgedruckt in: Das Bild 3, 1936, o. S.).

128 StA Frankfurt am Main Magistratsakten Az. 6022 Bd. 1, Bl. 258-265c.

Aus der Schreckenskammer einer „Kunst"

Kulturpolitisches Panoptikum „Entartete Kunst" im Frankfurter Volksbildungsheim

Man erschrickt beim ersten **Anblick dieser Ausstellung**, die den vereinten Bemühungen des Volksbildungswerks von „Kraft durch Freude" und der Hans-Thoma-Gesellschaft in Frankfurt zu danken ist. Aus den Gräbern sind die Mumien und Gespenster dessen aufgestiegen, was sinnlosester Aberwitz und ausgeklügeltes und verklüngeltes System der Systemzeit als Kunst bezeichnete. Da ist der gemalte Nachimpressionismus, der die Natur mißachtet und zum gemalten Mist wird, da ist der getarnte und der offene Kunstbolschewismus, da sind die bejammernswerten Entartungen und Abstraktionen der diversen „...ismen", der Dadaismus, der Geometrismus, der Nihilismus; aber noch viel Schlimmeres ist da – die Verächtlichmachung alles dessen, was dem deutschen Menschen teuer ist, da sind die George Groß und Otto Dix, die das Heiligste und Ehrwürdigste in den Dreck zogen, die nicht einmal vor der Karikierung der Kriegsopfer zurückschreckten, und die anderen Herrschaften, die aus Vernunft Unsinn werden ließen, den eine jüdische Kunstclique mit Hilfe gesinnungsverwandter Kunstschriftsteller als hohe Kunst anpries.

Otto Dix, von ihm bezeichnet als „Kriegskrüppel", eine der furchtbarsten Verspottungen deutscher Heldenhaftigkeit

Eine Holzplastik von Chr. Voll „Stehendes Weib" – ein Hohn auf deutsche Kunst

Und dann kommt das Schönste: dieses Zeug, das systematisch die Seele des deutschen Volkes vergiftete, wurde gekauft. Der strikte Beweis dafür ist die kulturpolitisch-historische Schau, die man im Volksbildungsheim sieht: jedes dieser „Kunstwerke" ist einmal für viele Tausende angekauft worden von einer Stadtverwaltung und einem Staat, die im Besitze kostbarster echter Kunstwerke sind. Und trotzdem – so tief waren wir gesunken, soweit war die kulturelle Verwahrlosung und die Vernebelung eines kritisch-kunstverständigen Urteils gediehen, daß die jetzt hier zu sehende Schreckenskammer sogenannter moderner Kunst als ein „Museum der Lebenden" mit einem Kapitalaufwand erworben wurde, mit dem man viele der besten schöpferischen Kräfte der deutschen Kunst, die damals am Hungertuche nagten, hätte erhalten können.

Trotzdem – es ist nötig, daß eine solche Ausstellung heute gezeigt wird; denn sie zeigt einmal die furchtbare Gefahr, vor deren letzten Folgen uns der Führer bewahrt hat, und sie zeigt noch einmal die geistige Verfassung eines erheblichen Teils des deutschen Kunstpublikums vor dem Umbruch.

Vor allem aber – sie zeigt retrospektiv, um was die nationalsozialistische Kultur gekämpft hat: um die Errettung Deutschlands vor den Mächten der Vernichtung, der systematischen Volkszersetzung und -verhetzung, um die Erhaltung höchster Kulturwerte. Man denkt angesichts dieser Blasphemien und Besudelungen echter deutscher Kunst an das Wort, das der Führer 1933 in Nürnberg sprach: „Die nationalsozialistische Bewegung und Staatsführung darf auch auf kulturellem Gebiet nicht dulden, daß Nichtskönner und Gaukler plötzlich ihre Fahne wechseln, und so, als ob nichts gewesen wäre in den neuen Staat einziehen, um dort auf dem Gebiet der Kunst und Kulturpolitik abermals das große Wort zu führen. Die Maskierung wird heute noch versucht, aber die Spekulation auf das schlechte Gedächtnis in Sachen der Kunst wird durch die Ausstellung „Entartete Kunst" vereitelt. Schon aus diesem Grunde, ganz abgesehen von dem wirklich interessanten Inhalt, sollte das Volksbildungsheim vom 1. September ab das Ziel aller Volksgenossen sein. Für 30 Pfg. erlebt man ein Stück deutscher Kulturgeschichte, wie man sie sich drastischer, beweiskräftiger und – vom heutigen Standpunkt betrachtet – auch humoristischer nicht vorstellen kann. Mit Ausnahme von den beiden furchtbaren Leinwandflächen in Großformat, die der sattsam bekannte Otto Dix dem Krieg und seinen Opfern widmete.

Die Schamröte steigt einem ins Gesicht, wenn man sich der Urteile erinnert, die um 1920 herum über diese infernalischen gemalten Greuel ausgesprochen wurden. Otto Dix war einer der Größen des Modernismus, vor denen gewisse Museumsleiter und die marxistisch-liberalistische Presse Begeisterungskrämpfe bekamen.

Genau wie vor den Schmierereien eines Schmidt-Rotluff, dessen Machwerk „Sitzende Frau" in keinem modernen Kunstverzeichnis fehlte, dessen „Pharisäer" von der oben angedeuteten deutschen Stadt für 3000 Mark erworben wurde, während man für des Christusschänders George Groß „Abenteurer" 10 000 Mark bezahlte. Da hängt als ein Prachtstück dieses herrlichen Kunstpanoptikums Cäsar Segalls „Ewige Wanderer", da sind die Fürchterlichkeiten von Erich Heckel, die „Werke" von C. L. Kirchner, die „beseelten" Selbstporträts und sonstigen Malereien von Felix Müller; Otto Lange erhielt für seinen „Thun, der Katzenfreund", ein Bild, das jeder Irrenkunst Ehre machen würde, 10 000 Mark. Dann kommen bekannte Größen wie Emil Nolde, der berühmte Kokoschka, Paul Klee, Mitschke-Collande, die in keiner Galerie der marxistischen Aera fehlen durften; selbst der kompakteste Blödsinn der aus Papierfetzen, Kordeln, Draht, Stanzresten und Vorhangringen zusammenkomponierten Kunstwerke des Herrn Schwitters wurden für Tausende angekauft. Jetzt steht man vor diesem Zeug und die Wut über diese Attentate auf deutsches Volkstum löst sich heute in einem befreienden Lachen. Dann wiederholen sich diese Scheußlichkeiten in allerhand Abnormitäten auf plastischem Gebiet, und eine Treppe höher findet man die gleichen Herrschaften nochmals als Graphiker. Kunstbolschewismus gemeingefährlichster Art, rote Minierarbeit, Untergang der Kunst in Dreck, Gemeinheit und zielbewußter Vergiftungstendenz!

Man sieht hinter diesen Bildern heute klar und deutlich die Erbärmlichkeit einer Gesinnung, die vor dem Umbruch nur die Kämpfer für das deutsche Kulturleben klar erkannten. Dann aber kommt in einer kleinen Ausstellung die Rechtfertigung des nationalsozialistischen Kampfes in einem Sanctuarium echter, unvergänglicher deutscher Kunst, in Bildern von Hans Thoma, Boehle, Otto Scholderer, Hans Dumler, Hans Rudolf Bühler, Hans Happ, G. Poppe, Rolf Winter u. a. Es ist

Aufnahmen: Artur Winkelser

Eines der Frauenporträts aus der Ausstellung „Entartete Kunst"

wie eine Erlösung aus düsterem Banne, wenn man diese liebevoll zusammengestellte kleine Gruppe der Meister echter Volkskunst nach den Degenerationserscheinungen schlimmster Art in sich aufnehmen kann.

Die ganze Veranstaltung ist von dokumentarischem Wert, sie zeigt Verfall, Kampf und sieghaften Aufstieg, in einer Deutlichkeit, die auch auf kulturpolitischem Gebiet die Größe der rettenden Tat des Führers offenbart. H. Th. W.

Dok. 16 Nationalblatt, 30. August 1936 (ZSTA 62 DAF 3 – 19131, Bl. 48)

Schubert hatte auf behördliche Anweisung hin die damalige Oberprima des Wöhler-Realgymnasiums in die berüchtigte Ausstellung »Entartete Kunst« zu führen. [...] Der Besuch dieser Ausstellung führte allerdings zu ganz anderen Reaktionen, als sie von den Organisatoren erwartet und erwünscht worden waren. Die elf Abiturienten und ihr Zeichenlehrer waren zunächst neugierig, dann überrascht, ja teilweise begeistert vom erstmaligen Anblick der Bilder großer deutscher Expressionisten wie Otto Dix, Max Pechstein, Karl Schmidt-Rottluff, Oskar Kokoschka u. a. Es entwickelten sich lebhafte, ja leidenschaftliche Diskussionen [...]. Jäh unterbrochen wurde jedoch die aufgeflammte, erregte Bildbetrachtung durch das plötzliche Hinzutreten des parteiamtlichen Aufpassers Dr. K., der sich bis dahin im Hintergrund gehalten hatte. Dieser ging jetzt aggressiv auf Paul Schubert los, um ihn mit beleidigenden und gehässigen Worten wegen der unerwünschten positiven Reaktionen von Lehrern und Schülern zu maßregeln. Schubert wehrte sich gegen den unerwarteten Angriff, so gut er konnte. Der Versuch des Dr. K., Klasse und Lehrer auseinanderzudividieren, scheiterte an der Haltung der Klasse, die sich sofort mit dem beliebten Lehrer solidarisierte und den Mann aus dem Hinterhalt mit höhnischen Bemerkungen zum Rückzug zwang. Natürlich blieb ein solcher Vorgang [...] nicht ohne Folgen. Dr. K. denunzierte Paul Schubert bei Schulbehörde und Kulturkammer und betrieb die sofortige Entfernung Schuberts aus dem Lehramt. Außerdem lancierte er einen gehässigen Artikel in der Parteizeitung »Der SA-Mann«, in der Paul Schubert als Befürworter der »Entarteten Kunst« beschrieben und in einer Karikatur inmitten spitznasiger, brillen- und mützentragender Schüler dargestellt war. Es folgten Anhörungen, Vernehmungen, Einschaltung von Kollegen, Eltern und Schülern. Daß Schubert schließlich doch in seinem Amt verbleiben konnte, verdankte er in erster Linie dem energischen Eintreten des damaligen Leiters der Wöhler-Schule, OStD Jung.[129]

Gewiß steigerten diese teilweise öffentlich ausgetragenen Kontroversen den Sensationscharakter der Exposition: »Groß ist das Interesse, das der instruktiven Schau aus allen Teilen der Bevölkerung entgegengebracht wird. Vom frühen Morgen bis zum späten Abend strömen die Besuchermassen [...]«[130].

3.8.1.9 Mainz, Städtische Kunsthalle, 14. November bis 1. Dezember 1936

Am Samstag, den 14. November 1936, um 15.30 Uhr wurde die Femeschau in der am Liebfrauenplatz beim Dom gelegenen Städtischen Kunsthalle Mainz eröffnet. Als Veranstalter zeichnete das Deutsche Volksbildungswerk in der NS-Gemeinschaft »Kraft durch Freude« in Verbindung mit der Volksbildungsstätte Mainz. Nach den Ansprachen des Kreisdienststellenleiters Hans Weigel und des Gauwarts des Deutschen Volksbildungswerks, Handwerk, fand ein Rundgang unter Führung des Malers Kuhl statt:

> Er machte auf die Eigentümlichkeiten und die Tendenz der einzelnen zur Schau gestellten Werke aufmerksam und charakterisierte auch die als Gegenbeweis aufgehängten schönen Bilder, Leihgaben aus der Städtischen Gemäldegalerie, die in Formgebung und Ausdruck Zeugnisse einer feinen, subtilen Kunst und einer geraden, lichten und vornehmen Kunstauffassung sind.[131]

Auch in der Stadt am Rhein wurde also das antithetische Ausstellungsprinzip angewandt. Desgleichen scheint man die »Einführung« von Oberbürgermeister Zörner aufgehängt zu haben.[132] Man ließ nichts unversucht, um der Exposition hohe Besucherzahlen zu bescheren:

> Um der Ausstellung für ihre vierzehntägige Dauer einen möglichst großen Nachdruck zu sichern, sind eine ganze Reihe von Führungen geplant, die die Herren Direktor Dr. Biehn, Kuhl und Wallauer in freundlicher Weise übernommen haben. So fand bereits gestern eine Besichtigung durch SS-Führer Dr. Biehn statt. Für Montag, den 28. November, 20 Uhr ist eine weitere Führung der Hörer der Volksbildungsstätte (Dr. Biehn) angesetzt. Außerdem sollen alle Gliederungen der NSDAP, Vereine und Schulen mit der Schau vertraut gemacht werden. Es darf keinen Volksgenossen geben, der die Ausstellung »Entartete Kunst« nicht gesehen und daraus seine Lehren gezogen hat.[133]

129 Hermann Krämer 1986. In einem persönlichen Gespräch mit dem Autor am 22. September 1992 ergänzte Krämer, daß die Hängung der Ausstellung ausgesprochen dicht gewesen und ihm besonders Dix' »Schützengraben« in Erinnerung geblieben sei. Der beschriebene Besuch der Femeschau sei der Auslöser für seine lebenslange Beschäftigung mit moderner Kunst gewesen.

130 Frankfurter Volksblatt, 9. September 1936.

131 Mainzer Anzeiger, 16. November 1936.

132 Vgl. ebenda die Zitate daraus.

133 Ebenda.

Wieviele »Volksgenossen« die täglich fünf Stunden geöffnete Ausstellung zum Eintrittspreis von 20 Pfennigen besuchten, ist nicht bekannt. Die beiden Mainzer Tageszeitungen berichteten mehrfach ausführlich, dabei in der Regel ohne Nennung einzelner Künstler oder Werke. Eine bemerkenswerte Ausnahme ist eine Äußerung im Mainzer Journal vom 17. November 1936: »Nur sind wir erstaunt, daß selbst technische Könner wie Otto Dix oder Emil Nolde zu diesen gottlosen Pinselführern zählten«[134]. Vermutlich nicht zufällig machte der Propagandazug mit der Wanderausstellung »Weltfeind Nr. 1 – Der Bolschewismus« (vgl. Kapitel 7.1) just in dieser Zeit in Mainz Station (21. bis 25. November 1936).[135]

3.8.1.10 Koblenz, NS-Kulturgemeinde, 5. Januar bis 8. Februar 1937

In Koblenz am Rhein richtete die NS-Kulturgemeinde, Kunstring Gau Koblenz-Trier, die Ausstellung aus. Als 8. Ausstellung dieses Kunstrings wurde sie am Dienstag, den 5. Januar 1937, um 16 Uhr im Haus der NS-Kulturgemeinde, Schloßstraße 9, von Gaupresseamtsleiter Urmes eröffnet. Am 7. Januar 1937 erschien im Koblenzer-Generalanzeiger ein großer, mit einer Abbildung von Dix' Radierung »Der Streichholzhändler« illustrierter Bericht von Hans Berg. Der Autor erwähnt das große »Kriegsbild« von Dix – gemeint ist der »Schützengraben« – sowie Grosz, »der mit einigen seiner Zeichnungen und dem futuristischen Bild ›Der Abenteurer‹ in der Schau abschreckend vertreten« sei. Am 16./17. Januar 1937 notierte der Koblenzer-Generalanzeiger, die Ausstellung bliebe bis zum 31. Januar 1937 zugänglich und finde »immer noch starkes Interesse und lebhaften Zuspruch«. Dieselbe Zeitung vermeldet am 27. Januar 1937, daß »der Besuch der Ausstellung durch Ortsgruppen, Gliederungen, Organisationen und Betriebsgemeinschaften so stark eingesetzt« habe, daß sie bis Montag, den 8. Februar 1937, verlängert werde. Geöffnet war sie täglich von 10 bis 13 Uhr und von 15 bis 20 Uhr.[136]

3.8.1.11 Worms, bis 14. März 1937

Weder Beginn noch Veranstaltungsort der Wormser Ausstellungsetappe ließen sich in Erfahrung bringen. In der einzigen Tageszeitung, der Wormser Zeitung – die für den fraglichen Zeitraum an keinem Ort vollständig überliefert ist[137] –, konnten lediglich zwei kurze Meldungen gefunden werden, die im folgenden wiedergegeben sind. Archivalien scheinen nicht mehr vorhanden zu sein, auch die Suche nach Zeitzeugen verlief ohne konkreten Erfolg.[138] In der Wormser Zeitung vom 11. März 1937 gibt es eine Meldung über den Besuch der Schau durch die Führer von Hitlerjugend, Jungvolk und Bund Deutscher Mädel:

> Ausstellung »Entartete Kunst«. Tag der Hitler-Jugend. Sämtliche Führer der HJ, des JV und des BdM besuchen heute die Ausstellung. Die Ausstellung wird unweigerlich am Sonntag geschlossen. Darum nützt jeder die kurze Zeit und besucht die Ausstellung!

Drei Tage später, am Sonntag, den 14. März 1937, heißt es in dieser Zeitung:

> Ausstellung »Entartete Kunst«. Heute Sonntag letzter Tag: »Tag der NS-Formationen«! Es wird nochmals stärkster Besuch erwartet.

134 Vgl. auch den in einem ähnlichen Tenor gehaltenen Artikel im Mainzer Anzeiger, 21. November 1936.

135 Vgl. hierzu Mainzer Anzeiger, 14., 20., 21. und 23. November 1936; Mainzer Journal, 16., 17., 20., 21. und 23. November 1936. Im Mainzer Anzeiger vom 21. November 1936 erschienen auf einer Seite Bildberichte über beide Aussstellungen.

136 Vgl. Koblenzer-Generalanzeiger, 5. Januar 1937.

137 Anfragen beim Standortkatalog der deutschen Presse in der Staats- und Universitätsbibliothek Bremen und beim Institut für Zeitungsforschung in Dortmund erbrachten ein negatives Ergebnis.

138 An dieser Stelle sei Herrn Frank Beier von der Lokalredaktion der Wormser Zeitung gedankt, welche am 24. September 1994 einen Aufruf veröffentlichte.

3.8.1.12 Wiesbaden, Nassauisches Landesmuseum, 21. bis 29. März 1937

Bevor die Ausstellung »Entartete Kunst« Ende März 1937 in die Räume des Nassauischen Landesmuseums Wiesbaden einzog[139], veranstaltete dort der Nassauische Kunstverein vom 16. Januar bis zum 7. Februar die jährliche »Gau-Ausstellung bildender Kunst« der Reichskammer der bildenden Künste, Landesleitung Hessen-Nassau,[140]und vom 14. Februar bis zum 14. März 1937 die Schau »Der italienische Holzschnitt der Gegenwart«[141]. Die Etappe der Femeschau wurde hingegen, wie zuvor in Frankfurt am Main und in Mainz, vom Deutschen Volksbildungswerk in der NS-Gemeinschaft »Kraft durch Freude« ausgerichtet. Die Eröffnung am Sonntag, den 21. März 1937, um 11.30 Uhr nahm der Referent des Volksbildungswerkes, Fill, vor.
Bis Ostermontag, den 29. März, war die Schau täglich von 10 bis 13 sowie werktags von 15 bis 22 Uhr und sonntags von 15 bis 17 Uhr geöffnet, am Ostersamstag von 18 bis 22 Uhr. Der Eintritt betrug 20 Pfennige, für Erwerbslose die Hälfte. Das Wiesbadener NSDAP-Organ Nassauer Volksblatt rührte kräftig die Werbetrommel und veröffentlichte mehrfach Abbildungen von Exponaten: am 23. März 1937 Schwitters' »Ringbild« und Grosz' Zeichnung »Schreiender Pöbel«, am 25. März 1937 Dix' Radierung »Kriegskrüppel«. Besucherzahlen für die nur neuntägige Laufzeit der Ausstellung sind nicht überliefert, nach Meldung des Nassauer Volksblattes vom 25. März 1937 erfreute sie sich »lebhaften Besuches«. Das Wiesbadener Tagblatt veröffentlichte nur einen einzigen ausführlichen Bericht, nämlich am 22. März 1937:

> Sieht man von einigen »Grenzfällen« ab, wo das Können fast so groß ist, daß man das Werk ernster nehmen könnte, so ist die Ausstellung »Entartete Kunst« in ihren 80 Bildern und Graphiken und ihren 6 Plastiken eine wahre »Folterkammer des Geistes«. [...] Die Austellung, die durch die deutschen Gaue gelaufen ist und von Worms zu uns kam, ist mit Wiesbaden an ihr Ende gekommen.[142]

Was mit dem Ausstellungsgut in den dreieinhalb Monaten zwischen dem 29. März und dem 19. Juli 1937, an welchem Tag es als Teil der Münchner Ausstellung »Entartete Kunst« wieder aus der Versenkung auftauchte, geschah, ist nicht bekannt. Möglicherweise wurde die ganze Sammlung im Zusammenhang mit der Berliner Propagandaschau »Gebt mir vier Jahre Zeit« (30. April bis 20. Juni 1937) nach Berlin transportiert, um nachher von dort den Weg nach München anzutreten (vgl. Kapitel 4.1).

3.8.2 Zusammenfassung

Es steht außer Frage, daß die Dresdner Ausstellung »Entartete Kunst« als die wichtigste Vorläuferausstellung anzusehen ist. Als einzige trat sie aus dem lokalen Rahmen der »Schreckenskammern« heraus und erreichte durch ihre mehrjährige Tournee im ganzen Reich (Abb. 2) einen hohen Rezeptions- und Bekanntheitsgrad. Die somit erzielte Breitenwirkung im Hinblick auf die Ächtung der Protagonisten moderner Kunst in Deutschland (Künstler, Museumsleute, Galeristen, Verleger) wurde nur durch die Femeschau der Jahre 1937 bis 1941 übertroffen. Zudem ist die Tatsache bedeutungsvoll, daß es die Dresdner Ausstellung war, aufgrund derer erstmalig eine offizielle »Schwarze Liste« erstellt wurde. Am 3. Februar 1936 schrieb Oskar Schlemmer an Karl Nierendorf in Berlin:

> Dann wollte ich Sie fragen, ob Ihnen eine »Proskriptionsliste« von 20 modernen Künstlern bekannt ist, deren Name in Deutschland nicht in der Öffentlichkeit genannt werden dürfe. So zu lesen im Werk, dem Organ des Schweizer Werk-

139 Die Akten des Museums Wiesbaden konnten wegen eines bis 1997 dauernden Umbaus nicht eingesehen werden.
140 Vgl. Nassauer Volksblatt vom 16. und 21. Januar sowie vom 1., 3. und 5. Februar 1937. Die Ausstellung kam aus Frankfurt am Main und reiste weiter nach Darmstadt, Mainz und Gießen.
141 Vgl. Nassauer Volksblatt vom 12., 14. und 16. Februar 1937.
142 Auch im Nassauer Volksblatt vom 22. März 1937 ist von 80 Bildern und sechs Plastiken die Rede.

bunds. Genannt werden dort Dix, Feininger, Nolde, Schmidt-Rottluff, Campendonk. Ist Ihnen dergleichen bekannt und wenn: welches sind die anderen 15?[143]

Nierendorf antwortete: »Eine solche Liste gibt es tatsächlich. Es sind im wesentlichen die Künstler genannt, die in Dresden in der Greuelausstellung hingen, doch scheint sich nur ein Teil der Presse an das Verbot zu halten«[144]. Demnach war die Dresdner Schau so etwas wie eine Musterkollektion für die ersten Versuche des Staates, die lokalen Diffamierungskampagnen auf eine einheitliche Grundlage zu stellen und zentral zu steuern. Denn nur im Zusammenhang mit der Dresdner Vorläuferausstellung, nämlich bei deren Münchner Präsentation, zeichnete das Goebbels-Ministerium als Mitveranstalter. Ferner sind auch der Besuch der Parteiprominenz (Hitler, Goebbels, Göring, Streicher) und der »Führerauftrag« signifikante Zeichen für die Wichtigkeit und den offiziellen Charakter dieser Exposition.

Die Dresdner Vorläuferausstellung war nicht nur in der Namensgebung und der Idee der Wanderschau konkretes Vorbild und »Testvorläufer«[145] des Münchner Unternehmens, sondern auch in bezug auf ihre inhaltlichen Schwerpunkte, die Erprobung inszenatorischer Mittel und die Form der propagandistischen Presseberichterstattung.

Schließlich spielte die Dresdner »Schreckenskammer« als Bestandteil der Ausstellung »Entartete Kunst« in München und insbesondere in den nachfolgenden Stationen eine wichtige Rolle.[146] Deren »Schlüsselwerke« rekrutierten sich zu einem nicht geringen Teil aus dem Dresdner Fundus; genannt seien etwa Dix' »Schützengraben« und »Kriegskrüppel«, Hoffmanns »Adam und Eva« und »Mädchen mit blauem Haar«, Schwitters' »Merzbild« und »Ringbild« sowie Volls »(Schwangere) Frau«. Auch in Willrichs Pamphlet »Säuberung des Kunsttempels« aus dem Jahr 1937, an welches sich die Organisatoren der Münchner Ausstellung anlehnten (vgl. Kapitel 4.2), und im Ausstellungsführer (vgl. Kapitel 6.2) waren die Werke aus der sächsischen Metropole besonders exponiert.[147] In München war die Mehrzahl der Werke aus dem Dresdner Stadtmuseum in einem Komplex im ersten und zweiten Raum des Erdgeschosses zusammengefaßt und mit einem Paul Ferdinand Schmidt ironisch verunglimpfenden Kommentar versehen.[148]

143 Staatsgalerie Stuttgart, Oskar-Schlemmer-Archiv. Schlemmer bezieht sich auf: -tz., Deutscher »Reichskultursenat«, in: Das Werk 23, 1936, Nr. 1, S. 20-23, hier S. 21. Dort heißt es: »Als interessante Erscheinung der deutschen Kunstpolitik sind eine Art Proskriptionslisten zu verzeichnen, die etwa 20 Namen von Künstlern enthalten, die in der Öffentlichkeit nicht mehr genannt werden dürfen; darunter Nolde, Schmidt-Rottluff, Dix, Campendonk, Feininger«. Von einer »schwarzen Liste« im Zusammenhang mit der Präsentation der Schau in Dresden spricht auch der betroffene Maler Otto Griebel 1947/48 im Prozeß gegen Richard Müller (vgl. weiter oben).

144 Brief Nierendorfs an Schlemmer vom 7. Februar 1936 im Oskar-Schlemmer-Archiv der Staatsgalerie Stuttgart. Vermutlich handelt es sich bei der dem Düsseldorfer Museum am 22. Dezember 1936 telephonisch durch den Schriftleiter der Rheinischen Landeszeitung mitgeteilten Liste der von der NSDAP-Reichsleitung abgelehnten Künstler im wesentlichen um dieselbe Liste. Sie umfaßt 19 Maler und neun Bildhauer (vgl. Barbara Lepper 1983, S. 14). Die Funktion einer »Schwarzen Liste« übernahm ab 1937 die »Liste der Ausgestellten« der Münchner Ausstellung »Entartete Kunst«, die in der DAZ vom 25. Juli 1937 veröffentlicht wurde (Dok. 26).

145 Barbara Lepper 1983, S. 19.

146 Für München wurde nicht nur das Material der Vorläuferausstellung als Ganzes übernommen, sondern es wurden auch weitere Beschlagnahmungen in Dresdner Sammlungen vorgenommen. Für Berlin und die weiteren Etappen wurde der Anteil der linkspolitischen Kunst erhöht, wodurch der Dresdner Bestand in den Vordergrund rückte (vgl. Kapitel 6.3.1). 1942 schrieb Hansen: »Diese Dresdner Sammlung von Verfallskunst wurde im Sommer 1937 der Münchner Ausstellung ›Entartete Kunst‹ eingegliedert« (S. 172).

147 Paul Ferdinand Schmidt gehörte zu den am heftigsten attackierten Museumsleitern in Willrichs Buch. Vgl. auch Willrichs Collage mit Werken aus dem Dresdner Stadtmuseum (1937, S. 59). Von den 52 im Ausstellungsführer abgebildeten Kunstwerken entstammten neun Dresdner Provenienz (vgl. Kapitel 6.2). Das gilt auch für drei der fünf Abbildungen auf einem der beiden NSDAP-Parteiplakate zum Thema »Entartete Kunst« (BA Plakate 3/9/65; vgl. die Abb. bei Howoldt 1988, S. 165 und bei Barbara Lepper 1983, S. 19).

148 »Aus der Sammlung des Dresdner Stadtmuseums Dr. P. F. Schmidt. Dem weitsichtigen Leiter dieses Museums ist es in kurzer Zeit gelungen, durch seine treffsicheren Erwerbungen die Dresdner Stadtsammlung auf ein hohes Niveau zu bringen. Ararat, 1920« (zitiert nach von Lüttichau 1992a, S. 71). In der Schau wurde Schmidt unter allen Museumsleitern am häufigsten zitiert, insgesamt viermal (vgl. ebenda, passim).

3.9 *Kunst der Geistesrichtung 1918-1933* Breslau, Schlesisches Museum der bildenden Künste, ab 17. Dezember 1933

Die letzte 1933 eröffnete Vorläuferausstellung fand in Breslau (heute Wrocław in Polen) statt.[1] Sie kam, wie zu zeigen sein wird, als unmittelbare Reaktion auf die Dresdner Wanderschau »Entartete Kunst« zustande.
Die einzelnen Etappen der Vorgeschichte weisen deutliche Parallelen zu den Vorgängen in anderen Städten auf. Am 9. Juni 1933 richtet der Direktor des Schlesischen Museums der bildenden Künste, Erich Wiese, ein privates Schreiben an Alfred Hentzen, Nationalgalerie Berlin. In dem Brief heißt es:

> Kürzlich bin ich im Provinziallandtag wegen unserer Ankäufe lebender Kunst angegriffen worden. Das veranlaßt mich, bei Ihnen anzufragen, wie in Berlin die Dinge sich hinsichtlich dieses Themas entwickelt haben. Vor allem interessiert mich zu wissen, ob vom Kampfbund oder einer amtlichen Stelle Richtlinien oder Listen über noch zu duldende Künstler herausgekommen sind. Was hängt noch bei Ihnen im Kronprinzenpalais bzw. was haben Sie weggehängt? M. E. liegt es, nach den bisherigen Verlautbarungen zu schließen, nicht im Sinne der Berliner Zentralstellen, wenn örtliche Stellen auf den Rat verärgerter Künstler hin Maßnahmen treffen, die geeignet sind, das Qualitätsniveau der Museen zum Schaden unseres kulturellen Ansehens herabzusetzen.[2]

Besondere Beachtung verdient Wieses Einschätzung, daß bei den provinziellen »Maßnahmen« – damit meint er wohl die Neuordnungen in vielen Museen, die Entlassungen und die »Schreckenskammern« – »verärgerte Künstler« eine maßgebliche Rolle gespielt hätten. Überdies veranschaulicht das Schreiben zweierlei: einerseits die gerade in der Provinz sich verschärfenden Angriffe auf die Sammeltätigkeit progressiver Museumsleiter, andererseits die wachsende Verunsicherung der Museumsbeamten ob des zukünftigen kunstpolitischen Kurses der Regierung und die daraus resultierende Unklarheit über noch zugelassene bzw. nicht mehr geduldete Künstler. Hentzens Antwort vom 12. Juni 1933 ist in einem sachlich-konstatierenden und abwartenden, aber keinesfalls pessimistischen Ton gehalten:

> Die Stellung der Regierung zur neuen deutschen Kunst ist noch keineswegs geklärt. Sie wissen, daß man in Karlsruhe, Mannheim, Nürnberg, Chemnitz sogenannte »Schand-Ausstellungen« gemacht hat (in Dresden wird etwas Ähnliches geplant), in denen Bilder fast aller bedeutender lebender Maler verächtlich gemacht werden sollen. Sie wissen auch sicher, daß unsere Kollegen Swarzenski, Hartlaub, Sauerlandt, Baum, Cohen, Kaesbach, Wichert, With, Frl. Fischel, Schreiber-Weigand, Grote, F. T. Schulz [und] Riezler beurlaubt oder entlassen sind und daß man an den Akademien die Mehrzahl der modernen Künstler entließ wie: Hofer, Scharff, Klee, Moll, Marcks, Crodel, Schlemmer, Scheibe usw. An der National-Galerie hat man bisher weder personell noch sonst etwas geändert, nur die Kommission ist aufgelöst, eine neue noch nicht ernannt. Das ist aber wohl nur vorläufig so. Ich habe von mir aus nichts weggehängt, das Kronprinzenpalais ist unverändert [...].[3]

Erich Wieses Erkundigungen in der Hauptstadt konnten ihn nicht davor bewahren, das Schicksal vieler Museumskollegen zu teilen. Er wurde Ende Juni 1933 entlassen[4] und durch den kommissarischen Direktor Wolf Marx ersetzt, über den nichts Weiteres bekannt ist. Marx unterzog die Abteilungen 19. und 20. Jahrhundert des

1 Die Breslauer »Schreckenskammer« ist bislang weitgehend unbekannt geblieben. Sie wird hier erstmals eingehend untersucht. Für die Übersendung von Photokopien archivalischer Quellen und Presserezensionen danke ich dem Nationalmuseum (Muzeum Narodowe) und dem Stadtarchiv in Breslau sowie dem Staatsarchiv Warschau.

2 Zitiert nach dem Abdruck des Briefes bei Janda/Grabowski 1992, S. 34.

3 Zitiert nach dem Abdruck des Briefes ebenda.

4 Wiese schrieb am 10. Juli 1933 an Max Sauerlandt: »Seit 14 Tagen teile ich Ihr Schicksal« (Staats- und Universitätsbibliothek Hamburg, NL Sauerlandt; freundliche Mitteilung von Andreas Hüneke). Von 1950/51 bis 1960/61 war Erich Wiese dann Direktor des Hessischen Landesmuseums Darmstadt.

Schlesischen Museums der bildenden Künste im Oktober 1933 einer »umfassenden Neuordnung«[5] mit dem Ziel, den »musealen Bestand seiner eigentlichen Bestimmung zurückzugeben, ihn wieder Gemeingut des Volkes werden zu lassen«. Die »sich allzu modern gebärdende Experimentierkunst« wurde entfernt. Da die »vornehmste Aufgabe« des Museums darin bestehe, »Haus und Heimat schlesischer Künstler zu sein«, wurde diesen »breitester Raum« eingeräumt. Die »nicht zu unterschätzende propagandistische Wirkung« der Neuordnung wurde ganz offenherzig hervorgehoben, dabei die Einrichtung eines »soldatisch-heldischen Raumes« als »notwendige, nur gutzuheißende Angleichung an das Zeitempfinden« besonders gelobt. »Volksfremdheit« – dies war der gegenüber der modernen Kunst erhobene Vorwurf und die Begründung dafür, daß offenbar der gesamte, von Wiese in den zurückliegenden Jahren erworbene Bestand moderner Kunst magaziniert wurde.
Parallel zu der Neuhängung der Galerie bereitete der kommissarische Museumsleiter – angeregt und unterstützt durch die NS-Tagespresse und in Absprache mit der Untergauleitung der NSDAP[6] – die Durchführung einer »Schreckenskammer« vor. Dies geht aus einer von Marx fünf Wochen vor der Eröffnung veröffentlichten Pressemitteilung hervor. Das zentrale Dokument gibt Aufschluß über die Hintergründe der Femeschau:

> In der Breslauer Tagespresse ist angeregt worden, auch in unserer Stadt eine Ausstellung entarteter Kunst nach dem Muster von Dresden zu veranstalten. Im Dresdener Rathause werden Gemälde und Skulpturen gezeigt, denen die Geistesrichtung jener Zeit zugrundeliegt, die im März dieses Jahres politisch besiegt worden ist und die sich der Nationalsozialismus anschickt, nun auch kulturell zu überwinden. Bevor dafür positive Arbeit geleistet werden kann, läßt es sich nicht vermeiden, [...] zunächst negierend vorzugehen, d. h. man muß zuerst das, was uns jahrzehntelang als »Kunst« vorgesetzt, angepriesen und eingehämmert worden ist, rücksichtslos, schonungslos, erbarmungslos brandmarken als das, was es in Wirklichkeit gewesen ist: gemalter, geformter Materialismus, Marxismus, Liberalismus. Bereits bei der Neuordnung [...] im Oktober sind diese Produkte konsequent aus der Galerie entfernt worden, aber nicht etwa, um in den dunkelsten Winkeln des Magazins der Vergessenheit überantwortet zu werden – nein, um in einem von den übrigen Sälen getrennten Raume gesondert ausgestellt zu werden, etwa unter dem Titel: »Kunst« der Geistesrichtung 1918/33. (Dok. 17)

Der Impuls zur Einrichtung einer Femeschau ging also von den Vorläuferausstellungen in den anderen Städten aus, wobei die Dresdner Ausstellung als unmittelbares Vorbild diente. Der Text verdeutlicht Funktion und Stellenwert der »Schreckenskammern« innerhalb der NS-Kunstpolitik: Das »negierende Vorgehen«, das »rücksichtslose, schonungslose, erbarmungslose« Brandmarken bezeichnet der Autor als Auftakt und Voraussetzung für die »positive« kulturelle Aufbauarbeit. Ebenso enthält der Text in komprimierter Form die schon im Titel enthaltene propagandistische Stoßrichtung der in Vorbereitung befindlichen »Schreckenskammer«[7]: Er gibt vor, die Kunst als »gemalten Materialismus, Marxismus, Liberalismus« zu entlarven – drei politische, in diesem Kontext als Synonym für die Weimarer Republik (»Geistesrichtung 1918-1933«) stehende Begriffe, gegen welche sich die Femeschau eigentlich richtete. Auch zeigen sich die hohen Erwartungen der Museumsleitung in die Anziehungskraft der Femeschau. Besonderes Interesse verdient der Umstand, daß man offenkundig erwog, die »Schreckenskammer« als separate Sonderabteilung im Museum dem Publikum permanent zugänglich zu machen.[8] Dieser Plan scheint auch weiterhin aufrechterhalten worden zu sein: Wenngleich die Presse für den 15. Dezember zur Pressevorbesichtigung »der Ausstellung« geladen wurde[9], war fortan in offiziellen Schriftstücken des Museums oft von

5 H-g., Neuordnung im Schlesischen Museum. Schlesische Kunst im Vordergrund, in: Breslauer Neueste Nachrichten, 3. November 1933. Daraus entnommen auch die folgenden Zitate.

6 In der Schlesischen Zeitung vom 5. Dezember 1933 heißt es: »Man wird sich erinnern, daß wir vor einigen Wochen den Vorschlag machten, dem Beispiel anderer Städte folgend, auch in Breslau eine derartige Ausstellung zu veranstalten, daß unser Vorschlag fast allgemein zustimmend aufgenommen wurde, und daß sich dann herausstellte, daß die Untergauleitung der NSDAP in Gemeinschaft mit der Museumsleitung die vorbereitenden Arbeiten bereits aufgenommen hatte«.

7 Bereits vor der Ausstellungseröffnung taucht der Begriff in Presseankündigungen auf, z. B. in der Schlesischen Zeitung vom 5. Dezember 1933.

8 Bezeichnenderweise wurden die Worte »Diese Sonderschau« durchgestrichen und handschriftlich durch »Es« ersetzt.

9 StA Breslau Muzeum Śląskie 3, Bl. 67. Die mit »Mx.« [Wolf Marx] gezeichnete Einladung datiert vom 11. Dezember 1933 und trägt den handschriftlichen Vermerk: »An alle Kunstreferenten hier«. Damit können städtische Beamte oder Referenten der NSDAP bzw. des KfdK gemeint sein.

Dok. 17 Presseerklärung des Schlesischen Museums der bildenden Künste Breslau zur Ausstellung »Kunst der Geistesrichtung 1918-1933«, 10. November 1933, gezeichnet von Wolf Marx (StA Breslau Muzeum Śląskie 3, Bl. 54)

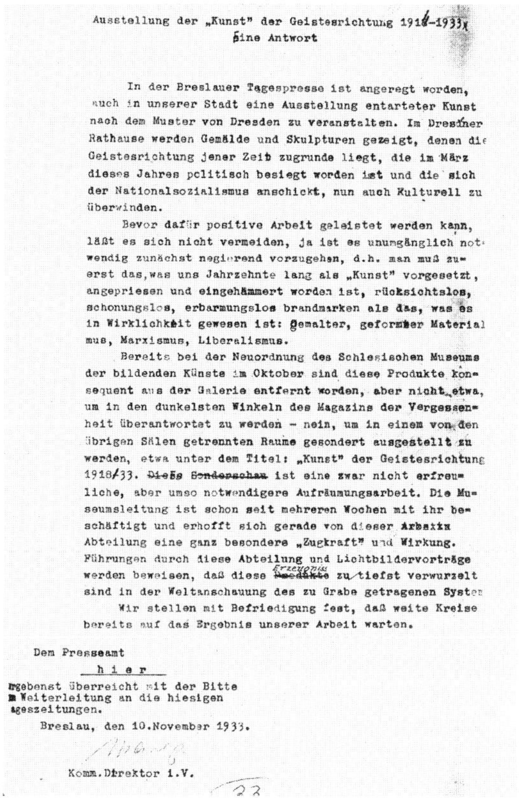

Ausstellung der „Kunst" der Geistesrichtung 1918-1933
Eine Antwort

In der Breslauer Tagespresse ist angeregt worden, auch in unserer Stadt eine Ausstellung entarteter Kunst nach dem Muster von Dresden zu veranstalten. Im Dresdner Rathause werden Gemälde und Skulpturen gezeigt, denen die Geistesrichtung jener Zeit zugrunde liegt, die im März dieses Jahres politisch besiegt worden ist und die sich der Nationalsozialismus anschickt, nun auch kulturell zu überwinden.

Bevor dafür positive Arbeit geleistet werden kann, läßt es sich nicht vermeiden, ja ist es unumgänglich notwendig zunächst negierend vorzugehen, d.h. man muß zuerst das, was uns Jahrzehnte lang als „Kunst" vorgesetzt, angepriesen und eingehämmert worden ist, rücksichtslos, schonungslos, erbarmungslos brandmarken als das, was es in Wirklichkeit gewesen ist: gemalter, geformter Materialismus, Marxismus, Liberalismus.

Bereits bei der Neuordnung des Schlesischen Museums der bildenden Künste im Oktober sind diese Produkte konsequent aus der Galerie entfernt worden, aber nicht „etwa, um in den dunkelsten Winkeln des Magazins der Vergessenheit überantwortet zu werden – nein, um in einem von den übrigen Sälen getrennten Raume gesondert ausgestellt zu werden, etwa unter dem Titel: „Kunst" der Geistesrichtung 1918/33. ~~Diese Sonderschau~~ Es ist eine zwar nicht erfreuliche, aber umso notwendigere Aufräumungsarbeit. Die Museumsleitung ist schon seit mehreren Wochen mit ihr beschäftigt und erhofft sich gerade von dieser ~~Arbeit~~ Abteilung eine ganz besondere „Zugkraft" und Wirkung. Führungen durch diese Abteilung und Lichtbildervorträge werden beweisen, daß diese ~~Produkte~~ Erzeugnisse zutiefst verwurzelt sind in der Weltanschauung des zu Grabe getragenen Systems.

Wir stellen mit Befriedigung fest, daß weite Kreise bereits auf das Ergebnis unserer Arbeit warten.

Dem Presseamt
hier
Ergebenst überreicht mit der Bitte um Weiterleitung an die hiesigen Tageszeitungen.
Breslau, den 10. November 1933.
Komm. Direktor i.V.
23

der »Abteilung« die Rede[10]. Tatsächlich ließ sich bisher nicht ermitteln, wann die Schau oder die Abteilung »Kunst der Geistesrichtung 1918-1933« geschlossen wurde.[11]

Die drei Säle im obersten Stockwerk des Schlesischen Museums der bildenden Künste umfassende Ausstellung wurde nur wenige Tage vor Weihnachten eröffnet: am Sonntag, den 17. Dezember 1933, vormittags um 11.30 Uhr. Sie vereinigte 14 Gemälde (im mittleren Raum), drei Plastiken sowie 60 Aquarelle, Zeichnungen und Druckgraphiken. Ein Blick auf die Zusammenstellung der Schau zeigt, daß sie sich in einem wesentlichen Aspekt von allen anderen Vorläuferausstellungen unterscheidet. Bei der Auswahl der Exponate ist nämlich ein inhaltlich-thematisches Moment ausschlaggebend: das Menschenbild. Im Zentrum der Schau und der Schmähungen stehen Menschendarstellungen, während andere Sujets oder abstrakte Kompositionen eine untergeordnete Rolle spielen. Dieses Auswahlkriterium erklärt, warum sich im Breslauer Ausstellungsbestand kein stilistischer Schwerpunkt bestimmen läßt (wie etwa in Karlsruhe der deutsche Impressionismus, in Stuttgart der gesellschaftskritische Realismus, in Chemnitz der Expressionismus), wenn auch zweifelsohne Expressionisten und Bauhäusler deutliche Akzente setzen.

Noch ein weiterer Bezugspunkt erschließt sich bei der Analyse dieser »Schreckenskammer«: Einen beträchtlichen Anteil daran hatten Werke lokaler Künstler, insonderheit Lehrer der Staatlichen Akademie für Kunst und Kunstgewerbe Breslau[12]. Die Hochschule war 1932 den Sparmaßnahmen des Preußischen Staates (2. Preußische Not-

10 So etwa in der Pressemitteilung über die Eröffnung am 17. Dezember 1933 sowie in der Ankündigung der ersten Führung am 20. Dezember 1933; vgl. das Schreiben von Marx an »die Pressestelle [...] mit der Bitte um Veröffentlichung in den hiesigen Tageszeitungen« vom 13. Dezember 1933 (StA Breslau Muzeum Śląskie 3, Bl. 66).

11 Die Laufzeit betrug mindestens zwei Monate; vgl. das Schreiben von Marx an den Kreisleiter der NSDAP, Klepper, vom 20. Februar 1934 im Archiv des Muzeum Narodowe Breslau. Der Einfachheit halber wird im folgenden von Ausstellung gesprochen.

12 Vgl. zum folgenden Wingler 1977, S. 202-243.

verordnung) zum Opfer gefallen und geschlossen worden, der Studienbetrieb war jedoch in eingeschränktem Umfang weitergeführt worden. 1933 wurden sämtliche Lehrkräfte aus dem Staatsdienst entlassen. Oskar Moll – mit zwei Gemälden und graphischen Arbeiten in der Ausstellung vertreten – hatte 1925 als Nachfolger der Architekten Hans Poelzig und August Endell die Leitung der Akademie übernommen und sie zu einer der fortschrittlichsten Kunsthochschulen in Deutschland weiterentwickelt.[13] Er hatte u. a. den Schlesier Otto Mueller sowie Johannes Molzahn und Oskar Schlemmer berufen – allesamt mit mehreren Arbeiten in der Femeschau repräsentiert. Darüber hinaus hatte der aus dem mittelschlesischen Provinzstädtchen Bernstadt gebürtige Ludwig Meidner, dessen »Selbstporträt« (1912) auch in den späteren Aktionen der Nationalsozialisten gegen die »entartete Kunst« eine exponierte Rolle spielen sollte[14], 1903 an der Breslauer Hochschule mit seinen Studien begonnen. Die Diffamierung der Breslauer Akademielehrer in der dortigen Vorläuferausstellung entspricht jener in Dessau, wo im Juli 1933 die Repräsentanten des gleichfalls von den Nationalsozialisten geschlossenen Bauhauses im Zentrum der Anfeindungen gestanden hatten.

»Kunst der Geistesrichtung 1918-1933«: Der Titel der Ausstellung erinnert an den der Karlsruher Femeschau (»Regierungskunst 1918-1933«). Explizit umreißen diese Titel die gegen die Weimarer »Systemzeit« gerichtete Stoßrichtung. Daß einige der mit diesem Stigma versehenen Kunstwerke älter waren und, wenn überhaupt, die »Geistesrichtung« des Kaiserreichs repräsentierten, tat der Namensgebung keinen Abbruch. Die in der Presse häufig bemühten politischen Begriffe (»gemalter, geformter Materialismus, Marxismus, Liberalismus«) unterstreichen die politische Funktion der Vorläuferausstellung im Sinne einer antimarxistischen und antidemokratischen Propaganda und lassen zugleich einen Grundzug der NS-Kunstanschauung und Zensurpraxis klar hervortreten: Der modernen Kunst wird im negativen Sinne unterstellt, was der Nationalsozialismus von »seiner« (zukünftigen) Kunst fordert; nämlich ausschließlich der Illustration und Repräsentation des Staates zu dienen. Geschickt die künstlerische und politische Ebene vermischend, wird stilistische Vielfalt als »hemmungsloser antisozialer Individualismus« denunziert und als Resultat des »Liberalismus« bezeichnet. Doch die wahren Gründe für die Ablehnung jeglicher Nonkonformität, die als Ausdruck geistiger Unabhängigkeit das für den Faschismus existentielle Ziel der gleichgeschalteten Blockgemeinschaft gefährdete, werden bewußt verschleiert.

Die oben formulierte These, daß Marx gezielt Menschendarstellungen für die Schau auswählte, wird von dem von ihm verfaßten und zudem aussagekräftigsten Zeitungsbericht in der Schlesischen Illustrierten Zeitung (Abb. 21) untermauert. Allein die graphische Aufmachung des großformatigen, sich über zwei Seiten erstreckenden und mit »Entartete Kunst« überschriebenen Artikels ist eine Betrachtung wert. Die wohl dem Titel der Dresdner Ausstellung entlehnte Überschrift beansprucht ein großes Feld und ist gerahmt, wodurch sie den Stellenwert eines der abgebildeten Kunstwerke erhält. Offenbar gab man sich größte Mühe, mittels unterschiedlicher und zudem schief gesetzter Buchstabentypen, deren Gestaltung sich im einzelnen an moderne, z. B. expressionistische Typographie anlehnt, sowie dazwischen eingestreuter kindlich-primitiv wirkender und abstrakter Zeichen, die z. T. das Formenvokabular des abgebildeten Kandinsky-Aquarells zu verballhornen scheinen, ein möglichst chaotisches Schriftbild zu erzeugen. Auf diese Weise sollte bereits in der Schlagzeile die »Entartung« der Kunst sinnfällig gemacht und überdies gezeigt werden, wie mühelos man ihre Erscheinung imitieren könne. Der Bildbericht ist mit acht Werkabbildungen illustriert, die mit aufschlußreichen Bildunterschriften versehen sind: »Der konstruierte Mensch« (zu Grosz und Molzahn), »Der Serien-, Kollektiv-, Massenmensch« (zu Schlemmer), »Der zerschlagene Mensch« (zu Oskar Moll und Fischer), »Der vertierte Mensch« (zu Wüsten). In der vom Nationalso-

13 Vgl. hierzu Scheyer 1961.

14 Das heute im Hessischen Landesmuseum Darmstadt befindliche Gemälde war eines der wenigen, welches auf der Wanderausstellung »Entartete Kunst« wohl noch 1941 gezeigt wurde (vgl. Kapitel 6.3.11 und 6.3.12). Im Ausstellungsführer »Entartete Kunst« erscheint es auf S. 21 unter der Überschrift »Drei Kostproben von jüdischer Plastik und Malerei« neben Werken von Freundlich und Haizmann. Zur Provenienz vgl. Barbara Lepper 1983, S. 130.

zialismus fortgeführten Tradition der Zivilisations- und Fortschrittsfeindlichkeit stehend, erklärt Marx in seinem mit Chamberlain- und Rosenberg-Zitaten durchtränkten Text die Deformation und Destruktion des Menschenbildes als Folgen der »naturwissenschaftlichen Denk- und Anschauungsweise« des 20. Jahrhunderts. Basierend auf dem Prinzip von »Organisation, Konstruktion, Mechanisierung, Materialisierung, Maschinisierung« durchdringe diese

> alle Kulturerscheinungen: Politik (Weimarer Verfassung), Wirtschaft (Lehre von Karl Marx), Wissenschaft (materialistische Geschichtsauffassung), Tanz (mechanisches Ballett des Dessauer Bauhauses), Bühne (mechanisches Bühnenspiel des Dessauer Bauhauses), Musik (»absolute Musik«, »tönend bewegte Form«) und bildende Kunst.

Auf letzterem Gebiet setzt Marx seine pseudo-wissenschaftliche Klassifizierung fort: »Sind die Bilder von Grosz, Molzahn und Schlemmer gemalter Materialismus und Marxismus, die den Menschen entpersönlichen, so kündigt sich bei Moll und Fischer bereits gemalter Liberalismus an, der dann bei Kandinsky [...] Orgien feiert«. Zweck der Ausstellung sei es, »das schlesische Volk dankbar und aufnahmebereit zu machen für den Nationalsozialismus, der es [von dieser Kunst] erlöst« habe.

Bezeichnenderweise würdigt Marx die zweifelsohne mitausgestellten Ankaufspreise der Werke mit keinem Wort. Es sind die nun schon zur Genüge bekannten politischen Parolen, die bei ihm wie auch in allen übrigen Pressereaktionen auf die Breslauer Vorläuferausstellung, welche dem Projekt ausnahmslos akklamieren, den Schwerpunkt der Polemik darstellen. Die propagandistische Wirksamkeit der Veröffentlichung von vermeintlich horrenden Ankaufssummen wird in der Regel dann weidlich ausgenutzt, wenn sich die Schau dezidiert gegen die Kulturpolitik der »Systemzeit« richtet. In diesen Fällen wird darauf verzichtet, den Kunstwerken an sich besondere Aufmerksamkeit zuteil werden zu lassen. Hingegen liegt die Kritik von Marx, der die Namen der für die Ankäufe der »entarteten Kunst« verantwortlichen Museumsleiter Heinz Braune und Erich Wiese gar nicht nennt, auf einer ganz anderen Ebene. Stärker als alle übrigen Organisatoren von »Schreckenskammern« konzentriert er sich auf die Erscheinungsform der angeprangerten Werke – nicht zufällig greift er ein besonderes Sujet heraus –, die er formal zu differenzieren und als »Gesinnungsmalerei« zu entlarven vorgibt. Trotz dieses signifikanten Unterschieds ist das propagandistische Ziel der Aktion dasselbe: Manifestation und Legitimation des nationalsozialistischen Triumphs über die Demokratie von Weimar. Antisemitismus spielt in Breslau zu diesem Zeitpunkt offenkundig noch keine große Rolle, die Presserezensionen der Schau enthalten nicht eine einzige antijüdische Äußerung.

Es ist anzunehmen, daß die »Schreckenskammer« den Anlaß für die gleichzeitig an einem anderen Ort in Breslau durchgeführte Ausstellung »Deutsche Kunst in Schlesien« bot.[15] Auch innerhalb der Vorläuferausstellung installierte Marx eine Konfrontation von »entarteter Kunst« mit Werken »bodenständige[r] schlesische[r] Künstler der Gegenwart (Ueberbrück, Zimmermann, Burte)«[16]. Diese absichtvolle Gegenüberstellung bezog Marx auch in seine mindestens vier, mit Lichtbildervorträgen verbundenen Führungen ein. Deren letzte fand am 24. Januar 1934 statt, wie aus einem höchstinteressanten Brief von Marx an den Untergauleiter Huebenett hervorgeht:

> Mittwoch, den 24. 1., 20.30 Uhr findet die bis auf weiteres letzte Führung durch die Ausstellung »Kunst der Geistesrichtung 1918-1933« statt. Sie wird diesmal vor dem Ueberbrückschen Bilde »Vorwärts, aufwärts« enden. Da dieses Bild bei der letzten Führung am 10. Januar bereits ganz besonders der Gegenstand der Anwürfe der Gegner war, ohne daß es

15 Vgl. Hans Venatier, Vorwärts! Eine Auseinandersetzung, in: Schlesische Zeitung, 21. Dezember 1933. Vgl. auch die Antwort von P. K. Sommer, Grenzen der Kunst, in: ebenda, 28. Dezember 1933. Beide Autoren, Mitglieder des KfdK, äußern sich zur Zukunft der Kunst in Deutschland.

16 Breslauer Neueste Nachrichten, 17./18. Dezember 1933. Nähere Angaben zu den jeweils ausgestellten Werken dieser drei Künstler liegen lediglich im Falle Wilhelm Überbrücks vor, von dem ein »Vorwärts, aufwärts« betiteltes Bild gezeigt wurde (s. u.). Der Sammlungskatalog des Schlesischen Museums der bildenden Künste (1926, S. 280f.) führt drei Künstler mit dem Namen Zimmermann auf: Adolph (1799 bis 1859), Albert (1808 bis 1888) und Ernst (1852 bis 1901).

gezeigt wurde, ist es nicht ausgeschlossen, daß sie vor dem Bilde ganz besonders massiv werden. Ihre Anregung, durch ein paar kräftige S. A. Leute in Zivil dabei für die nötige Ruhe und Ordnung zu sorgen, erlaube ich mir aufzugreifen und gleichzeitig der freudigen Erwartung Ausdruck zu geben, Sie selbst bei dem Vortrage begrüßen zu dürfen.[17]

Zunächst ist festzuhalten, daß sich das Publikum bei den Führungen offenbar nicht scheute, offen zu protestieren. Und zwar in einer solch vehementen Weise, daß Marx sich genötigt sah, um Polizeischutz nachzusuchen! Mit quasi militärischen Mitteln sollten die Ausstellungsbesucher eingeschüchtert, jegliche Kritik im Keim erstickt werden. Auf unterster Ebene läßt sich hier studieren, mit welchen gewaltsamen und terroristischen Mitteln die NS-Ideologie durchgesetzt wurde. Freilich ist nicht eindeutig, wogegen sich der Protest richtete. Nach der Aussage von Marx schien er sich weniger an dem Faktum der Anprangerung moderner Kunst zu kristallisieren, als vielmehr an einem Exponat, das als positives Gegenbeispiel zur »entarteten Kunst« fungieren sollte! Stellte das Publikum eben diese angeblich vorbildliche Qualität in Frage? In jedem Fall gestattet der oben wiedergegebene Brief einen der seltenen, authentischen Einblicke in Situationen, wie sie sich gewiß des öfteren in den Vorläuferausstellungen abspielten. Nun kann diese Kritik sicher nicht als repräsentativ für das Rezeptionsverhalten der Öffentlichkeit angesehen werden. Weitere Nachrichten über Besucherreaktionen oder -zahlen liegen nicht vor. In diesem Zusammenhang ist von Interesse, daß Marx seinen – wohl vom Dresdner Vorbild angeregten – Plan, die Ausstellung als Wanderschau durch die Provinz zu schicken[18], allem Anschein nach später fallen ließ. Dennoch muß die Breslauer »Schreckenskammer« landesweit einiges Aufsehen erregt haben, denn die Reichsleitung der NSDAP bat am 12. März 1934 um Übersendung von Photographien oder eines Ausstellungsführers.[19]

Das Schlesische Museum der bildenden Künste gehörte zu den im Sommer 1937 von den Beschlagnahmeaktionen besonders heftig betroffenen Sammlungen. Von den insgesamt 560 konfiszierten Werken (vgl. Kapitel 10.2) wurden elf Gemälde – darunter sieben Exponate der Breslauer »Schreckenskammer« –, zwei Skulpturen und eine beträchtliche Anzahl von graphischen Arbeiten für die Münchner Ausstellung »Entartete Kunst« ausgewählt.[20]

17 Brief von Marx an Untergauleiter Huebenett vom 19. Januar 1934 im Archiv des Muzeum Narodowe Breslau. In einem Schreiben an den Kreisleiter der NSDAP, Klepper, vom 20. Februar 1934 schlägt Marx Führungen für die Ortsgruppen vor (ebenda).

18 Vgl. Schlesische Zeitung, 16. Dezember 1933: »Das Ganze soll später vielleicht einmal auf die Reise geschickt werden, um auch denen in der Provinz zu zeigen, wie väterlich der schwarz-rote Klüngel einstmals für seine Leute sorgte, gleichviel, ob sie etwas konnten oder nicht«. Und Marx selbst schrieb in der Schlesischen Illustrierten Zeitung (Abb. 21): »[...] in dieser Ausstellung vereinigt und vielleicht auch auf Wanderschaft geschickt zu werden [...]«.

19 Schreiben der Abteilung S [Schulung und Kulturarbeit] des Reichsjugendführers bei der Reichsleitung der NSDAP an »die Gemäldesammlung der Stadt Breslau« vom 12. März 1934 im Archiv des Muzeum Narodowe Breslau: »Ich bitte ergebenst, mir raschmöglichst einige gute Fotos expressionistischer und futuristischer Maler zu übersenden. Falls dieses nicht möglich ist, bitte ich, mir einen Führer durch Ihre Ausstellung ›Entartete Kunst‹ zu übersenden«. Einer handschriftlichen Bemerkung zufolge schickte Marx stattdessen seinen Artikel aus der Schlesischen Illustrierten Zeitung. Am 7. Oktober 1935 erbat die Bauernhochschule Neiße-Neuland der Landesbauernschaft Schlesien ebenfalls Photographien, um sie für »unseren weltanschaulichen Unterricht« zu benutzen (ebenda).

20 Vgl. von Lüttichau 1992a, S. 49-80. Demnach wurden folgende Exponate der Vorläuferausstellung 1937 in München gezeigt: Gemälde: Grosz, »Der Boxer«; Meidner, »Selbstporträt«; Oskar Moll, »Blick aus dem Fenster«; Molzahn, »Zwillinge«; Mueller, »Esel mit Kind«; Pechstein, »Ehepaar auf Palau« (eine Tafel des Palau-Triptychons); Schlemmer, »Drei Frauen«. Plastiken: Margarethe Moll, »Weibliche Figur«. Graphiken: Dix, »Erinnerung an Spiegelsäle von Brüssel« und »Kriegskrüppel«; Kandinsky, Mappe »Kleine Welten«. Drei der aus Breslau stammenden Werke wurden im Ausstellungsführer der »Entarteten Kunst« abgedruckt: Klee, »Heilige vom inneren Licht«; Meidner, »Selbstporträt«; Molzahn, »Zwillinge« (vgl. Kapitel 6.2).

3.10 *Schreckenskammer / Sonderraum Entartete Kunst* Halle an der Saale, Museum Moritzburg, 27. November 1935 bis circa 25. Juli 1937

Die »Schreckenskammer« im Hallenser Städtischen Museum für Kunst und Kunstgewerbe (Moritzburg) stellt unter allen bislang untersuchten Vorläuferausstellungen insofern eine Ausnahme dar, als es sich nicht um eine temporäre Sonderausstellung handelte, sondern um die ständige Präsentation nahezu des gesamten Sammlungsbestandes an moderner Kunst in einem von den übrigen Schauräumen separierten und nur unter bestimmten Bedingungen zugänglichen Bereich.[1]

Durch die progressive, auf die aktuellen Tendenzen der Gegenwartskunst gerichtete und durch Richard Robert Rive (Oberbürgermeister in Halle 1906 bis 1933) kontinuierlich geförderte Ankaufspolitik der Museumsdirektoren Max Sauerlandt (1908/10 bis 1919) und besonders Alois J. Schardt (1926 bis 1936, mit einer Unterbrechung 1933) war im Städtischen Museum für Kunst und Kunstgewerbe in Halle an der Saale eine der qualitätvollsten Sammlungen moderner Kunst in Deutschland entstanden. Die Kollektion umfaßte bedeutende Werke u. a. von Beckmann, Dix, Feininger, Haller, Heckel, Hofer, Kirchner, Kandinsky, Klee, Kokoschka, Lehmbruck, El Lissitzky, Liebermann, Marc, Marcks, Munch, Nolde, Pechstein, Rohlfs und Schmidt-Rottluff, wobei die Expressionisten – insbesondere die Künstler der »Brücke« – und die Bauhausmaler deutliche Akzente setzten.

Nach einem erfolglosen Intermezzo als kommissarischer Direktor der Nationalgalerie Berlin (4. Juli bis 20. November 1933) trat Schardt zwar sein Amt im Moritzburgmuseum wieder an, zog sich aber weitgehend von der aktiven Museumsarbeit zurück. Am 1. November 1936 wurde er vorzeitig pensioniert.[2] Noch während Schardts Dienstzeit beauftragte der nationalsozialistische Oberbürgermeister von Halle, Johannes Weidemann, den Bitterfelder Zeichenlehrer und Direktor der Handwerkerschule Burg Giebichenstein, Hermann Schiebel, nebenamtlich auch die kommissarische Leitung des Museums zu übernehmen. Schiebel hatte einen konkreten Auftrag:

> Am 15. Februar 1935 übernahm ich die Leitung des städtischen Moritzburgmuseums in Halle mit dem Auftrage des Herrn Oberbürgermeisters Dr. Dr. Weidemann, eine Neuordnung der Sammlungen vorzunehmen und alle kulturbolschewistischen Werke aus den öffentlichen Schausammlungen zu entfernen. Diese Werke der Verfallskunst nahmen den Hauptplatz ein. Sie wurden aus den öffentlichen Ausstellungsräumen entfernt und in einem abgeschlossenen Raum im Dachgeschoß untergebracht. Diese Schreckenskammer wurde von den politischen Leitern zu Schulungszwecken besucht, wissenschaftlich interessierte Besucher mußten sich in einem vorgelegten Buch eintragen.[3]

Während dieser Maßnahmen, deren Durchführung der physisch und psychisch geschwächte und zudem häufig außerhalb Halles weilende Schardt nicht verhindern konnte[4], wurde das Museum für einige Monate geschlossen. Erst Ende November 1935 öffnete es wieder seine Pforten:

1 Für dieses Kapitel grundlegend: Hüneke 1988c; Staatliche Galerie Moritzburg Halle 1985.

2 Vgl. Hüneke 1990a, S. 56.

3 Undatiertes Schreiben von Hermann Schiebel an Regierungsrat Schwarz vom Erziehungsministerium, wahrscheinlich Juli 1937 (zitiert nach Staatliche Galerie Moritzburg Halle 1985, S. 92). – Bereits am 9. Mai 1933 hatte der Bildhauer Paul Juckoff-Skopau beim KfdK angeregt, dieser möge bei der Stadtverwaltung den Antrag auf Durchführung einer Ausstellung stellen, »in der alle Ankäufe der letzten 13 Jahre [...] vielleicht auch mit Nennung der gezahlten Preise und der Namen der jeweiligen Direktoren« gezeigt würden (vgl. das Zitat aus dem Brief in Kapitel 2.3).

4 Am 23. Oktober 1934 sprach sich Schardt in einem ausführlichen Brief an den Gaukulturwart und Museumsdezernenten in Halle, Bernhard Grahmann, energisch gegen den städtischen Plan aus, die Moderne im Obergeschoß des Museums zu separieren (The Getty Center for the History of Art and the Humanities, Archives of the History of Art, Alois J. Schardt Papers).

Hierher gehört auch die Neuordnung des Hallischen Moritzburg-Museums, die unter dem neuen Leiter Hermann Schiebel soeben beendigt wurde. Eine Zeitlang war das Museum deshalb für die Öffentlichkeit geschlossen, ab heute vormittag ist es in allen seinen Räumen wieder zugänglich. Jene schauerlichen Werke der Expressionisten und Konsorten wurden aus dem Museum herausgenommen, wo sie bisher dem Institut die charakteristische Note hatten geben dürfen. Nur einige Werke von Rohlfs, Munch, Nolde, Modersohn-Becker und Schmidt-Rottluff sind verblieben, um als Zeugen der expressionistischen Zwischenstufe unserer Kunstentwicklung zu dienen. Alles andere ist in einem Raum im zweiten Stockwerk aufgehängt worden, wo es gegen eine Sondergebühr betrachtet werden kann. Von der Einrichtung einer unentgeltlich zugänglichen »Schreckenskammer« wurde abgesehen, was wir für durchaus richtig halten: Denn auf dem Jahrmarkt müssen wir für irgendeinen Nervenkitzel ja auch mindestens 20 Pfennige bezahlen. (Begrüßenswert wäre es aber, wenn man durch ein kleines Schild erfahren würde, zu welchem Preis seinerzeit die einzelnen »Kunstwerke« erworben wurden). [...] Man hat die Fenster weit geöffnet gehabt: Die stickige und ungesunde Luft ist entwichen![5]

Es war fast die gesamte moderne Sammlung – Gemälde, Plastiken und Graphiken –, die Schiebel weisungsgemäß in der »Schreckenskammer« im Obergeschoß der Moritzburg vereinigt hatte. Nach welchen Kriterien die Werke ausgewählt wurden, die in der Schausammlung verblieben, und um welche es sich hierbei handelte, ist nur in wenigen Fällen überliefert: Überraschenderweise fanden von den 1924 erworbenen 24 vorwiegend expressionistischen Gemälden aus der Frankfurter Sammlung Ludwig und Rosy Fischer Weisgerbers »Sebastian in Blau«, Marcs »Weiße Katze« und »Wildschweine« sowie Noldes »Frau zwischen Blumen« Gnade vor den Augen Schiebels[6], ebenso wahrscheinlich Modersohn-Beckers »Sitzender Akt« und Munchs »Portrait Dr. Linde«. Doch auch die Duldung einiger dieser »Zeugen der expressionistischen Zwischenstufe« war nicht von Dauer. 1936 wurden Noldes »Blumengarten« und »Frau zwischen Blumen« sowie Rohlfs' »Weiden«, »Birken« und »Bauernhaus« aus der Schausammlung entfernt.[7] Anstelle der ausgesonderten Exponate sollten »wertvolle Bilder älterer Meister [...], u. a. Bilder von Klinger, Trübner, Leistikow und Menzel«[8] offensichtlich für »frische Luft« sorgen.

Die oben wiedergegebenen Textpassagen lassen erkennen, wie die Vorläuferausstellung inszeniert wurde. Dem allgemeinen Publikum verschlossen[9], diente sie »zu Schulungszwecken«. Privatpersonen mit wissenschaftlichem Interesse stand sie nach Entrichtung einer Sondergebühr und Eintragung in ein Besucherbuch offen. Das heute in der Staatlichen Galerie Moritzburg verwahrte, sieben beidseitig beschriebene Blätter umfassende Besucherbuch mit dem maschinenschriftlichen Außentitel »Sonderraum ›Entartete Kunst‹«[10] ist entweder unvollständig überliefert oder nicht von Anfang an geführt worden, da die früheste Eintragung erst vom 18. Oktober 1936 datiert. An einen Besuch im Sommer 1936 erinnert sich Martin Urban:

An anderen Orten hatte man sie schon ins Depot oder in »Schreckenskammern« verbannt, die nur mit besonderer Genehmigung und Eintragung in ein Besucherbuch zugänglich waren. So im Moritzburg-Museum in Halle, wo ich im Sommer 1936 als Student mit Wilhelm Worringer und dem Kunsthistorischen Seminar der Universität Königsberg noch die Expressionisten-Sammlung mit Werken von Kirchner, Franz Marc, Feininger, Schmidt-Rottluff, von Nolde das »Abendmahl« und, als Leihgabe des Künstlers, »Judas bei den Hohepriestern« gesehen habe.[11]

An jedem vermerkten Tag trugen sich in das Besucherbuch ein bis zwölf Besucher mit Datum, Name und Adresse bzw. Ort ein; bis zum letzten Eintrag am 25. Juli 1937 waren es insgesamt 445. Darunter auch illustre

5 Dr. Bergfeld, Die Expressionisten ausgesondert. Neuordnung des Moritzburgmuseums in Halle. Erste Ausstellung wertvoller Werke von zeitgenössischen Künstlern, in: Mitteldeutsche Nationalzeitung, 27. November 1935. Die Zeitung war das Organ der NSDAP, Joachim Bergfeld ihr Schriftleiter.

6 Vgl. Hüneke 1990b, S. 87.

7 Das geht aus der Antwort Schiebels auf eine Anfrage von Regierungsrat Schwarz vom 21. Juli 1937 hervor (vgl. Hüneke 1988c, S. 13).

8 Mitteldeutsche Nationalzeitung, 27. November 1935.

9 Diesen Umstand verschwieg Schardt in seinem Schreiben an Kandinsky vom 1. Dezember 1935: »Ihre Aquarelle hängen in Halle noch in einem Raum zusammen und sind ebenso wie alle anderen – auch Klee – der Öffentlichkeit zugänglich« (zitiert nach Droste 1984, S. 71, Anm. 45).

10 Vgl. zum Besucherbuch auch Staatliche Galerie Moritzburg Halle 1985, S. 93 (mit Reproduktion eines Ausschnitts).

11 Urban 1990, S. 9.

Gäste wie Ernst Gosebruch (16. Januar 1937)[12], Samuel Beckett (23. Januar 1937)[13], Ada und Emil Nolde (25. April 1937), Bruno Snell (17. Juli 1937) und Charles Crodel (30. Juni 1937), 1933 entlassener Lehrer der Kunstgewerbeschule Burg Giebichenstein, dessen Werke 1930 im Schloßmuseum Weimar magaziniert und dessen Wandmalereien an verschiedenen Orten zerstört worden waren.[14] Die Ankaufspreise der angeprangerten Werke waren, wie der Rezensent mit Bedauern registriert, nicht ausgestellt. Angaben über die Hängekonzeption liegen nicht vor.

Daß die »Schreckenskammer« in Halle eine dauerhafte Einrichtung war, geht nicht nur aus der Besucherstatistik hervor, sondern auch aus den Berichten über die Beschlagnahmeaktionen. In einer Aktennotiz vom 8. Juli 1937 notiert Schiebel:

> Gegen 2 Uhr erschien der Maler Willrich [...], um für die in München geplante Ausstellung deutscher Verfallskunst seit 1910 auf dem Gebiete der Malerei und der Bildhauerei Arbeiten aus dieser Zeit aus den Beständen des Moritzburg-Museums auszusuchen. Er bezeichnete die hier getroffene Anordnung unserer Schreckenskammer als vorbildlich und beglückwünschte uns zu dieser Lösung.[15]

Von den 62 konfiszierten Gemälden, Aquarellen und Zeichnungen – über Druckgraphiken fehlen jegliche Informationen – wählte man für die Ausstellung »Entartete Kunst« 28 Bilder und Aquarelle sowie 17 Handzeichnungen aus, wie Schiebel bei seinem Besuch in München am 10. und 11. September 1937 persönlich feststellen konnte.[16] Im Zuge der zweiten Beschlagnahmewelle verlor das Moritzburgmuseum am 21. August 1937 weitere 27 Gemälde sowie 71 Aquarelle und Zeichnungen. In diesem Zusammenhang findet die »Greuelausstellung« letztmalig Erwähnung:

> Sodann begab man sich in den Sonderraum. Zunächst wurde ein Überblick über sämtliche hier ausgehängten Bilder bezw. Plastiken gewonnen, dann wurde jedes einzelne Stück betrachtet und die Entscheidung gefällt [...]. Zu bemerken ist noch, daß die Mappe mit Zeichnungen und Graphiken sehr rasch ausgesondert wurde [...].[17]

Bemerkenswert ist auch, welche Werke protokollarisch als akzeptabel klassifiziert und dem Museum belassen wurden: darunter das Gemälde »Die weiße Katze«, die Studie »Katze mit Jungen«, drei Plastiken und drei Skizzen von Marc sowie das Gemälde »Feldblumenstrauß« und die Zeichnung »Kauernder Akt« von Modersohn-Bekker.[18]

12 Gosebruch, der zwangspensionierte Direktor des Essener Museums Folkwang, bemühte sich im Frühjahr 1937 bei der Hallenser Museumsleitung und dem Oberbürgermeister vergeblich um den Erwerb von Noldes »Abendmahl« (vgl. hierzu die Wiedergabe der einschlägigen Dokumente bei Hüneke 1988c, S. 11f.).

13 Der Ausschnitt aus dem Besucherbuch mit dem Eintrag Becketts ist reproduziert in: Bildende Kunst 42, 1987, Heft 11, S. 497.

14 Vgl. hierzu Dolgner 1993, S. 40 mit Anm. 7, Piechocki 1985, S. 87f. und Steckner 1978 sowie Kapitel 2.3. Piechocki (1985, S. 88) erörtert auch die von der Fachgruppe Bildende Kunst des KfdK organisierte Ausstellung »Mitteldeutsche Heimat im Bilde. Mitteldeutsches Kunstschaffen. Kunst und Kitsch«, die vom 25. Februar bis 4. März 1934 anläßlich der Mitteldeutschen Heimattage im Hallenser Stadthaus am Markt veranstaltet wurde und Werke ehemaliger Lehrer und Schüler der Kunstgewerbeschule Burg Giebichenstein in diffamatorischer Absicht solchen anerkannter Künstler, darunter Hermann Schiebel, gegenüberstellte. In gewisser Hinsicht ist auch diese Exposition als Vorläuferausstellung anzusehen. Vgl. zu dieser Ausstellung auch von Lüttichau 1987, S. 94 und zur Geschichte der Burg Giebichenstein im Nationalsozialismus Dolgner 1993.

15 Zitiert nach Hüneke 1988c, S. 12.

16 Vgl. den Brief von Schiebel an Weidemann vom 18. September 1937 (abgedruckt in: Staatliche Galerie Moritzburg Halle 1985, S. 95).

17 Aktennotiz des Museumsdezernenten Bernhard Grahmann vom 23. August 1937 (zitiert nach Hüneke 1988c, S. 15). Zu dem weiteren Schicksal der in Halle beschlagnahmten Kunstwerke, von denen vier auf der Luzerner Auktion angeboten wurden (Feininger, »Zirchow VI«; Kirchner, »Im Cafégarten«; Marc, »Wildschweine« [d. i. »Eber und Sau«] und Schmidt-Rottluff, »Selbstportrait mit Monokel«) und andere nach dem Krieg rückerworben werden konnten, vgl. das »Verzeichnis der von der Aktion ›Entartete Kunst‹ und ihren Folgen betroffene Werke aus der Sammlung des Städt. Museums für Kunst und Kunstgewerbe in Halle« bei Hüneke 1988c, S. 19-78 sowie ders. 1990b, S. 90-93.

18 Vgl. Hüneke 1988c, S. 7.

Durch die Beschlagnahmungen wurde die Hallenser Sammlung moderner Kunst fast gänzlich ausgelöscht. Sie bedeuteten auch das jähe Ende der »Schreckenskammer«. Wie es scheint, ließ Schiebel den Sonderraum am 25. Juli 1937 (letzter Eintrag in das Besucherbuch) oder kurz darauf schließen, also etwa zwei Wochen nachdem die erste »Säuberung« den Ausstellungsbestand in gravierender Weise vermindert hatte.
Die Dezimieriung des in Halle verbliebenen modernen Bestandes wurde bis in die Kriegsjahre durch gezielte Tausch- und Verkaufsaktionen fortgesetzt, von denen hier nur einige aufgeführt seien. Bei der Erwerbung einer »Chiemseelandschaft« von Johann Schleich d. Ä. im Juni 1938 gab Schiebel die beiden frühen Liebermann-Bilder »Frau an der Haustür« (1878) und »Venezianische Gasse« (1878) in Zahlung. Ein drittes Ölbild Liebermanns, »Tuchweberei« (1881), sowie sieben Skizzen dieses Künstlers kaufte 1941/42 der entlassene Zwickauer Museumsdirektor Hildebrand Gurlitt, der als Kunsthändler in Hamburg tätig war. Verantwortlich für diese Transaktionen war der in den Kriegsjahren als Direktor der Moritzburg eingesetzte Robert Scholz.[19] Bemühungen des Hallenser Museums, 1940 Schmidt-Rottluffs »Selbstbildnis mit Einglas«[20] zusammen mit Weisgerbers »Sebastian in Blau« und sechs weiteren, nicht beschlagnahmten Gemälden von Beckmann, Liebermann, Modersohn-Becker, Munch und Rösler gegen ein Porträt des Erzbischofs Albrecht von Mainz von Jacopo de Barbari einzutauschen, scheiterten am Desinteresse des Darmstädter Kunsthändlers Buemming.[21]

19 Vgl. Hüneke 1985b, S. 10-13. Zu Scholz, Stabsleiter im Amt Rosenberg und Mitglied der »Kommission zur Verwertung der Produkte entarteter Kunst«, vgl. Kapitel 5 und 10.3.

20 Das Gemälde hatte trotz des niederen Limits von 10 Pfund keinen Interessenten auf der Luzerner Auktion gefunden. Folglich lagerte es 1940 wohl im Berliner Depot Niederschönhausen, so daß sich der Versuch des Hallenser Museums, darüber zu verfügen, ausgesprochen sonderbar ausnimmt.

21 Vgl. Hüneke 1990b, S. 90.

3.11 *Entartete Kunst* Dessau, Anhaltische Gemäldegalerie, 19. September bis 3. Oktober 1937

Die Femeschau des Jahres 1933 (vgl. Kapitel 3.6) sollte nicht die einzige dieser Art in Dessau bleiben. Aus Anlaß ihres zehnjährigen Bestehens veranstaltete die Staatliche Gemäldegalerie vom 19. September bis 3. Oktober 1937 die Jubiläumsausstellung »Neuerwerbungen der Anhaltischen Gemäldegalerie aus fünf Jahrhunderten«, die in den großen Sälen des Erdgeschosses im Palais Reina untergebracht war. Parallel dazu zeigte man in zwei Räumen des Obergeschosses die Sonderausstellung »Entartete Kunst«, die im wesentlichen die bereits 1933 angeprangerten Werke der Bauhäusler vereinigte. Hierzu heißt es in einer zeitgenössischen Quelle:

> Zur Feier ihres zehnjährigen Bestehens veranstaltete die Gemäldegalerie am 19. September 1937 eine Schau der in den letzten Jahren neuerworbenen Schätze und verband hiermit eine Sonderausstellung »Entartete Kunst«, in der die Machwerke der Dessauer Bauhausmeister und der sonstige Schund gleicher Richtung der Öffentlichkeit noch einmal als abschreckendes Beispiel des überwundenen Kulturbolschewismus gezeigt wurde. Die Eröffnung gestaltete sich zu einer machtvollen Kundgebung für die nationalsozialistische Weltanschauung.[1]

Zur Eröffnung, die mit Streichmusik Haydns (Paraphrase des Deutschlandlieds) und der Rezitation von Worten des »Führers« weihevoll inszeniert wurde, hielt der Anhaltische Staatsminister und SS-Brigadeführer Alfred Freyberg eine »großangelegte Rede über Wesen, Sinn und Ziel der Kultur unter dem Zeichen des Nationalsozialismus«[2], in der er mehrfach Hitlers Rede zur Eröffnung des Hauses der Deutschen Kunst zitierte. Nach einigen Bemerkungen über das »berüchtigte Bauhaus, das der frühere demokratische Oberbürgermeister Hesse, ein ausgesprochener Judenfreund, 1925 von Weimar übernahm« und die Münchner Ausstellung »Entartete Kunst« sprach er über deren Pendant in Dessau:

> Damit auch Anhalt sich noch einmal vor Augen führt, welchem Abgrunde das deutsche Volk entgegengeführt wurde und welche führende Rolle bei der ins Werk gesetzten bolschewistischen Revolution von oben dem Dessauer Bauhaus zufiel, sollen die Machwerke der Dessauer Bauhausmeister und der sonstige Schund gleicher Richtung der Öffentlichkeit noch einmal gezeigt werden. Es handelt sich in der Hauptsache um Stücke, die bereits im Jahre 1933 auf Veranlassung des verstorbenen Reichsstatthalters und Gauleiters Loeper in der Fürstenstraße in Dessau ausgestellt waren und jetzt im Dienststrafverfahren gegen den früheren Oberbürgermeister Hesse, der sie unter Beratung des früheren Landeskonservators Dr. Grote für unerhörte Preise angekauft hat, als Beweisstücke wegen Verschleuderung öffentlicher Gelder verwandt worden sind. Für derartige minderwertige Produkte wurden gewissenlos große Summen verschwendet, während zur gleichen Zeit die wirklichen deutschen Künstler verhungerten. Wir sind deshalb dem Führer von ganzem Herzen dankbar [...].

Es waren also in erster Linie die Exponate der Ausstellung von 1933, die nun erneut hervorgeholt wurden, um als Relikte einer »überwundenen Epoche« die Neuerwerbungen zu kontrastieren. Wie aus weiteren Pressemeldungen hervorgeht, wurde der Bestand durch Werke (Leihgaben?) von Grosz, von Jawlensky und Schmidt-Rottluff ergänzt. Mit »großen roten Ziffern« waren »die seinerzeitigen Ankaufspreise dabeigeschrieben«.[3] Unter der Parole »Machwerke des Dessauer Bauhauses« wurden im ersten der beiden Räume die Gemälde ausgestellt, wäh-

1 Anhaltisches Staatsministerium 1937, S. 76.

2 Anhalter Anzeiger, 20. September 1937. Dieser ausführliche, die ersten beiden Seiten der Zeitung füllende Bericht, von dem mir das StA Dessau freundlicherweise eine Reproduktion zur Vefügung stellte, besteht im wesentlichen aus der Wiedergabe der Rede Freybergs. Aus ihr wird im folgenden zitiert.

3 DAZ, 22. September 1937.

rend der letzte, unter dem Motto »Kunstbolschewismus in Reinkultur« stehend, ausschließlich Graphiken aus den Bauhaus-Mappen vorbehalten war.[4]
Unter den präsentierten Neuerwerbungen des Museums sowie »Entdeckungen in den Magazinen und Schlössern Anhalts«[5] befanden sich Werke von Hans Süss von Kulmbach, Peter Paul Rubens, Ludolf Backhuysen, Anton Graff, Wilhelm Böttner, Carl Adolf Senff, Franz Krüger, Moritz von Schwind, Adolph von Menzel, Max Klinger, Georg Schrimpf, Franz Lenk und Arno Breker. Von Ankaufspreisen war hier nicht die Rede.
Die ohne Zweifel unmittelbar von den beiden Münchner Ausstellungen angeregte Gegenüberstellung ging wahrscheinlich auf Freyberg zurück, der als Staatsminister gewiß bei den Feierlichkeiten in München im Juli 1937 zugegen gewesen war. Dies verdeutlichen nicht nur Tenor und Diktion seiner Eröffnungsansprache, sondern auch Zitate von in München ausgestellten Äußerungen moderner Künstler (etwa von Grosz). Die propagandistische Wirksamkeit, insonderheit die Anziehungskraft der Femeabteilung[6], steht außer Frage: Bis zum 1. Oktober 1937 hatten 5.000 Besucher bei freiem Eintritt die Sonderschauen gesehen[7], eine für Dessau wohl nicht unbeträchtliche Anzahl.
Daß die spektakuläre Münchner Ausstellung gewissermaßen einen »Nachläufer« in der Provinz fand, ist ein einzigartiger Fall. Voraussetzung war der Umstand, daß Dessau von der ersten Beschlagnahmeaktion verschont geblieben war (aus welchem Grund auch keine Dessauer Bilder in München hingen). Im Zuge der zweiten »Säuberungsaktion« verlor die Anhaltische Gemäldegalerie 84 Werke (vgl. Kapitel 10.2), darunter vermutlich die Exponate der beiden Schmähausstellungen. Indessen gelang es Museumsdirektor Gerhard Händler, einige Werke vor dem Bildersturm zu retten: Winters Ölstudie »Das blonde Mädchen« und Kandinskys Aquarell »Schwere Fläche« – 1926 vom Künstler durch den Anhaltischen Kunstverein erworben, 1927 in die Staatliche Gemäldegalerie übernommen – sowie Graphiken aus den Bauhausmappen befinden sich noch heute in der Sammlung.[8]
Über das weitere Schicksal der in Dessau konfiszierten Werke ist nicht viel bekannt. Drei davon – von Jawlensky, »Renaissancekopf« (heute als Leihgabe im Kunstmuseum Winterthur); Rösler, »Der Keil«; Schlemmer, »Frauen am Tisch« – wurden im November 1938 von Berlin nach Hamburg geschickt und in den Bestand der Wanderausstellung »Entartete Kunst« eingefügt (Dok. 55). Sechs Dessauer Bilder wurden als »international verwertbar« in das Depot Niederschönhausen übernommen: Feininger, »Segelpyramide« (identisch mit »Marinebild«), »Dorfkirche«, »Reglerkirche«; Kandinsky, »Drei Klänge«; Klee, »Paukenorgel« und »Märchen«.[9] Das Kandinsky-Gemälde gelangte 1939 über Hildebrand Gurlitt und die Firma Gutekunst & Klipstein in Bern an Solomon R. Guggenheim in New York, welcher es 1941 dem Guggenheim Museum schenkte. Klees Ölbild »Paukenorgel« ist 1939 und 1940 in der Buchholz Gallery (Curt Valentin) New York nachweisbar und hängt heute im Allen Memorial Art Museum in Oberlin/Ohio. Klees Gemälde »Märchen« befand sich 1939 ebenfalls in der Buchholz Gallery (Curt Valentin) New York, von 1939 bis 1955 bei Douglas Cooper in London/Argilliers und ab 1955 in der Pariser Galerie Berggruen; sein Verbleib ist unbekannt.[10]

4 Vgl. ebenda. Es wird aus dem Text nicht ersichtlich, ob die in München angewandte Praxis imitiert wurde, indem man die Parolen – etwa als Schriftzüge auf Wänden oder Schrifttafeln – in die Ausstellungspräsentation einbezog.
5 Anhalter Anzeiger, 20. September 1937.
6 In den Presserezensionen wird der »Entarteten Kunst« fast durchweg größere Aufmerksamkeit zuteil. Der Artikel im VB vom 25. September 1937 z. B. erwähnt die Neuerwerbungen nur in den letzten Zeilen.
7 Vgl. Anhalter Anzeiger, 2./3. Oktober 1937.
8 Nach einem Schreiben der Staatlichen Galerie Dessau an den Verfasser vom 12. Februar 1991.
9 Vgl. ZSTA 50.01-1015, Bl. 26-50.
10 Freundliche Mitteilungen von Stefan Frey-Albrecht. Vgl. auch Hüneke 1986a, S. 68f.

6-7 Ausstellung »Kulturbolschewistische Bilder«, Städtische Kunsthalle Mannheim 1933 (Photoarchiv der Städtischen Kunsthalle Mannheim)

8-9 Ausstellung »Kulturbolschewistische Bilder«, Städtische Kunsthalle Mannheim 1933 (Photoarchiv der Städtischen Kunsthalle Mannheim)

Chemnitzer Tageblatt. Nr. 137. Donnerstag, 18. Mai 1933. Seite 12

Das hielt man einmal für „deutsche Kunst"

Eine erschütternde Ausstellung im Städtischen Museum

„Kunst, die nicht aus unserer Seele kam"

Wie in vielen Städten hat die neue Museumsverwaltung auch in Chemnitz mit ihrer ersten Ausstellung ein weltanschauliches Bekenntnis abgelegt. Sie hat eine Auswahl von Bildern und Plastiken, die in jüngster Zeit erworben wurden, nicht um der Künstler, sondern der Sache willen jetzt zur Schau gestellt, teils um sie wegen ihres Inhalts an den Pranger zu stellen, teils wegen ihrer Form zum mindesten als volksfremd zu bewerten. Darunter befinden sich Künstler, die in Chemnitz eine besondere Pflege genossen haben, weil sie in der Gegend beheimatet sind und die städtische Sammlung als Heimatmuseum an ihnen eine Pflicht zu haben vermeinte. Außerdem waren sie in ihren Anfängen, obwohl sie von der breiten Masse sofort abgelehnt wurden, doch Verheißungen für eine Entwicklung. Der neue Museumsleiter hat das auch dadurch anerkannt, daß er nur solche späteren Werke ausstellt, die dem Volksempfinden zuwiderlaufen, oft inhaltlich, immer aber in der Form.

Dafür wurden 3000 Mark bezahlt!

Bildnis eines kranken Jungen von Karl Schmidt-Rottluff.

Dann unter der schrankenlosen Demokratie, die keinerlei Verständnis für Volksart aufbrachte, sondern mit ihren heute ins Ausland geflüchteten Literaten westlerische Einflüsse für Fortschritt hielt, hat die Kunst sich vollends Selbstzweck angemaßt und vom Volke getrennt, ja es überheblich behandelt, verspottet und begeifert. Wenn auch in dieser Zeit aus öffentlichen Mitteln Bilder erworben wurden, folgte man dem weitverbreiteten Irrtume, daß in einem Museum auch diese „kranke" Zeit aus historischen Gründen vertreten sein müßte. Die alte Museumsleitung hat also nur Pech gehabt, daß die Verschwendung öffentlicher Mittel, die nicht einmal durch Qualität gerechtfertigt schien, hier immer sichtbar bleibt, während die schnellebige Zeit sie anderen Behörden nachzusehen scheint. Es sei hier aber betont, daß sie ihre Kraft auch anderweitig der städtischen Sammlung gewidmet und eine historische sächsische Abteilung außer dem Graphikkabinett geschaffen hat. Also ein Nacheakt ist diese Ausstellung nicht, eher eine Gelegenheit zu erörtern, welche Stellung im neuen Staate der Kunst eingeräumt werden soll und was man unter Kunst verstehen will. Denn wie Galsworthy von der Politik sagt, sie sei nicht Sache des Verstands, sondern des Charakters, verlangt erst recht die Kunst von sich, daß sie nicht mit den verkehrten geistigen Fähigkeiten unternommen werde wie die hier gezeigte.

Wenn Dr. Goebbels in unerschrockenem Bekenntnisse ihr eine „Tendenz" zuweist, deutsch zu sein und das ganze Volk wieder zu erfassen, so ist das noch eine Hoffnung, aber es wäre schon viel, wenn das Volk vor solchen Inhalten, die hier (bei den Zeichnern) am Pranger stehen, verschont und die Kunst zu ihrer ursprünglichen Aufgabe zurückgeführt würde. Denn auch hier gilt es, ein Starsystem zu überwinden, das von internationalen Hintergrundsmächten gelenkt und begönnert wird. Wir haben ja, außer in der Provinz, in Wahrheit statt einer der Sache und dem Volke dienenden Kunst nur einen Künstlerkultus gehabt, der nicht immer mit den besten Leistungen antwortete.

Die durch die Ausstellung zu erweisende Volksfremdheit der Kunst betrifft aber hauptsächlich ihre Form. Die vermeintlich „zwecklose" Kunst wurde rein artistisch, hatte keinen Zusammenhang mehr mit der Tradition und mußte dem Volke ein Rätsel werden. Bald konnten wir die Künstler ertappen in Abhängigkeit von ausländischen Götzen, bald von Theorien, die ein geschäftiges Literatentum als allgemeinverbindliche Kunstformen aufzureden versuchte, nur „Natur" gab es nicht. Gefährlich wurde besonders der relativistische Gemeinplatz: Der Künstler soll von seiner Zeit sein; ist die Zeit chaotisch, muß es auch die Kunst sein; denn der Künstler spricht nur aus, was in allen lebendig und allen gemeinsam ist. Tatsächlich sind wir alle bis zu einem gewissen Grade solchen Schlagwörtern zugänglich gewesen, wenn man sonst nur Qualitäten sah. Und es gibt Qualitäten: Das ist der einschmeichelnde, unerhört starke Farbenausdruck. Freilich dieser Vorzug fürs Auge befriedigt nicht lange, geht er doch auf Kosten der Tiefe, also der Seele. Und dafür hat das Volk glücklicherweise wenig Verständnis, es fordert auch Inhalt. Die Unlogik relativistischer Gemeinplätze erweist sich schnell: man glaubt schöpferische Kräfte zu fördern und legt die Kunst auf die nachahmenden fest, das zeigt sich in der geringen bildgestaltenden Kraft, alles sieht unfertig aus.

Was man also im neuen Reiche unter Kunst verstehen will, ergibt sich aus diesen negativen Feststellungen von selbst ohne gelehrte Definition. Platten Naturalismus wird man nicht erwarten oder überhaupt dem Künstler den Ausdruck vorschreiben. Auf die bloße Aesthetik aber kommt es nicht an. Die Kunst ist Ergötzung, Erhebung und Erbauung der Seele, sie bereichert und bessert den Menschen durch Gestaltung einer Idee für das Gefühl. Man könnte Schiller zitieren. Auch das Häßliche kann seinen Platz haben, aber der Künstler darf kein Thersites bleiben. In allen diesen Dingen hat die ausgestellte Kunst völlig versagt, wie die hier abgebildeten Proben zeigen.

Ahnen Sie, was das sein soll?

Wassilij Kandinsky nannte dieses Stilleben geometrischer Figuren „Skala" und durfte 500 Mark dafür einstreichen.

Wohl gibt es stumpfe und aufnahmebereite Menschen, aber die Spaltung in Laien und Kenner muß überwunden werden. Der einzige Unterschied von guter und schlechter Kunst ist der Grad ihrer Wahrheit für den zu gestaltenden Inhalt. Die Gesinnung allein erreicht das nicht, sondern mit dem Handwerk; beides macht den Künstler. Mit dem Handwerklichen ist es heute, wenigstens in der Malerei, nicht gut bestellt, gemessen an den alten Meistern. Man sieht in der Ausstellung „infantile" Kunst, technische und architektonische Zeichnungen und kunstgewerbliche Plastiken, was alles als Kunst ausgegeben wird. Das kann der Künstler für sich machen, aber nicht fürs Volk, wie er auch nicht die flüchtigste Skizze als künstlerische Offenbarung herausgeben sollte. Absolute Kunst ferner ist eine Täuschung, man wird sie ablehnen wie die artistische, mit dem Hirn gemachte. Inhalt muß dabei sein, und von dem richtigen Ausgleich von Form und Inhalt hängt erst die Kunst ab.

Und das ist aus Tollste!

„Die Heilige vom inneren Licht" von Paul Klee — jedes weitere Wort erübrigt sich. Bild und Titel sprechen für sich.

Auf so ursprüngliche Erwägung muß man sich herablassen, um die Seele des ganzen Volkes zu gewinnen. Wenn man die Themen und die Mittel der Kunst aus der Umwelt, der Gefühls- und Anschauungsweise des deutschen Menschen nimmt, hat sie damit die „Tendenz", die Goebbels ebenso für den Film und die Bühne gefordert hat, erfüllt. In jedem einzelnen Kunstwerke das nachweisen zu wollen, wäre lächerlich, aber in jedem einzelnen läßt sich merken, ob es mit dem Hirn oder dem Gefühl gemacht ist. Diese Ausstellung war einmal notwendig als Prüfung. Das Zusammensehen erleichtert die Erkennung der geistigen Verfassung, in der solche Werke nur möglich sind: abseits vom Volke. —tz—

Das Jenaer Brahmsfest. Aus Jena wird uns berichtet: Unter den zahllosen Brahmsfeiern der letzten Wochen verdient das IV. Jenaer Musikfest in erster Linie Beachtung. Höhepunkte der dreitägigen Veranstaltungen, deren Mitwirkende auf Grund von Absagen oder Erkrankungen teilweise noch in letzter Stunde ausgewechselt werden mußten, bildeten die Vorträge des Leipziger Gewandhausquartetts, dem sich Professor Wilhelm Kempff, Berlin, mit seinem differenzierten Klang-

10 Artikel zur Ausstellung »Kunst, die nicht aus unserer Seele kam«; Chemnitzer Tageblatt, 18. Mai 1933 (StA Chemnitz)

11 »Schützengraben« von Otto Dix in der Ausstellung »Entartete Kunst«, Dresden 1933 (1935?) (Lothar Fischer 1981, S. 99)

Seite 996 — Nr. 33 — Nr. 33 — Kölnische Illustrierte Zeitung — Seite 997

SCHRECKENSKAMMER DER KUNST

Die hier veröffentlichten Bilder entstammen der Ausstellung „Entartete Kunst", die zurzeit in Dresden berechtigtes Aufsehen erregt. Nach dem Wunsch des Führers, der die einzigartige Sammlung besichtigte, soll dieses Kulturdokument auch in andern deutschen Städten gezeigt werden

Sonderaufnahmen für die Kölnische Illustrierte Zeitung von Presse-Illustrationen Hoffmann

Ministerpräsident General Göring besucht die Dresdener „Schreckenskammer". Ganz links auf dem Bild der Oberbürgermeister der Stadt Dresden, Zörner

Die Pflege der Kunst ist mit dem Ruf der Landeshauptstadt Sachsens von jeher ruhmvoll verbunden gewesen; schon seit der Zeit Augusts des Starken ersenen sich die reichen Sammlungen Dresdens hohen Ansehens in der ganzen Welt, und zahlreiche große Künstler wurzeln mit ihrem Wirken und Schaffen in der kunstfreudigen Elbestadt. Eine jahrhundertealte Tradition hat hier eine kulturhistorische Zeitenschau geschaffen, in der sich in ihrer Kunstpflege und in ihren Kunstwerken das Angesicht von Generationen und deren Weltanschauungen spiegelt. Und der Beschauer, der die Dresdner Galerien besinnlich durchwandelt, kann aus den Gemälden der einzelnen Zeitepochen das Bild vergangener Tage mit all ihren Besonderheiten erstehen sehen. Die Prachtentfaltung festesfroher Kurfürsten und Polenkönige, die Not- und Glaubenstreue in Zeiten konfessionellen Haders, das Waffengeklirr kriegerischer Zeitläufte — eine ganze Übersicht der politischen und kulturellen Entwicklung bis zur Gegenwart kommt in den zeitgenössischen Kunstwerken zum sinnfälligen Ausdruck. Die verschiedenartigen Geschmacksrichtungen und Stile, in denen sich im Laufe der Zeit die Künstler vom Althergebrachten loslösten, um neue Wege zu gehen und einen eigenen Ausdruck zu finden, bieten einen interessanten Einblick in die Entwicklung der Kunst und zugleich des Kulturniveaus ihrer Zeit.

*

Die neue, nationale Regierung fand auch auf dem Gebiet der Kunstpflege ein böses Erbe vor. Machthaber der Systemregierung hatten auch hier dem Kulturbolschewismus Tür und Tor geöffnet und es zugelassen, daß binnen kurzem die darstellende Kunst zum Zerrbild dessen erniedrigt wurde, was sie der Menschheit war und ewig sein wird. Trauernd und machtlos standen die echten Künstler mit ihren Idealen beiseite — für sie gab es kein öffentliches Arbeitsfeld, geschweige denn eine behördliche Förderung, während Unsummen öffentlicher Gelder für undeutsche Machwerke verwendet wurden.

Es ist ein Verdienst des Dresdener Oberbürgermeisters Zörner, diesen viel zu wenig bekannten Kulturfrevel einmal in seiner erschütternden Eindringlichkeit aufgezeigt und gebrandmarkt zu haben: er faßte jene in der Systemzeit angekauften „Kunstwerke" zu einer Ausstellung zusammen und gab der Einwohnerschaft Dresdens und damit jedem Kunstfreund Gelegenheit, diese „Schreckenskammer" entarteter

„Weiblicher Akt", eine farbige Pinselzeichnung von Schmidt-Rottluff. Der Kaufpreis (1920) betrug 400 Mark

„Mädchen". Ein Aquarell von Eugen Hoffmann. Die Stadt Dresden zahlte 1920 für dieses Porträt 250 Mark

Der Führer und Reichskanzler in der Ausstellung „Entartete Kunst", die nach seinem Wunsch auch in andern deutschen Städten gezeigt werden soll

„Die Menschen sind Engel", ein Wasserfarbenblatt des aus vielen Prozessen bekannten George Groß, der kein Künstler, sondern „nur Revolutionär und eine Art Scharfrichter" sein wollte. Für das Blatt zahlte die Stadt Dresden 1200 Mark (1920)

Rechts: Eine „teure" Familie: 9000 Mark kostete dieses „Familie" genannte Zerrbild von C. v. Mitschke-Collande

Links: Das „Merzbild" des Dadaisten Kurt Schwitters. Für etwas Draht, Bindfaden, Pappe, Streichholzschachteln und ähnliches „Kunstmaterial" bezahlte man 1400 Mark (1920)

12 a-b Artikel zur Ausstellung »Entartete Kunst«, Dresden 1935; Kölnische Illustrierte Zeitung, 17. August 1935 (Gunther Thiem, Stuttgart)

Seite 998 — Kölnische Illustrierte Zeitung — Nr. 33 — Nr. 33 — Kölnische Illustrierte Zeitung — Seite 999

Proben einer überwundenen „Kunst" . . . . . . und der Ausdruck einer neuen Zeit

Kunst" bei freiem Eintritt im Lichthof des Rathauses zu besichtigen. Unzählige Volksgenossen standen empört vor diesen „Kunst"-Ankäufen. Manches bittere, beißende Wort fiel angesichts der Bilder über diese „Künstler". An den einzelnen Gemälden waren Hinweise angebracht, die den Namen des Malers, das Ankaufsjahr und den gezahlten Preis enthielten. Hinter dem Namen des „Künstlers" stand oft in Klammern das bezeichnende Wörtchen: Jude! Auch der Führer und Reichskanzler besichtigte bei einem Besuch in Dresden diese Schreckensschau; er gab seiner Empörung über die Verfertiger solcher Bilder ebenso wie über die gewissenlosen Amtspersonen Ausdruck, die für solchen Schund öffentliche Gelder, die ihnen anvertraut waren, verschleudert hatten. Diese einzig dastehende Schau, erklärte der Führer, müßte in recht vielen deutschen Städten gezeigt werden. Auch zahlreiche Mitglieder der Reichsregierung und Parteileitung, unter ihnen Ministerpräsident General Göring, Reichsminister für Volksaufklärung und Propaganda Dr. Goebbels, nahmen Gelegenheit, die Dresdner „Schreckenskammer" zu besichtigen.

(Fortsetzung auf Seite 1011)

„Kriegskrüppel" ist dieses Bild betitelt, das eine niederträchtige Verhöhnung der Kriegsverletzten durch Otto Dix darstellt, der von 1924 bis 1933 war. Der Professor an der Dresdner Akademie

„Glückliche Jugend", eine Neuerwerbung des Dresdner Stadtmuseums von Georg Richter aus dem Jahre 1934

„Weinberg", ein Gemälde von Walter Kuron. Kaufpreis 650 Mark

*

Links: „Um den Fisch" — ein „Stilleben" von Paul Klee. Diese „konstruktive Komposition" war der Stadt Dresden 3000 Mark wert

Abseits der Schreckenskammer: W. Merseburg: „Vierlinden", ein Werk, das im Jahre 1934 von der Stadt Dresden angekauft wurde (400 Mark)

„Reiter am Strand" heißt dieses Gemälde von [illegible] Gerlach, das der Dresdner Oberbürgermeister Zörner (im Bild rechts) für das Stadtmuseum erwarb

Das rühmte man als deutsche Kunst!

Volksgenossen, seht euch die Bilder in der „Schreckenskammer" der Städt. Galerie zu Nürnberg an!

Für diesen jüdischen Unrat warf der Systemstaat das Geld hinaus!

In der städtischen Galerie am Königstor wurde eine Ausstellung eröffnet, auf die man jeden Volksgenossen aufmerksam machen muß. Es ist eine „Schreckenskammer", in der Bilder und Plastiken aus der Systemzeit zusammengetragen wurden, vor denen man erschauern könnte. Diese Bilder, von denen wir nebenstehend einige zeigen, wurden, noch vor gar nicht langer Zeit, dem deutschen Volke ernsthaft als richtunggebende Kunst vorgesetzt. Das Unglaublichste aber ist, daß der damalige Staat, der Millionen Menschen hungern und darben ließ, Tausende von Mark ausgegeben hat, um diesen Bockmist zu erwerben und in den Galerien aufzuhängen. Unwillkürlich wird sich heute jeder unverdorbene Mensch, der durch die Ausstellung geht, fragen: Wie ist es möglich, daß solche Bilder zustande kamen? Julius Streicher hat diese Frage vor den Vertretern der Nürnberger Presse, die sich mit ihm in der Schreckenskammer eingefunden hatten, beantwortet und gleichzeitig in wunderbarer Weise von der Erkenntnis der wahren Kunst gesprochen. Wir geben nachstehend das Grundsätzliche seiner Darlegungen wieder:

Wer die Rassenfrage kennt, für den ist es nicht schwer, die Frage über das Zustandekommen solcher Bilder zu beantworten. Wer die Rassenfrage kennt, der weiß, daß es Lug und Trug ist, wenn man sagt: Alles was Menschenantlitz trägt, ist sich gleich! Die Schöpfung schuf die Rassen und wir können nicht hinaus über das, was die Schöpfung schuf. Man macht uns den Vorwurf, daß wir die anderen Rassen herabsetzen würden. Das ist nicht wahr. Wir achten jede Rasse, den Neger als Neger, solange man ihn dort beläßt, wohin ihn die Schöpfung gesetzt hat. Seinen Eigenwert besitzt auch der Gelbe Mensch, solange er unberührt dort bleibt, wohin er gesetzt worden ist. Jede Rasse hat also ihr Eigenleben.

Da sich der Mensch durch seine Seele äußert, so ist der Ausdruck eines Menschen der Ausdruck seines Innenlebens,

d. h. wer ausschaut wie ein Tier, der wird wie ein Tier leben und handeln. Der Mensch ist so wie sein Blut ist, und da die Rassen verschieden sind und verschiedenes Blut haben, so werden sie auch in ihrer Kunst immer Verschiedenes zum Ausdruck bringen. Der Mensch mit minderwertigem Blut wird nur Minderwertiges schaffen, während sich beim Künstler mit nordischem Blut immer Großes und Hohes offenbaren wird.

„Mädchenbüste" nannte der „Künstler" dieses seiner Phantasie entsprungene Scheusal

Es ist deshalb auch die Frage, ob die Kunst international ist, zu verneinen.

Die Kunst kann nicht international sein.

Die Kunst ist Ausdruck des Suchens nach dem Göttlichen. Jede Rasse aber sucht ihren Ausdruck des Gottschauens zur Darstellung zu bringen. So hat sich der Neger seinen Gott in der Gestalt eines Teufels geschaffen, der Gott der Mongolen ist feist und fett, er lächelt ewig und unergründlich, und der nordische Mensch schuf sein Ebenbild. Ein Neger wird nie verstehen können, was der nordische Mensch, das nordische Blut schuf, genau so wie er niemals begreifen kann, daß das, was er macht, von nordischen Menschen nicht als Kunst bezeichnet wird.

Niemals ist es der kalt berechnende Verstand, sondern stets das Gefühl, das einem sagt, was Kunst ist.

Das, was wir als Kunst bezeichnen, kann nur ein nordischer Mensch schaffen.

Von unseren Vorfahren finden wir heute handwerkliche Gegenstände und Schmucksachen, von denen wir in jeder Beziehung sagen können: „Darin ist unsere Seele, darin ist Kunst." Alles was ihr Suchen nach Gott ist, ist so rein, so hoch, daß wir einfach ergriffen davon sind. Wenn irgendwo wunderschöne Kirchen geschaffen wurden, die zu den größten Baudenkmälern aller Zeiten gehören, dann hat sie einer mit deutschem Blut gemacht.

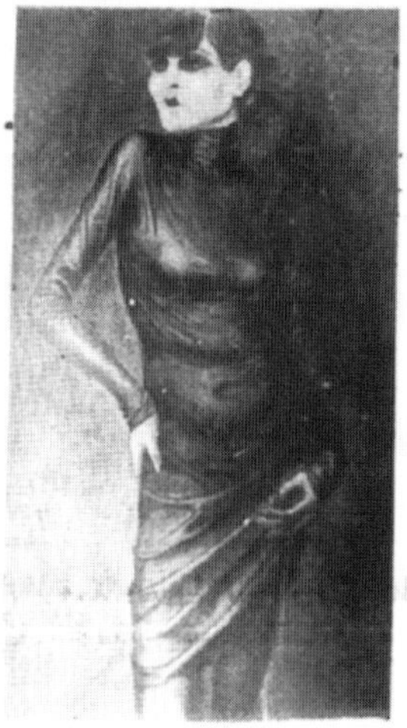

Und das ist die „große Frau", von der Otto Dix träumte

Als das Blut vermischt wurde ...

Solange das deutsche Volk möglichst unvermischt war mit fremdem Blut, mit Judenblut, haben wir viele Menschen gehabt, die dazu geschaffen waren, sich künstlerisch zu betätigen. Seitdem aber der Jude in unser Volk eindringen konnte, ist es anders geworden und heute sehen wir an diesen Bildern, wie weit ein Volk kommen kann, wenn fremder Geist und fremdes Blut die Herrschaft darüber bekommen haben.

Hat ein Mensch fremdes Blut, Judenblut, in sich aufgenommen, so wird sich dieses Blut immer wieder in seinem Tun und Lassen auswirken, dann wird sich das immer wieder in seinen Bildern offenbaren.

Ich habe drei Künstler kennengelernt, die hier diese Bilder machten. Bei ihnen hat alles übereingestimmt mit dem, was ich sagte: Wenn einer keine Stirne hat und aussieht wie ein Neger, dann muß er das malen, was Sie hier sehen. Ein hoher, nordischer Mensch kann das nicht malen!

So hat man sich wahrscheinlich das Ideal des deutschen Mannes vorgestellt! Diese jämmerliche Figur soll einen Katzenfreund darstellen. Wie muß da der „Schöpfer dieses Kunstwerkes, Herr Otto Lange, selbst aussehen!

Otto Dix „Kriegsopfer"
Diese Verhöhnung mußte sich der deutsche Frontsoldat gefallen lassen!

Wie aber kamen solche „Künstler" dazu, anerkannt zu werden?

Der Jude brachte es fertig! Er muß ja als Jude leben, und was vom Standpunkt des nordischen Menschen richtig und gut ist, wird vom Standpunkt des Juden lächerlich sein. Darum auch wurde derjenige, der Gutes wollte, von ihm stets abgelehnt und derjenige, der Schlechtes schuf, wurde von ihm in der Presse zum Künstler gestempelt und würde als Künstler gerühmt. Es gab Künstler, die seelisch ungeheuer darunter litten, und die lieber bereit waren zu sterben, als daß sie mitmachten, das Schlechte zu schaffen, das dem Geist der Revolution entsprungen ist.

Heute können wir es nicht mehr zulassen, daß Angehörige einer Rasse, die nun einmal dazu bestimmt ist, Träger schlechten Blutes und damit schlechter Seele zu sein, die Richtung gibt für das, was Kunst, was Gottschauen ist.

14 Jahre lang maßte sich das eine farbige Minderheit an. Was daraus geworden ist, das sehen Sie hier. Wenn es so weitergegangen wäre, wären wir von Gott weggegangen und beim Teufel gelandet. Wir wären an Leib und Seele zugrunde gegangen!

*

Wer diese Zeilen durchgelesen hat, wird erkannt haben, worum es geht. Die „Kunst", die Juden und Judenknechte dem deutschen Volke vormachten, ist Bolschewismus, dem

„Adam und Eva" von Hoffmann. — Darin sah die Kirche keine Lästerung!

man mit Farbe Ausdruck gegeben hat. Seht euch diese Zeitdokumente an, deutsche Volksgenossen, geht hinein in die „Schreckenskammer"

und urteilt selbst und sagt dann, ob es euch nicht graust vor diesem Kulturbolschewismus!

R. [illegible]

13 Artikel zur Ausstellung »Entartete Kunst«, Nürnberg 1935; Fränkische Tageszeitung, 7. September 1935 (BA ZSg 117/303)

14 *Oben* Ausstellungsplakat »Entartete Kunst«, Dortmund 1935; Westfälische Landeszeitung-Rote Erde, 14. November 1935 (StA Dortmund 113-29/1951-115, Bl. 24)

15 *Unten* Artikel zur Ausstellung »Entartete Kunst«, Regensburg 1936; Bayerische Ostmark, 16. Januar 1936 (StA Regensburg)

Bayerische Ostmark — Donnerstag, 16. Januar

Veitstanz der Fratzen / Eine Ausstellung entarteter Kunst – Dokumente des Kulturbolschewismus

Dem Kunstkritiker graut es.

Um elf Uhr wird die Ausstellung eröffnet. Noch ist niemand da, kein voreiliger Besucher, keine Menschenseele. Das ist die Zeit, wo man erfahrungsgemäß am geruhsamsten die Ausstellung abschreiten und mit ganzer innerer Sammlung und Anteilnahme sich der ausgestellten Kunstwerke freuen kann, zugleich prüfend und abwägend. Das hätte man hier besser bleiben lassen sollen. „Kunstwerke" in Anführungszeichen steht auf den Plakaten zu lesen. „Entartete Kunst", das sagt genug.

Erst sieht man sich belustigt im Ausstellungsraum um, der schon so viele Male köstliche Schaffensproben heimatlicher Künstler barg. Komisch, diese grellen Farben, diese bizarren Formen. Fratzen grinsen einen von allen Seiten an. Man dreht sich um sich selber. Das Auge sucht nach einem Ruhepunkt. Es ist überall dasselbe Ein Hexenkessel abenteuerlicher Fratzen! Ist das eigentlich noch Wirklichkeit? Oder nur der beklemmende Alptraum eines Kunstkritikers?

Das hier wurde einmal ernst genommen. Wenn man darüber den Kopf schüttelte, galt man als ein hoffnungsloser Fall, der in Kunstdingen nichts mitzureden hatte. Dies Gekledse und Geknete wurde einst auf führenden Ausstellungen gezeigt, von öffentlichen Sammlungen angekauft und von „namhaften" Kritikern und Schriftstellern gewürdigt und in den Himmel erhoben.

„Wie ein Rausch", so schrieb damals einer dieser Sorte, „hat unsere Künstler die Erkenntnis erfaßt, daß alles Herlaufen hinter der Natur Wahn und Täuschung bedeute, daß nur die Ekstasen eigener Erlebnisse ein Recht zum Kunstwerk verleihen, daß Form erst jenseits des Schleiers der Maja beginne und ihr Maß vom Rhythmus seiner eigenen Visionen empfange, nicht von der Natur!"

Diese eigenen Visionen erschöpften sich meist in schamloser Lüsternheit und aufdringlicher Gemeinheit, soweit es der Maler nicht überhaupt vorzog einen undefinierbaren Farbenaufguß auf Leinwand mit einem Bildrahmen zu umspannen und zur Ausstellung zu tragen.

Solcherlei muß Schillers „Taucher" auf dem Grunde des Meeres erschaut haben. Die Stelle will mir nicht aus dem Sinn:

„Schwarz wimmelten da in grausem Gemisch zu scheußlichen Klumpen geballt . . ."

Und dann die Preise für die Visionen! 200, 700, 1400, ja sogar 4000 RM! Eine unerhörte Frechheit! Wenn es auch teilweise noch Preisziffern aus der Inflationsathmosphäre sind, so kommt einem doch angesichts dieser Schmierereien die Wut. Und diese Bilder wurden gekauft und gelobt und gepriesen. Wer einmal mit so einer hanebüchenen Kleckserei erfolgreich gewesen war, der bemühte sich das nächste Mal schon um des bombensicheren Erfolges willen noch erbärmlicher zu malen. Außerdem war er das schließlich auch seiner „künstlerischen Entwicklung" schuldig.

Bei den Plastiken wird man teilweise an die fratzenhaften Schöpfungen primitiver Völker erinnert. Aber wenn man primitive Kunst in einer vielfältigen Schau in ihrer systematischen Zweckmäßigkeit beobachten konnte, wie es etwa im Wallraf Richartz'schen Völkermuseum in Köln möglich gewesen ist, dann weiß man, daß dort Völker auf tiefster Kulturstufe durch die Kunst über den Zustand des Alltags hinausheben wollen und daß ihre Kunst zwar kindhaft und plump in Auffassung und Ausdrucksmittel aber doch ein artgemäß gebundenes Streben nach Besserem und Höherem, nach Ausdruck und Gestalt aus eigenem Schöpfertum darstellt. Hier aber ist nichts als Degeneration, Stümpertum und Schmutz.

Wohl am Widerlichsten sind die aus Prozessen bekannten Gräuelbilder von Otto Dix, die durch die abschreckende Darstellung des Krieges und das gemeine Spottbild „Kriegskrüppel" dem Pazifismus auf die Beine helfen sollten. Den Höhepunkt anmaßender Frechheit bilden die Produkte von Kurt Schwitters, der aus Schnüren, Paketadressen, altem Draht, Watte und Holzspänen „Bilder" fabrizierte. Dieser Barbar hat auch die Anmaßung besessen die deutsche Sprache zu „Gedichten" zu verballhornen, die diesen „Gemälden" an Form und Inhalt ebenbürtig zur Seite stehen. Eine Probe sagt mehr als viele Worte darüber.

An Anna Blume

Merzgedicht I.

O du Geliebte meiner 27 Sinne, ich liebe dir! — Du deiner dich dir, ich dir, du mir — Wir? Das gehört (beiläufig) nicht hierher.
Wer bis du ungezähltes Frauenzimmer? — Du bist — bist Du? — Die Leute sagen, du wärest — Laß sie sagen, sie wissen nicht, wo der Kirchturm steht.
Du trägst den Hut auf deinen Füßen und wandelst auf die Hände, auf den Händen wandelst du.
Hallo, deine roten Kleider in weiße Falten zersägt. Rot liebe ich Anna Blume, rot liebe ich dir! Du deiner dich dir, du mir? — Wir? Das gehört (beiläufig) in die kalte Glut.
Rote Blume, rot Anna Blume, wie sagen die Leute?
Preisfrage 1. Anna Blume hat einen Vogel, 2. Anna Blume ist rot, 3. Welche Farbe hat der Vogel?
Blau ist die Farbe deines gelben Haares. Rot ist das Girren deines grünen Vogels. Du schlichtes Mädchen im Alltagskleid, du liebes grünes Tier, ich liebe dir! — Du deiner dich dir, du mir? Wir! Das gehört (beiläufig) in die Glutenkiste.
Anna Blume, a-n-n-a ich träufle deinen Namen Dein Namen tropft wie weiches Rindertalg.
Weißt du es Anna, weißt du es schon? Man kann dich auch von hinten lesen und du, du herrlichste von allen, du bist von hinten wie von vorne a-n-n-a.
Rindertalg träufelt streichelnd über meinen Rücken.
Anna Blume, du tropfes Tier, ich liebe dir!"

Solche Verunglimpfung mußte sich die Sprache gefallen lassen, derer sich die größten Geister unseres Volkes in ihren Werken bedienten, die jedem einzelnen von uns als Muttersprache, Mutterlaut von frühester Kindheit an vertraut und heilig ist. Wer anders steckt hinter diesem bewußten Zerstörungswillen alles Hohen und Echten in unserem Kulturleben als Juden und Jüdlinge, die stets das Wertvolle zerstören müssen, um mit Tand und Trödel Geschäfte zu machen.

Das Merzbild
von Kurt Schwitters, das sinnreich aus Pappe und Schnüren zusammengefügt ist, kostete einst 1400 Mark

Gewiß hat die Kunst in der Provinz diesem Treiben stärkeren Widerstand entgegengesetzt als in den Großstädten, wo ein kleiner Klüngel leichter gefährlich werden kann als draußen, wo das gesunde Empfinden des einfachen Menschen noch immer eine ehrliche Sprache führte. Aber die Unsicherheit war auch dort zu spüren, sobald die Großstädte kulturbolschewistisch verseucht und vergiftet waren Denn dort befanden sich die Kunstschulen, aus denen der Nachwuchs hervorging, dort fanden die Ausstellungen statt, aus denen man Namen und Beachtung erwarb, dort waren die Kunstverlage und die Zeitungen, die richtunggebend waren für die Geschmackseinstellung vieler. Wie stark die Entartung ansteckend wirkte, zeigte besonders die religiöse Kunst, die auch in den hehren Gegenständen ihrer Darstellung keinen wirksamen Schild der Abwehr fand. Da stehen unter grellem Farbengewirr Titel wie „Maria" oder „Maikönigin". Jede Ehrfurcht, jedes Gefühl der Erhebung und Andacht, ja auch bloß jeder Funke von Achtung vor den alten Meistern, die denselben Themen in liebevollem Ringen und Streben ihr ganzes Können weihten, scheint abgestorben.

Warum heute noch eine solche Ausstellung, werden sich manche fragen. Ein Gang durch die Ausstellung rechtfertigt sie vollkommen. Sie zeigt den wahren Sumpf von Gemeinheit, Unfähigkeit und krankhafter Entartung auf, in den die vordem so hohe, reine und edle deutsche Kunst in fünfzehn Jahren bolschewistisch-jüdischer Geistesherrschaft hinabgesunken war. Sie ist ein Spiegelbild von der alles Wahre und Gute zersetzenden, jede Form auflösenden, Sitte und Scham verhöhnenden Weltanschauung, die uns fünfzehn Jahre lang bedrohte und auch heute noch bedroht und von der uns der Nationalsozialismus Adolf Hitlers errettet hat. Sie zeigt vor allem den verheerenden Einbruch artfremden jüdischen Geistes in die deutsche Kunst, denn was hier an entarteter Kunst gezeigt wird, ist entweder jüdische Arbeit oder solche die von Halbjuden (Kritikern, Sammlern, Schriftstellern, Museumsleitern) begünstigt und gefördert wurden. Dr. Otto Steuer.

Gespensterausschnitt oder was sonst? Aufnahmen: Gauverlag, Hammon
Es ist das Oelgemälde „Dieewigen Wanderer" von Segall Lasar; stammt aus dem Jahre 1919 und kostete einst 4000 Mark.

16 Hans Vitus Vierthaler, Ausstellungsplakat »Entartete Kunst«, München 1936. Lithographie, 120 x 84 cm (StA München). Vgl. Farbabb. 3

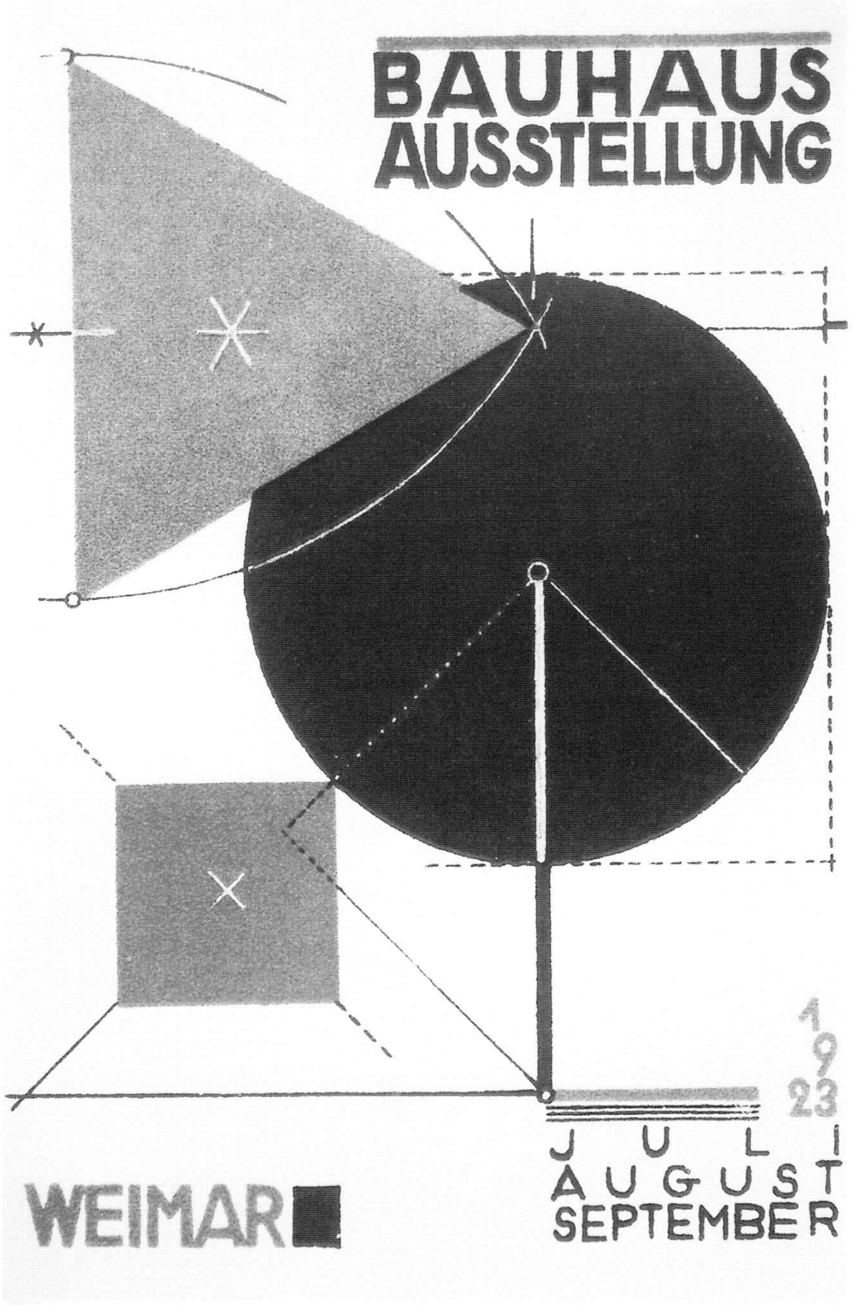

17 Herbert Bayer, Postkarte zur Bauhaus-Ausstellung, Weimar 1923. Nr. 11 von 20 Karten (Bauhaus-Archiv Museum für Gestaltung Berlin; © VG Bild-Kunst, Bonn 1995). Vgl. Farbabb. 4

18 *Links oben* Ausstellung »Entartete Kunst«, München 1936. »Kriegskrüppel« von Otto Dix, »Weiblicher Akt« von Eugen Hoffmann (StA München)

19 *Rechts oben* Ausstellung »Entartete Kunst«, München 1936. »(Schwangere) Frau« von Christoph Voll, »Familie« von Constantin von Mitschke-Collande (StA München)

20 *Unten* Ausstellung »Entartete Kunst«, München 1936. »Adam und Eva« von Eugen Hoffmann, im Hintergrund »Knabe mit gebrochenem Arm« von Hans Grundig (Tag der Deutschen Kunst 1937, Nr. 98)

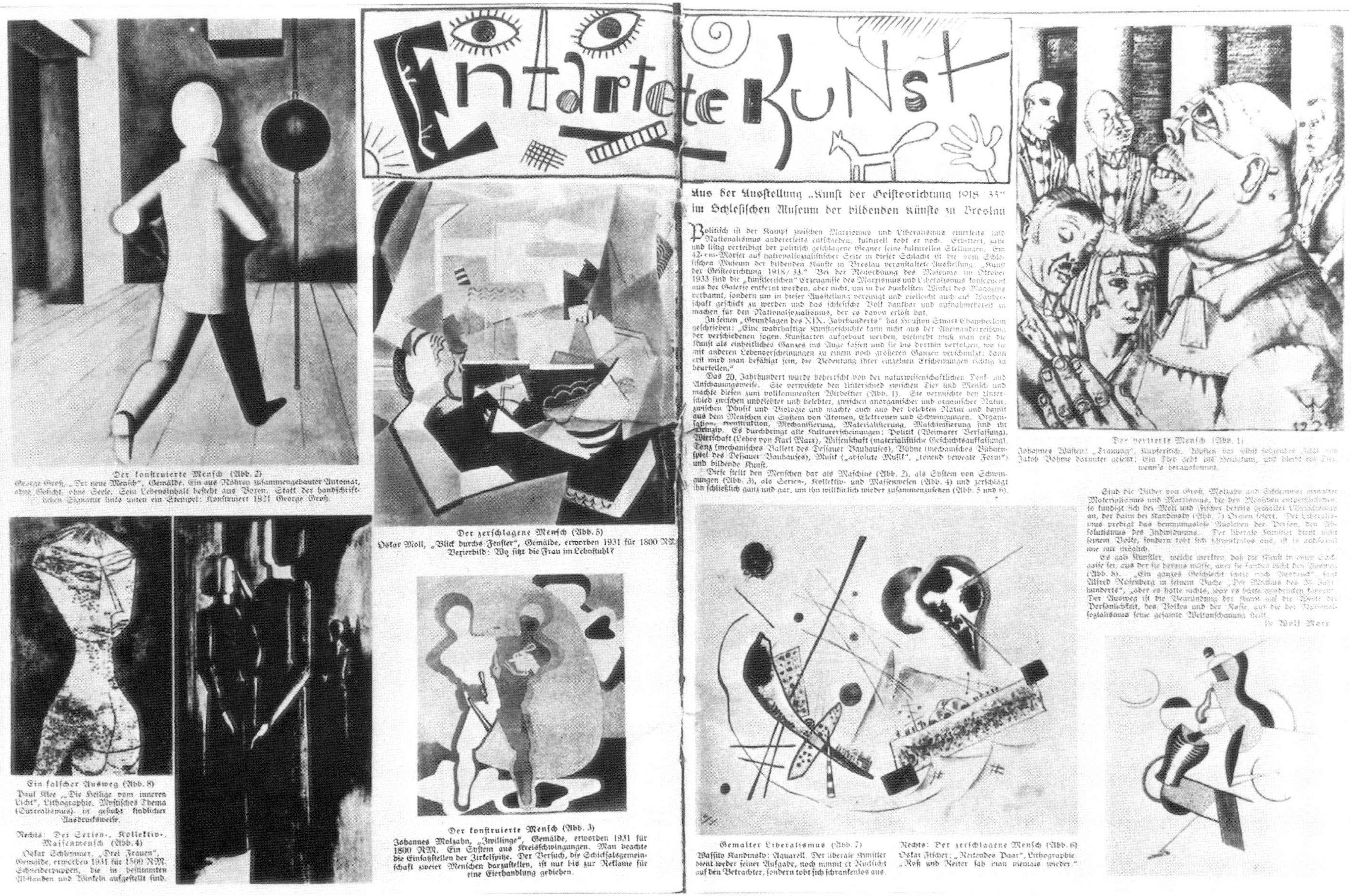

Entartete Kunst

Aus der Ausstellung „Kunst der Geistesrichtung 1918/33“ im Schlesischen Museum der bildenden Künste zu Breslau

Politisch ist der Kampf zwischen Marxismus und Liberalismus einerseits und Nationalismus andererseits entschieden, kulturell tobt er noch. Erbittert, zähe und listig verteidigt der politisch geschlagene Gegner seine kulturellen Stellungen. Ein 42-cm-Mörser auf nationalsozialistischer Seite in dieser Schlacht ist die vom Schlesischen Museum der bildenden Künste in Breslau veranstaltete Ausstellung: „Kunst der Geistesrichtung 1918/33.“ Bei der Neuordnung des Museums im Oktober 1933 sind die „künstlerischen“ Erzeugnisse des Marxismus und Liberalismus konsequent aus der Galerie entfernt worden, aber nicht, um in die dunkelsten Winkel des Magazins verbannt, sondern um in dieser Ausstellung vereinigt und vielleicht auch auf Wanderschaft geschickt zu werden und das schlesische Volk dankbar und aufnahmebereit zu machen für den Nationalsozialismus, der es davon erlöst hat.

In seinen „Grundlagen des XIX. Jahrhunderts“ hat Houston Stuart Chamberlain geschrieben: „Eine wahrhaftige Kunstgeschichte kann nicht aus der Aneinanderreihung der verschiedenen sogen. Kunstarten aufgebaut werden, vielmehr muß man erst die Kunst als einheitliches Ganzes ins Auge fassen und sie bis dorthin verfolgen, wo sie mit anderen Lebenserscheinungen zu einem noch größeren Ganzen verschmilzt: dann erst wird man befähigt sein, die Bedeutung ihrer einzelnen Erscheinungen richtig zu beurteilen.“

Das 20. Jahrhundert wurde beherrscht von der naturwissenschaftlichen Denk- und Anschauungsweise. Sie verwischte den Unterschied zwischen Tier und Mensch und machte diesen zum vollkommensten Wirbeltier (Abb. 1). Sie verwischte den Unterschied zwischen unbelebter und belebter, zwischen anorganischer und organischer Natur, zwischen Physik und Biologie und machte auch aus der belebten Natur und damit aus dem Menschen ein System von Atomen, Elektronen und Schwingungen. Organisation, Konstruktion, Mechanisierung, Materialisierung, Maschinisierung sind ihr Prinzip. Es durchdringt alle Kulturerscheinungen: Politik (Weimarer Verfassung), Wirtschaft (Lehre von Karl Marx), Wissenschaft (materialistische Geschichtsauffassung), Tanz (mechanisches Ballett des Dessauer Bauhauses), Bühne (mechanisches Bühnenspiel des Dessauer Bauhauses), Musik („absolute Musik“, „tönend bewegte Form“) und bildende Kunst.

Diese stellt den Menschen dar als Maschine (Abb. 2), als System von Schwingungen (Abb. 3), als Serien-, Kollektiv- und Massenwesen (Abb. 4) und zerschlägt ihn schließlich ganz und gar, um ihn willkürlich wieder zusammenzusetzen (Abb. 5 und 6).

Sind die Bilder von Grosz, Molzahn und Schlemmer gemalter Materialismus und Marxismus, die den Menschen entpersönlichen, so kündigt sich bei Moll und Fischer bereits gemalter Liberalismus an, der dann bei Kandinsky (Abb. 7) Orgien feiert. Der Liberalismus predigt das hemmungslose Ausleben der Person, den Absolutismus des Individuums. Der liberale Künstler dient nicht seinem Volke, sondern tobt sich schrankenlos aus, ist so asozial [?] wie nur möglich.

Es gab Künstler, welche merkten, daß die Kunst in einer Sackgasse sei, aus der sie heraus müsse, aber sie fanden nicht den Ausweg (Abb. 8). „Ein ganzes Geschlecht schrie nach Ausdruck“, sagt Alfred Rosenberg in seinem Buche „Der Mythus des 20. Jahrhunderts“, „aber es hatte nichts, was es hätte ausdrücken können.“ Der Ausweg ist die Begründung der Kunst auf die Werte der Persönlichkeit, des Volkes und der Rasse, auf die der Nationalsozialismus seine gesamte Weltanschauung stellt.

Dr. Wolf Marr [?]

Der vertierte Mensch (Abb. 1)
Johannes Wüsten: „Trauung“, Kupferstich. Wüsten hat selbst folgendes Zitat von Jakob Böhme darunter gesetzt: Ein Tier geht ins Heiligtum, und bleibt ein Tier, wenn's herauskommt.

Der konstruierte Mensch (Abb. 2)
George Grosz, „Der neue Mensch“, Gemälde. Ein aus Röhren zusammengebauter Automat, ohne Gesicht, ohne Seele. Sein Lebensinhalt besteht aus Boxen. Statt der handschriftlichen Signatur links unten ein Stempel: Konstruiert 1921 George Grosz.

Der konstruierte Mensch (Abb. 3)
Johannes Molzahn, „Zwillinge“, Gemälde, erworben 1931 für 1800 RM. Ein System aus Kreisschwingungen. Man beachte die Einsatzstellen der Zirkelspitze. Der Versuch, die Schicksalsgemeinschaft zweier Menschen darzustellen, ist nur bis zur Reklame für eine Eierhandlung gediehen.

Rechts: Der Serien-, Kollektiv-, Massenmensch (Abb. 4)
Oskar Schlemmer, „Drei Frauen“, Gemälde, erworben 1931 für 1500 RM. Schneiderpuppen, die in bestimmten Abständen und Winkeln aufgestellt sind.

Der zerschlagene Mensch (Abb. 5)
Oskar Moll, „Blick durchs Fenster“, Gemälde, erworben 1931 für 1800 RM. Vexierbild: Wo sitzt die Frau im Lehnstuhl?

Rechts: Der zerschlagene Mensch (Abb. 6)
Oskar Fischer: „Reitendes Paar“, Lithographie. „Roß und Reiter sah man niemals wieder.“

Gemalter Liberalismus (Abb. 7)
Wassily Kandinsky: Aquarell. Der liberale Künstler dient weder seiner Aufgabe, noch nimmt er Rücksicht auf den Betrachter, sondern tobt sich schrankenlos aus.

Ein falscher Ausweg (Abb. 8)
Paul Klee „Die Heilige vom inneren Licht“, Lithographie. Mystisches Thema (Surrealismus) in gesucht kindlicher Ausdrucksweise.

21 Artikel zur Ausstellung »Kunst der Geistesrichtung 1918-1933«, Breslau 1933; Schlesische Illustrierte Zeitung, Nr. 2/1934, S. 2-3 (Nationalmuseum Breslau)

4. Die Ausstellung *Entartete Kunst* München, Hofgarten-Arkaden, 19. Juli bis 30. November 1937

4.1 Vorgeschichte: Die Ausstellungen *Gebt mir vier Jahre Zeit* und *Große Deutsche Kunstausstellung*

1937 befand sich das Deutsche Reich in politischer und ökonomischer Hinsicht in einer gefestigten Lage. Die Phase der innenpolitischen Machtkonsolidierung (Gleichschaltung) war weitestgehend abgeschlossen. Ein wichtiges Instrument in diesem Prozeß, das Gesetz zur »Behebung der Not von Volk und Reich« (»Ermächtigungsgesetz«) vom 23. März 1933, welches die Regierung ermächtigte, Gesetze, auch verfassungsändernden Inhalts, ohne den Reichstag zu erlassen, wurde am 30. Januar 1937 um weitere vier Jahre verlängert. Der Wirtschaftsaufschwung hatte begonnen. Auch außenpolitisch war die Autorität Hitlers gewachsen. Hildegard Brenner resümiert die Situation, deren Vergegenwärtigung für das Verständnis des Zeitpunkts der Ausstellung »Entartete Kunst« unerläßlich ist:

> Hitlers Bündnispolitik hatte das Ansehen Deutschlands gefestigt. Die ausländischen Gäste und Teilnehmer der olympischen Spiele, als sie im August 1936 nach Berlin kamen, mußten einen denkbar positiven Eindruck vom nationalsozialistischen Deutschland gewinnen. Die deutsche Wirtschaft hatte sich erholt, Aufträge aus öffentlicher Hand hatten das Land in eine grandiose Baustelle verwandelt. Die Bevölkerung, da sie an der Gesundung teilhatte, verhielt sich in ihrer großen Mehrheit loyal. [...] Die nationalsozialistische Führung beteuerte ihre Friedensabsichten. Hinter der Kulisse dieser gelungenen Schaustellung aber wurde der Krieg bereits vorbereitet. Die Aufrüstung war inzwischen so weit gediehen, daß die nationalsozialistische Führung »zur Anwendung von Gewalt unter Risiko« entschlossen war. Auf dem Reichsparteitag im September 1936 verkündete Hitler den zweiten Vierjahresplan. Er faßte die wirtschaftlichen Kriegsvorbereitungen zusammen. Unter diesem Vorzeichen verlief die innenpolitische Stabilisationsphase der Jahre 1936 bis 1939.[1]

In der Denkschrift zum Vierjahresplan vom August 1936 schrieb Hitler: »Ich stelle damit folgende Aufgabe: I. Die deutsche Armee muß in 4 Jahren einsatzfähig sein. II. Die deutsche Wirtschaft muß in 4 Jahren kriegsfähig sein«[2]. Den wahren Zeitplan offenbart hingegen Goebbels am 15. November 1936 in seinem Tagebuch:

> Nach Tisch spreche ich mich mit dem Führer allein gründlich aus. Er ist sehr zufrieden mit der Situation. Die Aufrüstung geht weiter. Wir stecken märchenhafte Summen hinein. 1938 sind wir ganz fertig. Die Auseinandersetzung mit dem Bolschewismus kommt. Dann wollen wir parat sein.[3]

1937 galt es für die Machthaber, »Rechenschaft« über die ersten vier Jahre nationalsozialistischer Herrschaft abzulegen. Denn am 1. Februar 1933, um 22.00 Uhr, hatte Hitler in seiner ersten Proklamation als deutscher Regie-

1 Hildegard Brenner 1963, S. 106f. Hitlers Rede zur Eröffnung des achten Reichsparteitages der NSDAP in Nürnberg am 9. September 1936 ist auszugsweise abgedruckt bei Kühnl 1980, S. 288f.

2 Zitiert nach Kühnl 1980, S. 287f.

3 Zitiert nach Fröhlich 1987a, Teil 1, Bd. 2, S. 726.

rungschef den »Aufruf der Reichsregierung an das deutsche Volk« verlesen, mit der pathetischen Schlußformel: »Die Parteien des Marxismus und seiner Mitläufer haben 14 Jahre lang Zeit gehabt, ihr Können zu beweisen. Das Ergebnis ist ein Trümmerfeld. Nun, deutsches Volk, gib uns die Zeit von vier Jahren und dann urteile und richte uns!«[4] In seiner dreistündigen Reichstagsrede zur Feier des vierten Jahrestages der Machtübernahme am 30. Januar 1937 kündigte der »Führer« die Veranstaltung an, mit der die zurückliegenden Jahre bilanziert werden sollten:

> Vier Jahre sind vergangen seit dem Augenblick, da die große innere Umwälzung und Neugestaltung [...] ihren Anfang nahm. Vier Jahre, die ich mir vom deutschen Volke ausgebeten habe als eine Zeit der Bewährung und Beurteilung. Was würde näher liegen, als diesen Anlaß zu benutzen, um im einzelnen alle jene Erfolge und Fortschritte aufzuzählen, die diese vier Jahre dem deutschen Volke geschenkt haben? Es ist aber gar nicht möglich, im Rahmen einer so kurzen Kundgebung all das zu erwähnen, was als die bemerkenswerten Ergebnisse dieser vielleicht erstaunlichsten Epoche im Leben unseres Volkes gelten dürfen! Dies ist mehr die Aufgabe der Presse und Propaganda. Außerdem wird in diesem Jahr in der Reichshauptstadt Berlin eine Ausstellung stattfinden, in der versucht werden soll, ein umfassenderes und eingehenderes Bild des Geschaffenen, Erreichten und Begonnenen aufzuzeigen.[5]

Solchermaßen als Legitimation und gigantische Leistungsschau gedacht, fand die »Reichsausstellung« unter dem Titel »Gebt mir vier Jahre Zeit« vom 30. April bis 20. Juni 1937 auf dem Ausstellungsgelände am Berliner Funkturm statt.[6] Die Vorbereitungen hierzu lassen sich bis zum Herbst 1936 zurückverfolgen. Am 6. Oktober 1936 hatte der Propagandaminister in sein Tagebuch notiert: »Unterredung Haegert: [...] Ausstellung ›4 Jahre Zeit‹ und Antikomintern«[7]. Wilhelm Haegert war Leiter der Abteilung II (Propaganda) im Propagandaministerium[8] und offenbar seitens des Ministeriums mit der Betreuung der Schau betraut, da er auch in Willrichs Bericht (s. u.) auftaucht. Am 18. November 1936 heißt es bei Goebbels: »Die Ausstellung ›4 Jahre Zeit‹ ist im Entwurf fertig. Sie wird gut werden. Ende April 1937 Beginn«[9]. Und am 12. Januar 1937: »Entwürfe Ausstellung ›4 Jahre Zeit‹. Noch nicht ganz nach Wunsch. Aber wir kriegen es hin«[10]. Am 13. April 1937 schließlich schrieb Goebbels: »Rede für die 4 Jahresausstellung diktiert. Sie wird sehr gut«[11].

Das Ausstellungsplakat (Abb. 22)[12] rückt den grimmig-entschlossen dreinblickenden Diktator – dessen »Legion Condor« wenige Tage vor Eröffnung der Ausstellung die baskische Stadt Guernica in Trümmer gelegt hatte – isoliert ins Zentrum. Die Monumentalität der Gestalt wird durch Untersicht gesteigert. Eine Industrielandschaft im Hintergrund – der Qualm der Fabrikschlote zieht in geordneten Bahnen nach rechts weg – symbolisiert wirtschaftlichen Aufschwung, die Farbe der Morgenröte Aufbruchsstimmung (wir assoziieren freilich eher Feuer und Blut und sehen darin eine Antizipation der drohenden Vernichtung). Ein im Verlag F. Bruckmann, München, herausgegebenes Ausstellungsheft[13] – den Umschlag ziert das Plakatmotiv, der Innentitel lautet »Rundgang und

4 Zitiert nach Domarus 1965, Bd. 1.1, S. 194.

5 Zitiert nach ebenda, Bd. 1.2, S. 664f.

6 Zu dieser Schau äußerten sich bisher am ausführlichsten Faber 1994, S. 76-79 und Pohlmann 1988, S. 27-29. Vgl. ferner Büchner 1984, S. 20 und S. 34f.; Diederich/Grübing 1979, S. 135, Abb. 20; Herz 1994, S. 45 und S. 131 mit Abb. 3/67; Nerdinger 1993a, S. 14f. mit Abb. 6-7; Rühle o. J., S. 447; Ruhl, S. 120, Abb. 111; Vespignani 1976, S. 72 (Abb.). Im Bildarchiv SMPK sind vier Photographien überliefert, welche die Eröffnungszeremonie und drei Ausstellungshallen dokumentieren.

7 Zitiert nach Fröhlich 1987a, Teil 1, Bd. 2, S. 694.

8 Vgl. Wulf 1983a, S. 353, Anm. 2.

9 Zitiert nach Fröhlich 1987a, Teil 1, Bd. 2, S. 729.

10 Zitiert nach ebenda, Bd. 3, S. 8.

11 Zitiert nach ebenda, S. 110.

12 Peter Zimmermann (1990, S. 234) demonstriert anhand der Plakatierung für die Vierjahresschau die gewaltigen Dimensionen von NS-Plakataktionen. Danach hatte das Plakat im sechsfarbigen Offsetdruck eine Auflage von 100.000 Stück im Format 42 x 29,7 cm auf Karton, mit Öse; 75.000 im Format 238 x 84 cm für Litfaßsäulen; 15.000 im Format 119 x 84 cm für Aufsteller; 6.000 im Format für Wochenschaurahmen. Zusätzlich seien 1,2 Millionen Faltblätter (dreiteilig, 33,5 x 30 cm, Kupfertiefdruck) vertrieben worden.

13 Benutzt wurde das Exemplar in der Handbibliothek des Bildarchivs Preußischer Kulturbesitz Berlin. Die folgenden Angaben zur

Chronik. Gebt mir vier Jahre Zeit. Reichsausstellung Berlin 1937, 30. April bis 20. Juni. Ausstellungsgelände am Funkturm. Veranstaltet von der Gemeinnützigen Berliner Ausstellungs-, Messe-und Fremdenverkehrs-GmbH, Berlin-Charlottenburg 9, unter Förderung des Reichsministeriums für Volksaufklärung und Propaganda, der Reichspropagandaleitung der NSDAP und der Deutschen Arbeitsfront« – enthält eine Chronologie der Ereignisse seit 1933, Photographien, einen Lageplan und einen Rundgang. Die »von Egon Eiermann fast futuristisch gestylte«[14] und von Hitler und Goebbels – die Veranstaltung stand unter dem Protektorat des Propagandaministers – am 30. April 1937 eröffnete Schau[15] umfaßte ein etwa 113.000 Quadratmeter großes Freigelände sowie neun Hallen mit 38.000 Quadratmetern Fläche, auf der sich 119 Unternehmen präsentierten. In der Druckschrift heißt es: »Mit allen Mitteln moderner Ausstellungstechnik, großen Bildbüchern, Tonfilmkino mit 2.000 Plätzen, 18 m hohen Photomontagen[16], arbeitenden Maschinen und Großmodellen gibt die Ausstellung den Rechenschaftsbericht über die ersten vier Jahre«. Eine der Verherrlichung von Wehrmacht, Luftwaffe und Marine dienende Halle war mit originalgroßen Modellen von Flugzeugen, Schiffen und Panzern ausgestattet. Die Großmontage auf der Stirnwand wurde von zwei Photographien von Soldaten dominiert, die ein riesenhaft vergrößertes Hitler-Zitat flankierten – der »Führer« in Wort und Bild stand im Zentrum der Schau.

In Anbetracht des überwältigenden technischen und propagandistischen Aufwandes und der stark suggestiven Wirkung der Inszenierung dürfte das Urteil der 1,35 Millionen Ausstellungsbesucher[17] kaum negativ ausgefallen sein. Der französische Botschafter André François-Poncet durchschaute die Hintergründe der monströsen Exposition:

> Im Mai 1937 setzt es sich eine Ausstellung unter dem Motto »Gebt mir vier Jahre Zeit!« zur Aufgabe, Sympathien für das begonnene Werk in der Öffentlichkeit zu werben; man sieht nur Militärflugzeuge, Unterseebote und Kampffahrzeuge. Es sind dies nicht die einzigen Anzeichen der Gedanken und Pläne Hitlers. Der Ton seiner Reden wird immer schärfer, besonders wenn er von Sowjetrußland spricht.[18]

Die Vierjahresschau war Auftakt einer ganzen Reihe von »Rechenschaftsberichten«, die deutlich machen, welch extraordinäre Bedeutung den Ausstellungen als Propagandainstrument eingeräumt wurde. Hierzu schreibt Karl-Heinz Meißner:

> Zu diesen Veranstaltungen, die die Konsolidierung der Macht nach innen wie nach außen dokumentieren und im Volk eine Hochstimmung der Begeisterung über das bereits Geleistete und hoffnungsvolle Zuversicht für Kommendes erzeugen sollten, zählten neben der Berliner Schau [...] eine große Wanderausstellung »Schönheit der Arbeit«, die im Frühjahr in Düsseldorf begann, die Beteiligung Deutschlands an der Weltausstellung in Paris und die Eröffnung des »Hauses der Deutschen Kunst« in München mit der »Großen Deutschen Kunstausstellung«.[19]

Zwischen den Ausstellungen »Gebt mir vier Jahre Zeit« und »Entartete Kunst« bestand ein unmittelbarer Zusammenhang. Er wird in der bisherigen Forschung zwar gesehen, konnte aber noch nicht hinreichend geklärt werden. Der Augenzeuge Rave machte schon 1949 darauf aufmerksam:

Ausstellung entstammen dieser unpaginierten Broschüre. – Denselben propagandistischen Zweck wie die Vierjahresschau verfolgte das im Juli oder August 1937 im Münchner Zentralverlag der NSDAP erschienene Buch von Alfred-Ingemar Berndt; vgl. hierzu die Besprechungen in: NSMH 8, 1937, Heft 89, S. 753 (H. Pabel) und UWuW 7, 1937, Heft 8, S. 31 (Dagobert Dürr). Zu Alfred-Ingemar Berndt, dem stellvertretenden Reichspressechef und späteren Leiter der Abteilung VIII (Schrifttum) im RMVP, vgl. Das Deutsche Führerlexikon 1934, S. 50f.

14 Nerdinger 1993a, S. 14. Zu Eiermanns Anteil an der Schau (Gestaltung von Halle 2 und des Filmvorführungsraums) vgl. Büchner 1984, S. 20 und S. 34f.

15 Vgl. VB, Berliner Ausgabe, 19. März 1937 (Ankündigung) und 4. Mai 1937 (mit zwei Photographien von der Eröffnung).

16 Trotz der herausragenden Rolle von Photographien und Photomontagen in der Gestaltung der Schau läßt sie sich doch mitnichten als reine Photoausstellung charakterisieren, wie dies in der Literatur gelegentlich geschieht.

17 Vgl. den Eintrag in Goebbels' Tagebuch vom 27. Juni 1937 bei Fröhlich 1987a, Teil 1, Bd. 3, S. 187.

18 François-Poncet 1947, S. 285.

19 Karl-Heinz Meißner 1987a, S. 373, Anm. 42.

Im Sommer 1937 sollte zum vernichtenden Schlag ausgeholt werden. Zuvor im April waren im Kronprinzenpalais zwei Gestalten erschienen, die es lohnt, ein wenig näher zu beleuchten. Sie kamen aufgrund einer Anweisung des Propagandaministeriums, um Kunstgegenstände vorzumerken für eine in München[20] geplante Ausstellung »Gebt mir vier Jahre Zeit!«. Beide waren durch schmutzige Wühlereien an die Oberfläche gelangt und erschienen der Kunstkammer als Handlanger gerade recht. Der eine war ein ehemaliger Zeichenlehrer aus Hamburg, Walter Hansen, ein blinder Schreier, dessen Quertreibereien gegen Lehrer an den Hochschulen seit längerem bekannt und zum Teil durch ihn selbst als Aufsätze in Hamburger Blättern veröffentlicht waren [...]. Der andere war Wolfgang Willrich, ein Maler, dessen Kunst sich im wesentlichen erschöpfte in ziemlich öde durchgezeichneten, flachsblonden Edelrasseköpfen hehrer Frauen und Helden.[21]

Hansen und Willrich, deren Biographien in Kapitel 10.3 eingehend dargestellt werden, spielten bei der Vorbereitung und Durchführung der Aktion und Ausstellung »Entartete Kunst« eine zentrale Rolle. Willrich veröffentlichte im Frühjahr 1937 das Buch »Säuberung des Kunsttempels. Eine kunstpolitische Kampfschrift zur Gesundung deutscher Kunst im Geiste nordischer Art«[22], das – wie im nächsten Kapitel erörtert wird – für die Exposition »Entartete Kunst« weidlich ausgeschlachtet werden sollte. Es erschien im Lehmanns-Verlag. Dieser in München ansässige Verlag von Julius Friedrich Lehmann, 1890 als medizinischer [!] Fachverlag gegründet, hatte sich alsbald dem »Kampf ums Deutschtum« zugewandt.[23] Er verlegte revisionistische[24] und antisemitische, völkische und nationalistische, »rassenkundliche« und »rassenhygienische« Schriften, z. B. von Gobineau, Schemann, de Lagarde und die 1917 gegründete und von Houston S. Chamberlain mitherausgegebene Zeitschrift »Deutschlands Erneuerung«[25], sowie NS-Propagandaliteratur von Darré, Günther, Schultze-Naumburg u. a. (in den sechziger und siebziger Jahren setzte der Verlag diese Tradition durch die Publikation der Bücher Richard Wenzel Eichlers fort[26]). Zu Beginn seiner Schrift beschreibt Willrich die Aufgabe, zu deren Lösung er beizutragen hofft:

Möge das Entartete mitleidlos im eigenen Schmutz erstickt werden, damit das Gesunde und Edle gedeihe und herrsche, allein und bald und allezeit auch in unserer deutschen Kunst! [...] Dies Buch helfe denen, die unter »Kunst« etwas Edles, Gesundes verstehen, eine natürliche Lebensäußerung aus Volk und Art, für Volk und Art. [...] Möge es den Kämpfern für die Befreiung deutschen Wesens von Schutt und Schmutz und Widergeist eine Waffe sein.[27]

Auf rund 180 Seiten mit 64 Abbildungen enthält die Schrift »vorwiegend Zitate von Kunstkritikern, Kunsthistorikern und Künstlern, die Willrich aus den verschiedensten Quellen zusammengetragen, mit süffisanten Bemerkungen kommentiert und langatmig aneinandergereiht hatte«[28]. Eine besonders abschreckende Wirkung versprach er sich offensichtlich von sieben, aus unterschiedlichsten Werken moderner Künstler wild zusammenge-

20 Ob die Schau anfangs wirklich für München geplant war – wie auch Arntz (1962, Nr. 5, S. 46), vermutlich auf Rave fußend, schreibt – ließ sich nicht eruieren, scheint aber nach der oben zitierten Hitler-Rede vom 30. Januar 1937 und dem darin enthaltenen Hinweis auf die »Reichshauptstadt« als Ausstellungsort sehr unwahrscheinlich.

21 Rave 1987, S. 95. Der Autor erwähnt den Besuch von Willrich und Hansen vom April 1937 auch in seinem Protokoll über die erste Beschlagnahmeaktion vom 10. Juli 1937 (vgl. ebenda, S. 143).

22 Vgl. folgende Rezensionen: Der Führer, 27. Juli 1937; Frankfurter Volksblatt, 3. August 1937; MNN, 15. August 1937; VB, 28. August 1937 (Waldemar Hartmann); NSMH 8, 1937, Heft 89, S. 755; Weltkunst 11, 1937, Nr. 30/31, S. 7. Vgl. auch von Lüttichau 1987, S. 99f. und Roh 1962a, S. 77-79. Die häufiger zitierte zweite Auflage, in deren Vorwort Willrich auf die Ausstellung »Entartete Kunst« zu sprechen kommt, erschien bereits im Frühjahr 1938.

23 Verleger Lehmann gehörte zu den Gründungsmitgliedern des KfdK. Zur Geschichte des Lehmanns-Verlages vgl. Brenner 1963, S. 28; Ulbricht 1993, S. 132f.; Wulf 1983b, S. 135f.

24 1922 erschien im Lehmanns-Verlag das Buch »Die Offiziershetze als politisches Kampfmittel und Kulturerscheinung« von Georg Arthur Boehm, worin die Dadaisten – insbesondere George Grosz wegen seiner Mappe »Gott mit uns« – scharf angegriffen werden (vgl. Boehm 1922, S. 77-84). Dazu äußerte sich Tucholsky 1922, S. 47-53.

25 Vgl. Merker 1983, S. 318, Anm. 12 und Ulbricht 1993, S. 133.

26 Z. B. Eichler 1965 (Abb. 146-147) und 1968. Der Lehmanns-Verlag wurde zum 1. März 1977 liquidiert. Die medizinischen und naturkundlichen Bücher sowie das Recht, den Namen weiterzuführen, wurden vom Springer Verlag Berlin-Heidelberg übernommen, die Produkte Eichlers erscheinen seither im einschlägig bekannten Tübinger Grabert-Verlag (vgl. Kapitel 9 mit Anm. 10). Des weiteren trägt die JF Lehmanns Medizinische Buchhandlung GmbH in Berlin den Namen.

27 Willrich 1937, S. 5 und S. 7.

28 Von Lüttichau 1987, S. 100.

stückelten und mit Spottlegenden versehenen Collagen (Abb. 23). Bemerkenswert ist überdies ein Anhang mit penibel kompilierten Listen. In ihnen sind die Mitarbeiter der expressionistischen Zeitschrift Sturm, die Mitglieder der Berliner revolutionären »Novembergruppe«, die Bände der progressiven Reihe »Junge Kunst« erfaßt sowie Kunsthandlungen und Verleger, welche die »Entartete Kunst« förderten. Selbstredend unter Hinweis auf die »rassische Zugehörigkeit« der Personen. Die Intention der Schrift liegt auf der Hand:

Sein Autor hatte es sich zur Aufgabe gemacht, die in vielen nationalsozialistischen Artikeln über einen langen Zeitraum verbreiteten, in den zahlreichen »Schandausstellungen« und »Schreckenskammern« über Jahre erhobenen Vorwürfe und Attacken gegen die verhaßte moderne Kunst minutiös zusammenzutragen und pseudowissenschaftlich auszuwerten.[29]

Willrich arbeitete dabei eng mit Hansen zusammen. Das Schrifttum und das Archiv Hansens – angeblich besaß er eine umfangreichere Materialsammlung als die Gestapo[30] – waren eine Hauptquelle für Willrich. Johann von Leers, durch antisemitische Schriften bekanntgewordener Autor und SS-Hauptsturmführer, behauptete: »Willrich hat mir zugegeben, was ich zu bezeugen bereit bin, daß der größte Teil seines Buches Material ist, das Hansen geliefert hat. Hansen ist der eigentliche Geist und Inspirator dieses Buches«[31]. Der Person Hansens entsprachen Inhalt und Diktion des Pamphlets ganz gewiß, ebenso die Tatsache, daß es mindestens zwei Verleumdungsklagen zeitigte. Sie wurden angestrengt von Georg Biermann (Leipziger Kunsthistoriker, Verleger und Herausgeber der Zeitschrift Cicerone sowie der Monographienserie »Junge Kunst«) und Gottfried Benn (vgl. Kapitel 2.4), die zu den zahlreichen, von Willrich als »Kulturbolschewisten« beschimpften Personen gehörten.[32] Vor Gericht erreichte Biermann am 8. Oktober 1937 eine einstweilige Verfügung gegen den Vertrieb des Buches, die jedoch in zweiter Instanz aufgehoben wurde.[33] Benn protestierte vergeblich bei Verleger Lehmann.[34] In dieser Angelegenheit schrieb Himmler am 18. September 1937 an Willrich:

Ich schätze Ihren Kampf gegen die entartete Kunst gewiß sehr hoch ein, und ich glaube, Sie können sich nicht beschweren, daß ich für diesen Kampf keinen Beitrag geliefert hätte oder kein Verständnis aufbrächte. Ich glaube aber, daß dieser Kampf nicht so, wie ich bei Ihnen den Eindruck habe, Lebensinhalt und Amoklaufen werden darf. Ich wiederhole meine Überzeugung, die ich Ihnen gegenüber schon einmal mündlich aussprach, daß es wichtiger wäre, wenn Sie weiterhin gute Bilder malten, als nun jeden Einzelnen, der im Jahre 1918/19 und auch meinetwegen später als Künstler dumme Sachen geschaffen oder verfaßt hat, nun bis zur Vernichtung seiner Existenz zu verfolgen.[35]

Im Gegensatz zu Hansen, welcher nach der Münchner Femeschau vom Ministerium Rust mit dem Aufbau des Archivs »Entartete Kunst« betraut wurde, verschwand Willrich schnell von der Bühne der offiziellen Kunstpoli-

29 Ebenda. An dieser Stelle sei auf das 79seitige Elaborat von Adolf Dresler 1938 hingewiesen, das ein ähnliches Ziel verfolgte. Es enthält neben einem Text des Autors auf 45 Bildseiten Gegenüberstellungen von Werken aus der Ausstellung »Entartete Kunst« und der GDK; eine solche Doppelseite ist abgedruckt bei Hinz 1991, S. 141. Vgl. die Pressestimmen im VB vom 2. August 1938 und im DK 12, 1938, Folge 4 (abgedruckt in: Das Bild 5, 1938, o. S.) sowie Rave 1987, S. 116f. und Roh 1962a, S. 79. – Zur Person Dreslers, der als Hauptamtsleiter in der NSDAP-Reichsleitung tätig war, vgl. Köhler 1937, S. 25 und Wulf 1983d, passim.

30 Nach einem Brief von Johann von Leers an Himmler, 10. März 1938: »Der Maler Willrich hat mir selber und anderen gesagt, daß wichtiges Material seines Buches von Hansen stamme und er ohne Hansen gar nicht so hätte arbeiten können, dieser hätte mehr Material als die Geheime Staatspolizei« (IfZ, MA-286, 8291-8378, Bl. 528321). Der Brief entstand im Zusammenhang mit den Beschuldigungen Hansens gegen von Leers, wonach dieser den Protest des NSD-Studentenbundes vom 30. Juni 1933 in der Berliner Universität (vgl. Kapitel 2.4) als »Studentenputsch« angezettelt habe. Vgl. Hildegard Brenner 1963, S. 70 mit Nachweisen von Artikeln Hansens über den Studentenprotest in Anm. 21 sowie zu von Leers Wulf 1983b, S. 73, Anm. 2 und passim. Vgl. ferner die Kurzbiographie Hansens in Kapitel 10.3 mit Anm. 6.

31 Schreiben von Leers' an Georg Biermann, 28. November 1937 (zitiert nach Wulf 1983a, S. 401). Die Kopie des Briefes im IfZ (Mikrofilm MA-286, 8291-8378, Bl. 528352) ist mit handschriftlichen Kommentaren von Willrich versehen. Neben den zitierten Satz schrieb er »gelogen«.

32 Vgl. Willrich 1937, S. 23, S. 169 und S. 172.

33 Die Berufungsverhandlung fand am 6. Dezember 1937 vor dem Zivilsenat des Kammergerichts Berlin statt; vgl. DK 12, 1938, Folge 2 und Das Schwarze Korps, 3. Februar 1938.

34 Vgl. hierzu ausführlich Wulf 1983b, S. 131-144.

35 Zitiert nach ebenda, S. 144.

tik. Am 24. August 1937 schrieb Wolfgang Schöne, Volontär an der Nationalgalerie Berlin, an den »beurlaubten« Direktor Hanfstaengl: »Willrich ist übrigens schon gestürzt, worüber weiß man nicht«. Zwei Tage später wandte sich auch Alfred Hentzen an Hanfstaengl: »Willrich scheint schon ziemlich abgehängt. Er ist übrigens Ludendorffianer, wenn mir recht berichtet wurde. Das würde passen«.[36]

Doch zurück zum Ausgangspunkt, der Ausstellung »Gebt mir vier Jahre Zeit«. Einzelheiten über die in ihrem Rahmen vorgesehene »Kunstabteilung« entnehmen wir einem aufschlußreichen Bericht Willrichs vom 30. April 1937:

> In der 2. April-Woche 1937 rief mich Dr. Richter vom Deutschen Propaganda-Atelier[37] an und fragte, ob ich für die Ausstellung »Gebt mir 4 Jahre Zeit!« ein Schaufenster zusammenstellen könnte mit Material entarteter Kunst. Der Minister für Volksaufklärung und Propaganda, Dr. Goebbels, wünschte, daß ein ganz klarer Gegensatz geschaffen würde (schwarz-weiß) zwischen der »Kunst von damals und der Kunst unserer Tage«. Ich war freudig erstaunt über diese Anfrage und sagte: »Ja, das ist doch eine Sache, die muß doch die Kammer machen!«. Darauf antwortete mir Dr. Richter: »Wir haben uns auch zunächst an die Kammer gewendet, und die Kunstkammer hat erklärt, sie könnte es nicht machen und hätte auch kein Material. Auf unsere Bitte, doch einen Sachverständigen zu nennen, sind Sie und Walter Hansen genannt worden. Ich bitte Sie auch, sich mit Herrn Walter Hansen in Verbindung zu setzen und mit ihm gemeinsam die Sache zu machen. Wir brauchen vor allem Originale!«. Ich erwiderte: »Außer der von Oberbürgermeister Zörner in Deutschland herumgeschickten Sammlung wird schwer etwas zu bekommen sein, weil unsere heutigen Museumsdirektoren größtenteils noch mit den Künstlern, die wir als entartet zeigen müßten, sympathisieren. [...] Es ist zu erwarten, daß diese Leute also querschießen werden, so gut sie nur können [...]«. Darauf sagte mir Dr. Richter: »Das kommt gar nicht in Frage. Wir können jeden ministeriellen Druck dahintersetzen!«. Ich erwiderte: »Wenn es so ist und der Minister den ernsten Willen hat, die führenden Köpfe dieses Gesindels im Gegensatz zur nationalsozialistischen Kunstauffassung anzuprangern und ich als Sachverständiger dafür genannt werde, so will ich mich dem nicht entziehen [...]. Denn natürlich übernehme ich für diese Auswahl des Materials die volle persönliche Verantwortung. Ich werde mich auch mit Herrn Hansen in Verbindung setzten. Beschaffen Sie inzwischen für uns die Vollmachten«.[38]

Willrich fährt fort, Hansen und er hätten – ausgestattet mit zwei Vollmachten, eine vom Goebbels-Ministerium, die andere von der Geheimen Staatspolizei – zuerst das Berliner Kupferstichkabinett und dann die Neue Abteilung der Nationalgalerie (Kronprinzenpalais) mit ihrem Besuch überrascht, wobei es ihnen sogar gelungen sei, die in den Jahren zuvor abgehängten und magazinierten Bestände zu inspizieren. In der Folge müssen Hansen und Willrich getrennt etliche Sammlungen aufgesucht haben. Willrich reiste nach eigenen Aussagen nach Dresden, wo er »aus den Restbeständen des Stadtmuseums und des Staatlichen Kupferstichkabinetts ebenfalls groteskes Material«[39] heraussuchte, in der (Staatlichen) Gemäldegalerie hingegen nichts erhielt. Hansen begab sich in seine Heimatstadt Hamburg, mit deren Sammlungen er bestens vertraut war, wo er in der Kunsthalle und im Museum für Kunst und Gewerbe erschien. Das dokumentieren im Staatsarchiv Hamburg aufgefundene Schreiben Hamburger Behörden, die, verunsichert und entrüstet über das Vorgehen Hansens, sich, zum Teil unter Protest, an das Propaganda- bzw. Erziehungsministerium wenden. Der Präsident der Kultur- und Schulbehörde, von Allwörden, schreibt am 28. April 1937 an Goebbels:

36 Beide Zitate nach Alfred Hentzen 1970, S. 88, Anm. 85. In der Tat findet sich im Lebenslauf Willrichs (Dok. 75) ein Hinweis auf Ludendorff.

37 Das DPA wurde nach Akten im BA (R 55/747) im Zuge der Vorbereitungen für die Olympiade 1936 gegründet. Zur seiner Tätigkeit im Zusammenhang mit der Vierjahresschau, in deren Führer es nicht erwähnt wird, vgl. Pohlmann 1988, S. 26 mit Anm. 60 sowie Brüning 1993, S. 30. Neben der Ausstattung der Funkturmhallen war das DPA für die Beschaffung bzw. Herstellung der Propagandamittel verantwortlich, z. B. für das Plakat (Abb. 22; im Auftrag der RPL entwarf das Atelier des öfteren Plakate, vgl. jenes zur Ausstellung »Weltfeind Nr. 1 – Der Bolschewismus«, Abb. 118). Zur Regelung der Zuständigkeiten auf dem Gebiet der Ausstellungspropaganda in den Kriegsjahren, insbesondere der Abgrenzung zum IKWP, vgl. BA R 55/747, Bl. 167-172, Bl. 176 und Bl. 248f. (Ausstellungsliste) sowie Kapitel 6.1.

38 Zitiert nach Wulf 1983a, S. 351-354, hier S. 351f. Ein Auszug ist abgedruckt bei Janda/Grabowski 1992, S. 50. Der Bericht war einem Brief von Willrich und Konrad Nonn, Ministerialrat im Preußischen Finanzministerium, an den Reichsbauernführer und Reichsminister für Ernährung und Landwirtschaft Richard Walter Darré vom 30. April 1937 (abgedruckt bei Wulf 1983a, S. 350f.) beigelegt.

39 Zitiert aus dem Bericht Willrichs bei Wulf 1983a, S. 353.

Vor einigen Tagen erschien in der hiesigen Kunsthalle und im hiesigen Museum für Kunst und Gewerbe der frühere Lehrer im hamburgischen Staatsdienst Walter Hansen, um unter Berufung auf einen dortigen Antrag Material zusammenzustellen, das geeignet wäre, auf der Ausstellung »Gebt mir vier Jahre Zeit« die Periode der Verfallskunst typisch darzustellen. Die Auswahl dieses Vertreters mußte auffallen [es folgt eine längere Beschwerde über Hansens frühere Tätigkeit in Hamburg]. Wenngleich durch die dortigen Schnellbriefe vom 24. d. M. der Auftrag Walter Hansens seine Bestätigung zu finden scheint, wird man es mir und dem Präsidenten der Kultur- und Schulbehörde nicht verargen können, wenn angesichts der Fülle des hier vorliegenden Materials die Echtheit des Auftrags zunächst in Zweifel gezogen und die schriftliche Bestätigung des Herrn Ministers verlangt werden mußte.[40]

Unter demselben Datum und augenscheinlich in Absprache mit von Allwörden schreibt das Hamburgische Staatsamt an den Reichs- und Preußischen Minister für Wissenschaft, Erziehung und Volksbildung, Rust:

Auffallend erscheint, daß Hansen gegenwärtig von dem Reichsminister für Volksaufklärung und Propaganda beauftragt zu sein scheint, durch eine Rundreise bei den größeren Kunstinstituten Material festzustellen, das geeignet ist, auf der Ausstellung »Gebt mir vier Jahre Zeit« die Periode der Verfallskunst typisch darzustellen.[41]

Am 11. Mai 1937 – die Berliner Schau hat bereits begonnen – ist es der Reichsstatthalter in Hamburg, Karl Kaufmann, persönlich, der das Leihansuchen für die von Hansen ausgewählten Gegenstände ablehnt.[42]
In Ergänzung zu den von Willrich und Hansen persönlich aufgesuchten Museen schickte das Propagandaministerium am 24. April 1937 Schnellbriefe an verschiedene Sammlungen mit der Aufforderung, unverzüglich bestimmte Kunstwerke nach Berlin zu übersenden. So mußte das Landesmuseum Hannover drei Gemälde von Baumeister, El Lissitzky und Schwitters zur Verfügung stellen[43], das Museum der bildenden Künste Leipzig ein Gemälde von Feininger (»Hopfgarten«) und eine Lithographie von Grosz (»Erinnerung an New York«).[44] Während es als gesichert gelten darf, daß diese Kunstwerke in Berlin eingingen, ist unklar, ob Hansen und Willrich, formal autorisiert durch ihre Vollmachten, mit Originalen oder nur mit Listen aus den von ihnen heimgesuchten Museen in die Hauptstadt zurückkehrten. Dort kam es, was die »Kunstabteilung« auf der Exposition »Gebt mir vier Jahre Zeit« betraf, während des Aufbaus zu einer Konzeptänderung, hinter welcher Differenzen zwischen den beteiligten Institutionen standen. Hören wir dazu nochmals Willrich in dem erwähnten Bericht:

Inzwischen hat aus mir unbekannten Gründen das Propaganda-Atelier seinen ersten Plan, mit Originalen zu überzeugen, fallengelassen, obwohl genug Material da war [!] und mir aufgegeben, mit Bücherabbildungen zu überzeugen. Ich schaffte nun herbei, was ich konnte. Wie ich das Schaufenster ausstattete, wurde mir plötzlich eröffnet, daß der Präsident der Kunstkammer, Ziegler, und sein Mitarbeiter Hoffmann es für unerwünscht erklärt hätten, die Streitfrage um die entar-

40 Der Brief trägt den Briefkopf des Reichsstatthalters in Hamburg (STA Hamburg 131-6-187).

41 Der mit Lindemann gezeichnete Brief enthält wie jener von von Allwörden eine Beschwerde über Hansen (STA Hamburg 131-6-187).

42 Vgl. den Brief des Reichsstatthalters in Hamburg an den Reichsminister für Volksaufklärung und Propaganda, 11. Mai 1937 (STA Hamburg 131-6-187). Namentlich äußert Kaufmann sein Befremden über die Auswahl von Werken Kirchners sowie dreier Einzelblätter aus der Muck-Mappe. Hierbei handelt es sich um einen 1930/31 von Max Sauerlandt initiierten Auftrag des Hamburger Senats zum 70. Geburtstag des Dirigenten der Hamburgischen Philarmonie, Carl Muck, für den Rolf Nesch 24 Radierungen schuf (freundliche Mitteilung von Andreas Hüneke).

43 Vgl. den Schnellbrief des Propagandaministeriums an das Landesmuseum Hannover vom 24. April 1937, reproduziert bei Katrin Sello 1983, Dok. 1. In Sellos Kommentar dazu heißt es: »Das Schreiben wurde von Dr. Ferdinand Stuttmann an die Verwaltung des Provinzialverbandes zur Entscheidung weitergeleitet und und kam mit handschriftlicher Anweisung zurück: ›Urschr. zurück mit dem Auftrag, die Bilder abzugeben‹. Nach Ablauf der Ausstellung in Berlin wurden die drei Bilder von Seiten des Landesmuseums immer wieder zurückgefordert [...]; offenbar sind sie aber nie zurückgeschickt worden. In der zusammenfassenden Liste über die 1937 beschlagnahmten Gemälde des Landesmuseums Hannover sind die drei nach Berlin entliehenen Bilder aufgeführt«. Ferdinand Stuttmann war seit Alexander Dorners Fortgang am 1. Februar 1937 kommissarischer Leiter der Abteilung Kunst des Landesmuseums.

44 Die Werke wurden am 26. April 1937 abgeschickt. Ab 19. Juli 1937 gehörten sie zu den Exponaten der Münchner Ausstellung »Entartete Kunst« (vgl. Mehnert 1992, S. 21f.).

tete Kunst wieder aufzurollen.[45] Da ich den Auftrag vom Propagandaminister bekommen hatte und nicht von der Kunstkammer [...], ließ ich mich in der Auswahl nicht beirren. Dann erschien Ministerialrat Haegert und erklärte, daß bestimmte Künstler wie Schmidt-Rottluff, Nolde, Pechstein und Ludwig Gies nicht gezeigt werden dürften. Ich war darüber einigermaßen erstaunt, weil gerade diese Namen führend im kunstbolschewistischen System zutage getreten waren [...]. Es kam Herr Vizepräsident der Reichsschrifttumskammer Wissmann[46] hinzu, sah sich den von mir aufgebauten Schaukasten an und fand ihn ausgezeichnet. Er meinte auch, daß auf diese Weise sich das System eindrucksvoller zeigen ließe als nur mit literarischen Broschüren und Schriften. Es gab dann ein Hin und Her zwischen den verschiedenen Herren, was nun werden sollte. Schließlich wurde entschieden, mann wolle abwarten, was der Minister [Goebbels] selber dazu sagte. [...] der Minister war bereits in der Halle, als Herr Richter »Hals über Kopf« auf Befehl Haegerts den ganzen Aufbau ändern sollte. [...] Ich erklärte, daß ich nunmehr keine Verantwortung für die Sache übernehmen könnte und mein Material zurückziehen müßte. Zu gleicher Zeit wies ich darauf hin, daß z. B. ein Werk Noldes an einer anderen Stelle der Ausstellung angeprangert worden ist [!]. [...] [Ich halte] es für unbedingt erforderlich, daß diese Angelegenheit einer richterlichen Untersuchung unterworfen wird.[47]

Im selben Text spricht Willrich über »das inzwischen herbeigeholte Merzbild von Schwitters, dieses dadaistische Schauerstück«[48]. Wenn es sich dabei um das originale »Merzbild« aus dem Besitz des Dresdner Stadtmuseums handelt, welches später zu den »Hauptattraktionen« der Wanderschau »Entartete Kunst« gehören sollte, so ist die Information von großer Wichtigkeit. Denn das »Merzbild« befand sich seit 1933 auf der Tournee der Dresdner Vorläuferausstellung »Entartete Kunst«, deren Spur sich Ende März 1937, nach der letzten bekannten Etappe, verliert (vgl. Kapitel 3.8.1.12). Hier könnte ein Hinweis darauf vorliegen, daß die Dresdner Werke im Zusammenhang mit den Vorbereitungen zur Ausstellung »Gebt mir vier Jahre Zeit« nach Berlin transportiert wurden. Dafür sprechen könnte auch, daß Willrich zu Beginn seines Berichts die Dresdner Exposition erwähnt.

Welches Bild sich letztlich den Besuchern der Halle zwei der Vierjahresschau in der Abteilung »Kultur«[49] darbot, ob der von Goebbels geforderte »schwarz-weiß Gegensatz« mit originalen Kunstwerken oder Photographien konstruiert wurde, muß einstweilen dahingestellt bleiben. Der Kommentar in der zitierten Ausstellungsbroschüre hilft leider nicht weiter: »Einst jüdische Überschwemmung und Verschüttung aller nationalen Kulturwerte, heute auf allen kulturellen Gebieten höchstes Verantwortungsgefühl und freier Weg für das Schöpfertum deutscher Kunst«.

Wenngleich Willrichs Bericht gewiß nicht geeignet ist, ein objektives Bild von den Vorbereitungen zur Ausstellung zu entwerfen, steht doch folgendes fest: Anläßlich dieses Ereignisses brechen die zwischen der Reichskammer der bildenden Künste und dem Propagandaministerium bestehenden unvereinbaren Auffassungen über die Frage der Abrechnung mit der »entarteten Kunst« offen hervor. Willrich gerät zwischen die Fronten und muß – sichtlich erbost – den Hut nehmen. Am 26. Mai 1937 wendet er sich nochmals an Darré, um seiner Empörung über die »Kapitulation der Kunstkammer und des Propagandaministeriums vor den Kunstbolschewistengünstlingen, die anläßlich der Ausstellung ›Gebt mir vier Jahre Zeit‹ zutage trat«[50], Luft zu machen. Er beklagt die zu laxe und unentschiedene offizielle Kunstpolitik und endet mit der pathetischen Aufforderung: »Dem muß abgeholfen werden!«.

Dieser Meinung war auch der Propagandaminister selbst. Durch das Debakel in der Vierjahresschau – und vielleicht durch Eingaben Willrichs, auf jeden Fall aber durch die Lektüre seines Buches – aktiviert, faßte er den Plan einer endgültigen und vor allem eindeutigen Abrechnung großen Maßstabs mit dem »Kunstbolschewismus«. Denn daß es dafür höchste Zeit war, hatten die internen Kontroversen um die Berliner Exposition dra-

45 Es ist sehr wohl denkbar, kann aber vorerst nicht bewiesen werden, daß Ziegler sich anfänglich gegen das »Wiederaufrollen der Streitfrage um die entartete Kunst« gestellt hat. Vgl. die nächsten Zitate aus den Goebbels-Tagebüchern, welche die Kontroversen innerhalb der NS-Führungsriege belegen.

46 Zu Heinz Wissmann vgl. Wulf 1983a, S. 354, Anm. 1.

47 Zitiert nach Wulf 1983a, S. 353f.

48 Zitiert nach ebenda, S. 353.

49 Daß die Schau auch als »kulturelles« Ereignis verstanden werden sollte, geht aus ihrer Aufnahme in den offiziellen Ausstellungskalender der RbK hervor (vgl. MittRbK 2, 1937, Heft 4, S. 11).

50 BDC, PA Darré im Best. Reichsnährstand.

stisch vor Augen geführt. Goebbels' Tagebücher dokumentieren die Stadien der Vorbereitung. Am 5. Juni 1937, sechs Wochen vor der Eröffnung der Femeschau, konstatiert er:

> Trostlose Beispiele von Kunstbolschewismus werden mir vorgelegt. Jetzt schreite ich aber ein. Die Professoren bei Rust müssen abgesetzt werden. Und ich will in Berlin eine Ausstellung der Kunst der Verfallszeit veranstalten. Damit das Volk sehen und erkennen lernt. [...] Mit Speer meine Maßnahmen gegen den Kunstbolschewismus besprochen. Er wird mir dabei helfen.[51]

Einen Impuls zu diesen »Maßnahmen« hatte ohne Zweifel Willrichs Pamphlet gegeben. Es löste Goebbels' Entscheidung aus, zu diesem Zeitpunkt einen schärferen Kurs gegenüber der »Entarteten Kunst« einzuschlagen. In seinem Tagebuch notiert er:

> Lektüre: Willrich »Säuberung des Kunsttempels«. Die ist auch nötig, und ich werde sie vornehmen.[52]

Am nächsten Tag, dem 12. Juni 1937, befaßt er sich erneut mit dem Vorhaben und stößt mit einigem Erstaunen auf Widerstand.

> Auf dem Gebiet der Verfallskunst gearbeitet. Überall Widerstände. Jetzt sogar von Speer und Schweitzer. Ich verstehe das nicht. Aber aufgeräumt wird doch.[53]

Goebbels setzt sich durch. Am 30. Juni tritt der Plan in das entscheidende Stadium:

> Prof. Ziegler berichtet von München. Die Ausstellung [Große Deutsche Kunstausstellung] soll nun fertig sein. Ich bespreche mit ihm die die von mir geplante Ausstellung der Verfallszeit. Auch da kann Schweitzer nicht allein maßgebend sein. Zu abhängig in seinem Urteil. [...] Verfallskunst-Ausstellung [von Hitler] genehmigt. Wahrscheinlich München. Habe Ermächtigung, die diesbezüglichen Stücke in allen Museen zu beschlagnahmen. Ich beauftrage Ziegler und Schweitzer mit der Durchführung.[54]

Daß schließlich – einem Vorschlag Hitlers folgend? – München und nicht Berlin der Vorzug gegeben wurde, hing mit der Großen Deutschen Kunstausstellung zusammen, mit welcher – konzipiert als erste repräsentative Selbstdarstellung der »Deutschen Kunst« nach vier Jahren nationalsozialistischer Herrschaft – am 18. Juli 1937 das Haus der Deutschen Kunst in München eröffnet werden sollte. Goebbels' für die Vierjahresschau formulierte Vision eines »klaren Gegensatzes (schwarz-weiß)« konnte kaum effektvoller in Szene gesetzt werden als durch die antithetische Gegenüberstellung von »wahrer deutscher« und »entarteter« Kunst. Ort und Termin waren somit vorgegeben, Eile geboten. Noch am 30. Juni 1937, dem Tag der Gespräche des Propagandaministers mit Ziegler und der Genehmigung Hitlers, unterzeichnete Goebbels den folgenden Erlaß:

> Aufgrund einer ausdrücklichen Vollmacht des Führers ermächtige ich hiermit den Präsidenten der Reichskammer der bildenden Künste, Herrn Professor Ziegler, München, die im deutschen Reichs-, Länder- und Kommunalbesitz befindlichen Werke deutscher Verfallskunst seit 1910 auf dem Gebiete der Malerei und Bildhauerei zum Zwecke einer Ausstellung auszuwählen und sicherzustellen. Ich bitte, Herrn Professor Ziegler bei der Besichtigung und Auswahl der Werke weitgehende Unterstützung zuteil werden zu lassen. (Dok. 18)

Hierzu bemerkt Rave:

> Das war ungeheuerlich. Ein Minister darf Besitz des Reiches, der Länder und der Städte sicherstellen lassen? Nach Gutdünken durch einen in weitesten Kreisen bis dahin völlig unbekannten Maler? Er durfte es. Er hatte sich einen sogenannten Führerbefehl erwirkt, mit dem man im Einheitsstaat anstellen konnte, was man wollte.[55]

Tatsächlich bedeutete die Ermächtigung einen Eingriff des Reichs in die Rechte der Länder und Gemeinden und vor allem in die Befugnisse des Erziehungsministers Rust, dem die Museen unterstanden. Auch an dieser Stelle treten die Rivalität und der Machtkampf zwischen dem energischen Pragmatiker Goebbels und dem eher unent-

51 Zitiert nach Fröhlich 1987a, Teil 1, Bd. 3, S. 166.
52 Vermerk unter dem 11. Juni 1937, zitiert nach ebenda, S. 171.
53 Zitiert nach ebenda, S. 172.
54 Zitiert nach ebenda, S. 190.
55 Rave 1987, S. 96.

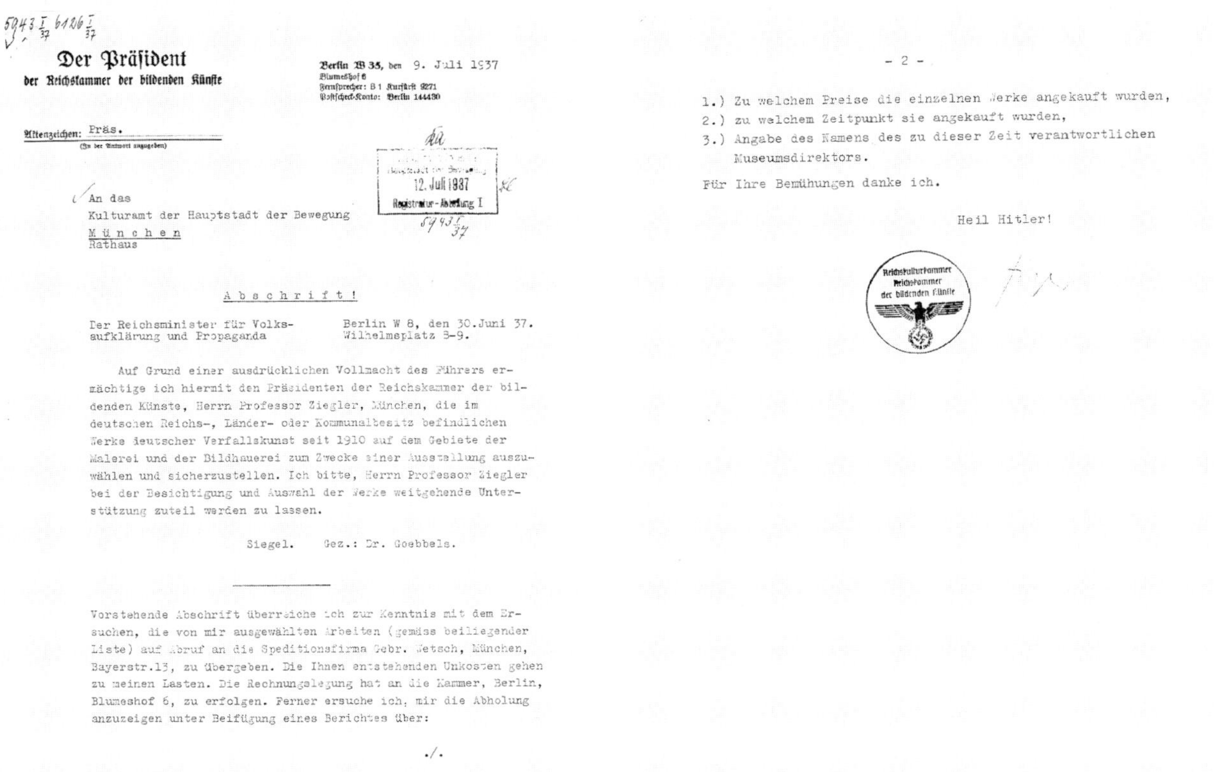

5943 I/37 6126 I/37

Der Präsident
der Reichskammer der bildenden Künste

Berlin W 35, den 9. Juli 1937
Blumeshof 6
Fernsprecher: B 1 Kurfürst 9271
Postscheck-Konto: Berlin 144430

Aktenzeichen: Präs.
(In der Antwort angeben)

12. Juli 1937
Registratur-Abteilung I
5943 I/37

An das
Kulturamt der Hauptstadt der Bewegung
München
Rathaus

Abschrift!

Der Reichsminister für Volksaufklärung und Propaganda
Berlin W 8, den 30. Juni 37.
Wilhelmsplatz 8-9.

Auf Grund einer ausdrücklichen Vollmacht des Führers ermächtige ich hiermit den Präsidenten der Reichskammer der bildenden Künste, Herrn Professor Ziegler, München, die im deutschen Reichs-, Länder- oder Kommunalbesitz befindlichen Werke deutscher Verfallskunst seit 1910 auf dem Gebiete der Malerei und der Bildhauerei zum Zwecke einer Ausstellung auszuwählen und sicherzustellen. Ich bitte, Herrn Professor Ziegler bei der Besichtigung und Auswahl der Werke weitgehende Unterstützung zuteil werden zu lassen.

Siegel. Gez.: Dr. Goebbels.

Vorstehende Abschrift überreiche ich zur Kenntnis mit dem Ersuchen, die von mir ausgewählten Arbeiten (gemäss beiliegender Liste) auf Abruf an die Speditionsfirma Gebr. Wetsch, München, Bayerstr.13, zu übergeben. Die Ihnen entstehenden Unkosten gehen zu meinen Lasten. Die Rechnungslegung hat an die Kammer, Berlin, Blumeshof 6, zu erfolgen. Ferner ersuche ich, mir die Abholung anzuzeigen unter Beifügung eines Berichtes über:

./.

- 2 -

1.) Zu welchem Preise die einzelnen Werke angekauft wurden,
2.) zu welchem Zeitpunkt sie angekauft wurden,
3.) Angabe des Namens des zu dieser Zeit verantwortlichen Museumsdirektors.

Für Ihre Bemühungen danke ich.

Heil Hitler!

Reichskulturkammer
Reichskammer
der bildenden Künste

Dok. 18 Brief von Adolf Ziegler, Präsident der Reichskammer der bildenden Künste, an das Kulturamt der Stadt München, 9. Juli 1937 (StA München Kulturamt 649/2)

schlossen handelnden Rust um die Zuständigkeiten auf dem kunstpolitischen Sektor zutage. Rust wurde der Erlaß zur bloßen Kenntnisnahme vorgelegt. Widerspruch wagte er nicht, er entsandte lediglich zwei Beobachter in die zu konstituierende Beschlagnahmekommission. Unter dem Eindruck des rigorosen Vorgehens von seiten Goebbels' ließ Rust wenige Tage später, am 5. Juli 1937, das Kronprinzenpalais schließen. Am 1. Juli 1937 vermerkt der Propagandaminister in seinem Tagebuch:

> Ziegler Ermächtigung zur Beschlagnahme der Verfallskunst gegeben. Er fährt nun mit seiner Kommission los. Hoffentlich schaffen wir es noch bis zum Tag der deutschen Kunst. Das wird ein Schlag ins Kontor.[56]

Diese Kommission, welche unter seiner Leitung den Auftrag durchführen sollte, stellte Ziegler binnen drei Tagen zusammen. Ihr gehörten folgende, in Kapitel 10.3 vorgestellte Personen an: Walter Hoffmann[57], Hans (Hanns) Schweitzer, Hellmut Sachs, Wolfgang Willrich[58], Walter Hansen sowie die von Rust entsandten Beobachter Klaus Graf von Baudissin und Otto Kummer.

In einer nur zehn Tage (4. bis 14. Juli 1937) dauernden Blitzaktion, bei welcher 4.000 Kilometer per Auto zurückgelegt worden sein sollen (Dok. 25), führte die Kommission in 23 Städten und 32 Sammlungen die erste von

56 Zitiert nach Fröhlich 1987a, Teil 1, Bd. 3, S. 192. Diesen »Schlag ins Kontor« rechnete sich Goebbels als seinen Verdienst an. Am 10. Juli 1939 lesen wir: »Die Münchener Ausstellung [GDK] wird sehr gut werden. Führer will eine scharfe Rede gegen die Verfallskunst halten. Und ich steuere meinen Beitrag zu durch die Ausstellung der Verfallskunst« (zitiert nach ebenda, S. 198f.).

57 Bisweilen wird Walter Hoffmann mit Franz Hofmann, dem ehemaligen Kunstkritiker des VB und Leiter der Städtischen Galerie in München, verwechselt. Indes gehörte Franz Hofmann nicht der ersten, sondern der zweiten Beschlagnahmekommission an (vgl. Kapitel 5 und 10.3).

58 Willrich wurde auf ausdrücklichen Wunsch von Goebbels in die Kommission berufen (vgl. Hildegard Brenner 1963, S. 108).

zwei landesweiten Beschlagnahmeaktionen durch. Am 15. Juli erstattete Ziegler seinem Minister darüber Bericht. Der notiert in seinem Tagebuch:

> Bericht Prof. Zieglers über seine Erfahrungen bei der Beschlagnahme der Verfallskunst. Das macht, weil Rust keine Initiative hat [sic!]. Das gehört zu mir – und ich werde es auch bekommen. Der Führer muß entscheiden. So werden wir die Bolschewiken nie los. Sie fungieren heute noch als Lehrer der Jugend.[59]

Es soll hier einmal eine möglichst vollständige Rekonstruktion der Reiseroute mit den zugehörigen Terminen versucht werden.[60] Allem Anschein nach schickte sich die Gruppe an, das Reich systematisch von Norden nach Süden zu durchkämmen. Startpunkt war vermutlich Hamburg, anschließend führte die Reise über Hannover, Wuppertal-Barmen, Bremen, Essen, Hagen in Westfalen, Krefeld, Düsseldorf, Köln und Frankfurt am Main nach Berlin. Wegen Zeitmangels spaltete sich der Ausschuß nun auf: Während sich Ziegler mit einigen Mitarbeitern in den süddeutschen Raum begab (Mannheim, Karlsruhe, München, Stuttgart), delegierte er die Durchsuchung der Museen in Magdeburg, Halle und Breslau an Willrich[61] und jene in Lübeck und Kiel an Hansen[62]. Es ergeben sich folgende Reisedaten:

Kommission:	Hamburg: 4. Juli 1937 [?] Bremen: 5. Juli 1937 Hannover: 5. Juli 1937 Wuppertal-Barmen: 5. Juli 1937 Hagen in Westfalen: 6. Juli 1937 Essen: 6. Juli 1937 Krefeld: 6. Juli 1937 Düsseldorf: 6. Juli 1937 Köln: 6. Juli 1937 Frankfurt am Main: 7. Juli 1937 Berlin: 7. Juli 1937
Ziegler:	Mannheim: 8. Juli 1937 Karlsruhe: zwischen 8. und 10. Juli 1937 München: 9. Juli 1937 Stuttgart: 10. Juli 1937[63]
Willrich:	Magdeburg: 8. Juli 1937 Halle: 8. Juli 1937 Breslau: 8. Juli 1937[64]
Hansen:	Lübeck: 14. Juli 1937 Kiel: 14. Juli 1937

In Dresden erschienen die Kunstschergen (Willrich?) am 9. und 10. Juli 1937, jedoch ohne Werke für die Münchner Ausstellung anzufordern.[65] Hinsichtlich der Aktion in Stettin ist nur bekannt, daß die im dortigen Städtischen Museum beschlagnahmte Holzskulptur »Kruzifixus« von Ludwig Gies am 10. Juli 1937 in München eintraf (vgl. Kapitel 10.2).

59 Zitiert nach Fröhlich 1987a, Teil 1, Bd. 3, S. 202f.

60 Vgl. auch die Dokumentation der Beschlagnahmungen in Kapitel 10.2.

61 Willrichs Teilvollmacht ist abgedruckt bei Hüneke 1987a, S. 1.

62 Zu Hansens Teilvollmacht vgl. Weyhe 1974, S. 66.

63 Baudissin war – entgegen der in der älteren Literatur gelegentlich auftauchenden Nachricht – bei der Beschlagnahmeaktion in der Staatsgalerie Stuttgart am 10. Juli 1937 persönlich nicht anwesend. Das »war [...] auch nicht erforderlich, da er ja die Bestände, die er in zwei Sammlungskatalogen publiziert hatte, genauestens kannte. Er brauchte der Kommission nur die einschlägigen Werke in seinem Katalog von 1931 anzukreuzen, die für den Abtransport nach München auszusondern waren« (von Maur 1987, S. D 3f.).

64 Der Hallenser Museumsdezernent Bernhard Grahmann berichtete am 17. Juli 1937 dem Hallenser Oberbürgermeister über die Aktion in der Moritzburg: »Die ganze Sache kam Hals über Kopf, der Beauftragte von Prof. Ziegler kam im Flugzeug, nach Schluß der Dienststunden mittags, und flog sofort nach Breslau weiter« (zitiert nach Hüneke 1987a, S. 2).

65 Das geht aus einem Schreiben des Direktors der Gemäldegalerie, Hans Posse, an Regierungsrat Dr. Schwarz vom 22. Juli 1937 hervor (Archiv der Staatlichen Kunstsammlungen Dresden, Akte »Aktion ›Entartete Kunst‹«, S. 17f.; freundliche Mitteilung von Heike Biedermann, Dresden).

Die Schilderungen der betroffenen Museumsbeamten[66] belegen, daß die Aktion sie völlig unvorbereitet und überrascht traf, gleichsam wie ein Überfall. Es wurde ihnen lediglich eine Abschrift des Goebbels-Erlasses vorgewiesen, die in einem – je nach verantwortlichem Kommissionsmitglied variierenden – Zusatz folgende Aufforderung enthielt (Dok. 18):

> Vorstehende Abschrift überreiche ich zur Kenntnis mit dem Ersuchen, die von mir ausgewählten Arbeiten (gemäß beiliegender Liste) auf Abruf der Speditionsfirma Gebr. Wetsch, München, Bayerstr. 13, zu übergeben. Die Ihnen entstehenden Unkosten gehen zu meinen Lasten. Die Rechnungslegung hat an die Kammer, Berlin, Blumeshof 6, zu erfolgen. Ferner ersuche ich, mir die Abholung anzuzeigen unter Beifügung eines Berichts über:
> 1. Zu welchem Preise die einzelnen Werke aufgekauft wurden,
> 2. zu welchem Zeitpunkt die einzelnen Werke angekauft wurden,
> 3. Angabe des Namens des zu dieser Zeit verantwortlichen Museumsdirektors.
> Für Ihre Bemühungen danke ich.
> Heil Hitler! [Unterschrift Ziegler]

Das plötzliche Erscheinen der Beschlagnahmekommission und die von ihr mitgeführte Vollmacht mußten die Museumsleiter in eine Konfliktsituation bringen, weil sie als Beamte dem Rust-Ministerium unterstanden, von welchem zum Zeitpunkt der Aktion noch keine Anweisungen gegeben worden waren. Daher rückversicherten sie sich mancherorts telephonisch bei den Oberbürgermeistern. Trotz der Unsicherheiten und Skrupel gehorchten letztlich fast alle Museen. Nur einige wenige Oberbürgermeister zeigten Courage und mußten die Konsequenzen tragen:

> Der Oberbürgermeister von Stettin habe gegen die Abholung von Bildern durch den Ausschuß Widerspruch erhoben. Daraufhin sei vom Führer persönlich ein Staatskommissar in Stettin zur Durchführung der Beschlagnahme eingesetzt worden.[67]

Infolge einer Fehleinschätzung der wahren Verhältnisse – nämlich daß sich hier ein totalitärer Staat in einer quasi-terroristischen, ministerielle Kompetenzen mißachtenden, zudem erst nachträglich durch ein Gesetz legalisierten Aktion dauerhaft öffentlichen Besitzes bemächtigte – beharrten einige Museen auf Leihverträgen und Versicherungsschutz sowie auf der Rückgabe der Werke.[68] Die weitere Entwicklung sollte diesen Bemühungen Hohn sprechen.

Die genaue Anzahl der nach München beorderten und dort angelangten Kunstwerke – weitaus mehr als die rund 600 in die Femeschau aufgenommenen – läßt sich nicht mehr bestimmen. Entgegen des Goebbels-Erlasses waren auch Arbeiten ausländischer Künstler (z. B. Kandinsky, Mondrian, Munch) betroffen und solche, die vor 1910 entstanden waren. Die Kriterien, welche der Auswahl zugrunde lagen, waren – auch das veranschaulichen die Museumsberichte – willkürlich und widersprüchlich. Da sich noch kein verbindlicher offizieller Kanon darüber gebildet hatte, wer oder was denn als »entartet« anzusehen sei (hierin lag ja eine zentrale Funktion der Ausstellung »Entartete Kunst«), folgten die Kommissionsmitglieder ihrem eigenen Gutdünken.

66 In einigen Fällen sind ausführliche Augenzeugenberichte erhalten. Vgl. etwa jene von Rave über Berlin (abgedruckt in: Rave 1987, S. 142-145 und in: Janda/Grabowski 1992, S. 53-55 und S. 59f.; vgl. auch Alfred Hentzen 1970, S. 46-48), Heinz Köhn über Essen (abgedruckt in: Museum Folkwang Essen 1983, S. 115f.) und Helmut May über Köln (abgedruckt in: Gerlach-Laxner 1987, S. 13f.).

67 Notiz des Oberbürgermeisters von Frankfurt am Main vom 20. Januar 1938 über Gespräche auf seiner Reise nach Berlin (StA Frankfurt Magistratsakten 6342/1). Vgl. Fröhlich 1987a, Teil 1, Bd. 3, S. 307f. und S. 316f. sowie Hüneke 1987a, S. 2. In Krefeld griff Oberbürgermeister Heuyng ein und schob die Versendung der bereits verpackten Werke um fünf Tage auf (vgl. Kemfert 1987, S. 86). Auch in Wuppertal-Barmen, dessen Kunstverein privat war und sich mithin nicht in »Reichs-, Länder- und Kommunalbesitz« befand, sowie in Duisburg und Köln setzte man sich gegen die Beschlagnahme zur Wehr (vgl. Becks-Malorny 1992, S. 93).

68 Für Halle ist ein Entwurf eines Leihvertrages überliefert (vgl. Hüneke 1987a, S. 2f. und 1988c, S. 12f.). Der Direktor der Mannheimer Kunsthalle Walter Passarge schrieb am 12. Juli 1937 an Ziegler: »Die Werke sind nach Beendigung der Ausstellung wieder an die Städtische Kunsthalle Mannheim zurückzusenden« (zitiert nach Buderer 1990, S. 31; vgl. auch Heinz Fuchs 1983, S. 26).

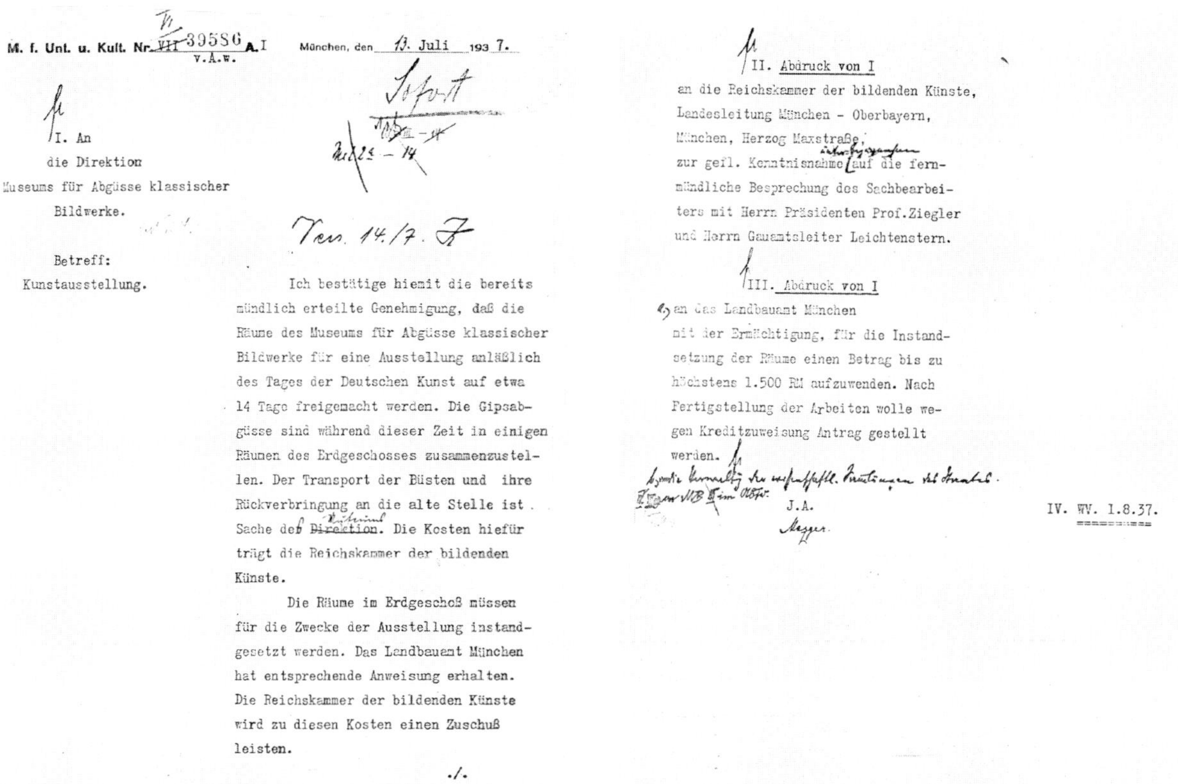

M. f. Unt. u. Kult. Nr. ~~VII~~ 39586 A.I
v.A.w.

München, den 13. Juli 1937.

Sofort

I. An
die Direktion
Museums für Abgüsse klassischer
Bildwerke.

Betreff:
Kunstausstellung.

Ich bestätige hiemit die bereits mündlich erteilte Genehmigung, daß die Räume des Museums für Abgüsse klassischer Bildwerke für eine Ausstellung anläßlich des Tages der Deutschen Kunst auf etwa 14 Tage freigemacht werden. Die Gipsabgüsse sind während dieser Zeit in einigen Räumen des Erdgeschosses zusammenzustellen. Der Transport der Büsten und ihre Rückverbringung an die alte Stelle ist Sache der ~~Direktion~~. Die Kosten hiefür trägt die Reichskammer der bildenden Künste.

Die Räume im Erdgeschoß müssen für die Zwecke der Ausstellung instandgesetzt werden. Das Landbauamt München hat entsprechende Anweisung erhalten. Die Reichskammer der bildenden Künste wird zu diesen Kosten einen Zuschuß leisten.

./.

II. Abdruck von I
an die Reichskammer der bildenden Künste,
Landesleitung München - Oberbayern,
München, Herzog Maxstraße,
zur gefl. Kenntnisnahme auf die fernmündliche Besprechung des Sachbearbeiters mit Herrn Präsidenten Prof. Ziegler und Herrn Gauamtsleiter Leichtenstern.

III. Abdruck von I
an das Landbauamt München
mit der Ermächtigung, für die Instandsetzung der Räume einen Betrag bis zu höchstens 1.500 RM aufzuwenden. Nach Fertigstellung der Arbeiten wolle wegen Kreditzuweisung Antrag gestellt werden.

J.A.
Mezger.

IV. WV. 1.8.37.

Dok. 19 Abschrift eines Briefes von Ministerialrat Mezger, Bayerisches Staatsministerium für Unterricht und Kultus, an die Direktion der Gipsabgußsammlung des Archäologischen Instituts, München 13. Juli 1937 (BayHSTA MK 41289)

Unterdessen wurde in München hektisch gearbeitet. Zunächst mußte die Raumfrage geklärt werden. Es war der Gauleiter von München/Oberbayern und bayerische Innen- und Kultusminister Adolf Wagner[69], welcher in der ersten Juliwoche die Räume der Gipsabgußsammlung des Archäologischen Instituts in den Hofgartenarkaden[70], Galeriestraße 4, für diesen Zweck bestimmte.[71] Die Lage des Gebäudes – nur einen Steinwurf vom Haus der deutschen Kunst entfernt – dürfte den Ausschlag gegeben haben. Die Räume mußten leergeräumt und teilweise instandgesetzt werden (Dok. 19). Wahrscheinlich begann der eigentliche Aufbau der Femeschau nicht vor oder ganz kurz vor Mitte Juli. Noch am Tag vor der Eröffnung wurde daran gearbeitet, wie dem Tagebuch des Propagandaministers vom 18. Juli 1937 zu entnehmen ist:

> Verfallsausstellung. Dort wird fleißig gearbeitet. Ich entscheide, daß auch die Abfallprodukte der noch im Amt befindlichen Professoren ausgestellt werden. Ich nehme da auf Rust keine Rücksicht.[72]

Im Vorwort zur 1938 erschienenen zweiten Auflage seines Pamphlets brüstet sich Willrich:

> Daß bei der Auswahl der Machwerke und dem Aufbau der Ausstellung diese Abrechnung von ganz wenigen – wirklich sachkundigen – Männern unseres Handwerkes erledigt wurde, und zwar innerhalb von 14 Tagen und Nächten und mit fast kompromißloser Schärfe, das wird einem jeden ehrenhaften Künstler eine tiefe und ernste Genugtuung bedeuten.[73]

69 Zu Wagner vgl. Das Deutsche Führerlexikon, S. 511f.; Martin Broszat, in: SZ, 30./31. März 1985; Haerendel/Ott 1993, S. 231; Wistrich 1987, S. 366f.

70 Vgl. zur Hofgartenanlage Kurt Hentzen 1959.

71 Vgl. die Hausmitteilung an Ministerialrat Mezger vom Bayerischen Staatsministerium für Unterricht und Kultus, München, vom 8. Juli 1937 (BayHSTA MK 41289).

72 Zitiert nach Fröhlich 1987a, Teil 1, Bd. 3, S. 205.

73 Zitiert nach Ebert 1983, S. 235. Vgl. Flügge/Freitag 1992, S. 7, Anm. 6.

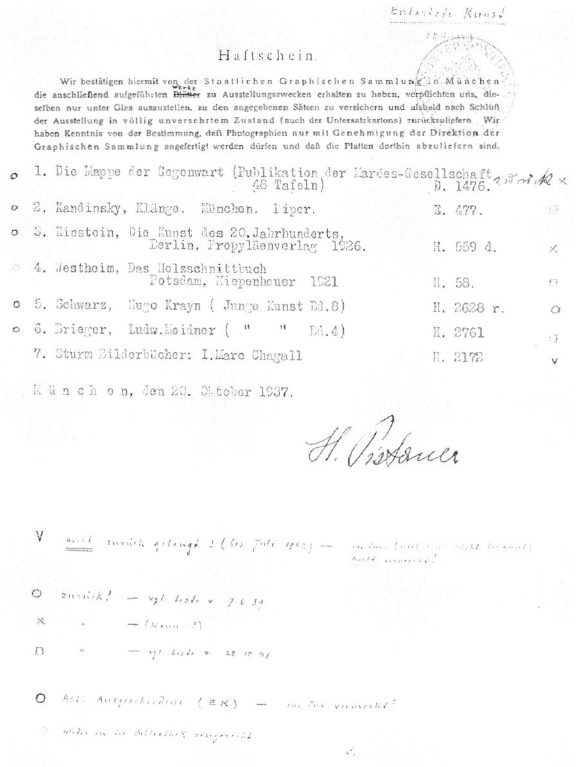

Haftschein.

Wir bestätigen hiermit von der Staatlichen Graphischen Sammlung in München die anschließend aufgeführten ~~Blätter~~ Werke zu Ausstellungszwecken erhalten zu haben, verpflichten uns, dieselben nur unter Glas auszustellen, zu den angegebenen Sätzen zu versichern und alsbald nach Schluß der Ausstellung in völlig unversehrtem Zustand (auch der Untersatzkartons) zurückzuliefern. Wir haben Kenntnis von der Bestimmung, daß Photographien nur mit Genehmigung der Direktion der Graphischen Sammlung angefertigt werden dürfen und daß die Platten dorthin abzuliefern sind.

1. Die Mappe der Gegenwart (Publikation der Marées-Gesellschaft 48 Tafeln) D. 1476.
2. Kandinsky, Klänge. München. Piper. B. 477.
3. Einstein, Die Kunst des 20. Jahrhunderts, Berlin, Propyläenverlag 1926. H. 559 d.
4. Westhoim, Das Holzschnittbuch Potsdam, Kiepenheuer 1921 H. 58.
5. Schwarz, Hugo Krayn (Junge Kunst Bd.8) H. 2628 r.
6. Brieger, Ludw.Meidner (" " Bd.4) H. 2761
7. Sturm Bilderbücher: I.Marc Chagall H. 2172

München, den 20. Oktober 1937.

[Signatur: H. Pistauer]

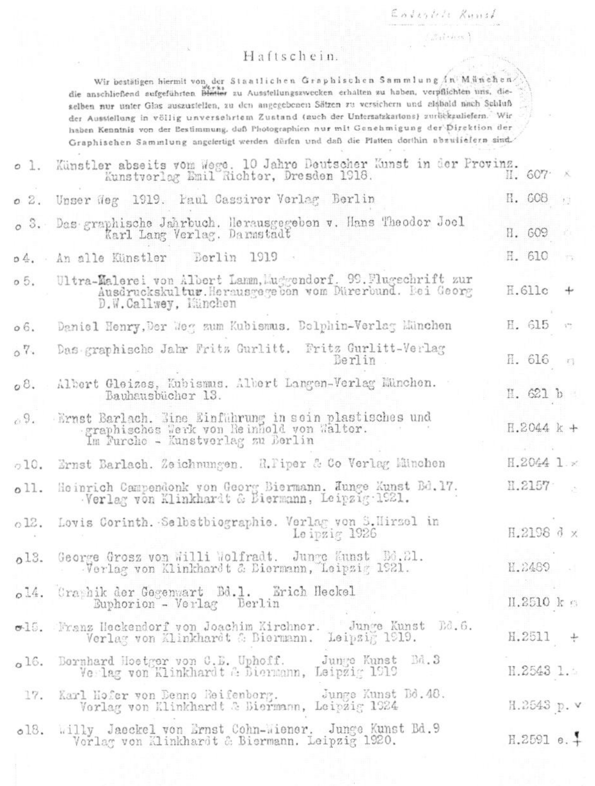

Haftschein.

Wir bestätigen hiermit von der Staatlichen Graphischen Sammlung in München die anschließend aufgeführten ~~Blätter~~ Werke zu Ausstellungszwecken erhalten zu haben, verpflichten uns, dieselben nur unter Glas auszustellen, zu den angegebenen Sätzen zu versichern und alsbald nach Schluß der Ausstellung in völlig unversehrtem Zustand (auch der Untersatzkartons) zurückzuliefern. Wir haben Kenntnis von der Bestimmung, daß Photographien nur mit Genehmigung der Direktion der Graphischen Sammlung angefertigt werden dürfen und daß die Platten dorthin abzuliefern sind.

1. Künstler abseits vom Wege. 10 Jahre Deutscher Kunst in der Provinz. Kunstverlag Emil Richter, Dresden 1918. H. 607
2. Unser Weg 1919. Paul Cassirer Verlag Berlin H. 608
3. Das graphische Jahrbuch. Herausgegeben v. Hans Theodor Joel Karl Lang Verlag. Darmstadt H. 609
4. An alle Künstler Berlin 1919 H. 610
5. Ultra-Malerei von Albert Lamm, Muggendorf. 99. Flugschrift zur Ausdruckskultur. Herausgegeben vom Dürerbund. Bei Georg D.W.Callwey, München H.611c
6. Daniel Henry, Der Weg zum Kubismus. Delphin-Verlag München H. 615
7. Das graphische Jahr Fritz Gurlitt. Fritz Gurlitt-Verlag Berlin H. 616
8. Albert Gleizes, Kubismus. Albert Langen-Verlag München. Bauhausbücher 13. H. 621 b
9. Ernst Barlach. Eine Einführung in sein plastisches und graphisches Werk von Reinhold von Walter. Im Furche - Kunstverlag zu Berlin H.2044 k
10. Ernst Barlach. Zeichnungen. R.Piper & Co Verlag München H.2044 l
11. Heinrich Campendonk von Georg Biermann. Junge Kunst Bd.17. Verlag von Klinkhardt & Biermann, Leipzig 1921. H.2157
12. Lovis Corinth. Selbstbiographie. Verlag von S.Hirzel in Leipzig 1926 H.2198 d
13. George Grosz von Willi Wolfradt. Junge Kunst Bd.21. Verlag von Klinkhardt & Biermann, Leipzig 1921. H.2489
14. Graphik der Gegenwart Bd.1. Erich Heckel Euphorion - Verlag Berlin H.2510 k
15. Franz Heckendorf von Joachim Kirchner. Junge Kunst Bd.6. Verlag von Klinkhardt & Biermann. Leipzig 1919. H.2511
16. Bernhard Hoetger von C.E. Uphoff. Junge Kunst Bd.3 Verlag von Klinkhardt & Biermann, Leipzig 1919 H.2543 l.
17. Karl Hofer von Benno Reifenberg. Junge Kunst Bd.48. Verlag von Klinkhardt & Biermann, Leipzig 1924 H.2543 p.
18. Willy Jaeckel von Ernst Cohn-Wiener. Junge Kunst Bd.9 Verlag von Klinkhardt & Biermann. Leipzig 1920. H.2591 e.

Dok. 20 ***links*** Haftschein der Staatlichen Graphischen Sammlung München, 20. Oktober 1937, gezeichnet von Hartmut Pistauer (Staatliche Graphische Sammlung München)

Die Klärung der Identität der »wenigen wirklich sachkundigen Männer« soll im folgenden versucht werden, bevor im nächsten Kapitel die Schau an sich charakterisiert wird. Zunächst fällt auf, daß Willrich von »Männern unseres Handwerkes« spricht und damit Künstlern eine exponierte Rolle bei der Ausstellungsvorbereitung zuweist. Vier von den acht Mitgliedern der Beschlagnahmekommission waren Künstler oder bezeichneten sich zumindest als solche: Ziegler, Schweitzer, Willrich und Hansen. Ziegler, welcher am 19. Juli die Eröffnungsansprache[74] halten sollte, und Schweitzer waren die von Goebbels mit der Durchführung der Schau Beauftragten und können daher als verantwortliche Leiter bezeichnet werden. »Ziegler [...] war während des Aufbaus zwar nicht permanent anwesend, erschien aber einige Male und gab die Anweisungen für die Einteilung der Ausstellung« (Dok. 74). Dokumente belegen darüber hinaus die maßgebliche Mitwirkung Willrichs. So heißt es in seinem Lebenslauf (Dok. 75): »Verantwortlicher Fachberater bei der Ausstellung ›Entartete Kunst‹ infolge langjähriger Vorarbeit für die ›Säuberung des Kunsttempels‹«. Auch Hansen war aktiv dabei, er hatte sich – wenigstens in den Augen Rosenbergs – »dort eingedrängt« (Dok. 71). Demgegenüber stellt Willrich fest,

> daß ohne Dr. Hansens Mitwirkung jene wegen ihrer Kompromißlosigkeit nachmals so berühmt gewordene Ausstellung »Entartete Kunst« gar nicht so umfassend eindringlich und dabei fehlerfrei hätte gestaltet und erläutert werden können in der kurzen Spanne von 14 Tagen Zeit vom Befehl des Führers bis zur Eröffnung, wenn ich alles hätte allein machen müssen.[75]

74 Vollständiger Nachdruck der Rede bei Schuster 1987, S. 217f.

75 Brief von Willrich an Dr. Brandt, 18. Dezember 1938 (IfZ, Mikrofilm MA-286, 8291-8378, Bl. 528300). Seltsamerweise kann sich Pistauer (Dok. 74) an Willrich nicht erinnern, Hansen sei »vielleicht« anwesend gewesen. Dessen Mitwirkung in München ist durch ein Selbstzeugnis (1942, S. 196f.) sowie durch ein offizielles Dokument belegt. Denn in der Begründung des Gaugerichts Berlin der NSDAP über den Parteiausschluß Hansens vom 7. November 1938 heißt es: »Der Angeschuldigte ist Mitglied der Kommission für die Ausstellung ›Entartete Kunst‹ in München gewesen und hat, wie andere Kommissionsmitglieder, Son-

o 19. Paul Klee von H.v.Weddorkop. Junge Kunst Bd.13.
Verlag von Klinkhardt & Biermann Leipzig 1920 — H.2608 l ○

o 20. Paul Klee, Leben/Werk/Geist von Leopold Zahn
Gustav Kiepenheuer Verlag. Potsdam 1920 — H.2608 m ×

o 21. Der Ararat. Paul Klee. Katalog der 60.Ausstellung der Galerie
Neue Kunst Hans Goltz 1920. Goltzverlag München — H.2608 o ○

o 22. Alfred Kubin von E.W. Bredt. Hugo Schmidt Verlag München — H.2634 a ×

o 23. Alfred Kubin von Reinhard Piper. Sonderdruck aus der
"Neuen Rundschau" Februar 1935 — H.2634 c ×

o 24. Paula Modersohn von C.E. Uphoff. Junge Kunst Bd. 2.
Verlag von Klinkhardt & Biermann, Leipzig 1919 — H.2812. +

o 25. Oskar Moll von Heinz Braune Krickau. Junge Kunst Bd.19.
Verlag von Klinkhardt & Biermann, Leipzig 1921. — H.2814. ○

o 26. Wilhelm Morgner von Will Frieg. Junge Kunst Bd. 12.
Verlag von Klinkhardt & Biermann, Leipzig 1920 — H.2823. □

o 27. Edvard Munch von Curt Glaser. Verlag v.Bruno Cassirer
Berlin 1917. — H.2832 b ×

o 28. Edvard Munch, Das graphische Werk 1906-1926 v.Gustav Schiefler
Euphorion Verlag Berlin — H.2832 II. ×

o 29. Zur Kunst unserer Zeit I. Gedanken anlässlich der E.Nolde-Ausstellung. Flugschriften der Kestner-Gesellschaft
Hannover 1918 — H. 2847 +

o 30. Das graphische Werk Emil Noldes von Gustav Schiefler.
ImVerlag von Julius Bard. Berlin 1911. — H.2847a/I. +
Desgleichen Bd. II. Euphorion Verlag, Berlin — H.2847a/II ○

o 31. F. Pauli, Radierungen. Von Dr.August Klipstein
Eugen Rentsch Verlag, Erlenbach-Zürich 1926 — H.2872 ○

o 32. Max Pechstein von Walther Heymann
Verlag R. Piper & Co. München 1916. — H.2873 ○

o 33. Max Pechstein von Georg Biermann Junge Kunst Bd.1.
Verlag von Klinkhardt & Biermann, Leipzig 1919 — H.2873 a. ○

o 34. Das graphische Werk Max Pechsteins von Paul Fechter
Fritz Gurlitt Verlag Berlin — H.2873 b □

o 35. Picasso von Maurice Raynal. Delphin-Verlag München 1921 — H.2881 +

o 36. Picasso 11.Sept.bis 30.Okt.1932 Kunsthaus Zürich
Katalog 19. — H.2881 b. +

o 37. Richard Seewald. Das graphische Werk 1912-1918
50.Ausstellung, Neue Kunst Hans Goltz, München — H.3101 m +

o 38. Jacob Steinhardt von Arno Nadel. Graphiker der Gegenwart
Verlag Neue Kunsthandlung Berlin 1920 — H.3146 ○

o 39. Maria Uhden von Oskar Maria Graf. Junge Kunst Bd.20.
Verlag von Klinkhardt & Biermann, Leipzig 1921. — H.3225 ○

2.

o 40. Max Unold von Wilhelm Hausenstein Junge Kunst Bd.23
Verlag von Klinkhardt & Biermann Leipzig 1921 — H. 3228 +

o 41. Edwin Scharff von Kurt Phister Junge Kunst Bd.10.
Verlag von Klinkhardt & Biermann, Leipzig 1920. — H. 3067 +

42. Das Egon Schiele Buch von Fritz Karpfen
Verlag der Wiener graphischen Werkstätte G.m.b.H.
Wien - Leipzig — H. 3069 v

o 43. Schmidt-Rottluff von Wilhelm Valentiner. Junge Kunst Bd.16
Verlag von Klinkhardt & Biermann, Leipzig 1920 — H. 3075g ○

o 44. Max Beckmann von Glaser, Meier-Graefe, Fraenger u.Hausenstein
Verlag R.Piper & Co. München 1924 — H. 5057 s ×

München, den 21. Oktober 1937. H. Pistauer

V nicht zurück gelangt! (bis Juli 1942) — im Inv. (weil Nam. nicht bekannt) nicht vermerkt!
\+ zurück! — vgl. Liste vom 1. 7. 38
\+ " — " " 19. 4. 39
O " — " " 7. 6. 39
X " — (wann?)
O wieder in die Bibliothek eingereiht
O Abt. Ausgeschiedene (EK) — im Inv. vermerkt!
□ zurück! — vgl. Liste vom 28. 10. 41

Dok. 21 Haftschein der Staatlichen Graphischen Sammlung München, 21. Oktober 1937, gezeichnet von Hartmut Pistauer (Staatliche Graphische Sammlung München)

Nun, ganz allein war Willrich mit Sicherheit nicht. Noch ein weiterer Künstler soll beim Aufbau der Exposition – und gleichzeitig der Großen Deutschen Kunstausstellung – tätig gewesen sein: der Pferdemaler Georg Lebrecht (1875 bis 1945), Leiter der Abteilung IV (Malerei und Graphik, Bildhauerei) der Reichskammer der bildenden Künste und Mitglied des Vereins Berliner Künstler e. V.[76] Auch die Landesstelle München-Oberbayern beauftragte einen Mann mit der Wahrung ihrer Interessen bei der Ausstellung »Entartete Kunst«. Als Kulturreferent und Gauamtsleiter der Landesstelle hatte er schon im März 1936 bei der Übernahme der Dresdner Vorläuferausstellung eine wichtige Rolle gespielt: Ernst Leichtenstern (Dok. 19, 23). Bei der Eröffnung der Femeschau am 19. Juli 1937 begrüßte er die Gäste, bevor Ziegler seine Ansprache hielt (Dok. 24). Die Reichskammer der bildenden Künste bemühte sich um weiteres Personal. Sie konnte dabei auf den Studentischen Führungsdienst zurückgreifen. Dabei handelte es sich um eine Einrichtung der Universität München, die Studenten für Stadt- und Ausstellungsführungen vermittelte. Auf der »Antibolschewistischen Ausstellung« 1936/37 (vgl. Kapitel 7.1) hatte sich ein 24jähriger Jura-Student und SA-Mann aus Österreich besonders hervorgetan: Hartmut Pistauer[77]. Am 16.

deraufträge erhalten, die einzelne Abschnitte aus dem Gesamtkomplex der Ausstellung zum Gegenstand hatten« (BA R 55/1000, Bl. 27-47, hier Bl. 32).

76 Vgl. Nungesser 1983, S. 113f. (ohne Quellenangabe). Zu Lebrecht (bei Nungesser irrtümlich Leberecht) vgl. Thieme-Becker, Bd. 22, S. 508; Bloth 1994, S. 144f., Anm. 20; Henry Picker 1976, S. 479, Anm. 465; Thomae 1978, S. 430, A. 308. Ein Schreiben Lebrechts in seiner Funktion als Abteilungsleiter der RbK vom 3. September 1937 im Zusammenhang mit Oskar Schlemmer ist reproduziert in: Hahn 1985, S. 240.

77 In einer Meldung Pistauers an die Auslandsorganisation der NSDAP, Zweigstelle München, vom 16. November 1936 heißt es: »Ich wurde bei der Großen antibolschewistischen Schau auf die Dauer der Ausstellung für den inneren Dienst verpflichtet« (BDC, PA im Best. Rückwanderungsamt der NSDAP). Zur »Antibolschewistischen Ausstellung«, auf der Kunstwerke aus der Berliner Nationalgalerie und dem Frankfurter Städel gezeigt wurden, vgl. Kapitel 7.1

November 1937 suchte die Reichskammer der bildenden Künste bei der Gauleitung München-Oberbayern der NSDAP um ein politisches Führungszeugnis für Pistauer nach, da beabsichtigt sei, »den Genannten in der hiesigen Kammer einzustellen«[78]. Am 17. Dezember 1937 wurde das Zeugnis abgeschickt (Dok. 73). Wenngleich die formelle Einstellung Pistauers durch die Kammer wohl erst im Dezember 1937 erfolgte, so war er dennoch bereits für die Vorbereitung und die Hängung der Femeschau engagiert worden: »Ich arbeitete beim Aufbau mit, veranlaßte die Hängung und Beschriftung der Exponate und übernahm die laufenden Verwaltungsarbeiten« (Dok. 74). Überdies koordinierte er während der viereinhalbmonatigen Laufzeit der Exposition die Führungen, die nach Bedarf stattfanden. Als Repräsentant der Ausstellung beschaffte er »Leihgaben« aus Münchner Sammlungen. So nahm er am 20., 21. und 26. Oktober 1937 insgesamt 63 Bücher und Zeitschriften über moderne Kunst aus der Staatlichen Graphischen Sammlung in Empfang, die für die weiteren Ausstellungsetappen bestimmt waren (Dok. 20-22).[79] Ferner reiste er nach Heidelberg, um sich bei dem Direktor der Psychiatrischen Universitätsklinik, Carl Schneider, über die »Irrenkunst« (Sammlung Prinzhorn) zu informieren (Dok. 74, 45). Diese in die Schau einzubeziehen wurde demnach schon 1937 geplant, freilich erst 1938 in Berlin realisiert. Pistauers Person ist für den weiteren Weg der Femeschau von außerordentlichem Interesse, da er für die Stationen Berlin, Leipzig, Düsseldorf und Salzburg als Ausstellungsleiter eingesetzt war. Sein Nachfolger auf diesem Posten, Dr. Ludwig Wang, hatte ebenfalls im Studentischen Führungsdienst gearbeitet, desgleichen war er beim Aufbau der »Entarteten« in München beteiligt.[80]

Wie viele Handwerker die Stellwände einzogen und anschließend mit Rupfen bespannten, wie viele Schriftenmaler die Texte und Beschriftungen auf die Wände pinselten, ist ungewiß. Nach der Erinnerung Pistauers waren es etwa ein Dutzend. Ein in der Gestaltung anderer Propagandaausstellungen erfahrener Ausstellungsarchitekt namens Georg Renzl (Renzel?) scheint maßgeblich mitgewirkt zu haben.[81] Rave überliefert, daß

> während der Tage vor der Eröffnung die Ausstellungsleitung sich selber heftig bekämpft hat, daß sogar geschrien wurde: »Ich lasse Sie wegen Sabotage verhaften« u. ä. Am Freitag (16. Juli) hat Reichsminister Dr. Goebbels die Ausstellung vorbesichtigt und angeblich noch einige Bilder als nicht zur Ausstellung geeignet entfernen lassen. Eine halbe Stunde darauf habe der Führer die Ausstellung besichtigt, rechts und links begleitet von Professor Ziegler und dem Photographen Hoffmann, welche die Erklärungen abgaben. Minister Goebbels gab keine Erklärungen. Der Aufenthalt des Führers soll im ganzen etwa zehn Minuten gedauert haben.[82]

Auf den drei Photographien, welche die Vorbesichtigung am 16. Juli 1937 dokumentieren (Abb. 32-33)[83] sind – neben Hitler und Goebbels – Ziegler, Hoffmann, Willrich und Hansen identifizierbar. Pistauer berichtete in einem Gespräch mit dem Verfasser am 10. März 1990, Hitler sei mit dem Ergebnis sehr zufrieden gewesen und habe sich nach dem Rundgang bei den Mitarbeitern bedankt. Anschließend sei er in das Haus der Deutschen Kunst hinübergegangen. Dagegen behauptet Heinrich Hoffmann in seinen Lebenserinnerungen, er habe erreicht, daß Hitler Goebbels den Auftrag zur Entfernung einiger Werke von Corinth, Dix und Lehmbruck u. a. aus der Ausstellung gegeben habe.[84] Goebbels selbst beschreibt seine Eindrücke wie folgt:

> Gestern: [...] Verfallsausstellung angeschaut. Dann kommt auch der Führer dahin. Das ist das Tollste, was ich je gesehen habe. Glatter Wahnsinn. Wir nehmen nun keine Rücksicht mehr. Auch Stücke von Prof. Marcks, den Rust ... in die neue

78 Schreiben im BDC, PA Hartmut Pistauer im Best. RbK.

79 Die Bücher wurden zwischen 1938 und 1941 sukzessive an die Graphische Sammlung zurückgegeben (Dok. 48, 64).

80 Mitteilung Hartmut Pistauers in einem Gespräch mit dem Verfasser am 10. Juni 1990.

81 Mitteilung von Hartmut Pistauer in einem Gespräch mit dem Verfasser am 10. März 1990. Über Renzl ist nichts Weiteres bekannt. Der Vergleich zwischen der sogenannten Dada-Wand in der Femeschau (Abb. 33-34) und der Kunstabteilung der »Antibolschewistischen Ausstellung« (Abb. 126) läßt in der Tat denselben Urheber vermuten.

82 Rave 1987, S. 146f.

83 Das dritte Photo ist publiziert bei Ernst 1988, S. 171.

84 Vgl. Heinrich Hoffmann 1974, S. 147.

Dok. 22 Haftschein der Staatlichen Graphischen Sammlung München, 26. Oktober 1937, gezeichnet von Hartmut Pistauer
(Staatliche Graphische Sammlung München)

„Entartete Kunst"

Haftschein.

Wir bestätigen hiermit von der Staatlichen Graphischen Sammlung in München die anschließend aufgeführten Blätter zu Ausstellungszwecken erhalten zu haben, verpflichten uns, dieselben nur unter Glas auszustellen, zu den angegebenen Sätzen zu versichern und alsbald nach Schluß der Ausstellung in völlig unversehrtem Zustand (auch der Untersatzkartons) zurückzuliefern. Wir haben Kenntnis von der Bestimmung, daß Photographien nur mit Genehmigung der Direktion der Graphischen Sammlung angefertigt werden dürfen und daß die Platten dorthin abzuliefern sind.

o	1.	Osborn, 95 Köpfe von Orlik. Berlin, Neue Kunsthandlung 1920	B. 558	+
o	2.	Almanach auf das Jahr 1919. " Gurlitt	B.1419	+
o	3.	Kubin, Ein Totentanz " Cassirer 1918	C.131	×
o	4.	" Der Prophet Daniel München G.Müller	C.131a	×
o	5.	" Neue Träume (Fr.Huch) " " 1921.	C.131d	×
o	6.	" 50 Zeichnungen " Langen 1923	C.131f	×
o	7.	" 20 Bilder zur Bibel " Piper 1924	C.131i	×
o	8.	W. Geiger, 13 Radierungen zu Dostojewski: Der Gatte.	D. 836k	+
o	9.	Münchner Blätter für Dichtung u.Graphik. Bd.I.1919 7 Hefte in Schutzkarton	Z. 54	+
o	10.	Die Form. Jahrgg. III. 1928 Heft 1	Z. 106	+
o	11.	Das Zelt. " VI. 1931 Heft 3/4; " VII.1932 " 2; " X. 1935 " 2	Z. 96	+
o	12.	Die Sichel. 13 Hefte in Schutzkarton	Z. 55	+

München, den 26 Oktober 1937.

H. Pistauer

\+ zurück! – vgl. Liste vom 1.7.38
\+ " " " 19.4.39

Dok. 23 Telegramm von Walter Wüster, Landesstelle München-Oberbayern des Reichsministeriums für Volksaufklärung und Propaganda, an Leopold Gutterer in der Berliner Zentrale, 22. Juli 1937 (ZSTA 50.01-743, Bl. 43)

43)

ldst. mnch . 22.7.37 8940uhr
an pm
meldung nr.10 001.
sofort auf den tisch von ministerialrat gutterer.

ESTLER

pg. leichtenstern ist zum heeresdienst eingezogen worden und hat mich um die wahrnehmung der interessen der a lad nn landes - stelle bei der ausstellung '' entartete kunst '' gebeten . praesi - dent ziegler befindet sich ebenfalls nicht in muenchen und hat den landesstellenleiter jaeger mit seiner vertretung beauftragt .

pg. jaeger bittet um dringende entscheidung , ob die listen der kulturbolschewisten usw , (gemaess unserem fernschrei - ben nr.10 001 vom 21.7.37) entfernt werden sollen . ferner teilt pg. jaeger mit,dass er die nunmehr fertiggestellte graphische ab - teilung erst dann eroeffnen wolle , wenn folgende punkte geklaert sind :

1.) jn der ausstellung befindet sich eine graphik des malers walter jacob, pg. seit april 1932 und sa - truppfuehrer , pg. jacob hat schon einmal schwierigkeiten gehabt , as nn als bilder seiner frueheren zeit in muenche als abschreckendes beispiel ausgestellt wurden . nach versicherung des pg. jaeger ist jacob seit dem jahre 1932 in jeder beziehung in ordnung . ich bitte um entscheidung , ob die graphik entfernt werden soll .

2.) in der ausstellung befindet sich auch eine liste von kunstkriti - kern aus der systemzeit, die ich anschliessend an dieses fernschreibe bekanntgebe. um aehnliche schwierigkeiten zu vermeiden , erbitte ich auch hierueber ihre entscheidung , ob diese namen gezeigt werden sollen .

da die graphische abteilung heute mittag 12 uhr der oeffent - lichkeit uebergeben werden soll , bitte ich um moeglichst sofortige mitteilung ihrer entscheidung durch fernschreiber .

heil hitler .
i.a. gez. wu e s t e r .

liste der kunstkritiker der systemzeit .
g. biermann, leipzig ,
l. benninghoff, hamburg ,
h. busch, hamburg ,
dorner , hannover ,
k. eckert, hamburg
p. fechter , berlin
w. x grohmann, berlin
g. hartlaub, mannheim
h. hildebrandt, stuttgart
g. heise, frankfurt
mueller wulkow,, oldenburg
w. niemeyer, hamburg
j. meier - graefe , berlin
f. nemitz, berlin
m.r. rose, hamburg
k. scheffler, berlin
e. sander, hamburg
p.f. schmidt, dresden
r. schapier, hamburg
o.a. schreiber , berlin
h. sieker, hamburg
g.h. theunissen, berlin
j. walden - lewin, berlin
p. westheim, berlin
w. wolfradt, xxxxxxxx berlin
w. hausenstein, muenchen.

\----------------
i quixx
10001 erh pm xx

preußische Akademie der Künste berufen hat. Zur Ausrichtung im Sinne des Nationalsozialismus. Der Führer ist wütend. Rust wollte seinem Zorn entfliehen, und [nun] ist das Gegenteil der Fall.[85]

Über dem Eingang zum letzten Raum stand ein Satz zu lesen, der auf die eingangs zitierte Hitler-Rede vom 1. Februar 1933 anspielte und nochmals den Zusammenhang mit der Vierjahresschau vergegenwärtigte: »Sie hatten vier Jahre Zeit« (Abb. 39). Die Tür darunter führte in den Raum, in welchem Werke von Akademielehrern ausgestellt waren, die noch ein Lehramt ausübten oder bis vor kurzem ein Lehramt ausgeübt hatten. Ohne weiteres läßt sich der Satz als auf diese Künstler gemünzte Drohung interpretieren und – da in Form einer Ellipse – wie folgt ergänzen: »Sie hatten vier Jahre Zeit, sich zu ändern, und sie haben diese Chance verpaßt. Nun müssen sie die Konsequenzen tragen«. In diesem Sinn führte Hitler den Gedanken am 18. Juli 1937 in seiner Eröffnungsansprache zur »Großen Deutschen Kunstausstellung« weiter:

Sollte sich aber unter ihnen einer befinden, der doch noch glaubt, zu Höherem bestimmt zu sein, dann hatte er nun ja vier Jahre Zeit, diese Bewährung zu beweisen. Diese vier Jahre aber genügen auch uns, um zu einem endgültigen Urteil zu kommen. Nun aber werden – das will ich Ihnen hier versichern – alle die sich gegenseitig unterstützenden und damit haltenden Cliquen von Schwätzern, Dilettanten und Kunstbetrügern ausgehoben und beseitigt.[86]

In der systematischen Liquidierung von Mensch und Werk sollten diese Worte grausame Realität werden.

Abschließend sei kurz auf das Ereignis eingegangen, als dessen Kontrastveranstaltung die Femeschau arrangiert wurde: die »Große Deutsche Kunstausstellung«.[87] Als Bestandteil der Vierjahresfeiern sollten in einer ersten repräsentativen Kunstschau die Leistungen der »neuen deutschen Kunst« der Akklamation des Publikums anheimgegeben werden. Zugleich war die »Große Deutsche Kunstausstellung« als pompöse Eröffnungsveranstaltung des Hauses der Deutschen Kunst[88] geplant, welches – als Nachfolgebau des 1854 von August von Voit errichteten und 1931 abgebrannten Glaspalastes[89] – zum offiziellen »Kunsttempel« des NS-Staates deklariert wurde. 1933 hatte Hitler den Grundstein gelegt. Der Entwurf stammte von dem Architekten und »Leibbaumeister« Hitlers, Paul Ludwig Troost, der bis zu seinem Tod 1934 die Bauleitung innehatte. Wegen seiner Monstrosität nannte der Volksmund den Bau bald Palazzo Kitschi.

Die Einladung, mit welcher Künstler im November 1936 persönlich zur Teilnahme an der Ausstellung gebeten wurden – ihr folgten öffentliche Aufrufe im Mitteilungsblatt der Reichskammer der bildenden Künste und in den Tageszeitungen –, enthielt die Zielsetzung der Schau: »Die Ausstellung, deren Beschickung ausschließlich unseren lebenden deutschen Künstlern offenstehen soll, wird die Aufgabe haben, ein möglichst umfassendes und hochwertiges Bild der zeitgenössischen Kunst (Malerei, Plastik und Graphik) zu zeigen«[90]. Daher wurden die Künstler aufgefordert, »das Beste Ihres bisherigen Kunstschaffens« einzureichen. Gemäß dem am 7. Mai 1937 bekanntgegebenen Auswahlmodus wurde eine von Adolf Ziegler geleitete, in erster Linie aus Künstlern bestehende Jury berufen, die für die Vorauswahl zuständig war:

85 Tagebucheintrag vom 17. Juli 1937, zitiert nach Fröhlich 1987a, Teil 1, Bd. 3, S. 204f. Zu Hitlers negativem Urteil über Rust (»steht der Kunst wie ein ausgewachsenes Nilpferd gegenüber«) vgl. Henry Picker 1976, S. 147.

86 Zitiert nach Schuster 1987, S. 252.

87 Die folgende, stark geraffte Darstellung fußt in erster Linie auf den beiden Aufsätzen von Lüttichaus (1987, besonders S. 82-92) und Karl-Heinz Meißners 1988. Außerdem sind heranzuziehen: Rave 1987, S. 98-102; Peter Adam 1992, S. 92-119; Hildegard Brenner 1963, S. 112f.; Karl-Heinz Meißner 1987a, besonders S. 374f.; Thomae 1978, S. 38-42. Das Ausstellungsplakat nach einem Entwurf von Richard Klein ist farbig abgedruckt bei Hecker 1993, S. 313 (Kat. 18.9).

88 Vgl. zur Architektur ausführlich Arndt 1987 sowie zuletzt Schickel 1993, S. 350. Zum Veranstalter der Ausstellung vgl. Hecker 1987. Über das Schicksal des Gebäudes in der Nachkriegszeit vgl. Müller-Mehlis 1977, S. 29. Zur Kontroverse um die Zukunft des Hauses der Kunst vgl. etwa Hans-Joachim Müller 1990 sowie die Artikel von Gottfried Knapp, Josef Wiedemann, Christoph Hackelsberger, Alf Lechner und Lazlo Glozer, in: SZ, 12. Februar 1990. Zur provisorischen Unterbringung der Staatsgalerie moderner Kunst und zur Wiedereröffnung des Hauses 1993 nach fast zweijähriger Schließung wegen vollständiger Sanierung vgl. Beaucamp 1993 und Müller-Mehlis 1993.

89 Vgl. hierzu Hütsch 1980.

90 Zitiert nach dem Abdruck des Briefes bei Schuster 1987, S. 258. Dort auch das folgende Zitat.

Dieser Jury gehörten u. a. an: der Münchner Akademieprofessor und Bildhauer Josef Wackerle, der Vorsitzende des Vereins bildender Münchner Künstler »Secession«, der Maler Conrad Hommel, die Witwe des 1935 auf dem Nürnberger Parteitag nachträglich zum »ersten germanischen Baumeister« ernannten Paul Ludwig Troost, Frau Professor Gerdy Troost, [...] Hans Schweitzer-Mjölnir, die Bildhauer Professor Karl Albiker und Professor Arno Breker sowie der Wiener Maler Ludwig H. Eisenmenger.[91]

Eine unveröffentlichte Photographie aus dem privaten Photoalbum eines mutmaßlichen weiteren Kommissionsmitglieds, des Nürnberger Malers und Museumsdirektors Emil Stahl, zeigt die Vorjury bei einem Ausflug auf dem Starnberger See im Mai 1937 (Abb. 24).[92]

Der Jury oblag es, die gewaltige Menge von 15.000 eingeschickten Arbeiten zu sichten und davon etwa zehn Prozent auszuwählen. Sie tat dies keineswegs zur Zufriedenheit der Machthaber, wie der Tagebucheintrag des Propagandaministers vom 6. Juni 1937 belegt:

Gestern: [...] Haus der deutschen Kunst. Das Gebäude ist traumhaft schön. Wird einmal zu den ganz großen Bauten unserer Epoche gerechnet werden. Wir schauen uns die Auslese der Jury an. Bei der Plastik geht es noch, aber bei der Malerei ist es z. T direkt katastrophal. Man hat hier Stücke aufgehängt, die einem direkt das Grausen beibringen. So geht das bei einer Künstlerjury. [...] Der Führer tobt vor Wut. [...] Aber nun greift der Führer ein.[93]

In der Tat muß die Besichtigung ein herber Schlag gewesen sein, der dem »Führer« persönlich sehr naheging. So jedenfalls bewertet es Goebbels, der am nächsten Tag vermerkt:

Führer fängt nochmal von der Jury an. Will lieber die Münchener Ausstellung noch ein Jahr herausschieben, als so einen Mist ausstellen. Er wird es heute Frau Troost und Prof. Ziegler Bescheid sagen. Recht hat er damit. Er ist ganz wütend.[94]

Angeblich wurden nach persönlicher Intervention Hitlers 80 Bilder aus den Räumen entfernt. Seine lapidare Begründung lautete: »Ich dulde keine unfertigen Bilder!«[95]. Mit der Neugestaltung der Schau betraute er seinen »Hofphotographen« und Reichsbildberichterstatter Heinrich Hoffmann.[96] Der brachte die Exposition ganz im Sinne von Hitler und Goebbels auf Vordermann – mit dem Ergebnis, daß Hitler ihm die Leitung der bis 1944 stattfindenden »Großen Deutschen Kunstausstellungen« übertrug.[97] Zufrieden notiert Goebbels am 12. Juli 1937:

Dann Haus der Kunst. Es ist fast fertig und ganz wunderbar geworden. Auch die nun ausgewählten Bilder sind sehr schön, besser noch als die Plastiken. Es sind nicht viele, aber besonders ausgewählt. Der Führer ist ganz glücklich.[98]

Die feierliche »Weihe« des Kunsttempels (Abb. 26) fand – inszeniert als furioser Höhepunkt des »Tages der Deutschen Kunst« (16. bis 18. Juli 1937), den Thomas Mann spöttisch als »Monstre-Kunst-Fest«[99] beschrieb – am

91 Von Lüttichau 1987, S. 87. Der Vorname Eisenmengers lautet korrekt Rudolf Hermann (vgl. Vollmer, Bd. 2, S. 25). Nach Nungesser (1983, S. 113f.) leitete der beim Aufbau der Ausstellung »Entartete Kunst« beteiligte Maler Georg Lebrecht die Vorjury.

92 Das Photoalbum Stahls befindet sich heute im Besitz seiner Nichte (Nürnberg). Die Beschriftung stammt von Stahl, der selbst nicht unter den Dargestellten ist. Siegfried Kett bin ich für den Hinweis auf das Photo und die Bereitstellung eines Negativs zu großem Dank verpflichtet. Zu Stahls Rolle bei der Nürnberger »Schreckenskammer« von 1933, bei der Übernahme der Dresdner Vorläuferausstellung »Entartete Kunst« im September 1935 und in der zweiten Beschlagnahmekommission 1937 vgl. Kapitel 3.3, 3.8.1.2, 5 und 10.3.

93 Zitiert nach Fröhlich 1987a, Teil 1, Bd. 3, S. 166f. Zur Vorbesichtigung im HdDK vgl. den Bildbericht in der Berliner Illustrirten Zeitung 46, 1937, Nr. 25, S. 911 (reproduziert bei Herz 1994, S. 41, Abb. 2/31).

94 Eintrag vom 7. Juni 1937, zitiert nach Fröhlich 1987a, Teil 1, Bd. 3, S. 167f.

95 Zitiert nach Paul Westheim, Die janze Richtung paßt ihm nicht. Hitler »säubert« das »Haus der Deutschen Kunst«, in: Pariser Tageszeitung, 17. Juli 1937 (abgedruckt in: Tanja Frank 1985, S. 107-111, hier S. 109). Westheim, seit 1933 im Pariser Exil lebender Kunstkritiker, erinnert daran, daß schon Wilhelm II. die Bilder der Berliner Secessionisten als »unfertig« abgelehnt hatte (vgl. hierzu Teeuwisse 1986, S. 219). Hitlers Kommentar überliefert auch Rave 1987, S. 100.

96 Vgl. Heinrich Hoffmann 1974, S. 143-145.

97 Im letzten MittRbK (9, 1944, Heft 9/12, o. S.) wurde die Durchführung der Ausstellung im Jahre 1945 für den Fall angekündigt, daß »es die äußeren Umstände erlauben«. Zu den GDK zwischen 1938 und 1944, auf welchen aus naheliegenden Gründen kriegsverherrlichende Darstellungen eine immer größere Rolle spielten, vgl. Adam 1992, S. 92-119; Merker 1983, S. 163-168; Müller-Mehlis 1977, S. 28f; Henry Picker 1976, passim; Thomae 1978, S. 42-69; Wulf 1983a, S. 212-215.

98 Zitiert nach Fröhlich 1987a, Teil 1, Bd. 3, S. 200.

99 Zitiert nach Mendelssohn 1980, S. 79.

Sonntag, den 18. Juli, mit einer »richtungsweisenden« Rede Hitlers statt.[100] Darin setzte er sich bezeichnenderweise weitaus weniger mit der »neuen deutschen Kunst« auseinander als vielmehr mit der »Verfallskunst«, gegen die er einen »unerbittlichen Säuberungskrieg« ankündigte. Am Nachmittag zog ein pompöser, drei Kilometer langer und aus 30 geschmückten Wagen bestehender Festzug unter dem Motto »Zweitausend Jahre Deutsche Kultur« durch die aufwendig dekorierten Straßen Münchens.[101]

> Gestern: [...] Eröffnung Haus der deutschen Kunst. Feierlicher Staatsakt. Sehr weihevoll. Führer hält eine klassische Rede. Gegen den Kunstverfall. Mit lapidaren Feststellungen. Fabelhaft gemacht. Sehr witzig. Ein letzter k. o. Hieb. Am lautesten klatscht – Rust. O, diese Einfalt! Erster Gang durch das Haus, das sehr festlich aussieht. Auch die Auswahl der Werke ist sehr gut. [...] Schönster Sonnenschein. Welch ein Glück! Festzug der Münchener Künstler. 2.000 Jahre deutscher Geschichte. Ein Rausch von Formen. Wunderbar. Wir sind alle tief ergriffen. Am meisten der Führer. [...] Am Abend gleicht München einer singenden Insel. Ein Freudentaumel ohnegleichen erfüllt die Stadt. Ein echter Tag der deutschen Kunst mit dem ganzen Volk. Künstlerfest auf der Terrasse des Hauses der deutschen Kunst. Nicht gut organisiert, langweilig und stumpfsinnig. Er [Hitler] ist ganz glücklich über den Erfolg der Tage.[102]

Zwischen dem 18. Juli und 31. Oktober 1937 waren in geräumigen und lichtdurchfluteten Sälen (Abb. 27) annähernd 1.200 zu thematischen Gruppen zusammengefaßte und betont großzügig gehängte Exponate von 557 Künstlern zur täglichen kostenlosen Besichtigung freigegeben. In etwa 500 Fällen wurde von der Möglichkeit, die Werke zu erwerben, Gebrauch gemacht – allerdings überwiegend von Parteifunktionären.

Welchen Eindruck gewannen die Besucher? Wurde die Schau dem mit ihr verknüpften allerhöchsten Anspruch gerecht? Hierzu seien Äußerungen von Zeitgenossen und solche von Historikern zitiert: Ernst Bloch konstatierte »namenlose Banalität«[103], Wilhelm Worringer »deutsche ›Hauskunst‹«[104]. Reinhard Piper befand in einem Brief an Barlach vom 28. Juli 1937: »Dreiviertel der Bilder sind fleissig und brav, aber künstlerisch belanglos«[105]. Ähnlich äußerte sich Conrad Felixmüller in einem Brief an seine Frau Londa vom 2. September 1937: »Der Katalog aus München zeigt Niveau 1900, noch braver, noch langweiliger, noch trostloser«[106]. Otto Griebel sprach von einer »Manifestation nazistischer Aufgeblasenheit und Engstirnigkeit: glattgemaltes Weiberfleisch, männliche Muskelprotzerei mit Heldentendenz in der Plastik, ländliche Idyllik und zuckersüßes Mutterglück in biederster Auffassung«[107]. Karl Hofer schrieb am 30. November 1941 an seinen Münchner Kunsthändler Günther Franke: »Ich weiß ja wohl, in welch groteskem Mißverhältnis der Wert meiner Arbeiten und ihr Preis zu dem offiziellen Münchener Schund steht, wo jeweilen eine Null mehr dran hängt, genau die Null, die das betr. Bild gemalt hat«[108]. Selbst die Regisseurin und Spitzenfilmerin der NSDAP, Leni Riefenstahl, will gelitten haben:

> Im Gegensatz zu dieser Pracht [des Festumzuges] hatte mich der Anblick der ausgestellten Werke verwirrt. Welche Peinlichkeit stellten da Adolf Zieglers vier Nackedeis als »Die vier Elemente« dar, um die sich die Besucher drängten, oder Hitler als »Ritter« auf einem weißen Gaul.[109]

100 Vgl. hierzu folgende, bei Schuster 1987 abgedruckte Dokumente: Verzeichnis der Exponate aus dem »Offiziellen Ausstellungskatalog, Große Deutsche Kunstausstellung 1937 im Haus der Deutschen Kunst zu München« (S. 222-241); Hitlers Eröffnungsrede (S. 242-252); Presseberichte aus dem VB vom 19. und 20. Juli 1937 (S. 253-255); Programm des Tages der Deutschen Kunst (S. 256) und der »Weihe« des HdDK (S. 257). Ferner sei auf einige Pressestimmen hingewiesen, die anläßlich der Eröffnung in nahezu jeder deutschen Tageszeitung erschienen: FZ, 19. und 27. Juli 1937; Der Führer, 19. Juli 1937; DAZ, 20. Juli 1937 (Bruno E. Werner; abgedruckt bei Wulf 1983, S. 210-212) und 24. Juli 1937; Berliner Illustrirte Zeitung, 22. Juli 1937; Kölnische Zeitung, 25. Juli 1937; Schwäbischer Merkur, 22. August 1937; NSMH 8, 1937, Heft 89, S. 749 und Heft 90, S. 847-852.

101 Vgl. hierzu Hartmann 1976, S. 50-56 und S. 278-282 sowie 1979; Hockerts 1993; Müller-Mehlis nach 1966. Ein Straßenplan mit dem Verlauf des Zuges bei von Lüttichau 1987, S. 90, Abb. 10.

102 Eintrag im Goebbels-Tagebuch unter dem 19. Juli 1937, zitiert nach Fröhlich 1987a, Teil 1, Bd. 3, S. 206f.

103 Bloch 1985, S. 82.

104 Worringer 1956, S. 150.

105 Zitiert nach Ernst Piper 1987, S. 200.

106 Zitiert nach ABK 1981, S. 148.

107 Griebel 1986, S. 390f.

108 Zitiert nach Doris Schmidt 1970, S. 116.

109 Riefenstahl 1987, S. 293f.

Karl-Heinz Meißner resümiert 1988:

Trotz vielfältiger staatlich gelenkter Medienkampagnen, die diesen Eindruck verwischen sollten, steht fest, daß von den 1.188 Kunstwerken, die, in 884 Nummern zusammengefaßt, in 40 Sälen auf zwei Ebenen und auf einer Fläche von circa 6.000 Quadratmetern zu sehen waren, kein einziges als »künstlerischer« Ausdruck einer neuen Zeit gewertet werden kann. Zwar lassen sich unter den 241 Plastiken, den 244 graphischen Arbeiten und 424 Gemälden 90 Werke ausmachen, die den Nationalsozialismus und seine führenden Persönlichkeiten zum Thema haben. Sie alle knüpfen in Bildnissen – allein zehn Gemälde und Plastiken stellen Adolf Hitler dar – und Historienbildern sowie den verwendeten Allegorien an traditionelle, aus dem späten 19. Jahrhundert überkommene künstlerische Ausdrucksmittel an. Die übrigen Arbeiten setzten sich aus mehr als 250 Landschaften, 30 Stilleben, 95 Tiermotiven, 10 Kriegsszenen und einigen Industrielandschaften zusammen – alle in einer akademischen Formen- und Farbensprache, wie sie seit mehr als sechzig Jahren nicht nur in Deutschland gepflegt wurde.[110]

Ähnlich beurteilt Manfred Wagner die Ausstellung 1993:

Der Katalog dieser Ausstellung zeigt die Problematik: bis auf wenige Ausnahmen eher unbekannte Namen [...]; die üblichen Klischees von bäuerlichen Genrebildern, realistischer Landschaftsmalerei, klassizistischen Skulpturen, Soldatenkitsch, Verherrlichungsaura und nationalsozialistischer Realismus; ein Kompendium der Deformation des malerischen Ansatzes, den die Jahrhundertwende signalisiert hatte und als große Gemeinsamkeit das Fehlen jedweden kritischen Ansatzes, die Vermeidung jedweder Irritation, den Verzicht auf die Abstraktion, die Verweigerung alles Nicht-Informativen in sich trug.[111]

Beileibe also keine überwältigende repräsentative Schau eines vermeintlich neuen und revolutionären Kunstschaffens, noch ein besonderer propagandistischer Erfolg (mit 420.000 Besuchern erreichte sie nicht einmal ein Viertel der Femeschau, die Kauflust hielt sich in Grenzen). Das auch ihm nicht verborgen gebliebene Debakel gleichsam entschuldigend, führte Goebbels auf der Jahrestagung der Reichskulturkammer am 26. November 1937 in Berlin aus:

Die großen weltanschaulichen Ideen, die durch die NS-Revolution zum Zuge gebracht worden sind, [wirken] vorläufig so spontan und eruptiv, daß sie für die künstlerische Gestaltung noch nicht reif sind. Die Probleme sind zu frisch und zu neu, um künstlerisch, dramatisch oder dichterisch geformt zu werden. Der Nachwuchs, der diese Aufgabe einmal zu lösen hat, ist noch im Kommen.[112]

Eingelegt in den Katalog der »Großen Deutschen Kunstausstellung« fand sich ein rotes Blatt (Abb. 28), welches den Leser zum Besuch der benachbarten Ausstellung »Entartete Kunst« aufforderte. Mit dem reißerisch aufgemachten Text (Überschrift »Gequälte Leinwand – Seelische Verwesung – Krankhafte Phantasten – Geisteskranke Nichtskönner«), der seine Wirkung gewiß nicht verfehlte, wurde den Besuchern ein charakteristischer Vorgeschmack auf das gegeben, was sie in den Hofgarten-Arkaden erwartete.
Nach einer Begrüßung durch Gauamtsleiter Ernst Leichtenstern eröffnete dort Adolf Ziegler am 19. Juli 1937 um 17 Uhr[113] die Ausstellung »Entartete Kunst« (Abb. 29). In seiner kurzen, um 19.35 Uhr auf allen deutschen Rundfunksendern übertragenen Rede sagte er:

Wir befinden uns in einer Schau, die aus ganz Deutschland nur einen Bruchteil dessen umfaßt, was von einer großen Zahl von Museen für Spargroschen des deutschen Volkes gekauft und als Kunst ausgestellt worden war. Sie sehen um uns herum diese Ausgeburten des Wahnsinns, der Frechheit, des Nichtkönnertums und der Entartung. Uns allen verursacht das, was diese Schau bietet, Erschütterung und Ekel. [...] Es sind die hier gezeigten Produkte allerdings nur ein Teil der in den vorgenannten Anstalten noch vorhandenen. Es hätten Eisenbahnzüge nicht gereicht, um die deutschen Museen von diesem Schund auszuräumen. Das wird noch zu geschehen haben, und zwar in aller Kürze.[114]

110 Karl-Heinz Meißner 1988, S. 280.
111 Manfred Wagner 1993, S. 270f.
112 Zitiert nach Karl-Heinz Meißner 1988, S. 282.
113 Vgl. die im StA München verwahrte Einladungskarte, reproduziert bei Schuster 1987, S. 220f.
114 Zitiert nach Schuster 1987, S. 217.

4.2 Charakterisierung der Ausstellung

1987 nahm Mario-Andreas von Lüttichau erstmals eine Wand-für-Wand-Rekonstruktion der Münchner Ausstellung »Entartete Kunst« vor, die auf unveröffentlichten Raumaufnahmen in der Alten Nationalgalerie Berlin und auf literarischen Dokumenten basierte. In ergänzter und überarbeiteter Form erschien sie 1991 und 1992.[1] Aufgrund dieser neueren Forschungsergebnisse kann die Behandlung der Münchner Schau hier in knapper Form erfolgen. Ganz außer acht gelassen werden darf sie indes nicht, ist sie doch Ausgangs- und Bezugspunkt der Analyse der weiteren Ausstellungsstationen.

In neun schmalen Räumen, zwei davon im Erd- und sieben im Obergeschoß, zeigte man rund 600 Gemälde, Plastiken, Graphiken, Photographien und Bücher von etwa 120 Künstlern. Das Spektrum der vertretenen Kunststile reichte von deutschem Impressionismus über Expressionismus bis zu Dadaismus und Konstruktivismus, von Künstlern des Bauhauses über die Neue Sachlichkeit bis hin zu verschiedenen Erscheinungsformen der Abstraktion. Schwerpunktmäßig richtete sich die Denunziation gegen den Expressionismus, speziell gegen die Mitglieder der Künstlergemeinschaft »Die Brücke«. Eine im Ansatz vorhandene Gliederung nach ikonographischen Gesichtspunkten – etwa religiöse Thematik, Darstellung der Frau, Bauern- und Landschaftsbilder – wurde nicht konsequent eingehalten.

Über eine schmale Treppe gelangte der Besucher zuerst ins Obergeschoß. Bereits auf dem Treppenabsatz stieß er auf das überlebensgroße, für einen Kirchenraum geschaffene Holzkruzifix von Ludwig Gies (Abb. 31)[2]. Im ersten, sich linker Hand öffnenden und unter dem Motto »Unter der Herrschaft des Zentrums freche Verhöhnung des Gotterlebens« stehenden Ausstellungsraum waren Bilder religiösen Inhalts versammelt, darunter Noldes neunteiliger Altar »Das Leben Christi« aus Essen und zwei großformatige Gemälde Beckmanns (»Kreuzabnahme« aus Frankfurt, »Christus und die Ehebrecherin« aus Mannheim). Daß die religiösen Werke den demonstrativen Auftakt der Schau bildeten, könnte mit dem verstärkten Kampf der Nationalsozialisten gegen den kirchlichen Widerstand zusammenhängen. Das Tagebuch von Goebbels in den Monaten vor und während der Ausstellung spiegelt die Virulenz der »Pfaffenprozesse« und der Festnahme Martin Niemöllers am 1. Juli 1937 wider. Aus dieser Beobachtung folgert Andreas Hüneke, daß die Wandaufschrift »sowohl als Argument gegen die Kunst als auch gegen die Kirchen, denen gegenüber sich die Nationalsozialisten als Hüter der echten Religion ausgaben«[3], diente.

Der zweite Raum enthielt ausschließlich Arbeiten jüdischer Künstler, meist Menschendarstellungen, die als »Offenbarung der jüdischen Rassenseele« apostrophiert waren. Mit jeweils drei Gemälden vertreten waren Adler (»Cléron, der Katzenzüchter« und »Musikanten« aus Düsseldorf, »Zwei Mädchen [Mutter und Tochter]« aus Mannheim), Chagall (»Dorfszene« aus Essen, »Die Prise [Rabbiner]« aus Mannheim, »Winter« aus Fankfurt) und Segall (»Die ewigen Wanderer« aus Dresden, »Purimfest« und »Liebende« aus Essen). Weitere Bilder stammten von Feibusch, Katz, Meidner (»Selbstporträt« aus Breslau) und Wollheim.

Im nächsten Raum, als einer der beiden größten Räume im Obergeschoß auf der rechten Seite durch eine von drei Stellwänden gebildeten Vorsprung (Abb. 34-35) untergliedert, faßten raumgreifende Wandbeschriftungen die Exponate zu thematischen Gruppen zusammen: Aktbilder von Heckel, Hoerle, Hofer, Kirchner, Kleinschmidt und Mueller illustrierten den Slogan »Verhöhnung der deutschen Frau – Ideal: Kretin und Hure«; Antikriegsbilder von Dix (»Schützengraben« und »Kriegskrüppel«), Schlüsselwerke der Dresdner Vorläuferausstellung,

1 Vgl. von Lüttichau 1987 und 1992a; vgl. auch ders. 1988a. Auf diesen Texten fußt das Kapitel.

2 Zu diesem Werk, welches auch auf den nachfolgenden Etappen stets besonders heftig angefeindet wurde, vgl. die Aufsätze von Ernsting 1990b und Howoldt 1988.

3 Hüneke 1988d, S. 43. Vgl. zum zeitgeschichtlichen Hintergrund den ausführlichen Exkurs von Broszat 1989, S. 283-300.

1937 Neueste
n. — 20.

Kommt und urteilt selbst!

Ausstellung „Entartete Kunst" eröffnet

„Der Nationalsozialismus hat sich nun einmal zur Aufgabe gestellt, das Deutsche Reich und damit unser Volk und sein Leben von all jenen Einflüssen zu befreien, die für unser Dasein verderblich sind. Und wenn auch diese Säuberung nicht an einem Tage erfolgen kann, so soll sich doch keine Erscheinung, die an dieser Verderbung teilnimmt, darüber täuschen, daß auch für sie früher oder später die Stunde der Beseitigung schlägt."

(Der Führer in seiner großen Rede zur Eröffnung der Großen Deutschen Kunstausstellung in München 1937.)

Gestern ist dem allgemeinen Besuch die „Große Deutsche Kunstausstellung 1937" zugänglich geworden, in der nach den Worten Adolf Hitlers die ehrliche künstlerische Leistung wieder ihre Würdigung erfahren hat, eine Ausstellung, die der Führer als einen Anfang, und zwar als den notwendigen und erfolgversprechenden Anfang einer segensreichen Wendung gekennzeichnet hat. Am gleichen Tage hat, nahe dem Hause der Deutschen Kunst, in den Museumsräumen an der Galeriestraße 4, noch eine andere Ausstellung ihre Pforten geöffnet. Sie zeigt „Entartete Kunst", d. h. sie gibt eine Auswahl aus der „Kunstproduktion" der Verfallzeit, und zwar aus Beständen öffentlicher Sammlungen und Museen, die diese Machwerke vielfach um ein wahres Sündengeld angekauft hatten. Auch diese Ausstellung ist notwendig, aber als Abschluß, als unwiderruflicher und abschreckender Abschluß. Sie gehört zu dem vom Führer angekündigten unerbittlichen Säuberungskrieg gegen die letzten Elemente unserer Kulturzersetzung.

Zu der Eröffnung am Montag nachmittag konnte Gauamtsleiter Leichtenstern namens der Landesstelle des Reichspropagandaministeriums eine große Zahl von Persönlichkeiten des öffentlichen Lebens begrüßen, namentlich von in- und ausländischen Künstlern und anderen Gästen, die zum Tag der Deutschen Kunst nach München gekommen waren. Der Präsident der Reichskammer der Bildenden Künste, Professor Adolf Ziegler, eröffnete selbst die Ausstellung und erläuterte in einer Ansprache ihren besonderen Zweck. Neben der Einrichtung der Großen Deutschen Kunstausstellung im Haus der Deutschen Kunst blieb, so führte er aus, noch ein traurige Pflicht zu erfüllen: nämlich dem deutschen Volk vor Augen zu führen, daß vor noch nicht allzulanger Zeit eine Richtung, die bewußt auf das Gesunde verzichtete und das Entartete, an seine Stelle setzte, maßgebenden Einfluß auf das Kunstschaffen nahm. Die Ausstellung zeigt es nun in Ausgeburten einer uns jahrelang als große Offenbarung hingestellten sogenannten modernen Kunst, die uns Erschütterung und Ekel verursachen. Sie bringt aber auch zur Ehrenrettung anständiger deutscher Künstler Werke, die für die betreffenden Kunstinstitute erst dann begehrenswert wurden, nachdem bei den Künstlern durch gesundheitliche oder Altersschwächen ein Verfall der Schaffenskraft eingetreten war. So ergab sich z. B. die unfaßbare Tatsache, daß eine Reihe von Museen Werke eines guten deutschen Künstlers aus der Zeit nach seinem zweiten Schlaganfall aufgenommen hat.

Man kann es gar nicht fassen, daß es in Deutschland einmal Volksgenossen gegeben hat, die diesen Unsinn mitgemacht haben. Die Ausstellung soll auch zeigen, welch unerhörte Vergeudung von Steuergeldern bei dem Ankauf dieser Schmierereien durch Kunstinstitute von Reich, Staat oder Gemeinden getrieben worden ist. Sie umfaßt dabei nur einen Teil der in diesen Sammlungen noch vorhandenen, übrigens zum Teil auch bis in die jüngste Zeit hinein ausgestellten Dokumente des Verfalls. Denn Eisenbahnzuge hatten nicht gereicht, um all diesen Schund heranzubringen. Aber die Ausräumung selbst wird in aller Kürze noch zu erfolgen haben. Denn es ist unmöglich, daß Museen weiter mit solchem Zeug belastet bleiben, die ehrliche, anständige Künstlerschaft aber in diesen Städten kaum eine Ausstellungsmöglichkeit oder nur eine schlechte besitzt.

Der Präsident verwies im einzelnen auf die hier sichtbare Besudelung des Frontsoldaten, auf die Entwürdigung der deutschen Mutter, auf die Verhöhnung christlicher Symbole in Werken, die zu Zeiten der Zentrumsherrschaft von öffentlichen Stellen angekauft werden konnten, und faßte treffend das Gemeinsame der meisten dieser Machwerke darin zusammen: Was einem anständigen Deutschen heilig ist, mußte hier in den Schmutz getreten werden. Professor Ziegler zitierte Aeußerungen von Vertretern dieses Kulturbolschewismus, die bewußt die Vernichtung der Kultur und der Kunst — „um der Kultur und der Kunst willen" — predigten, und erklärte dann: Wir werden klar machen, daß die Zeit auch auf dem Gebiete der bildenden Kunst vorbei ist, da Menschen nach dem Leitsatz handeln konnten „Lieber unsauber existieren als anständig untergehen". Nicht die Verführten, sondern die Verführer müssen zur Rechenschaft gezogen werden. Es ist vier Jahre Zeit gelassen worden. Nun aber ist die Geduld zu Ende gegenüber all denen, die sich innerhalb der vier Jahre in die nationalsozialistische Aufbauarbeit auf dem Gebiete der bildenden Kunst nicht eingereiht haben.

Das deutsche Volk mag sie richten. Dieses Volk kann dem Manne vertrauen, der heute sein Führer ist und weiß, welche Wege die deutsche Kunst zu gehen hat, wenn sie ihre große Aufgabe, Künderin deutscher Art, deutschen Wesens zu sein, erfüllen soll. Der Präsident gab die Ausstellung der Oeffentlichkeit frei mit den Worten: Deutsches Volk, komm' und urteile selbst!

Die Teilnehmer des Eröffnungsaktes, denen sich alsbald viele andere Besucher anschlossen, traten einen Rundgang an. Mit Schaudern fanden sie bestätigt die Kunstvernarrung und Kunstvernichtung, die der Führer in seiner großen Rede gebrandmarkt hat. Nun ist es notwendig, daß diese Ausstellung — der Eintritt ist frei — den Besuch weitester Kreise findet. Denn der Großteil unseres Volkes hat sich ganz natürlich jener Verfallskunst ferngehalten, er hat infolgedessen auch nicht annähernd eine richtige Vorstellung, wie weit diese Entartungen der Kunst gegangen und wie weit sie in der Systemzeit gefördert worden sind.

Die Ausstellung, die nicht nur sensationell gewertet werden darf, sondern aufklärend im Sinne nationalsozialistischer Säuberungsarbeit wirken soll, zeigt in vielen abschreckenden Beispielen die unglaublichen Verirrungen, armseligsten Dilettantismus, die possenreißerische Ueberheblichkeit und Hanswurstiade der Kunstbolschewisten, die durch einen innig mit ihnen verbrüderten Kunsthandel unsere deutsche Kunst nahe an den Abgrund brachten. Mit Erstaunen und Entrüstung nimmt man wahr, daß für wahrhaft scheußliche Attrappen unglaubliche **Summen bezahlt wurden, und man fragt sich, wo hatten die Kunsthistoriker und Galerieleiter ihre Augen. Was hier alles vertreten ist, davon wollen wir in einem eigenen Artikel berichten. Wir nennen für die erste Orientierung nur ein paar bezeichnende Namen wie George Groß, Otto-Dix, Heckel, Chagall, Jankel-Adler, Klee, Kandinsky, Otto Müller, Kokoschka, Schmidt-Rottluff.**

Dr. Goebbels hat am Samstag im Hinblick auf diese Ausstellung gesagt: „Hier mag der Zeitgenosse mit Schaudern und Entsetzen sehen, wie tief die Kunst in Deutschland gesunken war und welcher Anstrengungen es bedurfte, um aus diesem chaotischen Wirrwarr einen Weg ins Freie zu finden." S.

Aufnahme: Schödl

Dok. 24 Münchner Neueste Nachrichten, 20. Juli 1937 (StA München ZA Entartete Kunst)

rangierten als »Bewußte Wehrsabotage« und »Beschimpfung der deutschen Helden des Weltkrieges«; mit »Deutsche Bauern – jiddisch gesehen ...« waren Bauerndarstellungen von Kirchner, Pechstein und Schmidt-Rottluff überschrieben; eine Bildergruppe von Camenisch, Mueller, Nolde und Pechstein kommentierte die Parole »Jüdische Wüstensehnsucht macht sich Luft – Der Neger wird in Deutschland zum Rassenideal einer entarteten Kunst«; es folgten eine Gruppe von Plastiken und das Ensemble der sogenannten Dada-Wand (Abb. 33-34).
Der deutlich kleinere vierte Raum (Abb. 30, 36) zeichnete sich durch das Fehlen propagandistischer Wandbeschriftungen und kommentierender Texttafeln sowie eine ausgeglichenere Hängung aus. Ausgestellt waren größtenteils Werke der Brücke-Künstler (Heckel, Kirchner, Schmidt-Rottluff) sowie von Beckmann, Felixmüller, Hofer, Kokoschka, Lange, Mueller, Nolde, Pechstein, Rohlfs und Tietz.
Es schloß sich der fünfte und längste Raum des oberen Stockwerks an, dem vier Wandüberschriften eine gewisse Struktur verliehen: Über Bildern Molzahns stand »Wahnsinn wird Methode«; der Parole »Verrückt um jeden Preis« waren eine Gruppe abstrakter Werke von Dexel, El Lissitzky, Mondrian und Richter sowie sieben stufenförmig gehängte Kompositionen von Kandinsky und Klee zugeordnet. Die nur in diesem Abschnitt der Ausstellung praktizierte stufenförmige Anordnung ist beachtlich, weil sie in den zwanziger Jahren in Galerien und Museen entwickelte Präsentationsformen geometrisch-abstrakter Kunst aufgreift.[4] Expressionistische Landschaften und Stilleben von Davringhausen, Kirchner, Nagel und Schmidt-Rottluff verhöhnte der Satz »So schauten kranke Geister die Natur«; Landschafts-, Städte- und Tierbilder von Beckmann, Fuhr, Kirchner, Mueller, Nolde, Rohlfs und Schmidt-Rottluff figurierten unter dem Slogan »... aber auch Museumsbonzen nannten das ›Kunst des deutschen Volkes‹« (Abb. 37).
Raum sechs umfaßte u. a. Exponate von Rohlfs, Marc, Heckel, Peiffer-Watenphul und Marcks, Lehmbruck (»Kniende« aus München) und Scholz (Abb. 39), sieben Werke von Corinth (»Ecce homo« aus Berlin) unter dem Schriftzug »Zerfall wird zur literarischen und händlerischen Sonderwertung ausgebeutet« (Abb. 38) sowie Marcs – heute verschollenes – Hauptwerk »Turm der blauen Pferde« aus der Nationalgalerie Berlin (Abb. 38).
Oberhalb des Durchgangs zum letzten Raum des Obergeschosses stand – auffallenderweise nicht in der sonst für die Wandbeschriftungen verwendeten Fraktur-, sondern in einer Groteskschrift – »Sie hatten vier Jahre Zeit« (Abb. 39). Dieser Satz bezog sich in der im vorangehenden Kapitel beschriebenen Weise auf die Akademielehrer (also Kollegen Zieglers!), deren Werke im dahinterliegenden Raum ausgestellt waren. Von diesem hat sich nur eine Photographie erhalten. Über dem Wandtext – »Solche Meister unterrichteten bis heute deutsche Jugend!« – hingen ein Gemälde von Purrmann (noch 1937 ehrenamtlicher Leiter der Villa Romana in Florenz) und zwei von Caspar. Weiterhin waren Bindel, Burger-Mühlfeld, Caspar-Filser, Heuser, Macke, Modersohn-Becker, Munch, Nauen und Scharff vertreten. Unverkennbar richtete sich dieser Raum gegen Erziehungsminister Rust, welchem die Kunstakademien und ihre Professoren unterstanden. Einen Affront mußte auch die Präsentation zweier Plastiken von Gerhard Marcks im sechsten Raum bedeuten, den Rust am 15. Juli 1937, also nur vier Tage vor Eröffnung der Femeschau, in die Preußische Akademie der Künste berufen hatte.[5]
Die zweite Abteilung der Exposition – vornehmlich Aquarelle, Zeichnungen, Druckgraphiken, Photographien und Bücher, aber auch eine Reihe von Ölbildern sowie zwei Plastiken (Kirchner, »Schmied von Hagen«; Freundlich, »Der neue Mensch«) – war im Erdgeschoß in zwei länglichen, kaum fünf Meter breiten, mit Stichkappen

4 Vgl. etwa die Gegenüberstellung der Münchner Raumaufnahme mit dem 1927 von El Lissitzky und Alexander Dorner entwickelten »Kabinett der Abstrakten« im Landesmuseum Hannover, das u. a. Werke von Piet Mondrian und El Lissitzky enthielt, in: Loers 1989, S. 171. Desgleichen die – vom Künstler selbst angeregte – Hängung der Werke Willi Baumeisters in der Ausstellung »Wege und Richtungen der abstrakten Malerei in Europa«, Städtische Kunsthalle Mannheim 1927, abgebildet in: Hille 1994, S. 195, Abb. 31. Ferner die Präsentation der Gemälde Oskar Schlemmers in der Berliner Galerie »Der Sturm« im Januar 1920, abgebildet in: Osterwold 1986, S. 58.

5 Vgl. Barbara Lepper 1983, S. 32f., Dok. 3.

Dok. 25 Völkischer Beobachter, 22. Juli 1937
(StA München ZA Entartete Kunst)

Künstlerisches Inferno

Eindrücke eines Ganges durch die Ausstellung „Entartete Kunst"

Die Tausende, die sich täglich durch die langen schmalen Räume des Antiken-Abgußmuseums in den Hofgartenarkaden drängend schieben an den Bildern und den Figuren der Ausstellung „Entartete Kunst" vorbei, die hier in kontrastreich unmittelbarer Nähe des Hauses der Deutschen Kunst untergebracht wurde, diese Tausende tragen ein ernstes Gesicht. Diese Schau, die nicht der Oberflächlichkeit und Gedankenlosigkeit zur Sensation zusammengestellt wurde, sondern die noch einmal und wieder die Notwendigkeit und die Berechtigung einer auf jeden Fall kompromißlosen Kunstpolitik zeigen soll, verlangt starke Nerven. Bleiern liegt der Druck dieser fürchterlichen Umgebung auf den Menschen, die erschüttert kopfschüttelnd von Bild zu Bild gehen. Nur ganz selten hört man, halb unterdrückt, ein empörtes Lachen.

Die Ausstellung, die auf engstem Raume noch einmal das Schlimmste, was man in den deutschen Museen aus der Kunstproduktion der Nachkriegszeit hat finden können, zusammendrängt, läßt den Besucher nahezu schwindlig werden. Etwa 600 „Gemälde" und „Plastiken" hat der Präsident der Reichskammer der bildenden Künste, Professor Ziegler, mit einer Kommission auf viertausend Kilometer Autotour im Auftrage des Reichsministers für Volksaufklärung und Propaganda binnen einer Woche für diese Ausstellung, die dem „Haus-der-Deutschen-Kunst"-Schau als Gegenbeispiel gegenübergestellt werden sollte, zusammengebracht. Nur ein Teil davon, jedoch genug, um eindrucksvoll die Wende seit jener Zeit fühlen zu lassen, konnte ausgestellt werden.

Grelle Farben, schreiendes Gelb und brünstiges Rot neben giftigem Grün stehen in dicken Klumpen und Fladen auf den Leinwänden, man erkennt ein paar Leiber und Gesichter in dem Strom der Farbe, der zäh wie Lava über das Bild geflossen ist. Aus ihren pechschwarzen Rahmen fahren die „religiösen" Figurenbilder Noldes einem wie ein Faustschlag ins Gesicht. Man taumelt. Darin allein besteht die „Ausdruckskraft" des „Expressionismus", daß mit einer unglaublichen Verrohung der Malmittel und des Handwerks derartige „K.o.-Wirkungen", die man einst hysterisch für inbrünstige Kunsterlebnisse hielt, erzielt werden. Man schreit in allen Formen und Farben. Man glaubt menschlich-ursprünglich, „vital" zu sein und war doch nur „untermenschlich" und verdorben.

Neben der Verrohung der Mittel erscheint vor allem in den zynischen Brutalitäten von George Grosz, O. Dix, aber auch anderen, die Verrohung der Gesinnung. Der Krieg wird gemalt mit der gleichen Gesinnung, wie ihn Remarque geschildert hat. Zu der nicht zu unterbietenden Niedrigkeit der Gesinnung eines Grosz — man suche in der Ausstellung das Bild mit den Kriegskrüppeln — konnte einmal von einem Dichterakademiker der Systemzeit geschrieben werden: „Grosz' Vision war immer und bleibt bis heute apokalyptisch."

Daneben steht wieder in anderen Räumen — es ist in der Anordnung der Werke eine gewisse Gruppierung nach Geisteszusammengehörigkeit zu beobachten — der kalt rechnende Intellekt, der jede Form zerlegt, zerfasert, ihr alle Lebendigkeit, alles Organische mit furchtbarer Überwachheit allmählich aussaugt, der mit dem tödlichen Gift der Bewußtheit alles Lebendige abtötet, der dann zu geometrischen und stereometrischen Formen greift und mit ihnen artistisch jongliert, sie auf dem Papier hin und her schiebt und in die unsinnlich und unsinnig gehäuften Trümmer von mathematisch-technischen Konstruktionen verbunden mit den Fragmenten natürlicher Vorstellungen die erstaunlichsten Dinge hineinsieht. Da heißt ein Bild „Der Gott der Flieger" oder „Jungfräuliche Konstellation", „Bessere Höhenmaschine" usw. Im dadaistischen Unsinn eines Schwitters, der seine „berühmten" Bilder aus Draht, Trambahnfahrscheinen, Zeitungsfetzen, Haaren, Messingringen und dergleichen klebte, gipfelte diese Richtung.

Es sollen hier nicht alle Richtungen und gemalten Programme aufgezählt werden, in den sechs oder sieben Räumen sind sie lückenlos vertreten. Man durchwandert in diesen Sälen das künstlerische Inferno der Nachkriegszeit.

Dr. Rüdiger

und Tonnengewölben versehenen Räumen untergebracht. Die Hängung und die Auslage in den Vitrinen, welche sich an den Längsseiten beider Räume befanden, lassen kein spezifisches Gliederungsprinzip erkennen. In einzelnen Fällen waren Werkgruppen eines Künstlers oder aus einem Museum zu Ensembles gruppiert.

So an der östlichen Stirnwand des ersten Raumes, wo Bilder von Dix, von Mitschke-Collande, Cassel, Schubert, Hebert, Skade, Grundig, Kirchner, Heckel und Felixmüller aus dem Dresdner Stadtmuseum – allesamt Exponate der Dresdner Vorläuferausstellung – zusammenhingen. Nach rechts auf der nördlichen Längswand schlossen sich oberhalb der Vitrinen Werke von Rohlfs, Hebert, Mondrian, Schlemmer, Bayer, Nolde, Dix, Gleichmann, Kleinschmidt, Mueller, Nay, Kandinsky, Ernst, Kirchner und Eberhard an. Die westliche Stirnwand präsentierte je zwei Ölgemälde von Grosz (»Die Großstadt« und »Bildnis Max Herrmann-Neisse« aus Mannheim) und Dix (»Karl Krall« aus Berlin, »Herbert Eulenberg« aus Düsseldorf), die südliche, durch Fenster unterbrochene Längswand drei Bilder von Campendonk und eines von Völker. In den Vitrinen befanden sich ungerahmte Blätter von Schmidt-Rottluff, Hoffmann, Grosz, Pechstein, Voll, Haizmann, Dix, Mueller, Kandinsky, Feininger und Kokoschka sowie rund 43 Bände aus der Serie »Junge Kunst« und weiteres Schrifttum.

Der zweite, deutlich längere Raum des Untergeschosses enthielt auf der Ostwand (Abb. 40) zehn Exponate von Rohlfs und acht von Klee, auf der Westwand zwei von Nolde und jeweils eines von Burchartz, Heckel und Driesch. An den nördlichen und südlichen Längswänden (Abb. 41)[6] und in den darunterliegenden Vitrinen befanden sich Werke der genannten und anderer Künstler.

6 Diese Aufnahme ist eine von elf Photographien, die der Hamburger Künstler Eduard Bargheer in der Ausstellung anfertigte und die sich im Bargheer NL-Archiv (Hamburg) erhalten haben.

Liste der Ausgestellten

Gang durch die Ausstellung „Entartete Kunst“

In Ergänzung unserer Berichterstattungen über die beiden Münchener Ausstellungen brachten wir bereits die Liste sämtlicher Aussteller im Haus der Deutschen Kunst. Wir lassen den Bericht über die Einzelheiten der Ausstellung „Entartete Kunst“ folgen. Die seinerzeitigen Ankaufspreise sind, soweit bekannt, bei den meisten Bildern angegeben. Schriftleitung.

Von unserem Berichterstatter

eb. München, 24. 7.

Wenn man die Treppe zu den oberen Haupträumen der Ausstellung „Entartete Kunst“ in München hinaufgeht, so fällt dem Besucher zunächst die große Holzplastik „Christus“ von Professor Gies, Berlin, ins Auge, mit der Erläuterung: „Dieses Schaustück hing als Heldenehrenmal im Dom zu Lübeck.“

In dem ersten Ausstellungsraum finden wir dann die folgenden Werke: Emil Nolde „Christus und die Kinder“, Kunsthalle Hamburg 1918, 15 000 Mark; „Die klugen und die törichten Jungfrauen“, Folkwangmuseum Essen; „Abendmahl“, Halle Moritzburg 1913, 5000 Mark; „Tod der Maria aus Aegypten“, Folkwangmuseum Essen; „Kreuzigung“, neun Bilder, Altarbild, Folkwangmuseum Essen; „Adam und Eva.“ — Rauh „H. Franziskus“, Städtische Galerie München. — Heckrott „Maienkönigin“, Städtisches Museum Dresden, 2000 Mark. — Karl Schmidt-Rottluff „Pharisäer“, Städtisches Museum Dresden, [illegible]000 Mark. — Christian Rohlfs „Elias“, Städtisches Museum Hagen. — Max Beckmann „Christus und die Ehebrecherin“, Kunsthalle Mannheim 1919, 8000 Mark.

Im zweiten Raum finden wir zunächst ein Plakat für die Zeitschrift „Der Sturm“ von Oskar Kokoschka. Ferner die nachstehenden Werke: Katz „Bildnis“, Kunsthalle Karlsruhe, Geschenk 1921. — Chagall „Dorfszene“, Folkwangmuseum Essen; „Rabbiner“, 1928 Kunsthalle Mannheim, 4500 Mark; „Winter“, Städelsches Kunstinstitut Frankfurt a. M. — Adler „Katzenzüchter“, Städtische Kunstsammlung Düsseldorf 1926, 800 Mark; „Mädchen“, Kunsthalle Mannheim, 800 Mark; „Musikanten“, Städtische Kunstsammlung Düsseldorf 1924, 1500 Mark. — Wollheim „Exotische Landschaft“, Städtische Kunstsammlung Düsseldorf 1932. — Meidner „Selbstbildnis“, Museum Breslau, Geschenk 1929. — Feibusch „Schwebende“, 1932 Kunstinstitut Frankfurt a. M. — L. Segall „Purimfest“, Folkwangmuseum Essen 1928, 400 Mark; „Die ewigen Wanderer“, 1919 Städtisches Museum Dresden, 4000 Mark; „Liebende“, Folkwangmuseum Essen. — Ferner sind Max Pechstein vertreten, sowie Moritz Melzer „Frau in Erinnerung glücksonniger Tage“ und Rudolf Belling.

Im nächsten Saal ist ein Erzeugnis des Verlages „Die Aktion“ von Franz Pempfert ausgestellt, ferner: Campendonk „Springendes Pferd“, Nationalgalerie Berlin; „Sindelsdorf“, Kunsthalle Karlsruhe, Geschenk 1921. — Felixmüller „Stadtmensch“, Kunstsammlung Stuttgart, 1000 Mark; „Selbstbildnis“, Städtisches Museum Dresden 1925, 1000 Mark. — Belling „Messingkopf“, Nationalgalerie Berlin 1928, 3500 Mark; „Dreiklang“, Nationalgalerie Berlin 1924, 3500 Mark. — Hoffmann „Weiblicher Akt“, Städtisches Museum Dresden; „Mädchen mit blauem Haar“, Städtisches Museum Dresden, 500 Mark. — Baum „Mädchen“, Nationalgalerie Berlin, Geschenk 1931. — Klee „Um den Fisch“, Städtisches Museum Dresden; „Sumpflegende Ha[illegible]“. — Emil Nolde „Masken“, Nationalgalerie Berlin, Geschenk 1922. — Dexel „Lokomotive“, Ruhmeshalle Barmen 1922, 1000 Mark. — Feininger „Teltow“, Nationalgalerie Berlin 1921, 7000 Mark. — Kandinsky „Zweierlei Rot“, Nationalgalerie Berlin 1928, 2000 Mark. — Schwitters „Merzbild“, Dresden 1920, 14 000 Mark; „Ringbild“, Dresden 1921, 225 Mark.

6000 Mark; „Gebirgslandschaft“, 1923 Kaiser-Friedrich-Museum Magdeburg, 1500 Mark; „Stilleben“, Halle Moritzburg“, 4000 Mark; „Blick ins Tobel“, Nationalgalerie Berlin 1927; „Fünf Frauen“, Essen Folkwangmuseum; „Straße“, Nationalgalerie Berlin 1920, 12 000 Mark; „Russische Tänzerin“, Museum Breslau 1929, 2500 Mark; „Vater und Sohn“, Halle Moritzburg 1924, 3500 Mark; „Die Meister der Brücke“, Berlin Nationalgalerie Kronprinzenpalais 1928, 5000 Mark. — Heckel „Ruhendes Mädchen“, Landesmuseum Hannover 1923, 1 Million M. — Hoerle „Melancholie“, Kunsthalle Mannheim 1929, 600 M. — Kleinschmidt „Duett im Nordcafé“, Kunstsammlung Stuttgart, 300 M.; „Zirkusreiterin“, Nationalgalerie Berlin, 3000 M. — K. Hofer „Sitzender Akt“, Nationalgalerie Berlin. — Ernst „Erschaffung der Eva“, Städtische Sammlung Düsseldorf 1929, 2200 M. — Otto Müller „Paar“, Museum Breslau 1920, Geschenk; „Akte“, Nationalgalerie Berlin 1921, 15 000 M.; „Zwei Akte“, Nationalgalerie Berlin 1921, 15 000 Mk. — Schlemmer „Wandbild mit 5 Knaben“, Folkwangmuseum Essen, 1000 M. — George Groß „Der Boxer“, Museum Breslau, Geschenk 1923. — Baumeister „Tischgesellschaft“, Kunsthalle Mannheim 1927, 500 M. — Lissitzky „Abstrakte Komposition“, Landesmuseum Hannover 1923, 200 Dollar. — Richter „Farbenordnung“, Landesmuseum Hannover 1923, 30 M. — Dexel „Abstrakte Komposition“ 1929, Landesmuseum Hannover, 151,20 M. — Mondrian „Komposition“, Landesmuseum Hannover 1929, 420 M.“

Weiter eine größere Anzahl Arbeiten von Kandinski, vor 1933 Lehrer am Bauhaus in Dessau, ferner von Kandinski „Komposition“, Landesmuseum Hannover. — Molzahn „Der Gott der Flieger“, Folkwangmuseum Essen; „Horizontal Vogelwesen“ 1929, Museum Breslau, 1200 M.; „Paar“ 1920, Museum Breslau, Geschenk; „Zwillinge“ 1930, Museum Breslau, 1800 M.; „Bessere Höhenmaschine“, Folkwangmuseum Essen; „Jungfräuliche Konstellation“, Folkwangmuseum Essen. — Schmidt-Rottluff „Sommer am Meer“, Folkwangmuseum Essen; „Frauenbildnis“, Halle Moritzburg; „Akte“, Städtisches Museum Dresden 1920, 350 M.; „Christus“. — Oskar Kokoschka „Die Windsbraut“, Kunsthalle Hamburg 1924, 13 500 M.; „Auswanderer“, Halle Moritzburg 1926, 13 500 M.; „Heiden“, Dresden 1920, 10 000 M.; „Alter Herr“, Halle Moritzburg 1924, 15 000 M.; „Bildnis der Herzogin von Montesquieu“; „Monte Carlo“, Städelsches Kunstinstitut, Frankfurt/M. 1926, 6000 M. — Otto Müller „Akte in Landschaft“, 3000 M. — Chr. Rohlfs „Totentanz“, Halle Moritzburg, Geschenk 1934. — Felixmüller „Mann mit Kind“ 1922, Ruhmeshalle Barmen, 7000 M. — K. Hofer „Schlafende Menschen“, Ruhmeshalle Barmen 1922, 6000 M.; „Der erwachende Gefangene“, Kunstsammlung Stuttgart, 1600 M.; „Freundinnen“, Kunsthalle Hamburg 1924, 2500 M.; „Tischgesellschaft“, Barmen Ruhmeshalle 1924, 2700 M.; „Insulanerin“, Museum Breslau 1932, Geschenk; „Zwei Freunde“, Städelsches Kunstinstitut Frankfurt/M. 1928, 3500 M. — Kirchner „Der Kranke“, Landesmuseum Hannover 1930, 2400 M.; „Bildnis des Malers Schlemmer“, Folkwangmuseum Essen; „Kartenspielender Knabe“, Halle Moritzburg 1924, 3500 M.; „Straßenszene“, Städtische Galerie Dresden 1926, 9000 M.; „Die Gattin des Künstlers“, Städtische Galerie Frankfurt/M. 1919, 5000 M. — Talheimer „Versuchung des hl. Antonius“, Städtische Galerie München. — E. Heckel „Badende“, Folkwangmuseum Essen; „Flämische Familie“, Städtisches Kunstinstitut Frankfurt/M. — Pechstein „Morgen am Haff“, Hamburg Kunsthalle 193[illegible], Geschenk, „Stürmische See“, Nationalgalerie Berlin 1919. — Beckmann „Saxophone“ Städelsches Kunstinstitut Frankfurt/M. — Oskar Moll „Stilleben“ 1930, Nationalgalerie Berlin, Tausch. — H. Davringhausen „Mond durchs Fenster“, Ruhmeshalle Barmen 1922, 12 000 M. — L. Feininger „Vollersroda“, 1928 Halle Moritzburg, 7500 M.;

In den **weiteren Räumen** finden wir: Christian Boll „Frau“, Städtische Galerie Dresden. — Groß „Abenteurer“, Städtisches Museum Dresden 1921, 10 000 Mark. „Heldendenkmal.“ — Kirchner „Das Paar“, Kunsthalle Hamburg, 3000 Mark; „Bauernmahlzeit“, Kunsthalle Hamburg 1924, 3300 Schweizer Franken; „Abschied 1914“, Kunstsammlung Stuttgart, 3000 Mark; „Soldat mit Dirne“. — Kniestrath „Bronze“, Städtisches Museum Hagen 1935. — Müller „Drei Frauen“, Kaiser-Wilhelm-Museum Krefeld, 1500 Mark; „Zelt“, Nationalgalerie Berlin 1921, 5000 Mark; „Akte“, Nationalgalerie Berlin; „Zigeunerin“, Kaiser-Wilhelm-Museum Krefeld; „Esel mit Kind“, Museum Breslau 1931, 3000 Mark. — Freundlich „Kleiner Kopf aus Gips“, Kunsthalle Hamburg 1930. — Camenich „Bildhauer Scherer“, Folkwangmuseum Essen. — Hoffmann „Joseph und Potiphar“ (Holzplastik), Städt. Museum Dresden, Geschenk.

Emil Nolde „Haremswächter“, 1924 Halle Moritzburg, 4500 Mark; „Mann und Weibchen“, Folkwangmuseum; „Stilleben“, Folkwangmuseum; „Die heiligen drei Könige“, Landesmuseum Hanover; „Christus und die Sünderin“, Nationalgalerie Berlin 1929, 25 000 Mark; „Russe“, Städtisches Museum Erfurt; „Mädchenkopf“, Landesmuseum Hannover 1924, 2000 Mark; „Die Mulattin“, Halle Moritzburg 1924, 8000 Mark; „Friesische Dorfstraße“, Kunsthalle Hamburg 1925, 2500 Mark; „Herbstmeer“, Städtische Sammlung München. —

Schmidt-Rottluff „Akt“, 1919 Kunsthalle Hamburg, 4500 Mark; „Tenne“, Kunstsammlung Stuttgart 1922, 180 000 Mark; „Abend“, Kaiser-Wilhelm-Museum Krefeld, 4000 Mark; „Mäher“, Staatliche Sammlung München; „Selbstbildnis“, Halle Moritzburg 1924, 4000 Mark; „Sitzende Frau“, Städtische Galerie Dresden 1925, Stiftung; „Bildnis B. R.“, Hamburg Kunsthalle 1913, Geschenk; „Strickende Frau“, 1921 Halle Moritzburg; „Frauenbildnis“, 1921 Halle Moritzburg; „Stilleben“, Städelsches Kunstinstitut, Frankfurt a. M.; „Vase mit Georginen“, 1922 Geschenk Kunsthalle Hamburg; „Stilleben“, Nationalgalerie Berlin 1932, 2400 Mark; „Bauernhaus mit Mond“, Halle Moritzburg 1924; „Harzlandschaft“, Kunsthalle Hamburg 1924, 2800 Mark; „Dorf am See“, Nationalgalerie Berlin 1919; 3000 Mark; „Pommersche Moorlandschaft“, Museum Breslau 1932, 2500 Mark; „Küstenlandschaft mit Rettungsstation“, Landesmuseum Hannover 1923, 1 500 000 Mark; „Landschaft am See“, Nationalgalerie Berlin 1935, Geschenk; „Dorfstraße mit Leuchtturm“, Landesmuseum Hannover 1930, 1500 Mark; „Stilleben“, 1920 Städtisches Museum Dresden, 3800 Mark; „Rittersporn“, Kaiser-Friedrich-Museum Magdeburg 1922, 150 000 Mark. — E. Röder „Schwangere“ (Holzplastik), Kunsthalle Karlsruhe, Geschenk, 1921. — Bauknecht „Drei Hirten“, Kunstsammlung Stuttgart, Geschenk. — Pechstein „Ehepaar auf Palau“, 1929 Museum Breslau, 1000 Mark; „Insulanerin“, Kaiser-Wilhelm-Museum Krefeld, 1000 Mark; „Frau“ des Künstlers, Nationalgalerie Berlin 1926, Geschenk. — Dix „Der Krieg“, Städtisches Museum Dresden, 10 000 Mark; „Kriegskrüppel“, Städtisches Museum Dresden, Geschenk. — Beckmann „Fastnacht“, 1932 Nationalgalerie Berlin, 1000 Mark; „Selbstbildnis“, Stuttgart Kunstsammlung 3000 Mark; „Kreuzabnahme“; „Der Strand“, Städelsches Kunstinstitut, Frankfurt a. M.; „Nizza“, Städelsches Kunstinstitut, Frankfurt a. M. 1922, 35 000 Mark. — Baumeister „Handstand“, Folkwangmuseum Essen 1926, 575 Mark; „Drei Monteure“, 1930 Nationalgalerie Berlin; „Gelber Körper“, Kunsthalle Karlsruhe 1921, Geschenk. — Mataré „Die Katze“, Nationalgalerie Berlin 1929, 400 Mark. — Barlach „Christus und Johannes“, Kunsthalle Kiel, aus der Haseloffspende 1931. — Niestrat „Blumenträger“, Städtisches Museum Hagen. — Kirchner „Die Badende“, Kunsthalle Hamburg 1930, 1500 Mark; „Tanzpaar“, 1925 Folkwangmuseum Essen, 1650 Mark; „Sich kämmender Akt“, Halle Moritzburg 1924, 15 000 Mark; „Damen im Café“, Halle Moritzburg 1924, 3500 Mark; „Gelbe Tänzerin“, Halle Moritzburg 1924, „Marienkirche“, Halle Moritzburg 1931, 2000 M.; „Scheunenstraße“, Folkwangmuseum Essen; „Gelmeroda“, 1925 Stiftung Städtisches Museum Essen; „Zirchow VI“, 1928 Halle Moritzburg, 7500 M. — Nolde „Gartenbild mit Figur“, Halle Moritzburg 1924, 8000 M. — Erich Heckel „Landschaft mit Mühle“, Landesmuseum Hannover 1923, 1 000 000 M. — E. W. Nay „Fischerboote an der Hafenmole“, Nationalgalerie Berlin 1931. — Nagel „Aus dem Sauerland“, Städtisches Museum Hagen. — O. Lange „Tschun, der Katzenfreund“, Städtische Galerie Dresden 1921, 2000 M. — Rohlfs „Akrobaten“, Folkwangmuseum Essen. — Erich Heckel „Unterhaltung“, Halle Moritzburg 1924, 3500 M.; „Sitzender Mann“, Städtische Galerie Dresden 1920, 3000 M. — Tietz „Doppelbildnis“ 1928, Städtisches Museum Dresden, 600 M. — Nolde „Kuhmelker“ Kaiser-Wilhelm-Museum Krefeld, 3500 M.; „Junge Ochsen“ 1923, Magdeburg, 680 000 Mark. — O. Müller „Waldbach mit Badenden“, 1923 Nationalgalerie Berlin, 2 000 000 Mark; „Teich mit Badenden“, Nationalgalerie Berlin. — E. L. Kirchner „Bahnhof in Königstein“, Folkwangmuseum Essen. — Rohlfs „Soest“, Folkwangmuseum Essen; „Häuser“, 1925 Geschenk Städelsches Kunstinstitut, Frankfurt a. M.; „Bauernhaus“, 1914 Halle Moritzburg, Geschenk. — O. Müller „Badende im Schilf“, 1931 Museum Breslau, 3000 Mark; „Waldteich mit Badenden“, Nationalgalerie Berlin. — Campendonk „Blumen und Tiere“, Städelsches Kunstinstitut, Frankfurt am Main 1926. — Hans Drexel „Landschaft“, Folkwangmuseum Essen. — Xaver Fuhr „Café-Terrasse“, National-Galerie Berlin 1928, 900 Mark. — Diesener „Blinder“, Museum Breslau 1931, Geschenk. —

Der **letzte**, dem allgemeinen Besucherkreis zugängige Ausstellungsraum ist zur einen Hälfte fast ganz Corinth gewidmet. Daneben finden wir hier eine Anzahl von Bildern und auch Plastiken, die keine nähere Bezeichnung und Erklärung tragen. Eine Anzahl Bilder sind bezeichnet „Abgehängt Kronprinzenpalais Berlin“. Hierunter befindet sich auch Franz Marcs „Turm der blauen Pferde“. Einige Bilder sind bezeichnet „getauscht 1935 Kronprinzenpalais Berlin“. Ferner ein Bild „Abgehängt Kunsthalle Bremen“, drei Bilder „Abgehängt Städtisches Museum Hagen“, ein Bild gezeichnet „O. K.“ Staatsgalerie München, nochmals zwei Bilder „Kronprinzenpalais Berlin getauscht 1935“, sodann zwei Bilder von Nolde, das eine „Abgehängt Kunsthalle Mannheim“, das andere „1934 Kunsthalle Hamburg 4000 Mark“. Ferner W. Scholz „Das tote Kind“, Wallraf-Richartz-Museum Köln 1934 2000 Mark. — Watenphul 1932 Nationalgalerie Berlin (ohne Ausstellungsunterschrift). — E. L. Kirchner (ein Kind und Frauen unter Palmen oder Tabakspflanzen, ohne Ausstellungsunterschrift). — Metzinger „Im Kanu“, 1930 Nationalgalerie Berlin. — Moll „Blick durchs Fenster“, 1930 Museum Breslau 1800 Mark.

Von Corinth sind die folgenden Werke ausgestellt: „Das trojanische Pferd“, Nationalgalerie Berlin 1926 Geschenk, „Walchenseelandschaft“, Kunsthalle Hamburg 1935, 8200 Mark, „Walchenseelandschaft“, Kunsthalle Mannheim 1928, 12 500 Mark, „Ecce homo“, Nationalgalerie 1929, 50 000 Mark, „Kind im Laufställchen“, Nationalgalerie Berlin 1926, 20 000 Mark, „Porträt von Bernd Groenvold“, Kunsthalle Bremen, 12 000 Mark, ein Bild aus der Staatlichen Sammlung München 1925, 11 000 Mark.

Unter der Corinth-Wand werden unter Glas eine Anzahl von Reproduktionen Corinth'scher Bilder gezeigt mit der Unterschrift: „Der noch gesunde und bodenständige Künstler.“

Der letzte Saal der Ausstellung ist dem Publikum überhaupt nicht zugängig. Ueber der Tür steht geschrieben: „Sie hatten vier Jahre Zeit“. Hier befinden sich Werke von Künstlern, die zur Zeit noch ein Lehramt ausüben oder ein Lehramt noch bis vor kurzer Zeit ausgeübt haben. An der Wand der Bilder von Corinth befindet sich wiederholt die Mitteilung „Hingen bis heute“.

Dok. 26 Deutsche Allgemeine Zeitung, 25. Juli 1937 (Staatsgalerie Stuttgart)

Die hastige und überstürzte Vorbereitung der Schau hatte Konsequenzen. Erst drei Tage nach der Eröffnung, am 22. Juli 1937, konnten auch die beiden Räume im Erdgeschoß fertiggestellt und dem Publikum zugänglich gemacht werden. Ein Telegramm (Dok. 23) an den für die Landespropaganda zuständigen Staatssekretär im Propagandaministerium, Leopold Gutterer, macht deutlich, daß die Vorbereitungen buchstäblich bis zur letzten Stunde liefen. Es wird gefragt, ob die dem Telegramm beigefügte, 26 Namen umfassende Liste der »Kunstkritiker der Systemzeit« ausgestellt werden solle. Der Vergleich von dieser Liste mit der dann tatsächlich in Raum zwei des Untergeschosses gezeigten[7] macht deutlich, daß Änderungen vorgenommen wurden: Die Namen von Karla Eckert und Otto Andreas Schreiber wurden getilgt, der von Lothar Schreyer hinzugefügt. Die Kunsthistorikerin Karla Eckert, seit 1936 beim Hamburger Tageblatt beschäftigt und im Auftrag der Zeitung im Juli 1937 in München weilend, erinnert sich in einem Gespräch mit dem Verfasser am 3. Juli 1990, daß ihr Name ursprünglich auf der ausgestellten Liste gestanden habe. Sie habe dies bei der Eröffnung der Femeschau zwar nicht selbst gesehen, es sei ihr aber nach der Rückkehr nach Hamburg durch die Zeitung mitgeteilt worden. Das Hamburger Tageblatt habe beim Propagandaministerium erreicht, daß Eckerts Name von der Liste verschwand. Eckert war nämlich erst seit 1935 journalistisch tätig, konnte mithin schon aus äußeren Gründen nicht als »Kunstkritikerin der Systemzeit« bezeichnet werden.[8] Bei genauer Betrachtung des Photos der Liste lassen sich Spuren von Überklebungen erahnen. Ein weiteres Indiz dafür, daß an der Liste herumhantiert wurde, bieten die Namen Hausenstein und Schreyer, welche ganz am Ende, außerhalb der sonst konsequent durchgeführten alphabetischen Ordnung stehen. Ferner wird in dem Telegramm an Gutterer angefragt, was mit einer Graphik von Walter Jacob geschehen solle, da dieser doch seit 1932 Parteimitglied und überdies SA-Truppführer sei. Offensichtlich wurde das Blatt daraufhin noch vor der Eröffnung entfernt, in anderen Fällen geschah dies erst nach Protesten von verschiedenen Seiten. So wurden aus Raum drei die beiden Plastiken von Belling (»Dreiklang«, »Kopf«) herausgenommen, weil derselbe Bildhauer mit der Bronze »Der Boxer Schmeling« in der »Großen Deutschen Kunstausstellung« vertreten war. Auch dieser Umstand wurde propagandistisch verwertet, wie eine Passage aus der offiziellen Publikation zum Tag der Deutschen Kunst belegt:

> Symbolisch für die Wertung der Sache und nicht etwa des Namens oder der Person, was sehr tröstlich für die Hinausgewiesenen sein dürfte, erscheint die Tatsache: daß ein Künstler, der Bildhauer Belling, sowohl im Hause der Deutschen Kunst als in der Prangerschau sich befindet. Könnte es ein schöneres Beispiel geben für die kunstkritische Objektivität der neuen Jury und zugleich für den Willen zur Versöhnung mit den Zurechtgewiesenen seitens des Staates?[9]

Ebenfalls in Raum drei befand sich Christoph Volls Holzskulptur »[Schwangere] Frau« aus dem Stadtmuseum Dresden, und der Künstler bemühte sich – mit Unterstützung des Bildhauers Joseph Thorak – bei der Ausstellungsleitung um Entfernung seines Werkes, was auch zugesagt wurde.[10] Verschiedene Veränderungen zeichneten die Räume sechs und sieben aus, die in den ersten Tagen nach der Eröffnung temporär geschlossen und währenddessen einer Neuhängung unterzogen wurden. Überdies wurde im sechsten Raum zu einem ungeklärten Zeitpunkt, vermutlich im August 1937, die »Kniende« von Lehmbruck (Abb. 38-39) – eine Leihgabe Anita Lehmbrucks an die Städtische Galerie München, die in der Schau stark beschädigt worden war[11] – durch dessen »Sitzenden Jüngling« aus Mannheim ersetzt. Außerdem entfernte man Marcs »Turm der Blauen Pferde« (Abb. 38), »nachdem der Deutsche Offiziersbund eine Protestnote an die Reichskammer der bildenden Künste gerichtet hatte, worin zum Ausdruck kam, daß ein um das Reich und Vaterland verdienter, mit dem EK I ausgezeichneter

7 Vgl. von Lüttichau 1992a, S. 72 und S. 80 sowie die Ausschnittvergrößerung bei Wietek 1990, S. 46, Abb. 42.

8 Zum »Fall Eckert« vgl. den Brief Wilhelm Niemeyers an Franz Radziwill vom 17. Dezember 1937, abgedruckt in: Wietek 1990, S. 155f. mit Anm. 987. Ein Auszug von Eckerts Artikel im Hamburger Tageblatt vom 20. Juli 1937 ist abgedruckt bei Wulf 1983a, S. 369.

9 Tag der Deutschen Kunst 1937, S. 29.

10 Vgl. Kassay-Friedländer 1994, S. 27f. und S. 220; Reising/Rößling 1985, S. 147f.

11 Vgl. das Schreiben Anita Lehmbrucks an das RMVP vom 1. Dezember 1938 (abgedruckt bei Diether Schmidt 1964, S. 124f.).

Rückblick auf „entartete Kunst“.

Diese Ausstellung in München, die im Lauf des Sommers von mehr als einer Million Menschen neben der großen Ausstellung im „Haus der Deutschen Kunst“ gesehen wurde, verdient einen Rückblick. Genug Grund wäre allein schon die Tatsache, daß dies Unternehmen einen polemischen, verurteilenden Zweck hatte, der in der ganzen langen Zeit, in der man die Kunst als ein höheres Sondergebiet des Lebens ansah, völlig ohne Beispiel und unvergleichlich ist. Aber auch der Inhalt — aus öffentlichen Museen zusammengetragen —, der mehrere Jahrzehnte widerspiegelt, welche zum Leben der heutigen Besucher durchaus hinzugehören, auch dieser Inhalt bedarf einer erneuerten Aufmerksamkeit. Denn die derart versammelten und als entartet dargebotenen künstlerischen Arbeiten haben eine merkwürdige Veränderung durchgemacht, obwohl sie vor zehn oder mehr Jahren in keinem anderen Zustand zu sehen waren als jetzt. Das liegt nicht allein an der Art des Rückblicks, den die Ausstellung verkörpert. Es liegt vor allem am „Lauf der Zeit“, die stets einen Teil, diesmal aber einen großen Teil dessen desavouiert, was voranging. Um von vornherein jedes Mißverständnis auszuschließen: indem wir selber einen Rückblick machen, nehmen wir teil an dem Gesichtswinkel, der in der Münchner Darbietung manifest geworden ist. Dies ist ein Rückblick, der nicht einfach auf eine Epoche der Kunstentwicklung ausgeht, die historisch geworden ist. Niemand wird diesen Blick in der Weise tun können, als beträfe er die Romantik oder gar den Barock (obwohl doch gerade dieser vor wenigen Jahrzehnten noch mit den härtesten Urteilen belegt wurde). Denn es ist ein Rückblick zugleich auf eine Umwelt, die während ihrer ganzen Dauer so wenig eindeutig und bündig zu werden vermochte wie die Kunstprodukte, die aus ihr hervorkamen. Das meiste, was in diesem Zeitabschnitt Platz fand (sei es Kunst oder nicht Kunst), war weder ganz da, noch bereit, ganz zu vergehen. Zu allen Zeiten, in denen die Kunst ihre Rolle mit Entschiedenheit spielte, war zum wenigsten dieses Entweder-Oder deutlich gestellt. Diese jüngsten Jahrzehnte aber bleiben im Zwielicht, sie behalten eine schillernde Existenz aus halb unfertigen, halb unerledigten Dingen — und das vielleicht nicht nur, weil wir an ihr und ihren Nachwirkungen notgedrungen noch beteiligt sind. Wie anders hätte eine solche Ausstellung von den Veranstaltern als so notwendig empfunden und ihre Wirkung so schlagend werden können!

Was also heute, nicht zuletzt in dieser Ausstellung, geschieht, zeigt den unfesten Aggregatzustand der jüngsten Vergangenheit. Es genügt nicht, was da zu sehen ist, die ganze Art, wie die Besucher reagieren, gehört dazu. Blick und Objekt sind eine einzige Aktion. Veranstalter und Betrachter sind in einem Maße einig, wie es den Kunstausstellungen völlig abgeht. Diese Einigkeit aber ist keine Opposition, die da einfach etwas kritisiert und negiert. Rein oppositionelle Schärfe wäre etwa dann möglich, wenn das Bildwerk, das da gezeigt wird, klar seine Funktion gehabt hätte, wenn es offen heraus bestimmte Machtgruppen gestützt hätte. Aber dann hätte es den Nachkommenden wohl auch genügt, daß es wortlos abgeschafft wäre. Dergleichen brauchte entweder gar keine Erwähnung oder präzise Verneinung. Indessen, das Besondere der Veranstaltung ist etwas anderes: das Kampfziel, dessen Erzeugnisse gezeigt werden, wird zugleich wieder neu hergestellt, ja auf eine eigentümlich produktive Weise wird mehr hergestellt, als früher war. Absichten, denen diese Kunstäußerungen vielleicht nur unbewußt gedient haben, werden mit dürren Worten verkündet. Daran zeigt sich, daß alles im Fluß war, auch wenn jetzt nichts davon mehr fließt. Oder besser: diese „Kunstwerke“ dienten niemals einer stillen und ausgeglichenen Bestimmung der Kunst, wie sie wieder vorausgesetzt wird, sie waren wohl überhaupt keine rechten Kunstwerke mehr, sondern gleichsam Epigramme von Symptomen, die mit allerhand ungewissen oder verderbten Zügen und Zuständen der Zeit ihre unterirdische, aber keineswegs klärende Verbindung hatten. So kritisch manche Künstler ihre Zeit darstellen mochten, — ihre Werke waren gleichsam eine Kläranlage, die nicht das ganze Gebiet der Zeit und ihrer Schäden umfaßte. Die Ergebnisse blieben stückhaft und mißverständlich. Was damals, fast „naturgemäß“, sich zweideutig verhielt, wird jetzt politisch endgültig markiert; und was in solcher Markierung sich herausstellt und erklärt, das wird nun umgeworfen. Wie durch ein Brennglas läßt eine andere Weltanschauung diese „entartete Kunst“ erblicken, und zugleich Mittel der Darbietung. Wer die Treppe hinaufsteigt, wird im wahren Sinne überfallen von dem überlebensgroßen Holzkruzifix von Ludwig Gies (nur zum Versuch war er kurze Zeit im Lübecker Dom aufgestellt). Blutstropfen stehen schön gedrechselt wie Keimlinge aus den Wunden; die ausgemergelten Rippen und der ganze Leidenskrampf sind zu Ornamentstudien verarbeitet. Damals berief man sich auf gotische Schmerzensbilder, um diese Arbeit zu „erklären“. Sicher ein schlechtes Argument; denn die schonungsloseste Zerrform hat im Mittelalter kein gespreiztes Kunstgewerbe bewirkt, wie es hier fast mit Behagen ausgespielt wird. Man weiß, wie sehr die Künstler nach dem Kriege desorientiert und beunruhigt waren. Ein solches Exempel spielerischer Ausnützung der Unruhe an die Spitze der Ausstellung zu setzen, verfehlte nicht die Wirkung höchster Peinlichkeit. Im Saale selbst sieht man zwei große Bilder von Max Beckmann: die „Kreuzabnahme“ und „Christus und die Ehebrecherin“ (Mannheim), beide kurz nach dem Krieg gemalt. Abgesehen von den schreckhaften Elendsgestalten, ist das kreidige Vergehen der Farben gerade bei diesem Maler auffallend, der an dem Glück der schweren Farbfülle in seinen früheren Jahren durchaus noch teilhatte. Dies ist gewiß eine der merkwürdigsten Wandlungen in der Malerei. Nicht jene Maler fordern zum Fragen heraus, die von vornherein mit dem Eklat der Formgefährdung beginnen, sondern diejenigen, die wie Beckmann so fortfahren: geschlagen, bemüht und heftig, obwohl sie soeben noch im Besitz einer ausgeglichenen malerischen Tradition waren. Fast könnte man versucht sein zu sagen: da ist ein Maler, der die Kunstfeindschaft Platos in die Praxis oder — geradezu — ins Werk setzt, jene Feindschaft also, die nicht unverständig war, sondern die „Fähigkeit“ der Kunst angriff, Wahrheit und Mitte der menschlichen Werte in „schönen Schein“ zu hüllen oder gar die Wahrheit aus der Mitte zu rücken, die sie in ihrem Bilde einnehmen müßte. Beckmann gab das „malerische“ Zauberwerkzeug auf, fand die Wahrheit verrückt und bildete entsprechend seine Vision der Realität. Kein Wunder, daß er nun vielen unwahrhaftig vorkam. Denn das war kraß, schien wie ausgeliefert an ein gestörtes Gleichgewicht. Hatte er nicht selber die Schuld daran? Die Linienphysiognomie der Bilder wurde schärfer, dringlicher und zwang alle Farbe in ihren Bann. Aber auf die Frage schwieg sie. — Daneben überwiegen die ungestalten Geröllmassen der Bilder von Nolde mit ihrem dickbreiigen Bunt: „Christus und die Sünderin“ (Berliner Nationalgalerie); der große „Altar“ (Essen, Folkwangmuseum), zähe, dumpfe Nacht frißt und kocht um die klobigen Figuren; „Christus und die Kinder“ (Hamburg), wo Starrheit und Spielzeugbuntheit sich verwirrend mengen. Seltsam, wie gerade diese Bilder am Pranger verändert sind: früher war wohl mancher betroffen durch ihre Rauheit, von der er meist nicht einsehen konnte, wozu sie diente; seltener werden sie als offene Verhöhnung verstanden worden sein. Ein Bauer, der nachdenklich hinblickt, sagt: „Ist das eine Gemeinheit!“ — aber er lächelt verständnislos, wie das überhaupt wohl möglich sei. Ueber der Wand steht die Inschrift: „Freche Verhöhnung des Gotterlebens“.

Am Zugang zum zweiten Saal steht ein salopper Satz von George Grosz: „Wie kommt der Künstler heute in der Kunst hoch? Durch Schwindel.“ Es bleibt offen, ob er alle Künstler meint oder nur eine bestimmte Art oder ob er gar auf die Abnehmer anspielt, die den Schwindel als Nahrung ihres Snobismus brauchten. Hier sieht man außer den Montagen aus Müll und Abfällen, die Kurt Schwitters gemacht hat, auch Bilder von Chagall, Adler, Meidner mit russischen und jüdischen Themen. Nicht weit davon ist Campendonk, der aus Tieren und Dorfhäusern ein idyllisches Kaleidoskop gewürfelt hat, das ein wenig an bunte Hinterglasbilder erinnert. Er bedient sich dabei der farbigen Tiere, die zuerst Marc gemalt hat; doch Marc selbst ist in der Versammlung kaum zu sehen (eine Zeitlang hingen die „Blauen Pferde“ da). Dazwischen „abstrakte“ Plastik wie Bellings „Dreiklang“, drei verschliffene tanzende Leiber, die in ihrem glattroten Holz wie sonderbares Gezweig aussehen. Aber auch ganz unkonstruktive Plastik, die das Naturvorbild dumpf und schwer mitsprechen läßt, fehlt nicht: Figuren von Barlach, die lange glatte Katze von Mataré. Mitten hinein prallen Assoziationen wie von Tiefseefauna: „Zweierlei Rot“ von Kandinsky und — noch viel fremder und versponnener — die feuchtschimmernden Farbrätsel von Klee; eins hat den Namen „Sumpflegende“.

Dok. 27
Frankfurter Zeitung, 14. 11. 1937 (Universitätsbibliothek Heidelberg)

entzündet sie dergestalt auch alles, was früher vielleicht unbestimmter und unverständlicher Zündstoff war, damit es in dieser letzten polemischen Zuspitzung in sich selber völlig ausbrenne.

Die Betrachtungsweise.

Wann immer man die Ausstellung betrat, war viel Entrüstung zur hören. Doch ging das anders zu als in den Kunstausstellungen, die bereits früher — schon seit der Mitte des 19. Jahrhunderts — mitunter Auflehnung, Protest, ja „Skandal" herausgefordert hatten. Nicht selten war man es zufrieden damals, wenn der Tumult der Meinungen losbrach. Denn längst war es dahin gekommen, daß gerade die kräftigsten Künstler nicht mehr recht gehört oder zu leicht genommen und nur lau vermerkt wurden. Die Entfremdung war unvermeidlich, weil die tätige Umwelt damals in der Kunst nur Objekte sah, weil sie die Kunst nicht als Besiegelung einer Lebensart, sondern nur als deren Beiwerk und ästhetisches Besitzstück brauchen konnte und endlich auch, weil es kein ausgeprägtes und vielen gemeinsames Volksgefühl gab, dem die Künstler sich hätten widmen können. Darin ist es Courbet und den Impressionisten, ja sogar Thoma und Klinger in ihrer ersten Zeit nicht anders ergangen als später den Kubisten und Expressionisten, die nun einer doch ganz andersartigen posthumen Verachtung anheimfallen. Immerhin: in jenen früheren Zeiten war es den Künstlern lieber, dann wenigstens die Auflehnung zu sehen als die Gleichgültigkeit. Freilich hatten sie dadusch nichts gewonnen. Denn die Aufregung war bloß ein Ventil der Gleichgültigen. Und sonst blieben sie eben doch gleichgültig. Wie gut oder wie schlimm das war, es zeigte doch im Grunde — abgesehen von allem, was fernerhin die Künstler noch erreichten und entdeckten — einen kranken und bedenklichen Zustand der Kunst. Sie hatte den Ort verloren, vergessen — vielleicht aber gab es ihn überhaupt nicht mehr —, wo sie noch etwas hätte tun und bedeuten können.

Eins ist sich gleich geblieben zwischen damals und heute: der Abscheu und die ehrliche Entrüstung der Besucher. Wirklich, sie **war** ehrlich. Denn zumeist waren sie gekommen mit dem Willen und dem Bewußtsein, daß sie entrüstet sein würden. Solche Entschiedenheit im Prinzipiellen war früher bei Leuten, die sich aufmachten, eine Ausstellung anzusehen, nicht stets vorweg schon anzunehmen. Oft entstand sie aus der Verwirrung des Augenblicks. Hier aber ist Verwirrung nicht zu finden. Man kann auch ganz davon absehen, ob bei den offenbar interessierten Besuchern ein Wissen vorauszusetzen sei, aus welchen tieferen Gründen die Künstler nun schon seit einem halben Jahrhundert keine Formen mehr finden, die einem weiten Kreis von Menschen mühelos einleuchten würden. Auch die andere Ueberlegung ist wohl kaum von jemand zu erwarten: daß nämlich in früheren Jahrhunderten manche „schwierige" Kunst nur deshalb einleuchtend war, weil sie sich an einen bestimmten Stand richtete, während sie sich heute an niemand Bestimmten wendet. Denn gewiß sind sehr viele der Anwesenden zum ersten Mal in einer Ausstellung. Warum sollten sie etwas zu überlegen haben? Nicht Verwirrung also ist hier die Quelle der Ablehnung. Im Gegenteil: jeder ist sicher gemacht. Bestimmtheit ist die Voraussetzung aller Worte, die man da hören kann. Wenige Ausländer allein wirken anders. Sie vergnügen sich. Sie lachen, finden dies und jenes komisch oder witzig, so wie man auch exzentrische Moden auf gleiche Weise hinnehmen kann. Bei sich zu Hause werden sie es ähnlich machen. Sie sind in der Rolle der curieux, — wie es in Anwendung auf die Kunstliebhaber schon seit dem 18. Jahrhundert in Frankreich heißt —, sie sind neugierig, machen Anmerkungen und bleiben ungerührt. Jedoch, unter denjenigen Besuchern, die sich durch nichts verleiten lassen und nur die Intention der Ausste ung genau nehmen, gibt es — in jenem Sinne — keine Kunstliebhaber mehr.

Der Anhalt.

Die Räume sind primitiv zurechtgemacht, das ausgestellte Belegmaterial ist gedrängt und gestapelt. Das ist **auch** ein

Eine Ueberschrift „Verhöhnung der deutschen Frau" vereinigt vielerlei: eine gelbe Tänzerin, Damen im Café, eine sich kämmende, nackte Frau; es sind Bilder von Ernst Ludwig Kirchner mit ihrer steil abfallenden „Perspektive" und den überall gleichsam ausgefransten Formen, sämtlich aus der Zeit vor dem Krieg (Museum Halle); ferner die vielen eckigen, braunen Mädchen, die Otto Müller gemalt hat; Gemälde von Hofer, Hoerle, Kleinschmidt; die „Erschaffung der Eva" von Max Ernst, halb einem anatomischen Modell ähnlich. Bilder des Ueberdrusses und des Hohns über den Krieg tragen die Ueberschrift: „Beschimpfung der deutschen Helden des Weltkrieges"; darunter die „Kriegskrüppel" und der „Schützengraben" von Dix (beide Dresden), das eine plakathaft agitatorisch, das andere grausig aufgetrieben zu einem „Uebernaturalismus".

Außer diesen sammelnden Ueberschriften gibt es noch eine große Reihe von Bildern, die so wechselvoll, wie sie sich folgen, auch am besten genannt werden. Eine „Bauernmahlzeit" (Hamburg) von Kirchner, schwergezimmerte, aber schematische Grimassen in blassen Erdfarben. Die „Windsbraut" (Hamburg) und die „Auswanderer" (Halle) von Kokoschka, jedesmal die halb fliegenden, halb weggewehten Figuren, wie in tiefes Nachtblau gehüllt und doch auch im Schlamm der Farbe versinkend, ein Dickicht von ungefügen Brocken und plötzlich scharfen Gesichtszügen, worin für den, der klaren Eindruck sucht, schwer das Rechte zu unterscheiden ist. Von Kirchner das „Krankenzimmer" (Hannover) mit einem gaffenden Kopf am Fenster, tiefbunte Schreckfarben, zu beklemmenden eckigen Ornamenten gepreßt; von ihm auch Straßenbilder mit modischen Gestalten der Vorkriegszeit, die, gezackt und geschnürt, wie auf Nadeln einherschreiten. Das helle und doch trübe Strandbild von Beckmann (Frankfurt) mit den bösartigen Grotesken: „Badegäste" als geckenhafte, gummiweiche Kloben, die nicht viel anders und mehr sind als ihre Bälle, Tücher und Schirme. Einer von den Wandbildentwürfen von Schlemmer (Essen) mit den antikisch-plakathaften, glatten Knaben auf Graugrund; durch den rostigen Ton scheint (wohl unbewußt) etwas von der geschmäcklerischen Finesse spätantiker Wachsmalerei hindurch. Viele Blätter von Kandinsky, die aussehen wie phosphoreszierende Technikkörper. Die durchleuchtenden, glasigen Architekturbilder von Feininger mit ihren verschobenen Linien. Vielerlei Landschaften: ein tropisch grünes, wie in halber Nacht verschwindendes Tal (München) von Kokoschka; ein Hochgebirgsbild (Magdeburg) von Kirchner, die Steilwände wie aus blauem Tuch; das klein eingefüllte, aus Eisenbahnbarrieren, Häuserzierat und mühsamem Gesträuch eng aufgetürmte „Nizza" (Frankfurt) von Beckmann; die schwärzlich gußeiserne Kaffeeterrasse (Berlin) von Fuhr. Zu ihnen wurde die Beischrift gefügt: „So sahen kranke Geister die Natur".

Ein Herkunftsort.

In einem besonderen Saal greift man weit zurück, um möglichst den **zeitlichen** Ansatzpunkt der Entartung zu finden. Hier ist manches von Corinth versammelt: eine Walchenseelandschaft, eine dämmrig-neblige Skizze vom Trojanischen Pferd, ein Ecce Homo, Christus in rotem Kleid, wie eine Frau aussehend, umgeben von Gepanzerten, ein kleines Kind, fast verschwindend im wirren Weiß des Kleidchens. Alle Farben sind wild, verspritzt, oft schwer hingeschlagen, aber immer noch schlagend und voll Scharfblick. Obwohl offenbar ist, wohin die Beispiele zielen, bedarf es doch einer Erklärung. Sie lautet: „Von dem ausgezeichneten Maler Corinth wurden zu höchsten Preisen und mit besonderer Vorliebe bis heute von den Museen Werke angekauft, die nach seinem zweiten Schlaganfall entstanden sind und daher Zeichen von Auflösung an sich tragen." Zugleich sind dann auch wieder die Protagonisten Nolde, Kirchner, Kokoschka, Beckmann und dazu noch Scholz und Kallmann (aus dem Kölner Museum) zu finden. In der Mitte eine Plastik Lehmbrucks: der hagere Mann, der erschöpft und gebeugten Hauptes dasitzt, aus dem Jahre 1917.

(Fortsetzung auf Seite 6.)

Dok. 27 Fortsetzung

Rückblick auf „entartete Kunst“.

(Fortsetzung von Seite 4.)

Oft waren die gleichen Ausrufe zu hören, vor dem Krassen so gut wie vor dem Unverständlichen, meist klang es abschließend „Furchtbar“ (mit Akzent auf beiden Silben). Vor den „Auswanderern“ von Kokoschka hieß es einmal auf bayrisch mit jovialer Entschiedenheit: „Der g'hört ja aufg'hängt, der des Bild g'mol'n hat.“ Diese Ausbrüche mögen naiv und unbefangen sein, aber auch beim Nachdenken bleibt etwas übrig, das nicht mit einer Handbewegung wegzuwischen ist. Daß eine *Einsicht* spät und ungehemmt geäußert wird, dagegen läßt sich nichts Wesentliches einwenden, zumal wenn sie *in der Sache*, um die es geht, schon von vornherein mit enthalten war. Denn die Kunstwerke, die auf diese Weise angesprochen werden, waren — vielleicht ungewollt — in einem tieferen Sinne realistisch, auch wenn sie gar nicht die „Natur“ zum Vorbild nahmen. Und die *Gegenstände* der Werke waren in der Tat zumeist furchtbar, also gab sich die *Form* des Furchtbaren wohl ebenfalls — furchtbar. Die Kunst, die einmal die „Schöne Kunst“ genannt wurde, war nicht mehr schön. Denn das Schöne war billiger geworden, konnte durch allerlei Halbkunst schon geliefert werden. Einige Künstler erschraken darüber, ja sie ließen sich so sehr davon erschrecken, daß sie selber nur noch mit Schreckbildern antworteten.

Kunst oder Karikatur?

Jene Kunstwerke, die jetzt als entartet zusammengestellt sind, waren schon damals keine „reine Kunst“ mehr, waren erst recht keine Zeugnisse einer in Ruhe verehrten „ästhetischen Sphäre“, wie sie das 19. Jahrhundert noch festzuhalten wähnte. Sie wagten sich auf fremdes Gelände, waren — oft ohne vorausgehende Absicht — mit zeitkritischen Elementen gleichsam durchschossen, wirkten also selber verderblich und formzerstörend, während sie doch oft nichts anderes als den Verlust der Form *in der Realität* zeigen wollten. Hält man sich das vor Augen, so versteht man den Erfolg dieser Ausstellung. Vor einem Blatt von George Grosz, das eine fette und hinterhältige Großstadtkreatur zeigte, sprach ein Mann ganz unvermittelt: „Als Karikatur ist das ausgezeichnet.“ Selbstsicher und feindselig hatte er alles andere als Machwerk abgetan. Aber hier lenkte er ein. In dem Zweifel, ob Karikatur etwa ihre eigene Berechtigung habe, enthüllt sich ein wesentlicher Aspekt der künstlerischen Sackgasse, die seit langem bekannt ist. Seither weiß man offenbar nicht mehr, ob das „unnatürliche“ Kunstwesen nun Karikatur war oder Vergnügen an den (oft) ausgesuchten Widerwärtigkeiten, die dargestellt wurden. Auch wenn das „Sujet“ nicht auf so klare Weise selber schlecht war, blieben viele Unbefangene bei der Befürchtung, schon die „traditionslose“ Malweise könne ebenfalls Karikatur sein. Zielte sie auch nicht geradezu auf eine bestimmte Sache, — so fühlte man es wohl — dann war sie doch immerhin eine *mittelbare Karikatur* auf das Schöne, Erhebende, Künstlerische überhaupt. Ergäbe dies dann nicht in der Tat eine maßlose, willkürliche und selbstzerstörerische Karikatur? Und eben deshalb auch eine Karikatur, die selbst vor dem unverfänglichen Landschaftsbild (und gerade Landschaften sind viele in der Ausstellung gezeigt) nicht mehr Halt machen könnte? Gleichviel: gerade sie ist es, gegen die in dieser Ausstellung gekämpft wird. Deshalb die Gefühlsveränderung gegen solche Kunst. Was bei vielen früher schon Befremdung war, ist heute Entsetzen. Was damals allenfalls Entrüstung war, ist jetzt Feindschaft. Heute wie vordem aber kommt es nicht mehr auf das „Verstehen von Kunstwerken“ an; es kommt darauf an, ob sie als Schlüssel gebraucht werden in den enger und bedrohlicher werdenden Gängen einer verstellten Wirklichkeit oder ob man des Glaubens ist, daß jene Bilder überhaupt erst damit begonnen haben, eine in gleichmäßiger Heiterkeit uns noch zu Gebote stehende Welt bloß zu verrammeln und anzuschwärzen. Denn in solchen Werken — was man auch in ihnen sehen mag — steckt bereits ursprünglich zuviel vom Nichtverstehen, auch vom Nichtzugeben des Verkehrten und vom Nichtverstehbaren der Welt und ihres wechselnden geschichtlichen „Klimas“. Nur reine Kunstwerke — es gab sie nie sehr oft — nur sie erheben Anspruch auf reines Verstehen. Diese aber waren zu einem wesentlichen Teil aus aller alten, traditionellen Vorstellung von Kunst herausgefallen. Also war auch ihr früherer Anspruch dahin.

Vielleicht daß deshalb die Aktion zur Vernichtung einer ganzen Kunstepoche so wirksam ist. Das Forum der Betrachter ist gewonnen; selbst eine leichtere Aufforderung hätte genügt, wie der frühere Zustand längst bewiesen hat. Weil diese „entartete Kunst“ zu ihrer Zeit mancherlei zerteilt, zerlegt und zersetzt hat, weil sie überall zeigte, daß etwas (oder gar vieles) nicht stimmte, und weil sie dennoch keine feste Position einnahm, von der aus sie diese ihre Feststellungen in einem bestimmteren Sinne hätte anwenden und in der Anwendung mit eigener Vollmacht vielleicht hätte überwinden können, — deshalb ist sie der Vorläufer von nichts geworden. Mittlerweile wird diesmal rein faktisch und von ganz anderem Ausgangspunkt die versäumte Ueberwindung mit einem Ruck nachgeholt. Zugegeben: keiner hat gewußt, wie man einen solchen Ort, ein solches Steuer — als Künstler — hätte gewinnen sollen. Ebenso gut mag es sein, daß nur wenige etwas dergleichen gewollt haben.

Der Kampf gegen das Uebel.

Die Schaustellung einer ausgemerzten Kunst will kraß wirken, sonst nichts. Obendrein gibt sie noch eine Belehrung. Die Kunst hat immer dann zu wenig getan, ihren verborgenen Zweck nicht erfüllt, wenn sie nur Begleitmusik, nur Kundgebung von Symptomen der Zeit ist und nichts damit anfängt, was — sei es auch noch so langsam — den Symptomen, den schlechten und bloßen „Zeichen der Zeit“ den Garaus macht. Gerade die scharfsichtigen unter den Künstlern — in Deutschland wie anderswo — haben geglaubt, daß sie dazu beitragen würden, daß sie die Welt zurechtrücken würden, indem sie ihre Unordnung durch ein kaum noch „schönes“ oder „malerisches“ Bildwerk zeigten. Aber auch sie mußten eines Tages feststellen, daß sie nur eine große Schar kunstreicher Taschenspieler angelockt hatten, welche ihren eigenen schwierigen Sprung für ein glattes Gleis hielten. Was taten sie? Sie machten reizvolle Stückelungskunststücke in die leer prickelnde „abstrakte“ Luft — und dies alles nach einem Vorbild, welches nicht artistisch, sondern ein schmerzlicher und ganz realer Befund gewesen war. Das wurde dann freilich zum Verhängnis. Denn jede Kunst, die sich ohne Mühe und Bedenken sogleich damit begnügt, ist gering: sowohl ästhetisch als moralisch, mag sie im einzelnen noch so erstaunliche Entdeckungen bewirken. Denn sie gibt sich zufrieden mit einem Mangel an Endgültigkeit. (So weit diese einer geschichtlichen Epoche überhaupt gegeben sein kann; denn die viel beanspruchte „Zeitlosigkeit“, zumal wenn bewußt auf sie hingearbeitet wird, ist bloß eine Ausflucht). Ja, bisweilen mag es geradezu ein Mangel an Radikalität und Wahrhaftigkeit gewesen sein, der all diese experimentierenden Wagnisse in einer babylonischen Sprache vergehen ließ.

Früher oder später wird jede Kunst, die geheime Formeln braucht und sie gleichwohl laut in die Oeffentlichkeit ruft, den Angriffen unterliegen, die eine veränderte Zeit und veränderte Macht gegen ihre Paradoxien richtet. Dieser Fehler geschah bereits *vor* unserer Zeit: am Ende der Antike, zum Abschluß der Renaissance, im sogenannten Manierismus; und er ist auch künftig noch möglich, wenn auch nicht mehr auf den Wegen jener „entarteten Kunst“. Und dies um so leichter, als kaum irgendwo, wie früher, eine zerspaltene Form den Mangel offen kundgibt. Denn die wieder erstrebte bildhafte Harmonie gibt noch keine Sicherheit für gleiche Harmonie im Kern der Sache. Leichter als alles andere kann sie verbergen, ob der stille Friede der Form gewichtig und anspruchsvoll oder leer und trügerisch ist. Unter den heute führenden Männern hat sich mehrfach der Instinkt geäußert, daß eine Kunst verfehlt sei, die nichts weiter könne als sich stofflich angleichen an die Figuren und Vorgänge einer erfolgreichen Umwälzung. Es gibt auch eine Angleichung durch unausgesprochene, harmonisierende Bildform. Weder Taten noch Stimmungen können in der Kunst wiederholt und geäfft werden. Es bleibt nur jene Tat der Kunst, die von ihrem eigenen Ort (und das ist nicht bloß der Ort eines ästhetischen Privilegs) auf die Realität in ihrer Unscheinbarkeit hindeutet, eben auf dies vielgestaltige Gemisch aus Beständigkeit und Augenblick, aus dem sich die Zukunft vor unseren Augen knüpft. Nicht nur Muster der Zerlegung, auch Handhaben und „Modelle“ des Kommenden gehören zu den Aufgaben der Form — so wie sie einmal von der traditionellen Wirklichkeit abgeschnitten ist, so wie die Wirklichkeit selber mit zerbrochenen Traditionen als mit apokalyptischen Uebeln angefüllt scheint. Es gab viele Gründe, weshalb diese eigenste Tat und echte Tatsache der Kunst früher auf halben und schiefen Wegen sich zerstreute. Heute erwartet man, daß sie ganz getan werde.

Carl Linfert.

Dok. 27
Fortsetzung

und im Ersten Weltkrieg vor Verdun gefallener Offizier nicht mit der Schande dieser Ausstellung in Verbindung gebracht werden könne«[12]. Im letzten Raum hing dem Brief Ernst Pipers an Barlach vom 28. Juli 1937 zufolge[13] ein Gemälde Munchs, worüber sich die norwegische Gesandtschaft beschwert hätte. Von der zweiten Woche an war der Raum für die Allgemeinheit gänzlich geschlossen.
An noch einem anderen Phänomen läßt sich die Eile, mit welcher die Vorbereitung vonstatten ging, studieren: an der uneinheitlichen und zum Ende hin deutlich nachlassenden Form der propagandistische Aufbereitung, insbesondere was die Verteilung der Textkommentare betrifft.[14] Während in den ersten drei Räumen übergreifende Wandbeschriftungen dezidiert eingesetzt wurden, fehlten sie in Raum vier völlig. In reduziertem Maße prägten sie zwar in den folgenden Zimmern wieder das Erscheinungsbild; dafür verzichtete man in Raum fünf partiell – nämlich bei den Exponaten von Kandinsky und Klee – auf die Angaben zu Werktitel und Provenienz. Dieses Verfahren wurde mit wenigen Ausnahmen ab Raum sechs systematisch angewandt. Der Besucher erfuhr fürderhin nur noch »abgehängt im Städt. Museum Hagen«, »getauscht 1935 Nationalgalerie Berlin« – eine deutliche Spitze gegen die Museumsverwaltungen, freilich auch eine Strategie, um die Werke ihrer Individualität zu berauben, die Künstler zu namenlosen Produzenten zu degradieren.
Die Kurzbeschreibung der einzelnen Säle macht deutlich, daß die Ausstellung mitnichten in einer für Kunstausstellungen üblichen Weise aufgebaut worden war, sondern vielmehr raffiniert inszeniert wurde. Die spezifische Präsentationsstrategie beschreibt Rave, der die Schau im Auftrag der Berliner Nationalgalerie am 21. und 22. Juli 1937 besuchte, wie folgt:

> In den verhältnismäßig schmalen Räumen sind an den Wänden entlang Scherwände mit Rupfenbespannung errichtet, auf denen die Bilder hängen, die Beschriftungen sind auf die Rupfenbespannung geschrieben. Die Bilder hängen eng nebeneinander, meistens in zwei Reihen übereinander. Die unmittelbar darüber befindlichen Fenster und die Begrenztheit der Räume behindern die Betrachtung. Der Andrang war stets ungeheuer groß [...]. Der propagandistische Zweck der Ausstellung schien am ehesten durch die zahlreichen Beischriften gefördert zu werden. Die einzelnen Säle oder Wandteile trugen großgeschriebene Leitsätze, einzelnen Kunstwerken waren manchmal noch besondere Schriftsätze beigefügt. [...] War, wie in den meisten Fällen, die Ankaufsumme vermerkt, so klebte ein großer roter Zettel dabei des Inhalts: »Bezahlt von den Steuergroschen des arbeitenden deutschen Volkes«.[15]

Nach Raves Einschätzung waren die propagandistischen Texte das Element der Inszenierung, welches das Erscheinungsbild der Ausstellung und ihre Wirkung hauptsächlich bestimmte. In der Tat handelte es sich dabei um ein Novum in den Inszenierungspraktiken der Femeausstellungen. In den Vorläuferausstellungen hatte sich der Einsatz von Texten in der Regel auf die Angabe der Ankaufspreise und mitunter der Kunsthändler beschränkt. Allein für die Dresdner Wanderausstellung ist die Einbeziehung eines literarischen Erzeugnisses eines Künstlers nachweisbar: des Liebesgedichts »An Anna Blume« von Schwitters.
Es lassen sich verschiedene Kategorien von Beschriftungen, die direkt auf die Wand oder auf Tafeln und Zettel gemalt waren, unterscheiden: Zitate von Künstlern (z. B. Grosz, Klee, Meidner, Schwitters), Kunstschriftstellern (Theodor Däubler, Julius Meier-Graefe, Willi Wolfradt), Kunsthistorikern (darunter suspendierte Museumsleiter wie Paul F. Schmidt, Stadtmuseum Dresden, und Karl With, Kunstgewerbemuseum Köln) und Kunstpolitikern (insbesondere des Reichskunstwarts von Weimar Edwin Redslob). Aus dem Zusammenhang gerissen und wahllos den Kunstwerken zugeordnet, sollten die Zitate sowohl die Kunst als auch die »Kunstcliquen«[16] der Lächer-

12 Von Lüttichau 1987, S. 108. Vgl. auch Hüneke 1991c, S. 54f. Die vier anderen Bilder von Marc verblieben zwar bis zum Schluß in der Münchner Schau, jedoch ohne Namensnennung. Ab der Berliner Etappe war Marc nicht mehr verteten.

13 Vgl. Ernst Piper 1987, S. 198.

14 Vgl. Hüneke 1988d, S. 45.

15 Rave 1987, S. 145f.

16 Von »Cliquen von Schwätzern, Dilettanten und Kunstbetrügern«, die er »auszuheben« und zu »beseitigen« gedenke, sprach Hitler bei der Eröffnung der GDK (zitiert nach Schuster 1987, S. 252).

lichkeit preisgeben. Das gilt auch für die zahlreichen Texte diskreditierenden Inhalts, welche sich auf einzelne Objekte oder Künstler bezogen. So stand unter dem »Kruzifixus« von Gies (Abb. 31): »Dieses Schauerwerk hing als Heldenehrenmal im Dom zu Lübeck«. Grundtenor war stets die Diffamierung der »Entarteten Kunst« als »jüdisch« und »bolschewistisch«, wodurch schon bestehende Ressentiments geschürt werden sollten. Hunderte von roten, bei nahezu jedem Bild klebenden Zetteln mit dem Satz »Bezahlt von den Steuergroschen des arbeitenden deutschen Volkes« sollten im Verein mit den nicht selten in Inflationswährung angegebenen Ankaufspreisen die seinerzeit verantwortlichen Kulturpolitiker der Verschleuderung von Steuergeldern anklagen. Als »positiver« und »richtungsweisender« Gegensatz fungierten Erklärungen von Hitler (Reden auf den Parteitagen von 1933 und 1935 sowie zur Eröffnung der »Großen Deutschen Kunstausstellung«), Goebbels und Rosenberg.
Als Zitatsammlung und konkrete Vorlage für die Ausstellungsgestaltung diente Willrichs im vorigen Kapitel beschriebenes Pamphlet »Säuberung des Kunsttempels«. Diese Beobachtung machte schon Rave: »Der Wortlaut der beigegebenen Plakate und Schriftbänder ließ keinen Zweifel, daß der blindrasende Willrich die Aufstellung durchgeführt hatte, denn die Darbietung der Kunstwerke und die schriftlichen Beigaben stimmten mit seinem Buche überein«[17]. Ohne dieses »Muster« wäre es wohl kaum möglich gewesen, in so kurzer Zeit eine solche Inszenierung zustandezubringen. Außerdem fanden photographische Materialien von Hansen, die für die Vierjahresschau vorbereitet worden waren, Verwendung.[18] Jedoch darf nicht nur nach dem Inhalt des propagandistischen Materials gefragt werden, sondern auch nach der Art und Weise seiner Präsentation. Die Aufnahmen aus den Ausstellungsräumen zeigen, daß man sich große Mühe gab und nicht wenig Phantasie aufwendete, das Material effektvoll darzubieten. In Raum drei wurde ein Künstlerzitat über einer Gruppe von Plastiken in einer wellenförmigen Bewegung gestaltet (Abb. 35). Es mußte die Aufmerkamkeit des Betrachters auf sich ziehen. Im selben Raum befand sich die wohl berühmteste, zugleich am aufwendigsten gestaltete Wand der Ausstellung: die Dada-Wand (Abb. 33-34)[19].
Als Hintergrund war die abstrakte Komposition »Der schwarze Fleck« von Kandinsky aus dem Jahr 1921[20] in ungelenker Weise auf der Wand nachgemalt worden. Dabei hatte wahrscheinlich die Abbildung in Will Grohmanns Monographie über Kandinsky als Vorlage gedient, die mit anderen Bänden aus der Reihe »Junge Kunst« im Erdgeschoß ausgestellt war (NS-Inventar 16.467).[21] Der im oberen Bereich der Wand aufgemalte Ausspruch von Grosz, »Nehmen Sie DADA ernst – es lohnt sich«, war einem Schriftplakat aus der »Ersten Internationalen Dada-Messe« (Berlin, Juli 1920) entnommen.[22] An der Wand hingen zwei Assemblagen von Schwitters aus dem Dresdner Stadtmuseum (»Merzbild«, »Ringbild«), die »Sumpflegende« von Klee aus Hannover, zwei Titelblätter der Zeitschrift Der Dada aus dem Berliner Malik-Verlag sowie ein Zettel mit zwei Zitaten von bzw. über Schwitters.[23] Auf dem Boden stand eine Skulptur von Haizmann aus Hamburg, in der Ecke auf einem Sockel die

17 Rave 1987, S. 103.

18 Einzelheiten hierzu bei Janda 1988, S. 79 und von Lüttichau 1987, S. 115, Anm. 51.

19 Die Postkarte im George Grosz-Archiv, Stiftung Archiv der Akademie der Künste, Berlin, wurde veröffentlicht von Hoffmann-Curtius 1990, S. 68. Die gleiche Karte befindet sich im Hannah-Höch-Archiv, Berlinische Galerie Berlin (Abb. in: Liška 1989, S. 69). Drei weitere Postkarten im George Grosz-Archiv, deren Herstellungstermin und Auflage ebenfalls nicht überliefert ist, zeigen den »Kruzifixus« von Gies, fünf Tafeln aus Noldes Altar »Das Leben Christi« und eine Ecke in Raum vier mit Beckmanns »Strandbild« aus Frankfurt am Main. Auf einer Karte in der Paul-Klee-Stiftung Bern ist Klees »Zwitschermaschine« abgebildet (Abb. in: Bütikofer/Frey/Nyffenegger 1992, S. 65). Eine kürzlich in München versteigerte Karte dokumentiert die Ostwand in Raum eins des Erdgeschosses (vgl. Schneider-Henn 1994, Nr. 219; vgl. auch den Ergebnisbericht in der FAZ vom 14. Mai 1994).

20 Wassily Kandinsky, Schwarzer Fleck, 1921, Öl auf Leinwand, 138 x 120 cm, Kunsthaus Zürich (vgl. Roethel/Benjamin 1984, S. 636, Nr. 681).

21 Vgl. Grohmann 1924, o. S. Vgl. auch von Lüttichau 1992, S. 70 sowie die Gegenüberstellung von Wand und Bild bei Zuschlag 1992a, S. 88, Abb. 67-68. Ebenfalls 1924 war das Gemälde reproduziert worden in: Der Cicerone 16, 1924, Heft 19, S. 893.

22 Vgl. die Gegenüberstellung der Dada-Wand mit dem Raum der Dada-Messe bei Schuster 1987, S. 30f., Abb. 15-16.

23 Eine in Tageszeitungen veröffentlichte Photographie belegt, daß dieser Zettel zu einem späteren Zeitpunkt in die rechte obere Ecke des Merzbildes gesteckt wurde (vgl. Der Führer, 25. Juli 1937 und Leipziger Tageszeitung, 12. Mai 1938).

Skulptur »Das Ich« von Herzog aus Berlin. Die Parallelen zu dadaistischen Gestaltungsprinzipien (Collage) erweisen sich bei näherem Hinsehen als rein oberflächlicher Natur. Denn an die Stelle des für das dadaistische Kunstwerk konstitutiven Moments der Verunsicherung, des provozierenden Infragestellens bestehender Konventionen, tritt die gezielte Bestätigung des Betrachters in seinen Vorurteilen gegenüber der modernen Kunst als wichtigste Intention der Ausstellungsdramaturgie. Dabei ist es für den Effekt unerheblich und im übrigen auch nicht mehr rekonstruierbar, ob die kunsthistorisch fragwürdige Verbindung von Kandinsky und Klee mit dem Dadaismus aus absichtlicher Verfälschung, Unkenntnis oder bloßer Nachlässigkeit resultierte. Der Dadaismus diente als ein Paradigma für »entartete Kunst«, eine differenzierte Sichtweise lag sicher nicht im Verwertungsinteresse der für die Ausstellung Verantwortlichen. Interessant ist, daß an der Dada-Wand nachträglich Korrekturen vorgenommen wurden. Während bei Hitlers Vorbesichtigung am 16. Juli 1937 (Abb. 33) Schwitters »Merzbild«, Klees »Sumpflegende« und Kandinskys »Zweierlei Rot« – auf der sich rechts anschließenden Seitenwand – schief hingen, wurde dies bis zur Eröffnung (Abb. 34) korrigiert. Eine allzu offensichtliche »Über-Inszenierung« sollte dadurch vermieden werden.
Indes war eine derartige Wandgestaltung keine Erfindung von Willrich, Hansen, Ziegler oder den anderen für die Schmähausstellung verantwortlichen Personen. Denn bereits eine andere Münchner Propagandaschau der Jahre 1936 und 1937 zeigt eine ganz ähnliche Präsentationsweise und Inszenierung. Wie eine im Bundesarchiv aufgefundene Raumaufnahme der »Antibolschewistischen Ausstellung« (Abb. 126), welche in Kapitel 7.1 eingehender untersucht werden soll, belegt, wurde auch dort durch eine Schrifttafel der Bezug zum Dadaismus hergestellt. Die Erklärung für diese augenfälligen Parallelen könnte in einer Person liegen, die nach der – allerdings unbestätigten – Erinnerung Pistauers in einem Gespräch mit dem Verfasser am 10. März 1990 die Architekturen der »Bolschewismus«-Schau und der »Entarteten« entworfen haben soll: dem Architekten Georg Renzl. Der optische Befund der beiden Wände bzw. Raumteile kann als Indiz dafür gewertet werden.[24]
Wie läßt sich das hinter dem Ausstellungsdesign stehende Kalkül umreißen? Die dunklen und engen Räume, dazu die extrem dichte Hängung, sollten bei den Besuchern den Eindruck von Chaos erwecken. Der permanente Massenandrang – den die Augenzeugenberichte bestätigen – ist eine weitere wichtige Grundbedingung der Ausstellungsrezeption. Er verstärkte das Gefühl der drückenden Enge. Es entstand ein Assoziationsraum mit stark suggestiver Wirkung, der das einzelne Kunstwerk nivellieren, die Entfaltung seiner Aura und eine isolierte Wahrnehmung verhindern sollte. Die so erzielten psychologischen Effekte wurden politisch funktionalisiert:

> Texte und Bilder, neben- und durcheinander eingesetzt, sollen emotionell bewegen, Abstoßung und Empörung auslösen, und diese Gefühle sollen schließlich, ebenso wie die in den Texten gefällten Urteile, Befriedigung über das Ende dieser Kunst, schließlich Einvernahme für den »revolutionären« Neuanfang und [die] politische Nachfolge bewirken.[25]

Begreift man Präsentation und Inszenierung der Exposition als semiotisches System, in welchem die Kombination von Bild und Schrift eine signifikante Rolle spielt, so sind auch die Besucherreaktionen als Bestandteile dieses Systems zu analysieren. Carl Linfert[26] stellte in seinem »Rückblick auf ›entartete Kunst‹« in der Frankfurter Zeitung vom 14. November 1937 (Dok. 27) fest: »Es genügt nicht, was da zu sehen ist, die ganze Art, wie die Besucher reagieren, gehört dazu. Blick und Objekt sind eine einzige Aktion. Veranstalter und Betrachter sind in einem Maße einig, wie es den Kunstausstellungen völlig abgeht«. Doch dieser Effekt war nur teilweise durch die oben skizzierte Konditionierung der Besucher in der Schau selbst bedingt; von eminenter Bedeutung war gewiß

24 Einschränkend muß hier darauf hingewiesen werden, daß eine Mitarbeit Renzls zwar für die Schau »Der ewige Jude« belegt ist, nicht aber für die »Antibolschewistische Ausstellung« (vgl. Kapitel 7.1 und 7.2).

25 Bussmann 1986, S. 109.

26 Linfert, promovierter Staatswissenschaftler und Kunsthistoriker, war nach einem Museumsvolonteriat in Köln zunächst als freier Schriftsteller tätig gewesen, bis er 1936 in die Frankfurter und 1938 in die Berliner Redaktion der FZ eintrat (vgl. Martens 1972, S. 159-166).

ebenso ihre Prädisposition. Zu fragen ist also nach den Voraussetzungen und Erwartungen, mit welchen der durchschnittliche »Volksgenosse« die Räume betrat. Linfert beobachtete: »[...] gewiß sind sehr viele der Anwesenden zum ersten Mal in einer Ausstellung«, und er registrierte »[...] die ehrliche Entrüstung der Besucher. Wirklich, sie war ehrlich. Denn zumeist waren sie gekommen mit dem Willen und dem Bewußtsein, daß sie entrüstet sein würden«. Ein anderer Rezensent notierte: »Viele Leute kommen, um zu lachen«[27].

In der nationalen und internationalen Presse erregte das Femegericht viel Aufsehen.[28] Ähnlich wie bei »Großen Deutschen Kunstausstellung« erschienen zur Eröffnung in unzähligen lokalen und überregionalen Zeitungen Berichte, häufig mit Auszügen aus der Ziegler-Rede und Abbildungen einzelner Exponate (Dok. 24). Mitunter wurde der Bezug zum Dresdner Vorläufer hergestellt. So unterstrich das Stuttgarter Neue Tagblatt vom 21. Juli 1937, daß die Schau »natürlich einen sehr viel breiteren Überblick ermöglicht als eine vor etwa eineinhalb Jahren in zahlreichen deutschen Städten gezeigte Ausstellung ähnlichen Inhalts«. Auch während der viereinhalbmonatigen Laufzeit büßte die Exposition nichts von ihrem Sensationscharakter ein (Abb. 42), laufend wurden die neuesten Meldungen über astronomische Besucherzahlen verbreitet. Anfang September 1937 war »Die Parole der Woche/Parteiamtliche Wandzeitung der NSDAP« dem Femeschau gewidmet, fünf Exponate wurden abgebildet.[29] In Anbetracht der Uniformität der gleichgeschalteten Presserezensionen verdienen zwei Artikel unsere besondere Aufmerksamkeit. Sie erschienen in den beiden bürgerlichen Zeitungen, denen Goebbels einen Freiraum belassen hatte, um sie dem Ausland gegenüber als Aushängeschilder zu verwenden: »Liste der Ausgestellten, Gang durch die Ausstellung ›Entartete Kunst‹« (Dok. 26) in der Deutschen Allgemeinen Zeitung vom 25. Juli 1937 ist eine nüchterne Aufzählung der Exponate, bis 1987 die umfassendste Quelle über den Ausstellungsbestand. Die Liste ist nicht namentlich gezeichnet, stammt aber wahrscheinlich aus der Feder von Bruno E. Werner.[30] Nicht minder berühmt und exzeptionell ist Carl Linferts schon erwähnter »Rückblick auf ›entartete Kunst‹« (Dok. 27) in der Frankfurter Zeitung vom 14. November 1937, worin sich der Autor ebenso sachlich-informativ wie kritisch-desavouierend äußert.

Aus Protest gegen das Münchner Femegericht wurden in England, Frankreich und in den USA »Gegenausstellungen« der im Hitler-Deutschland verfolgten Avantgarde veranstaltet, häufig initiiert von emigrierten Künstlern und Intellektuellen. Dazu gehörten die »Exhibition of 20th Century German Art« in London (8. Juli bis 27. August 1938), »Freie Deutsche Kunst« in Paris (4. bis 18. November 1938) und »Contemporary German Art« in Boston (1. November bis 9. Dezember 1939).[31]

In seinem 1942 erschienenen Buch »Judenkunst in Deutschland« publizierte Hansen die täglichen Besucherzahlen für den Zeitraum vom 19. Juli bis zum 30. August 1937.[32] Danach besuchten 1.023.040 Personen die Exposition, woraus sich ein Tagesdurchschnitt von 23.791 ergibt. Wegen des enormen Zustroms wurde Anfang Novem-

27 MNN, 20. August 1937.

28 Zu den Direktiven in der »Kulturpolitischen Pressekonferenz« und dem Presseecho allgemein vgl. Fröhlich 1974, S. 361f. und Thomae 1978, S. 339-341, A. 11. Eine umfassende Bestandsaufnahme und Analyse der inländischen und ausländischen Resonanz auf die Aktion und Ausstellung »Entartete Kunst« steht noch aus und kann auch im Rahmen dieser Arbeit nicht geleistet werden. In Kapitel 10.1 wird auf eine Auswahl von Berichten in Zeitungen und Zeitschriften verwiesen. Zu den Reaktionen in der Tschechoslowakei vgl. Holz 1992.

29 Es handelt sich um die Ausgabe vom 2. bis 8. September 1937 (BA Plakate 3/9/65, abgebildet in: Howoldt 1988, S. 165 und in: Barbara Lepper 1983, S. 19). Eine zweite, mit sechs Abbildungen illustrierte Wandzeitung zum Thema »Entartete Kunst« hing in der Woche vom 21. bis 27. Juli 1938 anläßlich der weiter unten erwähnten »Gegenausstellung« in London aus; ein Exemplar befindet sich im BayHSTA (16898), ein weiteres im Münchner Stadtmuseum (C 14/73; vgl. Duvigneau/Suckale-Redlefsen 1975, S. 231, Nr. 719).

30 Vgl. Hüneke 1990d, S. 203.

31 Vgl. zu London Adkins/Lackner 1988, Busch 1968, Frowein 1984 und 1986 sowie Wulf 1983a, S. 366, Anm. 1 und zu Paris Graeve 1988. Zur Bostoner und anderen amerikanischen Ausstellungen befinden sich Korrespondenzen und Presseausschnitte im Museum of Modern Art New York, Library, Alfred H. Barr, Jr. Papers.

32 Vgl. Hansen 1942, S. 197 (abgedruckt bei Wulf 1983a, S. 363).

ber 1937 eine Verlängerung beschlossen. So berichteten die Kieler Neuesten Nachrichten am 10. Nov 1937: »Die Ausstellung ›Entartete Kunst‹ in München findet fortgesetzt einen so lebhaften Besuch, daß si Ausstellungsleitung veranlaßt gesehen hat, sie bis auf weiteres zu verlängern«[33]. Bis einschließlich Sonnta 28. November 1937, zählte man 2.009.899 Besucher. Zwei Tage später wurden die Pforten der Ausst geschlossen[34], die, wenn die Zahlen stimmen, rein rechnerisch die erfolgreichste aller Zeiten bleiben sollte.

33 Vgl. die ähnlichlautende Meldung in: Weltkunst 11, 1937, Nr. 46, S. 6.

34 Vgl. VB, 1. Dezember 1937; Münchener Zeitung, 2. Dezember 1937.

22 Ausstellungsplakat »Gebt mir vier Jahre Zeit«, Berlin 1937.
Offsetdruck, 120 x 84 cm (BayHStA Plakatslg 14521). Vgl. Farbabb. 5

23 Collage aus Wolfgang Willrichs Buch »Säuberung des Kunsttempels« (München/Berlin 1937, S. 22, Abb. 7) mit Details aus Werken von Nolde, Schmidt-Rottluff, Mueller, Hofer, Pechstein, Klee, Rohlfs, Kirchner und Beckmann (Kunsthistorisches Institut der Ruprecht-Karls-Universität Heidelberg)

24 Die Vor-Jury des Hauses der Deutschen Kunst auf dem Starnberger See, Mai 1937 (Photoalbum Emil Stahl, Privatbesitz Nürnberg)

25 Tag der Deutschen Kunst, München 1937, Kartenverkauf (Tag der Deutschen Kunst 1937, Nr. 2)

26 *Oben* Haus der Deutschen Kunst, München. Eröffnung der »Großen Deutschen Kunstausstellung« am 18. Juli 1937; vordere Reihe von links: Heß, Göring, Hinkel, Hitler, Wagner (Bildarchiv Preußischer Kulturbesitz Berlin)

27 *Unten* »Große Deutsche Kunstausstellung«, Haus der Deutschen Kunst, München 1937 (Bildarchiv Preußischer Kulturbesitz Berlin)

Gequälte Leinwand –
Seelische Verwesung –
Krankhafte Phantasten – .
Geisteskranke Nichtskönner

von Judencliquen preisgekrönt, von Literaten gepriesen, waren Produkte und Produzenten einer „Kunst“, für die staatliche und städtische Institute gewissenlos Millionenbeträge deutschen Volksvermögens verschleuderten, während deutsche Künstler zur gleichen Zeit verhungerten. So, wie jener „Staat“ war seine „Kunst“.

Seht Euch das an! Urteilt selbst!

Besuchet die Ausstellung

„Entartete Kunst“

Hofgarten-Arkaden, Galeriestraße 4

Eintritt frei Für Jugendliche verboten

28 Einlegeblatt im Katalog der »Großen Deutschen Kunstausstellung«, München 1937 (Christoph Zuschlag, Heidelberg)

29 Hofgarten-Arkaden, München. Adolf Ziegler eröffnet die Ausstellung »Entartete Kunst« am 19. Juli 1937 (Archiv der Alten Nationalgalerie Berlin)

30 Ausstellung »Entartete Kunst«, München 1937. Blick von Raum 4 zu Raum 1 im Obergeschoß (Archiv der Alten Nationalgalerie Berlin)

31 Ausstellung »Entartete Kunst«, München 1937. Treppenabsatz im Obergeschoß mit dem »Kruzifixus« von Ludwig Gies (Archiv der Alten Nationalgalerie Berlin)

32 Ausstellung »Entartete Kunst«, München. Raum 3 im Obergeschoß. Vorbesichtigung am 16. Juli 1937. Rechts neben Hitler Adolf Ziegler und Heinrich Hoffmann, links Wolfgang Willrich und Walter Hansen (?) sowie Goebbels (Berliner Tageblatt, 21. Juli 1937; StA München ZA Entartete Kunst)

33 Ausstellung »Entartete Kunst«, München. Raum 3 im Obergeschoß, »Dada-Wand«. Vorbesichtigung am 16. Juli 1937. Rechts neben Hitler Ziegler, links Willrich, Hansen und Hoffmann (Völkischer Beobachter, Münchner Ausgabe, 17. Juli 1937; Universitätsbibliothek Heidelberg)

34 Ausstellung »Entartete Kunst«, München 1937. Raum 3 im Obergeschoß mit »Dada-Wand«. Werke von Mueller, Nolde, Pechstein, Schmidt-Rottluff, Kirchner, Grosz, Voll, Schwitters, Haizmann, Klee, Herzog, Kandinsky, Feininger, M. Moll. Postkarte (George Grosz-Archiv, Stiftung Archiv der Akademie der Künste, Berlin)

35 *Oben* Ausstellung »Entartete Kunst«, München 1937. Raum 3 im Obergeschoß mit Werken von Voll, M. Moll, Nolde, Dexel, Felixmüller, Baum, Hoffmann, Belling, Campendonk (Tag der Deutschen Kunst 1937, Nr. 95)

36 *Unten* Ausstellung »Entartete Kunst«, München 1937. Raum 4 im Obergeschoß mit Werken von Beckmann, Hofer, Kokoschka, Rohlfs, Schmidt-Rottluff, Lange, Kirchner (Archiv der Alten Nationalgalerie Berlin)

37 Ausstellung »Entartete Kunst«, München 1937. Raum 5 im Obergeschoß mit Werken von Schmidt-Rottluff, Kirchner, Mueller, Rohlfs, Nolde, Beckmann, Fuhr (Archiv der Alten Nationalgalerie Berlin)

38 Ausstellung »Entartete Kunst«, München 1937. Raum 6 im Obergeschoß mit Werken von Corinth, Marc, Lehmbruck (Archiv der Alten Nationalgalerie Berlin)

39 Ausstellung »Entartete Kunst«, München 1937. Raum 6 im Obergeschoß mit Werken von Lehmbruck, Nolde, Scholz (Archiv der Alten Nationalgalerie Berlin)

40 Ausstellung »Entartete Kunst«, München 1937. Blick von Raum 2 in Raum 1 im Erdgeschoß mit Werken von Rohlfs und Klee im Vordergrund (Archiv der Alten Nationalgalerie Berlin)

41 Ausstellung »Entartete Kunst«, München 1937. Raum 2 im Erdgeschoß (Eduard Bargheer NL-Archiv, Hamburg)

Zur Gaukulturwoche

Das war ihre „Kunst“

Tausende und aber Tausende von Besuchern sind in der Ausstellung „Entartete Kunst“ in München entsetzt an den Produkten verirrter Künstler und krankhafter Phantasie vorübergezogen. Immer wieder muß man sich fragen, wie es nur möglich war, daß so etwas als Kunst gelten konnte, während wertvolle, aus tiefer innerer Ueberzeugung geschaffene und eindrucksvolle Werke wirklicher Künstler verlacht wurden.

Wenn wir aber die hier abgebildete Reihe von entstellenden Porträts anschauen, die ewig und überall ein Schandfleck in der Kunst sein werden, solange es noch ein gesundes Empfinden für das Echte und Natürliche gibt, dann wird uns klar, daß diese bewußte Darstellung des Häßlichen, des Scheußlichen und des Niederrassischen nur den Hirnen von Menschen entspringen konnte, die selbst innerlich krank, rassisch minderwertig oder seelisch verkommen waren. Wo der gesunde und natürlich veranlagte Mensch sich abgestoßen fühlte und froh war, wenn er diesen Anblick meiden konnte, sahen sich diese Kunstproduzenten veranlaßt, zum Pinsel zu greifen und solche krankhaften Erscheinungen noch im Bilde festzuhalten. Oder wer anders als auch nur wieder angekränkelte Naturen, konnten sich die Darstellungen von Kretins, verwachsenen und verkommenen Menschen in die Zimmer hängen und noch Freude dabei empfinden.

Wo aber waren die Literaten, die solche Kunst als entartet ablehnten! Wo waren die Männer des Glaubens, die ein „Kunstwerk“ wie den Kruzifixus von Prof. Gies abwiesen als eine freche Gotteslästerung! Wo war der Kunstmäzen, dessen Inneres sich sträubte, für solche Machwerke noch die wirtschaftlichen Voraussetzungen zu schaffen! Fielen sie nicht alle begeistert ein in das Loblied, das von einigen wenigen rassefremden Elementen von dieser Kunst als der Offenbarung der Zukunft angestimmt wurde? Und wenn auch das Gesunde sich schon nach kurzer Zeit durchsetzte, obwohl für die andern die Reklametrommel gerührt wurde, mußten nicht noch aus unseren deutschen Kunsthallen und Kunstausstellungen viele dieser „Kunstwerke“ herausgeholt werden, um nun am Pranger zu stehen?!

Das Wirken dieser „Künstler“ ist für immer beendet! Entsetzt wendet sich heute jeder Deutsche von diesen traurigen Erscheinungen ab. Das Volk ist wieder gesund und hat auch gesunde Anschauungen von Rasse und von Kultur. Zu dieser „Kunst“ aber bedarf es weiter keiner Worte. Sie richtet sich von selbst.

Emil Nolde: Die Mulattin

Prof. Gies: „Christus am Kreuz“

Links von oben nach unten

Erich Heckel: Sitzender Mann

Paul Camenisch: Der Bildhauer Schewer

Von links nach rechts

Selbstbildnis Schmitt-Rottluffs

Schmitt-Rottluff: Bildnis B. R.

Gert Wollheim

E. L. Kirchner: Bildnis des Malers Schlemmer

Otto Dix:
Bildnis des „Dichters“ Paul Kralle

42 Artikel zur Ausstellung »Entartete Kunst«, München 1937; Der Führer, 10. Oktober 1937 (Universitätsbibliothek Heidelberg)

5. Die zweite Beschlagnahmewelle und die *Verwertung der Produkte entarteter Kunst*

Bevor wir uns der Wanderung der Ausstellung »Entartete Kunst« (Abb. 3) zuwenden, muß kurz auf das weitere Schicksal der verfemten Moderne im nationalsozialistischen Deutschland eingegangen werden. Die Eröffnung der Münchner Femeschau war der Auslöser für den von Hitler am 18. Juli 1937 angekündigten »unerbittlichen Säuberungskrieg [...] gegen die letzten Elemente unserer Kulturzersetzung«[1]. In einer zweiten Beschlagnahmewelle wurden in den deutschen Museen circa 16.500 Kunstwerke »sichergestellt« und nach Berlin verbracht – eine in der Geschichte beispiellose Enteignungsaktion.[2] Wieder ist es Goebbels, der die Initiative ergreift. Fünf Tage nach Eröffnung der Münchner Schau, am 24. Juli 1937, notiert er:

> Die Ausstellung »Entartete Kunst« ist ein Riesenerfolg und ein schwerer Schlag. [...] So muß man es machen. Durch große Aktionen das Interesse des Volkes wachrufen. [...] Die alte Kommission soll nun alle entarteten Bilder in den Museen beschlagnahmen. Führer gibt mir Vollmacht dazu.[3]

Doch auch in diesem Fall kommt es zwischen Erziehungsminister Rust, der sich die Bekämpfung der »Entarteten Kunst« nicht vollends aus der Hand nehmen lassen will, und Propagandaminister Goebbels zu einem Konkurrenzkampf. Die einschlägigen Passagen in Goebbels' Tagebuch lesen sich wie ein Kriminalroman.[4] Sie geben auch einen Einblick in das »Führungschaos« im sogenannten Führerstaat:

> 25. Juli 1937. (So.) Ich gebe Ziegler telephonisch Auftrag, die Museen zu säubern. Das dauert jetzt 3 Monate, dann ist alles klar.
>
> 28. Juli 1937. (Mi.) Ziegler bekommt vom Führer ganze Vollmacht, alle Museen auszuräumen. Ich werde das Material dann sammeln.
>
> 4. August 1937. (Mi.) Rust gibt einen Erlaß Görings bekannt, der ihn, ausgerechnet ihn, beauftragt, die Museen in Preußen zu reinigen. Der Führer ist wütend. Er hält seinen Erlaß an Ziegler vollkommen aufrecht. [...] Ziegler soll sich augenblicklich in Marsch setzen, um den Auftrag des Führers auszuführen. Dieser Schlag Rusts ist also danebengegangen. Der Führer ist ganz außer sich. Dabei hat Rust unter Umgehung unseres Amtes den Erlaß direkt an die Presse gegeben. So ein Dreckstück! Aber hat sich damit selbst wahnsinnig geschadet. Ich schicke nochmal Hanke zum Führer, der ihm ausdrücklich seinen Auftrag an Ziegler bestätigt. [...] Ziegler weiß nicht mehr aus noch ein. Er ist ganz konfus. Ich wiederhole ihm nochmal den Auftrag des Führers. Dann Rundschreiben an die Landesstellen, ihn zu unterstützen und sicherzustellen, daß keine Bilder mehr verschoben werden.
>
> 4. August 1937. (Mi.) Er [Hitler] ist wütend auf Rust. Der hat mit seinem Göring-Erlaß direkt den Willen des Führers torpediert. Führer will nun seine Entlassung fordern. Jetzt wird's ernst.
>
> 5. August 1937. (Do.) Der Auftrag an Rust wird annulliert. Auftrag an Ziegler bleibt allein bestehen.

Am 2. August 1937 hatte Rust den vom 28. Juli datierenden Erlaß Görings und einige Durchführungsrichtlinien auf einer Tagung der Museumsleiter im Berliner Erziehungsministerium bekanntgegeben.[5] Die Tagespresse veröffentlichte ihn in den darauffolgenden Tagen.[6] Unter dem 4. August erhielten die Museen in Preußen – sowie die

1 Aus der Rede zur Eröffnung der GDK am 18. Juli 1937, zitiert nach Schuster 1987, S. 252.

2 Zum Problemkreis dieses Kapitels vgl. die Arbeiten von Hüneke 1985a, S. 35-37; 1988b, S. 33-35; 1988c, S. 16-18; 1988d, S. 48-52 sowie Janda 1988, S. 80-84 und Lott 1987, S. 292-298.

3 Zitiert nach Fröhlich 1987a, Teil 1, Bd. 3, S. 211.

4 Die folgenden Zitate nach ebenda, S. 212, S. 215 und S. 224-226.

5 Vgl. hierzu Barbara Lepper 1983, S. 36-38, Dok. 6 und von Lüttichau 1987, S. 117, Anm. 84.

6 Z. B. am 4. August 1937: Der Führer; Westdeutscher Beobachter (abgedruckt bei Hildegard Brenner 1963, S. 205); Hakenkreuzbanner (abgedruckt bei Ernst Piper 1987, S. 204, Dok. 156); FZ (abgedruckt bei Janda/Grabowski 1992, S. 59) oder am 15. August 1937: Weltkunst 11, 1937, Nr. 32/33, S. 6.

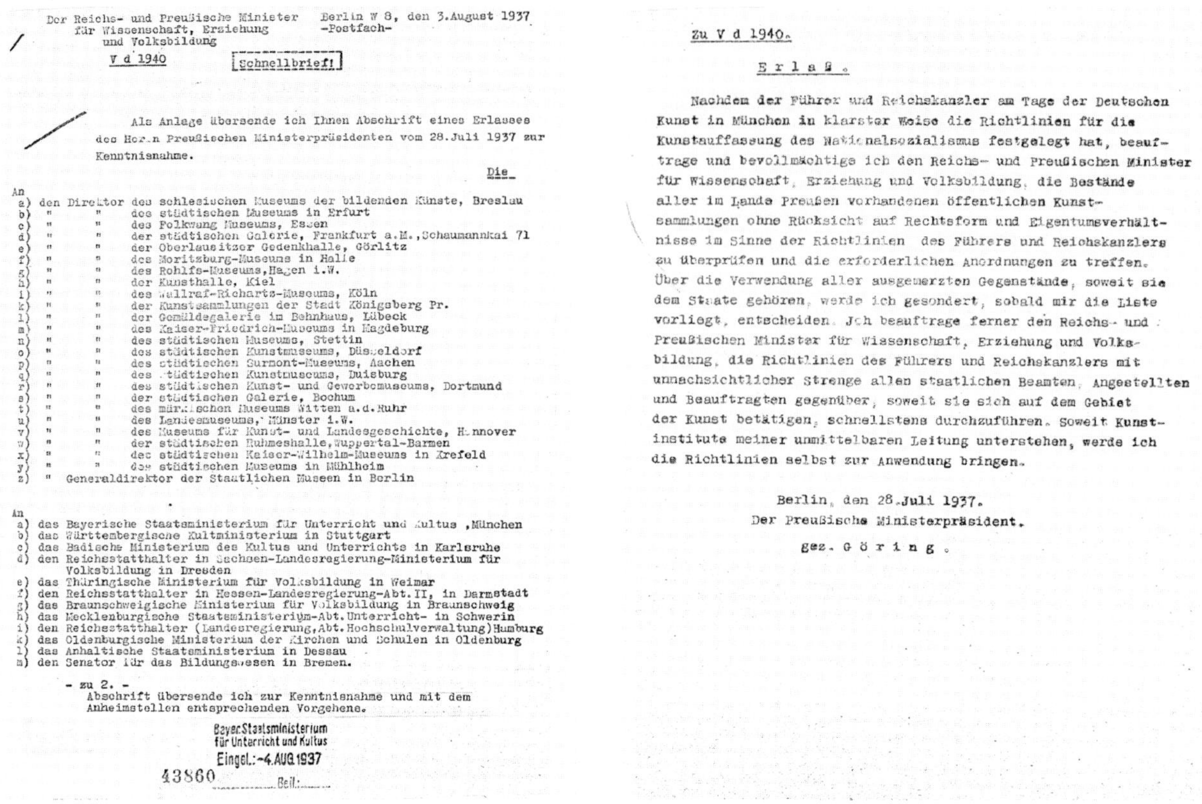

Der Reichs- und Preußische Minister für Wissenschaft, Erziehung und Volksbildung
V d 1940

Berlin W 8, den 3. August 1937
-Postfach-

Schnellbrief!

Als Anlage übersende ich Ihnen Abschrift eines Erlasses des Herrn Preußischen Ministerpräsidenten vom 28. Juli 1937 zur Kenntnisnahme.

Die

An
a) den Direktor des schlesischen Museums der bildenden Künste, Breslau
b) " " des städtischen Museums in Erfurt
c) " " des Folkwang Museums, Essen
d) " " der städtischen Galerie, Frankfurt a.M., Schaumannkai 71
e) " " der Oberlausitzer Gedenkhalle, Görlitz
f) " " des Moritzburg-Museums in Halle
g) " " des Rohlfs-Museums, Hagen i.W.
h) " " der Kunsthalle, Kiel
i) " " des Wallraf-Richartz-Museums, Köln
k) " " der Kunstsammlungen der Stadt Königsberg Pr.
l) " " der Gemäldegalerie im Behnhaus, Lübeck
m) " " des Kaiser-Friedrich-Museums in Magdeburg
n) " " des städtischen Museums, Stettin
o) " " des städtischen Kunstmuseums, Düsseldorf
p) " " des städtischen Surmont-Museums, Aachen
q) " " des städtischen Kunstmuseums, Duisburg
r) " " des städtischen Kunst- und Gewerbemuseums, Dortmund
s) " " der städtischen Galerie, Bochum
t) " " des märkischen Museums Witten a.d. Ruhr
u) " " des Landesmuseums, Münster i.W.
v) " " des Museums für Kunst- und Landesgeschichte, Hannover
w) " " der städtischen Ruhmeshalle, Wuppertal-Barmen
x) " " des städtischen Kaiser-Wilhelm-Museums in Krefeld
y) " " des städtischen Museums in Mühlheim
z) " Generaldirektor der Staatlichen Museen in Berlin

An
a) das Bayerische Staatsministerium für Unterricht und Kultus, München
b) das Württembergische Kultministerium in Stuttgart
c) das Badische Ministerium des Kultus und Unterrichts in Karlsruhe
d) den Reichsstatthalter in Sachsen-Landesregierung-Ministerium für Volksbildung in Dresden
e) das Thüringische Ministerium für Volksbildung in Weimar
f) den Reichsstatthalter in Hessen-Landesregierung-Abt. II, in Darmstadt
g) das Braunschweigische Ministerium für Volksbildung in Braunschweig
h) das Mecklenburgische Staatsministerium-Abt. Unterricht- in Schwerin
i) den Reichsstatthalter (Landesregierung, Abt. Hochschulverwaltung) Hamburg
k) das Oldenburgische Ministerium der Kirchen und Schulen in Oldenburg
l) das Anhaltische Staatsministerium in Dessau
m) den Senator für das Bildungswesen in Bremen.

- zu 2. -
Abschrift übersende ich zur Kenntnisnahme und mit dem Anheimstellen entsprechenden Vorgehens.

Bayer. Staatsministerium für Unterricht und Kultus
Eingel.: -4. AUG 1937
43860 Beil.:

Zu V d 1940.

Erlaß.

Nachdem der Führer und Reichskanzler am Tage der Deutschen Kunst in München in klarster Weise die Richtlinien für die Kunstauffassung des Nationalsozialismus festgelegt hat, beauftrage und bevollmächtige ich den Reichs- und Preußischen Minister für Wissenschaft, Erziehung und Volksbildung, die Bestände aller im Lande Preußen vorhandenen öffentlichen Kunstsammlungen ohne Rücksicht auf Rechtsform und Eigentumsverhältnisse im Sinne der Richtlinien des Führers und Reichskanzlers zu überprüfen und die erforderlichen Anordnungen zu treffen. Über die Verwendung aller ausgemerzten Gegenstände, soweit sie dem Staate gehören, werde ich gesondert, sobald mir die Liste vorliegt, entscheiden. Jch beauftrage ferner den Reichs- und Preußischen Minister für Wissenschaft, Erziehung und Volksbildung, die Richtlinien des Führers und Reichskanzlers mit unnachsichtlicher Strenge allen staatlichen Beamten, Angestellten und Beauftragten gegenüber, soweit sie sich auf dem Gebiet der Kunst betätigen, schnellstens durchzuführen. Soweit Kunstinstitute meiner unmittelbaren Leitung unterstehen, werde ich die Richtlinien selbst zur Anwendung bringen.

Berlin, den 28. Juli 1937.
Der Preußische Ministerpräsident.
gez. Göring.

Dok. 28 Schnellbrief des Reichsministeriums für Wissenschaft, Erziehung und Volksbildung, 3. August 1937 (BayHSTA MK 40849)

Kultusministerien der anderen Länder »mit dem Anheimstellen entsprechenden Vorgehens« – eine Abschrift des Erlasses (Dok. 28). Darin hieß es:

> Nachdem der Führer und Reichskanzler am Tage der Deutschen Kunst in München in klarster Weise die Richtlinien für die Kunstauffassung des Nationalsozialismus festgelegt hat, beauftrage und bevollmächtige ich den Reichs- und Preußischen Minister für Wissenschaft, Erziehung und Volksbildung, die Bestände aller im Lande Preußen vorhandenen öffentlichen Kunstsammlungen ohne Rücksicht auf Rechtsform und Eigentumsverhältnisse im Sinne der Richtlinien des Führers und Reichskanzlers zu überprüfen und die erforderlichen Anordnungen zu treffen. Über die Verwendung der ausgemerzten Gegenstände, soweit sie dem Staat gehören, werde ich gesondert, sobald mir die Liste vorliegt, entscheiden.

Der – ohnehin nur auf Görings Kompetenzbereich Preußen beschränkte – Erlaß wurde durch den »Führerauftrag« vom 27. Juli 1937 an Ziegler faktisch annulliert. Goebbels verschickte, wie er dies in seinem Tagebuch festhielt, den von Hitler gezeichneten Text der Zieglerschen Vollmacht am 4. August an die Landesstellen des Propagandaministeriums, die wiederum die Museen in ihrem Gau informierten (Dok. 29):

> Der Präsident der Reichskammer der bildenden Künste, Akademie-Professor Adolf Ziegler, ist vom Führer beauftragt worden, aus allen im Reichs-, Länder- und Kommunalbesitz befindlichen Museen, Galerien und Sammlungen noch vorhandene Produkte der Verfallszeit zu beschlagnahmen.

Wieder hatte Rust das Nachsehen. Es blieb ihm nichts anderes übrig, als zähneknirschend die Museumsdirektoren durch seinen neuberufenen Amtsleiter Baudissin zur Unterstützung Zieglers aufzufordern.[7]

Ausgestattet mit der Vollmacht Hitlers beschlagnahmten verschiedene von Ziegler gebildete Ausschüsse in einer zweiten landesweiten Aktion, die vor der Öffentlichkeit geheimgehalten wurde, Tausende von Kunstwerken. Da

7 Vgl. das Telegramm von Klaus Graf Baudissin, Reichserziehungsministerium, an das Badische Ministerium des Kultus und Unterrichts vom 11. August 1937 (GLA 235/40412).

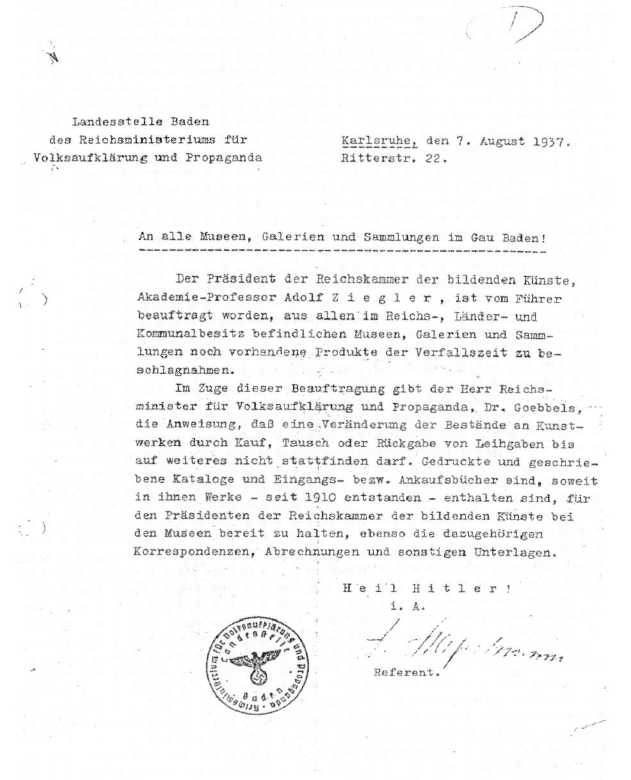

Landesstelle Baden
des Reichsministeriums für
Volksaufklärung und Propaganda

Karlsruhe, den 7. August 1937.
Ritterstr. 22.

An alle Museen, Galerien und Sammlungen im Gau Baden!

Der Präsident der Reichskammer der bildenden Künste, Akademie-Professor Adolf Z i e g l e r , ist vom Führer beauftragt worden, aus allen im Reichs-, Länder- und Kommunalbesitz befindlichen Museen, Galerien und Sammlungen noch vorhandene Produkte der Verfallszeit zu beschlagnahmen.

Im Zuge dieser Beauftragung gibt der Herr Reichsminister für Volksaufklärung und Propaganda, Dr. Goebbels, die Anweisung, daß eine Veränderung der Bestände an Kunstwerken durch Kauf, Tausch oder Rückgabe von Leihgaben bis auf weiteres nicht stattfinden darf. Gedruckte und geschriebene Kataloge und Eingangs- bezw. Ankaufsbücher sind, soweit in ihnen Werke - seit 1910 entstanden - enthalten sind, für den Präsidenten der Reichskammer der bildenden Künste bei den Museen bereit zu halten, ebenso die dazugehörigen Korrespondenzen, Abrechnungen und sonstigen Unterlagen.

H e i l H i t l e r !
i. A.

Referent.

Dok. 29 Rundschreiben der Landesstelle Baden des Reichsministeriums für Volksaufklärung und Propaganda, 7. August 1937
(Städtische Kunsthalle Mannheim)

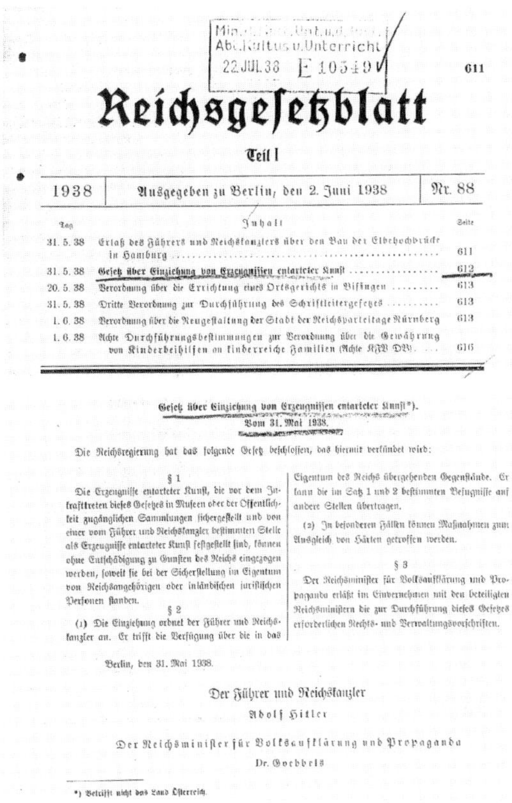

22.JUL.38 E 10549

611

Reichsgesetzblatt

Teil I

1938	Ausgegeben zu Berlin, den 2. Juni 1938	Nr. 88

Inhalt

Tag		Seite
31. 5. 38	Erlaß des Führers und Reichskanzlers über den Bau der Elbehochbrücke in Hamburg	611
31. 5. 38	Gesetz über Einziehung von Erzeugnissen entarteter Kunst	612
20. 5. 38	Verordnung über die Errichtung eines Ortsgerichts in Bissingen	613
31. 5. 38	Dritte Verordnung zur Durchführung des Schriftleitergesetzes	613
1. 6. 38	Verordnung über die Neugestaltung der Stadt der Reichsparteitage Nürnberg	613
1. 6. 38	Achte Durchführungsbestimmungen zur Verordnung über die Gewährung von Kinderbeihilfen an kinderreiche Familien (Achte KBV DB)	616

Gesetz über Einziehung von Erzeugnissen entarteter Kunst*).
Vom 31. Mai 1938.

Die Reichsregierung hat das folgende Gesetz beschlossen, das hiermit verkündet wird:

§ 1

Die Erzeugnisse entarteter Kunst, die vor dem Inkrafttreten dieses Gesetzes in Museen oder der Öffentlichkeit zugänglichen Sammlungen sichergestellt und von einer vom Führer und Reichskanzler bestimmten Stelle als Erzeugnisse entarteter Kunst festgestellt sind, können ohne Entschädigung zu Gunsten des Reichs eingezogen werden, soweit sie bei der Sicherstellung im Eigentum von Reichsangehörigen oder inländischen juristischen Personen standen.

§ 2

(1) Die Einziehung ordnet der Führer und Reichskanzler an. Er trifft die Verfügung über die in das Eigentum des Reichs übergehenden Gegenstände. Er kann die im Satz 1 und 2 bestimmten Befugnisse auf andere Stellen übertragen.

(2) In besonderen Fällen können Maßnahmen zum Ausgleich von Härten getroffen werden.

§ 3

Der Reichsminister für Volksaufklärung und Propaganda erläßt im Einvernehmen mit den beteiligten Reichsministern die zur Durchführung dieses Gesetzes erforderlichen Rechts- und Verwaltungsvorschriften.

Berlin, den 31. Mai 1938.

Der Führer und Reichskanzler
Adolf Hitler

Der Reichsminister für Volksaufklärung und Propaganda
Dr. Goebbels

*) Betrifft nicht das Land Österreich.

Dok. 30 Reichsgesetzblatt 1938, Teil 1, Nr. 88, S. 611f.
(GLA 235/40412)

die Daten nur für einen Teil der Städte zur Verfügung stehen (vgl. Kapitel 10.2), läßt sich der Zeitraum nicht exakt bestimmen. Eine erste Bilanz legte Ziegler dem Propagandaminister am 30. September 1937 vor. Der notierte tags darauf: »Gestern: [...] Ziegler macht einen Bericht über seine Beschlagnahmereise. Er hat sich überall durchgesetzt«[8]. Noch am 3. Dezember 1937 schrieb Ziegler an Darré: »Da ich jetzt den großen Sonderauftrag des Führers, die deutschen Museen zu bereinigen, in nächster Zeit zum Abschluß zu bringen hoffe [...]«[9]. Hatte die erste, unter großem Zeitdruck stehende Aktion einer flüchtigen Durchsicht zum Zwecke der Requirierung von Exponaten für die Münchner Femeschau gedient, so ging es nun um die systematische und flächendekkende Liquidierung der Moderne. Dabei blieben auch solche Museen nicht verschont, deren Sammlungsbestand praktisch keine oder nur wenige Werke der Avantgarde enthielt.

Einige der Ausschußmitglieder waren bereits Teilnehmer der ersten Kommission gewesen; neben Adolf Ziegler waren dies Walter Hoffmann und Hellmut Sachs. Berufen wurden darüber hinaus der Photograph Heinrich Hoffmann [?], der Direktor der Städtischen Galerie München und neuernannte Abteilungsleiter im Goebbels-Ministerium Franz Hofmann, der Nürnberger Museumsleiter und Landesleiter der Reichskammer der bildenden Künste in Franken Emil Stahl, die Berliner Kunstmaler Gustav Adolf Engelhardt und Guido Joseph Kern sowie der Berliner Kunsthändler und Referent der Reichskammer der bildenden Künste Carl Meder. Diese Herren wurden jeweils von örtlichen Vertretern der Landesleitungen der Reichskulturkammer (z. B. in Bayern E. Jäger; vgl. Dok. 23) oder der Reichskammer der bildenden Künste (z. B. für Halle-Merseburg Herr Stintz, für Westfalen-

8 Zitiert nach Fröhlich 1987a, Teil 1, Bd. 3, S. 285.
9 Zitiert nach Wulf 1983a, S. 153.

Dok. 31 Abschrift eines Briefes von Rolf Hetsch, Reichsministerium für Volksaufklärung und Propaganda, an die Deutsche Arbeitsfront – NS-Gemeinschaft »Kraft durch Freude«, 12. September 1938 (ZSTA 50.01-743, Bl. 85)

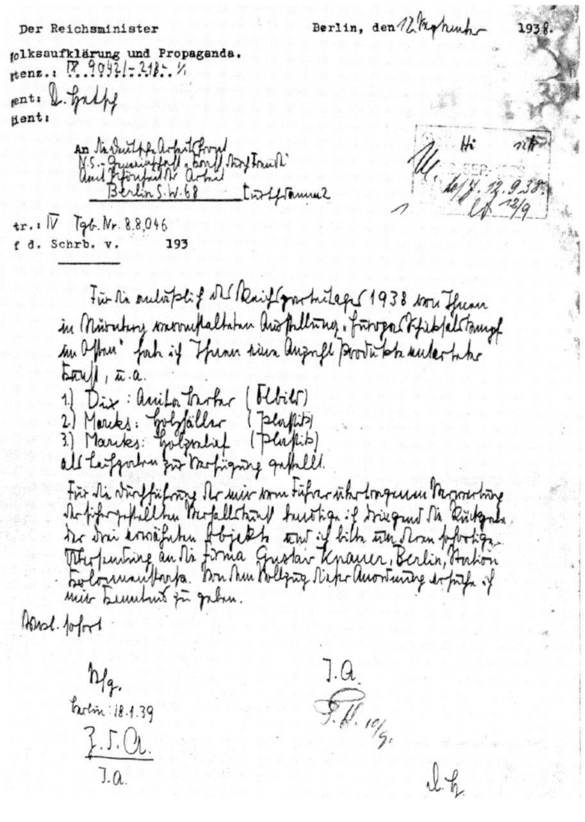

Der Reichsminister für Volksaufklärung und Propaganda.
Aktenz.: IX 9092/-2.18.-V
Referent: Dr. Hetsch

Berlin, den 12. September 1938.

An die Deutsche Arbeitsfront
NS.-Gemeinschaft „Kraft durch Freude"
Amt Schönheit der Arbeit
Berlin S.W. 68

tr.: IV Tgb. Nr. 8.8.046
f d. Schrb. v. 193

Für die anlässlich des Reichsparteitages 1938 von Ihnen in Nürnberg veranstalteten Ausstellung „Europas Schicksalskampf im Osten" habe ich Ihnen eine Anzahl Produkte entarteter Kunst, u. a.

1.) Dix: Anita Berber (Ölbild)
2.) Marcks: Holzfäller (Plastik)
3.) Marcks: Holzrelief (Plastik)

als Leihgaben zur Verfügung gestellt.

Für die Durchführung der mir vom Führer übertragenen Maßnahme der sichergestellten Verfallskunst benötige ich dringend die Rückgabe der drei erwähnten Objekte und ich bitte um deren sofortige Übersendung an die Firma Gustav Knauer, Berlin, Station [illegible]. Von dem Vollzug dieser Anordnung ersuche ich mir Bescheid zu geben.

Absd. sofort

I. A.

Wv. Berlin 18.1.39

Dok. 32 Abschrift eines Dienstzeugnisses der Reichskammer der bildenden Künste für Rolf Hetsch, 12. April 1938, gezeichnet von Walter Hoffmann (BDC, PA Hetsch im Best. Ministerium für Volksbildung)

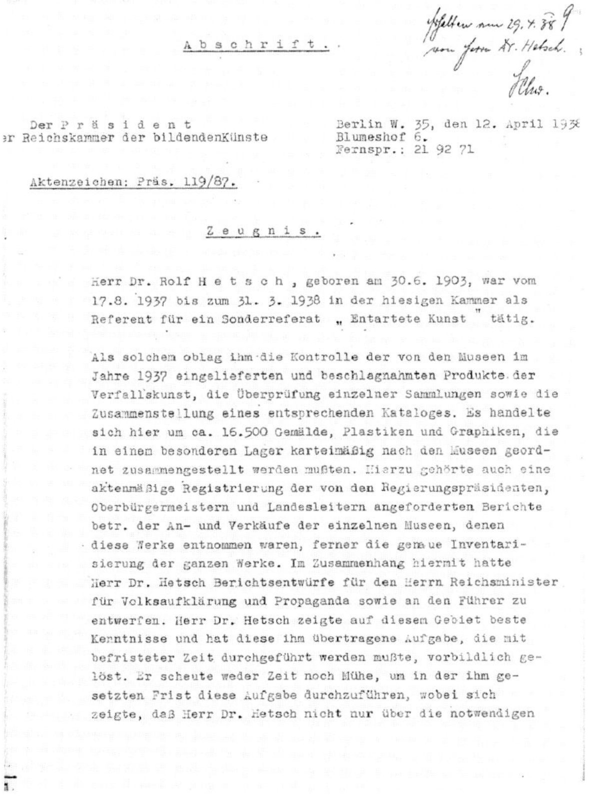

A b s c h r i f t .

Der P r ä s i d e n t
der Reichskammer der bildendenKünste

Berlin W. 35, den 12. April 1938
Blumeshof 6.
Fernspr.: 21 92 71

Aktenzeichen: Präs. 119/87.

Z e u g n i s .

Herr Dr. Rolf H e t s c h , geboren am 30.6. 1903, war vom 17.8. 1937 bis zum 31. 3. 1938 in der hiesigen Kammer als Referent für ein Sonderreferat „ Entartete Kunst " tätig.

Als solchem oblag ihm die Kontrolle der von den Museen im Jahre 1937 eingelieferten und beschlagnahmten Produkte der Verfallskunst, die Überprüfung einzelner Sammlungen sowie die Zusammenstellung eines entsprechenden Kataloges. Es handelte sich hier um ca. 16.500 Gemälde, Plastiken und Graphiken, die in einem besonderen Lager karteimäßig nach den Museen geordnet zusammengestellt werden mußten. Hierzu gehörte auch eine aktenmäßige Registrierung der von den Regierungspräsidenten, Oberbürgermeistern und Landesleitern angeforderten Berichte betr. der An- und Verkäufe der einzelnen Museen, denen diese Werke entnommen waren, ferner die genaue Inventarisierung der ganzen Werke. Im Zusammenhang hiermit hatte Herr Dr. Hetsch Berichtsentwürfe für den Herrn Reichsminister für Volksaufklärung und Propaganda sowie an den Führer zu entwerfen. Herr Dr. Hetsch zeigte auf diesem Gebiet beste Kenntnisse und hat diese ihm übertragene Aufgabe, die mit befristeter Zeit durchgeführt werden mußte, vorbildlich gelöst. Er scheute weder Zeit noch Mühe, um in der ihm gesetzten Frist diese Aufgabe durchzuführen, wobei sich zeigte, daß Herr Dr. Hetsch nicht nur über die notwendigen

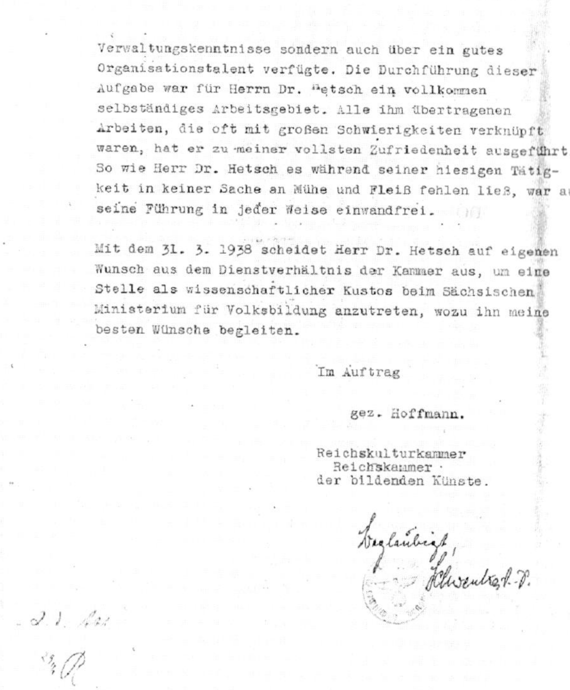

Verwaltungskenntnisse sondern auch über ein gutes Organisationstalent verfügte. Die Durchführung dieser Aufgabe war für Herrn Dr. Hetsch ein vollkommen selbständiges Arbeitsgebiet. Alle ihm übertragenen Arbeiten, die oft mit großen Schwierigkeiten verknüpft waren, hat er zu meiner vollsten Zufriedenheit ausgeführt. So wie Herr Dr. Hetsch es während seiner hiesigen Tätigkeit in keiner Sache an Mühe und Fleiß fehlen ließ, war auch seine Führung in jeder Weise einwandfrei.

Mit dem 31. 3. 1938 scheidet Herr Dr. Hetsch auf eigenen Wunsch aus dem Dienstverhältnis der Kammer aus, um eine Stelle als wissenschaftlicher Kustos beim Sächsischen Ministerium für Volksbildung anzutreten, wozu ihn meine besten Wünsche begleiten.

Im Auftrag

gez. Hoffmann.

Reichskulturkammer
Reichskammer
der bildenden Künste.

Beglaubigt

Nord Paul Waldow) begleitet. Nach der bis heute nicht überholten Liste von Rave wurden 101 Museen in 74 Städten heimgesucht.[10]

Die Gesamtzahl der beschlagnahmten Bestände, bei denen es sich etwa zu drei Vierteln um Graphiken handelte, läßt sich heute nicht mehr exakt ermitteln. Andreas Hüneke bemerkt hierzu:

> Als Grundlage für die Zahlenangaben im einzelnen dienen noch immer die Verzeichnisse bei Rave [...]. Rave gibt als Gesamtsumme der in den Museen beschlagnahmten Werke 15.997 an, wie es sich aus seiner Aufstellung der einzelnen Museen ergibt. Aus seiner Künstlerliste errechnen sich aber bereits 16.126 beschlagnahmte Werke, worunter mindestens 110 Mappenwerke mit unbestimmter Blattzahl sind. Ich habe bei flüchtiger Durchsicht der Unterlagen als höchste Nr. des Beschlagnahmeinventars die Nr. 16.558 gefunden. Nun sind zwar eine Reihe von Nummern dieses Inventars nicht besetzt, andere stehen aber für ganze Graphikmappen oder mitunter auch für mehrere Aquarelle oder gar Gemälde.[11]

Betroffen waren rund 1.400 Künstler[12], also ein Vielfaches der rund 120 in München vertretenen. Obgleich der Erlaß nur eine Handhabe für den Einzug öffentlichen Besitzes bot, waren vielerorts auch Leihgaben von Künstlern und aus Privatbesitz dem Sturm zum Opfer gefallen.[13]

Die Werke wurden über die Spedition Gustav Knauer in Berlin-Schöneberg in einen Getreidespeicher im Berliner Stadtteil Kreuzberg, Köpenicker Straße 24a[14], transportiert und dort nach Eingang Stück für Stück inventarisiert. Auf diese Weise entstand ein sechsbändiges, zum Teil nach Museen geordnetes Inventar mit dem Titel: »Verzeichnis der im Jahre 1937 sichergestellten Werke entarteter Kunst aus deutschem Museumsbesitz und der Abwicklungsmaßnahmen 1938/1941 – Bearbeitet im Reichsministerium für Volksaufklärung und Propaganda, Abteilung Bildende Kunst, Abgeschlossen am 30. Juni 1941«. Diese Inventarbücher sind noch nach dem Krieg nachweisbar und dienten Rave als Grundlage für seine Auflistungen. Heute ist jedoch nur der erste, die Museen von A bis G (Aachen bis Greifswald) umfassende Band vorhanden.[15] Anhand dieser unvollständigen Inventarlisten stellten Andreas Hüneke und Mario-Andreas von Lüttichau 1987 fest, daß die höchsten Inventarnummern für Exponate der Münchner Femeschau vergeben worden waren und daß die Abfolge dieser Nummern in einem Zusammenhang mit der Abfolge und Hängung der Exponate in München stand.[16] Daraus ließ sich schließen, daß die mit der Inventarisierung Beauftragten nach Beendigung ihrer Tätigkeit nach München reisten, um auch die dort ausgestellten Werke aufzunehmen und somit das Inventar zu vervollständigen. In Verbindung mit den Raumaufnahmen konnte auch die Vorgehensweise rekonstruiert werden:

> Sie gingen dabei der Reihenfolge des Rundganges nach, wobei sie die Abfolge nach technischen Gesichtspunkten ordneten: zuerst die Ölbilder im Obergeschoß, anschließend im Erdgeschoß, Raum für Raum vorwiegend im Uhrzeigersinn. Sodann folgte die Auflistung der wenigen Skulpturen und schließlich die Graphik, Bücher etc. in den Vitrinen und an den Wänden im Erdgeschoß.[17]

Die Chronologie der Ziffern entsprach also einem Rundgang durch die Exposition. Die niedrigste in München vergebene Nummer (15.933) bezog sich auf Beckmanns »Kreuzabnahme« aus dem Städel im ersten Raum des Obergeschosses. Die höchste Nummer lag zwischen 16.490 und 16.500. Nach Abschluß der Inventarisierungsar-

10 Vgl. Rave 1949, S. 91.

11 Hüneke 1988c, S. 9, Anm. 1.

12 An der Spitze lag Nolde mit 1052 beschlagnahmten Werken, gefolgt von Heckel (729), Kirchner (639), Schmidt-Rottluff (608), Beckmann (509), Rohlfs (418), Kokoschka (417), Mueller (357), Pechstein (326), Corinth (295) und Dix (260) (nach dem NS-Inventar zusammengestellt von Rave 1949, S. 85-90).

13 In diese Kategorie gehören z. B. sämtliche in der Ruhmeshalle Barmen beschlagnahmten Werke, da der Barmener Kunstverein eine private Einrichtung war. Unter Hinweis auf diesen Sachverhalt bemühte sich der Kunstverein – vergeblich – um eine Rücksendung der Werke (vgl. Becks-Malorny 1992, S. 93).

14 Nähere Einzelheiten zu diesem Grundstück und seiner Geschichte bei Goergen 1986a, S. 49f. und 1992. Vgl. auch Hüneke 1988d, S. 50.

15 Vgl. ZSTA 50.01-745.

16 Vgl. dazu von Lüttichau 1987, S. 102f. und ders. 1992a, S. 48.

17 Von Lüttichau 1987, S. 102f.

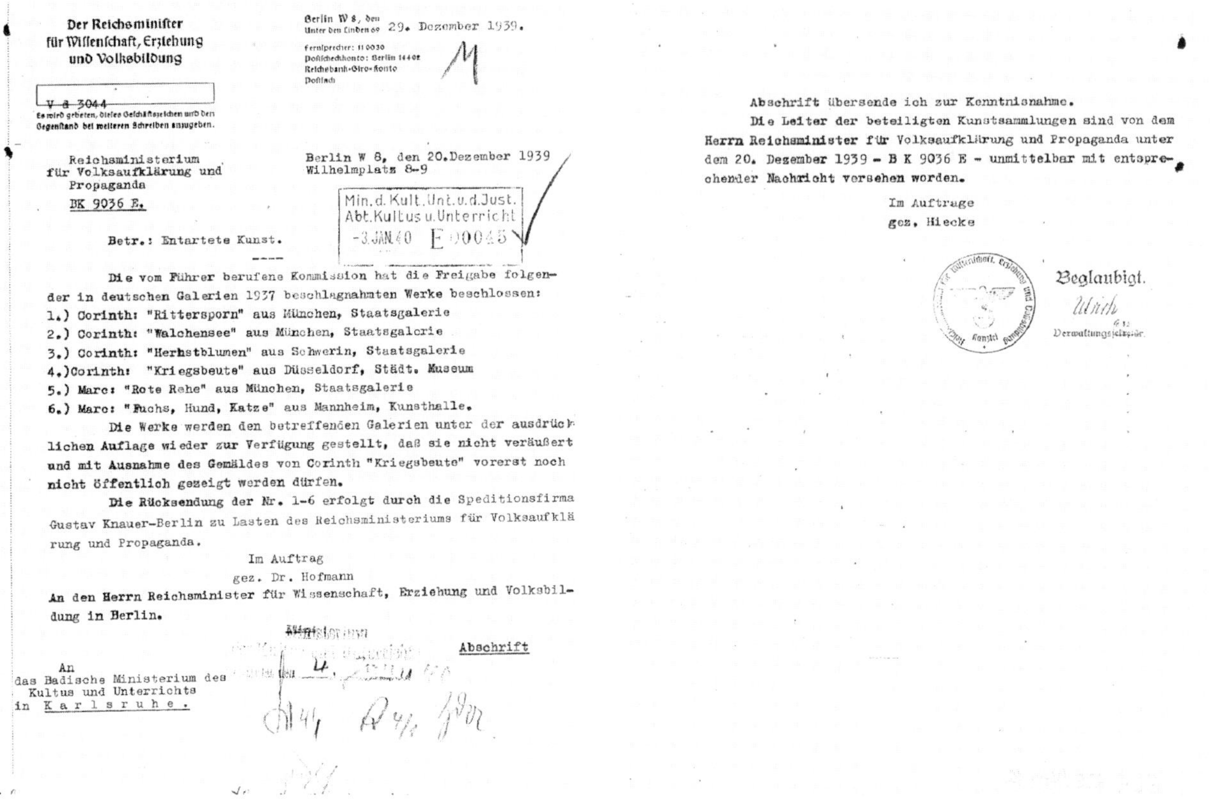

Der Reichsminister für Wissenschaft, Erziehung und Volksbildung

Berlin W 8, den 29. Dezember 1939.
Unter den Linden 69
Fernsprecher: 11 0030
Postscheckkonto: Berlin 14402
Reichsbank-Giro-Konto
Postfach

M

V a 3044

Es wird gebeten, dieses Geschäftszeichen und den Gegenstand bei weiteren Schreiben anzugeben.

Reichsministerium für Volksaufklärung und Propaganda
BK 9036 E.

Berlin W 8, den 20.Dezember 1939
Wilhelmplatz 8-9

Min.d.Kult.Unt.u.d.Just.
Abt.Kultus u.Unterricht
-3.JAN.40 E 00045

Betr.: Entartete Kunst.

Die vom Führer berufene Kommission hat die Freigabe folgender in deutschen Galerien 1937 beschlagnahmten Werke beschlossen:
1.) Corinth: "Rittersporn" aus München, Staatsgalerie
2.) Corinth: "Walchensee" aus München, Staatsgalerie
3.) Corinth: "Herbstblumen" aus Schwerin, Staatsgalerie
4.) Corinth: "Kriegsbeute" aus Düsseldorf, Städt. Museum
5.) Marc: "Rote Rehe" aus München, Staatsgalerie
6.) Marc: "Fuchs, Hund, Katze" aus Mannheim, Kunsthalle.

Die Werke werden den betreffenden Galerien unter der ausdrücklichen Auflage wieder zur Verfügung gestellt, daß sie nicht veräußert und mit Ausnahme des Gemäldes von Corinth "Kriegsbeute" vorerst noch nicht öffentlich gezeigt werden dürfen.

Die Rücksendung der Nr. 1-6 erfolgt durch die Speditionsfirma Gustav Knauer-Berlin zu Lasten des Reichsministeriums für Volksaufklärung und Propaganda.

Im Auftrag
gez. Dr. Hofmann

An den Herrn Reichsminister für Wissenschaft, Erziehung und Volksbildung in Berlin.

Abschrift

An
das Badische Ministerium des Kultus und Unterrichts
in Karlsruhe.

Abschrift übersende ich zur Kenntnisnahme.
Die Leiter der beteiligten Kunstsammlungen sind von dem Herrn Reichsminister für Volksaufklärung und Propaganda unter dem 20. Dezember 1939 - B K 9036 E - unmittelbar mit entsprechender Nachricht versehen worden.

Im Auftrage
gez. Hiecke

Beglaubigt.
Ulrich
Verwaltungssekretär

Dok. 33 Brief des Reichsministeriums für Wissenschaft, Erziehung und Volksbildung an das Badische Ministerium des Kultus und Unterrichts in Karlsruhe, 29. Dezember 1939 (GLA 235/40412)

beit in München wurden in Berlin nur noch wenige »Nachzügler« aufgenommen, die Auflistung aller beschlagnahmten Werke endete mit der Nummer 16.558 (»Akt im Grünen«, ein Aquarell von Otto Mueller). Es liegt auf der Hand, daß das Inventar bei der Rekonstruktion der Ausstellung eine unschätzbare Hilfe leistete: Die Reihenfolgen der Photographien konnten überprüft, Lücken in der photographischen Dokumentation weitgehend geschlossen werden.

Nach der akribischen Bestandsaufnahme ließen die nächsten Schritte nicht lange auf sich warten. Am 4. November besichtigte Goebbels das Sammeldepot in der Köpenicker Straße und notierte am nächsten Tag in sein Tagebuch:

> Gestern: [...] Mit Speer, Arent und Ziegler die beschlagnahmten Machwerke der entarteten Kunst besichtigt. Nur ganz wenige Grenzfälle. Das andere ist ein derartiger Dreck, daß einem bei einer dreistündigen Besichtigung direkt übel wird. Dann habe ich nun die Museen gesäubert. Ich glaube mir ein Verdienst damit erworben zu haben.[18]

Am Donnerstag, den 13. Januar 1938, heißt es in Goebbels' Tagebuch:

> Die Bilder werden nun enteignet. Ich bringe ein neues Gesetz ein. Und ihre Auswertung geschieht durch eine Kommission unter mir. [...] Führer mit meinen Maßnahmen bzgl. entartete Kunst einverstanden.[19]

Noch am selben Tag besuchte Goebbels erneut das Depot Köpenicker Sraße, diesmal in Begleitung Hitlers (Abb. 43-44)[20]. Am nächsten Tag schrieb der Minister:

18 Zitiert nach Fröhlich 1987a, Teil 1, Bd. 3, S. 325.
19 Zitiert nach ebenda, S. 400.
20 Die beiden Photographien aus dem Fotoarchiv Hoffmann in der Bayerischen Staatsbibliothek München waren in der von Rudolf Herz organisierten Ausstellung »Hoffmann & Hitler« (München 1994) zu sehen. Abb. 43 ist im Katalog abgebildet (Herz

Gestern: [...] Gesetz über Enteignung entarteter Kunst ausgearbeitet. Das muß nun noch der Führer billigen. [...] Mit dem Führer die aufgestapelten Dokumente der entarteten Kunst besichtigt. 2 Stunden lang. Das Resultat ist vernichtend. Kein Bild findet Gnade. Führer auch für entschädigungslose Enteignung. Einiges davon wollen wir im Ausland gegen gute Meister austauschen. Dafür setzt der Führer eine Kommission unter meinem Vorsitz ein.[21]

Am 31. Mai 1938 wurde das »Gesetz über Einziehung von Erzeugnissen entarteter Kunst« erlassen und am 2. Juni 1938 im Reichsgesetzblatt (Dok. 30) sowie in den folgenden Tagen in der Tagespresse bekanntgegeben. Das Gesetz schrieb die entschädigungslose Enteignung des bereits Beschlagnahmten zugunsten des Reiches fest beauftragte den Propagandaminister mit der Durchführung. Auf diese Weise sollte der Kahlschlag in den Museen nachträglich legalisiert und eine gesetzliche Grundlage für die systematische Verwertung der 1937 konfiszierten Kunst geschaffen werden. In der nicht zur Veröffentlichung bestimmten Gesetzesbegründung lesen wir:

Als bei der Eröffnung des Hauses der Deutschen Kunst in München im Sommer 1937 dem deutschen Volke und dem Ausland das deutsche Kunstschaffen vorgeführt wurde, verfügte der Reichsminister für Volksaufklärung und Propaganda zugleich, in einer zweiten Schau einen Rückblick auf die verderblichen Erscheinungen zurückliegender Zeitabschnitte des künstlerischen Lebens zu geben. Der Charakter dieser Schau entarteter Kunst veranlaßte den Führer nunmehr, sämtliche Zeugnisse entarteter Kunst, die sich in Museen und Sammlungen von Reich, Ländern und Gemeinden befanden, zu erfassen und sicherzustellen. [...] Es wurden rund 5.000 Gemälde und Plastiken und rund 12.000 Werke der Graphik erfaßt und in einem Sammeldepot in Berlin, Köpenicker Straße, in Verwahrung genommen, wo sie sich mit Ausnahme der Werke, welche in der Ausstellung »Entartete Kunst« in Berlin zur Zeit gezeigt werden, noch befinden. Der Zweck dieses Gesetzes ist, diesen seinem Umfange nach feststehenden Kreis von Kunsterzeugnissen, von denen eine schädliche Wirkung ausgeht, für immer den Augen der Öffentlichkeit zu entziehen.[22]

Gleichzeitig kündigten nur für den internen Gebrauch bestimmte Erläuterungen zu dem Gesetz an, was die Machthaber mit den »schädlichen Kunsterzeugnissen« zu tun beabsichtigten:

Die beschlagnahmten Gegenstände wurden erst von Reichsminister Dr. Goebbels und später vom Führer selbst besichtigt. Eine Beanstandung, daß sich darunter Werke befunden hätten, welche nicht innerhalb der Abgrenzung des Auftrags lagen, ergab sich nicht. [...] Das Material ist in sechs Bänden in der Weise katalogisiert, daß nach allen möglichen Gesichtspunkten Ausscheidungen vorgenommen werden können. [...] Aus dieser Verschiedenartigkeit der Sachlage heraus wird zu entscheiden sein:
a) ob bzw. welche Werke an ihre Eigentümer zurückgegeben werden können (Leihgaben nicht reichsdeutscher Urheber nach dem Auslande),
b) welche Werke zugunsten des Reiches eingezogen werden.
Die eingezogenen Werke werden zerfallen
a) in solche (vorwiegend Ausländer), welche international verwertbar sind, d. h. durch Tausch gegen hochwertige deutsche Kunst oder gegen Devisen abgestoßen werden können,
b) in solche, welche für Lehrausstellungen entarteter Kunst aufzubewahren sein werden,
c) in absolut wertlose, welche zu vernichten sein werden.
Eine Einziehung mit Gewährung einer Entschädigung sowie die Anwendung des 2 Absatz 2 wird nur für die international verwertbaren Gegenstände in Frage kommen, und zwar die erstere Form für die betroffenen Museen und Sammlungen zur Erwerbung von Kunstwerken, die letztere für private Leihgeber in besonderen Fällen.[23]

In der Tat sollten alle in den Erläuterungen angekündigten Fälle eintreffen.

Die Verwaltung des Beschlagnahmeguts hatte zunächst in den Händen der Reichskammer der bildenden Künste

1994, S. 43; die Aufnahme findet sich bereits bei Heinrich Hoffmann 1974, Abb. nach S. 128, dort allerdings mit falscher Beschriftung); Abb. 44 wird hier erstmals veröffentlicht. Darüber hinaus sei auf drei von Haase (1991, ohne Seitenangaben und Nummern) veröffentlichte Photographien verwiesen, die offenbar aus dem Hoffmann-Archiv in den National Archives Washington, D. C. stammen. Haase schreibt in den Bildunterschriften: »Hitler bei der Besichtigung von Gemälden für das Museum Linz«, »Hitler bei der Auswahl von Skulpturen für das Museum Linz« und »Hitler bei der Besichtigung von Kunstwerken«. Ein Vergleich mit Abb. 43 und Abb. 44 legt jedoch die Vermutung nahe, daß auch Haases Photographien im Beschlagnahmedepot Köpenicker Saße entstanden, wahrscheinlich ebenfalls am 13. Januar 1938.

21 Zitiert nach Fröhlich 1987a, Teil 1, Bd. 3, S. 401. Fröhlich kennzeichnet das Wort »Meister« als im Original schlecht leserlich.

22 Zitiert nach Diether Schmidt 1964, S. 221.

23 Zitiert nach ebenda, S. 222f. Der Text ist ebenfalls abgedruckt bei Janda/Grabowski 1992, S. 64f.

und ihres Präsidenten Ziegler gelegen. Sie hatte die Lagerräume in der Köpenicker Straße von der »Behala« (Berliner Hafen-und Lagerhausbetriebe) angemietet, eine Wach- und Schließgesellschaft beauftragt, Lagerpersonal angeheuert und die Inventarisierung vorgenommen. Gemäß dem Gesetz vom 31. Mai 1938, worin der Propagandaminister mit der Durchführung beauftragt wurde, übergab Ziegler am 3. Juni 1938 die Angelegenheit formell dem Goebbels-Ministerium (Abt. IX, Bildende Kunst, Leiter Franz Hofmann). Abgeliefert wurden sämtliche, die »entartete Kunst« betreffende Akten, darunter diverse Schriftwechsel über Versicherungsangelegenheiten und Beschwerden von Künstlern und Angehörigen, sowie 32 [52?] Ordner, geordnet nach Landesstellen des Propagandaministeriums mit Korrespondenzen, Museumslisten etc. Der letzte Ordner »Verschiedenes« enthalte, so Ziegler in seinem Anschreiben, u. a. Listen und Quittungen zu den Ausstellungen »Entartete Kunst«, »Der ewige Jude« und »Große Antibolschewistische Ausstellung 1937«. Ferner geht aus dem Brief hervor, daß dem Propagandaministerium bereits am 16. Februar 1938 zwei Exemplare und am 23. Mai 1938 ein weiteres des sechsbändigen Inventars überreicht worden waren.[24]

Die »Verwertung« begann mit der Einrichtung der »Kommission zur Verwertung der Produkte entarteter Kunst« unter dem Vorsitz von Goebbels. Bereits am 21. Mai 1938 erging an untenstehende Kommissionsmitglieder ein Telegramm des Inhalts: »Auftragsgemäß einlade ich Sie zur Teilnahme an erster Ausschußsitzung über entartete Kunst am 25. Mai 12 Uhr Ministerium Hauptgebäude. Dr. Hofmann«[25].

> Zu der Kommission gehörten der Abteilungsleiter im Propagandaministerium, Ministerialrat Franz Hofmann als Geschäftsführer; der Präsident der Reichskammer der bildenden Künste, Adolf Ziegler; der Referent der Reichskammer der bildenden Künste, Carl Meder; der Reichsbeauftragte für künstlerische Formgebung, Hans Schweitzer (»Mjölnir«); der Reichsbildberichterstatter, Heinrich Hoffmann; der Leiter der Hauptstelle Bildende Kunst im Amt Rosenberg, Robert Scholz; der Kunsthändler Karl Haberstock und der Antiquitätenhändler Max Taeuber.[26]

Mit Ausnahme von Scholz, Haberstock und Taeuber hatten die genannten Kommissionsmitglieder bereits bei den Beschlagnahmungen und den Vorbereitungen zur Ausstellung »Entartete Kunst« bzw. zur »Großen Deutschen Kunstausstellung« mitgewirkt. Der ersten Kommissionsitzung vom 25. Mai 1938 sollten weitere am 17. November 1938, 20. Februar 1939, 27. Februar 1939, 6. Dezember 1939, 7. Mai 1940 und 11. Dezember 1941 folgen.[27]

Am 22. Juli 1938 schrieb Franz Hofmann als Geschäftsführer der Verwertungskommission an Goebbels:

> Als nächstdringliche Maßnahme bitte ich zu genehmigen, daß die in Buch V der Kataloge als international verwertbar zusammengestellten Werke aus dem Gesamtdepot herausgezogen und in zur Vorführung für Käufer geeigneten Räumen untergebracht werden. Ich schlage dafür die verfügbaren Räume in Schloß Niederschönhausen vor.[28]

Tatsächlich wurden die »international verwertbaren«, d. h. durch Verkauf ins Ausland in Devisen umsetzbaren Werke aus den allgemeinen Beschlagnahmebeständen ausgesondert und zwischen Ende Juli und Mitte September 1938 in das an der nördlichen Peripherie Berlins im Stadtbezirk Pankow gelegene Schloß Niederschönhau-

24 BA R 55/76, Bl. 115-116. Vgl. auch BA R 55/76, Bl. 117-118.

25 Zitiert nach der Kopie im Getty Center for the History of Art and the Humanities, Archives of the History of Art, Arntz Papers 870377.

26 Hüneke 1988d, S. 49. Darüber hinaus erscheint in den Kommissionsakten von 1938 der Name des Münchner Kunsthändlers Hans Sauermann. Vgl. zu Hoffmann, Hofmann, Scholz, Schweitzer und Ziegler die Kurzbiographien in Kapitel 10.3. Zu Haberstock befindet sich diverses Material im Getty Center for the History of Art and the Humanities, Archives of the History of Art, Arntz Papers. Zu seiner Rolle im Zusammenhang mit dem »Sonderauftrag Linz« vgl. die in Kapitel 10.3, Anm. 10 genannte Literatur. Vgl. ferner Haberstock 1967.

27 Vgl. Hofmanns Berichte an Goebbels über die Sitzungen der Kommission vom 17. November 1938, 6. Dezember 1939, 7. Mai 1940 und 11. Dezember 1941 bei Diether Schmidt 1964, S. 227-238. Die Daten 20. und 27. Februar 1939 gehen aus den in Anm. 25 zitierten Unterlagen in den Arntz Papers hervor.

28 Zitiert nach Diether Schmidt 1964, S. 224. Im selben Brief schlug Hofmann vor, zur »Anreicherung des Bestandes [...] weitere Bilder aus den Galerien herauszuziehen«, was Goebbels jedoch ablehnte (ebenda).

sen verbracht. Die Wahl auf das dreigeschossige barocke Landschloß (nach dem Krieg Schulgebäude der Alliierten, dann Amtssitz des ersten Präsidenten und Gästehaus der DDR-Regierung und zur Zeit in Restaurierung befindlich) fiel nicht zufällig. Seit 1936 nutzte es die Reichskammer der bildenden Künste als Ausstellungs- und Tagungsgebäude.[29] Am 12. und 13. Februar 1937 leitete Ziegler in Schloß Niederschönhausen eine Tagung seiner Kammer.[30] In den 25 Sälen fand vom 24. Oktober bis 22. November 1936 die aus München übernommene Schau »Die Straßen Adolf Hitlers in der Kunst«[31] statt. Im August und September 1937 war das Schloß der Ort für die Schau »Berlin in der Kunst«[32], vom 10. Dezember 1939 bis 1. Februar 1940 für eine Ausstellung des Künstlerbundes Berliner Norden[33] und vom 24. Juni bis 20. Juli 1941 für die Schau »Mosaiken und Glasmalereien«[34]. Von der Lagerung der verfemten Kunst im Dachgeschoß des Schlosses blieb die Ausstellungstätigkeit offenbar unberührt.

In Vorbereitung der geplanten Verkaufsaktionen bemühte sich der im Propagandaministerium zuständige Referent Franz Hofmanns, Rolf Hetsch, auch die auf Propagandaausstellungen befindlichen verwertbaren Werke in Niederschönhausen zusammenzuführen. Im September 1938 wurden 71 hochrangige Werke aus der zu dieser Zeit in Salzburg gastierenden Ausstellung »Entartete Kunst« zurückbeordert (Dok. 50). Am 12. September 1938 wandte sich Hetsch nach Nürnberg und bat um die sofortige Rückgabe der für die Parteitagsausstellung »Europas Schicksalskampf im Osten« (vgl. Kapitel 3.8.1.2) zur Verfügung gestellten Leihgaben zwecks »Durchführung der mir vom Führer übertragenen Verwertung der sichergestellten Verfallskunst«. Namentlich werden Dix' »Portrait der Tänzerin Anita Berber« (aus den Städtischen Kunstsammlungen Nürnberg) sowie eine Holzskulptur und ein Holzrelief von Marcks (unbekannter Provenienz) genannt (Dok. 31). Der Veranstalter (Deutsche Arbeitsfront – NS-Gemeinschaft »Kraft durch Freude«) bat am 20. September um Aufschub und versicherte, nach Schluß der Ausstellung am 29. September 1938 würden »sämtliche von Ihnen zur Verfügung gestellten Plastiken und Gemälde« umgehend retourniert. Am 26. September willigte Hetsch ein.[35]

In Niederschönhausen lagerten schließlich 779 Gemälde und Plastiken sowie 3.500 Aquarelle, Zeichnungen und Graphiken.[36] Verwaltet wurde das Depot von Frau Gert Werneburg (1902 bis 1993) und dem Maler Günther Ranft. Seit längerem ist bekannt, daß letzterer heimlich zehn Raumaufnahmen (Abb. 45-54) sowie rund 800 Einzelaufnahmen anfertigte, die Werneburg später dem Archiv der Neuen Nationalgalerie Berlin schenkte. Sie vermitteln einen Eindruck von den in Niederschönhausen versammelten unvergleichlichen Schätzen. Welche Werke wurden aus der Münchner Ausstellung herausgenommen und nach Niederschönhausen überführt? Einer von Andreas Hüneke erstellten Liste zufolge gehörten 160 der Gemälde in Niederschönhausen ehedem zum Ausstellungsbestand München. Wenn dort insgesamt rund 300 Gemälde ausgestellt waren, so beläuft sich der Anteil der ausgesonderten Bilder immerhin auf mehr als die Hälfte. Auch der Zeitpunkt der Herausnahme aus der

29 Vgl. Luther 1936b. Vgl. auch Rave 1987, S. 125.

30 Vgl. Struwe 1988, S. 134.

31 Die Ausstellung war in München vom 16. September bis Mitte Oktober 1936 gezeigt worden und wanderte anschließend über Berlin nach Breslau, Stuttgart und Ulm (März 1937). Vgl. MittRbK 1, 1936, Heft 2, S. 3; NSMH 7, 1936, Heft 81, S. 1139-1142; Die Kunst 38, 1937, Bd. 75, Heft 2, S. 52-56. Vgl. ferner Adams 1993, S. 101, Nr. 134 (mit Abb. des Plakats der Münchner Etappe).

32 Vgl. FZ, 16. August 1937.

33 Vgl. die Ausstellungskalender in: KIDR 3, 1939, Folge 7, S. 408 und 4, 1940, Folge 1, S. 32.

34 Vgl. DK 15, 1941, Folge 7/8 (abgedruckt in: Das Bild 8, 1941, o. S.).

35 Vgl. den Schriftwechsel im ZSTA 50.01-743, Bl. 84 und Bl. 86.

36 Vgl. Hüneke 1988d, S. 49f. Dagegen wird in einer Übersicht über den Gesamtbestand der eingezogenen Werke bei Diether Schmidt (1964, S. 230) die Anzahl der Bilder und Plastiken in Niederschönhausen mit 932, die der Graphiken mit 3.982 beziffert. Erhalten sind Listen der Gemälde und Plastiken (ZSTA 50.01-1015, Bl. 26-50) sowie der Graphiken (Archiv der Neuen Nationalgalerie Berlin). Im Gegensatz zu den nach Inventarnummern, d. h. nach Herkunftsmuseen geordneten Listen des Depots Köpenicker Straße sind die von Niederschönhausen nach Künstlernamen sortiert, was den Raumaufnahmen zufolge auch der Aufbewahrung der Werke entsprach.

Schau kann mittels der vorliegenden Informationen erschlossen werden. In Kapitel 6.3.1 wird gezeigt, daß die Ausstellung »Entartete Kunst« für ihre zweite Etappe, Berlin, neu zusammengestellt wurde. Bei diesem Vorgang wurden höchstwahrscheinlich drei Viertel der obengenannten 160 Werke, also circa 120 Bilder, aussortiert. Sie verblieben im Depot Köpenicker Straße und kamen dann nach Niederschönhausen. Weitere 40 Gemälde wanderten mit der Exposition über Berlin, Leipzig und Düsseldorf nach Salzburg, von wo aus sie im Oktober 1938 nach Berlin verschickt wurden (vgl. Kapitel 6.3.4). Durch diesen radikalen Eingriff in den Ausstellungsbestand veränderte sich dessen Profil völlig.

Welche »international verwertbaren« Künstler aus der Ausstellung waren betroffen? Die Liste enthält Arbeiten von Beckmann (8), Campendonk (4), Chagall (2), Corinth (6), Dix (7), Feininger (8), Grosz (4), Heckel (9), Hofer (7), Kandinsky (3) Kirchner (20), Klee (4), Kokoschka (9), Marc (5), Mataré (1), Mondrian (1), Mueller (12), Nolde (24), Pechstein (2), Rohlfs (7) und Schmidt-Rottluff (17). Die Expressionisten, insonderheit Kirchner, Mueller, Nolde und Schmidt-Rottluff, standen unverkennbar im Vordergrund, und das entsprach durchaus dem Schwerpunkt der Ausstellung »Entartete Kunst« in München wie auch den 1938 einsetzenden Verkaufsaktionen.

Was aber tun mit dem »unverwertbaren Rest«? Am 28. November 1938 machte Franz Hofmann – der einstmalige Direktor eines städtischen Museums! – einen Vorstoß. An seinen Minister schrieb er:

> Das große Depot in der Köpenicker Straße ist jetzt nach allen Werten, die nur irgendwie gegen Devisen verwertbar sind, durchgekämmt. Ich habe unter Zuziehung von Spezialisten wie der Firmen Buchholz und Möller noch ca. 300 Gemälde und 3.000 Graphiken herausgezogen, die, wenn auch nicht gleich, so doch in längerer Frist von ihnen kommissionsweise gegen Devisen veräußert werden können. [...] Das Depot in der Köpenicker Straße muß baldigst geräumt werden, da es als Getreidespreicher dringend benötigt wird. Ich habe die Hälfte für diesen Zweck bereits freigegeben. Dieser Umstand sowie die Tatsache, daß dort dann nur noch der Rest, der nicht mehr zu gebrauchen ist, gelagert ist, macht einen abschließenden Entschluß, was damit geschehen soll, spruchreif. Der Bestand der Ausstellung »Entartete Kunst« ist aus diesem Lager bereits reichlich aufgefüllt. Es besteht kein Bedarf, ihn weiter zu vergrößern. Diese Sammlung denke ich mir zu propagandistischen Zwecken als bleibend. [...] Ich schlage deshalb vor, diesen Rest in einer symbolischen propagandistischen Handlung auf dem Scheiterhaufen zu verbrennen und erbiete mich, eine entsprechend gepfefferte Leichenrede dazu zu halten. Ich erbitte dazu Ihre Zustimmung.[37]

Goebbels verweigerte sein Einverständnis – noch. Hofmann blieb hartnäckig und machte am 22. Februar 1939 einen weiteren Versuch. Diesmal erteilte der Minister die Erlaubnis.[38] Nachdem die Kommissionsmitglieder am 27. Februar ein letztes Mal die Bestände in der Köpenicker Straße gesichtet hatten[39], wurde das Depot im März geräumt. Am 20. März brannten im Hof der Hauptfeuerwache in Berlin-Kreuzberg 1.004 Ölgemälde und Plastiken sowie 3.825 Aquarelle, Zeichnungen und Graphiken.[40]

Nur kurz ist oben im Zusammenhang mit der Einrichtung des Depots Niederschönhausen der Name Rolf Reinhold Bernhard Hetsch gefallen. Der promovierte Jurist und Kunsthistoriker war Ministerialreferent in der Abteilung IX (Bildende Kunst, Leiter Franz Hofmann) des Propagandaministeriums und für die Abwicklung der Verkäufe, Tauschgeschäfte und Rückgaben der »entarteten Kunst« zuständig. Aus seinem handschriftlichen Lebenslauf (Dok. 72) und einem von Walter Hoffmann gezeichneten Dienstzeugnis der Reichskammer der bildenden Künste vom 12. April 1938 (Dok. 32) geht hervor, daß Hetsch bereits von August 1937 bis März 1938 in der Reichskammer der bildenden Künste beschäftigt war, um die beschlagnahmten Kunstwerke zu registrieren und und zu inventarisieren. In dem Zeugnis wird festgestellt:

37 Zitiert nach Diether Schmidt 1964, S. 228.

38 Vgl. Diether Schmidt 1964, S. 229f.

39 Vgl. Goergen 1986a, S. 50.

40 Vgl. Rave 1987, S. 124 und Roh 1962a, S. 53. Zu diesem heute noch erhaltenen Gebäude vgl. Goergen 1986a, S. 50f. Für das seit einigen Jahren kursierende Gerücht, das Autodafé habe gar nicht stattgefunden oder – in einer anderen Variante – nur Rahmen und Passepartouts betroffen, gibt es bislang keine Beweise. Für weitere Details und Literaturhinweise vgl. Barron 1992, S. 22f., Anm. 2; Goergen 1986a, S. 53; Hüneke 1987b, S. 102, Anm. 29, 1987c und 1992a, S. 132, Anm. 30 sowie Müller-Mehlis 1987.

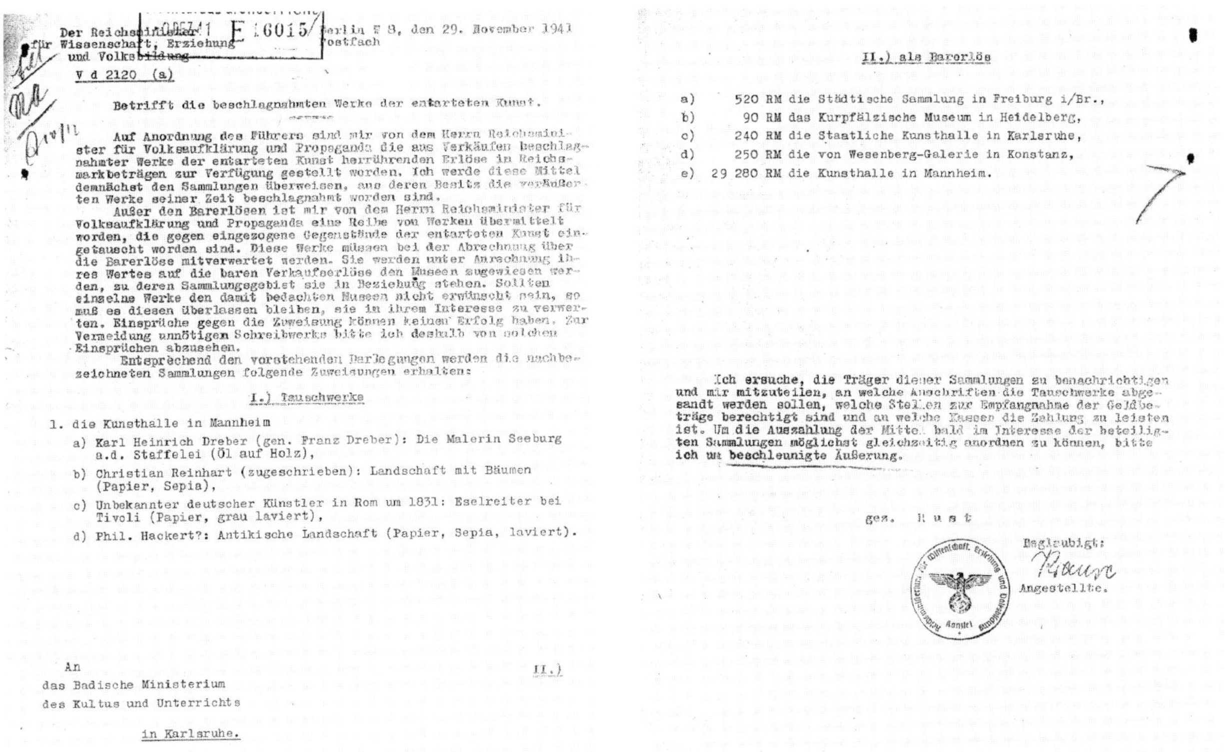

Der Reichsminister
für Wissenschaft, Erziehung
und Volksbildung
V d 2120 (a)

Berlin W 8, den 29. November 1941
Postfach

Betrifft die beschlagnahmten Werke der entarteten Kunst.

Auf Anordnung des Führers sind mir von dem Herrn Reichsminister für Volksaufklärung und Propaganda die aus Verkäufen beschlagnahmter Werke der entarteten Kunst herrührenden Erlöse in Reichsmarkbeträgen zur Verfügung gestellt worden. Ich werde diese Mittel demnächst den Sammlungen überweisen, aus deren Besitz die veräußerten Werke seiner Zeit beschlagnahmt worden sind.

Außer den Barerlösen ist mir von dem Herrn Reichsminister für Volksaufklärung und Propaganda eine Reihe von Werken übermittelt worden, die gegen eingezogene Gegenstände der entarteten Kunst eingetauscht worden sind. Diese Werke müssen bei der Abrechnung über die Barerlöse mitverwertet werden. Sie werden unter Anrechnung ihres Wertes auf die baren Verkaufserlöse den Museen zugewiesen werden, zu deren Sammlungsgebiet sie in Beziehung stehen. Sollten einzelne Werke den damit bedachten Museen nicht erwünscht sein, so muß es diesen überlassen bleiben, sie in ihrem Interesse zu verwerten. Einsprüche gegen die Zuweisung können keinen Erfolg haben. Zur Vermeidung unnötigen Schreibwerks bitte ich deshalb von solchen Einsprüchen abzusehen.

Entsprechend den vorstehenden Darlegungen werden die nachbezeichneten Sammlungen folgende Zuweisungen erhalten:

I.) Tauschwerke

1. die Kunsthalle in Mannheim
   a) Karl Heinrich Dreber (gen. Franz Dreber): Die Malerin Seeburg a.d. Staffelei (Öl auf Holz),
   b) Christian Reinhart (zugeschrieben): Landschaft mit Bäumen (Papier, Sepia),
   c) Unbekannter deutscher Künstler in Rom um 1831: Eselreiter bei Tivoli (Papier, grau laviert),
   d) Phil. Hackert?: Antikische Landschaft (Papier, Sepia, laviert).

An
das Badische Ministerium
des Kultus und Unterrichts
in Karlsruhe.

II.)

II.) als Barerlös

a) 520 RM die Städtische Sammlung in Freiburg i/Br.,
b) 90 RM das Kurpfälzische Museum in Heidelberg,
c) 240 RM die Staatliche Kunsthalle in Karlsruhe,
d) 250 RM die von Wesenberg-Galerie in Konstanz,
e) 29 280 RM die Kunsthalle in Mannheim.

Ich ersuche, die Träger dieser Sammlungen zu benachrichtigen und mir mitzuteilen, an welche Anschriften die Tauschwerke abgesandt werden sollen, welche Stellen zur Empfangnahme der Geldbeträge berechtigt sind und an welche Kassen die Zahlung zu leisten ist. Um die Auszahlung der Mittel bald im Interesse der beteiligten Sammlungen möglichst gleichzeitig anordnen zu können, bitte ich um beschleunigte Äußerung.

gez. Rust

Beglaubigt:
Krause
Angestellte.

Dok. 34 Brief des Reichsministeriums für Wissenschaft, Erziehung und Volksbildung an das Badische Ministerium des Kultus und Unterrichts in Karlsruhe, 29. November 1941 (GLA 235/40412)

Herr Dr. Rolf Hetsch, geboren am 30.6.1903, war vom 17.8.1937 bis zum 31.3.1938 in der hiesigen Kammer als Referent für ein Sonderreferat »Entartete Kunst« tätig. Als solchem oblag ihm die Kontrolle der von den Museen im Jahre 1937 eingelieferten und beschlagnahmten Produkte der Verfallskunst, die Überprüfung einzelner Sammlungen sowie die Zusammenstellung eines entsprechenden Kataloges. Es handelte sich hier um ca. 16.500 Gemälde, Plastiken und Graphiken, die in einem besonderen Lager [Köpenicker Straße] karteimäßig nach den Museen geordnet zusammengestellt werden mußten.

Von Hetsch also stammte das mehrfach erwähnte sechsbändige Verzeichnis, vielleicht hat er auch die Inventarisierung der Ausstellung »Entartete Kunst« in München vorgenommen. Dabei hatte sich der 34jährige, dessen Sachkenntnis, Organisationstalent und Fleiß nachdrücklich gelobt werden, bestens bewährt und unabkömmlich gemacht. Nachdem er am 1. April 1938 eine Kustodenstelle an den Staatlichen Kunstsammlungen Dresden (Porzellansammlung, Münzkabinett) angetreten hatte, beorderte ihn das Propagandaministerium zurück, um, wie er selbst schrieb, »im Auftrag von Reichsminister Dr. Goebbels die vom Führer beschlossene Abwicklung und Verwertung der durch Gesetz vom 31.5.1938 beschlagnahmten Werke als Referent zu bearbeiten und die Interessen der öffentlichen deutschen Kunstsammlungen zu wahren« (Dok. 72). Der letzte Satz könnte auf Hetschs Bemühen hinweisen, während der Verwertungsaktion möglichst viele Werke vor der Vernichtung zu bewahren. Mit Hetsch hatten auch die vier Kunsthändler zu verhandeln, die vom Propagandaministerium wegen ihrer internationalen Erfahrungen zum Handel mit »entarteter Kunst« autorisiert worden waren: Bernhard A. Böhmer[41] aus Güstrow, Karl Buch-

41 Ein Schreiben Böhmers an das RMVP vom 13. Januar 1940 mit mehreren Geboten (darunter 200 US-Dollar für Dix' Bild »Der Krieg«, d. i. »Schützengraben«) ist abgedruckt bei Dietrich Schubert 1990, S. 315. – Böhmer, Kunsthändler und Bildhauer, war Assistent und Sekretär Ernst Barlachs, seine erste Frau Marga war Barlachs Lebensgefährtin. Vgl. auch Kapitel 2.4, Anm. 61.

37978

Abschrift.

Abschrift zu Rk.7809 A

Der Reichsminister für Wissenschaft Erziehung und Volksbildung
Vd 963

Berlin W 8, den 30.Mai 1942
Unter den Linden 69.

Zum Schreiben vom 17.Mai 1942 - Rk.7012 A -, betreffend Verwertung beschlagnahmter Werke der entarteten Kunst.

Die Maßnahmen zur Verwertung der Gegenstände entarteter Kunst aus deutschem Museumsbesitz sind von dem Herrn Reichsminister für Volksaufklärung und Propaganda durchgeführt worden. Ich habe einen Einfluß darauf nicht gehabt. Erst als über die in Reichsmark umgerechneten baren Erlöse für den Verkauf beschlagnahmter Gegenstände Bestimmung getroffen werden mußte, hat mich der Herr Reichsminister für Volksaufklärung und Propaganda davon benachrichtigt, daß die Erlöse auf Anordnung des Führers mir zur Verteilung an die beteiligten Museen zur Verfügung gestellt werden sollten. Die erste Überweisung der Mittel belief sich auf 345 055,78 RM. Diese Summe ist inzwischen durch weitere Zuweisungen auf bisher insgesamt 517 164,56 RM angewachsen. Ich habe diese 517 164,56 RM ohne jeden Abzug an die von der Einziehung der Gegenstände entarteter Kunst betroffenen Museen verteilt. Wenn die Auffassung entstanden sein sollte, daß ich einen Teil der Mittel zum Erwerb von Kunstwerken verwendet hätte, so entspricht dies nicht den Tatsachen.

Die Bilder, die ich zugleich mit den Verkaufserlösen verteilt habe, sind nicht durch Kauf erworben. Der Herr Reichsminister für Volksaufklärung und Propaganda hat sie vielmehr gegen Hingabe von eingezogenen Gegenständen der entarteten Kunst eingetauscht und mir überwiesen. Ich habe sie übernommen und mitverteilt, um den beteiligten Museen außer ihrem Anteil an den Barerlösen auch die eingetauschten Bilder nutzbar zu machen. Billigerweise mußte bei diesem

./.

- 2 -

Vorgehen der Wert der eingetauschten Bilder den Museen anteilmäßig gutgeschrieben werden, aus deren Bestand die zum Tausch hingegebenen Gegenstände eingezogen waren. Den Bayerischen Staatsgemäldesammlungen sind auf diese Weise 4 000 RM als Wert der überwiesenen Tauschbilder angerechnet und 4 068,50 RM als Wert der zum Tausch hingegebenen Werke aus ihren Beständen gutgeschrieben worden. Das Land Bayern hat mithin die den staatlichen Sammlungen zugewiesenen Tauschbilder ohne die geringste Verkürzung des auf die Bayerischen Staatsgemäldesammlungen entfallenden Anteils aus den mir zur Verfügung gestellten baren Verkaufserlösen erhalten.

Die im November 1941 bekanntgegebene Verteilung der Barerlöse und der Tauschbilder habe ich bereits im Februar und März 1942 durchgeführt. Eine Mitteilung darüber habe ich unter dem 17. Februar 1942 - Vd 145 - der Privatkanzlei des Führers in München übermittelt.

gez. Rust

An den Herrn Reichsminister und Chef der Reichskanzlei,Berlin

----

Dok. 35 Abschrift eines Briefes von Bernhard Rust, Reichsminister für Wissenschaft, Erziehung und Volksbildung, an Hans Heinrich Lammers, Chef der Reichskanzlei, 30. Mai 1942 (BayHSTA MK 40849)

holz[42] aus Berlin, Hildebrand Gurlitt[43] aus Hamburg, Ferdinand Möller[44] aus Berlin. Die Hauptabnehmer, Museen ebenso wie Privatpersonen, kamen aus den USA, der Schweiz, Dänemark, Holland, Belgien, England und Norwegen.[45] Sie erhielten teilweise persönlich Zugang zum Depot Niederschönhausen. Einer von ihnen war der Basler Museumsleiter Georg Schmidt. An Paul Westheim, den seit 1933 im Pariser Exil lebenden deutschen Kunstkritiker, schrieb er am 15. Juli 1939:

> vom tag meiner wahl ans kunstmuseum an hab ich mich mit dem entarteten-ausverkauf beschäftigt, und es war mir von vornherein klar, dass sich da mir zu beginn meiner museumstätigkeit die ganz einzigartige chance biete, etwas nachzuholen, was unser museum in den beiden letzten jahrzehnten verschlafen hat. [...] an pfingsten war ich in Berlin – und was ich dort fand, war über die massen herrlich. nähere details, wie ich vor die originale kam, kann ich natürlich nicht schreiben. es waren wahrhaft begeisternde tage. [...] man hat mir preise gemacht, die zum teil geradezu lächerlich sind. [...] es kommt mir wie ein märchen vor – wenn die umstände, die dazu geführt haben, nicht so grauenhaft real und brutal wären.[46]

Bei seinem Besuch in Niederschönhausen am 28. und 29. Mai 1939 in Begleitung von Karl Buchholz und Hildebrand Gurlitt ließ Schmidt 13 Werke für das Kunstmuseum Basel reservieren, weitere acht sollte er später in Luzern ersteigern.[47]

42 In der Berliner Buch- und Kunsthandlung von Karl Buchholz beschlagnahmte Hans Schweitzer 1937 Arbeiten von Barlach, Corinth, Gilles und Marcks und verbot die Ausstellung bestimmter Werke (vgl. Gabler 1994, S. 88-90; Ernst Piper 1987, S. 206f., Dok. 160). – Buchholz (1901 bis 1992) übersiedelte 1945 nach Lissabon und 1950 nach Bogotá, wo er als Buch- und Kunsthändler tätig war (vgl. Gabler 1994; Hüneke 1991a; Doris Schmidt 1970, S. 83, Anm. 2; Skierka 1990).

43 Vgl. Kapitel 2.3 mit Anm. 25.

44 Das Archiv der Galerie Möller lagert heute in der Berlinischen Galerie. Vgl. Roters 1984, S. 155-176.

45 Zu den Verkäufen vgl. Hüneke 1987b und 1992a.

46 Kunstmuseum Basel (Kleinschreibung im Original; eine Kopie des Briefwechsels verdanke ich Georg Kreis).

47 Vgl. Georg Schmidt 1939 und 1962 sowie Kreis 1990.

Trotz der Auflage, die Werke nur ins Ausland zu verkaufen, handelten die vier autorisierten Händler auch mit inländischen Interessenten oder tätigten selbst Erwerbungen. In den Kriegsjahren schlossen die Händler wegen des Devisenmangels des öfteren Tauschverträge ab, in denen nicht selten einzelne Arbeiten aus dem 19. Jahrhundert mit einer stattlichen Anzahl moderner Kunstwerke verrechnet wurden. Die wohl spektakulärsten Tauschaktionen kamen im Februar, Juni und Dezember 1939 mit dem seit 1933 in Rom ansässigen österreichischen Künstler- und Sammlerehepaar Sofie und Emanuel Fohn zustande, das seine recht bedeutende Sammlung von deutschen Künstlern des späten 18. und des 19. Jahrhunderts gegen Werke verfemter moderner Meister eintauschte.[48] Emanuel Fohn hatte zu diesem Zweck im Dezember 1938 das Depot Niederschönhausen in Augenschein genommen. 25 der auf diese Weise in den Besitz des Reiches gekommenen Werke älterer Kunst wurden 1941/42 als Entschädigung für die durch Beschlagnahmungen erlittenen Verluste an die acht am meisten von betroffenen Museen verteilt.[49]

Ohne Zutun der vier Händler, vielmehr auf dem Wege direkter Verhandlungen zwischen dem Kunsthändler Theodor Fischer und dem Propagandaministerium, kam die bekannteste Verkaufsaktion des Dritten Reichs zustande. Am 30. Juni 1939 wurden auf einer Auktion der Galerie Fischer im Grand Hôtel National Luzern 125 Spitzenwerke aus deutschen Museen einem internationalen Publikum zum Verkauf angeboten.[50] Von den 125 angebotenen Werken waren 18 auf der Ausstellung »Entartete Kunst« in München vertreten gewesen. Sieben davon reisten mit der Schau nach Berlin, Leipzig, Düsseldorf und Salzburg, um von dort im Oktober 1938 nach Berlin zurückgeschickt zu werden (Dok. 50). Die restlichen elf Werke wurden vermutlich schon nach der Münchner Etappe aus dem Bestand herausgenommen.

Das »Gesetz über Einziehung von Erzeugnissen entarteter Kunst« (Dok. 30) bedeutete zwar faktisch eine staatliche Zwangsenteignung, es enthielt aber auch eine – gleichwohl sehr vage formulierte – »Mildeklausel« (§ 2, Absatz 2): »In besonderen Fällen können Maßnahmen zum Ausgleich von Härten getroffen werden«. Dieser »Ausgleich von Härten« geschah zum einen durch die erwähnte Zuweisung von Tauschwerken oder durch – weiter unten zu diskutierende – finanzielle Entschädigungen, zum anderen durch vereinzelte Rückgaben beschlagnahmter Werke. Am Nikolaustag 1939 beschloß die Verwertungskommission, mit »Rücksicht auf den bedeutsamen Wert als Zeitdokument der deutschen Kunst des 20. Jahrhunderts« vier Gemälde von Corinth, zwei von Marc und eine Plastik des Schweizer Bildhauers Hermann Haller als »zweifelsfreie Grenzfälle« an die betroffenen Museen zurückzugeben (Dok. 33):

> Mit der Rückgabe soll zugleich für die betreffende Galerie die Auflage verbunden sein, die fraglichen Werke im Depot unter Verschluß zu nehmen und sie weder zu veräußern noch wieder auszustellen, es sei denn, daß sie zu einem späteren Termin in einer etwaigen Ausstellung zeitgenössischer Malerei als Dokument der »Kunst zwischen den Kriegen« gezeigt werden.[51]

Bis Dezember 1940 sollten insgesamt 19 Gemälde, neun Plastiken und 12 Graphiken an Museen sowie 69 Gemälde, 32 Plastiken und 35 Graphiken an private Leihgeber zurückerstattet werden. »Hierher gehören u. a. Werke von Munch, Corinth, Marc, Haller, Sintenis, de Fiori und Lehmbruck, auf welche die Mildeklausel des Gesetzes vom 31. Mai 1938 Anwendung fand.«[52] Ebenso waren bereits im Juni 1939 17 Plastiken und acht

48 Vgl. die Auflistung bei Hüneke 1992a, S. 133, Anm. 37. Den Großteil der durch diese Transaktionen in die Sammlung Fohn gekommenen »entarteten« Kunstwerke, nämlich 227 Stück, schenkten Fohns 1964 den Bayerischen Staatsgemäldesammlungen in München; vgl. hierzu detailliert Schulz-Hoffmann 1990. Zum Ehepaar Fohn vgl. auch Vollmer, Bd. 2, S. 127.

49 Vgl. Janda 1989 und Schulz-Hoffmann 1990, S. 98-100. Vgl. ferner Kapitel 10.2.

50 Vgl. Theodor Fischer 1939. Vgl. weiterhin die Unterlagen im Getty Center for the History of Art and the Humanities, Archives of the History of Art, Arntz Papers 850809 (betreffend Jules Bosmant und die Lütticher Ankäufe) sowie Barron 1992, S. 135-169 und zuletzt Nicholas 1995, S. 8-12. Stefan Frey-Albrecht bearbeitet die Auktion und die Provenienz der betreffenden Kunstwerke.

51 Zitiert aus dem Protokoll der Kommissionssitzung vom 6. Dezember 1939 nach Diether Schmidt 1964, S. 233.

52 Zitiert aus dem Protokoll der Kommissionssitzung vom 11. Dezember 1941 nach Diether Schmidt 1964, S. 238.

Gemälde von Lehmbruck, die sich als Leihgaben der Witwe des Künstlers in der Staatsgalerie München befunden hatten, an die Eigentümerin zurückgesandt worden, nachdem diese seit September 1937 in etlichen energischen Briefen das Propagandaministerium zur Freigabe der Werke gedrängt hatte.[53]

Am 30. Juni 1941 erfolgte der offizielle Abschluß der »Verwertung der Produkte entarteter Kunst«. Im Schlußbericht an Hitler vom 4. Juli 1941 heißt es:

> Der größte Teil der rund 16.000 beschlagnahmten Objekte mußte von vornherein als völlig unverwertbar ausgeschieden werden. Sie wurden sämtlich vernichtet bzw. magaziniert. Rund 300 Gemälde und Plastiken sowie 3.000 Graphiken wurden an das Ausland verkauft. [...] ist es gelungen, ein Gesamtergebnis, das sich auf über 10.000 Pfund, annähernd 45.000 Dollar und rund 80.000 Schweizer Franken beziffert, zu erreichen. Außer diesen Deviseneinnahmen sind durch Tauschgeschäfte Werte im Gesamtbetrag von 131.630 RM erzielt worden. Die erzielten Deviseneinnahmen sind gemäß Weisung des Führers der Reichsbank und damit der deutschen Kriegswirtschaft zugeflossen.[54]

Genauere Zahlen über die Verkäufe und Tauschaktionen lassen sich dem Abschlußbericht entnehmen, in welchem die Kommission, die am 11. Dezember 1941 zu ihrer letzten Sitzung zusammentrat, Bilanz zog. Er sei auszugsweise zitiert:

> Insgesamt wurden von Werken entarteter Kunst bis zum 1. Dezember 1940 verkauft:
> 218 Gemälde, 2.755 Graphiken, 56 Plastiken. An Nachverkäufen fanden mit Zustimmung der Kommission statt: 10 Gemälde, 3 Aquarelle, ... Graphiken. Die Kaufverträge wurden im Januar 1941 abgeschlossen.
> An Kommissionsbeständen befanden sich bei den Kunsthändlern
> Buchholz: 426 Werke im Werte von 15.840 $ u. 6.600 Sfr.
> Böhmer: 346 Werke im Werte von 6.101 $
> Möller: 29 Werke im Werte von 1.430 $
> Ebenfalls haben die restlichen Bestände von Verfallskunst, die in Schloß Niederschönhausen lagern, und zwar 95 Gemälde, 5 Plastiken, 1.360 Graphiken, 59 Mappenwerke keine Nachfrage mehr gefunden. Die Kommission regt an, die nicht verkauften Werke von den Kunsthändlern am 31. Januar 1941 [!] zurückzufordern und sie mit dem in Schloß Niederschönhausen vorhandenen Restposten für dauernd unter Verschluß einzulagern. Als Aufbewahrungsort käme gegebenenfalls ein Kellerraum des Ministeriums in Betracht.
> An neueren Tauscherwerbungen sind zu nennen: Werke deutscher Romantiker, u. a. Gemälde von Dreber, Faber, Retzsch, Louis Gurlitt, Oehme, Loos und 2 Kupferstiche von Dürer im Gesamtwert von 32.350 RM.
> Die Abwicklung der entarteten Kunst hat an Erlösen erbracht die Summe von
> 10.294 £, 43.395 USA $, 75.070 Sfrcs und 2.350 NKr.
> Außer diesen effektiven Deviseneinnahmen [...] sind durch Tauschgeschäfte Werte im Gesamtbetrag von 131.630 RM erzielt worden. Es handelt sich um erstrangige Gemälde und Graphiken u. a. von Caspar David Friedrich, Carus, Joseph Anton Koch, Dreber, Nerly, Oehme, Schütz, Wilhelm Busch, um Kupferstiche von Dürer und Handzeichnungen deutscher Romantiker. Sämtliche Erwerbungen sind für deutsche Galerien bestimmt und dem Generaldirektor der Staatl. Museen in Berlin zur Verfügung gestellt worden.[55]

Was geschah mit dem Erlös aus den Verkäufen der verfemten Moderne? Die Annahme, daß sie zur Kriegsfinanzierung verwendet wurden, findet nicht nur im oben zitierten Kommissionsbericht an Hitler vom 4. Juli 1941 eine Bestätigung, sondern auch in einem Tagebucheintrag Goebbels' vom 4. November 1939:

> Entartete Kunst hat uns viel Devisen eingebracht. Gehen in den Kriegstopf hinein und werden nach dem Kriege wieder für Kunstkäufe eingesetzt.[56]

Dagegen heißt es in einem Schreiben von Hetsch an die Haushaltsabteilung des Propagandaministeriums vom 15. April 1942:

53 Vgl. Lott 1987, S. 294 und Diether Schmidt 1964, S. 120-156.

54 Zitiert nach Goergen 1986b. Der Autor bemerkt, daß der Erlös aus der Luzerner Versteigerung in diesem Bericht nicht aufgeführt ist.

55 Zitiert nach Diether Schmidt 1964, S. 236f. Zu den Tauschaktionen vgl. Janda/Grabowski 1992, S. 66 sowie hier Kapitel 10.2.

56 Zitiert nach Fröhlich 1987a, Teil 1, Bd. 3, S. 631. Auch Hitler war mit den Verkäufen »entarteter Kunst« sehr zufrieden (»Riesengeschäfte gemacht«; vgl. Henry Picker 1976, S. 222).

Reichsministerium
für Volksaufklärung und Propaganda

Abschrift.

Berlin W 8, den 12. August 1942.
Wilhelmplatz 8-9
Fernsprecher: 11 00 14

Geschäftszeichen: BK 9090/18.6.42/36-3,12.
(in der Antwort anzugeben)

Über das Reichsministerium für
Wissenschaft, Erziehung
und Volksbildung
in
B e r l i n

an

das Bayer. Staatsministerium
für Unterricht und Kultus
in
M ü n c h e n.

43422

Bayer. Staatsministerium
für Unterricht und Kultus
Eingel.: 14. SEP. 1942
Beil.:

Betrifft: Beschlagnahmte Werke der entarteten Kunst.
Zu Vd. 109 42 vom 15. Januar 1942.

Seit mehreren Monaten wird auf Initiative des Bereichsleiters für bildende Kunst im Amt Rosenberg infolge einer ihm erteilten Weisung des Herrn Reichsmarschalls in Betracht gezogen, den restlichen Bestand der beschlagnahmten, bislang noch nicht veräusserten Produkte entarteter Kunst en bloc zu verkaufen. Eine am 10. Juni 1942 diesseits erfolgte neuerliche Rückfrage ergab, daß die Angelegenheit zwar in der Zwischenzeit noch nicht aufgegriffen wurde, daß aber auch noch weiterhin eine gewisse Aussicht auf die völlige Verwertung der in Verwahrung des Reichsministeriums für Volksaufklärung und Propaganda befindlichen restlichen Objekte und damit auf die endgültige Liquidation der Abwicklungsmaßnahmen besteht.

Da mithin die Frage, ob überhaupt und zu welchem Zeitpunkt sowie mit welchem Ergebnis die Verwertung dieses Restpostens sich ermöglichen läßt, zunächst noch offen bleiben muß, ist gegenwärtig eine abschließende Mitteilung über den insgesamt erzielten finanziellen Ertrag sämtlicher Verkäufe noch nicht zu erbringen. Insofern ist nach wie vor das dem Reichsministerium für Wissenschaft, Erziehung und Volksbildung vor Jahresfrist eingereichte "Verzeichnis der im Jahre 1937 sichergestellten Werke der entarteten Kunst aus deutschem Museumsbesitz und der Abwicklungsmaßnahmen 1938 / 41" für die Abrechnung mit den einzelnen Sammlungen verbindlich, das unter dem Stichtag des 30. Juni 1941 Aufschluß über die bis dahin

erfolgten

erfolgten Abwicklungsmaßnahmen gibt. Es läßt erkennen, daß ein großer Prozentsatz der eingezogenen Verfallskunstprodukte, weil er nur von lokal interessierenden Künstlern stammte und seiner Qualität nach (es handelt sich ausserdem überwiegend um in großer Auflage hergestellte Druckgraphiken) keineswegs künstlerische Werte darstellte, sich trotz jahrelangen Bemühens überhaupt nicht veräussern ließ. Infolgedessen wurde von der Kommission, welche über die Abwicklungsmaßnahmen zu befinden hatte, die Vernichtung dieses absolut wertlosen Konglomerates beschlossen. Die etwas qualitätsvolleren [Objekte] sind in den verwahrten Restbeständen enthalten.

Zu der die Nürnberger Objekte betreffenden Anfrage des Oberbürgermeisters der Stadt der Reichsparteitage vom 5. Januar 1942 ist unter Berücksichtigung der geschilderten Situation folgendes mitzuteilen:

Der in dem Schreiben der Stadt Nürnberg zum Ausdruck gekommene Standpunkt, daß die im Jahre 1937 in der dortigen Städtischen Galerie sichergestellten Werke entarteter Kunst, die durch Reichsgesetz vom 31. Mai 1938 entschädigungslos enteignet wurden, einen Katalogwert von 100.000,-- RM besaßen, konnte für die Abwicklungsmaßnahmen keinen Maßstab bilden. Es handelt sich beiden 118 beschlagnahmten Werken zwar größtenteils um Ölbilder und Aquarelle, die aber sämtlich von Künstlern stammten, deren Namen keineswegs auf dem internationalen Kunstmarkt bekannt oder gefragt sind.

Bei den Verkäufen an das Ausland fanden erklärlicherweise nur international anerkannte Künstler, seien es Franzosen oder namhafte deutsche Impressionisten und Expressionisten, wie beispielsweise Corinth, Kokoschka, Lehmbruck, Marc, Kirchner, Modersohn-Becker, Nolde u.a. ein Interesse. Bei den Nürnberger Galerie-Beständen waren lediglich Dix mit einem Gemälde und einem Aquarell, Kokoschka mit drei Graphiken, Munch mit einer Graphik und Pascin mit einer Graphik in die Reihe der marktgängigen Namen einbezogen. Alle anderen Werke ließen sich sogut wie garnicht verkaufen, so daß, um sie überhaupt verwerten zu können, ein größerer Teil im Konvolut der Tauschobjekte hergegeben werden mußte. Ein großer Prozentsatz, d.h. die Hälfte des gesamten Nürnberger Bestandes wurde, um mit dem unnötigen Ballast zu räumen, vernichtet. Ein Restposten von 25 Gemälden, Aquarellen und Druckgraphiken befindet sich noch als bislang unveräußert aber möglicherweise noch verwertbar in Verwahrung des Reichspropagandaministeriums und ist mit den übrigen

noch

noch aus anderen Galerien stammenden Objekten dem Herrn Reichsmarschall listenmäßig als verkäuflich benannt worden.

Auch die aus den ehemaligen Beständen der Landesgewerbeanstalt Westmark in Kaiserslautern stammenden Werke entarteter Kunst, insonderheit die in dem Schreiben der Direktion der Landesgewerbeanstalt vom 22. Dezember 1941 erwähnten Arbeiten von Purrmann und von Leeth, waren zumeist unverwertbar und wurden infolgedessen ausgeschieden. Lediglich die wenigen das Ausland interessierenden Werke von Beckmann, Corinth, Feininger, Campendonk, Heckel, Hofer, Klee, Kokoschka, Masereel, Nolde u.a. konnten veräussert werden, jedoch als billige Druckgraphiken nur einen minimalen Devisenbetrag einbringen.

Da sich das Gemälde von Jenö "Die Badende" und ein Holzschnitt von Kogan gleichfalls unter dem für den Herrn Reichsmarschall reservierten Restposten der noch vorhandenen Verfallskunstprodukte befinden, wird dem Reichserziehungsministerium ein Bericht über das finanzielle Ergebnis ihres etwaigen Verkaufs zu gegebener Zeit nachgereicht.

Im Auftrag
gez. Dr. Biebrach.

V d 15 11

Abschrift übersende ich auf den Bericht vom 15. Januar 1942 – VII 1856 – zur geeigneten Bescheidung des Oberbürgermeisters in Nürnberg und der Landesgewerbeanstalt Westmark in Kaiserslautern.

Berlin, den 7. September

Der Reichsminister
für Wissenschaft, Erziehung und Volksbildung
Im Auftrage
gez. Dähnhardt

An
das Bayerische Staatsministerium
für Unterricht und Kultus
in München

Beglaubigt.
[Blechdorff]
Angestellte.

Dok. 36 Abschrift eines Briefes des Reichsministeriums für Volksaufklärung und Propaganda an das Bayerische Staatsministerium für Unterricht und Kultus in München, 12. August 1942 (BayHSTA MK 40849)

Die zu einem erheblichen Betrag angewachsene Reichsmarksumme wurde auf einem bei der Reichsbank errichteten Sonderkonto »EK« angesammelt und letzteres Ende 1939 dem Reichserziehungsministerium zur Verfügung gestellt. Es wurde hiermit der Zweck verfolgt, daß das Reichserziehungsministerium von sich aus die einzelnen von den Einziehungsmaßnahmen betroffenen Sammlungen in relativer Höhe ihrer finanziellen Verluste anteilmäßig entschädigen sollte, wobei jedoch eindeutig betont wurde, daß diese Entschädigung nicht auf einer Rechtspflicht beruhe, sondern lediglich aus Billigkeitsgründen erfolge.[57]

Das Erziehungsministerium, in dessen Zuständigkeitsbereich die Museen lagen, übernahm im Februar und März 1942 die Überweisung der Geldbeträge in Höhe von insgesamt 517.164,56 RM (Dok. 35).[58] Die Höhe der den einzelnen Museen zugeteilten Entschädigungssummen machte nur einen geringen Bruchteil des Wertes der konfiszierten Kunstwerke aus (Dok. 34; vgl. Kapitel 10.2).[59] Dennoch verdient der Vorgang an sich als »Akt der Wiedergutmachung« zweifellos Beachtung.

Der offizielle Abschluß der Verwertung am 30. Juni 1941 bedeutete mitnichten das abrupte Ende der Angelegenheit. Noch 1941 fanden Beschlagnahmungen aus Galeristen- und Künstlerbesitz statt (vgl. Kapitel 2.4). Was passierte mit dem im Abschlußbericht der Kommission genannten Restbestand in Niederschönhausen? Was geschah mit den circa 50 Gemälden, sieben Plastiken und etwa 180 Graphiken, die nach Abschluß der Wanderausstellung »Entartete Kunst« im November 1941 an das Propagandaministerium zurückgereicht wurden (Dok. 62)?

Das Schicksal dieses noch nicht verwerteten Restpostens – insgesamt circa 5.000 Werke[60] – beschäftigte auch in der Folgezeit die Behörden. Ein Brief des Propagandaministeriums vom 12. August 1942 (Dok. 36) dokumentiert, daß die betreffenden Werke sich zu diesem Zeitpunkt noch in Verwahrung des Ministeriums befanden und noch keine Klarheit über ihre Bestimmung bestand. Ebenfalls im August 1942 teilte das Propagandaministerium der Stadt Nürnberg auf Anfrage mit, daß seit »mehreren Monaten [...] auf Weisung des Herrn Reichsmarschalls in Betracht gezogen [werde], den restlichen Bestand der beschlagnahmten, bislang nicht veräußerten Produkte entarteter Kunst *en bloc* zu verkaufen«[61]. In einem Schreiben des Sonderreferates »Entartete Kunst« an Goebbels Mitte März 1943 ist »von einem Restbestand von 70 bis 80 Gemälden, etwa 10 Plastiken sowie eine Anzahl ›qualitätsloser‹ Druckgraphiken«[62] die Rede. Dieser wurde nach einer Mitteilung Raves im März 1943 in einen Keller des Propagandaministeriums verbracht. Von dort aus gelangte ein Teil in Gewahrsam des Kunsthändlers Bernhard A. Böhmer, der im Atelierhaus des 1938 verstorbenen Barlach auf dem Heidberg in Güstrow lebte.[63] Noch um die Jahreswende 1944/45 erhielt die Stadt Soest ohne jegliche schriftliche Nachricht einige Kisten, in denen die meisten der in Soest beschlagnahmten Bilder Wilhelm Morgners lagen.[64] Zumindest ein Teil des Restpostens wurde wahrscheinlich, absichtlich oder unabsichtlich, in den letzten Kriegsjahren zerstört.

Mindestens zwei der Werke, die nachweislich bis November 1941 zum Ausstellungsgut »Entartete Kunst« gehörten, haben indessen den Krieg überdauert und befinden sich heute wieder in privatem bzw. öffentlichem Besitz: Es handelt sich zum einen um das 1927 entstandene Ölgemälde »Porträt Albert Einstein« von Josef Scharl, das am 23. August 1937 in der Städtischen Galerie Nürnberg beschlagnahmt, im November 1938 in den Ausstellungsbestand »Entartete Kunst« eingefügt (Dok. 55), im Frühjahr 1939 während der Weimarer Etappe photographiert[65] und im

57 Rolf Hetsch an Dr. Lucerna, RMVP, 15. April 1942 (BA R 55/698, Bl. 54). Das Schreiben ist abgedruckt bei Diether Schmidt 1964, S. 238f. (dort irrtümlich Dr. Sucerna anstatt Dr. Lucerna).

58 Vgl. die Aufstellung bei Janda/Grabowski 1992, S. 66f.

59 Für die Neue Staatsgalerie München hat dies Dagmar Lott (1989, S. 121-137) ausführlich untersucht. Lott fand heraus, daß Paul O. Rave bei der Vergabe der Gelder eine Schlüsselrolle spielte – was er in seinem Buch verschweigt.

60 Vgl. Hüneke 1985a, S. 37 und 1988d, S. 52.

61 Zitiert nach Kett 1992, S. 80.

62 Zitiert nach Goergen 1986b.

63 Vgl. Rave 1987, S. 130f. Böhmer beging im Mai 1945 Selbstmord.

64 Vgl. Hüneke 1991c, S. 57.

65 Vgl. Hüneke 1995, besonders S. 18f.

November 1941 an das Propagandaministerium zurückgegeben worden war (Dok. 62). Heute hängt es in einer Privatsammlung.[66] Es handelt sich zum anderen um das Blatt »Paar« (1925, Mischtechnik auf Papier) von Richard Haizmann, das im August 1937 im Hamburger Museum für Kunst und Gewerbe beschlagnahmt und möglicherweise schon auf der Münchner Ausstellung »Entartete Kunst« gezeigt wurde[67], sodann auf einem Photo der Salzburger Etappe zu erkennen ist (Abb. 83) und im November 1941 an das Propagandaministerium retourniert wurde (als »Zwei Menschen«, Dok. 62). Vermutlich gelangte es über die heute nicht mehr existierende Pariser »Galerie Mona Lisa« 1964 in die Kunsthalle Bielefeld.[68] Über diese französische Galerie kam mindestens noch ein weiteres Werk aus der Aktion »Entartete Kunst« schließlich in öffentliche Hand: Das um 1920 entstandene, im Juli 1937 in der Badischen Kunsthalle Karlsruhe beschlagnahmte und in der Münchner Femeschau angeprangerte[69] Gemälde »Männliches Bildnis« von Hanns Ludwig Katz, das auf den späteren Etappen der Ausstellung nicht mehr nachweisbar ist, wurde 1987 von der Kunsthalle in Emden, Stiftung Henri Nannen, erworben[70].

Nach 1945 wurden im Güstrower Atelier Barlachs eine ganze Reihe beschlagnahmter Kunstwerke gefunden und zu einem Teil in den fünfziger Jahren über das Stadtmuseum Rostock an die geschädigten Museen (z. B. Städtische Kunstsammlungen Chemnitz, Kupferstichkabinett Dresden) zurückgegeben. In diesem Zusammenhang ist der Bildhauer und Kunsthistoriker Kurt Reutti zu nennen, der zwischen November 1946 und 1950 im Auftrag der Deutschen Zentralverwaltung für Volksbildung in der Sowjetischen Besatzungszone und als Leiter des Referats Rückführung von Kunstgütern im Amt Museen und Sammlungen beim Magistrat von Groß-Berlin, Abteilung Volksbildung, Nachforschungen über das Beschlagnahmegut mit dem Ziel der Sicherung und Rückführung anstellte.[71]

66 Vgl. Greither/Zweite 1982, S. 175, Nr. 78 und ebenda, S. 103, Anm. 43.
67 Vgl. Barron 1992, S. 247 und von Lüttichau 1992a, S. 70.
68 Vgl. Heizmann 1988, Nr. 148.
69 Vgl. Barron 1992, S. 268f. und von Lüttichau 1992a, S. 52.
70 Vgl. Jüdisches Museum Frankfurt 1992, S. 197, Nr. 4.
71 Vgl. die Berichte Reuttis im Landesarchiv Berlin (Rep. 120, Nr. 507 und Nr. 509) sowie im Getty Center for the History of Art and the Humanities, Archives of the History of Art, Arntz Papers 870377. Zu Reutti vgl. jüngst Nicholas 1995, passim.

6. Die Wanderausstellung *Entartete Kunst*

6.1 Die Organisation: Das Institut für Deutsche Kultur- und Wirtschaftspropaganda

> Die Ausstellung »Entartete Kunst«, die in München innerhalb weniger Wochen eine Besucherzahl von über zwei Millionen erreichte, wird von der Reichspropagandaleitung der NSDAP übernommen, weiter ausgebaut und durch die größten Städte des Reiches mit jeweils einer durchschnittlichen Laufzeit von vier Wochen geschickt. Die Voraussetzung für die Zuteilung der Ausstellung ist ein auch durch die Bereitschaft zu finanzieller Unterstützung praktisch erwiesenes Interesse der einzelnen Städte und der sonst hierfür in Frage kommenden Stellen. Die Gaupropagandaleiter werden angewiesen, sofort zu ermitteln, in welchen Städten günstige Voraussetzungen zur Unterbringung der Ausstellung gegeben sind. Termine können von der Reichspropagandaleitung, beginnend mit dem 1. Februar 1938, jeweils für einen Monat einschließlich Ab- und Aufbauzeit vergeben werden. Ich ersuche um möglichst schnellen Bericht.

Noch während der Laufzeit der Ausstellung »Entartete Kunst« in München, am 23. November 1937 um 15.15 Uhr, schickte die Reichspropagandaleitung der NSDAP dieses Telegramm »an alle Gaupropagandaleitungen und ihre Kulturhauptstellen«.[1] Bis März 1939 bewarben sich laut einer Zeitungsmeldung 65 Städte.[2] Das Telegramm hatte »Stabsleiter Fischer« gezeichnet. Hugo Fischer war stellvertretender Reichspropagandaleiter der NSDAP und zugleich Präsident der Institution, die von der Reichspropagandaleitung mit der Durchführung der Wanderausstellung betraut worden war: des Instituts für Deutsche Kultur- und Wirtschaftspropaganda in Berlin. Dieses Institut spielte im NS-Ausstellungswesen eine exponierte Rolle, die hier erstmals eingehend untersucht werden soll.[3] Grundlage ist die Auswertung von Akten[4] und Publikationen[5] des Instituts. Eine institutseigene Zeitschrift erschien ab November 1933 unter dem Namen: »Illustrierte Nachrichten aus Industrie, Handel, Handwerk und Gewerbe. Deutsche Wirtschaftspropaganda in Bild und Schrift. Einziger offizieller Bilderdienst des Instituts für Deutsche Wirtschaftspropaganda und der Braunen Messen«, und ab September 1934 als: »Illustrierte Wirtschaft. Einziger offizieller Bilderdienst und Nachrichtenblatt des Instituts für Deutsche Wirtschaftspropaganda [ab Mai/Juni 1937 Deutsche Kultur- und Wirtschaftspropaganda] für die Braunen Messen – Deutsche Wochen«[6].
Bereits Anfang 1933 wurde in der Reichsführung des »Kampfbundes des gewerblichen Mittelstandes« (Reichsleitung der NSDAP, München) ein Referat für Ausstellungs- und Messewesen eingerichtet, welches unter Aufsicht

1 ZSTA 50.01-743, Bl. 23.

2 Vgl. Thüringer Gauzeitung, 23. März 1939 (Abb. 104). Da die Aufforderung ausdrücklich an »die größten Städte des Reiches« erging, boten sich vermutlich sämtliche deutschen Großstädte (Gemeinden mit 100.000 und mehr Einwohnern) an, deren es nach der Volkszählung vom 17. Mai 1939 – d. h. mit besetzten Gebieten – 61 gab (vgl. FZ, 23. Juli 1939). – Nur in einem Fall hat sich eine (vergebliche) Anfrage erhalten. Am 24. Februar und 11. März 1938 suchte das Reichspropagandaamt Kurhessen beim RMVP um Überlassung der Schau für eine Präsentation im Kasseler Kunstverein nach (vgl. ZSTA 50.01-743, Bl. 60 und Bl. 62).

3 Einige Angaben finden sich bei Roth 1989, S. 61f., Sprengel 1989 und Weißler 1993. Vgl. auch Schimpff 1989, S. 59.

4 Vgl. BA R 55/354 (diverse Schriftwechsel 1935 bis 1940, darunter leider nichts zur Ausstellung »Entartete Kunst«), BA R 55/747, Bl. 167-172 (Abgrenzung der Zuständigkeiten zu denen des DPA 1941-44) sowie StA München Kulturamt 649/2 (Rechtsstreit um »Braune Kunstgewerbeschau«, München 1935).

5 Vgl. Institut für Deutsche Wirtschaftspropaganda 1936; Wesenswandel der Ausstellung 1938 (vgl. hierzu die Rezension in der Kreuz-Zeitung vom 10. Juni 1938). Die Schriften des Instituts erschienen im hauseigenen Verlag für Wirtschaftswerbung bzw. Verlag für Kultur- und Wirtschaftswerbung, welcher auch den Ausstellungsführer »Entartete Kunst« herausbrachte.

6 Den Hinweis auf diese Zeitschrift (im folgenden IW), die in Deutschland nur in der SBBPK, Haus 1 (Signatur 4° Sa 6812/218, lückenhaft) vorhanden ist, verdanke ich Jeanpaul Goergen.

der Reichspropagandaleitung arbeitete (Dok. 37).[7] Aus diesem Referat ging am 25. April 1933 das Institut für Deutsche Wirtschaftspropaganda hervor, das am 19. Mai 1933 in das Vereinsregister eingetragen wurde.[8] Die Satzungen vom 28. Mai 1936 legten folgenden Zweck des Vereins fest:

1. Zweck des Instituts ist die Durchführung von umfassenden Werbemaßnahmen auf wirtschaftlichem, wirtschaftspolitischem, kulturellem, sozialem und volkshygienischem Gebiet auf gemeinnütziger Grundlage.
2. Aufgrund des Gesetzes über die Wirtschaftswerbung vom 12. September 1933 und den hierzu erlassenen Durchführungsverordnungen sowie aufgrund der 6. Bekanntmachung des Werberates der deutschen Wirtschaft hat dieser das Institut für Deutsche Wirtschaftspropaganda als Organisation für die Durchführung von »Braunen Messen – Deutschen Wochen«, kulturellen Veranstaltungen des Reiches, der Kommunen, der Wirtschaft und anderen Ausstellungen anerkannt.
3. Dem Institut ist die Durchführung und Organisation solcher Veranstaltungen von der Reichspropagandaleitung übertragen, deren ideeller Träger vornehmlich die NSDAP, deren Gliederungen, die der NSDAP angeschlossenen Verbände oder die Träger des ständischen und kulturellen Aufbaus sind, in den Städten, wo keine vom Werberat anerkannten Meßämter oder Ausstellungsgesellschaften vorhanden sind.[9]

Fischer brachte die Funktion auf einen knappen Nenner: Das »deutsche Messe- und Ausstellungswesen« sei »eine Waffe in der Hand politischer, kultureller und wirtschaftlicher Propaganda«[10]. Um diese Waffe flächendekkend zum Einsatz bringen zu können, war das Deutsche Reich in Inspektionsbezirke eingeteilt, von denen 1938 sechs bestanden: Nord, Mitte-Ost (beide Sitz Berlin), West (Sitz Düsseldorf), Südwest (Sitz Mannheim), Süd (Sitz München) und Südost (Sitz Wien und Salzburg).[11] Der Verein bestand aus drei Organen: der Mitgliederversammlung, dem Verwaltungsrat und dem Fachbeirat. Ein Blick auf die personelle Zusammensetzung der beiden letzten Gremien zeigt die enge Verflechtung mit Propagandaministerium und Propagandaleitung.[12] Im Herbst 1933 wurde das Institut der Dienstaufsicht des am 27. Oktober 1933 geschaffenen »Werberats der deutschen Wirtschaft« unterstellt, einer dem Goebbels-Ministerium nachgeordneten Behörde, welche eine »gesetzliche Regelung des Ausstellungs- und Messewesens aufzubauen und durchzuführen«[13] hatte. Theoretisch bedeutete dies die Zentralisierung des gesamten Ausstellungswesens, da jede Messe und Ausstellung vom Werberat genehmigt werden mußte. Faktisch jedoch ließ sich der Versuch der Zentralisierung des ganzen Ausstellungswesens in den Händen des Werberats (und damit des Propagandaministeriums) scheinbar nicht realisieren. Denn am 27. Juli 1939 sollte Leopold Gutterer, Ministerialdirektor im Propagandaministerium und Vizepräsident des Instituts für Deutsche Kultur- und Wirtschaftspropaganda, Goebbels eine »Neuorganisation der Bearbeitung des gesamten Ausstellungs- und Messewesens« vorschlagen. In Gutterers aufschlußreichem Brief heißt es:

In der Bearbeitung des Ausstellungs- und Messewesens haben sich zahlreiche Mißstände ergeben. Das liegt darin begründet, daß sich in Deutschland heute eine Reihe verschiedener Stellen, die mehr oder weniger eng zusammenarbeiten, mit

7 Bei Dok. 37 handelt es sich um das Duplikat eines Schreibens von Hugo Fischer an den Polizeipräsidenten in Berlin, betreffend den Antrag des Instituts für Deutsche Wirtschaftspropaganda auf Verleihung der Rechtsfähigkeit, vom 12. und 16. Mai 1936 (BA R 55/354, Bl. 31-35). In der Antragsbegründung werden Entstehungsgeschichte, Aufgaben und Tätigkeiten des Instituts resümiert.

8 Daten nach dem Schreiben des Finanzamts Berlin-Friedrichstadt an den Reichsschatzmeister der NSDAP, 17. Juni 1935 (BA R 55/354, Bl. 203-208, hier Bl. 203).

9 § 3 der »Satzungen des Instituts für Deutsche Wirtschaftspropaganda in der vom Herrn Polizeipräsidenten in Berlin am 29. Mai 1936 genehmigten Fassung vom 28. Mai 1936«, zitiert nach Institut für Deutsche Wirtschaftspropaganda 1936, o. S.

10 IW 4, 1936, Nr. 10, o. S.

11 Vgl. Wesenswandel der Ausstellung 1938, S. 128f.

12 Vgl. die Listen der Mitglieder des Präsidiums, des Verwaltungs- und Fachbeirats in: Wesenswandel der Ausstellung 1938, S. 135-137.

13 Institut für Deutsche Wirtschaftspropaganda 1936, o. S. Zum »Werberat« heißt es in der Zeitschrift UWuW (8, 1938, Heft 8, S. 27): »Um das Werbewesen [...] von seinen Auswüchsen zu befreien und die gesunde Werbung wirksam zu fördern, wurde durch das Gesetz über Wirtschaftswerbung vom 12. September 1933 der Werberat für Deutsche Wirtschaft gebildet. Er übt die Aufsicht aus über das gesamte öffentliche und private Werbungs-, Anzeigen-, Ausstellungs-, Mess- und Reklamewesen und erläßt Bekanntmachungen mit Gesetzeskraft«.

Dok. 37 Durchschrift bzw. Duplikat eines Briefes von Hugo Fischer, Präsident des Instituts für Deutsche Wirtschaftspropaganda, an den Polizeipräsidenten in Berlin, 12. und 16. Mai 1936
(BA R 55/354, Bl. 31-35)

den 16. Mai 1936.

31

Herrn
Polizeipräsidenten Graf v. H e l l d o r f
B e r l i n C 25.
Polizeipräsidium.

Sehr geehrter Pg. v. Helldorf!

In der Anlage überreiche ich Ihnen einen Antrag des Instituts für deutsche Wirtschaftspropaganda auf Verleihung der Rechtsfähigkeit, gemäss Verordnung vom 18. Februar 1936 (Gesetzessammlung Seite 27).

Ich bemerke dazu, dass das Institut für deutsche Wirtschaftspropaganda unter Aufsicht der Reichspropagandaleitung der NSDAP arbeitet und für die Durchführung sämtlicher Ausstellungen und Messen, an denen Dienststellen der NSDAP, ihre Gliederungen und angeschlossenen Verbände beteiligt sind, verantwortlich zeichnet, sofern örtlich anerkannte Ausstellungs- und Messeorganisationen, wie etwa Leipzig, Berlin, Frankfurt oder Königsberg nicht vorhanden sind.

Die Notwendigkeit der Verleihung geht aus dem Antrag des Instituts für deutsche Wirtschaftspropaganda hervor. Mein Begleitschreiben hat den Zweck, die notwendigen Erhebungen auf ein Mindestmass herabzudrücken, um die Verleihung umgehend bewerkstelligen zu können.

Das Reichsministerium für Volksaufklärung und Propaganda seinerseits wird sich gleichfalls in dieser Angelegenheit befürwortend an Sie wenden.

Für den Fall, dass Rückfragen notwendig sein sollten, bitte ich Sie, sich zwecks Beschleunigung fernmündlich an meinen Mitarbeiter, Regierungsrat Pg. Imhoff im Reichspropagandaministerium zu wenden.

Heil Hitler!

gez. Hugo Fischer.

Duplikat.

Institut für Deutsche Wirtschaftspropaganda

DER PRÄSIDENT DES VERWALTUNGSRATES

32

Berlin SW 11,
A1 Jäger 4316 12. Mai 1936.

An den
Herrn Polizeipräsidenten in Berlin,

B e r l i n C 25,
Polizeipräsidium.

Das Institut für Deutsche Wirtschaftspropaganda führt in Erfüllung seines auf ideale Bestrebungen gerichteten Zwekkes gemäß § 3 der Satzungen insbesondere Ausstellungen und Messen durch, die naturnotwendigerweise einen wirtschaftlichen Geschäftsbetrieb mitsichbringen. Um gegebenenfalls auch später noch aufzunehmende oder ihm auf wirtschaftspolitischem oder wirtschaftlichem Gebiet zu übertragende Werbemaßnahmen für die Zukunft rechtfertigen zu können, ist erforderlich, daß das Institut für Deutsche Wirtschaftspropaganda als Verein die Rechtsfähigkeit kraft staatlicher Verleihung gemäß § 22 BGB erhält.

Das Institut für Deutsche Wirtschaftspropaganda stellt daher aus diesen Gründen hiermit unter Bezugnahme auf die Verordnung über die Zuständigkeit zur Verleihung der Rechtsfähigkeit an Vereine und zur Genehmigung von Satzungsänderungen vom 18. Februar 1936 (Preußische Gesetzsammlung Nr. 6 vom 21.2.1936 - Nr. 14 310 -) und unter Beifügung der Satzungen den Antrag, ihm die Rechtsfähigkeit zu verleihen.

Begründung:

1. Entstehung und Aufgabengebiet des Instituts:

Das Institut für Deutsche Wirtschaftspropaganda wurde im April 1933 durch die Reichsführung des Kampfbundes des gewerblichen Mittelstandes in der Reichsleitung der NSDAP

2.

Institut für Deutsche Wirtschaftspropaganda e. V. 2. Blatt

33

im Einvernehmen mit dem Reichsministerium für Volksaufklärung und Propaganda, das es als einzige Organisation auf diesem Gebiete anerkannte, als eingetragener Verein gegründet. Als Aufgabe war ihm zugedacht, im ganzen Reich wirtschaftswerbende Maßnahmen, in Sonderheit Ausstellungen und Messen in nationalsozialistischer Ausgestaltung durchzuführen.

Der Werberat der deutschen Wirtschaft erkannte es demzufolge auch nach seiner Entstehung auf Grund des Gesetzes über Wirtschaftswerbung vom 12. September 1933 in seiner 6. Bekanntmachung als Durchführungsorganisation neben den Meßämtern Leipzig, Königsberg/Pr., Frankfurt/M. und Köln an. Außerdem hat die Reichspropagandaleitung der NSDAP. das Institut mit der Durchführung aller derjenigen Ausstellungen und Messen beauftragt, an denen sich die NSDAP, Untergliederungen oder angeschlossene Verbände derselben, beteiligen. Voraussetzung dabei ist, daß es sich nicht um solche Orte handelt, an denen bereits anerkannte Ausstellungs- und Messeorganisationen, wie etwa in Berlin die Gemeinnützige Messe- und Ausstellungs-Gesellschaft m.b.H., bestehen.

Dem aus der Satzung ersichtlichen Verwaltungsrat des Instituts gehören zurzeit u.a. der Präsident des Fremdenverkehrsvereins, Herr Staatsminister a.D. Esser M.d.R., der Präsident des Deutschen Gemeindetages, Oberbürgermeister der Hauptstadt der Bewegung Fiehler M.d.R., der stellvertretende Leiter der Deutschen Arbeitsfront, Claus Selzner M.d.R. und der Leiter der N.S.- Volkswohlfahrt, Hauptamtsleiter Hilgenfeldt M.d.R. an.

Zum Fachbeirat zählen neben Reichsamtsleitern und Gaupropagandaleitern auch maßgebliche Persönlichkeiten aus Ministerien, der Deutschen Arbeitsfront und von Wirtschaftsgruppen.

3.

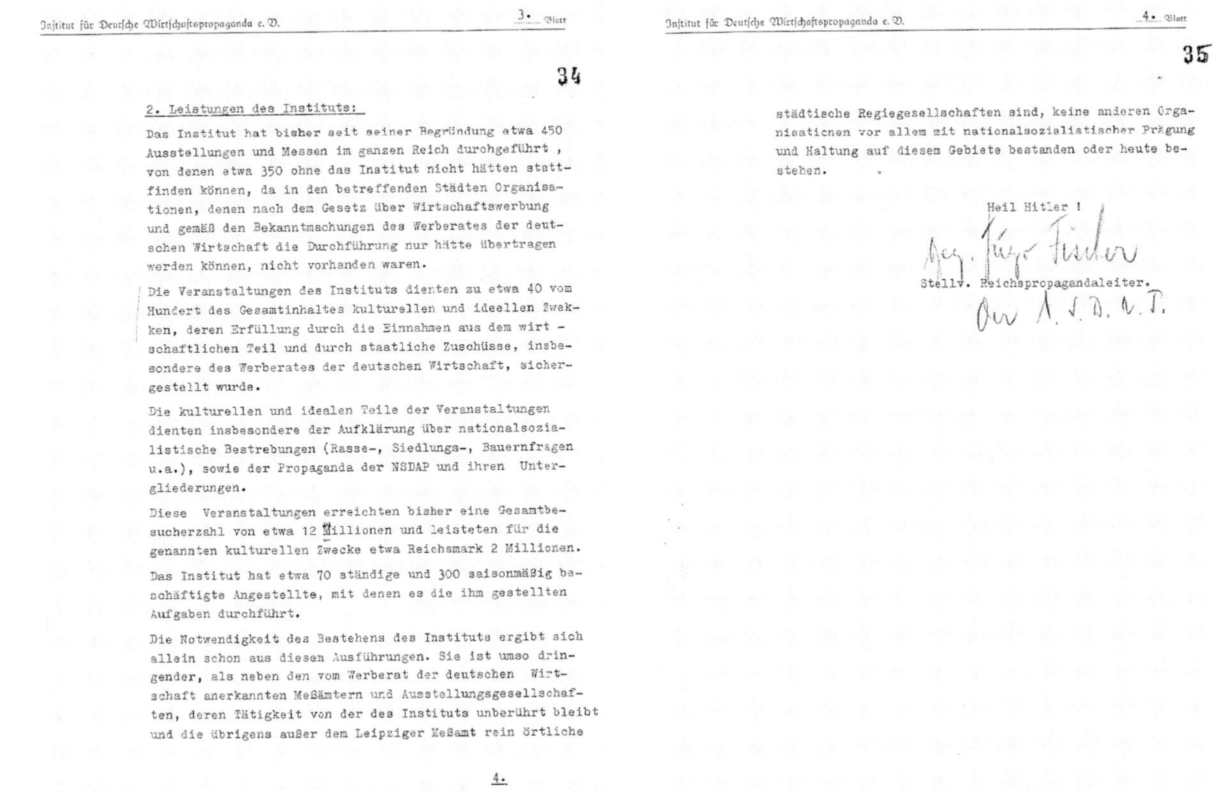

Institut für Deutsche Wirtschaftspropaganda e. V. 3. Blatt

34

2. Leistungen des Instituts:

Das Institut hat bisher seit seiner Begründung etwa 450 Ausstellungen und Messen im ganzen Reich durchgeführt , von denen etwa 350 ohne das Institut nicht hätten stattfinden können, da in den betreffenden Städten Organisationen, denen nach dem Gesetz über Wirtschaftswerbung und gemäß den Bekanntmachungen des Werberates der deutschen Wirtschaft die Durchführung nur hätte übertragen werden können, nicht vorhanden waren.

Die Veranstaltungen des Instituts dienten zu etwa 40 vom Hundert des Gesamtinhaltes kulturellen und ideellen Zwekken, deren Erfüllung durch die Einnahmen aus dem wirt - schaftlichen Teil und durch staatliche Zuschüsse, insbesondere des Werberates der deutschen Wirtschaft, sichergestellt wurde.

Die kulturellen und idealen Teile der Veranstaltungen dienten insbesondere der Aufklärung über nationalsozialistische Bestrebungen (Rasse-, Siedlungs-, Bauernfragen u.a.), sowie der Propaganda der NSDAP und ihren Untergliederungen.

Diese Veranstaltungen erreichten bisher eine Gesamtbesucherzahl von etwa 12 Millionen und leisteten für die genannten kulturellen Zwecke etwa Reichsmark 2 Millionen.

Das Institut hat etwa 70 ständige und 300 saisonmäßig beschäftigte Angestellte, mit denen es die ihm gestellten Aufgaben durchführt.

Die Notwendigkeit des Bestehens des Instituts ergibt sich allein schon aus diesen Ausführungen. Sie ist umso dringender, als neben den vom Werberat der deutschen Wirtschaft anerkannten Meßämtern und Ausstellungsgesellschaften, deren Tätigkeit von der des Instituts unberührt bleibt und die übrigens außer dem Leipziger Meßamt rein örtliche

4.

Institut für Deutsche Wirtschaftspropaganda e. V. 4. Blatt

35

städtische Regiegesellschaften sind, keine anderen Organisationen vor allem mit nationalsozialistischer Prägung und Haltung auf diesem Gebiete bestanden oder heute bestehen.

Heil Hitler !

Stellv. Reichspropagandaleiter.

der Durchführung von Ausstellungen und Messen befassen. So werden die großen Ausstellungen, an denen das Reich interessiert ist, von den zuständigen Stellen des Hauses bzw. dem Reichskommissar Dr. Maiwald bearbeitet. Die Bearbeitung der Messen ist ausschließlich Sache des Werberats der deutschen Wirtschaft. Die Ausstellungen der Gaue werden von dem Institut für Deutsche Kultur- und Wirtschaftspropaganda durchgeführt. Daneben veranstalten der Reichsnährstand, die DAF und andere Stellen regelmäßig bestimmte Fachausstellungen kleinen und größeren Umfangs.[14]

Ausgenommen von der Genehmigungspflicht durch den Werberat waren lediglich die reinen Kunstausstellungen, die seit dem 10. April 1935 dem Präsidenten der Reichskammer der bildenden Künste meldepflichtig waren (vgl. Kapitel 2.4) und somit indirekt ebenfalls der Kontrolle des Propagandaministeriums unterlagen. Die in Ziffer eins der Institutssatzungen festgelegte »Durchführung von umfassenden Werbemaßnahmen auf wirtschaftlichem, wirtschaftspolitischem, kulturellem, sozialem und volkshygienischem Gebiet« konzentrierte sich anfangs auf landwirtschaftliche Leistungsschauen, Handwerks-, Gewerbe- und Industrieausstellungen sowie Fach- und Warenmessen jeglicher Art. Neben ausgesprochenen Spezialausstellungen und -messen wurden Großausstellungen ausgerichtet, die sich an ein allgemeines Publikum wendeten. Exemplarisch seien hier die »Internationale Automobilausstellung« (ab 1933 jährlich in Berlin), »Deutsches Volk – Deutsche Arbeit« (Berlin 1934), »Frau und Volk« (Düsseldorf 1935), »Arbeit und Erholung« (Köln 1935), »Schaffendes Volk« (Düsseldorf 1937) und »Bremen, Schlüssel zur Welt« (Bremen 1938) genannt. Modernste Methoden und Techniken der Ausstellungsgestaltung wurden dabei in ein besucherorientiertes didaktisches Konzept einbezogen:

Die Schau soll [...] nach bestimmten leitenden, werbenden Ideen gegliedert und eindrucksvoll aufgebaut sein. [...] Man soll die Gegenstände nicht allein für sich sprechen lassen, sondern dem Besucher durch geeignete Beschriftung, durch Schautafeln, Plakate, Modelle das nahebringen, was man ihm zur Würdigung der gezeigten Gegenstände zu sagen hat. Er soll nicht

14 BA R 55/936, Bl. 3-6, hier Bl. 3. Vgl. auch BA R 55/936, Bl. 17-19, Bl. 25-28 und Bl. 29-34.

gleichgültig hindurchgehen, sondern schon beim Betreten der Schau von einer bestimmten Atmosphäre berührt und bei der Besichtigung immer wieder so gefesselt und überzeugt werden, daß die Eindrücke in ihm nachwirken.[15]

Die Höhere Reichswerbeschule in Berlin bildete das erforderliche Fachpersonal, d. h. Werbefachleute sowie Ausstellungs- und Messegestalter, aus.[16]

Ein Schwerpunkt der Institutstätigkeit von 1933 bis 1935 lag in landesweit durchgeführten, Werbe- und Verkaufszwecken dienenden Handwerks- und Gewerbeschauen mit dem Namen »Braune Messen« oder »Braune Messen – Deutsche Wochen«:

Sie sollten den deutschen Menschen anregen, durch Kauf nur deutscher Erzeugnisse und deutscher Waren den Sinn für Qualitäts- und Wertarbeit zu fördern, so eine gesunde Ablehnung alles Minderwertigen bewirken und dadurch eine volkswirtschaftliche Erziehungsarbeit leisten.[17]

Nach den veröffentlichten Zahlen wurden allein 1933 149 solcher Messen mit einer Gesamtbesucherzahl von 3.700.000 organisiert, 1934 brachten es 165 Messen auf 4.600.000 Besucher. Die »Braunen Messen« enthielten separate Sonder- bzw. Lehrschauen, welche in Zusammenarbeit mit Parteigliederungen und -verbänden (z. B. Deutsche Arbeitsfront, NS-Frauenschaft, NS-Kulturgemeinde, NS-Volkswohlfahrt, Reichsnährstand) zusammengestellt wurden und speziell die rassistische Ideologie verbreiten sollten. Der Illustration dienten »rassenphysiognomische Darstellungen« von Wolfgang Willrich sowie – in unserem Zusammenhang von besonderer Signifikanz – eigene Kunstabteilungen. Wenige Beispiele müssen hier genügen: Auf der »Braunen Messe« in Ulm (20. September bis 1. Oktober 1933) päsentierte der Kampfbund für Deutsche Kultur eine kleine Sonderschau »arteigener« Kunst mit Leihgaben aus dem Ulmer Museum.[18] Eine solche ist auch für die »Braune Messe« in der Westfalenhalle Dortmund (8. bis 17. September 1933) durch eine Innenraumaufnahme dokumentiert. Sie illustriert den Artikel »Deutsche Art in der bildenden Kunst« (Abb. 55) von Eugen Hönig, Architekt und bis 1936 Gründungspräsident der Reichskammer der bildenden Künste. Ferner sind ein Gemälde von Willrich (mit der Bildunterschrift »Kunst, die zu jedem Deutschen spricht«) und eine Plastik von Ferencay (»Eigene Minderwertigkeit und artfremde Einflüsse, unverkennbare Anlehnung an Negerplastiken«) abgebildet. Eindeutig wird hier das antithetische Prinzip bemüht, der »gearteten« die »entartete« Kunst plakativ gegenüberzustellen. Für die vom 28. April bis 13. Mai 1934 in den Rhein-Neckar-Hallen Mannheim veranstaltete Braune Messe mußte die Städtische Kunsthalle Mannheim u. a. Adlers »Zwei Mädchen (Mutter und Tochter)«, von Jawlenskys »Sizilianerin mit grünem Schal« und Chagalls »Die Prise (Rabbiner)« zur Verfügung stellen.[19] Im Rahmen der »Braunen Messe« in Rastatt (29. Juni bis 7. Juli 1935) fand sogar eine Exposition »Entartete und erhebende Kunst« statt (Dok. 38-39)! Ganz in der Manier von Schultze-Naumburgs »Kunst und Rasse« (vgl. Kapitel 3.1.2) präsentierte man sie neben einer zweiten Abteilung »Erbgesund – Erbkrank«. Den Presserezensionen[20] ist lediglich zu entnehmen, daß die NS-Kulturgemeinde für die Femeschau verantwortlich war, nichts Näheres jedoch über ihren Inhalt. Möglicherweise waren gar keine Originale, sondern nur Reproduktionen auf Schautafeln ausgestellt.

In den folgenden Jahren wurde die Anzahl der Ausstellungen und Messen des Instituts zugunsten weniger, großangelegter Projekte reduziert.[21] So fanden 1935 67 Ausstellungen mit 2,1 Millionen Besuchern statt, 1936 waren es nur 36 Schauen mit 1,6 Millionen und 1937 43 Ausstellungen mit 3,3 Millionen Besuchern.[22] 1938 ging die

15 Institut für Deutsche Wirtschaftspropaganda 1936, o. S.

16 Vgl. ebenda, o. S.

17 Wesenswandel der Ausstellung 1938, S. 28.

18 Vgl. die Sonderausgabe des Ulmer Sturms anläßlich der Braunen Messe, 19. September 1933 (StA Ulm H-Dr. Hoelder-Weiß, Nr. 9). Vgl. auch Nr. 57 auf der Liste der Aussteller, in: Ulmer Sturm, 21. September 1933. Das Plakat ist abgebildet bei Adams 1993, S. 41, Nr. 24.

19 Vgl. Kapitel 3.1 mit Anm. 97.

20 Vgl. Der Führer, 23. Juni, 30. Juni und 4. Juli 1935 (Dok. 39); Rastatter Tageblatt, 1. und 3. Juli 1935 (Dok. 38).

21 Vgl. Wesenswandel der Ausstellung 1938, S. 28f.

22 Vgl. ebenda, S. 143.

Rastatter Tageblatt Mittwoch, 3. Juli 1935

Braune Messe in Rastatt

Städtische Festhalle Ludwig-Wilhelm-Platz
29. Juni bis 7. Juli
Geöffnet 10–20 Uhr. Eintritt 30 Pfg. und übl. Ermäßigung.
Veranstalter: Institut für Deutsche Wirtschaftspropaganda e. V., Berlin

Sonderschau: „Erbgesund – Erbkrank“ „Entartete u. erhebende Kunst“ f. Reichsausschuß f. Volksgesundheitsdienst

Vom 6. bis 8. Juli in Rastatt: 45. Bad. Pioniertag Landesverband ehem. Pioniere

Sonntag, 7. Juli nachmitt. 3 Uhr SA-Reiterst. 1/53 Reitturnier
– Reitplatz an der neuen Brücke –

Sonntags-Rückfahrkarten am 5. Juli von 0–24 Uhr auf allen Bahnhöfen 75 km um Rastatt

Dok. 38 Rastatter Tageblatt, 3. Juli 1935 (StA Rastatt)

Anzahl der Veranstaltungen auf 37 zurück, wobei die Besucherzahl parallel auf 5,3 Millionen anstieg.[23] Mit der quantitativen Reduktion ging eine substantielle qualitative Veränderung einher, die weiter unten ausführlicher zu diskutieren sein wird. Alles in allem führten die etwa 70 ständigen und 300 temporär Beschäftigten des Instituts bis Mai 1936 nach eigener Darstellung (Dok. 37) 450 Ausstellungen und Messen mit einer Gesamtbesucherzahl von 12 Millionen durch, die durch Werbeeinnahmen, Standmieten und Eintrittsgelder finanziert wurden.

Für die Beurteilung der exponierten Bedeutung des Instituts für Deutsche Wirtschaftspropaganda innerhalb des NS-Ausstellungswesens ist der in den Satzungen unter Ziffer drei genannte Sachverhalt von großer Wichtigkeit. »Nachdem bereits im Jahre 1934 der Reichsgeschäftsführer der NSDAP den Dienststellen die Beteiligung an den Veranstaltungen des Instituts empfohlen hatte«, war es seit 1936 offiziell für alle Ausstellungen der Partei zuständig: »[...] im April 1936 [übertrug] die Reichspropagandaleitung der NSDAP dem Institut die Durchführung sämtlicher Ausstellungen und Messen [...], an denen Dienststellen der NSDAP, ihrer Gliederungen oder der ihr angeschlossenen Verbände in irgendeiner Form beteiligt sind.«[24] Allmählich verlagerte sich der Schwerpunkt der Institutstätigkeit. Seit 1935 traten verstärkt »ideelle« und »kulturelle« Expositionen als eigene Kategorie neben die Wirtschaftsmessen und deren Sonderschauen, wie aus der Abschrift eines Briefes von Institutsleiter Waldemar Steinekker an den Werberat der deutschen Wirtschaft vom 29. Mai 1935 hervorgeht:

> Das Institut hat gegenüber dem Jahre 1933 die Anzahl seiner Veranstaltungen um 70% und gegenüber dem Jahre 1934 um mehr als 50% in diesem Jahre gesenkt, dabei aber den ursprünglichen fast 100% wirtschaftswerbenden Charakter auf 60-20% der Gesamtfläche vermindert, d. h., daß die ideellen und kulturellen Sonderschauen 40-80% der Ausstellungsflächen einnehmen. Ebenso ist der Verkaufscharakter der Veranstaltungen bis auf ein Mindestmaß gesenkt.[25]

1936 betrug der Anteil der »kulturellen Sonderschauen« am Ausstellungsprogramm rund ein Drittel[26], 1937 etwa 25 %[27]. Das ist die Gruppe, zu welcher nicht nur die Femeschau »Entartete Kunst« gezählt wurde, sondern auch eine Reihe anderer für unser Thema relevanter Wanderschauen. Hiermit sind in erster Linie die sogenannten »Antibolschewistischen Ausstellungen« sowie »Der ewige Jude« (vgl. Kapitel 7.1 und 7.2) gemeint. Welches zunehmende Gewicht das Institut dieser Gruppe beimaß, läßt sich aus der im Frühjahr 1937 vorgenommenen Ergänzung des Institutsnamens erschließen: Fortan nannte es sich Institut für Deutsche Kultur- und Wirtschaftspropaganda.[28]

23 Vgl. IW 7, 1939, Nr. 1, S. 67. Vgl. auch BA R 55/354, Bl. 192-195 (Aufstellung der im zweiten Halbjahr 1935 geplanten 29 Messen und Ausstellungen) sowie die Ausstellungslisten in den Heften der IW.

24 Institut für Deutsche Wirtschaftspropaganda 1936, o. S. Wie in Ziffer drei der oben zitierten Satzungen ausgeführt, bestand eine Ausnahme nur in solchen Städten, in denen bereits eine eingesessene Institution mit der Ausstellungsorganisation betraut war, wie etwa in Berlin das DPA im Zusammenhang mit der Schau »Gebt mir vier Jahre Zeit« (vgl. Kapitel 4.1).

25 BA R 55/354, Bl. 188-191, hier Bl. 190. Zu Steinecker vgl. die Kurzbiographie in Kapitel 10.3.

26 Vgl. IW 5, 1937, Nr. 5/6, S. 66.

27 Von 43 Ausstellungen des Jahres 1937 (Gesamtbesucherzahl 3,3 Millionen.) waren elf – durchschnittlich von 130.000 Personen frequentierte – »rein kultureller« Herkunft (vgl. Wesenswandel der Ausstellung 1938, S. 143; vgl. auch Abb. 56a).

28 Die entsprechende Satzungsänderung wurde am 29. April 1937 durch die jährliche Mitgliederversammlung beschlossen und am 26. Mai 1937 vom Berliner Polizeipräsidenten genehmigt (Nachtrag 1 zu den am 29. Mai [1936] von staatsaufsichtswegen genehmigten Satzungen des Instituts für Deutsche Wirtschaftspropaganda; BA R 55/354, Bl. 41). Vgl. die Mitteilung in: IW 5, 1937, Nr. 5/6, S. 66 sowie Wesenswandel der Ausstellung 1938, S. 131f.

Von der Braunen Messe in Rastatt

Besondere Erwähnung verdienen die beiden Sonderausstellungen „Erbgesund — Erbkrank“ und „Entartete und erhebende Kunst“, die den Besucher neben der Braunen Messe in der Städt. Festhalle fesseln. Eine Bildreihe „Mutterglück“ gibt einen Einblick in die Freude der Eltern am gesunden Kind. Man sieht frohe, lachende Kindergesichter. Den Gegensatz bilden Darstellungen Erbkranker, deren Elend am gesunden Volkskörper zehrt. Zwei Großtafeln klären über das Schrifttum zur Volkspflege auf. Die zweite Abteilung „Entartete und erhebende Kunst“ bringt zunächst Ausschnitte der veredelnden deutschen Kunstschöpfungen vom deutschen Mittelalter bis zur Neuzeit. Wenn man sie gesehen hat, kann man die unförmigen und unmenschlichen Gestalten nicht mehr ertragen, die den Ausstellungen der jüdisch-marxistischen Systemzeit das Gepräge gaben. Die beiden Sonderschauen erfreuen sich starker Beachtung. Die NS-Kulturgemeinde, die sich die Förderung der deutschen Kunst und der deutschen Seele zur Aufgabe gemacht hat, erwirbt sich mit dieser Ausstellung große Verdienste.

Die Braune Messe erfreute sich am Dienstag eines starken Besuches, besonders auch durch verschiedene Schulen. Alle Abteilungen finden lebhaftes Interesse. Auch die Tombola der Messeleitung findet großen Anklang, der Hauptgewinn besteht aus einer Küche. Am Stand 29 erhält jeder 500. Besucher 1 Kilogramm Mehl, jeder 1000. Besucher 5 Kilogramm und jeder 10 000. Besucher zehn Kilogramm Mehl gratis.

Wir möchten nicht verfehlen, darauf hinzuweisen, daß die Ausstellung mit Verkauf verbunden ist. Die Aussteller bieten hierzu das Beste. Erwünscht ist, zum Besuch der Braunen Messe auch den Vormittag zu wählen, da der Andrang noch nicht so groß ist und dadurch ein geruhsameres Verweilen ermöglicht ist, als in der Hauptbesuchszeit des Nachmittags und Abends.

Dok. 39 Der Führer, 4. Juli 1935 (Universitätsbibliothek Heidelberg)

Das allgemeine sofortige Ausstellungsverbot, welches der Präsident des Werberats für deutsche Wirtschaft am 6. September 1939 infolge des Kriegsbeginns erließ (vgl. Kapitel 6.3.10), brachte das Institut an den Rand des Konkurses. Nach längeren, bis Juli 1940 dauernden Verhandlungen zwischen dem Goebbels-Ministerium, dem Werberat für deutsche Wirtschaft und dem Institut für Deutsche Kultur- und Wirtschaftspropaganda wurde ein Finanzausgleich beschlossen und die weitere Arbeit des Instituts geregelt.[29] Förderhin beschränkte es seine Tätigkeit ausschließlich auf die »Kulturpropaganda im Dienste der Politik«. So war schon der zweiseitige Artikel in der Institutszeitschrift vom März 1938 (Abb. 56a-b) überschrieben gewesen, der die propagandistische Funktion der dem Institut übertragenen »Entarteten Kunst« im Rahmen der kulturpolitischen Schauen verdeutlichen sollte. Gemeinsam mit den »Antibolschewistischen Ausstellungen« und »Der ewige Jude« wurde ihr die Aufgabe zugewiesen, »das deutsche Volk über die Fragen des Judentums, seine Zersetzungs- und Vernichtungsarbeit auf allen Gebieten menschlicher Tätigkeit in nachhaltiger Weise aufzuklären« und auf diese Weise »den Kampf gegen die Weltpest, den Bolschewismus, aufzunehmen«. Abbildungen der Landkarten Deutschlands, Italiens und Japans sowie einzelne Textpassagen nehmen am 25. November 1936 zwischen Japan und Deutschland geschlossenen »Antikomintern-Pakt« Bezug, dem am 6. November 1937 Italien beitrat. Daß es bei der Ausstellung »Entartete Kunst« nicht eigentlich um Kunst ging, kann wohl kaum drastischer illustriert werden.

Wenn die Reichspropagandaleitung die Durchführung der Wanderschau »Entartete Kunst« dem Institut für Deutsche Kultur- und Wirtschaftspropaganda übertrug, so wählte sie ein ihr durch langjährige Zusammenarbeit wohl vertrautes routiniertes Unternehmen, welches den Erfolg gewissermaßen garantieren konnte. Denn zweifellos traf

29 Vgl. BA R 55/354, Bl. 95-156.

es zu, wenn Hermann von Rautenberg, geschäftsführendes Präsidialmitglied des Vereins, stolz verlautbarte, das Institut sei

> die einzige fachliche Dienststelle, die im gesamten Reichsgebiet jedwedem Ausstellungsbedarf gerecht wird. Es gewährleistet durch seinen ausstellungsmäßig geübten Sachbearbeiterkreis jeder Veranstaltung ihre Schlagkraft durch Gestaltung und Besucherpropaganda, die weitmöglichste Erreichung des jeweils gesteckten Zieles.[30]

Welche Mitarbeiter des Instituts waren für die Tournee der Femeschau zuständig? Als Ausstellungsleiter für die Etappen Berlin, Leipzig, Düsseldorf und Salzburg wurde Hartmut Pistauer eingesetzt, anschließend übernahm Ludwig Wang den Posten. Wie Pistauer so hatte auch Wang, über dessen Herkunft nichts Weiteres bekannt ist, zunächst im Studentischen Führungsdienst der Universität München und dann beim Aufbau der Ausstellung »Entartete Kunst« mitgearbeitet. Auf den folgenden Stationen gehörte er zum Team Pistauers. Dessen Aussagen (Dok. 74) erhellen Details der administrativ-organisatorischen Abwicklung. Die Ausstellungsleiter erhielten ihre Instruktionen von der Berliner Institutszentrale. Als Kontakt- und Verbindungsperson fungierte offenbar Wilhelm Niederste-Ostholt, Fachbeiratsvorsitzender des Instituts und zugleich Geschäftsführer der Reichspropagandaleitung in München.[31] Dorthin hatten sich gemäß dem eingangs zitierten Telegramm die interessierten Städte zu wenden, hier fielen die Entscheidungen über die einzelnen Ausstellungsetappen. Die Berliner Institutszentrale schickte dann die Ausstellungsleiter mit einem kleinen Team an den neuen Einsatzort, wo alle nötigen Vorbereitungen getroffen werden mußten. Diese bestanden zunächst aus der Kontaktaufnahme mit den örtlichen Parteistellen (die Gau- bzw. Kreisleitungen der NSDAP zeichneten jeweils als lokaler Veranstalter der Schau), welche über den Ausstellungsort zu entscheiden hatten und für die Propaganda (Presse, Herstellung von Plakaten, Kartenvorverkauf, Organisation von Sonderzügen etc.) verantwortlich waren. Die Wahl der jeweiligen Räumlichkeiten war, ebenfalls nach den Aussagen Pistauers, kein einfaches Unterfangen, da die Unterbringung in Museen und Kunstausstellungsräumen nach Möglichkeit vermieden werden sollte. Dies Bestreben war durchaus konsequent und belegt, daß die Nationalsozialisten der Ausstellung auch äußerlich den Charakter einer »Lehrschau« verleihen wollten. In Hamburg, Stettin, Chemnitz, Waldenburg und Halle entschied man sich für Gebäude der Volksbildung oder der Partei. In den übrigen Städten aber wurde, wohl in Ermangelung von Alternativen, auf museale Kunstpräsentationsräume zurückgegriffen – ein paradoxer Sachverhalt, da der »entarteten Kunst« jeder Kunstwert abgesprochen wurde, sie auch praktisch nicht versichert war.[32] Unterdessen richtete der Vertreter des Instituts ein Ausstellungsbüro ein, engagierte Personal und verwaltete das Finanzbudget. Gemeinsam mit den Parteistellen wurde die Eröffnungszeremonie vorbereitet. Sie verlief stets nach demselben Schema: musikalische Einrahmung, Reden der Gauleiter oder anderer Repräsentanten der Partei, »Sieg-Heil« auf den »Führer«, Rundgang mit Führung des Ausstellungsleiters. Der war auch für die Organisation von Führungen während der durchschnittlich vierwöchigen Laufzeit der Schau verantwortlich. Nach jeder Station erging ein schriftlicher Bericht samt Abrechnung an die Reichspropagandaleitung.

Überblickt man das Ausstellungsitinerar (Abb. 3) – dessen in Kapitel 6.3 erstmals vorgenommene Rekonstruktion als weitgehend vollständig gelten darf[33] – so zeigt sich, daß zehn der 13 Orte in Deutschland und Öster-

30 Institut für Deutsche Wirtschaftspropaganda 1936, o. S.

31 Niederste-Ostholt war es, der am 22. Januar 1938 offiziell die Werke aus der Prinzhorn-Sammlung bei der Heidelberger Psychiatrischen Universitätsklinik anforderte (Dok. 45). Vgl. Kapitel 6.3.1.

32 Am 18. Februar 1938 fragte Pistauer bei Franz Hofmann, Propagandaministerium, nach, ob die Exponate zu versichern seien (ZSTA 50.01-743, Bl. 32). Der Abteilungsleiter antwortete am 3. März 1938, er halte »eine pro forma-Versicherung von 20.000 RM vorschlagsweise für hinreichend«, da den Ausstellungsstücken »lediglich im Hinblick auf den Zweck der Belehrung und Aufklärung ein Wert« zukomme (Dok. 42).

33 Das läßt sich aus den in den folgenden Kapiteln detailliert erörterten Presseberichten schließen, in denen meist auf die vorige und die nächste Etappe verwiesen wird. Lediglich für das Jahr 1941, in welchem die Exposition in kurzem Turnus in (zunächst schlesischen) Kleinstädten zum Aufbau kam (vgl. Kapitel 6.3.11 und 6.3.12), ist mit Lücken zu rechnen. Unter Zugrundelegung der bekannten Daten ist die von Adams (1993, S. 62) und Hoffmann-Curtius (1990, S. 62 und S. 88) genannte Zahl von 35 Ausstellungsetappen rein rechnerisch auszuschließen.

reich Gauhauptstädte waren. Nur Leipzig, Chemnitz und Waldenburg fielen nicht in diese Kategorie. Ganz offensichtlich lag darin das entscheidende Auswahlkriterium. Die Reihenfolge der Stationen folgte indes keinem erkennbaren System, erscheint vielmehr willkürlich. Zwischen den einzelnen Etappen lagen nicht selten mehrere Wochen oder gar Monate, wofür am ehesten organisatorische Probleme verantwortlich gewesen sein dürften. Beispielsweise waren in vier Fällen – Osnabrück, Kiel, Pforzheim und Köln[34] – die Ausstellungsdaten bereits veröffentlicht, ohne daß die Schau tatsächlich jemals in diesen Städten zu sehen gewesen wäre. In den Zwischenphasen wurden die Exponate laut Pistauer (Dok. 74) nicht nach Berlin zurückgeschickt, sondern bei den örtlichen Spediteuren, die mit dem Transport beauftragt waren, eingelagert. Die tiefgreifenden Veränderungen im Ausstellungsgut im Verlauf der vierjährigen Tournee zu diskutieren, wird Aufgabe der nächsten Kapitel sein.

34 Vgl. IW 6, 1938, Nr. 12, S. 97 (Osnabrück, Kiel) und 7, 1939, Nr. 1, S. 52 (Pforzheim) sowie KIDR 3, 1939, Folge 3, S. 96 und Folge 4, S. 128 (Köln).

6.2 Der Ausstellungsführer

»Oft wird man gefragt, ob man gedruckte Ausstellungsführer herausbringen soll. Im Hinblick auf den Werbewert eines billigen, in großer Auflage herausgebrachten Heftchens dürfte diese Frage zu bejahen sein«[1]. Dieser Empfehlung, veröffentlicht in dem von Goebbels herausgegebenen Organ der Reichspropagandaleitung, entsprach die Broschüre zur Ausstellung »Entartete Kunst« ziemlich genau. Da es sich um das einzige von offizieller Seite veröffentlichte Schriftstück zur Femeschau handelt und zudem für deren Analyse von einiger Relevanz ist, soll hier eingehender darauf eingegangen werden.

Den frühesten Hinweis liefert der Propagandaminister selbst. Am 1. August 1937, zwei Wochen nach Eröffnung der Ausstellung in München, notiert Goebbels in sein Tagebuch: »Der Erfolg der ›Entarteten Kunst‹ freut ihn [Hitler] sehr. Wir sollen nun noch mehr die Werbetrommel rühren und einen Katalog über die Ausstellung herausgeben. Wird gemacht!«[2]. Hieraus läßt sich schließen, daß die Druckschrift nicht zur Eröffnung der Schau vorgelegen haben kann, sondern erst während ihrer Laufzeit vorbereitet wurde. In der Tat erschien der Führer wahrscheinlich nicht vor November 1937, also kurz vor Schluß der Münchner Etappe, und repräsentierte ein Konzept, das den späteren Stationen der Wanderausstellung entsprach.[3]

Die Broschüre mit dem Außentitel »ENTARTETE ›KUNST‹, Ausstellungsführer, PREIS 30 PFG.« (Abb. 57) und dem Innentitel »Führer durch die Ausstellung Entartete Kunst« erschien ohne Jahresangabe im Berliner Verlag für Kultur- und Wirtschaftswerbung, der uns als hauseigener Verlag des Instituts für Deutsche Kultur-und Wirtschaftspropaganda bereits bekannt ist.[4] Auf Seite eins wird Fritz Kaiser, München, als für den Inhalt verantwortlich namhaft gemacht. Lange Zeit war die Identität Kaisers, den Rave für einen »Strohmann«[5] hielt, ungeklärt. Mittlerweile hat sich gezeigt, daß Kaiser 1934 Gaukulturwart in Baden war. Ab dem 4. Dezember 1935 arbeitete er in der Reichspropagandaleitung, Amtsleitung Kultur, zum Zeitpunkt der Ausstellung im Range eines Hauptstellenleiters (vgl. Kapitel 10.3). Sein Vorgesetzter, Hauptamtsleiter Hugo Fischer, stand dem Institut für Deutsche Kultur- und Wirtschaftspropaganda vor, welches die Tournee der Femeschau durchführte (vgl. Kapitel 6.1). Kaisers Tätigkeit scheint sich auf die Zusammenstellung des Führers beschränkt zu haben.

Obwohl bis in jüngste Zeit in der Literatur immer wieder als solcher bezeichnet, handelt es sich bei dem Führer nicht um einen Katalog zur Ausstellung »Entartete Kunst«, d. h. er enthält weder ein Verzeichnis der ausgestellten Werke noch stimmen alle Abbildungen mit den Exponaten überein. Für das Titelblatt (Abb. 57)[6] verwendete man Otto Freundlichs 1912 entstandene Gipsplastik »Der neue Mensch« aus dem Museum für Kunst und Gewerbe in Hamburg. Stefanie Poley beobachtet, daß

1 Erwin Müller 1936, S. 17.
2 Zitiert nach Fröhlich 1987a, Teil 1, Bd. 3, S. 221.
3 Vgl. Hüneke 1992b. Der Ausstellungsführer wurde erstmals 1962 vollständig – dabei durch Korrektur der von den Nationalsozialisten absichtlich schief montierten Abbildungen verfälschend – nachgedruckt im Anhang von Roh 1962a. 1969 und 1970 erschien im Verlag Y. Fongi, München, ein Faksimile, welches – so der Text auf der vorderen Umschlaginnenseite – »auf den Umschlaginnenseiten mit alten und neuen Quellen versehen [wurde], die einen Vergleich zwischen nationalsozialistischer und heutiger Betrachtungsweise ermöglichen« (vgl. auch Renate Schastock in der FR vom 6. September 1969). In jüngerer Zeit erschienen folgende Reprints bzw. Faksimiles: Schuster 1987, S. 183-216; von Lüttichau 1988b; Barron 1992, S. 357-390. Eine englische Übersetzung wurde erstmals 1972 im Verlag The Silver Fox Press (Redding, Connecticut, USA) publiziert.
4 Er publizierte die Zeitschrift IW sowie die Schrift »Wesenswandel der Ausstellung«. Mit der Umbenennung in Institut für Deutsche Kultur- und Wirtschaftspropaganda im Frühjahr 1937 (vgl. Kapitel 6.1) wurde auch dem Verlagsnamen das Wort Kultur hinzugefügt.
5 Rave 1987, S. 116.
6 Vgl. die Analysen des Titelblatts von Hoffmann-Curtius 1990 und Sonnabend 1983.

das Schriftband mit dem in Anführungszeichen gesetzten Wort Kunst [...] dem Kopf wie eine Messerklinge an die Gurgel gesetzt [ist], Sinnbild der mit dieser Ausstellung verbundenen Vernichtungsabsicht. Was dem Künstler hier in einer Photomontage an einer seiner Arbeiten zu geschehen drohte, vollzog sich später an ihm selbst: Freundlich, der Jude war, kam 1943 in einem Konzentrationslager ums Leben.[7]

Die 32seitige Broschüre umfaßt 15 Textseiten, denen 16 Seiten mit insgesamt 56 Abbildungen gegenübergestellt sind. Einleitend werden unter der Überschrift »Was will die Ausstellung ›Entartete Kunst‹?« in neun knappen, einprägsamen Sätzen die Ziele formuliert, wird die Notwendigkeit des Unternehmens begründet. Gleich am Anfang heißt es, die Schau wolle »am Beginn eines neuen Zeitalters für das Deutsche Volk anhand von Originaldokumenten allgemeinen Einblick geben in das grauenhafte Schlußkapitel des Kulturzerfalles der letzten Jahrzehnte vor der großen Wende« (Seite 2). Weiterhin wird vorgegeben, das Volk über den »planmäßigen Anschlag« der »Juden« und »Bolschewisten« auf das »Wesen und den Fortbestand der Kunst überhaupt« aufzuklären und zu »seinem gesunden Urteil« aufzurufen (daß dies durch die Intention der Veranstalter und die propagandistische Aufbereitung schon vorweggenommen war, wurde freilich verschwiegen). Wie wenig es dabei um die Kunstwerke als solche ging, verdeutlicht beispielsweise dieser Satz: »[Die Ausstellung] will die weltanschaulichen, politischen, rassischen und moralischen Ziele und Absichten klarlegen, welche von den treibenden Kräften der Zersetzung verfolgt wurden« (Seite 2). Interessant sind die letzten Sätze, die bekunden, was die Schau nicht wolle: Nämlich behaupten, daß alle vertretenen Künstler Mitglieder der Kommunistischen Partei seien; bestreiten, daß »der eine oder andere der hier Vertretenen manchmal – früher oder später – ›auch anders gekonnt‹« habe; verhindern, daß »diejenigen Deutschblütigen unter den Ausgestellten, welche ihren jüdischen Freunden von ehedem nicht in das Ausland gefolgt sind, nun ehrlich ringen und kämpfen um eine Grundlage für ein neues, gesundes Schaffen« (Seite 4). Das pauschale Verdikt wurde also etwas zurückgenommen, offensichtlich, um etwaiger Kritik vorzubauen.
Sodann wird anhand einer »Führungslinie« die »Gliederung der Ausstellung« vorgestellt. Wegen der »Fülle der verschiedenen Entartungserscheinungen« habe man »durch eine übersichtliche Gliederung dafür gesorgt, daß in den einzelnen Räumen jeweils der Tendenz und der Form nach zusammengehörige Werke in Gruppen übersichtlich vereinigt« (Seite 6) seien. Im einzelnen sind es neun Gruppen, die nacheinander mit einem kurzen Text charakterisiert und auf den gegenüberliegenden Seiten mit »entsprechenden« Abbildungen illustriert werden:

1. Formale Deformation, Zersetzung der handwerklichen Grundlage sowie des Form- und Farbempfindens
2. Verletzung religiöser Gefühle
3. Aufruf zu Klassenkampf und Anarchie
4. Marxistische Propaganda, Appell zur Wehrsabotage, Verhöhnung der deutschen Frontsoldaten
5. Darstellung des moralischen Verfalls, Idealisierung der Dirne
6. Menschendarstellungen ohne arisches Rassenideal, Abtötung des Rassebewußtseins
7. Neger, Idiot, Kretin und Paralytiker als geistiges Ideal
8. Jüdische Künstler
9. Vollendeter Wahnsinn in der Ismen-Kunst.

Zitate aus Hitler-Reden von den Parteitagen 1933 und 1935 sowie von der Eröffnung des Hauses der Deutschen Kunst ergänzen den Text. Das gilt insbesondere für die letzten, mit der Überschrift »Kunstbolschewismus am Ende« versehenen vier Textseiten. Sie sind mit einem längeren Auszug aus der Rede Hitlers zur Eröffnung der Großen Deutschen Kunstausstellung gefüllt, in welcher er den »Elementen der Kulturzersetzung« den »unerbittlichen Säuberungskrieg« ankündigte.

7 Poley 1979, S. 22. Der seit 1924 in Paris ansässige Freundlich kam bei Kriegsausbruch für ein Jahr in ein französisches Internierungslager. Vor dem Einmarsch der deutschen Truppen in Paris floh er in die französischen Pyrenäen, wo er im Februar 1943 durch die Gestapo verhaftet und nach Polen deportiert wurde. Dort starb er am 9. März 1943 im KZ Lublin-Majdanek (vgl. Sonnabend 1983, S. 86).

Auf den Abbildungsseiten zeigt die Broschüre nur wenige Zentimeter große Reproduktionen von 52 Gemälden, Skulpturen, Zeichnungen, Aquarellen und Druckgraphiken von 29 Künstlern. Mit je fünf Werken sind Dix und Grosz am häufigsten vertreten, es folgen Schmidt-Rottluff mit vier, Kirchner, Molzahn und Nolde mit je drei, Haizmann[8], Kokoschka, Hoffmann, Kleinschmidt, Morgner und Voll mit zwei sowie Beckmann, Baumeister, Chagall, Ernst, Felixmüller, Freundlich, Grundig, Heckel, Hoerle, Klee, Kurth, Meidner, Metzinger, Pechstein, Radziwill, Schwitters und Skade mit je einer Arbeit.[9] Inhaltlich-thematisch liegt der Schwerpunkt eindeutig auf gesellschaftskritischen Darstellungen. Demgemäß handelt es sich hauptsächlich um Menschendarstellungen, andere Sujets (Landschaft, Stilleben) und abstrakte Kompositionen kommen nahezu gar nicht vor. In Anbetracht dessen nimmt es nicht wunder, daß das Dresdner Stadtmuseum mit neun Werken den weitaus größten Fundus stellte: Entsprach doch sein Sammlungsprofil am ehesten den beabsichtigten Schwerpunkten des Führers. Des weiteren waren abgebildet sechs Werke, hauptsächlich Plastiken, aus dem Hamburger Museum für Kunst und Gewerbe, fünf aus dem Museum Folkwang in Essen, je zwei aus Museen in Berlin (Nationalgalerie), Breslau (Schlesisches Museum der bildenden Künste) und Düsseldorf (Städtische Kunstsammlungen) sowie jeweils eines aus Bautzen (Stadtmuseum), Berlin (Kupferstichkabinett), Breslau (Schloßmuseum), Halle (Museum Moritzburg), Hamburg (Kunsthalle), Hannover (Kestner-Museum oder Provinzialmuseum) oder Krefeld (Kaiser Wilhelm-Museum), Mannheim (Städtische Kunsthalle), Saarbrücken (Staatliches Museum), Soest (Städtisches Museum) und Stuttgart (Württembergische Staatsgalerie). Die Graphiken lassen sich größtenteils nicht zuordnen.

Genau 13 der im Führer illustrierten 52 Werke können als Exponate der Vorläuferausstellungen identifiziert werden. Allein acht davon entfallen auf die Dresdner Wanderausstellung »Entartete Kunst«: Grundig, »Mutter mit Kindern« (Seite 11); Skade, »Frauenbildnis« (Seite 13); Dix, »Kriegskrüppel«, »Schützengraben« (Seite 15); Voll, »(Schwangere) Frau«; Hoffmann, »Adam und Eva« (Seite 19), »Mädchen mit blauem Haar« (Seite 27); Schwitters, »Merzbild« (Seite 23). Außerdem aus Mannheim: Chagall, »Die Prise (Rabbiner)« (Seite 3); aus Stuttgart: Kleinschmidt, »Duett im Nord-Café« (Seite 17); aus Breslau: Meidner, »Selbstporträt« (Seite 21), Molzahn, »Zwillinge« (Seite 32; vgl. auch Abb. 21); aus Breslau oder Chemnitz: Klee, »Die Heilige vom inneren Licht« (Seite 25, vgl. auch Abb. 10, 21).

Die winzigen Schwarzweiß-Abbildungen sind vielfach schief montiert und entweder gar nicht, unvollständig oder falsch bezeichnet. Mitunter sind nur Details wiedergegeben, ohne daß dies kenntlich gemacht würde. Eingestreut, als Antithese zu den Aussprüchen Hitlers fungierend, finden sich neun aus dem Zusammenhang gerissene Zitate von – meist kommunistischen – Literaten (Wieland Herzfelde, Johannes R. Becher) und Politikern (Kurt Eisner, Rosa Luxemburg), die sämtlich Willrichs Elaborat »Säuberung des Kunsttempels« entnommen sind.[10] Darüber liest man Überschriften, die verschiedenste Polemiken enthalten, etwa »›Kunst‹ predigt Klassenkampf«, »Gemalte Wehrsabotage«, »Die Dirne wird zum sittlichen Ideal erhoben!« und »Drei Kostproben von

8 Die Aufnahme von Haizmanns Brunnenskulptur »Wasserspeier« auf S. 29 (Abb. 58-59) ist die einzige, die das Objekt in einem erkennbaren räumlichen Zusammenhang zeigt. An der rückwärtigen Wand lehnend, sieht man den unteren Teil von Adlers Gemälde »Musikanten (Mandolinenspieler)« sowie links ein weiteres kleines Bild. Es scheint sich nicht um einen Lagerraum, sondern um einen Moment während des Ausstellungsaufbaus in München zu handeln. Im Gegensatz zu Adlers Gemälde (vgl. von Lüttichau 1992a, S. 53) wurde Haizmanns Plastik letztlich aber doch nicht für die Präsentation in München ausgewählt, sondern erst ab Berlin ausgestellt.

9 Die Auflistung der in der Broschüre abgebildeten Werke bei Barron (1992, S. 361-390) kann in vier Fällen korrigiert bzw. ergänzt werden. Auf S. 3, unten rechts, ist Radziwills »Nächtliche Szene« und auf S. 11, oben rechts, Hoerles »Schwangere« abgebildet. Ferner sind auf S. 25, unten rechts, Oskar Herzbergs »Heilige Magdalena mit Kind« und auf S. 31, oben rechts, Georg Birnbachers »Selbstbildnis« zu sehen, beide aus der Heidelberger Prinzhorn-Sammlung (vgl. unten Anm. 11).

10 Vgl. Willrich 1937, S. 16 und S. 36 (Zitate Herzfelde), S. 48 (Zitat Becher), S. 49 (Zitat Eisner), S. 36 (Zitat Luxemburg). Hansen schrieb später (1942, S. 26): »Benutzt wurden [für die Münchner Ausstellung »Entartete Kunst«] in erster Linie die von Willrich in seinem verdienstvollen Buch ›Säuberung des Kunsttempels‹ veröffentlichten Belege aus dem Schrifttum der Verfallszeit, die später teilweise in den allgemeinen Katalog der Ausstellung ›Entartete Kunst‹ übernommen wurden«. Vgl. auch von Lüttichau 1987, S. 116, Anm. 73.

jüdischer Plastik und Malerei«. Die Kunstwerke werden zu Illustrationen dieser agitatorischen Kommentare degradiert. Die suggestive Wirkung des Pamphlets auf einen uninformierten und unkritischen Betrachter darf als selbstverständlich vorausgesetzt werden.
Auf immerhin vier von 16 Abbildungsseiten des Ausstellungsführers werden Werke aus der Prinzhorn-Sammlung solchen von Haizmann, Hoffmann, Klee und Kokoschka gegenübergestellt.[11] Bemerkenswert ist, daß dabei zwei unterschiedliche, einander widersprechende Argumentationsstrategien verfolgt werden: Zum einen soll der Leser und Betrachter überzeugt werden, daß selbst »unheilbar irrsinnige Nicht-Künstler« und »Dilettanten« immer noch »bessere« – gemeint waren naturgetreuere – Werke schaffen als moderne Künstler. Zum anderen werden die Arbeiten als ähnlich dargestellt, womit die Künstler als unfähig und geisteskrank überführt werden sollen. »Krank« assoziierte aber im NS-Verständnis stets »rassisch minderwertig« und das wiederum letztlich »lebensunwert«.[12] Die Verwendung von »Irrenkunst« ist gewiß die infamste Diskriminierungstechnik in Ausstellung und Führer.
Es sind einige Indizien, welche darauf hinweisen, daß der Ausstellungsführer nicht für München, sondern vorausplanend für Berlin und die weiteren Stationen der Wanderausstellung konzipiert wurde. Wesentlich ist hier die »Führungslinie«, d. h. die Einteilung der Schaustücke in neun Gruppen. Sie entspricht nicht, wie häufig in der Literatur zu finden, der Münchner Hängung, bildet jedoch das Muster für alle späteren Orte. Ausstellungsleiter Pistauer erinnert sich, daß er beim Aufbau stets dieselbe Reihenfolge zu beachten hatte (Dok. 74). Wie getreu das Arrangement der Femeschau dem Muster des Pamphlets folgte, zeigen Raumaufnahmen aus unterschiedlichen Stationen: Die Gegenüberstellung Brendel/Hoffmann im Führer entspricht jener in Berlin (Abb. 68), Hamburg (Abb. 88) und Frankfurt (Abb. 107); der Vergleich Kokoschka/Birnbacher im Führer jenem in Stettin (Abb. 94).
Vergleicht man zudem die im Führer abgebildeten Werke mit dem Bestand der Ausstellung »Entartete Kunst«, so finden sich etliche Werke, die nicht in München, wohl aber in Berlin und den folgenden Etappen hingen. Das gilt z. B. für Dix' Gemälde »Mutter und Kind«, Haizmanns Gipsmodell »Wasserspeier« und »Weibliche Maske« aus getriebenem Kupfer, Heckels Holzskulptur »Große Stehende«, Kurths Gemälde »Christus«, Morgners Bilder »Kreuzabnahme« und »Selbstporträt« sowie Schmidt-Rottluffs Holzskulpturen »Litauisches Mädchen« und »Roter Kopf«.[13]
Eine weitere wichtige Parallele zwischen der Broschüre und den Ausstellungsetappen nach München betrifft die diskreditierende Gleichsetzung der Avantgardekunst mit künstlerischen Äußerungen von Patienten der Heidelberger Psychiatrischen Universitätsklinik aus der Sammlung Prinzhorn, wie sie ab Berlin in der Femeschau vorgenommen wird. Die Heidelberger Sammlung war spätestens seit dem Erscheinen des Buches »Bildnerei der Geisteskranken« (1922) von Hans Prinzhorn, promoviertem Arzt und Kunsthistoriker, und diversen Ausstellungen – noch im Januar 1933 im Kunstverein Leipzig – berühmt. Schon lange vor der Machtübernahme war sie von der völkisch-konservativen und nationalsozialistischen Publizistik bei deren Hetzkampagnen gegen die Moderne benutzt worden. So stellte Bettina Feistel-Rohmeder 1931 anläßlich einer Ausstellung von Werken aus der Prinzhorn-Sammlung im Münchner Kunstverein die »Wahnbeschaffenheit gewisser Kunstrichtungen« fest und ferner, »wie eng verwandt die Kunstwerke der schon halb seligen Expressionisten den Erzeugnissen geistig Umnachteter

11 Vgl. hierzu ausführlich Brand-Claussen 1990. Die auf den Seiten 25, 27, 29 und 31 abgebildeten und heute allesamt verschollenen Werke aus der Sammlung Prinzhorn konnte Brand-Claussen (S. 149, Anm. 6.) wie folgt identifizieren: Oskar Herzberg, »Heilige Magdalena mit Kind«, Deckfarben; Karl Brendel (Genzel), »Kopf«, um 1912/13, geknetetes Brot; ders., »Katze«, Holz; Georg Birnbacher, »Selbstbildnis«. Vgl. auch Janzarik 1979, besonders S. 10f. und Jarchov 1980, besonders S. 23-27.

12 Vgl. Mittig 1988, S. 81.

13 Vgl. im Führer die Seiten 7, 9, 13, 19, 21 und 29. Die genannten Werke befanden sich nicht in München, lassen sich jedoch auf Raumaufnahmen der Berliner Station und späterer Etappen nachweisen: so etwa Haizmanns »Wasserspeier« in Berlin, Salzburg und Frankfurt (Abb. 65, 84, 107), Dix' »Mutter und Kind« in Berlin (Abb. 70), Morgners »Selbstporträt« in Berlin (Abb. 72), Heckels »Große Stehende« in Stettin (Abb. 92) sowie Kurths »Christus« in Stettin und Wien (Abb. 92, 106d). Haizmanns »Weibliche Maske« ist unter dem Namen »Messingkopf (Maske)« auf der Rückgabeliste vom November 1941 (Dok. 62) registriert.

sind«[14]. Und am 27. Februar 1933 schrieb Wilhelm Rüdiger im Völkischen Beobachter unter der Überschrift »Vom deutschen Kunstreich jüdischer Nation« (vgl. Kapitel 3.4): »Was die einen Surrealismus nennen, nennen die anderen (Gesunden) – einen Sparren (Vgl. Prinzhorn, Die Bildnerei der Geisteskranken)«, und bezog auf diese Weise die Kunsthistoriker mit in die Kampagne ein. Wie sehr die Organisatoren der Femeschau dieses Gedankengut verinnerlicht hatten, zeigt ein Brief von Willrich an Hanns Conon von der Gabelentz vom 31. September 1934: »Barlach [...] ist ein Fall manisch-depressiven Irreseins, in höherem Maße als die Neigung zur schizophrenen Ekstase bei Felixmüller ausgeprägt erscheint. Die Kunst des 3. Reiches aber braucht gesunde Leute«[15].
Des weiteren sind der inhaltliche Akzent der abgebildeten Werke (Gesellschafts- und Sozialkritik) und der entsprechende Tenor der demagogischen Texte zu nennen, die den »revolutionären« und »bolschewistischen« Charakter der Kunst betonen. All das stimmt nicht mit der Münchner Zusammenstellung überein, in der die Expressionisten das Bild bestimmten, wohl aber mit dem – im Vergleich zu München tiefgreifend veränderten – Profil der Schau ab Berlin. Schließlich ist ein Satz auf der ersten Seite der Druckschrift ein untrügliches Anzeichen: »Die Ausstellung wurde zusammengestellt von der Reichspropagandaleitung, Amtsleitung Kultur«. In München waren noch die Reichskammer der bildenden Künste und ihr Präsident Ziegler zuständig gewesen, die Reichspropagandaleitung zeichnete erst ab Berlin verantwortlich (vgl. Kapitel 6.1 und 6.3.1).
Die Broschüre begleitete die mehrjährige Tournee durch deutsche und österreichische Städte. Nach Auskunft von Ausstellungsleiter Pistauer (Dok. 74) wurde sie für jede Etappe neu gedruckt. Die Höhe der Auflagen und der verkauften Exemplare ist nicht zu ermessen. Sie muß enorm gewesen sein, wenn sich die Organisatoren auch nur annähernd an den hohen Besucherzahlen orientierten (circa 1,2 Millionen ab Berlin).
Bislang sind drei verschiedene Versionen des Ausstellungsführers nachweisbar.[16] Zwei davon unterscheiden sich in den Beschriftungen der beiden abgebildeten Plastiken Richard Haizmanns auf den Seiten 21 und 29. Beim Vergleich von Abb. 58 mit Abb. 59 stellt sich heraus, daß »der Jude« getilgt und »Judengeschöpf« durch »Machwerk« ersetzt worden ist. Dementsprechend wurde auf Seite 21 die Überschrift »Drei Kostproben von jüdischer Plastik und Malerei« in »Drei Kostproben entarteter Plastik und Malerei« geändert und im Bildkommentar der Satz »Die Juden heißen« gestrichen. Wenn diese Korrektur überrascht, so nicht deswegen, weil Haizmann in der Tat kein Jude war, sondern weil die Nationalsozialisten es üblicherweise mit dem Etikett »Jude« nicht besonders genau nahmen. Wie kam es zu der Änderung? Haizmann berichtet in seinen Erinnerungen von einem Besuch bei Ada und Emil Nolde im Jahre 1937, bei welchem über den Ausstellungsführer gesprochen worden sei: »Frau Ada sagte aber sofort, sie habe über Freunde diese Sache an Hermann Göring heranbringen können und habe schon Nachricht bekommen, die Kataloge würden eingestampft und neue gedruckt«[17]. Und Weihnachten 1938 schrieb Haizmann an seinen Freund Robert Völpel:

> Ich kann Ihnen sicherlich auch zu Ihrer Freude berichten, daß die Verleumdung über mich im Katalog »Entartete Kunst« zurückgenommen worden ist. Einflußreiche Freunde haben sich an Hermann Göring gewandt, der sofort einleitete, daß die Kataloge eingestampft wurden und neue Kataloge mit dem Ausdruck »der Bildhauer Haizmann« herausgegeben wurden.[18]

Ob wahrhaftig eine Intervention Görings und eine Einstampfung stattgefunden haben, muß dahingestellt bleiben. Auch der exakte Zeitpunkt der Herausgabe des »neuen« Führers, bei dem auch teilweise ein Neusatz mit

14 DK 5, 1931, Juni (abgedruckt in: Feistel-Rohmeder 1938, S. 140f.).
15 Zitiert nach ABK 1981, S. 145. Vgl. zu diesem Komplex von Lüttichau 1990.
16 Vgl. Hüneke 1992b und Zuschlag 1992a, S. 97, Anm. 64. – Bei sämtlichen mir bekannten Exemplaren des Führers ist auf dem Titelblatt (Abb. 57) der Preis von 30 Pfennigen aufgedruckt, einzig bei dem von Roh wiedergegebenen sind es 50 Pfennige (vgl. Roh 1962a, Anhang; vermutlich von dort übernommen auch die Reproduktionen bei Merker 1983, S. 149 und Willett 1986, S. 156).
17 Haizmann/Bamberger/Gutsche 1968, S. 132, Nr. 40.
18 Haizmann/Bamberger 1967, S. 133f., Nr. 175. In Wirklichkeit wurde der Begriff »der Jude« lediglich getilgt, nicht jedoch durch »der Bildhauer« ersetzt.

neuem Zeilenumbruch vorgenommen wurde (z. B. vermied man auf Seite 1 Trennungen), liegt im dunkeln. Da noch auf der zweiten Station nach Berlin, Düsseldorf, die ältere Fassung verkauft wurde, hingegen auf der nächsten, Salzburg, bereits die korrigierte, muß die Modifikation im Sommer 1938 vorgenommen worden sein.[19] In der dritten Version wurden einige Abbildungen ausgetauscht, wie Andreas Hüneke erläutert:

> Auf Seite 7 sind das Gemälde von Nolde [«Mann und Weibchen«] durch die Lithographie »Eheleute« von Heinrich Hoerle aus der Mappe »Helft dem Krüppel« von 1920 und das Radziwill-Bildnis von Dix durch einen Männerkopf von Oskar Kokoschka ersetzt [...]. Auf Seite 9 ist statt der beiden Nolde-Gemälde [»Christus und die Sünderin«, »Tod der Heiligen Maria von Ägypten«] das Kruzifix von Ludwig Gies abgebildet. Auf Seite 15 entfiel der »Schützengraben« von Otto Dix, »Kriegskrüppel« wurde nach unten verschoben und darüber ein noch nicht identifiziertes expressionistisches Schlachtengemälde gesetzt. Der Text lautet: »Gemalte Wehrsabotage, unten ein Bild des Malers Otto Dix.« Schließlich war auf Seite 23 die Abbildung des Merzbildes von Kurt Schwitters entfernt worden.[20]

Auch die Datierung dieser dritten Ausgabe des Führers ist unklar. Aus der Aufnahme der Plastik von Kokoschka – es handelt sich um die heute in Boston befindliche Tonbüste »Selbstbildnis (Krieger)« aus ehemals Wiener Privatbesitz – folgert Hüneke, »daß diese dritte Ausgabe nicht vor Mai 1939, als die Ausstellung in Wien Station machte, herausgebracht worden sein kann«[21]. Doch hat sich die Plastik höchstwahrscheinlich nie im Ausstellungsbestand befunden, obwohl ihr Verbleib für den fraglichen Zeitraum ungeklärt ist und Photographien von ihr in Rezensionen verwandt wurden – dies aber auch schon vor Wien (Abb. 98, 106a; vgl. Kapitel 6.3.6). Vielmehr scheinen die Modifikationen im Bildmaterial des Führers mit den gravierenden Veränderungen im Ausstellungsbestand während der Salzburger Etappe im September 1938 zusammenzuhängen, als 71 Werke ausgeschieden wurden (Dok. 50; vgl. Kapitel 6.3.4) – darunter neun der in den beiden früheren Versionen des Führers abgebildeten Gemälde: Chagalls »Die Prise (Rabbiner)« (Seite 3); Dix' »Bildnis Franz Radziwill« (Seite 7), »Mutter und Kind« (Seite 13) und »Schützengraben« (Seite 15); Kirchners »Bildnis Oskar Schlemmer« (Seite 7); Noldes »Mann und Weibchen« (Seite 7), »Christus und die Sünderin« und »Tod der Heiligen Maria von Ägypten« (Seite 9) sowie Schmidt-Rottluffs »Bildnis Bertie Rosenberg« (Seite 7). Fünf von diesen Bildern, nämlich drei von Nolde und zwei von Dix, wurden in der dritten Version des Führers ersetzt. Folglich dürfte diese nach der Salzburger Etappe herausgegeben worden sein.

Von den im ursprünglichen Ausstellungsführer vertretenen 52 Kunstwerken und den vier Arbeiten aus der Heidelberger Prinzhorn-Sammlung ist der weitaus größte Teil verschollen, d. h. höchstwahrscheinlich zerstört. Nur zwei Gemälde von Nolde und je eines von Chagall, Dix, Kirchner, Meidner und Morgner haben den Bildersturm überstanden. Dabei handelt es sich um: Nolde, »Christus und die Sünderin«, ehemals Nationalgalerie Berlin, heute als Leihgabe aus Privatbesitz im Kölner Museum Ludwig und »Tod der Heiligen Maria von Ägypten«, ehemals Museum Folkwang Essen, heute wieder dort; Chagall, »Die Prise (Rabbiner)«, ehemals Städtische Kunsthalle Mannheim, heute Kunstmuseum Basel; Dix, »Bildnis Franz Radziwill«, ehemals Städtische Kunstsammlungen Düsseldorf, heute wieder dort; Kirchner, »Bildnis Oskar Schlemmer«, ehemals Museum Folkwang Essen, heute Hessisches Landesmuseum Darmstadt; Meidner, »Selbstporträt«, ehemals Schlesisches Museum der bildenden Künste Breslau, heute Hessisches Landesmuseum Darmstadt; Morgner, »Kreuzabnahme«, ehemals Städtisches Museum Soest, heute Kunsthalle Recklinghausen. Bis auf die Bilder von Meidner und Morgner waren diese Arbeiten von der Salzburger Ausstellungsetappe nach Berlin zurückgesandt worden, um sie in die Verkaufsaktionen einzubeziehen.

19 Das läßt sich schließen aus dem von Hans Lühdorf in Düsseldorf erstandenen Exemplar (Kunstmuseum Düsseldorf, Bibliothek, Sign. UB 35/1; vgl. Kapitel 6.3.3) und einem weiteren im Besitz des Verfassers, welches nach dem darin vermerkten Datum (10. September 1938) in Salzburg erworben worden sein muß.

20 Hüneke 1992b. Vgl. auch ders. 1991c, S. 54, Abb. 2 und 3 sowie die Abb. bei Tabor 1994, Bd. 1, S. 92.

21 Hüneke 1992b.

6.3 Die weiteren Stationen

6.3.1 Berlin, Haus der Kunst, 26. Februar bis 8. Mai 1938

Der früheste Hinweis auf Berlin als zweite Ausstellungsetappe findet sich in den Tagebüchern von Joseph Goebbels. Am 24. Juli 1937, nur sechs Tage nach der Eröffnung der Münchner Schau, notiert er: »Die Ausstellung ›Entartete Kunst‹ ist ein Riesenerfolg [...]. Wird im Herbst auch nach Berlin kommen«[1]. Daß die Berliner schließlich bis Ende Februar 1938 auf das Ereignis warten mußten, hatte verschiedene Ursachen. Zum einen wurde die Münchner Ausstellung, ursprünglich bis Ende September 1937 geplant, wegen des Besucheransturms um zwei Monate verlängert. Zum anderen führte die Suche nach einem geeigneten Ausstellungsort zu Kontroversen, die Rave schildert:

> Aus einem Bericht Hofmanns an Goebbels vom 5. Februar 1938 ist zu entnehmen, daß die Ausstellung auf Anordnung des Führers nach Berlin gebracht werden sollte. Sie hätte bereits am 1. Februar im ehemaligen Kronprinzen-Palais eröffnet werden sollen, aber die Verwaltung der Schlösser und Gärten mache Schwierigkeiten, auch der Minister Rust und der Generaloberst Hermann Göring seien dagegen und wünschten vielmehr an solcher Stätte nur positive Aufbauarbeit zu sehen. Hofmann bedauert dies ungemein, zeigen wolle er gerade im Kronprinzen-Palais »das negative Muster, wo es als positives Vorbild aufgetischt war«.[2]

Zudem wurde der Ausstellungsbestand zu einem beträchtlichen Teil ergänzt bzw. großenteils neu zusammengestellt, was einige Zeit beansprucht haben dürfte. Zwischen dem Ende der Münchner und dem Beginn der Berliner Station liegen drei Monate. In dieser Zeit waren die Exponate vermutlich mit den gesamten beschlagnahmten Beständen im Berliner Depot Köpenicker Straße magaziniert. Ausstellungsleiter Pistauer erinnert sich an Besuche im Depot, bei denen Hitler und Goebbels persönlich Anweisungen zur Auswahl der auszustellenden Werke gaben (Dok. 74, Abb. 43-44). Goebbels' Tagebucheintrag von 13. Januar 1938 ist zu entnehmen, daß der Minister Hitler an diesem Tag zwei Stunden durch das Depot führte.[3]

Die Eröffnungsfeier, zu der die Gauleitung Berlin als Veranstalter einlud (Dok. 40), fand am Sonnabend, den 26. Februar 1938, um 16 Uhr im Saal zwölf des Reichstagsgebäudes statt. Nach einer Begrüßung durch Gaupropagandaleiter Wächter hielt Reichskulturwalter und SA-Brigadeführer Moraller eine Ansprache. Er hob »besonders den Begriff des Kulturbolschewismus hervor, im Sinne einer politischen Gefahr, welche durch diese Ausstellung vor Augen geführt werde«[4]. Die Feier war ein Musterbeispiel eines propagandistisch inszenierten Gemeinschaftsritus:

> Vor dem Auditorium, das sich aus Vertretern von Partei und Staat und ihren Gästen zusammensetzte, stand das mit Lorbeeren geschmückte Bildnis des Führers; Fahnen, Uniformen, das Stimmen der Instrumente des im Nebenraum plazierten Landesorchesters Berlin, gaben dem Gesamtbild einen festlichen Eindruck. Die »Coreolan-Ouvertüre« von Mozart erklang zu Anfang.[5]

Nach der anschließenden Rede Morallers wurde die Ouvertüre zu Webers »Oberon« gespielt. Das »dreifache Sieg-Heil auf den Führer und die Nationallieder« sowie ein Rundgang durch die Ausstellung beschlossen die Zeremonie. Jene befand sich in dem gegenüber dem Reichstag gelegenen ehemaligen japanischen Botschaftsge-

1 Zitiert nach Fröhlich 1987a, Teil 1, Bd. 3, S. 211.
2 Rave 1987, S. 115. Vgl. auch Alfred Hentzen 1970, S. 62 und S. 85, Anm. 39 sowie Zweite 1987, S. 283.
3 Vgl. Fröhlich 1987a, Teil 1, Bd. 3, S. 401. Vgl. auch Kapitel 5.
4 FZ, 27. Februar 1938 (gekürzt abgedruckt bei Wulf 1983a, S. 364). Der Text der Rede in: VB, 27. Februar 1938. Vgl. auch Morallers Artikel in Der Angriff vom 10. März 1938 sowie in UWuW 9, 1939, Heft 1, S. 17-20.
5 DAZ, 27. Februar 1938. Daraus entnommen auch das folgende Zitat.

Die Gauleitung Berlin der NSDAP.

ladet Sie hiermit zur

Eröffnung der Ausstellung

„Entartete Kunst"

im Haus der Kunst, Berlin, Königsplatz 4, ein.

Die Eröffnungsfeier findet am **Sonnabend, dem 26. Februar 1938, 16 Uhr, im Saal 12 des Reichstagsgebäudes** (Eingang Portal 5) statt.

Görlitzer
stellvertr. Gauleiter

Rücksendung beiliegender Antwortkarte bis zum 25. Februar 1938 erbeten.
— Diese Einladung gilt als Eintrittskarte. —

Dok. 40 Einladung zur Ausstellung »Entartete Kunst«, Berlin 1938 (Alte Nationalgalerie Berlin)

bäude (Königsplatz 4), welches in »Haus der Kunst« (Abb. 63)[6] umbenannt worden war und seit einigen Jahren für Sonderausstellungen, z. B. der »Arbeitsgemeinschaft der Juryfreien«, genutzt wurde.[7] Die aus München übernommene Schau füllte 17, auf die drei Geschosse des Gebäudes verteilte Räume.
Zwei Tage vor der Eröffnung, am 24. Februar 1938, hatte Franz Hofmann, seit dem 1. Januar des Jahres Leiter der Abteilung Bildende Kunst im Propagandaministerium, die Presse zu einer Vorbesichtigung geladen.[8] Zu diesem Anlaß war ein »Informationsblatt für die Schriftleitungen« herausgegeben worden, welches die wichtigsten Veränderungen der Berliner Schau mit wenigen Sätzen umriß. Die zentralen Sätze seien zitiert:

> In Berlin wird nur ein Teil des in München gezeigten Materials ausgestellt. Eine Erweiterung und Ergänzung [...] wurde geschaffen durch Bilder und Plastiken, die früher in der Reichshauptstadt zu sehen waren. Es seien an dieser Stelle besonders die Namen Haizmann und Kogan (Kohn) genannt. Für die Einteilung der Berliner Ausstellung sind nicht mehr wie in München die Hersteller der einzelnen Werke und Museen maßgebend, sondern das Motiv, das zugrundegelegt ist. So gliedert sich das gesamte Ausstellungsmaterial in verschiedene Gruppen, die in dem beiliegenden Katalog einzeln aufgeführt werden. Besonderes Augenmerk wurde bei der Zusammenstellung des Bildmaterials den verschiedenen Sachgebieten zugewandt, die den Zusammenhang zwischen der entarteten Kunst und dem Kulturprogramm des Bolschewismus zeigen [...]. Einen großen Teil [...] nimmt der Vergleich zwischen entarteter Kunst und jenen Werken ein, die von Insassen der psychiatrischen Kliniken angefertigt und die aus der Sammlung der Psychiatrischen Klinik Heidelberg zur Verfügung gestellt wurden.[9]

Obgleich eine Rekonstruktion der Berliner Ausstellung noch aussteht und für eine solche auch nicht so umfangreiches Dokumentationsmaterial wie für München zur Verfügung steht, lassen sich doch anhand der 23 erhaltenen Raumaufnahmen[10] die im obigen Text angedeuteten Veränderungen nachvollziehen. In welchen Ausmaßen sich die »Erweiterung und Ergänzung« des Bestandes bewegte, läßt sich bislang nicht präzise bestimmen. Im Zusammenhang mit der nächsten Etappe, Leipzig, ist von 1.000 Werken die Rede.[11] In Anbetracht der 17 in Ber-

6 Die Postkarte wurde publiziert in Christoffel 1987, S. 660. Eine andere Aufnahme zeigt das Gebäude beflaggt sowie mit Uniformierten und einer wartenden Menschenmenge vor dem Eingang (Bilderdienst Süddeutscher Verlag, München; vgl. Zuschlag 1992a, S. 91, Abb. 69).

7 Vgl. Luther 1936a.

8 Vgl. Berliner Tageblatt, 25. Februar 1938; FZ, 25. Februar 1938. Zu Hofmanns Tätigkeit im RMVP vgl. Zweite 1987, S. 282-285 und Kapitel 10.3.

9 Zitiert nach dem Abdruck des Textes bei Janda/Grabowski 1992, S. 63f.

10 Bilderdienst Süddeutscher Verlag, München. Eine vollständige Publikation der Photographien ist ein Desiderat, in der Literatur wurden bislang nur einzelne Aufnahmen reproduziert (z. B. vier bei Haftmann 1986, S. 26f.). Die in diese Arbeit aufgenommenen acht Innenraumaufnahmen können nach den Beschriftungen der Originale wie folgt datiert werden: Abb. 68, 71-72: 24. Februar 1938 (Pressevorbesichtigung); Abb. 64, 70: 27. Februar 1938 (Goebbels-Besuch; vgl. auch Abb. 65 oben); Abb. 69: 28. März 1938 (Besuch österreichischer KdF-Urlauber). Nicht datiert: Abb. 66-67 (wahrscheinlich am 24. Februar 1938 aufgenommen; vgl. die Person auf Abb. 68).

11 Vgl. Leipziger Neueste Nachrichten, 14. Mai 1938. Vielleicht kam diese vergleichsweise hohe Zahl durch die Einzelzählung der Blätter in den Graphikfolgen zustande. Allein die Mappe »Ecce homo« von Grosz umfaßt 100 Blätter, nämlich 84 Lithographien und 16 Aquarelle.

94

Kunstwerke in der Ausstellung „Entartete Kunst„ Berlin März 1938

aus dem Besitz der National-Galerie.

A. Ölgemälde

1. Dix, Otto: Bildnis Krall
2. Feininger, Lyonel: Teltow
3. Fuhr, Xaver: Caféhaus
4. Dressler: Die Verlobten
5. Kandinsky, Wassily: Zweierlei Rot
6. Kirchner, Ernst Ludwig: Strasse
7. Klee, Paul: Der goldene Fisch
8. Metzinger: Abstrakte Komposition
9. Moll, Oskar: ~~Waldteich mit Badenden~~ Stilleben
10. Mueller, Otto: Waldteich mit Badenden
11. " " Zwei Akte, stehend gross
12. Nolde, Emil: Christus u.d. Sünderin
13. Pechstein, Max: Nacktes stehendes Mädchen
14. " " Stürmische See
15. Rohlfs, Christian: Die Kapelle (irrtüml. als Besitz: "Hagen" angegeben)
16. Schmidt-Rottluff: Römisches Stilleben

Ausserdem zwei Bilder, welche von der Gestapo beschlagnahmt und in der National-Galerie sichergestellt worden waren:

Otto Mueller, Zwei Mädchen

Pechstein, Fischerfamilie

B. Aquarelle

1. Gilles, Aquarell
2. Dix, Otto: Frauenkopf
3. Klee, Paul: Mond
4. " " Zwitschermaschine

-2-

96

5. Klee, Paul: Vokaltuch der Sängerin R.S.
6. " " Angler.
7. Mueller, Otto: Zwei Akte
8. " " Zwei Akte
9. Rohlfs, Christian: Aquarell
10. Schwitters, Kurt: Zwei abstrakte Kompositionen

C. Bildwerke

1. Baum, Paul: Figur
2. Mataré, Ewald: Katze

Dok. 41 Verzeichnis der Exponate der Ausstellung »Entartete Kunst«, Berlin 1938, aus dem Besitz der Nationalgalerie Berlin (Alte Nationalgalerie Berlin)

lin gefüllten Ausstellungssäle dürfte diese Angabe durchaus realistisch sein. Hierbei ist natürlich auch zu berücksichtigen, daß der Fundus, aus dem geschöpft werden konnte, nach der zweiten Beschlagnahmewelle etwa 16.500 Werke umfaßte. Unklar ist, worauf sich der Satz im zitierten Presseinformationsblatt bezieht, die Schau sei »durch Bilder und Plastiken, die früher in der Reichshauptstadt zu sehen waren«, ergänzt worden. Nach der Liste der ausgestellten Werke aus dem Besitz der Nationalgalerie (Dok. 41) wurde die Anzahl der Gemälde im Vergleich zu München nämlich gar von 49 auf 18 reduziert, die der Plastiken von vier auf zwei und die der Zeichnungen und Aquarelle von 16 auf 10.[12]

Die Einteilung und Hängung der Schau orientierte sich an den neun Gruppen des Ausstellungsführers, der ja erst im Zuge der Vorbereitungen für die Wanderausstellung entstanden war (vgl. Kapitel 6.2). Das dokumentieren nicht nur die Raumaufnahmen (Abb. 64-72), sondern auch Zeitungs- und Augenzeugenberichte. Unter der Überschrift »Die Ausstellung ›Entartete Kunst‹. Neue Gruppierung des Inhalts« heißt es am 25. Februar 1938 in der Frankfurter Zeitung: »Die Ausstellung umfaßt neun Gruppen, die jeweils zumeist mehrere Zimmer in Anspruch nehmen«. Der Schriftsteller Felix Hartlaub berichtete am 28. Februar 1938 seinem Vater Gustav Friedrich Hartlaub: »War eben zum ersten Male bei der Entarteten Kunst. [...] Anders aufgezogen als München. Neun Gruppen: Familie, Rasse, Bordell u. a.«[13]. Hierin liegt ein eklatanter Unterschied zum Münchner Erscheinungsbild der Exposition, deren Gruppierung nur ansatzweise thematischen Gesichtspunkten folgte.

12 Zu dieser von Rave angefertigten Liste vgl. Janda 1988, S. 78. Die Anzahl der in München ausgestellten Werke aus der Nationalgalerie nach Lüttichau 1988a, S. 298, Anm. 29.

13 Zitiert nach Krauss/Hartlaub 1958, S. 159.

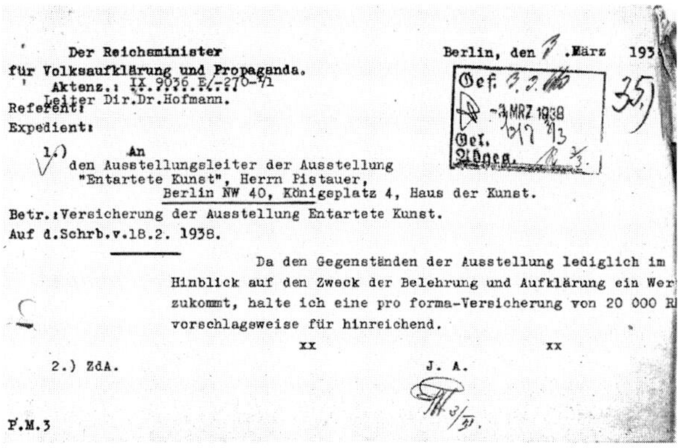

Der Reichsminister
für Volksaufklärung und Propaganda.
Aktenz.: IX 9036 E/-270-1/1
Leiter Dir.Dr.Hofmann.
Referent:
Expedient:

Berlin, den 3. März 1938

1.) An
den Ausstellungsleiter der Ausstellung
"Entartete Kunst", Herrn Pistauer,
Berlin NW 40, Königsplatz 4, Haus der Kunst.

Betr.: Versicherung der Ausstellung Entartete Kunst.
Auf d.Schrb.v.18.2. 1938.

Da den Gegenständen der Ausstellung lediglich im Hinblick auf den Zweck der Belehrung und Aufklärung ein Wer[t] zukommt, halte ich eine pro forma-Versicherung von 20 000 R[M] vorschlagsweise für hinreichend.

xx xx

2.) ZdA.

J. A.

F.M.3

Dok. 42 Abschrift eines Briefes von Franz Hofmann, Reichsministerium für Volksaufklärung und Propaganda, an Hartmut Pistauer, Ausstellungsleiter »Entartete Kunst«, 3. März 1938 (ZSTA 50.01-743, Bl. 35)

Ausstellung „Entartete Kunst“
Der Ausstellungsleiter

Ausstellungsleitung
Berlin NW 40, Königsplatz 4
(Haus der Kunst)

An den
Reichsminister für Volksaufklärung und Propaganda
Berlin W 8
Wilhelmsplatz 8/9

Berlin, 28.3.38

Betrifft: Ihr Schreiben v. 26.3. unter Akt.Zeich. IX 9036 E/95 - 1/14

Auf obiges Schreiben teilen wir Ihnen mit, dass das Bild von Piet Mondrian auf Grund einer telephonischen Rücksprache aus der Ausstellung "Entartete Kunst" entfernt wurde.

Heil Hitler!
H. Pistauer

Dok. 43 Brief von Hartmut Pistauer, Ausstellungsleiter »Entartete Kunst«, an das Reichsministerium für Volksaufklärung und Propaganda, 28. März 1938 (ZSTA 50.01-743, Bl. 55)

Eine weitere signifikante Änderung, die gleichermaßen in dem Informationstext angesprochen wird, betraf die inhaltliche Zusammenstellung der Schau. Standen in München die Expressionisten im Zentrum der Angriffe, so wurde für Berlin und die folgenden Etappen der Anteil an gesellschaftskritischer, politisch-engagierter Kunst der zwanziger Jahre, wie sie die Künstlervereinigungen »Dresdner Sezession Gruppe 1919« und »ASSO« in Dresden sowie »Arbeitsrat für Kunst« und »Novembergruppe« in Berlin repräsentierten, deutlich erhöht.[14] Damit wird eine weitere Parallele zwischen der Berliner Schau und dem Ausstellungsführer deutlich, in welchem ein Viertel der abgebildeten Kunstwerke gesellschaftskritischer Natur war (vgl. Kapitel 6.2). Namentlich Dix und Grosz (von letzterem war fast die ganze Mappe »Ecce homo« ausgestellt) standen im Zentrum der Anfeindungen. Felix Hartlaub schrieb in dem bereits zitierten Brief vom 28. Februar 1938 an seinen Vater: »Nur Einzelne, zum Beispiel Dix, immer wieder angeprangert«[15].

Gleichzeitig hatte man aus dem Ausstellungsbestand die Arbeiten von Marc, Lehmbruck, Barlach, Kollwitz, Corinth und ausländischen Künstlern entfernt, deren Anprangerung in München teilweise zu Protesten geführt hatte (vgl. Kapitel 4.2). So schrieb Alfred Rosenberg am 8. März 1938 an Rudolf Heß: »Ich verweise darauf, das z. B. die in München in der Ausstellung ›Entartete Kunst‹ gezeigten Werke von Franz Marc, Lovis Corinth und Lehmbruck in der jetzigen Berliner Ausstellung nicht mehr vorhanden sind«[16]. Etwas lapidar lautete die Meldung im Hamburger Tageblatt vom 25. Februar 1938: »Das umfassende Münchener Material ist ein wenig gesiebt worden«. Trotz dieses Versuchs, sich der »kritischen Fälle« zu entledigen und das Ausstellungsmaterial zu vereinheitlichen, kam es offensichtlich auch in Berlin zu Kontroversen. Drei Fälle sind dokumentiert: Im Zusammenhang mit einer Beschwerde des niederländischen Konsuls vom 23. November 1937 über die Präsenz von Mondrian teilte Ziegler am 24. Februar 1938 Goebbels mit:

> Auf das mir zur Stellungnahme übersandte Schreiben des Auswärtigen Amtes teile ich mit, daß zwei abstrakte Kompositionen des niederländischen Malers P. Mondrian in der Münchener Ausstellung vertreten waren. [...] In neuen Ausstellungen gleichen Programms werden Werke ausländischer Künstler nicht mehr vertreten sein.[17]

14 Vgl. Hüneke 1988d, S. 45-47. Der Autor weist darauf hin, daß in München die tatsächlichen Verhältnisse in den Museumsbeständen der zwanziger Jahre objektiver widergespiegelt wurden. Vgl. auch den unveröffentlichten Vortrag Hünekes mit dem Titel »Die Ausstellung ›Entartete Kunst‹ in Berlin 1938. Zurücknahme oder Klärung des Konzepts?« in der NGBK, 2. November 1988. Die Verlagerung des Gewichts auf die genannten Künstlergruppen bedingte eine thematische Dominanz der Figuren- und Menschenbilder.

15 Zitiert nach Krauss/Hartlaub 1958, S. 159. Im Ausstellungsführer waren allein vier Blätter aus »Ecce homo« von Grosz abgebildet (vgl. Neugebauer von der Schulenburg 1993, S. 179 mit Anm. 12 und Kapitel 6.2).

16 BA NS 8/179, Bl. 115-118, hier Bl. 115. Vgl. auch Bollmus 1970, S. 106.

17 ZSTA 50.01-743, Bl. 52.

Dennoch informierte Ausstellungsleiter Pistauer das Goebbels-Ministerium erst am 28. März 1938 – die Berliner Schau lief also bereits seit einem Monat – darüber, »daß das Bild von Piet Mondrian auf Grund einer telephonischen Rücksprache aus der Ausstellung ›Entartete Kunst‹ entfernt wurde« (Dok. 43, 74). Der Schweizer Künstler Johannes Itten forderte am 26. Februar 1938 von der Reichskammer der bildenden Künste, »daß Sie sämtliche, auf mich bezügliche Arbeiten und Anmerkungen aus der Ausstellung für ›Entartete Kunst‹ entfernen« (Dok. 44). Laut eines handschriftlichen Vermerks von Rolf Hetsch (der Brief Ittens war an das zuständige Propagandaministerium weitergeleitet worden) wurde wegen der »ungebührliche[n] Form des Schreibens« nichts unternommen.[18] Tatsächlich verblieb eine Lithographie Ittens bis zu ihrem Ende 1941 in der Ausstellung (Dok. 62). Auch Franz Radziwill, Mitglied der NSDAP, forderte in einem Schreiben an die Reichspropagandaleitung die Herausnahme seiner drei Frühwerke.[19] Doch scheint der Forderung nicht entsprochen worden zu sein, da Radziwill auf der Rückgabeliste (Dok. 62) mit einem Werk verzeichnet ist.
Wie ist der erläuterte Wandel des Ausstellungskonzepts zu bewerten? Zunächst ist zu bedenken, daß die Gestaltung in München infolge der kurzen Vorbereitungszeit wesentlich von der Hast diktiert worden war – weswegen von einem wohlüberlegten und stringenten Konzept zu reden sich von vornherein verbietet –, dies aber nicht für Berlin galt, wo genügend Vorbereitungszeit zur Verfügung stand. Den Veränderungen kommt also programmatisches Gewicht zu. War Rücksichtnahme auf die lokalen Gegebenheiten und Traditionen – München war die Stadt des »Blauen Reiters«, Berlin ein Zentrum der linkspolitisch-revolutionären Kunst der Nachkriegszeit – der Grund? Dagegen spricht, daß die gesellschaftskritische Kunst auch auf den weiteren Stationen immer stärker das Bild bestimmte, das Konzept also auch nach Berlin beibehalten und vertieft wurde. In der Literatur wird häufig noch immer die These vertreten, die Femeschau habe in den Augen ihrer Organisatoren einen zu großen Erfolg gehabt, und zwar in dem nicht gewünschten Sinne einer Sympathie für die geschmähten Werke. Um einen solchen beängstigenden Erfolg zu vermeiden, seien die Exponate ausgewechselt und das Konzept verändert worden. Schon Paul Westheim hatte 1938 den Wandel der Femeschau in Berlin als »Rückzieher« interpretiert:

> Man weiß aus zahllosen Berichten, daß in München die Sache mit der »Entarteten Kunst« ganz, ganz anders ausgegangen ist, als von den Entrepreneuren vorgesehen war. Es war statt Prestigeerfolg ein eher glatter Fehlschlag. [...] Die Umgruppierung, zu der man sich entschließen mußte, ist ein Eingeständnis, ein glatter Rückzieher.[20]

Diese Auffassung scheint indessen nicht haltbar. Denn nicht nur deuten alle Indizien, diverse Tagebuchvermerke des Propagandaministers selbst inbegriffen[21], darauf hin, daß der Besucherstrom als Bestätigung des Kampfes gegen die Moderne angesehen wurde; auch scheint mir diese These in Anbetracht des weiteren Vorgehens der Nationalsozialisten völlig widersinnig: Denn schließlich spricht alles dafür, daß erst der Erfolg der Münchner Schau den Plan einer Wanderausstellung entstehen ließ. Dabei rechnete das Propagandaministerium für die Berliner Station gar mit einer Besucherfrequenz in der Größenordnung von München.[22] Mit Fug und Recht konnten die Machthaber von der ablehnenden Grundeinstellung der Mehrheit der Besucher gegenüber der Avantgarde und von der Suggestivkraft des Prangerrituals und seiner propagandistischen Inszenierung ausgehen. Die Ausstellung »Entartete Kunst« war kein Wagnis, das hatten nicht zuletzt die Vorläuferausstellungen gelehrt.

18 Vgl. Tanja Frank 1985, S. 274f., Nr. 81.

19 Vgl. Wietek 1990, S. 221f., Anm. 1011 und S. 278.

20 Paul Westheim, Ein Rückzieher. Corinth, Marc, Macke, Lehmbruck, Kollwitz nicht mehr auf der Ausstellung »Entartete Kunst«, in: Pariser Tageszeitung, 27./28. März 1938, zitiert nach dem Abdruck in: Tanja Frank 1985, S. 81f. Zu ähnlichen Urteilen kommen Arntz 1962, Nr. 5, S. 46; von Lüttichau 1987, S. 117, Anm. 89; Schuster 1987, S. 31; Thomae 1978, S. 341, Anm. 29. Gegen diese Interpretation äußert sich Hüneke 1988d, S. 45.

21 Goebbels notierte am 20. August 1937: »In München bei der ›Entarteten Kunst‹ schon 740.000 Besucher. Wir haben also richtig gehandelt«. Und am 1. September 1937: »In der Ausstellung ›Entartete Kunst‹ 1 Million Besucher. Großartiger Erfolg!« (zitiert nach Fröhlich 1987a, Teil 1, Bd. 3, S. 241 und S. 251).

22 Vgl. den Entwurf eines Schreibens von Franz Hofmann an Goebbels vom 9. März 1938, betreffend »Kosten für die Beschlagnahmung entarteter Kunst und ihre Ausstellung in Berlin« (ZSTA 50.01-743, Bl. 36).

Sowohl die inhaltliche Akzentverlagerung als auch die spezifische, noch zu erläuternde Inszenierung dienten dem erklärten Ziel der Berliner Zusammenstellung,

> noch eindringlicher und sinnfälliger die Absicht und den Zweck der Ausstellung zum Ausdruck [zu bringen], hier nicht irgendwelche artistische Ausdrucksformen anzuprangern, sondern eine dahinterstehende politische Ideologie zu demaskieren, die sich den Untergang des Abendlandes zum Ziel gesetzt hat.[23]

Wie zu zeigen sein wird, bestimmte die Unterstellung des »bolschewistischen« Charakters der verfemten Kunstwerke – hervorgehoben in dem zitierten Informationsblatt und der Eröffnungsansprache Morallers – auch den Tenor der Schrifttafeln in der Ausstellung. Unstreitig war dies auch in München der Fall gewesen, aber bei weitem nicht in solch dezidierter und prägnanter Form. Diese verstärkten Angriffe gegen den »Bolschewismus« müssen vor dem Hintergrund des Stadiums gesehen werden, in welchem sich die nationalsozialistische Innenpolitk befand. Auf diesen Zusammenhang hat Andreas Hüneke nachdrücklich hingewiesen:

> Und die Rassentheorien, die Rede von »Volk ohne Raum« dienten ja gerade dazu, diese Gefahr [des Klassenkampfes] zu beseitigen und den »internationalen Bolschewismus« zusammen mit dem »Weltjudentum« als verschworene Feinde des »deutschen Volkes« zu inkriminieren. Damit stellt sich die Aktion »Entartete Kunst« deutlich in die Reihe der Maßnahmen zur ideologischen Kriegsvorbereitung. [...] Das Feindbild wurde geschärft.[24]

Das spiegelte sich auch im Berliner Präsentationskonzept wider, welches sich in eklatanter Weise von dem Münchner unterschied. Dabei ist zweierlei in Betracht zu ziehen: Zum einen waren nicht mehr Ziegler, Willrich und Hansen für den Aufbau verantwortlich[25], sondern die Mitarbeiter des Instituts für Deutsche Kultur- und Wirtschaftspropaganda unter der Leitung von Hartmut Pistauer. Dies erklärt, warum nicht mehr Willrichs Buch »Säuberung des Kunsttempels« als Vorbild und Zitatenschatz diente. Zum anderen lag es schon aus äußeren Gründen nahe, eine neue Präsentationsweise und Inszenierung zu entwickeln, da die Münchner – mit ihren direkt auf die Wand gemalten Beischriften – nicht transportabel war. Ein Bericht der Frankfurter Zeitung vom 27. Februar 1938 faßt in recht sachlichem Ton die wichtigsten Elemente der Ausstellungsdramaturgie in formaler und inhaltlicher Hinsicht zusammen:

> Die gleichen und ähnliche Äußerungen (z. B. aus der Zeitschrift »Die Aktion«) sind auch in der Ausstellung selbst auf Plakate gemalt, die in schräger Anordnung auf den Bilderrahmen befestigt sind. [...] Die Bilder und Plastiken sind [...] mit viel begleitendem Text versehen. Äußerungen des Führers und Reichskanzlers, die er bei der Eröffnung der Münchner Ausstellung im Hause der Deutschen Kunst oder in Nürnberg getan hat, sind auf steintafelartigen Plakaten aufgemalt; zur Charakteristik der einzelnen Säle dienen Aufschriften wie »Als vertierte, verkommene und vertrocknete Herde zeichneten sie das deutsche Arbeitertum!«; dazu kommen die oben erwähnten radikalen Äußerungen und schließlich, auf kleinen Schreibmaschinenzetteln, an dem oder jenem Bild Äußerungen über den betreffenden Künstler selbst. Außerdem sind in einigen Fällen zum Vergleich Bilder oder Plastiken von Geisteskranken [...] beigegeben. Sie zeigen jeweils ein ähnliches Motiv der Darstellung [wie] das ausgestellte Werk selbst, um so zu erweisen, daß das Erzeugnis des Geisteskranken der realen Natur näher stehe als die Darstellung des betreffenden Malers oder Plastikers.

Die die einzelnen Raumteile und Werkgruppen bezeichnenden Überschriften unterschieden sich in Form und Inhalt von jenen in München. Nach den Raumaufnahmen lassen sich folgende »Saalcharakterisierungen« entziffern:

- »Gemalter Hexenspuk, geschnitzte Pamphlete wurden von psychopathischen Sch[wätzern] und geschäftstüchtigen Juden [als] ›Offenbarungen deutscher Religiosität‹ ausgegeben und zu barem Gelde gemacht« (über dem Altar »Das Leben Christi« von Nolde; Abb. 66).

23 KIDR 2, 1938, Folge 3, S. II. Der Text von Robert Scholz erschien in leicht veränderter Form und unter dem Titel »Kunstbolschewistisches Inferno« auch im VB, Berliner Ausgabe, 26. Februar 1938.

24 Hüneke 1988d, S. 46.

25 Ziegler und die RbK hatten nach Übernahme der Schau durch die RPL keinerlei Verbindung mehr zu ihr. Willrich spielte schon seit August 1937 keine Rolle mehr in der offiziellen Kunstpolitik, Hansen war Ende 1937 mit dem Aufbau eines »Archivs Entartete Kunst« beauftragt worden. Obgleich formell mit der Berliner Ausstellung nicht in Verbindung stehend, schleuste Hansen einige Schriftstücke ein (vgl. Dok. 71 sowie Kapitel 10.3, Anm. 6).

• »So ›sahen‹ sie die Welt, die ›Meister‹ der von Juden und hysterischen Schwätzern in den Himmel gerühmten Verfallskunst! Das waren die ›Meisterwerke‹, die mit den Steuergroschen des schaffenden deutschen Volkes bezahlt wurden!!!« (über Werken von Fuhr, Schmidt-Rottluff, Bauknecht, Rohlfs u. a.; Abb. 67).
• »Wie die Verniggerung der Musik und des Theaters sollte die Verniggerung der bildenden Kunst den rassischen Instinkt entwurzeln, die Grenzen des Blutes niederreißen helfen!« (über Arbeiten von Nolde, Schmidt-Rottluff, Mueller).
• » [...] und Frechheit sind die Merkmale der jüdischen Rasse!« (über Exponaten von Adler und Chagall; Abb. 69).
• »Als Verbündete des roten Mordes halfen sie mit, die ›Weltrevolution‹ in Deutschland zu organisieren. Juden und Judengenossen in den Redaktionsstuben, auf den Orchesterstühlen und in den Museen waren ihre öffentlichen Anwälte!« sowie »Als Hofmaler des Moskowitert[?] die bolschewistischen Lehren [...]« (über Werken von Dix, Skade, Felixmüller und Beckmann; Abb. 70).
Waren in München, wohl hauptsächlich wegen der großen Eile, die polemischen Texte direkt auf die Wände geschrieben, so benutzte man in Berlin große Schrifttafeln und -bänder. Sie erfüllten die für eine Wanderschau nötige Prämisse der Mobilität. Die wenigen bekannten und hier wiedergegebenen Passagen genügen, um die größere Prägnanz der propagandistische Stoßrichtung festzustellen: Der »jüdisch-bolschewistische« Todfeind erscheint nahezu in jeder Zeile. Auch die Zitate stammten »fast nur von jüdischen Kunstkritikern«[26]. Gleichzeitig wurde, soweit sich das beurteilen läßt, von Angriffen gegen namentlich genannte Museumsbeamte der »Systemzeit« abgesehen. Eine zeitgenössische Quelle bestätigt diese Beobachtung: »Die Ausstellung richtet sich jetzt nicht mehr wie noch in München gegen die Museumspolitik der Vergangenheit – dieses Kapitel ist jetzt endgültig geschlossen –, auch nicht gegen die einzelnen Künstler, sondern gegen alle Tendenzen, die den Bolschewismus erstrebten«[27]. Dadurch dürfte sich auch erklären, daß die Angabe der Ankaufspreise, seit den Vorläuferausstellungen als Waffe gegen die Museumsleute und somit gegen die Vertreter des republikanischen Staates eingesetzt, auf den von Berlin an üblichen schmalen Beschriftungstäfelchen unterblieb. Auf ihnen waren in weißer Schrift auf schwarzem Grund allein die Künstlernamen, Werktitel und Herkunftsstädte vermerkt. Aufnahmen aus späteren Ausstellungsetappen dokumentieren, daß die Erwerbungspreise offenbar nur bei einigen Exponaten auf separaten Zetteln ausgestellt wurden.[28]
Bezeichnenderweise fanden die in München massenweise vorhandenen roten Zettel »Bezahlt von den Steuergroschen des arbeitenden deutschen Volkes« in Berlin und den folgenden Etappen keine Verwendung mehr. Die im Bericht der Frankfurter Zeitung angesprochenen, auf »steintafelartigen Plakaten« angebrachten Zitate aus Hitler-Reden waren wohl identisch mit jenen im Ausstellungsführer. Das belegt eine Aufnahme der späteren Düsseldorfer Ausstellungsetappe (Abb. 79). Im Hintergrund läßt sich deutlich ein solches »steintafelartiges Plakat« ausmachen, welches eine Äußerung Hitlers aus seiner »Kulturrede« vom 2. September 1933 auf dem Reichsparteitag trägt:

> Die nationalsozialistische Bewegung und Staatsführung darf auch auf kulturellem Gebiet nicht dulden, daß Nichtskönner oder Gaukler plötzlich ihre Fahnen wechseln und so, als ob nichts gewesen wäre, in den neuen Staat einziehen, um dort auf dem Gebiete der Kunst und Kulturpolitik abermals das große Wort zu führen.

Dasselbe Zitat hatte sich bereits unter den Wandbeschriftungen der Münchner Etappe befunden und war auch im Ausstellungsführer abgedruckt.[29]

26 Felix Hartlaub in dem Brief an seinen Vater vom 28. Februar 1938 (zitiert nach Krauss/Hartlaub 1958, S. 159).
27 Berliner Börsen-Zeitung, 25. Februar 1938.
28 Vgl. die Rezension zur Frankfurter Station (Abb. 107) mit den Ankaufspreisen von Adlers Gemälde »Zwei Mädchen (Mutter und Tochter)« und Hoffmanns Plastik »Mädchen mit blauen Haaren« auf weißen Zetteln.
29 Vgl. von Lüttichau 1992a, S. 53 und Kaiser 1937, S. 10.

Eine Besonderheit der Berliner Inszenierung waren die mittelgroßen schildartigen Plakate mit teilweise absichtlich ausgerissenen Rändern, die in schräger Anordnung an den Rahmen befestigt waren und meist mehrere Bilder teilweise verdeckten (Abb. 67, 69, 72). Was in München nur in einem Fall praktiziert worden war[30], wurde in Berlin systematisch betrieben: das aggressive Eindringen der propagandistischen Kommentare in den Bildraum. Hierin wird man getrost ein Mittel dafür erkennen dürfen, durch Herabwürdigung und Besudelung der Kunstwerke die Entstehung einer Aura zu verhindern. Dies gilt auch für die auf etlichen Exponaten befindlichen kleinen weißen Zettel (Abb. 67, 69, 71-72). Es steht zu vermuten, daß es sich um die Schreibmaschinenzettel mit Äußerungen über die betreffenden Künstler handelt, von denen in der Pressemeldung die Rede ist. Der Künstler Bernard Schultze erinnert sich in einem Gespräch mit dem Verfasser am 2. Oktober 1989 an die Präsentation von Dix' »Schützengraben« – ungerahmt und über und über mit derartigen Zetteln beklebt.[31]

Man scheint bei einigen Exponaten, insonderheit bei Plastiken, absichtlich auf jegliche Beschriftung verzichtet zu haben (Abb. 65, 67-68, 71-72). Die Hängung in den abgedunkelten Räumen – die Außenansicht des Gebäudes zeigt, daß sämtliche Fenster zugestellt oder zugehängt worden waren (Abb. 63) – war sehr dicht, teilweise hingen die Bilder Rahmen an Rahmen und fast bis zum Boden (Abb. 64). Während die Plastiken in München noch nahezu ausnahmslos auf Sockeln gestanden hatten, stellte man sie in Berlin wahllos auf Tische (Abb. 68, 71) oder Gesimse (Abb. 65), wobei sie des öfteren dahinter befindliche Werke verdeckten. Doch damit nicht genug: Die stete Präsenz uniformierter SA- oder SS-Wachposten in der Ausstellung, durch Raumaufnahmen und Augenzeugenberichte[32] zur Genüge erwiesen, schuf eine Gefängnisatmosphäre. Ohne Zweifel blieb der erwünschte Effekt dieser gekonnten Inszenierung nicht aus, wie eine Passage aus dem Brief von Felix Hartlaub belegt: »Trotzdem ist es, namentlich in dieser Häufung, eine richtige Hölle«[33].

Als ein Charakteristikum der Berliner Femeschau unterstreichen endlich sowohl das eingangs zitierte »Informationsmaterial für die Schriftleitungen« als auch der Presseartikel die Gegenüberstellung der Exponate mit künstlerischen Produkten von Patienten aus psychiatrischen Kliniken. Wohl weit über 100 solcher Werke aus der berühmten Prinzhorn-Sammlung, in der Hauptsache Arbeiten auf Papier, waren vom Direktor der Psychiatrischen Klinik Heidelberg, Carl Schneider, zur Verfügung gestellt und im Januar oder Februar 1938 nach Berlin versandt worden. Das Datum geht aus einem Schreiben von Wilhelm Niederste-Ostholt, Fachbeiratsvorsitzender des Instituts für Deutsche Kultur- und Wirtschaftspropaganda und zugleich Geschäftsführer der Reichspropagandaleitung in München (vgl. Kapitel 6.1), an Schneider vom 22. Januar 1938 hervor, in welchem von den »von Ihnen zur Verfügung zu stellenden Bilder[n] und Plastiken« gesprochen wird (Dok. 45). Da die im selben Brief angeforderte »ausführliche Liste dieser Bilder und Plastiken« bislang nicht gefunden wurde, ist weder die genaue Anzahl der entliehenen noch die der tatsächlich ausgestellten Arbeiten bekannt. Von der nächsten Etappe, Leipzig, wurden am 8. Juni 1938 über 100 Leihgaben an die Heidelberger Klinik zurückgeschickt (Dok. 47). Ausstellungsleiter Pistauer war schon 1937 zwei Wochen lang bei Schneider in Heidelberg gewesen, um nach »Vergleichsbeispielen« zu suchen. Auf diese Begegnung Pistauers mit Schneider bezieht sich auch Nieder-

30 Im Falle von Meidners »Selbstporträt« aus Breslau war im oberen Bereich ein Zettel mit einem Ausspruch des Künstlers angebracht, der das Bild fast zu einem Viertel verdeckte (vgl. von Lüttichau 1992a, S. 52).

31 Der »Schützengraben« war schon in München als einziges Gemälde ohne Rahmen ausgestellt worden (vgl. von Lüttichau 1992a, S. 56). Das weitverbreitete Vorurteil, die Bilder seien generell ungerahmt präsentiert worden, trifft auch für alle weiteren Etappen nicht zu. In Anbetracht des häufigen Transports der Exponate war es wohl auch viel praktischer, die Werke in ihren Rahmen zu belassen.

32 Bernard Schultze erinnert sich an uniformierte Posten zu beiden Seiten von Dix' »Schützengraben« sowie an »SA-Männer, die hier und da, sicher auf Geheiß, die Bilder bespuckten« (FAZ, 4. Juli 1987 und in einem Gespräch mit dem Verfasser am 2. Oktober 1989). Die Anwesenheit von SA- oder SS-Männern bestätigte auch ein weiterer Augenzeuge, der Hamburger Bildhauer Erich Moebes, in einem Gespräch am 4. Juli 1990.

33 Felix Hartlaub in dem Brief an seinen Vater vom 28. Februar 1938 (zitiert nach Krauss/Hartlaub 1958, S. 160).

ste-Ostholt in dem oben zitierten Schreiben. Bei dem Besuch hatte Pistauer Photographien angefertigt, nach welchen die Reichspropagandaleitung vermutlich die Auswahl der gewünschten Objekte traf. Schneider sei, so Pistauer, »sehr interessiert« gewesen und habe die Arbeit unterstützt (Dok. 74). Von Berlin an sollte die Gegenüberstellung von »entarteter Kunst« und »Irrenkunst« in der Ausstellungspräsentation und Presseberichterstattung eine exponierte Rolle spielen. Die Strategie ist denkbar primitiv, dafür aber um so effektvoller: Durch die Unterstellung einer äußeren Ähnlichkeit der Arbeiten sollten die Künstler als geisteskrank entlarvt und mit den Geisteskranken aus der propagierten Volksgemeinschaft ausgeschlossen werden – eine Form der ideologischen Vorbereitung des 1939 einsetzenden mörderischen »Euthanasie-Programms«. Groteskerweise wurde unterstellt, die vermeintliche Krankheit der Künstler sei aus purer Absicht entstanden. So notierte Wilhelm Westecker in der Berliner Börsen-Zeitung vom 25. Februar 1938:

> Die Ausstellung [...] stellt sehr geschickt Arbeiten von wirklichen Geisteskranken aus der Heidelberger Nervenklinik den Arbeiten der gewollt Geisteskranken gegenüber. Es ist kein Unterschied. Sie sind nicht voneinander zu unterscheiden. Ja, die Arbeiten der gewollt Geisteskranken sind meist noch stärker deformiert.

Ähnlich äußerte sich Robert Scholz:

> Ganz besonders eindrucksvoll sind aber die Gegenüberstellungen dieser sogenannter »Kunstwerke« mit den Mal- und Modellierversuchen richtiger Geisteskranker der Psychiatrischen Universitätsklinik in Heidelberg. Simulierter und wirklicher Unsinn sind hier nicht mehr zu unterscheiden.[34]

Auf den Berliner Photographien läßt sich nur ein einziges solches Vergleichspaar ausmachen (Abb. 68). Es folgt genau dem Muster des Ausstellungsführers: Am rechten unteren Bildrand steht, teilweise bedeckt von einem über den Kopf gelegten Tuch, Karl Brendels Plastik »Kopf« aus geknetetem Brot, daneben Hoffmanns im Stadtmuseum Dresden beschlagnahmte Gipsplastik »Mädchen mit blauem Haar«.[35] Bernard Schultze erinnert sich in einem Gespräch mit dem Verfasser, daß in Berlin Werke der »Irrenkunst« Zeichnungen oder Graphiken von Klee gegenübergestellt waren.

An den Vorverkaufsstellen[36] machte ein Plakat (Abb. 60) auf die Femeschau aufmerksam. Der unbekannte, mit dem Monogramm »HE« zeichnende Entwerfer des zweifarbigen Linolschnitts – stilistisch eng verwandt mit dem ebenfalls von »HE« gestalteten Plakat zur Ausstellung »Bolschewismus ohne Maske«, Berlin 1937/38 (Abb. 129) – kombinierte Schrift- und Bildelemente zu einer einprägsamen Komposition. Das über einer Schriftleiste angeordnete Bildfeld wird von dem dynamisch bewegten Schriftzug »Entartete Kunst« dominiert. Hinsichtlich der Größenverhältnisse der Buchstaben und, im Falle des Wortes »Kunst« evident, der Schriftgestaltung lehnte sich der Graphiker unverkennbar an den Umschlag des Ausstellungsführers (Abb. 57) an. Stilistisch ahmt das Plakat einen expressionistischen Holzschnitt nach. In der rechten oberen Bildecke erscheint eine stilisierte Maske im Profil. Sie korrespondiert mit einem ebenfalls stilisierten Adler in der linken unteren Ecke. Als Vorlagen oder Anregungen für Maske und Adler könnten zwei Holzschnitte aus dem Jahre 1919 gedient haben: Dix' »Ich (Maske)« (Abb. 62)[37] und Schmidt-Rottluffs Entwurf des Reichswappens mit Adler (Abb. 61)[38], von dem sich ein Exemplar in der Ausstellung befand[39]. Schmidt-Rottluffs Entwürfe des Reichswappens, im Auftrag von

34 KIDR 2, 1938, Folge 3, S. II.

35 Vgl. dieselbe Gegenüberstellung im Ausstellungsführer auf S. 27. Offenbar gehörte sie zum festen Repertoire der Ausstellungsgestaltung in den späteren Etappen (Abb. 107).

36 In München war der Eintritt auf Anordnung Hitlers frei gewesen (vgl. den Entwurf eines Schreibens von Franz Hofmann an Goebbels vom 9. März 1938; ZSTA 50.01-743, Bl. 36). Ab der Berliner Etappe wurden einheitlich 50 Pfennige Eintrittsgeld erhoben, die sich bei angemeldetem Gruppenbesuch und im Vorverkauf auf 35 Pfennige reduzierten.

37 Vgl. Karsch 1970, Nr. 342 und Diether Schmidt 1978, S. 54, Nr. 27. Als Vorlage könnte dem Plakatgestalter die Abbildung in der Dresdner Zeitschrift Menschen gedient haben (vgl. ebenda, S. 258).

38 Vgl. Schapire 1965, Nr. 262 und Nr. 268.

39 Vgl. die Liste der im November 1941 an das RMVP zurückgereichten Werke (Dok. 62). Vielleicht handelte es sich dabei um das im Museum der bildenden Künste Leipzig beschlagnahmte Blatt (vgl. Kulturstiftung der Länder 1992a, S. 70, Nr. 279).

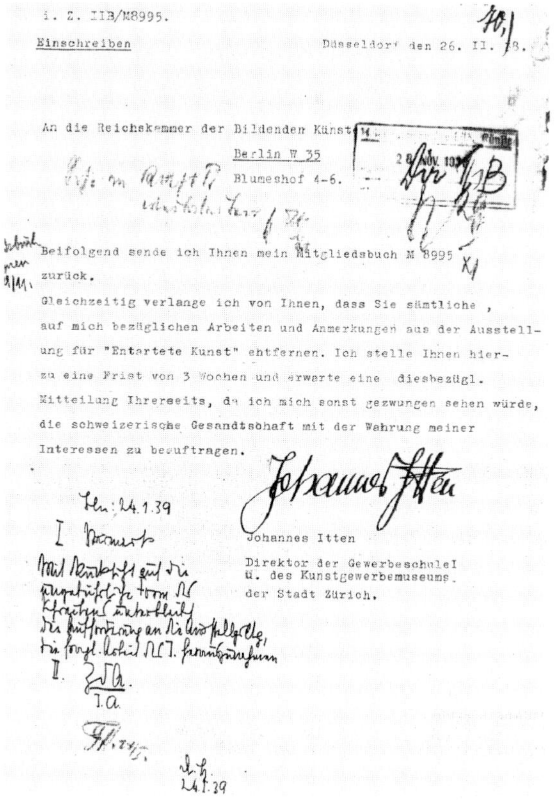
i. Z. IIB/M8995.

Einschreiben Düsseldorf den 26. II. 38.

An die Reichskammer der Bildenden Künste

Berlin W 35

Blumeshof 4-6.

Beifolgend sende ich Ihnen mein Mitgliedsbuch M 8995 zurück.

Gleichzeitig verlange ich von Ihnen, dass Sie sämtliche , auf mich bezüglichen Arbeiten und Anmerkungen aus der Ausstellung für "Entartete Kunst" entfernen. Ich stelle Ihnen hierzu eine Frist von 3 Wochen und erwarte eine diesbezügl. Mitteilung Ihrerseits, da ich mich sonst gezwungen sehen würde, die schweizerische Gesandtschaft mit der Wahrung meiner Interessen zu beauftragen.

Johannes Itten

Johannes Itten

Direktor der Gewerbeschule
u. des Kunstgewerbemuseums
der Stadt Zürich.

Dok. 44 Brief von Johannes Itten an die Reichskammer der bildenden Künste, 26. Februar 1938, mit handschriftlichem Vermerk von Rolf Hetsch (ZSTA 50.01-743, Bl. 70)

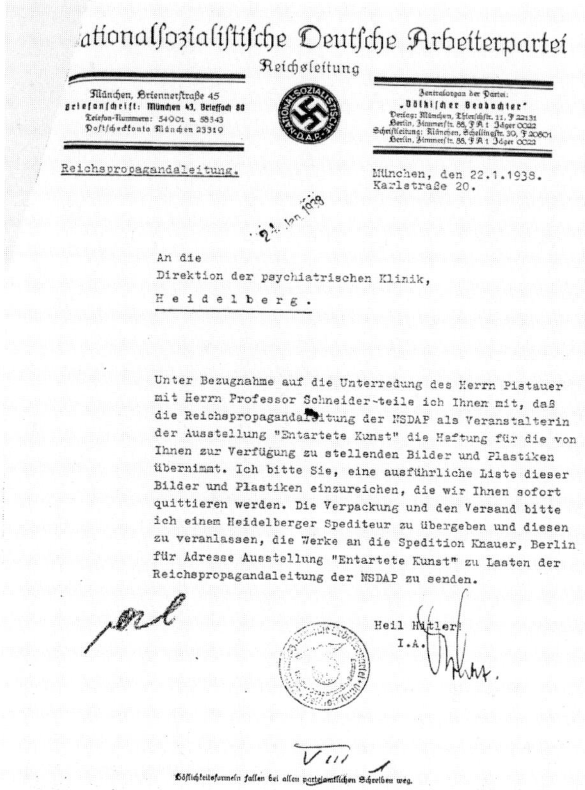
Nationalsozialistische Deutsche Arbeiterpartei

Reichsleitung

München, Brienner Straße 45
Briefanschrift: München 43, Brieffach 80
Telefon-Nummern: 54901 u. 58343
Postscheckkonto München 23319

Zentralorgan der Partei:
„Völkischer Beobachter"
Verlag: München, Thierschstr. 11, F 22131
Berlin, Zimmerstr. 88, FA 1 Jäger 0022
Schriftleitung: München, Schellingstr. 39, F 20801
Berlin, Zimmerstr. 88, FA 1 Jäger 0022

Reichspropagandaleitung. München, den 22.1.1938.
Karlstraße 20.

An die
Direktion der psychiatrischen Klinik,
Heidelberg.

Unter Bezugnahme auf die Unterredung des Herrn Pistauer mit Herrn Professor Schneider-teile ich Ihnen mit, daß die Reichspropagandaleitung der NSDAP als Veranstalterin der Ausstellung "Entartete Kunst" die Haftung für die von Ihnen zur Verfügung zu stellenden Bilder und Plastiken übernimmt. Ich bitte Sie, eine ausführliche Liste dieser Bilder und Plastiken einzureichen, die wir Ihnen sofort quittieren werden. Die Verpackung und den Versand bitte ich einem Heidelberger Spediteur zu übergeben und diesen zu veranlassen, die Werke an die Spedition Knauer, Berlin für Adresse Ausstellung "Entartete Kunst" zu Lasten der Reichspropagandaleitung der NSDAP zu senden.

Heil Hitler!
I.A.

Höflichkeitsformeln fallen bei allen parteiamtlichen Schreiben weg.

Dok. 45 Brief von Wilhelm Niederste-Ostholt, Reichsleitung der NSDAP, an die Direktion der Psychiatrischen Universitätsklinik Heidelberg, 22. Januar 1938 (Psychiatrische Universitätsklinik Heidelberg, Verwaltungsakte VIII/4)

Reichskunstwart Edwin Redslob geschaffen, wurden in NS-Propagandaschriften als »Herabwürdigung des Hoheitszeichens«[40] diffamiert. In einer Rezension der Frankfurter Ausstellungsetappe heißt es: »Einer der übelsten dieser Schmierer, Prof. Schmidt-Rottluff, dem man auf der Ausstellung in allen Sälen begegnet, schuf den Reichsadler der Ebert-Republik« (Abb. 107). Die spiegelverkehrte Erscheinungsweise beider Werke auf dem Berliner Plakat erklärt sich durch das drucktechnische Verfahren. Die Auswahl gerade dieser beiden Vorbilder ist mit Blick auf den oben erläuterten Inhalt der Schau von besonderer Signifikanz: Dix als Repräsentant der gesellschaftskritischen Kunst, Schmidt-Rottluff mit dem Bezug zur Weimarer Republik.

Die Organisatoren taten alles, um der Ausstellung eine große Besucherzahl zu bescheren. Am 5. März versandte das Zentralbüro des Statistischen Reichsamts ein Rundschreiben »An sämtliche Abteilungsamtmänner und Gruppenleiter« mit der Aufforderung, die beigefügten Eintrittskarten »restlos abzusetzen und durch den Abteilungsamtmann bis zum 15. März 1938 bei Verwaltungsamtmann Fiebich, Zimmer 6.048, abzurechnen«[41]. Die von Berlin an geltenden ausnehmend langen Öffnungszeiten von elf Stunden (10 bis 21 Uhr) an sieben Tagen in der Woche sollten auch dem arbeitenden Teil der Bevölkerung den Besuch der Ausstellung ermöglichen. Nach dem sensationellen Auftakt in München nutzten viele Berliner und, wie die Presse gerne betonte, zahlreiche in- und ausländische Besucher diese Chance: »Der Andrang zu der Ausstellung ist ungewöhnlich. Man hat eigens einen besonderen Weg über eine Hintertreppe und einen Hof bezeichnen müssen, um die abströmenden Besuchermas-

40 Dresler 1938, S. 34; dort in Gegenüberstellung mit dem NS-Reichsadler über dem Eingang zum HdDK.
41 Hektographiertes, mit dem Namen »Hell« gezeichnetes Schreiben vom 5. März 1938 im Besitz des Verfassers.

sen von den ankommenden zu sondern«[42]. Der Steuerung der Besucher diente auch ein festgelegter, durch Hinweisschilder ausgewiesener Rundgang – wer sich nicht an diesen hielt, wurde von Uniformierten rüde zurechtgewiesen.[43] Den veröffentlichten Zahlen zufolge kamen in den ersten zwei Wochen über 50.000, im ersten Monat insgesamt 150.000, bis Mitte April 200.000 und bis zum Ende der verlängerten, insgesamt zweieinhalbmonatigen Laufzeit über eine halbe Million Besucher.[44] In Anbetracht der Besucherschlangen vor dem Gebäude[45] und der überfüllten Räume (Abb. 66, 69-70) scheint diese Zahl durchaus glaubhaft. Der Augenzeugenbericht des Pressezeichners Emil Stumpp vom März 1938 bestätigt das zusätzlich:

> Obwohl wir an einem Werktag da waren, war die Ausstellung ziemlich voll. Die meisten gingen mit steinernen Gesichtern umher, einige sah man immer wieder zu gewissen Bildern zurückkehren, und ein kleiner Teil des Publikums wurde den Erwartungen der Ausstellungstendenz gerecht, sie schienen das Ganze als lautes Amüsement zu empfinden. Ernst gewollte und ernst gemeinte Arbeiten lösten Gelächter aus. Wir atmeten auf, als wir draußen waren.[46]

Abschließend sei nach der Rolle des Propagandaministeriums und des Ministers selbst gefragt. Mit der Übernahme der Schau durch die Reichspropagandaleitung war die Zuständigkeit von der Reichskammer der bildenden Künste unmittelbar auf das Goebbels-Ministerium übergegangen, welches das Institut für Deutsche Kultur- und Wirtschaftspropaganda mit der Durchführung beauftragte. Der oben dargelegte Konzeptwandel ist in erster Linie im Zusammenhang mit dieser nominellen Veränderung zu sehen. Die Ausstellung wurde (»auf Anweisung«[47] des Propagandaministers, wie es ausdrücklich hieß) von allem »Ballast« gereinigt, das Feindbild im Sinne einer »politischen Lehrschau« schärfer konturiert, kurzum: Die Schau wurde ganz auf die Goebbels-Linie eingestellt. Goebbels, unter dessen Protektorat die Ausstellung an der Spree stattfand, ließ es sich nach Aussage Pistauers (Dok. 74) nicht nehmen, während ihres Aufbaus mehrfach persönlich zu erscheinen. Am Tage nach der Eröffnung inspizierte er die Schau offiziell, wie er dies, in Begleitung Hitlers, auch in München getan hatte (Abb. 64-65).[48] Auch die Tatsache, daß es ein Referent des Propagandaministeriums, nämlich Franz Hofmann, war, der bei der Pressevorbesichtigung den einleitenden Vortrag hielt, verdeutlicht die Schlüsselrolle des Ministeriums.

42 FZ, 27. Februar 1938.

43 Vgl. Stumpp 1983, S. 93.

44 Vgl. Kreuz-Zeitung, 10. März und 15. April 1938; Berliner Tageblatt, 26. März 1938; Leipziger Tageszeitung, 11. Mai 1938. Am 23. April 1938 wurde die Verlängerung bis zum 8. Mai 1938 bekanntgegeben (vgl. Thomae 1978, S. 342).

45 Vgl. Zuschlag 1992a, S. 91, Abb. 69.

46 Stumpp 1983, S. 94.

47 Im Hamburger Fremdenblatt stand am 9. November 1938, die Ausstellung sei im Vergleich zu München »auf Anweisung von Reichsminister Dr. Goebbels erheblich erweitert und ausgebaut worden«.

48 Vgl. Der Angriff, 1. März 1938. Von den drei bekannten Photographien, die Goebbels in den Ausstellungsräumen zeigen, werden hier zwei wiedergegeben. Die dritte ist reproduziert bei Hüneke 1988d, S. 46.

6.3.2 Leipzig, Grassi-Museum, 13. Mai bis 6. Juni 1938

»Es ist ein Beweis auch für die kulturelle Bedeutung der Reichsmessestadt, daß die Ausstellung nach München und Berlin zuerst nach Leipzig kommt.«[1] Der Stolz, der aus diesen Zeilen spricht, war unberechtigt. Von Berlin, so war zu einem unbekannten Zeitpunkt entschieden worden, hätte die Femeschau nämlich zunächst nach Hamburg reisen sollen.[2] Vermutlich mußte aus organisatorischen Gründen kurzfristig umdisponiert werden, so daß man sich für ein – nur dreiwöchiges –Intermezzo in Leipzig entschloß. Dabei kann über die Frage, warum die Wahl auf Leipzig und nicht auf für die Gauhauptstadt Dresden fiel, nur spekuliert werden. Am nächstliegenden scheint, daß man wegen der populären Dresdner Vorläuferausstellung von der Durchführung einer weiteren Femeschau an diesem Ort absehen wollte.

Offenbar stand die Ausstellungsleitung unter Termindruck. Anders ist die fieberhafte Eile, mit der sich der Abbau in Berlin und der Aufbau in Leipzig vollzogen, schwerlich zu erklären. Am Sonntag, den 8. Mai 1938, um 21 Uhr schloß das Berliner Haus der Kunst seine Tore. Abbau und Verpackung begannen vermutlich schon in derselben Nacht, denn bereits am übernächsten Tag, Dienstag, 10. Mai, traf die Ausstellung in der Messestadt ein.[3] Als Werner Teupser, seit 1929 Direktor des Leipziger Museums der bildenden Künste, die Ausstellungsräume am Donnerstag morgen besuchte, liefen die Vorbereitungen noch auf Hochtouren.[4] Dessenungeachtet war die Presse am selben Tag zur Vorbesichtigung geladen, fand schon am Freitag nachmittag, 17 Uhr, die feierliche Eröffnung im Grassi-Museum statt:

> Im festlich geschmückten Vestibül des Grassi-Museums vollzog sich in Gegenwart zahlreicher führender Persönlichkeiten der Partei, der Wehrmacht und der Leipziger Künsterlerschaft [...] die feierliche Eröffnung der Ausstellung. Als erster betrat der Kulturdezernent Leipzigs, Stadtrat Hauptmann, das lorbeergeschmückte Rednerpult.[5]

Anschließend sprachen Kreispropagandaleiter Krüger und, da der Gau Sachsen als Veranstalter in Leipzig auftrat, der Kulturreferent der Gaupropagandaleitung Sachsen Hoffmann-Türcke. Den Abschluß der einstündigen Zeremonie, nach der die Schau allen »Volksgenossen« offen stand, bildete ein Rundgang mit Ausstellungsleiter Pistauer.

Die Exposition hatte die Messe-Ausstellungsräume des 1925 bis 1929 nach Plänen von Carl William Zweck und Hans Voigt errichteten Grassi-Museums bezogen, des Museums für Kunsthandwerk, Völkerkunde und Musikinstrumente. Es handelte sich um die Räumlichkeiten, die während der Messemonate, März und September, üblicherweise als Messehallen für Kunstgewerbe und kleinere Sonderausstellungen benutzt wurden.

Der Berliner Bestand war für Leipzig offensichtlich fast unverändert übernommen worden, ebenso das in neun Gruppen eingeteilte Hängekonzept und das propagandistische Material. Die Presse sprach von »über 1.000 Schaustücken« und »großen Transparente[n] mit fundamentalen Selbstenthüllungen der führenden Kunstbolschewisten«, die

> im Verein mit den ausgelegten »Kunst«-Zeitschriften, Kritiken, Manifesten [...] jeder einzelnen Gruppe, jedem Raum das entscheidende Schlaglicht [mitgeben] und [...] das Verständnis breitester Volkskreise für die hinter all den scheinbaren Verrücktheiten unheimlich lauernde Tendenz unheimlicher Zerstörung mit dankenswertem Nachdruck [aufschließen]. Daß dabei als schönster Wegweiser ins Freie, Große jeder echten und gesunden Kunstübung überall Aussprüche des Füh-

1 Leipziger Tageszeitung (NSDAP-Organ) und Leipziger Neueste Nachrichten, 11. Mai 1938.

2 Vgl. Leipziger Tageszeitung, 14. Mai 1938. Das Hamburger Tageblatt berichtete am 12. Januar 1938 (also noch vor Eröffnung der Berliner Etappe), daß die Ausstellung »voraussichtlich im April dieses Jahres« in Hamburg gezeigt werde.

3 »Am Dienstag erst kamen die Ausstellungsgegenstände von Berlin in der Reichsmessestadt an; dennoch ist der Aufbau im Grassi-Museum so weit gefördert, daß die Eröffnung heute, Freitag, um 17 Uhr stattfinden kann« (Leipziger Tageszeitung, 13. Mai 1938).

4 Vgl. den untenstehenden Auszug aus seinem Bericht.

5 Leipziger Tageszeitung, 14. Mai 1938 (Abb. 74). Nach dieser ausführlichen Schilderung und jener in den Leipziger Neuesten Nachrichten vom selben Tage auch die weiteren Angaben über die Eröffnung.

rers den Schanddokumenten einer entarteten Zeit gegenübergestellt sind, ist eine wahre Wohltat [...] und als aufrichtende Gegenwirkung bei dem niederdrückenden Rundgang einfach unentbehrlich.[6]

Das Propagandagespinst, daß hinter der scheinbar harmlosen »entarteten Kunst« der geplante Angriff der »jüdisch-bolschewistischen Weltverschwörung« stecke, sollte von nun an in der Presseberichterstattung vorherrschen. In der Leipziger Tageszeitung vom 13. Mai 1938 schrieb Ludwig Scheewe, die bildende Kunst habe sich »zu einem Instrument des Klassenkampfes [gemacht], das für die Drahtzieher des Kommunismus, die internationalen Juden, hochwillkommen war«. In der Ausstellung fehlten auch die »Werke von unheilbaren Geisteskranken aus einer Irrenanstalt als Gegenüberstellung zu den künstlerischen Ergüssen der Systemzeit«[7] nicht.

Es existiert nicht eine einzige Aufnahme aus den Ausstellungsräumen. Die Tageszeitungen schickten keine eigenen Photographen, sondern griffen zur Illustration ihrer Artikel auf Bildmaterial zurück, welches vom Institut für Deutsche Kultur- und Wirtschaftspropaganda vorab zur Verfügung gestellt worden war: Abbildungen einzelner Werke ohne räumlichen Kontext oder Raumaufnahmen der vorigen beiden Stationen. Beispielsweise publizierte die Leipziger Tageszeitung am 12. Mai 1938, also am Tage vor der Eröffnung, einen ganzseitigen Aufsatz mit vier Photographien, die zweifelsohne aus der Münchner Schau stammen. Die Raumaufnahme in der Leipziger Tageszeitung vom 14. Mai 1938 mit Arbeiten von Freundlich, Adler und Chagall dürfte in Berlin entstanden sein (vgl. Abb. 74 mit Abb. 69), auch wird als Quelle das Institut für Deutsche Kultur- und Wirtschaftspropaganda und nicht etwa ein örtlicher Photograph genannt.

Abgesehen von den Ankündigungen und den Berichten über die Eröffnung erschienen während der dreiwöchigen Laufzeit nur kleinere Meldungen, die die aktuellen Besucherzahlen veröffentlichten und an den Besuch der Schau gemahnten. Meist wurden diese kurzen Texte nur von der Photographie eines Werkes begleitet. Dabei läßt sich eine Praxis erkennen, die auch auf den folgenden Stationen angewandt wurde und die Aussagen über die tatsächlich ausgestellten Werke nicht unwesentlich erschwert: Abgebildet wurden nämlich auch Kunstwerke, die weder zum Ausstellungs- noch (da mitunter in Privatbesitz) zum Beschlagnahmebestand gehörten. In einem konkreten Fall verwendete man Paul Klees kleines Ölbild »Das Lamm« aus dem Jahr 1920, welches gewiß nicht im Original zur Verfügung stand.[8] Daraus läßt sich schließen, daß die Reichspropagandaleitung und das Institut für Deutsche Kultur- und Wirtschaftspropaganda einen Fundus von Aufnahmen moderner Kunst, abphotographiert aus entsprechenden Publikationen (z. B. der Reihe »Junge Kunst«), zusammengestellt hatten.

Gerade wegen des empfindlichen Mangels an Bildquellen ist jede Detailinformation über den Ausstellungsbestand willkommen. Werner Teupser schreibt am 12. Mai 1938 an den obengenannten Kulturdezernenten Friedrich August Hauptmann: »Die Ausstellung entartete Kunst habe ich heute früh, obwohl sie noch nicht ganz fertig aufgebaut war, doch kurz besichtigt. Aus unserer Sammlung sind nur zwei Werke ausgestellt: Emil Nolde ›Verspottung Christi‹ und Otto Lange ›Fischerhütten‹«[9]. Beide Bilder gehörten zu den am 20. August 1937 im Museum der bildenden Künste beschlagnahmten Beständen und waren in Berlin der Femeschau zugeführt wor-

6 Leipziger Neueste Nachrichten, 14. Mai 1938.

7 Ebenda, 25. Mai 1938.

8 Vgl. Leipziger Tageszeitung, 2. Juni 1938. Obwohl es im Begleittext heißt, es handele sich um »ein Bild von einem der Machwerke, die [in der Schau] angeprangert werden«, befand sich das Werk (heute im Frankfurter Städel) seit seinem Entstehungsjahr in der Münchner Galerie »Neue Kunst – Hans Goltz«. Als Vorlage für die Photographie diente vermutlich die Abbildung in Zahn 1920, S. 86 (freundliche Mitteilung von Stefan Frey-Albrecht). »Das Lamm« erschien nochmals in einer Rezension der Düsseldorfer Ausstellungsetappe (vgl. Rheinische Landeszeitung, 26. Juni 1938).

9 Zitiert nach Mehnert 1992, S. 22f. Die Spur des Gemäldes von Lange verliert sich bereits nach der Leipziger Etappe; auf der – allerdings unvollständigen – Düsseldorfer Liste (Dok. 46) oder einer anderen ist es nicht mehr nachweisbar. Möglicherweise wurde es nach Leipzig aus der Ausstellung entfernt. Hingegen läßt sich die weitere Geschichte des Nolde-Bildes (vgl. Urban 1987, Nr. 317) lückenlos verfolgen. Es erscheint auf der genannten Düsseldorfer Liste, wird im Oktober 1938 von Salzburg nach Berlin zurückgeschickt (Dok. 50), ist im Depot Niederschönhausen unter der Inv.-Nr. 1033 verzeichnet und gelangt nach dem Krieg über die Sammlungen Theodor Heuberger (São Paulo, Brasilien) und Hanna Bekker vom Rath (Hofheim/Ts.) in das Brücke-Museum Berlin (1980).

den. Mit der Auswahl ausgerechnet des Nolde-Bildes bewiesen die Verantwortlichen eine sichere Hand für Schlüsselwerke: Seit dem Ankauf durch das Leipziger Museum im Jahre 1921 war es das – gleichermaßen umstrittene wie populäre – Kernstück der modernen Abteilung gewesen.[10] Von Nolde kam in Leipzig außerdem das Gemälde »Einzug Christi in Jerusalem« aus der Kunsthalle Hamburg hinzu.[11]

Als Ausstellungsplakat (Abb. 73) entwarf der Graphiker Ottomar Anton[12] eine dreifarbige Lithographie, ein reines Schriftplakat. Seine Wirkung wird bestimmt von den Worten »Entartete Kunst«, die sich als Negativdruck von der schwarz-dunkelblauen Umgebung abheben. Die Gestaltung des die Komposition dominierenden Wortes »Entartete« hat bildhaften Charakter: Wie ein Blitz stürzen die Buchstaben – sie ironisieren expressionistische Schriftkunst – von links oben, eine Kurve beschreibend, in den Bildraum hinein. Durch diesen Bewegungsimpuls erreicht der Künstler einerseits eine Verbildlichung des »Ver-falls« der Kunst, andererseits eine Dynamik, die mittels der sich nach unten vergrößernden Buchstaben noch verstärkt wird: Auf diese Weise kommen die Lettern dem Betrachter optisch entgegen. Erscheinungshaft und drohend, wie in einer dunklen Wolke schwebend, bricht das »Entartete« in die Welt der Ordnung ein, symbolisiert durch das Wort »Kunst« in Grotesk-Schrift.

Nachdem München und Berlin große Besucherströme hatten mobilisieren können, gab sich Leipzig größte Mühe, sich durch eine möglichst hohe Besucherzahl der Ehre, dritter Ausstellungsort zu sein, würdig zu erweisen:

> Der 21. und 22. Mai brachten der großen Ausstellung der NSDAP »entartete Kunst« einen Besuch, wie er wohl außer von der Messe von wenigen Ausstellungen in Leipzig zu verzeichnen war und der auch hinter den Rekordtagen der Ausstellung in Berlin und München nicht weit zurückblieb.[13]

In Leipzig galten dieselben Eintrittspreise und Öffnungszeiten wie in Berlin, ferner herrschte Jugendverbot (falls nicht anders angegeben, trifft das auch auf die nachfolgenden Etappen zu). Wir hören von »Führung[en] von zahlreichen Sonderzügen aus ganz Sachsen«[14] und mehrmaliger polizeilicher Schließung der Ausstellung wegen Überfüllung[15]. In Anbetracht der vergleichsweise kurzen Laufzeit von nur drei Wochen (in München waren es viereinhalb und in Berlin zweieinhalb Monate gewesen) konnten die Veranstalter mit dem veröffentlichten Ergebnis von mehr als 60.000 Besuchern[16] zufrieden sein. Entspricht diese Zahl der Wahrheit, so kamen pro Tag durchschnittlich fast 3.000 Menschen. Nicht eingerechnet ist das Publikum des Pfingstwochenendes. An Pfingstsonntag und -montag öffnete die Schau bereits eine Stunde früher als üblich. Schon am 31. Mai 1938 hatten die Leipziger Neuesten Nachrichten darauf hingewiesen, daß eine Verlängerung der Ausstellung nicht möglich sei.

Nach Beendigung der Ausstellung in Leipzig wurden über 100 Arbeiten aus der Prinzhorn-Sammlung nach Heidelberg zurückgeschickt.[17] Daraus darf freilich nicht geschlossen werden, man habe mit der Präsentation dieser Werke negative Erfahrungen gemacht und deswegen beschlossen, künftig darauf zu verzichten. Da »Irrenkunst« die Wanderung der Schau vielmehr bis zum Ende begleitete, kann die Retournierung eines so großen Postens nur als Indiz für die beträchtliche Menge der aus der Neckarstadt entliehenen Exponate gesehen werden.

10 Vgl. Mehnert 1992, S. 33 und S. 35f.
11 Vgl. Urban 1990, Nr. 708 und S. 10.
12 Der am 15. Dezember 1895 in Hamburg geborene, 1934 bis 1945 als Professor für Graphik an der Bremer Kunsthochschule lehrende Ottomar Anton entwarf regelmäßig Plakate für Ausstellungen des IKWP, wie die Schrift Das Institut für Deutsche Wirtschaftspropaganda 1936 belegt; darin tragen sechs der acht farbig abgebildeten Ausstellungsplakate aus dem Jahr 1936 sein Signum ANTO. Vgl. Gunther Brenner 1990 (mit Literatur) und Davidson 1992, S. 247.
13 Leipziger Neueste Nachrichten, 25. Mai 1938.
14 Ebenda, 25. Mai 1938.
15 Vgl. ebenda, 31. Mai 1938.
16 Vgl. ebenda, 5./6. Juni 1938.
17 Vgl. Dok. 47. Aufgeführt sind lediglich die Inventarnummern mit – oft fiktiven – Bildtiteln. Bei einigen Nummern findet sich von unbekannter Hand der Vermerk: »Psych. München gehörig, an diese abgeschickt« (vgl. Brand-Claussen 1990, S. 149, Anm. 10).

6.3.3 Düsseldorf, Kunstpalast, 18. Juni bis 7. August 1938

Seit zwei Wochen ist auch hier in Düsseldorf »Entartete Kunst« zu sehen. Ich kann nicht hingehen, es ist besser so, denn wenn ich die Schmähreden hörte, würde ich mehr Ärger als Interesse haben, da sind mir meine Freunde zu lieb zu. *Johanna Ey*[1]

In Düsseldorf war gerade erst die Schau »Entartete Musik« (vgl. Kapitel 7.3) zu Ende gegangen, als die »Entartete Kunst« in die Ausstellungshallen im mit Hakenkreuzfahnen und Transparent geschmückten Kunstpalast am Ehrenhof einzog (Abb. 75). Diese Räumlichkeiten, Teil der weitläufigen, 1926 von Wilhelm Kreis (1873-1955) am rechten Rheinufer errichteten Dauerbauten für die Großausstellung GESOLEI (Gesundheit, Soziale Fürsorge, Leibeserziehung) 1927, lagen denen des Kunstmuseums gegenüber, gehörten aber nicht zu diesem.[2] Am Samstag, den 18. Juni 1938, um 11 Uhr wurde die Exposition in Halle sieben des Düsseldorfer Kunstpalastes eröffnet. Das allgemeine Publikum war erst ab 15 Uhr zugelassen. Das Eröffnungsritual glich jenem in Berlin und Leipzig: »Die Stirnwand der Halle war mit hellen Tüchern ausgeschlagen, von denen sich plastisch das goldene Hoheitszeichen des Reiches abhob. Kammermusik, gespielt vom Bresser-Quartett, leitete die Kundgebung ein«[3]. Nach einem Grußwort von Gaupropagandaleiter und Landeskulturwalter Brouwers hielt Gauleiter Karl Friedrich Florian die Eröffnungsansprache (Abb. 76; vgl. auch Abb. 140). Er sagte, die Exposition sei

> schließlich auch hier in Düsseldorf notwendig, wo Erscheinungen wie das »Junge Rheinland« oder »Die Sezession« schwere Sünden auf den Ruf einer Kunststadt geladen [hätten]. Die Rede des Gauleiters wurde mit großem Beifall aufgenommen. Nach der Führerehrung, die Landeskulturwalter Brouwers ausbrachte, und nach den deutschen Hymnen folgte eine erste Besichtigung der Ausstellung.

Den Eröffnungsrundgang der Parteiprominenz mit Ausstellungsleiter Pistauer dokumentieren vier Photographien (Abb. 77-80), von denen Abb. 80 hier erstmals veröffentlicht wird. Sie entstanden in drei unterschiedlichen Räumen und vermitteln einen Eindruck von der Hängung und Präsentationsweise. Abb. 77-78 zeigen einen Raum der Gruppe zwei – auch das Düsseldorfer Arrangement folgte den neun Gruppen des Ausstellungsführers – mit Werken religiöser Thematik: Gies' »Kruzifixus«, Noldes Polyptychon »Das Leben Christi« und »Verspottung Christi«.[4] Die Hängung der einzelnen Tafeln des Altars von Nolde wurde in Düsseldorf korrigiert: In München und Berlin waren nämlich die beiden linken unteren Tafeln mit den darüber befindlichen vertauscht worden. Durch diese widersinnige Anordnung hatten sich die Tafel mit der Anbetung Christi über jener mit seiner Geburt und die Darstellung des Verrats durch Judas über der des zwölfjährigen Christus im Tempel befunden.[5] Nur zwei Plastiken – Baum, »(Stehendes) Mädchen«; Hoffmann, »Weiblicher Akt« – lassen sich auf Abb. 79 identifizieren, drei Gemälde – Lange, »Tschum, der Katzenfreund«; Hofer, »Freundinnen« und »Tischgesellschaft« – auf Abb. 80.

Die Kenntnis von einem Großteil der Exponate in Düsseldorf verdanken wir einem Kunstliebhaber. Hans Lühdorf[6], promovierter Jurist, Richter am Düsseldorfer Landgericht und Sammler expressionistischer sowie später

1 Brief der Kunsthändlerin Johanna Ey an die Ärztin Dr. Flora Scherer, 7. Juli 1938 (zitiert nach Krempel 1985, S. 124). Ähnlich äußert sie sich drei Wochen später, am 29. Juli 1938, in einem weiteren Brief an Scherer (vgl. ebenda).

2 Vgl. Regina Lange 1985, S. 136.

3 Rheinische Landeszeitung, 19. Juni 1938. Daraus entnommen auch das folgende Zitat.

4 Vgl. das Pendant zu diesem Raum in der Berliner Ausstellung (Abb. 66).

5 Vgl. zum Altar Urban 1987, Nr. 421-423 und Nr. 477-482 und zur Hängung in München 1937 von Lüttichau 1992a, S. 50.

6 Hans Lühdorf (1910 bis 1983) vermachte seine bedeutende Sammlung expressionistischer Graphik (seine Vorliebe galt Ernst Wilhelm Nay) und japanischer Ukiyo-e dem Kunstmuseum Düsseldorf. Auskünfte über ihn verdanke ich seiner Nichte in Hamburg, die nicht genannt sein möchte, und Dr. Friedrich W. Heckmanns (Kunstmuseum Düsseldorf).

Bilder der Ausstellung im Kunstpalast in Düsseldorf im Juni 1938.
+ Abbildung im Katalog
Emil Nolde : 1.Das Leben Christi,Öl,Essen.1912. (Geburt,Beschneidung, Jesus im Tempel,Gethsemane,Kreuzigung(Mittelstück),Engel am Grabe,Bergpredigt,Auferstehung,Ungläubiger Thomas)
+2.Christus und die Sünderin.Öl.Berlin.(1929,25ooo)
3.Die heiligen 3 Könige.FL.Essen.
+4.Tod der Maria Ägyptiaca.Öl.Essen.
5.Diskussion.FL.Essen.
+6.Adam und Eva.Foto.
7.Die klugen und törichten Jungfrauen.Öl.Essen.
8.Einzug in Jerusalem.Öl.Hamburg.
9.Verspottung Christi.Öl.Leipzig(erw.1921).
1o.Abendmahl.Öl.Halle.19o9.
11.Kerzentänzerin.H.
12.Wikinger.R.
+13.Mann und Weibchen.Öl. Essen.
14.Fremdrassige.(Familie) H.
15.Freudentanz.Aq.FL(Tänzerin).
16.Junger Fürst und Tänzerinnen.R.
17.Haremswächter.Öl.Halle.(1924 ,45oo).
18.Mulattin.FL.
19.Russin.FL.
2o.Begegnung am Meer.Dresden.Öl.
21.Rentner.Öl.Bielefeld.
22.Weiblicher Kopf.
Christian Rohlfs : 1.Spielende Kinder am Wasser.Öl. Hagen 1928.
2.Heer und Dame.Öl.Hagen.1927.
3.Anprobe.Öl.Hagen 1928.
4.Tänzer.Öl.
5.Vertreibung aus dem Paradies.H aq.H.
6.Liebespaar.Dortmund.1912.
7.Kauernder Frauenakt.Aq.
8.Häuser.Öl.Frankfurt.1925.
9.Tanzendes Paar.1917.Hamburg.Geschenk v.d.Heydt.Öl.
+1o.Sonnenuntergang über dem Meer.Aq.Berlin. (Abb. in Dresler)
11.Kapelle. Öl. Hagen.
+12.Haremswächter.Aq.
Max Pechstein : +1.Getändel.Öl. Berlin.191o.
2.Rote Strümpfe,Öl.Berlin.
3.Stürmische See.Öl. 1919.Berlin.
4.Badende.H aq.
Akt am Meer.Aq.,Lithos u.Holzschnitte.
Otto Müller : 1.2 Akte.Öl.Berlin.
2. Das Paar.Öl.
3.Akte in der Landschaft.Öl.
4.Esel mit Kind.Breslau.Öl.193o.(3ooo)
5.2 Akte.1921.Öl.Berlin.1921
6.Drei Frauen.Öl.Krefeld.
7.Zwei Akte.Berlin(15 ooo 1921).
8.Zigeunerin mit Kind.Düsseldorf.
Farbige Lithos.
Erich Heckel : 1.Flämische Familie.Öl.1916. Frankfurt.(Belgische F.)
2.Unterhaltung.Öl.1914.Halle(1924).
3.Sitzender Mann.Dresden 192o(3ooo)Öl.
Ernst Ludwig Kirchner : 1.+Die Strasse.1913.Öl.Berlin 192o(12 ooo)
2.Gelbe Tänzerin.1924.Halle.Öl.
3.+Abschied.1914.Stuttgart.Öl.
4.+Essende Bauern.Öl.
5.Soldat und Dirne.Stuttgart.
6.Strassenbild.Öl.
7.Porträt ind Rot-Blau.
8.Strasse in Dresden.
9.Maler Schlemmer,Öl.+Essen.
1o.Selbstbildnis m.Katze.Essen.Öl.
11.Artisten.Essen.1925.Öl.
12.Fünf Frauen.Essen.Öl.(Die Strasse)
13.Bahnhof in Königstein.Öl.
14.Landschaft in der Schweiz.Magdeburg
Lithos und Aquarelle. 1923.

Karl Schmitt-Rottluff : +1.Bildnis B R 1913.Hamburg 1918.Öl.
+2.Roter Kopf.Plastik.
3.Kranker Knabe.Öl.
+4.Sitzende Frau.1925.Öl.Dresden..
+5.Frauenkopf.193o Hamburg.Holzschnitt.
6.Landschaft.Essen.1924.(2 ooo)
7.Römisches Stilleben.Öl.1913.Berlin 1932.(24oo)
8.Stilleben.Öl.1931.Dresden.
9.Selbstbildnis.Halle.1924.Öl.(Luzern)(Grüner Pullover)
1o.Selbstbildnis.H.1913.
11.Kopf.H.
12.Weibl.Rückenakt.Aq.
13.Bildnis d.Mutter.
14.Pharisäer.Öl.1912.Dresden 192o.
15.Emmaus.H.
16.Christus.1918.H.
17.Reichsadler.H.
18.Flechtheim.H.?
Ernst Barlach : 1. Das Opfer.Litho.
Oskar Kokoschka : 1.Bachkantate.Selbstbildnis.Litho.Halle.
2.Selbstbildnis.Lithooder Pastell.Gesch.Berlin.+
3.Knieender Akt.Aq.
4.Liegender Knabe Aq.
Carl Hofer : 1.Freunde.Öl.
2.Mittagessen.Öl.
3.Freundinnen.Öl.
4.2 Akte.Öl.
2 weitere Ölbilder.
Max Beckmann : 1.+Selbstbildnis.Stuttgart.1917.Öl.
2.Kreuzabnahme.Öl.
3.+Am Strande. Öl.
4.Bildnis Zeretelli.Öl.Dresden.
5.+Drehorgelmann.
Lyonel Feininger : 1.Teltow.Öl.
2.Ölbild.
Wassily Kandinsky : 1.Einige Kreise.Öl. Dresden.
2.Zweierlei Rot.Aq.
Paul Klee : 1.Goldfisch.Öl.Berlin.
2.Um den Fisch.Öl.Dresden.
3.+Bäume.(St.G.4o5)Aq.Z.
4.+Fischer.(Angler)
5.+Die Heilige vom Innern Licht.L.
6.Männerkopf.Berlin.
7.Die Zwitschermaschine.Aq.Berlin.
8.Sumpflegende.Öl.
9.Der Seiltänzer.FL!
Alexei von Jawlensky : 1.Rote Lippen.Öl. Hannover.19o9.
2.Mädchen mit Puppe.Öl.Wuppertal-Barmen.
3.Rosa Lippen.Öl. 1913. Hannover.
Wilhelm Morgner :1.Weissbärtiger Jude.1912.Wuppertal-Barmen.Öl.
2.Selbstbildnis Essen.1912.Öl.
3.Selbstbildnis.Soest.1912.Öl.
4.Selbstbildnis.Soest.1912.Öl.
5.Kreuzabnahme.Soest.1912.Öl.
6.Abstrakte Komposition.Soest.Öl.1912.
7.Mutter und Kind.Soest.1912.
Abbildungen aus Will Frieg :Himmelfahrt(farbig),Kreuzigung(Kohle),Himmelfahrt(Kohle),Holzhacker mit dem Gekreuzigten(Tempera),Ornamentale Komposition(sämtlich 1912).Einzug in Jerusalem 1913.
Oskar Moll : Stilleben.Berlin.193o.
Lüthy : Madonna.Dresden 1925.Öl.(6ooo)
Heckrott: Die Maienkönigin.Dresden 192o.Öl.
Eberhard Viegener : Die Kartoffelesser.1919.Dortmund.Öl.
Werner Scholz : 1.Der Mönch.Öl. 2.Das tote Kind. Köln 1934.(1ooo) Öl.
3.Braut.(Foto). 4.Witwe.(Foto).

Dok. 46 Verzeichnis der Ausstellung »Entartete Kunst«, Düsseldorf 1938, angefertigt von Hans Lühdorf (Kunstmuseum Düsseldorf, Bibliothek UB 35/1)

auch japanischer Graphik, besichtigte die Ausstellung eingehend und fertigte, offenbar aus eigener Initiative und zum privaten Gebrauch, eine Liste (Dok. 46)[7] der ausgestellten Werke an. Obgleich sie unvollständig ist – beispielsweise fehlen die auf den Raumaufnahmen nachweisbaren Plastiken von Gies und Baum sowie Langes Gemälde »Tschum, der Katzenfreund« –, läßt sich das Profil der Schau klar erkennen: Den weitaus größten Anteil hatten Werke von Dix (neun Gemälde, 23 Arbeiten auf Papier, eine Werkphotographie) und Grosz (51 Werke, der überwiegende Teil Blätter aus »Ecce homo«, keine Gemälde), gefolgt von Nolde und Meistern der Brücke. Insgesamt umfaßt das Verzeichnis 248 namentlich aufgeführte Exponate von 41 Künstlern sowie eine unbekannte Anzahl nicht weiter definierter Arbeiten von 13 Künstlern. Mit wenigen Ausnahmen sind alle im Ausstellungsführer abgebildeten Stücke vertreten. Man wird wohl annehmen dürfen, daß der Düsseldorfer Ausstellungsbestand im großen und ganzen mit jenem in Berlin und Leipzig übereinstimmte. Diese Annahme wird gestützt durch eine Meldung der Düsseldorfer Nachrichten vom 18. Juni 1938, daß die Ausstellung in Düsseldorf »etwa in der Form gezeigt [werde], in der sie in Berlin im ›Haus der Kunst‹ zusammengestellt worden ist. Dieses Arrangement kennzeichnet die Einteilung in neun Gruppen«.[8]

7 Die maschinenschriftliche Liste befindet sich, eingelegt in ein Exemplar des Ausstellungsführers, das Lühdorf in Düsseldorf erworben und mit handschriftlichen Kommentaren versehen hatte, in der Bibliothek des Städtischen Kunstmuseums Düsseldorf.

8 Die Differenz zu der hohen Anzahl von angeblich 1.000 Exponaten in Leipzig könnte sich erklären aus den von Lühdorf nicht festgehaltenen Werken aus der Prinzhorn-Sammlung und den außer acht gelassenen oder nur summarisch erfaßten Werken (z. B. bei Pechstein »Lithos u. Holzschnitte«, bei Mueller »Farbige Lithos« und bei Kirchner »Lithos und Aquarelle«; von den Plastiken führt er namentlich nur Schmidt-Rottluffs Holzskulptur »Roter Kopf« auf). Wie viele Räume die Schau im Düsseldorfer Kunstpalast füllte, ließ sich nicht eruieren.

Dok. 46 Seite 3

Tügel : Eva.Öl. Hamburg. +3.Besitzkröten.L.
2.Junggrau.Öl.Hamburg. 4.Pappi und Mammi.L.
Ludwig Meidner: 1.Selbstbildnis.1929.Breslau.Öl.+ 5.Silberne Hochzeit.192
2.Septemberschrei.1919.(Apostel Paulus.Aq.) 6.Der Ausflug.L.
3.Aufruhr.Nov.1914(?)Öl.Berlin. 7.Drei Glas zuviel.L.
Philipp Bauknecht.geb.1884.:Drei Hirten. (Stuttgart) 8.Ein Walzertraum.L.+
Gert Wollheim :Geschlachtet 1920.Aq.Z.Düsseldorf. 9.Der Hypochonder.L.+
Heinrich Campendonk : Sindelsdorf,Öl.Karlsruhe 1921. 10.Franz Jung gewidmet.17.
2.Stilleben.H. 11.Vorstadt.L.
3.Mann und Tiere.Öl. 12.Dr.Hülsenbeck am Ende.L.
4.Blumen und Tiere.1926.Frankfurt.Öl. 13.Das Ende.L.
5.Märchen.1924.Düsseldorf.Hinterglasbild. 14.Um 5 Uhr früh.L.
6.Frau und Pferdekopf.H. 15.Strassenscene.L.
Marc Chagall : 1.Selbstbildnis II.R. 16 Strassenscene.Aq.L.Reprod.
2.Rabbiner.gelbgrün. 1928.Mannheim(4500).Öl.+ 17.Delinquent.(Hindenburg?Vor-
3.Tränke.1925.Wuppertal-Barmen.(3000) Öl. 18.Vorsicht!Nicht spottet?)
4.Männer mit Kuh. Öl. stolpern!L. 19.Der Mensch ist gut.L.
Kleinschmidt :+Vier Frauen.Öl. 20.Germanenköpfe.L.
2.Duett im Nordcafé.Öl.Stuttgart. 21.Vor Dämmerung.L.
Grundig :+1.Mutter.Dresden.1928.Öl. 22.Strassenhändler.L.
2.Krenker Knabe.Öl. 23.Menschen. 3 Blätter.L.
Skade :+1.Frauenbildnis.Dresden.1928. Öl. 24.Nach dem Stahlbad.L.
2.Dame.Öl. 25.Streichholzhändler.L.
Otto Gleichmann :1.Braut.Öl. Mannheim .1925. 26.+Der Gotte der Heerscharen.
2.Kopf.IV.1920.Aq.Z. 27.Ecce Homo.Nr. 6.L.
Schott : 1.Bühnenscene.Hamburg. Öl. 28.Niederkunft.L.
2,+ Drei Menschen unter Laternen.Hamburg. Öl. 29.Schwangere.L.
3. Frau vor nächtlichen Häusern.Öl. ! Hamburg. 30.Promenade.L.
4. Drei Menschen.Öl. Hamburg. 31.Liebesständchen.L.
Otto Dix :1.Metzgerladen.R. 32.Lustmord i.d.Ackerstr.1916.
+2.Arbeiterfrau mit Kind.Öl. Wiesbaden.1923.(1930 2000).
3.Arbeiterknabe.1920.Mannheim 1925.(1000). Öl. 33.Hahn im Korbe.L.
4.Arbeiter.Öl.Stuttgart.1921. 34.Verzückung.L.
5.Die Strasse,Öl. 35.Genreszene.(Bordell).L.
6.Appell der Zurückgekehrten.R. 36.Séparé.1922.L.
7.Transplantation.L. 37.Vor dem Tee.L.
8.Fliehender Verwundeter.R. 38.An der Grenze.L.
9.Unterstand.L. 39.Im Salon.L.
10.Matrose und Mädchen.R. 40.Plauderstunde.L.1922.
11.Tote in der Stellung bei Tahure. L. 41.Dr,Benns(?)Nachtcafé.
12.Spiegelsäle in Brüssel.R. 42.Nachts.L.
13.+Der Krieg.Dresden.1922.Öl. 43.Die bürgerliche Welt.L.
14.+Die Kriegskrüppel.Dresden.1920.Öl. 44.Louise.L.
15.Bei Madame Germaine.Foto. 45.Dr.J.u.Frau.L.
16.Alte Dirne.(Kupplerin).FL! 46.Ecce Homo.
17.Der Lustmörder.R. 47.Schönheit,Du mein Vergnügen
18.Der Syphilitiker.R. 48.Aus der Jugendzeit.L.
19.Dirne.Aq.1923. 49.Strassenbild.Aq.Reprod.
20.Dirne.Aq.1923.+ 50.Prof.S.Freud gewidmet.L.
21.+Dompteuse.R. 51.Mamans Tisch(?),Dresden.
22.Karl Krall.Öl. Berlin.1923. Drechsler :Totentanz,Gera 1926.(Kanone,Stache
23.Der Maler Radziwill.+ draht,Granate,Mobilmachung).
24.Sappenkopf.Zeichn.m.Öl. Zolnhofer(?): Blinder Mann,Öl.Saarbrücken.
25.Fotos:Altes Liebespaar,Dirne vor dem Spiegel.Z.
26.Dirne als Tod.H. Baumeister,Schlemmer,Haizmann,Freundlich,1Fu-
27.Leiche im Drahtverhau.L. turist anonym,Schwitters,Hoerle,Molzahn(Gott
28.Durch Fliegerbomben zerstörtes Haus.L. der Flieger),Ernst(Belle Jardinière),Hoffmann
29.Toter Sappenposten.L. Belling,Archipenko?. [illegible]
30.Bordellszene.L. [illegible]
31.Nach dem Sturm.L. [illegible]
32.Frontsoldaten in Brüssel.R. In Frankfurt,Juni 1939,fehlten völlig Nolde,
33.Schwangere.R. Hofer,grössere Arbeiten von Rohlfs,Heckel und
George Grosz :+1.Frühlings Erwachen Kandinsky;von Kirchner,Schmitt-Rott
+Die Entkleidung.L.2. luff,Otto Müller,Klee waren noch wenige Sa-
chen zu sehen. Dr. Hans Lühdorf

Dok. 47 Brief von Hartmut Pistauer, Ausstellungsleiter »Entartete Kunst«, an Carl Schneider, Psychiatrische Universitätsklinik Heidelberg, Düsseldorf 2. Juli 1938, gezeichnet von der Sekretärin Marossany, mit Liste zurückgegebener Leihgaben (Psychiatrische Universitätsklinik Heidelberg, Verwaltungsakte X/4)

AUSSTELLUNG DER REICHSPROPAGANDALEITUNG DER NSDAP.

„Entartete Kunst"

VERANSTALTER: DIE GAULEITUNG DER NSDAP.
DURCHFÜHRUNGSSTELLE: INSTITUT FÜR DEUTSCHE KULTUR- UND WIRTSCHAFTSPROPAGANDA

Der Ausstellungsleiter

An die
Psychiatrische Klinik
z.H. Prof. S c h n e i d e r

H e i d e l b e r g

Unser Zeichen DÜ/Pi Ort Düsseldorf, Tag 2.7.38

Betrifft: Rücksendung der Bilder – Liste

Sehr geehrter Herr Professor!

In der Anlage übersenden wir Ihnen die Aufstellung der am 8.6. aus Leipzig zurückgesandten Bilder und bitten Sie auf beigelegtem Durchschlag uns den richtigen Erhalt derselben bestätigen zu wollen.

Ausserdem teilen wir Ihnen mit, dass alle Dienststellen mit dem geplanten Vortrag einverstanden sind und dass dieser voraussichtlich am 19.7.38, am Jahrestag der Eröffnung der Ausstellung "Entartete Kunst" stattfinden soll.

Ich werde mir erlauben, Sie in der nächsten Woche zu besuchen, um mit Ihnen persönlich die verschiedenen Fragen durchbesprechen zu können.

2 Anlagen

Heil Hitler!
Hartmut Pistauer
i.V. Marossany

F 4

Ausstellung „Entartete Kunst"

Ausstellungsleitung
[redacted]

6. Juni 1938

L i s t e

der Werke der Irrenkunst aus Heidelberg (zurückgesandtes Material)

✓ 2887	Phant. Gest.	✓ 2308	Dame auf der Ofenbank
✓ 712	Landschaft	✓ 2310	Sonnendrachen
✓ 721	Seelandschaft	✓ 2307	Figuren
244	Gesicht	✓ 83	Kopf
"	"	....	Landschaft
✓ 3034	Gestalt	✓ 2876	Kreuzigung
✓ 871	Phantasie	✓ 7	Schöpfungsgeschichte
✓ 235	Gesicht	✓ 419 22	Osterfrieden
✓ 2314	Gartenlandsch.	✓ 876	Phantasie
✓ 2333-35 5.3.20	2 Bilder	✓ 1888	Phant. Landschaft
385	Gestalten	✓ 1661	3 Bilder
✓ ...	Selbstbildnis	....	....
✓ 2895	"Sein bei"	✓ 662 264	Männerportrait
✓ 2903	Gestalt	✓ 4212	Sonne über Wasserturm
✓ 717	Gesicht	✓ 718	Landschaft
✓ 715	Phant.	✓ 2167	Frauengestalten
✓ 4369	Teich	✓ 4234	Pappellandschaft
✓ 882	.....	✓ 4203	Brautpaar
✓ 21	d. Teufel u. der deutsche Michel	....	.....
✓ 888	Reiterkampf	✓ 2968	Kopf
✓ 628	Es braust ein Ruf..	✓ 2166	phant. Stadtbild
828		✓ 4366	Waldlandschaft
✓ 280	Figuren	✓ 2326	Klebearbeit
✓ 241	Mode-Entwurf	81	Klebearbeit
✓ 241	Selbstbildnis	✓ ...,	Klebearbeit (Personenausweis)
✓ 6	Phant. Zyklus	2326	Phant. Szene
✓ 3924	Ritter mit Pferd	180	Winterlandschaft
✓ 3178	Kopf	62	Knabenkopf
✓	schreibend Frau	✓ 3174	2 Köpfe
✓ 710	Figuren	✓ 1887	Lampenphantasie
✓ 404	Wolfsschlucht	23-41	Skizzenbuch
✓ 194	die Schöpfung	42-56	Zeichenblock
✓ 2297	Gott	1-16	Skizzenbuch
✓ 4202	Grabstätte	17-22	lose Blätter (Oelstift)
✓ 403	Wer wälzte...	57-75	lose Blätter (Bleistift)
✓ 2303	Altar	✓ 134	Holzplastik
✓ 193	Aus d. Schöpfungsgeschichte	✓ 202	Holzplastik
✓ 2306	Dame in Blau		
✓ 4270	Frauenbildnis		
✓ 2264	Exotisches Gebäude		
✓ 2338	Pavillon		
✓ 2305	Landsch.m.Boot		
✓ 2316	phant. Landschaft		
✓ 4366	Sonnenaufgang		

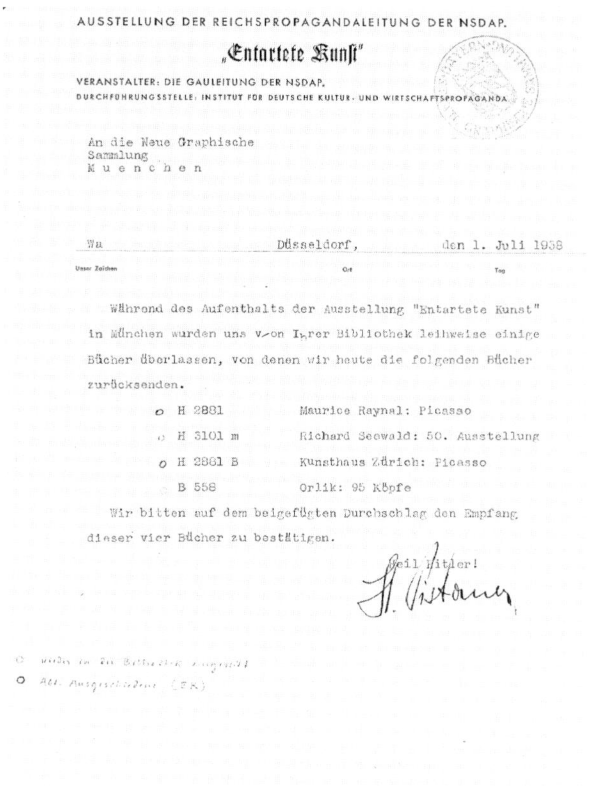

AUSSTELLUNG DER REICHSPROPAGANDALEITUNG DER NSDAP.

„Entartete Kunst"

VERANSTALTER: DIE GAULEITUNG DER NSDAP.
DURCHFÜHRUNGSSTELLE: INSTITUT FÜR DEUTSCHE KULTUR- UND WIRTSCHAFTSPROPAGANDA.

An die Neue Graphische
Sammlung
M u e n c h e n

Unser Zeichen	Ort	Tag
Wa	Düsseldorf,	den 1. Juli 1938

Während des Aufenthalts der Ausstellung "Entartete Kunst" in München wurden uns v-on Ihrer Bibliothek leihweise einige Bücher überlassen, von denen wir heute die folgenden Bücher zurücksenden.

o	H 2881	Maurice Raynal: Picasso
o	H 3101 m	Richard Seewald: 50. Ausstellung
o	H 2881 B	Kunsthaus Zürich: Picasso
	B 558	Orlik: 95 Köpfe

Wir bitten auf dem beigefügten Durchschlag den Empfang dieser vier Bücher zu bestätigen.

Heil Hitler!

H. Pistauer

Dok. 48 Brief von Hartmut Pistauer, Ausstellungsleiter »Entartete Kunst«, an die Staatliche Graphische Sammlung München, 1. Juli 1938 (Staatliche Graphische Sammlung München)

Interessant ist, daß [...] in Düsseldorf einigen Werken die Klecksereien von unheilbaren Anstaltsirren, die vorher niemals einen Pinsel in der Hand hielten, gegenübergestellt wurden. Der Vergleich fällt in jedem Fall für den »amtlich« Wahnsinnigen aus. In den Ausstellungsräumen sind vielfach Aussprüche des Führers angebracht, die das Gesehene kommentieren. Weiter sind Kritiken und zahlreiche Schriften und Bücher der »Ismen-kunst« ausgestellt, die eindeutig zeigen, wohin der Weg gehen sollte und wie sich die Kunstgauner gegenseitig begackerten. Der Nationalsozialismus hat dem Verfall ein Ende gemacht. Er hat das Volk wieder zur gesunden arteigenen Kunst zurückgeführt.[9]

Trotz der von Leipzig aus durchgeführten Retournierung eines beträchtlichen Postens von Werken der Heidelberger Prinzhorn-Sammlung brauchte man in Düsseldorf also nicht auf die diffamierenden Vergleiche zu verzichten. Auch die aus Berlin und Leipzig bekannten Tafeln mit »Aussprüchen des Führers« gehörten zum Präsentationskonzept. Eine dieser Tafeln läßt sich auf Abb. 79 ausmachen; sie trägt ein Zitat Hitlers vom Reichsparteitag 1933, das auch im Ausstellungsführer auf Seite 10 abgedruckt war (vgl. Kapitel 6.2 und 6.3.1). Hingegen gibt es weder auf den Photographien noch in der Presse noch in den Erinnerungen der Zeitzeugen ein Indiz dafür, daß auch die teilweise mehrere Meter langen Transparente und Schrifttafeln mit Parolen über die »jüdisch-bolschewistische« und »verniggerte« Kunst in Düsseldorf verwendet wurden. Vielleicht wich die Inszenierung tatsächlich von der in Leipzig und Berlin ab, wie Bernard Schultze erinnert, der einen Zusammenhang mit dem liberalen und »ausgesprochen nazifeindliche[n] Klima«[10] in Düsseldorf vermutet. Doch reichen die zur Verfügung stehenden Quellen nicht aus, um hier definitive Aussagen treffen zu können. Nach den wenigen Raumaufnahmen waren die Säle licht und hoch, die Hängung alles andere als übertrieben dicht, vielmehr gleichmäßig auf Ober- oder Unterkante der Gemälde ausgerichtet. Auffallend ist die Inszenierung von Noldes monumentalem Altar »Das Leben Christi«. Die Hängung vor einer großen schwarzen Wand (Abb. 77-78) dürfte einer positiven Wir-

9 Remscheider General-Anzeiger, 19. Juni 1938.
10 Schultze 1987. Indessen erscheint es fragwürdig, ob sich das Klima in Düsseldorf wirklich so charakterisieren läßt. Ein anderes Bild entsteht jedenfalls bei der Lektüre von Alberg 1987.

kung im Sinne des Werkes und seiner expressiven Farbigkeit zuträglich gewesen sein. Die schmalen Beschriftungstäfelchen (weiße Schrift auf schwarzem Grund) sind aus Berlin bekannt.

Gauleiter Florian hatte bei seiner Eröffnungsrede an die Düsseldorfer Künstlergruppen »Das Junge Rheinland« (1919) und »Rheinische Sezession« (1928) erinnert, um damit auf lokale »Entartungserscheinungen« zu verweisen. In der Tat war Düsseldorf, insbesondere in der Nachkriegszeit und in den zwanziger Jahren, neben Köln das wichtigste Zentrum der aktuellen Kunstentwicklung im westlichen Deutschland gewesen. Ambitionierte Galerien wie jene von Alfred Flechtheim, Johanna Ey und Hans Koch (Graphisches Kabinett van den Bergh und Co.) vertraten und förderten die internationale und regionale Avantgarde.[11] Felixmüller und Dix übersiedelten zeitweise in die rheinische Metropole, an der Kunstakademie lehrten Campendonk, Mataré, Moll, Nauen und Klee. Nichts deutet darauf hin, daß man in der Düsseldorfer Etappe der Femeschau diese eng mit der Stadt verbundenen Künstler besonders scharf angriff. Auch die dort beschlagnahmten Werke wurden anscheinend nicht exponiert. Eine spezifisch lokale Note verlieh man freilich der Inszenierung: Gleich in der Eingangshalle begegnete der Besucher einer lebensgroßen Photographie, die Flechtheim stehend in seiner Berliner Galerie zeigte. Carl Lauterbach erinnert sich: »Der Jude, hieß es, der Großmanager dieser Kunst!«[12]. Der Abzug des 1928 entstandenen Photos begleitete die Ausstellung auf ihren weiteren Etappen, wie diverse Zeitungsmeldungen und eine Raumaufnahme aus Stettin (Abb. 92) belegen. Als einer der prominentesten jüdischen Kunsthändler und Protagonisten der Moderne in Deutschland wurde Flechtheim von Anfang an von den Nationalsozialisten attakkiert und schließlich zur Schließung seiner Galerien und Emigration nach England gezwungen. In etlichen Rezensionen über »Schreckenskammern« wurde er verunglimpft, seine Physiognomie als »typisch jüdisch« karikiert. Dabei benutzte man des öfteren die fragliche Photographie.[13]

In Düsseldorf erprobte Pistauer eine neue Form der propagandistischen Verwertung der Ausstellung:

> Auf Anordnung des Kreisleiters des Kreises Düsseldorf werden alle Politischen Leiter ortsgruppenweise zu Schulungsabenden in der Ausstellung »Entartete Kunst« zusammengezogen. Im Vortragssaal der Ausstellung wird jeweils der Leiter der Ausst., Pg. Pistauer, über die »Verfallskunst im Dienste der bolschewistischen Propaganda« sprechen. Nach dieser kurzen Einführung über die planmäßige kulturelle Zersetzungsarbeit jüdisch-bolschewistischer Schundfabrikanten folgt ein Rundgang durch die Ausstellung, bei dem die Besucher sich anhand der abscheulichen Machwerke der Systemzeit von der in ihren Auswirkungen verheerenden Zersetzungsarbeit bolschewistischer Propagandisten überzeugen werden. Am Donnerstagabend wird die Reihe der Schulungsvorträge von der Ortsgruppe Derendorf-Süd eröffnet, die mit sämtlichen Politischen Leitern die Ausstellung besuchen wird. Ferner ist geplant, auch außerhalb des Kreises Düsseldorf in den anderen Ortsgruppen des Gaugebiets örtliche Schulungsabende durchzuführen, auf denen ebenfalls der Leiter der Ausstellung im Auftrage des Gaupropagandaleiters über »Entartete Kunst« sprechen wird. Vor allem wird Pg. Pistauer auch auf der Gauschulungsburg Welchenberg zu Wort kommen, auf der zur Zeit ein weiterer Lehrgang von Parteigenossen zu einem dreiwöchigen Kursus versammelt ist.[14]

Die Rheinische Landeszeitung berichtete am 8. Juli 1938:

> Die im Rahmen der Ausstellung mit großem Erfolg begonnenen Schulungsarbeiten wurden weiter fortgesetzt und erstrekken sich nunmehr auf alle Kreisgebiete des Gaues Düsseldorf und einzelne Kreise der Nachbargaue. Der Leiter der Ausstellung, Pg. Pistauer, gibt dabei jeweils einen zusammenfassenden Überblick über die politischen und kulturellen Hintergründe dieser Pseudo-Kunst des vergangenen Systems und zeigt die Zusammenhänge auf, die zwischen jener entarteten Kunst und dem bolschewistischen Zersetzungsprogramm bestanden.

11 Vgl. Hülsewig 1984.

12 »Entartete Kunst« 1987, S. 30. Vgl. Flechtheim 1987, S. 92.

13 Vgl. den aus Anlaß der Präsentation der Dresdner Vorläuferausstellung in Dortmund publizierten Artikel in der Westfälischen Landeszeitung-Rote Erde, 4. Dezember 1935 (abgedruckt in: Flechtheim 1987, S. 206). In Düsseldorf zog die NS-Presse systematisch über Flechtheim her (vgl. Volksparole, 1. April 1933; reproduziert in: Krempel 1985, S. 77 und Flechtheim 1987, S. 196). Das Photo erschien auch bei Willrich 1937, S. 74 und in der Ausstellung »Der ewige Jude« (vgl. Kapitel 7.2). Im Ausstellungsführer »Entartete Kunst« wurde Flechtheim als einziger Kunsthändler namentlich genannt (S. 22).

14 Düsseldorfer Woche, Nr. [?], Juli 1938.

Die Einrichtung der parteiinternen Schulungen verdeutlicht, auf welche Weise die Ausstellung als politisches Agitationsmittel eingesetzt wurde. Doch nicht nur die Ortsgruppen der Partei, SA- und SS-Männer wurden geschlossen zur Ausstellung abkommandiert, »Kraft durch Freude« organisierte darüber hinaus den Transport zahlloser Menschen aus der näheren und weiteren Umgebung, für welche die Reichsbahn Sondervergünstigungen anbot:

> Die NS-Gemeinschaft »Kraft durch Freude«, Gaudienststelle Düsseldorf, wird in der Zeit vom 18. Juni bis 24. Juli 10.000 Volksgenossen dieser einzigartigen und aufschlußreichen Schau zuführen. [...] Da Düsseldorf der einzige Ort des Westens ist, der die sehenswerte Ausstellung »Entartete Kunst« zeigt, ist auch für die Heranführung von Besuchern aus den benachbarten Gauen durch KdF-Sonderzüge Sorge getragen.[15]

Es überrascht nicht, daß der große Propagandarummel – zu welchem auch ein anläßlich des Jahrestages der Ausstellungseröffnung in München am 19. Juli 1938 geplanter Vortrag des Heidelberger Klinikdirektors Carl Schneider gehörte, der aber aus unbekannten Gründen nicht zustande kam[16] – den gewünschten Erfolg bescherte. Die anfänglich für fünf Wochen terminierte Ausstellung wurde wegen des großen Andrangs zweimal um je eine Woche verlängert. Insgesamt kamen rund 150.000 Besucher.[17] Noch während der Laufzeit in Düsseldorf begann Pistauer mit der bis 1941 in mehreren Schüben erfolgenden Aussonderung der Ausstellungskataloge und Künstlermonographien, die im Oktober 1937 in der Graphischen Sammlung München requiriert worden waren. Am 1. Juli 1938 sandte er zwei Bücher über Picasso und je eines über Richard Seewald und Emil Orlik nach München zurück (Dok. 48).[18]

15 Düsseldorfer Woche, Nr. 27, 18. bis 25. Juni 1938.

16 Vgl. Dok. 47. Schneider publizierte seinen Vortrag später unter dem Titel »Entartete Kunst und Irrenkunst« (Carl Schneider 1939). In Anm. 1 gibt er an, es handele sich um einen »von der Ausstellungsleitung der Ausstellung ›Entartete Kunst‹ gewünschte[n], aber aus äußeren Gründen nicht gehaltene[n] Vortrag«.

17 Vgl. Düsseldorfer Nachrichten und Rheinische Landeszeitung, 7. August 1938.

18 Vgl. Kuhrmann 1987, S. 304.

6.3.4 Salzburg, Festspielhaus, 4. September bis 2. Oktober 1938

Daß die Tournee der Wanderausstellung in Salzburg fortgesetzt werden sollte, stand spätestens wenige Tage nach Beendigung der Düsseldorfer Etappe fest. Am 13. August meldete die Presse:

> Die im Sommer 1937 in München gezeigte Ausstellung »Entartete Kunst«, die inzwischen in Berlin, Leipzig und Düsseldorf mit nachhaltigster Wirkung gezeigt wurde, kommt nun auch nach Salzburg. Die Ausstellung wird nach Abschluß der Salzburger Festspiele in den Räumen des Festspielhauses untergebracht und am 3. September feierlich eröffnet werden.[1]

Die Zeitspanne von annähernd einem Monat zwischen den beiden Etappen hing demnach mit äußeren, organisatorischen Gründen zusammen. Der Zeitpunkt war nicht zufällig gewählt. Die Angliederung der »Ostmark« lag gerade ein halbes Jahr zurück, seither wurde die Eroberung des kulturpolitischen Terrains durch die Nationalsozialisten energisch vorangetrieben. Bevorzugtes Instrument waren ideologisch-propagandistische Ausstellungen: »Straßen des Führers«, »Salzburgs bildende Kunst in Meisterwerken von der Vorgeschichte bis zum 19. Jahrhundert«, »Alte Ansichten aus dem bayerischen Nachbargebiet«, »Deutsches Land am Salzachstrand«, »Deutsche Malerei in Österreich von Waldmüller bis Faistauer«.[2] Sie sollten einerseits die Leistungen des Nationalsozialismus glorifizieren, andererseits die »nordisch-germanische Tradition« Österreichs und mithin die Zusammengehörigkeit mit dem Deutschen Reich beschwören. Das Spektakel »Entartete Kunst« markierte einen ersten, als Publikumsmagnet erprobten Höhepunkt dieser Strategie. Insbesondere die Koinzidenz mit der Schau »Salzburgs bildende Kunst« in der *Aula academica,* die »zu beweisen [hatte], daß der Salzburger Boden durch Jahrtausende immer wieder ›ein Mittelpunkt nordischen Schaffens‹ im Süden Deutschlands gewesen sei«[3], scheint absichtlich herbeigeführt oder zumindest höchstwillkommen gewesen zu sein. Sie »zur Genesung der Seele« aufzusuchen, wurde den Besuchern der »Verfallskunst« jedenfalls immer wieder dringend empfohlen. So schrieb Otto Kunz im Salzburger Volksblatt vom 6. September 1938 (Dok. 49):

> Allerdings, liebe Leser, genügt es nicht, sich in dieser Schau einige Schauer über den Rücken rieseln zu lassen. Geht, und schaut Euch auch die Ausstellung guter Kunst an, die es derzeit in Salzburg gibt. Mit dem Negativen allein ist's nicht getan, es muß Ansporn zum Positiven, zum tätigen Bekenntnis für gute Kunst sein.

Unter der Regie der routinierten Mitglieder des Instituts für Deutsche Kultur- und Wirtschaftspropaganda vollzog sich der Ausstellungsaufbau geschwind, binnen nur drei Tagen:

> Kaum haben sich die Tore des Festspielhauses hinter den letzten Festspielhausbesuchern geschlossen, da herrscht schon wieder lebhafter Betrieb in den Gängen, im großen Garderobenraum und im Stadtsaal. Seit gestern früh langt nach und nach das Riesenmaterial für die mit Hochspannung erwartete Ausstellung »Entartete Kunst« ein. Gerüste werden aufgebaut, Bilder und Schrifttafeln liegen aufgestapelt, schon geht man daran, die Wände zu überspannen und bald wird der Riesenapparat fertig zur Eröffnung am Sonntag stehen.[4]

Die Exponate, so bereitete man die Salzburger Bevölkerung auf die Sensation vor, kämen »in Riesentransportwagen mit der Bahn. In einer anderen Kiste liegen tausende kleine Namenstafeln, die auf die einzelnen Bilder verteilt werden müssen«[5]. Stolz wertete man es als Beweis für die kulturelle Bedeutung der Stadt, »daß diese Ausstellung, die richtunggebend für die Kulturpolitik des Dritten Reiches ist, zum ersten Mal in der Ostmark in der Kunststadt Salzburg gezeigt wird«[6].

1 Salzburger Volksblatt, 13. August 1938 (wortgleich im Berliner Tageblatt vom 15. August 1938). – Zur Quellenlage ist zu bemerken, daß »ein Großteil des Archivbestandes der nationalsozialistischen Kulturverwaltung [...] in den Nachkriegsjahren vernichtet« wurde (Schreiben des Archivs der Stadt Salzburg an den Verfasser vom 27. Oktober 1989).

2 Vgl. Kerschbaumer 1988a, S. 105f.

3 Ebenda, S. 106.

4 Salzburger Landeszeitung (NSDAP-Organ), 2. September 1938.

5 Ebenda, 1. September 1938. Hingegen erinnert sich Pistauer (Dok. 74), die Ausstellung sei jeweils von örtlichen Spediteuren mit Lastkraftwagen transportiert worden.

6 Salzburger Volksblatt, 19. August 1938.

Ausstellung „Entartete Kunst"

Es hat in Salzburg nie eine Ausstellung gegeben, die annähernd ähnliches Interesse erweckte, wie es die der „Entarteten Kunst" findet. Das ist begreiflich, denn die Anteilnahme des Publikums ist zugleich ein Protest gegen den bewußt herbeigeführten Verfall der Kunst nach dem Kriege und seinen katastrophalen Folgen. Der mächtige Haupteindruck der Ausstellung ist der, daß bewußt und mit Absicht deutsches Kulturgut untergraben wurde. Bei aller Toleranz, die den Deutschen als Angehörigen des musisch veranlagten Volkes des Dichter und Denker ehrt, ist hier die Feststellung zu machen, daß das Kriegsende und die Nachfolgezeit bei einem großen Teil der sich der bildenden Kunst widmenden Menschen eine geradezu verheerende volksfremde, ja volksfeindliche Einstellung gebracht hat. Die Formen der Entartung sind verschieden, in der Hauptsache entspringen sie dem bolschewistischen Gedanken der Schwächung des Deutschtums durch Herabsetzung, Zerstörung und Verspottung, ferners liegen sie in dem rassefremden, antideutschen Überintellektualismus des Judentums und schließlich im Snobismus der Künstler, aufzufallen, koste es, was es wolle, mit der Tendenz, der Beschauer habe das gut zu finden, was ihm diktiert werde. Dazu kommt noch die viel zu wenig beachtete Tatsache der Talentlosigkeit einer großen Zahl der damals Schaffenden. Die Epoche, mit der sich die Ausstellung beschäftigt, ist überschwemmt mit Malern und Bildhauern von kleinem und kleinstem Können. Es sind damals viele Leute zu Wort gekommen, denen es nicht nur an volklichem Sinn, sondern überhaupt an Begabung gefehlt hat. Daß sie vorübergehend hochgekommen sind, ist aus der geistigen Verwirrung dieser Epoche, aus der Depression eines verlorengegangenen Krieges, aus der Not einer wirtschaftlich und moralisch scheinbar von Gott verlassenen Zeit erklärbar.

„Nieder mit Deutschland!"

Das Traurigste aber ist, daß auch Menschen von Können sich diesen volkszersetzenden Tendenzen zur Verfügung stellten, Menschen, von denen man weiß, daß ihre Hand auch eines Besseren fähig gewesen wäre. Es gehörte aber scheinbar damals zum guten Ton, auf Deutschland, auf seine invaliden Soldaten, auf seine tiefe innerliche Trauer noch zu spucken, den Krieg und seine Opfer zu behöhnen, Haß zwischen Menschen aufzuschüren und die letzten moralischen Halte des Volkes zu vernichten. Wozu, um Gotteswillen? Aus klassenpolitischer Propaganda, aus Zerstörungstrieb, aus Bestreben, das Letzte an Kraft im Volke noch wegzuätzen zu Gunsten eines kommenden Bolschewismus. Manche Bilder der Ausstellung wirken — und das war ja die Tendenz — wie Gift, wie chemische Säuren. Selbst die Nationalgesinnten haben das damals in seiner ganzen Entsetzlichkeit nicht völlig erkannt. Heute, wo neues Leben das gesamte Volk erfüllt, steht man unfaßbar vor der Tatsache, daß Deutschland vor einem Jahrzehnt eine solche Verfallsperiode überhaupt hingenommen hat.

Die Ausstellung „Entartete Kunst" ist in den Wandelgängen und im Stadtsaal des Festspielhauses untergebracht. Eingebaute verkleidete Holzwände, eingezogene Stoffdecken, verteilte Beleuchtung und wirkungsvolle Hängeweise vermitteln den Eindruck einer gediegen aufgestellten Schau, der man es ansieht, daß sie durch gewichtige Städte gegangen ist. Das geschriebene Wort unterstützt wirkungsvoll die Tendenz der Schau: Führerworte, groß und geschmackvoll aufgemacht, sind als lapidare Bekenntnisse zur echten Kunst an den Wänden angebracht. Die Ausstellung ist eine retrospektive Schau, beiläufig die Zeit ab Kriegsende bis 1933 umfassend, d. h. die Entartungen in der deutschen bildenden Kunst dieser Zeit. Die Wurzeln dieser Erscheinungen liegen zum Teil tiefer in der

George Groß, „Kapitalisten". Zeichnung.

Dok. 49 Salzburger Volksblatt, 6. September 1938 (Salzburger Landesarchiv)

Auch die Reichspropagandaleitung schien diesem Umstand einiges Gewicht beizumessen und schickte aus Berlin hochrangige Vertreter des Instituts für Deutsche Kultur- und Wirtschaftspropaganda zur Eröffnung (Abb. 81). Diese wurde am Sonntag, den 4. September 1938, vormittags mit den üblichen Ritualen begangen:

Zur Eröffnung, die in dem festlich geschmückten Vorraum des Festspielhauses stattfand, hatten sich zahlreiche führende Persönlichkeiten des Gaues eingefunden. So sah man die Vertreter der Partei und ihrer Gliederungen, der Wehrmacht und des Staates. Ein Bläserchor bildete den Auftakt, dann ergriff der Gaupropagandaleiter Pg. Ing. Salcher das Wort zu einer kurzen Begrüßung. [...] Besonders dankte er den Vertretern des Instituts für Deutsche Kultur- und Wirtschaftspropaganda, geschäftsführendem Präsidialmitglied Pg. v. Rautenberg, dem SA-Brigadeführer Pg. Ernst, dem Leiter der Dienstliberalistischen Pflege des Überindividualismus der Vorkriegszeit, in der damaligen Neuerungssucht, die einer in Deutschland weitverbreiteten kosmopolitischen Einstellung entsprach, wonach das Auswärtige grundsätzlich gut und das Eigene schlecht ist, sowie in klassenkämpferischen Tendenzen der wilhelminischen Zeit. Der zermürbte Boden Deutschlands der Nachkriegszeit war für Infektionen besonders empfänglich. Daher erstens Aufblühen der bolschewistischen Propaganda, zweitens Ausbreitung jüdischer Weltziele. Die Kunst wurde kommunistisches Kampfmittel. „Endlich ist der Lüge vom ‚Heldentod' und ‚Vaterland' die Maske abgerissen" — „Was ist ein Soldat? Ein vom Staat bezahlter Berufsmörder!" — „Der Künstler muß als Künstler Anarchist sein!" — „Fort von der Achtung vor dieser ganzen bürgerlichen Kunst!" — „Die Wirklichkeit ist im Interesse des Klassenkampfes grell zu verdeutlichen, die Ideologie der Gegner zu mißkreditieren." So lauteten die bolschewistischen Anweisungen. Eine Berliner Zeitschrift hieß „Die Pleite". Auf dem Titelblatt ist ein deutscher Soldat abgebildet, darunter steht „Die deutsche Pest". In einer unfaßbaren Verworrenheit des Geistes hat ein Teil der bildenden Kunst solche Vorstellungen gefördert, Moral, Familiensinn, Ehrbegriff, Vaterlandsliebe zu zerstören gesucht. Das gute Deutsche war vogelfrei. In dieser Ätzmanier — im Sinne obiger Anweisung möglichst grell — ist eine Unzahl von Bildwerken entstanden, von denen die Gruppen „Klassenkampfpropaganda" — „Hetze gegen das Soldatentum" — „Zerstörung der Familie und Anpreisung des Dirnentums" — „Verächtlichmachung des Menschen der Verfallszeit" berichten. Daran sind Maler von Können ebenso wie Patzer und Mitläufer, die ja immer schnell bei der Hand sind, beteiligt.

„Zerstörung! Zerstörung!"

Einige Beispiele aus der großen Serie seien angeführt. Eine Graphik: Mehrere Herren, sichtlich dicke Brieftasche, abamusierte Haare, Sekttrinker, sitzen in einem Restaurant beim Kartenspiel. Ein einbeiniger Soldat bietet ihnen demütig Zündhölzer zum Kauf an — eine höchst unangenehme Störung für die Spielenden. Eine solche Szene läßt sich tiefergreifend wiedergeben. Hier ist sie mit dem ganzen Hohn dargestellt, der aus verbittertem Klassenkampf kommt. „Kunst ist ohne Geschmack, Kunst ist ohne Verstand, Kunst ist ohne Liebe, Kunst ist ohne Herz" heißt es in einem kommunistischen Aufruf. In gröbster Tendenz scheinen Elendsgesichter auf, diese Bilder sind Fanfaren, die zum Bürgerkrieg alarmieren; der Not wird der Kapitalist gegenübergestellt, die Not selbst dröhnend zu einer Schaustellung gemacht. Und ebenso geht es gegen die soldatischen Tugenden los. Aus den Frontkämpfern werden verzerrte Idioten, mit den toten Helden wird wahre Leichenschändung getrieben. Modergeruch, Schnüffelei, zersetzende Absicht, Fortsetzung der feindlichen Kriegsgreuelpropaganda. Ebenso ist es mit der Tendenz, den Familiensinn zu zerstören. Es gab zu allen Zeiten Künstler, die das gesellschaftliche Leben schilderten und geißelten. Auch das streng moralische England des 19. Jahrhunderts kann damit aufwarten. Letzten Endes sollte damit das Böse erniedrigt und die Tugend gehoben werden. Hier aber liegt der Fall umgekehrt: Die Amoral wird gefeiert, auch wieder nur mit dem Ziele der Zersetzung. Damit gingen auch die handwerklichen Grundlagen verloren (Gruppe 1). Ausdruckssteigerung führte zu einer wahren Verstiegenheit (Christus als Kriegerdenkmal im Dom zu Lübeck), zu einer eigensinnigen Krampfigkeit, Brutalität der Mittel wird als „Ausdruck" betrachtet, die Farbe unter Weglassung aller Form übersteigert. Emil Noldes großes Altarbild mit dem Gekreuzigten (was war es seinerzeit für ein Aufsehen, als es für Essen angekauft wurde!) besitzt bemerkenswerte Farbenkontraste, die als kleiner Emailguß, wo die Konturen ineinanderfließen, von Reiz wären, die aber in der Überdimensionalität und infolge des Mangels an Durcharbeitung an Zeichnung und Formgebung vernichtend wirken. Die Maßlosigkeit ist überhaupt ein Merkmal dieser Verfallszeit. Jede gesunde Entwicklung ist folgerichtig. Hier glaubte man aber auf einmal über Nacht eine völlig neue Kunst angebrochen und einen vollkommen neuen Menschen erstanden, der auch ein völlig neues Gesicht hat. Eine große Plastik drückt tatsächlich dieses Gesicht, das aus absichtlicher erotischer Primitivität besteht, aus. Man wollte dem lieben Gott als Schöpfer ins Handwerk pfuschen, man kokettierte in der Plastik mit einer Primitivität, die selbst die Kongoneger schon überwunden haben, völlig in Verkennung des Umstandes, daß, je einfacher die Form, um so gespannter der innere Ausdruck sein muß, man spielte sich mit Dadaismus, Anklebearbeiten usw und nahm das alles furchtbar ernst. Und siehe, auch hier marschierte die Gilde der Patzer in der ersten Linie.

Rückblick und Ausblick.

Es steht nicht die Frage „Könner oder Nichtkönner" zur Diskussion, sondern die der tendenziösen Zerstörung am Volkstum und Volksgut, die rassische Entartung durch jüdischen Einfluß, die Abtötung des rassischen Selbstbewußtseins, der Zerfall (Gruppen 6—9). Diese ausgesprochen antionale Gesamtrichtung war für ein neuaufstehendes Deutschland untragbar. Engherzigkeit ist keine deutsche Eigenschaft, aber Einfügen im Aufbau ist eine Selbstverständlichkeit auch für die Kunst. Der Nationalsozialismus mußte seine starke Hand anlegen, nicht um aus Vergnügen die Kunst zu schulmeistern, sondern um eine unerträglich gewordene staatszersetzende Bewegung zu bannen. Damit ist die Freiheit der Kunst nicht betroffen, und niemand wird dieser wirren Epoche, die hinter uns liegt, eine Träne nachweinen. Die Ausstellung aber soll auf alle Zeiten vereint bleiben, weil sie ein warnendes Kulturdokument ist. Allerdings, liebe, Leser, genügt es nicht, sich in dieser Schau einige Schauer über den Rücken rieseln zu lassen. Geht, und schaut euch auch die Ausstellungen guter Kunst an, die es derzeit in Salzburg gibt. Mit dem Negativen allein ist's nicht getan, es muß Ansporn zum Positiven, zum tätigen Bekenntnis für gute Kunst zu sein. Kunstwerke müssen auf Erweckung einer „seelischen Aktivität" abzielen, „Sehnsucht wecken, tätiges seelisches Leben" schaffen (A. Rosenberg).

Museumsdirektoren haben die in der Ausstellung gezeigten Werke seinerzeit angekauft. Wenn schon Menschen, die gemeiniglich hohe Qualitäten haben, dieser Seuche unterlagen, so beweist es, daß sie ein allgemeiner Geisteszustand war, der das ganze deutsche Volk erfaßt hatte. Nach vier Jahren des Heldenmuts den Krieg verloren, über sechs Millionen Tote und Verwundete, sechs Millionen Arbeitslose, Hunger, Kriegsschulden in die Hunderte von Milliarden aufgelastet, Land verloren, schwarze Truppen im Rheinland, Inflation, die eine Mark gleich eine Billion setzt, nur ein Höllenbreughel könnte dieses Inferno an Verzweiflung und Zerhöhlung schildern. Da geschah das Wunder, daß der Führer kam. Wo sein Kampf beginnen mußte, zeigt diese Ausstellung als Niederschlag des geistigen Zustandes dieser Zeit. Diese Schau ist also eine Biblia pauperum, ein Buch der Bilder für das Volk, die im Bild festgehaltene Erinnerung an die Zeit, da Deutschland in ein Chaos zu versinken drohte. Sie gehört als Dokument in die Geschichte Adolf Hitlers, als das dem Auge einprägsamste Zeugnis des Verfalles und der Entartung Deutschlands, ein Zeugnis, das indirekt beiträgt, die schier unfaßbar große Leistung des Retters Deutschlands zu ermessen. Das ist der tiefe Sinn dieser Ausstellung.

Otto Kunz.

stelle Ostmark [...] Pg. Eberlein und Pg. Pistauer, deren Einsatz es zu verdanken ist, daß die Ausstellung hierherkam. Anschließend sprach nun Landesstatthalter Pg. Reitter, der einen scharfen Umriß über das Wesen der Entartung der Kunst vor der Machtergreifung gab. [...] Gauleiter Dr. Rainer erklärte hierauf die Ausstellung für eröffnet. Nach Absingung der Lieder der Nation erfolgte ein Rundgang durch die Ausstellung, bei dem Pg. Pistauer führte.[7]

Die drei zur Verfügung stehenden, anläßlich des Eröffnungsrundgangs mit der Parteiprominenz entstandenen Raumaufnahmen (Abb. 82-84)[8] können einen hinlänglichen Eindruck von der Hängung und Präsentationsweise der Exposition vermitteln. Zu erkennen sind auf Abb. 82 Werke von Klee[9], auf Abb. 83 Werke von Haizmann, Campendonk und Rohlfs[10] sowie auf Abb. 84 solche von Haizmann und Molzahn[11]. Zweimal sind Texttafeln zu sehen, die über oder neben den Exponaten befestigt sind. Im einen Fall handelt es sich um ein aus dem Zusammenhang gerissenes Zitat von Kurt Schwitters (»Alles, was ein Künstler spuckt, ist Kunst«, Abb. 83). Es steht, gleichsam als Überschrift einer Gruppe von Bildern zugeordnet, auf einer Tafel, die an Größe die Kunstwerke um ein Mehrfaches überragt. Im anderen Fall (Abb. 84) ist die Tafel, deren Text sich nicht entziffern läßt, gerahmt und gehängt wie ein Gemälde. Auf diese Weise erhält sie optisch denselben Rang, der Unterschied zwischen Kunstwerk und Textkommentar wird bewußt eliminiert. Hiermit sind zwei Beispiele des propagandistischen Materials dokumentiert, wie es seit Berlin (Abb. 66-67, 69-70) sicher in großer Zahl eingesetzt wurde und auch auf späteren Stationen (z. B. Stettin, Abb. 92) nachweisbar ist. Zu diesem Repertoire gehörten seit Berlin ebenso die »Kritzeleien Irrsinniger aus der psychiatrischen Klinik in Heidelberg, die meist besser sind als die Werke der ›großen Künstler‹ der Verfallszeit«[12] sowie seit Düsseldorf die auch in Salzburg ausgestellte »photographische Großaufnahme« des »Odessaer Getreidejude[n] Flechtheim«[13]. Weitere Einzelheiten über die Präsentation und Inszenierung erfahren wir aus der Presse:

Die Ausstellung »Entartete Kunst« ist in den Wandelgängen und im Stadtsaal des Festspielhauses untergebracht. Eingebaute verkleidete Holzwände, eingezogene Stoffdecken, verteilte Beleuchtung und wirkungsvolle Hängeweise vermitteln den Eindruck einer gediegen aufgestellten Schau, der man es ansieht, daß sie durch gewichtige Städte gegangen ist. Das geschriebene Wort unterstützt wirkungsvoll die Tendenz der Schau: Führerworte, groß und geschmackvoll aufgemacht, sind als lapidare Bekenntnisse zur echten Kunst an den Wänden angebracht. (Dok. 49)

Die »wirkungsvolle Hängeweise« der Werke – die der Autor mit »Gift« und »chemischen Säuren« vergleicht – als »gediegen« zu charakterisieren, klingt wie blanker Zynismus. Die hinter der Femeschau stehende Vernichtungsabsicht und das erfolgreiche Schüren von Aggressionen zeigen ein 1939 in Salzburg veröffentlichtes Gedicht, des-

7 Salzburger Landeszeitung, 5. September 1938 (fast wortgleich der Bericht im Salzburger Volksblatt selbigen Datums).

8 Die aus der Tagespresse und bei Kerschbaumer (1988b, S. 58f.) entnommenen Photographien sind wahrscheinlich nicht die einzigen noch existierenden. Sie stammen von dem damaligen Pressephotographen Franz Krieger. Auf Anfrage teilte dieser mit, »daß die heutige moderne Kunst Berechtigung hätte, in einer ähnlichen Ausstellung gezeigt zu werden« und daß er seine Photographien nicht zur Verfügung stelle (Brief an den Verfasser vom 9. Februar 1990).

9 Es handelt sich um das 1926 entstandene Ölgemälde »Um den Fisch« aus dem Dresdner Stadtmuseum, das bereits auf der Dresdner Vorläuferausstellung »Entartete Kunst« angeprangert wurde (Abb. 12b, Dok. 4, 9-10). Es wurde im Oktober 1938 von Salzburg nach Berlin geschickt (Dok. 50), erscheint dort im Inventar des Depots Niederschönhausen unter der Inv.-Nr. 15982, wurde am 27. Januar 1939 von dem Kunsthändler Karl Buchholz erworben (vgl. Hüneke 1986a, S. 68), hing vom 9. Oktober bis 2. November 1940 in der Klee-Gedächtnisausstellung der Buchholz Gallery (Curt Valentin) New York (vgl. Frey 1990, S. 126, Abb. 18) und gelangte schließlich in das Museum of Modern Art, New York.

10 Links: Richard Haizmann, »Paar«, 1925, Mischtechnik auf Papier; als »Zwei Menschen« auf der Rückgabeliste (Dok. 62) vom November 1941; vgl. Kapitel 5. Mitte: Heinrich Campendonk, »Im Gebirge«, 1922, Öl auf Leinwand; als »Blumen und Tiere« auf dem Inventar Niederschönhausen. Rechts: Christian Rohlfs, »Mann und Frau«, 1927, Tempera auf Leinwand; als »Herr und Dame« ebenda und auf Dok. 50.

11 Links: Richard Haizmann, »Ahriman (Trauernder Gott)«, 1928, Holz. Mitte: Johannes Molzahn, »Gott der Flieger«, 1921, Öl auf Leinwand. Rechts: Haizmann, »Wasserspeier«, 1930, Gips.

12 Salzburger Volksblatt, 24. August 1938.

13 Salzburger Landeszeitung, 6. September 1938.

sen letzte Strophe lautet: »Man hat sich damals wohl mokiert/doch keinen Finger je gerührt/solch Machwerk, statt es anzuschaun/samt seinen Schöpfern kleinzuhaun«[14].
Schon zwei Tage nach der Eröffnung verkündete der stellvertretende Hauptschriftleiter des Salzburger Volksblattes, Otto Kunz, es habe in Salzburg »nie eine Ausstellung gegeben, die annähernd ähnliches Interesse erweckte«. Kunz lieferte die systemkonforme Interpretation dieses Phänomens gleich mit: Die »Anteilnahme des Publikums ist zugleich ein Protest gegen den bewußt herbeigeführten Verfall der Kunst nach dem Kriege« (Dok. 49). Binnen fünf Tagen zog die Schau 10.000 Besucher an.[15] Bis zum Ende, welches wegen des großen Zuspruchs um eine Woche verschoben wurde, sollten es 40.000 werden.[16]
In Salzburg erfuhr der Ausstellungsbestand eine substantielle Veränderung. Im August 1938 hatte das Propagandaministerium mit der Einrichtung des Depots im Schloß Niederschönhausen in Berlin begonnen (vgl. Kapitel 5). Dort sollten die »international verwertbaren«, also durch Verkäufe ins Ausland in Devisen umsetzbaren Werke »entarteter Kunst« zusammengeführt werden. Zu diesem Zweck wurden 70 Bilder und eine Plastik, die durch eine Liste (Dok. 50)[17] dokumentiert sind, aus der Ausstellung »Entartete Kunst« abgezogen und nach Berlin zurückgeschickt. Der genaue Zeitpunkt der Rücksendung ist nicht bekannt. Als *terminus post quem* kann das Ende der Schau in Salzburg angesehen werden, da zwei der betroffenen Werke (Klee, »Um den Fisch« und Rohlfs, »Mann und Frau«) auf Raumaufnahmen (Abb. 82-83) sichtbar sind und ein anderes (»Krieg«, d. i. »Schützengraben« von Dix) in der Salzburger Landeszeitung vom 6. September 1938 als Exponat genannt wird. Bei den zurückgesandten Werken handelt es sich durchweg um bedeutende Arbeiten international renommierter Künstler, von denen man sich lukrative Geschäftsabschlüsse versprechen konnte: Beckmann (2), Chagall (1), Dix (5, darunter der »Schützengraben«), Feininger (2), Heckel (4), Hofer (4), Kandinsky (1), Kirchner (10), Klee (2), Kokoschka (2), Mataré (1 Plastik), G. A. Müller (1), Mueller (12), Nolde (13, darunter der neunteilige Altar »Das Leben Christi«[18]), Rohlfs (5) und Schmidt-Rottluff (6). Sieben dieser Kunstwerke standen auf der Luzerner Auktion vom 30. Juni 1939 zum Verkauf.[19] Sie gehörten zu denjenigen aus Salzburg zurückgeschickten, die sich seit München in der Femeschau befunden hatten.
Die 71 Exponate stellten eine Auswahl aus einer zweiten Liste (Dok. 51) dar, die insgesamt 87 Werke enthält. Diese Auflistung trägt die Angaben »Salzburg, 22.9.38«. In der maschinenschriftlichen Überschrift »Von der Ausstellung ›Entartete Kunst‹ ausgeschiedene Werke« sind die ersten und letzten beiden Worte durch Überschreibung getilgt. Die Kunstwerke sind mit Nummern versehen, welche zu einem – wohl in Berlin erstellten, nicht mehr existierenden – Ausstellungsinventar (nicht Beschlagnahmeinventar) gehören müssen. Offenbar erhielten die neu in den Bestand aufgenommenen Werke fortlaufende Nummern, die unter der Rubrik »Ausstellungsnummer« auch auf der Rückgabeliste vom November 1941 (Dok. 62) erscheinen. Die höchste Ziffer auf der Salzbur-

14 Blasi (d. i. August Ableitner), Peggy, mein schnaubendes Pferd und wie es mich getragen hat durch Österreich, den Ständestaat; Salzburg/Wien/Leipzig 1939, S. 137 (zitiert nach Kerschbaumer 1986, S. 1020).

15 Vgl. Salzburger Landeszeitung, 9. September 1938.

16 Vgl. Salzburger Landeszeitung und Salzburger Volksblatt, 4. Oktober 1938.

17 Die undatierte Liste trägt die handschriftliche Überschrift: »Von der E. A. K. aus Salzburg zurückerhalten«. Es handelt sich um dieselbe Handschrift wie bei der Liste der für die Hamburger Etappe ergänzten Werke (Dok. 55). Nach einem Vergleich mit dem handschriftlichen Lebenslauf von Rolf Hetsch (Dok. 72), dem für die Verwertung der beschlagnahmten Werke zuständigen Referenten im RMVP (vgl. Kapitel 5), handelt es sich ohne Zweifel um dessen Handschrift.

18 Der Altar, der sich als Leihgabe Noldes in der Ausstellung »Religiöse Kunst der Gegenwart« im Museum Folkwang in Essen befunden hatte, wurde nach mehrmaligen Protesten des Künstlers (vgl. sein Schreiben an Goebbels vom 2. Juli 1938 bei Diether Schmidt 1964, S. 152f.) Anfang 1939 von einer Spedition in Noldes Wohnort Seebüll abgeliefert. Daselbst gehört er heute zur Stiftung Ada und Emil Nolde.

19 »Selbstbildnis mit rotem Schal« von Beckmann, »Die Prise (Rabbiner)« von Chagall, »Die Trunkene« von Hofer, »Zwei Akte« und »Drei Frauen« von Mueller, »Christus und die Sünderin« von Nolde und »Selbstbildnis« von Schmidt-Rottluff (vgl. Barron 1992, S. 149f., S. 156, S. 165f. und S. 169).

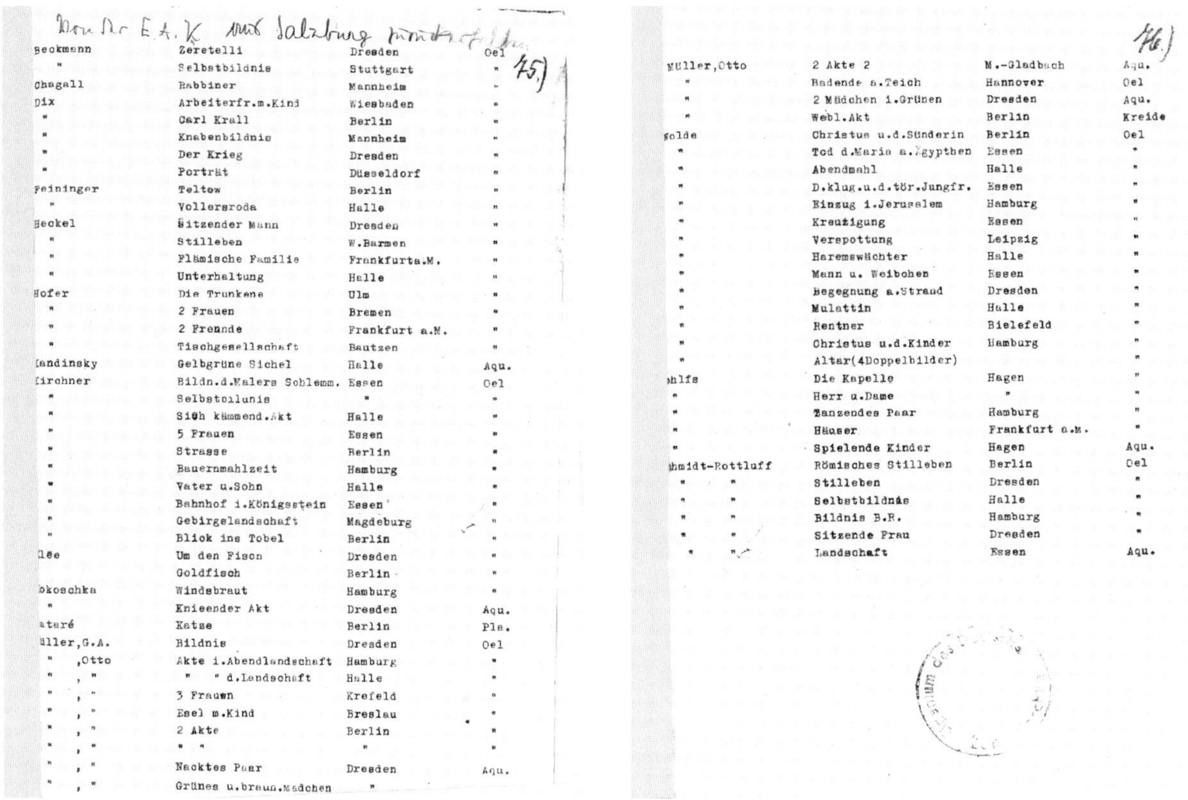

Beckmann	Zeretelli	Dresden	Oel
"	Selbstbildnis	Stuttgart	"
Chagall	Rabbiner	Mannheim	"
Dix	Arbeiterfr.m.Kind	Wiesbaden	"
"	Carl Krall	Berlin	"
"	Knabenbildnis	Mannheim	"
"	Der Krieg	Dresden	"
"	Porträt	Düsseldorf	"
Feininger	Teltow	Berlin	"
"	Vollersroda	Halle	"
Heckel	Sitzender Mann	Dresden	"
"	Stilleben	W.Barmen	"
"	Flämische Familie	Frankfurta.M.	"
"	Unterhaltung	Halle	"
Hofer	Die Trunkene	Ulm	"
"	2 Frauen	Bremen	"
"	2 Freunde	Frankfurt a.M.	"
"	Tischgesellschaft	Bautzen	"
Kandinsky	Gelbgrüne Sichel	Halle	Aqu.
Kirchner	Bildn.d.Malers Schlemm.	Essen	Oel
"	Selbstbildnis	"	"
"	Sich kämmend.Akt	Halle	"
"	5 Frauen	Essen	"
"	Strasse	Berlin	"
"	Bauernmahlzeit	Hamburg	"
"	Vater u.Sohn	Halle	"
"	Bahnhof i.Königstein	Essen	"
"	Gebirgslandschaft	Magdeburg	"
"	Blick ins Tobel	Berlin	"
Klee	Um den Fisch	Dresden	"
	Goldfisch	Berlin	"
Kokoschka	Windsbraut	Hamburg	"
"	Knieender Akt	Dresden	Aqu.
Mataré	Katze	Berlin	Pls.
Müller,G.A.	Bildnis	Dresden	Oel
" ,Otto	Akte i.Abendlandschaft	Hamburg	"
" , "	" " d.Landschaft	Halle	"
" , "	3 Frauen	Krefeld	"
" , "	Esel m.Kind	Breslau	"
" , "	2 Akte	Berlin	"
" , "	" "	"	"
" , "	Nacktes Paar	Dresden	Aqu.
" , "	Grünes u.braun.Mädchen	"	

75)

76)

Müller,Otto	2 Akte 2	M.-Gladbach	Aqu.
"	Badende a.Teich	Hannover	Oel
"	2 Mädchen i.Grünen	Dresden	Aqu.
"	Webl.Akt	Berlin	Kreide
Nolde	Christus u.d.Sünderin	Berlin	Oel
"	Tod d.Maria a.Ägypthen	Essen	"
"	Abendmahl	Halle	"
"	D.klug.u.d.tör.Jungfr.	Essen	"
"	Einzug i.Jerusalem	Hamburg	"
"	Kreuzigung	Essen	"
"	Verspottung	Leipzig	"
"	Haremswächter	Halle	"
"	Mann u. Weibchen	Essen	"
"	Begegnung a.Strand	Dresden	"
"	Mulattin	Halle	"
"	Rentner	Bielefeld	"
"	Christus u.d.Kinder	Hamburg	"
"	Altar(4Doppelbilder)		"
Rohlfs	Die Kapelle	Hagen	"
"	Herr u.Dame	"	"
"	Tanzendes Paar	Hamburg	"
"	Häuser	Frankfurt a.M.	"
"	Spielende Kinder	Hagen	Aqu.
Schmidt-Rottluff	Römisches Stilleben	Berlin	Oel
" "	Stilleben	Dresden	"
" "	Selbstbildnis	Halle	"
" "	Bildnis B.R.	Hamburg	"
" "	Sitzende Frau	Dresden	"
" "	Landschaft	Essen	Aqu.

Dok. 50 Verzeichnis der von der Ausstellung »Entartete Kunst«, Salzburg 1938, nach Berlin zurückgesandten Exponate (ZSTA 50.01-743, Bl. 75-76)

ger Liste ist 1.213, auf der Rückgabeliste 1.301. Daraus läßt sich schließen, daß mindestens 1.301 Kunstwerke seit Berlin in Kontakt mit der Femeschau gekommen waren, wenn sie auch (wie jene in Salzburg ausgeschiedenen) nur temporär zu ihrem Bestand gehörten.[20]

Offenbar sollten zuerst die 87 Exponate der zweiten Liste nach Berlin gesandt werden, man entschloß sich dann aber, 16 davon für die weiteren Ausstellungsetappen zurückzubehalten: Beckmann (»Sektgelage«, Aquarell), Chagall (»Die Tränke«, Öl), Heckel (»Akte«, Federzeichnung), Kandinsky (»Einige Kreise«, Öl), Kirchner (»Straßenecke«; »Lesende«, Aquarell), Klee (»Mond über der Stadt«, Öl; 2 weitere Aquarelle), Mueller (»Akte im Grünen«, Kreidezeichnung), Rohlfs (»Landschaft in Grau«, »Haremswächter«, Aquarelle) und Schmidt-Rottluff (»Landschaft«, Öl; »Toilette«, »Zwei sitzende Frauen«, Aquarelle; »Sitzender Akt«, Zeichnung). Tatsächlich blieben drei dieser 16 Arbeiten nachweislich bis zum Ende der Wanderausstellung 1941 im Ausstellungsbestand: Mueller, »Akte im Grünen«; Schmidt-Rottluff, »Toilette«, »Sitzender Akt« (Dok. 62). Kandinskys Gemälde »Einige Kreise« wanderte mit der Schau noch nach Hamburg, Stettin und Weimar und wurde von dort im April 1939 nach Berlin retourniert (vgl. Kap. 6.3.7).

In Salzburg gab Ausstellungsleiter Pistauer sein Amt ab, um die Leitung der örtlichen Niederlassung des Instituts für Deutsche Kultur- und Wirtschaftspropaganda zu übernehmen.[21] Sein Nachfolger wurde Ludwig Wang, der bereits seit München die Wanderung der Ausstellung begleitet hatte (vgl. Kapitel 6.1).

20 Dagegen wird in einer wohl im ZSTA aufbewahrten undatierten Auflistung über den Gesamtbestand der beschlagnahmten Werke die Anzahl der in der Ausstellung »Entartete Kunst« befindlichen Werke mit 1.265 beziffert (vgl. Diether Schmidt 1964, S. 230 und Rave 1987, S. 122).

21 In Salzburg bereitete Pistauer die »erste Gauaustellung der Ostmark« vor, die unter dem Namen »Salzburg im Vierjahresplan« am 27. Mai 1939 eröffnet wurde (vgl. Pistauer 1939).

81.)

Salzburg, 22.9.38

~~XXXXXX~~ Ausstellung "Entartete Kunst" ~~xxxxxxxxxxxxxxxxxxx~~.

66	Beckmann Max,	Zeretelli	Dresden	1928	4000.-	Öl
43	" "	Selbstbildnis	Stuttgart		3000.-	Öl
411	" "	Sektgelage	Frankfurt a/M			Aqua
704	Chagall Marc	Die Tränke	Barmen	1923	3000.-	Öl
705	Chagall Marx	Rabbiner	Mannheim	1928	4500.-	Öl
202	Dix Otto	Arbeiterfrau m. Kind	Wiesbaden	1930	2000.-	Öl
36	" "	Carl Krall	Berlin	1923		Öl
228	" "	Knabenbildnis	Mannheim	1925		Öl
324	" "	Der Krieg	Dresden		1000.-	Öl
684	" "	Portrait	Düsseldorf			Öl
879	Feininger Lyonel	Teltow	Berlin	1921	7000.-	Öl
889	" "	Vollersroda	Halle	1928		Öl
688	Heckel Erich	Sitzender Mann	Dresden	1920		Öl
1214	Heckel Erich	Stilleben		1923		Öl
20	" "	Flämische Familie	Frankf.a/M.			Öl
619	" "	Unterhaltung	Halle	1924	3500.-	Öl
434	" "	Akte				Fz
433	Hofer Karl	Die Trunkene	Ulm	1931	3000.-	Öl
437	" "	Zwei Frauen	Bremen	1924	1500.-	Öl
602	" "	Zwei Freunde	Frankf.a/M	1928	3500.-	Öl
696	" "	Tischgesellschaft	Bautzen	1924	2700.-	Öl
893	Kandinsky Wassily	Einige Kreise	Dresden			Öl
853	" "	Gelbgrüne Sichel				Aqua
13	Kirchner Ernst Ludw.	Bildnis des Malers Schlemmer	Essen			Öl
33	" " "	Selbstbildnis	Essen		3000.-	Öl

II 82.)

425	Kirchner Ernst Ludw.	Sich kämmender Akt	Halle	1924	15000.-	Öl
432	" " "	Fünf Frauen	Essen			Öl
451	" " "	Strasse	Berlin	1920	12000.-	Öl
620	" " "	Bauernmahlzeit	Hamburg	1924	SE3500.-	Öl
694	" " "	Vater und Sohn	Halle	1924	3500.-	Öl
801	" " "	Bahnhof in Königstein	Essen	1917		Öl
839	" " "	Gebirgslandschaft	Magdeburg	1923		Öl
1210	" " "	Blick ins Tobel	Berlin		4000.-	"
66	" " "	Strassenecke	Dresden	1925		Orig
1109	" " "	Lesende				Aqua
18	Klee Paul	Um den Fisch	Dresden	1926	2000.-	Öl
19	" "	Goldfisch	Berlin			Öl
910	" "	Mond über Stadt				Öl
911	" "	Aquarell				Aqua
913	" "	Aquqarell	Berlin			Aqua
1201	Kokoschka Oskar	Windsbraut	Hamburg			Öl
404	" "	Knieender Akt				Aqua
641	MatréEwald	Die Katze	Berlin	1929	400.-	Pla
22	Müller Otto	Akte i.d.Abendlandschaft	Hamburg			Öl
407	" "	Akte in der Landschaft	Halle	1924		Öl
504	" "	3 Frauen	Krefeld			Öl
505	" "	Esel mit Kind	Breslau	1931	3000.-	Öl
506	" "	2 Akte	Berlin	1921	15000.-	Öl
511	" "	2 Akte	"	"	"	Öl
1213	" G.A.	Bildnis	Dresden	1928	700.-	Öl
487	" Otto	Mädchen mit Jüngling	Dreseen	1919		Aqua
507	" "	2 Akte				Aqua
516	" "	2 Akte II				Aqua
631	" "	Badende am Teich	Hannover			Auqa
1047	" "	2 Mädchen im Grünen	Dresden			Aqua
1027	" "	Weiblicher Akt	Berlin			Kreide
1058	" "	Akte im Grünen	Berlin			Kreide

Dok. 51 Verzeichnis eines Teils der Exponate der Ausstellung »Entartete Kunst«, Salzburg 22. September 1938 (ZSTA 50.01-743, Bl. 81-83)

83.)

III

105	Nolde Emil	Christus u.d.Sünderin	Berlin	1929	25000.-	Öl
114	" "	Tod d.Maria aus Ägypthen	Essen			Öl
115	" "	Abendmahl	Halle		10000.-	Öl
120	" "	Die klug.u.d. törichten Jungfrauen	Essen			Öl
123	" "	Einzug in Jerusalem	Hamburg			Öl
124	" "	Kreuzigung (Altarbild)	Essen			Öl
139	" "	Verspottung Christi	Leipzig			Öl
503	" "	Haremswächter	Halle	1924	4500.-	Öl
514	" "	Mann und Weibchen	Essen			Öl
517	" "	Begegnung am Strande	Dresden			Öl
512	" "	Die Mulattin	Halle	1924	8000.-	Öl
828	" "	Rentner	Bielefeld			Öl
1205	" "	Christus und die Kinder				Öl
805	Rohlfs Christian	Die Kapelle	Hagen			Öl
5	" "	Herr und Dame	Hagen	1927	1500.-	Öl
804	" "	Tanzendesn Paar	Hamburg	1917	Gesch.	Öl
1	" "	Spielende Kinder a.Wasser	Hagen			Temp.
802	" "	Häuser	Frankf. a/M	1925		Temp.
844	" "	Landschaft in Graunu. ~~Grün~~ Braun				Aqua
440	" "	Haremswächter				Aqua
6	Schmidt-Rottluff Karl	Römisches Stilleben	Berlin	1932	2400	Öl
9	" " "	Stilleben	Dresden	1920	3800.-	Öl
39	" " "	Selbstbildnis	Halle	1924	4000.-	Öl
510	" " "	~~Weiblicher Akt~~ Bildnis B.R.	Hamburg	1913		Öl
615	" " "	Sitzende Frau	Dresden	1925		Öl
803	" " "	Landschaft	Essen	1911	2000.-	Öl
15	" " "	Landschaft	Essen		2000.-	Aqua
62	" " "	Toilette		1922		Aqua
627	" " "	2 sitzende Frauen				Aqua
483	" " "	Sitzender Akt	Berlin			Z

6.3.5 Hamburg, Schulausstellungsgebäude, 11. November bis 30. Dezember 1938

Bereits sechs Wochen vor der Eröffnung der Femeausstellung in Berlin berichtete die Hamburger Presse:

> Wie wir erfahren, kommt die im vergangenen Sommer in München [...] gezeigte Ausstellung »Entartete Kunst« auch nach Hamburg, und zwar voraussichtlich im April dieses Jahres, nachdem ihre Wiedereröffnung in einer grundlegend neuen Zusammenstellung und Sichtung im März für Berlin geplant ist.[1]

Doch ganz so schnell ging es nicht. Obzwar allem Anschein nach Hamburg tatsächlich die nächste Etappe nach Berlin hätte sein sollen[2], mußte die Stadt an der Elbe aus unbekannten Gründen Leipzig, Düsseldorf und Salzburg den Vortritt lassen. Erst im November 1938 war es dann soweit. Bereits Anfang September 1938 stand fest, daß das städtische Ausstellungshaus der Schulverwaltung und des NS-Lehrerbundes in der Spitalerstraße 6 der Ort des Geschehens sein sollte (Dok. 52). Nach Hans-Werner Schmidt mußten die Veranstalter der Femeschau in das Schulausstellungsgebäude ausweichen, weil ihnen die Kunsthalle von Werner Kloos, SS-Untersturmbannführer, Kustos und später kurzzeitig Direktor der Kunsthalle, verweigert worden war. Schmidt sieht darin ein Zeichen von Courage, Hans-Ernst Mittig hingegen eher eine Konsequenz aus dem Ausstellungskonzept, in welchem »Kunsttempel« und »Lehrschau« gegenübergestellt werden sollten.[3] Das unweit des Hauptbahnhofs gelegene Gebäude diente seit Ostern 1934 als Ort für Propagandaausstellungen von Lehrer- und Schülerarbeiten sowie für Lehrschauen größeren Maßstabs. Kurz vor der »Entarteten Kunst« wurden dort die Expositionen »Die deutsche Ostmark« (1. September bis 4. Oktober 1938) und »Volksgemeinschaft–Schicksalsgemeinschaft« (18. Oktober bis 5. November 1938) eingerichtet.[4] Als Fortsetzung dieser politischen Volksbildungsveranstaltungen kündigte sich die Femeschau den Bürgern schon allein durch die Wahl des Gebäudes an.

Die Eröffnung fand am Freitag, den 11. November 1938, um 11 Uhr in der Turnhalle hinter dem Schulausstellungsgebäude statt. Noch 30 bis 40 Stunden zuvor hatten im Zuge der landesweiten Massenprogrome, der sogenannten »Reichskristallnacht«, auch in Hamburg die Synagogen gebrannt. Nach einer Begrüßung durch den Vertreter der Gaupropagandaleitung, Wilhelm Dietz, hielt der Leiter der Hamburgischen Kulturverwaltung, Gauinspekteur und Staatsrat Dr. Becker in Vertretung von Gauleiter Karl Kaufmann die Eröffnungsansprache:

> Der Redner betonte, daß er sich besonders darüber freue, die Ausstellung in Hamburg zu haben, da Hamburg auf diesem Gebiete sich besonders hervorgetan habe. Da es die Kreise, in denen die Anhänger dieser entarteten Kunst zu suchen sind, auch heute noch gäbe, lege er besonderen Wert darauf, daß die ganze Hamburger Bevölkerung die Ausstellung sähe. Ihr Zweck sei allerdings nicht nur, jemanden mit Abscheu hinausgehen zu lassen, sie solle vielmehr die Menschen veranlassen, nun auch die Hamburger Kunststätten aufzusuchen, um zu sehen, was früher Gutes geschaffen wurde und heute bereits wieder geschaffen wird.[5]

Der Hinweis auf die »Zerfallserscheinungen« am Ort sollte die Sensationslust der Bevölkerung stimulieren und zugleich suggerieren, welch »drohende Gefahr« der Nationalsozialismus von ihr abgewendet habe. Dem schon häufig konstatierten antithetischen Prinzip folgend und in der Absicht, die Funktion der Femeschau als eine positive zu deklarieren, bezog Becker die hamburgischen Kunstsammlungen in seine Rede mit ein. Sie waren 1937 im Zuge der Beschlagnahmeaktionen »gesäubert«, etliche der betroffenen Kunstwerke in die Femeschau eingegliedert worden. Den Besuch der Kunsthalle, in der gerade eine Dürer-Ausstellung präsentiert wurde, empfahl nachdrücklich ein noch zu erläuternder Handzettel (Dok. 56). Nach Meinung von Sigrun Paas wurde die Dürer-

1 Hamburger Tageblatt (NSDAP-Organ), 12. Januar 1938; fast gleichlautend im Hamburger Fremdenblatt selbigen Tages.

2 Vgl. Leipziger Tageszeitung, 14. Mai 1938.

3 Vgl. Hans-Werner Schmidt 1983a, S. 61 und Mittig 1990b, S. 40 mit Anm. 32.

4 Zu Geschichte und Funktion des Schulausstellungsgebäudes vgl. die Akte »Ausstellungswesen 1935-1945« im Best. Oberschulbehörde VI des STA Hamburg (361-2 VI 838) sowie die Akte »Monatliche Kurzberichte der Schulverwaltung 1934-1938« (361-2 VI 33). Nach Mitteilung Mittigs (1988, S. 78 und S. 86, Anm. 19) zeigte das Schulausstellungsgebäude – heute Kurze Mühren 1, neubebaut – vor und nach der Ausstellung »Entartete Kunst« Lehrschauen gegen Alkoholmißbrauch.

5 Hamburger Nachrichten, 11. November 1938.

Schau als Gegenausstellung zur »Entarteten« gezeigt.[6] Gleichwohl muß vorerst offen bleiben, ob das Zusammentreffen beider Expositionen planmäßig oder zufällig zustandegekommen war. Gegen eine beabsichtigte und für eine zufällige, wenngleich willkommene Koinzidenz spricht die fehlende bzw. sehr geringe Erwähnung der Dürer-Ausstellung in der Presse. Der Gedanke, die Femeschau sei wegen der Sonderausstellung in der Kunsthalle später als vorgesehen nach Hamburg gereist, ist folglich wohl kaum in Erwägung zu ziehen.

Der Eingangsbereich des Gebäudes (Abb. 86) war eigens hergerichtet worden, wie aus einer Meldung im Hamburger Tageblatt vom 12. November 1938 (Dok. 53) hervorgeht:

> Auf einer künstlichen, gelblich grauen, bis zum ersten Stockwerk hinauf errichteten Mauerverschalung prangt mit großen roten Lettern eine schiefe Inschrift: »Entartete Kunst«. Menschen bestaunen diese Verschalung, stauen sich vor dem Eingang dieser Ausstellung.

Mit der Wahl roter schiefer Lettern lehnte man sich an die Gestaltung des Ausstellungsführers (Abb. 57) an. Drinnen hatte man sämtliche 18 Räume für die »2.000 Quadratmeter umfassende Ausstellung mit ihren über 1.000 Bildern und ihren zahlreichen Plastiken, Graphiken, Büchern usw.«[7] freigemacht. Welches Bild bot sich den Besuchern dar?

Ein Presseartikel (Dok. 53) beschreibt einen Rundgang und führt eine kleine Auswahl von Künstlern und Werktiteln namentlich auf. Danach waren zu sehen:

1. »Zersetzung des Form- und Farbempfindens«
   Max Pechstein, »Rote Strümpfe«
   Rolf Nesch, »Brücke in Rot«
2. »Religiöse Thematik«
   Ludwig Gies, »Kruzifixus«
   Wilhelm Morgner, »Kreuzabnahme«
   Karl Schmidt-Rottluff, »Christus«
3. »Klassenkampfpropaganda«
   Hans Grundig, »Mutter mit Kindern«
   Otto Dix
   George Grosz
4. »Wehrpflichtverweigerung«
   Otto Dix, »Kriegskrüppel«
   Heinrich Hoerle
   Josef August Benkert
5. »Moralisches Programm des Bolschewismus: Dirnenkunst«
   [?]
6. »Rassische Entartung«
   Ernst Ludwig Kirchner, »Das Paar«
   Karl Schmidt-Rottluff
   Max Pechstein
   Otto Mueller
   Oskar Kokoschka
7. »Geistige Entartung«
   Max Beckmann, »Der Strand«
   [Arbeiten aus der Prinzhorn-Sammlung][8]
8. »Jüdische Kunst«
   Jankel Adler
   Marc Chagall
   Lasar Segall
   Großphotographie Alfred Flechtheim
9. »Vollendeter Wahnsinn der Kunstismen«
   Kurt Schwitters, »Merzbild«
   Paul Klee, »Zwitschermaschine«
   Richard Haizmann, »Undefinierbare Form« [?],
   »Fabeltier« (d. i. »Wasserspeier«)
   »Pinguin« (d. i. »Ahriman«), »Kühe«
   (d. i. »Liegende Kuh« [?]), »Elefant«
   Alexander Archipenko, »Weiblicher Torso«
   Gustav Heinrich Wolff, »Kasuar«

Auch wenn diese Angaben spärlich sind, so lassen sich gleichwohl aus ihnen einige Schlüsse ziehen. Zunächst: Der Autor bemüht sich sichtlich, in Hamburg beschlagnahmte Werke hervorzuheben. Die genannten Skulpturen von Kirchner, Haizmann und Wolff stammten allesamt aus dem örtlichen Museum für Kunst und Gewerbe. Die Auswahl spiegelt also keineswegs die Verhältnisse im Ausstellungsbestand objektiv wider. Des weiteren wird deutlich, daß sich die Hängung, wie seit Berlin üblich, an den neun Abteilungen des Ausstellungsführers orien-

6 Vgl. Paas 1983, S. 19.

7 Cuxhavener Tageblatt, 9. November 1938. Das Hamburger Tageblatt berichtet am 1. November 1938 von 1.500 Quadratmetern Ausstellungsfläche. Vgl. auch Hamburger Tageblatt, 12. November 1938 (»beide Stockwerke«, Dok. 53) und Hamburger Anzeiger, 9. November 1938 (»sämtliche Räume«; Dok. 54). Die Anzahl von 18 Räumen nach Salzburger Volksblatt, 2. September 1938 (im Zusammenhang mit der Schau »Die deutsche Ostmark«).

8 Ergänzt nach Hamburger Anzeiger, 9. November 1938 (Dok. 54). Auch in Berlin hatten sich Beckmanns »Strandbild« und Arbeiten aus der Prinzhorn-Sammlung in einem Raum befunden (Abb. 68).

Dok. 52 Brief von Werner Hintmann, Ausstellungshaus der Schulverwaltung und des NS-Lehrerbundes Hamburg, an die Schulverwaltung Hamburg, 5. September 1938 (STA Hamburg 361-2 VI 854/I)

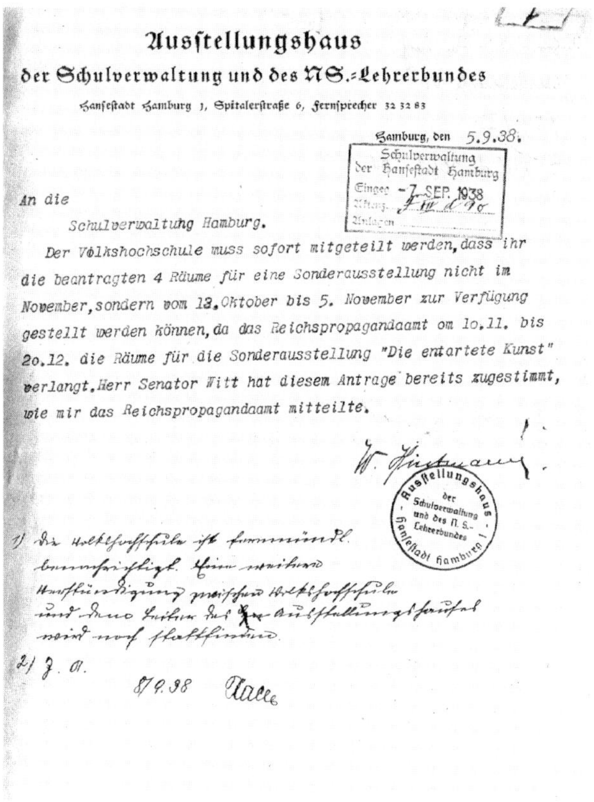

Ausstellungshaus
der Schulverwaltung und des NS.-Lehrerbundes
Hansestadt Hamburg 1, Spitalerstraße 6, Fernsprecher 32 32 63

Hamburg, den 5.9.38.

An die
Schulverwaltung Hamburg.

Der Volkshochschule muss sofort mitgeteilt werden, dass ihr die beantragten 4 Räume für eine Sonderausstellung nicht im November, sondern vom 12. Oktober bis 5. November zur Verfügung gestellt werden können, da das Reichspropagandaamt om 10.11. bis 20.12. die Räume für die Sonderausstellung "Die entartete Kunst" verlangt. Herr Senator Witt hat diesem Antrage bereits zugestimmt, wie mir das Reichspropagandaamt mitteilte.

W. Hintmann

tiert. Das sich daraus ergebende immer gleiche Muster erklärt, warum Kombinationen wie die oben dokumentierten auch für andere Stationen nachweisbar sind.[9]

Eines der genannten Werke, der »Elefant« von Haizmann, wurde in Hamburg erstmals an den Pranger gestellt. Er gehörte zu jenen 115 Kunstwerken, die für die Hamburger Etappe der Ausstellung neu ausgesucht worden waren, um die Lücke, die durch den Rücktransport von 71 Exponaten aus Salzburg nach Berlin (vgl. Kapitel 6.3.4) entstanden war, aufzufüllen. Zu diesem Zweck schöpfte man – vermutlich zum letzten Mal vor der Vernichtungsaktion vom 20. März 1939 – aus den umfangreichen Beschlagnahmebeständen im Berliner Depot Köpenicker Straße (vgl. Kapitel 5). Franz Hofmann, Abteilungsleiter im Propagandaministerium und Geschäftsführer der »Verwertungskommission entartete Kunst«, schrieb am 28. November 1938 an Goebbels: »Der Bestand der Ausstellung ›Entartete Kunst‹ ist aus diesem Lager bereits reichlich aufgefüllt. Es besteht kein Bedarf, ihn weiter zu vergrößern«[10]. Glücklicherweise existiert für die fraglichen Objekte eine Liste (Dok. 55).[11] Sie erfaßt die Berliner Inventarnummer, den Nachnamen des Künstlers und den Titel bzw. eine Bezeichnung des Werks, nicht jedoch die Technik. Aufgeführt sind sechs Arbeiten von Jawlenskys, fünf von Baumeister, vier von Bötticher, je drei von Bleue, Herthel, Ophey, Ritschl und Segall, je zwei von Buchheister, Burger-Mühlfeld,

9 Vgl. etwa für Berlin einen vergleichbaren Rundgang, in: FZ, 25. Februar 1938 sowie Abb. 69 (Werke von Adler und Chagall) und Abb. 71 (»Kasuar« von Wolff und »Katze« von Haizmann). Für Salzburg: Abb. 84 (»Ahriman« und »Wasserspeier« von Haizmann).

10 Zitiert nach Diether Schmidt 1964, S. 228.

11 Auf einem kleinen, in der Akte versehentlich hinter der Liste eingehefteten Zettel (ZSTA 50.01-743, Bl. 80; in Dok. 55 vorn plaziert) ist der handschriftliche Vermerk: »Liste von Objekten, die neu für die E.A.K. Hamburg ausgesucht wurden Novb. 1938«, zu lesen. Es ist dieselbe Handschrift wie auf der Salzburger Liste (Dok. 50), also diejenige von Rolf Hetsch. Das Verzeichnis ist nicht nach Künstlernamen oder Gattungen geordnet, sondern nach der Chronologie der Inventarnummern und somit nach Herkunftsmuseen.

Kunsttanz der System-Irrlichter

Ein Rundgang durch die Hamburger Ausstellung „Entartete Kunst"

1500 Besucher besuchten am gestrigen Eröffnungstage die Hamburger Ausstellung „Entartete Kunst", der beste Beweis für die starke Anteilnahme der einheimischen Bevölkerung an dieser denkwürdigen Schau. Wir schildern anschließend einen Rundgang durch diese Ausstellung und bitten unsere Leser, in diesem Zusammenhang unsere beiden Bildseiten „Entartete Kunst" in der heutigen illustrierten „Tageblatt"-Wochenschau beachten zu wollen.

Wer seine Schritte in diesen Tagen, angezogen von dem Zentrum des Hamburger Geschäftsverkehrs am Hauptbahnhof, in die Spitalerstraße lenkt, wird mit einiger Ueberraschung feststellen, daß die Fassade des dortigen Schulausstellungsgebäudes Nr. 6 in den letzten Stunden eine ins Auge fallende neue Einkleidung erhalten hat. Auf einer künstlichen, gelblich grauen, bis zum ersten Stockwerk hinauf errichteten Mauerverschalung prangt mit großen roten Lettern eine schiefe Inschrift: „Entartete Kunst". Menschen bestaunen diese Verschalung, stauen sich vor dem Eingang dieser Ausstellung, gehen hinein in ihre Pforten, und hin und wieder hört man an dieser Stelle Worte fallen wie „Kubismus", „Dadaismus" usw. Wie war das doch noch damals mit den „Ismen" der „deutschen" Kunst? ....

Eine Mordtat in neun Bildern

Man könnte die neun Abteilungen dieser nunmehr auch, bis zum 31. Dezember, nach Hamburg gekommenen, täglich von 10 Uhr morgens bis 9 Uhr abends geöffneten Ausstellung „Entartete Kunst" mit einer gereimten Moritat besingen, sie als ein sensationelles Raritäten-Anhängsel der Hamburger Domzeit betrachten — verböte es nicht der bittere Ernst, der hinter den verzerrten Fratzen dieser Tausendschaft von entarteten Bildern aus nahferner Zeit spürbar ist. Gewiß, die Zeit, die so etwas zeigen konnte, ist dem deutschen Volksgenossen, der auf eine gesunde, natürliche Kunstempfindung Anspruch erhebt, innerlich fremd geblieben. Doch das entartete Spiegelbild dieser Schau blendet noch einmal mit aller grellen Schärfe jenen menschlichen Abgrund auf, dem unser auch auf dem Gebiet der Kunst falsch beratenes Volk vor weniger als einem Jahrzehnt zusteuerte.

Politische Geißelung

In thematischer Vervollkommnung und gehaltlicher Konzentrierung ist hier, gegenüber dem bislang in München, Leipzig, Berlin, Düsseldorf und Salzburg gezeigten Ausstellungs-Charakter, das verzerrte Kulturbild der verflossenen Systemzeit beschworen worden, an dem der deutsche Arbeiter uninteressiert, der deutsche Bürger mit duldsamer Schwäche, der Systemkünstler mit zersetzendem Intellektualismus und der Jude mit geschäftlicher Brutalität Anteil nahmen. Und es ist gut, daß die Ausstellung, die sich dazu in den beiden Stockwerken des Schulausstellungsgebäudes einer trefflich aufgelockerten Hängung erfreuen kann, nunmehr jene klare Form gefunden hat, die vor die Geißelung der einzelnen Beteiligten die Brandmarkung der politisch und gesellschaftlich zersetzenden Grundzüge jener Epoche deutschen geistigen Tiefstandes stellt.

Verpfuschter Glaube

Ein Rundgang durch die neun Abteilungen macht dieses klar ersichtlich. In der ersten Gruppe ist die Barbarei der Darstellung vom Standpunkt der handwerklichen Zersetzung des Form- und Farbempfindens an den Pranger gestellt. (Aus früherem Hamburger Kunstbesitz findet der Besucher hier unter anderm Rolf Neschs verpfuscht glutende „Brücke in Rot".) Die zweite Abteilung spricht gleich durch ihre motivliche Aktualität an: die wahnwitzigen Ausgeburten religiöser Zwangsvorstellungen lassen den Atem anhalten (der „gotisch" verzerrte, stachlich-hölzerne „Christus", das frühere „Ehrenmal" für Gefallene in Lübecks Domkirche von dem „Kunstprofessor" Gieß findet hier ebenso starke Aufmerksamkeit wie der eckig-graphische „Christuskopf" von Schmidt-Rottluff mit dem eingravierten „1918" auf der Stirn). Daß man die Wurzeln der oft vielseitig suchenden, irrenden Zersetzung im übrigen bis vor den Eintritt des Weltkrieges bloßzulegen versucht hat, beweisen in diesen beiden Abteilungen Stücke wie Pechsteins 1910 entstandene, groteske „Rote Strümpfe" und Morgners grell rieselnde, 1912 geschaffene „Kreuzigung".

Verhetzung und Feigheit

Das dritte Kabinett führt in die Sphäre des unseligen Klassenkampfes; sozialistischer Kunstaufbruch, wie man ihn vielleicht noch in den Bildern Grundigs („Mutter") gelten lassen könnte, landete, wie man sieht, in der intellektuellen Kunstfirma der Herren Dix, Groß und Konsorten oder steigerte sich zur pathalogischen „Hirsch"-Brunst. Die falschen Trompetentöne der Antikriegshetze und der damit verbundenen Wehrpflichtverweigerung hallen von den Wänden der vierten Gruppe wider. Otto Dix' „Monumentalgemälde" der „Kriegskrüppel" ist inzwischen als negatives Beispiel jener unseligen Epoche so bekannt geworden, daß sein Blickfang fast schon abstumpft. Dazu stoßen die Herren Hoerle und Benkert in die entsprechende Kindertrompete. Die fünfte Abteilung, die Pornographien der Abteilung „Dirnenkunst", ist mit den gebotenen Erzeugnissen insgesamt so häßlich und ekelerregend, daß wir uns nähere Einzelheiten versagen. Das sechste Kabinett dient der Geißelung jenes früheren „rassischen Ideals", das in einer Flucht ins Negroide und südländisch Insulare sein Heil erblickte. Hier steht neben Produkten aus Palette oder Meißel der um Schmidt-Rottluff, Pechstein, O. Müller, Kokoschka, jene denkwürdige Kirchnersche Plastik „Das Paar", die noch 1931 für 3000 RM. in Hamburger öffentlichen Kunstbesitz überging.

Idiotien

Die siebte Gruppe dann bringt jene irrlichternden Erzeugnisse stumpfer und idiotischer Gesichtsausdrde — an der Spitze Beckmanns übel bekanntes „Strandbild" — die den Kretin und Paralytiker als sozialen Kunstdarstellungswert widerspiegelten. In der achten Abteilung schließlich, setzt sich der Jude selbst seine „kunstschaffende" und geschaftelhuberende Krone auf. Das Großfoto des früheren Kunsthändlerkönigs Flechtheim, eines ehemaligen Getreidejuden, fesselt hier ebenso wie die Erzeugnisse der Herren Segall, Chagall und Adler. Und in der Schlußgruppe findet der Besucher dann noch einmal jene ganzen „Ismen"-Jünger zusammen, die mit spielerischen Jurgefühlen oder innenschwachem Wahnsinn dem Stilgeschäft ihrer Tage nachgingen. Hier kann man Klees bekannte „Zwitschermaschine", Schwitters „Merzbild" bestaunen; und sich wundern über die plastischen Erzeugnisse eines Haizmann („Undefinierbare Form" — „Fabeltier", „Pinguine", „Kühe", „Elefant"), an denen das frühere marxistisch-öffentliche Hamburg anscheinend den rätselhaften Wulst schätzte; auch jene tollen Stücke, wie Archipenkos „Weiblicher Torso" und Wolffs „Kopf eines Kasuars", zierten noch vor weniger als zehn Jahren Hamburgs Kunstkabinette.

Das bemerkenswerte an dieser eindrucksvollen Schau ist die Tatsache, daß sämtliche gezeigten Produkte aus ehemaligem städtischen oder staatlichen, daß heißt also öffentlichen deutschen Kunstbesitz stammten. Und es ist gut, daß an stillen Stellen dieser denkwürdigen Ausstellung schlichte Sprüche des Führers über die deutsche Kunst das Gewissen aufrütteln, indem sie jene Fassadenklitterungen beschämen, die — wie die Schau ebenfalls zeigt — in den früheren „revolutionären" Kunstzeitschriften und schriftstellerischen Ergüssen so lächerlich anmaßend zusammengereimt wurden. Kein Hamburger Volksgenosse sollte sich die Besichtigung dieser Hamburger Ausstellung „Entartete Kunst" entgehen lassen!

H. F.

Dok. 53 Hamburger Tageblatt, 12. November 1938 (STA Hamburg 135-1 I-IV 5227)

Eberz, Gleichmann, Gleizes, Haizmann, Heuser, Niestrath, Schlemmer, Schott und Vordemberge-Gildewart sowie je eines von Adler, Babberger, Belling, Berg, Bolz, Bröcker, Burchartz, Caspar, Cohn, Dietz, Domscheit, Dungert, Elkan, Erlach, Feibusch, Felixmüller, Freundlich, Graf, Grosz, Günther, Heinisch, Herbig, Hoffmann, Ilgenfritz, A. J., Johns, Kerschbaum, Kerschkamp, Kleinschmidt, Klinker, Knappe, Lange, Lewerenz, Lissitzky, Max, Meyer, Molnar, Molzahn, Morgner, Muche, Mühsam, Nagel, Nitschke, Oeser, Paling, Perner, Platte, Rathenau, Röntgen, Rösler, Scharl, Scheidler, Schmid, Schrotter, Schulze-Sölde, Schwippert, Seehaus, Seiwert, Sommer, Tinzmann, Topp, Weyrich und Zimmermann.

Vergleicht man diese Liste mit der Salzburger (Dok. 50), so wird der grundlegende Wandel im Erscheinungsbild der Ausstellung deutlich. Nur wenige bekannte Namen sind unter den Neuzugängen vertreten. Meist handelt es sich um Künstler von regionaler Bedeutung, die nicht »international verwertbar« waren. Zudem dürfte es sich bei dem überwiegenden Teil um graphische Arbeiten gehandelt haben. Ein spezifisches Auswahlprinzip läßt sich nicht feststellen. Weder werden bestimmte Künstler oder Stilrichtungen, noch gewisse Regionen oder Orte besonders betont. Nur vier Künstler – Haizmann, Elkan, Mühsam und Schott – sind Hamburger oder arbeiteten zumindest vorübergehend in der Hansestadt. Insgesamt entsteht der Eindruck, daß das Berliner Depot Köpenikker Straße zwar systematisch, d. h. von ganz niederen bis zu recht hohen Inventarnummern, durchkämmt wurde, die Selektion aber relativ wahllos vor sich ging. Die drei letzten Nummern auf der Liste – Adler, »Cléron, der Katzenzüchter«, Feibusch, »Zwei schwebende Figuren (Schwebende)« und Kleinschmidt, »(Kleine) Zirkusreiterin« – sind Ölgemälde, die schon einmal in der Münchner Ausstellung »Entartete Kunst« vertreten waren[12], danach aber ausgesondert wurden. Den Verantwortlichen unterliefen auch Fehler: Obgleich ausländische Künstler seit den Erfahrungen in München nicht mehr angefeindet werden sollten, nahmen sie beispielsweise zwei Werke des Franzosen Albert Gleizes herein.[13] Das entscheidende Kriterium scheint der Darstellungsgegenstand gewesen zu sein. Fast die Hälfte der neuhinzugenommenen Werke sind Menschen- bzw. Figurenbilder, im übrigen kommen Landschaften und einige abstrakte Kompositionen vor.

In diesem Zusammenhang ist eine Passage aus Wilhelm Niemeyers Brief an Franz Radziwill vom 5. Februar 1939 bemerkenswert:

> Die Entartete Ausstellung hier in H. habe ich zu sehen vermieden. Aber etwas Lustiges hat sie gebracht: die Wiederauferstehung von Siegfried Schott als Maler. Die tiefen Kunstkenner, die diese Kunstschau geschaffen haben, gruben all seine abgetanen Täfelchen aus dem Müll des Kunstgewerbeschulbodens wieder aus und hingen sie hübsch in einer Reihe zusammen. Sie sollen manchen Leuten Freude gemacht haben.[14]

Auf welche Weise die Exponate in Hamburg dargeboten wurden, läßt sich bislang nicht eruieren. Das Hamburger Tageblatt vom 12. November 1938 befindet, der Besucher könne sich an »einer trefflich aufgelockerten Hängung erfreuen«, allein bleibt dahingestellt, was man sich darunter vorzustellen hat. Denn Innenraumaufnahmen haben sich nicht erhalten. In einer illustrierten Rezension (Abb. 87) stoßen wir auf eine Photographie, die vermutlich die Hängung von Gies' »Kruzifixus« in Hamburg zeigt. Links davon ein nicht identifiziertes Werk, rechts auf gleicher Höhe eine Texttafel diskreditierenden Inhalts (»Dieses Schauerstück ...«). Der Längsbalken des Kreuzes steht auf dem Boden auf. Die Wirkung der überlebensgroßen expressiven Gestalt des Gekreuzigten, die für einen Kirchenraum – also auf Fernansicht – konzipiert war, auf einen direkt darunter stehenden Betrachter muß in der Tat schockierend gewesen sein.[15]

12 Vgl. von Lüttichau 1992a, S. 52f. und S. 57.

13 Dieses Prinzip wurde aber ohnedies nicht konsequent durchgeführt, wie das im Ausstellungsführer auf S. 23 abgebildete Gemälde »Im Kanu« von Jean Metzinger zeigt.

14 Zitiert nach dem Abdruck des Briefes bei Wietek 1990, S. 158f. Zu Schott vgl. ebenda, S. 184f., Anm. 65 sowie auch S. 221f., Anm. 1011.

15 In der Bildunterschrift (Abb. 87) wird der Künstler fälschlich als »Gries« angegeben. Zur Hängung der Skulptur in München vgl. Abb. 31, in Düsseldorf Abb. 77-78 sowie in Stettin Abb. 92 (dort an der Seitenwand ebenfalls das nicht identifizierte Objekt).

Hamburger Anzeiger
Nr. [illegible] vom 9. 11. [illegible]

Dokumente einer überwundenen Zeit

Ab Freitag wird in Hamburg die Ausstellung entarteter Kunst zu sehen sein. Sämtliche Räume des Schulausstellungsgebäudes in der Spitalerstraße 6 wurden für die tausend Gemälde, die zahlreichen plastischen und graphischen Dokumente aus fünfzehn Nachkriegsjahren freigemacht. Die Gesichtspunkte, nach denen die riesige Schau für ihre Reise durch alle großen deutschen Städte neu gegliedert wurde, waren vorwiegend politische. Nach dem Willen von Reichsminister Dr. Goebbels sollen nicht so sehr einzelne Künstler an den Pranger gestellt, als vielmehr die Symptome des deutschen Kulturverfalls in dem genannten Zeitabschnitt vor Augen geführt werden.

„Mutter und Kind" 1928

„Mutter und Kind" 1938

Zweimal dasselbe Motiv,

einmal von einem Künstler der Verfallszeit, zum andern von einem Künstler der neuen deutschen Kunst (Franz Eichhorst) gestaltet

Die Ausstellungsleitung hat die Fülle des Materials mit neun großen Gruppen für den Besucher übersichtlich gemacht. Sie charakterisiert Inhalt und Sinn dieser Gruppen folgendermaßen:

Die erste Gruppe bringt Beweise für den handwerklichen Verfall der Malerei und Plastik, während die zweite Gruppe gleich tief in den weltanschaulichen Wirrwarr jenes Zeitraums hineinleuchtet und Werke „religiösen" Inhalts vorführt, die schon in der Münchner Ausstellung der Entarteten als Gottlosenpamphlete bezeichnet wurden. Die dritte Gruppe läßt die politische Tendenz der Verfallskunst deutlich werden und zeigt Werke von Künstlern, die sich unter hochtrabenden Decknamen von Kunstrichtungen der bolschewistischen Propaganda verschrieben hatten. Im Dienste dieser Propaganda wurde die Ehre des deutschen Soldaten, wie die vierte Gruppe beweist, besudelt, während die fünfte Gruppe vor Augen führt, was sich die damalige Kunst unter dem Thema „Die deutsche Frau" vorstellte. Die sechste Gruppe läßt erkennen, daß sich auf dem Gebiet der bildenden Kunst dasselbe abspielte, wie in der Musik und auf der Bühne, nämlich die rassische Verzerrung, die bewußte Verniggerung des deutschen Menschen. In der siebten Gruppe fungieren geisteskranke Laien aus der psychiatrischen Klinik in Heidelberg mit ihren Arbeiten als Zeugen dafür, daß moderne Künstler die Kunst der Idioten noch zu unterbieten wußten. Die achte Gruppe zeigt die Auswirkungen des Judentums auf dem Gebiet der bildenden Kunst. Die neunte Gruppe spiegelt das Chaos wieder, in das die verschiedenen Ismen die Kunst hineingeführt hatten.

Alle ausgestellten Werke wurden aus dem Besitz von staatlichen und städtischen Galerien zusammengetragen — nicht etwa, wie Gerüchte glauben machen wollten, aus Privatbesitz.

Nachdem die Ausstellung am Freitag um 11 Uhr durch Staatsrat Dr. Becker der Oeffentlichkeit übergeben sein wird, kann sie täglich von 10 bis 21 Uhr besucht werden (letzter Einlaß 20 Uhr). Der Eintrittspreis beträgt 50 Rpf. an der Tageskasse. Im Vorverkauf sind bei allen Dienststellen der Partei und allen Gliederungen Eintrittsausweise für 35 Rpf. zu haben. Jugendlichen unter 18 Jahren ist der Zugang verboten. Geschlossenen Gruppen stehen bei vorheriger Absprache sachkundige Führer zur Verfügung.

Um dem im Schlußeffekt negativen Erlebnis der Ausstellung entarteter Kunst entgegenzuwirken, beschreitet Hamburg einen neuen Weg. Jedem Besucher der Ausstellung wird durch einen Handzettel dringend nahegelegt, anschließend die Kunsthalle und andere Pflegestätten der Kunst zu besuchen, um sich von der Gesundung der deutschen Kunst im neuen Reiche zu überzeugen.

Dok. 54
Hamburger Anzeiger, 9. November 1938
(STA Hamburg 135-1 I-IV 5227)

Der in Hamburg betriebene propagandistische Aufwand war beträchtlich. Das innerhalb der Ausstellung verwandte Repertoire ist von den anderen Etappen hinreichend bekannt: Plakate mit polemisch-hetzerischen Texten (wie jenem neben der Gies-Skulptur) sowie »schlichte[n] Sprüche[n] des Führers über die deutsche Kunst« (Dok. 53), Beispiele von »Irrenkunst«, die Photographie Alfred Flechtheims. Indes beließ man es nicht hierbei:

> Um dem im Schlußeffekt negativen Erlebnis der Ausstellung entarteter Kunst entgegenzuwirken, beschreitet Hamburg einen neuen Weg. Jedem Besucher der Ausstellung wird durch einen Handzettel dringend nahegelegt, anschließend die Kunsthalle und andere Pflegestätten der Kunst zu besuchen, um sich von der Gesundung der deutschen Kunst im neuen Reiche zu überzeugen. (Dok. 54)

Der Handzettel (Dok. 56) forderte auf der mit Freundlichs Skulptur »Der neue Mensch« (aus dem Hamburger Museum für Kunst und Gewerbe) illustrierten Vorderseite zum Besuch der Femeschau auf, die Rückseite empfahl den »Volksgenossen« die Besichtigung der Kunsthalle. Waren in München 1937 die Besucher der »Großen Deutschen Kunstausstellung« per Handzettel zur Besichtigung der »Entarteten Kunst« aufgerufen worden, so war es in Hamburg genau umgekehrt.

Als Ausstellungsplakat (Abb. 85) entwarf der Künstler Rudolf Hermann – seine Signatur befindet sich rechts unten in einem kleinen Kreis – eine dreifarbige Lithographie. Das Plakat zeigt im Vordergrund eine Skulptur, die an afrikanische Masken und die von ihnen inspirierten expressionistischen Darstellungen von Künstlern wie Heckel[16], Kirchner, Pechstein und Schmidt-Rottluff erinnert. Dieses Motiv kommt nicht von ungefähr auf das Plakat. Die in der Ausstellung vorhandenen und dem Plakatmotiv ähnelnden primitivistischen Köpfe von Schmidt-Rottluff, vor allem »Litauisches Mädchen« und »Roter Kopf«[17], stammten aus dem Besitz des Hamburger Museums für Kunst und Gewerbe. Im Hintergrund des Plakats erscheint schemenhaft ein Kopf im Profil nach links, wahrscheinlich eine Karikatur Alfred Flechtheims.[18] Wie ein Schatten sollte sie die vermeintlich »wahre Identität« der »Entarteten Kunst« enthüllen und sinnfällig machen, daß sich hinter ihr »der Jude« bzw. »die jüdischen Drahtzieher« (Kunsthändler) verbergen. In der Schau wurde Flechtheim nicht nur durch die erwähnte Großphotographie in die Diskriminierung einbezogen: Ein Porträtkopf des Kunsthändlers von der Hand des Bildhauers Benno Elkan[19] zählte zu den neu für Hamburg ausgesuchten Werken (Dok. 55), auch ein Holzschnitt Schmidt-Rottluffs zeigte sein Konterfei (Abb. 88). Farblich an das ocker-grüne Bildmotiv angepaßt, befindet sich im unteren Teil des Plakats die blockhafte, schräggesetzte Schrift mit den Daten zur Ausstellung.

Nach Aussage Pistauers (Dok. 74) und verschiedener Zeitungsberichte fanden auf allen Ausstellungsstationen Führungen durch das Personal des Instituts für Deutsche Kultur- und Wirtschaftspropaganda statt. In Hamburg ging man andere Wege:

> Die Ausstellung wird noch bedeutend verständlicher durch die Führungen von Referendaren der Hamburger Schule. Bisher wurden in Hamburg 174 Führungen gegeben. Bis zum 23. Dezember und vom 27. bis 30. Dezember werden noch täglich sechs öffentliche Führungen für die Allgemeinheit von 16 bis 21 Uhr veranstaltet werden.[20]

16 Vgl. etwa Heckels Gemälde »Stilleben mit Maske« aus dem Jahre 1912 in der Modernen Galerie im Saarland-Museum Saarbrükken (vgl. Vogt 1965a, 1912/48) und »Maske auf Buschbockfell« aus dem Jahre 1913 im Museum Wiesbaden (vgl. Vogt 1965a, 1913/66).

17 Beide sind im Ausstellungsführer auf S. 7 bzw. auf S. 19 abgedruckt. Zwei Photographien (vgl. Paas 1983, S. 70) dokumentieren die Aufstellung dieser Skulpturen Anfang der dreißiger Jahre im Treppenhaus des Museums für Kunst und Gewerbe. Auf einer Aufnahme der Berliner Ausstellungsetappe (in: Urban 1990, S. 10) ist neben den beiden genannten Skulpturen Schmidt-Rottluffs auch sein »Blau-roter Kopf (Panischer Schrecken)« zu erkennen (vgl. die Abb. des Werks bei Wietek 1989, S. 56).

18 Vgl. Hüneke 1987b, S. 101. Springer (1992, S. 91, Anm. 33) weist darauf hin, daß der Illustrierte Beobachter bereits am 10. Dezember 1932 auf dem Titelblatt (vgl. die Abb. auf dem Umschlag von Paul 1990) eine antisemitische Photomontage veröffentlichte, in der offensichtlich eine Profilaufnahme Flechtheims verwandt wurde.

19 Nach der Inv.-Nr. wurde die Plastik in Berlin beschlagnahmt. Vgl. die Güsse im Stadtmuseum Düsseldorf (Abb. in: Flechtheim 1987, S. 248) und im Museum am Ostwall, Dortmund (Abb. in: Stationen der Moderne 1988, S. 328, Nr. 10/5).

20 Hamburger Tageblatt, 22. Dezember 1938.

II 80.)

Liste von Objekten, die neu für die E.A.K. (Hamburg) ausgesucht wurden Nov. 1938

47.)

Kerschkamp	Am Bahnübergang	21
Berg	Nächtliche Scheune	39
Rathenau	Selbstbildnis	414
Heinisch	Frühling	421
Babberger	Schweizer Landschaft	426
Günther	Sitzendes Mädchen	879
Seehaus	Eisenbahnbrücke	2007
Kerschbaum	Landschaft m.Hochbahn	2012
Ophey	Heller Tag	2026
Böttlcher	David v.d.Bundeslade	3692
Belling	Tier (Bronze)	4826
Eberz	Garten	4865
Ferner	Zirkusszene	4887
Heizmann	Pferd	5966
"	Elefant	5984
Vordemberge-Gildewart	Abstrakte Komposition	6909
Nitschke	" "	6921
Burger-Mühlfeld	Im Theater	6997
Baumeister	Tempera Rot-Grün	7000
Vordemberge-Gildewart	Komposition	7009
Baumeister	Linienbild	7011
"	Komposition	7015
Johns	Abstrakte Komposition	7026
Buchheister	Strichkomposition	7028
Gleizes	Landschaft b.Paris	7030
Buchheister	Komposition Rot-Dunkelgrau	7038
Scharl	Bildnis Einstein	7231
Molnar	Verkündigung	7277
Illgenfritz	Revolution	7308
Hinzmann	Kirchenbildnis	7370
Nagel	Fresko i.Kärnten	7427
Böttlcher	Mann u.Frau	7522
"	Gethsemane	7551
"	Das Kind	7553
Jawlenski	Komposition	7640
"	"	7641
Uhsam	Landschaft	7875
Kohn	Promenade	7880
Holzahn	Ferntaster	7881
Erlach	Fabrikinneres	8714
Baumeister	Blaue Hand	8718

Dok. 55 Verzeichnis der für die Ausstellung »Entartete Kunst«, Hamburg 1938, neu ausgewählten Exponate (ZSTA 50.01-743, Bl. 77-80)

78.)

Heuser	Paradies	8722
Gleichmann	Helle Frau	8725
Ritschl	Zwei Frauen	8732
"	Ballspieler	8736
Eberz	Frühling	8738
Ritschl	Abstrakte Komposition	8739
Weyrion	Mann auf Sofa	8931
Schlemmer	Frauenschule	9299
Jawlenski	Regard supereme	9677
Topp	Bild m.Regenbogen	9818
Ophey	Landschaft	9819
"	Farbige Zeichnung	9827
Gleichmann	Landschaft	9833
Schulze-Sölde	Häuser	9882
Meyer	Kompostion	10602
Jawlenski	Renaissancekopf	10925
Roesler	Der Keil	10926
Schlemmer	Zwei Frauen a.Tisch	10927
Niestrath	Die Einfältigen	11031
"	Der fromme Mann	11032
Baumeister	Der Springer	11043
Segall	Komposition	11230
Sommer	Kinderspielplatz	11231
Jawlenski	Männlicher Kopf	11232
Gleizes	Stilleben	11251
Gross,M.	Madonna	11255
Schrotter	Baskerbar	11473
Elkan	Büste Flechtheims	12400
Felixmüller	Familie	13675
Jawlenski	Harlekin	13702
Dienz	Selbstbildnis	13810
Lange	Komposition	13842
Schott	Frau in Strasse	13843
"	Paar	13846
Dröcker	Landschaft	13858
..J.	Mädchen am Fenster	13860
Freundlich	Komposition	13861
Segall	"	13916
Heser	Auferweckung	13978
Tomscheit	Anbetung	14132
Jungert	Abstrakte Komposition	14144
Heuser	Taufe	14167
Burger-Mühlfeld	Abstrakte Komposition	14211

79.)

Muche	Komposition Gitterbild	14213
Morgener	Der Holzfäller	14263
Graf	Kopf	14270
Lissitzky	Gleichgewichtsstudie	14283
Herbig	Turm	14590
Segall	Stilleben	14603
Lewerenz	Triptychon	14656
Scheidler	Seiltänzer	14657
Max	Verkündigung	14773
Knappe	Mutter u.Kind	15049
Hoffmann	" " "	15050
Schwippert	Mädchenkopf	15160
Bleue	Grotesker Kopf	15412
"	" "	15413
"	" "	15414
Zimmermann	Irrenhaus	15436
Hertel	Blick auf Dorf u.Kirche	15448
"	Am Kaffeetisch	15471
Caspar	Johannis auf Patmos	15765
Burchartz	Kinder	15857
Seiwert	Binnenschiffahrt	15886
Bolz	Frau m.Katze	15893
Klinker	Weisses Pferd	15899
Platte	Gebirgsreise	15904
Paling	Frauenbildnis	15905
Röntgen	Anacapri	15906
Schmid	Frauenkopf	15907
Jawlenski	Landschaft	15910
Katzenzüchter-Adler	Katzenzüchter	15952
Feibusch	Schwebende	15959
Kleinschmidt	Zirkusreiterin	15991

Besucht die große Ausstellung der NSDAP

Entartete Kunst

Täglich vom 11. Nov. bis 31. Dez. 1938
von 10 bis 21 Uhr (letzter Einlaß 20 Uhr) im

Schulausstellungshaus, Spitalerstr. 6

Eintrittspreise an der Tageskasse RM. 0.50
Im Vorverkauf bei allen Dienststellen der NSDAP und ihren Gliederungen RM. 0.35

Jugendlichen unter 18 Jahren ist der Zutritt strengstens verboten!

Volksgenossen!

Die Ausstellung „Entartete Kunst'

ist eine erschütternde u. mahnende Erinnerung an die Zeiten kulturellen Verfalls u. seiner politischen Hintergründe. Nach dem Willen des Führers ist das deutsche Volk wieder zum Richter seiner eigenen Kunst berufen. Der Weg ist frei für eine gesunde und blühende junge deutsche Kunst. Nur aus der Gesamtheit des Volkes kann die zukünftige deutsche Kunst wachsen. Sie wurzelt in dem ewigen künstlerischen Erbgut der Nation, in dem Schaffen hervorragender Meister der Vergangenheit. Auch in den hamburgischen Kunstsammlungen vor allem in der

Kunsthalle am Glockengießerwall

sind unvergleichliche Schätze deutscher Maler und Bildhauer geborgen und zugleich in wechselnden Ausstellungen das Schaffen zeitgenössischer Künstler dargestellt. Die Sammlungen der Kunsthalle sind längst kein verstaubter Friedhof mehr, sondern wichtige Erziehungsstätten, sie sind jedem, auch dem ungeschulten Volksgenossen zugänglich. Die niederdeutschen Meister, die weltberühmte Romantikersammlung, die althamburgische Abteilung, das Werk Menzels, Leibls und Thomas gehören zu den Quellen, aus denen sich die deutsche Kunst immer erneuert. Volksgenosse, bekunde durch deine Anteilnahme deine Verbundenheit mit dem Willen des Führers,

„Die deutsche Kunst wieder zur stolzesten Verteidigung der Nation zu machen"

Oeffnungzeiten der Kunsthalle: täglich von 10 bis 16 Uhr (auch Sonntags), Sonnabends von 10 bis 13 Uhr, Montags geschlossen.

Eintritt frei!

Dok. 56 Handzettel zur Ausstellung »Entartete Kunst«, Hamburg 1938 (Roland Jaeger, Hamburg; *links Vorderseite, rechts Rückseite)*

Schon vor Beginn der Laufzeit hatte die Hamburger Schulverwaltung in einem Rundschreiben vom 2. November 1938[21] sämtliche Schulen auf die Möglichkeit solcher Führungen für »ältere Jahrgänge« aufmerksam gemacht, war in der Öffentlichkeit für »sachgemäße Führungen« geworben worden; so schrieben die Hamburger Nachrichten am 9. November 1938: »Geschlossene Gruppen erhalten nach vorheriger Anmeldung eine sachgemäße Führung«. Studienreferendare wurden nicht nur für Führungen, sondern auch als Aufsichtspersonal eingesetzt.[22]

Die Presse veröffentlichte zwei große Bildberichte (Abb. 87-88)[23] mit mehreren Werkabbildungen und auch Karikaturen (Abb. 89). Der Artikel im Hamburger Fremdenblatt zeigt außerdem eine Tafel mit einer (gekürzten) Version von Kurt Schwitters' Gedicht »An Anna Blume«.[24] Der Bericht im Hamburger Tageblatt-Wochenschau (Abb. 88) ist in mehrfacher Hinsicht interessant: Die Überschrift »Urteilen Sie selbst – ist das noch Kunst?«, appelliert zwar an die Urteilsfähigkeit der Besucher und suggeriert Entscheidungsfreiheit. Gleichwohl entlarvt sich der Aufruf zum Plebiszit als ein nur rhetorischer, da das Verdikt bereits in der Schlagzeile vorweggenommen wird. Deren zweiter Teil ist nämlich auffallend gestaltet. Die uneinheitlichen Buchstaben sind schief angeordnet

21 STA Hamburg 361-2 VI 854/I.

22 Vgl. die 13 Namen umfassende handschriftliche »Liste der sofort zur Verfügung stehenden Bewerber« für die Aufsicht (STA Hamburg 361-2 VI 854/I).

23 Der Artikel im Hamburger Fremdenblatt vom 11. November 1938 wurde veröffentlicht bei Paas 1983, S. 19 und von Wiese 1993, S. 237; jener im Hamburger Tageblatt-Wochenschau vom 13. November 1938 wird hier erstmals publiziert.

24 Die Tafel wurde ein halbes Jahr später auch in einer Rezension der Frankfurter Station abgebildet (Abb. 107). Das Liebesgedicht »An Anna Blume« war bereits in der Dresdner Vorläuferausstellung ausgestellt (vgl. Kapitel 3.8.1.4, Abb. 15 und Dok. 9-10). Vgl. den vollständigen Gedichttext bei Schmalenbach 1967, S. 214.

und machen einen möglichst verworrenen und chaotischen Eindruck. Eingeflochtene bedeutungsvolle Motive – der Sowjetstern, Hammer und Sichel, ein »asiatisches« Gesicht – dienen der »Aufklärung« des Betrachters über die »Hintergründe« der angeprangerten Kunst und führen ihn zum »richtigen«, d. h. systemkonformen Urteil. In zwei Abbildungspaaren des Artikels werden Werke der Künstler solchen von Patienten der Heidelberger Psychiatrischen Klinik gegenübergestellt: Hoffmanns »Mädchen mit blauen Haaren« der Kopfplastik Brendels[25], ein »Liebespaar« Hoerles dem eines »geisteskranken Laien«. Letzteres Blatt ist noch heute im Besitz der Prinzhorn-Sammlung und war wohl nie im Original in der Ausstellung.[26] Dieser Umstand deutet darauf hin, daß nicht nur Originale aus Heidelberg ausgestellt wurden, sondern wohl auch Photographien. Die übrigen neun Illustrationen zeigen vornehmlich Werke aus ehemals Hamburger Besitz, wie die Skulpturen von Freundlich und Kirchner und vielleicht auch die Zeichnung Barlachs, oder solche aus dem Ausstellungsführer (Metzinger, »Im Kanu«; Grosz, »Walzertraum«; Schwitters, »Merzbild«).

Auch in Hamburg führten die erläuterten propagandistischen Maßnahmen zu dem »erwarteten Erfolg«[27]. Die Außenaufnahme zeigt eine wartenden Menschenmenge (Abb. 86). Die Photographie wurde im Hamburger Fremdenblatt vom 17. November 1938 veröffentlicht, eine ähnliche im Hamburger Anzeiger vom 21. November 1938. Die Bildunterschrift im Fremdenblatt hebt hervor, die Schau sei am Bußtag wegen Überfüllung wiederholt geschlossen worden, so daß die Aufnahme an diesem Tag, Mittwoch, dem 16. November 1938, entstanden sein dürfte.[28] Hans-Ernst Mittig verweist auf ähnliche zeitgenössische Photographien mit »Kolonnen und Schlangen Deportierter« und betont die Gleichzeitigkeit der Hamburger Ausstellung mit den Novemberpogromen und der damit einsetzenden »blutige[n] Phase der öffentlichen Judenverfolgung«, wodurch sich der »Zusammenhang mit Ausplünderung und Terror«, mit Deportation und Massenmord, noch handgreiflicher zeige als in früheren Stationen.[29]

Augenzeugenberichte[30] und Zeitungsmeldungen belegen gleichfalls den Massenandrang zur Ausstellung. Am Eröffnungstage strömten 1.500 Menschen herbei, nach zehn Tagen waren es bereits 35.000, Mitte Dezember erhielt die 100.000 Besucherin einen Blumenstrauß, man öffnete extra auch an den Weihnachtsfeiertagen und verkündete nach Schließung siegesgewiß das Endergebnis: 136.000 bzw. 150.000 »Volksgenossen« hätten die Femeschau besucht.[31] Bis zu 6.000 Interessenten kamen täglich, »an vielen Tagen mußte die Ausstellung wegen Überfüllung bekanntlich vorübergehend durch die Polizei geschlossen werden«[32]. Am 1. Januar 1939 meldeten die Hamburger Nachrichten, die Ausstellung habe »am 30. Dezember [...] ihre Pforten geschlossen und wird als nächste deutsche Stadt Stettin aufsuchen«.

25 Hierin dem Muster des Ausstellungsführers (S. 27) folgend. Die beiden Objekte standen tatsächlich nebeneinander, wie eine Aufnahme aus Berlin (Abb. 68) und eine weitere aus Frankfurt (Abb. 107) bezeugen.

26 Prinzhorn-Sammlung, Inv.-Nr. 4370. Nach freundlicher Auskunft der Prinzhorn-Sammlung ist das Blatt zwar etwas ramponiert, aber insgesamt in gutem Zustand. Auf der Liste der von Leipzig aus an die Heidelberger Klinik retournierten Leihgaben (Dok. 47) taucht es nicht auf.

27 Hamburger Tageblatt, 31. Dezember 1938.

28 Vgl. Mittig 1990b, S. 49f., Anm. 33. Die Photographie liegt einem 1983 entstandenen Gemälde Sigmar Polkes im Städtischen Kunstmuseum Bonn zugrunde, welches von Mittig analysiert wurde (ebenda, S. 40-47).

29 Vgl. ebenda, S. 43.

30 Jimmy Ernst, der Sohn von Max Ernst, hielt in seinen Lebenserinnerungen seinen Besuch in der Hamburger Ausstellung »Entartete Kunst« fest (vgl. Ernst 1988, S. 170-173). Bei der Beschreibung des Ausstellungsortes irrt er sich; er spricht nämlich von »großen Transportern« und »umgebauten Möbelwagen«. Vielleicht liegt eine Verwechslung mit der in Lastkraftwagen reisenden Wanderausstellung »Weltfeind Nr. 1 – Der Bolschewismus« vor, die auch in Hamburg Station machte (vgl. hierzu Kapitel 7.1). Ob Hitlers Rede zu Eröffnung des HdDK in den Ausstellungsräumen über Lautsprecher übertragen wurde, wie Ernst schreibt, ließ sich nicht verifizieren.

31 Vgl. Hamburger Tageblatt, 12. November 1938; Hamburger Nachrichten, 21. November und 15. Dezember 1938; Hamburger Tageblatt, 31. Dezember 1938 (gesamt 150.000); Hamburger Nachrichten, 1. Januar 1939 (gesamt 136.000).

32 Hamburger Tageblatt, 31. Dezember 1938. Laut Hamburger Nachrichten vom 21. November 1938 drängten am Vortag 6.000 Menschen in die Räume.

6.3.6 Stettin, Landeshaus, 11. Januar bis 5. Februar 1939

Auch in Stettin (heute Szczecin), der Gauhauptstadt Pommerns, mied man das Städtische Museum. Dort fanden, ob zufällig oder als Kontrastveranstaltung zur »Entarteten Kunst« beabsichtigt, in der Gemäldegalerie eine »Ausstellung wertvoller Neuerwerbungen [...] von Gemälden und Handzeichnungen deutscher Meister (seit 1933)« sowie im Kupferstichkabinett eine Präsentation der »Bildwerke des Straßburger Münsters (Lichtdrucke)« statt.[1] Die Femeschau wurde stattdessen am Mittwoch, den 11. Januar 1939, im sogenannten Landeshaus eröffnet. Die Festansprache in der Vorhalle des Großen Saales hielt Gauschulungsleiter Eckhardt »im Auftrag des dienstlich verhinderten Gauleiters«, nachdem Gaupropagandaleiter Popp eingangs die »zahlreichen Vertreter der Partei und ihrer Gliederungen, der Behörden und der Wehrmacht«[2] begrüßt hatte. Am Ende der Eröffnung stand der obligatorische Rundgang durch die Schau, deren Geheimnis buchstäblich gelüftet wurde:

> Nachdem der Vorhang zur Haupttreppe zurückgezogen worden war, begaben sich die Teilnehmer der Eröffnungsfeier hinauf in den großen Saal des Landeshauses, wo durch die Einrichtung vieler Abteile unter Einbezug des Wandelganges die Ausstellung einen Aufbau erfahren hat, der in der Schlagkraft der politischen Kernbelichtung ebenso aufschlußreich wie erschütternd ist.[3]

Über das Erscheinungsbild der »Entarteten Kunst« in ihrer sechsten Etappe vermögen fünf in der Tagespresse erschienene Photographien und einige Rezensionen Aufschluß zu geben. Da heißt es:

> Das äußere Bild der Ausstellung ist klar gegliedert. Große Scheidewände teilen den Raum des Großen Saales des Landeshauses in einzelne Räumlichkeiten auf, die wiederum je eine der neun Gruppen der Ausstellung in sich aufnehmen. Durch einen Vorraum, der als Ehrenhalle gedacht ist und in Aussprüchen des Führers die nationalsozialistische Kunstauffassung widerspiegelt, gelangt der Besucher zur Gruppe 1.[4]

Der Bericht spiegelt eine Eigenart der Stettiner Präsentation wider. »Ehrenhallen«, mit »Führerbildnis«, Fahnen und ähnlichen »Kultgegenständen« weihevoll inszeniert, bildeten häufig den Auftakt und/oder das Finale propagandistischer Ausstellungen (Abb. 122). Insbesondere bei negativen, das Feindbild konstruierenden Expositionen hatten sie die Funktion, den zuvor künstlich in Angst und Schrecken versetzten Besucher in einen Zustand von Wohlbefinden und Ordnung zu überführen, um durch diesen »Erlösungsakt« seine dankbare Zustimmung zum faschistischen Staat zu erwirken. Was die Einbeziehung einer »Ehrenhalle« in die Kunst-Femeschau betrifft, so machten die Stettiner den Anfang. Bis dahin war es üblich gewesen, die Tafeln mit den Aussprüchen Hitlers auf die Räumlichkeiten zu verteilen, als Antithese zu den ebenfalls ausgestellten Texten von Künstlern und Kritikern. Ein solcher ist auf Abb. 96 zu erkennen: Es handelt sich um ein Gedicht Kurt Schwitters' zu Chagalls Gemälde »Der Trinker« aus den Jahren 1911/12. Ob das heute in einer Privatsammlung in Venezuela aufbewahrte Gemälde[5] im Original oder als Photographie in der Exposition hing, ist nicht bekannt. Im Inventar des Depots Niederschönhausen oder auf einer anderen Liste ist es jedenfalls nicht aufgeführt. Eine Rezension der Frankfurter Station (Abb. 107) enthält ebenfalls eine Abbildung des Bildes und ein Zitat der Verse Schwitters'.

Dort, wo die Raumaufnahmen (Abb. 91-93) die Identifizierung einzelner Exponate erlauben, begegnen geläufige Ensembles. Das trifft vor allem auf die drei Photographien in Abb. 92 zu. Auf der linken erscheint die Großphotographie Alfred Flechtheims, daneben der Holzschnitt Schmidt-Rottluffs mit dem Porträt des Kunsthändlers[6], auf dem Boden steht Freundlichs Plastik «Der neue Mensch«, rechts hängt Meidners »Selbstporträt«. Hier läßt sich auch die Art der Einbeziehung von Textmaterial studieren, welches sich an drei Orten befindet: Vor der

1 Vgl. Stettiner General-Anzeiger, 2. Januar 1939.
2 Pommersche Zeitung (NSDAP-Organ), 12. Januar 1939.
3 Stettiner General-Anzeiger, 12. Januar 1939.
4 Pommersche Zeitung, 11. Januar 1939.
5 Vgl. hierzu Franz Meyer 1961, S. 123 und S. 742.
6 Das Blatt ist ebenfalls abgebildet in einer Rezension der Hamburger Station (Abb. 88).

Gipsplastik, deren Fuß teilweise bedeckend, und neben dem Gemälde Meidners sind kleinere Schrifttafeln angebracht. Nur eine Ecke ist sichtbar von dem großen Transparent rechts oben, das als Überschrift einer Gruppe von Werken fungiert. Aus der Gruppe mit religiöser Thematik stammt die mittlere Photographie. Dort steht der »Kruzifixus« von Gies – die Bildunterschrift betont, daß er sich eine Zeitlang (1922 bis 1937) im Städtischen Museum Stettin befand –, nahezu die ganze Raumhöhe einnehmend. Seitlich hängt eine Photographie, die den »Kruzifixus« 1922 im Lübecker Dom zeigt.[7] Auf der linken Seitenwand erblickt man eine nicht zuschreibbare Graphik[8] neben dem Ölbild »Christus« von Rolf Kurth[9]. Auf der rechten Aufnahme läßt sich Heckels Skulptur »Große Stehende« zwischen Noldes Farblithographie »Tänzerin« (links) und Kirchners Gemälde »Tanzpaar« (rechts) ausmachen. Die kleine Bronzeplastik links, »Hagar« von Karl Knappe[10], ist direkt auf dem Boden abgestellt, die Betrachter mußten sich also weit hinunterbeugen. Der Aufbau orientierte sich nicht nur im Hinblick auf die Grobstruktur der neun Gruppen am Ausstellungsführer, sondern auch im einzelnen an den dort vorgenommenen Gegenüberstellungen mit Werken aus der Sammlung Prinzhorn. Das dokumentiert ein Artikel (Abb. 94), in welchem Kokoschkas Kreidefarblithographie »Selbstbildnis von zwei Seiten« neben Georg Birnbachers »Selbstbildnis« plaziert ist, wie dies die Broschüre auf Seite 31 vorführt.
Vielleicht den groteskesten Regieeinfall belegt eine andere Photographie (Abb. 95). Neben der Marmorskulptur Haizmanns stellt ein Schriftplakat die Preisfrage: »Was soll das sein? Die Ausstellungsbesucher halten diese sonderbare Form für alles mögliche: Regenwurm, Kaktus, Schlangenkopf, Weißwurst, Hutständer, Kurbelwelle, Blinddarm usw. Nun bitte Ihre Antwort für den Zettelkasten«. Auf der anderen Seite lädt ein Zettelkasten, von dem ein Schreibgerät hinabhängt, den Betrachter ein, dem Appell Folge zu leisten – kaum etwas dürfte den Jahrmarkt- und Sensationscharakter der Ausstellung besser illustrieren.
Beide Stettiner Tageszeitungen, die am 10. Januar 1939 zu einer Pressevorbesichtigung geladen worden waren, veröffentlichten große Berichte über die Eröffnungszeremonie mit teilweise mehreren Abbildungen (Abb. 91). Während der Laufzeit der Ausstellung forderte die Presse in illustrierten Rezensionen und Anzeigen (Abb. 99-101) immer wieder zu ihrem Besuch auf. Daß in diesen Artikeln gelegentlich Kunstwerke auftauchten, die gar nicht in der Ausstellung präsent waren, wurde bereits anderweitig festgestellt. Im Falle Stettins läßt sich überdies nachweisen, daß – offenbar dann, wenn man der Originale nicht habhaft werden konnte – Photographien von Kunstwerken ausgestellt wurden. Abb. 98 zeigt Kokoschkas durch das schwarz-weiße Beschriftungstäfelchen als Exponat ausgewiesene Tonbüste »Selbstbildnis (Krieger)«. Gleichwohl wird ohne weiteres deutlich, daß die Beschriftung an einer Photographie lehnt, deren Vorlage 1929 publiziert und im Rahmen der Femeschau mehrfach verwandt wurde.[11] Das Objekt selbst befand sich in österreichischem Besitz.[12] Zwar ist die Provenienz der Büste im fraglichen Zeitraum mitnichten lückenlos belegt; es ist aber höchst unwahrscheinlich, daß sie zu irgendeinem Zeitpunkt zum Ausstellungsbestand gehörte, da auch in Österreich nach dem »Anschluß« gar keine Beschlagnahmungen »entarteter Kunst« stattgefunden haben.[13]

7 Vgl. Ernsting 1990b, S. 60. Die Aufnahme fand schon in München Verwendung (vgl. von Lüttichau 1992a, S. 51).

8 Sie taucht auch in Hamburg in unmittelbarer Nachbarschaft der Gies-Skulptur auf (vgl. Abb. 87).

9 Um 90 Grad gedreht abgebildet ist das Bild im Ausstellungsführer (S. 9) und in einer Rezension der Wiener Etappe (Abb. 106d).

10 Die am 28. August 1937 in der Württembergischen Staatsgalerie Stuttgart beschlagnahmte Kleinplastik (vgl. von Maur 1987, S. D 36f.) gehörte zu den im November 1938 für die Hamburger Station ergänzten Werken (Dok. 55). Sie verblieb bis zum Ende im Ausstellungsbestand, auf der Rückgabeliste vom November 1941 (Dok. 62) ist sie als eine von sieben Skulpturen aufgeführt.

11 Vgl. Das Kunstblatt, 1929, S. 17 (nach Wingler 1956, S. 337, Nr. D 6). Dieselbe Photographie erscheint einige Monate später in einer Rezension der Wiener Ausstellungsetappe (Abb. 106a) sowie auch in der dritten Ausgabe des Ausstellungsführers (vgl. Kapitel 6.2).

12 Nach freundlicher Auskunft von Johann Winkler (Oskar Kokoschka-Dokumentation Pöchlarn) wurde die Büste wahrscheinlich 1908 von Adolf Loos erworben, in dessen Besitz sie bis zu seinem Tod 1933 verblieb. Als nächstes ist sie 1941 in einer Ausstellung der Buchholz Gallery (Curt Valentin), New York, nachweisbar. Heute gehört sie dem Museum of Fine Arts in Boston.

13 Z. B. befanden sich nach Mitteilung von Johann Winkler die damals in Wiener öffentlichen Sammlungen aufbewahrten Werke

Die Intensität der Presseberichterstattung und die durch sie mitbedingte Popularität der Femeschau lassen sich im Vergleich mit der Ausstellung des »Hilfswerks für deutsche Bildende Kunst« ermessen, die vom 18. Februar bis 19. März im Städtischen Museum untergebracht war. Während über die erstere fast täglich Meldungen erschienen, würdigte die Presse letztere kaum[14]. Wenige Tage vor ihrem Ende war sie gerade von »mehreren tausend Volksgenossen«[15] besichtigt worden. Vorübergehende Schließung wegen Überfüllung dürfte kaum vonnöten gewesen sein.
Ganz anders bei der »Greuelausstellung«. Zu ihrem Erfolg – 82.000 Besucher[16] sollen sie gesehen haben, was bei einer Laufzeit von 26 Tagen eine durchschnittliche Tagesfrequenz von über 3.000 bedeutet – trug freilich nicht nur das Presseecho bei. Hinweisschilder (Abb. 90) wiesen den Weg, ein »Lautsprecherwagen, der im äußeren Bild propagandistisch für die Ausstellung wirbt«[17], fuhr durch die Stadt und erinnerte die Stettiner an die Pflicht eines jeden »Volksgenossen«. Die Gaupropagandaleitung sorgte für die »Einschaltung von Sonderzügen der Reichsbahn[18], die Ausgabe von Sonntagskarten für Auswärtige und andere Verbilligungen« (Abb. 91) sowie für die Bereitstellung von 3.000 Freikarten, die das Winterhilfswerk an Minderbemittelte verteilte.[19] Die Ausstellungsleitung stellte kostenlose Führungen zur Verfügung und warb bei Betrieben für einen geschlossenen Gruppenbesuch.[20]

Kokoschkas nach dem Krieg nach wie vor dort. Obgleich in Österreich keine moderne Kunst in Museen beschlagnahmt wurde und das »Gesetz über Einziehung von Erzeugnissen entarteter Kunst« vom 31. Mai 1938 (Dok. 30) ausdrücklich nicht für Österreich galt, taucht auf der Rückgabeliste vom November 1941 (Dok. 62) viermal der Name Wien als Herkunftsort auf, davon zweimal im Zusammenhang mit Gemälden Kokoschkas.

14 Die Pommersche Zeitung kündigte die Exposition am 2. und 17. Februar 1939 in knapper Form an, brachte am 19. Februar 1939 einen ganzseitigen Beitrag über die Eröffnung und wies dann erst wieder am 12. und 16. März 1939 auf ihr Ende hin.

15 Pommersche Zeitung, 12. März 1939.

16 Die Pommersche Zeitung meldete zunächst am 7. Februar 1939 die Gesamtbesucherzahl von 75.000. Am 15. Februar 1939 hieß es dann: »Nach einer nunmehr vorliegenden Übersicht haben nicht weniger als 82.000 zahlende Volksgenossen und Volksgenossinnen die Ausstellung ›Entartete Kunst‹ im Landeshaus besucht«. Die geheimen SS-Berichte registrierten die zuerst veröffentlichte Zahl: »Die Ausstellung ›Entartete Kunst‹ war auch in Stettin ein großer Erfolg, wobei 75.000 Besucher gezählt wurden« (zitiert nach Boberach 1984, S. 275f.).

17 Pommersche Zeitung, 11. Januar 1939.

18 »Am Sonntag um 10.18 trifft auf dem Stettiner Hauptbahnhof ein Sonderzug aus Richtung Greifswald ein und bringt über 1.000 Besucher zur Ausstellung ›Entartete Kunst‹. Nur bei rechtzeitiger Anmeldung konnte ein Platz in diesem Zug reserviert werden. Hunderte von späteren Anmeldungen mußten leider zurückgestellt werden« (Pommersche Zeitung, 22. Januar 1939).

19 Vgl. Pommersche Zeitung, 21. Januar 1939.

20 Vgl. ebenda, 22. Januar und 4. Februar 1939.

6.3.7 Weimar, Landesmuseum, 23. März bis 24. April 1939

Die Ernennung Wilhelm Fricks zum Innenminister des thüringischen Staates im Januar 1930 hatte in Weimar den systematischen Kampf gegen die moderne Kunst eingeleitet. Aktionen wie die Zerstörung der Wandgestaltungen von Joost Schmidt, Herbert Bayer und Oskar Schlemmer in den ehemaligen Gebäuden des Bauhauses und die »Säuberung« der modernen Abteilung des Landesmuseums (vgl. Kapitel 2.3) kündigten an, was sich wenige Jahre später im ganzen »Reich« ereignen sollte.

Einer der Fachberater Fricks und damalige stellvertretende Gauleiter der NSDAP, Hans Severus Ziegler, seit 1935 Generalintendant des Weimarer Nationaltheaters, hatte 1938 die Ausstellung »Entartete Musik« in Düsseldorf organisiert (vgl. Kapitel 7.3). Die Übernahme der Wanderausstellung »Entartete Kunst« nach Weimar und ihre Erweiterung um eine Abteilung »Entartete Musik« gingen ebenfalls auf die Initiative Zieglers zurück. Das geht aus der Ansprache des Gauleiters und Reichsstatthalters Fritz Sauckel zur Eröffnung der Femeschau am 23. März 1939 im Weimarer Landesmuseum hervor. Er sprach Ziegler seinen wärmsten Dank dafür aus, daß er »diese Ausstellung nach Thüringen gebracht und sie zusammen mit der von ihm geschaffenen Schau ›Entartete Musik‹ unseren Thüringer Volksgenossen zugänglich gemacht«[1] habe. Die Zeremonie, welcher Zieglers Lehrmeister Adolf Bartels als Ehrengast beiwohnte, endete mit einer Rede Zieglers (Abb. 102) und einem Rundgang unter der Leitung von Ludwig Wang und dem »Parteigenossen« Vollmer.[2]

Über eineinhalb Monate lagen zwischen den Etappen Stettin und Weimar. Der Grund hierfür dürfte darin begründet liegen, daß die geplante Station Osnabrück aus unbekannten Gründen ausfiel (vgl. Kapitel 6.1). Somit konnte Weimar sich rühmen, nach München die siebte Stadt zu sein. Stolz wird in diesem Zusammenhang darauf verwiesen, daß sich insgesamt 65 Städte um sie bemüht hätten (Abb. 104).

Daß die Eröffnung in Weimar ausgerechnet am Donnerstag, den 23. März 1939, stattfand, könnte mit einem anderen kulturellen Ereignis zusammenhängen. Just am Abend dieses Tages gelangte nämlich das antisemitische Drama »Der Jude von Malta« von Otto C. A. zur Nedden (nach Christopher Marlowe) im Deutschen Nationaltheater zur Uraufführung. Zur Nedden, Mitbegründer des Kampfbundes für Deutsche Kultur, war Chefdramaturg am Nationaltheater, Ziegler mithin sein Vorgesetzter.[3]

Nach Aussage von Ausstellungsleiter Wang waren es 700 Exponate, die 20 Räume im Landesmuseum füllten, zuzüglich zweier Räume im Obergeschoß, welche der »entarteten Musik« vorbehalten waren.[4] Das im Norden Weimars nahe dem Hauptbahnhof und den Parteibauten der NSDAP gelegene Gebäude war von 1864 bis 1868 als Großherzogliches Museum von dem Prager Architekten Josef Zitek im Stil der italienischen Renaissance errichtet und 1918 in Landesmuseum umbenannt worden. Bis zu seiner schweren Beschädigung im Zweiten Weltkrieg barg es die Kunstschätze Weimars.[5]

Die Ergänzung einer Abteilung über die verfemte moderne Musik, welche von nun an die »Entartete Kunst« begleiten sollte, bedeutet zweifelsohne die wichtigste Veränderung im Profil der Ausstellung. Ziegler hatte die Gelegenheit benutzt, einen Teil seiner Düsseldorfer Schau nochmals an die Öffentlichkeit zu bringen. Einen Eindruck von der Präsentationsweise der »Partituren, Texte, Photos, Bühnenbilder und Zeitungsausschnitte« (Dok.

1 Thüringer Gauzeitung (NSDAP-Organ), 24. März 1939.

2 Vgl. ebenda. Vollmer, offenbar ein Mitarbeiter Wangs vom IKWP, wird hier erstmals namentlich genannt. Als »Sturmbannführer Vollmer aus Berlin« erscheint er im Zusammenhang mit der Chemnitzer Ausstellungsstation (Chemnitzer Tageblatt, 12. August 1939; vgl. Kapitel 6.3.10 mit Anm. 3).

3 Vgl. das von Friedrich Didier geführte Interview mit zur Nedden in der Thüringer Gauzeitung vom 22. März 1939. Zur Nedden hatte im Mai 1938 im Rahmen der Düsseldorfer Ausstellung »Entartete Musik« mehrfach Vorträge gehalten (vgl. Kapitel 7.3).

4 Vgl. die Artikel von Ludwig Wang in der Allgemeinen Thüringischen Landeszeitung Deutschland vom 30. März und 11. April 1939 (Abb. 105). Die Anzahl der Räume für die Sonderschau »Entartete Musik« nach Thüringer Gauzeitung, 13. April 1939.

5 Vgl. Gitta Günther/Huschke/Steiner 1993, S. 270f. Schon seit geraumer Zeit werden Pläne erwogen, den Bau, der seit dem Krieg zusehends verfällt und der seit 1988 nur notdürftig gesichert ist, zu renovieren.

70), die durch Schallplattenvorführungen ergänzt wurden, vermittelt eine Raumaufnahme (Abb. 103, 145). Jeweils über eine Vitrine gebeugt stehen links Gauleiter Sauckel (in schwarzer SS-Uniform), rechts Ziegler. An der rechten Seitenwand hängen photographische (Musiker-) Porträts über einer Wandbeschriftung, die einer Rezension zufolge vollständig lautet: »Jüdisches Theater von einst im Jazzrhythmus« (Dok. 70). Ein Ausschnitt aus diesem Satz ist auch auf einer Photographie der Düsseldorfer Ausstellung »Entartete Musik« zu erkennen (Abb. 144). Hingegen lassen sich in Ermangelung jeglichen die Ausstellungsräume der »Entarteten Kunst« dokumentierenden Bildmaterials über deren Hängung keine Aussagen treffen. Konkrete Hinweise in der Tagespresse sind äußerst dürftig.[6] Wir hören von dem Arrangement in neun Gruppen, von einzelnen Werken – wie dem »Kruzifixus« von Gies, dem Blatt »Maul halten und weiter dienen (Christus mit der Gasmaske)« aus der Mappe »Hintergrund« von Grosz, der »Zwitschermaschine« von Klee –, von »Auszüge[n] aus damaligen Kritiken und Zitate[n] jüdischen Literatengeschwätzes«[7] – genannt werden in diesem Zusammenhang Carl Einstein, Wieland Herzfelde, Ernst Kallai und Herwarth Walden –, von der Großphotographie Alfred Flechtheims sowie von Arbeiten Geisteskranker.

Gewisse inhaltliche Verschiebungen im Bestand lassen sich allenfalls indirekt und bruchstückhaft belegen. So wurde Klees Aquarell »Die Zwitschermaschine« aus der Berliner Nationalgalerie am 4. April 1939 nach Berlin zurückbeordert, weil der Händler Karl Buchholz einen amerikanischen Kunden dafür gefunden hatte.[8] Bereits am 7. Februar 1939, also zwei Tage nach Beendigung der Stettiner Ausstellungsetappe, war Kandinskys Gemälde »Einige Kreise« aus der Staatlichen Gemäldegalerie Dresden zusammen mit weiteren Werken von Kandinsky und Robert Delaunay (»Inneres von St. Séverin« aus der Städtischen Kunsthalle Mannheim) an Hildebrand Gurlitt verkauft worden, die Lieferung von »Einige Kreise« erfolgte allerdings verspätet, möglicherweise erst in der zweiten Aprilhälfte 1939.[9]

Aus einer Serie von Anfragen, die Ausstellungsleiter Wang »zur Vervollständigung unserer Bestandslisten« wegen Ankaufspreisen von Exponaten an Museen in Berlin (Dok. 57), Mannheim[10], Stuttgart[11] u. a. richtete, läßt sich ersehen, welche Werke sich zu diesem Zeitpunkt in der Ausstellung befunden haben müssen. Das Schreiben an Mannheim beispielsweise betrifft das Gemälde »Doppelakt« von Jakob Best, welches am 28. August 1937 in der Städtischen Kunsthalle beschlagnahmt worden war und seither verschollen ist.[12] Darüber hinaus schied Wang eine Anzahl von Büchern aus der Graphischen Sammlung München aus.[13]

Die Presse war am Vortag der Eröffnung zur Vorbesichtigung geladen worden, bei welcher Ziegler über die »Entartete Musik« referierte. Während der einmonatigen Laufzeit berichteten beide Weimarer Tageszeitungen fast täglich über die Ausstellung und riefen zu ihrem Besuch auf. Zumeist waren die Artikel mit einem Beispiel »entarteter« Kunst illustriert. Daß mitunter Werke ausgewählt wurden, die nachweislich nicht (mehr) zum Ausstellungsbestand gehörten, zeigen die Exempel aus der Allgemeinen Thüringischen Landeszeitung Deutschland vom 21. März und 11. April 1939 (Abb. 105). Die Berichte zieren Noldes Gemälde »Mann und Weibchen« sowie »Die

6 Vgl. zum folgenden die Rezensionen in: Allgemeine Thüringische Landeszeitung Deutschland, 23. März, 30. März, 11. April (Abb. 105) und 14. April 1939.

7 Ebenda, 23. März 1939.

8 Vgl. Hüneke 1986a, S. 69 mit Anm. 21; Janda/Grabowski 1992, S. 134, Nr. 230. Das Werk befindet sich heute im Museum of Modern Art, New York.

9 Über Gurlitt gelangten die genannten Gemälde von Kandinsky und Delaunay an die Firma Gutekunst & Klipstein in Bern, welche sie an Solomon R. Guggenheim in New York verkaufte. Dieser schenkte sie 1941 dem Solomon R. Guggenheim Museum (freundliche Mitteilung von Stefan Frey-Albrecht und Andreas Hüneke).

10 Vgl. den Brief Wangs vom 25. März 1939 im Archiv der Städtischen Kunsthalle Mannheim.

11 Vgl. das Antwortschreiben des Kulturreferenten der Stadt Stuttgart vom 31. März 1939, abgedruckt bei Wirth 1987, S. 283.

12 Vgl. Buderer 1990, S. 47, Nr. 9.

13 Vgl. das Schreiben Wangs an die Staatliche Graphische Sammlung München vom 19. April 1939 im Archiv der Staatlichen Graphischen Sammlung München.

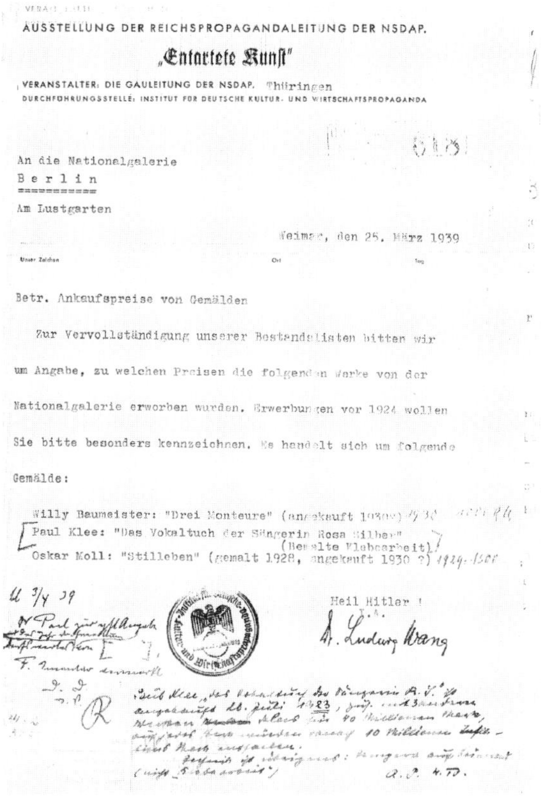

AUSSTELLUNG DER REICHSPROPAGANDALEITUNG DER NSDAP.

„Entartete Kunst"

VERANSTALTER: DIE GAULEITUNG DER NSDAP. Thüringen
DURCHFÜHRUNGSSTELLE: INSTITUT FÜR DEUTSCHE KULTUR- UND WIRTSCHAFTSPROPAGANDA

An die Nationalgalerie
Berlin
Am Lustgarten

Weimar, den 25. März 1939

Unser Zeichen / Ort / Tag

Betr. Ankaufspreise von Gemälden

Zur Vervollständigung unserer Bestandslisten bitten wir um Angabe, zu welchen Preisen die folgenden Werke von der Nationalgalerie erworben wurden. Erwerbungen vor 1924 wollen Sie bitte besonders kennzeichnen. Es handelt sich um folgende Gemälde:

Willy Baumeister: "Drei Monteure" (angekauft 1930?) 1930
Paul Klee: "Das Vokaltuch der Sängerin Rosa Silber" (Bemalte Klebearbeit)
Oskar Moll: "Stilleben" (gemalt 1928, angekauft 1930 ?) 1929

Heil Hitler !
I. A.
Ludwig Wang

Dok. 57 Brief von Ludwig Wang, Ausstellungsleiter »Entartete Kunst«, an die Nationalgalerie Berlin, Weimar 25. März 1939 (Alte Nationalgalerie Berlin)

Prise (Rabbiner)« von Chagall, die beide bereits in Salzburg ausgegliedert worden waren (Dok. 50). Die Thüringer Gauzeitung vom 23. März 1939 (Abb. 104) brachte fünf Werkabbildungen. Davon hat sich Klees Gemälde »Das Lamm« nie in der Femeschau befunden (vgl. Kapitel 6.3.2). Das trifft vermutlich auch auf Raoul Hausmanns Photocollage »Festival Dada« (fälschlich als »Der Maschinenmensch« bezeichnet) und die Plastik von Jacques Lipchitz zu. Tatsächlich ausgestellt waren dagegen wohl Ernsts Bild »La belle jardinière«, das noch auf der Düsseldorfer Liste erscheint und auch in Salzburg nicht ausgesondert wurde (Dok. 46, 50), sowie die Holzskulptur von Schmidt-Rottluff, die auf einer Photographie der Berliner Etappe nachweisbar ist[14]. Eine beliebte publizistische Praxis, die Richtigkeit der Schau zu demonstrieren und gleichzeitig ihre Attraktivität zu steigern, waren zustimmende Äußerungen, welche ausländischen Besuchern in den Mund gelegt wurden.[15] Auf diese Weise reagierte die Propaganda auf das kritische Echo, das die »Säuberungsaktionen« und die Femeschau in der Weltöffentlichkeit hervorgerufen hatten. Die Koinzidenz mit der am 16. April 1939 in Gotha eröffneten Ausstellung des »Hilfswerks für deutsche bildende Kunst« wurde benutzt, um die »abschreckende Wirkung« der »Entarteten Kunst« zu unterstreichen. So ist in der Allgemeinen Thüringischen Landeszeitung Deutschland am 13. April 1939 von dem »positive[n] Gegensatz zur Ausstellung ›Entartete Kunst‹« die Rede.

Auch sonst ließ die Gaupropagandaleitung nichts unversucht, um der Ausstellung zu einer möglichst großen Resonanz zu verhelfen. Von den Stettiner Kollegen übernahm sie die Idee, einen Lautsprecherwagen durch das Stadtgebiet fahren zu lassen.[16] In ganz Thüringen konnten Interessierte Eintrittskarten erwerben – »Verbilligte Vorverkaufskarten von RM 0,35 sind bei allen Ortsgruppen der NSDAP, KdF-Dienststellen und Betriebswarten

14 Vgl. die Abbildung bei Urban 1990, S. 10.

15 Vgl. den Artikel in der Thüringer Gauzeitung vom 4. April 1939. Die dort wiedergegebenen Besucherkommentare finden sich wortgetreu bereits im Zusammenhang mit der Stettiner Ausstellungsetappe in der Pommerschen Zeitung vom 18. Januar 1939.

16 Vgl. Thüringer Gauzeitung, 1. April 1939.

Seite 6. Nr. 14.115 — Illustrierte Kronen-Zeitung — Samstag, 6. Mai 1939

Die Ausstellung „Entartete Kunst" in Wien

Häßliches, Böses und Bitteres vergißt man allzuleicht. Aber es soll nicht völlig vergessen werden, die Erinnerung daran soll wach bleiben, damit man gefeit ist für alle Zeiten . . .

Im Künstlerhaus wird heute nachmittags die Ausstellung „Entartete Kunst" eröffnet, eine Schau des Abwegigen, des Dekadenten, das in der Zeit, da Deutschland seine Seele zu verlieren drohte, Triumphe feierte. Diese Verfallszeit Deutschlands liegt nicht länger als zehn, zwanzig Jahre zurück. Seelisch und moralisch defekte Individuen führten in der Politik das große Wort, sie waren tonangebend im kulturellen Leben, in der Kunst.

Sie verachteten sich selbst, sie mußten sich verachten. Und weil ihr Ich Verderbnis und Fäulnis ausströmte, haßten sie alles, das nicht so war wie sie. Sie waren die Schöpfer des Kulturbolschewismus, für sie gab es nichts, das edel und schön und groß war. Ein reinigendes Gewitter mußte kommen, das diesen Gestank vertrieb.

Es hieße, den Feind unterschätzen, wenn man glauben würde, daß es nicht bestimmte Absicht war, wenn man kleckfende Halbnarren als Maler anerkannte oder von einer neuen musikalischen Epoche sprach, sobald irgend ein Neutöner seine Dissonanzen auf die gepeinigten Ohren der Menschen losließ. Jene Elemente, deren höchste Weisheit Zersetzung heißt, wußten genau, warum sie diese „Auch-Künstler" förderten. Zerstörung war ihr Programm, Vernichtung alles dessen, was die Menschen geliebt und bewundert hatten. In die Köpfe sollte Verwirrung gebracht werden, damit sie nicht mehr unterscheiden könnten, was gut, was böse, was schön, was häßlich, was zu bewundern und was zu verachten sei.

„Kunstförderung" in der Systemzeit

Freilich, die breiten Massen des deutschen Volkes hatten sich der neuen Kunstrichtung nicht unterworfen. Der Arbeiter, dem man das Kunstwerk eines Repräsentanten des Kubismus, des Surrealismus oder anderer Ismen geschenkt hätte, wäre grob geworden und hätte die Sudelei auf den Misthaufen geworfen. Dieser Art von Künstlern und Protektoren ging nur die sogenannte bessere Gesellschaft auf den Leim.

Irgend ein Nichtskönner oder ein bedauernswerter Irrer kleckste Farben auf eine ebene Fläche. Haare wurden blau oder grün gemalt, Häuser erhielten ein violettes Dach. Wollte einer besonders originell sein, dann klebte er auf diese Malerei Frachtbriefe und nagelte ein Stück Blech oder Teile eines Gitters darauf.

Das Werk kam in die Kunstausstellung. Der Mann, der es geschaffen, verstand es wohl selbst nicht und auch die Kritiker fanden keinen Weg, der sie zum Verständnis geführt hätte, aber sie sprachen von neuer Kunstform, von Individualismus, von Form- und Farbenempfinden, von revolutionärem Geist. Direktoren staatlicher und städtischer Museen besuchten die Kunstausstellung. Sie fanden das, was sie sahen, ganz und gar nicht schön, aber sie wollten sich nicht nachsagen

(Aufn. Hoffmann.)

Für solche „Kunstwerke" wurden aus Steuergeldern tausende Mark bezahlt.

lassen, daß sie rückständig seien. Gemälde, deren sich ein Volksschüler schämen müßte, wurden zu Beträgen von vielen tausenden Mark für die Museen angekauft. Da konnten die Snobs nicht zurückbleiben. Der wahre Künstler hungerte, der Kunstbolschewik aber fand das Wohlwollen der oberen Zehntausend, die, um in Dingen der „modernen Kunst" mitsprechen zu können, als Mäzene auftraten und die Machwerke von Sudlern und Pfuschern um teures Geld erwarben.

Es gab aber noch eine andere, vielleicht noch gefährlichere Sorte von Künstlern. Das waren jene Leute, die imstande gewesen wären, Gutes zu schaffen. Aber ihnen war die Kunst nur dazu gut, für politische Tendenzen mißbraucht zu werden. Was sie in Gemälden darstellten, das sollte Abscheu vor dem erregen, das den Menschen bisher heilig war, sollte sie zum Ekel, zur Verachtung zwingen. Die Tendenzen der Anarchie und Zersetzung, die in dieser Zeit das Schrifttum beherrschten, machten sich auch in der bildenden Kunst geltend. Verherrlicht wurden die Dirne, das Bordell, der Verbrecher, und die „Künstler" gestanden es selbst zu:

„Schönes und Edles schlagen wir aus eurer Welt!"

Die Ausstellung, die schon vor Jahren zusammengestellt wurde und in Wien bis 18. Juni zu [illegible]en sein wird, umfaßt auch eine Sonderschau „Entartete Musik". Die bildlichen Darstellungen werden in dieser Sonderschau durch Schallplattenvorführungen mit Kompositionen Atonaler verdeutlicht. Nachdem das Auge schon durch so vieles beleidigt wurde, nimmt man es nun auch noch auf sich, das Ohr quälen zu lassen.

Wohl ist die Schau „Entartete Kunst" alles eher als erquicklich und erfreuend, aber sie vermittelt jedem Besucher ein Gefühl der Befriedigung darüber, daß sich das deutsche Volk auf sich selbst besann, daß es aufräumte mit diesen Mächten der Finsternis und der Verirrung. Elemente dieser Art, die das deutsche Kunstleben und die ganze deutsche Kultur schändeten, sind davongejagt, sind verschwunden für immer. Was zurückblieb von ihnen, ist nichts weiter als ein Schandmal für sie selbst. —ka.

Dok. 58 Illustrierte Kronen-Zeitung, 6. Mai 1939 (Österreichische Nationalbibliothek Wien)

in Weimar, Erfurt, Jena und Apolda erhältlich«[17] –, was sicher einen nicht geringen organisatorischen Aufwand mit sich brachte. Sonderzüge karrten »täglich [...] geschlossene Abteilungen aus dem Gaugebiet« heran, darunter Einheiten der SS, Wehrmacht und des Reichsarbeitsdienstes.[18] Neben den von Anfang an üblichen kostenlosen Gruppenführungen richtete Fachleiter Wang ab Mitte April tägliche öffentliche Führungen ein. Über diese heißt es in der Thüringer Gauzeitung vom 14. April 1939:

> Um noch das Interesse und das Verständnis für diese kulturpolitisch aufklärenden Ausstellungen weiterhin zu erhöhen, werden jetzt werktäglich um 11.00 Uhr von Dr. Ludwig Wang, dem Fachleiter der »Entarteten Kunst«, einstündige Führungen abgehalten. Auch zu anderen Zeiten werden kostenfreie Führungen durchgeführt, wenn sich Gruppen von mindestens 20 Personen im voraus anmelden (Telefon 48). Diese Einrichtung ist besonders für Betriebsgefolgschaften gedacht.

Ein Aufruf des Gauleiters sowie die Osterfeiertage dürften das Ihrige dazu getan haben, 50.000 Besucher in das Landesmuseum zu locken.[19]

17 Ebenda, 2. April 1939.
18 Vgl. ebenda, 1. April 1939.
19 Nach einem Schreiben des StA Weimar an den Verfasser vom 17. Oktober 1989.

6.3.8 Wien, Künstlerhaus, 6. Mai bis 18. Juni 1939

Nach Salzburg war Wien die zweite Stadt der annektierten »Ostmark«, in der die Wanderausstellung Station machte. In Berlin maß man dem offensichtlich exzeptionelle Bedeutung bei, da die Wiener Etappe als einzige in den offiziellen Ausstellungskalender der Reichskammer der bildenden Künste aufgenommen wurde.[1]
Seit dem »Anschluß« im März 1938 war Wien in den Kreis der großen für Propagandaausstellungen vorgesehenen Städte aufgenommen worden. Bereits am 9. April 1938 konnten die Wiener in der Neuen Freien Presse lesen, daß die Ausstellung »Entartete Kunst« auch in die Donaustadt kommen würde.[2] Im Sommer 1938 gastierte hier die Schau »Der ewige Jude« (vgl. Kapitel 7.2). Auf deren große Resonanz beim Publikum verwies Ratsherr Tavs bei der Eröffnung der Ausstellung »Entartete Kunst«, die am Samstag, den 6. Mai 1939, um 17 Uhr im Künstlerhaus am Karlsplatz stattfand. Zuvor hatte der Präsident des Künstlerhauses und spätere Landesleiter der Reichskammer der bildenden Künste, der Maler Leopold Blauensteiner[3], die Anwesenden begrüßt und Hans Severus Ziegler eine Ansprache über die Abteilung »Entartete Musik« gehalten. Zum Abschluß der Zeremonie erklärte Gaupropagandaleiter Fridolin Glaß »nach einem ›Sieg-Heil‹ auf den Führer«[4] die Ausstellung für eröffnet.
Während die »Entartete Kunst« die Parterreräume des Künstlerhauses füllte, war die Musikabteilung im Obergeschoß untergebracht. Denn in einem zeitgenössischen Bericht heißt es: »In den Parterreräumen ist diese fürchterliche Ausstellung [...] untergebracht, und zwar Malerei, Graphik und Plastik, während im ersten Stockwerk die entartete Musik ihr Unwesen treibt«[5]. Hingegen waren die Kunstwerke nach dem Artikel in der Volks-Zeitung vom 6. Mai 1939 über beide Stockwerke verteilt: »Ein Kapitel für sich ist die im ersten Stock untergebrachte Schau aus der Zeit des Surrealismus (überwirkliche Kunst) und des Dadaismus (zu deutsch Holzpferdchen)«.
Vorerst offenbleiben muß die Frage, was es mit den Meldungen auf sich hat, das Ausstellungsgut sei »um vieles – vor allem ›Wienerisches‹ – bereichert«[6] worden bzw. es nehme »auch auf frühere Verhältnisse in der Ostmark Bezug«[7]. Konkrete Anhaltspunkte für speziell im Hinblick auf die Wiener Etappe vorgenommene Modifikationen liegen nicht vor. Als einziges Werk eines Wiener Künstlers und aus Wiener Besitz bildete Die Pause Kokoschkas bemalte Tonbüste »Selbstbildnis (Krieger)« ab (Abb. 106a), von der in der Femeschau jedoch vermutlich nur eine Photographie gezeigt wurde (vgl. Kapitel 6.3.6, Abb. 98). Die einzige durch Quellen gesicherte Veränderung betrifft die Rücksendung einiger Buchleihgaben an die Graphische Sammlung München am 7. Juni 1939.[8]
Indessen ist durch den Augenzeugen Ferdinand Eckhardt überliefert, auf welche Weise ein Exponat in Wien aus der Ausstellung entschwand:

> Was die Wiener Ausstellung betrifft [...], war ich oft verleitet, bei Vorträgen zu sagen, daß ich ein Museumsdirektor bin, der einmal ein Bild aus einer Ausstellung »gestohlen« hat. Es war eine Gramatté-Graphik. Als meine Frau (Witwe von Gramatté) und ich sie entdeckten, war unser erster Gedanke, daß wir sie nicht in der Ausstellung lassen würden, um sie even-

1 Vgl. MittRbK 4, 1939, Heft 6, S. 11.
2 Vgl. Tabor 1994, Bd. 2, S. 938.
3 Vgl. Vollmer, Bd. 1, S. 229. Zu den kulturpolitischen Funktionen Blauensteiners vgl. Rathkolb 1991, besonders S. 55.
4 VB, Wiener Ausgabe, 7. Mai 1939. Vgl. auch den Bericht über die Eröffnung in: Neues Wiener Tagblatt, 7. Mai 1939. Zur NS-Kulturpolitik in Österreich vgl.: Hochschule für angewandte Kunst Wien 1985 und Koller 1993. Zum Künstlerhaus und zur Wiener Sezession: Aichelburg 1986 (erwähnt die Ausstellung »Entartete Kunst« mit keinem Wort) und Nierhaus 1986, besonders S. 89-99. Des weiteren sei hingewiesen auf die Dokumentarserie Österreich 1 des Österreichischen Rundfunks, dessen Folge 8 Bildmaterial zu dem hier behandelten Thema enthält, sowie auf eine im Sommer 1987 in der Wiener Zeitung Volksstimme erschienene Artikelserie des Journalisten Oskar Wiesflecker.
5 Kunst dem Volk 10, 1939, Folge 5, S. 36. Vgl. zur »Entarteten Musik« ausführlich: VB, Wiener Ausgabe, 6. Mai 1939.
6 Neues Wiener Tagblatt, 7. Mai 1939.
7 Illustrierte Kronenzeitung, 5. Mai 1939.
8 Vgl. das Schreiben Wangs an die Staatliche Graphische Sammlung München vom 7. Juni 1939 im Archiv der Staatlichen Graphischen Sammlung München.

tuell vernichten zu lassen. Wir wählten einen regnerischen Abend, ich hatte eine umfangreiche Pelerine und »schwups« war das Werk darunter verschwunden.[9]

Daß dies wahrscheinlich kein Einzelfall war, sollte bei heutigen Überlegungen über den Verbleib verschollener Ausstellungsstücke nicht unberücksichtigt bleiben.
Innenaufnahmen der Ausstellungsräume sind nicht erhalten. Präsentationsweise und Inszenierung dürften den vorigen Stationen entsprochen haben:

> Neben den vernichtenden Worten des Führers, die in Wandschriften dem Volk ins Gedächtnis gerufen werden, befinden sich auch Aussprüche von den Trägern dieses zerstörenden Treibens, die in widerlichster und frechster Weise die teuflischen Absichten dieser Gesellen enthüllen.[10]

In der Sonderschau »Entartete Musik« vernahm der Besucher Kostproben von Hindemith, Schönberg und Strawinsky:

> Durch Schallplatten und einen Lautsprecher werden dem Besucher die atonalen Kunstwerke vermittelt. Zuerst hört man »Die Serenade« von Schönberg, dann Strawinskys »Geschichte von den Soldaten« und schließlich Hindemiths »Der Dämon«.[11]

Die Presseberichterstattung war im Vergleich zu anderen Städten nicht so ausgeprägt, sie konzentrierte sich im wesentlichen auf die Eröffnung. Ein großer Bildbericht erschien in der Wiener Theaterzeitschrift Die Pause (Abb. 106a-d). Er enthält 16 Werkabbildungen und eine Texttafel mit einem Zitat über Chagall. Dessen Radierung und Aquatinta »Selbstbildnis mit Grimasse« aus den Jahren 1924/25 erscheint hier erstmals im Zusammenhang mit der Femeschau. Freilich verschweigt die Bildunterschrift den ironischen Gehalt durch Weglassung des Zusatzes »mit Grimasse«. Während der überwiegende Teil der abgebildeten Werke anderweitig dokumentiert ist und sich tatsächlich im Ausstellungsbestand befunden haben dürfte, belegt Schlemmers Figurine aus dem Triadischen Ballett einmal mehr die Verwendung von Reproduktionen. Hingegen war das im Völkischen Beobachter, Wiener Ausgabe, vom 5. Mai 1939 abgebildete, in Frankfurt beschlagnahmte Gemälde »Kreuzabnahme« von Beckmann tatsächlich (noch) im Ausstellungsgut. Über Karl Buchholz wurde es im Januar 1941 nach USA verkauft, ohne im Depot Niederschönhausen zwischengelagert worden zu sein.[12]
Rita Casanova-Altherr, die Tochter des von den Nationalsozialisten verfemten Schweizer Künstlers Heinrich Altherr, erinnert sich: »1940 oder 1941 erhielt mein Vater eine Mitteilung von seinem früheren Kollegen Prof. Kolig, daß er den ›Fluch‹ in der ›Entarteten‹-Ausstellung in Wien gesehen habe und daß das Bild, wie andere Werke, zum Verkauf an das Ausland bestimmt war«[13]. Das Bild »Der Fluch« war in der Württembergischen Staatsgalerie Stuttgart beschlagnahmt worden. Zeitweilig in der Münchner Ausstellung »Entartete Kunst«, wurde es auf Betreiben eines Schülers von Altherr zurückgezogen.[14] Ob es in Wien zu den Exponaten zählte und ob es dort zum Verkauf stand, läßt sich weder beweisen noch widerlegen. Es scheint jedoch eher unwahrscheinlich, da ja alle Verkäufe der konfiszierten Kunstwerke über die vom Propagandaministerium ausgewählten Kunsthändler abgewickelt wurden (vgl. Kapitel 5) und auch sonst über etwaige Veräußerungen aus dem Ausstellungsbestand nichts in Erfahrung gebracht werden konnte.

9 Ferdinand Eckhardt in einem Brief an den Verfasser vom 12. Dezember 1990. Ich danke Herrn Eckhardt für die großzügige Überlassung eines originalen Ausstellungsführers.

10 Kunst dem Volk 10, 1939, Folge 5, S. 36.

11 Volkszeitung, 6. Mai 1939.

12 Vgl. Hüneke 1984, S. 54 und S. 57. Heute befindet sich das Bild im Museum of Modern Art, New York.

13 Schreiben an den Verfasser vom 8. Juli 1990. Anton Kolig, österreichischer Maler und Entwerfer von Gobelins und Mosaiken, wirkte von 1928 bis 1943 an der Stuttgarter Kunstakademie, wo Altherr von 1913 bis 1938 tätig war.

14 Vgl. von Maur 1987, S. D 21, Nr. 2; dort auch der Hinweis auf die Tochter Altherrs.

Den veröffentlichten Zahlen zufolge strömten die Besucher in Massen: Nach fünf Wochen sollen 100.000 Personen die Schau besichtigt haben.[15] In der letzten Woche wurden die Öffnungszeiten um eineinhalb Stunden verlängert, statt der bislang üblichen fünf Führungen pro Tag fanden nun neun Führungen statt, d. h. alle 90 Minuten.[16]

Im Archiv des Künstlerhauses hat sich eine höchst aufschlußreiche Korrespondenz erhalten.[17] Es handelt sich um einen seltenen Fall, der Einsicht in organisatorische und finanzielle Angelegenheiten erlaubt sowie die Erwartungen der Ausstellungsleitung und Bilanz der Schau reflektiert: Am 30. Juni 1939, also rund zwei Wochen nach Abschluß der Exposition, wendet sich die Verwaltung des Künstlerhauses, die Genossenschaft der Bildenden Künstler Wiens (vormals Sezession), an das Institut für Deutsche Kultur- und Wirtschaftspropaganda, um als Ausgleich für die entstandenen hohen Unkosten eine Spende für die Tätigkeit des Künstlerhauses zu erbitten. Dem Schreiben liegt eine Kostenrechnung bei. Der zweite Brief, vom 18. August 1939, ersucht die Gaupropagandaleitung um Unterstützung des Antrags, welche diese am 23. August 1939 auch zusichert. Das Ergebnis des Vorgangs ist nicht bekannt. Aus dem erstgenannten Brief geht die Gesamtbesucherzahl von 147.000 hervor. Daß die in einem internen Schriftstück mitgeteilte Anzahl in der Größenordnung der übrigen Etappen liegt, darf als Indiz für deren Richtigkeit gewertet werden. Bedeutsam scheint in erster Linie, daß sich die Ausstellungsleitung sorgte, die Schau könne mit 30.000 Besuchern »ein Versager« werden. Befürchtete sie ein generelles Abflauen des Interesses, oder vertraute sie nur in der »Ostmark« nicht der Wirksamkeit der Propaganda? Oder waren die Zweifel etwa nur aus taktischen Gründen vorgeschoben, um – offensichtlich mit Erfolg – einen besseren Mietvertragsabschluß mit dem Künstlerhaus zu erreichen? In dem Schreiben vom 30. Juni 1939 heißt es:

> Der für uns so ungünstige Vertrag kam nur deswegen zustande, weil damals die Erfolgsaussichten für die Ausstellung allgemein allzu pessimistisch beurteilt wurden, so daß den Grundtenor während der ganzen mündlichen Verhandlungen die Furcht ihrer Ausstellungsleitung bildete, die Ausstellung könnte aus verschiedenen Gründen ein Versager werden, obzwar, wie von Ihrem Ausstellungsleiter immer betont wurde, lediglich »auf plus-minus« gearbeitet wird, daß also lediglich die Einnahmen die Ausgaben decken sollen. Nicht anders konnte es geschehen, [...] daß wir Ihnen sogar die Garderobeneinnahmen überließen und es andererseits von vornherein außer acht ließen, in den Vertrag die Möglichkeit einer gewissen Begünstigung für den Fall einzubauen, als die Ausstellung sich eben doch zu einem Erfolg gestalten sollte.

Ein Mietvertrag wie jener, von dem hier die Rede ist, hat sich leider in keinem Fall erhalten. Ob die angedeuteten Konditionen als Ausnahme anzusehen sind oder verallgemeinert werden können, muß folglich dahingestellt bleiben. Generell wurde recht kurzfristig disponiert, denn das erste Angebot seitens des Künstlerhauses lag erst am 4. April 1939, d. h. einen Monat vor Eröffnung, vor.

Am 7. Mai 1939, also bereits am Tage nach der Eröffnung in Wien, informierte der Völkische Beobachter in seiner Wiener Ausgabe darüber, daß als nächste Ausstellungsstation Frankfurt am Main vorgesehen sei: »Sie wird von Wien zunächst nach Frankfurt wandern und dann in anderen Gauen des Reiches gezeigt werden«.

15 Vgl. VB, Wiener Ausgabe, 12. Juni 1939.

16 In den ersten Wochen war die Schau von 9 bis 20.30 Uhr geöffnet, offene Führungen wurden um 10, 11.30, 14.30, 17.30 und 19 Uhr abgehalten (vgl. Illustrierte Kronenzeitung, 5. Mai 1939). Ab Sonntag, den 11. Juni 1939, schlossen die Pforten erst um 22 Uhr (vgl. VB, Wiener Ausgabe, 12. Juni 1939).

17 Vgl. zum folgenden Archiv des Künstlerhauses Wien, ohne Signatur.

6.3.9 Frankfurt am Main, Kunstausstellungshaus, 30. Juni bis 30. Juli 1939

Eigentlich hatte die »Stadt des deutschen Handwerks« beabsichtigt, die Ausstellung »Entartete Kunst« im Rahmen der unter dem Motto »Rasse und Kultur« stehenden Gaukulturwoche im Oktober 1938 zu präsentieren.[1] Bei der Übernahme der Dresdner Vorläuferausstellung desselben Namens im September 1936 hatte man ja bereits einschlägige Erfahrungen sammeln können. Doch dazu kam es aus unbekannten Gründen zunächst nicht. Erst der Juni 1939 führte die Femeschau in die Mainmetropole.

Am 12. Juni 1939 teilte der Oberbürgermeister der Gaupropagandaleitung Frankfurt auf deren Anfrage vom 6. Juni mit, daß das Ausstellungsgebäude für die Durchführung der Ausstellung »Entartete Kunst« zur Verfügung stehe.[2] Gleichzeitig informierte er das zuständige Kulturamt über den günstigen Termin, Juli 1939. Die Rede war von einem Gebäude in der Bockenheimer Landstraße 8, welches die Stadt am 1. Juli 1937 von dem 94jährigen Sammler Maximilian Benedikt von Goldschmidt-Rothschild erworben und anschließend zu einem Kunstausstellungshaus umgebaut hatte.[3] Die Eröffnung fand am Freitag, den 30. Juni 1939, vormittags durch den Vertreter der Gaupropagandaleitung, Weinheimer, statt. »Ein Rundgang durch die neun Gruppen der Schau, der auch ein Saal ›Entartete Musik‹ angefügt worden ist, schloß sich an den Eröffnungsakt an.«[4]

Nur wenige Einzelheiten sind über den Inhalt der Schau in Frankfurt bekannt. In der Presse ist mehrfach von 700 Exponaten die Rede.[5] Einige Künstler und Werke benennt ein längerer Bericht von Kunstschriftleiter Heinrich Theodor Wüst[6] im Frankfurter Volksblatt vom 1. Juli 1939 (Dok. 59): Baumeister, Bayros[7], Dix (»Kriegskrüppel«), Ernst (»Eva«, d. i. »La belle jardinière«), Felixmüller, Gies (»Kruzifixus«), Grosz, Haizmann (Tierplastiken), Heckel, Hoffmann, Kirchner, Kokoschka, Molzahn (»Gott der Flieger«, »Familienbild«), Metzinger, Morgner, Pechstein, Schlemmer, Schmidt-Rottluff, Schwitters (»An Anna Blume«), Voll und »unser lieber, so oft in den Olymp erhobener Frankfurter Max Beckmann«. Freilich scheint es sich in den meisten Fällen um graphische Arbeiten gehandelt zu haben. Dies jedenfalls läßt sich aus den Aufzeichnungen des Juristen und Sammlers Hans Lühdorf schließen, der uns bereits in Düsseldorf als gewissenhafter Beobachter begegnet ist (vgl. Kapitel 6.3.3). Zweimal notierte er seine Eindrücke von dem Besuch der Femeschau in Frankfurt. Auf der Liste der Düsseldorfer Exponate (Dok. 46) ergänzte er die Worte:

> In Frankfurt, Juni 1939, fehlten völlig Nolde, Hofer, größere Arbeiten von Rohlfs, Heckel und Kandinsky; von Kirchner, Schmidt-Rottluff, Otto Mueller, Klee waren noch wenige Sachen zu sehen.

Und in seinem Tagebuch steht zu lesen:

> 1939 begegnete mir auf einer Urlaubsreise nochmals die Ausstellung »Entartete Kunst« in Frankfurt. Nolde und Hofer waren ganz, Rohlfs bis auf einiges Unbedeutendes daraus verschwunden. Kaum zehn gute Arbeiten, wenn man die Graphik unberücksichtigt läßt, waren noch vorhanden.[8]

1 Vgl. das Schreiben des Landesleiters Hessen-Nassau der RbK, Karl Lieser, an den Präsidenten der RbK, 21. Juli 1938 (ZSTA 50.01-743, Bl. 68). Zur Gaukulturwoche 1938 vgl. Liesers Einladung an den Geschäftsführer der RKK, Hans Hinkel, zu einem Vortrag, in: Wulf 1983a, S. 300f.

2 Vgl. den Brief des Frankfurter Oberbürgermeisters an die Gaupropagandaleitung der NSDAP vom 12. Juni 1939 im StA Frankfurt am Main Magistratsakten Az. 6022, Bd. 2.

3 Laut Auskunft des StA Frankfurt am Main vom 19. Februar 1991 wurde das Haus für 190.000 RM erworben (Kaufvertrag im StA Frankfurt am Main Magistratsakten Az. 8340/2, Bd. 1). Für weitere Informationen über das Kunstausstellungsgebäude vgl. ebenda, Az. 6022/3. Am 29. Januar 1944 fiel es einem Bombenangriff zum Opfer (vgl. ebenda, Az. 3813, Bl. 62).

4 FZ, 1. Juli 1939. Vgl. auch Frankfurter Volksblatt, 30. Juni 1939.

5 Vgl. Frankfurter Anzeigenblatt, 7. Juli 1939; Frankfurter Generalanzeiger, 29. Juni und 26. Juli 1939.

6 Vgl. seine Besprechung der Dresdner Vorläuferausstellung in ihrer Frankfurter Station, in: Nationalblatt, 30. August 1936 (Dok. 16).

7 Ein Künstler dieses Namens taucht in Raves (1949, S. 85) Liste der Künstler, von denen Werke beschlagnahmt wurden, nicht auf. Wahrscheinlich ist Herbert Bayer gemeint, von dem die Rückgabeliste (Dok. 62) eine in Essen konfiszierte »Italienische Landschaft« verzeichnet.

Damit wir nicht vergessen, was früher gewesen ist

Reichsausstellung „Entartete Kunst" in Frankfurt eröffnet - Dokumente des Weltbolschewismus

Man braucht lange, bis man an den Bildern der Kulturschande vorbei ist, die die Ausstellung „Entartete Kunst" zeigen. Jeden Besucher packen zwiespältige Empfindungen, das Lachen über den hirnverbrannten Mist, das Staunen über die Möglichkeiten „künstlerischer" Perversität, das Schmunzeln über den dadaistischen Geschäftssinn, aber auch das sozusagen posthume Erschrecken über das unvorstellbare Maß der Gemeinheit, mit der diese Kunstbomben gegen die harmose Volksseele geschleudert wurden. „Laßt uns Schlagwetteratmosphäre vorbereiten!" So rief der Geist der Zerstörung in einem Aufruf schon 1919 den Künstlern zu, und wie dieser Aufruf gewirkt hat, wie der jüdisch-kommunistische Geist die Kunst zu versetzen suchte, bis zu welchem Grade der Kulturvernichtung dieser Kampf gediehen war, bis zum machtvollen Vorstoß und Sieg des Führers 1933, das zeigt die von der Reichspropagandaleitung, Amtsleitung Kultur, zusammengestellte Ausstellung, die wir nun in Frankfurt sehen.

Die Ausstellung zeigt in ihrem dokumentarischen Material, das 1937 in München der deutschen Oeffentlichkeit übergeben wurde, die Periode der verhängnisvollsten Kunstverseuchung, aber erst wenn man die einzelnen „Werke" sieht, begreift man den Grad der Verkommenheit: die Kunst wird zur Dirne und die Dirne wird das Ideal dieser Kunst!

An der Spitze marschiert der Dresdener Otto Dix mit seiner hundsgemeinen Verspottung der Kriegsbeschädigten. Er ist der Repräsentant der höchsten Erbärmlichkeit — wobei bemerkt sei, daß Selbstprostitution in diesen Kreisen Ehrensache ist, denn diese Entartungskünstler können es auch anders, sie zeigen aber künstliches, gewolltes Nichtskönnertum als Zeichen ihres volks- und seelenvergiftenden Handwerks. Wie sehr die gute handwerkliche Leistung künstlich verzerrt und verleugnet wird, zeigten in der Ausstellung der interessante, heute nur noch erheiternd-wirkende Teil der Gruppe Farbenklecker, die naiven Blödiane mit ihren grotesken Motiven, die Graphiker, die allesamt bei dem berühmten kleinen Moritz aus den „Fliegenden Blättern" in die Schule gingen, die Selbstporträtisten Heckel, Morgner, Kirchner, Felixmüller, Kokoschka, dieses Juwel der Systemkunst, Schlemmer, und unser lieber, so oft in den Olymp erhobener Frankfurter Max Beckmann.

Schon viel schärfer und tendenziöser wirken die in der jüdischen Presse einst „Offenbarungen deutscher Religiosität" genannten Schmiereien und Plastiken. Darunter der Krucifixus von Prof. L. Gies aus dem Dom in Lübeck. Es sind die Propagandisten der Gottlosigkeit im engsten Verein mit den Kunst-Moskowitern des Klassenkampfes, der sich besonders in einer von Gurlitt und Malik verlegten Graphik austobt: Unflat der bolschewistischen Revolution, Seelenkost, für die sich die Arbeiterschaft bedankte, über die sie heute aber hohnvoll lacht. Die Welt dieser Demonstranten — mit Kunst hatte diese Sippschaft längst nichts mehr zu tun — ist das Dirnen- und Zuhältertum der Schmidt-Rottluff, Felixmüller, Mohlzahn, M. Ernst, dessen „Eva" die Kunststadt Düsseldorf einst mit 2000 RM. ankaufte — wie die deutschen Galerien sich größtenteils darum rissen, Tausende an die „neue Kunst" zu hängen — Kirchner, Bayros und George Grosz. Beckmann nicht zu vergessen, der in diesem Milieu ebenfalls daheim ist.

Die gemalte Schweinerei findet ihre Panegyriker vor allem in dem heute in der Versenkung verschwundenen Paul F. Schmidt, dessen Dank an den geisteskranken Schwitters und dessen „Anna Blume" zu dem erheiterndsten der Ausstellung gehört. Die Erhöhung der Dirne zum sittlichen Ideal unter geschäftlicher Leitung des Odessaer Getreidejuden Flechtheim zeitigt Darstellungen, die alle Richtungen vereinigen, vom Steinzeitler bis zu dem „Giotto unserer Zeit", M. Pechstein, wie eine große Kunstzeitschrift 1930 schrieb, und die zugleich den Begriff Frauentum in einer Weise herabwürdigen, wie es nur die rassische Minderwertigkeit und der Haß gegen alles Sittlich-Hochstehende ermöglicht.

So ist es auch bei den Verfechtern des neuen Frauentypus — wohlgemerkt des kunstanarchischen —, die Figuren der Voll, Kirchner, Hoffmann, Heckel usw. erreichen eine monströse Komik, deren tragisches Gegenspiel die Tausendmarkscheine bilden, die von deutschen Kunstsammlungen für deren Ankauf aufgewandt wurden. Diese Beispiele entarteter, verblödeter, politisch verhetzender Machwerke wirken heute noch aufreizend, weil sie bewußte Schändung von natürlichem Gefühl, Geschmack, Urteil und Kunstsinn bedeuten.

Dann noch die Gruppe der größenwahnsinnigen Ueberfuturisten und Dummdinge, die andere dumm machen wollten. Man sieht die konstruktive Malerei des Professors Baumeister, einst an der Frankfurter Kunstgewerbeschule, den „Gott der Flieger" von Molzahn und ein Familienbild von Metzinger, auf dem der Mann bezeichnenderweise auf dem Kopf steht. Man sieht die botokudischen Tierplastiken des Juden Haizmann, den kubistischen Wahnsinn Schwitters und vieles andere; man sieht und staunt, man lacht und es ekelt einem, aber etwas nimmt man aus dieser unbedingt sehenswerten Ausstellung zeitlicher Gehirnfäule mit — das Gefühl des Dankes für die Beseitigung dieses Entartungszustandes, der nicht das Symptom einer vorübergehenden Degeneration, sondern blutiger Ernst einer Politik war, die planmäßig die Seele des physisch und wirtschaftlich durch Versailles ruinierten Volkes zerstören wollte, um dem Bolschewismus zum Siege zu verhelfen.

Vor diesem Siege hat uns der Führer errettet und auch die Ausstellung „Entartete Kunst", das Ergänzungsstück der „Antikomintern-Ausstellung", zeigt uns die ungeheure Gefahr, in der wir damals schwebten.

H. Th. Wüst

Dok. 59 Frankfurter Volksblatt, 1. Juli 1939 (StA Frankfurt am Main)

Auch wenn diese Niederschriften die subjektive Sicht des Expressionismus-Sammlers widerspiegeln, so sind sie dennoch Ausdruck des objektiven Wandels im Ausstellungsbestand. Alles deutet darauf hin, daß nach und nach Graphiken das Profil der Femeschau bestimmten. Diese mit der Zusammenziehung der »verwertbaren Bestände« im Depot Niederschönhausen und den beginnenden Verkäufen ins Ausland im Sommer 1938 einsetzende Entwicklung (vgl. Kapitel 5) manifestiert sich auch in der Rückgabeliste (Dok. 62).
Ein anderer Besucher der Frankfurter Ausstellung war Hans Maria Wingler. Er erinnert sich:

> Herrliche Kunstwerke hingen zwischen schwächlichen Nachahmungen und Manifestationen von Geisteskranken – die Mischung war perfide und allemal zum Zweck der diskriminierenden Beeinträchtigung des Meisterhaften. Ich notierte im Katalog Begeisterung über ein »phantastisches Bildnis Kokoschkas«; Max Beckmann, Otto Dix und George Grosz schienen mir mit guten Arbeiten vertreten zu sein, Barlach hingegen fand ich nicht gültig und Pechstein »miserabel« repräsentiert; mit Klee und Schmidt-Rottluff fand ich mich, wohl wegen der Auswahl, hier nicht zurecht. [...] Nahe dem Ausgang der »Entarteten« reproduzierte ein Grammophon Beispiele der aus den Konzertsälen verbannten Musik; wie ich mich zu entsinnen meine, war Strawinskys »Feuervogel« (den ich von meinen Besuchen in Darmstadt kannte) dabei.[9]

Welches Werk Beckmanns vertreten war, erfahren wir durch Presserezensionen[10] und aus einem im Archiv des Städels[11] dokumentierten Vorgang: Es handelte sich um das Gemälde »Der Strand«. Das im Juli 1937 in der Städtischen Galerie Frankfurt beschlagnahmte monumentale Bild ist auf Raumaufnahmen in der Münchner (Abb. 36) und Berliner (Abb. 68) sowie durch Rezensionen in der Hamburger (Dok. 53) und Stettiner[12] Station nachweisbar. Am 17. Juli 1939 schrieb das Städelsche Kunstinstitut unter dem Vermerk »Eilt sehr« an die Ausstellungsleitung:

8 Aufzeichnungen im Besitz der Nichte von Hans Lühdorf, der ich für ihre Bemühungen danke.
9 Wingler 1978, S. 72. Vgl. auch Schäfer 1981, S. 19f. sowie Evans 1992.
10 Vgl. Frankfurter Generalanzeiger, 18. Juli 1939.
11 Vgl. Archiv Städel/Städtische Galerie Bd. 36. Aus diesen Akten sind die folgenden Zitate entnommen.
12 Vgl. Pommersche Zeitung, 11. Januar 1939.

In der Ausstellung »Entartete Kunst« hängt ein »Strandbild« (Badende am Meeresstrand) von Max Beckmann. An diesem Bild ist ein Schild angebracht: »Angekauft vom Städelschen Kunstinstitut RM 10.000«. Diese Angabe ist nicht richtig. Das Städelsche Kunstinstitut hat nie ein Bild von Max Beckmann erworben. Wir bitten aus diesem Grund aufs dringendste, dieses Schild alsbald entfernen zu wollen.[13]

Offenbar als Reaktion darauf wandte sich die Ausstellungsleitung an die Städtische Galerie mit der Bitte um Auskunft über den Preis und die Art der Erwerbung des Gemäldes. Galeriedirektor Alfred Wolters fragte beim städtischen Kulturamt nach, ob er diesbezügliche Angaben machen dürfe.[14] Das Amt legte die Angelegenheit am 22. Juli 1939 dem Oberbürgermeister vor, der keine Einwände hatte. Drei Tage später erhielt die Ausstellungsleitung telephonisch die gewünschten Informationen. Dies ist der letzte Hinweis auf das Gemälde Beckmanns, das seither verschollen ist.

Einen Eindruck von der Präsentationsweise der Femeschau vermögen eine Raumaufnahme und eine bebilderte Rezension zu geben. Die Photographie (Abb. 108) entstand am 22. Juli 1939 anläßlich des Besuches von Gauleiter und Reichsstatthalter Jakob Sprenger. Sie zeigt Sprenger mit Begleitung und einem Führer (Ausstellungsleiter Wang?) inmitten einer größeren Besucherschar. Von den an der rückwärtigen Wand befindlichen Kunstwerken läßt sich nur die aus Rezensionen bekannte Graphik »Bayern 1919« von Karl Holtz identifizieren. Rechts daneben hängt eine Texttafel unbestimmbaren Inhalts.

Die Graphik von Karl Holtz erscheint auch in einer ganzseitigen, üppig illustrierten und mit »Kunst-Irrsinn« überschriebenen Rezension von Heinrich Theodor Wüst in der Rhein-Mainischen Sonntags-Zeitung vom 9. Juli 1939 (Abb. 107). Sie enthält außer der genannten Graphik von Holtz acht Abbildungen: Von den vier Gemälden – Baumeister, »Drei Monteure«; Adler, »Zwei Mädchen (Mutter und Tocher)«; Otto Ritschl, »Ballspieler«; Chagall, »Der Trinker« – sind zwei durch Beschriftungstäfelchen eindeutig als Exponate ausgewiesen. Weiterhin sind zwei freigestellte Skulpturen abgelichtet: »Wasserspeier« von Haizmann und »Empfängnis« von Gela Forster. Im Zusammenhang mit der Aktion »Entartete Kunst« taucht diese Steinskulptur nur hier auf. Da es zu keinem Zeitpunkt einen weiteren Hinweis auf die tatsächliche Präsenz des Objekts im Ausstellungsbestand gibt, muß angenommen werden, daß eine Abbildung zum Fundus des Instituts für Deutsche Kultur- und Wirtschaftspropaganda gehörte (im Fotonachweis der Rezension ist das Institut genannt). Der dokumentarische Wert der Aufnahme ist kein geringer, da eine andere Rückenansicht der Skulptur nicht bekannt ist.[15] Heute sind alle Werke von Gela Forster aus ihrer Dresdner Frühzeit verschollen. Die beiden interessantesten Abbildungen des Presseberichts zeigen Ensembles aus den Ausstellungsräumen: Auf der oberen, teilweise durch die Haizmann-Skulptur verdeckten, erkennt man auf einem Sockel Hoffmanns »Mädchen mit blauem Haar« neben Brendels »Kopf« aus der Prinzhorn-Sammlung. Diese Kombination folgt dem Muster des Ausstellungsführers. Die Vorderseite des Sockels zieren drei verschiedene Beschriftungen: Zwischen einem weißen Zettel mit dem Ankaufspreis der Plastik Hoffmanns und einem länglichen schwarzen Täfelchen mit den Angaben zu Künstler, Titel und Herkunftsmuseum, hängt ein diagonales Schild, dessen Text sich auf die Plastik Brendels bezieht: »Zum Vergleich – ein Bild eines unheilbar Geisteskranken aus der Irrenanstalt Heidelberg«. Zwei der über den Plastiken befindlichen vier Werke sind mit eben diesem Täfelchen ausgestattet. Sie sollen verglichen werden mit einem unbestimmbaren Werk links und einem anderen von Schott[16] rechts. Schließlich findet sich am rechten Rand des

13 Schon in München waren die Sammlungen des Städelschen Kunstinstituts (Kunstakademie) und der Städtischen Galerie verwechselt worden (vgl. eine diesbezügliche Beschwerde des Städelschen Kunstinstituts an die Ausstellungsleitung in München im Archiv Städel/Städtische Galerie Bd. 36). Damals wie heute gehörten beide Institute zur selben Stiftung, betrieben aber als getrennte Verwaltungseinheiten ihre eigenen Galerien.

14 Vgl. den Brief von Wolters vom 20. Juli 1939 im Archiv Städel/Städtische Galerie Bd. 36.

15 Vgl. zu Gela Forster und dieser Skulptur Löffler 1989, S. 77 mit Abb. 26.

16 Beschriftung »Das ver[wunschene?] Dorf«. Es ist vielleicht identisch mit der »Frau in Straße« bezeichneten Arbeit auf der Hamburger Liste (Dok. 55), welches allerdings auf der Rückgabeliste (Dok. 63) nicht mehr registriert ist.

Artikels ein Detail einer Ausstellungswand mit der Collage »An Anna Blume« (Photographie?) und dem gleichnamigen Liebesgedicht von Kurt Schwitters.[17] Die ganze Seite ist wie eine Collage gestaltet: Einige Abbildungen sind schief einmontiert und überlagern einander partiell.

Viermal während der täglichen Öffnungszeiten von 10 bis 21 Uhr – nämlich um 10, 11.30, 16.30 und 18.30 Uhr – fanden öffentliche Führungen statt.[18] Beim »Anhören atonalen Gequietsches in der angeschlossenen Abteilung für entartete Musik«[19] sollten die Besucher erschaudern. Und es kamen derer zahlreiche. Allein in den ersten 22 Tagen der insgesamt einmonatigen Laufzeit drängten sich 40.000 »Volksgenossen« durch die Säle, d. h. durchschnittlich rund 1.800 pro Tag.[20]

17 Vgl. auch die Abb. der Gedichttafel in der Rezension der Hamburger Etappe (Abb. 87).
18 Vgl. Frankfurter Volksblatt, 30. Juni 1939.
19 Frankfurter Volksblatt, 23. Juli 1939 (im Zusammenhang mit dem Besuch des Gauleiters).
20 Vgl. FZ, 23. Juli 1939.

6.3.10 Chemnitz, Kaufmännisches Vereinshaus, 11. August bis 26. August 1939

Nach der Vorläuferexposition »Kunst, die nicht aus unserer Seele kam« von 1933 sollte Chemnitz im Jahr des Kriegsbeginns zum zweiten Mal Schauplatz einer »Schreckenskammer« werden. Knapp drei Wochen vor ihrem Beginn kündigte die örtliche Presse an, die Wanderausstellung »Entartete Kunst« gelange vom 11. August bis 10. September 1939 in Chemnitz im Kaufmännischen Vereinshaus, Moritzstraße 1, »zum Einsatz«[1].

Daselbst wurde sie am Freitag, den 11. August 1939, um 20 Uhr als »große politische Reichsausstellung ›Entartete Kunst und Musik‹«[2] feierlich eröffnet. Den festlichen Rahmen bildete ein vom Kreismusikzug gespielter Festmarsch. NSDAP-Kreisleiter Papsdorf hielt die Eröffnungsansprache und bat die Anwesenden, kräftig die Werbetrommel für die Schau zu rühren. Er richtete seinen Dank »an Sturmbannführer Vollmer[3] aus Berlin und an Pg. Dr. Wang, die beide den Aufbau besorgt haben«. Zum Abschluß fand ein Rundgang durch die Ausstellungsräume statt, »wobei Dr. Wang alle nötigen und erwünschten Erklärungen gab«. Dem allgemeinen Publikumsverkehr stand das Kaufmännische Vereinshaus ab Samstag vormittag offen.

Über Inhalt und Inszenierung der Femeschau in Chemnitz ist die Forschung nur unzureichend unterrichtet. Das Arrangement richtete sich nach den seit Berlin üblichen neun Gruppen. Otto Freundlichs den Umschlag des Ausstellungsführers schmückende Gipsplastik »Der neue Mensch« war »gleich am Eingang zu sehen«[4]. Die Anzahl der Exponate scheint sich nicht in nennenswerter Weise verändert zu haben, von »700 ›Kunstwerken‹ mit Begleittexten«[5] ist die Rede. »An mehreren Stellen« gaben »Kernsprüche« Hitlers dem Betrachter »Halt und Richtung«.[6] Ein »instruktives Schallplattenarchiv« brachte »die ärgsten Beispiele kulturbolschewistischer Machenschaften auf dem Gebiete der Musik unmittelbar zu Gehör« (Abb. 112). Nach einem – allerdings unbestätigten – Augenzeugenbericht waren in den Sälen Krankenschwestern postiert, für den Fall, daß den »Volksgenossen« übel würde.[7]

Auch in Chemnitz lockten Presserezensionen mit Abbildungen von Werken, die sich schon längst nicht mehr im Ausstellungsbestand befanden: So illustrierte den Artikel im Chemnitzer Tageblatt vom 11. August 1939 (Abb. 112) das – fälschlich Heckel zugewiesene – »Bildnis Bertie Rosenberg« von Schmidt-Rottluff, welches in Salzburg ausgeschieden worden war (Dok. 50). Waren die Besucher der Hamburger Etappe mit einem Handzettel (Dok. 56) zur Besichtigung der Kunsthalle animiert worden, so erhielten die Chemnitzer für den Eintrittspreis der Femeschau zugleich eine Freikarte für das Städtische Museum. Auf der Eintrittskarte (Abb. 111) ist der hierfür vorgesehene Abriß deutlich zu erkennen. Dem in den Vorläuferausstellungen und in München 1937 vorexerzierten antithetischen Ausstellungsprinzip wurde ferner durch eine Schau der Kunsthütte Chemnitz im König-Albert-Museum Genüge getan. Unter dem Titel »Deutsche Malerei der Gegenwart« öffnete sie zwei Tage nach der Femeschau ihre Pforten. Sie vereinigte u. a. Arbeiten von Hermann Gradl, Werner Peiner, Klaus Richter, Leo Samberger, Edmund Steppes[8] und Karl Storch. In der Presse hieß es hierzu: »Kommt man aus der ›Entarteten‹ in ihr Gegenstück, die jetzige Schau der Kunsthütte, so wie man es erstmalig im denkwürdigen Kunstsommer von 1937 in München konnte, man fühlt sich auf die Inseln der Seligen versetzt«[9]. Die Bemühungen um

1 Chemnitzer Tageblatt, 23. Juli 1939.

2 Ebenda, 12. August 1939. Aus diesem Bericht über die Eröffnungszeremonie sind auch die folgenden Zitate entnommen.

3 Vollmer, über den nichts Näheres bekannt ist, wird nur hier und im Zusammenhang mit der Weimarer Etappe (vgl. Kapitel 6.3.7 mit Anm. 2) als Mitarbeiter Wangs erwähnt.

4 Chemnitzer Tageblatt, 12. August 1939.

5 Ebenda, 11. August 1939.

6 Chemnitzer Neueste Nachrichten, 10. August 1939.

7 Nach mündlicher Mitteilung einer Ausstellungsbesucherin an Georg Brühl, der von ihr auch eine Eintrittskarte (Abb. 111) und eine Zeitungsrezension erhielt. Ich danke Georg Brühl, der mir beide Gegenstände am 15. August 1989 übereignet hat.

8 Werke von Steppes hatten bereits 1933 in der Münchner Station der Mannheimer »Schreckenskammer« als »positives Gegenbeispiel« fungiert (vgl. Kapitel 3.1.1).

9 Chemnitzer Tageblatt, 15. August 1939. Vgl. auch die Notiz in: ebenda, 11. August 1939.

möglichst große Resonanz erfuhren durch die Bereitstellung von Sonntagsrückfahrkarten der Reichsbahn und durch Ausstellungsplakate, »die überall in unserer Stadt«[10] auf die Schau aufmerksam machten, propagandistische Unterstützung. Zwei verschiedene Plakattypen sind überliefert: zum einen eine Farblithographie nach dem Entwurf von Rudolf Hermann für die Hamburger Ausstellungsetappe mit reduziertem Format und verändertem Schriftblock am unteren Rand (Abb. 109); zum anderen ein im Buchdruck hergestelltes kleinformatiges Textplakat (Abb. 110).

Die Schau blieb nicht, wie ursprünglich vorgesehen, einen Monat geöffnet. Viele Zeitungsleser dürften die kleine Notiz, welche am Sonntag, den 27. August 1939, im Chemnitzer Tageblatt zu lesen stand, übersehen haben: »Wie die Ausstellungsleitung mitteilt, ist die Ausstellung ›Entartete Kunst‹, die z. Z. im Kaufmännischen Vereinshaus in Chemnitz untergebracht ist, seit dem gestrigen Sonnabend bis auf weiteres geschlossen«. Sie wurde nicht mehr geöffnet. Es steht außer Frage, daß die plötzliche Schließung und der damit einhergehende Abbruch der Tournee mit den letzten Vorbereitungen für den Zweiten Weltkrieg zusammenhängt, den das Deutsche Reich in den Morgenstunden des 1. September 1939 durch den Angriff auf Polen entfesselte.

Das wird bestätigt durch ein Schreiben von Hugo Fischer, Präsident des Instituts für Deutsche Kultur- und Wirtschaftspropaganda, an Joseph Goebbels vom 1. Dezember 1939. Fischer schreibt:

> Das von mir geleitete Institut für Deutsche Kultur- und Wirtschaftspropaganda, das auch die politischen Ausstellungen der Partei durchführt, hatte bei Kriegsausbruch sechs Ausstellungen im Reichsgebiet durchzuführen, bzw. in Vorbereitung. Auf Grund eines vom Präsidenten des Werberates für deutsche Wirtschaft am 6. September erlassenen allgemeinen Ausstellungsverbotes mußte die Durchführung dieser Ausstellungsvorhaben unterbleiben.[11]

Wörtlich heißt es in der am 6. und 7. September 1939 in der Presse bekanntgegebenen Anordnung:

> Unter Hinweis auf den § 1 des Gesetzes über Wirtschaftswerbung gibt der Werberat der deutschen Wirtschaft hiermit bekannt, daß ungeachtet der für die Jahre 1939 und 1940 bereits erteilten Genehmigungen folgende Veranstaltungen bis auf weiteres nicht mehr durchgeführt werden dürfen. 1.) Sämtliche Ausstellungen, Fach-Ausstellungen und Schauen. [...] Ausgenommen hiervon sind Ausstellungen, die für die Weiterentwicklung der Wirtschaft unbedingt notwendig sind.[12]

Die zitierte lapidare Zeitungsmeldung über die Schließung der Schau im Chemnitzer Tageblatt vom 27. August 1939 ist die letzte Nachricht über das Schicksal der Exposition bis Anfang 1941. Aus einem 1942/43 zwischen der Bayerischen Staatsbibliothek und dem Propaganda-Ministerium geführten Briefwechsel läßt sich ersehen, daß die Ausstellungen »Entartete Kunst« und »Der ewige Jude« bei Kriegsbeginn »teilweise an Ort und Stelle eingelagert und Spediteuren zum Weitertransport übergeben werden mußten«[13]. Der Weitertransport erfolgte nach Berlin, wo das Ausstellungsgut vom Institut für Deutsche Kultur- und Wirtschaftspropaganda »unter schwierigen Umständen [...] zur Lagerung übernommen«[14] wurde. Vermutlich handelte es sich um ein Lager in dem nördlich von Berlin in der Mark Brandenburg gelegenen Ort Velten, da die Rückgabe der Ausstellung im November 1941 aus einem mit »Velten/Mark« bezeichneten Lager erfolgte (Dok. 63).

10 Ebenda, 6. August 1939.

11 BA R 55/354, Bl. 95. Das IKWP unterstand dem Werberat für deutsche Wirtschaft, welcher für die Genehmigung sämtlicher Ausstellungen und Messen zuständig war (vgl. Kapitel 6.1).

12 BA R 55/354, Bl. 113.

13 Schreiben von Leopold Gutterer, RMVP, an den Generaldirektor der Bayerischen Staatsbibliothek, Rudolf Buttmann, 9. März 1943 (zitiert nach dem Abdruck bei Dressler 1987, S. 309). Gegenstand des Briefwechsels war eine unbekannte Anzahl von Büchern, die die Staatsbibliothek im November 1937 für die beiden Propagandaausstellungen zur Verfügung gestellt hatte und die sie nun zum wiederholten Male zurückforderte. Im Gegensatz zur Staatlichen Graphischen Sammlung, die ihre Buchleihgaben nach und nach zurückerhielt (Dok. 48, 64), blieben die Eingaben der Staatsbibliothek ohne Erfolg. Nur ein Buch wurde retourniert. Das IKWP enschuldigte das Fehlen der Bücher mit der Erklärung, sie seien derzeit nicht auffindbar oder von »Hilfskräften beiseite geschafft worden« (Brief des IKWP an die Bayerische Staatsbibliothek vom 30. Januar 1943, zitiert nach Dressler 1987, S. 307). Es kann natürlich nicht ausgeschlossen werden, daß auch Kunstwerke auf diese Weise abhanden kamen.

14 Brief des IKWP an die Bayerische Staatsbibliothek vom 30. Januar 1943, zitiert nach Dressler 1987, S. 307.

6.3.11 Waldenburg, Kreisleitung der NSDAP, 18. Januar bis 2. Februar 1941

Nach der vorzeitigen Schließung in Chemnitz im August 1939 ist nahezu eineinhalb Jahre lang nichts vom Verbleib des Ausstellungsgutes zu hören, und alles deutet darauf hin, daß es in oder bei Berlin eingelagert war. Im Februar 1941 erscheint in der von Goebbels herausgegebenen Zeitschrift der Reichspropagandaleitung unter der Überschrift »Die kommenden Ausstellungen der RPL« eine Liste mit sieben Expositionen. Dazu heißt es:

> Zur Unterstützung der Propagandaarbeit bereitet das Amt Ausstellungs- und Messewesen der Reichspropagandaleitung für die kommende Zeit eine Reihe von politischen Wanderausstellungen vor, die folgende Themen behandeln: 1. Raubstaat England [...] 2. Die englische Plutokratie [...] 3. Der Krieg – Englands Werk [...] 4. Nach Ostland wollen wir fahren [...] 5. Entartete Kunst [...] 6. Der ewige Jude [...] 7. Der Nationalsozialismus (Dok. 60)

Während vier der Schauen aktuelle Schwerpunkte der NS-Propaganda im Krieg repräsentieren (Verteufelung des Kriegsgegners England, »Lebensraumpolitik« im Osten), griff man mit »Entartete Kunst« und »Der ewige Jude« auf bewährtes Material zurück. Über den Hintergrund der neuen Ausstellungsserie und die Wiederbelebung der älteren Expositionen inmitten des Krieges erfährt man mehr im nächsten Heft der zitierten Zeitschrift:

> Die vielfachen Klagen der Klein- und Mittelstädte darüber, daß für sie die Ausstellung als Mittel der politischen Propaganda nur selten und in ungenügendem Ausmaße zur Verfügung steht, hat das Amt Ausstellungs- und Messewesen in der Reichspropagandaleitung veranlaßt, die politische Wanderausstellung zu schaffen. Sie soll überall da eingesetzt werden, wo die Voraussetzungen für die Durchführung von politischen Groß-Ausstellungen nicht gegeben sind. Dabei ist zunächst als untere Grenze festgelegt worden, daß die Ausstellungsorte mindestens 20.000 Einwohner haben müssen [...]. Der Erfolg der ersten politischen Wanderausstellungen ist über alle Erwartungen groß. Trotz übermäßiger Schneefälle und früher Dunkelheit hat z. B. die Wanderausstellung ›Entartete Kunst‹ in Waldenburg (64.000 Einwohner) 8.100 Besucher gehabt [...] In den anderen Städten Schlesiens, in denen die Einwohnerzahlen allerdings nicht unwesentlich höher lagen, wurden entsprechend höhere Besucherzahlen erreicht.[1]

Hatte die Ausstellung »Entartete Kunst« bislang die Funktion gehabt, in den Großstädten ein möglicht breites Publikum zu erreichen, so war nun die Zielvorstellung eine andere. Im Sinne einer dezentralen Propaganda sollten zahlreiche »Klein- und Mittelstädte« mit entsprechend kürzerer Laufzeit frequentiert werden. Die hierfür erforderliche Mobilität wurde durch die Verwendung großer Tafeln mit photographischen Reproduktionen erreicht.

Nicht von ungefähr begann die »Entartete Kunst« ihre zweite Tournee in Schlesien. Ihre Durchführung muß im Zusammenhang mit der verstärkten Propagandatätigkeit in den »deutschen Ostgebieten« gesehen werden. Just im März 1941 verkündete Goebbels in Posen den »Anfang einer großzügigen und umfassenden Planung kulturellen Aufbaus in diesem und den anderen Gauen des Ostens«, wobei er insbesondere »Städte wie Danzig, Königsberg, Breslau und Kattowitz« nannte.[2]

In Waldenburg (heute Walbrzych), südwestlich von Breslau gelegen, machte die Femeschau vom 18. Januar bis 2. Februar 1941 Station. Am Samstag, den 18. Januar 1941, um 16 Uhr wurde sie von Kreisleiter Metzner in den Räumen der NSDAP-Kreisleitung eröffnet. Daß es sich um eine Parteiangelegenheit handelte, konnte nicht sinnfälliger zum Ausdruck gebracht werden. Während der Reichspropagandaleitung als der verantwortlichen Institution gedankt wird, fällt auf, daß das Institut für Deutsche Kultur- und Wirtschaftspropaganda nirgendwo in Erscheinung tritt. Auch wurden keine Führungen angeboten.

Die im Hinblick auf die nächsten Stationen, von denen bislang nur eine bekannt ist, hauptsächlich interessierende Frage lautet: Handelte es sich um dieselbe Ausstellung wie jene vor dem Krieg, oder waren ihre Zusammenstellung und Inszenierung verändert worden? Kamen gar nur auf Tafeln montierte photographische Reproduktio-

1 UWuW 11, 1941, Heft 3, S. 26.

2 Deutscher Osten. Kulturelle Aufbauarbeit. Dr. Goebbels spricht am 18. März anläßlich der Eröffnung des Posener Theaters, in: Partei-Archiv, März 1941, Abt. K [Kultur-, Bevölkerungs- und Rassepolitik], Bl. 3, Nr. 2 (BA NSD 14/5-3). Vgl. auch das Januarheft der NSMH (12, 1941, Heft 130), welches sich den verschiedenen »deutschen Ostgebieten« widmet.

Die kommenden Ausstellungen der RPL.

Zur Unterstützung der Propagandaarbeit bereitet das Amt Ausstellungs- und Messewesen der Reichspropagandaleitung für die kommende Zeit eine Reihe von politischen Wanderausstellungen vor, die folgende Themen behandeln:

1. Raubstaat England

Diese Schau bringt eine Darstellung der Entstehung des englischen Weltreiches und demonstriert vor allem die brutalen britischen Gewaltmethoden, unter denen das Weltreich zustande kam. Die Darstellungen geben ein eindrucksvolles Bild des englischen Charakters und der verbrecherischen Formen der britischen Politik.

2. Die englische Plutokratie

Mit dieser Ausstellung wird in eindringlichster Weise der Begriff der Plutokratie geklärt und deren politische Struktur und jüdisch-liberale Gedankenwelt am Beispiel Englands aufgezeigt. Die Ausstellung ist vorzüglich dazu geeignet, eine klare Vorstellung von jener jüdisch-plutokratischen Welt zu geben, gegen die wir heute unseren Kampf um deutsche Freiheit und deutsches Lebensrecht führen.

3. Der Krieg – Englands Werk

Die Darstellungen dieser Schau geben einen Überblick über den spannungsreichen politischen Zeitraum zwischen dem Münchner Abkommen und dem Tage des Kriegsausbruchs. In dem hier gesammelten Material wird die Schuld der britischen Kriegstreiberclique klar und eindeutig festgelegt und der geschichtliche Beweis für die verantwortungslose Politik der verantwortlichen Männer Englands erbracht.

4. Nach Ostland wollen wir fahren

Diese Ausstellung behandelt das geschichtliche Problem der deutschen Kolonisation im Osten unter besonderer Berücksichtigung der Entstehung jener Siedlungsgebiete, die als Volkstumsinseln bis in die jüngste Zeit hinein ohne jede Verbindung mit dem deutschen Lebensraum blieben. Die Ausstellung klingt aus in der Darstellung der Rückkehr dieser Volksgruppen, welche die von ihnen geschaffene Heimat aufgaben, um im deutschen Osten innerhalb der Grenzen des Großdeutschen Reiches einer neuen Sendung und neuen Aufgaben zu dienen.

5. Entartete Kunst

Diese Ausstellung gibt noch einmal einen Rückblick auf die Entartungen in der Kunst, wie sie sich im Deutschland von 1918–1932 breitmachten. In geschickter Verbindung damit beweisen die Objekte der Ausstellung, daß diese Entartung eine unmittelbare Folge der jüdischen Vorherrschaft ist, wie sie die Demokratie in einem Volkskörper ermöglicht. Sie dokumentiert dabei zugleich die bewußte Zielsetzung des Judentums, mit dem Mittel demokratischer Freiheitsideen alle jene Werte zu zerbrechen, die die Lebenskraft leistungsstarker und nationalbewußter Völker ausmachen.

6. Der ewige Jude

Diese Schau behandelt das Problem des Judentums in seiner gesamteuropäischen Bedeutung. Sie hebt insbesondere die Rolle hervor, die der Jude im Leben des französischen, rumänischen, englischen und polnischen Volkes bisher gespielt hat und zeigt damit die Zusammenhänge auf, die diese vom jüdischen Geist und jüdischen Geld vergewaltigten Völker zu der kriegsursächlichen Feindschaft gegen das neue Deutschland geführt haben. Die Ausstellung bringt zahlreiches, bisher in der Öffentlichkeit unbekanntes Material in zusammenhängender Übersicht zur Kenntnis.

Außer diesen Wanderschauen steht noch die politische Großausstellung

7. Der Nationalsozialismus

zur Verfügung. Diese Ausstellung gibt einen Überblick über den Kampf und die Leistungen des Nationalsozialismus und behandelt im Schlußteil in einem besonders groß ausgebauten Sektor den Krieg als die große Erprobung nationalsozialistischer Kampf- und Leistungskraft.

Dok. 60 Unser Wille und Weg 11, 1941, Heft 2, Umschlagrückseite (BA NSD 12/3-1940/41)

nen zum Einsatz? Letzteres muß wohl verneint werden, da ausdrücklich von »einer Fülle von Plastiken, Gemälden, Graphiken, Zeichnungen und Erzeugnissen einer entarteten Dichtkunst«[3] die Rede ist. Allerdings ist die Anzahl der Exponate ebensowenig überliefert wie ihr Aufbau. Weder deutet etwas auf die vorher übliche Einteilung in neun Gruppen hin noch auf das Vorhandensein des Ausstellungsführers. Nach dem Presseecho darf davon ausgegangen werden, daß die Abteilung »Entartete Musik« nicht mehr bestand.

Einige Details können indessen aus den Berichten der Tageszeitungen rekonstruiert werden. Nach dem Artikel im Neuen Tageblatt vom 31. Januar 1941 (Abb. 114) lassen sich folgende Exponate identifizieren: Freundlichs Plastik »Der neue Mensch«, von Jawlenskys Gemälde »Rote Lippen«, Grosz' Graphiken »Maul halten und weiter dienen (Christus mit der Gasmaske)« aus der Mappe »Hintergrund« und »Schönheit, Dich will ich preisen« aus »Ecce homo«.[4] Nur zwei Werke sind in der Presse reproduziert: Freundlichs Plastik »Der neue Mensch« erscheint im Neuen Tageblatt vom 17. Januar 1941, Meidners »Selbstporträt« in dem vom 18./19. Januar 1941 sowie in der Mittelschlesischen Gebirgszeitung, dem NSDAP-Organ, vom 20. Januar 1941 (Abb. 113). Ebenso ist den Printmedien Näheres über die Präsentationsform zu entnehmen. Die Mittelschlesische Gebirgszeitung vom 20. Januar 1941 (Abb. 113) notiert, die Bilder erführen »durch charakteristische Aufschriften und Zitate von ›Literaten‹ jener Zeit eine lehrreiche Ergänzung«. Als Beispiele werden im Neuen Tageblatt vom 31. Januar 1941 (Abb. 114) Schwitters' Gedicht »An Anna Blume« und ein »Weihnachtsgedicht« von Lion Feuchtwanger namhaft gemacht. Lassen schon allein diese Informationen vermuten, daß das propagandistische Material zumindest teil-

3 Neues Tageblatt, 16. Januar 1941.

4 Die Arbeiten von Freundlich und Grosz sind auf den vorigen Etappen des öfteren aufgetaucht (vgl. etwa die Düsseldorfer Liste, Dok. 46), von Jawlenskys Gemälde ist auf der Rückgabeliste (Dok. 62) verzeichnet. Dagegen konnten die übrigen in dem Artikel erwähnten Werke, z. B. »eine Zeichnung aus dem Jahr 1913, die sich ›Feurige Kapelle‹ nennt«, nicht bestimmt werden.

weise mit dem früher benutzten identisch war, so gibt es dafür weitere Indizien. Zur Präsentation der Schau gehörte dem zuletztgenannten Artikel zufolge ein »Ausspruch des Dadaisten Udo [...]. In großen Lettern lesen wir dieses Bekenntnis seiner ›schönen‹ Seele: ›Wir tun so, als ob wir Maler, Dichter oder sonst was wären, aber wir sind nur und nichts als mit Wollust frech!‹«. Dieser Ausspruch hatte bereits 1937 die Wände der Münchner Ausstellung geschmückt (Abb. 35) und war auch im Ausstellungsführer abgedruckt worden.[5] Daneben findet sich ein Hinweis auf die Zurschaustellung von Werken Geisteskranker, wahrscheinlich aus der Heidelberger Prinzhorn-Sammlung:

> Die sich in irgendeinem solchen Ismus betätigten, hatten klare Hirne, aber sie zeichneten, malten und dichteten bewußt oft wie Idioten, und so konnte es geschehen, daß auch tatsächlich Irrsinnige mit ihnen in Wettbewerb traten. Die Ausstellung zeigt eine Anzahl solcher Machwerke, die, wie es nicht anders sein konnte, im Zeitalter der entarteten Kunst, völlig ernstgenommen wurden. (Abb. 114)

Täglich erschien in den beiden Waldenburger Tageszeitungen ein Artikel oder eine Anzeige mit der dringenden Aufforderung zum Besuch der Schau. Neu ist die Werbung durch den Hinweis, daß »das hier gezeigte Material nach Beendigung der Ausstellung der Öffentlichkeit nicht wieder zugängig gemacht wird«[6]. Überhaupt zeichnet sich vor dem zeithistorischen Geschehen ein neuer Tenor in der Presseberichterstattung ab. Im Kern schließt er an die Haupttopoi der »Schreckenskammer«-Rezensionen an, gewinnt vor dem Hintergrund des Krieges aber an Aktualität und Schärfe: Die »Entartung« der Kunst wird als Symptom der »demokratischen Weltanschauung« dargestellt, die Überwindung der »Verfallskunst« als Vorwegnahme des Sieges über die Demokratie. Das Feindbild hat sich verschoben. Es wird nicht mehr in der Weimarer Republik gesehen, sondern in den Demokratien der Kriegsgegner England und Frankreich:

> »Kunst«, wie sie uns die Ausstellung vergegenwärtigt, ist nur ein Beispiel für viele, wohin Entartung und Verrottung der demokratischen Weltanschauung führt. [...] Man kann nur wünschen, daß sich jeder diese »Götzen der Demokratie« ansieht, denn er wird dann einmal mehr die Tatsachen im hellen Licht erkennen: Nationalsozialismus und Demokratie sind politische und sittliche Lebensinhalte, die kein Paktieren zulassen, sondern nur die Auseinandersetzung auf Leben und Tod.[7]

Daß diese »Auseinandersetzung auf Leben und Tod« in letzter, nämlich militärischer Konsequenz im Krieg mit den europäischen Nachbarstaaten geführt wurde, zeigt den engen Zusammenhang zwischen dem Konstrukt einer »Entarteten Kunst« und der ideologisch-propagandistischen Kriegsvorbereitung des NS-Staates. Im Vergleich zu den Massen, die die Schau ehemals zu mobilisieren imstande war, nimmt sich das Ergebnis in Waldenburg – wie oben erwähnt, zählte man 8.100 Besucher – eher kläglich aus. Da konnte auch das Angebot für »Invaliden und Rentner« nichts ändern, die in den letzten fünf Tagen ein verbilligtes Eintrittsgeld »von nur 20 Pfennig«[8] zu entrichten hatten. Freilich ist die kurze Laufzeit von nur 14 Tagen zu berücksichtigen, während die tägliche Öffnungszeit von elf Stunden (10 bis 21 Uhr) und das Jugendverbot den vorigen Etappen entsprachen.

Folgt man dem eingangs zitierten Text in der Zeitschrift der Reichspropagandaleitung, so bereiste die Wanderschau noch einige weitere Städte Schlesiens. Konkrete Anhaltspunkte liegen bislang nicht vor. Erst zwei Monate später trat sie in Halle an der Saale wieder in Erscheinung.

5 Vgl. von Lüttichau 1992a, S. 56 und S. 52f. sowie Kaiser 1937, S. 32. Im Führer steht das Zitat unter der Überschrift »Dummheit oder Frechheit – oder beides – auf die Spitze getrieben!«.

6 Neues Tageblatt, 17. Januar 1941.

7 Ebenda, 16. Januar 1941.

8 Ebenda, 29. Januar 1941.

6.3.12 Halle an der Saale, Landesanstalt für Volkheitskunde, 5. April bis 20. April 1941

Die letzte bekannte Station der Wanderausstellung »Entartete Kunst« ist Halle an der Saale, wo sie im April 1941 in der Landesanstalt für Volkheitskunde am Wettiner Platz (heute Rosa-Luxemburg-Platz) aufgebaut wurde. Dabei handelte es sich um das 1911 bis 1913 nach Entwürfen von Wilhelm Kreis errichtete Gebäude des Provinzialmuseums für Vorgeschichte, welches 1920 in Landesanstalt für Vorgeschichte und 1934 in Landesanstalt für Volkheitskunde umbenannt worden war. Letztere Namensgebung kennzeichnet das Bemühen der Nationalsozialisten, »die Ur- und Vorgeschichte vor allem für ihre Blut-und-Boden-Ideologie und Verherrlichung des ›nordischen Menschen‹«[1] zu nutzen. Die Unterbringung der Exposition in einer solchen Einrichtung erscheint geradezu programmatisch in Hinsicht auf die Funktion, die der Schau von der Reichspropagandaleitung zugewiesen worden war.

Bei der Eröffnung am Sonnabend, den 5. April 1941, im Hörsaal des Gebäudes »gab ein Streichquartett aus dem Gaumusikzug des Reichsarbeitsdienstes der Feierstunde einen musikalischen Auftakt«[2]. Anschließend sprachen – dem Bericht der Mitteldeutschen National-Zeitung vom 6. April 1941 (Abb. 117) zufolge – Kreispropagandaleiter Kummer, Reichsredner Dr. Frielingsdorf vom Reichspropagandaamt und Kreisleiter Dohmgoergen, der dem Leiter der Landesanstalt, Walther Schulz, für die Bereitstellung der Räume dankte. Das Institut für Deutsche Kultur- und Wirtschaftspropaganda trat nicht in Erscheinung. Ein Rundgang durch die Ausstellungsräume beendete die Zeremonie.

Was die inhaltliche Zusammenstellung betrifft, sind die Hallenser Pressestimmen ergiebiger als jene in Waldenburg. Nach ihren Informationen enthielt die Femeschau »rund 200 sogenannte Gemälde, Graphiken, Schnitte und Radierungen [sowie] 20 Skulpturen«[3], wobei Zeichnungen von Grosz ausdrücklich genannt wurden. Vergleicht man diese Anzahl mit den 700 Exponaten, von denen im Zusammenhang mit den Vorkriegsstationen des öfteren die Rede war, so wird deutlich, daß das Ausstellungsgut für die Tournee während des Krieges stark reduziert worden war. Es dürfte im wesentlichen mit dem im November 1941 an das Propagandaministerium zurückgegebenen Bestand (circa 235 Werke, Dok. 62) identisch sein.

Über das Arrangement der Ausstellungsstücke ist nichts bekannt, Raumaufnahmen fehlen hier ebenso wie bei den letzten Etappen. Gleichwohl können den Zeitungen gewisse Einzelheiten über die Präsentationsweise entnommen werden, z. B. der Einsatz der bekannten Schrifttafeln und Transparente mit aus dem Kontext gerissenen Aussprüchen von Künstlern und Literaten. So heißt es in der Mitteldeutschen National-Zeitung vom 2. April 1941: »Aus dem Bereich des entarteten Schrifttums sind ebenfalls sinnfällige Beweisstücke beigetragen«. Und in der Saale-Zeitung vom 2. April 1941: »Auf Tafeln wird sie auch Beispiele der entarteten Literatur zur Schau stellen«. Ein konkretes Beispiel ist, der Mitteldeutschen National-Zeitung vom 4. April 1941 folgend, das »schöne Selbstbekenntnis [...]: ›Wir ziehen es vor, unsauber zu existieren als sauber unterzugehen‹«. Dieses Zitat aus der Zeitschrift Der Gegner war schon im Ausstellungsführer abgedruckt.[4] Ob der 1941 noch für die Besucher erhältlich war, ließ sich allerdings nicht feststellen. Auch auf Arbeiten psychisch Kranker als Vergleichsbeispiele

1 Johannes Schneider 1984, S. 111. Die Femeschau wird in dem Aufsatz mit keinem Wort erwähnt, da sich im Archiv des heute unter dem Namen Landesmuseum für Vorgeschichte in dem Gebäude befindlichen Museums keinerlei Hinweis auf sie fand (nach Auskunft der Archivarin mitgeteilt von Ulf Dräger am 22. September 1989). Vermutlich liefen die Verhandlungen mit dem damaligen Direktor Walther Schulz nur auf mündlicher Ebene. Zur faschistischen Vereinnahmung der Prähistorie vgl. ausführlich Bollmus 1970, S. 153-235.

2 Hallische Nachrichten, 7. April 1941.

3 Mitteldeutsche National-Zeitung, 2. April 1941. Vgl. auch Saale-Zeitung, 2. April 1941.

4 Vgl. Kaiser 1937, S. 5.

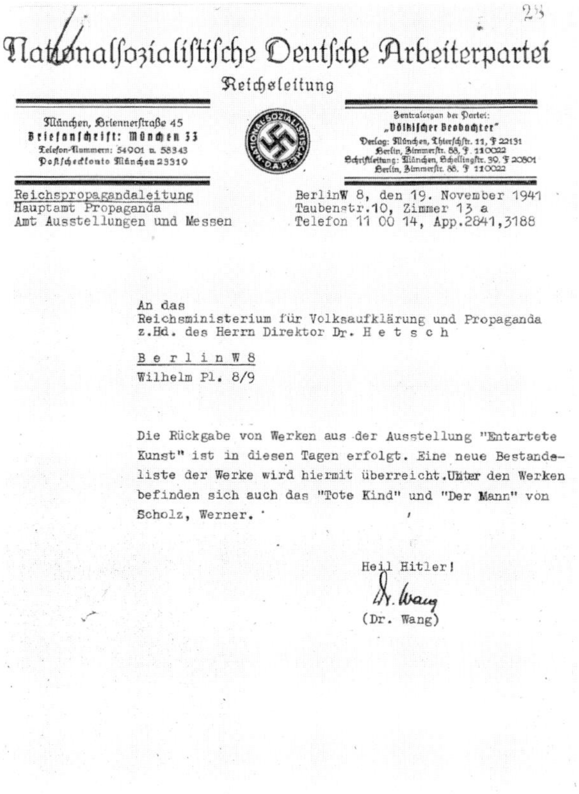
28

Nationalsozialistische Deutsche Arbeiterpartei

Reichsleitung

München, Briennerstraße 45
Briefanschrift: München 33
Telefon-Nummern: 54901 u. 58343
Postscheckkonto München 23319

Zentralorgan der Partei:
„Völkischer Beobachter"
Verlag: München, Thierschstr. 11, F 22131
Berlin, Zimmerstr. 88, F 110022
Schriftleitung: München, Schellingstr. 39, F 20801
Berlin, Zimmerstr. 88, F 110022

Reichspropagandaleitung
Hauptamt Propaganda
Amt Ausstellungen und Messen

BerlinW 8, den 19. November 1941
Taubenstr.10, Zimmer 13 a
Telefon 11 00 14, App.2841,3188

An das
Reichsministerium für Volksaufklärung und Propaganda
z.Hd. des Herrn Direktor Dr. H e t s c h

B e r l i n W 8
Wilhelm Pl. 8/9

Die Rückgabe von Werken aus der Ausstellung "Entartete Kunst" ist in diesen Tagen erfolgt. Eine neue Bestandsliste der Werke wird hiermit überreicht. Unter den Werken befinden sich auch das "Tote Kind" und "Der Mann" von Scholz, Werner.

Heil Hitler!

Dr. Wang

(Dr. Wang)

Dok. 61 Brief von Ludwig Wang, Reichspropagandaleitung, an Rolf Hetsch, Reichsministerium für Volksaufklärung und Propaganda, Berlin 19. November 1941 (ZSTA 50.01-1018, Bl. 28)

Dok. 62 Verzeichnis der von der Reichspropagandaleitung an das Reichsministerium für Volksaufklärung und Propaganda zurückgegebenen Werke aus der Ausstellung »Entartete Kunst«, November 1941 (ZSTA 50.01-1018, Bl. 29-36; Seite 295 und 296)

hatte man nicht verzichtet: »In der Ausstellung hängen auch einige Werke, die Geisteskranke zum Urheber haben«[5].

Parallel zur »Entarteten Kunst« fand im Städtischen Moritzburgmuseum eine Ausstellung des Historienmalers Arthur Kampf statt.[6] Merkwürdigerweise wurde diese (zufällige oder absichtliche?) Koinzidenz publizistisch nicht genutzt. Die Presseberichterstattung ist charakterisiert durch den bereits in Waldenburg festgestellten Bezug zum Krieg. Kaum ein Satz vermag die grotesken Propagandaformeln besser zu illustrieren als jener aus der Saale-Zeitung vom 4. April 1941 (Abb. 116): »Europa ist kein Platz für Pestratten jüdischer und freimaurerischer Prägung. Noch sitzen sie als zähnefletschende Einbläser den Briten im Nacken. Bald werden sie fallen, und mit ihnen wird die Plutokratie versinken«.

Das Plakat (Abb. 115) mit Freundlichs Plastik »Der neue Mensch« ahmt in seiner Gestaltung unverkennbar das Titelblatt des Ausstellungsführers (Abb. 57) nach.

Wie viele Besucher die Landesanstalt in den 16 Ausstellungstagen frequentierten, ist nicht dokumentiert.[7] Am Sonntag nach der Eröffnung kamen nach Mitteilung der Saale-Zeitung vom 8. April 1941 allein 1.500 Interessenten. Wenige Tage später wurde »ein Teil [...] auch für Jugendliche ab 14 Jahren freigegeben«[8].

5 Mitteldeutsche National-Zeitung, 4. April 1941.

6 Vgl. den Ausstellungskalender in der Zeitschrift KIDR 5, 1941, Folge 4, S. 128.

7 Zwar gibt es eine Besucherstatistik, nach der 1941 insgesamt 8.303 Personen das Museum besuchten; doch ist es unwahrscheinlich, daß die Sonderausstellung »Entartete Kunst«, welche ja nicht vom Museum organisiert wurde und auch keinerlei Niederschlag in seinen Unterlagen gefunden hat, mitgerechnet wurde. Außerdem liegt die Zahl in der Größenordnung der beiden benachbarten Jahre: 1940 registrierte man 8.142, 1942 6.911 Besucher (vgl. Detlef W. Müller 1984, S. 181; die Exposition wird in dem Aufsatz nicht erwähnt).

8 Mitteldeutsche National-Zeitung, 9. April 1941.

Reichspropagandaleitung
Hauptamt Propaganda
Amt Ausstellungen und Messen

29

Berlin, November 1941

Liste der Kunstwerke, die an das Ministerium zurückgehen

Ausstellungsnummer	Berliner Nummer	I. Oelgemälde Künstler	Titel	Ort
41		Babberger, A.	Bildnis dreier Maler	Ffm
		"	Studienkopf	Dssd
806	1947	Campendonk, Heinr.	Märchen	
	13853	Bröcker, K.	Landschaft	
28		Bauknecht, Ph.	Drei Hirten	Stgt
849		Bayer, Herbert	Italienische Landschaft	
	231	Eberz, Josef	Führer im Monschein	
	8738	" "	Frühling	Wbaden
		" "	Artisten	Mchn
	8714	Erbach, Alois	Fabrikinneres	Wbaden
31		Felixmüller, C.	Selbstbildnis	Drsdn
204	13682	"	Herrenbildnis	#
		Fischer, Johannes	Kopf	
		Fuhrmann, P.	Maifeier	Bln
421		Gleichmann, Otto	Braut	Mheim
	879	Günther, K.	Sitzendes Mädchen	Gera
	1973	Haer, A.D.	Menschen	Dssd
		Hanf, Weinhold	Bäume	Ffm
	15471	Herthel, L.	Am Kaffeetisch	Mchn
429	7018	Jawlensky, A.	Rote Lippen	Hann.
	9677	"	Regard supreme	Ulm
		Kirchner, E.L.	Landschaft mit Zug	
	X 9755	"	Rosa Berglandschaft	
	15899	Klimpker	Weisses Pferd	Barm.
		Kokoschka	Portrait	Wien
53	11470	Kolle	Der Stierkämpfer	Kassel

Liste der Reichspropagandaleit. - 2 -

39

Forts.: I. Oelgemälde

Ausstellungsnummer	Berliner Nummer	Künstler	Titel	Ort
		Kokoschka	Sitzende Frau	Wien
	7277	Molnar, F.	Verkündung	Nbg.
445		Nesch, Rolf	Freundinnen	Hmb.
	13978	Oeser	Auferweckung	
811	23x	Morgner, W.	Mutter und Kind	Soest
	15905	Paling	Frauenbildnis	Barm.
		Ophey	Farbige Zeichnung	Münst.
		Platte	Aus Afrika	
1301		Radziwill, Fr.	Vier Menschen	
	7231	Scharl	Alfred Einstein	Nbg
824		Schlemmer, O.	Wandbild mit fünf Knaben	Essen
852		Schott, S.	Bühnenszene	Hmb.
	13846	Schott, S.	Paar	
		Seehaus	Eisenbahnbrücke	
682	179x	Skade, Fritz	Dame	
	11231	Sommer, K.	Kinderspielplatz	Brschw.
812	1948	Wittig, Arthur	Frau mit Kugel	Dssd.
606		Scholz, Werner	Das tote Kind	Köln
605		" "	Der Mann	Köln
215	9884	Schulze-Sölde	Die Masse	Hamm
	15856	?	Musizierende	Barm.
	9882	?	Stadt	Hannov.
		?	Niederkunft	Wien
		?	Frauenbildnis	Wien

II. Plastiken

Ausstellungsnummer	Berliner Nummer	Künstler	Titel	Ort
126		? Gies, Ludwig	Somnambule Christus	Drsdn
829	5980	Haizmann, R.	Fabeltier	
866		"	Messingkopf (Maske)	
639	6010	Wolff	Langbeiniges Mädchen	
820	5975	Haizmann, R.	Pinguin	
	15049	Knappe	Mutter und Kind	

- 3 -

Liste der Reichspropagandaleitung

31

Ausstellungsnummer	Berliner Nummer	III. Graphiken Künstler	Titel	Ort
		Adler, J.	Frau mit Kind	Kl. Oel
484		Beckmann, Max	Liegende	Gr
521		"	Karneval	Gr
519		"	Kreuzabnahme	Gr
		SxReiterzugxxinxderxNacht		Rxtx
4xx 471		Beckmann, M.	Liebende (Auf dem Diwan)	
		"	Der ungläubige Thomas	Gr
519		"	Kreuzabnahme	Gr
		"	Die Geniesser	Gr
		"	Männer am Fenster	Gr
		"	Liebkosende Hände	Gr
		"	Am Boden	Gr
		"	Stadtmusik	Gr
		"	Mann mit Kater	Gr
		"	Grammaphon	Gr
308		"	In der Totenkammer	Gr
859		Bauer, Rudolf	Abstr. Komposition	Li
903		Campendonk, H.	Frau u. Pferdekopf	Ho
808		"	Mann u. Tiere	Ho
	286	"	Frau mit Tierköpfen	Gr
		"	Vier Gestalten	Gr
	6263	Chagall, Marc	Vor der Tür (?)	Ra
	2 graph. Blätter	" "	Geiger	Temp
		Dexel, Walter	Kompostion	
497		Dix, Otto	Nächtliche Erscheinung	Gr
1014		"	Dirne als Tod	Gr
236		"	Fleischerladen	Gr

- 4 -

32

Liste der Reichspropagandaleitung

Forts.: III. Graphiken

Ausstellungsnummer	Berliner Nummer	Künstler	Titel	Ort
306		Dix, Otto	Transplantation	Ra
311		"	Spiegelsaal von Brüssel	Ra
351		"	Tote vor der Stellung bei Tahure	Ra
223	861/7x	Drechsler,	Der Totentanz II	Gr
333	10698	Drechsler	Der Totentanz III	
900		Feininger, Lyonel	Spaziergänger	Aqua
1013		"	Stadtansicht	Gr
	473w	"	Benz	Ho
	5 g. Blätter	"	Baum und Daecher	Ho
		"	Hafen	Ho
1003		Felixmüller	Brustbild eines Mannes und einer Frau	Li
229		"	Revolution	Fz
1024		Gangolf, Paul	3 Seearme	Gr
1110		Genin, R.	Der tote Vater	Past.
1048		Gilkes	Restaurant	Ho
1049		"	Die Weiber von Weinsberg	Ho
692		"	Sänfte	Ho
	1031	"	Ausfahrt	Ho
		Gist, R.	Lagerleben	Gr
		Grosz, George	Bar Terminus	Aqua
63		"	Groszstadt in USA	Gr
251	2 Aquarelle	"	Strasze des Vergnügens	Li
257		"	Nach dem Stahlbad	Gr
336		"	Matrose	Gr
	12	"	Passanten	Aqua
461		"	Louise	Gr
472		"	Lustmord in der Ackerstrasse	Gr
481		"	Ungleiches Paar	Gr
919		"	Franz Jung gewidmet	Gr

- 5 - 33

Liste der Reichspropagandaleitung

920		Grosz, George	Dr. Huelsenbeck am Ende	Gr
1030		"	Straszenbild	Gr
	5664	"	Explosion	Gr
609		Hähnel, Charlie	Kind mit Spielzeug	Aqua
816		Haizmann, R.	Zwei Menschen	Aqua
923		v. Heister, W.S.	Frau	Aqua
		Hecht, Franz	Im feurigen Wagen	Gr
		"	Das neue Jerusalem	Gr
1001		Heckel, Erich	Zirkusdressur	Li
1063		"	Der Irre	Li
1052		"	Tänzerin	Ho
1068		"	Sitzendes Mädchen	Aqua
353		Hoerle, Heinr.	Kriegskrüppel auf der Strasse	Li
1078		"	Kriegskrüppel	Gr
1080		"	"	Gr
1081		"	"	Gr
1083		"	Helft den Kriegskrüppeln	Gr
1085		"	" " "	Gr
1086		"	" " "	Gr
905		Hoetger, Bernh.	Abstrakter Entwurf	Gr
1034		Hofer, Karl	Umarmung	Gr
		"	Drei Personen	Gr
1066		"	Liegende Frau	Li
959		Hoffmann, Eugen	Mädchen	Ra
848		Itten, Joh.	Gruss und Heil	Li
863		Jawlensky, A.	Kopf	Li
865		"	Kopf	Li
872		"	Kopf	Li
	7640	"	Komposition	Oel

- 6 - 34

Liste der Reichspropagandaleitung

867		Jawlensky, A.	Kopf	Li
1006		"	Kopf	Li
1007		"	Kopf	Li
1008		"	Kopf	Li
854		Kandinsky, W.	Klänge zerissen Mo	Li
	16484	" Breslau	Klänge " Mo	Li
	518 (I)	Katz, H.L. (Pogrom)	Tempera-Gemälde	Temp.
	(II)	"		"
	(III)	"	"	"
	(VIII)	"	"	"
1108		Kirchner, E.L.	Portrait in Rot u. Blau	Ho
1029		"	Mädchen	Gr
1038		" 12577	Knabe	Gr
1054		16420	Sitzende Frau	Li
1088		"	Sich stützender Mann	Gr
1096		"	Des Künstlers jüngste Tochter	Oelk
1108			Köpfe	Gr
1059	5628		Hugo Biallowans	Gr
	1789	"	Milchmädchen	Gr
35		Klee, Paul	Männerkopf	Ra
915	2	"	Seiltänzer	Gr
441		Kleinschmidt, Paul	5 Frauen	Aqua
1055		"	Frauenbad	Li
1067		"	Frau am Spiegel	Li
	1070	Kokoschka, O.	Bach Kantate	Gr
1072		"	Bach Kantate IV	Gr
1035	12728	"	Illustration	Gr
1036	12726 7	"	"	Gr
1071		"	Selig sind die Toten	Gr
1087	14203	"	Graphik Nr. 6	Gr
1090		"	Die Burcht	Gr

- 7 - 35

Reichspropagandaleitung: Liste der Kunstwerke fürs Ministerium

		Lasker-Schüler, El.	Entwürfe 3-9	Or. Zchng
889		Matare, Ewald	Landschaft	Gr
878		"	Kühe	Ho
960		Minzstrik	Abstr. Komposition	Aqua
17		Mitschke-Collande, C.	Der begeisterte Weg	Gr
868		Moholy-Nagy, L.	Abstrakte Komposition	Aqua
870		"	Konstruktion	Aqua
1058		Müller, Otto	Akte im Grünen	Krei
631	3	"	Akte im Freien	Aqua
59		"	Paar	Gr
609		Pankok, Otto	Wehmütige	Foto
515		Pechstein	Neger	Li
522		"	2 Badende	Li
668	230	"	Badende IV	Ho
1005		"	Zwei Frauen	Li
1017		"	Unterhaltung	Li
		Remak, F.	Strasse	Or.Gr.
1011		Rohlfs, Chr.	Frauenbildnis	Li
	545	"	Tänzer	Gr
	14657	Scheidler	Seiltänzer	Aqua
823		Schlemmer, O.	Entwurf	Li
826		"	"	Li
	476	"	~~Tänzerin~~ Abstr. Komp. auf Weisz	Gr
		Schlichter, R.	Balgende Frauen	Gr
1020		"	Weltuntergang	Li
1022		"	Episode	Li
846	276x	Schmidt-Rottluff	Kühe	Aqua
14		" "	Entwurf zum Reichsadler	Gr
1016		" "	Abstr. Komposition	Gr
1033		" "	Sitzende Frau	Gr

Liste der Reichspropagandaleitung - 8 - 36

1056		Schmidt-Rottluff, K.	Schapire	Gr
1106		" "	Apostel	Gr
62		" "	Toilette	Aqua Gr
483		" "	Weibl. Akt auf Postkarte	Fdz.
40		" "	Bildnis der Mutter	Ho
138		" "	Ist Euch nicht Christus erschienen	Ho
896		" "	Tannen	Ho
1025		" "	Frau im Selbstgespräch	Ho
1062		" "	Portrait	Ho
1004		" "	Mann mit Pfeife	Li
663		Schreyer, Lothar	Kindersterben	Aqua
962		"	Kindersterben	Gr
64		Segall, Lazar	Das Bett des Mädchen	Gr
		Seewald	Komm süsser Tod	Gr
141		Teschka, S.	Saluta	Gr
964	26041	Topp, Arnold	Sonne über Häuser	Ho
		Unoldt	Drei Männer	Ho
		Voll, C.	Junge auf Hof	Gr
1065		Voll, Chr.	Baubude	Li
		Werfkin, Marianne	Verkaufsbude	Aqua
		"	Am Wege	Aqua
1018		Wolff	Weibliche Akte	Li
		?	Angriff, Schreck, Lauern	Aqua
		Gl.K.	Mann am Bett sitzend	Gr
		Fischer, Hans	Wolynische Landschaft	Gr
		ungenannt	Gespenst	Gr
		"	Gebäude	Gr
		Kurt ?	Aus "1001 Nacht"	bu Li
		ungenannt	Pferde in Landschaft	Gr

Das Schicksal der Ausstellung nach ihrem Abbau in Halle liegt im dunkeln. Möglicherweise bereiste sie, wie in Waldenburg und Halle im Turnus von etwa zwei Wochen, noch weitere Städte. Erst über ein halbes Jahr später gibt es wieder eine Nachricht über ihren Verbleib. Am 19. November 1941 schreibt Ludwig Wang, der mittlerweile offenbar direkt für die Reichspropagandaleitung tätig ist, an Rolf Hetsch im Propagandaministerium, die »Rückgabe von Werken aus der Ausstellung ›Entartete Kunst‹ [sei] in diesen Tagen erfolgt. Eine neue Bestandsliste der Werke wird hiermit überreicht« (Dok. 61). Die Übergabe muß nach einem Schriftstück der Spedition und einem handschriftlichen Empfangszettel am 11. oder 12. November 1941 erfolgt sein. Das Formular der Berliner Spedition Hertling (Dok. 63), auf welcher das Institut für Deutsche Kultur- und Wirtschaftspropaganda, Lager Velten/Mark, als Absender genannt wird, ist flüchtig und nur unvollständig ausgefüllt. Als Inhalt werden »ca. 30 nr. Ölgemälde (Entartete Kunst)« angegeben. Der kleine handgeschriebene Zettel, der die Anzahl der am 12. November 1941 empfangenen Gegenstände registriert, verzeichnet »3 Mappen, 5 Plastiken, 55 Bilder, 1 Christus aus Holz, 1 Pinguin aus Holz«[9]. Die Mappen waren wohl mit graphischen Blättern gefüllt, die Christusfigur ist gewiß identisch mit dem »Kruzifixus« von Gies, als »Pinguin« wird Haizmanns schwarze Holzskulptur »Ahriman (Trauernder Gott)« schon in der Beschlagnahmeliste des Hamburger Museums für Kunst und Gewerbe geführt[10].

Dem Schreiben der Reichspropagandaleitung ist eine achtseitige »Liste der Kunstwerke, die an das Ministerium zurückgehen« (Dok. 62) beigefügt. Eingeteilt in die Kategorien Ölgemälde, Plastiken und Graphiken verzeichnet sie die Berliner Inventar- und Ausstellungsnummer, Künstler- und Werknamen sowie die Ursprungsmuseen von insgesamt rund 235 Werken. Im einzelnen handelt es sich um etwa 50 Gemälde, sieben Plastiken und circa 180 Aquarelle, Zeichnungen und Graphiken. Vergleicht man diese Werke mit dem 1937 in München gezeigten Bestand, so ergibt sich folgende Übereinstimmung: acht Gemälde – nämlich Bauknecht, »Drei Hirten«; Bayer, »Italienische Landschaft«; Felixmüller, »Selbstbildnis«; Gleichmann, »Braut«; Schlemmer, »Wandbild mit fünf Knaben«; Skade, »Frauenbildnis«; Scholz, »Das tote Kind« und »Der Mann« –, eine Skulptur (»Kruzifixus« von Gies) und 33 Aquarelle und Graphiken von Bauer, Beckmann, Dix, Feininger, Grosz, Haizmann, von Heister, Itten, von Jawlensky, Kandinsky, Kirchner, von Mitschke-Collande, Moholy-Nagy, Mueller, Pechstein, Rohlfs, Schlemmer, Schmidt-Rottluff, Schreyer und Segall. Nur diese 42 Arbeiten waren mutmaßlich auf allen 13 Ausstellungsetappen ausgestellt.

Die Qualität und die Bedeutung der auf der Rückgabeliste eingetragenen Kunstwerke sind indes bei weitem nicht mit dem ursprünglichen Bestand zu vergleichen. Fast vier Fünftel der retournierten Exponate sind graphische Arbeiten, davon ein beträchtlicher Teil von zweit- oder drittrangigen oder gänzlich unbekannten Künstlern. Als einen Querschnitt durch die deutsche Avantgarde seit dem Expressionismus stellte sich die Schau am Ende wahrlich nicht mehr da. Daß in den Presserezensionen auch der letzten beiden Stationen Werke abgebildet wurden, die gar nicht mehr präsent waren, zeigen Meidners »Selbstporträt« (Abb. 113) und Grundigs »Mutter mit Kindern« (Abb. 116), welche beide nicht auf der Liste erscheinen. Das trifft auch für die vermutlich am häufigsten abgebildete Arbeit, Hoffmanns Gipsplastik »Mädchen mit blauem Haar« aus dem Dresdner Stadtmuseum, zu. Nur acht der 52 im Ausstellungsführer abgebildeten Werke zählen zu den 1941 zurückgegebenen Exponaten.[11]

9 ZSTA 50.01-1018, Bl. 39.

10 Vgl. Heizmann 1988, S. 312f., Nr. 365.

11 Wegen der häufig beliebigen Werktitel ist die Zuweisung problematisch. Eine von Pechsteins Lithographien auf der Liste, »Neger« oder »Zwei Badende«, dürfte im Führer auf S. 5 abgebildet sein, desgleichen Kleinschmidts Radierung »Frauenbad«. Felixmüllers Federzeichnung [?] »Revolution« erscheint auf S. 11, Volls »Junge auf Hof« der Liste ist wohl identisch mit dem Holzschnitt »Fünf Kinder im Freien«, ebenfalls auf S. 11 des Führers. Skades »Dame« befindet sich auf S. 13, ebenso Beckmanns Lithographie »Der Bettler«, die in der Liste als »Stadtmusik« registriert ist. Haizmanns Plastik »Messingkopf (Maske)« erscheint im Führer auf S. 21, sein »Wasserspeier«, in der Liste als »Fabeltier«, auf S. 28 (Abb. 58-59).

Dok. 63 Formular der Spedition Hertling Berlin, 11. November 1941 (ZSTA 50.01-1018, Bl. 37)

31

Gebr. Hertling Spediteure

Sammelverkehre = Internationale Spedition = Möbeltransport

Lagerhäuser am Güterbahnhof Berlin-Charlottenburg und Berlin-Anhalter Bahnhof mit Gleisanschluß

Berlin

Fernsprecher 30 03 91 (Sammel-Nr.)
Postscheck-Konto Berlin Nr. 4966

Buch: … Pos. Nr. 19866 Kontrollzettel Nr. Fahrzeugführer:

An Reichspropaganda Ministerium Abtlg. für bildende Kunst, Berlin - … Vdhs. Gths. Treppen

Sie empfangen von: z. Hd. des Hrn. Dr. Koska.

Absender	Marke und Nr.	Zahl	Art	Inhalt	kg
Ehem. Institut für deutsche Kultur u. Wirtschafts-Prop. Lager Velten i. Mark	ca	30		Oelgemälde (Entartete Kunst)	

Packdecken zurücknehmen …

Zur Verfügung:

50 …

Rechnung	$\mathcal{RM}$	$\mathcal{S}$
Nachnahme des Absenders		
Nachnahme-Provision		
Fracht		
Verlagsprovision		
Zoll		
Zollabfertigung		
Deklaration und Statistik		
Rollgeld		
SVS. und RVS. gemäß §§ 39 ff. A.D.Sp.		
Abfertigungsgebühr		
Versicherung		
Rollgeld zum Lager		
Rollgeld vom Lager		
Ein- und Auslagern		
Lagergeld		
Überweisungsgebühr		
Entladen		
Porto und Avis		
Aus- und Einpacken — Bewegen		

Berlin-Charlottenburg 5, den 11. 11. 1941
Sophie-Charlotten-Str. 15

Betrag erhalten

Gebr. Hertling

Dok. 64 Brief von Ludwig Wang, Reichspropagandaleitung, an die Staatliche Graphische Sammlung München, 28. Oktober 1941 (Staatliche Graphische Sammlung München)

Nationalsozialistische Deutsche Arbeiterpartei
Reichsleitung

München, Briennerstraße 45
Briefanschrift: München 33
Telefon-Nummern: 54901 u. 58343
Postscheckkonto München 23319

Zentralorgan der Partei: „Völkischer Beobachter"
Verlag: München, Thierschstraße 11., F 22131
Berlin, Zimmerstraße 88 . . . . Fernruf 110022
Schriftleitung: München, Schellingstr. 39, F 20801
Berlin, Zimmerstraße 88 . . . . Fernruf: 110022

Reichspropagandaleitung
Hauptamt Propaganda
Amt Ausstellungen u.Messen

Berlin W 8, den 28. Oktober 1941
Taubenstr.10, Zimmer 13 a
Telefon 11 00 14, App.2841,3188

An die
Staatliche Graphische Sammlung

M ü n c h e n 2 NW
Barerstr.29

Betr.:Rückgabe von entliehenen Büchern der Ausstellung "Entartete Kunst"

Wir senden Ihnen heute mit bestem Dank die für die Ausstellung "Entartete Kunst" entliehenen Bücher zurück. Wir bitten um Empfangsbestätigung auf Zweitdurchschrift.

H 2872 F. Pauli Radierungen
o E 477 Kandinsky: Klänge
o H 2873 W. Heymann: M. Pechstein
o H 2608 Der Ararat 1920
o H 2873 b P Fechter: Das graphische Werk Max Pechsteins
H 58 P. Wertheim: Das Holzschnittbuch
o H 2510 K Erich Heckel
o H 621 b Albert Gleizes: Kubismus
o H 616 Fr. Gurlitt: Das graphische Jahr
o H 608 Paul Cassirer, Unser Weg 1919
o H 615 Henry, Der Weg zum Kubismus
o H 3146 Arno Nadel, Jakob Steinhardt
o H 609 H.T. Joel,Das graphische Jahrbuch
o H 610 An alle Künstler

Empfang … bestätigt 14.11.41.

o H 2761 Junge Kunst (4) L. Meidner
o H 2823 " " (12) W. Morgner
o H 2873 a " " (1) M. Pechstein
o H 2608 L " " (13) P. Klee
o H 3075 g " " (16) Schmidt-Rottluff
o H 2489 " " (21) Gr. Grosz
o H 2543 L " " (3) B Hoetger
o H 2157 " " (17) H. Campendonk

22 Bücher

Heil Hitler!

i.V. H. Wang
(Dr. Wang)

Es liegt nahe, den durch die Rückgabeliste dokumentierten Bestand als denjenigen anzusehen, der nach der kriegsbedingten Pause erneut auf Wanderschaft ging. Dabei kann es sich nur um einen Bruchteil dessen gehandelt haben, was vor dem Krieg zum Ausstellungsbestand gehörte. Einzelne Werke auf der Rückgabeliste sind bereits auf dem Düsseldorfer (Dok. 46) oder dem Hamburger (Dok. 55) Verzeichnis dokumentiert. Noch im Zusammenhang mit der letzten Etappe des Jahres 1939, Chemnitz, hören wir von 700 Werken (Abb. 112). Somit überdauerten diese die bekannte und gleichwohl bis heute ungeklärte Verbrennungsaktion im Hof der Berliner Hauptfeuerwache vom 20. März 1939. Über den Verbleib der fraglichen Objekte – darunter so prominente und in der Berichterstattung exponierte Werke wie »Kriegskrüppel« von Dix und »Merzbild« von Schwitters – ist nichts bekannt. Das gilt auch für die Leihgaben aus der Heidelberger Prinzhorn-Sammlung und die Gegenstände aus der Abteilung »Entartete Musik«. Hingegen hatte Wang die noch verbliebenen 22 Bücher aus dem Besitz der Graphischen Sammlung München, darunter acht Monographien aus der Reihe »Junge Kunst«, schon Ende Oktober des Jahres in die »Hauptstadt der Bewegung« zurückgeschickt (Dok. 64). Wie das Propagandaministerium mit den in seine Obhut zurückgereichten Werken verfuhr, ist nur in Ausnahmefällen überliefert (vgl. Kapitel 5).

43 Hitler besichtigt das Depot Köpenicker Straße in Berlin am 13. Januar 1938. Links hinter Hitler (halb verdeckt) Adolf Ziegler, links außen Franz Hofmann, dazwischen Goebbels. Rechts (mit Hut) Heinrich Hoffmann. Links unten Plastiken von Lehmbruck und Renée Sintenis (Bayerische Staatsbibliothek München, Fotoarchiv Hoffmann)

44 Hitler besichtigt das Depot Köpenicker Straße in Berlin am 13. Januar 1938. Rechts außen (mit Hut) Heinrich Hoffmann neben Franz Hofmann. Gemälde von Feininger u. a. (Bayerische Staatsbibliothek München, Fotoarchiv Hoffmann)

45-46 Depot Niederschönhausen, Berlin 1938/39. Abb. 45 zeigt Werke von Barlach und Nolde, Abb. 46 von Beckmann, Dix, Grosz, Marc und Munch. (Archiv der Neuen Nationalgalerie Berlin)

47-48 Depot Niederschönhausen, Berlin, Oktober (?) bzw. Winter 1938. Abb. 47 zeigt Werke von Barlach, Chagall, Delaunay, Ensor, Gauguin, van Gogh und Picasso. Abb. 48 zeigt Gemälde von Munch, die für die Auktion des Kunsthändlers Harald Holst Halvorsen am 23. Januar 1939 in Oslo vorgesehen waren. (Archiv der Neuen Nationalgalerie Berlin)

49-50 Depot Niederschönhausen, Berlin, Oktober 1938 (?). Abb. 49 zeigt Werke von Braque, Gauguin, van Gogh, Matisse und Picasso, Abb. 50 von Marc und Modersohn-Becker. (Archiv der Neuen Nationalgalerie Berlin)

51-52 Depot Niederschönhausen, Berlin, Januar1939 (?). Abb. 51 zeigt Werke von Lehmbruck, Marc, Nolde und Picasso, Abb. 52 von Barlach, Dix, Kokoschka, Lehmbruck, Matisse und Rohlfs. Es handelt sich um Werke, die für die Auktion der Galerie Fischer am 30. Juni 1939 in Luzern vorgesehen waren. (Archiv der Neuen Nationalgalerie Berlin)

53-54 Depot Niederschönhausen, Berlin, Januar 1939 (?) bzw Herbst 1938 (?). Abb. 53 zeigt Werke von Dix, Hofer, Klee, Kokoschka, Lehmbruck, Nolde und Rohlfs, die für die Auktion der Galerie Fischer am 30. Juni 1939 in Luzern vorgesehen waren. Abb. 54 zeigt Werke von Corinth, Lehmbruck und Liebermann. (Archiv der Neuen Nationalgalerie Berlin)

Braune Messen — Deutsche Wochen werben für deutsche Kunst und Künstler. Gemäldeausstellung auf der Braunen Messe Dortmund

Deutsche Art in der bildenden Kunst

Von Professor Hönig, Präsident der Reichskammer der bildenden Künste

Es sind ohne Zweifel in jedem Volk Kräfte lebendig, die seinem Kulturschaffen eine bestimmte, unverkennbare Besonderheit verleihen, und zwar Kräfte, die durch Blut und Boden bedingt sind. Daraus ergeben sich ganz von selbst die enormen Gegensätze im Schaffen leichtblütiger Südländer und schwerblütiger Nordländer. Der Süden mit soviel mehr Sonne als der Norden, aber auch soviel weniger Farbe, mit soviel mehr Härte in der Erscheinung und Kälte des Farbtones muß notwendig alles künstlerische Schaffen anders beeinflussen als der verschleierte Norden mit wenig Sonne, viel gebrochenem Licht, Dunst und Weichheit der Kontur, tiefer Sattheit der Farbe. Und was vollends die Menschen selbst anbelangt, wie sollte der leichtbeschwingte Südländer, von der Hand in den Mund lebend, oder doch so leben könnend, und der schwerblütige Nordländer, den eine spröde Natur viel auf räumliches und gedankliches Innenleben anweist, wie sollte er nicht zu einem andersgearteten Ausdruck im Kunstschaffen kommen?

Die Tempel Griechenlands mit ihren offenen Säulenumgängen, den offenen Metopen, dem fensterlosen Innenraum dem die geöffnete Tür Licht genug gab in Form von Reflexen bei hochstehender Sonne, die fast immer scheint, unterscheiden sich wesentlich von den romanischen oder gotischen Domen, denen die Offenherzigkeit eines Perygteros fehlt, deren Inneres aber auf große Lichtquellen angewiesen ist und trotzdem oft nur von spärlicher Belichtung ist. Im Geist des künstlerischen Schaffens zeigt sich nun auffälligerweise ein grundsätzlicher Unterschied insofern, als die Südvölker mit leichtbeschwingter Lebensart breit gelagerte, dem Boden verhaftete Bauwerke schufen, wie die Tempel Griechenlands, die Pyramiden Aegyptens, die Stufenpaläste Babyloniens oder die Amphitheater und Tore Roms, die Nordländer aber mit schwerem Blut gewaltsam aus dem niederdrückenden Dunstkreis ihrer Umgebung zu himmelanstrebender Phantasie im Kunstwerk gelangten.

Hier liegt die stärkste Besonderheit blut- und bodengebundener Schöpferkraft vor. Der Nordländer, der Germane schafft, aus tiefsten inneren Quellen schöpfend, Raum und Zeit überwinden wollend, der Südländer schafft mehr im Ausfluß seiner Sinnenfreudigkeit. Man darf als stärkste Eigenheit germanisch deutscher Kunst feststellen, daß sie zutiefst mit seelischem Gehalt durchtränkt war und ist. Und darum sind auch alle jene Kunstvirtuosen, die so leichtfertig ihr Handwerkszeug und ihre Sinne in den Dienst der Kunstübung stellen, keine echten Typen unseres völkischen Kunstempfindens. Wahre deutsche Kunst kommt aus Tiefe und Innerlichkeit. Sie ist manchmal so spröde, daß der oberflächliche Beurteiler achtlos daran vorübergeht, weil der geläufige Typ des Allerweltsmannes seinem stumpfen Blick mehr zusagt. Jedes wahre Kunstwerk und vor allem jedes wahrhaft deutsche Kunstwerk ist getragen von einem unverkennbaren Ernst im künstlerischen Wollen und dem Anspruch, vom Beschauer ernst genommen zu werden. Es gibt keine größere Wahrheit als die, daß das Kunstwerk der getreue Spiegel seiner schöpferischen Persönlichkeit ist. Der ringende, grüblerisch schaffende Geist schaut für den Sehenden aus allen Fasern des Kunstwerkes heraus, und wo eine geistige Ideen-Assoziation dieser Art nicht eintritt, ist kein Kunstwerk, sondern nur eine kunsthandwerkliche Leistung vorhanden.

Man hat mehrfach die Behauptung aufgestellt, daß die Renaissance im 16. Jahrhundert eine Irreleitung deutschen künstlerischen Schöpfergeistes gewesen sei und im großen und ganzen als eine unheilvolle Entwicklung angesehen werden müsse, ja man glaubte da und dort sogar wieder an den Punkt anknüpfen zu sollen, von dem aus man dem fremden Einfluß nachgegeben hat. Auch für die Entwicklung der Kultur gilt dasselbe wie für die Entwicklung der Politik, was geschehen ist, trägt seine Rechtfertigung in sich selbst, sonst wäre es nicht geschehen; denn wäre wirklich die völkische Eigenart so stark und tief verankert gewesen, so hätte sie die fremden Einflüsse mit Erfolg abgewehrt. So aber haben gerade unsere besten und deutschesten Künstler, wie beispielsweise Elias Holl, Albrecht Dürer, Tilman Riemenschneider, die heraufkommende italienische Renaissance als Vollendung ihres eigenen künstlerischen Wollens begrüßt. Im übrigen ist es interessant, die Eigenart der Völker gerade an der Art zu messen oder kennenzulernen, wie sie solche fremden Einflüsse verarbeitet haben.

So ist für die Eigenart deutschen künstlerischen Schaffens nichts bezeichnender, als die Gegenüberstellung der deutschen mit der flandrischen, der spanischen und der englischen Renaissance, also der Vergleich, in welch verschiedener, jeder völkischen Besonderheit angepaßten Art die einzelnen Völker den allen gemeinsamen Einfluß verarbeitet haben. Es wäre kurzsichtig, zu wünschen, daß eine werdende Kulturwelt sich abgeschlossen entwickele, vielmehr wird bei der zunehmenden Ueberwindung der Grenzen der Austausch der Kulturgüter ein immer stärkerer sein und werden, und das ist nicht bedauerlich, sondern selbstverständlich und erfreulich. Aber immer wird ein starkes, schöpferisch begabtes Volk in der Verarbeitung fremder Einflüsse seinem eigenen Wesen treu bleiben und die fremden Anregungen niemals anders behandeln als Mittel zur Hebung eigener Anlagen.

Nicht der Sinn für bloße Schönheit ist das Kennzeichen des deutschen Kunstwerkes, sondern weit mehr seine Innerlichkeit und das Charakteristische der Erscheinung von Menschen und Dingen. Wenn wir die stammesverwandte Art der Flamen heranziehen, so müssen wir zugeben, daß germanisches Fühlen weit mehr im Schaffen Rembrandts wie im Schaffen Rubens' oder van Dycks zum Ausdruck kommt.

Die spezifisch deutsche Art des Kunstschaffens zieht ihre Nahrung in der Hauptsache aus seelischen Voraussetzungen. Dergestalt wird und muß der Nationalsozialismus über die Seelenhaltung des Volkes hinweg zu wahrhaft deutscher Kunst gelangen.

Kunst, die zu jedem Deutschen spricht: Segen der Erde. Gemälde von Wolfgang Willrich

Eigene Minderwertigkeit und artfremde Einflüsse (unverkennbare Anlehnung an Negerplastiken) schufen Machwerke wie dieses, welches der „Deutsche Künstler" Benjamin Ferencay „Mann und Frau" benannte

55 Artikel »Deutsche Art in der bildenden Kunst« von Eugen Hönig; Illustrierte Wirtschaft 2, 1934, Nr. 21, S. 14f. (SBBPK, Haus 1)

Kulturpropaganda im Dienste der Politik

DURCH DAS INSTITUT FÜR DEUTSCHE KULTUR- UND WIRTSCHAFTSPROPAGANDA, BERLIN

Wir haben an dieser Stelle in der letzten Folge der „Illustrierten Wirtschaft" das Ausstellungsergebnis 1937 des Instituts für Deutsche Kultur- und Wirtschaftspropaganda ausgewertet. Dabei wurde auch kurz die kulturelle Arbeit gestreift. Heute soll dieses Arbeitsgebiet eine besondere Würdigung erfahren. Das Ausstellungswesen nach 1933 weist eine Reihe Unterschiede gegenüber der Zeit vor 1933 auf, die eine grundsätzliche Umkehr und einen tiefgründigen Wandel erkennen lassen. Das deutsche Ausstellungs- und Messewesen wurde nicht allein zum Schaufenster der Wirtschaft erhoben, sondern sollte zugleich auch ein Spiegelbild des kulturellen Lebens abgeben. Dass damit neue Wege gesucht und gefunden werden mussten, war eine Selbstverständlichkeit, denn die politisch-kulturelle Ausstellung stand vor dem Umbruch in schlechtem Ruf. Heute ist das deutsche Ausstellungswesen ohne die Arbeit auf kulturellem Gebiet überhaupt nicht mehr denkbar. Das Institut hat auch auf diesem Gebiet wertvollste Pionierarbeit geleistet, so dass diese Arbeit auch bei der Namensgebung sichtbar in Erscheinung treten konnte. Im vergangenen Jahr wurden vom Institut beispielsweise elf rein kulturelle Schauen, in der Hauptsache im Auftrag der Reichspropagandaleitung der NSDAP. durchgeführt. Dabei konnte im Durchschnitt je Ausstellung die hohe Besucherzahl von 130000 verzeichnet werden. Wie viele Volksgenossen heute auf die rein kulturellen Ausstellungen als Besucher kommen, zeigen am besten folgende Beispiele: Die erstmalig in München gezeigte Ausstellung „Entartete Kunst" konnte in dieser Stadt allein über zwei Millionen Besucher verzeichnen. Immer wieder musste sie wegen Ueberfüllung polizeilich geschlossen werden. Dasselbe Bild ergab sich in Berlin. Dass es in den anderen deutschen Städten nicht anders werden wird, beweisen allein die zahlreichen Anfragen der Oberbürgermeister beim Institut für Deutsche Kultur- und Wirtschaftspropaganda, das die Aufgabe von der Reichspropagandaleitung der NSDAP. übernommen hat, diese Ausstellungen an allen grösseren Plätzen des Reiches zum Einsatz zu bringen. Die „Grosse Antibolschewistische Schau" in Nürnberg wurde von 370 000 Volksgenossen, die Schau „Bolschewismus ohne Maske" im Reichstag in Berlin von 300 000 Menschen und die Ausstellung „Bolschewismus" an sechs Plätzen im Reich von 750 000 Menschen besucht. Auch in Hamburg wurden diese Ausstellungen sehr beachtet und gut besucht. Diese Schau allein konnte also innerhalb eines halben Jahres über 1,5 Millionen deutsche Volksgenossen über die letzten Ziele des Vernichtungskampfes des Bolschewismus und damit des Weltjudentums aufklären. In ähnlicher Weise wird das Institut die in München im Dezember 1937 erstmalig gezeigte Schau „Der ewige Jude", an allen wichtigen Plätzen des Reiches als Ausstellung zum Einsatz bringen. Diese Schau stellt die Ergänzung zu der Ausstellung „Bolschewismus" dar. Alle drei Ausstellungen aber, die gegenwärtig vom Institut für Deutsche Kultur- und Wirtschaftspropaganda zum Einsatz kommen, tragen wesentlich mit dazu bei, das deutsche Volk über die Fragen des Judentums, seine Zersetzungs- und Vernichtungsarbeit auf allen Gebieten menschlicher Tätigkeit in nachhaltiger Weise aufzuklären. Dieser Arbeit kommt insofern eine ganz besondere Bedeutung zu, als kein Aufklärungs- und Werbemittel in der Lage ist, der Wirklichkeit so nahe zu kommen wie das Ausstellungswesen, und damit den Eindruck für den Besucher so lebensnah wie möglich zu machen. Auch das Ausland wurde in diese Arbeit mit einbezogen. Auf verschiedenen Ausstellungen im Rahmen der antibolschewistischen Schauen trat Italien mit einer Revolutionsschau auf, die grosse Beachtung fand. Ebenso konnte Ungarn zur Beteiligung gewonnen werden. Darüber hinaus wird sich Italien mit einer grossen Kolonialschau an der vom Institut durchgeführten Ausstellung „Bremen, Schlüssel zur Welt" beteiligen. Dieses Beispiel wird in der Oeffentlichkeit besondere Beachtung finden, weil die Möglichkeit gegeben ist, nun ein Land mit und eines ohne Kolonien zu sehen und beide Länder dasselbe Thema behandeln. Die Forderung Deutschlands nach Rückgabe seiner geraubten Kolonien wird durch die Beteiligung Italiens stark unterstrichen. Es ist heute schon mit Sicherheit zu sagen, dass auf dem Gebiet der kulturellen Ausstellungsarbeit in den nächsten Jahren weitere Staaten mit uns zusammenarbeiten werden. Zunächst gilt es vor allem, entsprechend dem Abkommen Berlin—Rom—Tokio, auf gemeinsamer Basis den Kampf gegen die Weltpest, den Bolschewismus, aufzunehmen.

—ff—

Ausschnitte aus der grossen Ausstellung „Bolschewismus ohne Maske", welche zur Zeit in den Hamburger Zoohallen durch das Institut für Deutsche Kultur- und Wirtschaftspropaganda gezeigt wird (Aufn.: Moosmüller)

56 a-b Artikel »Kulturpropaganda im Dienste der Politik«; Illustrierte Wirtschaft 6, 1938, Nr. 3, S. 10f. (SBBPK, Haus 1)

57 Ausstellungsführer »Entartete Kunst«, Außentitel (Christoph Zuschlag, Heidelberg). Vgl. Farbabb. 6

sie so leben würden, geradezu als Fluch Gottes empfunden werden müßten! Und das wagen diese grausamsten Dilletanten unserer heutigen Mitwelt als die Kunst unserer Zeit vorzustellen, d. h. als den Ausdruck dessen, was die heutige Zeit gestaltet und ihr den Stempel aufprägt.

Man sage nur nicht, daß diese Künstler das eben so sehen. Ich habe hier unter den eingeschickten Bildern manche Arbeiten beobachtet, bei denen tatsächlich angenommen werden muß, daß gewissen Menschen das Auge die Dinge anders zeigt, als sie sind, d. h., daß es wirklich Männer gibt, die die heutigen Gestalten unseres Volkes nur als verkommene Kretins sehen, die grundsächlich Wiesen blau, Himmel grün, Wolken schwefelgelb usw. empfinden oder, wie sie vielleicht sagen, erleben. Ich will mich nicht in einen Streit darüber einlassen, ob diese Betreffenden das nun wirklich so sehen und empfinden oder nicht, sondern ich möchte im Namen des deutschen Volkes es nur verbieten, daß so bedauerliche Unglückliche, die ersichtlich an Sehstörungen leiden, die Ergebnisse ihrer Fehlbetrachtung

Fest stand der Entschluß, die dadaistisch-kubistischen und futuristischen Erlebnis- und Sachlichkeitsschwätzer unter keinen Umständen an unserer kulturellen Neugeburt teilnehmen zu lassen. Dies wird die wirkungsvollste Folgerung aus der Erkenntnis der Art des hinter uns liegenden Kulturzerfalls sein.

Der Führer
Reichsparteitag 1935

28

Wenn ein unheilbar Irrsinniger,
ein Dilettant wohlgemerkt, eine Katze modelliert, so sieht das etwa so aus:

Wenn dagegen der Jude Haizmann,
der seinerzeit als ein „genialer Plastiker“ gefeiert wurde, auf die Idee kommt, ein „Fabeltier“ zu schaffen, so sieht dieses als Brunnenfigur gedachte Monstrum so aus, wie dieses Bild zeigt:

Das Judengeschöpf wiegt nebenbei bemerkt etliche Zentner.

58 Ausstellungsführer »Entartete Kunst«, erste Ausgabe, S. 28f. (Christoph Zuschlag, Heidelberg)

sie so leben würden, geradezu als Fluch Gottes empfunden werden müßten! Und das wagen diese grausamsten Dilettanten unserer heutigen Mitwelt als die Kunst unserer Zeit vorzustellen, d. h. als den Ausdruck dessen, was die heutige Zeit gestaltet und ihr den Stempel aufprägt.

Man sage nur nicht, daß diese Künstler das eben so sehen. Ich habe hier unter den eingeschickten Bildern manche Arbeiten beobachtet, bei denen tatsächlich angenommen werden muß, daß gewissen Menschen das Auge die Dinge anders zeigt, als sie sind, d. h., daß es wirklich Männer gibt, die die heutigen Gestalten unseres Volkes nur als verkommene Kretins sehen, die grundsätzlich Wiesen blau, Himmel grün, Wolken schwefelgelb usw. empfinden oder, wie sie vielleicht sagen, erleben. Ich will mich nicht in einen Streit darüber einlassen, ob diese Betreffenden das nun wirklich so sehen und empfinden oder nicht, sondern ich möchte im Namen des deutschen Volkes es nur verbieten, das so bedauerliche Unglückliche, die ersichtlich an Sehstörungen leiden, die Ergebnisse ihrer Fehlbetrachtung

Fest stand der Entschluß, die dadaistisch-kubistischen und futuristischen Erlebnis- und Sachlichkeitsschwätzer unter keinen Umständen an unserer kulturellen Neugeburt teilnehmen zu lassen. Dies wird die wirkungsvollste Folgerung aus der Erkenntnis der Art des hinter uns liegenden Kulturzerfalls sein.

Der Führer
Reichsparteitag 1935.

28

Wenn ein unheilbar Irrsinniger,
ein Dilettant wohlgemerkt, eine Katze modelliert, so sieht das etwa so aus:

Wenn dagegen Haizmann,
der seinerzeit als ein „genialer Plastiker“ gefeiert wurde, auf die Idee kommt, ein „Fabeltier“ zu schaffen, so sieht dieses als Brunnenfigur gedachte Monstrum so aus, wie dieses Bild zeigt:

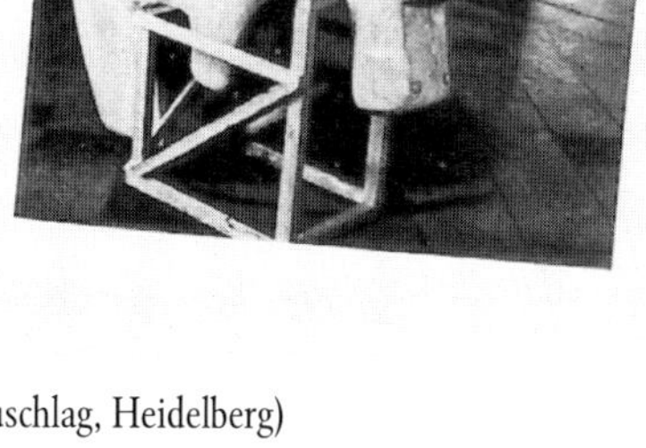

Dieses Machwerk wiegt nebenbei bemerkt etliche Zentner.

59 Ausstellungsführer »Entartete Kunst«, zweite Ausgabe, S. 28f. (Christoph Zuschlag, Heidelberg)

60 HE, Ausstellungsplakat »Entartete Kunst«, Berlin 1938. Linoldruck, 61 x 83 cm (BA Plakate 3/22/11). Vgl. Farbabb. 7

61 Karl Schmidt-Rottluff, »Reichswappen«, 1919, Holzschnitt (Barron 1989, S. 184, Nr. 177; © VG Bild-Kunst, Bonn 1995)

62 Otto Dix, »Ich (Maske)«, 1919, Holzschnitt (Diether Schmidt 1978, S. 54, Nr. 27; © VG Bild-Kunst, Bonn 1995)

63 Haus der Kunst, Berlin 1938, zur Zeit der Ausstellung »Entartete Kunst«. Postkarte (Deutsches Historisches Museum Berlin)

64 Ausstellung »Entartete Kunst«, Berlin 1938. Goebbels (Mitte) und Pistauer (links) bei der Besichtigung am 27. Februar 1938. Werke von Nolde und Marcks (Bilderdienst Süddeutscher Verlag)

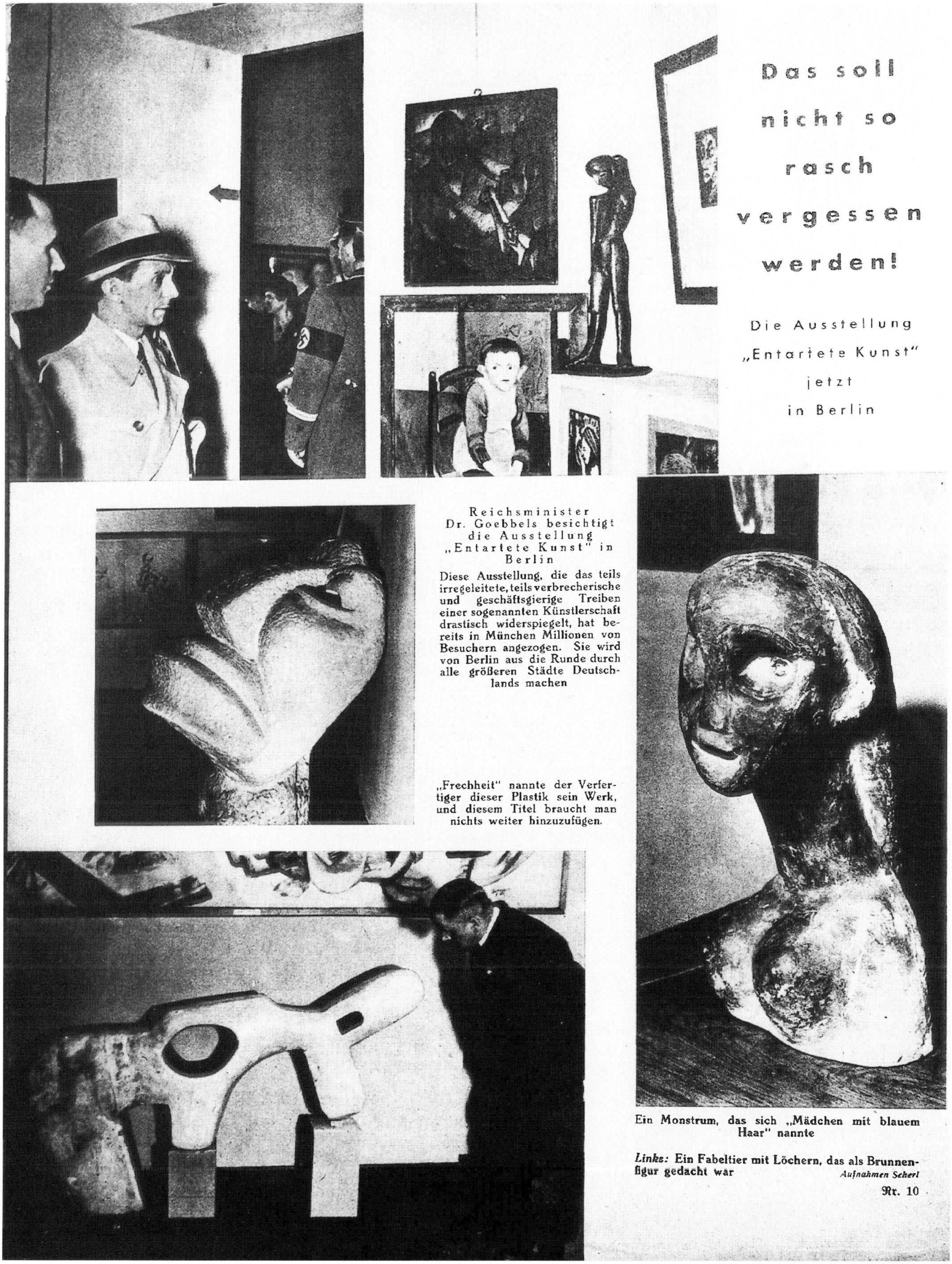

Das soll nicht so rasch vergessen werden!

Die Ausstellung „Entartete Kunst" jetzt in Berlin

Reichsminister Dr. Goebbels besichtigt die Ausstellung „Entartete Kunst" in Berlin

Diese Ausstellung, die das teils irregeleitete, teils verbrecherische und geschäftsgierige Treiben einer sogenannten Künstlerschaft drastisch widerspiegelt, hat bereits in München Millionen von Besuchern angezogen. Sie wird von Berlin aus die Runde durch alle größeren Städte Deutschlands machen

„Frechheit" nannte der Verfertiger dieser Plastik sein Werk, und diesem Titel braucht man nichts weiter hinzuzufügen.

Ein Monstrum, das sich „Mädchen mit blauem Haar" nannte

Links: Ein Fabeltier mit Löchern, das als Brunnenfigur gedacht war

Aufnahmen Scherl

Nr. 10

65 Artikel zur Ausstellung »Entartete Kunst«, Berlin 1938; Die Woche, 9. März 1938. Oben links Pistauer und Goebbels. Werke von Marcks, Freundlich, Hoffmann, Haizmann u.a. (Stadtmuseum Düsseldorf, Archiv Lauterbach)

66 Ausstellung »Entartete Kunst«, Berlin 1938. Altar »Das Leben Christi« von Emil Nolde (Bilderdienst Süddeutscher Verlag)

67 Ausstellung »Entartete Kunst«, Berlin 1938. Werke von Fuhr, Rohlfs, Bauknecht, Schmidt-Rottluff, Hoffmann u.a. (Bilderdienst Süddeutscher Verlag)

68 Ausstellung »Entartete Kunst«, Berlin 1938. Werke von Arnold, Rohlfs, Beckmann, Kirchner, Radziwill, Hoffmann u.a. In der rechten unteren Ecke, mit einem Tuch bedeckt, die Plastik »Mädchenkopf«, 1912/13, von Karl Brendel aus der Heidelberger Prinzhorn-Sammlung (Bilderdienst Süddeutscher Verlag)

69 Ausstellung »Entartete Kunst«, Berlin 1938. Werke von Adler und Chagall (Bilderdienst Süddeutscher Verlag)

70 Ausstellung »Entartete Kunst«, Berlin 1938. Werke von Dix, Skade, Felixmüller, Beckmann (Bilderdienst Süddeutscher Verlag)

71 Ausstellung »Entartete Kunst«, Berlin 1938. Werke von Kokoschka, M. Moll, Haizmann, Wolff (Bilderdienst Süddeutscher Verlag)

72 Ausstellung »Entartete Kunst«, Berlin 1938. Werke von Morgner, Haizmann, Klee u.a.
(Bilderdienst Süddeutscher Verlag)

73 Anto (d. i. Ottomar Anton), Ausstellungsplakat »Entartete Kunst«, Leipzig 1938. Lithographie, 84 x 59 cm (Museum für Gestaltung Zürich, Plakatsammlung, Inv.-Nr. 51-295). Vgl. Farbabb. 8

Verpflichtung und Mahnung für jeden von uns

Kulturreferent Hoffmann-Türke eröffnete die Ausstellung „Entartete Kunst"

Es ist nicht eigentlich eine Kunstausstellung, zu deren Eröffnung sich am Freitagnachmittag die vielen Vertreter des Staates, der Stadt, der Partei, der Wehrmacht sowie aus Kunst und Wissenschaft im Grassimuseum zusammengefunden hatten, und doch hat sie außerordentlich viel mit bildender Kunst zu tun. Zeigt sie uns doch so klar wie nur möglich, wie die Lage aussah, die die NSDAP. 1933 bei der Machtübernahme auf kulturellem Gebiet vorfand! Verfall des Handwerklichen und Schluderei ist noch das geringste der Uebel. Schlimmer schon war die Isolierung, in die sich viele Künstler dieser Verfallszeit hineinverirrt hatten, und offensichtlich gefährlich gaben sich dann die Schrittmacher des Bolschewismus, die die Todfeinde deutscher Größe, die internationalen Juden, nur allzu zahlreich unter den sogenannten Künstlern gefunden hatten. Diese Lage so schonungslos wie nur möglich aufzuzeigen, ist Pflicht, denn nur von da aus kann der Kampf des echten, artbewußten Könners verstanden werden, der im Schutze des wiedererstarkten Großdeutschlands um die Sichtbarmachung ewiger Inhalte bemüht ist.

Stadtrat Hauptmann, der als Vertreter des Oberbürgermeisters der Reichsmessestadt als erster zu den Gästen sprach, setzte als Leitmotiv über die Ausstellung ein Wort Ernst Moritz Arndts, der einmal gesagt hat: „Das ist das Zeichen eines elendigen und lieblosen Menschen, wenn einer immer von dem Entfernten und Allgemeinen klingelt und für das Nahe und Einzelne nichts tut." Denn es waren, wie Pg. Hauptmann ausführte, elendige Menschen, die des Volkes größte Notzeit mißbrauchten und sich dem Entfernten, das heißt dem Volksfeindlichen, dem Bolschewismus, verschrieben. Wer von den Besuchern nach den schaurigen Bildern, die die Ausstellung vom Kulturverfall vor 1933 vermittelt, echte und wahre Kunst sehen will, den verwies Pg. Hauptmann nachdrücklich auf die Schau „Leipzig, die Musikstadt", die von dem Aufbau auf einem anderen Zweige kulturellen Schaffens eine gute Vorstellung bietet. Als Kulturdezernent der Stadt Leipzig begrüßte der Redner sodann besonders Pg. Hoffmann-Türke als Vertreter des Gaupropagandaleiters Salzmann sowie den SA.-Brigadeführer Ernst vom Deutschen Institut für Deutsche Kultur- und Wirtschaftspropaganda.

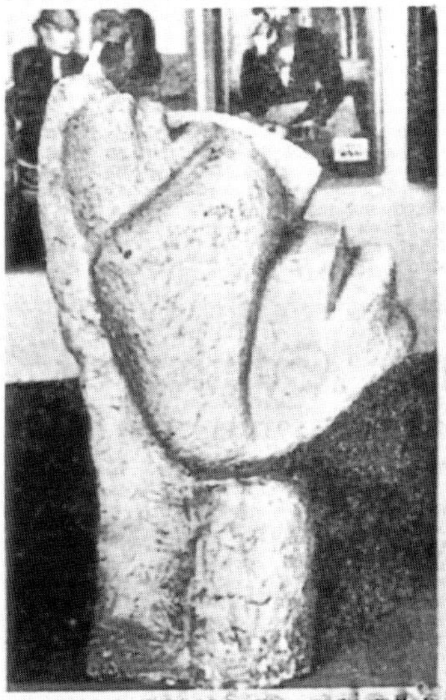

Das Antlitz des Juden in der Kunst — eine jüdische Selbstenthüllung, wie sie bezeichnender nicht sein kann

Im Namen der Kreisleitung Leipzig der NSDAP. hieß Kreispropagandaleiter Krüger die ersten Gäste willkommen. Er gab seiner besonderen Freude Ausdruck, daß es dem Institut für Deutsche Kultur- und Wirtschaftspropaganda in engster Zusammenarbeit mit der Kreisleitung und der Stadt gelungen sei, die Ausstellung „Entartete Kunst", die nach München und Berlin für Hamburg vorgesehen war, zuerst nach der Reichsmessestadt zu bekommen. Pg. Krüger nahm die Ausstellung für die Zeit ihrer Dauer bis zum 6. Juni im Auftrag des Kreisleiters in den Schutz und in die Obhut der Kreisleitung.

Kunst als politische Aufgabe

Einen ausgezeichneten Abriß der Ziele der Ausstellung „Entartete Kunst" bot dann Kulturreferent Hoffmann-Türke, der als Vertreter des Gaupropagandaleiters Salzmann von Dresden gekommen war. Danach ist die Schau nicht allein lehrreich für die Tiefe des Abgrunds, in den das deutsche Volk von den internationalen Drahtziehern gelockt werden sollte, sondern sie zeigt darüber hinaus auch die Notwendigkeit auf, die Kunst als eine hohe politische Aufgabe zu betrachten. Sie ist also

Institut für Deutsche Kultur- und Wirtschaftspropaganda (2)

Man kann es auf den Kopf, auf die linke oder rechte Kante stellen, jedesmal bleibt dieses Machwerk gleich unverständlich

Rechenschaftsbericht und Beweis dafür, wie richtig der Kampf der NSDAP. für die Erneuerung des deutschen Volkes war. Gerade diese grauenvollen Zeugnisse des Verfalls deutscher Kultur machen die Aufgabe klar, daß es stetig und ständig gute Kunst in weite Kreise unseres Volkes zu tragen gilt. Denn das Volk in seiner Gesamtheit ist gesund geblieben und hat sich immer gegen Entartung gewehrt.

Wenn wir nun diese Verfallskunst kraft des Rassegedankens unserer Weltanschauung zerstört haben, so erwächst dem deutschen Künstler von heute eine hohe politische Aufgabe. Auf Grund dieses siegreichen Rassegedankens wird er die ewigen Werte des deutschen Volkes im Kunstwerk vertiefen und sichtbar machen müssen. So wird der nationalsozialistische Rassengedanke zum Schlüssel der deutschen Kunst und der deutschen Freiheit, und der Künstler erhält seine besondere politische Mission, die auch ihn in den Dienst des gesamten Volkes stellt.

Rundgang durch die Schau

Nachdem Pg. Hoffmann-Türke die Ausstellung im Namen des Gauleiters und des Gaupropagandaleiters für eröffnet erklärt hatte, nahmen die Teilnehmer der Feier die Gelegenheit wahr, die Ausstellung auf einem ersten Rundgang kennenzulernen. Ausstellungsleiter Pg. Pistauer führte durch die Räume und durch die einzelnen Abteilungen, deren es in dieser Ausstellung neun gibt. Sie zeigen der Reihe nach den handwerklichen Verfall der Kunst zwischen 1918 und 1933, die Verhöhnung religiöser Inhalte, die Aufhetzung zum Klassenkampf, die Unterwühlung des Wehrgedankens, die Einführung des Dirnentums in die Kunst, die Abtötung des Rassebewußtseins, die Anbetung des Idiotentums, den

Anteil des Judentums an der Kunst, und schließlich den vollendeten Wahnsinn in den verschiedenen Ismen, die damals gang und gäbe waren. Es gab wohl keinen unter den ersten Besuchern dieser grauenerregenden Schau, der nicht mit dem Gefühl der Erleichterung und Befriedigung darüber von dannen ging, daß wir als Volk solche Barbarei in kulturellen Dingen ein für allemal gebrandmarkt haben.

we.

*

Am ersten Oeffnungstage konnten, obwohl die Ausstellung „Entartete Kunst" am Freitag erst von 18 Uhr an für jedermann zugänglich war, bereits 700 Besucher gezählt werden. Weiterhin ist die Ausstellung täglich von 10 bis 21 Uhr geöffnet.

74 Artikel zur Ausstellung »Entartete Kunst«, Leipzig 1938; Leipziger Tageszeitung, 14. Mai 1938 (Deutsche Bücherei Leipzig)

75 *Oben* Kunstpalast am Ehrenhof, Düsseldorf 1938, zur Zeit der Ausstellung »Entartete Kunst«. Links Otto Teich-Balgheim, rechts Werner Doede (Stadtmuseum Düsseldorf)

76 *Unten* Kunstpalast am Ehrenhof, Düsseldorf, Halle 7. Gauleiter Florian eröffnet die Ausstellung »Entartete Kunst« am 18. Juni 1938 (StA Düsseldorf)

77 Ausstellung »Entartete Kunst«, Düsseldorf 1938. Eröffnungsrundgang der Parteiprominenz am 18. Juni 1938 mit Pistauer (dunkler Anzug, Mitte). Werke von Gies und Nolde (StA Düsseldorf)

78 Ausstellung »Entartete Kunst«, Düsseldorf 1938. Eröffnungsrundgang der Parteiprominenz am 18. Juni 1938 mit Pistauer (dunkler Anzug, Mitte). Werke von Gies und Nolde (StA Düsseldorf)

79 Ausstellung »Entartete Kunst«, Düsseldorf 1938. Eröffnungsrundgang der Parteiprominenz am 18. Juni 1938 mit Pistauer (dunkler Anzug, rechts). Plastiken von Baum und Hoffmann (StA Düsseldorf)

80 Ausstellung »Entartete Kunst«, Düsseldorf 1938. Eröffnungsrundgang der Parteiprominenz am 18. Juni 1938 mit Pistauer (dunkler Anzug, verdeckt). Werke von Lange und Hofer (StA Düsseldorf)

81 Festspielhaus Salzburg, Vorraum. Landesstatthalter Reitter (in schwarzer SS-Uniform) eröffnet die Ausstellung »Entartete Kunst« am 4. September 1938 (Salzburger Volksblatt, 5. September 1938; Salzburger Landesarchiv)

82 Ausstellung »Entartete Kunst«, Salzburg 1938. Eröffnungsrundgang der Parteiprominenz am 4. September 1938. Werke von Klee, Nolde u.a. (Salzburger Festspiele 1988, S. 59)

83 Ausstellung »Entartete Kunst«, Salzburg 1938. Werke von Haizmann, Campendonk, Rohlfs (Salzburger Festspiele 1988, S. 58)

84 Ausstellung »Entartete Kunst«, Salzburg 1938. Werke von Haizmann und Molzahn
(Salzburger Volksblatt, 5. September 1938; Salzburger Landesarchiv)

85 Rudolf Hermann, Ausstellungsplakat »Entartete Kunst«, Hamburg 1938. Lithographie, 117,5 x 82,5 cm (Museum für Kunst und Gewerbe Hamburg, Plakatsammlung, Inv.-Nr. 1983.4). Vgl. Farbabb. 9

86 Schulausstellungsgebäude Hamburg zur Zeit der Ausstellung »Entartete Kunst«, 16. November 1938 (Hamburger Fremdenblatt, 17. November 1938; STA Hamburg PrASlg 135-1 I-IV 5227)

Entartete Kunst

Jankel Adler: Mädchen, 1927, Mannheim

George Groß: Der Gott der Heerscharen

Gert Wollheim: Geschlachtet, Kunsthalle Düsseldorf

Gamenich: Bildhauer Scherer

„An Anna Blume"
Merzgedicht 1
O du, Geliebte meiner siebenundzwanzig Sinne,
ich liebe dir! Du deiner dich dir, ich dir, du mir.- Wir?
Das gehört (beiläufig) nicht hierher.
Wer bist du, ungezähltes Frauenzimmer? Du bist ---
bist du? - Die Leute sagen, du wärest,- lass sie sagen,
sie wissen nicht, wie der Kirchturm steht...
Blau ist die Farbe deines gelben Haares.
Rot ist das Girren deines grünen Vogels.
Du schlichtes Mädchen im Alltagskleid,
du liebes grünes Tier, ich liebe dir!
Anna Blume! Anna, a-n-n-a, ich träufle deinen
Namen. Dein Name tropft wie weißes Rindertalg.
Weisst du es, Anna, weisst du es schon?
Man kann dich auch von hinten lesen, und du,
du Herrlichste von allen,
du bist von hinten wie von vorne „A-n-n-a".
Rindertalg träufelt Streicheln über meinen Rücken.
Anna Blume, du tropfes Tier, ich liebe dir!

Kurt Schwitters machte in »Literatur«, was die anderen in der Malerei oder Bildhauerei von sich gaben

Ludwig Gries: Gekreuzigter, Dom zu Lübeck

Heute wurde die in Hamburg bis Mitte Dezember dauernde Ausstellung „Entartete Kunst" eröffnet. Wir geben ein paar Kostproben einer Zeit, die das traurigste Kapitel der Nachkriegsjahre darstellt

Aufnahmen
Alfred Jürgens (5), Hans Koch, Associated Press, Scherl, Weltbild

Paul Kleinschmidt: Duett im Nordcafe

87 Artikel zur Ausstellung »Entartete Kunst«, Hamburg 1938; Hamburger Fremdenblatt, 11. November 1938 (STA Hamburg, PrASlg 135-1 I-IV 5227)

Urteilen Sie selbs Ist das noch Kunst!

STREIFZUG DURCH HAMBURGS NEUESTE AUSSTELLUN

„Ländlicher Spaziergang"
Eine Handzeichnung des jüngst verstorbenen Ernst Barlach

In verschiedenen deutschen Städten — zuletzt in Salzburg — hat die vor zwei Jahren in München gezeigte Ausstellung „Entartete Kunst" berechtigtes Aufsehen erregt: sie will dem Befangenen wie dem Unbefangenen noch einmal die ganze künstlerisch entartete Schwere der Systemzeit bewußt vor Augen führen. Ob die künstlerischen Äußerungen der damaligen Zeit politisiert, sozialisiert oder individualisiert wurden — sie mußten, da von jüdischen und intellektuellen Kreisen angeführt, zu krankhaften Erscheinungen werden, gegen die sich der Einschnitt des nationalsozialistischen Umbruchs auch heute noch nicht scharf genug absetzen kann.

Über tausend Bilder kamen nunmehr auch nach Hamburg in die Ausstellung „Entartete Kunst" in der Schule Spitalerstraße, die gestern eröffnet worden ist. Die Bildfolge, die wir hier veröffentlichen, spricht für sich selbst. H. F.

WER VON IHNEN WAR KÜNSTLER - WER IST GEISTESKRANK!

Wirksame Gegenüberstellungen entarteter Kunst mit Erzeugnissen von Idioten

Eugen Hoffmann: „Mädchen mit blauem Haar"
(hierfür bezahlte die frühere Leitung der Städtischen Galerie in Dresden RM. 500,—)

Als Gegenüber: Kopf-Plastik, das Werk eines geisteskranken Laien
Foto aus dem Besitz der Psychiatrischen Klinik, Heidelberg

Und was sagen die Hamburger Paddler zu „Kanu" von J. Netzinger?
Aufnahmen: Ausstellungsleitung

„Antlitz des neuen deutschen Menschen"
So benannte der jetzt nach Paris emigrierte Jude Otto Freundlich die obige Plastik. Man entdeckte sie im Magazin der Hamburgischen Kunsthalle in der Abteilung „Lachkabinett"

Das berüchtigte „Paar" von E. L. Kirchner, für das die frühere Leitung des Hamburger Museums für Kunst und Gewerbe 1930 RM. 3000,— bezahlte
Auf der Münchner Ausstellung „Entartete Kunst" hat es schon hinreichend Aufmerksamkeit erregt

Unten: Kein Kreuzworträtsel!
Das „Vokaltuch" der Sängerin Rosa Silber von dem System-Kunstprofessor Paul Klee (aus dem Besitz der National-Galerie, Berlin)

DIE SYSTEMZEIT LÜFTET DEN KUN RHANG: JUDEN, JUDEN, JUDEN

Hoerle: „Das Liebespaar"
Grauenhaft wirkt die vertierte Heruntergekommenheit, die aus diesem Schmutzbild spricht. So etwas nannte man Kunst

Als Gegenüber: ein Liebespaar, wie es ein geisteskranker Laie sieht
Foto aus dem Besitz der Psychiatrischen Klinik, Heidelberg

Der Jude sieht den Juden
Jankl Adler porträtiert seine Rassengenossen („Jude mit Huhn")

Der Arier [illegible] mit dem jüdisch[illegible]
„Porträt des [illegible] Flechtheim"

Der entwurzelte Intellektuelle „macht" im „pornographischen Sozialismus"
Der jetzt als Lehrer an der Neuyorker Emigranten-Akademie tätige George Grosz schildert den „Dirnengang"

Kurt Schwitters „Merzbild"
(früher Städtische Galerie Dresden)
Es verdankt seine „materielle" Entstehung dem kleinen Plakat „Merz", das der Leser in der Mitte der unteren Hälfte des Bildes findet

88 Artikel zur Ausstellung »Entartete Kunst«, Hamburg 1938; Hamburger Tageblatt-Wochenschau, 13. November 1938 (Staats- und Universitätsbibliothek Hamburg)

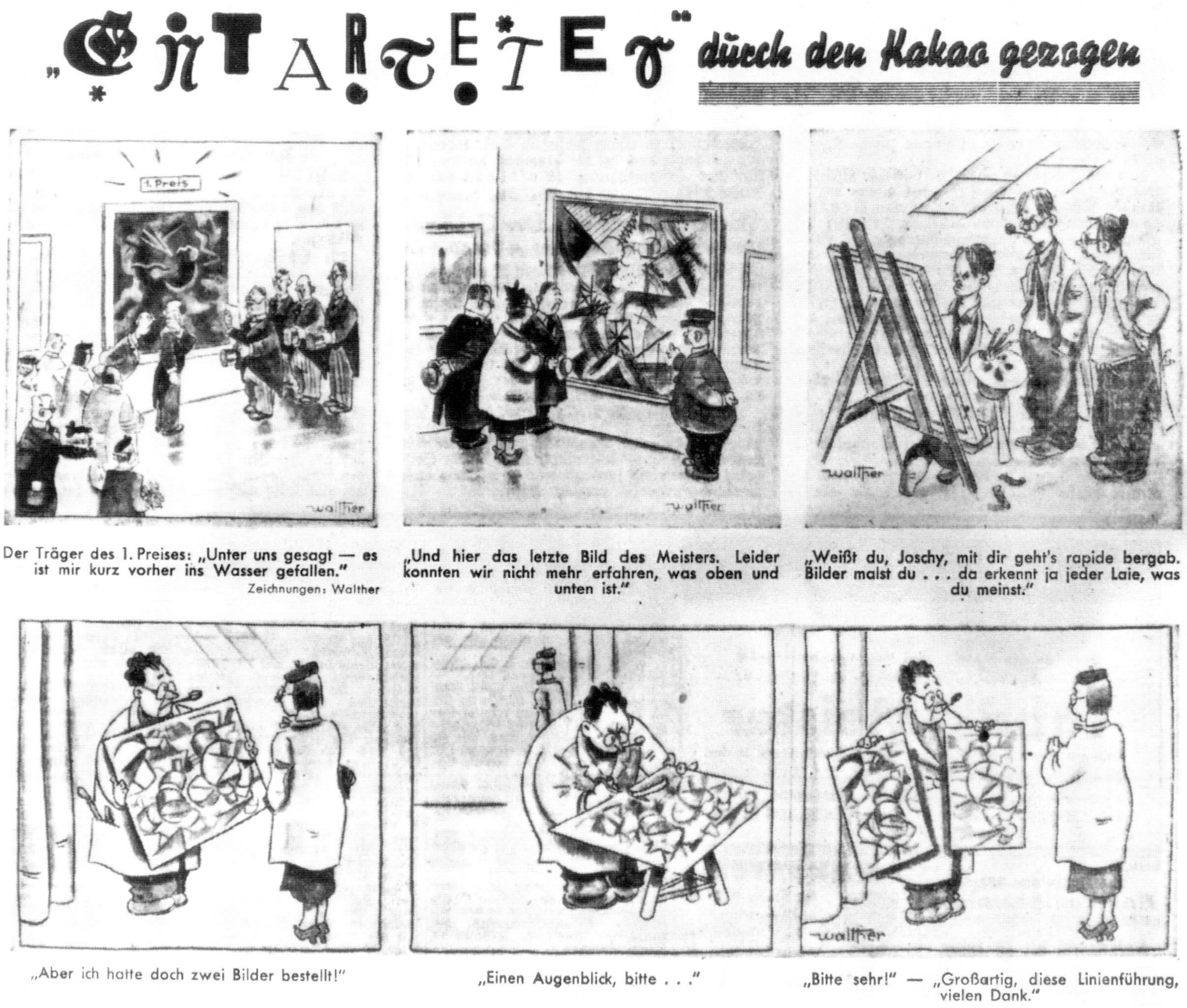

89 Karikaturen zur Ausstellung »Entartete Kunst«, Hamburg 1938; Hamburger Tageblatt, 13. November 1938 (Staats- und Universitätsbibliothek Hamburg)

„Entartete Kunst" täglich von 10 bis 21 Uhr geöffnet

GA. Aufnahme: Lewin.

Die Ausstellung „Entartete Kunst" im Landeshaus, die täglich von 10 bis 21 Uhr geöffnet ist und für die verbilligte Karten bei den Dienststellen der Partei zu haben sind, erreicht man mit der Straßenbahnlinie 1, Haltestelle Falkenwalder Ecke Schallehnstraße, wo ein Schild — siehe Bild — den weiteren Weg weist.

90 Artikel zur Ausstellung »Entartete Kunst«, Stettin 1938/39; Stettiner General-Anzeiger, 21. Januar 1939 (Staatsarchiv Warschau)

sstellung „Entartete Kunst" eröffnet

r Ablehnung des Entarteten wächst die Erkenntnis wahrer deutscher Kunst

GA.-Aufnahme: Lewin.

n ersten Rundgang durch die Ausstellung. Zweiter von links Kreisleiter Kiekhöfer, daneben Gauschulungsleiter Eckhardt und Oberbürgermeister Faber.

n vormittag 11 Uhr fand im Landes-
Eröffnung der Ausstellung „Entartete
tatt, die von der Gaupropagandaleitung
n in Vertretung der Reichspropaganda-
der NSDAP. veranstaltet wird und
hrer Zusammenstellung in München
in verschiedenen Gauhauptstädten mit
nlichem Erfolg gezeigt worden ist.
n Stettin dürfte ein außerordentlich
Zustrom zu erwarten sein, zumal die
pagandaleitung dafür Sorge getragen
durch Einschaltung von Sonderzügen
chsbahn, die Ausgabe von Sonntags-
karten für Auswärtige und andere
rbilligungen der Besuch der Ausstellung
olksgenossen aus dem gesamten Gau
rn erleichtert und ermöglicht wird.

ropagandaleiter Pg. Popp begrüßte
Vorhalle zum Saalbau des Landes-
die in großer Zahl erschienenen Ver-
er Partei und ihrer Gliederungen, der
acht, der Behörden des Staates, des
und der Stadt und erinnerte daran, daß
hrer in seiner Neujahrsansprache die
ng des deutschen Menschen als die erste
r wichtigsten Aufgaben des Staates ge-
habe. Dieser Aufgabe diene auch die
tung „Entartete Kunst". Für ihr Er-
in Pommern sei der Reichspropaganda-
dem Landesdirektor Pg. Robert
z und dem Institut für deutsche Kultur-
Wirtschaftspropaganda vornehmlich zu

telle des infolge einer plötzlichen Reise
erten Gauleiters eröffnete in dessen
Gauschulungsleiter Pg. Eckhardt die
ung. Er ging in seiner Ansprache von

der Feststellung aus, daß in einer Zeit, in der das Schicksal in einem Tempo Geschichte macht, dem wir mit unserem Verstand kaum zu folgen vermögen, wir uns nur selten der Notjahre erinnern. So denken die wenigsten kaum noch an die Zeiten, da auf dem Gebiete der Kunst der Hexenspuk der Entartung und Volksverderbnis tobte. Die nationalsozialistische Revolution stellt jene ungeheure Kraft dar, die Unnatur und Dekadenz beseitigte, um den Weg für die wirklich kunstgerechten Aufbaukräfte freizumachen.

Wie die Kunst bekanntlich vom Können herkommt, so ist sie auch von Charakter und Gesinnung nicht zu trennen.

Das Judentum aber und die von ihm beherrschte intellektuelle Clique brachte nur Nichtskönner hervor und war charakter- und gesinnungslos. Dafür bietet diese Ausstellung einen einzigen Beweis. Mit dem Gefühl der leidenschaftlichen Ablehnung des Fremdrassigen und Entarteten werden ihre Besucher erkennen, wie völlig anders der Weg aussieht, den unser Volk gehen muß, um dem seiner Stammesart gemäßen Wesen und gesunden Empfinden in der Kunst Ausdruck zu geben.

Nachdem der Vorhang zur Haupttreppe zurückgezogen worden war, begeben sich die Teilnehmer an der Eröffnungsfeier hinauf in den großen Saal des Landeshauses, wo durch die Einrichtung vieler Abteile unter Einbezug des Wandelganges die Ausstellung einen Ausbau erfahren hat, der in der Schlagkraft der politischen Kernbelichtung ebenso aufschlußreich wie erschütternd ist und — wie das gestern bereits im Bericht des „GA." über den Inhalt der Ausstellung geschildert wurde — nachhaltige Eindrücke vermittelt.

91 Artikel zur Ausstellung »Entartete Kunst«, Stettin 1938/39; Stettiner General-Anzeiger, 12. Januar 1939 (Staatsarchiv Warschau)

h, 11. Januar 1939 Stettiner General-Anzeiger/Ostsee-Zeitung Nr. 11 — Seite 7

Blick in eine Giftküche

...ung „Entartete Kunst" im Landeshaus, Stettin / Heute Eröffnung durch den Gauleiter

...ie Ausstellung „Entartete Kunst" im ...37 im Auftrage des Führers der ...u im Haus der Deutschen Kunst zu ...gegenübergestellt und damit die ... einer Zeit des Kulturverfalls be... war, hinter die der politische Um... Jahres 1933 in Deutschland den ... gesetzt hatte, ist diese Zusammen... ...uenhafter Machwerke durch ver... ...oße Städte gegangen und hat in... ...e Neuordnung, Ergänzung und Er... ...erfahren.

...nt sie nun in Stettin, veran... der Gaupropagandaleitung ... in Vertretung der Reichs... ...ndaleitung der NSDAP. und ... vom Institut für deutsche ... und Wirtschaftspropa... ... einem Aufbau, der weniger die ...s vielmehr den motivischen Inhalt, ...r den Erzeuger, sondern betonter ...gsabsicht der gezeigten Dokumente ...schewistischen Zersetzungsmethode in ...grund aller Eindrücke rückt. Sie er... ihre stärkste Stoßkraft durch die ...e Wertung, die der Betrachter dem

Das ist eins der Zerrbilder, die der Maler Schmidt-Rottluff von deutscher Arbeit gab.

ausgestellten Material entgegenbringen muß, wenn er es in neun Gruppen gegliedert sieht, die 1. die handwerkliche Verluderung und Verachtung aller Gesetze von Farbe und Form, 2. die Verhöhnung religiöser Empfindungen, 3. die Dienstbarmachung der Kunst für den Klassenkampf und die bolschewistische Propaganda, 4. die Verspottung und Verächtlichmachung des deutschen Frontsoldaten, 5. die Herabsetzung der deutschen Frau und Verherrlichung des Dirnentums, 6. die Vernichtung des Rassenbewußtseins der Menschen von deutscher Art und Idealisierung des Fremdrassigen, 7. die Ausgeburten von Idioten, die als ernsthafte „Künstler" hingenommen wurden, 8. die planmäßige Durchsetzung des Judentums und 9. die völlige Auflösung aller kunstgeschichtlichen Begriffe in abstrakte Wahnsinnsäußerungen unter dem Bluff der verschiedenen „Ismen" vor Augen führen. Wenn der Betrachter ferner erfährt, daß sämtliche ausgestellten Mißbildungen aus dem Besitz von staatlichen und städtischen Kunstsammlungen stammen, wenn er die Preise kennen lernt, die einstmals dafür gefordert und bezahlt worden sind, wenn er neben den Namen der „Künstler" die Lobhudeleien und das Phrasengeschwafel ihrer „Kritiker" liest, dann erkennt er mit furchtbarer Deutlichkeit, wie unter dem Deckmantel der Kunst jahrzehntelang deutsches Wesen unterminiert worden ist.

Denn das ist das Entscheidende: hier geht es nicht um Können oder Nichtkönnen der einzelnen Maler, Graphiker und Plastiker, sondern um die Gefährlichkeit der politischen Tendenz, die sie gemeinsam vertreten. Es wird darum auch nicht möglich sein, den Versuch zu machen, sich mit diesem oder jenem Werk auseinanderzusetzen oder etwa Unterschiede im Grad der Entartung aufzuspüren. Es gibt nur das eine entschiedene Nein gegenüber der Gesamtheit dieser kulturellen Schmach und ihrer Vertreter, ob sie im Experiment stecken geblieben oder zur Meisterschaft im Verleugnen des gesunden Kunstempfindens gelangt sind.

Wer durch diese Schau geht, der wird wahrscheinlich vor manchen Bildern stehen und lachen, vor andern fliehen, weil sie so scheußlich sind, daß ihn das Grauen packt, und in jedem Falle erschüttert, betäubt und wie unter einem schweren Alpdruck am Ende sich sagen, daß es zwar entsetzlich war, in diesen Spiegel des fanatischen Hasses auf alles Deutsche, der hemmungslos entfesselten Sexualtriebe, der zynischen Gefühlsverrohung und des vollendeten Wahnsinns mit eigenen Augen zu schauen, daß es aber auch viele Aufschlüsse vermittelt hat, die diesem und jenem doch nicht bisher so klar zum Bewußtsein gekommen sind. Deshalb ist es notwendig — nicht um der Sensation willen oder aus Neugier —, daß jeder Volksgenosse die entartete Kunst einer Zeit, die er noch selbst miterlebt hat, unter den ihm heute zur Selbstverständlichkeit gewordenen politischen, aber auch ethischen und ästhetischen Gesichtspunkten sieht, um vielleicht die bitterste Erkenntnis in sich zu verarbeiten, daß er damals diesen Schmutz zwar nicht anerkannt, aber auch nicht im notwendigen Maße durchschaut hat, und sich zugleich bewußt zu werden, in welchem Maße er sich bereits einer neuen, gesunden und wesensecht deutschen Kunst erfreuen darf. Und auch in dem Besucher aus dem Kreise der Jungen, die nach der Überwindung jenes Teufelsspuks herangereift sind, wird diese Schau nachhaltige Eindrücke auslösen, denn er vermag aus dem Blickwinkel eines neuen Geschlechts zu erkennen, welcher ungeheure Wandel zwischen jenem Gestern und dem Heute liegt, das auch auf dem Gebiete der Kunst dem deutschen Menschen durch den energischen Zugriff seiner Staatsführung eine lichte Zukunft sichert.

Ernst Alfred Eichhorn.

So verunglimpfte der Maler Pechstein eine „Fischerfamilie".

...n der Städtischen Kunsthalle Mann...jahre 1927 angekaufte Machwerk des ... Adler bezeichnete der „Kritiker" ... als „ein sinnlich beglückendes Erlebnis".

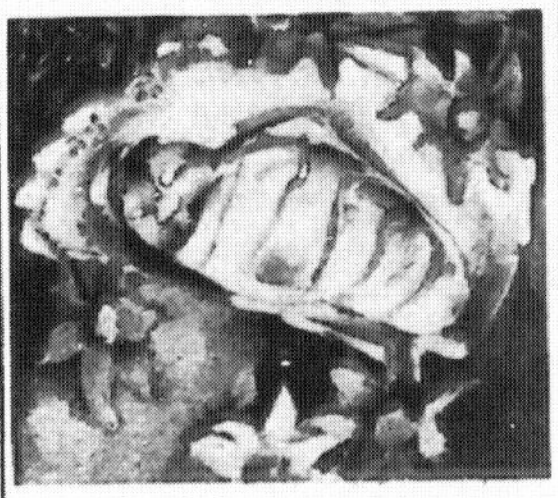

Noch im Jahre 1934 war es möglich, daß dieses von W. Scholz gemalte „Tote Kind" vom Wallraf-Richartz-Museum in Köln für 1000 Mark angekauft wurde.

So beschimpfte — die Ausstellung weist noch viel schlimmere Beispiele dafür auf — der Maler Otto Dix den deutschen Soldaten.

„GA."-Aufnahmen: Tews.

...verschiedene Abteile der klar gegliederten Ausstellung; auf diese Weise sind jeweils der Tendenz und der Form nach zusammengehörige Werke in Gruppen ebenso übersichtlich wie schlagkräftig in der Wirkung vereinigt. Die Ab... ...mit „künstlerischen" Mißbildungen, die der Verspottung religiöser Empfindungen dienen, beherrscht der „Christus" von Gies, der bekanntlich nach seiner Entfernung aus dem Lübecker Dom eine Zeitlang im Besitz des Museums der Stadt Stettin war.

92 Artikel zur Ausstellung »Entartete Kunst«, Stettin 1938/39; Stettiner General-Anzeiger, 11. Januar 1939 (Staatsarchiv Warschau)

In 4 Tagen über 6000 Besucher in der „Entarteten Kunst"

Photo: Herber

Die Junker der Ordensburg Krössinsee in der Ausstellung „Entartete Kunst". Ein Führer durch die Schau gibt zu jedem „Bild" eine entsprechende Erklärung

Die Ausstellung „Entartete Kunst" wurde bisher in Stettin von rund 6000 Volksgenossen besucht, die mit Entrüstung und verständnislos auf die Bilder schauten, die eine vergangene Zeit als Kunstwerke verherrlichte.

Gestern nachmittag, kurz nach 16 Uhr, trafen auf dem Stettiner Hauptbahnhof mit einem Sonderzug etwa 700 Junker der Ordensburg Krössinsee ein, die anschließend die Ausstellung „Entartete Kunst" im Landeshaus besichtigten. Die Junker der Ordensburg wurden in Gruppen durch die Ausstellung geführt, wobei die Ausstellungsleitung Erklärungen zu den einzelnen Bildergruppen gab.

Am Abend wohnten die Junker der Aufführung des „Zigeunerbaron" (Operette von Johann Strauß) im Stadttheater bei.

93 Artikel zur Ausstellung »Entartete Kunst«, Stettin 1938/39; Pommersche Zeitung, 15. Januar 1939 (SBBPK, Haus 2)

Kunst der Irrsinnigen und irrsinnige Kunst

Interessante Gegenüberstellungen in der Ausstellung „Entartete Kunst" im Landeshaus

Selbstbildnis Kokoschkas Photos: Gerardi

Selbstbildnis eines unheilbar Geisteskranken

Die Gruppe 7 der Ausstellung „Entartete Kunst" zeigt in interessanten Gegenüberstellungen die Kunstprodukte der modernen entarteten Maler vor 1933 mit dem Schaffen unheilbarer Geisteskranker aus der Irrenanstalt Heidelberg.

Diese Gegenüberstellungen sind mehrmals aufschlußreich; denn ohne die hinweisende Beschriftung würden wir als Irrenkunst die Schmierereien der durch jüdische Propaganda hochgelobten Systemjünger bezeichnen. Um wieviel schlimmer ist es, daß diese Machwerke von ihren Produzenten bewußt als geniale Visionen gepriesen wurden, diese Machwerke, die nach unserer nationalsozialistischen rasse- und artgebundenen Kunstauffassung allen schöpferischen Gesetzen der Kunst ins Gesicht schlagen. — Wir zeigen heute zwei Ausschnitte aus den Gegenüberstellungen.

Die Ausstellung „Entartete Kunst" im Landeshaus war am Sonntag den ganzen Tag außerordentlich stark besucht, sie mußte sogar wiederholt wegen Überfüllung geschlossen werden. Im ganzen wurden rund 6000 Besucher gezählt. Ein großer Teil von den Besuchern war aus Greifswald mit einem Sonderzug gekommen. Da an den letzten Ausstellungstagen die Ausstellung erfahrungsgemäß besonders stark besucht ist, sollte jeder, der ein Anstehen vermeiden will, schon in den allernächsten Tagen kommen.

Die Ausstellung ist den ganzen Tag von 10 bis 21 Uhr geöffnet (Einlaß bis 20 Uhr), damit es möglich ist, sich in den Vormittags- und Mittagsstunden die Ausstellung besonders eingehend anzusehen. Jugendliche unter 18 Jahren haben keinen Zutritt.

94 Artikel zur Ausstellung »Entartete Kunst«, Stettin 1938/39; Pommersche Zeitung, 24. Januar 1939 (SBBPK, Haus 2)

Was mag das krumme Etwas sein?

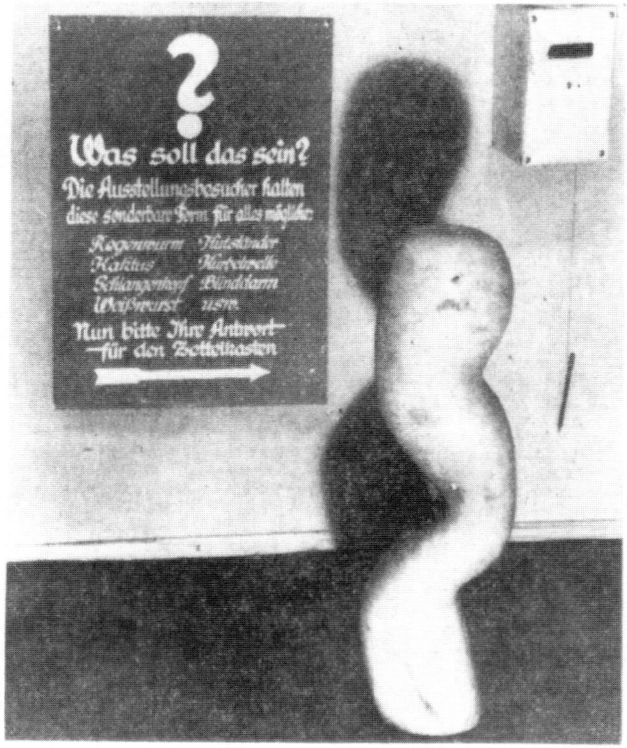

Photo: Herber

Hier sehen Sie selbst das „Kunstwerk": was halten Sie davon?

Die Ausstellung „Entartete Kunst" findet weiter starken Zuspruch von allen Seiten der Bevölkerung. Von den zahlreichen Ausstellungsstücken interessieren z. B. auch stark die Plastiken, die angeblich „künstlerisch" sein sollen. Um nun gerade an diesen Beispielen den verbrecherischen Unsinn der Kulturbolschewisten zu dokumentieren, hat die Ausstellungsleitung die Besucher aufgefordert, auf einem Zettel ihre Ansicht über die künstlerische Absicht des „Kunstwerkes" aufzuschreiben. Die Zettel werden in einem Briefkasten gesammelt.

Die Plastik ist wohl nach folgendem Rezept hergestellt worden, das die entarteten Künstler einer vergangenen Zeit wohl im Grundsatz alle beherzigten:

Man nehme ein Stück Marmor, verbinde sich die Augen, ergreife Hammer und Meißel und arbeite eine halbe Stunde lang auf den Stein los. Wo's trifft, ist vollständig gleich. Nach der halben Stunde nehme man die Binde ab und lasse das fertige Kunstwerk polieren. Man stecke es dann säuberlich — in Holzwolle gewickelt — in eine Kiste, sende es an das nächste Museum und kassiere dafür Tausende ein.

Man lächelt heute darüber — man sollte wütend sein! Wütend, daß es Leute fertig bekommen haben, die für andere Zwecke notwendig gebrauchten deutschen Gelder für solchen Schund auszugeben! Mit schonungsloser Offenheit erkennen heute glücklicherweise die Volksgenossen, wie entartet einst die Kunst war. Hier einige der schriftlich niedergelegten Urteile:

„Arbeit eines Geisteskranken", „Geistiger Spulwurm", „Klumpen Unglück", „Versteinerter Gehirntropfen eines Wahnsinnigen", sagen viele, kurz kennzeichnend. — Die Praktischen wiederum meinen „Ein Stück gerollter Teig", „Warm gewordenes Talglicht ohne Docht" oder „Bandwurm". Und endlich bündige Urteile, die die Sachlage sehr gut kennzeichnen: „Keine Ahnung!" und „Es wird niemals je festgestellt werden können, schadet auch nicht".

Das offene, ehrliche Urteil der Besucher ist der schlagendste Beweis dafür, wie richtig und wie wichtig die Ausstellung ist und mit welchem Recht sie den Namen trägt „Entartete Kunst".

95 Artikel zur Ausstellung »Entartete Kunst«, Stettin 1938/39; Pommersche Zeitung, 17. Januar 1939 (SBBPK, Haus 2)

96 *Oben* Artikel zur Ausstellung »Entartete Kunst«, Stettin 1938/39; Stettiner General-Anzeiger, 19. Januar 1939 (Staatsarchiv Warschau)

97 *Unten* Artikel zur Ausstellung »Entartete Kunst«, Stettin 1938/39; Pommersche Zeitung, 28. Januar 1939 (SBBPK, Haus 2)

Jüdischer Unsinn – in Wort und Bild

GA.-Aufnahmen: Tews.

Die Ausstellung „Entartete Kunst", die täglich im Landeshaus von 10 bis 21 Uhr geöffnet ist und nach wie vor ein außerordentliches Interesse findet, enthält u. a. auch „Kunst"-Äußerungen jüdischer Schmierfinken, die in ihrer arteigenen Frechheit ihre sinnlosen Machwerke als die neue volksbeglückende Kunstform ansahen. Dieses Stilleben eines Juden Chagall gleicht der hilflosen Kleckserei eines ungewandten Kindes, und die Wortklauberei, die ein anderer Hirnverbrannter dazu erfand, um den tieferen Sinn dieses Unsinns zu verdolmetschen, ist ihrem Vorbild ebenbürtig. Heute erzeugt solche Kunst nur ein befreiendes Lachen — und das ist gut so, denn nichts tötet besser als Lächerlichkeit! „Bild" und „Gedicht" sind nur ein paar Kostproben aus der Fülle der Eindrücke, die die Ausstellung „Entartete Kunst" dem aufmerksamen Beschauer vermittelt. Niemand sollte daher die Ausstellung, die noch bis zum 5. Februar geöffnet sein wird, versäumen.

Zeitgenössische Lyrik

An eine Zeichnung Marc Chagalls

Gedicht 28

Spielkarte leiert Fisch, der Kopf im Fenster.
Der Tierkopf giert die Flasche.
Am Hüpfemund.
Mann ohne Kopf.
Hand wedelt saure Messer.
Spielkarte Fisch verschwenden Knödel Flasche
Und eine Tischschublade.
Blöde
Und innig rundet Knopf am Tisch.
Fisch drückt den Tisch, der Magen übelt Schwerter
strich.
Ein Säuferstirl äugt dumm das kluge Tier.
Die Augen lechzen sehr den Duft der Flasche.

Kurt Schwitters

Jüdische „Künstler" in der Ausstellung „Entartete Kunst"

Zu diesen Machwerken, die den Juden in seinem kulturzerstörenden Element zeigen, schrieb die zeitgenössische Kritik zum Bild links: „... Das alles in reichem, dabei einheitlich hineingedämpftem Farbakkord, der etwas pelzig Dickliches, wunderbar Faules behält, mitten in Abstraktionen von guter Stofflichkeit, ein sinnlich beglückendes Erlebnis." Zum Bild rechts: „... Jeder Stein wird geküßt, wird liebkost, jeder Zaun, jedes Schwein, jedes Haus, jedes Weib, jeder Narr. Und Juden, Juden schießen aus dem Boden empor — grüne, violette und rote, weißbärtige, schwarzbärtige, betende, fiedelnde, auf dem Kopfe stehende, in der Luft fliegende, — namenlos, zahllos ... Chagall hat sie selbst im Gespräch eine ‚jüdische Katastrophe' genannt ..." — Die Ausstellung im Landeshaus, Stettin, ist täglich von 10 bis 21 Uhr geöffnet

Photos: Gerardi

6000 Sonntagsbesucher!

Die stilleren Stunden zum Ausstellungsbesuch benutzen.

Die Ausstellung „Entartete Kunst" im Landeshaus war am Sonntag den ganzen Tag über außerordentlich stark besucht und mußte wiederholt wegen Überfüllung geschlossen werden. Im ganzen wurden rund 6000 Personen gezählt. Ein großer Teil von den Besuchern war aus Greifswald in einem Sonderzug gekommen.

Da an den letzten Ausstellungstagen die Ausstellung erfahrungsgemäß besonders stark besucht ist, sollte jeder, der ein Anstehen vermeiden will, schon in den allernächsten Tagen kommen. Die Ausstellung ist den ganzen Tag von 10 bis 21 Uhr geöffnet (Einlaß bis 20 Uhr), damit es möglich ist, auch in den Vormittags- und Mittagsstunden sich die Ausstellung anzusehen. Jugendliche unter 18 Jahren sind grundsätzlich vom Besuch ausgeschlossen.

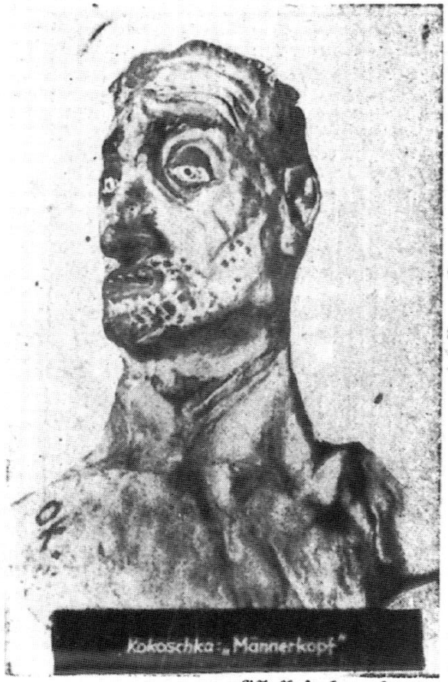

GA.-Aufnahme: Tews.

Eine kleine Kostprobe von entarteter Kunst: Ein Männerkopf von dem „Künstler" Kokoschka, ein geradezu abscheuliches Machwerk, das mit Tausenden von Mark bezahlt wurde.

Ausstellung
Entartete Kunst
Für Jugendliche verboten!

vom 11. Jan. bis 5. Febr. im Landeshaus
täglich geöffnet von 10—21 Uhr
Verbilligte Eintrittskarten bei allen Dienststellen der NSDAP.
überall spricht man davon

---

20 Jahre Kulturverfall
zeigt die Ausstellung →
Entartete Kunst im Landeshaus
Noch bis 5. Februar täglich von 10-21 Uhr geöffnet (letzter Einlaß 20 Uhr)   Jeder muß diese einmalige und einzigartige Schau gesehen haben!

Eine Ausstellung des Grauens!
Bereits über **50000** erschütterte Besucher sahen die
Entartete Kunst
Nur noch bis Sonntag, den 5. Februar 1939, im Landeshaus - Täglich von 10-21 Uhr (letzter Einlaß 20 Uhr) - Für Jugendliche verboten

---

98 *Links* Artikel zur Ausstellung »Entartete Kunst«, Stettin 1938/39; Stettiner General-Anzeiger, 24. Januar 1939 (Staatsarchiv Warschau)

99-101 *Von oben* Anzeigen zur Ausstellung »Entartete Kunst«, Stettin 1938/39; Pommersche Zeitung, 15., 22. und 30. Januar 1939 (SBBPK, Haus 2)

Anschauungsunterricht in der „Schreckenskammer“

Die Eröffnungsfeier in der Ausstellung „Entartete Kunst“ – Grauenhafte Originaldokumente des Kulturbolschewismus in Deutschland

Gauleiter Sauckel bei Besichtigung der Sonderausstellung „Entartete Musik“
(Bild: Gaufilmstelle, Gernhardt)

Am Donnerstag eröffnete Gauleiter und Reichsstatthalter Fritz Sauckel in Anwesenheit zahlreicher führender Persönlichkeiten des Gaues Thüringen in Partei, Staat, Kultur und Kunst die von der Reichspropagandaleitung zusammengestellte Ausstellung „Entartete Kunst“, die fünf Wochen lang im Landesmuseum in Weimar (unterhalb des Hauptbahnhofs am Gelände der Parteibauten) zu besichtigen ist. Erweitert wurde diese Ausstellung durch eine Abteilung „Entartete Musik“, die von Dr. Severus Ziegler und Paul Sixt zusammengetragen und im Vorjahre in Düsseldorf erstmalig gezeigt wurde.

Gauleiter und Reichsstatthalter Fritz Sauckel

stellte seine Eröffnungsrede hinein in das große Zeitgeschehen unserer Tage. Durch die triumphale Wiederherstellung des großdeutschen Raumes inmitten Europas, eines unüberwindlichen politischen und wirtschaftlichen Raumes und damit einer nationalsozialistisch geprägten Großmacht, offenbare sich gleichzeitig wie mit unwiderstehlicher Gewalt die moralische, sittliche und kulturelle Macht deutschen Geistes. Wir erlebten mit der Wiederherstellung des großdeutschen Raumes die revolutionärste und grandioseste Neuordnung der politischen und wirtschaftlichen Kraft, und gleichzeitig die erhebendste Epoche der Welt überhaupt und der in ihr wirksamen Kräfte. Das sei letzten Endes auch der Grund, weshalb sich angesichts dieser Umwälzung die Welt in Hetzpropaganda und Konzentration feindlicher Kräfte, wie sie nur aus dem Geiste des Judentums denkbar sind, sich geradezu überschlage. Man sei sich natürlich klar darüber, daß die Wiederherstellung Großdeutschlands und die Wiedererrichtung einer wahrhaft deutschen Kultur sich gegen den größten Antipoden des deutschen Geistes, gegen das Judentum, auswirkt. Deutschland hat der Weltverschwörung ein Ende bereitet, Judas Weltherrschaftsträume auf allen Gebieten des Lebens sind in zwölfter Stunde vom genialsten und positivsten Geist, den das Abendland je in seiner Geschichte hervorgebracht hat, von Adolf Hitler, total zerstört worden.

Die furchtbaren Zerstörungen, die das Judentum auf politischem und wirtschaftlichem Gebiet in Rußland, Spanien und sonstwo, aber vor allem auch in Deutschland in der Zeit nach Versailles angerichtet hatte, das habe jeder Deutsche so gründlich am eigenen Leibe erfahren, daß darüber Unklarheiten wohl nicht mehr bestehen könnten. Aber nicht für jedermann sichtbar wurden die furchtbaren Zerstörungen, die die zersetzende Kraft des Judentums auf dem Gebiete der Kunst, Kultur und von Sitte und Moral angerichtet hat. Diesen Anschauungsunterricht wolle nun die Ausstellung „Entartete Kunst“ vermitteln, die nach den Worten des Gauleiters eine Schreckenskammer schlimmster Art darstellt und die niemand verlassen werde, ohne auf das furchtbarste erschüttert und beschämt zu sein. Beschämend für das deutsche Volk sei nicht nur die Tatsache, daß solche furchtbaren Machwerke perverser Entartung in Deutschland geschaffen wurden, sondern noch vielmehr, daß sich Kritiker fanden, die sie verherrlichten und daß sich in Deutschland Käufer fanden auch in Behörden. Die Anfänge dieser Zersetzung seien aber nicht erst im Jahre 1918 zu suchen, sondern man könne sagen, daß diese Zeit mit dem Abgange Bismarcks begann. Von den Thesen eines Moritz Goldstein vom Jahre 1912 in der damals führenden deutschen Kunstzeitung ergebe sich bis zur Revolution Adolf Hitlers, die auch die Entfaltung eines neuen deutschen Kunstlebens sich zur Aufgabe stellte, eine ununterbrochene Linie zum Kulturbolschewismus. Angesichts der Eröffnung dieser Schreckenskammer, deren Werke einstmals als „Kunstwerke“ gepriesen werden durften, gebühre dem Führer und seinen Männern wie Goebbels und Rosenberg als den bahnbrechenden Führern im Kampfe gegen die Widerkultur, gegen die Unzucht des Geistes und gegen die Entartung überhaupt der tiefste Dank. Der Gauleiter dankte auch Dr. Ziegler, daß er dieses furchtbare Material auch den thüringischen Volksgenossen zur Kenntnis bringt und daß er in Weimar die Ausstellung auch auf das Gebiet der Musik ausgedehnt hat.

Mit einem Appell an die thüringischen Künstler, nach ihren Kräften sich für eine wahrhaft abendländische Kunst einzusetzen, hieß der Gauleiter die Ausstellung eröffnet.

Im Anschluß an die Rede des Gauleiters sprach Gaukulturamtsleiter Staatsrat Dr. Hans Severus Ziegler grundsätzliche und einführende Worte zu den beiden Ausstellungen. Er ging dabei von einem im Jahre 1913 geprägten Wort seines Lehrmeisters und Mitkämpfers Adolf Bartels aus: „Man stiehlt uns die Seele und saugt uns das Mark aus den Knochen“. Der Führer strebe nach einer germanisch-deutschen Kultur hin, die Jahrtausende überdauern soll. Um dieses Ziel zu erreichen, müsse der deutsche Mensch im musischen Sinne und zur Bejahung des Kampfes erzogen werden. Die beiden Ausstellungen sollen dazu dienen, die Instinkte zu klären und zu festigen und vor allem der heranwachsenden Jugend klar zu machen, daß der Geist des Kulturbolschewismus nur auf Zersetzung gerichtet ist. Ihr wird hier eine Krankheit vorgeführt, die sie kennen muß, damit sie weiß, warum sich die deutsche Nation für alle Zeiten vor einer Wiederholung zu schützen hat.

Dr. Ziegler wies zum Schluß darauf hin, daß alle Ausstellungsgegenstände auch bei der „Entarteten Musik“ Dokumente aus Reichsarchiven seien. Man hat bei der Darstellung der Verfallserscheinungen in der Musik auf das Mittel der Karikatur verzichtet, um die „Werke“ und ihre Autoren für sich selbst zeugen zu lassen.

Im Anschluß an die Eröffnung fand eine Besichtigung der beiden Ausstellungen statt.

102 *Unten rechts* Landesmuseum Weimar. Hans S. Ziegler eröffnet die Ausstellungen »Entartete Kunst« und »Entartete Musik« am 23. März 1939 (Thüringer Gauzeitung, 24. März 1939; StA Weimar)

103 *Große Abbildung* Artikel zur Ausstellung »Entartete Kunst«, Weimar 1939; Allgemeine Thüringische Landeszeitung Deutschland, 24. März 1939. Links (in schwarzer SS-Uniform) Gauleiter Sauckel, rechts (über die Vitrine gebeugt) Hans S. Ziegler; vgl. Abb. 145 (STA Weimar)

Donnerstag, den 23. März „Thüringer Gauzeitung" Jahrgang 19..

R. Hausmann: „Der Maschinenmensch".

Max Ernst: „Erschaffung der Eva".

Hochplastik von Schmidt-Rottluff

Frechheit - auf die Spitze getrieben!

Grauenhaftes Schlußkapitel des Kulturzerfalls vor der großen Wende - Heute eröffnet der Gauleiter und Reichsstatthalter im Weimarer Landesmuseum die Ausstellung „Entartete Kunst"

Heute vormittag wird vor einem Kreis geladener Gäste im Landesmuseum in Weimar die Ausstellung „Entartete Kunst" eröffnet. Gestern war bereits der thüringischen Presse Gelegenheit gegeben, einen Gang durch die von der Reichspropagandaleitung Amtsleitung Kultur zusammengestellte Schau zu machen. Weimar ist die neunte Stadt, in der die Ausstellung seit der Eröffnung in München ihre schändlichen „Kunstwerke" zeigt; insgesamt haben sich 65 deutsche Städte um sie bemüht. Diese grauenhaften Dokumente kulturbolschewistischer Zersetzung sind einzigartiger, wirksamster Anschauungsunterricht und beweisen, wie weit vor der Wende jüdisch durchseuchte Frechheit ging und was gewissen- und charakterlose Lumpen deutschen Menschen vorzusetzen wagten.

Die Ausstellung, die Weimar und darüber hinaus der Gau — vorerst sind 10 Sonderzüge geplant —, zu sehen bekommt, beweist auch dem Laien, daß in dieser entarteten Kunst Prinzip steckte, bewußter politischer Anarchismus, der weltanschauliche, rassische und unmoralische Ziele konsequent verfolgte, um die deutschen Kulturideen radikal zu zerschlagen. Gewiß haben eine Reihe Mitläufer und Nachbeter diesem Rummel tatkräftig zugestimmt. Die „Entartete Kunst" stellt eindeutig heraus, daß hier von nebensächlichen, „harmlosen Jugendeseleien" keine Rede sein kann. Sie haben in den Jahren des bolschewistisch-jüdischen Generalangriffs auf deutsches gefährdetes Kunstempfinden mit in der vordersten Front gestanden und sich mit verlogenen Besessenen wie Idioten und Paralytiker reinsten Wassers gebärdet. Sie ein für allemal auszuschalten und zu verhindern, daß im Trüben fischende Cliquen sie eines Tages wieder zu berufenen Schrittmachern ausschreien, ist ebenfalls einer der Hauptzwecke dieser vom Führer selbst angeregten, ungemein einprägsamen Abnormitätensammlung.

In neun Gruppen ist die Ausstellung aufgeteilt. Der Besucher schreitet durch die einzelnen Räume mit wachsender Empörung, die sich in unzweideutigen Urteilen Luft macht, gegenüber den wahnwitzigen Schmierereien wie auch gegenüber den Leitern der Institute, die vor der Wende Tausende von Mark zum Ankauf solcher Sudeleien zu verwenden wagten. Wir erfahren, daß diese unfähigen, moralisch defekten sogenannten „Künstler" lebhaftes Echo in ihrer gleichgesinnten Presse fanden, und daß man auf diese Weise „Wunderkinder" vom Formate Kokoschkas, Schmidt-Rottluf, Dix', Groß' und Konsorten züchtete, die allesamt jedem Irrenhaus zur Zierde gereicht hätten.

Die „Thüringer Gauzeitung" wird bis zum 24. April, d. h. bis zum Ende dieser Ausstellung, noch des öfteren Gelegenheit nehmen, den Leser auf das aufklärende Raritätenkabinett im Landesmuseum hinzuweisen. Darum mag für heute ein erster Ueberblick genügen:

In Raum 1 sind Klecksereien und bewußt verzerrte Zeichnungen zusammengestellt, die jedem Form- und Farbenempfinden Hohn sprechen und bei Morgner wie bei C. Rohlfs zur Verachtung alles Handwerklichen führten. Die christliche Kunst im Dienste der Gottlosenpropaganda ist Inhalt der nächsten zusammengehörigen Arbeiten, die wie Hexenspuk anmuten. Kaum glaublich, daß solche ekelerregenden Schauerstücke gar Eingang in deutsche Kirchen fanden. Unvorstellbar, daß man Nolde 25 000 Mark für sein Schauerstück „Christus und die Sünderin" zahlte. Gottseidank haben solche Machwerke mit deutscher Religiosität nicht das Geringste zu schaffen. Elendsgesichter und großtendenziöse Proletkunst sind Ausdrucksmittel der nächsten Bildergruppe, die die politische Anarchie in jedem Pinselstrich zur Schau tragen und das Klassenkampfmerkmal verherrlichen.

Diese Gruppe stößt auf Steigerung noch im folgenden Raum, der „Kunst" im Dienst marxistischer Propaganda für die Wehrpflichtsabotage offenbart. Otto Dix, gebürtiger Geraer, George Grosz, Felixmüller haben hier Brechreiz erregende Zerrbilder von Kriegskrüppeln mit aller Raffinesse und Niedertracht auf die Leinwand gebannt, um jede soldatische Tugend in den Schmutz zu ziehen.

Von dieser schändlichen Kriegsgreuelpropa-

daß die Fertiger dieser Machwerke in Deutschland ihre Heimat gehabt haben sollen. Der Neger und Südseeinsulaner ist malerisches Objekt geworden.

Interessant ist der Vergleich, den die nächste Abteilung bietet: Gegenüberstellung der damalig „modernen" Kunst mit Schöpfungen Geisteskranker. Um wie vieles gesünder muß nach diesen Beispielen der wirkliche Idiot gewesen sein. Wer nur waren die Verbrecher,

Paul Klee: „Das Lamm".

ganda bis zur moralischen Seite der Kunstentartung ist nur noch ein Schritt. Für Maler dieses Genres war die Welt ein einziges großes Bordell. Untermenschentum triumphiert. Es wird die Dirne idealisiert und die Mutterschaft abgrundtief verhöhnt. Diese Abbildungen sind Ausdruck des bolschewistischen Programms und stellen in aller Deutlichkeit heraus, wohin Deutschland gekommen wäre, wär nicht der Führer Retter geworden. Planmäßige Abwürgung jeglichen Rassebewußtseins wird uns in der nächsten Bildergruppe „veranschaulicht". Man kann nicht glauben,

die für derartige Plastiken und Graphiken noch hohe Preise zahlten? Gehören sie nicht ebenso hierher und im Bilde neben die von ihnen Geförderten gehängt? Den größten dieser Gesinnungsschurken hat man bereits überlebensgroß im Photo verewigt, den Getreidejuden Alfred Flechtheim, der sich später im roten Deutschland zum Kunstdiktator aufschwang. Um ihn herum sind „Meisterwerke" seiner Artgenossen gruppiert. Die Auswahl ist klein, dafür aber umso instruktiver.

Wir beenden den ersten Rundgang in einer Abteilung vollendeten Wahnsinns.

In ihr ist der Inhalt von Mülleimer[n zu] verdienten Ehren gekommen. Surre[alismus,] wie er heute noch in Frankreich [...] wird, goß außerdem hier Kübel ma[...] getragener Farben über geduldig[e ...] Diese offenkundigen Schwindler [...] ihrer „grenzenlosen Erleuchtung", [...] Preisschilder bekunden, lebten sie [...] Man faßt sich an den Kopf. All di[...] haben deutsch denkende und sich fü[r ...] Art restlos einsetzende Männer [...] sammlungen und Museen unserer [...] herausgeholt. Als Dr. Frick zu[...] Staatsrat Dr. Ziegler und Profess[or ...] Naumburg in Thüringen begann, [...] Erzeugnissen überhitzter Phant[asie ...] Tisch zu machen, erhob sich ein [...] Entrüstung in Europa wie in USA [...] tiefinnerlich froh, daß diese [...] Narretei zu Ende ist, dem Dadais[...]mus und Futurismus in de[n ...]tempeln das Handwerk ein für a[llemal gelegt] ist und eine kulturelle Neugeburt [...]sternden großen Ansätzen eingel[eitet] ist. Millionen Menschen sahen im Laufe der Monate diese Ausstellung [...] wird erwartet, daß auch Weimar u[nd darüber] hinaus der Gau Massenbesuch bring[t].

Der „Entarteten Kunst" ist im o[...]werk des Landesmuseums eine S[...] „Entartete Musik" angefügt, [...] Ausschnitt aus der im Vorjahr von Dr. Ziegler und Generalm[...] Sixt erstmalig in Düsseldorf gez[eigten Aus]stellung wiedergibt. Dr. Ziegler [...] vor der Presse in großen Zügen [...] Zweck dieser Sonderschau, die in B[ild] und Noten wertvolles und einmal[iges Ma]terial zusammengetragen hat, um [...] Arnold Schönberg eingeleitete, vo[...] auch aus Prag vertriebenen Leo [...] dem Musikverantwortlichen der [...] verfochtene Unkultur der Atonali[tät ...]prangern und dem Musiker wie [...] lebendig und unvergeßlich ein[...] Auch Krawinsky und Hindemith [...] Ausstellung mit ein. Wir empfehlen [...] Lesern den Besuch dieser Sondersch[au] besonders. Dr. Friedrich [...]

Lipschitz: „Bauhausplastik".

104 Artikel zur Ausstellung »Entartete Kunst«, Weimar 1939; Thüringer Gauzeitung, 23. Februar 1939 (StA Weimar)

Kulturbolschewismus in Wort und Bild

Zwei Machwerke aus der Ausstellung „Entartete Kunst" „Rabbiner" und „Dirne" — Die Ausstellung enthüllt rücksichtslos die jüdisch-marxistische Kunstmache

Die beiden Machwerke „Rabbiner" und „Dirne" sind typisch für den Charakter der „Entarteten Kunst" überhaupt. Wehrt man sich schon einerseits gegen den Gedanken, daß ein von dem Juden Chagall gemaltes Bild „Rabbiner" 1928 von einem deutschen Museum für 4500 ℳ angekauft wurde, so sträubt sich unser Gefühl

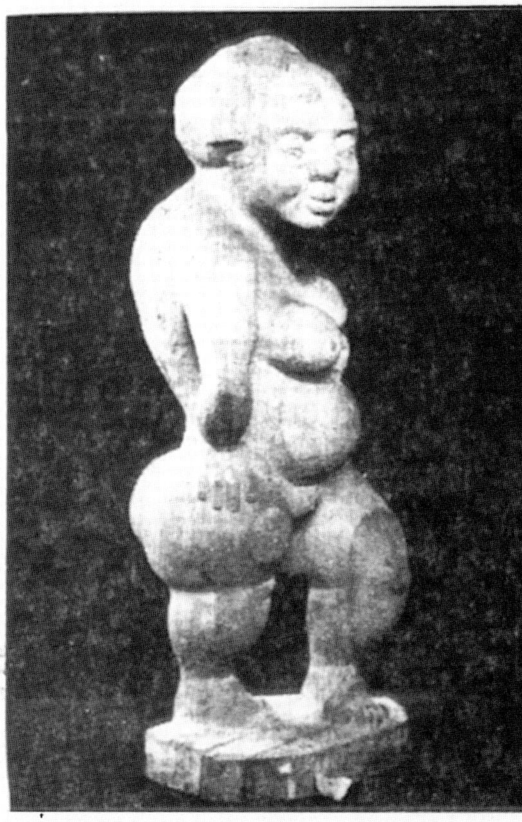

Chr. Voll (früher Professor) „Dirne". In der Ausstellung sind an 30 „Professoren" vertreten. Man kann sich ein Bild machen, welch verderblicher Einfluß an den Kunstakademien herrschte, wenn man sieht, was als Frauengestalt den Kunstjüngern gezeigt wurde

noch mehr, an diesem grünbärtigen Rabbiner inhaltlich Anteil zu nehmen. Er symbolisiert den Talmudjuden, der hier unter dem Davidstern sitzt und vermutlich darüber nachbrütet, wie er der deutschen Rasse Schaden zufügen kann. So wie die deutsche Bevölkerung von der unangenehmen Gesellschaft der Juden befreit wurde, so geschah auch die Säuberung der Museen von allen Werken der Juden und Judengenossen.

Wenn wir das nächste Werk, eine Plastik „Dirne" von Chr. Voll, betrachten, wird uns klar, welche Wege der Kulturbolschewismus ging und welche Methoden er benutzte, um auf moralischem Gebiet unser Volk zu zerstören, nämlich Voranstellung und Verherrlichung des Dirnentums und Verhöhnung der Familie, besonders Verächtlichmachung der Mutterschaft. Die Künstler, die nach dem großen jüdischen Hetzer Wieland Herzfelde „erst die kommunistischen, dann die künstlerischen Interessen zu vertreten hatten, entsprachen ganz den Forderungen des internationalen kommunistischen Manifestes, wo es heißt: „Wir fordern Aufhebung der Familie! Einführung der Weibergemeinschaft!" Mit solchen Einstellungen gingen die „Künstler" an ihr Werk, und das Resultat waren diese Schandwerke. Die ganze Sammlung von über 700 Bildern und Plastiken wirkt darum auf uns so entartet und verkommen, weil sie aus einer artfremden Weltanschauung geschaffen worden sind. Die traurigen Erzeugnisse des Kulturbolschewismus haben nichts mit deutscher Art zu tun; sie mußten als unserer großen Nation unwürdig aus den öffentlichen Museen verschwinden.

Neben der Darstellung von Untermenschentum kam vor allem das Krankhafte und Absonderliche zur Darstellung in der Kunst. Der Führer charakterisierte die Kulturbolschewisten bei der Eröffnung der „Entarteten Kunst" in München wie folgt:

„Und was fabrizieren sie? Mißgestaltete Krüppel und Kretins, Frauen, die nur abscheuerregend wirken können, Männer, die Tieren näher sind als Menschen, Kinder, die, wenn sie so leben würden, geradezu als Fluch Gottes empfunden werden müßten!"

Dies alles enthüllt die Ausstellung „Entartete Kunst" mit rücksichtsloser Deutlichkeit. Das Publikum soll jetzt selbst urteilen, was dem gesunden Volksempfinden zuwiderläuft. Zum Vergleich sind noch mehrere Arbeiten

„Rabbiner" von dem Juden Chagall
(Aufnahmen: Moosmüller)

von Geisteskranken aus der Psychiatrischen Klinik in Heidelberg ausgestellt. Oft kommt man zu dem Urteil, daß das Werk des sogenannten „echten" Künstlers noch verrückter aussieht als das des Geisteskranken.

Der Gesamteindruck, den die Besucher von der Ausstellung mitnehmen, ist ungefähr: „Gott sei Dank, daß diese Zeit des Elends und grauenvollen Durcheinanders nun ganz vorbei ist; ist es doch eine wahre Freude, in einem sauberen Deutschland zu leben und mitzuschaffen."

Dr. Wang

„Entartete Kunst" und „Entartete Musik" sind vom 23. März bis 24. April 1939 täglich ununterbrochen von 10 bis 21 Uhr (letzter Einlaß 20 Uhr) geöffnet.

105 Artikel zur Ausstellung »Entartete Kunst«, Weimar 1939; Allgemeine Thüringische Landeszeitung Deutschland, 11. April 1939 (STA Weimar)

DR. HANS WIECZOREK

„Entartete Kunst"

ZUR AUSSTELLUNG IN WIEN

Rechts oben: Marc Chagall: Selbstbildnis / Mitte: E. C. Kirchner: Das Paar / Links unten: Schmitt-Rottluff: Die Jüdin Rosa Schapira / Rechts unten: O. Kokoschka: Männerkopf

Ein Erlebnis besonderer Art! Wie haben sich die Zeiten und Verhältnisse geändert! Sind wirklich erst sechs kurze Jahre verstrichen, seit man gleiche und ähnliche Ausstellungen besuchen konnte, nur mit dem Unterschied, daß sie unter dem Titel „Moderne deutsche Kunst" gingen? Da trifft man sie alle wieder, die „Kunstheroen" der gottlob dahingesunkenen Systemzeit, die Repräsentanten eines jüdischen und verjudeten „Kunst"betriebes aus den Zeiten der größten Erniedrigung Deutschlands, die einst so hoch gepriesenen Vorbilder der bildenden „Kunst" von Anno 1918 und den folgenden Jahren einer Republik der „Schönheit und Würde"! Da liest man wieder die Namen der Prominenten im Reiche der „Kunst" der Nachkriegszeit, die Groß, Dix, Klee, Kandinsky, Kokoschka, Modersohn, Chagall, Voll, Freundlich, Adler, Margner, Wollheim, Halzmann, um nur einige der „berühmtesten" zu nennen! Wo sind sie hin, die Guten? Die „Türme" des jüdisch-bolschewistischen Kunsttempels aus den Zeiten vor der nationalsozialistischen Revolution? Getürmt! Ausgerückt! Sie haben Großdeutschland den Rücken gekehrt und beglücken heute meist die westeuropäischen und transatlantischen Demokratien mit den Elaboraten ihrer Afterkunst.

Sie sind im Dritten Reich „versunken und vergessen"! Aber ihre Werke folgen ihnen nicht nach – sie sind in eindrucksvoller, übersichtlich gegliederter Schau zusammengestellt und bringen unter dem Titel „Entartete Kunst" nunmehr dem Volke, das in hellen Massen die weitläufigen Räume der durch ganz Deutschland wandernden Ausstellung durchflutet, den erschütternden, eindeutigen Beweis, daß Deutschland 1933 nicht nur politisch, sondern auch kulturell vor dem bolschewistisch-jüdischen Chaos stand. Und das Volk begreift! Menschen aller Stände drängen sich vor den Bildern und Plastiken und fühlen sich nicht erhoben, sondern gehoben. Staunen, Verwunderung, Ekel und Zorn erfaßt den naiven Beschauer, und der anfangs vielleicht bei ihm erregte Lachreiz vergeht beim Durchwandern vor der Erkenntnis, wie ernst die Vernichtung arteigener deutscher Kunst durch die Vertreter des Kulturbolschewismus schon drohte. Aufatmend verläßt man die „heiligen" Hallen, deren Inhalt man wie ein Panoptikum der Perversität empfindet, und freut sich nach so viel Schmutz und Unnatur der Reinheit

Die zeitgenössische Kritik aber sagte:

„. . . Jeder Stein wird geküßt, wird liebkost, jeder Zaun, jedes Schwein, jedes Haus, jedes Weib, jeder Narr, Und Juden, Juden schießen aus dem Boden empor – grüne, violette und rote, weissbärtige, schwarzbärtige, betende, fiedelnde, auf dem Kopfe stehende, in der Luft fliegende, – namenlos, zahllos . . . . Chagall hat sie selbst im Gespräch eine „jüdische Katastrophe" genannt."

F. W. Halle über Marc Chagall in „Das Kunstblatt" 1922/ S. 515

106 a-d Artikel zur Ausstellung »Entartete Kunst«, Wien 1939; Die Pause 4, 1939, Heft 6, S. 65-68 (Hochschule für angewandte Kunst Wien)

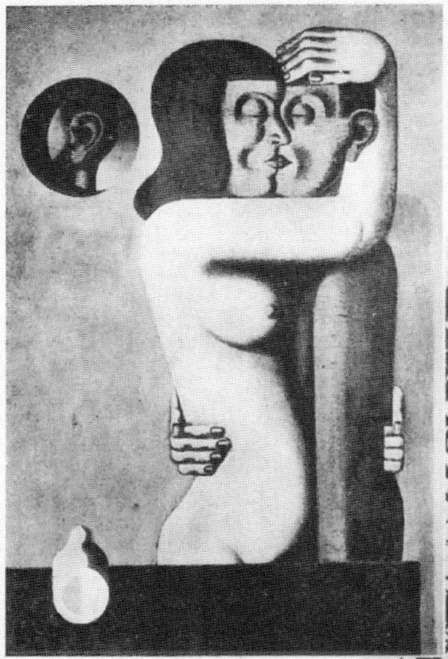

und Natürlichkeit des hellen Tages. Und ist dankbar, daß der Nationalsozialismus auch auf dem Gebiete der bildenden Kunst den früheren Augiasstall mit herkulischer Gründlichkeit ausgeräumt hat.

Die Fülle des Gezeigten ist trotz der übersichtlichen Gruppierung verwirrend. Das war ja auch der Zweck dieser Afterkunst, Verwirrung in der deutschen Kunst anzurichten, zu lähmen und zu entarten. Es war höchste Zeit, daß Wandel geschah! Noch handelte es sich nicht unbedingt um eine Entartung deutscher Kunst, denn es gab noch große deutsche Künstler, die freilich ohnmächtig, aber unbeirrt abseits des semitischen Kunstbereiches standen, sondern um ein Vordrängen und Aufdrängen entarteter orientalischer Kunst, was unschwer bei Leuten wie Chagall, Pechstein, Margner, Stoerle und Baum nachzuweisen wäre. Ein gewisser Teil der Ausstellung enthält national-jüdische Malerei, die als solche nicht gerade

RECHTE SEITE: Links oben: Hoerle: Liebespaar / Mitte: W. Kandinsky: Klänge / Links unten: Grundig: Kranker Knabe / Rechts unten: Otto Dix: Arbeiterbildnis

LINKE SEITE: Links oben: Adler: Mädchen Rechts oben: Zeitgenössische Kritik über Chagall / Links unten: O. Schlemmer: Tänzerin Rechts unten: Kurt Schwitters: Kinderfrühling

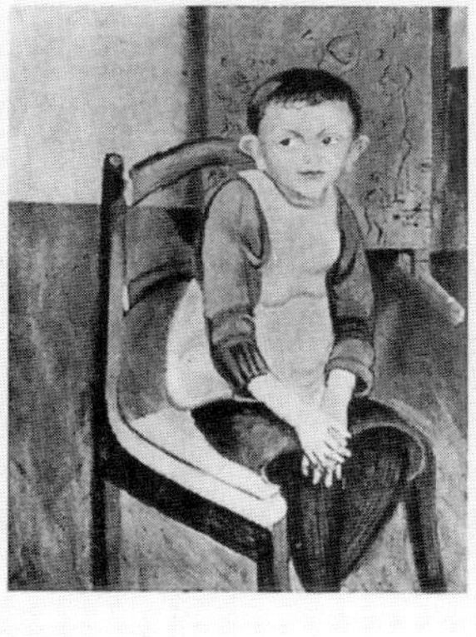

7*

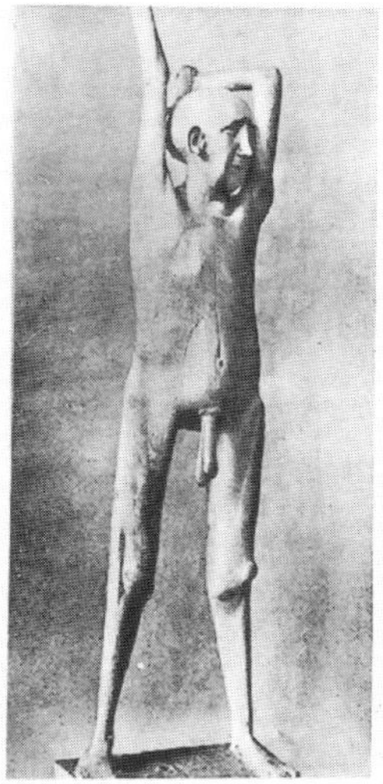

unwahr ist, wofür Maler, wie Adler und Hirsch, als Beispiele gelten können. Die große Menge der ausgestellten Objekte freilich basiert auf ausgesprochener Mache und frechem Schwindel, auf hoffnungslosem Dilettantismus und echt jüdischer Chuzpe. Sinnlose Machwerke von Männern, wie Segal, Molzahn, Schwitters, Kandinsky, Baumeister, Ray, neben den abstrakten mathematischen Konstruktionen eines Schlemmer oder Klee, bezeugen dies ebenso wie die infantilen Akte eines Voll und Kirchner. Hier waltet der reine Bluff, der nie das gesunde Volk verwirrte,

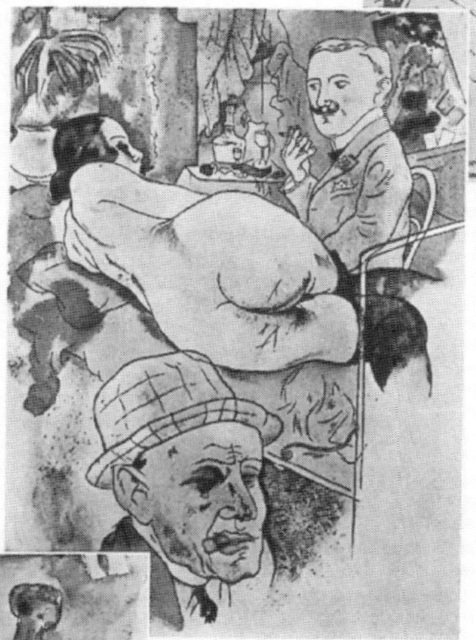

das früher den Kunstausstellungen ja auch meist fernblieb, wohl aber die kleinen Cliquen der Kunst„verständigen" und Kunstenthusiasten, der „Leute vom Fach" und solcher, die es zu sein vorgaben. Es fehlen auch nicht Arbeiten ausgesprochen krankhaften Charakters, wie bei Kokoschka, Grundig oder Fritz Müller, bei denen das Morbide und Psychopathische in die Augen springt. Von ihnen ist es nur ein Sprung zu den erotischen Perversitäten, zu den im Thema schon entarteten Bildern von Dirnen und Zuhältern. Meist sind es ausgesprochene Primitive, die sich hier mit Pinsel und Meißel austoben, was Gestalten, wie George Groß und Dix, denen man technisches Können nicht unbedingt absprechen kann, um so mehr hervortreten läßt.

Links oben: Fritz Müller: Sich räkelnder Mann / Rechts oben: Otto Dix: Verstümmelter und Dirne Mitte: Georg Groß: »Ecce homo« (Seht, welch ein Mensch!) / Links unten: G. Voll: Sitzender Akt am Ofen / Rechts unten: Kurth: Christus

Sämtliche Aufnahmen: Österr. Lichtbildstelle

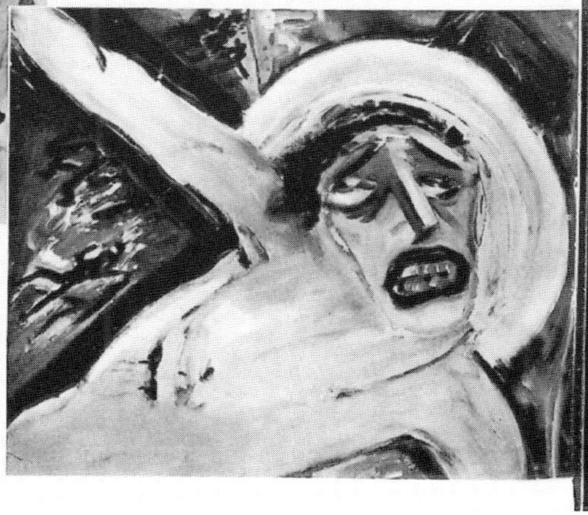

FORTSETZUNG auf Seite 85

Seite 8 Rhein-Mainische Sonntags-Zeitung 9. Juli 1939

KUNST = IRRSINN

Ausstellung „Entartete Kunst" in Frankfurt

Wer durch die Säle des Frankfurter Kunsthauses in der Bockenheimer Landstraße schreitet, glaubt in einem Irrenhause zu sein: aber er merkt sehr bald, daß dieser Irrsinn Methode ist, nämlich die Taktik der Komintern. Der jüdisch-bolschewistische Geist der Entartung der Kunst war bewußte unterminierende Mache; was die Paragraphen des Schanddokuments des Volksmordes noch übrig gelassen, die Vernichtung der deutschen Seele, das besorgte das Kunstgesindel — jedes Machwerk in der Ausstellung „Entartete Kunst" ist eine jüdisch-kommunistische Sprengbombe gegen die deutsche Kultur.

Heute liegen die geistigen Hintergründe dieser furchtbaren Kulturvernichtungsepoche klar; was noch nicht völlig geklärt ist — soweit nicht das Gebiet der hanebüchensten Charakterlosigkeit und Selbstbeschmutzung in Betracht kommt —, ist der seelische Zustand des künstlerischen Mitläufertums: das Mimikry der „Stilgemeinschaft", die Umschaltung gewisser Leute — aber wir kennen heute unsere Pappenheimer! —, der Bluff mit der künstlerischen Ueberzeugung und ähnlicher fauler Zauber mahnte zu doppelter Vorsicht. Wie weit wir aber schon in den Fängen des Bolschewismus waren, wie blind und taub man für die Irrsinnigkeiten und den Unflat der Kulturbolschewisten war, das zeigt ein Blick auf die Bilder dieser Seite, auf die Manifestationen des Geistes, den man in der Ausstellung „Entartete Kunst" noch einmal nach seiner Unschädlichmachung studieren kann.

Es ist der Geist der Vernichtung; sofern man mit diesem Zeug den Begriff von „Geist" überhaupt noch verbinden kann, ist es der Geist des Hasses auf die Ueberlegenheit der arischen Kultur. Daher auch die Waffen des jüdischen Negativismus! Gab es schon zu Beginn des marxistischen Systems die Losung: alles was nach nationaler oder vaterländischer Gesinnung aussieht, muß lächerlich gemacht werden, so ging man jetzt unter der Aegide des Herrn „deutschen" Kunstpräsidenten Liebermann und des deutschen Reichs-Kunstverderbers Redslob aufs Ganze und deklarierte den Mist und die Irrenhausschmiererei als Kunst. Einer der übelsten dieser Schmierer, Prof. Schmidt-Rottluff, dem man auf der Ausstellung in allen Sälen begegnet, schuf den Reichsadler der Ebert-Republik, und aus allen Gossen und Bordellen drängten die Ratten der System-Kunst mit dem Hammer- und Sichelglauben hervor, um das Deutschland der Dürer, Grünewald, Wagner, Thoma zu zerstören. Wie und mit welchen Mitteln — das zeigt noch einmal der Irrsinn, nein, die methodische Gemeinheit der Ausstellung „Entartete Kunst". Jedes Produkt ein Dolchstich in den Rücken des Volkes! Anarchie der Kultur bedeutet das gleiche wie Bolschewismus. Und das war die Propaganda der Kultur-Unterwelt gegen alles was groß, erhaben und leuchtend war, vor allem gegen die Wehrkraft und das Soldatentum, das, seit die Welt besteht, noch nicht derart in den Kot gezogen wurde, wie durch die Dix und Konsorten.

Eine holländische Zeitung der „Telegraaf" schrieb über die Münchener Ausstellung „Entartete Kunst": „Die Machwerke aus der Aera der Verfallzeit bewiesen in einer erstaunlichen Fülle die Wahrheit des Satzes, daß in der Zeit dieser Verirrung erst die Perversität den Erfolg eines sogenannten Kunstwerks verbürgt hat!" Wie sehr diese unbefangene ausländische Stimme den Nagel auf den Kopf traf, zeigt die infame Prostituierung der Frau, der Ehe, des Familienlebens, der Eltern- und Kindesliebe; die Hure ist das Ideal des Kunstbolschewismus, und nach der stinkenden Kloake kommt gleich das Irrenhaus und der blühende Blödsinn, wie er sich zu dem hier wiedergegebenen „Bilde" des Juden Chagall in den „Versen" des Trottels Schwitters findet: „Spielkarte leiert Fisch / der Kopf im Fenster / Der Tierkopf giert die Flasche / Am Hüpfemund / Mann ohne Kopf / Hand wedelt saure Messer. / Spielkarte verschwenden Knödel Flasche / Und eine Tischschublade / Blöde / Und innig rundet Knopf am Tisch / Fisch drückt den Tisch, der Magen übelt Schwerterstrich / Ein Säuferstiel augt dumm das kloae Tier / Die Augen lechzen sehr den Duft der Flasche." Gedichtet von August Schwitters in den „Silbergäulen".

Das ist die Kunst, für die der Direktor der Dresdener Kunstsammlungen Dr. Paul F. Schmidt, der Beschirmer des gemeinsten Subjekts der Gottlosenpropaganda, des berüchtigten George Grosz, binnen weniger Jahre eine halbe Million Reichsmark „anlegte". Alles aus den Steuergroschen des armen, ausgebeuteten, betrogenen und lächerlich gemachten deutschen Volkes!

Wohin man blickt — Korruption, Stunk, Verwesung, Mumien und Gespenster! Das Ganze das Bild des jüdisch-bolschewistischen Generalangriffs auf deutsche Kunst und Kultur, das Bild eines zwischen notorischem Kretinismus und unvorstellbarer Schweinerei sich bewegenden Kunstverfalls, dem erst das wiedererwachte rassische Selbstgefühl des deutschen Volkes ein rasches und völliges Ende bereitete. Was die Ausstellung „Entartete Kunst" in ihrem dokumentarischen Material zeigt, ist das Reich des Unterirdischen: man lacht heute über die hirnverbrannten Erzeugnisse dieses Geistes, aber in Wirklichkeit ist es eine erschütternde Tragik, denn diese furchtbaren Angriffe auf Seele, Charakter und Gesinnung des deutschen Volkes durften ungestraft und ungehindert aus seiner Mitte heraus unternommen werden; heute erkennt die große Masse des Volkes erst, wie verlottert und verkommen dieses System gewesen sein muß.

H. Th. Wüst

Unten: Bild „3 Monteure" des damals in Frankfurt als Lehrer tätigen W. Baumeister. — Mitte: Jüdische Darstellung zweier Mädchen

Kopfbilder: Farbiges Gefasel und irrsinnige Plastiken, angekauft von deutschen Galerien; das Holzgestell (rechts) war betitelt „Romantisches Tier". — Unten: Das Bild von Anna Blume, der mit „27 Sinnen Geliebten", gemalt von Schwitters.

Bild unten: Eine abstrakte Komposition des Juden M. Chagall — Rekord des Blödsinns einschließlich der zugehörigen Verse. — Rechts Mitte: Ein Entarteter aus Wiesbaden: So sah er tennisspielende Mädchen

Weibliche „Idealfigur" in bolschewistischer Auffassung und Darstellung

Rechts: Wehrsabotage

Aufnahmen Artur Winkelser und Institut für Kultur- und Wirtschaftspropaganda

107 Artikel zur Ausstellung »Entartete Kunst«, Frankfurt am Main 1939; Rhein-Mainische Sonntags-Zeitung, 9. Juli 1939 (Stadtmuseum Düsseldorf, Archiv Lauterbach)

108 Ausstellung »Entartete Kunst«, Frankfurt am Main 1939. Gauleiter Sprenger (4. von rechts) bei der Besichtigung am 22. Juli 1939 (Frankfurter Volksblatt, 23. Juli 1939; StA Frankfurt am Main)

109 Rudolf Hermann, Ausstellungsplakat »Entartete Kunst«, Chemnitz 1939. Lithographie, 47, 3 x 33 cm (Städtische Museen Chemnitz, Plakatsammlung der Städtischen Textil- und Kunstgewerbesammlung, Inv.-Nr. KC 80). Vgl. Farbabb. 10

110 Ausstellungsplakat »Entartete Kunst«, Chemnitz 1939. Buchdruck, 20 x 40 cm (Deutsches Historisches Museum Berlin, Inv.-Nr. P 62/1090; Aufnahme: S. Ahlers, Berlin). Vgl. Farbabb. 11

111 Eintrittskarte zur Ausstellung »Entartete Kunst«, Chemnitz 1939, 5x10,4 cm. (Christoph Zuschlag, Heidelberg)

112 Artikel zur Ausstellung »Entartete Kunst«, Chemnitz 1939; Chemnitzer Tageblatt, 11. August 1939 (StA Chemnitz)

Chemnitzer Tageblatt Nr. 219 — Tägliche Unterhaltung — Freitag, 11. August 1939

Was uns einmal als Kunst aufgeschwatzt wurde

Die Schau „Entartete Kunst" ruft grauenvolle Erinnerungen wach

Heute Eröffnung im Kaufmännischen Vereinshaus

Soll es zum Lachen oder zum Weinen geschehen, daß möglichst jeder, aber auch jeder Volksgenosse zu dieser Veranstaltung komme? So kann man nur heute aus gesicherter Deckung vor solchem Angriffe fragen. Denn das Chaos von 700 „Kunstwerken" mit Begleittexten, das uns hier umgiebt, in das kein vernünftiger Weg der Erkenntnis hinein- und keiner herausführt, ist nicht vom Boden des spanischen Bürgerkriegs hierher verpflanzt, es nannte sich deutsche Kunst der Nachkriegsjahre. Nun soll noch jemand sagen Kunst, es könne überhaupt ohne politischen und weltanschaulichen Hintergrund sein, wenn er hier gesehen, in welcher Gefahr unser Volk, die deutsche Kultur, die deutsche Seele geschwebt hat! Ausgeschlossen vom Besuche bleibt allein die Jugend unter 18 Jahren; es ist schön, daß uns Alten erspart bleibt die Scham vor fragenden Blicken: Und das habt ihr geduldet? womöglich zu verstehen gesucht? vielleicht gar gefördert, indem ihr es kauftet? Nein, der Bürger hat keins von allem ernstlich getan, er hat sich gewehrt, wie er konnte, falls er nicht ein verderbter Snob oder ein freiheitsdürstender roter Revoluzer war. Sonst hätte ja nie die tiefe Kluft zwischen „Künstler" und Volk, soweit eine Kunstgeschichte zurückblickt, entstehen können wie in den Jahren, bevor ein starker Wille und eine starke Handuns von dem fremdblütigen Alpdrucke endlich befreite. Gekauft hat der Bürger als Privatmann das nicht, gekauft haben es die öffentlichen Sammlungen der roten Regierung mit seinen Geldern. Denn als „Ausdruck der Zeit" mußte ja die neue Kunst" vertreten sein. Wie sollte aber eine neue Kunst auf gestürzten Altären eines verspielten Kriegs anders als fessellos sein? Ach, wie erfinderisch waren doch, da die Begriffe fehlten, mit Worten ihre zungenfertigen Fürsprecher, die mit Vorträgen umherzogen, um dem „blöden Bürgervolke" begreiflich zu machen, was es nicht begreifen wollte: daß Kunst keinen oder nur freiheitlichen Inhalt haben darf; lächerlich, von Seele zu reden, Kunst ist für ihre formale „Entwicklung" freizuhalten und ist Selbstzweck. Ja, und hier haben wir die Früchte! Hier wird wohl endlich der verstockteste Betörte dem Betörer fluchen: Nie wieder!

Erich Heckel „verdanken" wir dieses in schreienden Farben gehaltene Zerrbild eines Menschen — Inst. f. Dt. Kultur- u. Wirtsch.-Prop. (2)

Kann man solche Geistesverwirrung überhaupt begreifen? Sie ist nicht über Nacht gekommen. Den vergeßlichen Zeitgenossen ist immer wieder eine kleine Rückerinnerung vonnöten. Mit dem Dogma fing es an: der Deutsche mag ein Dichter und Musiker sein, zu Form und Farbe hat er kein Talent, beides gehört dem Romanen (natürlich auch den getarnten). Das wurde ihm so lange eingeredet, bis er's glaubte. Die Folge: längst vor dem Kriege konnte die flammende Broschüre eines Worpsweder Landschafters (leider ungehört verhallt) die jährliche Einfuhr von Pariser Impressionisten und anderen Sensualisten — Kunst mußte ja international sein! — auf Hunderttausende beziffern. Kunst wurde reine Sache des Handels, ein Wirtschaftsfaktor. Er lenkte sogar aus dem Hintergrunde auch ihre „Entwicklung". Wer in Paris und Berlin das Geld einsackte, das fragte man damals nicht. So öffneten die Themen der Kunst weit unsere Grenzen allen volksfremden Ideen. In Scharen erlagen unsere Künstler, soweit sie nicht Eignes zu sagen hatten, dem „vorbildlichen" westlichen und später auch östlichen Einflusse. So bereitete händlerisch der Jude das Feld vor, bis seine Zeit gekommen, sich selber produktiv in den Vordergrund zu spielen. War es nicht so auch im Theater, im Film? Er wurde der Bringer einer „geistigen" Kunst aus schwüler bolschewistischer Mystik in immer wechselnden Verkleidungen. Noch schien es unverfänglich — bis er mit der Novemberregierung sich auch politisch entlarven durfte. Man muß das alles hier in Originalen sehen, Abbildungen helfen wenig!

Als Chemnitz 1919 erstmalig von Dresden her mit Originalen beglückt wurde, grinste uns Ahnungslose bereits die Fratze einer fertigen Weltanschauung, die uns aufgedrängt werden sollte, entgegen. Bekanntlich ist nichts leichter zu betrügen als das menschliche Auge, das ja auch für die verrückteste Mode aufnahmebereit ist. So wirkte die damalige Ausstellung erheiternd, nur der gemeine Inhalt, meist schmutzige Erotik einer Dirnenmoral, weckte Scham und Grimm zugleich. Mit steigender Not der Inflationsjahre aber stumpfte sich auch das ab, und immer offenkundiger wurde das alleinige politische Ziel, dem die Verseuchung unserer Kultur diente.

Alle ihre Gebiete waren und wurden noch entartet und geschändet: die Religion, die soziale Struktur des Volkes, der Gedanke der Wehrhaftigkeit und ihrer soldatischen Tugenden, die öffentliche und familiäre Moral, der rassische Reinlichkeitsbegriff, die geistige und körperliche Hygiene. Die Kunst als „Kunst" ohne Inhalt und Sinn hatte schon unsere Akademien bezogen und wurde so gelehrt.

Nach diesen Gesichtspunkten ist nun diese ganze Ausstellung der Entarteten Kunst eingeteilt, um sie so übersichtlich, aber auch lehrreich zugleich aufzubauen; denn sie wird auch aus ihrer zeitgenössischen eigenen Literatur, die ausdrücklich sich des Ziels der Zerstörung rühmt, erläutert, damit uns ja das Auge nicht Lügen strafen kann. Der Bringer alles Unheils, der Jude selbst, wird uns auch für sich als Händler und Produzent der „Kunst" vorgeführt mit seinem Ideal des neuen Menschen, den er aus uns machen wollte. Mit diesen acht Gruppen durchmessen wir die ganze Kultur als Beweis, daß nichts unberührt blieb.

Gemein, ja hundsgemein, könnte vielleicht der snobistische Unbelehrbare sagen — aber doch genial! Auch solch perversem Urteile ist der Boden entzogen: eine einführende und alles überblickende neunte Gruppe gibt den Beweis, daß zu dieser „Kunst" kein künstlerisches Können nötig und auch nicht vorhanden war, denn auch das Handwerk ist nach Form und Farbe zersetzt.

Man sieht hieraus, wie bitter notwendig diese Ausstellung war und wie wichtig sie für jeden Volksgenossen ist. Und ich kann es im Voraus sagen, daß keiner sie verläßt, ohne im tiefsten Herzen dem Führer zu danken, der zeitiger als alle das Gift für die deutsche Seele erkannt und danach gehandelt hat. Johannes Rentzsch.

Entartete Musik

Der großen Schau „Entartete Kunst" schließt sich eine Sonderabteilung „Entartete Musik" an, was ohne weiteres einleuchtet, wenn man sich erinnert, wie stark sich einst auch im Bezirke des musikalischen Lebens jüdischer Geschäftsgeist und jüdische Zerstörungssucht geltend machten. Diese Abteilung zeigt Bühnenbilder, Musikalien, Porträts und vieles andere und beherbergt außerdem ein sehr instruktives Schallplattenarchiv, so daß es möglich ist, dem Besucher die ärgsten Beispiele kulturbolschewistischer Machenschaften auf dem Gebiete der Musik unmittelbar zu Gehör zu bringen. Da hört er mit Grausen die Erzeugnisse der Atonalen, vor allem die eines Arnold Schönberg, des „Vaters des Atonalismus". Wie in der bildenden Kunst jener Epoche die Zersetzung und schließliche Auflösung der Form immer mehr um sich griff, so spielte sich in der Musik (Atonalität und Verjazzung) ein ganz entsprechender Vorgang ab. Man faßt sich an den Kopf, wenn man etwa die Verjazzung von Wagners „Tannhäuser" heute hört. Daß so etwas einmal gleichgültig hingenommen, ja vielleicht sogar beklatscht wurde, beweist schlagend, welche grauenvollen Wirkungen der jüdische Zersetzungswille, der sich mit künstlerischen Ergüssen und „Programmen" tarnte, hervorrufen konnte. „Schönberg gehört zu den Kolumbusnaturen. Er schloß der Musik neue Ausdruckswelten auf. Halb verdrängte Melancholien, gestammelte Befürchtungen, Ahnungen, bei denen sich das Auge zum Bersten weitet, Hysterien, die mit uns allen leben, und jenes Heer der Krämpfe: sie werden Klang!" Das schrieb der jüdische Musikliterat Siegmund Pisling über den Juden Arnold Schönberg, und wir haben viele derartige Zeugnisse dafür, wie die Auswüchse jüdischer Musik dem Volke durch hohle Phrasendrescherei schmackhaft gemacht wurden, und so mußte es sich ein Mensch mit unverdorbenen Sinnen schließlich noch gefallen lassen als dumm und beschränkt angeprangert zu werden, wenn er solche Machwerke entrüstet ablehnte.

Die Ausstellung beschwört sie alle wieder herauf, jene Scheingrößen dieser Zeit des Zusammenbruchs der deutschen Musikkultur, Kurt Weill, den Hausdichter des „Dreigroschenoper"-Fabrikanten Brecht, Ernst Krenek, dessen Opern „Jonny spielt auf" oder „Das Leben des Orest" skandalöse Beispiele bewußter Zersetzung waren, Anton Webern, Ernst Toch, Korngold, Schreker und wie sie alle hießen, die die Seele des Volkes vergiften halfen.

Die jüdische Operette mit ihrem brutalen Jazz-Rhythmus war Trumpf; ihre zerstörenden Wirkungen auf alle übrigen Gattungen der Musik sind bekannt genug.

Staatsrat Dr. H. S. Ziegler schreibt in seiner Schrift zu dieser Ausstellung: „Wir bekämpfen den zersetzenden, negierenden, eiskalten Scheingeist, der in den letzten Jahrzehnten verkündete, daß uns Beethoven und Wagner nichts mehr zu sagen hätten, und wir bekennen uns zu der großartigen germanisch-deutschen Musik, deren Geheimnis auch in der Seelentiefe des größten deutschen Genies und Wortdichters

Dieses dadaistische Opus von Hans Arp mutet an wie eine kindische Spielerei, wurde aber als „Kunst" plakatiert

Wolfgang Goethe rauschte, der einmal ausrief: „Der Gesang hebt wie ein Genius gen Himmel und reizt das bessere Ich in uns an, ihn zu begleiten." Dies ist ein Bekenntnis, das sich alle Besucher dieser Schau „Entartete Musik" zu eigen machen werden. Dr. B.

*

Heute abend 8 Uhr wird die Ausstellung die ab Sonnabend 10 Uhr fürs Publikum geöffnet ist, durch Kreisleiter Papsdorf eröffnet. Sie bleibt vom 11. August bis 10. September in Chemnitz und kann täglich von 10 bis 22 Uhr besucht werden (letzter Einlaß 21 Uhr). Für den Eintrittspreis von 0,50 Mark (im Vorverkauf 0,35 Mark) erhält jeder Besucher noch eine Freikarte für das Chemnitzer Städtische Museum. Für auswärtige Besucher ist es wichtig, zu wissen, daß die Reichsbahn dienstags, mittwochs, donnerstags und sonnabends im Umkreis von 75 Kilometern Sonntagsrückfahrkarten ausgibt.

Kleiner Kunstkalender

Die Berechnung erfolgt laut Preisliste

Kunsthütte zu Chemnitz. „Deutsche Malerei der Gegenwart." Unter diesem Titel zeigt die Kunsthütte in ihren Ausstellungsräumen im König-Albert-Museum ab Sonntag, dem 13. August, eine Ausstellung bester deutscher Gemälde der Gegenwart, darunter Werke von Werner Peiner, dem Direktor der Hermann-Göring-Meisterschule für Malerei, Kronenburg/Eifel, Klaus Richter und Karl Storch, Berlin, Leo Samberger, Eduard Steppes, München, Hermann Gradl, Nürnberg und andere. Die Ausstellung gibt im kleinen ein Bild der künstlerischen Höhe und der echt deutschen Haltung der Kunst der Gegenwart in den deutschen Gauen.

Entartete Kunst am Pranger

Kreisleiter Metzner eröffnete die Ausstellung – Der erste Rundgang – Reste einer toten Zeit

Am Sonnabend nachmittag wurde im Hause der Kreisleitung, Waldenburg, Adolf-Hitler-Aue 43, die Ausstellung „Entartete Kunst" durch Kreisleiter Metzner im Beisein zahlreicher Vertreter von Partei, Staat, Gemeinde und Wirtschaft eröffnet.

Als im Sommer 1937 mit der Einweihung des „Hauses der deutschen Kunst" in München die erste repräsentative Kunstausstellung des Dritten Reiches gezeigt wurde, hatte der Präsident der Reichskammer der Bildenden Künste, Professor Ziegler, gleichzeitig eine große Zahl von Machwerken und Schmierereien dekadenter Kunst zu einer Schau zusammengestellt, die unter dem Titel „Entartete Kunst" der Oeffentlichkeit vor Augen führen sollte, wieweit die Entartung und Mißhandlung der Kunst in Deutschland gediehen war.

Hier waren, wenn auch nur zu einem Bruchteil, aus ganz Deutschland diese Ausgeburten geistiger Verwirrung, unverschämter Anmaßung, erschrecklicher Unzulänglichkeit und unglaublichen Nichtkönnens zusammengetragen, die dem deutschen Volke von einer artfremden jüdischen Presse und Agitation als „moderne Kunst", als „große Offenbarung" angepriesen und von einer großen Zahl von Museen für Spar- und Steuergroschen des deutschen Volkes angekauft und ausgestellt worden waren. Geradezu phantastische Schmierereien sind damals zu ungeheuren Preisen von staatlichen und städtischen Instituten erworben worden.

Ein Beispiel entarteter Kunst

Viele Leiter großer Museen hatten nicht eine Spur von dem Verantwortungsgefühl gegenüber Volk und Land, das erste Voraussetzung für die Gestaltung einer Kunstschau sein muß. Die Verwirrung war so groß, daß, wie Präsident Ziegler seinerzeit in seiner Eröffnungsrede ausführte, Werke eines Künstlers, solange er gesund war und aus der Tiefe der Landschaft schuf, der er entstammte, abgelehnt wurden, dann aber plötzlich Interesse fanden, als dieser Künstler nach seinem zweiten Schlaganfall nur noch krankhafte und unverständliche Schmierereien hervorbrachte. Es war eine Sünde und Schande, daß man die Anstalten und Museen mit derartigen häßlichen Klecksereien verkommener Schmieranten vollgehängt hat, während die bodenständige und anständig lebende und schöpfende deutsche Künstlerschaft gerade in diesen Stätten kaum oder nur schlechte Ausstellungsmöglichkeiten fand. Daneben gehörte es auch leider bei manchem Volksgenossen, wenn er zuviel Geld in der Tasche hatte, zum guten Ton, so etwas zu kaufen, um „auch modern" zu sein.

Wenn diese Ausstellung, erneut zu einem Bruchteil, aber in ihrer Vielheit immer noch demonstrativ genug, dann als Wanderausstellung durch alle deutschen Gaue zog, dann sollte damit überall gezeigt werden, wie weit durch diese sogenannten Kunstwerke die Verhöhnung des deutschen Volkes schon fortgeschritten war und wie groß die Verbrechen und Gemeinheiten waren, die man sich unter dem Deckmantel der Kunst erlaubte. Niedrigstes und Gemeinstes waren hohe Begriffe geworden. Die ausgesuchteste Häßlichkeit wurde zum Schönheitsideal. Die Perversität, der Kretinismus wurden verherrlicht, deutsche Helden des Weltkrieges verhöhnt ... Die jüdische Rassenseele offenbarte sich in wahren Orgien in Oel und Stein.

Die Ansprache des Kreisleiters

Unter diesen Gedankengängen stand die kurze Ansprache, die Kreisleiter Metzner der Eröffnung der Ausstellung vorangehen ließ. Kann die Schau auch nur ein Ausschnitt der in München seinerzeit gezeigten Ausstellung sein, so sei sie doch durchaus ausreichend, um ein erschütterndes Bild von dem Krankheitsstand der damaligen Zeit zu geben, da sich eine kranke, dekadente Schicht zur geistig führenden Kaste gemacht hatte und mit schlechten Bildern und Plastiken dem deutschen Volke eine geistige und seelische Haltung aufzuzwingen sich anschickte, die ihm, da sie seiner Art nicht entsprach, fremd und würdelos bleiben mußte. An den Summen, die für solche Schmudeleien vergeudet wurden, kann man die Abgrundtiefe ermessen, in die das Volk in seiner Lethargie und Instinktlosigkeit schon verfallen war, zumal sich viele nicht entblödeten, diese Produkte als Errungenschaften der damaligen Welt zu loben und zu preisen. Die Machtergreifung durch den Nationalsozialismus hat auch auf dem Gebiete der Kunst das Bewußtsein einer großen geistigen Wende und Gesundung geweckt. In krassem Gegensatz zum damaligen Niedergang stehen die Werke von heute. Was damals Verfall und Verweichlichung war, ist heute Kraft, was damals Disharmonie war, ist heute Harmonie geworden. Es ist gut für die, die jene Zeit mitdurchlebt haben, sich ihrer an Hand dieser Schau zu erinnern, die Jugend soll damit nicht mehr behelligt werden, denn was wir hier sehen, sind letzte traurige Ueberbleibsel einer toten Zeit.

Fratzen sehen uns an

Mit Erschütterung konnten sich dann die Gäste und bald nach Eröffnung auch die ersten Ausstellungsbesucher überzeugen, wie grausam man damals mit der Ehre des deutschen Volkes Schindluder getrieben hatte. Nicht allein, daß man mit Kopfschütteln und Unverständnis vor den Erzeugnissen des Futurismus, des Kubismus, des Dadaismus steht oder wie diese Verrücktheiten und Verbrechen an der deutschen Kunst noch alle heißen mögen, viel schlimmer ist der Hohn, der aus allen diesen Schmierereien spricht. Es ist so, daß alles, was einem anständigen Deutschen heilig ist, hier bewußt in den Schmutz getreten wurde.

Es muß einem doch das Grauen ankommen, wenn man sieht, wie das deutsche Soldatentum und das Fronterlebnis bespuckt und besudelt werden, wieder in anderen Werken die deutsche Mutter als Urweib mit dem Ausdruck einer stupiden Blödheit oder als geile Dirne verhöhnt wird, christliche Symbole frech und primitiv lächerlich gemacht werden.

Die Bilder finden durch charakteristische Aufschriften und Zitate von „Literaten" jener Zeit eine lehrreiche Ergänzung, und wem die Bilder noch nicht als Beweis für die Verworfenheit jener Epoche genügt haben sollten, dem werden letztlich davon die Augen aufgehen, wohin diese Zeit getrieben hätte, wenn ihr nicht vom Führer ein energisches Halt zugerufen worden wäre, der dem deutschen Volke und dem deutschen Künstler klar aufzeigte, welchen Weg die deutsche Kunst zu gehen hat, wenn sie ihre große Aufgabe, Künderin deutscher Art und deutschen Wesens zu sein erfüllen will. „Denn", so sagte der Führer in seiner zielsetzenden Rede über die Zukunft der deutschen Kunst am Tage der feierlichen Einweihung des Hauses der deutschen Kunst in München, „der Künstler schafft nicht nur für die Künstler, sondern er schafft genau so wie alle für das Volk. Und wir werden dafür Sorge tragen, daß gerade das Volk von jetzt ab wieder zum Richter über seine Kunst aufgerufen wird."

Bei aller Erschütterung, die die Besucher bei der Schau der gezeigten Gemälde, Plastiken, Graphiken, Skizzen und Anschauungstafeln überkommt, wird man diese Ausstellung aber auch verlassen mit einem Gefühl der Befreiung, das man bei der Anprangerung dieser Mißhandlung und Verhöhnung deutscher Kunst gewinnt. Und man wird — und das ist der tiefste Sinn, den diese Ausstellung hat — aus dem Negativen dieser Schau heraus die Einsicht gewinnen, wie schön und edel es ist, sich an den Werken ehrlicher, anständiger deutscher Künstler zu freuen, wo immer uns auch dazu in Zukunft Gelegenheit gegeben ist.

Herbert Langer.

113 Artikel zur Ausstellung »Entartete Kunst«, Waldenburg/Schlesien 1941; Mittelschlesische Gebirgszeitung, 20. Januar 1941 (Universitätsbibliothek Breslau)

Pokerspieler der Kunst

Im Haus der Kreisleitung läuft noch bis zum 2. Februar die Ausstellung „Entartete Kunst“. Sie ist täglich von 10 bis 21 Uhr geöffnet und ihr Besuch ist nicht im üblichen Sinne zu empfehlen, sondern ist geradezu eine Pflicht der Dankbarkeit für den Wandel, den der Nationalsozialismus der geistigen Welt des deutschen Volkes gebracht hat.

Roland Betsch, ein bekannter Dichter unserer Zeit, schrieb vor reichlich 25 Jahren sein erstes Buch „Benedikt Patzenberger, die Komödie einer Jugend“. Es gibt in diesem Werk ein Kapitel, wo der Held des Buches für ein eben gegründetes Witzblatt, das Blatt der „Blöditäten“, ein Werbeplakat entwirft. Das geschieht am Morgen einer wüst durchzechten Nacht und geht so vor sich, daß der junge Benedikt Patzenberger einen Bogen weißes Papier an die Wand heftet und dann aus fünf Schritt Entfernung einen großen Anstreicherpinsel danach wirft. Einen Pinsel, den er vorher abwechselnd in Töpfe mit roter, grüner und blauer Farbe getaucht hat. Das Plakat wird für eine geistig und seelisch verkommene Schicht Menschen zu einer begeisternden Sensation. Sie bewundern die Farbenzusammenstellung, sie schreiben Artikel über eine ganz neue Kunstrichtung und geben der Schmiererei eine tiefgründige Sinndeutung. Ein Droschkenkutscher aber, der müde an einer Plakatsäule auf Fahrgäste wartet, findet dieses Urteil: „Der, wo döös gemalt hat, muß bsoffa geweest sein!“

Man geht durch die Ausstellung „Entartete Kunst“ und muß immer wieder an diesen Benedikt Patzenberger denken. Und wollte man nicht, dann würde man durch einen Ausspruch des Dadaisten Udo daran erinnert. In großen Lettern lesen wir dieses Bekenntnis seiner „schönen“ Seele: „Wir tun so, als ob wir Maler, Dichter oder sonstwas wären, aber wir sind nur und nichts als mit Wollust frech!“ Unter dieses Leitwort kann man den größten Teil der Ausstellung bringen. Diese „Maler“ und „Zeichner“, diese „Bildhauer“ und „Schriftsteller“, die hier in ihren „Werken“ vorgeführt werden, schufen ihre Arbeiten nicht aus einer Ueberzeugung, die zur künstlerischen Offenbarung drängt, sondern aus der Freude am Gemeinen. Sie wußten auch, daß es nichts als Schund und Schmutz war, was unter ihren Händen entstand, aber sie nannten es eine neue Kunstrichtung, weil sie ein großes Geschäft machen wollten. Und sie fanden Kritiker, Zeitungen und Käufer, die beides unterstützten, die Gemeinheit und das Geschäft.

Bald nach der Jahrhundertwende begann dieser grauenvolle Verrat an der Kunst, und in der Zeit von 1919 bis 1932 erreichte er seinen Höhepunkt. Ob er sich Futurismus oder Kubismus oder Dadaismus oder sonstwie nannte, er hatte niemals eine andere Absicht, als freche Wollust in Geld umzumünzen. Die sich in irgendeinem solchen Ismus betätigten, hatten klare Hirne, aber sie zeichneten, malten und dichteten bewußt oft wie Idioten, und so konnte es geschehen, daß auch tatsächlich Irrsinnige mit ihnen in Wettbewerb traten. Die Ausstellung zeigt eine Anzahl solcher Machwerke, die, wie es nicht anders sein konnte, im Zeitalter der entarteten Kunst völlig ernst genommen wurden.

„Wir tun so, als ob wir Maler wären...“ Da hängt eine Zeichnung aus dem Jahre 1913, die sich „Feurige Kapelle“ nennt, und sie ist nichts als eine Sammlung von Strichen, Kreisen, Ellipsen, Spiralen und Schmierflecken. Sie ist von unbeholfener Kinderhand entworfen, und trägt doch ein stolzes Signum und war einmal „Kunst“. Da sind grelle Farbenkleckse aus einem Pinsel geflossen und nannten sich im Jahre 1909 „Rote Lippen“. Da formen sich grobe Kanten und Winkel zu verzerrten Gesichtern und unbegreiflichen Gestaltungen und sollen so Begriffe widerspiegeln, die ungezählten Menschen heilig sind: Die Apostel, das Vaterunser, das Abendmahl. Da hängt Christus am Kreuz und trägt eine Gasmaske vor dem Gesicht und plumpe Stiefel an den Füßen. Wir sind nichts, als nur mit Wollust frech...“

Sie verhöhnen ja nicht nur die Kunst, wenn sie das wollten, hätten sie dunkelblaue Wiesen oder ziegelrote Kirschblüten oder einen viereckigen Himmel malen können. Sie wollten den Menschen mit Hohn treffen, seine heiligsten Begriffe, seine innigsten Gefühle, seinen herztiefsten Besitz. Aus Strichen und Balken, aus Kreisen und Ovalen schufen sie in schreienden Farben eine Schmiererei und nannten sie „Bildnis der Mutter“ und fanden einen Menschen, der viertausend Mark für diesen Hohn zahlte. Und vier Kugeln, die auf verzerrten Hälsen sitzen und von lächerlich kleinen Füßen getragen werden, gaben sie die angedeutete Form von Köpfen. Es machte ihnen nichts aus, wenn dabei ein Auge richtig saß und das andere etwa in Stirnhöhe gerückt war. Vier Köpfe in grauenvoller Verzerrung, ein Frauenkopf vermutlich und drei Kinderköpfe, und das Bild heißt „Die Witwe“.

Sie zeichneten eine nackte Dirne am Kaschemmentisch und nannten das „Schönheit, du mein Vergnügen!“, sie malten zwei Idiotenköpfe und machten sie zum Symbol für „Mutter und Kind“, oder auf der Bank vor dem Haus zum Symbol für den „Feierabend“, oder auf Stühlen im Zimmer zum Ausdruck für eine „Abendgesellschaft“. Und sie werden es in der Ordnung befunden haben, daß ihnen ein Mensch für diesen „Feierabend“ dreitausend Mark zahlte. Sie zeichneten und malten Wasserköpfe auf Zwergfüßen, Tiermäuler in Menschengesichtern, glotzende Augen unter Menschenstirnen und nannten das alles Kunst. Die Plakate der Bänkelsänger waren weitaus besser als das, was hier einst Gemälde genannt wurde. Nur, daß die Bänkelsänger Moritaten bebilderten, während sich diese „Kunst“ erfrechte, die heiligsten Dinge der Menschen „darzustellen“. Es glotzt dem Besucher der Ausstellung eine Plastik entgegen, eine Fratze, die ein Urwaldwesen sein könnte. Aber die Plastik heißt „Der neue Mensch“. Mehr braucht man von ihr nicht zu sagen.

„Wir tun so, als ob wir Dichter wären...“ Der Dadaist Udo kannte sich und seinesgleichen. Sie stammelten Worte, fügten sie sinnlos oder schwachsinnig aneinander, erfanden dazu wirre Wortgebilde und nannten die Zusammenstellung dann Gedicht. Aber sie maßten sich an, Dinge zu „besingen“, die im deutschen Liedgut unantastbaren Wert haben. So klangen ihre Verse von der Liebe: „Anna Blume, du tropfest hier, dein Name tropft wie Rindertalg...“ Und das wußten sie von der Leidenschaft zu sagen: „Glut qualte leiberheiß, verlarnte Schein...“ Und das ist ihr Gesang vom wundervollsten Kunstwerk der Natur, vom menschlichen Körper: „Zum Arm hinaus im Hirne hängt die Hand...“ Es ist nicht zu verwundern, wenn die Angst vor solcher Konkurrenz nun auch andere „Dichter“ anregt, in ihrer Art den Wettbewerb zu bestehen. Es ist eine geschäftliche Selbstverständlichkeit, daß in einer solchen Kunstepoche der Jude Lion Feuchtwanger mit diesem „Weihnachtsgedicht“ aufwartet: „Drei Könige aus dem Orient kamen, nicht ohne Risiko, auf den raschesten Verkehrswegen, um dem Säugling erstklassige Gratifikationen zu Füßen zu legen...“ Wie sagen sie von sich selbst? „Wir sind nur und nichts anderes, als mit Wollust frech...“

Wie ein Spuk ist das nun alles vergangen. Uebrig blieb die Ausstellung „Entartete Kunst“. Sie ist aber mehr als eine Erinnerung. Sie läßt das Grauen wach werden und den Ekel, und rüttelt die Hirne und die Herzen auf, daß sie nicht vergessen sollen. Nicht vergessen daran, daß der Nationalsozialismus diesem Treiben ein Ende machte und uns zurückführte zu den Quellen echter und arteigener Kunst. „Wir können bluffen wie die abgesottensten Pokerspieler!“ Auch dieses Bekenntnis legte der Dadaismus ab, und ein ganzes Volk stand in Gefahr, durch diesen Bluff seine Reinheit, seinen anständigen Charakter und seine gesamte Kultur zu verlieren. Nun, die Pokerpartie um die Ehre des deutschen Volkes wurde im Sturm der nationalsozialistischen Revolution verloren, und ihre Spieler versinken mit jedem Tag, den die Ausstellung „Entartete Kunst“ durch deutsche Lande wandert, immer tiefer in einer Flut von Ekel und Verachtung.

114 Artikel zur Ausstellung »Entartete Kunst«, Waldenburg/Schlesien 1941; Neues Tageblatt, 31. Januar 1941 (Universitätsbibliothek Breslau)

115 Ausstellungsplakat »Entartete Kunst«, Halle an der Saale 1941 (Privatsammlung Halle an der Saale)

Ratten im Tempel der deutschen Kunst

Zur Eröffnung der Ausstellung „Entartete Kunst“ am morgigen Sonnabend in Halle

Wie die „Saale-Zeitung“ bereits berichtete, wird am morgigen Sonnabend die Ausstellung der Reichspropagandaleitung „Entartete Kunst“ in den Räumen der Landesanstalt für Volkheitskunde in Halle eröffnet. Wir hatten Gelegenheit, die Schau im Aufbau zu sehen, und wie ein Spuk standen nun all die Kunstgreuel einer vergangenen Zeit des Verfalls wieder vor unseren Augen. Wie war es damals?

Es steht fest, daß die ersten Anzeichen eines Kunstverfalls bereits vor dem Weltkriege zu erkennen waren, obwohl damals die Mächte, die dafür verantwortlich waren, noch im Dunkeln blieben. Bereits im Weltkrieg begannen sie, sich zu enttarnen, aber auch zur Zeit des schwersten Schicksalskampfes unseres Volkes blieben sie zumeist noch unerkannt, obwohl sich ihr Einfluß immer verderblicher geltend machte. Gerade diese Mächte waren es, die die Moral des deutschen Volkes von innen her unterhöhlten, die der deutschen Heimat Mut und Selbstvertrauen nahmen und die schließlich das Werk vollendeten, das dem äußeren Gegner trotz seiner gewaltigen Kriegsmaschine nicht gelungen war, die Niederwerfung unseres Vaterlandes. Deutschland lag zerschmettert am Boden und schien durch die Ketten von Versailles für ewig gefesselt. Und die geheimen Mächte, die im Bündnis mit den äußeren Feinden das Werk vollbracht hatten, hoben immer höher und immer herausfordernder das giftsprühende Schlangenhaupt: Judentum, Freimaurerei, Bolschewismus. Sie versuchten mit allen Mitteln ihren Sieg zu vollenden, das heißt Deutschland für immer und ewig auszulöschen. Eines ihrer Werkzeuge war die Kunst. Geifernd krochen sie in ihren hehren Tempel. Besudelten, beschmutzten, zerstörten, was gut und schön war, setzten Talmiware, Machwerke, Greuel, Scheußlichkeiten, Zoten und Irrsinn auf die marmornen Sockel.

Heute ist uns bekannt, welche Wege sie einschlugen, um das deutsche Volk und seine

Die roten Lippen

Kunst zu vernichten, um Götzen an die Stelle der Götter zu setzen, um den Stolz deutscher Menschen zu brechen, die Ehrfurcht und Treue zu beseitigen, das Gefühl für Echtes und Gesundes zu trüben, den Boden zu bereiten für Chaos und Verwirrung, — zu ihren Gunsten. Und die Judenfratze frohlockte mit „Ahasvers fröhlichem Wanderlied“:

„Also treibe ich die Spiele
Meines reifen Uebermutes,
Sonderbare, sehr subtile,
Letzte, auch verhüllte Ziele
Meines Asiatenblutes!“

Die Verächtlichmachung des Helden an sich und das Lob der Feigheit traten, durch Juden und ihre Helfershelfer proklamiert, anstelle der alten deutschen Charakterwerte Treue, Heldentum und Glauben. Der besonders in der Wehrmacht gepflegte heldische Sinn wurde lächerlich gemacht. Mit Schmutz wurden die Männer übergossen, die ihr Leben für das Vaterland gelassen hatten. Alle Kreise, die im Kampfe Führereigenschaften bewiesen hatten, besonders die Offiziere, wurden bespien und herabgewürdigt. Alles was nordisches Blut und nordische Art erkennen ließ, wurde mit Hohn und Spott übergossen. Dafür pries man die Niggerkultur und bereitete ihr ein immer weiteres Feld. Der Vaterlandsbegriff wurde hämisch als Irrsinn und die Nation als „der Abfalleimer aller Gefühle, die man anderswo nicht unterbringen kann“ bezeichnet (Weltbühne). Der Untergrabung der Familie und ihre Beseitigung galten immer neue Vorstöße sogenannter „Künstler“ und „Dichter“. Gemalte und literarische Perversitäten wurden in immer neuen und immer schmutzigeren Variationen auf die deutsche Volksseele gefeuert. Ein Mann bekam den Gerhard-Hauptmann-Dichterpreis, der folgendes „gedichtet“ hatte:

„Einsamer Spatz auf einem Dampfer nach Amerika.
O blinder Passagier im toten Schnellzug der Seele.
Bin ich, des giftigen Ichs Vervielfältigungsanstalt,
Noch nicht ausgestorben.
Leb wohl Deutschland, romantisches Revolverinstitut.
Du glotzt die Zeit an . . . Ich die Abortwand,
An der jeder Commis sich verewigt . . .“

Andere Sudelbäcker des Wortes, gegen deren Erzeugnisse das oben zitierte noch als gelind bezeichnet werden muß, wurden als Dichterfürsten von ihren jüdischen Steigbügelhaltern aufs hohe Roß gehoben und als „Beglücker, Heroen, Apostel, Heilande und Heilige“ gefeiert. Vor allem der Jugend spritzte man das Gift der Zersetzung ein und gaukelte ihr Freiheit vor, was Entfesselung war, versprach ihr Vergnügen und meinte Zügellosigkeit. Daneben her ging die Untergrabung der Religion und alles dessen, was den Deutschen heilig war. Nicht nur in der Literatur, sondern auch in der Bildhauerei und Malerei fanden die als Kubismus, Dadaismus, Futurismus und sonstwie getarnten zersetzenden Angriffsmethoden jüdisch-bolschewistisch-freimaurerischer Mächte Eingang. Aehnlich war es in der Baukunst. Und nicht zuletzt die deutscheste aller Künste, die Musik, geriet in den Wirbel ihrer Hexenküche. Aus der Gralserzählung machten sie einen Tango. Der Pilgerchor wurde zu einem Charleston verschandelt. Ein altes Kirchenlied wurde zum Foxtrott.. nicht aufzuzählen sind die Verhunzungen und Entgötterungen, die Besudelungen und Erniedrigungen. Kino, Rundfunk und Theater gerieten ganz in die Gewalt der fremdrassigen Seelenfeinde. Und ein Jude war es, der die Absicht zynisch verriet: „Erst wenn Chaplins menschliche Gestalt unsere Heldenbärte und Hindenburger mit einem erstaunten Blick und einer zaghaften Handbewegung weg aber auch radikal weggewischt

Mutter

Bilder aus der Ausstellung „Entartete Kunst“; Aufn.: Schulze

haben wird, dann erst wird es in Deutschland wieder so werden, daß wir wieder leben, wieder atmen, wieder denken können“ (Siemsen).

Freilich, dieser Traum ist ausgeträumt. Der deutsche Kunsttempel wurde mit eiserner Hand ausgefegt. Die, die ihn besudelten, wurden aus dem Lande gejagt und werden es nie wieder betreten. Wie Ratten krochen sie davon. Und wo sitzen sie heute? Bei den Feinden, die auch im Weltkrieg unsere Feinde waren. In der Tschechei hatten sie sich eingenistet, in Polen, Holland, Belgien und Frankreich. Dort sind sie größtenteils verschwunden. Nun geifern sie von der Insel England her und von Amerika aus gegen unser Vaterland, ihr verlorenes Paradies. Es wird ihnen nicht ein zweites Mal gelingen, zurückzukehren. Europa ist kein Platz für Pestratten jüdischer und freimaurerischer Prägung. Noch sitzen sie als zähnefletschende Einbläser den Briten im Nacken. Bald werden sie fallen, und mit ihnen wird die Plutokratie versinken.

Wir haben die Zeit der schlimmsten Erniedrigung Deutschlands, die Zeit, da die Ratten an unsrer Seele nagten und da ihnen leider auch mancher Deutsche die Pforten in unsere Heiligtümer öffnete, nicht vergessen. Und die Ausstellung soll uns wieder daran erinnern. Sie soll aber mehr noch: Uns stahlhart machen zum Kampf gegen alles, was unsere Seelen einst vergiften konnte. Sie soll uns zeigen, wie krank das deutsche Volk damals war, und sie soll uns davor hüten, uns wieder infizieren zu lassen von jenen kriechenden Reptilien, sie soll uns wachschütteln und zur Vorsicht mahnen: Deutschland vergiß nicht! Ein zweiter Biß der Ratten wäre dein Tod! Deutschland aber muß — und wird leben! —rn.

116 Artikel zur Ausstellung »Entartete Kunst«, Halle an der Saale 1941; Saale-Zeitung, 4. April 1941 (StA Halle an der Saale)

Ausstellung „Entartete Kunst“ eröffnet

Jeder Hallenser muß sie sich in der Landesanstalt für Volkheitskunde ansehen

Kreisleiter Pg. Dohmgoergen eröffnete gestern mittag in der Landesanstalt für Volkheitskunde die von der Kreisleitung der NSDAP. Halle-Stadt durchgeführte Ausstellung „Entartete Kunst“. Kreispropagandaleiter Pg. Kummer begrüßte hierbei den Leiter des Reichspropagandaamtes Halle-Merseburg, Gauamtsleiter Pg. Weise, den Standortältesten Generalleutnant Schwub sowie die Vertreter der Partei und ihrer Gliederungen, der Wehrmacht, der staatlichen und städtischen Behörden.

Reichsredner Pg. Dr. Frielingsdorf erläuterte den Sinn dieser Ausstellung unter dem Blickpunkt der von den Demokratien gemeinten und propagierten „Freiheit der Kunst“, deren Auswirkung diese Schau der hallischen Bevölkerung eindeutig vermittelt. Frankreichs militärischer Zusammenbruch sei die Auswirkung eines Freiheitsbegriffes, wie wir ihn kategorisch ablehnen; seine willkürliche Anwendung auf Moral und Kunst habe auf diesen Gebieten ja schon jenen Zerfall bedingt, der ein klares Vorzeichen für den französischen Gesamtzusammenbruch war. Die Pariser Weltausstellung gestattete einen eindeutigen Vergleich der demokratischen Dekadenz mit der deutschen Klarheit und inneren und äußeren Schönheit dessen, was das Deutsche Haus bot. Frankreich habe keinen Ausweg mehr aus seinem Zerfall gefunden, Deutschland errang sich im Bekenntnis zu Rasse, Ehre und Treue den Siegesweg in eine neue Zukunft der völkischen Freiheit.

Der Kampf gegen das Asoziale, Perverse und Minderwertige in der Kunst sei vom Führer entschieden worden: aus dem deutschen Kunsttempel seien Juden und Judenknechte weggefegt, dem deutschen Künstler habe der Nationalsozialismus den Weg geöffnet. Wesentlich bleibe, so führte Dr. Frielingsdorf weiter aus, daß das Volk in seiner breiten Schichtung zur Kunst und zum Kunsterlebnis geführt werde. Das Volk blicke mit Stolz zu seinem Führer nicht allein als dem größten Staatsmann und Feldherrn, sondern auch als dem genialsten Künstler und großzügigsten Förderer der Kunst.

Anschließend sprach Kreisleiter Pg. Dohmgoergen dem Leiter der Landesanstalt, Prof. Dr. Schulz, seinen Dank für die Bereitstellung der Räume aus. In Betrachtung der Ausstellung könne man es heute schon gar nicht begreifen, daß früher einmal Menschen als „Kunstverständige“ bewundernd vor diesen Mißhandlungen der Leinwand und der Materialvergeudung gestanden hätten. Es handele sich hierbei ganz klar um eine politische Frage, die einmal auf dem Gebiete der Kunst im deutschfeindlichen Sinne gelöst werden sollte. Heute aber verlangten wir von der Kunst ihre unmittelbare Bindung an den Geist der Gemeinschaft. Nur der harmonische Mensch könne als Künstler eine Harmonie ausstrahlen.

Der Kreisleiter erinnerte sodann an die Kunstausstellungen in Halle, die seit der Machtübernahme zur Förderung der Kunst in unserem Sinne durchgeführt wurden und außer einheimischen Künstlern bedeutende Meister aus dem Reich, wie Klimsch, Scheibe und Kampf, vorführten. In der Ausstellung „Entartete Kunst“ sähen wir den Abgrund, vor dem uns die Hand des Führers zurückriß. Diese Ausstellung zu sehen, möge sich niemand entgehen lassen. Aus ihrer verneinenden Haltung werde jeder mühelos die Richtigkeit der nationalsozialistischen Kunstauffassung sich bestätigen können, und

Ein „Mädchen mit Puppe“ von einer traurigen farblichen und geistigen Idiotie

noch viele Ausstellungen bester Art würden künftig Halle die Werte artgetreuer, sauberer deutscher Kunstgestaltung vermitteln können.

Der Eröffnungsfeier folgte ein Rundgang durch die Ausstellung die bis zum 20. April geöffnet bleibt und die zu sehen, sich niemand entgehen lassen darf. wh.

117 Artikel zur Ausstellung »Entartete Kunst«, Halle an der Saale 1941; Mitteldeutsche National-Zeitung, 6. April 1941 (StA Halle an der Saale)

7. Parallele Ausstellungsereignisse

7.1 *Antibolschewistische Ausstellungen*

Es ist bereits andernorts angemerkt worden, daß der Begriff »Bolschewismus« in der NS-Propaganda ebensowenig eine präzise bestimmbare Bedeutung hatte wie die Termini »Jude«, »Judentum« oder »jüdisch«. Weder bezeichnete er konkret die von Lenin geführte Fraktion der russischen Sozialdemokratie, die sich seit 1912 zur selbständigen Partei entwickelt hatte und in der Oktoberrevolution 1917 die treibende Kraft war, noch auch nur allgemein den Sowjetkommunismus. Wie eng das Konstrukt »Bolschewismus« mit nationalsozialistischem Antisemitismus und Rassenwahn verwoben war, belegt der Slogan »jüdisch-bolschewistisch«. Goebbels identifizierte zwischen 1935 und 1938 »seine antisemitische Kampagne mehr und mehr mit seinem Angriff gegen den Bolschewismus, ja in vielen seiner Reden und Artikel verschmolzen die beiden fast vollständig ineinander«[1]. Und Rosenberg sagte auf dem Parteitag 1936: »Im Wesen ist der Bolschewismus die Form der jüdischen Weltrevolution«[2]. Hier wird deutlich, daß »Bolschewismus« den Nationalsozialisten als Inbegriff des Feindbildes schlechthin diente, wie Wilhelm Reich bereits 1933 in seinem wegweisenden Buch »Die Massenpsychologie des Faschismus« bemerkte:

> Wenn der Mystiker »Bolschewismus« sagt, so meint er nicht die politische Partei, die Lenin begründete. Von den soziologischen Auseinandersetzungen der Jahrhundertwende hat er keine Ahnung. »Kommunist«, »Bolschewist«, »Roter« etc. wurden Schlagworte des Reaktionärs, die nichts mit Politik, Partei, Ökonomie etc. zu tun haben. Die Worte sind ebenso irrational wie das Wort »Jude« im Munde der Faschisten. Sie drücken die antisexuelle Haltung aus, die die mystisch-reaktionäre Struktur des autoritären Menschen betrifft.[3]

Zur Bekämpfung der Kommunistischen Internationale (Komintern) schlossen Deutschland und Japan am 25. November 1936 einen Antikominternpakt, dem am 6. November 1937 Italien beitrat[4]. Weitere Verbündete folgten im Zweiten Weltkrieg. Im Vertrag heißt es, die Mitglieder des Paktes seien

> in der Erkenntnis, daß das Ziel der Kommunistischen Internationale, Komintern genannt, die Zersetzung und Vergewaltigung der bestehenden Staaten mit allen zu Gebote stehenden Mitteln ist, in der Überzeugung, daß die Duldung einer Einmischung der Kommunistischen Internationale in die inneren Verhältnisse der Nationen nicht nur deren inneren Frieden und soziales Wohlleben gefährdet, sondern auch den Weltfrieden überhaupt bedroht, [...] in dem Wunsche, zur Abwehr gegen die kommunistische Zersetzung zusammenzuarbeiten, übereingekommen [...], in enger Zusammenarbeit die notwendigen Abwehrmaßnahmen durchzuführen.[5]

1936, als der Spanische Bürgerkrieg begann und sich sowohl die faschistischen Mächte als auch Sowjetrußland einmischten, »wurde der ›jüdische Bolschewismus‹ mehr denn je das größte Schreckgespenst, der Weltfeind Nr. 1, in der nationalsozialistischen Propaganda«[6]. Auf dem Parteitag desselben Jahres wurde der »entscheidende Weltkampf« gegen den »Bolschewismus« verkündet. Eine verstärkte innenpolitische Agitation setzte ein, deren eigentliche Funktion in der ideologischen Vorbereitung des Krieges gegen die Sowjetunion gesehen werden muß.

1 Bramsted 1971, S. 499.
2 Zitiert nach Merker 1983, S. 141.
3 Wilhelm Reich 1986, S. 128.
4 Vgl. hierzu Axel Schmidt 1937.
5 Zitiert nach Bockhoff 1938, Teil 2, S. 330. Zu den Nachrichtendiensten und Publikationen des im Herbst 1933 gegründeten Verbandes »Anti-Komintern. Gesamtverband deutscher antikommunistischer Vereinigungen e. V.« in Berlin vgl. den mit Leibbrandt gezeichneten Artikel in den NSMH 5, 1934, Heft 56, S. 1069f.
6 Bramsted 1971, S. 501.

Deren Eroberung, Unterwerfung und Ausbeutung sollte der Gewinnung von »Lebensraum« im Osten ebenso dienen wie der Vernichtung des europäischen Judentums, welche die Nationalsozialisten vorwiegend auf dem Territorium der Sowjetunion durchzuführen planten.[7]

Dezidiert wurden Ausstellungen als Propagandamittel eingesetzt. So eröffnete der stellvertretende Reichspropagandaleiter der NSDAP, Hugo Fischer, am 8. September 1936 auf dem Parteitag in Nürnberg die Wanderschau »Weltfeind Nr. 1 – Der Bolschewismus«. Nach den Presseberichten zeigte sie

> dem deutschen Menschen ein eindeutiges Bild von der erschütternden Lage eines vom Bolschewismus unterworfenen Landes, der Sowjetunion. Die Ausstellung gibt weiter eine Übersicht über die skrupellosen Angriffe des Bolschewismus auf alle anderen Länder der Welt. Sie führt aber auch dem Besucher vor Augen, wie [der Bolschewismus] unter jüdischer Führung die Weltherrschaft an sich reißen möchte.[8]

Die Ausstellung, die von 40.000 Menschen besucht worden sein soll[9], war zum Zwecke größtmöglicher Mobilität in vier je fünf Tonnen schweren Lastzügen mit jeweils zwei Anhängern, insgesamt also zwölf Wagen, untergebracht (Abb. 119), die als Transportmittel und zugleich als Ausstellungsort dienten. Es handelte sich dabei um dieselben Lastzüge, in denen zuvor, nämlich zwischen dem 1. September 1935 und dem Sommer 1936, eine Olympia-Werbeausstellung das Land systematisch von Norden nach Süden bereist und dabei in rund 100 Städten Station gemacht hatte. Ihre Tournee hatte in Königsberg begonnen und war über Saarbrücken, Mannheim und Heidelberg bis nach Karlsruhe gelangt.[10] Mit demselben Ziel einer flächendeckenden und dezentralen propagandistischen Wirkung frequentierte nun die Bolschewismus-Schau nach der Nürnberger Eröffnungsetappe zahllose kleine und große Orte, wobei sie stets nur für wenige Tage Halt machte: u. a. 1936 in Ingolstadt, Augsburg (22. bis 25. September; 25.400 Besucher)[11], Ulm (29. bis 30. September; 15.000 Besucher)[12], Pforzheim und Karlsruhe (18. bis 21. Oktober)[13], Frankfurt am Main (13. bis 19. November; 50.000 Besucher)[14] und Mainz (21. bis 25. November)[15] sowie 1937 in Plauen (22. bis 24. Mai; Abb. 118). Zu einem nicht bekannten Zeitpunkt muß die Schau zudem in Hamburg Station gemacht haben.[16] Nach Schluß der Ausstellung wurden die Lastzüge vermutlich für die »Vierjahresplan-Wanderschau« umgerüstet, die am 25. Februar 1938 in Königsberg startete.[17]

Knapp zwei Monate nach dem Beginn der »Weltfeind«-Ausstellung in Nürnberg und neun Monate vor der »Entarteten Kunst«, Ende Oktober 1936, eröffnete eine Exposition des Namens »Der Bolschewismus« in Berlin.[18] Nur wenige Tage später, am 7. November 1936 (die Nähe zum 9. November, dem Jahrestag des Marsches zur Feldherrnhalle und »Gedenktag der Bewegung«, wurde bei derartigen Anlässen gesucht), begann im Bibliotheksbau des Deutschen Museums in München die Ausstellung »Der Bolschewismus – Große antibolschewistische Schau« (Abb. 121). Das neuerrichtete Bibliotheksgebäude des Deutschen Museums beherbergte in den frühen

7 Vgl. zum Rußlandbild im NS den Sammelband von Volkmann 1994, worin Wette (1994, S. 63) auch kurz auf die im folgenden zu besprechenden Ausstellungen eingeht. Vgl. zu diesen auch Sywottek 1976, S. 104-120 sowie die zahlreichen Presseausschnitte im BayHSTA, Abt. V, PrASlg 821 (Sammlung Rehse). Rezensionen zu »antibolschewistischen Ausstellungen« des Deutschen Reichs im Ausland (u. a. in Schweden und England) befinden sich im BA ZSg. 121/16.

8 Frankfurter Volksblatt, 10. September 1936; vgl. auch FZ, 9. September 1936.

9 Vgl. Zelnhefer 1991, S. 193.

10 Vgl. Der Führer, 26. und 29. April 1936. Daß die Bolschewismus-Ausstellung in denselben, für den neuen Zweck umgerüsteten Wagen untergebracht war, geht aus einem Artikel im Mainzer Journal vom 23. November 1936 hervor.

11 Vgl. VB, 30. September 1936.

12 Vgl. VB, 2. Oktober 1936.

13 Vgl. Der Führer, 18. Oktober 1936.

14 Vgl. Mainzer Anzeiger, 14. und 21. November 1936 sowie Mainzer Journal, 20. und 21. November 1936.

15 Vgl. Mainzer Journal, 17., 20., 21. und 23. November 1936 sowie Mainzer Anzeiger, 20., 21. und 23. November 1936. Parallel machte in Mainz die Dresdner Wanderschau »Entartete Kunst« Station (vgl. Kapitel 3.8.1.9).

16 Die Hamburger Etappe wird erwähnt in einem Schreiben der Gauleitung Hamburg vom 3. März 1938 (STA Hamburg 361-2 VI), betreffend die Übernahme der Schau »Bolschewismus ohne Maske«, auf welche weiter unten zurückgekommen wird.

17 Vgl. Berliner Tageblatt, 26. Februar 1938.

18 Vgl. VB, 3. November 1936.

dreißiger Jahren als provisorische Ergänzung zur Neuen Staatsgalerie zeitgenössische Kunst sowie – nach dem Brand des Glaspalastes 1931 – die jährliche Verkaufsschau der Münchner Künstlervereinigungen.[19] In der zweiten Hälfte der dreißiger und Anfang der vierziger Jahre fanden in dem Gebäude außer der Ausstellung »Der Bolschewismus« (1936) auch »Der ewige Jude« (1937/38, vgl. Kapitel 7.2) und »Deutschlands Größe« (1940) statt, wobei das Deutsche Museum nicht in die Vorbereitungen involviert war, sondern nur die Räumlichkeiten vermietete.[20]

Das von Max Eschle entworfene Plakat (Abb. 120)[21] zur »Großen antibolschewistischen Schau« zeigt eine riesige Skeletthand mit Fackel, die im Begriff ist, eine christliche Kirche in Brand zu setzten – Symbol der vom »Bolschewismus« ausgehenden »Weltbedrohung«:

> Das Plakat zur Ausstellung »Der Bolschewismus«, die 1936-1938 in verschiedenen Städten gezeigt wurde, kombinierte die Elemente reaktionärer Revolutionsdarstellung: Die Umwälzung bestehender Verhältnisse bedeutet Tod und Chaos, sie wird von fremden Brandstiftern und Rädelsführern in Gang gesetzt, die all das zerstören, was dem Volk heilig ist.[22]

Wie zu zeigen sein wird, wies die Wanderausstellung »Der Bolschewismus – Große antibolschewistische Schau« in ihrer ideologischen Programmatik, propagandistischen Zielsetzung, Inszenierung und organisatorischen Abwicklung deutliche Parallelen zur »Entarteten Kunst« auf. Im Ausstellungsführer heißt es:

> Das in 12 Sälen [Abb. 122-126][23] gezeigte Dokumenten- und Bildmaterial stammt aus den Archiven der »Antikomintern«, dem Hauptarchiv der NSDAP sowie aus der Sammlung Rehse. Der italienische Teil entstammt der Revolutionsausstellung in Rom. Das ungarische Material wurde von der dortigen Regierung zur Verfügung gestellt. Im Filmtheater neben dem Buchraum zeigt die Gaufilmstelle München-Oberbayern den Ufa-Film »Weltfeind Nr. 1«. Im Buchraum hat der Zentralverlag der NSDAP seinen Kampf gegen den Bolschewismus in Buch und Zeitschriften dargestellt. Außerdem zeigt der Nibelungen-Verlag seine umfangreiche antibolschewistische Literatur. Die Bilder des »neuen Deutschen Menschen« im letzten Saal schuf eine Arbeitsgemeinschaft Münchener Künstler. Als eine Leistung, die der Nationalsozialistische Staat dem Chaos des Bolschewismus gegenüberstellt, zeigt die NS-Volkswohlfahrt in zwei besonderen Räumen ihre bisherigen Taten im Gau München-Oberbayern. Die Schau wurde geschaffen von der Gauleitung München-Oberbayern der NSDAP und der Landesstelle München-Oberbayern des Reichsministeriums für Volksaufklärung und Propaganda zusammen mit der »Antikomintern«.[24]

Die unter Mitwirkung späterer Kriegsverbündeter Deutschlands zustandegekommene Ausstellung muß auf den Besucher wie ein regelrechtes Gruselkabinett gewirkt haben. Zunächst gelangte er in einen weihevoll-feierlich inszenierten Ehrenraum (Abb. 122), in welchem der im »Kampf gegen den Weltkommunismus« gefallenen »Kameraden«, der »Märtyrer« der »Bewegung«, gedacht wurde.[25] In den anschließenden Sälen (Abb. 123-125) wurden die »Greueltaten« des »Bolschewismus« im In- und Ausland dargestellt, einmontiert sind Abbildungen von Ernst Thälmann und Rosa Luxemburg. Dazu hatte man ein dynamisches, multimediales Präsentationskonzept entwickelt, welches mit Unkosten in Höhe von 130.000 RM auch finanziell sehr aufwendig war.[26] Großpho-

19 Vgl. Lott 1987, S. 290, Abb. 2 und S. 298, Anm. 6.

20 Akten sind nicht mehr vorhanden, weil sie stets nur zehn Jahre lang aufbewahrt werden (freundliche Auskunft des Deutschen Museums in einem Brief an den Verfasser vom 21. Juni 1990).

21 Je ein Exemplar des Plakats befindet sich im BayHSTA (Inv.-Nr. 14482) und im Münchner Stadtmuseum (Inv.-Nr. C 14/56; vgl. Duvigneau/Suckale-Redlefsen 1975, S. 230, Nr. 697 mit Abb. 181 auf S. 162 sowie Haerendel/Ott 1993, S. 387f. mit Kat. 22.3). Zu Max Eschle (geb. 1890) vgl. Vollmer, Bd. 2, S. 54 und Duvigneau/Suckale-Redlefsen 1975, S. 240.

22 Diederich/Grübling 1974, S. 210; vgl. auch ebenda, S. 209, Abb. 238 und Schäfer 1981, S. 145 mit Abb. 47.

23 Vgl. auch die Raumaufnahme bei Diederich/Grübling 1979, S. 134, Abb. 19.

24 BA ZSg. 1-157/4 (10). Ein Herausgeber- oder Autorenname der unpaginierten 32seitigen Broschüre, der die Abb. 121-126 entnommen sind, ist nicht angegeben, als Verfasser der kurzen Begleittexte zu den Aufnahmen zeichnen »W.« und »B.-L.«. Zitiert ist hier der komplette Text des hinteren Umschlags.

25 Zur Tradition der »Ehrenhallen«, fester Bestandteil von NS-Propagandaschauen, in Ausstellungen vor 1933 vgl. Pohlmann 1988, S. 30, Anm. 41.

26 Vgl. den Brief der Landesstelle München-Oberbayern des RMVP an die Stadtverwaltung Dortmund vom 14. Januar 1937 im StA Dortmund 113-29/1951-75, Bl. 187.

tographien, Plakate, Karten, Zeitungsausschnitte und Statistiken waren zu wandgroßen, graphisch gestalteten Collagen montiert und mit entsprechenden Beschriftungen versehen. Dabei schreckten die Ausstellungsgestalter auch nicht davor zurück, zerstückelte und verwesende Leichen als »Opfer der roten Schlächter« zu zeigen.[27] Mit solch drastischen Mitteln – unterstützt durch modernste technische Hilfsmittel wie Schallplatte und Film – dürfte die intendierte abschreckende Wirkung ohne weiteres erzielt worden sein. War Abschreckung die eine Funktion der Schau, so Manifestierung der »Erlösung« durch den Nationalsozialismus die andere. Entsprechend war der letzte Raum inszeniert:

> Erlösend umfängt einen dann das milde Licht des Saales, der dem neuen Deutschland gewidmet ist. Hell und froh ist dieser Raum, an dessen Wänden fünf Münchener Künstler die Vertreter des geeinten deutschen Volkes malten. Prof. Goldschmitt gab die Ideen und Skizzen dieser Gemälde, Paul Rosner, Elk Eber, Martin-Amorbach, Erich Schilling und C. D. Müller führten sie in 18 Tagen aus.[28]

Eine Kolossalbüste des »Führers« erinnerte den Besucher, wem er das »neue Deutschland« zu verdanken hatte.
Goebbels war mit der Ausstellung vollauf zufrieden. Am 10. November 1936 notierte er in sein Tagebuch: »Antibolschewistische Ausstellung im Deutschen Museum. Erschütterndes Material. Das wirkt überzeugend. Der Publikumsandrang ist riesig«[29].
Durch den Anspruch, den »Bolschewismus« in all seinen Erscheinungsformen dokumentieren zu wollen, erscheint es durchaus gerechtfertigt, wenn dem »Kulturbolschewismus« eine eigene Abteilung eingeräumt wurde. Über diese erfahren wir in dem schon zitierten Ausstellungsführer:

> Wie die Kunst und Kultur in diesem Kampf mißbraucht wurde, zeigt die kulturelle Abteilung der Münchener Ausstellung. Es ist nur eine Blütenlese der Literatur, Malerei und Plastik aus jenen Zeiten. Und die Musik, die hier vorgetragen wird, konnte man noch im Jahr 1932 im deutschen Rundfunk hören.[30]

Eine höchst aufschlußreiche Raumaufnahme (Abb. 126) dokumentiert, daß zur Illustration des »Kulturbolschewismus« originale Kunstwerke aus der Städtischen Galerie Frankfurt und der Nationalgalerie Berlin herangeschafft worden waren. Erkennbar sind die Gemälde »Kreuzabnahme« von Beckmann, »Café des Westens« von Kleinschmidt, »Atelierbild III« von Baumeister[31] und »Selbstbildnis als Soldat« von Kirchner aus Frankfurt am Main, die Alabasterskulptur »Das Ich« von Oswald Herzog aus Berlin sowie einige Werke kleineren Maßstabs, die sich nicht eindeutig zuschreiben lassen. Aus den Akten, die sich in den Archiven der betroffenen Museen erhalten haben[32], läßt sich jedoch erschließen, welche auf der Photographie nicht oder nur undeutlich sichtbaren Kunstwerke ausgestellt waren: je ein Gemälde von Beckmann und Kirchner aus dem Städel (Dok. 66)[33] sowie drei Aquarelle von Grosz (links am bzw. hinter dem Gestell hängend?) und zwei Mischtechniken von Klee (Dok. 65).[34]

27 Vgl. etwa die Abbildungen in: 8 Uhr-Blatt, 7. November 1936.
28 VB, 18. November 1936.
29 Zitiert nach Fröhlich 1987a, Teil 1, Bd. 2, S. 721.
30 Der mit »W.« gezeichnete Text kommentiert im Führer die im folgenden besprochene Raumaufnahme.
31 Zur Pressekampagne der Frankfurter Nachrichten gegen den Ankauf des Gemäldes durch die Städtische Galerie Frankfurt 1929/30 vgl. Baumeister 1989, S. 35f. und Hirner-Schüssele 1990, S. 17-19.
32 Frankfurt am Main: Archiv Städel/Städtische Galerie Bd. 36 und StA Magistratsakten Az 6342/1: Schriftwechsel betreffend Rückforderung der sechs Gemälde (Dok. 66). Berlin: Archiv der Alten Nationalgalerie Acta Spec. 24 Beiheft 2: Korrespondenz betreffend die Leihgebung und Rückforderung von sechs Werken, u. a. Schreiben des Erziehungsministeriums an das RMVP vom 28. Oktober 1936 und der Landesstelle München-Oberbayern des RMVP an die Nationalgalerie vom 29. Oktober 1936 mit Antwort des Museums vom 3. November 1936 nebst Liste der ausgeliehenen Werke (Dok. 65). Ob noch andere Museen Objekte zu Verfügung stellen mußten, ist nicht bekannt.
33 Vgl. zu den einzelnen Werken aus Frankfurt Kersting 1992b. Der hier beschriebene Vorgang ist kurz erwähnt in ders. 1992a, S. 26f. und bei Schültke 1989, S. 68 mit Anm. 44.
34 Zu den Werken aus der Berliner Nationalgalerie vgl. Blume 1992, S. 23 mit Anm. 50; Janda 1988, S. 74 mit Anm. 126; Janda/Grabowski 1992, S. 109f., Nr. 120-122 (Grosz); S. 117, Nr. 170 (Herzog) und S. 133f., Nr. 229f. (Klee).

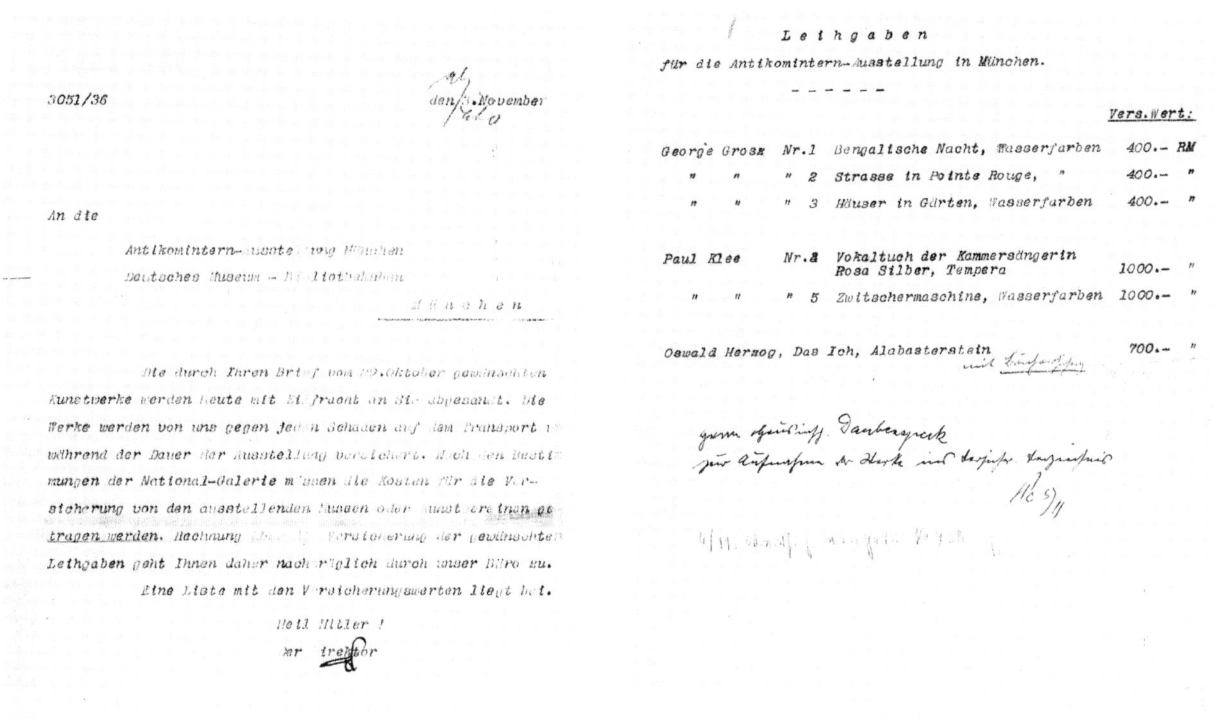
3051/36

den 3. November 1936

An die

Antikomintern-Ausstellung München

Deutsches Museum – Bibliotheksbau

München

Die durch Ihren Brief vom 29. Oktober gewünschten Kunstwerke werden heute mit Eilfracht an Sie abgesandt. Die Werke werden von uns gegen jeden Schaden auf dem Transport und während der Dauer der Ausstellung versichert. Nach den Bestimmungen der National-Galerie müssen die Kosten für die Versicherung von den ausstellenden Museen oder Kunstvereinen getragen werden. Rechnung über die Versicherung der gewünschten Leihgaben geht Ihnen daher nachträglich durch unser Büro zu.

Eine Liste mit den Versicherungswerten liegt bei.

Heil Hitler!

Der Direktor

Leihgaben

für die Antikomintern-Ausstellung in München.

			Vers. Wert:
George Grosz	Nr. 1	Bengalische Nacht, Wasserfarben	400.- RM
" "	" 2	Strasse in Pointe Rouge, "	400.- "
" "	" 3	Häuser in Gärten, Wasserfarben	400.- "
Paul Klee	Nr. 4	Vokaltuch der Kammersängerin Rosa Silber, Tempera	1000.- "
" "	" 5	Zwitschermaschine, Wasserfarben	1000.- "
Oswald Herzog,		Das Ich, Alabasterstein	700.- "

Dok. 65 Durchschrift eines Briefes der Nationalgalerie Berlin an die Ausstellung »Der Bolschewismus – Große antibolschewistische Schau« in München, 3. November 1936, mit Liste der Leihgaben (Alte Nationalgalerie Berlin)

Die Präsentationsweise der Kunstwerke und die Gestaltung des Raumes weisen signifikante Parallelen zur späteren Ausstellung »Entartete Kunst« in München auf, insbesondere zur Dada-Wand (Abb. 34). Beide Male fällt die stufenförmige Hängung an einer mit abstrakten Motiven bemalten Wand ins Auge. Beide Male wird der Bezug zum Dadaismus hergestellt: in der »Antibolschewistischen Schau« durch eine an einem Gestell befestigte Texttafel (»Dadaismus: künstlerischer Entwurf für ein Caféhaus«), deren Inhalt sich auf die Wandbemalung zu beziehen scheint, in der Ausstellung »Entartete Kunst« durch das Grosz-Zitat (»Nehmen Sie Dada ernst, es lohnt sich«). Beide Male steht Oswald Herzogs Alabasterskulptur »Das Ich« in der Ecke. Ließ sich bei der Dada-Wand ein Gemälde Kandinskys als Vorlage identifizieren, so scheint es bei der Wandkomposition der »antibolschewistischen« Schau kein konkretes Vorbild gegeben zu haben. Verbindungen zu der vielleicht berühmtesten künstlerischen Ausgestaltung eines Cafés – 1926 bis 1928 im Straßburger Restaurant und Tanzcafé »L'Aubette« von Theo van Doesburg im konstruktivistischen »De Stijl-Stil« geschaffen – bestehen wohl nicht. Eher sollte die Erwähnung eines Caféhauses ganz allgemein das Klischee der »jüdischen Caféhaus-Kultur« evozieren.

Weiteres über die Kulturabteilung der Schau ist der Presse zu entnehmen. Im Völkischen Beobachter vom 24. Oktober 1936 heißt es:

> In einem besonderen Abschnitt sind die abschreckendsten Beispiele des Kulturbolschewismus aus Malerei, Plastik und Literatur zusammengestellt. Auch werden Hörproben atonaler Musik auf Schallplatten Zeugnis von dem verderblichen jüdischen Einfluß in der Kunst geben.

Schallplatten müssen an mehreren Stellen eingesetzt worden sein, denn am 18. November 1936 berichetet die gleiche Zeitung:

> Die Aufteilung des dem Kulturbolschewismus gewidmeten Kabinetts bringt die raumzerstörenden und alle Formgesetze zersetzenden Tendenzen dieser Spielart des Bolschewismus zu handgreiflicher Anschaulichkeit. Auch hier wird die Schallplatte zur trefflich illustrierenden Geräuschkulisse.

In der Aichacher Zeitung vom 28. November 1936 fallen unter der Überschrift »Ein Gang durch die Hölle« einige der Begriffe, welche in der Ausstellung »Entartete Kunst« die Wände zieren sollten. Die Passage zeigt zudem, daß auch dieser Raum ein wahres audio-visuelles Spektakel bot:

> Jeder Deutsche müßte da hinein in diesen Raum, wo uns ein unverständliches Gestammel, verzerrte Fratzen, brutaler Hohn entgegentreten. Ein »Künstler« der damaligen Zeit hat da ein »Gemälde« von sich gegeben, das sich »Darmverschlingung« [?] nennt. Ein anderer [Beckmann] malt die Kreuzabnahme Christi, die eine unsagbare Verhöhnung des Christentums darstellt und Maria mit einem Dirnengesicht zeigt! Hier sollten alle Priester einmal sehen, wovor sie Adolf Hitler bewahrt hat! Deutsches Soldatentum wird in den Dreck gezogen, die deutsche Frau wird zur Hure erniedrigt, in Büchern und Schriften wird alles Edle und Anständige systematisch zersetzt. Dazu erfüllt diese Schreckenskammer noch eine »Musik«, die aus lauter Mißtönen besteht. [...] Aber die Nervenprobe geht weiter: Bücher und Zeitschriften, Bilder, Illustrierte aus der Kampfzeit zeigen den erbitterten Kampf gegen die jüdische Zersetzung. Ein Film in einem richtigen, großen Filmtheater, das immer bis auf den letzten Platz besetzt ist, bringt Bilder vom Bolschewismus in Deutschland, Rußland und Spanien.[35]

Am 26. Dezember 1936 läßt der Völkische Beobachter einen fiktiven Besucher, Herrn Mittenhuber, stöhnend durch die Schau gehen:

> Herr Mittenhuber betrat die Abteilung für »Entartete Kunst« [!]. »Offenbar eine Edamer Käsekugel, und eine Kuh scheint einige Fladen hinterlassen zu haben.« M. mußte sich aber belehren lassen, daß das also von ihm gekennzeichnete Bild eine Meeresküste darstellte. »Scheußlich, scheußlich« –, schimpfte unser Gast. Futurismus, Kubismus, alles, was sich ihm hier darbot, waren krankhafte Auspeitschungen der menschlichen Seele, geistige Perversität. Und diese Besudelung des Gottesbegriffs! Laut und vernehmlich stampfte M. auf den Boden, und wäre George Grosz in der Nähe gewesen, es wäre ihm übel ergangen.

Bei den erwähnten Werken dürfte es sich um »Ostseestrand« von Kirchner (Dok. 66) und »Kreuzabnahme« von Beckmann (Abb. 126) handeln.

Als Fazit darf geschlossen werden, daß die Inszenierung der »Kulturabteilung« in der »Antibolschewistischen Schau« als Ensemble jene der Ausstellung »Entartete Kunst« vorwegnahm und für die Dada-Wand das konkrete Vorbild lieferte. Das legt die Vermutung personeller Verbindungen zwischen beiden Expositionen nahe. Auf »unterer« Ebene ist eine solche in der Tat nachweisbar. Am 16. Dezember 1936 berichtet der Würmtal-Bote: »In geschlossenen Führungen besuchten Tausende von Schulkindern« die Schau. Ergänzend heißt es im Völkischen Beobachter vom 19. Dezember 1936: »Jeder Gruppe steht ein Führer aus dem Kreise des Studentenwerkes zur Verfügung«. Einer dieser studentischen Mitarbeiter hieß nach eigener Aussage Hartmut Pistauer (Dok. 74). Engagement und Tüchtigkeit des 23jährigen Österreichers und SA-Mannes fielen positiv auf, so daß er im Juli 1937 für eine Mitarbeit beim Aufbau der Femeschau und späterhin für den Posten des Ausstellungsleiters prädestiniert schien. Pistauer erinnert sich, daß der Architekt Georg Renzl für beide Ausstellungen verantwortlich zeichnete[36], hingegen waren nach Presseberichten[37] der Architekt und »Gebrauchswerber« Fritz von Valtier und der Maler Horst Schlüter (der Entwerfer des Plakats zur Ausstellung »Der ewige Jude«, Abb. 131) unter der Gesamtleitung des stellvertretenden Gaupropagandaleiters Walter Wüster für die architektonische Gestaltung der »Bolschewismus«-Schau zuständig.[38]

Die ursprünglich bis zum 31. Dezember 1936 vorgesehene Ausstellung wurde wegen des enormen Besucheransturms, der zeitweilige Schließungen erforderlich machte, mehrfach verlängert. Als sie am 31. Januar 1937 ihre

35 Ein Sonderdruck dieses von Fritz Brunner verfaßten Artikels sowie alle übrigen oben zitierten Rezensionen im BayHSTA, Abt. V, PrASlg 821 (Sammlung Rehse). Hingewiesen sei ferner auf den Artikel von Egon Fr. M. Aders im Mainzer Anzeiger vom 19. November 1936 sowie auf den Bericht im Illustrierten Beobachter vom 26. November 1936, S. 1967.

36 Im Gespräch mit dem Verfasser am 10. März 1990. Renzls Tätigkeit bei der Schau »Der ewige Jude« ist bezeugt (vgl. Kapitel 7.2).

37 Vgl. folgende ausführliche Artikel: MNN und VB, 18. November 1936; 8 Uhr-Blatt, 17. November 1936.

38 Vgl. den Brief der Landesstelle München-Oberbayern des RMVP an die Stadtverwaltung Dortmund vom 14. Januar 1937 im StA Dortmund 113-29/1951-75, Bl. 187 sowie auch Dok. 23.

Tore schloß, verkündete die Presse stolz die Gesamtzahl von 364.200 Besuchern – und kündigte bei dieser Gelegenheit die Exposition »Der ewige Jude« für den Herbst 1937 an.[39]

Was sich nun ereignete, nahm das Geschehen um die Wanderung der Ausstellung »Entartete Kunst« vorweg. Wegen des großen Erfolges wurde die Schau »Der Bolschewismus« von der Reichspropagandaleitung der NSDAP übernommen. Diese beauftragte das Institut für Deutsche Kultur- und Wirtschaftspropaganda mit der Durchführung einer Tournee. So heißt es im Organ dieses Instituts: »Die Ausstellung ›Der Bolschewismus‹ wurde im Auftrage der Reichspropagandaleitung der NSDAP in sechs verschiedenen Großstädten gezeigt«[40]. Über Dortmund (13. März bis 4. April 1937)[41], Karlsruhe (16. April bis 9. Mai 1937)[42], Mannheim (Mai 1937; Dok. 67)[43] und Stuttgart (Juli 1937)[44] reiste sie nach Stettin (Oktober 1937). Insgesamt zog sie in den sechs Städten 750.000 Menschen an (Abb. 56b), wobei ihre propagandistische Wirkung durch eine speziell auf die Ausstellung zugeschnittene und u. a. von den Reichssendern Frankfurt am Main und Hamburg ausgestrahlte Sendereihe »Antikomintern« gezielt vergrößert wurde[45]. Zu einem bisher nicht bestimmbaren Zeitpunkt müssen die Kunstwerke aus dem Ausstellungsbestand herausgenommen worden sein, da einige von ihnen ab dem 19. Juli 1937 in der Münchner Schau »Entartete Kunst« zu sehen waren.[46]

Ein Jahr nach der eingangs erwähnten Parteitagsschau »Weltfeind Nr. 1 – Der Bolschewismus« wurde in der Nürnberger Norishalle die »Große Antibolschewistische Ausstellung Nürnberg 1937« gezeigt.[47] Goebbels nahm an ihrer Vorbereitung lebhaften Anteil, wie seine Tagebucheintragungen belegen. Am 24. August 1937 notierte er: »Ordne besondere Primitivität in der Darstellung an. Unsere Spezialisten werden zu sehr zu Gelehrten«[48]. Die von Waldemar Steinecker, Architekt und Leiter des Instituts für Deutsche Kultur- und Wirtschaftspropaganda, im Auftrag der Reichspropagandaleitung organisierte Schau wurde am 5. September 1937 mit Ansprachen General Melchioris (Vertreter des italienischen Propagandaministers Alfieri) und Hugo Fischers (stellvertretender Reichspropagandaleiter) eröffnet. Bis zum 29. September 1937, also binnen nur dreieinhalb Wochen, soll sie von 320.000 »Volksgenossen« besichtigt worden sein. Als Gast des Parteitages weilte der französische Botschafter François-Poncet in Nürnberg:

> Bei meiner Ankunft erfahre ich, daß eine antikommunistische Ausstellung eröffnet wurde, und daß man auf großen Plakaten die tragischsten Szenen der Französischen Revolution zeigt. Ich protestiere sofort und erreiche, daß die fraglichen Plakate verschwinden.[49]

Auf welche Weise die bildende Kunst einbezogen wurde, bezeugen zwei Photographien. Der Blick in einen der Ausstellungssäle (Abb. 127) zeigt an den Wänden drei große Photomontagen, eine vierte Photomontage ist

39 Vgl. Würmtal-Bote, 1./2. Februar 1937. Die MNN vom 19. Oktober 1937 rundeten die Zahl auf 400.000 auf.

40 IW 6, 1938, Nr. 1/2, S. 16.

41 Das StA Dortmund verwahrt unter der Signatur 113-29/1951-75 eine circa 40seitige Akte, welche im wesentlichen Vorgänge zur Organisation der Ausstellung und einige Presseausschnitte enthält, darunter Westfälische Landeszeitung-Rote Erde, 10., 12. und 13. März 1937.

42 Vgl. Karlsruher Tagblatt, 16. und 17. April 1937.

43 Das inhaltlich hier nicht relevante Schreiben wurde wegen des Briefkopfes aufgenommen, welcher dem der Wanderausstellung »Entartete Kunst« entspricht (vgl. etwa Dok. 47-48).

44 Vgl. Stuttgarter Neues Tagblatt, 21. Juli 1937.

45 Vgl. Sywottek 1976, S. 115.

46 Vgl. von Lüttichau 1992a, S. 50 und S. 60 (Beckmann), S. 55 (Herzog), S. 56 (Kirchner) und S. 74 (Klee).

47 Vgl. FZ, 30. August und 7. September 1937; Fränkischer Kurier, 6. September 1937; VB, 6. September 1937; Münchener Zeitung, 6. September 1937; Würmtal-Bote, 6. September 1937; Westdeutscher Beobachter, 13. September 1937; Deutsche Illustrierte, 21. September 1937; IW 5, 1937, Nr. 7/8, S. 72. Vgl. auch Stadtchronik Nürnberg 1936-1944, S. 219 (StA Nürnberg Rep. G1-Nr. 47) und Zelnhefer 1991, S. 195.

48 Zitiert nach Fröhlich 1987a, Teil 1, Bd. 3, S. 245. Vgl. auch die Tagebucheinträge vom 7. September, 9. September, 28. November und 23. Dezember 1937 (ebenda, S. 256, S. 260, S. 349 und S. 380).

49 François-Poncet 1947, S. 275.

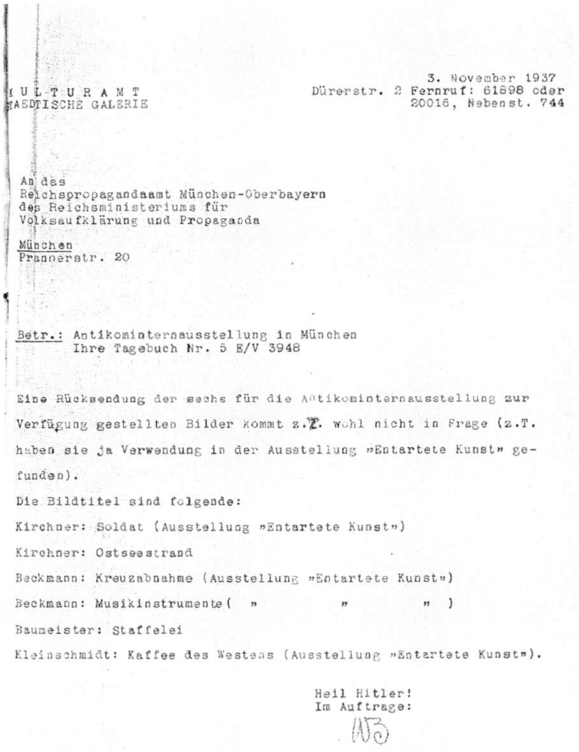

K U L T U R A M T
STAEDTISCHE GALERIE

3. November 1937
Dürerstr. 2 Fernruf: 61898 oder
20016, Nebenst. 744

An das
Reichspropagandaamt München-Oberbayern
des Reichsministeriums für
Volksaufklärung und Propaganda

München
Prannerstr. 20

Betr.: Antikominternausstellung in München
Ihre Tagebuch Nr. 5 E/V 3948

Eine Rücksendung der sechs für die Antikominternausstellung zur Verfügung gestellten Bilder kommt z.Z. wohl nicht in Frage (z.T. haben sie ja Verwendung in der Ausstellung »Entartete Kunst« gefunden).

Die Bildtitel sind folgende:

Kirchner: Soldat (Ausstellung »Entartete Kunst«)

Kirchner: Ostseestrand

Beckmann: Kreuzabnahme (Ausstellung »Entartete Kunst«)

Beckmann: Musikinstrumente (» » »)

Baumeister: Staffelei

Kleinschmidt: Kaffee des Westens (Ausstellung »Entartete Kunst«).

Heil Hitler!
Im Auftrage:

Dok. 66 Durchschrift eines Briefes von Alfred Wolters, Städtische Galerie Frankfurt am Main, an die Landesstelle München-Oberbayern des Reichsministeriums für Volksaufklärung und Propaganda, 3. November 1937 (Archiv Städel/Städtische Galerie Bd. 36)

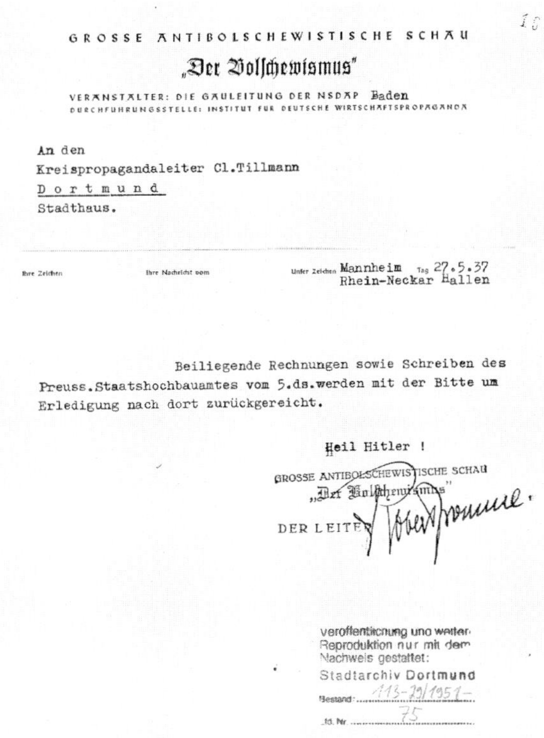

GROSSE ANTIBOLSCHEWISTISCHE SCHAU
„Der Bolschewismus"
VERANSTALTER: DIE GAULEITUNG DER NSDAP Baden
DURCHFÜHRUNGSSTELLE: INSTITUT FÜR DEUTSCHE WIRTSCHAFTSPROPAGANDA

An den
Kreispropagandaleiter Cl.Tillmann
Dortmund
Stadthaus.

Ihre Zeichen Ihre Nachricht vom Unser Zeichen Mannheim Tag 27.5.37
Rhein-Neckar Hallen

Beiliegende Rechnungen sowie Schreiben des Preuss.Staatshochbauamtes vom 5.ds.werden mit der Bitte um Erledigung nach dort zurückgereicht.

Heil Hitler !

GROSSE ANTIBOLSCHEWISTISCHE SCHAU
„Der Bolschewismus"
DER LEITER

Dok. 67 Brief des Ausstellungsleiters »Der Bolschewismus« an den Kreispropagandaleiter in Dortmund, Mannheim 27. Mai 1937 (StA Dortmund 113-29/1951-75, Bl. 197)

durch eine Detailaufnahme (Abb. 128) dokumentiert. Sie sind verschiedenen, in Überschriften genannten Themen – Presse und Politik[50], Wirtschaft, Kunst – gewidmet, die als »verjudet« entlarvt werden sollen. Für die »Kunsttafel« (»Entartung der Kunst durch jüdischen Kulturbolschewismus«) griff man auf Abbildungen von Exponaten der Ausstellung »Entartete Kunst« zurück (u. a. von Gies, Dix, Kirchner, Hoffmann) und kombinierte sie mit photographischen Portraits, z. B. von Flechtheim. Aber auch originale Kunstwerke, aus der zweiten Beschlagnahmeaktion (vgl. Kapitel 5), dienten der Illustration des »Bolschewismus« (Abb. 127). Etwa in Raummitte, seitlich einer tischförmigen Vitrine, stehen auf einem Podest drei Plastiken, deren mittlere sich als Barlachs Gruppe »Christus und Johannes (Das Wiedersehen)« identifizieren läßt. Ernst Barlach schreibt am 22. Oktober 1937 an Fritz Schumacher:

> Ich weiß nicht, ob ich Ihnen sagte oder [ob Sie] schon wußten, daß auf der »antibolschewistischen« Ausstellung in Nürnberg meine Holzgruppe »Wiedersehen« aus dem Schweriner Museum steht.[51]

50 Diese Tafel erscheint auch in einer Rezension der Schau »Der ewige Jude« (vgl. die Reproduktion bei Alberg 1987, S. 83, Abb. 67). Zwei weitere Photomontagen sind in der Rezension der »Großen Antibolschewistischen Ausstellung Nürnberg 1937« im Westdeutschen Beobachter vom 13. September 1937 abgebildet.

51 Zitiert nach Dross 1969, Nr. 1411. Neben der Schweriner Holzfassung waren in Frankfurt, Hannover und Kiel je eine Bronzefassung dieses Werks beschlagnahmt worden (vgl. Jansen 1981, Bd. 1, S. 83-85, Nr. 61). Der Kieler Guß wurde in der Münchner Ausstellung »Entartete Kunst« ausgestellt (vgl. von Lüttichau 1992a, S. 56, Abb. 46), die Frankfurter Version 1939 auf der Auktion der Galerie Fischer versteigert (vgl. Barron 1992, S. 149). Die Holzfassung mit ihrem gestuften Sockel ist auch auf einer Aufnahme aus dem Depot Niederschönhausen (Abb. 45) erkennbar. Vgl. Tümpel 1992, S. 164 (mit Abbildung der hier besprochenen Raumaufnahme und einem Text von Arie Hartog).

Durch den Zwischenraum rechts neben der Barlach-Figur wird eine vierte offenbar in der Nähe des Eingangs auf dem Boden abgestellte Plastik (eine Lehmbruck-Büste?) sichtbar.
Auch diese Ausstellung wurde auf Wanderschaft geschickt. Unter dem Namen »Bolschewismus ohne Maske« gastierte sie vom 6. November 1937 bis zum 9. Januar 1938 im Berliner Reichstagsgebäude[52] – nur wenige Monate vor Ankunft der Ausstellung »Entartete Kunst« in der Reichshauptstadt (die Plakate zu beiden Expositionen wurden von demselben, mit »HE« zeichnenden Graphiker entworfen; vgl. Abb. 129 mit Abb. 60). Wieder hielt General Melchiori die Eröffnungsrede (Abb. 130). Ein Augenzeugenbericht ist vom Botschafter der USA, William W. Dodd, überliefert, der die Schau am 26. Dezember 1937 besichtigte und seine Eindrücke im Tagebuch festhielt:

> Ich vergaß zu erwähnen, daß meine Frau und ich [...] in dem alten Reichstagsgebäude waren. Wir sahen uns dort die sogenannten antikommunistischen Fotos an, von denen wir gehört hatten. Es ist die schändlichste Ausstellung, die ich je gesehen habe. Kein intelligenter Mensch würde je solche Bilder aufhängen, die wir hier zu Tausenden sahen, insbesondere nicht in diesen berühmten alten Räumen der Gesetzgeber. Auf den Bildern werden kommunistische Übeltaten in allen Ländern der Welt gezeigt, und die Kommunisten sind alle Juden. Es sind Morde, Vergewaltigungen, Diebstähle, Revolutionen und Regierungsputsche dargestellt. Kein erdenkliches Verbrechen, das man nicht den Juden und Kommunisten in die Schuhe schiebt. Zwei- bis dreitausend Besucher waren in der Ausstellung. [...] Den Abschluß bildete eine Darstellung Mussolinis und Hitlers als Retter der Menschheit.[53]

Auch in Berlin gehörten originale Kunstwerke zu den Exponaten. Am 7. Dezember 1937 schrieb Oskar Schlemmer an Heinz Braune, Direktor der Württembergischen Staatsgalerie Stuttgart:

> Ich habe schon nicht verstanden, in München zu den entarteten, destruktiven, grundsätzlich und vorsätzlich böswilligen Malern gerechnet zu werden. Man trat dort aber *in corpore* auf und war durch die Gesellschaft des ehrwürdigen Christian Rohlfs gerechtfertigt. – Nun höre ich aber von Berlin, daß ich auch in der großen antibolschewistischen Ausstellung »Bolschewismus ohne Maske« mit einem unter zehn ausgestellten Bildern vertreten sei. Es ist eines meiner besten Bilder aus dem Jahre 1924, »Vorübergehender«, zu dem ich mich heute noch durchaus bekenne und dessen Zweck in dieser Ausstellung ich einfach nicht begreife. [...] Ich sehe, wie gesagt, erstmals die Situation als gefährlich an.[54]

Die Ausstellungstournee führte weiter nach Hamburg (14. März bis 10. April 1938; vgl. Abb. 56a-b)[55] und Wien (Juni/Juli 1938 bis 15. Februar 1939)[56]. Allein in den ersten neun Monaten soll sie von 1,5 Millionen Besuchern besichtigt worden sein.[57]
In den Kriegsjahren, vor allem nach Beginn des Krieges gegen die Sowjetunion am 22. Juni 1941, stieg die Anzahl »antibolschewistischer« Ausstellungen erheblich an. Ab 1941 gab es im Propagandaministerium auch eine Abteilung »Antikomintern«, deren Aufgabe ausschließlich »in der antibolschewistischen, anti-jüdischen und anti-freimaurerischen Propaganda im In- und Auslande sowie in den besetzten Gebieten«[58] bestand. Hier sei vor allem auf die großangelegte Exposition »Das Sowjet-Paradies« hingewiesen, die vom 9. Mai bis zum 21. Juni 1942 in Berlin und anschließend unter der Ägide des Instituts für Deutsche Kultur- und Wirtschaftspropaganda in drei verschiedenen Versionen in mehreren Städten, auch in den besetzten Ländern, gezeigt wurde.[59]

52 Vgl. VB, 6. November 1937; FZ, 8. November 1937; Deutsche Illustrierte, 23. November 1937; Kreuz-Zeitung, 7. Januar 1938.
53 Dodd o. J., S. 494f. Vgl. auch Sywottek 1976, S. 113.
54 Zitiert nach Schlemmer 1958, S. 365. Ähnlich äußert sich Schlemmer in einem Brief an Gerhard Marcks vom 7. Dezember 1937 (vgl. Hüneke 1990c, S. 318f.) und in einem Schreiben an Willi Baumeister vom 22. Dezember 1937 (vgl. von Maur 1979, Bd. 2, S. 238). Auch in einem Schreiben an Hans Posse vom 19. März 1942 erwähnt Schlemmer die Ausstellung und das Bild und erkundigt sich nach dessen Verbleib (vgl. Hüneke 1990c, S. 337f.) Vgl. auch Bildzyklen 1987, S. 74 sowie Weitz 1984, S. 162.
55 STA Hamburg 361-2 VI.
56 Vgl. VB, 14./15. April 1938; IW 6, 1938, Nr. 12, S. 97 und S. 100.
57 Vgl. Sywottek 1976, S. 113.
58 Aus einem Brief der Antikomintern vom 5. Oktober 1942, zitiert nach Wulf 1983d, S. 265.
59 Vgl. BA NS 18/254, NS 18/224, NS 18/470, NS 15/162a. Raumaufnahmen sind reproduziert in: NGBK 1987, S. 51-63 (ohne erläuternden Text). Vgl. auch Diederich/Grübling 1974, S. 210-212 (mit dem Plakat der Brüsseler Etappe auf S. 213, Abb. 244) und Mittig 1988, S. 82.

7.2 *Der ewige Jude*

> In ähnlicher Weise, wie im Vorjahr die antibolschewistische Ausstellung in München zusammengestellt wurde, veranstaltet im Herbst d. J. die Gauleitung München-Oberbayern der NSDAP eine große politische Schau unter dem Motto »Der ewige Jude«. Es wird hier erschöpfendes Material aus privaten und öffentlichen Quellen zusammengetragen, um das schädliche Wirken des Judentums in der ganzen Welt zu verdeutlichen. Es soll jedoch insbesondere die deutsche Judenfrage behandelt werden.[1]

Diese Ankündigung erschien nur wenige Tage nach Eröffnung der Femeschau »Entartete Kunst«. Im November 1937 sollte sich die Laufzeit beider Ausstellungen um drei Wochen überschneiden.

Am 8. November 1937, dem Vortag des »Gedenktages der Bewegung« und zwei Tage nach Beginn der Schau »Bolschewismus ohne Maske« in Berlin, wird die antisemitische Ausstellung als »große politische Schau« durch Goebbels und Streicher eröffnet (Abb. 133).[2] Noch wenige Stunden vor der Zeremonie im Kongreßsaal des Deutschen Museums läßt es sich der Propagandaminister nicht nehmen, persönlich Änderungen zu veranlassen. Tags darauf schreibt er in sein Tagebuch:

> Gestern: [...] Mit Streicher Ausstellung »Der ewige Jude« besichtigt. Sie ist in den Argumenten vorzüglich. Aber zu akademisch und wissenschaftlich. Zuviel Material. Ich lasse kürzen und besser ordnen. Dann wird sie sehr gut. [...] Ausstellung »ewiger Jude« mit Streicher eröffnet. Streicher will nur 20 Minuten eine gemäßigte Rede verlesen, dann kommt er unter dem Beifall ins Polemisieren, das dauert über eine Stunde und wird direkt peinlich. Ich sitze wie auf Kohlen. Ich rede nur ein paar Sätze. Aber die sitzen.[3]

Im Bibliotheksbau des Deutschen Museums brachte die Schau in 20 Sälen auf 3.500 qm – so die Presse – »die nackte Wahrheit der Judenfrage«[4]. Einzelne Abteilungen dienten der »Aufklärung« der Bevölkerung über Geschichte, Religion, »Rasse« etc. sowie den »Einfluß der Juden in allen Gesellschaftsbereichen«. Zu der Abteilung »Moralische Verkommenheit der Juden« waren nur Erwachsene zugelassen.[5] Die Exponate – verschiedenste Gegenstände und Dokumente, physiognomische Modelle, Plakate, Karten, Statistiken, Zeitungsausschnitte, Photographien, Photomontagen – waren aus dem ganzen Land und von mehreren Instituten und Archiven (u. a. »Antikomintern« in Berlin, Archiv des Stürmers in Nürnberg) zusammengebracht worden. So wurde aus der Bayerischen Staatsbibliothek München eine unbekannte Anzahl von Büchern entliehen, von denen eines (Beck, Tractatus de juribus Judäorum, Nürnberg 1731) 1942 zurückgegeben wurde, woraufhin sich die Biliothek vergeblich um die Rückgabe der übrigen Bücher bemühte.[6] Wie schon in der Schau »Der Bolschewismus« des Vorjahres verhieß am Ende ein Weiheraum, dessen Wände die Nürnberger Gesetze verkündeten, Erlösung: »Nach all diesen abscheuerweckenden Abteilungen kommt zum Schluß die Lösung in der Licht und Klarheit atmenden Weihestimmung der Ehrenhalle, die mit den einfachsten Mitteln erzielt wird«[7].

1 DAZ, 25. Juli 1937. Auf derselben Seite erschien der Artikel »Liste der Ausgestellten – Gang durch die Ausstellung ›Entartete Kunst‹« (Dok. 26). Die »Judenfrage« war in der NS-Ideologie allumfassend. Dazu heißt es bei Jäckel 1986, S. 60: »Jüdisch waren die Revolution von 1918 und die ganze Republik, jüdisch der Marxismus und die sowjetische ›Blutdiktatur‹ und natürlich das internationale Börsenkapital, ›Söldnertruppe des Judentums‹ waren die politischen Parteien der Linken, jüdisch schließlich Demokratie, Parlament, Majorität und Völkerbund«.

2 Diesem Kapitel liegen im wesentlichen die umfangreiche PrASlg im StA München (ZA 1937/38 Der ewige Jude) sowie einzelne Rezensionen im BA (NS 15/140; ZSg. 117/378) und bei Wulf (1983a, S. 317-320) zugrunde. Das Archiv des Deutschen Museums in München verwahrt 40 Photographien, welche allesamt das Gebäude von außen bei der Eröffnung (Abb. 133) oder die Plakatierung in der Stadt zeigen. Zwei weitere Photographien liegen im BA (Bild 119/4/29/26 und 119/4/29/37). Vgl. auch Barron 1992, S. 14, Abb. 6 und Ruhl 1981, S. 120, Abb. 112.

3 Zitiert nach Fröhlich 1987a, Teil 1, Bd. 3, S. 329f.

4 VB, 4. November 1937.

5 Vgl. Ruhl 1981, S. 120.

6 Vgl. Dressler 1987, S. 307-309 (mit Abdruck der Korrespondenz zwischen der Bibliothek und dem IKWP bzw. RMVP).

Die Veranstaltung der Ausstellung zu diesem Zeitpunkt – zwei Jahre nach den Nürnberger »Rassegesetzen«, ein Jahr vor den Novemberpogromen 1938 – war innenpolitisch geschickt kalkuliert. Medienwirksam inszeniert und späterhin durch eine Wanderung durch Österreich und das »Altreich« auf Breitenwirkung angelegt, sollte sie die Phase der blutigen Judenverfolgungen ideologisch vorbereiten: Die »Ausstellung ›Der ewige Jude‹ [beweist] die unbedingte Notwendigkeit des kompromißlosen Kampfes gegen das Judentum«[8]. Im Vorfeld des Holocaust ging es um die Schaffung von Akzeptanz für die »Endlösung«. Das Bayerische Staatstheater (Residenztheater) veranstaltete einen Abend mit Szenen und Rezitationen aus antisemitischen Schriften von Luther, Shakespeare, Dietrich Eckart, Alfred Rosenberg u. a.: »Der Bann löste sich erst, als unter Trommelwirbel die Hauptpunkte der Rassengesetzgebung verkündet wurden, mit denen das deutsche Volk auf dem Reichsparteitag zu Nürnberg die Judenfrage gelöst hat«[9]. Das an der Universität München angesiedelte »Reichsinstitut für Geschichte des Neuen Deutschlands, Forschungsabteilung Judenfrage« organisierte eine Vortragsreihe, um zu zeigen, »daß die [...] Ausstellung [...] nicht wahllos zusammengetragenes Material enthält, sondern eine gründliche wissenschaftliche Arbeit darstellt«[10].

Die Ausstellungsleitung und -gestaltung lag in den Händen eines bewährten Teams:

> Es waren begabte junge Münchener Künstler, die unter der Oberleitung des Gauamtsleiters Wüster in wochenlanger aufopfernder Tätigkeit diese Ausstellung zusammenstellten, so die Architekten Fritz v. Valtier und Renzl, die Maler Horst Schlüter, der auch der Schöpfer des wirksamen Ausstellungsplakates ist, Ernst Birkner, der Karikaturist.[11]

Wie viele »Zimmerleute, Anstreicher und Tapezierer, Elektriker, Photographen und Schriftenmaler, Handwerker und Künstler«[12] unter der Leitung dieser Personen arbeiteten, ist nicht bekannt, es müssen unzählige gewesen sein.

Das in verschiedenen Größen überlieferte Plakat (Abb. 131)[13], dessen Motiv auch eine Postkarte zierte, zeigt die mit einem Kaftan bekleidete Sagengestalt Ahasver. Die Legende des »ewigen Juden« Ahasver, der einst den kreuztragenden Christus zur Eile angespornt und ihm einen Schlag versetzt haben soll, weswegen er dazu verdammt war, bis zum Jüngsten Gericht auf Erden herumzuirren, ist seit dem Hochmittelalter ein literarischer Topos.[14] Darstellungen Ahasvers aus dem Bereich der bildenden Kunst stammen z. B. von Gustave Doré.[15] Auf dem Ausstellungsplakat ist Ahasver mit den Attributen Peitsche, Geldmünzen und Rußlandkarte (»jüdisch-bolschewistisch«) ausgestattet und als ungepflegte, verzerrte und brutalisierte Karikatur dargestellt. Die blutroten Buchstaben imitieren hebräische Schriftzeichen, die Farbkombination gelb-schwarz nimmt jene des späteren Judensterns vorweg.[16] Riesenhaft vergrößert machte das Plakat in ganz München auf die Schau aufmerksam. Zur Ausstellung erschien ein gleichnamiges Buch von Hans Diebow im Münchner Zentralverlag der NSDAP, dessen Inhalt aber

7 Münchener Zeitung, 15./16. Januar 1938. Wortgleich im VB, 15. Januar 1938.

8 Neue freie Volks-Zeitung, 10. November 1937. Vgl. auch Karl-Heinz Meißner 1987b, S. 51 mit Abb. 6 und Selig 1987.

9 FZ, 10. November 1937. Vgl. auch MNN, 4. November 1937; FZ, 5. November 1937; Berliner Tageblatt, 9. November 1937.

10 VB, 27. November 1937. Vgl. Westdeutscher Beobachter, 1. Dezember 1937 (abgedruckt bei Wulf 1983a, S. 319f.) und FZ, 12. Dezember 1937. Die Münchner Tageszeitungen berichteten ausführlich über die rund neun Vorträge.

11 Münchener Zeitung, 15./16. Januar 1938. Vgl. Abb. 135.

12 VB, 4. November 1937.

13 Jeweils zwei Exemplare im BayHSTA (Inv.-Nr. 14557 und 14558) und im Münchner Stadtmuseum (Inv.-Nr. C 14/55; vgl. Haerendel/Ott, S. 412, Kat. 24.9 sowie Duvigneau/Suckale-Redlefsen 1975, S. 231, Nr. 714 mit Abb. 180 auf S. 161; hier irrig Stalüter statt Schlüter), je ein Exemplar im BA (Inv.-Nr. Plakate 3/20/19) und in der Kunstbibliothek SMPK (Inv.-Nr. NS 782). Eine farbige Reproduktion auch bei Palmier 1992, S. 52.

14 Einen guten Überblick mit Literaturhinweisen bieten Frenzel 1988, S. 15-21 und Rohrbacher/Schmidt 1991, S. 246-252.

15 Doré schuf 1852 einen kolorierten Holzschnitt (abgedruckt bei Fuchs 1985, nach S. 144 und bei Mosse 1978, Abb. 9) und illustrierte mit 12 Holzstichen die Schrift: Pierre Dupont, La légende du juif-errant, Paris 1856.

16 Vgl. die detaillierte Interpretation des Plakats bei Diederich/Grübling 1974, S. 206-208 mit Abb. 231 auf S. 203 sowie von Suckale-Redlefsen, in: Duvigneau/Suckale-Redlefsen 1975, S. 161f. mit Abb. 180. Anläßlich der Ausstellung erschien auch Hoffmanns Antikommunistische Bildtafel Nr. 23/XII (Abb. 132).

Ausstellung: „Der ewige Jude"

Am Montag, 8. November, wird im Bibliotheksbau des Deutschen Museums eine Ausstellung „Der ewige Jude" eröffnet. Ueber den Sinn dieser Ausstellung sprach der stellvertretende Gauleiter Otto Nippold zu den Vertretern der Presse.

Nach den „Prophezeiungen" in der Auslandspresse sollten die Juden in Deutschland geköpft, gehängt oder ausgewiesen werden; in einigen Jahren sollte es überhaupt keine Juden mehr in Deutschland geben. In Wirklichkeit sind, so sagte Nippold, die Juden aus dem Leben des deutschen Volkes, zum mindesten aus dem politischen, kulturellen und wirtschaftlichen Leben, ausgeschaltet. Sie können jedoch in einem eigenen jüdischen Kulturkreis tun und lassen, was sie wollen, vorausgesetzt, daß es nicht das Leben der deutschen Nation berührt. Auf diese Weise hat das nationalsozialistische Deutschland die Judenfrage gelöst.

Von Disraeli, dem bekannten englischen Staatsmann jüdischen Blutes und Glaubens, stamme der Ausspruch, daß die Judenfrage der Schlüssel zur Weltgeschichte sei. So wolle denn auch der Staat, der an die Lösung der Judenfrage herangegangen ist, Deutschland, die Maßnahmen, die er zum Schutz des deutschen Blutes und des deutschen Volkes gegen jüdischen Einfluß getroffen hat, dem Volk gegenüber begründen. Die Geschichte vom anständigen und unanständigen Juden, die noch in diesem oder jenem Kopf spuke, werde durch die Ausstellung „Der ewige Jude" widerlegt werden.

Was ist ein Jude? Auf diese Frage soll die erste Abteilung der Ausstellung Antwort geben. Damit wird kein religiöses Problem berührt. Alte Reliefs und Bilder sollen das Gesicht der jüdischen Rasse zeigen, wie es sich aus assyrisch-babylonisch-chaldäischem Blut geformt hat. Untrennbar verbunden mit dem Gesicht der jüdischen Rasse ist die jüdische Religion. Talmud und jüdische Religionsbücher selbst sollen Aufschluß geben über jüdischen Blutritus, Beschneidung, Schächtung und Ritualmord. Es wird wohl zum erstenmal auf einer Ausstellung ein Original des Talmud gezeigt werden und ein Film, der die grausame Schächtung darstellt (aufgenommen in einem Land, in dem die Schächtung noch nicht verboten ist).

Das römische und griechische Altertum hat ebenso wie das christliche Mittelalter und die Neuzeit einen Kampf gegen das Judentum geführt. Im päpstlichen Rom waren die Juden ebenso aus der Gemeinschaft des Lebens der Christen ausgeschaltet wie in den deutschen Städten, bis die Juden um die Wende des 19. Jahrhunderts in Deutschland und in den meisten anderen Ländern Europas gleichberechtigte Staatsbürger wurden. Die Ausstellung „Der ewige Jude" wird an geschichtlichen Zeugnissen das Wirken der Juden in England, Frankreich, Ungarn, Polen, Oesterreich und Amerika nachweisen.

Es soll, wie der stellvertretende Gauleiter hervorhob, ein Merkmal dieser Ausstellung werden, Juden selbst über Juden reden zu lassen. Die Juden haben von der internationalen Macht des Judentums gesprochen. Auch darüber wird die Ausstellung Beispiele liefern, etwa von der Familie Rothschild, die in England, in Amerika, in Deutschland ihre Angehörigen hat.

Judenherrschaft in Deutschland bis zur Machtergreifung des Nationalsozialismus bildet einen wesentlichen Teil der Ausstellung. Diese Abteilung soll den jüdischen Einfluß in der deutschen Wissenschaft, Wirtschaft und Kultur zeigen (Theater, Revue, Plastik, Malerei, Film und Schallplatten). Der Einfluß des Juden in der deutschen Rechtspflege wird ebenfalls dargelegt. Auch die „großen" jüdischen Verbrecher werden gezeigt. Die Ausstellung wird dem deutschen Volk auch die jüdische Haltung im Weltkrieg und in der Novemberrevolution vor Augen führen.

In der Ausstellung „Der ewige Jude" wird

ein Original-Freimaurer-Tempel

aufgebaut werden, so daß jedermann Gelegenheit hat, den Aufenthaltsort einer Freimaurerloge kennenzulernen.

Judentum und Bolschewismus bilden den Abschluß der Ausstellung. Originaldokumente und Bilder werden lebendiges Anschauungsmaterial über das Land liefern, in dem das Judentum zur Herrschaft gelangt ist, das bolschewikische Rußland.

Als befreiende Gegenüberstellung zu diesem Wirken des Judentums wird dem Besucher gezeigt, wie man im nationalsozialistischen Deutschland das Judenproblem zu lösen vermochte: Der Jude ist durch die Nürnberger Gesetze und die Maßnahmen der Partei in sein kulturelles Ghetto zurückgedrängt, das deutsche Volk aber auf allen Lebensgebieten von seinen Einflüssen frei geworden.

*

Führende Stellen der Partei und des Staates haben an der Gestaltung dieser Ausstellung, deren Leiter Gauamtsleiter Wüster ist, mitgearbeitet. Reichsminister Dr. Goebbels selbst hat mit seinem Ministerium die Ausstellung gefördert, Reichsleiter Amann hat die Mitwirkung des Zentralverlags der NSDAP. veranlaßt, der Beauftragte für weltanschauliche Schulung in der NSDAP., Reichsleiter Alfred Rosenberg, hat die Gestaltung der Ausstellung ebenfalls unterstützt. Im Einvernehmen mit dem Reichsschatzmeister sind an der Durchführung der Ausstellung beteiligt das Zentralarchiv der NSDAP. unter Dr. Uetrecht, das Archiv für Zeitgeschichte (Sammlung Rehse), das von Jul. Streicher gegründete Stürmer-Archiv in Nürnberg. Wissenschaftliche Einrichtungen haben der Ausstellung ihre Unterstützung geliehen, so das Institut zum Studium der Judenfrage (Berlin), die Forschungsabteilung Judenfrage (Berlin), das Reichsinstitut für Geschichte des neuen Deutschlands, die Antikomintern, das Institut zum Studium für Judenfrage und Bolschewismus in Berlin und zahlreiche staatliche und städtische Archive.

Dok. 68 Münchener Zeitung, 19. Oktober 1937 (StA München ZA 1937/38 Der ewige Jude) mit den Exponaten vermutlich nicht sehr viel zu tun hatte.[17] So heißt es in den Münchner Neuesten Nachrichten vom 29. Dezember 1937:

> Der Katalog, der nicht ein Ausstellungsführer im engeren Sinn ist, sondern mit insgesamt 265 Bilddokumenten und schlagkräftigen Erläuterungen das in der Schau gezeigte Material reichhaltig ergänzt, ist bereits in der zweiten Auflage, d. h. mit 100.000 Exemplaren, nahezu vergriffen.

Der organisatorische wie technisch-propagandistische Aufwand war gewaltig. So wurde ein Tempel einer Freimaurerloge nachgebaut (auch die Freimaurerei war ja in den Augen der Nationalsozialisten »jüdisch«).[18] Das Medium des Films wurde intensiv genutzt. Ununterbrochen lief eine filmische Darstellung des Schächtens. Ab Dezember wurde stündlich der Film »Juden ohne Maske« gezeigt, ein Zusammenschnitt »aus 17 der bekanntesten Stumm- und Tonfilme der jüdischen Produktion«[19], darunter Peter Lorre in »M – eine Stadt sucht einen Mörder«, 1931 unter der Regie von Fritz Lang gedreht.[20] Die Ausstellungsgestaltung wurde – wohl zu Recht – als propagandistisches Meisterwerk gefeiert. Das psychologische und besucherorientierte, daher schlechterdings didaktisch zu nennende Konzept gehorchte folgenden Prämissen: »Es galt, einerseits das Bild aufzulockern, um die Übermüdung und Überfütterung des Auges zu verhindern, und andererseits, eine konzentrierte Wirkung zu erzielen, so daß jeder einzelne Gegenstand ins Auge fällt und fesselt«[21]. Ein Artikel im Völkischen Beobachter vom 16. Januar 1938 (»Symbol des Unheils: Stürzende Wände. Neue Wege in der Ausstellungsarchitektur. Die politisch-propagandistische Schau«; Abb. 135) faßt mit bemerkenswerter, heute geradezu naiv anmutender Offenherzigkeit Ziel und Methode zusammen:

> Die politische Schau ist ein ganz neuer Ausstellungstyp. [...] Aufgabe einer Kunstausstellung ist es, durch eine ausgeglichene Hängung der Gemälde jedes einzelne Bild so vorteilhaft erscheinen zu lassen, daß es einen Käufer findet. [...] Dort ist Harmonie das oberste Gesetz, Harmonie in der Reihung. [...] Eine politische Ausstellung, die den Besucher aufrütteln und ihm Erkenntnisse einbrennen will, muß Dissonanzen enthalten, mit grellen Klängen muß sie die erschlaffende Aufmerksamkeit immer wieder anstacheln und in einem ständigen Crescendo den Betrachter durch ihre Räume führen. [...] Den ersten Saal, in dem den Besuchern die rassischen Merkmale der Juden vor Augen geführt werden, gestaltete diese Arbeitsgemeinschaft junger Werbefachleute, Architekten, Maler und Gebrauchsgraphiker kreisrund. Damit wurde die Raumwirkung eines Pantheons der unbestechlichen wissenschaftlichen Sachlichkeit und Klarheit erreicht. Der anschließende lange Gang, der die Dokumente der jüdischen Entwicklungsgeschichte bis ins 19. Jahrhundert enthält, hätte einen Ausstellungsarchitekten der alten Schule zu einer dekorativen Aneinanderreihung [...] verleitet. Hier kam man aber auf die verblüffende Idee, eine wellenförmig geschwungene Wand als Bildträger vor die massige Mauer zu setzen, eine Wand also, deren Kurven den Beschauer mit suggestiver Gewalt in die Tiefe des Raumes hineinlocken. [...] Der Alp, der sich beim Durchschreiten dieses Infernos auf die Brust legt, wird noch beklemmender in den folgenden Räumen, deren Wände mit grinsenden Judenfratzen bedeckt auf einen zustürzen. Diese stürzenden Wände sind ein psychologisches Beeinflussungsmittel, das [...] von ungeheurer Wirkung ist.

Auch Kunst wurde in dieses Inferno einbezogen. Originale oder Reproduktionen archäologischer Denkmäler befanden sich in der ersten, historischen Abteilung: »Alte Reliefs und Bilder sollen das Gesicht der jüdischen Rasse zeigen, wie es sich aus assyrisch-babylonisch-chaldäischem Blut geformt hat« (Dok. 68). Über die eigentliche Kulturabteilung heißt es in der Presse:

17 Vgl. Karl-Heinz Meißner 1987b, S. 51. Vgl. ferner Wulf 1983a, S. 317, Anm. 2. Ein Exemplar befindet sich in der Bibliothek des IfZ. Die Broschüre, die der Verlag zu Hans Diebows Buch verbreitete, ist bei Polster (1989, S. 25) abgebildet. Von Diebow erschien im selben Verlag 1939 »Die Juden in den USA« (vgl. NSMH 10, 1939, Heft 116, S. 50).

18 Vgl. die Abb. in den MNN vom 6. November 1937 und in der Neuen freien Volks-Zeitung vom 10. November 1937.

19 MNN, 29. Dezember 1937.

20 Vgl. Münchener Zeitung, 23. Dezember 1937; MNN und VB, 29. Dezember 1937. – 1940 wurden die beiden antisemitischen Hetzfilme »Jud Süß« (Drehbuch und Spielleitung Veit Harlan) und »Der ewige Jude« (Gestaltung Fritz Hippler; vgl. Kapitel 2.4) uraufgeführt; vgl. dazu diverse Rezensionen im BA (ZSg. 103/1714) sowie Hilmar Hoffmann, in: ders./Klotz 1991, S. 173-177 und Hollstein 1983, passim. In »Der ewige Jude« werden auch »Entartete Kunst« und »Entartete Musik« (in Form verzerrter Jazzmusik) vorgeführt.

21 Münchener Zeitung, 17. Januar 1938.

Mit großer Sorgfalt wurde all das Material zusammengetragen, das die Verjudung des Konfektions-, Buch- und Schallplattenhandels und den verderblichen Einfluß durch unsittliche Literatur und hochverräterische deutschfeindliche Schriften sowie die Zersetzung der Moral und der gesunden Instinkte durch das Mittel des Films zeigt. Eigene Räume führen uns in die Gebiete des Theaters, der Revue, Musik, Malerei und Plastik, in der sich die asiatischen Instinkte sogenannter Künstler bis 1933 ungehindert austoben durften.[22]

Eine illustrierte Rezension[23] zeigt neben zwei Abbildungen aus der parallel in Berlin laufenden Exposition »Bolschewismus ohne Maske« (hier »Antikomintern«; vgl. Abb. 127) eine Raumecke aus »Der ewige Jude«. Drei gerahmte Gemälde und zwei Arbeiten auf Papier sind erkennbar, davon lassen sich links Gert Wollheims »Schwebende«[24] aus Düsseldorf, rechts Jankel Adlers »Chassid«[25] aus Berlin identifizieren. Im Beschlagnahmeinventar (vgl. Kapitel 5) sind weitere Werke aus der Nationalgalerie Berlin als Exponate der Ausstellung »Der ewige Jude« gekennzeichnet: sieben Zeichnungen von Else Lasker-Schüler, ein Aquarell und zwei Graphiken von Ludwig Meidner und ein Gemälde von Lasar Segall.[26] Alle genannten Künstler waren Juden. Auch »der jüdische Kunsthandel« wurde angegriffen:

Kein Mittel wäre geeigneter gewesen, die Herrschaft des Juden auf kulturellem Gebiete deutlicher ins Gedächtnis zurückzurufen, als die Errichtung von Ladenstraßen, so wie sie noch vor fünf Jahren in den Bummelvierteln der deutschen Großstädte zu finden waren. In Lebensgröße kann man hier Alfred Flechtheim in seinem Kunstladen bewundern. Über seinem Haupte prangt der bezeichnende Ausspruch, der ihm entsprang: »Schweige Maler, wenn Kunsthändler reden!« (Abb. 135)

Auf den uninformierten Betrachter übte ein solch raffiniertes Ensemble von Bild und Text – mit aus dem Zusammenhang gerissenen, vielleicht nicht einmal authentischen Zitaten wurde auch in der Ausstellung »Entartete Kunst« nicht gegeizt – zweifellos die gewünschte Wirkung aus. Eine Großphotographie Flechtheims gehörte ab Düsseldorf ebenfalls zu den Ausstellungsstücken der »Entarteten Kunst« (vgl. Kapitel 6.3.3).

Es wiederholten sich die Vorgänge, die sich bei der Exposition »Der Bolschewismus« bereits ereignet hatten und bei der »Entarteten Kunst« noch ereignen sollten: Wegen des Massenandrangs (412.300 Besucher)[27] mehrfach verlängert, wurde »Der ewige Jude« nach Beendigung der Laufzeit in München (31. Januar 1938) von der Reichspropagandaleitung übernommen, welche das Institut für Deutsche Kultur- und Wirtschaftspropaganda mit der Durchführung einer Tournee beauftragte. Ein entsprechender Plan hatte von Anfang an bestanden: Die Sulinger Nachrichten berichteten nämlich bereits am 9. November 1937, daß die Ausstellung »ihren Weg durch ganz Deutschland nehmen« werde. Und in den Münchner Neuesten Nachrichten stand am 29. Dezember 1937 zu lesen, daß die Schau, »wie schon jetzt feststeht, von München aus in andere deutsche Städte wandern wird«.

Die Tournee führte – ein Vierteljahr nach dem »Anschluß« – nach Wien (ab 2. August 1938; Abb. 136a-b). Für die Donaumetropole wurde das Motiv des Münchner Ausstellungsplakats übernommen, nur die Textzeile verändert.[28] Die Schau erfuhr eine Ergänzung, welche »das Wirken des Judentums im alten Österreich und besonders

22 Mitteilungen über die Judenfrage, 6. November 1937 (zitiert nach Wulf 1983a, S. 318).

23 Vgl. die Reproduktion bei Alberg 1987, S. 83 und Krempel/Thomas 1985, S. 33.

24 Vgl. Krempel 1985, S. 122.

25 Vgl. Janda/Grabowski 1992, S. 75, Nr. 1.

26 Vgl. Janda/Grabowski 1992, S. 140-144, Nr. 251-263 (Lasker-Schüler); S. 160, Nr. 312f. und Nr. 315 (Meidner); S. 199, Nr. 481 (Segall).

27 Vgl. VB und MNN, 4. Februar 1938. Wie üblich wurden Beamte, städtische Angestellte und Mitglieder von NS-Organisationen zum Ausstellungsbesuch abkommandiert (vgl. Adams 1993, S. 186, Nr. 297).

28 Ein Exemplar des Plakats befindet sich in der Wiener Stadt- und Landesbibliothek unter der Signatur P 11047. Vgl. Abb. und Kommentar in: Wiener Stadt- und Landesbibliothek 1981, S. 232, Nr. 206 und bei John/Lichtblau 1993, S. 324 mit Literaturhinweisen in Anm. 99, S. 339; eine farbige Abb. auch bei Adam 1992, S. 63. Das Schlußbild der Wiener Ausstellung ist reproduziert bei Körber 1939, S. 290, Abb. 286d (abgedruckt in: Zeitgeist wider den Zeitgeist 1988, S. 243 und bei Mayer 1994, S. 297; vgl. Abb. 136b). Laut der Zeitung Deutscher Morgen vom 25. November 1937 wurde die Ausstellung in Wien von 500.000 Menschen besucht.

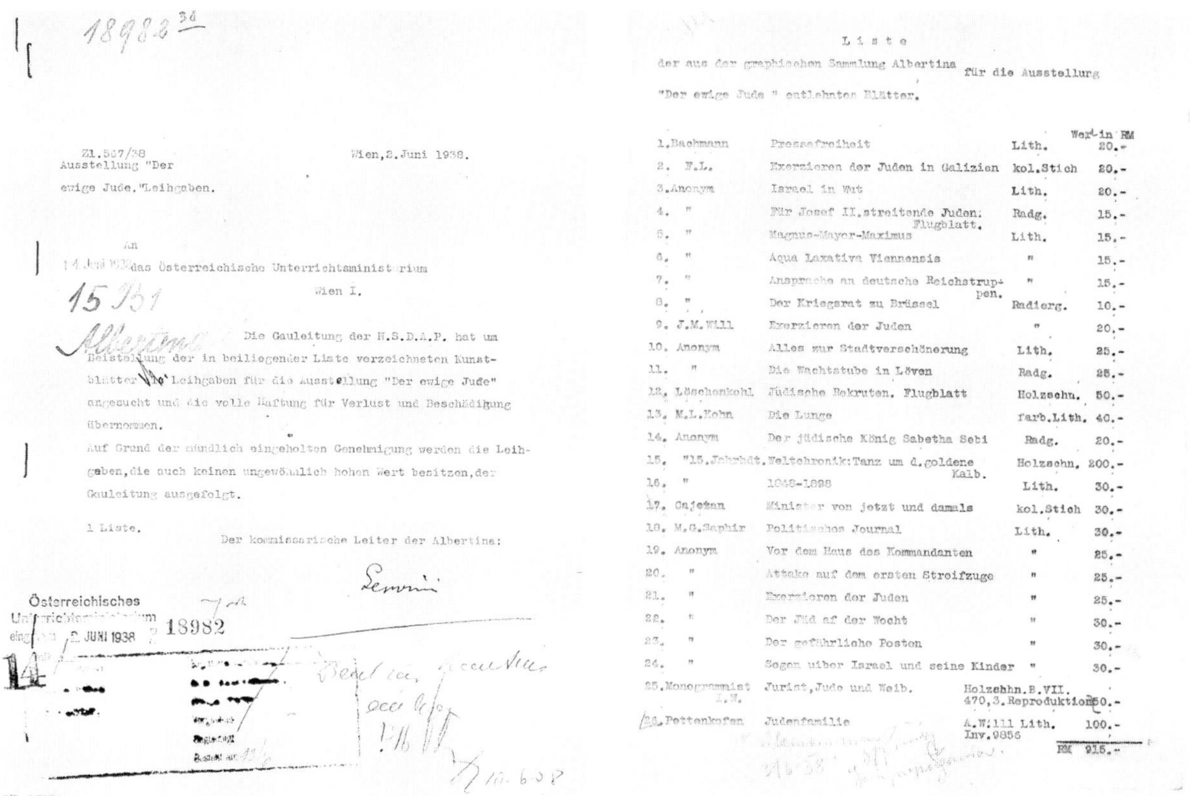

18982 38

Zl.567/38
Ausstellung "Der
ewige Jude."Leihgaben.

Wien,2.Juni 1938.

An
14.Juni 1938 das Österreichische Unterrichtsministerium
Wien I.

15 Bl
Albertina

Die Gauleitung der N.S.D.A.P. hat um Beistellung der in beiliegender Liste verzeichneten Kunstblätter als Leihgaben für die Ausstellung "Der ewige Jude" angesucht und die volle Haftung für Verlust und Beschädigung übernommen.

Auf Grund der mündlich eingeholten Genehmigung werden die Leihgaben, die auch keinen ungewöhnlich hohen Wert besitzen, der Gauleitung ausgefolgt.

1 Liste.

Der kommissarische Leiter der Albertina:

Österreichisches
Unterrichtsministerium
eing. 2. JUNI 1938 18982

Liste

der aus der graphischen Sammlung Albertina für die Ausstellung "Der ewige Jude" entlehnten Blätter.

			Wert in RM
1. Bachmann	Pressefreiheit	Lith.	20.-
2. F.L.	Exerzieren der Juden in Galizien	kol.Stich	20.-
3. Anonym	Israel in Wut	Lith.	20.-
4. "	Für Josef II. streitende Juden. Flugblatt.	Radg.	15.-
5. "	Magnus-Mayer-Maximus	Lith.	15.-
6. "	Aqua Laxativa Viennensis	"	15.-
7. "	Ansprache an deutsche Reichstruppen.	"	15.-
8. "	Der Kriegsrat zu Brüssel	Radierg.	10.-
9. J.M.Will	Exerzieren der Juden	"	20.-
10. Anonym	Alles zur Stadtverschönerung	Lith.	25.-
11. "	Die Wachtstube in Löven	Radg.	25.-
12. Löschenkohl	Jüdische Rekruten. Flugblatt	Holzschn.	50.-
13. M.L.Kohn	Die Lunge	farb.Lith.	40.-
14. Anonym	Der jüdische König Sabetha Sebi	Radg.	20.-
15. "15.Jahrhdt.	Weltchronik: Tanz um d. goldene Kalb.	Holzschn.	200.-
16. "	1848-1898	Lith.	30.-
17. Cajetan	Minister von jetzt und damals	kol.Stich	30.-
18. M.G.Saphir	Politisches Journal	Lith.	30.-
19. Anonym	Vor dem Haus des Kommandanten	"	25.-
20. "	Attake auf dem ersten Streifzuge	"	25.-
21. "	Exerzieren der Juden	"	25.-
22. "	Der Jüd af der Wocht	"	30.-
23. "	Der gefährliche Posten	"	30.-
24. "	Segen uiber Israel und seine Kinder	"	30.-
25. Monogrammist I.W.	Jurist, Jude und Weib.	Holzschn. B.VII. 470,3. Reproduktion	50.-
26. Pettenkofen	Judenfamilie	A.W.111 Lith. Inv.9856	100.-
			RM 915.-

Dok. 69 Durchschrift eines Briefes der Graphischen Sammlung Albertina an das Österreichische Unterrichtsministerium, Wien 2. Juni 1938, mit Liste der Leihgaben für die Ausstellung »Der ewige Jude« (Österreichisches Staatsarchiv, Best. Bundesministerium für Unterricht, Abt. Allgemeines Verwaltungsarchiv, 15 Bl. Albertina Zl. 18.982/38)

in Wien«[29] zum Gegenstand hatte. Damit sind vermutlich die Leihgaben des Historischen Museums[30] und der Graphischen Sammlung Albertina gemeint, von der 26 Graphiken mit meist »jüdischen Themen« angefordert wurden (Dok. 69)[31]. Ob sich ähnliches auf den weiteren Stationen – bislang bekannt sind Berlin (12. November 1938 bis 14. Januar 1939)[32], Bremen (4. Februar bis 5. März 1939)[33], Dresden (bis 23. März 1939)[34] und Magdeburg (22. Mai bis 11. Juni 1939)[35] – zutrug, ist nicht überliefert.

»Der ewige Jude« gehörte zu den Ausstellungen, die ab Februar/März 1941 von der Reichspropagandaleitung erneut auf Wanderschaft geschickt wurden (vgl. Kapitel 6.3.12, Dok. 60). Nach der Besetzung von Paris im Juni 1940 fand dort ab September 1941 eine Ausstellung »Le Juif et la France« statt, deren Exponate zumindest teilweise mit denen des »Ewigen Juden« identisch waren.[36]

29 VB, 17. Mai 1938.

30 Vgl. Mayer 1994, S. 301. Demnach handelte es sich um Werke von Georg Ehrlich, Felix Albrecht Harta, Georg Merkel und Fritz Schwarz-Waldegg.

31 Der Vorgang ist dokumentiert im Archiv der Graphischen Sammlung Albertina und im Österreichischen Staatsarchiv (Best. Bundesministerium für Unterricht, Abt. Allgemeines Verwaltungsarchiv, Signatur 15 Bl. Albertina Zl. 18982/38). Eine etwaige Ausleihe von Werken für die Wiener Etappe der »Entarteten« ist in beiden Archiven nicht bekundet.

32 Zu der im Reichstag untergebrachten Schau vgl. Deutscher Morgen, 25. November 1937; IW 6, 1938, Nr. 10/11, S. 82 und Nr. 12, S. 100 (250.000 Besucher). Zwei Aufnahmen erschienen 1938 auf einer von Hoffmanns Antikommunistischen Bildtafeln (Nr. 35/XII 38; Farbabb. bei Herz 1994, S. 54, Abb. 2/49).

33 Vgl. IW 6, 1938, Nr. 12, S. 97 und 7, 1939, Nr. 1, S. 54 (60.000 Besucher).

34 Vgl. IW 7, 1939, Nr. 1, S. 52. Lea Grundig beschreibt in ihren Lebenserinnerungen (1984, S. 137) einen Propagandazug für die Ausstellung in Dresden.

35 Vgl. IW 7, 1939, Nr. 2/3, S. 112 und Nr. 4/5, S. 92 (80.000 Besucher).

36 Vgl. BA Bild 75/41/6.

7.3 *Entartete Musik*

Die Attacken von völkischer und nationalsozialistischer Seite auf die moderne Kunst waren beileibe nicht auf die bildende Kunst beschränkt. Sie richteten sich gegen Architektur (»Baubolschewismus«), Literatur, Film und darstellende Kunst (Facetten, denen im Rahmen dieser Arbeit nicht nachgespürt werden kann) ebenso wie gegen die Musik.[1] Hier wurden vor allem der Jazz[2] als »Niggermusik« und – entsprechend der Formel »Kunstbolschewismus« – als »Musikbolschewismus« sowie die Neue Musik eines Arnold Schönberg oder Alban Berg als »undeutsch« inkriminiert.

Dabei kristallisierten sich an Schönberg die Angriffe der Nationalsozialisten. Bereits 1907 war Gustav Mahler als Operndirektor in Wien anläßlich der Uraufführung einer Schönberg-Symphonie in der Presse bezichtigt worden, das »Protectorat über entartete Musik« zu führen.[3] Im Jahre 1933 nun beendete der Völkische Beobachter den Bericht über einen Vortrag Schönbergs in der Kölner Gesellschaft für Neue Musik mit der Hoffnung, »daß die heutige Musikgeneration nicht mehr allzu lang unter seinem zersetzenden Einfluß stehen wird!«[4]. Am 9. Dezember 1933 wurde Schönberg als »Nichtarier« aus der Preußischen Akademie der Künste in Berlin ausgeschlossen. Bei der Eröffnung der Dresdner Vorläuferausstellung »Entartete Kunst« in München am 4. März 1936 wurde »zur Abschreckung«[5] ein Stück aus einer Schönberg-Symphonie übertragen (vgl. Kapitel 3.8.1.5). Der gebürtige Wiener emigrierte 1933 über Frankreich nach Los Angeles.

Der zentralen Kontrolle des Staates – die »Musikschaffenden« wurden nach Bildung der Reichskulturkammer in der Reichsmusikkammer zusammengefaßt (vgl. Kapitel 2.4) – gingen lokale Einzelaktionen voraus, welche häufig vom Kampfbund für Deutsche Kultur getragen wurden. Zum Beispiel forderte die Ortsgruppe Erlangen des Kampfbundes nach ihrem Bericht vom 23. Juli 1933[6] ein Kaffeehaus auf, keine Jazzmusik mehr zu spielen. Schon in dem berüchtigten Erlaß »Wider die Negerkultur – für deutsches Volkstum« der thüringischen Regierung vom 5. April 1930 (vgl. Kapitel 2.3) hatte es einleitend geheißen:

> Seit Jahren machen sich fast auf allen kulturellen Gebieten in steigendem Maße fremdrassige Einflüsse geltend, die die sittlichen Kräfte des deutschen Volkstums zu unterwühlen geeignet sind. Einen breiten Raum nehmen dabei die Erzeugnisse ein, die, wie Jazzband- und Schlagzeug-Musik, Negertänze, Negergesänge, Negerstücke, eine Verherrlichung des Negertums darstellen.[7]

Am 12. Oktober 1935 wurde ein generelles Jazzverbot für den Rundfunk erlassen.[8] Am 18. Dezember 1937 unterzeichnete Peter Raabe, Präsident der Reichsmusikkammer seit 1935, eine Anordnung »zum Schutze des Kulturlebens des deutschen Volkes gegen die Einflüsse unerwünschter und schädlicher Musik«, nach welcher der Vertrieb ausländischer Musik von der Genehmigung des Propagandaministeriums abhängig war.[9]

1 Neben der Dokumentation von Wulf 1983c sind an neueren Schriften über die NS-Musikpolitik zu konsultieren: Heister/Klein 1984; Lambrecht 1990; Michael Meyer 1991; Prieberg 1982; Giselher Schubert 1991.

2 Vgl. hierzu Kater 1988, 1989 und 1992; Horst H. Lange 1988; Thorsten Müller 1988; Paysan 1993; Polster 1989; Ritter 1994; Zwerin 1988.

3 Vgl. Jens Malte Fischer 1984, S. 350.

4 VB, Münchner Ausgabe, 24. Februar 1933.

5 MNN, 5. März 1936.

6 Vgl. StA Erlangen 32.Nr.32.T.5.

7 Zitiert nach Hildegard Brenner 1963, S. 169.

8 Vgl. hierzu NS-Kurier, 9. November 1935 und Hessische Landeszeitung, 10. November 1935.

9 Vgl. Wulf 1983c, S. 362. Der Erlaß erhielt am 20. März 1939 eine erweiterte Fassung (vgl. ebenda, S. 363f.). Raabe war Dirigent. Er hatte das Amt des Präsidenten der Reichsmusikkammer 1935 von dem zurückgetretenen Richard Strauss übernommen und bis 1945 inne.

Der früheste konkrete Hinweis auf die Vorbereitung einer Ausstellung »Entartete Musik«, zugleich ein Beleg für die Initialwirkung und Vorbildfunktion der Münchner Ausstellung »Entartete Kunst«, findet sich in einer Zeitungsmeldung vom 29. September 1937 unter der Überschrift »Entartung in Musik und Literatur – Auch sie soll ausgestellt werden«:

> Weimar, 28. Sept. In der Rede, mit der Staatsrat Dr. Hans Severus Ziegler die thüringische Gau-Kulturwoche eröffnete, teilte er mit, daß vom Lande Thüringen eine Anregung ausgehen werde, parallel zu der Ausstellung »Entartete Kunst« eine Ausstellung für alle nur greifbaren Beispiele der entarteten Musik und Literatur des letzten Menschenalters einzurichten, in der Gewißheit, daß es die Beschauer dieser Schriften und die Hörer von derartigen Schallplatten wie ein Schrekken über die eigene Leichtfertigkeit und Ahnungslosigkeit überkommen werde, mit der sie über jene Erscheinungen einfach zur Tagesordnung übergegangen seien.[10]

Hans Severus Ziegler, auf dessen Initiative die Musikschau zurückging, war ein glühender Verehrer Adolf Bartels' und einer der frühesten Anhänger Hitlers. 1936 wurde er zum Generalintendanten des Deutschen Nationaltheaters und 1937 zum Reichskultursenator ernannt. Ziegler fühlte sich berufen, dem »Musikbolschewismus« auf den Leib zu rücken. Gemeinsam mit Paul Sixt, Generalmusikdirektor des Deutschen Nationaltheaters, und dem Berliner Graphiker und Ausstellungsfachmann Ernst Kroll, Mitarbeiter des Deutschen Propaganda-Ateliers (vgl. Kapitel 4.1), organisierte er ab Herbst 1937 die Ausstellung »Entartete Musik«. Daß die konkreten Vorbereitungen im Oktober 1937 bereits im Gange waren, belegen zwei Briefe des Amtes Rosenberg vom 25. Oktober 1937[11] und 20. November 1937 an Ziegler, in welchen der Wunsch Rosenbergs zum Ausdruck gebracht wird, über die Ausstellung und die Vorbereitungsarbeiten informiert zu werden.[12] Im Rahmen der Düsseldorfer Reichsmusiktage (22. bis 29. Mai 1938)[13] wurde die Ausstellung »Entartete Musik« schließlich am 24. Mai 1938 eröffnet[14] – »ein massives audio-visuelles Feindbild von moderner Musik, Jazz und Werken als jüdisch denunzierter Künstler«[15].

Dabei ist die Rolle des Propagandaministeriums nicht ganz deutlich. Nach mehreren Äußerungen Zieglers hatte er vom Propagandaministerium »den Auftrag« zur Durchführung der Ausstellung erhalten. So jedenfalls stellte er es in seiner Rede zur Eröffnung der »Schulungsstundenreihe« der Staatlichen Hochschule für Musik in Weimar Anfang Oktober 1938 und in seiner Ansprache zur Eröffnung der Ausstellung »Entartete Musik« in Wien am 6. Mai 1939 dar.[16] Dagegen hieß es im Westdeutschen Beobachter vom 26. Mai 1938 lediglich, die Schau sei »mit besonderer Genehmigung von Reichsminister Dr. Goebbels« ausgerichtet worden. In seiner Autobiographie schließlich schreibt Ziegler über die »nicht ›von oben‹ befohlene, sondern allein von mir ins Leben gerufene Ausstellung ›Entartete Musik‹«[17]. Aufschlußreich ist ein Tagebuchvermerk des Propagandaministers, freilich bereits vom 5. November 1936: »Ziegler berichtet mir über atonale Musiktendenzen in der HJ. Ich habe das auch schon bemerkt. [...] Dagegen muß man beizeiten Front machen. Ich werde es tun«[18].

10 FZ, 29. September 1937.

11 Vgl. den Brief von Stabsleiter Urban im BA NS 15/162a.

12 Vgl. BA NS 15/162a.

13 Im in der Tagespresse veröffentlichten Programm der Reichsmusiktage (vgl. StA Düsseldorf XXIII-1429) wurde Hans Severus Ziegler mit dem Präsidenten der RbK, Adolf Ziegler, verwechselt. Zu Ablauf und Hintergründen der Reichsmusiktage und der Ausstellung »Entartete Musik« vgl. Dümling/Girth 1988, darin besonders Schwerter 1988. Vgl. ferner Lambrecht 1990, S. 143f.; Michael Meyer 1991, S. 122-124 und 1992, S. 180-182.; Rischer 1972, S. 65-69; Wulf 1983c, S. 460-465.

14 Das StA Düsseldorf verwahrt drei anläßlich der Ausstellungseröffnung entstandene Photographien, von denen hier zwei wiedergegeben werden (Abb. 140-141), sowie eine PrASlg (XXIII-1429). Weitere Rezensionen im BA (NS 15/162a und ZSg. 117/278) und bei Dümling/Girth (1988, S. XXXf.) sowie bei Wulf (1983c, S. 460-471).

15 Thorsten Müller 1988, S. 379.

16 Vgl. Neue Wiener Freie Presse, 6. Oktober 1938 (vgl. das Zitat unten auf S. 320) und VB, Wiener Ausgabe, 7. Mai 1939. Auch Heiber (1988, S. 185) ist der Auffassung, daß der Propagandaminister, welcher sich im allgemeinen für die Musikpolitik nicht sonderlich interessiert habe, in diesem Fall persönlich die Initiative zur Durchführung der Musikschau ergriffen hätte.

17 Ziegler 1964, S. 237.

18 Zitiert nach Fröhlich 1987a, Teil 1, Bd. 2, S. 716.

Gleichfalls unklar sind die Rollen des Instituts für Deutsche Kultur- und Wirtschaftspropaganda und des Deutschen Propaganda-Ateliers. Am 12. April 1938, also rund eineinhalb Monate vor der – in den Zeitungen bereits angekündigten – Eröffnung in Düsseldorf, wandte sich das Institut an den nicht weiter bekannten Friedrich Brand in Berlin mit der Bitte, »Gedanken über den Aufbau einer Ausstellung ›Entartete Musik‹ niederzulegen«[19]. Brand hatte zuvor einen Aufsatz in der Deutschen Sängerbundeszeitung veröffentlicht. Der oben als Ausstellungsfachmann erwähnte Ernst Kroll hingegen gehörte zum Deutschen Propaganda-Atelier.[20]

Die Eröffnungszeremonie fand in Halle sieben des Düsseldorfer Kunstpalastes am Ehrenhof statt. In seiner Eröffnungsansprache (Abb. 140) sagte Ziegler, das in der Schau zusammengetragene Material stelle »das Abbild eines wahrhaftigen Hexensabbats und des frivolsten, geistig-künstlerischen Kulturbolschewismus dar und ein Abbild des Triumphes von Untermenschentum, arroganter jüdischer Frechheit und völliger geistiger Vertrottelung«[21]. Natürlich versäumte es der Staatsrat auch nicht, seine Zuhörer in ähnlich differenzierter Weise darüber aufzuklären, was denn als »Entartung« in der Musik zu gelten habe. Er verbreitete die Anschauung, »daß die Atonalität als Ergebnis der Zerstörung der Tonalität Entartung und Kulturbolschewismus bedeutet«. Damit hatte er vor allem die Zwölftontechnik im Visier: »Da die Atonalität zudem ihre Grundlage in der Harmonielehre des Juden Arnold Schönberg hat, so erkläre ich sie für das Produkt jüdischen Geistes. Wer von ihm ißt, stirbt daran«. Auch für die Musik galt also die simple Gleichung: »entartet« = »jüdisch« bzw. »jüdisch« = »entartet«. Den Höhepunkt erreichte die »Entartung« allerdings erst mit »dem Einbruch des brutalen Jazz-Rhythmus und Jazz-Klanges in die germanische Musikwelt«.

Nach diesen klärenden Ausführungen folgte ein Rundgang (Abb. 141) mit der anwesenden kulturpolitischen Prominenz – darunter Heinz Drewes, dem für die Reichsmusiktage zuständigen Leiter der Musikabteilung im Propagandaministerium[22], und Herbert Gerigk, Leiter der Hauptstelle Musik im Amt Rosenberg – durch die in Halle acht des Kunstpalastes aufgebaute Exposition:

> Im Anschluß an die Eröffnungsrede besichtigten die Besucher die in einer benachbarten Halle aufgebaute Ausstellung »Entartete Musik«, die neben den Komponisten (darunter auch Operetten- und Revuekomponisten) die Theoretiker der Atonalität und ihre geistigen Verfechter (Zeitschriften, Verleger, Musikfeste, Bühnen) als Material zum »Anschauungsunterricht« herangezogen hat, ein Material, das in seiner Bedeutung ausstellungstechnisch noch durch Beschriftung (auf Tafeln übertragene Zitate) wie durch Photos, Karikaturen und Statistiken weiter unterstrichen wird. Als Hilfsmittel der Veranschaulichung sind außer Partiturbildern, Programmen, Aufsätzen, eine Reihe von »Hörproben« in Gestalt von Schallplatten herangezogen worden und zum besonderen musiktheoretischen Teil des Fragenkreises »Entartete Musik« gibt ein Vortrag Dr. Otto zur Neddens (Weimar) noch während der nächsten drei Tage an jedem Vormittag ergänzende Erläuterungen.[23]

Der Ausstellungssaal war in der Mitte durch zwei breite, mit Texten und bildlichen Darstellungen (Plakaten) bedeckte Pfeiler gegliedert, an den Längsseiten des Raumes öffneten sich zwei Reihen mit jeweils vier Kojen (Abb. 142-143).[24] Jede dieser Kojen war einem oder mehreren Komponisten gewidmet, darunter Schönberg, Berg, Hindemith[25], Krenek, Weill und Strawinsky (Abb. 143 rechts unten). Die Diskriminierung Strawinskys, von dem vermutlich Teile aus dem »Feuervogel« zu hören waren (vgl. Kapitel 6.3.9), sorgte jedoch für Irritationen, wie eine Passage aus der Fachzeitschrift Signale dokumentiert:

19 Brief von Dr. Friedrich Brand an Wolfgang Boetticher im Amt Rosenberg vom 27. April 1938 (BA NS 15/162a).

20 Vgl. Brüning 1993, S. 30.

21 Rheinische Landeszeitung, 25. Mai 1938. Daraus entnommen auch die nächsten Zitate.

22 Drewes war in den sechziger Jahren Dozent und Kritiker in Nürnberg. Vgl. Dümling 1992, S. 173f.

23 Der Mittag, 25. Mai 1938.

24 Vgl. Westdeutscher Beobachter, 26. Mai 1938. Der Autor, Walter Trienes, veröffentlichte 1940 im Gustav Bosse Verlag Regensburg (vgl. Kapitel 3.8.1.4) das Buch »Musik in Gefahr. Selbstzeugnisse aus der Verfallszeit«.

25 Vgl. die »Akte Hindemith«, in: Dümling/Girth 1988, S. 157-170 sowie auch den Artikel von Wilhelm Furtwängler in der DAZ vom 25. November 1934.

Die Überraschung der verschiedenen Generalmusikdirektoren und Bühnenleiter, die erst in der letzten Spielzeit »Petruschka« und »Feuervogel« oder das neueste Werk »Kartenspiel« zur Aufführung gebracht haben, war insofern berechtigt, als die RMK [Reichsmusikkammer] bisher keine Bedenken zu den Aufführungen geltend zu machen hatte, Bedenken, die u. E. hätten geäußert werden müssen, wenn in überraschender Weise die, wenn auch jetzt begründete, Anprangerung erfolgt.[26]

Auch weniger prominente Komponisten – wie z. B. Ernest Bloch, Leo Fall, Ernst Mehlich, Hermann Reutter, Franz Schreker und Ernst Toch – sowie Librettisten, Dirigenten, Sänger, Musiktheoretiker und Verleger wurden angeprangert. Die Exponate bestanden aus Partituren, Texten, Photographien, Porträts, Plakaten, Bühnenbildern, Zeitungsausschnitten, Zeitschriften, Karikaturen, Statistiken etc. Per Knopfdruck konnten die Besucher von einer Zentralstelle circa 70 Schallplatten abrufen. Über das technisch augeklügelte System heißt es in der Presse: »Die Besucher können die Apparatur selbst handhaben. In Kojen, die mit Lautsprechern ausgerüstet sind, erfolgen Lichtzeichen an eine Zentralstelle. Von hier aus können laufend sechs Apparate für die Übertragung des vom Besucher gewünschten Anschauungsmaterials bedient werden«[27]. Da die Übertragung über Lautsprecher (Abb. 143) erfolgte, also vermutlich im ganzen Saal hörbar war, kam es schon bei der Eröffnung zu simultanen, sich akustisch überlagernden Vorführungen:

Ein grausamer Zufall bei der Eröffnungsbesichtigung: Sie [die Lautsprecher] wurden, sicher etwa acht an der Zahl, gleichzeitig laufen gelassen. Das ist gewiß selbst bei bester Musik erschrecklich. Aber hier wurde es zu einem wahren Hexensabbat: eine unfreiwillige, aber um so überzeugendere Ouvertüre von dem, was es hier zu sehen gibt.[28]

In Anbetracht des großen Reizes, den zur Betätigung auffordernde Druckknöpfe auf Ausstellungsbesucher ausüben, wird man annehmen dürfen, daß die geschilderte »erschreckliche« Situation die Regel war. Akustische Reizüberflutung, schlichtweg als Lärm empfunden, war die Grundbedingung der Rezeption der Ausstellung »Entartete Musik« und zugleich elementares Moment ihrer Inszenierung.

Diese weist signifikante Parallelen zum Präsentationskonzept der Ausstellung »Entartete Kunst« auf. Die Wände waren graphisch gestaltet und mit direkt – teilweise in schräger Anordnung – aufgemalten Noten und Beschriftungen versehen, z. B. »Jüdisches Theater von einst im Jazzrhythmus« (Abb. 143-144) oder »Wir achten die Kunst der Nationen, aber wir verneinen die Internationale in der Kunst. Das ist das ›Problem‹ Strawinsky« (Abb. 143). Man ließ kein Mittel unversucht, die »Entartung« der Musik durch den optischen Eindruck eines Chaos zu versinnbildlichen.

Auch Dokumente der bildenden Kunst wurden in Originalen und Reproduktionen als Anschauungsmaterial verwendet. Abb. 144 zeigt eine Ausstellungswand mit einem großen ungerahmten Gemälde, auf der eine Jazzkapelle dargestellt ist.[29] Rechts davon hängt eine Photographie des Gemäldes »Jazzband« von Karl Hofer aus dem Jahr 1926.[30] Ein ganzfiguriges Porträt Strawinskys (Abb. 141 Mitte oben und Abb. 143 unten rechts) war – wohl als Original? – ausgestellt. Ein Bildnis Schönbergs von der Hand Kokoschkas (Abb. 143 rechts oben) erscheint zwischen den schrägen Textzeilen »Der Jude Arnold Schönberg – Wie ihn Kokoschka sah«. Hierbei muß es sich, nach der Provenienz des Gemäldes zu schließen[31], um eine photographische Wiedergabe handeln.

26 Ohlekopf 1938, S. 375. Tatsächlich war die Haltung des NS-Regimes gegenüber Strawinsky widersprüchlich. Herbert Gerigk zählte ihn in einem Artikel in den NSMH (10, 1939, Heft 106, S. 86-88, hier S. 86) zu den »ungeklärten Grenzfällen«. Vgl. auch Evans 1992 und Schäfer 1981, S. 19f.

27 Westdeutscher Beobachter, 26. Mai 1938.

28 Niedersächsische Tageszeitung, Himmelfahrt 1938 (zitiert nach Wulf 1983c, S. 470, Anm. 1).

29 Die Signatur unten rechts lautet H. Scholz (o. ä.). Eine Aufnahme im Österreichischen Institut für Zeitgeschichte in Wien (publiziert von Rathkolb 1991, S. 25) zeigt dieselbe Wand, aufgenommen von einem anderen Blickwinkel. Links neben dem großen Gemälde sind neun Porträtphotographien erkennbar, die über einem dunklen, auf die Wand aufgemalten wellenförmigen Band angebracht sind.

30 Vgl. die Abbildung des Hofer-Bildes bei Willett 1986, S. 99.

31 Das Gemälde befand sich seit den zwanziger Jahren in einer Wiener Privatsammlung und gelangte mit seinen Eigentümern 1940 nach New York (freundliche Auskunft von Johann Winkler).

Dok. 70 Allgemeine Thüringische Landeszeitung Deutschland, 24. März 1939 (StA Düsseldorf XXIII-1429)

Allg. Thüringische Landes Ztg. v 24.3.39.

Entartete Musik

Gleichzeitig mit der Ausstellung „Entartete Kunst" wird im ersten Stock des Landesmuseums Weimar die Sonderausstellung „Entartete Musik" verbunden. Es handelt sich um dasselbe Material, das, im vergangenen Jahr von Staatsrat Dr. Ziegler und Generalintendant Paul Sixt sorgfältig und übersichtlich zusammengestellt, auf den Reichsmusiktagen in Düsseldorf gezeigt wurde. Dr. Ziegler hielt damals eine grundlegende Rede, in der er der aufklärenden negativen Abrechnung seine positiven Aeußerungen über das ganz offenbar germanische Element des Klanggrundgesetzes: des Dreiklangs, entgegenstellte. Wir empfehlen diese im Völkischen Verlag Düsseldorf erschienenen, aufschlußreichen Ausführungen von Staatsrat Dr. Ziegler ebenso eindringlich wie den Besuch der Ausstellung, damit besonders die jüngere Generation den ihr nur vom Hörensagen bekannten Tiefstand der musikalischen Produktion kennen lernen. Diese plastisch angelegte Ausstellung bietet dem Nachwuchs ein abschreckendes Beispiel, wie es dem Musikfreund und Leser unserer Zeitung in den letzten 20 Jahren stets getreulich vor Augen geführt wurde.

Als sichtbares Material gibt es Partituren, Texte, Photos, Bühnenbilder und Zeitungsausschnitte. Der Einfluß des Judentums auf das Musikleben der Vergangenheit wird besonders eindringlich gezeigt. Eine (etwas beschnittene) „Ehrentafel" weist die Namen prominenter Herren auf, die sich bei Musikfesten ständig „auszeichneten". Schallplatten-Wiedergaben vermitteln den akustischen Eindruck der entarteten Tonalität. Kritiken der Tagespresse und der dem Musikbolschewismus hörigen Fachzeitschriften „Melos" und „Anbruch" u. a. geben Einblicke in das musikalische Chaos der Systemzeit.

Und nun marschieren sie auf, die atonalen Herrschaften aus dem Reiche Kestenbergs, dessen unheilvoller Einfluß erfreulich klar zum Bewußtsein gebracht wird. Die hauptsächlichsten Schrittmacher der L'art-pour-l'art-Kunst werden zuerst angeprangert: „Der älteste ist der Jude Arnold Schönberg, der Verfasser der Harmonielehre, der Modernste ist Paul Hindemith, der Schöpfer der Lehre vom Tonsatz. Beide werden als die einflußreichsten Köpfe den Augen und Ohren vorgeführt. Wir kennen in Weimar von Schönberg die im Tristanstil schwelgende „Verklärte Nacht" und die fünf Orchesterstücke die Peter Rabe anläßlich des 50. Tonkünstlerfestes 1920 in Weimar dirigieren mußte. Es mag bei dieser Gelegenheit interessieren, was wir 1920 über diese entartete Musik schrieben: „Schönberg verachtet den vertikalen Zusammenklang vollständig. Das nennen dann seine Anbeter, die sich auch dieses Mal wieder mit einer Begeisterung seiner annahmen, die einer besseren Sache würdig gewesen wäre, moderne Polyphonie. Eine weitere Entwicklung auf diesen Bahnen muß ins Chaos führen. Was sagt solche Musik unseren Herzen? Wie muß es in der Seele eines Menschen aussehen, wenn er unter diesen fratzenhaften Formen uns naht?" So war's damals: Die Musik war nicht Ausdruck des Seelischen, sie zielte nicht nach Innen, sie schielte nach dem Augenblickserfolg. Die Musik Schönbergs war nichts als eine Häufung von scheußlichen Mißklängen, ein ungenießbares Produkt eines unfruchtbaren Eigenbrötlers. Leider geriet auch der sehr begabte Hindemith in die Gefolgschaft der Schönberg-Clique. Wir haben in Weimar den „Cardillac" kennen gelernt, in Erfurt „genossen" wir „Neues vom Tage". Die Zeitung „Deutschland" lehnte das alberne Textbuch ebenso ab wie die Musik, die nach dem „Cardillac" einen ungeheueren Abstieg bedeutete. „Es ist eine Art Buffostil, der so wenig Volkstümliches an sich hat wie nur möglich. Was hat der voreingenommene Theaterbesucher von den raffinierten kontrapunktischen Späßen und Künsten Hindemiths, von diesem ewigen orchestralen Gemeckere, diesen ewigen kurzatmigen Fetzen rein mechanischer Gehirnkonstruktionen? Sucht er nach Melodien, so kann er lange suchen!"

Nirgends wird der Verfall und Tiefstand der damaligen Kunst so deutlich und absichtlich dokumentiert, wie bei Weill und Brecht in ihrem Meisterwerk „Aufstieg und Fall der Stadt Mahagonny". Wir schrieben am 5. August 1930: „Was es an niedrigen menschlichen Leidenschaften gibt, wird hier breit getreten ... Es ist die Moral der „Dreigroschenoper", über die unsere Zeitung berichtete: „Das Libretto ist frech genug. Der einigermaßen kultivierte Europäer wird sich bei einer Kunstauffassung, deren Leitspruch lautet: „Erst kommt das Fressen und dann die Moral" und die zu einem Drittel von Zoten lebt, nicht lange aufhalten. Jedenfalls spiegelt diese Oper den „Zeitgeist" am reinsten wieder."

Wenn wir weiter durch die beiden systematisch aufgebauten Ausstellungsräume gehen, treffen wir die meisten atonalen Herren mit denen wir uns in den letzten Dezennien auseinandersetzen mußten. Natürlich spielt auch Jonny auf. und Kreneks „Orest" erfährt die gleiche Abfuhr wie damals von uns: „Eine richtige Oper mit Jazz. „Orest" mit Jazz! Die Sache ist halb so tragisch, wenn man bedenkt, daß Krenek mit der deutschen Sprache und der antiken Mythologie auf Kriegsfuß steht. Die Musik ist verheerend-stillos, ein Mischmasch der schlimmsten Sorte."

Besonders amüsant nimmt sich das „Jüdische Theater von einst im Jazzrhythmus" aus. Als Motto ist dieser Abteilung das Wort des verflossenen Direktors des Hochschen Konservatoriums in Frankfurt beigegeben: „Nicht nur aus opportunistischen Gründen, sondern auch aus erzieherischen kann der Jugend das gepflegte (!) Jazz nur von Nutzen sein. Hier kann eine von einem taktvollen (!) Musiker vermittelte Transfusion unverbrauchten Niggerblutes wirklich nur „nützen". Na, also! Für Jazz-Freunde bietet diese Wandseite ein besonders lehrreiches und abschreckendes Material.

Ja, auf die Jugend hatten sie es abgesehen. Brecht und Weill schrieben auch eine Schuloper „Der Jasager". Sie wurde von uns so abgetan: „Die ganze Idee ist so unjugendlich, wie möglich. Was hat das Problem der modernen Opernkreise in der Schule zu tun? Oder glaubt man wirklich, daß von der „Schuloper" her die Wiedergeburt des modernen Opernbetriebes erfolgen kann?"

Es kann nicht Zweck und Aufgabe dieser Zeilen sein, alle ausgestellten Musikbolschewisten bei Namen zu nennen. Der ältere Musiker und Musikfreund kennt sie sowieso: den streitbaren Kritiker und Pfitznerfeind Paul Bekker, den Opernsadisten Schreker, den „großen" Dirigenten Klemperer, der sich in Erfurt rühmte, Beethoven „entgöttert" zu haben Alban Berg, H. Scherchen, der uns in Weimar Strawinskys „Geschichte des Soldaten" zu Bauhaus-Zeiten bescherte, E. Toch, über dessen „Fächer" wir witzelten: „Der Jazz gerät dem Komponisten gut, die Märchenromantik schlecht."

So gibt es eine Unmenge zu sehen und zu lernen; die Wirkung ist unmittelbar. Moritz Goldsteins Wort wird restlos bewiesen: „So verwalteten die Juden den geistigen Besitz des deutschen Volkes." „Was im Erdgeschoß des Landesmuseums im Bild gezeigt wird, klingt hier im Ton."

Das „Problem Strawinskys", das in Düsseldorf viel Aufsehen erregte, dürfte für jeden, der Augen hat, zu sehen und Ohren zu hören, gelöst sein. Wer diese unverfälschten Bilder sah, wird nicht mehr glauben, daß er „einem alten russischen „Bojarengeschlecht" entstammt.

Dr. Otto Reuter.

Das gilt auch für die beiden Werke von Karl Hofer (»Jazzband«)[32] und Paul Klee (»Komödie«)[33] (Abb. 138) sowie für das Bühnenbild Oskar Schlemmers (Abb. 139), welche – die erstgenannten unter der Überschrift »›Entartete Kunst‹ und Entartete Musik Hand in Hand« – in der Broschüre »Entartete Musik – Eine Abrechnung« von Ziegler abgebildet waren. Das plakative Titelblatt (Abb. 137) des anläßlich der Schau im Düsseldorfer Völki-

32 1927, Öl auf Leinwand, Verbleib unbekannt. Es ist nicht auszuschließen, daß ein heute in Privatbesitz befindliches Gemälde mit den Maßen 75 x 64 cm den vom Künstler selbst modifizierten Endmalzustand darstellt (freundliche Mitteilung von Karl Bernhard Wohlert).

33 1921, Aquarell und Ölfarbenzeichnung, Tate Gallery London. Es befand sich bis zum Verkauf an die Tate Gallery 1946 im Privatbesitz von Paul und Lily Klee. Die Abbildung dürfte aus der Monographie Will Grohmanns (1929, S. 10) entnommen sein (freundliche Auskunft von Stefan Frey-Albrecht).

schen Verlag publizierten 32seitigen Pamphlets (kein Ausstellungsführer im eigentlichen Sinn, der Text ist die erweiterte Form von Zieglers Eröffnungsvortrag)[34] zeigt eine groteske Kompilation der NS-Feindbilder: ein saxophonspielender jüdischer (an Stelle der Nelke im Knopfloch ein Davidstern) Neger – mit Ohrring! Dem Motiv, welches ebenfalls auf einem der beiden Pfeiler in der Raummitte dargestellt war (Abb. 142-143), liegt ein Plakat zu Ernst Kreneks Jazz-Oper »Jonny spielt auf« aus dem Jahre 1927 zugrunde.

Die Ausstellung »Entartete Musik« war bei weitem nicht so spektakulär und erfolgreich wie die »Entartete Kunst«. Das hatte verschiedene Gründe. Zum einen herrschte zu jener Zeit politische Hochspannung innerhalb und außerhalb Deutschlands: Die Angliederung Österreichs lag erst zwei Monate zurück, die Vorbereitungen für die Besetzung des Sudetenlandes (Ende September/Anfang Oktober 1938) liefen auf Hochtouren. Zum anderen hatte das Thema »Entartete Musik« nicht im entferntesten die Brisanz und Virulenz der »Entarteten Kunst«. Das dürfte mit der Unterschiedlichkeit der Gattungen zusammenhängen: Musik lebt und wirkt temporär im Moment der Aufführung, sie ist – wenn auch auf einem Tonträger konservierbar – vergänglich (was dem Unterfangen, sie auszustellen, besondere Probleme bereitet). Werke der bildenden Kunst hingegen sind materielle permanente Schöpfungen. Als solche waren sie, im Sinne einer Stigmatisierung als »entartet«, für die Propaganda des faschistischen Staates ungleich besser verwertbar. So nimmt es denn auch nicht wunder, daß der Gedanke an Vorläuferausstellungen für »Entartete Musik« offensichtlich nicht aufgekommen war und auch nicht an eine eigene Tournee der Düsseldorfer Schau gedacht wurde.

Nach nur 22tägiger Laufzeit schloß die Musikschau am 14. Juni 1938 in Düsseldorf ihre Pforten. Ob die ursprünglich bis Ende Juni 1938 angekündigte Exposition[35] wegen der vergleichsweise geringen Resonanz vorzeitig geschlossen wurde oder ob sie der Ausstellung »Entarteten Kunst«, welche vier Tage später, am 18. Juni 1938, in just denselben Räumlichkeiten eröffnen sollte, weichen mußte, ließ sich nicht feststellen. Jedenfalls fällt auf, daß die Presse, im Gegensatz zu den bisher behandelten Propagandaausstellungen, nicht mit sensationellen Besucherzahlen prahlte.[36]

Im Unterschied zu den in Kapitel 7.1 und 7.2 behandelten »Antibolschewistischen Ausstellungen« und »Der ewige Jude« wurde die Ausstellung »Entartete Musik« nicht von der Reichspropagandaleitung übernommen und auch nicht auf Wanderschaft geschickt. Eine Zeitungsnotiz vom 6. Oktober 1938 verschafft Klarheit:

> Bei der Eröffnung der Schulungsstundenreihe der Staatlichen Hochschule für Musik teilte Generalintendant Staatsrat Dr. Ziegler mit, daß es gelungen sei, den von Reichsminister Dr. Goebbels gegebenen Auftrag durchzuführen, eine Ausstellung »Entartete Musik« als Gegenstück zur Ausstellung »Entartete Kunst« einzurichten. Das Material, das großes Aufsehen erregt habe, liege in Weimar, und es bestehe der Plan, in der Gauhauptstadt eine ständige Ausstellung zu schaffen.[37]

Doch zu einer solchen permanenten Präsentation kam es nicht. Als im Frühjahr 1939 – auf Betreiben Zieglers – die Wanderschau »Entartete Kunst« ins Weimarer Landesmuseum einzog, war es wohl auch Ziegler, auf dessen Veranlassung die Musikausstellung, ganz oder teilweise, als separate Abteilung der Kunstschau angegliedert wurde.[38] Im Obergeschoß des Landesmuseums füllte sie zwei Räume (Abb. 103, 145, Dok. 70). Fortan reisten beide Expositionen gemeinsam. Im Anschluß an Weimar läßt sich die Musikabteilung in Wien, Frankfurt am Main und Chemnitz nachweisen. Auf den beiden letzten Ausstellungsstationen, Waldenburg und Halle an der Saale, war sie dagegen nicht mehr dabei (vgl. Kapitel 6.3.7 bis 6.3.12).

34 Benutzt wurde das Exemplar im Los Angeles County Museum of Art, The Robert Gore Rifkind Center for German Expressionist Studies (Signatur Col-32-E5-Z5). Vgl. das Faksimile bei Dümling/Girth 1988, S. 127-143 sowie die Textauszüge bei Mosse 1978a, S. 223f. und Wulf 1983c, S. 466-470.

35 Vgl. Rheinische Landeszeitung, 28. Mai 1938.

36 Vgl. Dümling/Girth 1988, S. XXXI, die die Schau als propagandistischen Mißerfolg werten.

37 Neue Wiener Freie Presse, 6. Oktober 1938.

38 Vgl. den Vortrag Zieglers bei der Gaukulturwoche in Altenburg Ende April 1939, in welchem er über die Schau und ihre Präsentation in Weimar spricht (Eisenacher Tagespost, 25. April 1939; auszugsweise zitiert bei Kroll 1959, S. 315).

118 *Oben* Ausstellungsplakat »Weltfeind Nr. 1 – Der Bolschewismus«, Plauen 1937.
Tiefdruck, 84 x 59,5 cm (BayHStA Plakatslg 14528). Vgl. Farbabb. 12

119 *Rechts* Lastzüge der mobilen Ausstellung »Weltfeind Nr. 1 – Der Bolschewismus«, 1937 (Ullstein)

120 *Links* Max Eschle, Ausstellungsplakat »Der Bolschewismus – Große antibolschewistische Schau«, München 1936. Tiefdruck, 120 x 84 cm (BayHStA Plakatslg 14482). Vgl. Farbabb. 13

121 *Unten* Deutsches Museum München, Bibliotheksgebäude, zur Zeit der Ausstellung »Der Bolschewismus – Große antibolschewistische Schau«, 1936. Außentitel des Ausstellungsführers (BA ZSg. 1-157/4 [10])

122 Ausstellung »Der Bolschewismus – Große antibolschewistische Schau«, München 1936, »Ehrenraum« (Ausstellungsführer, BA ZSg. 1-157/4 [10])

123 Ausstellung »Der Bolschewismus – Große antibolschewistische Schau«, München 1936 (Ausstellungsführer, BA ZSg. 1-157/4 [10])

124 Ausstellung »Der Bolschewismus – Große antibolschewistische Schau«, München 1936 (Ausstellungsführer, BA ZSg. 1-157/4 [10])

125 Ausstellung »Der Bolschewismus – Große antibolschewistische Schau«, München 1936 (Ausstellungsführer, BA ZSg. 1-157/4 [10])

126 Ausstellung »Der Bolschewismus – Große antibolschewistische Schau«, München 1936, Abteilung »Kulturbolschewismus«. Werke von Grosz, Klee, Herzog, Kirchner, Baumeister, Kleinschmidt, Beckmann (Ausstellungsführer, BA ZSg. 1-157/4 [10])

127 Ausstellung »Große Antibolschewistische Ausstellung Nürnberg 1937«. Auf einem Podest seitlich der Vitrine steht die Plastik »Christus und Johannes (Das Wiedersehen)« von Ernst Barlach. (Wesenswandel der Ausstellung 1938, S. 97; Universitätsbibliothek Heidelberg)

128 Ausstellung »Große Antibolschewistische Ausstellung Nürnberg 1937«. Photomontage »Entartung der Kunst durch jüdischen Kulturbolschewismus« (Wesenswandel der Ausstellung 1938, S. 99; Universitätsbibliothek Heidelberg)

129 HE, Ausstellungsplakat »Bolschewismus ohne Maske«, Berlin 1937. Linoldruck, 59 x 85 cm (BayHStA Plakatslg 12524). Vgl. Farbabb. 14

130 Vor dem Reichstag in Berlin eröffnet General Melchiori die Ausstellung »Bolschewismus ohne Maske« am 6. November 1937. (Bildarchiv Preußischer Kulturbesitz Berlin)

131 *Unten* Horst Schlüter, Ausstellungsplakat »Der ewige Jude«, München 1937. Farblithographie, 83 x 60 cm (BA Plakate 3/20/19). Vgl. Farbabb. 15

132 Hoffmanns Antikommunistische Bildtafeln Nr. 23/XII anläßlich der Ausstellung »Der ewige Jude«, München 1937. 76 x 116 cm (BA Plakate 3/20/26). Vgl. Farbabb. 16

133 Deutsches Museum München, Bibliotheksgebäude, bei der Eröffnung der Ausstellung »Der ewige Jude« am 8. November 1937 (Deutsches Museum München)

134 Ausstellung »Der ewige Jude«, München, 7. November 1937 (BA Bild 119/4/29/36)

Symbol des Unheils: Stürzende Wände

Neue Wege der Ausstellungs-Architektur / Die politisch-propagandistische Schau

München, 15. Januar

Ausstellungen wie die Antibolschewistische Schau und „Der ewige Jude", die Hunderttausende von Besuchern in den Bibliotheksbau des Deutschen Museums führten, hätten bei weitem nicht den großen Erfolg gehabt, wenn die Fülle des in ihnen gezeigten Materials nicht in einer Anordnung dargeboten worden wäre, die die Aufmerksamkeit des Betrachters ständig in Hochspannung hielt. Die politische Schau ist

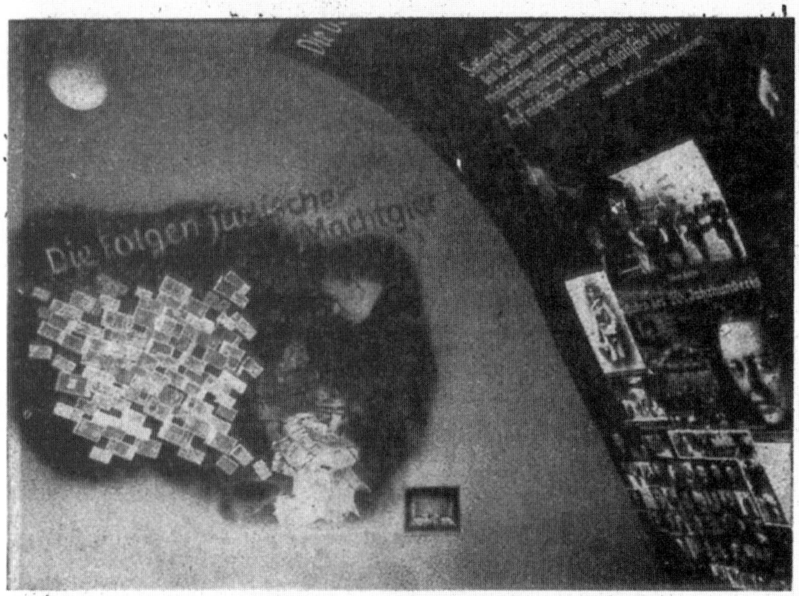

ein ganz neuer Ausstellungstyp. Das wußten die Männer, die sie zu gestalten hatten, und sie setzten daher auch die bisher gebräuchlichen Hilfsmittel zum Aufbau einer Ausstellung in einem ganz neuen Sinne ein.

Aufgabe einer Kunstausstellung ist es, durch eine ausgeglichene Hängung der Gemälde jedes einzelne Bild so vorteilhaft erscheinen zu lassen, daß es einen Käufer findet. Eine Schau, die der politischen Propaganda dient, kann nicht viel mit den Erfahrungen dieses verbreitetsten Ausstellungstyps anfangen. Dort ist Harmonie das oberste Gesetz, Harmonie in der Reihung. Kojen laden zu liebvoller Versenkung und weiche Polsterbänke zu bequemer Betrachtung. Eine politische Ausstellung, die den Besucher aufrütteln und ihm Erkenntnisse einbrennen will, muß Dissonanzen enthalten, mit grellen Klängen muß sie die erschlaffende Aufmerksamkeit immer wieder anstacheln und in einem ständigen Krescendo den Betrachter durch ihre Räume führen.

Die große Schau „Der ewige Jude", die noch bis zum 30. Januar im Deutschen Museum gezeigt wird, ist ein Musterbeispiel für die Gestaltung dieses neuen Ausstellungstyps, den die Notwendigkeit der politischen Volksaufklärung in weitestem Umfange entwickelt hat. Unter der verantwortlichen Oberaufsicht von stellv. Gaupropagandaleiter Walter Wüster haben Fritz von Valtier, Georg Renzel, Walter Schlüter und Ernst Birkner eine Ausstellung aufgebaut, die an Lebendigkeit und verblüffender Neuartigkeit der Darbietung noch die vorjährige Antibolschewistische Schau übertrifft.

Den ersten Saal, in dem den Besuchern die rassischen Merkmale der Juden vor Augen geführt werden, gestaltete diese Arbeitsgemeinschaft junger Werbefachleute, Architekten, Maler und Gebrauchsgraphiker kreisrund. Damit wurde die Raumwirkung eines Pantheons der unbestechlichen wissenschaftlichen Sachlichkeit und Klarheit erreicht. Der anschließende lange Gang, der die Dokumente der jüdischen Entwicklungsgeschichte bis ins 19. Jahrhundert hinein enthält, hätte einen Ausstellungsarchitekten der alten Schule zu einer dekorativen Aneinanderreihung des Tatsachenmaterials in Kojen und an langen Bilderwänden verleitet. Hier kam man aber auf die verblüffende Idee, eine wellenförmig geschwungene Wand als Bildträger vor die massige Mauer zu setzen, eine Wand also, deren Kurven den Beschauer mit suggestiver Gewalt in die Tiefe des Raumes hineinlocken. An die Stelle der früher unvermeidlichen Kojen, in denen sich die Besucher stauten, sind Vitrinen getreten, die in der Wand eingelassen sind. Auf einer Milchglasscheibe läuft der grauenvolle Schächtfilm ab, und darunter liegen — ebenfalls in einer Vitrine — die Schächtmesser. Illusion und Wirklichkeit verschmelzen in solchen Zusammenstellungen zu Eindrücken von unvergeßlicher Stärke.

Die Rolle Wiens als Einfallspforte des Ostjudentums wird schlaglichtartig beleuchtet durch Photomontagen, die freche Judenbengel in papierenem Heurigenlaub zeigen. Verlogene Grinzing-Sentimentalität und jüdische Geschäftemacherei erscheinen hier treffend vereint. Kein Mittel wäre geeigneter gewesen, die Herrschaft des Juden auf kulturellem Gebiete deutlicher ins Gedächtnis zurückzurufen, als die Errichtung von Ladenstraßen, so wie sie noch vor fünf Jahren in den Bummelvierteln der deutschen Großstädte zu finden waren. In Lebensgröße kann man hier Alfred Flechtheim in seinem Kunstladen bewundern. Über seinem Haupte prangt der bezeichnendste Ausspruch, der ihm entsprang: „Schweige, Maler, wenn Kunsthändler reden!"

Der Alp, der sich einem beim Durchschreiten dieses Infernos auf die Brust legt, wird noch beklemmender in den folgenden Räumen, deren Wände mit grinsenden Judenfratzen bedeckt auf einen zustürzen. Diese stürzenden Wände sind ein psychologisches Beeinflussungsmittel, das in dieser Ausstellung zum ersten Male angewandt wird und von ungeheurer Wirkung ist. Der nächste Saal, der den Einfluß des Juden auf den Arbeiter darstellt, ist auf den starken Farbkontrast Schwarz-Rot gestellt. Die Wand, auf der Photos der jüdischen Arbeiterverführer angebracht sind, ist rot, die gegenüberliegende mit Bildern von arbeitslosen und streikenden Arbeitern ist schwarz und düster beleuchtet von Lichtquellen, die hinter großen schwarzen Kreuzen verborgen sind.

Der letzte Raum dieser richtungweisenden politischen Schau, ein weiter, heller Saal, an dessen Wänden die Nürnberger Gesetze stehen, bringt nach allem Widerwärtigen und Häßlichen einen Aufschwung in die harmonische Klarheit und Natürlichkeit, die ein würdiges Symbol des Lebensgefühls unserer nationalsozialistischen Gegenwart ist.

Walter Talmon-Gros.

135 Artikel zur Ausstellung »Der ewige Jude«, München 1937/38; Völkischer Beobachter, 16. Januar 1938 (StA München, ZA 1937/38 Der ewige Jude)

Mitteilungen des Instituts für Deutsche Kultur- und Wirtschaftspropaganda

Politische Ausstellungen in der Ostmark

—ff— Die zielbewusste Arbeit der Partei auf dem Gebiete des Ausstellungswesens hat die Grundlage dieses Propagandamittels wesentlich erweitert. Es ging nicht nur darum, das Ausstellungswesen aus der rein geschäftlichen Ebene herauszuheben und ihm in Form von Lehrschauen mit politischen, wirtschaftspolitischen und kulturellen Themen eine breitere Grundlage zu geben, sondern es galt vor allem, den Begriff der reinen politischen Ausstellungen einzuführen und zu verwirklichen. Heute, nach wenigen Jahren seit dem Beginn dieser Arbeit, sind wir so weit, dass das deutsche Ausstellungswesen ohne diese kulturelle Arbeit überhaupt nicht mehr denkbar wäre, da ihm der Kern fehlen würde. Es war eine Selbstverständlichkeit, dass nach Heimkehr der Ostmark ins Grossdeutsche Reich auch diesem Gebiet die grossen kulturellen Ausstellungen zugänglich gemacht wurden. Die Reichspropagandaleitung und das von ihr mit der technischen Durchführung beauftragte Institut für Deutsche Kultur- und Wirtschaftspropaganda verfügen über Erfahrungen, die seit 1933 in der Praxis gesammelt wurden, die es ermöglichten, in der Ostmark mit Ausstellungen an die Oeffentlichkeit zu treten, die bis in die letzte Einzelheit durchgefeilt waren. Dazu kam, dass Oesterreich auf dem Gebiet der Ausstellungstechnik nicht an letzter Stelle stand.

Als erste politische Ausstellung wurde Anfang August dieses Jahres „Der ewige Jude“ in Wien eröffnet. In Riesenlettern stehen am Eingang die Worte Adolf Hitlers aus „Mein Kampf“: „Ich war in Wien von einem schwächlichen Weltbürger zum fanatischen Anti-

Eindrucksvolle Bildtafeln aus der Ausstellung „Der ewige Jude“ in Wien

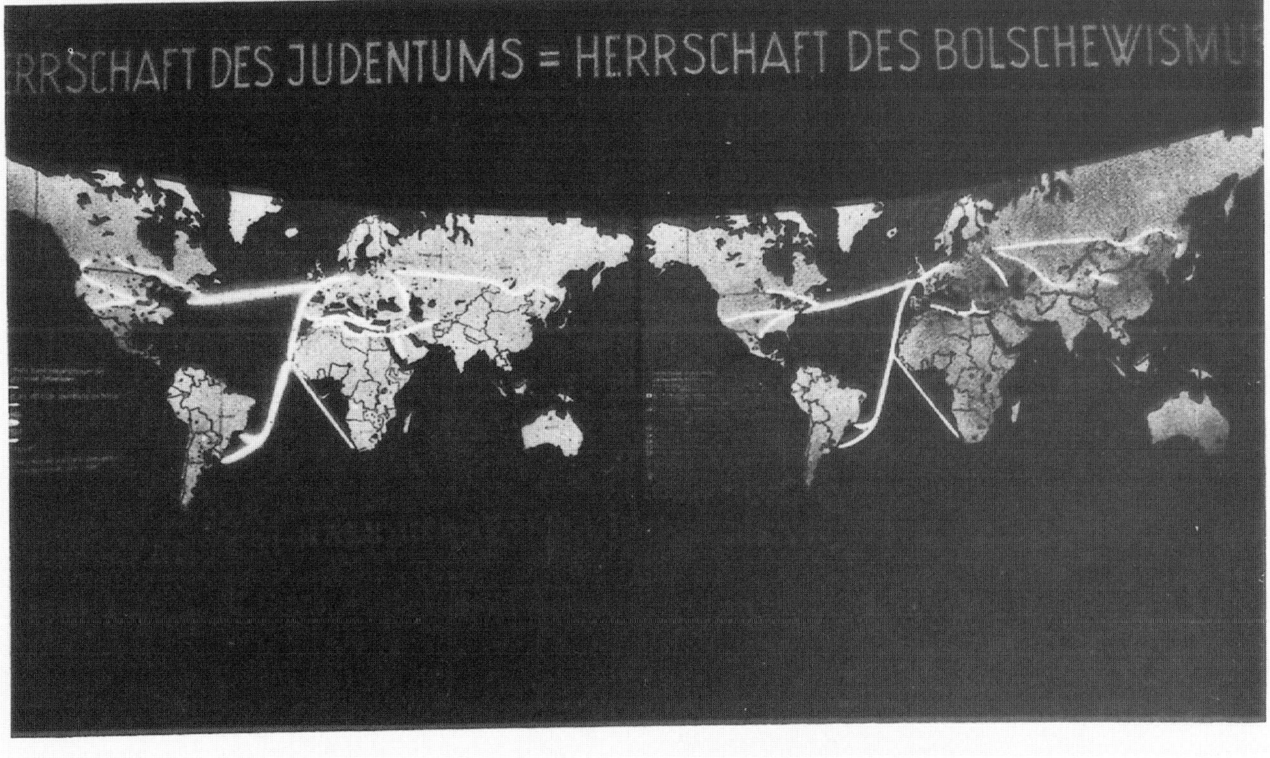

136 a Artikel »Politische Ausstellungen in der Ostmark«; Illustrierte Wirtschaft 6, 1938, Nr. 9, S. 66f. (SBBPK, Haus 1)

semiten geworden." Der Ausstellungsraum, die Nordwestbahnhalle in Wien, liegt am Rande der Leopoldsstadt, des berüchtigten Judenbezirkes. Kein Ort und keine Stadt sind geeigneter, dieser Ausstellung, die eine Menge eigenes Wiener Material enthält, den gegebenen Rahmen zu verleihen. Es wird dem Besucher in einer Lebendigkeit der Darstellung ohnegleichen vor Augen geführt, wie das Judentum getarnt und offen auf allen Gebieten des Lebens mehr und mehr die Fäden in die Hand bekam. So waren 85 % aller Geschäfte der Mariahilfer Strasse jüdisch. Kunst und Presse waren zu drei Vierteln in ihren Händen. Im Theater, in der Gesundheitspflege oder in der Antwaltpraxis, überall war der Jude obenan. Nur an einer Stelle entsprach sein Zahlenverhältnis nicht seinem Anteil: sein Anteil an der Arbeitslosigkeit war sehr gering.

Die Ausstellung wurde in Wien ein voller Erfolg. Jeden Tag gehen Tausende von Volksgenossen durch und betrachten mit Andacht die Darstellungen. Immer wieder hört man die Worte: „Wenn ich das gewusst hätte ......" Dies aber bestätigt, dass das Ziel der Ausstellung, aufklärend zu wirken, voll und ganz erreicht wurde.

Im September dieses Jahres lief in Salzburg und damit erstmalig in Oesterreich die „Entartete Kunst", die seit dem Jahre 1937 ihren Zug durch Deutschland angetreten hat und in allen Städten grosse Beachtung und viele Besucher gefunden hat. Auch in dieser Ausstellung wurden sogenannte „Kunstwerke" aus der österreichischen Systemzeit aufgenommen. Die Entwicklung ging ja entsprechend der Herrschaft jener gleichen jüdischen Cliquen in Berlin vor 1933 und in Wien vor 1938 gleichlaufend. Die Volksgenossen der Ostmark, die zahlreich die „Entartete Kunst" besuchten, brachten, wie im Altreich, immer wieder ihren Abscheu wegen solcher „Kunstwerke" einer entarteten und vergifteten Phantasie zum Ausdruck.

Sämtliche Aufnahmen: Institut für Deutsche Kultur- und Wirtschaftspropaganda (Moosmüller)

136 b Artikel »Politische Ausstellungen in der Ostmark«; Illustrierte Wirtschaft 6, 1938, Nr. 9, S. 66f. (SBBPK, Haus 1)

137 *Oben* Ludwig (Lucky) Tersch, Außentitel der Broschüre »Entartete Musik. Eine Abrechnung« von Hans S. Ziegler, Düsseldorf 1938 (Los Angeles County Museum of Art, The Robert Gore Rifkind Center for German Expressionist Studies, Col-32-E5-Z5). Vgl. Farbabb. 17

138 *Unten links* Hans S. Ziegler, Entartete Musik. Eine Abrechnung, Düsseldorf 1938, S. 23 (Los Angeles County Museum of Art, The Robert Gore Rifkind Center for German Expressionist Studies)

139 *Unten rechts* Hans S. Ziegler, Entartete Musik. Eine Abrechnung, Düsseldorf 1938, S. 17 (Los Angeles County Museum of Art, The Robert Gore Rifkind Center for German Expressionist Studies)

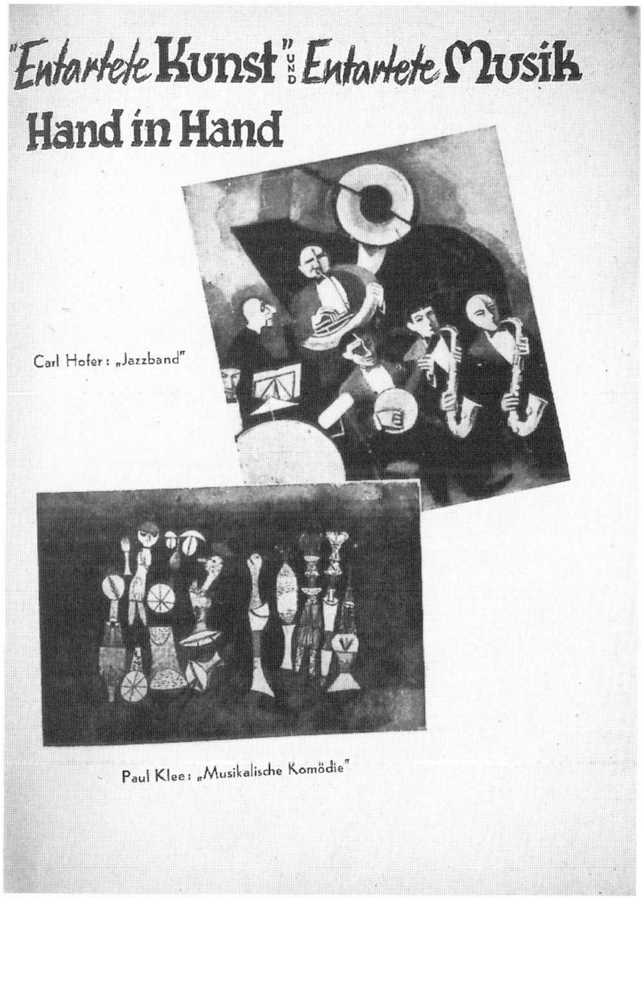

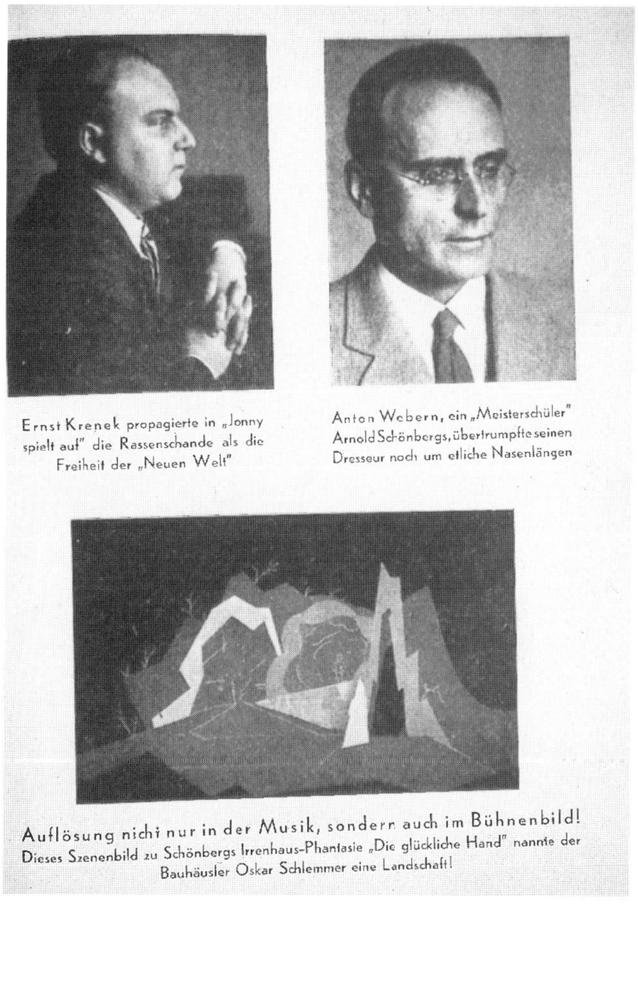

140 Kunstpalast am Ehrenhof, Düsseldorf, Halle 7.
Hans S. Ziegler eröffnet die Ausstellung »Entartete Musik« am 24. Mai 1938 (StA Düsseldorf)

141 *Oben* Ausstellung »Entartete Musik«, Düsseldorf 1938. Eröffnungsrundgang der Parteiprominenz am 24. Mai 1938 (StA Düsseldorf)

142 *Unten* Ausstellung »Entartete Musik«, Düsseldorf 1938 (Westdeutscher Beobachter, 26. Mai 1938; Universitäts- und Stadtbibliothek Köln)

Einst beherrschten Nigger die europäische Kulturwelt, wie in der Oper des jüdisch versippten Krenek „Jonny spielt auf", die eine einzige entartete Absage an den hohen Geist abendländischer Kultur war

Links und unten: Zwei aufschlußreiche Proben atonaler Musik Der jüdische „Zwölftontheoretiker", Arnold Schönberg, wie ihn Kokoschka sah, und ein musikalisches Beispiel des Juden Ernst Toch, der einst die deutschen zeitgenössischen Musikfeste beherrschte; beides heute unglaubhaft wirkende Zeugnisse einer entarteten Musikhaltung, die in der Technisierung und Intellektualisierung edelster Gefühlswelten ihr „Seelenheil" sah

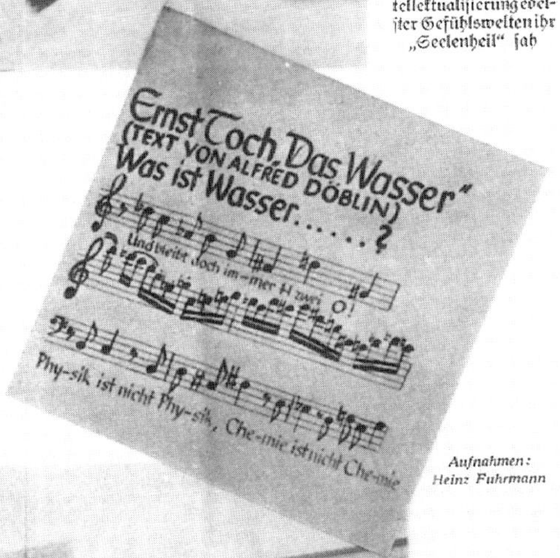

Aufnahmen: Heinz Fuhrmann

„ENTARTETE MUSIK"

Im Rahmen der vom 22.—29. Mai durchgeführten ersten Deutschen Reichsmusiktage wurde in Düsseldorf eine Ausstellung „Entartete Musik" eröffnet. Ähnlich der im vorigen Jahr in München zur Durchführung gebrachten Ausstellung „Entartete Kunst" hält auch sie noch einmal Generalabrechnung mit dem Ungeist einer Zeit, dem nach der nationalsozialistischen Machtergreifung endgültig der Garaus gemacht wurde, den uns aber noch einmal rückbesinnend vor Augen geführt zu haben, heute die haltungsmäßige Voraussetzung für einen reinen, unverfälschten Kampf nationalsozialistischen Kulturwillens bedeutet. Unsere Aufnahmen geben nur einige wenige Proben aus der Fülle des dargebotenen Materials wieder, das den kulturbolschewistischen Zerstörungstrieb so, wie er sich in der Musik vor 1933 auswirken konnte, schlagend beweist.

Theater von einst im Jazz-Rhythmus Ein Blick auf eine Lästergalerie jüdischer „Köpfe", die einst — wie der gurrende Herr Tauber (Porträt rechts) — die deutsche Oper und Operette beherrschten

Hindemith sagt: „Behandle das Klavier als eine Art Schlaginstrument" . . . . .

Besonderes Interesse fand die Koje, in der man den Frankorussen Igor Strawinsky anprangerte, als den Hauptvertreter der „musikalischen Internationale in der Kunst"

143 Ausstellung »Entartete Musik«, Düsseldorf 1938 (Hamburger Tageblatt-Wochenschau, 19. Juni 1938; BA NS 15/162a)

144 Ausstellung »Entartete Musik«, Düsseldorf 1938. Raumaufnahme mit nicht identifiziertem Gemälde (Ullstein)

145 Ausstellung »Entartete Musik«, Weimar 1939. Raumaufnahme aus: Allgemeine Thüringische Landeszeitung Deutschland, 24. März 1939. Links (in schwarzer SS-Uniform) Gauleiter Sauckel, rechts Hans S. Ziegler (STA Weimar)

8. Vergleichende Betrachtung

8.1 Ausstellungstechnik, Präsentation und Inszenierung

Entscheidend für die Rezeption aller oben untersuchten Ausstellungen war zweifellos ihre spezifische Präsentationsweise. Sie diente nicht bloß der dekorativen visuellen Ausschmückung der Expositionen, sondern war immanenter Bestandteil ihrer Aussage: Propagandistische Intention und Inszenierung lassen sich folglich nicht voneinander trennen.

Die Organisatoren der Vorläuferausstellungen entwickelten ein variables System von dramaturgischen Effekten, das, in konzentriert-verdichteter Weise, in der Wanderschau »Entartete Kunst« von 1937 bis 1941 aufgegriffen wurde. Charakteristisches Merkmal ist hierbei das antithetische Ausstellungsprinzip: In plakativer Manier werden der geächteten abzulehnenden Kunst Beispiele der als vorbildlich deklarierten Kunst gegenübergestellt. Dieses Schwarzweiß-Verfahren nivelliert einerseits jegliche Unterschiede zwischen den geschmähten Werken, da das Verdikt »entartet« als pauschales Urteil über in Wirklichkeit sehr heterogene Phänomene gesetzt wird. Andererseits produziert es die Vorstellung angeblicher Extreme, die unvereinbar sind: Eine Synthese ist nicht denkbar. Die Antithese ist hier also nicht Bestandteil eines dialektischen, auf Erkenntnis gerichteten Prozesses (etwa im Sinne eines kreativen Vergleichs mit dem Ziel des Verstehens unterschiedlicher künstlerischer Ausdrucksformen), sondern sie dient im Gegenteil der Aufoktroyierung eines doktrinär vorgefertigten Werturteils und zugleich der Ausschaltung des kritischen Intellekts. Der stets repetierte plebiszitäre Appell: »Deutsches Volk, komm und urteile selbst«, suggeriert dem Rezipienten eine aktive Teilnahme und Entscheidungsfreiheit, die in Wahrheit weder vorhanden (das zu fällende Urteil ist vorprogrammiert) noch erwünscht sind: »Partizipationserfahrung bei gleichzeitiger Ausschaltung realer Partizipation war eines der zentralen Mittel, mit denen die Faschisten im Kampf um die Köpfe ihre Erfolge errangen und sie vor allem absicherten«[1].

Das antithetische Prinzip findet indes nicht nur innerhalb der thematischen Ausstellungen in mehreren Varianten, darunter auch Konfrontation moderner Kunst mit Arbeiten psychisch Kranker und mit Kinderzeichnungen, Anwendung. Es liegt der nationalsozialistischen Ausstellungsstrategie im ganzen zugrunde: Negative Expositionen sollen, unter Ausnutzung verschiedenartiger bereits vorhandener Ressentiments, Feindbilder aufbauen und einhämmern. Bis 1939 liegt ihr Zweck in der allgemeinen ideologischen und stimmungsmäßigen Vorbereitung des Krieges (Gewinnung von »Lebensraum« im Osten, Kampf gegen den »Weltfeind Bolschewismus«) und des Holocaust (»Der ewige Jude«). Desgleichen geht es um sehr konkrete imperialistische Pläne: »Sudetendeutsche Kunstausstellungen«[2], »Kunst der Ostmark« bereiten den Boden für die Ereignisse der Jahre ab 1938. In den Kriegsjahren treten verstärkt kriegsverherrlichende und Feindländer verteufelnde Ausstellungen hinzu: »Polenfeldzug in Bildern und Bildnissen«, »Kunst der Front«, »Künstler sehen den Krieg«, »Raubstaat England«, »Die englische Plutokratie«, »Großdeutschland und die See«. Dagegen sollen posive Schauen die faschistische Ideologie in angeblich »volkstümlicher« (dabei aber die wahren, beileibe nicht »volksorientierten« oder gar »volksfreundlichen« Motive verschleiernder) Weise verbreiten und die »Leistungen« des NS-Staates zelebrieren: »Die

1 Ehlich 1989, S. 21. – Gerhard Paul (1990, S. 259) verwendet den Begriff der »antithetischen Inszenierung« in ähnlichem Kontext: »Dramaturgisch organisierte die NS-Propaganda ihre visuelle Attacke gegen die Republik als antithetische Inszenierung aus drohender Apokalypse und brauner Wiedergeburt.«

2 Vgl. Kapitel 3.8, Anm. 19.

Straßen Adolf Hitlers in der Kunst« (vgl. Kapitel 5), »Deutscher Bauer – Deutsches Land«[3], »Schönheit der Arbeit«, »Deutschlands Größe«, »Schaffendes Volk«[4], »Blut und Boden«, »Frau und Mutter – Lebensquelle des Volkes«, »Heroische Kunst«[5]. Daneben werden unzählige »Hygiene«- und »rassenkundliche« Ausstellungen durch die Schulen geschickt.

Ein weiteres in den Schmähausstellungen angewandtes Verfahren ist die Nennung der für den Erwerb der Kunstwerke ausgegebenen Gelder. Abgesehen davon, daß es sich in einigen Fällen um Inflationspreise handelt, so daß absichtlich der Eindruck astronomisch hoher Summen erweckt wird, handelt es sich hierbei um ein in der Tat subtil-perfides Verfahren: Im Grunde erfolgt nämlich die Gleichsetzung von Kunstwerk und Geldwert. Während der Besucher mit einer Geldsumme spontan bestimmte reale materielle Güter assoziieren kann, entzieht sich das Kunstwerk seinem Wesen nach einer objektiven Bestimmung seines Gebrauchswerts. Der Wert eines Kunstwerks ist geistiger und ideeller Natur. Wert und Funktion des Kunstwerks, seine metaphysischen Qualitäten, vollziehen sich erst im Prozeß der Vertiefung des Betrachters in das Werk. Seine Wirkung wird sich aber je nach Beschauer in individuell unterschiedlicher Weise entfalten, so daß es einen intersubjektiv festlegbaren Nutzungswert nicht geben kann. Allemal erfordert der »Gebrauch« eines Kunstwerks Bereitschaft und Offenheit seitens des Betrachters. Der Kontext einer »Schreckenskammer« ist jedoch darauf angelegt, eine solche positive Grundeinstellung zunichte zu machen bzw. gar nicht erst aufkommen zu lassen. Hier muß jede Summe von vornherein als unangemessen erscheinen. Sollen zum einen die Werke als wertlos desavouiert werden, so richtet sich die Nennung der Ankaufspreise zum anderen gegen die Museumsbeamten und Kulturverwaltungen (und gegen diese wiederum als Repräsentanten der Weimarer Republik), die der »Verschwendung von Steuergeldern« in einer Zeit sozialer und wirtschaftlicher Not bezichtigt werden.

Mittels zahlreicher Regieeinfälle wird aus der Ausstellung eine jahrmarktähnliche Sensation: Durch Jugendverbot oder sonstige Zugangsbeschränkungen entsteht eine Aura des Verbotenen, die sich bei Einrichtung eines »Erotischen Kabinetts« (vgl. Kapitel 3.2) zum Ambiente einer Peep-Show steigert. Daß es sich um ein Prangerritual handelt, verdeutlicht die rahmenlose Hängung der Gemälde in Mannheim. Auf die Spitze getrieben wird dies freilich 1937 in München. Die diffus beleuchteten und menschenüberfüllten Räume, die dichte Hängung von Bildern, die wegen ihrer expressiven Farbigkeit viel Raum benötigen, die aggressive Kommentierung durch hetzerische Texte – all das muß den Eindruck von Chaos evozieren. Die psychologischen Effekte werden politisch instrumentalisiert, wie Georg Bussmann beschreibt:

> Texte und Bilder, neben- und durcheinander eingesetzt, sollen emotionell bewegen, Abstoßung und Empörung auslösen, und diese Gefühle sollen schließlich, ebenso wie die in den Texten gefällten Urteile, Befriedigung über das Ende dieser Kunst, schließlich Einvernahme für den »revolutionären« Neuanfang und die politische Nachfolge bewirken.[6]

Bussmann hat ferner darauf hingewiesen, daß die von den Nationalsozialisten vorgenommene Dynamisierung der vergleichsweise statischen Präsentation konventioneller Expositionen in einem Zusammenhang mit Entwicklungen der avantgardistischen Ausstellungsgestaltung zu sehen ist. Eine dynamisierte Ausstellungsform, wie sie El Lissitzky 1928 in den Sowjetpavillons auf der internationalen Presseausstellung »Pressa«[7] in Köln und 1930 auf der Hygieneausstellung in Dresden demonstriert habe, sei »benutzt und in dem Maß nachlässig und schlam-

3 Vgl. Bloth 1994, S. 68, Anm. 71, S. 91f., Anm. 21 und passim; Liška 1978, S. 61 mit Anm. 20.

4 Vgl. Alberg 1987, S. 70-72.

5 Vgl. Bloth 1994, S. 68, Anm. 69, S. 86 und passim. Entgegen der Mitteilung der Autorin ist ein Katalog zu dieser Ausstellung überliefert.

6 Bussmann 1986, S. 109.

7 Vgl. hierzu ausführlich Herzogenrath 1981. Das Museum Ludwig in Köln erwarb 1976 sieben Entwürfe von El Lissitzky für die »Pressa« in Form von Collagen aus Photo- und Zeitungsausschnitten mit Gouache (vgl. Gohr 1986, S. 147; Weiss 1986, S. 82-85, Nr. 64-70; dies. 1993, S. 8, Abb. 1-2).

pig eingesetzt [worden], daß Lissitzkys positive Argumentationsweise sichtbar den Unterton von Hohn und Verachtung bekam, ohne den starken gefühlshaften Impetus zu verlieren«[8].

In der Tat wird deutlich, daß die Beziehungen zwischen nationalsozialistischer und avantgardistischer – insbesondere der am Bauhaus entwickelten – Ausstellungsarchitektur näherer Untersuchung bedürfen.[9] Seit 1928 waren die Bauhaus-Lehrer Herbert Bayer, Marcel Breuer, Walter Gropius, Lazlo Moholy-Nagy, Alexander Schawinsky und Joost Schmidt an etlichen Ausstellungsprojekten beteiligt, z. B. »Gas und Wasser« (Berlin 1929), »Internationale Hygiene-Ausstellung« (Dresden 1930) und – als Gastausstellung des Deutschen Werkbundes in Frankreich – »20e Salon des Artistes Décorateurs« (Paris 1930)[10]. Im Rahmen dieser Ausstellungen entwickelten die Bauhäusler einen innovativen dynamischen Ausstellungsstil, der sich durch das Kompilieren verschiedener typographischer und bildnerischer Gestaltungselemente, die Kombination von Schrift und Bild, raumgreifende Konstruktionen, den Einsatz von Modellen und Photomontagen sowie nicht zuletzt durch eine im Ausstellungswesen völlig neuartige Didaktik und werbepsychologische Raffinesse auszeichnete.[11] An diese Innovationen lehnen sich die Architektur der NS-Ausstellungen und Messen (mit Ausnahme der reinen Kunstausstellungen wie jenen im Haus der deutschen Kunst, die an traditionellen Präsentationskonzepten festhalten[12]) und die Ästhetik der sie begleitenden Werbematerialien unverkennbar an – ungeachtet der am 11. April 1933 erfolgten Schließung und der offiziellen Verpönung des »bolschewistischen« Bauhauses.[13] Dieser Widerspruch wurde bereits von den Zeitgenossen beobachtet, wie die Bemerkung der griechischen Journalistin Sizza Karaiskakis belegt:

> Bezeichnend bleibt es, daß viele Erkenntnisse des Bauhausstils weiterleben, obwohl dieses Bauhaus selbst im neuen Staate gar nicht mehr existiert. Die neuen großen Ausstellungen des Dritten Reiches stehen jedoch auf seinen Sachlichkeitsprinzipien.[14]

Indirekt erkannten die Faschisten die Sprachfähigkeit und Qualität der Errungenschaften der offiziell verfemten Moderne also an. Dazu nochmals Bussmann:

> Daß sich der Faschismus hier der Ästhetik des »Gegners« bediente, muß aus der Sicht der Organisatoren dieser Schau wohl ebensowenig ein Widerspruch gewesen sein wie die Verwendung von Stilformen des Expressionismus oder des Konstruktivismus für die Plakatwerbung der Ausstellung: In der Hierarchie der Künste kamen Plakate und Ausstellungsdesign nicht vor, das war Gebrauchsgraphik, hier auf dem neuesten Stand; und zudem jetzt für die »richtige« Sache eingesetzt.[15]

Auch im Hinblick auf die Verwendung der Photomontage in der Ausstellungsgestaltung, in der Presseberichterstattung und in Publikationen wie Willrichs »Säuberung des Kunsttempels« war deren Entstehungsgeschichte

8 Bussmann 1986, S. 110. Ein knapper Verweis auf El Lissitzky bereits bei Diederich/Grübling 1979, S. 134. Vgl. auch Grohn 1988 (mit diversen Abb.).

9 Vgl. Faber 1994, Sachsse 1987 und Weißler 1993. Zu dem vielschichtigen und in der Forschung kontrovers diskutierten Thema Nationalsozialismus und Modernisierung bzw. Moderne im Nationalsozialismus vgl. die Sammelbände von Grimm/Hermand 1980, Nerdinger 1993a und Prinz/Zitelmann 1991 sowie – speziell für den Bereich Design – Godau 1990, Heskett 1979 und 1990. Vgl. ferner zur Situation im faschistischen Nachbarland Italien Germer/Preiß 1990, Silva 1975 und Tabor 1994.

10 In dieser Gemeinschaftsausstellung im Grand Palais war der Deutsche Werkbund durch Gropius, Bayer, Breuer und Moholy-Nagy vertreten. Ihre Raumgestaltungen (Moholy-Nagy zeigte z. B. seinen berühmten »Licht-Raum-Modulator«) dienten der Präsentation des Entwicklungsstandes technischer Produktion in Deutschland. Vgl. Hoberg 1988, S. 119.

11 Vgl. Wingler 1975, S. 480-483 (mit Abb.).

12 Vgl. Bock 1993, S. 227.

13 Ein vergleichbares Phänomen ist das Fortwirken der Bauhaus-Architektur und ihrer Urheber nach 1933; vgl. hierzu Miller Lane 1985, S. 147-167 sowie jüngst Nerdinger 1993a, S. 153-178.

14 Karaiskakis 1934, S. 192.

15 Bussmann 1986, S. 110. Was die Plakatgestaltungen betrifft, so teile ich Bussmanns Auffassung von der quasi selbstverständlichen Gestaltung »auf dem neuesten Stand« nicht. Vielmehr würde ich hier eine ironisch-parodistische Aneignung vermuten (ausführlich erläutert am Beispiel von Abb. 16 in Kapitel 3.8.1.5). Ein Vergleich mit NS-Plakatdesign aus anderen Bereichen könnte Klarheit verschaffen.

kein Hinderungsgrund.[16] Um 1918 von der Berliner Dada-Gruppe um George Grosz, Raoul Hausmann, John Heartfield und Hannah Höch als künstlerisches Gestaltungsmittel für ihre provokative Antikunst entdeckt[17], wurde sie in den zwanziger Jahren, vor allem von John Heartfield, zu einem wirksamen Medium linker Bildagitation und Massenkommunikation entwickelt. Heartfields zeitkritisch-kämpferische Photomontagen erschienen in der kommunistischen Wochenzeitung Arbeiter-Illustrierte Zeitung (AIZ) in Berlin.[18] Aufmerksamer Beobachter der fortschrittlichen Propagandamethoden der Linksparteien – die KPD nutzte als erste Partei die Erkenntnisse der modernen Werbepsychologie und die Möglichkeiten der neuen technischen Kommunikationsmedien für eine zentralisierte und professionelle Propaganda[19] – war der NSDAP-Gauleiter von Berlin, Joseph Goebbels. Der postulierte auf dem Parteitag der 1929: »Die nationalsozialistische Propaganda hat sich [...] in ihrer öffentlichen Wirksamkeit der modernsten Mittel zu bedienen«[20]. 1935 wurde den NS-Bildberichterstattern der Einsatz der »Fotomontage im Dienst der Presse« erläutert.[21] 1936 sagte Goebbels zur Berliner Ausstellung »Deutschland«, die maßgeblich von dem Bauhaus-Absolventen Emil Fahrenkamp gestaltet worden war: »Die Art der Darstellung in gewaltigen Photomontagen ist aus dem Geist des neuen Deutschland geboren«[22]. 1942 hieß es in der Zeitschrift Gebrauchsfotografie: »Heute dient die Montage, wenn sie zur Anwendung gelangt, aufbauenden und nicht zersetzenden Zielen. Richtig eingesetzt, wirkt sie mitreißend und überzeugend«[23]. Die Adaption der Photomontage durch die Nationalsozialisten[24] bedingte den Verlust ihrer immanenten Gestaltungsprinzipien, reduzierte sie auf das rein äußerliche additive Zusammenfügen von Teilen verschiedener photographischer Aufnahmen. In seiner Ansprache zur Eröffnung der Heartfield-Ausstellung 1938 in New York formulierte Günther Anders:

> Am interessantesten ist es natürlich, das Kunstmittel der Montage, das auf dem Prinzip des dialektischen Widerspruchs aufgebaut ist (auf den Widersprüchen zwischen Theorie und Praxis, zwischen Wort und Tat, zwischen Aussehen und Wirklichkeit), zu beobachten, wenn es in die Hände des Feindes gerät, also in die Hände des Faschismus, dessen ganzes Bemühen ja darauf abzielt, die Hintergründe abzudecken und die Zweiseitigkeit, die die Stärke und Aggressivität jeder Montage ausmacht, zu leugnen. Es gibt eine ganze Reihe faschistischer Montagen. Aber keine von denen, die ich kenne, zeigt eine Kollision zwischen Aussehen und Realität, sie kombinieren vielmehr einfach zwei Stücke aus der Domäne des Aussehens.[25]

Die Assimilierung und Manipulierung avantgardistischer Gestaltungsprinzipien und ebensolcher Ästhetik belegen das hervorstechende Merkmal des nationalsozialistischen Umgangs mit der Moderne: Opportunismus. Dort, wo Ächtung und spektakuläres Prangerritual den größten propagandistischen Effekt versprachen, wurde geächtet, angeprangert, verbrannt; dort, wo die Aneignung fortschrittlicher Entwicklungen des Gegners die Durchsetzung der eigenen Ziele zu fördern geeignet schien, wurden sie ausgebeutet und adaptiert. Die Entscheidung fiel nicht nach grundsätzlichen theoretischen bzw. ideologischen Gesichtspunkten, sondern einzig unter der Prämisse der maximalen Verwertbarkeit in der faschistischen Herrschaftspraxis.

16 Vgl. die Photomontagen auf den Titelblättern des Illustrierten Beobachters vom 9. August 1930 (Abb. bei Gerhard Paul 1990, Nr. 29) und 10. Dezember 1932 sowie das Plakat von Heinrich Hoffmann zur Reichspräsidentenwahl 1932 (vgl. die Abb. ebenda, Nr. 57). Weitere Nachweise von NS-Photomontage-Plakaten vor und nach 1933 bei Diederich/Grübling 1979, S. 136, Anm. 21.

17 Vgl. zur Frage der Datierung und Urheberschaft der dadaistischen Photomontage resümierend Benson 1987, S. 110-116. Zur etwa bis 1850 zurückreichenden Tradition des Prinzips montierter Photoszenarien vgl. Weise 1989.

18 Die Redaktion der AIZ und Heartfield flohen 1933 nach Prag, wo am 25. März 1933 die erste Exilausgabe erschien. Vgl. März 1993; Pachnicke/Honnef 1991; Siepmann 1977. Eine Analyse einer Heartfield-Photomontage in der AIZ vom 10. Mai 1933 findet sich bei Hoffmann-Curtius 1990, S. 78-82.

19 Vgl. Gerhard Paul 1990, S. 57.

20 Berliner Arbeiterzeitung, 11. August 1929 (zitiert nach Gerhard Paul 1990, S. 48).

21 Vgl. Weise 1989, S. 158f.

22 Berliner Tageblatt, 18. Juli 1936 (zitiert nach Weißler 1993, S. 62).

23 Zitiert nach Weise 1989, S. 158f.

24 Vgl. hierzu Krejsa 1991.

25 Anders 1984, S. 185.

Manche Künstler der Moderne spielten in diesem Prozeß eine aktive Rolle. In den ersten Jahren nach der Machtübernahme waren Bauhaus-Lehrer und -Schüler persönlich an der Entwicklung von Messen und Ausstellungen beteiligt. So wurden einige Abteilungen der vom 21. April bis 3. Juni 1934 in den Berliner Messehallen am Funkturm stattfindenden »rassenkundlichen« Schau »Deutsches Volk – Deutsche Arbeit« von Gropius, Ludwig Mies van der Rohe, Lilly Reich, Joost Schmidt und anderen Bauhäuslern konzipiert, für Katalog, Plakat und Prospekt zeichnete Herbert Bayer verantwortlich.[26] Im selben Jahr entwarf Bayer, der an mehreren Ausstellungsunternehmungen mitwirkte (nach seiner Emigration in die USA 1938 setzte er diese Tätigkeit im Dienste der dortigen Regierung fort), Gestaltungsrichtlinien für Kunstwanderausstellungen der Deutschen Arbeitsfront (DAF).[27] Wilhelm Wagenfeld, Schüler am Bauhaus von 1923 bis 1924 und Assistent bzw. Lehrer an der Staatlichen Bauhochschule Weimar von 1926 bis 1930, setzte nach 1933 seine Tätigkeit als Entwerfer und als Dozent ungestört fort.[28] Der Bauhaus-Schüler Umbo (Otto Umbehr), Photograph und Filmemacher, arbeitete nach der Machtergreifung als Photoreporter, u. a. in Diensten des Ullstein Verlags, und pflegte die am Bauhaus entwickelte »Neue Fotografie« weiter.[29] Die Ausstellung »Gebt mir vier Jahre Zeit« wurde maßgeblich von dem Architekten Egon Eiermann, einem Schüler von Hans Poelzig, gestaltet, auch Ludwig Gries wirkte mit (vgl. Kapitel 4.1 und 2.4). Hugo Erfurth, der wohl prominenteste Porträtphotograph der ersten Jahrhunderhälfte, hatte zahlreiche der verfemten Künstler porträtiert und gehörte gleichwohl

> zu den wenigen Photographen [...], die ihre Arbeiten im nationalsozialistischen Deutschland ausstellen und publizieren konnten. Davon zeugen nicht nur Erfurths kontinuierliche Beteiligungen an den Großausstellungen des Dritten Reiches wie »Die Kamera« 1933 und 1934, »Film und Photo« 1936, »Gebt mir vier Jahre Zeit« 1937, die als effiziente Selbstdarstellungen des NS-Staates im In- und Ausland wirkten, den GDL [Gesellschaft Deutscher Lichtbildner] -Jahresschauen von 1933 bis 1939, sondern auch die zahlreichen Bildveröffentlichungen in der Fach- und Tagespresse.[30]

Daß die künstlerische Avantgarde im Dritten Reich keineswegs nur eine Märtyrer- und Opferrolle spielte, sondern teilweise durchaus Affinität zu einem – geistigen wie auch politischen – Totalitarismus aufwies, rückt erst in jüngerer Zeit verstärkt in das Blickfeld einer kritischen Kunstwissenschaft.[31]

26 Auf die Beteiligung Ludwig Mies van der Rohes machte schon Mosse (1980, S. 147, Anm. 14) aufmerksam. Mies, Direktor des Bauhauses von 1930 bis 1933, war bis Juli 1937 Mitglied der RbK und emigrierte bald darauf in die USA (vgl. Diether Schmidt 1964, S. 44 und S. 55). Zur Ausstellung »Deutsches Volk – Deutsche Arbeit«, zu welcher sich ein Plakat in der Kunstbibliothek SMPK befindet, vgl. Weißler 1993, S. 52-56; zur Tätigkeit Bayers in der NS-Ausstellungswerbung vgl. Brüning 1993, S. 27-30. Bayer gestaltete auch das Plakat für die Ausstellung »Das Wunder des Lebens« (Berlin 1934), eine Farbabb. findet sich bei Döring 1994, S. 127.

27 Vgl. Droste 1982, S. 12. Vgl. auch die faksimilierten Seiten aus dem von Bayer gestalteten Führer zur Ausstellung »Deutschland« (Berlin, Messehallen am Funkturm, 18. Juli bis 16. August 1936), in: NGBK 1987, S. 286-295. – Zu dem in Anlehnung an einen Entwurf Bayers gestalteten Plakat der Münchner Ausstellung »Entartete Kunst« von 1936 (Abb. 16) vgl. Kap 3.8.1.5.

28 Vgl. Schümann 1973.

29 Vgl. die Aktphotographie Umbos aus dem Jahr 1935 bei Pini 1992, S. 182. Vgl. zu Umbo auch Haenlein 1986, S. 212-219.

30 Pohlmann 1992, S. 131. Auf der Schau »Gebt mir vier Jahre Zeit« war Erfurth mit sechs Porträts von SA-Männern vertreten.

31 Vgl. etwa Hein 1992.

8.2 Presseberichterstattung

Die formal-rechtliche Grundlage für die Abschaffung der Pressefreiheit und die totale Kontrolle des Pressewesens[1] bildeten die Verordnungen »Zum Schutze des deutschen Volkes« (4. Februar 1933) und »Zum Schutz von Volk und Staat« (»Reichstagsbrandverordnung«, 28. Februar 1933) des Reichspräsidenten. Das KPD-Blatt Rote Fahne, das zum Generalstreik aufgerufen hatte, war gleich am 31. Januar 1933 beschlagnahmt worden. Im Februar 1933 setzten die Verbote von Zeitungen, besonders von SPD-Organen wie dem Berliner Vorwärts, ein. Anfangs galten sie nur für einige Tage, dann zunehmend endgültig. Zeitungen, die nicht ausgeschaltet wurden, ließ Propagandaminister Goebbels durch Zwangsfusionierungen und Auswechslung ihrer Redakteure (Schriftleiter) institutionell und personell gleichschalten. Am 4. Oktober 1933 verabschiedete das Kabinett das »Schriftleitergesetz«[2], welches die Zulassung und Ausbildung zu den Presseberufen reglementierte. Die Durchführung des Gesetzes oblag der im November 1933 gegründeten Reichspressekammer, einer Abteilung der Reichskulturkammer, in der alle Schriftleiter und mit Zeitungen oder Zeitschriften befaßten Verleger, Grossisten, Einzelhändler und Lesezirkelbesitzer zentral erfaßt wurden. Weitere Instrumente der Presselenkung waren die täglichen »Pressekonferenzen der Reichsregierung«[3], in denen jede Zeitung präzise Instruktionen erhielt, über welche Tagesereignisse in welcher Weise (Sprachregelungen) berichtet werden durfte, sowie die vom Reichspropagandaamt herausgegebenen Tages- und Wochenparolen. Als Fazit läßt sich festhalten:

> Die Zerschlagung der linken Publizistik im Frühjahr 1933 bildete nur den Auftakt eines historisch beispiellosen Veränderungsprozesses. Binnen weniger Jahre krempelten die Nationalsozialisten die deutsche Zeitungslandschaft fast völlig um. Das politische Ziel war die Monopolisierung und totalitäre Beherrschung der öffentlichen Kommunikation. Der Weg dorthin aber führte nicht allein über Zensur und Repression, sondern auch über ökonomische Konzentration und strukturelle Modernisierung. Denn Presse und graphisches Gewerbe befanden sich schon seit Jahren in einer schweren Krise.[4]

Von den rund 4.700 Zeitungen, die 1933 im Deutschen Reich erschienen (davon circa 120 NS-Blätter mit 7,5 % Auflagenanteil), blieben bis 1944 nur noch 970 mit einem NS-Anteil von mehr als 82 %.[5]
Doch der Prozeß der schrittweisen Formierung der Presse verlief nicht ohne Reibungen und Widersprüche. Goebbels' Pläne für ein umfassendes Reichspressegesetz scheiterten 1936 endgültig am Widerstand der anderen Ministerien.[6] Am 22. Oktober 1936 ordnete eine Presseanweisung des Propagandaministeriums an:

> Es muß immer festgestellt werden, daß in der deutschen Presse noch Nachrichten und Schilderungen erscheinen, die geradezu von selbstmörderischer Objektivität triefen und in keiner Weise verantwortet werden können. Man will keine Zeitungsgestaltung im alten liberalistischen Sinn, sondern will, daß jede Zeitung mit den Grundsätzen des nationalsozialistischen Staatsaufbaus in eine Linie gebracht wird.[7]

Doch nach außen hin versuchten die Nationalsozialisten, den Anschein einer gewissen Pluralität aufrechtzuerhalten. So genossen die liberale Frankfurter Zeitung[8] (verboten am 31. August 1943) – die einzige deutsche Zeitung

1 Zur Zensur und Lenkung der Presse im Nationalsozialismus liegen mehrere Untersuchungen vor. Verwiesen sei auf die Quellenedition von Wulf 1983d und die grundlegenden Werke von Abel 1968, Hagemann 1970 und Martens 1972. In jüngerer Zeit erschien die Studie von Frei/Schmitz (1989; mit Literaturhinweisen auf S. 214f.; desgleichen bei Hildebrand 1987, S. 261f.) und der Aufsatz von Pross 1991. Vgl. ferner Bramsted 1971, S. 148-190 und oben Kapitel 2.4, Anm. 37.

2 Vgl. RGBl. 1933, Teil 1, S. 713f. (gekürzt abgedruckt bei Wulf 1983d, S. 74-76).

3 Vgl. hierzu Fröhlich 1974, S. 348f.

4 Frei/Schmitz 1989, S. 23.

5 Vgl. Wulf 1983d, S. 7. Hingegen beziffern Frei/Schmitz (1989, S. 23), auf den Goebbels-Tagebüchern fußend, die Anzahl der Zeitungen Anfang 1933 mit 3.400.

6 Vgl. Frei/Schmitz 1989, S. 29.

7 Zitiert nach Wulf 1983d, S. 82.

8 Vgl. Gillessen 1987 und 1993. Vgl. auch Bramsted 1971, S. 191-213.

mit einer bedeutenden Auslandsverbreitung – und die konservative Berliner Deutsche Allgemeine Zeitung das Privileg eines verhältnismäßig großen journalistischen Spielraums. In weit geringerem Maße galt das auch für das Berliner Tageblatt (verboten am 31. März 1939), die Münchner Neuesten Nachrichten und das Hamburger Fremdenblatt.

Vor diesem Hintergrund muß auch die Presseberichterstattung über die Ausstellungen gesehen werden. Die Analyse der Rezensionen zu den Vorläuferausstellungen hat erwiesen, daß das Spektrum der veröffentlichten Meinungen, je nach lokalen Gegebenheiten, von enthusiastischer Akklamation in den NS-Zeitungen bis zu vorsichtig-verdeckter Kritik in bürgerlich-liberalen Blättern reichte. Freilich äußerte sich Kritik nicht in Form einer generellen Ablehnung der »Schreckenskammern«, sondern kristallisierte sich eher an der Schmähung einzelner Künstler oder Werke. Wenngleich für solche mahnenden, zur Besonnenheit aufrufenden Äußerungen zweifellos Courage erforderlich war, befand man sich solange auf relativ gesichertem Terrain, wie die Diskussion um die zukünftige kunstpolitische Marschrichtung auf Reichsebene noch im Gange war (vgl. Kapitel 2.4). Daß das Thema auf ein großes Interesse stieß, zeigen die zahlreichen überregionalen wie auch ausländischen Reaktionen auf die Vorläufer.

In den Rezensionen der Vorläufer und in denen der Ausstellung »Entartete Kunst« ab 1937 läßt sich eine bemerkenswerte Verschiebung des Feindbildes feststellen: von der »Regierungskunst« zur »jüdisch-bolschewistischen« Kunst. Tatsächlich spielte die antisemitische Komponente 1933 keine oder nur eine untergeordnete Rolle – eine Beobachtung, die (speziell im Falle Nürnbergs) zunächst frappiert. Bei genauerem Hinsehen erweist sich dieser Umstand aber propagandastrategisch als durchaus folgerichtig. In der »Kampfzeit« und in den ersten Jahren nach der Machtübernahme richtete sich der Kampf in erster Linie gegen die verhaßte »Systemzeit« und ihre »Erfüllungspolitik«, d. h. gegen die Demokratie von Weimar. Wenn auch die Weimarer Republik von Anfang an als »jüdische« Institution verfolgt wurde, so stand dies zunächst nicht im Vordergrund der Propaganda. Die »Schandausstellungen« waren Teil des nationalsozialistischen Triumphzuges, was ihre Häufung in den ersten Monaten nach der Machtübernahme erklärt. Trophäen gleich wurden die Kunstwerke zur Illustration einer »Regierungskunst« (Karlsruhe), eines »Novembergeistes« (Stuttgart), einer »Geistesrichtung 1918-1933« (Breslau) in den Femeausstellungen zusammengepfercht. Ziel war die plebiszitäre Zustimmung zur NS-»Revolution«.

Die Exposition »Entartete Kunst« des Jahres 1937 fand indessen unter anderen politischen Vorzeichen statt. Weimar war definitiv besiegt, als Feindbild des inzwischen etablierten faschistischen Staates nicht mehr aktuell. In einer Phase der konkreten Planung der »Endlösung der Judenfrage« und der offensiven Kriegsvorbereitung war »jüdisch-bolschewistisch« das adäquate, an der zukünftigen Politik orientierte Synonym und die griffige Formel für »entartete Kunst«. Der allmähliche Wandel im Tenor der Rezensionen läßt sich beispielhaft an der Dresdner Wanderausstellung »Entartete Kunst« nachvollziehen. Das Presseecho auf die Nürnberger Etappe 1935 (zur Zeit der »Nürnberger Gesetze«) zeichnet sich durch einen aggressiven antisemitischen Ton aus, der sich von jenem der »Schreckenskammer« von 1933 in signifikanter Weise unterscheidet (vgl. Kapitel 3.3 und 3.8.1.2).

Wie stellt sich nun das Presseecho auf die Femeschau nach 1937 dar? Der Auftakt in München im Sommer 1937, verbunden mit dem »Tag der Deutschen Kunst« und der »Großen Deutschen Kunstausstellung«, war gezielt als sensationelles Ereignis und pompöses Medienspektakel inszeniert worden. Die Pressekonferenz erteilte die Direktive, die Eröffnung der Schau »Entartete Kunst« und Zieglers Ansprache sollten »groß aufgemacht«[9] werden. Auch wenn man im Propagandaministerium mit der »Aufmachung« nicht zufrieden war (am 29. Juli 1937 wurde auf der »Kulturpolitischen Pressekonferenz« moniert, die Ausstellung »sei nur von einigen Zeitungen so behandelt worden, wie es notwendig sei«[10]), so war die Resonanz im In- und Ausland doch gewaltig. Nach

9 Zitiert nach Thomae 1978, S. 339.
10 Zitiert nach ebenda, S. 340.

München ließ das Interesse der Öffentlichkeit aber spürbar nach. Während von der Berliner Etappe überregionale Tageszeitungen noch berichteten, scheint die Wanderschau nach April/Mai 1938 in der »Kulturpolitischen Pressekonferenz« kein Thema mehr gewesen zu sein. Von den späteren Stationen nahmen überregionale Blätter meist keine Notiz mehr. Das Presseecho beschränkte sich nunmehr auf die lokalen Zeitungen.

Deren Berichterstattung folgte einem mehr oder minder variierten Schema: Die Übernahme der Ausstellung wurde einige Tage vor Beginn angekündigt, verbunden mit dem Hinweis, daß dieses »große Ereignis« nun auch endlich in die eigene Stadt komme. Die Eröffnungszeremonie im Beisein der Parteiprominenz erfuhr eingehende Würdigung, oft mit ganzseitigen, illustrierten, längere Ausschnitte aus den Reden enthaltenden Artikeln. Wurden Beispiele der geächteten Kunst abgebildet, so häufig mit falschen oder ohne Angaben zu Künstler und Werk. Während der Laufzeit ergingen mehrfach Aufforderungen zum Besuch der Schau, die »Volksgenossen« wurden auf die Möglichkeit von Gruppenbesuchen, Vergünstigungen und Führungen hingewiesen sowie über Besucherzahlen informiert.

Inhaltlich unterschieden sich die Artikel kaum, da, wie auch in den Eröffnungsansprachen, lediglich die offiziellen staats- und parteikonformen Darstellungen mit dem zugehörigen Repertoire an Vokabeln repetiert wurden. Nuancen lassen sich praktisch nicht feststellen. Während 1933 noch einzelne Künstler und Werke besprochen wurden, ging man später darüber hinweg, behandelte die »Entartete Kunst« als namenlose Masse. Auch das war durchaus zweckmäßig, weil eine differenzierte Sicht dem (undifferenzierten) Urteil der Veranstalter und dem gewünschten Pauschalurteil der Besucher zuwidergelaufen wäre.

Abschließend zwei Beobachtungen zur sprachlichen Inszenierung der Rezensionen zu der Ausstellung: Auffallend ist das aus der Biologie, insbesondere der Parasitologie entlehnte, häufig kontradiktorisch verwandte Vokabular, etwa »gesunde« und »kranke« Kunst. Das entsprach sowohl Hitlers biologistischer Geschichtsauffassung vom »Kampf der Rassen« als auch seiner Charakterisierung »des Juden« mit Begriffen wie »Parasit im Körper anderer Nationen und Staaten«, »Schmarotzer« und »Bazillus«.[11] Hitlers Grundsatz gemäß, daß sich »jede wirkungsvolle Propaganda« auf »sehr wenige Punkte zu beschränken und diese schlagwortartig [...] zu verwerten«[12] habe, wurden wenige Stereotypen und Phrasen endlos wiederholt. Die Folge war ihre idiomatische Erstarrung.[13]

11 Hitler 1938, S. 334 und passim. Vgl. Jäckel 1986, S. 69. Wie in Kapitel 2.1 gezeigt wurde, entstammt auch der Begriff »Entartung« dem medizinisch-psychiatrischen Bereich.

12 Hitler 1938, S. 198.

13 Vgl. Volmert 1989, S. 142f. Zur massenpsychologischen Bedeutung der Sprache der NS-Propaganda vgl. Graumann 1990.

8.3 Rezeption

Die Untersuchung von Inszenierung und Presseberichterstattung in den beiden vorhergehenden Kapiteln ging zunächst vom Blickpunkt der »Macher« aus, versuchte die Intentionen und Strategien der Organisatoren zu analysieren. Da jede Propaganda erst im Kontakt mit der Zielgruppe wirksam wird, gilt es nun, den Blick auf Adressaten und Rezipienten zu richten.

Grundsätzlich muß zwischen zeitgenössischen und retrospektiven Äußerungen unterschieden werden. Für die erste Kategorie wäre die Presse die wichtigste Quelle. Doch sie überliefert hauptsächlich die systemkonforme Deutung, nach der die Besucher dem Tenor der Ausstellungen aus ihrem »gesunden Volksempfinden« heraus einhellig zustimmten. Über die tatsächlichen Besucherreaktionen sagt dies nicht das geringste aus, jedoch sehr wohl etwas über das propagandistische Kalkül, das gewünschte Besucherurteil zu antizipieren: Jeder, der etwas anderes empfand als das vorgefertigte Urteil, mußte sich aus der Gemeinschaft der »gesunden Volksgenossen« ausgeschlossen fühlen, was unterbewußt einen immensen psychologischen Druck erzeugt haben dürfte. Aber auch die retrospektiven Stellungnahmen von Zeitzeugen, in schriftlicher oder mündlicher Form, vermitteln ein einseitiges Bild. Folgt man z. B. den Äußerungen in Autobiographien, Leserbriefen[1] oder Interviews, so gab es nur Freunde und Bewunderer der modernen Kunst, denen die NS-Propaganda offenbar nichts anhaben konnte. Auch das läßt sich leicht erklären: Denn wessen Tagebücher, Briefe und Memoiren werden publiziert? Und welche Anschauungen gelten seit 1945 als opportun?

Was die Rezeption der Vorläuferausstellungen betrifft, so sei hier an einige interessante Episoden erinnert: In Mannheim führte Kritik von unbekannter Seite zu Entfernungen aus dem Ausstellungsbestand. In Dresden sollen Proteste und Unruhen von Besuchern, die sich für die angeprangerte Kunst aussprachen, gar in polizeilichen Festnahmen geendet haben. Auf der Frankfurter Etappe der Exposition empörte ein weiterer Skandal die NS-Presse. In Breslau bat der Veranstalter der »Schreckenskammer« um »ein paar kräftige SA-Leute in Zivil«, die für die »nötige Ruhe und Ordnung« sorgen sollten. Gewiß: Es sind dies spärliche Nachrichten über einzelne Vorgänge, die mehr oder minder zufällig dokumentiert sind. Dennoch zeigen sie, daß das »gesunde Volksempfinden« nicht ganz so reibungslos funktionierte, wie die Nationalsozialisten es sich wünschten (die jene Ereignisse freilich propagandistisch als Beweise für die noch immer gefährliche Aktivität der »Kulturbolschewisten« zu verwerten wußten).

Von der Münchner Wanderschau »Entartete Kunst« sind spektakuläre Protestaktionen nicht bekannt, was mit der Perfektion der Inszenierung und dem psychologischen Einschüchterungseffekt (z. B. durch starke Präsenz Uniformierter, Angst vor Spitzeln) zusammenhängen dürfte. Etwaige Skandale wären wohl auch der Pressezensur zum Opfer gefallen. Pistauer (Dok. 74) überliefert, daß gelegentlich Besucher bei Führungen Sätze wie: »Das ist keine entartete Kunst, das gehört nicht hierher«, fallen ließen.

Addiert man die meist in der Tagespresse veröffentlichten Zahlen, so errechnen sich rund 3,2 Millionen Besucher für die 13 Stationen der vierjährigen Tournee der Exposition »Entartete Kunst«. Treffen diese Zahlen zu – der enorme Werbeaufwand (Sonderzüge, organisierter Massenbesuch etc.), zahlreiche Photographien von überfüllten Räumen und Augenzeugenberichte sind Indizien für ihre Glaubwürdigkeit –, so zog die Schau den größten Besucheransturm aller Zeiten an.

1 Vgl. z. B. den Leserbrief von Helmuth Faust in der FAZ vom 4. April 1991 anläßlich der Ausstellung »›Degenerate Art‹ – The Fate of the Avant-Garde in Nazi Germany« in Los Angeles. Faust schreibt, er habe die Schau als Fünfzehnjähriger gesehen, »weil sich da eine mit allerhöchster Wahrscheinlichkeit niemals wiederkehrende Gelegenheit bot, bedeutendste deutsche Gegenwartskunst auf so kleinem Raum versammelt zu sehen«. Auf anderslautende Leserbriefe komme ich in der Schlußbetrachtung (Kapitel 9) zurück.

Nun gibt es die noch immer weitverbreitete Legende, die Mehrheit der Besucher habe die Gelegenheit nutzen wollen, um die moderne Kunst noch einmal zu sehen, sich sozusagen von ihr zu verabschieden. Zwei Wunschbilder führten zur Bildung dieser Legende: das des aufgeklärt-mündigen Bürgers, der die bösen Absichten und die durchtriebene Propaganda der Herrschenden durchschaut und sich folglich nicht in die Irre führen läßt, sowie das einer wirkungsmächtigen Kunst, deren Würde und Wahrheit auch unter den Bedingungen einer »Schreckenskammer« von den Menschen erkannt wird. Mit der Realität scheinen diese Fiktionen nicht viel gemein zu haben. Woher sollten denn plötzlich die vielen Freunde der Moderne, die doch eine Anerkennung in breiten Kreisen noch gar nicht gefunden hatte, kommen? Woher – angesichts der weitverbreiteten Zustimmung zum NS-Regime, der alle Lebensbereiche durchdringenden Propaganda und des offenen Terrors – die Voraussetzungen für eine kritische Distanz zum Dargebotenen?

Dennoch kann kein Zweifel daran bestehen, daß die Abschiedslegende ebenso wie diejenige, die Femeschau habe manchen Besuchern die Augen für die moderne Kunst erst geöffnet, für einige Personen tatsächlich zutrifft. Am bekanntesten ist wohl die Geschichte des Hannoveraner Fabrikanten und Kunstsammlers Bernhard Sprengel, der 1965 in einem Ausstellungskatalog seiner Sammlung berichtet:

> Trotz schlechter Hängung wirkte die »Entartete Kunst« auf meine Frau und mich wie eine Fanfare. Für mich, der ich bisher nur der Musik wirklich verhaftet war und bildende Kunst mehr im Vorübergehen, wenn auch immer mit Interesse, aber doch ohne eigentliche Passion betrachtet hatte, war dieses die erste wirklich zündende Begegnung. So führte unser Weg fast zwangsläufig und unmittelbar zu Günther Franke in die Brienner Straße, der uns im »Hinterstübchen« die ersten Aquarelle von Emil Nolde verkaufte. Das war, auf den Tag zu belegen, der Beginn unserer Sammlung.[2]

Ähnliches erlebte Nicolaus Sombart, der Sohn des Volkswirtschaftlers und Soziologen Werner Sombart:

> Etwas anderes war es schon, wenn wir in die Buchhandlung Buchholz in der Leibnizstraße gingen, in deren zweitem Stock in einem verschlossenen Zimmer expressionistische Graphik, Heckel, Macke, Pechstein usw., aber auch Aquarelle von Nolde, Klee und Gilles zu sehen (und zu kaufen) waren. Dort hatte mich Duschka Schmitt [d. i. der Staats- und Völkerrechtler Carl Schmitt] eingeführt. Der Staatsrat sammelte moderne Kunst. Weiß Gott kein subversiver Akt, eher ein Privileg! Das Bewußtsein, etwas eigentlich »Verbotenes« zu tun, trug allenfalls dazu bei, unsere Aufnahmebereitschaft zu erhöhen. Die Ausstellung »Entartete Kunst« hatte auf uns wie eine Offenbarung gewirkt und ein Interesse geweckt, das die Betrachtung von Monographien, die zu Hause in der Bibliothek standen, allein vielleicht nicht in demselben Maße ausgelöst hätte.[3]

Doch solche Reaktionen blieben die Ausnahme. Das Urteil Pistauers ist eindeutig: »Die Masse stimmte der Ausstellung zu« (Dok. 74). Und der Rezensent Carl Linfert bemerkt: »Veranstalter und Betrachter sind in einem Maße einig, wie es den Kunstausstellungen völlig abgeht« (Dok. 27). Ausschlaggebend für diesen Effekt waren sowohl die ausgeprägte Prädisposition als auch die Konditionierung der Rezipienten. Prädisposition meint hier Voraussetzungen, Kenntnisstand und Erwartungen, mit denen der Durchschnittsbesucher die Schau betrat. Für viele war es die erste Begegnung mit moderner Kunst überhaupt.[4] Das Schwarze Korps meldete am 12. August 1937: »Ganz abgesehen von der Tatsache, daß wohl noch niemals die breiten Schichten unseres Volkes an einem Ereignis der bildenden Künste einen derartigen Anteil genommen haben [...]«. Man darf also annehmen, daß die Majorität über die Strömungen der avantgardistischen Kunst nicht informiert, geschweige denn mit ihnen vertraut war. Die Erwartungshaltung charakterisiert Linfert so: »Wann immer man die Ausstellung betrat, war viel Entrüstung zu hören. [...] Wirklich, sie war ehrlich. Denn zumeist waren sie [die Besucher] gekommen mit dem Willen und dem Bewußtsein, daß sie entrüstet sein würden« (Dok. 27). Die Masse des Volkes war die Zielgruppe

2 Zitiert nach Müller-Mehlis 1977, S. 150.

3 Sombart 1984, S. 221.

4 Noch heute hat der Slogan »Entartete Kunst« einen ähnlichen Sensationseffekt. 1988, anläßlich der Münchner Ausstellung »Die ›Kunststadt‹ München 1937«, hieß es in einem Zeitungsartikel: »Denn wie damals hat auch jetzt offenbar der Titel ›Entartete Kunst‹ viele Tausende angelockt, die sich noch nie für die Moderne interessiert haben, nicht für die bereits ›klassische‹ zwischen ›Blauem Reiter‹ und Expressionismus und schon gar nicht für Heutiges« (Breyer 1988).

(nicht die vergleichsweise Wenigen, in deren Bibliotheken Künstlermonographien standen), auf sie war die Inszenierung ausgerichtet, hier konnte die Propaganda am ehesten konditionierend wirken. Was die faktische Wirkung der Ausstellung »Entartete Kunst« betrifft, ging die Rechnung der Nationalsozialisten weitgehend auf. Das belegen auch die Publikumsreaktionen, die Carl Linfert genau studiert und in seinem oben bereits zitierten Artikel niedergelegt hat. Er schreibt:

> Oft waren die gleichen Ausrufe zu hören, vor dem Krassen so gut wie vor dem Unverständlichen, meist klang es abschließend »Furchtbar« (mit Akzent auf beiden Silben). Vor den »Auswanderern« von Kokoschka hieß es einmal auf bayrisch mit jovialer Entschiedenheit: »Der g'hört ja aufg'hängt, der des Bild g'mol'n hat.«

Wie sehr die Ausstellung Emotionen und Aggressionen schürte, belegt auch ein Telegramm der Ausstellungsleitung an das Propagandaministerium vom 4. August 1937. Darin werden einige Besucheräußerungen wie folgt wiedergegeben:

> Man sollte die Künstler neben ihren Bildern anbinden, damit ihnen jeder Deutsche ins Gesicht spucken kann, aber nicht nur die Künstler, sondern auch die Museumsleute, die in der Zeit, als Millionen Hungernde auf den Straßen waren, Hunderttausende den Fabrikanten solcher Machwerke in den Rachen warfen.[5]

Aus Gründen, die wohl kaum einer Erklärung bedürfen, findet man heute nicht eben häufig Menschen, die offen zugeben, daß sie damals die Kunst tatsächlich »entartet« fanden. Am 8. Dezember 1987 schrieb ein 1909 geborener Betrachter der Münchner Ausstellung »Die ›Kunststadt‹ München 1937« in das Besucherbuch:

> Wir haben alle einmal mit Hitler gejubelt und waren ganz seiner Meinung! Heute leugnen alle die damalige Begeisterung. – Wie sich die Zeiten ändern und die Anschauungen! Heute bewundern wir die Künstler, die wir sehr wohl für verrückt hielten.[6]

Abschließend seien drei Zeitzeugen zitiert, die im Rahmen dieser Arbeit des öfteren zu Wort gekommen sind, nämlich die Kunsthistoriker Alois J. Schardt, Paul Ortwin Rave und Wilhelm Worringer. Schardt schrieb in seinem amerikanischen Exil:

> Die Ausstellung [...] verfehlte [...] ihre eigentliche Wirkung. Zwar war die Mehrzahl der Besucher keineswegs mit den Werken einverstanden, da ja selbst die Anhänger der modernen Bewegung vieles nicht anerkennen konnten. Aber man war mit dieser Art der Diffamierung nicht einverstanden.[7]

Rave formulierte 1949:

> Die Menschen strömten nun Tag für Tag scharenweise in diese Ausstellung, und es hat keinen Sinn, einen Trost suchen zu wollen darin, daß einige wenige vielleicht gekommen waren, um Abschied zu nehmen von Kunstwerken, die sie liebten. Man darf nicht zweifeln, daß das propagandistische Ziel, der echten Kunst der Gegenwart den Todesstoß zu versetzen, damals in weitem Umfang erreicht worden ist.[8]

Und in Wilhelm Worringers Aufsatz »Problematik der Gegenwartskunst« von 1948 heißt es:

> Die anderen! Das große Publikum! Die Leute, die entsetzt die modernen Kunstausstellungen verlassen und die für jeden Bildersturm auf diese Bilder zu haben wären. Es sind zum größten Teil dieselben Leute, die in den vergangenen Jahren andächtig zum Haus der Deutschen Kunst pilgerten und die dort alle Bestätigung ihres Kunstgeschmacks fanden. Dieser Riesenerfolg, er war kein bloßes Ergebnis von Propagandarummel. Er war herzlich überzeugte Zustimmung zu Hitlers Kunstdiktatur. Denn diese Kunstdiktatur hatte den Nagel des Publikumsgeschmacks auf den Kopf getroffen. Jede heutige Volksabstimmung würde ihr wieder recht geben.[9]

5 Zitiert nach Hildegard Brenner 1963, S. 109f.

6 Das zweibändige Besucherbuch wird in den Bayerischen Staatsgemäldesammlungen München aufbewahrt. Auf weitere Kommentare in diesem Buch komme ich in der Schlußbetrachtung (vgl. Kapitel 9) zurück. Vgl. auch Breyer 1988.

7 Alois J. Schardt, Kurze Übersicht über die künstlerische Lage und Entwicklung zwischen 1900 und 1940, unveröffentlichtes und undatiertes Typoskript, S. 45 (The Getty Center for the History of Art and the Humanities, Archives of the History of Art, Alois J. Schardt Papers).

8 Rave 1987, S. 105.

9 Worringer 1956, S. 138f.

9. Schlußbetrachtung

1. Die Untersuchung hat gezeigt, daß dem Ausstellungswesen innerhalb der NS-Propaganda eine zentrale Rolle zukam. In einer in der Geschichte einzigartigen Weise machten die Nationalsozialisten die Ausstellung, insbesondere die auf ein breites Publikum abzielende Wanderausstellung, zu einem strukturell wichtigen Ideologieträger und Manipulationsinstrument.
2. Innerhalb dieser Strategie wurde die künstlerische Avantgarde »verwertet«, d. h. bereits vorhandene Aversionen gegen die Moderne wurden – gleichzeitig mit antisemitischen und antikommunistischen Ressentiments und Ängsten – systematisch geschürt und zur Konstruktion faschistischer Feindbilder benutzt.
3. Was die Aktion »Entartete Kunst« von der Zensur traditionellen Zuschnitts und von den religiös motivierten ikonoklastischen Ereignissen seit dem frühen Mittelalter unterschied, war zum einen die erläuterte machtstrategische Funktionalisierung der Kunst, zum anderen die bis zum Äußersten der physischen und psychischen Vernichtung von Mensch und Werk gehende Konsequenz (weswegen der Begriff »Bildersturm« die Realität verharmlost und den Kern nicht trifft).
4. Wenngleich der Kampf gegen die Moderne primär Mittel zu weiterreichenden Zwecken war, so ging es doch auch um die Eliminierung ihrer geistigen Dimensionen. Die Wirkung der avantgardistischen Kunst war nicht kalkulierbar, weil sie Individualität, Vielfalt und geistige Unabhängigkeit repräsentierte – eine Unabhängigkeit, die als geistige Energie ein kritisches Potential in sich barg, das die totalitären Machthaber als Bedrohung ansehen mußten: »Denn die Moderne hat ja nicht nur Formen der Kunst radikal und umstürzlerisch neu definiert, sondern auch einen neuen, freiheitlichen Weltentwurf vorgelegt, der das Individuum als Maßstab und Orientierung der Erfahrung der Wirklichkeit einsetzte«[1]. Individualismus aber war mit dem Fundament der nationalsozialistischen Herrschaft, der gleichgeschalteten Blockgemeinschaft, unvereinbar. In diesem Sinne ist es durchaus wörtlich zu nehmen, wenn Hitler bei der Eröffnung der »Großen Deutschen Kunstausstellung« sagte: »Der Nationalsozialismus hat es sich nun einmal zur Aufgabe gestellt, das Deutsche Reich und damit unser Volk und sein Leben von all jenen Einflüssen zu befreien, die für unser Dasein verderblich sind«[2]. Der geistigen Normierung diente ebenso die offiziell propagierte Kunst, die unter dem Deckmantel der »Volkstümlichkeit« das kontramoderne Menschenbild restituieren sollte.
5. Aus diesen Beobachtungen läßt sich das NS-Kunstverständnis (eine Kunsttheorie gab es nicht) ablesen: Eine Kunst im absoluten autonomen Sinne durfte es nicht geben, sie hatte nur den Zwecken des Staates, d. h. der Visualisierung und Indoktrination seiner Ideengehalte, zu dienen.
6. In doppeltem Sinne hatte die Moderne einer faschistischen Verfemung Angriffsfläche geboten: zum einen durch den Rekurs auf Schöpfungen von Kindern, Geisteskranken und »Primitiven« zur Inspiration und Erweiterung traditioneller Ausdrucksmöglichkeiten[3], zum anderen durch den dezidiert gesellschaftspolitischen Bezug bestimmter Stilrichtungen, die in der revolutionären Umgestaltung der Kunst die Vor- und Wegbereitung sozialer Umwälzungen sahen.
7. Die Folgen der NS-Aktion »Entartete Kunst« reichen bis in die Gegenwart. Sie sind geistesgeschichtlicher, ökonomischer und politisch-gesellschaftlicher Natur:

• Die Verfolgung von Künstlern und Intellektuellen führte zu einem Exodus, der die geistige und künstlerische Entwicklung im Nachkriegsdeutschland wie auch in den Exilländern nachdrücklich prägte.

1 Merkert 1987, S. 10.
2 Zitiert nach Schuster 1987, S. 252.
3 Vgl. Grasskamp (1989, S. 78-82), der diesen Aspekt unter dem Stichwort »liaisons dangereuses« bzw. »riskante Quellen« behandelt.

• In die musealen Sammlungsbestände wurden Lücken gerissen, welche auch langfristig nicht zu schließen sein werden.
• Durch die Verkaufsaktionen kam bislang nicht gekannte Bewegung in den internationalen Kunstmarkt: Die Avantgarde aus Deutschland erfuhr internationale Verbreitung, ihr Bekanntheitsgrad stieg – ein Effekt, der durch die »Gegenausstellungen« im Ausland noch verstärkt wurde.
• Die NS-Kunstpolitik bewirkte eine »Einzementierung einer ästhetischen Vorstellung in die Gehirne jener Generationen, die die Zeit erlebten und, ob zustimmend oder nicht, Opfer der bildnerischen Auslesemanipulation waren«[4].
• Die einseitige Stilisierung der Avantgarde-Künstler zu Märtyrern unter dem Nationalsozialismus beeinflußte maßgeblich die Entstehung des Mythos der Moderne. Unser heutiges Konzept der Moderne wurde durch ihre vormalige Verfemung ebenso konstituiert wie durch ihre Rehabilitierung und Nobilitierung nach 1945. Indem die Nationalsozialisten ihre Femekampagnen auf die autonome Kunst beschränkten (beispielsweise blieb das Design ausgeschlossen), prägten sie ebenfalls unsere Vorstellung von den historischen Avantgardebewegungen.[5] Ein Besucher der Ausstellung »Die ›Kunststadt‹ München 1937« im Jahre 1987 schrieb in das Besucherbuch: »Nur weil es damals als entartet galt, ist es deswegen noch lange nicht alles gut«[6].
• »Nur weil Bilder zu Hitlers Zeiten als gut empfunden wurden, sind sie heute nicht unbedingt alle schlecht« – entgegnete ein anderer Besucher. Tatsächlich steht einer sachlich-kritischen Auseinandersetzung mit der offiziellen NS-Kunst nicht zuletzt die Empörung über die Femeaktionen im Wege.
8. So wenig die von den Nationalsozialisten gegen die Moderne ins Feld geführten Stereotypen von ihnen erfunden wurden, so wenig hörte ihr Gebrauch nach 1945 auf:
• Ehemalige Funktionäre der NS-Kunstpolitik wie Walter Hansen, Robert Scholz und Hans Severus Ziegler fanden bis in die siebziger Jahre und darüber hinaus Verlage, die ihre Schriften verbreiteten.[7]
• Unmittelbar hinterließ die NS-Kunstpolitik Spuren in den kunstkritischen Diskussionen der zweiten Hälfte der vierziger und der fünfziger Jahre. Dies belegen Bücher wie »Verlust der Mitte« (1948) von Hans Sedlmayr und »Was bedeutet die moderne Kunst?« (1949) von Wilhelm Hausenstein ebenso wie das berühmt gewordene »Darmstädter Gespräch« (15. bis 17. Juli 1950) zum Thema »Das Menschenbild in unserer Zeit«, bei welchem sich Hans Sedlmayr und Willi Baumeister engagierte Rededuelle lieferten, und die Diskussion um die informelle Kunst in den fünfziger Jahren, etwa im Zusammenhang mit der documenta II (1959).[8]
• Autoren wie Ephraim Kishon und Richard Wenzel Eichler vertreten bis in unsere Tage teilweise ungeniert Anschauungen, die in Inhalt und Diktion denen der Faschisten ähneln. Kishon pflegt die gesamte moderne Kunst als »Scharlatanerie« abzutun. Eine Kostprobe soll genügen: »Die Schuld an dem gigantischen Bluff der Kunst-Mafia, am weltweiten Terror des modernen Establishments der Kunst-Schickeria lastet eindeutig auf den leider zu schmalen Schultern des breiten Publikums«[9]. Eichlers demagogische Elaborate (Abb. 146-147) erschienen seit 1960 zunächst im Münchner J. F. Lehmanns-Verlag – welcher vor 1945 die Schriften Hans F. K. Günthers, Paul Schultze-Naumburgs und Wolfgang Willrichs verlegt hatte und in dem Eichler von 1950 bis 1973 als Lektor und Werbeleiter tätig war – und nach dessen Liquidation 1977 bis in die achtziger Jahre im ebenfalls einschlägig bekannten Tübinger Grabert-Verlag.[10] In diesem veröffentlichte der britische Kaufmann Mortimer G. Davidson

4 Manfred Wagner 1993, S. 272.
5 Vgl. Grasskamp 1989, S. 111.
6 Bayerische Staatsgemäldesammlungen München. Vgl. Breyer 1988.
7 Vgl. Hansen 1979, Scholz 1970 und 1977 und Ziegler 1964.
8 Vgl. Sedlmayr 1983 (vgl. hierzu Wyss 1989, S. 283-296) und Hausenstein 1949. Zum »Darmstädter Gespräch« vgl. Evers 1950. Vgl. ferner Held 1981, Roh 1962b und 1993.
9 Zitiert nach Staeck 1988, S. 148. Vgl. auch die Zitate bei Bushart 1990, S. 54f., Anm. 7 und Kishon 1987. Zu nennen ist in diesem Zusammenhang auch Melichar 1954. Zur Verwendung des Terminus »Entartung« durch Franz Josef Strauß 1983 vgl. Staeck 1988, S. 135; allgemein zu sprachlichen Entgleisungen deutscher Politiker nach 1945 vgl. Nerdinger 1993b, besonders S. 9 mit Anm. 5.

zwischen 1988 und 1992 eine dreibändige »wissenschaftliche Enzyklopädie der Kunst im Dritten Reich«[11], die, mit dem offensichtlichen Ziel der Rehabilitierung der NS-Künstler und ihrer Zeit, in skandalös-perfider Weise offizielle NS-Kunst à la Breker, Thorak und Adolf Ziegler undifferenziert neben verfemte Kunst stellt.

• Gedenkausstellungen wie »Die ›Kunststadt‹ München 1937« im Jahre 1987 führen mitunter zu expliziten Beifallsbekundungen zur NS-Kunstpolitik, wie einige Eintragungen im Besucherbuch vor Augen führen:

»Es tut mir leid: Einige Darstellungen halte ich für entartet!«

»Entartet ist genau das richtige Wort für dieses Produkt kranker Gehirne, die unsere Kultur verseuchen wollen.«

»Auch heute bleibt die Frage, ob es entartete Kunst nicht tatsächlich gibt. Liegen Environments von Beuys oder Gemälde von Schimpansen noch im Bereich der Kunst?«[12]

• Gegenwartskunst, zumal solche im öffentlichen Raum, erzeugt allenthalben Kontroversen, in denen das Arsenal altbekannter Topoi und Vokabeln – »Psychopathenkunst«, »blutloser Intellektualismus«, »Pornographie«, »Verschleuderung von Steuergeldern« – zu neuer Geltung kommt. Derartige Attacken kommen von unterschiedlichster Seite, sie lassen sich weder gesellschaftlich in einem bestimmten Milieu noch politisch in einem fest umrissenen Lager lokalisieren. Auch in Intellektuellen- und Künstlerkreisen übt man sich gern in Intoleranz und Polemik, wird die zeitgenössische Kunst totgesagt.[13] Einige Beispiele seien genannt:

1967 führt die Enthüllung von Alfred Hrdlickas Denkmal für Karl Renner am Ring in Wien zu Protesten u. a. von einer »Liga gegen entartete Kunst«.[14]

Vor der Eröffnung der documenta VII schreiben die Deutschen Monatshefte im Juni 1982: »Am 19. Juni wird uns in Kassel eine weitere Show zugemutet, die ›documenta VII‹. Dieser künstlerische Skandal muß weitgehend aus Steuergeldern bezahlt werden [...]. Angekündigt haben sich schon der Pornoartist Baselitz und der Psychopath Beuys. [...] Was in Kassel dokumentiert wird, ist nicht Kunst, sondern Dekadenz, wie sie Max Nordau schon vor 90 Jahren vorausgesagt hat. Er schrieb 40 Jahre vor Hitler über die entartete Kunst. Als Arzt, Psychiater und Kunsthistoriker hat er jene Entartungserscheinungen analysiert, die die Krankheit der europäischen Kultur kennzeichnen. Manche seiner Feststellungen wirken wie ein Psychogramm der Baselitz, Beuys und Genossen«[15].

Im Zusammenhang mit dem »Heidelberger Fensterstreit« um die Entwürfe von Johannes Schreiter für die Heiliggeistkirche stellt Andreas Mertin fest: »Was erschreckt, ist der gedanken- bzw. bedenkenlose Umgang mit Vokabeln, die dem ›Wörterbuch des Unmenschen‹ entstammen«[16]. Ähnliches gilt für die Kontroversen um Richard Serras monumentale Stahlskulpturen, etwa nach Aufstellung seiner Skulptur »Axis« 1989 in Bielefeld.[17]

Doch wie schrieb Oskar Schlemmer in einem Brief vom 15. November 1935:

> Denn es gibt ja faktisch für unsereinen (ich bin da wahrhaftig nicht der einzige) gar keine andere Möglichkeit, als das zu tun, wozu uns ein unbekannter Gott oder Dämon immer wieder von neuem zwingt. Nein, dieser Glaube ist noch nicht kaputt und wird, gerade infolge der Verfemung, eher wachsen und sich verfestigen, als sich zerstören lassen.[18]

10 Vgl. Eichler 1984 und die Rezension von Hiepe 1986. Zu Eichler vgl. Blühm 1993, S. 518 und Roh 1962b, S. 99-101. Zum Grabert-Verlag vgl. Maegerle 1993. Vgl. auch Kap. 4.1 mit Anm. 23-26.

11 Vgl. Davidson 1988, 1990 und 1992 und die Rezension von Antoni 1989. Davidson muß über gute Quellen verfügt haben, wie die akribisch erarbeiteten Biographien der NS-Künstler zeigen, die in ihrer Bewertung stark tendenziös sind, aber dennoch zahlreiche unbekannte Details und Fakten enthalten. Zu den sonstigen publizistischen Aktivitäten Davidsons in der rechtsextremen Presse vgl. Blühm 1993, S. 518.

12 Vgl. auch die Auszüge aus dem Besucherbuch der Ausstellung »Inszenierung der Macht«, in: NGBK 1988, S. 89-93. Vgl. ferner die Leserbriefe zur Ausstellung »Degenerate Art« in Los Angeles 1991 in der Los Angeles Times vom 17. Februar 1991 (»I have to agree with much of what Hitler said about art«) und 3. März 1991.

13 Vgl. etwa Kunert 1988 und die Entgegnung von Schmied 1988 sowie Jost Nolte 1989 und die Erwiderung von Gottfried Sello 1989.

14 Vgl. Lewin 1987, S. 144-147, Nr. 74f.

15 Zitiert nach Hepp 1987, S. 111, Anm. 8.

16 Mertin 1988, S. 107.

17 Vgl. Kunsthalle Bielefeld 1989. – Vgl. zu diesem Thema auch Im Namen des Volkes 1979.

18 Oskar Schlemmer in einem Brief an Julius Schottländer vom 15. November 1935, zitiert nach Hüneke 1990c, S. 297.

SACHBEWEIS

zur Frage: Was gilt im Sprachgebrauch der engagierten Presse der Bundesrepublik als ›moderne‹ Plastik? ›Modern‹ wird genannt

Gegenstandslosigkeit
15 Norbert Kricke
1957 · Stahldraht

Deformierung, Kubismus
16 Fritz Wotruba
Torso · 1955 · Bronze

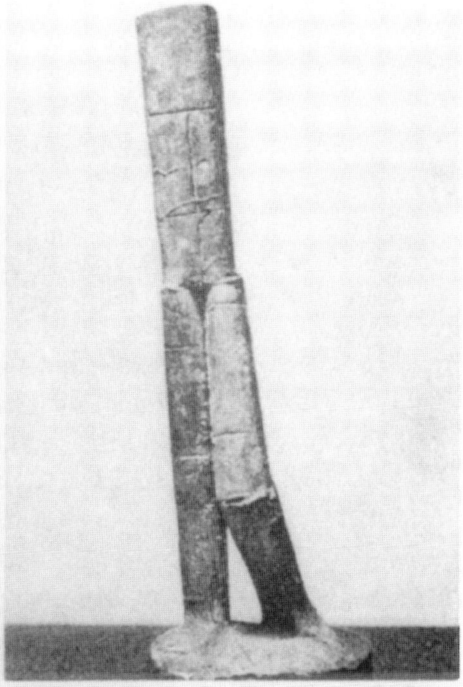

Primitives und Infantiles
17 Heinrich Kirchner
Abraham
etwa 1957 · Bronze

Häßliches und Ordinäres
18 Pablo Picasso
Frauenkopf · 1932 · Bronze

35

146 Richard W. Eichler, Der gesteuerte Kunstverfall, Ein Prozeß mit 129 Bildbeweisen, München: J.F. Lehmanns 1965, S. 35 (Staats- und Universitätsbibliothek Hamburg)

SACHBEWEIS

zur Herkunft der gegenstandslosen Bildnerei aus dem intellektuellen Nihilismus der russischen Revolutionsatmosphäre

19 Alexander Archipenko
Kopf
1913 · Bronze

20 Wassily Kandinsky
Komposition
1922 · Zeichnung

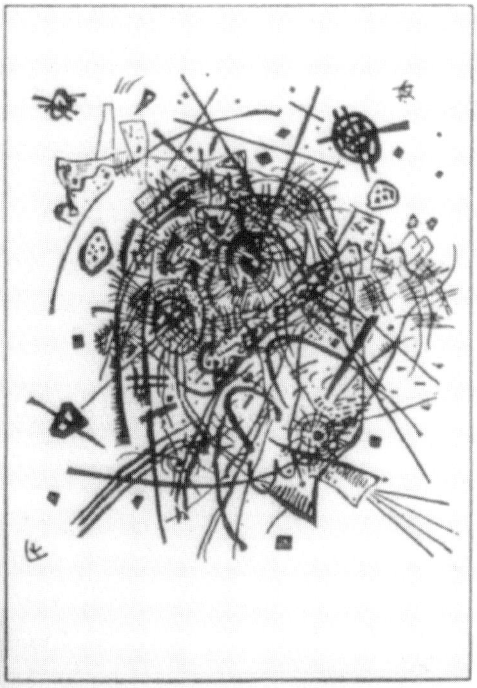

»Jede Reform, wie notwendig sie auch sein mag, wird von schwachen Geistern so übertrieben werden, daß sie selbst der Reform bedarf.« Samuel Taylor Coleridge. – *»Am Rande jeder Reformbewegung stehen Narren.«* Theodore Roosevelt

21 Kasimir Malewitsch
Schwarzes Quadrat · 1913

22 El Lissitzky
Komposition aus der
Geschichte zweier
Vierecke · 1920

147 Richard W. Eichler, Der gesteuerte Kunstverfall (wie Abb. 146), S. 41 (Staats- und Universitätsbibliothek Hamburg)

10. Anhang

10.1 Rekonstruktion der Ausstellungen

In diesem Kapitel sind Fakten zu den Vorläuferausstellungen und den Etappen der Münchner Wanderausstellung »Entartete Kunst« zusammengetragen. Der Reihenfolge im Buch entsprechend, werden die Ausstellungen chronologisch behandelt. Im einzelnen werden Exponate, Quellen, Filmdokumente, Photographien, Plakate, Rezensionen, Augen- bzw. Zeitzeugenberichte und Literatur aufgeführt. Anspruch auf Vollständigkeit kann nicht erhoben werden. Quellen, Rezensionen, Angaben zu Augenzeugenberichten und Sekundärliteratur sind ebenfalls chronologisch geordnet, wobei das 1949 erschienene Buch von Paul Ortwin Rave am Anfang steht, wenngleich die Neuausgabe von 1987 benutzt wurde.

3. *Schreckenskammern* und *Schandausstellungen*: Die Vorläufer der Ausstellung *Entartete Kunst*

3.1 *Kulturbolschewistische Bilder*

Mannheim, Städtische Kunsthalle, 4. April bis 5. Juni 1933

Exponate: 64 Gemälde, zwei Plastiken und 20 Graphiken von 55 Künstlern wurden einem »Musterkabinett« mit Gemälden Mannheimer Künstler – darunter Xaver Fuhr, Philipp Klein, Wilhelm Oertel, Wilfried Otto, Theodor Schindler und Karl Stohner – gegenübergestellt.
Quellen: Korrespondenzen und eine Originalliste der Exponate (Dok. 1)[1] verwahrt das Archiv der Städtischen Kunsthalle Mannheim.
Otto Gebele von Waldstein, Bericht über Angelegenheit Kunsthalle und Dr. Kattermann, 9. November 1934 (Durchschrift im ABK, NL Rolf Ludwig Fahrenkrog, 1 B 34).
Photographien: Vier Raumaufnahmen befinden sich im Archiv der Städtischen Kunsthalle Mannheim (Abb. 6-9).
Rezensionen: Die PrASlgen im StA Mannheim (S 2/667-3) und im Archiv der Städtischen Kunsthalle Mannheim enthalten u. a. folgende Rezensionen:
Neue Mannheimer Zeitung: 1., 5., 8. April 1933; 13. April und 9. Mai 1933 (beide reproduziert bei Buderer 1990, S. 22).
Hakenkreuzbanner: 3., 6. und 14. (Paul Blume) April 1933; 10. und 24. (Apis) Mai 1933 (beide reproduziert bei Buderer 1990, S. 23); 12. Juni 1933 (Apis).
Neues Mannheimer Volksblatt: 5. April (-th) und 27. Mai (-th) 1933.
Der Mittag: 11. April 1933 (F. H.).
Berliner Börsen-Zeitung: 12. April 1933.
Mannheimer Tageblatt: 16. und 19. (Dr. Willy Oeser) April 1933.
Braunschweigische Landeszeitung: 28. April 1933 (Hzg.).
Allgemeen Handelsblad: 20. Juni 1933.
Vgl. ferner National-Zeitung [Basel]: 9. Juni 1933 (Georg Schmidt).
Das Neue Tage-Buch: 28. Oktober 1933 (Paul Westheim).
Literatur: Rave 1987, S. 45f.; Walter 1950, S. 187; Passarge 1957, o. S.; Hildegard Brenner 1963, S. 38; Fath 1987; Hille 1987, S. 165-167; von Lüttichau 1987, S. 94; Buderer 1990; Zuschlag 1992a, S. 83-86 und S. 99; Karl-Ludwig Hofmann/Präger 1994, S. 63f.; Hille 1994, S. 274-309; Zuschlag 1995.

3.1.1 *Mannheimer Galerieankäufe*

München, Kunstverein, 25. Juni bis 12. Juli 1933

Exponate: 28 Gemälde und vier Aquarelle von 25 Künstlern. Als Kontrast wurde parallel eine Ausstellung zum 60. Geburtstag von Edmund Steppes gezeigt.
Quellen: Korrespondenz und Originalliste der Leihgaben aus Mannheim (Dok. 2) im Archiv der Städtischen Kunsthalle Mannheim.
Rezensionen: Einige der im folgenden aufgeführten Rezensionen befinden sich in der PrASlg im Archiv der Städtischen Kunsthalle Mannheim:
Bayrischer Kurier: 21. Juni 1933.
VB: 27. und 29. (Franz Hofmann) Juni 1933; 9. Juli 1933.
MNN: 28. Juni 1933.
München-Augsburger Abendzeitung: 29. Juni und 7. Juli 1933.
Münchner Telegramm-Zeitung: 29. Juni 1933.
Münchener Zeitung: 4. und 6. Juli 1933.
Das Werk: 20, 1933, Nr. 8, S. 38f.

1 Die Ausstellungsliste, die lediglich die Namen von Künstler und Werk verzeichnet, ist wiedergegeben bei Rößling 1987a, S. 240f. Vgl. die Liste bei Hille 1994, S. 323-325, die genaue Provenienzangaben (inklusive heutigem Standort) enthält.

Literatur: Buderer 1990, S. 25; Zuschlag 1992a, S. 83-86 und S. 99.

3.1.2 *Mannheimer Schreckenskammer*

Erlangen, Orangerie (Kunstverein), 23. Juli bis 13. August 1933

Exponate: Die Leihgaben aus Mannheim waren höchstwahrscheinlich identisch mit denen in München. Ihnen wurden bildnerische Äußerungen von psychisch Kranken und von Kindern gegenübergestellt.
Rezensionen: Mit E. Lt. gezeichneter Presseartikel ohne Quellenangabe in der PrASlg im Archiv der Städtischen Kunsthalle Mannheim.
Erlanger Tagblatt: 22. und 28. (F. R.) Juli 1933.
Erlanger Neueste Nachrichten: 22. und 26. Juli 1933.
Literatur: Eberlein 1978, S. 40; Heinz Fuchs 1983, S. 23-25; Buderer 1990, S. 25; Zuschlag 1992a, S. 83-86 und S. 99; Brömmer 1993, S. 151f.

3.2 *Regierungskunst 1918-1933*

Karlsruhe, Badische Kunsthalle, 8. April bis 30. April 1933

Exponate: 18 Ölgemälde sowie 79 Zeichnungen, Aquarelle und Druckgraphiken. Ein »Erotisches Kabinett« enthielt Zeichnungen von Schülern der Landeskunstschule.
Gemälde (Reihenfolge nach Kircher 1936):

Hans von Marées	Familienbild II
Lovis Corinth	Walchenseelandschaft
	Bildnis Charlotte Berend-Corinth
Max Slevogt	Geschlachtetes Schwein
	Früchtestilleben
Max Liebermann	Gemüsemarkt in Amsterdam
	Erntefeld
	Korbflechter
Hans Purrmann	Blumenstück
Karl Hofer	Stilleben (Gerümpel)
	Häuser in Bernau[2]
Edvard Munch	Landstraße
Alexander Kanoldt	Stilleben mit Gummibaum
Rudolf Schlichter	Bildnis Bert Brecht
Adolf Erbslöh	Garten
Emil Bizer	Rehberg I.
	Rebgärtle
Xaver Fuhr	Waldkapelle (Kapelle am Wasser)

Arbeiten auf Papier:
Max Beckmann, Emil Bizer, Heinrich Campendonk, Lovis Corinth, Otto Dix (»Die Dirne«)[3], Lyonel Feininger, Hans Fischer, Rudolf Grossmann, George Grosz, Erich Heckel, Karl Hofer, Karl Hubbuch, Ernst Ludwig Kirchner, Moissey Kogan, Ludwig Meidner, Emil Nolde, Edwin Scharff, Theodor Schindler, Georg Scholz, Rudolf Schlichter, Karl Schmidt-Rottluff und Karl Stohner.
Quellen: Kircher 1936 (abgedruckt bei Karl-Ludwig Hofmann 1993, S. 194).
Rezensionen: Der Führer: 8. (Fritz Wilkendorf), 11. (Gerda Kircher), 12. und 23. (August Gebhard) April 1933.
Karlsruher Tagblatt: 8. April 1933.
Karlsruher Zeitung: 10. April 1933.
Schwäbischer Merkur: 11. April 1933.
Der Mittag: 11. April 1933 (F. H.).
Berliner Börsen-Zeitung: 12. April 1933.
Braunschweigische Landeszeitung: 28. April 1933 (Hzg.).
DK: 7, 1933, April/Mai (abgedruckt in: Feistel-Rohmeder 1938, S. 185).
Augenzeugenberichte: Vgl. Koch 1981, S. 123, Anm. 54.
Mündliche Mitteilungen von Willy Messmer, Karlsruhe, am 5. Mai 1989.
Literatur: Grundlegend: Koch 1981. Ferner: Rave 1987, S. 44f.; Lauts o. J., S. 35-37; Hildegard Brenner 1963, S. 37f.; Angermeyer-Deubner 1987, S. 142-149 und 1993, S. 60; Hille 1987, S. 163f.; Koch 1987, S. 56f. und 1988, S. 239; von Lüttichau 1987, S. 94; Tratz 1987; Jacobi 1988, S. 11-13; Zuschlag 1992a, S. 83-86 und S. 99 sowie 1993, S. 191f.

3.3 *Schreckenskammer*

Nürnberg, Städtische Galerie, 17. April bis 16. Mai 1933

Exponate:
Gemälde:

Charlotte Berend-Corinth	Der Boxer
Otto Dix	Bildnis der Tänzerin Anita Berber
Josef Scharl	Professor Albert Einstein
Max Slevogt	Der Hörselberg

Des weiteren Werke von 19 Künstlern, nämlich: Willi Geiger, Werner Heuser, Hans Purrmann, Julius Pascin, Josef Dobrowsky, Rudolf Grossmann, Rudolf W. Heinisch, Heinz Kamps, Waldemar Rösler, Peter August Böckstiegel, Conrad Felixmüller, Ernst Fritsch, Wilhelm Heckrott, Karl Schmidt-Rottluff, Richard Theodor Birnstengel, Max Neumann, Carl Moritz Schreiner, Fritz Winkler, Paul Holz (Reihenfolge nach dem unten erwähnten Brief).
Quellen: Schreiben des kommissarischen Museumsleiters Emil Stahl an Alfred Hentzen vom 22. April 1933 (Archiv der Alten Nationalgalerie Berlin).
»Stadtchronik 1933-1935« im StA Nürnberg (Rep. G 1 - Nr. 46, S. 114).
Verwaltungsbericht der Stadt Nürnberg für 1933/34, S. 71.
Rezensionen: 8 Uhr-Blatt: 8. (hfs), 13. und 18. April 1933.
Bayerische Volkszeitung: 13. und 18. April 1933.
Nürnberger Zeitung: 13., 18. und 19. (Karl A. Stauder) April 1933.

2 Koch (1981, S. 105) gibt außerdem Hofers Gemälde »Selbstbildnis mit Dämon« an, das allerdings im Tätigkeitsbericht von Kircher 1936 nicht registriert ist.

3 Vgl. Der Führer, 8. April 1933. Ein Blatt dieses Namens taucht im Verzeichnis der 1937 beschlagnahmten Werke nicht auf, es ist aber vielleicht identisch mit dem dort erwähnten »Mädchenkopf« (vgl. Roh 1962a, S. 204).

MNN: 20. April 1933 (Dr. K. L.).
Literatur: Rave 1987, S. 52; Fritzsch 1983, S. 27; von Lüttichau 1987, S. 94; Kett 1992, S. 77-79; Zuschlag 1992a, S. 83-86 und S. 100.

3.4 *Kunst, die nicht aus unserer Seele kam*

Chemnitz, Städtisches Museum, 14. Mai bis Juni 1933

Exponate: Die Schau umfaßte 15 Gemälde, drei Kleinplastiken und etwa 120 Aquarelle, Handzeichnungen und Druckgraphiken. Die Ölgemälde sind namentlich bekannt:
Gemälde:

Wolf Arnold	Kinder vor dem Fenster
Erich Heckel	Badende (Triptychon)
Ernst Ludwig Kirchner	Wohnzimmer
	Selbstbildnis (Doppelbildnis)
	Weiße Kuh
Oskar Kokoschka	Selbstbildnis mit gekreuzten Armen
Emil Nolde	Christus in Bethanien
	Araberkopf
Max Pechstein	Frauen am Meer [Leihgabe]
Wilhelm Rudolph	Kuh und Kälbchen
Karl Schmidt-Rottluff	Landschaft im Herbst
	Der kranke Junge
	Bildnis Lyonel Feininger
	Männer bei Kerze
Lasar Segall	Im Atelier

Plastiken/Skulpturen:
Eine der drei Kleinplastiken war vielleicht Ernst Barlachs 1920/21 geschaffene, 1929 von Schreiber-Weigand erworbene und 1934 von Wilhem Rüdiger abgestoßene »Stehende Bäuerin (Steppenweib)«.[4]
Arbeiten auf Papier:
Unter den Aquarellen befanden sich solche von Lyonel Feininger (»Turm in Treptow«) und Wassily Kandinsky (»Scala«).
Druckgraphiken waren ausgestellt von Max Beckmann, Erich Heckel, Ernst Ludwig Kirchner, Karl Schmidt-Rottluff (rund 20 Blätter), George Grosz, Otto Dix (aus der ersten Mappe der Folge »Krieg«), Ewald Mataré und Walter Gramatté. Ein Viertel der graphischen Exponate war den 1922 subskribierten und im Sammlungsbestand daher komplett vorhandenen Mappen »Bauhaus-Drucke/Neue Europäische Graphik« entnommen, z. B. Klees Lithographie »Die Heilige vom inneren Licht« und Schlemmers Graphik »Kopf im Profil mit schwarzer Kontur«. Weitere Blätter stammten von Lothar Schreyer und aus den Graphiksammelmappen »Die Schaffenden«, die von dem Kunstkritiker Paul Westheim zwischen 1918/19 und 1921/22 im Gustav Kiepenheuer Verlag Weimar/Potsdam und von 1923/24 bis 1931/33 im Euphorion-Verlag Berlin herausgegeben worden waren.[5]
Rezensionen: Chemnitzer Tageblatt: 13., 14., 18. (tz; Abb. 10) und 21. (Dr. Wilhelm Rüdiger) Mai 1933.
Chemnitzer Tageszeitung: 23. Mai 1933 (Dr. Wilhelm Rüdiger).
Literatur: Grundlegend: Brix 1988a. Ferner: Rave 1987, S. 52; Hildegard Brenner 1963, S. 38; von Lüttichau 1987, S. 94; Juppe/Pfalzer 1992, S. 69; Zuschlag 1992a, S. 83-86 und S. 100.

3.5 *Novembergeist – Kunst im Dienste der Zersetzung*

Stuttgart, Kronprinzenpalais (Staatsgalerie), circa 10. Juni bis circa 24. Juni 1933

Exponate:
Gemälde:
Als einziges Ölbild war Paul Kleinschmidts »Duett im Nord-Café« aus dem Jahr 1925 ausgestellt.
Druckgraphik:
Otto Dix: Radierfolge »Der Krieg«, drei Lithographien.
Max Beckmann: sechs Radierungen, zwei Plakate.
Conrad Felixmüller: zwei Radierungen.
George Grosz: die neun Lithographien umfassende Mappe »Im Schatten«[6] sowie acht weitere Lithographien.
Sonstiges:
Broschüre »An alle Künstler« (1919).
Band »Abrechnung folgt!« von George Grosz (1923).
Exemplare der Zeitschriften Der Sturm und Die Aktion.
Bände aus der Reihe »Junge Kunst« über Otto Dix, George Grosz und Ludwig Meidner.[7]

4 Hier liegen widersprüchliche Angaben vor. Elmar Jansen (1981, Bd. 1, S. 76) schreibt: »Barlachs ›Bäuerin‹ war ein Mittelpunkt dieser Veranstaltung«. So auch Annegret Janda (1985, S. 58). Demgegenüber heißt es bei Karl Brix (1988b, S. 556), es seien »keine Arbeiten von Ernst Barlach« ausgestellt gewesen. In den – allerdings ohnedies wenig konkreten – Presseberichten wird Barlach mit keinem Wort erwähnt.

5 Vgl. Brix 1988a, S. 66. Zum Mappenwerk »Die Schaffenden« vgl. Jahn/Berger 1984 und Schweiger 1994, S. 96, zur gleichnamigen progressiven Künstlergruppe in Dresden Söder 1989, S. 17 mit Anm. 15 und 16.

6 Vgl. von Maur 1987, S. D 67, Nr. 281.

7 Wenn im Württembergischen Staatsanzeiger vom 22. Juni 1933 die Rede von »Reproduktionen von Gemälden« ist, so bezieht sich das wahrscheinlich auf die aufgeschlagenen bzw. herausgetrennten Seiten dieser Hefte. Diese Annahme wird bestätigt durch einen Brief von Heinz Braune an Eduard Schoneweg vom 19. Juni 1933 im StA Bielefeld. Darin heißt es: »Sodann haben wir eine Anzahl von Reproduktionen nach Gemälden insbesondere von Dix ausgestellt, die wir den Bändchen aus der Serie ›Neue Kunst‹ über Dix entnahmen«. – Noch bei einer anderen Gelegenheit, als Mitglied der Beschlagnahmekommission 1937 (vgl. hierzu Kapitel 10.2 und 10.3), griff Baudissin auf die Serie »Junge Kunst« zurück. In dem Bericht Raves über den Besuch der Kommission in der Berliner Nationalgalerie am 7. Juli 1937 heißt es: »Bei Beckmann wurde lebhaft nach einem Gemälde ›Die Barke‹ gefragt, Graf Baudissin suchte unter den mitgebrachten Bändchen ›Junge Kunst‹ den über Beckmann und in demselben oben erwähntes Bild ohne Erfolg« (Rave 1987, S. 143).

Zeitungsausschnitte.
Photographien.
Quellen: Eine Korrespondenz zwischen der Staatsgalerie Stuttgart und dem Städtischen Museum Bielefeld im Zusammenhang mit dem Verleih der Schau (mit Originalliste der Leihgaben, Dok. 3) befindet sich in den Akten des ehemaligen Städtischen Kunsthauses Bielefeld, die im StA Bielefeld verwahrt werden (einige der Dokumente sind in teilweise gekürzter Fassung publiziert in: Jörn 1981, S. 6f.).
Ein unveröffentlichtes, 1949 [?] von Baudissin verfaßtes Typoskript mit dem Titel »Die Vorgänge in Stuttgart 1933« befindet sich in Kölner Privatbesitz.
Ein unveröffentlichtes, vom August 1945 datierendes Typoskript von Heinrich Theodor Musper mit dem Titel »Beilage zu dem Fragebogen Musper, Heinrich Theodor« befindet sich in Stuttgarter Privatbesitz.
Rezensionen: NS-Kurier: 13. und 15. Juni 1933.
Schwäbischer Merkur: 14. Juni 1933.
Württembergischer Staatsanzeiger: 22. Juni 1933.
Augenzeugenberichte: Für die Mitteilung seiner Erinnerungen danke ich Max Schefold, der 1930 an die Staatsgalerie gekommen war und nach dem Weggang Baudissins Konservator wurde.
Literatur: Rave 1987, S. 44; Hildegard Brenner 1963, S. 38; Weitz 1984, S. 150-153; Hille 1987, S. 165; von Lüttichau 1987, S. 94; von Maur 1987, S. D 3; Zuschlag 1992a, S. 83-86 und S. 100.

3.5.1 Bielefeld, Städtisches Museum, 20. August bis circa 18. September 1933

Exponate: Vgl. Dok. 3. Die Ausstellung wurde u. U. durch weitere Leihgaben ergänzt, über die nichts bekannt ist.
Quellen: Korrespondenz mit Originalliste der Stuttgarter Leihgaben im StA Bielefeld (ohne Signatur).
Rezensionen: Westfälische Neueste Nachrichten: 18. und 22. August 1933.
Westfälische Zeitung: 18. und 22. August 1933.
Literatur: Jörn 1981, S. 5-7; Weitz 1984, S. 150f. mit Anm 3-6; Zuschlag 1992a, S. 83-86 und S. 100.

3.6 Dessau, Anhaltische Tageszeitung, Juli 1933

Exponate: Nicht bekannt. Da als sicher gelten darf, daß die Ausstellung aus den von der Stadt Dessau zwischen 1928 und 1931/32 angekauften und der Staatlichen Gemäldegalerie als Dauerleihgaben überlassenen Kunstwerken, insbesondere der Bauhaus-Künstler, zusammengestellt wurde, seien hier die Ankäufe aufgelistet. Die Aufzählung basiert auf zwei Quellen, die mir dankenswerterweise vom StA Dessau und der Staatlichen Galerie Dessau zur Verfügung gestellt wurden:
1. Einer von Oberstadtdirektor i. R. Wolff im Auftrag des gegen den ehemaligen sozialdemokratischen Oberbürgermeisters Fritz Hesse ermittelnden Ausschusses angefertigten Liste, die auch die Fonds aufführt, aus denen die Erwerbungen finanziert wurden (im städtischen Etat waren für die Jahre 1928 bis 1931 jährlich RM 8.000 für den Ankauf moderner Kunst vorgesehen; ferner »Mittel zur Ergänzung der städt. Sammlung« und »Mittel der Nathan-Meyer-Stiftung«);
2. Museumsinventar.

Bauhauskünstler:	
Lyonel Feininger	Seestück[8]
	Die gelbe Dorfkirche
	Die Reglerkirche in Erfurt
	Marinebild
Wassily Kandinsky	Drei Klänge
Paul Klee	Märchen
	Die Paukenorgel
Waldemar Rösler [?]	Der Keil
Oskar Schlemmer	Frauen am Tisch
Alexander Schawinsky	Marine (Aquarell)
Fritz Winter	Das blonde Mädchen
	Das rote Pferd
Bauhaus-Drucke/Neue europäische Graphik:	
	Mappen I/III/IV/V (insgesamt 62 Blätter)
Andere Künstler:	
Alexej von Jawlensky	Renaissancekopf
Emil Nolde	Duo
	Junge Menschen (Aquarell)
Max Baumann	[?]
Bund bildender Künstler	[?]
Leo Hohlfeld	Landschaft bei Vockerode
Lutz [?]	Bildnis einer jungen Dame aus dem Hause Olivier
Paul Riess	Winterlandschaft u. a.

Rezensionen: In einem Zeitungsausschnitt aus einer überregionalen Tageszeitung ohne Datum im StA Dessau wird die Ausstellung angekündigt. Besprechungen sind mir nicht bekannt.
Literatur: Hildegard Brenner 1963, S. 38; Hahn 1985, S. 151; von Lüttichau 1987, S. 94; Zuschlag 1992a, S. 83-86 und S. 100.

3.7 *Zehn Jahre Ulmer Kunstpolitik* Ulm, Städtisches Museum, 4. August bis circa 8. September 1933

Exponate: Mit Sicherheit waren folgende 22 Bilder, zwei Plastiken und vier Graphiken zu sehen:

Gemälde:	
Lucien Adrion	Place Vendôme (La Colonne)
Eduard Boss	Schlittschuhlauf bei Bern
Hans Brühlmann	Toggenburger Landschaft

8 Das 1928 erworbene Ölgemälde »Seestück« von Feininger wurde 1929 beim Kauf des Bildes »Die gelbe Dorfkirche« zurückgegeben, die Summe mit dem Ankaufspreis des neuen Bildes verrechnet.

Eugène Delacroix	Ölskizze zu »Dante und Vergil«
Gustav Essig	Bildnis Emil Schwammberger
Anton Faistauer	Gardone di Sopra mit Gardasee
George Grosz	Häuser mit Bar Terminus in Marseille - Marseille
Karl Hofer	Die Trunkene - Die Bacchantin
	Die Kartenspieler
Karl Hügin	Zürichsee
Alexej von Jawlensky	Regard Suprême (Tempera)
Andrej Jawlensky	La Santa
Oskar Kokoschka	Genfer See
Marie Laurencin	Mädchenbildnis
Emil Nolde	Johannes der Täufer
Alfred H. Pellegrini	Sintflut
	Bildnis des Malers Reinhold Nägele
Ernst E. Schlatter	Kloster Rheinau
Paul Sérusier	Bretonisches Bauernhaus
Alfred Sisley	Seinelandschaft [Fälschung]
Adolf Stäbli	Alte Eiche auf der Heide - Michelsberg im Harz
Maurice de Vlaminck	Landschaft - L'Oise à Anvers
Plastiken/Skulpturen:	
Hermann Haller	Stehender Jüngling[9]
Constantin Meunier	Sitzender Paddler[10]
Graphiken:	
Max Liebermann	Selbstbildnis (Lithographie)
Edvard Munch	Selbstbildnis mit Hut (Farblithographie)
Pablo Picasso	(Groteske) Tanzszene - La danse (Radierung) [?][11]
Auguste Renoir	Le chapeau épinglé (Farblithographie)[12]

Hinzu kamen eine Reihe nicht identifizierbarer Graphiken, z. B. von George Grosz und Otto Dix.[13] Ungewiß ist, ob den inkriminierten Werken »positive« Gegenbeispiele gegenübergestellt wurden.

Rezensionen: Ulmer Sturm: 3., 9. (Leserbrief, abgedruckt in: Sander 1988, S. 37), 17. und 31. August 1933.
Ulmer Tagblatt: 9. (Leserbrief, abgedruckt in: Sander 1988, S. 37), 17. (Dr. E. K.), 30. (Dr. Christof Klaiber) und 31. August 1933.
Schwäbischer Volksbote: 31. August 1933.
Literatur: Verband Bildender Künstler Württemberg 1987, S. 16; Zuschlag 1992a, S. 83-86 und S. 100; Adams 1993, S. 54f.

3.8 *Entartete Kunst*

Dresden, Lichthof des Neuen Rathauses, 23. September bis 18. Oktober 1933

Exponate: Von den ausgestellten 207 Werken – 42 Ölgemälde, 10 Plastiken, 43 Aquarelle und 112 Graphiken (vgl. Dok. 5) – stammte der Großteil aus dem Besitz des Stadtmuseums Dresden und dessen »Schreckenskammer«, die übrigen aus den im Frühjahr 1933 ausgesonderten Beständen der Staatlichen Gemäldegalerie und dem Staatlichen Kupferstichkabinett. Es ist anzunehmen, daß der durch mehrere Listen (Dok. 4, 9-10) erfaßte, sich nur aus dem Stadtmuseum rekrutierende Bestand der Wanderausstellung »Entartete Kunst« auch komplett in Dresden ausgestellt war. Dabei wurde für die Tournee eine Auswahl getroffen, d. h. bestimmte Werke aus dem Stadtmuseum (z. B. von den Bildhauern Karl Lüdecke, Gerhard Marcks und Fritz Maskos) waren nachweislich in der Elbstadt, aber nicht mehr auf den späteren Stationen zu sehen. Folgende Exponate, die nicht auf den genannten Listen erscheinen, sind durch Rezensionen für Dresden nachgewiesen:
Gemälde:

Conrad Felixmüller[14]	Selbstbildnis
	Bildnis Otto Rühle
Otto Griebel	Mädchen in Landschaft[15]
Hans Grundig	Knabe mit gebrochenem Arm

sowie nicht bzw. nicht sicher identifizierte Gemälde von Johannes Beutner, Wassily Kandinsky (vermutlich »Einige Kreise« und/oder »Blauer Berg«) und Max Pechstein (vermutlich »Schwertlilien«).

9 Die Plastik wurde 1957 verkauft.
10 Die Plastik ist noch im Sammlungsbestand vorhanden.
11 In der Besprechung des Ulmer Tagblatts vom 17. August 1933 fällt der Name Picasso im Zusammenhang mit den ausgestellten Gemälden, das Ulmer Museum besaß aber 1933 nur 14 Radierungen des Künstlers. In der »Schreckenskammer« war vermutlich das Blatt »(Groteske) Tanzszene – La danse« ausgestellt, das 1937 als einzige der Graphiken Picassos der Beschlagnahmung anheimfiel.
12 Im Ulmer Tagblatt vom 17. August 1933 ist zwar von einem »Pastell von Renoir« die Rede, es kann aber nur die Farblithographie »Le chapeau épinglé« gemeint sein, die sich bis zum Verkauf 1966 im Ulmer Museum befand.
13 Von Grosz stand die neun Lithographien beinhaltende Mappe »Im Schatten« zur Verfügung, von Dix gab es im Bestand ein Aquarell und eine Radierung. Diese Werke wurden 1937 beschlagnahmt.
14 Für die mehrfach veröffentlichte Zahl von 40 angeblich auf der Dresdner Vorläuferausstellung gezeigten Werken Felixmüllers (vgl. Gleisberg 1982, S. 57f. und S. 295; Barbara Lepper 1983, S. 19; Staatliche Kunstsammlungen Dresden 1980, S. 359) ist mir kein zeitgenössischer Beleg bekannt. Der Künstler selbst schreibt: »Von mir hingen zahlreiche Dinge, u. a. die Dame mit dem Krebs« (Brief Felixmüllers an Carl Bantzer vom 18. Januar 1934, zitiert nach ABK 1981, S. 145). Die überlieferten Listen nennen lediglich sechs Arbeiten des Künstlers – darunter allerdings keine mit dem von Felixmüller genannten Titel.
15 Dazu schreibt Griebel in seinen Erinnerungen (1986, S. 350): »Von mir war das 1921 entstandene ›Ruhende Fabrikmädchen‹ enthalten, ein realistisches Übergangsgemälde meiner Frühzeit völlig harmlosen Inhalts«.

Plastiken/Skulpturen:

Karl Lüdecke	Weiblicher Akt [?]
Gerhard Marcks	Frau mit Tuch [?]
Fritz Maskos	Mutter und Kind
Arbeiten auf Papier:	
Oskar Kokoschka	Max Reinhardt
	Tilla Durieux
Bernhard Kretzschmar	Der Tod des Sekretärs

Eine Zeichnung von Paula Modersohn-Becker sowie Blätter von Karl Hofer, Karl Lüdecke, Arthur Rudolph und Clemens Oskar Schanze.

Filmdokument: Im Staatlichen Filmarchiv Potsdam-Babelsberg befindet sich ein circa zehnminütiger Stummfilm, der Dresdens Oberbürgermeister Zörner bei einem Rundgang durch die Ausstellung zeigt. Der Film, der über Chronos-Film GmbH (Bonn) bezogen werden kann, ist undatiert und wurde aus mehreren, offenbar 1933 und 1935 entstandenen Sentenzen zusammengesetzt. Ein Standphoto mit Dix' »Schützengraben« (Abb. 11) veröffentlichten Lothar Fischer (1981, S. 99) und Hans-Werner Schmidt (1983b, S. 133); zwei weitere Standphotos bei Thiele 1990, S. 321.

Photographien: Die Sächsische Landesbibliothek in Dresden, Abteilung Deutsche Fotothek (ehemals Sächsische Landesbildstelle) verwahrt 16 unpublizierte Einzelaufnahmen von Exponaten der Ausstellung. Es handelt sich um Werke von Otto Dix (Archiv-Nr. 55920, 55921, 55944, 55947, 55949, 55950), Conrad Felixmüller (Archiv-Nr. 55922), George Grosz (Archiv-Nr. 55925), Guido Hebert (Archiv-Nr. 55926), Erich Heckel (Archiv-Nr. 55927), Eugen Hoffmann (Archiv-Nr. 55946), Oskar Kokoschka (Archiv-Nr. 55933), Karl Schmidt-Rottluff (Archiv-Nr. 55935), Kurt Schwitters (Archiv-Nr. 55964), Lasar Segall (Archiv-Nr. 55937) und Christoph Voll (Archiv-Nr. 55939) sowie um eine Photographie der Tafel mit Oberbürgermeister Zörners »Geleitwort« (Archiv-Nr. 55919).

Rezensionen: Dresdner Nachrichten: 22. September 1933 (F. Z.; Dok. 5).

Dresdener Anzeiger, 23. September 1933 (Richard Müller; z. T. gekürzt abgedruckt in: Hildegard Brenner 1963, S. 175-177; Diether Schmidt 1964, S. 213f.; Thiele 1990, S. 321).

DK: 7, 1933, September/Oktober (Bettina Feistel-Rohmeder; abgedruckt in: dies. 1938, S. 204-207); 7, 1933, November (Bettina Feistel-Rohmeder; abgedruckt in: Das Bild 1, 1934, o. S.; Dok. 6).

Illustrierter Beobachter: 16. Dezember 1933, S. 1713-1715 und S. 1742 (Rudolf Paulsen; erste Seite abgebildet bei Barbara Lepper 1983, S. 21).

DAZ: 10. Oktober 1933 (J. L.).

Kölnische Illustrierte Zeitung: 17. August 1935, S. 996-999 und S. 1101 (H. F.; erste Seite abgebildet bei Barbara Lepper 1983, S. 11).

Augen- bzw. Zeitzeugenberichte: Briefe Conrad Felixmüllers 1933 bis 1935 (in: ABK 1981, S. 144-147); Willrich 1937, S. 60; Hansen 1942, S. 171; Rudolph 1983, S. 7; Griebel 1986, S. 350 und S. 389; Hans Grundig 1986, S. 229.

Literatur: Rave 1987, S. 53f.; Hildegard Brenner 1963, S. 38; Barbara Lepper 1983, S. 19; Hille 1987, S. 165; von Lüttichau 1987, S. 94; Söder 1989, S. 28; Hoffmann-Curtius 1990, S. 61; Thiele 1990, passim; Schröck-Schmidt 1991, S. 163; Dietrich Schubert 1991a, S. 69 und S. 107 sowie 1991b, S. 274f.; Zuschlag 1992a, S. 83-86 und S. 101; Kassay-Friedländer 1994, S. 217.

3.8.1 Die Wanderausstellung *Entartete Kunst*

Exponate: Die Dresdner Wanderausstellung »Entartete Kunst« umfaßte nur einen Teil des ursprünglich in der Elbstadt präsentierten Ausstellungsbestandes, nämlich den aus dem Stadtmuseum Dresden. Es handelte es sich um 94 Werke – 48 gerahmte Gemälde, 40 ungerahmte Graphiken und sechs Plastiken – sowie zwei Erläuterungen des Dresdner Oberbürgermeisters Zörner zur Ausstellung. Hingegen wurden die in Dresden ebenfalls angeprangerten Werke aus dem Kupferstichkabinett und der Staatlichen Gemäldegalerie nicht auf Wanderschaft geschickt. Insgesamt lag der Akzent noch stärker auf den realistischen und sozialkritischen Künstlern, die Expressionisten waren weniger exponiert.[16] Dem entspricht auch die Presseberichterstattung auf allen Ausstellungsetappen, die meist Otto Dix und George Grosz in das Zentrum ihrer Anfeindungen rückte. Am stärksten vertreten waren Eugen Hoffmann mit fünf Skulpturen und neun bzw. zehn Graphiken, Otto Dix mit sieben Werken sowie Conrad Felixmüller, George Grosz und Walter Jacob mit je sechs Arbeiten. Nicht mehr vertreten waren u. a. Karl Hofer, Wassily Kandinsky, Bernhard Kretzschmar, Paula Modersohn-Becker sowie die Bildhauer Karl Lüdecke, Gerhard Marcks und Fritz Maskos.

Quellen: Der Bestand der Wanderausstellung ist durch mehrere Listen dokumentiert:

1. Eine undatierte maschinenschriftliche Liste mit der handschriftlichen Notiz »Verzeichnis der Werke der Ausstellung ›Entartete Kunst‹« auf dem Vorsatzblatt (Archiv des Stadtmuseums Dresden; Dok. 4).
2. Ein alphabetisch geordnetes maschinenschriftliches Verzeichnis, welches mit den Kisten verschickt wurde, mit der handschriftlichen Überschrift: »Inhalt der Dresdener Sammlung ›Entartete Kunst‹« (StA Dortmund 113-29 /1951-126, Bl. 1-8; Dok. 9).
3. Eine nach Inhalt der Kisten geordnete handschriftliche Liste, die beim Auspacken der Kisten in Dortmund am 5. November 1935 zur Kontrolle angefertigt wurde, mit der handschriftlichen Notiz auf dem Vorsatzblatt: »Verzeichnis der Eingänge Entartete Kunst/Namentliche Bezeichnung der einzelnen Werke« (StA Dortmund 113-29 /1951-126, Bl. 74-77; Dok. 10).

16 Eine ähnliche Akzentverschiebung sollte 1937/38 die Münchner Ausstellung »Entartete Kunst« für ihre zweite Station, Berlin, erfahren (vgl. Kapitel 6.3.1).

3.8.1.1 Hagen, Städtisches Museum, 11. Februar bis April 1934

Exponate: In Hagen wurde nur ein reduzierter Bestand präsentiert, nämlich 48 Bilder und eine Plastik. Diese wurden Werken älterer deutscher, holländischer und italienischer Künstler sowie anerkannter deutscher Künstler des 20. Jahrhunderts gegenübergestellt. Im einzelnen werden in den Rezensionen genannt: Heinrich Campendonk, Otto Dix (»Kriegskrüppel«, »Matrose und Dirne«), George Grosz (»Maientanz«), Erich Heckel (»Zwei Akte im Atelier«), Eugen Hoffmann (»Mädchen mit blauem Haar«), Walter Jacob (»Waisenkinder«), Max Pechstein, Karl Schmidt-Rottluff (»Weiblicher Akt«), Kurt Schwitters (»Merzbild«, »Ringbild«), Lasar Segall (»Die ewigen Wanderer«, »Mutter mit Kind«) und Christoph Voll (»Zwei Akte«, »Sitzender Akt am Ofen«).
Quellen: Brüns 1939.
Rezensionen: Hagener Zeitung: 10. und 12. (m.) Februar 1934.
Westfälische Landeszeitung-Rote Erde: 12. Februar 1934 (Walter Thomas; reproduziert in: Alberg 1987, S. 49).
Tremonia-Westdeutsche Volkszeitung: 13. (T. W.) und 14. (T. W.) Februar 1934.
Literatur: Barbara Lepper 1983, S. 20; Alberg 1987, S. 47; Zuschlag 1992a, S. 83-86 und S. 101.

3.8.1.2 Nürnberg, Städtische Galerie, 7. September bis 21. September 1935

Exponate: Vgl. obige Bemerkung zu Kapitel 3.8.1. Zusätzlich zu den Dresdner Leihgaben wurden Werke aus Nürnberger Besitz gezeigt, die teilweise bereits Bestandteil der Nürnberger »Schreckenskammer« von 1933 gewesen waren. Parallel veranstaltete die Städtische Galerie die Hetzausstellung »Der Judenspiegel«.
Rezensionen: 8 Uhr-Blatt: 7. September 1935.
Bayerische Volkszeitung: 7. September 1935.
Fränkischer Kurier: 7. September 1935 (Ludwig Baer).
Fränkische Tageszeitung: 7. (R. R.; Abb. 13) und 14. (R. R.) September 1935.
Nürnberger Zeitung: 7./8. September 1935.
VB: 10. September 1935.
Zeitzeugenberichte: Brief Conrad Felixmüllers an Hanns Conon von der Gabelentz vom 25. Oktober 1935 (in: ABK 1981, S. 147).
Literatur: Hildegard Brenner 1963, S. 38; von Lüttichau 1987, S. 94 und S. 115, Anm. 45; Kett 1992, S. 79; Zuschlag 1992a, S. 83-86 und S. 101.

3.8.1.3 Dortmund, Haus der Kunst, 11. November bis 8. Dezember 1935

Exponate: Vgl. obige Bemerkung zu Kapitel 3.8.1. Den verfemten Werken wurden Reproduktionen älterer deutscher Kunst gegenübergestellt, möglicherweise auch einige wenige originale Gemälde. Des weiteren wurde aus der Reichskanzlei ein Bildnis Hitlers entliehen.
Quellen: Im StA Dortmund befindet sich umfangreiches Aktenmaterial im Zusammenhang mit der Dresdner Ausstellung »Entartete Kunst«. Es handelt sich um Zeitungsausschnitte (113-29/1951-115, 61 Bl.), Korrespondenzen betreffend die Abwicklung organisatorischer Angelegenheiten (113-29/1951-116, 66 Bl.) sowie Verzeichnisse der Exponate, Pressemitteilungen, Besucherstatistiken und Rechnungen (113-29/1951-126, 86 Bl.).
Plakat: Das von Karl Schiller gestaltete Plakat ist nur noch als Abb. in der Tagespresse überliefert (Abb. 14). Es wurde publiziert in: Zuschlag 1992a, S. 101, Abb. 84.
Rezensionen: Die PrASlg im StA Dortmund (113-29 /1951-115, 61 Bl.) enthält u. a. folgende Artikel:
Dortmunder Zeitung: 10., 12., 16. und 27. November 1935; 11. Dezember 1935.
Der Mittag: 12. November 1935.
National-Zeitung [Essen]: 12. und 22. November 1935.
Tremonia-Westdeutsche Volkszeitung: 12. und 29. November 1935.
Westfälischer Kurier: 12. November 1935.
Westfälische Landeszeitung-Rote Erde: 12., 14., 17. (Henner; Dok. 12), 21., 23. und 26. (K.) November 1935; 3. und 4. (H. B.; reproduziert in: Flechtheim 1987, S. 206) Dezember 1935.
Dortmund-Mengeder Lokalanzeiger: 18. November 1935.
Literatur: von Lüttichau 1987, S. 115, Anm. 45; Bickendorf 1992, passim; Zuschlag 1992a, S. 83-86 und S. 101.

3.8.1.4 Regensburg, Kunst- und Gewerbeverein, 12. Januar bis 26. Januar 1936

Exponate: Vgl. obige Bemerkung zu Kapitel 3.8.1.
Quellen: Einige wenige Dokumente im StA Regensburg Vereine 10 S und 10 T.
Rezensionen: Bayerische Ostmark: 16. (Dr. Otto Steuer; Abb. 15) und 18./19. Januar 1936.
Bayerischer Anzeiger: 18. und 23. Januar 1936.
DK: 10, 1936, Folge 2 (abgedruckt in: Das Bild 3, 1936, o. S.).
Literatur: von Lüttichau 1987, S. 115, Anm. 45; Zuschlag 1992a, S. 83-86 und S. 101.

3.8.1.5 München, Alte Polizeidirektion, 4. März bis 31. März 1936

Exponate: Vgl. obige Bemerkung zu Kapitel 3.8.1.
Quellen: Einige wenige Dokumente im StA München Kulturamt 649/2.
Photographien: Zwei Raumaufnahmen (Abb. 18-19) befinden sich im StA München, eine weitere (Abb. 20) enthält der Band Tag der Deutschen Kunst 1937.
Plakat: Das von Hans Vitus Vierthaler gestaltete und bereits mehrfach publizierte Plakat (Abb. 16) ist in fünf Exemplaren überliefert: Je ein Exemplar befindet sich in den Plakat-

sammlungen des StA München und des Münchner Stadtmuseums (Inv.-Nr. C 1/43; vgl. Duvigneau/Suckale-Redlefsen 1975, S. 230, Nr. 695; Hecker 1993, S. 315 und Kat. 18.11). Drei Exemplare verwahrt die Deutsche Städte-Reklame GmbH, Geschäftsstelle München (freundlicher Hinweis von Herrn Dutz, DSR München, in einem Brief an den Verfasser vom 6. Juli 1990).
Rezensionen: Die PrASlg im StA München (ZA Entartete Kunst) enthält u. a. folgende Artikel:
MNN: 4., 5. und 10. März 1936.
Neues Münchener Tagblatt: 4. März 1936.
Münchener Zeitung: 4. (H.), 5. und 24. März 1936.
Neue freie Volks-Zeitung: 5. März 1936.
VB: 5. März 1936.
VB, Süddeutsche Ausgabe: 18. März 1936 (Wilhelm Rüdiger).
Die Deutsche Bühne: April 1936, S. 6f. (Dr. E. Schindler).
Literatur: Hildegard Brenner 1963, S. 38; Bollmus 1970, S. 81; von Lüttichau 1987, S. 94f. mit Abb. 17-19; Backes 1988, S. 73; Zuschlag 1992a, S. 83-86 und S. 102.

3.8.1.6 Ingolstadt, Neues Schloß (Kunstverein), 1. Mai bis 1. Juni 1936

Exponate: Vgl. obige Bemerkung zu Kapitel 3.8.1.
Quellen: Stadtgemeinde Ingolstadt, Verwaltungsbericht für 1935 bis 1938 – erstellt von Stadtarchivar G. Kuhn, Dezember 1938, S. 12 (StA Ingolstadt B 231, 1935-37).
Rezensionen: Ingolstädter Tagblatt: 30. April 1936; 5. Mai 1936.
Donaubote: 8., 13., 20. und 30. (Bauer; abgedruckt in: DK 10, 1936, Folge 6 und Das Bild 3, 1936, o. S.) Mai 1936.
Literatur: Zuschlag 1992a, S. 83-86 und S. 102.

3.8.1.7 Darmstadt, Kunsthalle (Kunstverein), ab 20. Juni 1936

Exponate: Vgl. obige Bemerkung zu Kapitel 3.8.1.
Rezensionen: Darmstädter Tagblatt: 21. und 23. Juni 1936.
Darmstädter Wochenschau: 2, 1936, Nr. 24, S. 1-4 (Hanns Fischer; um eine Abbildungsseite gekürzt reproduziert in: Kunstverein Darmstadt 1987, S. 34f.).
Literatur: Kunstverein Darmstadt 1987, S. 33; Zuschlag 1992a, S. 83-86 und S. 102.

3.8.1.8 Frankfurt am Main, Volksbildungsheim, 1. September bis 30. September 1936

Exponate: Vgl. obige Bemerkung zu Kapitel 3.8.1. Den verfemten Werken wurden in einem »Musterkabinett« Gemälde und Graphiken anerkannter deutscher Künstler gegenübergestellt.
Quellen: StA Frankfurt am Main Magistratsakten Az. 6022 Bd. 1, Bl. 258-265c.
Rezensionen: FZ: 30. August 1936; 9. September 1936.
Nationalblatt: 30. August 1936 (Heinrich Theodor Wüst; Dok. 16).
Frankfurter Generalanzeiger: 2. September 1936.
Frankfurter Volksblatt: 9. September 1936 (Hans Pott).
Frankfurter Wochenschau: 1936, Heft 36, S. 10f. (Sofie Bergman-Küchler).
DK: 10, 1936, Folge 9 (abgedruckt in: Das Bild 3, 1936, o. S.).
Augenzeugenberichte: Hermann Krämer 1986.
Literatur: Schültke 1989, S. 68 mit Anm. 42; Hofmann/Krohn 1992, S. 67; Zuschlag 1992a, S. 83-86 und S. 102.

3.8.1.9 Mainz, Städtische Kunsthalle, 14. November bis 1. Dezember 1936

Exponate: Vgl. obige Bemerkung zu Kapitel 3.8.1.
Rezensionen: Mainzer Anzeiger: 13., 16. (Hans Ludwig Linkenbach; nicht ganz vollständig reproduziert in: Venzmer 1987, S. 13) und 21. (Dr. F.) November 1936.
Mainzer Journal: 13., 14. und 17. (Dr. A. H.) November 1936.
Augenzeugenberichte: Brief des Malers Fathwinter (Fred A. Th. Winter) an Otto Dix vom 15. Januar 1950 in ABK (zitiert bei Veit 1977, S. 32, B. 59).

3.8.1.10 Koblenz, NS-Kulturgemeinde, 5. Januar bis 8. Februar 1937

Exponate: Vgl. obige Bemerkung zu Kapitel 3.8.1.
Rezensionen: Koblenzer General-Anzeiger: 5., 7. (Hans Berg), 16./17. und 27. Januar 1937.

3.8.1.11 Worms, bis 14. März 1937

Exponate: Vgl. obige Bemerkung zu Kapitel 3.8.1.
Rezensionen: Wormser Zeitung: 11. und 14. März 1937.

3.8.1.12 Wiesbaden, Nassauisches Landesmuseum, 21. bis 29. März 1937

Exponate: Vgl. obige Bemerkung zu Kapitel 3.8.1.
Rezensionen: Nassauer Volksblatt: 19., 20., 22., 23. (Hans Piroth), 25. und 26. März 1937.
Wiesbadener Tagblatt: 22. (Dr. Heinrich Reichert) und 25. März 1937.

3.9 *Kunst der Geistesrichtung 1918-1933*
Breslau, Schlesisches Museum der bildenden Künste, ab 17. Dezember 1933

Exponate: Die Schau vereinigte 14 Gemälde, drei Plastiken sowie 60 Aquarelle, Zeichnungen und Druckgraphiken. Davon lassen sich namentlich benennen:
Gemälde:

Jankel Adler	Männergesicht
Lyonel Feininger	Der Grützturm
George Grosz	Der neue Mensch (Der Boxer)
Ludwig Meidner	Selbstporträt
Oskar Moll	Blick aus dem Fenster
	Waldesinnere

Johannes Molzahn	Zwillinge
Otto Mueller	Esel mit Kind
Max Pechstein	Ehepaar auf Palau
Oskar Schlemmer	Drei Frauen

Die restlichen vier Gemälde stammten u. a. von Dix und Kokoschka (vermutlich »Trancespieler« und/oder »Elbe bei Dresden«)[17].

Plastiken/Skulpturen:

Margarethe Moll	Mädchenkopf
	Weibliche Figur (Tänzerin)

Arbeiten auf Papier:

Otto Dix	Erinnerung an Spiegelsäle von Brüssel
	Blätter aus der Mappe »Der Krieg« (z. B. Kriegskrüppel)
Oskar Fischer	Reitendes Paar
George Grosz	Da donnern sie ...
	Verschiedene Vorgänge
Wassily Kandinsky	Blätter aus »Klänge«[18] und »Kleine Welten«
Paul Klee	Die Heilige vom inneren Licht[19]
Fernand Léger	Lesende Frau
Karl Schmidt-Rottluff	Liebespaar
	Prophetin
	Südseeinsulanerin
Johannes Wüsten	Trauung

Weiterhin waren – teils aus den Mappenwerken »Bauhaus-Drucke/Neue europäische Graphik« entnommene[20] – Blätter von Rudolf Bauer, Heinrich Campendonk, Lyonel Feininger[21], Bernhard Hoetger, Ernst Ludwig Kirchner, Oskar Moll, Max Pechstein, Oskar Schlemmer, Käthe Schuftan, Richard Seibel, Fritz Winter u. a. zu sehen.

17 »Trancespieler« befand sich seit 1920 im Sammlungsbestand (vgl. Schlesisches Museum der bildenden Künste Breslau 1926, S. 193). Auf der Luzerner Auktion wurde es für die Musées Royaux d'Art et d'Histoire in Brüssel ersteigert, wo es sich noch heute befindet (vgl. Barron 1992, S. 159). »Elbe bei Dresden« war von Heinz Braune 1928/29 angekauft worden (vgl. Museum der Gegenwart 1, 1930, Heft 2, S. 87).

18 Aus Kandinskys Buch »Klänge« (Gedichte in Prosa mit schwarzweißen und farbigen Holzschnitten vom Stock gedruckt, München 1913) war der Schlesischen Zeitung vom 5. Dezember 1933 zufolge auch ein Prosagedicht ausgestellt.

19 Diese Farblithographie Paul Klees, die als Bestandteil der ersten Bauhaus-Mappe relativ große Verbreitung fand, wurde von den Nationalsozialisten in mehreren »Schreckenskammern« und auf der Münchner Ausstellung »Entartete Kunst« angeprangert, wahrscheinlich wegen der vermeintlichen Verhöhnung religiöser Werte. Vgl. etwa die Rezension der Chemnitzer Vorläuferausstellung (Abb. 10) und die Abb. im Ausstellungsführer »Entartete Kunst«, S. 25.

20 Die obengenannten Graphiken von Klee und Fischer gehörten zur ersten bzw. dritten Mappe der Bauhaus-Drucke; vgl. Wingler 1965, Tafel 10 (Klee) und Tafel 33 (Fischer). Bei der Graphik von Hoetger (vgl. weiter unten) dürfte es sich um das Blatt »Figürliche Komposition« aus der dritten Bauhaus-Mappe gehandelt haben (vgl. ebenda, Tafel 35).

Quellen: Aktenstücke und Presserezensionen befinden sich im Nationalmuseum (Muzeum Narodowe) und dem Stadtarchiv in Breslau sowie im Staatsarchiv Warschau. Die hier und in Kapitel 3.9 angegebenen Artikel in der Schlesischen Zeitung wurden im Archiv der Alten Nationalgalerie Berlin eingesehen. Eine Liste der Exponate konnte bislang nicht aufgefunden werden.

Rezensionen: Schlesische Zeitung: 5. und 16. (von Woikowsky-Biedau) Dezember 1933.
Breslauer Neueste Nachrichten: 17./18. Dezember 1933 (H-g.).
Neue Breslauer Zeitung: 17. Dezember 1933 (E. M.).
Breslauer Gerichtszeitung: 22. Dezember 1933.
Schlesische Illustrierte Zeitung: 1934, Nr. 2, S. 2f. (Dr. Wolf Marx; Abb. 21).

Literatur: Poley 1979, S. 28; Wulf 1983a, S. 352, Anm. 1; von Lüttichau 1987, S. 94; Zuschlag 1992a, S. 83-86 und S. 102.

3.10 *Schreckenskammer / Sonderraum Entartete Kunst*

Halle an der Saale, Museum Moritzburg, 27. November 1935 bis circa 25. Juli 1937

Exponate: Im einzelnen nicht bekannt. Ausgestellt war nahezu die komplette moderne Sammlung.

Quellen: Nach Auskunft von Andreas Hüneke existiert in der Moritzburg oder im StA Halle ein Dokument, aus welchem die Konzeption der »Schreckenskammer« ersichtlich ist. Es ist es zur Zeit nicht auffindbar.
Die Staatliche Galerie Moritzburg verwahrt ein Besucherbuch der Ausstellung.

Rezensionen: Mitteldeutsche Nationalzeitung: 27. November 1935 (Dr. Joachim Bergfeld).

Augenzeugenberichte: Urban 1990, S. 9.
Max Schefold, seinerzeit Konservator an der Württembergischen Staatsgalerie Stuttgart, berichtete in einem Gespräch mit dem Verfasser am 18. September 1989 von seinem Besuch in der Hallenser »Schreckenskammer«, vermutlich im Jahre 1936, durch welche ihn Alois J. Schardt geführt habe.

Literatur: Staatliche Galerie Moritzburg Halle 1985, S. 92-95; von Lüttichau 1987, S. 115, Anm. 45; Hüneke 1988c, S. 11-16, 1990b, S. 87 und 1991d, S. 18f.; Zuschlag 1992a, S. 83-86 und S. 103.

3.11 *Entartete Kunst*

Dessau, Anhaltische Gemäldegalerie, 19. September bis 3. Oktober 1937

Exponate: Vgl. den Eintrag zu Kapitel 3.6. Werke (Leihgaben?) von George Grosz, Alexej von Jawlensky und Karl Schmidt-Rottluff ergänzten den Bestand. Die Ausstellung

21 Das Museum besaß eine Mappe mit zwölf Holzschnitten Feiningers (1921). Sie wurde 1937 beschlagnahmt und auf der Münchner Ausstellung »Entartete Kunst« gezeigt (vgl. von Lüttichau 1992a, S. 70).

wurde als Kontrast zur Jubiläumsausstellung »Neuerwerbungen der Anhaltischen Gemäldegalerie aus fünf Jahrhunderten« inszeniert.
Rezensionen: Anhalter Anzeiger: 20. September 1937; 2./3. Oktober 1937.
Der Mitteldeutsche: 21. September 1937.
DAZ: 22. September 1937.
FZ: 22. September 1937.
VB: 25. September 1937 (Werner Laß).
Literatur: Zuschlag 1992a, S. 83-86 und S. 103.

4. Die Ausstellung *Entartete Kunst*
München, Hofgarten-Arkaden, 19. Juli bis 30. November 1937

Exponate: Vgl. die Rekonstruktion von Mario-Andreas von Lüttichau 1992a.
Filmdokument: In der Library of Congress, Washington, D. C. befindet sich ein Wochenschaufilm (Sammlung Julien Bryan, ohne Signatur. Vgl. hierzu Barron 1992, S. 413).
Photographien: 188 Raumaufnahmen befinden sich im Archiv der Alten Nationalgalerie Berlin (Abb. 29-31, 36-40). Sie boten die Grundlage für die Rekonstruktion der Ausstellung durch von Lüttichau. Des weiteren haben sich an verschiedenen Orten einzelne Photographien erhalten, z. B. elf im Eduard Bargheer NL-Archiv Hamburg. Drei Raumaufnahmen enthält der Band Tag der Deutschen Kunst 1937 (Abb. 31).
Rezensionen (Inland): Sämtliche Tageszeitungen berichteten in großer Aufmachung über die »Große Deutsche Kunstausstellung« und die »Entartete Kunst«. Vgl. folgende Presseausschnittsammlungen: BA NS 15/157; BayHSTA MK 40849; GLA 235/40412; StA München ZA Entartete Kunst; ZSTA 62 DAF 3-19129, 62 DAF 3-19133, 62 DAF 3-19143. Vgl. ferner die Auszüge verschiedener Rezensionen bei Wulf 1983a, S. 357-373. Im folgenden ist nur eine kleine Auswahl aufgelistet.
VB, Münchener Ausgabe: 19. (reproduziert in: Poley 1979, S. 35 und Schuster 1987, S. 254), 20. (reproduziert in: Schuster 1987, S. 255) und 22. (Dr. Rüdiger; Dok. 25) Juli 1937; 1. Dezember 1937.
MNN: 20. Juli 1937 (S.; Dok. 24); 20. August 1937 (W. R.; gekürzt abgedruckt bei Wulf 1983a, S. 371f.).
Berliner Börsen-Zeitung: 20. Juli 1933 (K-n.).
DAZ: 21. (Bruno E. Werner; gekürzt abgedruckt bei Wulf 1983a, S. 367f.) und 25. Juli 1937 (Bruno E. Werner [?]; Dok. 26).
Hamburger Fremdenblatt: 20. Juli 1937 (Dr. Ernst Sander).
Hamburger Nachrichten: 20. Juli 1937.
Hamburger Tageblatt: 20. Juli 1937 (Dr. Karla Eckert; gekürzt abgedruckt bei Wulf 1983a, S. 369).
Kieler Neueste Nachrichten: 20. Juli 1937 (in: Ernst Piper 1987, S. 191f.).
Berliner Tageblatt: 21. Juli 1937 (Dr. Karl Korn).
FZ: 21. Juli 1937.
Westdeutscher Beobachter: 23. (Franz Rodens; reproduziert bei Dirk Backes 1981, S. 126f.) und 28. Juli 1937 (in: Wulf 1983a, S. 357f.).
Schwäbischer Merkur: 22. August 1937 (Hans Otto Roekker).
Frankfurter Volksblatt: 9. September 1937.
Kurhessische Landeszeitung: 7. Oktober 1937.
Der Führer: 10. Oktober 1937.
FZ: 14. November 1937 (Carl Linfert; Dok. 27).
Münchener Zeitung: 2. Dezember 1937.
Das Schwarze Korps: 30. Juli 1937.
Kunst und Antiquitäten 45, 1937, Nr. 8, S. 162-164 (Pfisterer).
Weltkunst: 11, 1937, Nr. 30/31, S. 2 (Ludwig F. Fuchs).
Rezensionen (Ausland): Weekly Illustrated: 16. Juli 1938 (reproduziert in: Stationen der Moderne, S. 320).
The New York Times: 19., 20., 25. Juli 1937; 4. und 6. August 1937.
National-Zeitung [Basel]: 22. Juli 1937.
L'Observateur de Genève: 15. August 1937 (Charles du Mont).
Life: 16. August 1937.
Volks-Illustrierte: 18. August 1937 (John Heartfield; reproduziert in: Badischer Kunstverein Karlsruhe 1980, S. 116).
Axis: 2, 1937, Nr. 8, S. 28f. (Robert Medley).
Pariser Tageszeitung: 13. September 1937 (Paul Westheim; abgedruckt in: Tanja Frank 1985, S. 75-79).
Die Neue Weltbühne: 34, 1938, Nr. 1, S. 26f. (Bert).
The New Republic: 22. Juni 1938 (Paul Rosenfeld).
Ein Auszug eines dänischen Artikels ist reproduziert in: Urban 1986, S. 12.
Augenzeugenberichte (EKM und/oder GDK): Brief von Maria Caspar-Filser an Karl Caspar vom 20. Juli 1937 (zitiert in: Smitmans 1993, S. 20 mit Anm. 15); Brief von Hans Schröder an H. Wolff vom 20. Juli 1937 (auszugsweise zitiert in: Nikolov 1990, S. 110); Paul O. Rave, Bericht vom 23. Juli 1937 über den Besuch der Ausstellung »Entartete Kunst« in München am 21. und 22. Juli 1937 (Typoskript im NL-Archiv P. O. Rave, Berlin, abgedruckt in: Rave 1987, S. 145-149; Auszüge in: von Lüttichau 1987, S. 98 und Janda/Grabowski 1992, S. 55f.); Brief Ernst Holzingers an Eberhard Hanfstaengl vom 25. Juli 1937 (NL-Archiv P. O. Rave, Berlin, auszugsweise zitiert bei von Lüttichau 1987, passim); Tagebucheinträge von Gottfried Graf vom 30. Juli bis 2. August 1937 (in: Heyd 1987, S. 76-78); Brief Reinhard Pipers an Ernst Barlach vom 28. Juli 1937 (in: Ernst Piper 1987, S. 196-200); Tagebucheintrag Willi Baumeisters vom 18. August 1937 (in: Baumeister 1989, S. 45 sowie in: Hirner-Schüssele 1990, S. 28 mit Anm. 6 und S. 29 mit Anm. 1); Tagebucheintrag Rudolf Wackers vom 2. bis 4. September 1937 (in: Sagmeister 1990, S. 693-697); Tagebucheintrag Hannah Höchs vom 11. September 1937 (Hannah-Höch-Archiv, Berlinische Galerie, Berlin; vgl. Liška 1989, S. 69); Robert Medley 1937 (in: Axis 2, 1937, Nr. 8, S. 28f.); Carola Roth 1937 (Typoskript im Archiv Barbara Göpel, München,

auszugsweise zitiert in: von Lüttichau 1987, S. 97f.); Reinhold Schneider 1954, S. 139f.; Fechter 1955, S. 87f.; Thormaehlen 1962, S. 278f.; Bruno E. Werner 1962; Theunissen 1963; Bernhard Sprengel 1965 (zitiert in: Müller-Mehlis 1976, S. 150); Rinser 1981, S. 338f.; Sombart 1984, S. 221 und S. 224f.; Hans Rudolf Frank 1986, S. 28, Anm. 3; Hans Martin von Erffa (in: Schuster 1987, S. 312-314); Haftmann 1987; Gerda Freise (in: Klafki 1988, S. 26); Hans Scheuerl (in: Klafki 1988, S. 75); Helmut Börsch-Supan (in: Poley 1991, S. 342f.); Axel Eggebrecht (in: Poley 1991, S. 344-347); Helmuth Faust (Leserbrief in der FAZ vom 4. April 1991); Herbert Joswig (in: Poley 1991, S. 354-358 und in: Präger 1994, S. 55-60); Gerhard Neumann (in: Poley 1991, S. 370-375); J. A. Schmoll gen. Eisenwerth (in: Poley 1991, S. 382-389); Bernard Schultze (in: Poley 1991, S. 390-392); Hans-Joachim Wilkes (in: Poley 1991, S. 396-399); Peter Guenther (in: Barron 1992, S. 33-43). Verschiedene Augenzeugen haben ihre Erinnerungen im zweibändigen Besucherbuch der Ausstellung »Die ›Kunststadt‹ München 1937« niedergelegt (Bayerische Staatsgemäldesammlungen München; Auszüge zitiert bei Breyer 1988 und in den Kapiteln 8.3 und 9).
Persönliche Mitteilungen über ihre Ausstellungsbesuche verdankt der Verfasser Karla Eckert, Gerda Freise, Peter Guenther, Hans Walter Crodel, Siegfried Poppe, Max Schefold, Hans Scheuerl, John Willet sowie einigen Damen und Herren, die ungenannt bleiben möchten.
Literatur: grundlegend: von Lüttichau 1987, 1988a und 1992a; vgl. des weiteren alle Aufsätze in Schuster 1987 und Barron 1992.

6. Die Wanderausstellung *Entartete Kunst*
6.3 Die weiteren Stationen

Exponate: Die Veränderungen im Ausstellungsbestand werden in den einzelnen Kapiteln erläutert.
Quellen: Interview Pistauer (Dok. 74).

6.3.1 Berlin, Haus der Kunst, 26. Februar bis 8. Mai 1938

Exponate: Vgl. obige Bemerkung zu Kapitel 6.3 und Dok. 41.
Quellen: Einige Dokumente befinden sich im ZSTA 50.01-743 (vgl. Dok. 42-44) und im Archiv der Alten Nationalgalerie Berlin (vgl. Dok. 40-41).
Photographien: 23 teilweise unpublizierte Aufnahmen befinden sich beim Bilderdienst Süddeutscher Verlag in München (Abb. 64, 66-71) und im Bildarchiv Preußischer Kulturbesitz Berlin.
Plakat: Ein Exemplar des von »HE« gestalteten Plakates (Abb. 60) befindet sich im BA (Plakate 3/22/11). Vgl. die Farbabb. bei Zuschlag 1992a, S. 104, Abb. 86.
Rezensionen (Inland): Einige der im folgenden aufgeführten Rezensionen befinden sich in der PrASlg im ZSTA 62 DAF 3-19131.
Berliner Tageblatt: 24., 25., 26. (Fritz Nemitz), 27. Februar 1938; 26. März 1938; 7. April 1938.
VB: 24., 26. (Robert Scholz; gekürzt abgedruckt bei Götz 1983, S. 178) und 27. (Franz Moraller) Februar 1938.
FZ: 24., 25. und 27. (gekürzt abgedruckt bei Wulf 1983a, S. 364) Februar 1938.
Berliner Börsen-Zeitung: 25. Februar 1938 (Wilhelm Westekker).
Hamburger Tageblatt: 25. Februar 1938.
Hannoverscher Anzeiger: 25. Februar 1938.
Kreuz-Zeitung: 25. und 26. (Fritz Nemitz) Februar 1938; 10. März 1938; 15. April 1938.
Der Angriff: 26. Februar 1938 (Werner Rittich), 1. und 10. (Franz Moraller) März 1938. DAZ: 27. Februar 1938.
NS-Landpost: 4. März 1938.
KIDR: 2, 1938, Folge 3, S. If. (Robert Scholz).
Die Woche: 9. März 1938 (Abb. 65).
Die Frau am Werk: 3, 1938, Nr. 5, S. 108f. (Anni von Groote).
Rezensionen (Ausland): Pariser Tageszeitung: 27./28. März 1938 (Paul Westheim; abgedruckt in: Tanja Frank 1985, S. 80-83).
Basler Nachrichten: 13. April 1938.
London gallery bulletin: April 1938, Nr. 1, S. 16.
Deutscher Weckruf: 26. Mai 1938 (Dr. Ludwig Wang).
Augenzeugenberichte: Brief Felix Hartlaubs an seinen Vater Gustav Friedrich Hartlaub vom 28. Februar 1938 (in: Krauss/Hartlaub 1958, S. 159f.); Emil Stumpp, Aufzeichnung vom März 1938 (in: Stumpp 1983, S. 91-94); Hermann Teuber, Aufzeichnung [1938] (in: Lammert 1994, S. 188); Fechter 1955, S. 87f.; Bernard Schultze 1987 und in: Poley 1991, S. 390-392.
Mündliche Mitteilungen von Erich Moebes und Bernard Schultze.
Literatur: Thomae 1978, S. 341f.; Hüneke 1988d; Zuschlag 1992a, S. 90-95 und S. 104.

6.3.2 Leipzig, Grassi-Museum, 13. Mai bis 6. Juni 1938

Exponate: Vgl. obige Bemerkung zu Kapitel 6.3.
Plakat: Das von Ottomar Anton gestaltete Plakat (Abb. 73) ist in jeweils einem Exemplar in der Plakatsammlung des Museums für Gestaltung in Zürich (Inv.-Nr. 51-295) und im DHM (Inv.-Nr. P 63/619) überliefert. Es wurde erstmals publiziert in: Die Dreissiger Jahre 1977, S. 7. Eine Farbabb. findet sich bei Zuschlag 1992a, S. 104, Abb. 87.
Rezensionen: Leipziger Tageszeitung: 11., 12., 13. (Ludwig Scheewe), 14. (-we.; Abb. 74), 20. (-we.) und 22. (-z-) Mai 1938; 2. Juni 1938.
Leipziger Neueste Nachrichten: 11., 14. (Egbert Delphy), 15., 18. (-y), 25., 29. und 31. Mai 1938; 5./6. Juni 1938.
Delitzscher Zeitung: 16., 24. und 31. Mai 1938.
Literatur: Mehnert 1987 und 1992; Horst Thieme 1988, S. 182-185; Zuschlag 1992a, S. 90-95 und S. 104.

6.3.3 Düsseldorf, Kunstpalast, 18. Juni bis 7. August 1938

Exponate: Vgl. obige Bemerkung zu Kapitel 6.3 und Dok. 46[22].
Photographien: Fünf anläßlich der Ausstellungseröffnung entstandene Photographien (Abb. 76-80) haben sich im Stadtarchiv Düsseldorf erhalten. Eine Außenansicht des Gebäudes zur Zeit der Ausstellung (Abb. 75) verwahrt das Stadtmuseum Düsseldorf.
Rezensionen: Rheinische Landeszeitung (Volksparole): 11., 16., 18., 19. (Heinz Maatzen; reproduziert in: Alberg 1987, S. 89) und 26. Juni 1938; 8., 12., 22. und 27. Juli 1938; 7. August 1938.
Düsseldorfer Nachrichten: 12., 17. (Otto Albert Schneider), 18. (Frank Vogl), 19. und 21. Juni 1938; 27. Juli 1938; 7. August 1938.
Der Mittag: 18. (st.) und 20. Juni 1938; 16. und 19. (abgedruckt in: Wulf 1983a, S. 365) Juli 1938.
Rheinisch-Westfälische Zeitung: 18. Juni 1938.
Düsseldorfer Woche: Nr. 27, 18. bis 25. Juni 1938, und Nr. [?], Juli 1938 (Trudel Pfennig).
Remscheider General-Anzeiger: 19. Juni 1938 (-ge.).
Düsseldorfer Tageblatt: 1., 13., 19., 20. und 24. Juli 1938.
Augenzeugenberichte: Carl Lauterbach (in: »Entartete Kunst« 1987, S. 30; vgl. auch Lauterbachs auf Video aufgezeichneten Bericht in der Gedenkstätte für die Opfer der NS-Gewaltherrschaft in Düsseldorf); Schultze 1987 und in: Poley 1991, S. 390-392.
Mündliche Mitteilungen von Carl Lauterbach, Heribert Reul und Bernard Schultze.
Literatur: Hans-Peter Görgen 1968, besonders S. 181; Rischer 1972, besonders S. 101; Alberg 1986 und 1987, besonders S. 87-90; Zuschlag 1992a, S. 90-95 und S. 104.

6.3.4 Salzburg, Festspielhaus, 4. September bis 2. Oktober 1938

Exponate: Vgl. obige Bemerkung zu Kapitel 6.3 und Dok. 50-51.
Photographien: Eine unbekannte Anzahl von Photographien befindet sich im Besitz des ehemaligen Pressephotographen (vgl. Abb. 81-84).
Rezensionen: Salzburger Volksblatt: 13., 19. und 24. (nsg.) August 1938; 1., 2., 5., 6. (Otto Kunz; Dok. 49) und 29. September 1938; 4. Oktober 1938.
Salzburger Landeszeitung: 1., 2., 5., 6. (Wolfgang Schneditz), 9. und 29. September 1938; 4. Oktober 1938.
Literatur: Kerschbaumer 1986, besonders S. 1006-1020, 1988a, S. 107-114 und 1988b; Fuhrich/Prosswitz 1990, S. 247f.; Zuschlag 1992a, S. 90-95 und S. 104; Norbert Mayr in: Tabor 1994, Bd. 1, S. 440.

22 Die Düsseldorfer Liste wurde erstmals publiziert bei Barbara Lepper 1983, S. 41-47, Dok. 9.

6.3.5 Hamburg, Schulausstellungsgebäude, 11. November bis 30. Dezember 1938

Exponate: Vgl. obige Bemerkung zu Kapitel 6.3 und Dok. 55.
Quellen: Einige Dokumente befinden sich im STA Hamburg (361-2 VI 854/I, 361-2 VI 838, 361-2 VI 33; vgl. Dok. 52).
Plakat: Das von Rudolf Hermann entworfene Plakat (Abb. 85) ist in jeweils einem Exemplar in der Plakatsammlung des Museums für Kunst und Gewerbe in Hamburg (Inv.-Nr. 1983.4; vgl. die Farbabb. bei Döring 1994, S. 137, Flechtheim 1987, S. 100 und Malhotra 1988, S. 75, Nr. 85) und in der Robert Gore Rifkind Collection, Beverly Hills (vgl. Reed 1977, S. 358f., Nr. 422 und die Farbabb. bei Zuschlag 1992a, S. 105, Abb. 89) überliefert.
Rezensionen: Einige der im folgenden aufgeführten Rezensionen befinden sich in der PrASlg im STA Hamburg 135-1 I-IV 5227.
Hamburger Fremdenblatt: 12. Januar 1938; 1., 9. (-bb.), 11. (Ernst Sander) und 17. November 1938; 15. Dezember 1938.
Hamburger Tageblatt: 12. Januar 1938; 1., 11., 12. (H. F.; Dok. 53) und 13. November 1938; 22. und 31. Dezember 1938.
Hamburger Anzeiger: 2., 9. (Dok. 54) und 11. (Hugo Sieker) November 1938.
Hamburger Nachrichten: 9. (Heinz Müller), 11. und 21. (dt.) November 1938; 15. Dezember 1938; 1. Januar 1939.
Cuxhavener Tageblatt: 9. November 1938.
Cuxhavener Zeitung: 9. November 1938.
Der Wandsbecker Bote: 11. November 1938.
Bergedorfer Zeitung: 12. November 1938.
Lübecker General-Anzeiger: 12. November 1938.
Wilhelmsburger Zeitung: 12. November 1938.
Hamburger Tageblatt-Wochenschau: 13. November 1938 (H. F.; Abb. 88).
Bremer Nachrichten: 16. November 1938 (H. Wacker).
St. Galler Tagblatt: 11. Januar 1939.
Augenzeugenberichte: Ernst 1988, S. 170-173; Brief Wilhelm Niemeyers an Franz Radziwill vom 5. Februar 1939 (abgedruckt in: Wietek 1990, S. 158f.).
Mündliche Mitteilungen von Karla Eckert, Margot Christiansen und Volker Detlef Heydorn.
Literatur: Heydorn 1974, S. 177-193; Bruhns/Preuschoft/Skrentny 1983; Jaeger/Steckner 1983; Paas 1983; Zuschlag 1992a, S. 90-95 und S. 104.

6.3.6 Stettin, Landeshaus, 11. Januar bis 5. Februar 1939

Exponate: Vgl. obige Bemerkung zu Kapitel 6.3.
Rezensionen: Stettiner General-Anzeiger: 2., 11. (Ernst Alfred Eichhorn; Abb. 92), 12. (Abb. 91), 19. (Abb. 96), 21. und 24. Januar 1939 (Abb. 98); 2. Februar 1939.
Pommersche Zeitung: 5., 6., 10., 11. (Hans-Ulrich Plath), 12., 13., 15. (Abb. 93), 16., 17. (Abb. 95), 18., 21., 22., 24. (Abb. 94), 28. (Abb. 97) und 30. Januar 1939; 4., 7. und 15. Februar 1939.

Die Artikel aus dem Stettiner General-Anzeiger wurden dankenswerterweise vom Staatsarchiv Warschau übersandt, die Pommersche Zeitung befindet sich in der SBBPK, Haus 2 (Signatur Ztg. 1622).
Literatur: Zuschlag 1992a, S. 90-95 und S. 105.

6.3.7 Weimar, Landesmuseum, 23. März bis 24. April 1939

Exponate: Vgl. obige Bemerkung zu Kapitel 6.3.
Photographien: Im Frühjahr 1994 tauchte in Weimar im NL des Photographen Günther Beyer, in den dreißiger Jahren Leiter der thüringischen Landesbildstelle, ein Farbdiafilm mit 34 Einzelaufnahmen von Exponaten der Ausstellung »Entartete Kunst« auf, die höchstwahrscheinlich während der Weimarer Etappe entstanden sind. Raumaufnahmen befinden sich nicht darunter. Vgl. die Publikation des Fundes von Hüneke 1995.
Rezensionen: Allgemeine Thüringische Landeszeitung Deutschland: 21., 22., 23. (Erwin Ortmann), 24. (Dr. Otto Reuter; Abb. 103, Dok. 70), 26., 28. und 30. (Dr. Ludwig Wang) März 1939; 11. (Dr. Ludwig Wang; Abb. 105), 13., 14. (Dr. Ludwig Wang), 18. und 27. April 1939.
Thüringer Gauzeitung: 21., 23. (Friedrich Didier; Abb. 104), 24. (Köhler), 25., 26., 28. (K.) und 31. (Dr. Ludwig Wang) März 1939; 1., 2., 3., 4. (Dr. Ludwig Wang), 6., 8., 12., 13. (E. t), 14., 15., 16., 18., 22., 23. und 24. April 1939.
Augenzeugenberichte: Hier sei eine Episode geschildert, die ich am 11. August 1989 in Weimar erlebte. Vor dem ehemaligen Landesmuseum stehend, kam ein alter Mann auf mich zu. Auf meine Frage nach der Geschichte des Gebäudes erzählte er mir: »Vor dem Krieg war es das Museum für entartete Kunst. Da konnte man einen Uterus sehen und krumme Beine. Damals wohnte ich noch nicht in Weimar, sondern kam auf Besuch. Ich wurde auf die Ausstellung aufmerksam gemacht und ging mit meiner Frau hinein. Scheußlich, eine Schande war das!«
Literatur: Gitta Günther/Wallraf 1976, S. 613; Zuschlag 1992a, S. 90-95 und S. 105; Gitta Günther/Huschke/Steiner 1993, S. 106f.

6.3.8 Wien, Künstlerhaus, 6. Mai bis 18. Juni 1939

Exponate: Vgl. obige Bemerkung zu Kapitel 6.3.
Quellen: Briefwechsel im Archiv des Künstlerhauses Wien (ohne Signatur).
Rezensionen: Illustrierte Kronenzeitung: 5. und 6. (-ka.; Dok. 58) Mai 1939. VB, Wiener Ausgabe: 5. (Dr. Otto Gillen), 6. (Dr. Friedrich Bayer) und 7. (g.) Mai 1939; 12. Juni 1939.
Neues Wiener Tagblatt: 6., 7. (Walter Habiger) und 12. Mai 1939.
Neues Wiener Tagblatt/6 Uhr-Abendblatt: 6. Mai 1939.
Volks-Zeitung: 6. und 12. Mai 1939.
Kunst dem Volk: 10, 1939, Folge 5, S. 36 (H. R.).
Die Pause: 4, 1939, Heft 6, S. 65-68 und S. 85 (Dr. Hans Wieczorek; Abb. 106a-d).
Augenzeugenberichte: Brief von Ferdinand Eckhardt, der die Ausstellung in München, Düsseldorf und Wien gesehen hat, an den Verfasser vom 12. Dezember 1990.
Literatur: Rudolf Schmidt 1951, S. 290; Rathkolb 1991, S. 48; Kamolz 1992; Zuschlag 1992a, S. 90-95 und S. 105; Mayer 1994, S. 300f.; Tabor 1994, Bd. 2, S. 938f.

6.3.9 Frankfurt am Main, Kunstausstellungshaus, 30. Juni bis 30. Juli 1939

Exponate: Vgl. obige Bemerkung zu Kapitel 6.3.
Quellen: Vereinzelte Schriftstücke befinden sich im ZSTA 50.01-743, Bl. 68; StA Frankfurt am Main Magistratsakten Az. 6022, Bd. 2; Archiv Städel/Städtische Galerie Bd. 36.
Rezensionen: Frankfurter Generalanzeiger: 29. und 30. Juni 1939; 4., 18., 24. und 26. Juli 1939.
Frankfurter Volksblatt: 30. Juni 1939; 1. (Heinrich Theodor Wüst; Dok. 59; stark gekürzt abgedruckt bei Wulf 1983a, S. 365f.) und 23. Juli 1939 (Dr. St.; daraus Abb. 108).
FZ: 1. und 23. Juli 1939.
Frankfurter Anzeigenblatt: 7. Juli 1939.
Rhein-Mainische Sonntags-Zeitung: 9. Juli 1939 (Heinrich Theodor Wüst; Abb. 107).
Augenzeugenberichte: Tagebuch Hans Lühdorf (Privatbesitz Hamburg); Wingler 1978, S. 72.
Literatur: Karl-Ludwig Hofmann/Krohn 1992, S. 71-73; Zuschlag 1992a, S. 90-95 und S. 105.

6.3.10 Chemnitz, Kaufmännisches Vereinshaus, 11. August bis 26. August 1939

Exponate: Vgl. obige Bemerkung zu Kapitel 6.3.
Plakat: Das von Rudolf Hermann für die Hamburger Ausstellungsetappe entworfene Plakat wurde für Chemnitz in modifizierter Form übernommen (Abb. 109). Das einzige bekannte Exemplar verwahren die Städtischen Museen Chemnitz, Plakatsammlung der Städtischen Textil- und Kunstgewerbesammlung (Inv.-Nr. KC 80; vgl. die Farbabb. bei Zuschlag 1992a, S. 104, Abb. 88). Zusätzlich ist ein kleinformatiges Textplakat (Abb. 110) in drei Exemplaren im DHM vorhanden (Inv.-Nr. P 62/1090).
Rezensionen: Chemnitzer Tageblatt: 23. und 29. Juli 1939; 6., 11. (Johannes Rentzsch), 11. (Dr. B.; Abb. 112), 12., 13., 15. (Johannes Rentzsch) und 27. August 1939.
Chemnitzer Neueste Nachrichten: 10. August 1939.
Augenzeugenberichte: Mündliche Mitteilungen einer Ausstellungsbesucherin an Georg Brühl.
Literatur: Städtische Museen Karl-Marx-Stadt o. J., S. 77; Zuschlag 1992a, S. 90-95 und S. 105.

6.3.11 Waldenburg, Kreisleitung der NSDAP, 18. Januar bis 2. Februar 1941

Exponate: Vgl. obige Bemerkung zu Kapitel 6.3.
Rezensionen: Mittelschlesische Gebirgszeitung: 15., 16., 17., 18./19., 20. (Herbert Langer; Abb. 113), 23., 24., 26. (Robert Lichtblau), 27. und 29. Januar 1941; 1. Februar 1941.

Neues Tageblatt: 16., 17., 18./19., 20. (A. Richter), 21., 22., 23., 24., 25./26., 29., 30. und 31. (Abb. 114) Januar 1941; 1./2. Februar 1941.
Literatur: Zuschlag 1992a, S. 90-95 und S. 105.

6.3.12 Halle an der Saale, Landesanstalt für Volkheitskunde, 5. April bis 20. April 1941

Exponate: Vgl. obige Bemerkung zu Kapitel 6.3.
Plakat: Ein Exemplar des von unbekannter Hand geschaffenen Plakates (Abb. 115) befindet sich in Hallenser Privatbesitz. Vgl. die Abb. bei Hüneke 1988c, S. 6 und bei Zuschlag 1992a, S. 105, Abb. 90.
Rezensionen: Einige der im folgenden aufgeführten Rezensionen befinden sich in der PrASlg im StA Halle an der Saale (Akte 321).
Saale-Zeitung: 2., 4. (-rn.; Abb. 116), 5., 8. und 9. April 1941.
Mitteldeutsche National-Zeitung: 2. (wh.), 4., 5., 6. (wh.; Abb. 117), 8., 9. und 12. April 1941.
Hallische Nachrichten: 7. und 8. April 1941.
Literatur: Hüneke 1987a, S. 12; Zuschlag 1992a, S. 90-95 und S. 105.

10.2 Dokumentation der Beschlagnahmungen

Die beiden landesweiten Beschlagnahmeaktionen vor und nach der Eröffnung der Münchner Schau »Entartete Kunst« am 19. Juli 1937 sind in den Kapiteln 4.1 und 5 besprochen worden. Paul Ortwin Rave, dem die NS-Inventare vollständig vorlagen (heute ist nur noch der erste, die Museen von Aachen bis Greifswald umfassende Band im ZSTA vorhanden), veröffentlichte 1949 eine Liste, die 101 von diesen Aktionen betroffene Museen und Institutionen in 74 Städten sowie die jeweilige Anzahl der konfiszierten Werke umfaßt (Rave 1949, S. 91). Franz Roh druckte in seinem 1962 erschienenen Buch 20 Beschlagnahmelisten ab, die ihm von den einzelnen Museen zur Verfügung gestellt worden waren (Roh 1962a, S. 122-248). Günther Wirth publizierte 1987 sechs Listen von Museen im südwestdeutschen Raum (Wirth 1987, S. 258-283). Darüber hinaus haben etliche öffentliche Sammlungen die »Säuberungen« in ihren Häusern aufgearbeitet und die Ergebnisse veröffentlicht. Dennoch sind bis heute für fast die Hälfte der 1937 heimgesuchten Museen entsprechende Listen und Dokumente nicht publiziert. Aus diesem Grunde soll hier erstmals der Versuch unternommen werden, die Beschlagnahmungen möglichst umfassend zu dokumentieren. Hierzu wurde ein Rundschreiben an diejenigen Museen verschickt, die noch keine Publikationen zum Thema vorgelegt haben. Die meisten der angeschriebenen Museen sowie die zuständigen städtischen oder staatlichen Archive scheuten keine Mühen, die Akten zu sichten, und gaben bereitwillig Auskunft. Ohne dieses freundliche Entgegenkommen, für das ich herzlich danke, wäre die folgende Dokumentation nicht möglich gewesen. Einige wenige Institutionen ließen sich trotz wiederholter Nachfragen leider nicht zu Reaktionen bewegen.

Die Rundfrage förderte vielerorts Korrespondenzen und Listen zutage, die der Forschung bislang unbekannt waren. Eine Veröffentlichung aller verfügbaren Beschlagnahmeverzeichnisse ist ein Desiderat und soll demnächst erfolgen. Hier kann das Geschehen nur in knapper Form resümiert sowie auf Quellen und Literatur verwiesen werden. Dabei ist zu berücksichtigen, daß die Dokumentation zwangsläufig Lücken aufweist, da die lokale Aktenüberlieferung aus den Jahren des Nationalsozialismus unvollständig ist: Kriegsverluste durch Bomben- und Brandschäden spielen dabei ebenso eine Rolle wie unsachgemäße Aufbewahrung und mutwillige Zerstörung. Die genaue Feststellung der Verluste durch die NS-Aktion »Entartete Kunst« ist zudem auch deshalb schwierig, weil sie nicht immer von den durch Kriegsereignisse und Auslagerung entstandenen abzugrenzen sind. Stets stößt man – sowohl in den Quellen als auch in der Literatur – auf voneinander abweichende Zahlen und Angaben, da z. B. Mappenwerke und Graphikfolgen sowie die Techniken einzelner Werke unterschiedlich erfaßt werden. Auch gibt es Ungereimtheiten: Einmal erscheinen auf den Listen Werke, die aus unerfindlichen Gründen in den Museen verblieben sind, ein anderes Mal sind die Verzeichnisse unvollständig und die tatsächlichen Verluste größer als angegeben. Wie widersprüchlich vieles ist, zeigt auch mancher Vergleich der Angaben über die Verluste, wie sie in den betroffenen Museen überliefert sind, mit den entsprechenden Angaben im Potsdamer Beschlagnahmeinventar.

Die Dokumentation ist alphabetisch nach Städtenamen geordnet. Der Vollständigkeit halber sind auch solche Sammlungen verzeichnet, für die nach wie vor keinerlei Informationen zur Verfügung stehen. Die Namen der Stadt und des Museums, so wie sie 1937 gültig waren bzw. wie sie im Potsdamer Beschlagnahmeverzeichnis aufscheinen, sind fettgedruckt. Falls abweichend, steht der heutige Name der Stadt und der Institution in der darunterliegenden Zeile.

Es folgen Angaben zum Datum des Erscheinens der Kommission, zu deren Zusammensetzung (soweit es die zweite Beschlagnahme betrifft; zu den Kommissionsmitgliedern der ersten Aktion vgl. die Aufstellung in Kapitel 4.1), den ausgeschiedenen Werken in den einzelnen Gattungen, dem Termin der Absendung nach Berlin, den

Entschädigungen 1941/42 sowie zu den Rückerwerbungen nach 1945. Bei letzteren finden in der Regel nur Gemälde und Skulpturen Berücksichtigung, das Jahr der Rückerwerbung steht in Klammern. Die Ausführungen in diesem Abschnitt folgen stets den Informationen von seiten der einzelnen Museen.

Die Literatur ist chronologisch aufgeführt. In der Klammer hinter dem Namen Rave steht die von ihm genannte Anzahl der eingezogenen Werke. Unter Quellen werden die Potsdamer Einträge aufgelistet, die nicht selten von den Verlustlisten der Museen abweichen. Auf andere Quellen wird vor allem dann verwiesen, wenn noch keine Literatur vorhanden ist.

Die Informationen zum Potsdamer Beschlagnahmeverzeichnis Aachen bis Greifswald (ZSTA 50.01-745) sowie sämtliche Inventarnummern wurden freundlicherweise von Andreas Hüneke mitgeteilt. Hierbei ist festzuhalten, daß Hüneke die Inventarnummern ab Hagen nur indirekt erschließen konnte (z. B. aus Akten im Zusammenhang mit der »Verwertung« der beschlagnahmten Werke) und diese demzufolge unvollständig sind. Die Nationalsozialisten vermerkten die Inventarnummern an den Werken, so daß sie, etwa bei der Wiederauffindung konfiszierter Werke, Anhaltspunkte für die Identifizierung des ehemaligen Besitzers bieten können.

Den Angaben zur Auktion der Galerie Fischer in Luzern am 30. Juni 1939 liegt eine von Stefan Frey-Albrecht dankenswerterweise zusammengestellte Liste zugrunde, in welcher die 125 angebotenen Werke nach Herkunftsmuseen geordnet sind (vgl. zur Auktion Theodor Fischer 1939 und Barron 1992, S. 135-169).

Abschließend sei angemerkt, daß Raves Ausführungen im großen und ganzen vollständig und zuverlässig sind. Nur ein einziger von Rave nicht erfaßter Fall ist nachweisbar, freilich handelt es sich hierbei nicht um Kunstwerke, sondern um Bücher: Auf Anforderung des Propagandaministeriums mußte die Bayerische Staatsbibliothek in München eine unbekannte Anzahl von »Leihgaben« für die Ausstellung »Entartete Kunst« (und ebenso für »Der ewige Jude«) zur Verfügung stellen, die nicht mehr zurückkehren sollten (vgl. Dressler 1987).

Aachen, Städtisches Museum

Museen der Stadt Aachen/Suermondt-Ludwig-Museum

Auf der Auktion der Galerie Fischer in Luzern am 30. Juni 1939 wurde ein Werk aus Aachener Besitz angeboten (Los 80).

Quellen: ZSTA 50.01-745, Bl. 1 (Suermondt-Museum): sechs Gemälde, eine Plastik; Inventarnummern 13260-13267.

ZSTA 50.01-745, Bl. 2 (Städtisches Museum): eine Zeichnung, elf Graphiken; Inventarnummern 15789-15800.

Literatur: Rave 1949, S. 91 (Anzahl: 20); Roh 1962a, S. 123.

Altenburg, Staatliches Lindenau-Museum

Am 31. August 1937 beschlagnahmte Walter Hoffmann [?] neun Gemälde, eine Plastik und 29 Graphiken, welche am 20. September 1937 auf einer Liste verzeichnet wurden.

Quellen: Akten im Archiv des Museums (mit Liste).

ZSTA 50.01-745, Bl. 3-4: neun Gemälde, eine Plastik, 13 Aquarelle und Zeichnungen, 16 Graphiken; Inventarnummern 11832-11870.

Literatur: Rave 1949, S. 91 (Anzahl: 39).

Altona, Stadtmuseum

Altonaer Museum in Hamburg/Norddeutsches Landesmuseum

Sämtliche Akten des Museums gingen im Krieg verloren. Eine nach Mai 1945 angefertigte Liste »Abgegebene Werke der ›Entarteten Kunst‹« verzeichnet je ein Gemälde von Werner Gilles und Christian Bayer sowie zwei weitere von Emil Nolde, die in der Hamburger Kunsthalle als Leihgaben des Altonaer Museums zu einer Nolde-Ausstellung beschlagnahmt wurden.

Quellen: STA Hamburg 363-6 I B 29 (Liste, angefertigt nach Mai 1945).

ZSTA 50.01-745, Bl. 5: zwei Gemälde, zehn Graphiken; Inventarnummern 13812-13823.

Literatur: Rave 1949, S. 91 (Anzahl: 12).

Bautzen, Stadtmuseum

Die aus Guido Joseph Kern, Hellmut Sachs und einem Herrn Polus bestehende Kommision konfiszierte drei Gemälde, ein Aquarell und 18 Graphiken, die am 20.

August 1937 nach Berlin verbracht wurden.
Quellen: Akten im Archiv des Museums (mit Liste). STA Dresden Best. Ministerium des Innern, Nr. 17321/1. ZSTA 50.01-745, Bl. 7: drei Gemälde, 19 Graphiken; Inventarnummern 12007-12026 und 14286-14287.
Literatur: Rave 1949, S. 91 (Anzahl: 22).

Berlin, Nationalgalerie

SMPK, Alte Nationalgalerie

Am 29. Oktober 1936 forderte die Landesstelle München-Oberbayern des RMVP fünf Arbeiten auf Papier und eine Plastik für die Münchner Ausstellung »Der Bolschewismus« an, die am 3. November 1936 abgeschickt wurden. Am 7. Juli 1937 beschlagnahmte die Kommission in der Neuen Abteilung im ehemaligen Kronprinzenpalais 64 Gemälde, vier Plastiken sowie 73 Aquarelle und Zeichnungen, die am 10. Juli 1937 nach München gesandt wurden. Im Rahmen der zweiten Beschlagnahme schied am 12., 13. und 16. August 1937 die aus Franz Hofmann, Emil Stahl, Gustav Adolf Engelhardt und Carl Meder bestehende Kommission weitere 72 Gemälde, 24 Plastiken und 251 Aquarelle und Zeichnungen aus, die am 15. Oktober 1937 in das Depot Köpeniker Straße 24a verbracht wurden. Nach einem Besuch von Klaus Graf von Baudissin am 15. September 1937 wurden weitere 21 Werke ausländischer Künstler konfisziert und am 3. November 1937 in die Köpenicker Straße 24a transportiert. Für 15 gestiftete Werke wurde die Beschlagnahme rückgängig gemacht. Auf der Auktion der Galerie Fischer in Luzern am 30. Juni 1939 wurden 20 Werke aus dem Besitz der Nationalgalerie angeboten (Lose 3, 4, 19, 23, 26, 27, 29, 31, 53, 56, 57, 64, 78, 81, 82, 98, 101, 104, 112, 119). Als Entschädigung erhielt das Museum sechs Kunstwerke des 19. Jahrhunderts aus der Sammlung Sofie und Emanuel Fohn, ferner im Jahre 1942 RM 39.680 [RM 44.490?]. Darüber hinaus überwies Göring, der sich fünf Gemälde angeeignet hatte, am 24. Januar 1940 RM 165.000.
Rückerwerbungen: Otto Dix, »Mädchen, Brustbild, mit struppigen blonden Haaren« (1947); Jankel Adler, »Sitzender Jude« (1949); Ernst Barlach, »Die Verlassenen« (1949), »Die lesenden Mönche III« (1962); Rudolf Belling, »Dreiklang« (1949), »Kopf in Messing (Toni Freeden)« (1949); Conrad Felixmüller, »Liebespaar in einer Fabrikstadt« (1949); Lyonel Feininger, »Teltow II« (1949), »Gelmeroda I« (1966), »Gelmeroda VII« (1976/77); Else Lasker-Schüler, sieben Zeichnungen (1949); Franz Metzner, »Stehende weibliche Figur« (1949); Otto Mueller, »Das Urteil des Paris« (1949), »Drei Figuren in Landschaft« (1949), »Sommer« (1958); Hans Wissel, »Mädchenakt, Torso« (1949); Ernst Ludwig Kirchner, »Wohnraum im Haus des Künstlers« (1953); Karl Schmidt-Rottluff, »Drei Männer mit Schaufeln und Karren bei der Arbeit« (1958); Erich Heckel, »Sylt« (1959); Lovis Corinth, »Walchensee mit Lärche« (1960), »Rosa Rosen« (1983); Max Liebermann, »Bildnis Otto Baum« (1960); Paul Adolf Seehaus, »Der Dom zu Magdeburg« (1960); Christian Rohlfs, »Jesus in Gethsemane« (1990); Oskar Schlemmer, »H K« (1991).
Quellen: ZSTA 50.01-745, Bl. 8-19: 159 Gemälde, 30 Plastiken, 268 Aquarelle und Zeichnungen, 46 Graphiken; Inventarnummern 12069-12405, 14126-14145, 14288-14331, 15029, 15047, 15662-15682, 15740, 15777, 15801-15804, 15934, 15970, 15971, 15978, 15980, 15984, 15987, 15990, 15991, 15995, 16002, 16003, 16007, 16040, 16042, 16056, 16067, 16073, 16084, 16091, 16095, 16102-16104, 16107, 16112, 16122, 16126-16130, 16143, 16150-16152, 16156, 16160, 16176, 16177, 16196, 16201, 16206, 16213, 16228-16231, 16238, 16241, 16247, 16262, 16270, 16296-16303, 16306-16313, 16406, 16407, 16448, 16456, 16556, 16558.
Literatur: Rave 1949, S. 91 (Anzahl: 505) und S. 82f. (Liste) sowie 1987, S. 142-145 (Bericht über die erste Beschlagnahmung); Roh 1962a, S. 123-144 (Liste); Weidemann/März 1977, S. 86-89 (Dokumentation) und S. 90-101 (Verzeichnis); Janda 1988, S. 76; Schulz-Hoffmann 1990, S. 98f.; Barron 1992, passim; Blume 1992; Janda 1992, S. 113-115; dies./Grabowski 1992 (enthält auf den S. 52-70 zahlreiche Dokumente zu den Beschlagnahmungen, auf S. 74-206 ein 505 Nummern umfassendes »Verzeichnis der Gemälde, Bildwerke und Zeichnungen, die in der Nationalgalerie beschlagnahmt wurden«, auf S. 207 ein Verzeichnis der »Listenmäßige[n] Aufstellungen« sowie auf S. 208 Literaturverweise).

Berlin, Kupferstichkabinett

SMPK, Kupferstichkabinett – Sammlung der Zeichnungen und Druckgraphik

Bei der ersten Beschlagnahmeaktion am 7. Juli 1937 verlor das Kupferstichkabinett nachweislich 82 Blätter (tatsächlich aber wohl mehr), bei der zweiten Beschlagnahme am 13. August 1937 weitere 608. Von den letzteren tauschte Willy Kurth, Leiter der Neuen Abteilung des Kupferstichkabinetts, am Abend nach dem Kommissionsbesuch und vor Ablieferung der ausgewählten Blätter 127 der wertvollsten Werke gegen weniger wichtige aus.
Quellen: ZSTA 50.01-745, Bl. 20-32: ein Gemälde, 15 Zeichnungen, 634 Graphiken, ein Buch: Inventarnummern 12406-13020, 15805-15808, 16138, 16368-16372, 16384-16405, 16413, 16483.
Literatur: Rave 1949, S. 91 (Anzahl: 647) und S. 82f. (Liste); Blume 1988, S. 23-27 (S. 27: Anhang 1, »Werke aus dem Kupferstichkabinett Berlin in der Ausstellung ›Entartete Kunst‹ in München und anderen Städten« und Anhang 2, »Beschlagnahme vom 13. August 1937«).

Berlin, Stadtbesitz

Unklar ist, ob sich die von Rave überlieferte Zahl auf Kunstwerke bezieht, die die Stadt Berlin erwarb und in ihren städ-

tischen Verwaltungsgebäuden zeigte, oder auf solche, die in städtischen Museen beschlagnahmt wurden. Weder im Archiv des Märkischen Museums noch beim Berliner Senat haben sich diesbezügliche Unterlagen erhalten.
Quellen: ZSTA 50.01-745, Bl. 33-36: 31 Gemälde, acht Plastiken, 25 Aquarelle und Zeichnungen, 66 Graphiken; Inventarnummern 14585-14641 (14616 unbesetzt), 15027, 15060-15065, 15162-15229.
In der Außenstelle Breite Straße des Landesarchivs Berlin, welche die Bestände des ehemaligen StA Ost-Berlin verwahrt, befindet sich eine Aktengruppe (ab Mai 1945) zur Bergung, Sicherung und Rückführung von Kunstgegenständen aus staatlichem, städtischem und privatem Besitz (Landesarchiv Berlin, Außenstelle Breite Straße, Rep. 120, Nr. 507 und Nr. 509).
Literatur: Rave 1949, S. 91 (Anzahl: 131).

Beuthen, Oberschlesisches Landesmuseum

Bytom, Muzeum Górnośląskie

Der Vorgang ist im Museum nicht dokumentiert.
Quellen: ZSTA 50.01-745, Bl. 37: zwei Gemälde, vier Plastiken, zwei Graphiken; Inventarnummern 12065-12068, 15759-15762.
Literatur: Rave 1949, S. 91 (Anzahl: 8).

Bielefeld, Städtisches Museum und Städtische Kunsthalle

(Städtisches Kunsthaus, 1944 zerstört)
Städtisches Museum

Am 23. August 1937 konfiszierte die aus Franz Hofmann und Paul Waldow bestehende Kommission drei Radierungen aus dem Städtischen Museum sowie aus dem Besitz des Städtischen Kunsthauses elf Gemälde, 23 Aquarelle und Zeichnungen und 102 Graphiken (wobei die 98 Blätter enthaltende Mappe »Die Stadt« von Masereel als ein Werk gezählt wurde). Mit Ausnahme eines Aquarells und dreier Graphiken wurden die Werke am 12. Oktober 1937 nach Berlin geschickt. Im Dezember 1941 wurden dem Kunsthaus als Entschädigung RM 410 zugewiesen.
Quellen: »Verzeichnis der durch die Reichskammer der bildenden Künste ausgeschiedenen Kunstwerke im Städt. Kunsthaus Bielefeld« des Kustos Georg Hengstenberg vom 28. August 1937 (StA Bielefeld, Akten des ehemaligen Städtischen Kunsthauses).
ZSTA 50.01-745, Bl. 38 (Städtisches Museum): drei Graphiken; Inventarnummern 6612-6614.
ZSTA 50.01-745, Bl. 39-42 (Städtische Kunsthalle): zwölf Gemälde, 29 Aquarelle und Zeichnungen, 86 Graphiken; Inventarnummern 14642-14768.
Literatur: Rave 1949, S. 91 (Anzahl für Städtisches Museum: 3; Anzahl für Städtische Kunsthalle: 127); Heinrich Becker 1968, S. 4 (Liste); Jörn 1981, S. 8-12, S. 30 und S. 33 (mit einem Auszug des Berichtes von Hengstenberg auf S. 10f., D 13); Ditt 1988, S. 310 mit Anm. 492.

Bochum, Städtische Gemäldegalerie

Museum Bochum

Am 8. September 1937 wurden acht Gemälde, drei Aquarelle und sechs Graphiken nach Berlin gesandt.
Quellen: StA Bochum, D St 52/1-2 (Korrespondenz mit Liste).
ZSTA 50.01-745, Bl. 43: sieben Gemälde, fünf Aquarelle und Zeichnungen, fünf Graphiken; Inventarnummern 13268-13284.
Literatur: Rave 1949, S. 91 (Anzahl: 17).

Braunschweig, Herzog Anton Ulrich-Museum

Zu einem nicht bekannten Zeitpunkt wurden fünf Gemälde und neun graphische Blätter konfisziert, die 1933 als Teil der 23 Werke umfassenden Schenkung der Braunschweiger »Gesellschaft der Freunde junger Kunst« in das Museum gekommen waren. Im März 1942 erhielt das Museum eine Entschädigung in Höhe von RM 50.
Quellen: ZSTA 50.01-745, Bl. 44: fünf Gemälde, acht Aquarelle und Zeichnungen, eine Graphik; Inventarnummern 11228-11241.
Literatur: Rave 1949, S. 91 (Anzahl: 14); Wex 1987, S. 64-68 und 1988 (mit Liste).

Braunschweig, Städtisches Museum

Im Städtischen Museum Braunschweig ist die Beschlagnahmeaktion nicht dokumentiert.
Quellen: ZSTA 50.01-745, Bl. 45: zwei Gemälde; Inventarnummern 11242, 11243.
Literatur: Rave 1949, S. 91 (Anzahl: 2).

Bremen, Kunsthalle

Am 5. Juli 1937 wurden vier Gemälde und drei Graphiken beschlagnahmt. Zusätzlich forderte Adolf Ziegler mit Schreiben vom 9. Juli 1937 Corinths »Bildnis des Malers Bernt Grönvolt« an, das am 13. Juli 1937 nach München geschickt wurde. Am 21. August 1937 sonderten Ziegler und seine Mitarbeiter weitere 17 Gemälde, 23 Aquarelle und Zeichnungen sowie 121 Druckgraphiken aus, welche am 24. August 1937 nach Berlin gesandt wurden. Auf der Auktion der Galerie Fischer in Luzern am 30. Juni 1939 wurden zwei Werke aus Bremer Besitz angeboten (Lose 24, 109). Vier bei der zweiten Aktion konfiszierte Radierungen von Renée Sintenis wurden am 24. Mai 1940 von Schloß Niederschönhausen nach Bremen zurückgeschickt.
Rückerwerbungen: Paula Modersohn-Becker, »Worpsweder Bauernkind« (1945); Ernst Barlach, »Kopf eines russischen Bauern mit Mütze« (1953); Lovis Corinth, »Bildnis des

Malers Bernt Grönvolt« (1953); Oskar Kokoschka, »Pariser Oper« (1991/92).
Quellen: ZSTA 50.01-745, Bl. 46-49: 20 Gemälde, 27 Aquarelle und Zeichnungen, 118 Graphiken; Inventarnummern 9127-9286, 14146, 14332, 14333, 16142, 16149.
Literatur: Rave 1949, S. 91 (Anzahl: 165); Roh 1962a, S. 145f. (Liste); Zweite 1987, S. 283; Artinger 1990; Barron 1992, S. 152 und S. 221f.; Kulturstiftung der Länder 1992b (auf den S. 12-44 sind sämtliche die Beschlagnahme betreffenden Briefe und Dokumente in der Kunsthalle Bremen wiedergegeben, S. 45-52 Liste).

Breslau, Schlesisches Museum und **Schloßmuseum**
Wrocław, Muzeum Narodowe

Breslau wurde zweimal von den NS-Kunstschergen heimgesucht. Wolfgang Willrich traf, wie aus einem Bericht des Hallenser Museumsdezernenten Bernhard Grahmann an den Oberbürgermeister von Halle vom 17. Juli 1937 hervorgeht (vgl. Hüneke 1987a, S. 2), am 8. Juli 1937 in Breslau ein, um im Schlesischen Museum der bildenden Künste (Provinzialmuseum) Werke für die Münchner Ausstellung »Entartete Kunst« zu requirieren. Weder diese erste noch die zweite Aktion [Datum?] im staatlichen Schlesischen Museum ist in Breslau dokumentiert. Auf der Auktion der Galerie Fischer in Luzern am 30. Juni 1939 wurde ein Werk aus dem Besitz des Schlesischen Museums angeboten (Los 63).
Erhalten hat sich eine 64 Nummern umfassende Liste des städtischen Kunstbesitzes, der vermutlich im Schloßmuseum, welches zu den Kunstsammlungen der Stadt Breslau gehörte, beschlagnahmt und am 27. September 1937 nach Berlin transportiert wurde.
Quellen: »Verzeichnis der Bilder entarteter Kunst, die von den Kunstsammlungen der Stadt Breslau nach Berlin geschickt worden sind« vom 27. September 1937 (Muzeum Narodowe we Wrocławiu, M. N. Gabinet Dokumentów I/426, Bl. 12f.; vgl. die Korrespondenz ebenda I/325).
ZSTA 50.01-745, Bl. 50-62 (Schlesisches Museum): 35 Gemälde, eine Plastik, 100 Aquarelle und Zeichnungen, 387 Graphiken, 28 Bücher, drei Sonstiges; Inventarnummern 7937-8352 (8119 unbesetzt), 14147-14153, 14334-14371, 14581-14584, 15046, 15816-15838, 15929-15931, 15951, 15961, 15963, 15994, 16032, 16043, 16058, 16059, 16063, 16065, 16066, 16089, 16108, 16175, 16191, 16217, 16240, 16260, 16269, 16271, 16273, 16333, 16334, 16337, 16342, 16343, 16367, 16382, 16423-16427, 16432-16439, 16459-16486.
ZSTA 50.01-745, Bl. 63-64 (Schloßmuseum): 31 Gemälde, zwei Plastiken, 27 Aquarelle und Zeichnungen, vier Graphiken; Inventarnummern 7874-7936, 16421, 16422.
Literatur: Rave 1949, S. 91 (Anzahl für Schlesisches Museum: 560; Anzahl für Schloßmuseum: 64).

Chemnitz, Kunsthütte (1947 aufgelöst, Bestände wurden von der Städtischen Kunstsammlung übernommen) und **Städtische Kunstsammlung**
Städtische Kunstsammlungen

Am 19. August 1937 beschlagnahmte die Kommission (Guido Joseph Kern, Huber, Polus) fünf Gemälde, eine Plastik, elf Zeichnungen und Aquarelle, 244 Graphiken und vier Mappenwerke aus dem Besitz des Vereins Kunsthütte und 13 Gemälde, eine Plastik, 28 Zeichnungen und Aquarelle, 308 Graphiken und 23 Mappenwerke aus der Städtischen Kunstsammlung. Auf der Auktion der Galerie Fischer in Luzern am 30. Juni 1939 wurden zwei Werke aus dem Besitz der Städtischen Kunstsammlung angeboten (Lose 60, 121).
Rückerwerbung: Karl Schmidt-Rottluff, »Herbstlandschaft« (1954).
Quellen: ZSTA 50.01-745, Bl. 66-72 (Kunsthütte): fünf Gemälde, eine Plastik, 18 Aquarelle und Zeichnungen, 251 Graphiken; Inventarnummern 9946-10218, 15932, 16530.
ZSTA 50.01-745, Bl. 73-80 (Städtische Kunstsammlung): 15 Gemälde, eine Plastik, 46 Aquarelle und Zeichnungen, 302 Graphiken; Inventarnummern 10219-10584.
Literatur: Rave 1949, S. 91 (Anzahl für Kunsthütte: 275; Anzahl für Städtische Kunstsammlung: 366); Städtische Museen Karl-Marx-Stadt o. J., S. 77-79 (Liste der 103 beschlagnahmten Werke Schmidt-Rottluffs: sechs Gemälde, vier Aquarelle, eine Pinselzeichnung, 84 Graphiken, acht Gebrauchsblätter); Brix 1987; Barron 1992, S. 169; Juppe/Pfalzer 1992, S. 71.

Darmstadt, Hessisches Landesmuseum

Zu einem nicht bekannten Zeitpunkt fielen der Beschlagnahmeaktion neun Gemälde, 19 Zeichnungen, rund 100 Druckgraphiken und mehrere Mappenwerke anheim.
Quellen: Liste im Archiv des Museums.
ZSTA 50.01-745, Bl. 82-84: zehn Gemälde, neun Aquarelle und Zeichnungen, 63 Graphiken; Inventarnummern 2891-2972.
Literatur: Rave 1949, S. 91 (Anzahl: 82); Roh 1962a, S. 146-148 (Liste). Die Verluste wurden 1988 in einer Ausstellung der Graphischen Sammlung über den 1933 entlassenen Kustos Karl Freund dokumentiert (ohne Katalog).

Darmstadt, Städtische Kunstsammlungen
Institut Mathildenhöhe

Der Vorgang ist im Institut Mathildenhöhe nicht dokumentiert. Die Akten und Inventarbücher befinden sich im StA Darmstadt und wurden bislang noch nicht ausgewertet.
Quellen: Akten und Inventarbücher im StA Darmstadt.
ZSTA 50.01-745, Bl. 85: ein Gemälde; Inventarnummer 13974.
Literatur: Rave 1949, S. 91 (Anzahl: 1).

Dessau, Gemäldegalerie

Anhaltische Gemäldegalerie Schloß Georgium

Der Vorgang ist im Museum nicht dokumentiert.
Quellen: ZSTA 50.01-745, Bl. 86-88: acht Gemälde, vier Aquarelle und Zeichnungen, 72 Graphiken; Inventarnummern 10922-11005.
Literatur: Rave 1949, S. 91 (Anzahl: 84); Harksen 1975, S. 65.

Dortmund, Städtisches Kunst- und Gewerbemuseum

Museum für Kunst und Kulturgeschichte

In Dortmund ist das Aktenmaterial unvollständig, Listen des Beschlagnahmeguts fehlen. Nur wenige der über 100 [?] betroffenen Werke sind namentlich bekannt.
Rückerwerbungen: Christian Rohlfs, »Das Ruhrtal bei Herdecke«, »Das Atelier in Weimar« und »Clowngespräch« (alle 1954; vom Museum am Ostwall, Dortmund, 1958 übernommen).
Quellen: ZSTA 50.01-745, Bl. 89-91: elf Gemälde, eine Plastik, ein Aquarell, 57 Graphiken; Inventarnummern 6542-6611.
Literatur: Rave 1949, S. 91 (Anzahl: 70); Ditt 1988, S. 309 mit Anm. 488; Bickendorf 1992, S. 221 mit Anm. 17; Trocka-Hülsken 1992.

Dresden, Staatliche Gemäldegalerie

Staatliche Kunstsammlungen, Gemäldegalerie Neue Meister

Im Zuge der ersten Beschlagnahmekampagne erschienen die Kunstschergen [Willrich?] am 9./10. Juli 1937 in Dresden, jedoch ohne Werke für München anzufordern. Am 14. August 1937 durchsuchte eine Kommission unter der Leitung von Guido Joseph Kern [?] Galerie, Schloßdepot und Neue Galerie. Am 30. August 1937 sandte Direktor Hans Posse Listen des Beschlagnahmeguts an das Ministerium für Volksbildung und teilte mit, daß der Versand der Bilder nach Berlin vorbereitet werde. Am 8. September 1937 genehmigte der Reichsstatthalter in Sachsen den Versand. Am 9. November 1937 beschlagnahmte die RbK brieflich weitere neun Werke; diese wurden (mit Ausnahme eines Bildes) am 3. Dezember 1937 der Spedition Knauer übergeben, was der Reichsstatthalter in Sachsen am 22. November 1937 gestattet hatte. Am 29. November 1937 hatte Posse den Präsidenten der RbK um eine Empfangsbestätigung für insgesamt 122 Gemälde aus dem Besitz der Gemäldegalerie, des Patronatsvereins und des Ministeriums des Inneren gebeten; die beigelegte Liste enthielt 130 Werke. Empfangsquittungen gingen in Dresden am 24. Dezember 1937 ein. Auf der Auktion der Galerie Fischer in Luzern am 30. Juni 1939 wurden neun Werke aus dem Besitz der Staatlichen Gemäldegalerie Dresden angeboten (Lose 52, 55, 58, 68, 71, 90, 102, 110, 122). Als Entschädigung bekam die Gemäldegalerie am 10. März 1942 zwei Gemälde und zwei Zeichnungen des 19. Jahrhunderts, die – alle oder zum Teil – aus der Sammlung Sofie und Emanuel Fohn stammten, sowie RM 34.000 [39.050?].
Rückerwerbung: Robert Sterl, »Prozession mit zwei Popen« (1973).
Quellen: Hans Posse, Tagebuch 1936-1942, unter dem 16. August und 24. Dezember 1937 (ABK, NL Hans Posse).
Archiv der Staatlichen Kunstsammlungen Dresden, Akte »Aktion ›Entartete Kunst‹« (mit Korrespondenzen und Listen).
ZSTA 50.01-745, Bl. 92-96: 93 Gemälde, 35 Aquarelle und Zeichnungen, 22 Graphiken; Inventarnummern 13659-13777, 15763-15770, 16019, 16158, 16159, 16161-16170, 16172, 16183, 16199, 16531-16537.
Literatur: Rave 1949, S. 91 (Anzahl: 150); Roh 1962a, S. 149-151 (Liste); Johne 1987, S. 171 und S. 173; Göpfert 1987 (Liste); Staatliche Kunstsammlungen Dresden 1987, S. 354f. (Liste); Horst Zimmermann 1987a und 1987b, passim; Schulz-Hoffmann 1990, S. 99; Werner Schmidt 1991; Janda/Grabowski 1992, S. 66.

Dresden, Kupferstichkabinett

Staatliche Kunstsammlungen, Kupferstich-Kabinett

Einem Tagebucheintrag von Hans Posse folgend, forderte die RbK am 9. Juli 1937 per Eilbrief 22 Graphiken für die Münchner Ausstellung »Entartete Kunst« an, die am 10. Juli 1937 abgeschickt wurden. Nach freundlicher Mitteilung des Museums waren es sogar sechs Zeichnungen und 45 graphische Blätter, die an diesem Tag in die bayerische Metropole abgingen. Am 29. September 1937 wurden an das Ministerium für Volksbildung drei Graphiken zurückgegeben. Am 7. Oktober 1937 lieferte das Kupferstichkabinett weitere 22 Zeichnungen, 286 Graphiken und zehn Mappenwerke an die RbK ab.
Quellen: Hans Posse, Tagebuch 1936-1942, unter dem 9. Juli 1937 (ABK, NL Hans Posse).
ZSTA 50.01-745, Bl. 97-104: 17 Aquarelle und Zeichnungen, 348 Graphiken. Inventarnummern 8353-8701, 16315-16317, 16346-16354, 16364, 16365, 16383, 16428.
Literatur: Rave 1949, S. 91 (Anzahl: 365); Staatliche Kunstsammlungen Dresden 1985, S. 138f., Nr. 150; Seydewitz 1960, S. 130.

Dresden, Skulpturensammlung

Staatliche Kunstsammlungen, Skulpturensammlung

Die betreffenden Akten im Archiv der Staatlichen Kunstsammlungen Dresden sind bislang noch nicht ausgewertet worden. Auf der Auktion der Galerie Fischer in Luzern am 30. Juni 1939 wurden zwei Werke aus dem Besitz der Skulpturensammlung angeboten (Lose 5, 84).

Rückerwerbung: Wilhelm Lehmbruck, »Kniende« (1993); vgl. hierzu Dietrich Schubert 1993 und Kulturstiftung der Länder 1994c.
Quellen: Archiv der Staatlichen Kunstsammlungen Dresden, Akte »Entartete Kunst 1937-1941 Rep.II.37.3« (mit Korrespondenzen und Listen).
ZSTA 50.01-745, Bl. 105: 27 Plastiken; Inventarnummern 13778-13792, 15050, 15728-15738.
Literatur: Rave 1949, S. 91 (Anzahl: 27).

Dresden, Stadtmuseum

Das Stadtmuseum Dresden verlor gleich mehrfach umfangreiche Bestände. In der Dresdner Vorläuferausstellung »Entartete Kunst« des Jahres 1933 befanden sich zahlreiche Werke aus dem Stadtmuseum. Davon wurden 94 Stück, nämlich 48 Gemälde, 40 Graphiken und sechs Plastiken (Dok. 4), bis Ende März 1937 auf Wanderschaft durch zwölf deutsche Städte geschickt und im Juli 1937 komplett in die Münchner Wanderschau gleichen Namens integriert. Sie kehrten nicht mehr in die Elbstadt zurück. Am 30. August 1937 [?] schied eine Kommission weitere Werke aus dem Besitz des Stadtmuseums aus, die im September 1937 nach Berlin gesandt wurden. Die entsprechende Liste enthält 266 Nummern mit 390 Einzelwerken (16 Gemälde, sieben Plastiken, 80 Aquarelle und Zeichnungen, 278 Graphiken). Am 11. Oktober 1937 ging nochmals eine Sendung nach Berlin, die 14 Arbeiten auf Papier enthielt. Am 9. November 1937 wurden brieflich sechs [zwei?] weitere Gemälde, die sich als Leihgaben des Stadtmuseums in der Staatlichen Gemäldegalerie befanden, beschlagnahmt und daraufhin nach Berlin geschickt. Darunter war Edvard Munchs Gemälde »Das kranke Mädchen«, welches über den Händler Karl Buchholz zu dessen Osloer Kollegen Harald Holst Halvorsen gelangte, der es am 23. Januar 1939 versteigerte (vgl. Halvorsen 1939, S. 10, Nr. 40); heute hängt es in der Tate Gallery, London. Auf der Auktion der Galerie Fischer in Luzern am 30. Juni 1939 wurde ein Werk aus dem Besitz des Stadtmuseums angeboten (Los 35).Von den in den Beschlagnahmelisten aufgeführten Werken verblieben fünf Lithographien von Otto Mueller sowie zwei Zeichnungen und sieben Graphiken von Lasar Segall aus unbekannten Gründen im Stadtmuseum.
Quellen: Verschiedene Dokumente, darunter mehrere Listen, befinden sich im Archiv des Stadtmuseums Dresden.
In einem Brief des Kreishauptmanns zu Dresden-Bautzen an das Ministerium des Innern in Dresden vom 26. Oktober 1937 heißt es: »Nach dem Bericht des Oberbürgermeisters zu Dresden sind im Stadtmuseum Dresden durch eine Kommission des Präsidenten der Reichskammer der bildenden Künste im September ds. Js. 502 Werke beschlagnahmt worden« (STA Dresden Best. Ministerium des Innern, Nr. 17321/1).
ZSTA 50.01-745, Bl. 106-113: 42 Gemälde, elf Plastiken, 104 Aquarelle und Zeichnungen, 222 Graphiken; Inventarnummern 13378-13658, 14154-14163, 14372-14413, 15045, 15048, 15051, 15059, 15938, 15940, 15942, 15954, 15973, 15974, 15976, 15979, 15982, 16000, 16001, 16013, 16038, 16046, 16049, 16051, 16054, 16119, 16233, 16237, 16242, 16243, 16256, 16258, 16261, 16263, 16266, 16272, 16304, 16305, 16314, 16355-16363, 16451, 16452, 16458.
Literatur: Rave 1949, S. 91 (Anzahl: 381); Roh 1962a, S. 151 (Liste der als Leihgaben in der Staatlichen Gemäldegalerie beschlagnahmten sechs [?] Gemälde); Staatliche Kunstsammlungen Dresden 1985, S. 145f., Nr. 178.

Dresden, Staatliche Akademie für Kunstgewerbe
Hochschule für Bildende Künste

Mit Schreiben vom 15. November 1994 teilte mir Diether Schmidt aus Dresden mit, daß in der Akademie für Kunstgewerbe seines Wissens keine Beschlagnahmungen stattgefunden hätten. Die Angaben könnten sich vielmehr auf das Kunstgewerbemuseum (heute: Staatliche Kunstsammlungen, Kunstgewerbemuseum, Schloß Pillnitz) beziehen, welches sich bis 1945 im Gebäude der Akademie für Kunstgewerbe, Güntzstraße 34, befunden habe. Nach freundlicher Mitteilung von Gisela Haase vom 18. April 1995 stammen die betreffenden Werke hingegen nicht aus dem Kunstgewerbemuseum. Daher ist anzunehmen, daß die Beschlagnahmung doch in der Akademie für Kunstgewerbe stattfand, der Vorgang dort aber nicht dokumentiert ist.
Quellen: ZSTA 50.01-745, Bl. 114: eine Zeichnung, 17 Graphiken; Inventarnummern 13793-13809.
Literatur: Rave 1949, S. 91 (Anzahl: 17).

Düsseldorf, Kunstsammlungen der Stadt
Kunstmuseum

Am 6. Juli 1937 wurden neun Gemälde und elf Graphiken für die Münchner Ausstellung »Entartete Kunst« beschlagnahmt. Am 26. August 1937 konfiszierte eine Kommission zwei Gemälde aus der Gemäldegalerie, 100 Bilder aus der Rheinisch-Westfälischen Galerie der Neuzeit, zehn Plastiken aus der Galerie der Neuzeit-Plastik sowie 213 Zeichnungen, einige hundert Graphiken und 15 Mappenwerke aus dem Kupferstichkabinett, die am 31. August 1937 nach Berlin gesandt wurden. Nach dem Vierteljahresbericht der Kunstsammlungen vom 4. Oktober 1937 wurden insgesamt 899 Werke eingezogen. Auf der Auktion der Galerie Fischer in Luzern am 30. Juni 1939 wurden drei Werke aus Düsseldorfer Besitz angeboten (Lose 32, 91, 106). Eines der beschlagnahmten Bilder von Corinth wurde im Dezember 1939 oder im Januar 1940 mit der Maßgabe, es nicht auszustellen, zurückgegeben (Dok. 33). 1941/42 erhielten die Kunstsammlungen als Entschädigung RM 6.325.
Rückerwerbung: Otto Dix, »Bildnis Franz Radziwill« (1958).
Quellen: Notizbuch von Werner Doede aus dem Jahr 1937

(Privatbesitz Kassel). Doede war seinerzeit wissenschaftlicher Mitarbeiter am Kunstmuseum Düsseldorf und von 1946 bis 1953 sein Direktor.
ZSTA 50.01-745, Bl. 119-138: 105 Gemälde, zehn Plastiken, 221 Aquarelle und Zeichnungen, 553 Graphiken; Inventarnummern 1947-2825, 14164-14167, 14414-14419, 15851, 15950-15952, 15955, 15986, 16181, 16197, 16292-16294, 16408.
Literatur: Rave 1949, S. 91 (Anzahl: 900); Roh 1962a, S. 151-158 (Liste); Hans-Peter Görgen 1968, S. 181; Rischer 1972, S. 99-101; von Geymüller 1977, S. 5 und S. 369-373 (Liste); Krempel 1985, S. 118-122 (Liste); Alberg 1987, S. 77; Barron 1992, S. 228f.; Janda/Grabowski 1992, S. 66.

Duisburg, Städtische Kunstsammlung

Wilhelm Lehmbruck Museum

Näheres über die Beschlagnahme in Duisburg ist nicht bekannt, eine bis vor einigen Jahren im Lehmbruck Museum vorhandene Akte gilt mittlerweile als »verschollen«.
Rückerwerbung: Kurt Schwippert, »Mädchenkopf« (1976).
Quellen: ZSTA 50.01-745, Bl. 115-118: 45 Gemälde, 14 Plastiken, 17 Aquarelle und Zeichnungen, 50 Graphiken; Inventarnummern 15066-15161, 15698-15727.
Literatur: Rave 1949, S. 91 (Anzahl: 126); Roh 1962a, S. 158f. (Liste; nach Auskunft des Museums stimmen die tatsächlichen Verluste nur teilweise mit der Liste überein, weswegen es sich vermutlich eher um eine Vorschlagsliste, denn um eine Beschlagnahmeliste handelt); Katharina Lepper/Barbian 1992, S. 6-17.

Erfurt, Museen der Stadt

Angermuseum

Am 9. Juli 1937 forderte die RbK beim Angermuseum schriftlich ein Gemälde von Nolde für die Münchner Ausstellung »Entartete Kunst« an; es wurde am 13. Juli 1937 abgeschickt. Am 27. August [3. September?] 1937 beschlagnahmte die Kommission (Franz Hofmann, Bauer, Studentkowski) 13 Gemälde, sieben Plastiken sowie 571 Aquarelle, Zeichnungen und Graphiken. Mit Schreiben vom 21. Dezember 1937 teilte die RKK die Rücksendung einiger »versehentlich« beschlagnahmter Werke mit, am 23. März 1939 erfolgte die Rückgabe einer Bronzeplastik von Renée Sintenis. Auf der Auktion der Galerie Fischer in Luzern am 30. Juni 1939 wurde ein Werk aus Erfurter Besitz angeboten (Los 107). Als Entschädigung wurden 1941/42 RM 4.850 gezahlt.
Rückerwerbungen: Georg Muche, »Landschaft mit Kopf« (1958); Christian Rohlfs, »Tannen« (1958); Wilhelm Lehmbruck, »Rückblickende« (1993).
Quellen: ZSTA 50.01-745, Bl. 140-153: 15 Gemälde, acht Plastiken, 127 Aquarelle und Zeichnungen, 456 Graphiken; Inventarnummern 1343-1946 (1366, 1393, 1638, 1645, 1648, 1656, 1658, 1765-1767 und 1771-1774 unbesetzt), 16011.
Literatur: Rave 1949, S. 91 (Anzahl: 591); Museen der Stadt Erfurt/Angermuseum 1986, S. 48-51 (Liste); Schönemann 1988; Janda/Grabowski 1992, S. 68; Lucke/Hüneke 1992, S. 22.

Essen, Folkwang Museum

Museum Folkwang

Am 6. Juli 1937 wählte die Kommission 37 Gemälde, 17 Aquarelle und Zeichnungen sowie zwölf Graphiken aus, die am folgenden Tag nach München geschickt wurden. Am 24. und 25. August 1937 beschlagnahmten Franz Hofmann und Carl Meder 108 Gemälde einschließlich Wandbehängen und Stickereien, neun Plastiken, 242 Aquarelle und Zeichnungen sowie 350 Graphiken, 26 Mappenwerke und das über 450 Blätter umfassende graphische Werk Emil Noldes. Auf der Auktion der Galerie Fischer in Luzern am 30. Juni 1939 wurden neun Werke aus Essener Besitz angeboten (Lose 2, 32a, 34, 48, 65, 87, 93, 95, 96). 1941/42 erhielt das Museum als Entschädigung RM 45.950, eine Zeichnung des 19. Jahrhunderts aus der Sammlung Sofie und Emanuel Fohn sowie ein Gemälde von Carl Gustav Carus aus dem Bestand von Tauschwerken Bernhard A. Böhmers.
Rückerwerbungen: Erich Heckel, »Am Strand« (1949); Emil Nolde, »Tod der Heiligen Maria von Ägypten« (1950), »Blumengarten H (mit Maria)« (1952), »Stilleben mit Holzfigur« (1994); Christian Rohlfs, »Amazone« (1951), »Rückkehr des verlorenen Sohnes« (1951), »Haus Fromme in Soest« (1951), »Die Türme von Soest« (1952), »Akrobaten« (1952), »Birkenwald« (1958), »Landschaft bei Oberweimar« (1958), »St. Patroklus in Soest« (1960); Otto Mueller, »Badende« (1952); August Macke, »Hutladen« (1953); Paula Modersohn-Bekker, »Selbstbildnis mit Kamelienzweig« (1957); Paul Cézanne, »Der Steinbruch von Bibémus« (1964); Lovis Corinth, »Selbstbildnis mit Tiroler Hut« (1967); Ernst Ludwig Kirchner, »Tanzpaar« (1978).
Quellen: ZSTA 50.01-745, Bl. 154-179: 132 Gemälde, zehn Plastiken, 242 Aquarelle und Zeichnungen, 870 Graphiken, 16 Sonstiges; Inventarnummern 3622-4831, 14168-14173, 14282, 14284, 14420-14435, 15053, 15741, 15935, 15941, 15945, 15947, 15949, 15958, 15960, 15962, 15966, 15968, 15997, 16010, 16017, 16025, 16033, 16034, 16041, 16055, 16060-16062, 16069, 16083, 16092, 16094, 16096, 16179, 16250, 16251, 16335, 16338, 16419, 16420, 16429-16431, 16453.
Literatur: Rave 1949, S. 91 (Anzahl: 1.273); Roh 1962a, S. 160-184 (Liste); Vogt 1965b, S. 72-143 und S. 196-217 (Listen; in die dritte, 1983 erschienene »verbesserte und erweiterte« Auflage des Buches wurden die Listen nicht übernommen); Museum Folkwang Essen 1983, S. 114-151 (S. 130-151: Wiederabdruck der Listen Vogts); Schulz-Hoff-

mann 1990, S. 98; Barron 1992, S. 321 und S. 333; Janda/Grabowski 1992, S. 68; Kulturstiftung der Länder 1995.

Flensburg, Kunstgewerbemuseum

Städtisches Museum

Am 14. August 1937 wurden 27 konfiszierte Werke nach Berlin gesandt: ein Gemälde, zwei Pinselzeichnungen, ein Aquarell und 22 Holzschnittvignetten von Nolde sowie die Plastik »Fliegender Mann (Gottvater)« aus Böttgersteinzeug von Barlach. Bei der 1963 erworbenen Plastik »Gottvater« von Barlach handelt es sich aller Wahrscheinlichkeit nach nicht um das 1937 beschlagnahmte Exemplar.
Quellen: ZSTA 50.01-745, Bl. 181: ein Gemälde, eine Plastik, 25 Graphiken; Inventarnummern 9905-9930, 15853.
Literatur: Rave 1949, S. 91 (Anzahl: 27); Schulte-Wülwer 1989, S. X mit Anm. 8-10; Vorderwülbecke 1994, S. 132.

Frankfurt am Main, Städtische Galerie und Städelsches Kunstinstitut

Städelsches Kunstinstitut und Städtische Galerie

Am 26. November 1936 wurden in der Städtischen Galerie sechs Gemälde für die Münchner Ausstellung »Der Bolschewismus« beschlagnahmt. Am 7. Juli 1937 wurden 27 Gemälde ausgesondert, die Ziegler mit Schreiben vom 9. Juli 1937 nach München beorderte. Am 25. August 1937 wurden weitere 43 Gemälde, mehrere hundert Graphiken sowie 20 Arbeiten auf Papier aus dem Besitz der Städelstiftung konfisziert. Darüber hinaus fielen einzelne Werke einer nachträglichen Beschlagnahmung anheim, so am 9. November 1937 ein Gemälde und am 1. Dezember 1937 vier Bilder für die Sammlung Hermann Görings. Darunter befand sich Vincent van Goghs »Bildnis des Dr. Gachet«, wofür Göring der Stadt am 9. Oktober 1940 eine Entschädigung von RM 150.000 zahlte. Ein Bericht vom 20. Januar 1938 beziffert die Gesamtverluste auf 76 Gemälde, drei Plastiken und 399 Graphiken. »Exakte Zahlen lassen sich wegen der verschiedenen Listenabweichungen oder fehlender Inventarkorrespondenzen nicht ermitteln. Wahrscheinlich hat die Graphische Sammlung, zieht man die Einzelblätter in den Mappen hinzu, an diesem Tag [dem 25. August 1937] 572 Blätter eingebüßt. Zusammen mit den insgesamt 77 Gemälden und drei Skulpturen sowie den 20 Stücken aus Stiftungsbesitz hätte das Städel somit 672 Kunstwerke verloren« (Kersting 1992a, S. 27, Anm. 87). Auf der Auktion der Galerie Fischer in Luzern am 30. Juni 1939 wurden zwölf Werke aus Frankfurter städtischem Besitz angeboten (Lose 8, 11, 12, 14, 16, 44, 59, 66, 70, 85, 94, 117). Als Entschädigung erhielt das Museum 1941/42 zwei Werke des 19. Jahrhunderts aus der Sammlung Sofie und Emanuel Fohn sowie RM 58.775.
Rückerwerbungen: Erich Heckel, »Das Paar« (1948) und »Holsteinische Landschaft« (1951); Max Beckmann, »Großes Stilleben mit Saxophon« (1955); Franz Marc, »Der Weiße Hund« (1961); Henri Matisse, »Fleurs et Céramique« (1962); Karl Hofer, »Zwei Freunde« (1966).
Quellen: ZSTA 50.01-745, Bl. 182-194: 81 Gemälde, fünf Plastiken, 101 Aquarelle und Zeichnungen, 309 Graphiken; Inventarnummern 394-857, 14174-14183, 15771-15775, 15933, 15957, 15959, 16016, 16027, 16031, 16037, 16090, 16097, 16100, 16124, 16125, 16131, 16198, 16215, 16226, 16550.
Literatur: Rave 1949, S. 91 (Anzahl: 496); Roh 1962a, S. 184-187 (Liste); Schültke 1989, S. 68f.; Schulz-Hoffmann 1990, S. 98f.; Barron 1992, passim; Hofmann/Krohn 1992, S. 70; Janda/Grabowski 1992, S. 68; Kersting 1992a, S. 27 und 1992b (Liste); Stephan Mann 1992, S. 75, Anm. 1 (Liste der Rückerwerbungen).

Frankfurt am Main, Kunstsammelstelle [?]

Quellen: ZSTA 50.01-745, Bl. 195-197: zwölf Gemälde, zwei Plastiken, 54 Aquarelle und Zeichnungen, 23 Graphiken; Inventarnummern 13285-13375.
Literatur: Rave 1949, S. 91 (Anzahl: 91).

Frankfurt an der Oder, Stadtmuseum

Museum Viadrina

Seit 1945 sind sämtliche Sammlungen, Akten und Inventare des ehemaligen städtischen Oderlandmuseums Frankfurt an der Oder verschollen.
Quellen: ZSTA 50.01-745, Bl. 198: zwei Gemälde, sechs Aquarelle; Inventarnummern 13824-13830, 16121 (letzteres ein Irrtum, da Zahl zu Frankfurt am Main gehörig).
Literatur: Rave 1949, S. 91 (Anzahl: 8).

Freiburg im Breisgau, Städtische Sammlung

Museen der Stadt Freiburg/Augustinermuseum

Am 16. September 1937 beschlagnahmten Hellmut Sachs und der Maler Höll 213 Werke – nämlich 20 Gemälde, ein Relief, 21 Aquarelle und Zeichnungen, 111 Graphiken sowie sechs Graphikmappen mit weiteren 60 Blättern –, die am 12. Oktober 1937 und am 11. November 1937 (Transport von sechs nachgeorderten Bildern) nach Berlin geschickt wurden. Auf der Auktion der Galerie Fischer in Luzern am 30. Juni 1939 wurde ein Werk aus Freiburger Besitz angeboten (Los 51). Am 10. März 1942 erhielt die Stadt Freiburg RM 520 als Entschädigung (Dok. 34).
Quellen: ZSTA 50.01-745, Bl. 199-202: 19 Gemälde, 20 Aquarelle und Zeichnungen, 116 Graphiken; Inventarnummern 13975-14125, 15753-15758.
Literatur: Rave 1949, S. 91 (Anzahl: 157); Jacobi 1987, S. 103-106 sowie 1988, S. 26-34 und S. 40f. (mit Listen); Rößling 1987, S. 242 (Liste); Wirth 1987, S. 274-276 (Liste).

Gelsenkirchen, Städtische Kunstsammlung
Städtisches Museum

Am 24. August 1937 wählte die Kommission (Franz Hofmann, Carl Meder, Paul Waldow) neun Gemälde, zwei Plastiken, 34 Aquarelle und Handzeichnungen sowie 118 Druckgraphiken aus, die im Oktober nach Berlin verladen wurden. Im Januar 1938 wurde eine Aktstudie Rodins »zur freien Verfügung« zurückgegeben.
Quellen: Akten im StA Gelsenkirchen.
ZSTA 50.01-745, Bl. 204-208: acht Gemälde, zwei Plastiken, 35 Aquarelle und Zeichnungen, 112 Graphiken; Inventarnummern 11675-11831 (11683 unbesetzt).
Literatur: Rave 1949, S. 91 (Anzahl: 156).

Gera, Städtisches Museum
Stadtmuseum

Die Beschlagnahmungen sind weder im Museum noch im StA Gera dokumentiert. Dem StA ist aus Aufstellungen bekannt, daß zu dem Vorgang ein Aktenstück existierte, welches bereits vor 1945 vernichtet wurde.
Quellen: ZSTA 50.01-745, Bl. 209: zehn Gemälde, 13 Aquarelle und Zeichnungen, drei Graphiken; Inventarnummern 858-884.
Literatur: Rave 1949, S. 91 (Anzahl: 27).

Görlitz, Kunstsammlung
Städtische Kunstsammlungen

Die Beschlagnahmungen sind weder im Museum noch im StA Görlitz dokumentiert. Eine Auswertung der städtischen Verwaltungsberichte steht noch aus.
Quellen: ZSTA 50.01-745, Bl. 210: fünf Gemälde; Inventarnummern 2973-2977.
Literatur: Rave 1949, S. 91 (Anzahl: 5).

Görlitz, Deutsche Graphikschau [?]

Quellen: ZSTA 50.01-745, Bl. 211-215: eine Plastik, 158 Graphiken; Inventarnummern 2978-3135, 15054.
Literatur: Rave 1949, S. 91 (Anzahl: 159).

Göttingen, Gemäldesammlung der Universität
Kunstsammlung der Georg-August-Universität

Die genauen Umstände der Beschlagnahme sind nicht bekannt.
Quellen: ZSTA 50.01-745, Bl. 216: zwölf Graphiken; Inventarnummern 13244-13255.
Literatur: Rave 1949, S. 91 (Anzahl: 12); Unverfehrt o. J., S. 13.

Greifswald, Heimatmuseum
Museum der Hansestadt Greifswald

»Auf Veranlassung der Kommission« wurden am 13. August 1937 je ein Aquarell von Karl August Lattner und Max Pechstein nach Berlin geschickt.
Quellen: Inventar im Archiv des Museums.
ZSTA 50.01-745, Bl. 217: ein Gemälde, ein Aquarell; Inventarnummern 13256, 13257.
Literatur: Rave 1949, S. 91 (Anzahl: 2).

Greifswald, Universitätssammlung
Kustodie der Ernst-Moritz-Arndt-Universität

Der Vorgang ist im Universitätsarchiv nicht dokumentiert.
Quellen: ZSTA 50.01-745, Bl. 218: drei Aquarelle und Zeichnungen, elf Graphiken; Inventarnummern 15392-15405.
Literatur: Rave 1949, S. 91 (Anzahl: 14).

Hagen in Westfalen, Städtisches Museum
Karl Ernst Osthaus-Museum

Die Beschlagnahmungen fanden am 6. Juli und 24. August 1937 statt. »Von den insgesamt etwa 500 [!] von der Säuberungsaktion betroffenen Werken aus dem alten Sammlungsbestand gehört ein wesentlicher Teil zu der 1932 begründeten Rohlfs-Abteilung« (Brüns 1939, o. S.).
Rückerwerbung: Christian Rohlfs, »Märzlandschaft bei Weimar« (1962).
Inventarnummern 7431-7561, 14184-14190, 16115, 16171, 16182, 16202-16205, 16208-16210, 16235, 16244.
Quellen: Brüns 1939, o. S.
Literatur: Rave 1949, S. 91 (Anzahl: 166); Ditt 1988, S. 310 mit Anm. 489. Der angekündigte Katalog zur Ausstellung »Vom Folkwang-Museum zum Karl Ernst Osthaus-Museum. Die Hagener Kunstszene 1921-45« (Hagen 1992) erschien nicht.

Halle an der Saale, Moritzburg-Museum
Staatliche Galerie Moritzburg

Am 8. Juli 1937 beschlagnahmte Wolfgang Willrich 62 Gemälde, Aquarelle und Zeichnungen. Am 21. August 1937 konfiszierte Guido Joseph Kern in Begleitung von Hellmut Sachs und eines Herrn Stintz weitere 27 Gemälde, 71 Aquarelle und Zeichnungen sowie eine unbekannte Anzahl von Graphiken, die am 7. September 1937 – mit Ausnahme von 14 Aquarellen und Zeichnungen – nach Berlin transportiert wurden. Auf der Auktion der Galerie Fischer in Luzern am 30. Juni 1939 wurden vier Werke aus Hallenser Besitz angeboten (Lose 41, 61, 86, 123). 1941/42 wurden dem Museum als Entschädigung insgesamt RM 9.995 zugewiesen.
Rückerwerbungen: Lyonel Feininger, »Der Dom in Halle« (1948), »Marienkirche mit dem Pfeil« (1957), »Straße in

Halle« (1989), »Lüneburg VI« (1991), »Am Trödel I« (1993); Erich Heckel, »Beim Friseur« (1948), »Beim Vorlesen« (1994); Karl Schmidt-Rottluff »Legende« (1948); Otto Mueller, »Akte in abendlicher Landschaft« (1957); August Macke, »Garteneingang Kandern« (1994).
Inventarnummern 7350-7421, 14191-14201, 14283, 14437, 14438, 15026, 15944, 15967, 15985, 15992, 15993, 16014, 16022, 16023, 16028, 16035, 16036, 16039, 16044, 16047, 16048, 16052, 16074-16081, 16085-16087, 16101, 16105, 16116, 16123, 16141, 16207, 16214, 16222, 16274-16279, 16529.
Literatur: Rave 1949, S. 91 (Anzahl: 146); Staatliche Galerie Moritzburg Halle 1985, S. 94f. und S. 104; Hüneke 1988c (enthält auf S. 19-78 ein 196 Nummern umfassendes Verzeichnis der beschlagnahmten Gemälde, Aquarelle, Handzeichnungen und Einzelstücke); Barron 1992, passim; Janda/Grabowski 1992, S. 68; Kulturstiftung der Länder 1994a und 1994b.

Hamburg, Kunsthalle

Hamburg war vermutlich die erste Station der ersten landesweiten Beschlagnahmeaktion. Am 4. Juli 1937 [?] und bei der zweiten »Säuberung« am 21. August 1937 wurden insgesamt 72 Gemälde, acht Plastiken, 296 Aquarelle und Zeichnungen sowie 926 Graphiken konfisziert. Auf der Auktion der Galerie Fischer in Luzern am 30. Juni 1939 wurden vier Werke aus dem Besitz der Hamburger Kunsthalle angeboten (Lose 43, 67, 92, 116). 1941/42 erhielt die Kunsthalle als Entschädigung RM 31.290 sowie sechs Zeichnungen des 19. Jahrhunderts aus der Sammlung Sofie und Emanuel Fohn.
Rückerwerbungen: Karl Hofer, »Freundinnen« (1947); Hans Ruwoldt, »Weiblicher Torso« (1948); Otto Mueller, »Mädchen im Grünen« (1949); Paula Modersohn-Becker, »Alte Bäuerin« (1951).
Literatur: Rave 1949, S. 91 (Anzahl: 983); Roh 1962a, S. 188-193 (Liste); Alfred Hentzen o. J., S. 113-116 (Liste); Hofmann/Müller-Hauck 1969, S. 139-148 (Liste der Gemälde); Paas 1983, S. 138-161; Hans-Werner Schmidt 1983, S. 56-61; Voigt 1989, S. 218; Schulz-Hoffmann 1990, S. 98f.; Barron 1992, S. 256f.; Janda/Grabowski 1992, S. 68.

Hamburg, Kunstgewerbemuseum
Museum für Kunst und Gewerbe

Emil Stahl und Begleiter beschlagnahmten im August 1937 insgesamt 217 Skulpturen, Zeichnungen, Graphiken und kunstgewerbliche Arbeiten, die – mit Ausnahme einer zwar erfaßten, aber liegengebliebenen Graphik – am 27. August 1937 nach Berlin versandt wurden.
Rückerwerbung: Otto Dix, »Mädchen im Pelz« (1966).
Quellen: STA Hamburg 363-6 I B 18 (in Englisch abgefaßte Liste vom 9. Juni 1945).
Literatur: Rave 1949, S. 91 (Anzahl: 269); Paas 1983, S. 138-161; von Seckendorf/Sonnabend 1983, S. 79.

Hamburg, Hansische Hochschule für Bildende Künste
Hochschule für bildende Künste

Die beschlagnahmten Werke, überwiegend Schülerarbeiten, wurden am 25. August 1937 mit einem Sammeltransport der Kunsthalle Hamburg nach Berlin verschickt.
Quellen: STA Hamburg, 361-2 VI 2331 (Liste).
Literatur: Rave 1949, S. 91 (Anzahl: 65); Voigt 1989, S. 218-220; Wietek 1990, S. 277f.

Inventarnummern für Hamburg 4832-6018, 14209, 14210, 14462, 15027, 15946, 15965, 16006, 16021, 16029, 16045, 16050, 16106, 16120, 16132, 16144, 16153, 16234, 16236, 16239, 16246.

Hamm, Städtisches Gustav-Lübke-Museum

Eine Kommission besuchte am 23. August 1937 das Museum und beschlagnahmte mit Wirkung vom 27. August 1937 zwei Gemälde, eine Plastik, sechs Aquarelle und Zeichnungen sowie zwölf Druckgraphiken, die am 24. September 1937 nach Berlin versandt wurden.
Inventarnummer 9885.
Quellen: Akten im Archiv des Museums.
Literatur: Rave 1949, S. 91 (Anzahl: 23).

Hannover, Kestner-Museum

Der Vorgang ist im Archiv des Kestner-Museums nicht dokumentiert.
Literatur: Rave 1949, S. 91 (Anzahl: 105).

Hannover, Provinzialmuseum
Niedersächsisches Landesmuseum; Sammlung moderner Kunst seit 1979 im *Sprengel Museum*

Mit Schreiben vom 24. April 1937 forderte das Propagandaministerium je ein Werk von Kurt Schwitters, El Lissitzky und Willi Baumeister für die Ausstellung »Gebt mir vier Jahre Zeit« an. Am 5. Juli 1937 wählte die Ziegler-Kommission 32 Werke für die Münchner Femeschau aus. Am 17. August 1937 beschlagnahmten Franz Hofmann, Carl Meder und je ein Vertreter der Gaupropagandaleitung und der Landesstelle der RbK rund 260 weitere Objekte. Auf der Auktion der Galerie Fischer in Luzern am 30. Juni 1939 wurde ein Werk aus dem Besitz des Provinzialmuseums angeboten (Los 97).
Rückerwerbungen: Ernst Ludwig Kirchner, »Kranker in der Nacht« (1977); Ewald Mataré, »Huhn aus Romoe in Bronze« (1992).
Literatur: Rave 1949, S. 91 (Anzahl: 270); Roh 1962a, S. 193-200 (Liste); Katrin Sello 1983 (mit Liste und Dokumen-

ten); Barron 1992, S. 276f.; Kurzhals 1993; Nobis 1993.

Inventarnummern für Hannover 6890-7228, 14440, 15935, 15975, 15996, 16012, 16024, 16057, 16070-16072, 16109, 16110, 16113, 16173, 16221.

Heidelberg, Kurpfälzisches Museum

Im August 1937 und möglicherweise noch zu einem späteren Zeitpunkt wurden drei Aquarelle von Georg Friedrich Göttler (gen. Godefroy), Emil Nolde und Christian Rohlfs sowie eine Zeichnung von Edvard Munch ausgeschieden, welche sämtlich von Carl Neumann (1860 bis 1934), dem Nachfolger Henry Thodes auf dem Heidelberger Lehrstuhl für Kunstgeschichte, der Stadt Heidelberg testamentarisch vermacht worden waren. 1941/42 erhielt die Stadt eine Entschädigung in Höhe von RM 90 (Dok. 34).
Inventarnummer 11099.
Quellen: StA Heidelberg AA 225/1 (Korrespondenz und Liste; aufgeführt sind nur die drei Aquarelle) und UA 210/28 (Testament Neumann).
Literatur: Rave 1949, S. 91 (Anzahl: 4); Wirth 1987, S. 282 (Mitteilung, in Heidelberg habe keine Beschlagnahme stattgefunden); Fink-Madera 1993, S. 50-54 (erwähnt namentlich nur die Munch-Zeichnung).

Husum, Nissen-Stiftung
Nordfriesisches Museum, Nissenhaus

Der Vorgang ist weder im Museum noch im StA Husum dokumentiert.
Literatur: Rave 1949, S. 91 (Anzahl: 3); Vorderwülbecke 1994, S. 132, Anm. 4.

Jena, Kunstverein und Stadtmuseum
Kunstsammlung der Städtischen Museen Jena in der Romantiker-Gedenkstätte

Nach einem Vermerk im Inventarbuch des Kunstvereins wurden 230 Kirchner-Graphiken aus der Botho-Graef-Stiftung am 2. August 1937 an das Kupferstichkabinett in Berlin übergeben. Auf der Auktion der Galerie Fischer in Luzern am 30. Juni 1939 wurde ein Werk aus dem Besitz des Jenaer Kunstvereins angeboten (Los 1). Das Stadtmuseum hingegen war ein historisches und kulturgeschichtliches Museum, es sammelte keine moderne Kunst. Ob das Stadtmuseum also versehentlich im NS-Beschlagnahmeinventar auftauchte oder ob Rave hier irrte, ist unklar.
Inventarnummern 13021-13222, 13904-13968.
Literatur: Rave 1949, S. 91 (Anzahl für Kunstverein: 203; Anzahl für Stadtmuseum: 70); Wahl 1988, S. 55 und S. 293-297 (Liste); Ehrmann/Wahl 1993.

Kaiserslautern, Gewerbemuseum
Pfalzgalerie

Nach Aussage des ersten Direktors nach dem Zweiten Weltkrieg, Charles Maria Kiesel, waren von der Aktion 82 Werke betroffen. Vermutlich handelte es sich großenteils oder sogar ausschließlich um Druckgraphik. Sämtliche Akten wurden 1944 zerstört, so daß der Vorgang heute im Museum nicht mehr dokumentiert ist.
Inventarnummern 899-967.
Literatur: Rave 1949, S. 91 (Anzahl: 85); Fiedler-Bender 1992, S. 27.

Karlsruhe, Staatliche Kunsthalle

Wahrscheinlich zwischen dem 8. und dem 10. Juli 1937 konfiszierte die Kommission sieben Gemälde sowie 29 Graphiken. Am 27. August 1937 beschlagnahmten Emil Stahl und seine Begleiter Gustav Adolf Engelhardt, Lochmann und Bredt [Brett?] weitere neun Gemälde, eine Plastik, 17 Zeichnungen und 86 Graphiken. Auf der Auktion der Galerie Fischer in Luzern am 30. Juni 1939 wurde ein Werk aus Karlsruher Besitz angeboten (Los 9). 1941/42 erhielt die Stadt Karlsruhe RM 240 als Entschädigung (Dok. 34).
Inventarnummern 9014-9126, 14534, 15948, 15981, 16068, 16193, 16249.
Literatur: Rave 1949, S. 91 (Anzahl: 145); Roh 1962a, S. 200-204 (Liste); Lauts/Zimmermann 1971, S. 333-350 (»Verzeichnis sämtlicher Gemälde, die seit Erscheinen der Kataloge von 1920 und 1929 verkauft, 1937 beschlagnahmt oder nach 1939 durch Kriegseinwirkung zerstört wurden, ferner jener Werke, die bei einer 1933 vorgenommenen Bestandsaufnahme nicht mehr vorhanden waren«); Lauts o. J., S. 36; Angermeyer-Deubner 1987, S. 157-160 (mit Listen der Gemälde); Wirth 1987, S. 267-268 (Liste).

Kassel, Staatliche Kunstsammlungen und Städtisches Kunsthaus
Staatliche Museen Kassel/Neue Galerie

Am 20. August 1937 wurden aus städtischem Besitz nachweislich fünf oder sechs Gemälde beschlagnahmt. Auf der Auktion der Galerie Fischer in Luzern am 30. Juni 1939 wurde ein Werk aus Kasseler städischem Besitz angeboten (Los 40). Als Entschädigung wurden 1941/42 RM 630 gezahlt.
Inventarnummer 11105.
Quellen: Eine Liste der betroffenen Werke sowie vereinzelte Hinweise befinden sich im Archiv der Neuen Galerie der Staatlichen Museen Kassel.
Literatur: Rave 1949, S. 91 (Anzahl für Staatliche Kunstsammlungen: 30; Anzahl für Städtisches Kunsthaus: 12); Roh 1962a, S. 204-206 (Liste).

Kiel, Kunsthalle

Kunsthalle zu Kiel und Schleswig-Holsteinischer Kunstverein

Am 14. Juli 1937 sonderte Walter Hansen zwölf Gemälde, eine Plastik, 31 Aquarelle und Zeichnungen, 14 Graphiken sowie 22 Lichtbilder aus dem Besitz des Kunsthistorischen Instituts der Universität aus, die am nächsten Tag nach München gesandt wurden. Am 16. August 1937 beschlagnahmte Ziegler in Begleitung eines Vertreters der Landesleitung der RbK namens Seewald acht Gemälde, eine Plastik, 13 Aquarelle und 75 Graphiken. Mit wenigen Ausnahmen stammten die beschlagnahmten Werke aus dem Besitz des Schleswig-Holsteinischen Kunstvereins. Auf der Auktion der Galerie Fischer in Luzern am 30. Juni 1939 wurden drei Werke aus dem Besitz des Schleswig-Holsteinischen Kunstvereins/Kunsthalle zu Kiel angeboten (Lose 7, 50, 105). 1941/1942 erhielt die Kunsthalle als Entschädigung ungenannte Tauschwerke und RM 2.680.
Rückerwerbung: Emil Nolde, »Tänzerin mit Schatten« (1949).
Literatur: Rave 1949, S. 91 (Anzahl: 152); Roh 1962a, S. 206-209 (Liste); Weyhe 1974, S. 65-82 und S. 97-104 (Liste); Deutsche Expressionisten 1977, o. S. (Liste); Dronske 1984, S. 169-172; Kieler Stadt- und Schiffahrtsmuseum 1984, S. 37-41 (mit Liste); Holland 1984; Bischoff 1986, S. 231 (»Verzeichnis der im Krieg zerstörten oder abhanden gekommenen Bildwerke einschließlich der Verluste durch Enteignung 1937«); Jens Christian Jensen 1986, S. 20; Schulte-Wülwer 1988, besonders S. 213 und S. 220f.; Schlick 1993, S. 109-115; Vorderwülbecke, in: Manitz/Greifeld 1993, S. 48; Vorderwülbecke 1994, S. 132-143.

Kiel, Schleswig-Holsteinisches Landesmuseum

Schleswig-Holsteinisches Landesmuseum, Schloß Gottorf, Schleswig

Das Landesmuseum (Thaulow-Museum) sammelte überwiegend Kunsthandwerk. Beschlagnahmungen sind nicht dokumentiert. Möglich ist, daß Kunstwerke aus dem Besitz der Kunsthalle Kiel aus fiskalischen Gründen über die Inventare des Landesmuseums vereinnahmt wurden. In diesem Zusammenhang ist bemerkenswert, daß im Auktionskatalog der Galerie Fischer von 1939 eine Plastik von Ernst Barlach (»Schwebender Mann«) und ein Gemälde von Karl Hofer (»Weißenkirchen«) als aus dem Thaulow-Museum stammend verzeichnet sind, obwohl sie in Wirklichkeit dem Schleswig-Holsteinischen Kunstverein/Kunsthalle zu Kiel gehörten (Fischer 1939, S. 6, Nr. 7 und S. 30, Nr. 50; den dortigen falschen Angaben folgt Barron 1992, S. 148 und S. 157).
Literatur: Rave 1949, S. 91 (Anzahl: 12); Vorderwülbecke 1994, S. 132 und S. 142.

Inventarnummern für Kiel 11131-11227, 14217-14225, 14469-14498, 15939, 16186, 16245.

Koblenz, Städtisches Museum

Städtische Museen/Mittelrhein-Museum

Eine Beschlagnahmung ist weder im Museum noch im Landeshauptarchiv dokumentiert.
Literatur: Rave 1949, S. 91 (Anzahl: 2).

Köln, Wallraf-Richartz-Museum

moderne Abteilung seit 1976: Museum Ludwig

Am 6. Juli 1937 konfiszierte die Kommission sieben Gemälde und 39 Graphiken, bei späteren Aktionen im Oktober und November 1937 weitere 38 Gemälde, 143 Aquarelle und Zeichnungen sowie 256 Graphiken und acht Mappenwerke. Auf der Auktion der Galerie Fischer in Luzern am 30. Juni 1939 wurden acht Werke aus Kölner Besitz angeboten (Lose 37, 49, 62, 77, 99, 114, 118, 124). Als Entschädigung erhielt das Museum 1941/42 drei Werke des 19. Jahrhunderts aus der Sammlung Sofie und Emanuel Fohn sowie RM 31.370.
Rückerwerbungen: Erich Heckel, »Hafen von Göteborg« (1951); Xaver Fuhr, »Der Ast« (1954).
Inventarnummern 14226, 14769-14928, 15660, 15661, 15683-15697, 15747-15749, 16136, 16137, 16280-16291.
Literatur: Rave 1949, S. 91 (Anzahl: 341); Roh 1962a, S. 209-211 (Liste); Gohr 1986, S. 290 (Liste der Gemälde); Gerlach-Laxner 1987 (mit Liste der Gemälde); Schulz-Hoffmann 1990, S. 99; Janda/Grabowski 1992, S. 68.

Königsberg in Preußen, Staatliches Meisteratelier und Städtische Kunstsammlung

Kaliningrad, Kaliningradskij oblastnoj kraevedčeskij muzej

Auf der Auktion der Galerie Fischer in Luzern am 30. Juni 1939 wurde ein Werk aus dem Besitz der Kunstsammlung Königsberg angeboten (Los 38).
Inventarnummern 10689-10910, 15743, 15752.
Literatur: Rave 1949, S. 91 (Anzahl für Staatliches Meisteratelier: 31; Anzahl für Städtische Kunstsammlung: 206).

Kolberg, Heimatmuseum

Kolobrzeg, Muzeum Oreza Polskiego

Literatur: Rave 1949, S. 91 (Anzahl: 2).

Konstanz, Wessenberg-Galerie

Städtische Museen/Wessenberg-Galerie

Am 17. September 1937 beschlagnahmte Hellmut Sachs sieben Ölbilder sowie vier Pastellzeichnungen; letztere wurden

am 21. Januar 1938 zurückgegeben. 1941/42 erhielt die Stadt eine Entschädigung in Höhe von RM 250 (Dok. 34).
Inventarnummer 13831.
Literatur: Rave 1949, S. 91 (Anzahl: 7); Andrea Hofmann 1987a (mit Liste der beschlagnahmten Werke auf S. 9) und 1987b, S. 114-116; Wirth 1987, S. 282 (Liste); Jacobi 1988, S. 29.

Krefeld, Kaiser Wilhelm-Museum

Krefelder Kunstmuseen/Kaiser Wilhelm Museum

Am 6. Juli 1937 beschlagnahmte die Kommission (darunter Walter Hoffmann, der in den Museumsakten als »Direktor Hoffmann« und als Vizepräsident der Kommission bezeichnet wird) sechs Gemälde und acht Graphiken, die, nach einer durch das Eingreifen des Oberbürgermeisters bedingten Verzögerung, am 12. Juli 1937 nach München abgesandt wurden. Am 27. August 1937 schieden Franz Hofmann und Carl Meder, nachdem sie sich vorher eine Abschrift der Inventare der Gemälde, Zeichnungen und Graphiken seit 1910 hatten zuschicken lassen, eine unbekannte Anzahl von Werken aus, darunter mindestens elf Gemälde sowie vermutlich knapp 20 Aquarelle und Zeichnungen und etwa sieben Graphiken. Auf der Auktion der Galerie Fischer in Luzern am 30. Juni 1939 wurden zwei Werke aus Krefelder Besitz angeboten (Lose 100, 108). Am 29. November 1941 stellte das Erziehungsministerium als Entschädigung die Überweisung von RM 2.680 in Aussicht; ob das Geld jemals einging, ist nicht bekannt.
Rückerwerbung: Emil Nolde, »Kuhmelken« (1949).
Inventarnummern 8933-8947, 15964, 15969, 15972, 16005, 16098, 16211.
Literatur: Rave 1949, S. 91 (Anzahl: 98); Kemfert 1987; Barron 1992, S. 166 und S. 323.

Leipzig, Museum der bildenden Künste

Am 26. April 1937 mußte das Museum ein Gemälde von Feininger und eine Lithographie von Grosz für die Ausstellung »Gebt mir vier Jahre Zeit« nach Berlin senden. Am 20. August 1937 schied eine Kommission 19 Gemälde, zwei Plastiken, 49 Aquarelle und Zeichnungen sowie 323 Graphiken aus. Am 9. November 1937 wurden zusätzlich ein Gemälde von Rüdiger Berlit und eine Plastik von Ernesto de Fiori angefordert, letztere jedoch im März 1939 vom RMVP wieder freigegeben und nach Leipzig zurückgesandt. Auf der Auktion der Galerie Fischer in Luzern am 30. Juni 1939 wurde ein Werk aus Leipziger Besitz angeboten (Los 113). 1941/42 erhielt das Museum als Entschädigung RM 2.160.
Rückerwerbungen: Karl Hofer, »Tischgesellschaft« (1991); Oskar Kokoschka »Genfer Seelandschaft« (1993); Otto Mueller, »Liebespaar« (1995).
Inventarnummern 1033-1273, 14228, 15058, 15739, 15980.
Quellen: STA Dresden Best. Ministerium des Innern, Nr. 17321/1 (enthält eine »Aufstellung über die seit 1918 dem Museum der bildenden Künste zu Leipzig zugeflossenen geldlichen Zuwendungen und deren Verwendung für Ankäufe von entarteter beschlagnahmter Kunst« vom Oktober 1937).
Literatur: Rave 1949, S. 91 (Anzahl: 245); Mehnert 1987 und 1992; Horst Thieme 1988, S. 182-185; Janda/Grabowski 1992, S. 68; Kulturstiftung der Länder 1992a, S. 55-72 (eine 394 Nummern umfassende Liste) und 1993.

Liegnitz, Niederschlesisches Museum

Das Museum wurde 1945 vollständig zerstört. Das heutige Okręgowe Muzeum im polnischen Legnica entstand erst 1962 und verfügt über keine Akten des ehemaligen deutschen Museums.
Literatur: Rave 1949, S. 91 (Anzahl: 2).

Lübeck, Museum Behnhaus

Museum für Kunst und Kulturgeschichte/Museum Behnhaus/Drägerhaus

Am 14. Juli 1937 konfiszierte Walter Hansen 17 Gemälde. Am 20. August 1937 beschlagnahmte die Kommission (Adolf Ziegler, Walter Hoffmann, Emil Stahl, Gustav Adolf Engelhardt) sechs Gemälde, sechs [sieben?] Plastiken und 245 Aquarelle, Zeichnungen und Graphiken. Am 4. Februar 1939 wurden drei beschlagnahmte, aber nicht nach Berlin abgesandte Plastiken Barlachs aus dem Besitz Carl Georg Heises offiziell an diesen zurückgegeben. Mit Bescheid vom 23. Februar 1939 gab das RMVP drei Gemälde von Munch mit der Maßgabe frei, sie nicht auszustellen. Auf der Auktion der Galerie Fischer in Luzern am 30. Juni 1939 wurden zwei Werke aus Lübecker Besitz angeboten (Lose 47, 75).
Rückerwerbung: Ernst Ludwig Kirchner, »Staffelalp im Herbst« (1949).
Inventarnummern 11431-11661, 14229-14241, 16189, 16192, 16220, 16223, 16224.
Literatur: Rave 1949, S. 91 (Anzahl: 210); Howoldt 1983 und 1987 (mit Dokumentation der beschlagnahmten Gemälde und Skulpturen); Nikolov 1990, S. 106-118 (mit Abdruck von Dokumenten); Vorderwülbecke 1994, S. 132-143.

Magdeburg, Kaiser Friedrich-Museum

Kulturhistorisches Museum

Die Beschlagnahmeaktion wurde am 18. August 1937 von einer fünfköpfigen Kommision (darunter Emil Stahl und Gustav Adolf Engelhardt) durchgeführt. Nach den vorhandenen Listen waren 150 oder 169 Werke betroffen. Auf der Auktion der Galerie Fischer in Luzern am 30. Juni 1939 wurden zwei Werke aus Magdeburger Besitz angeboten (Lose 46, 111).

Inventarnummern 11871-11995, 14242, 14243, 14543, 16099, 16114, 16118.
Quellen: Verschiedene Listen und lückenhafte Korrespondenz im Archiv des Museums.
Literatur: Rave 1949, S. 91 (Anzahl: 160).

Mainz, Städtisches Museum
Landesmuseum

Im Graphikinventar des Landesmuseums ist die Beschlagnahme jeweils verzeichnet, eine entsprechende Auswertung erfolgte bislang nicht.
Inventarnummern 11069-11077.
Quellen: Graphikinventar im Archiv des Landesmuseums.
Literatur: Rave 1949, S. 91 (Anzahl: 56).

Mannheim, Städtische Kunsthalle

Am 8. Juli 1937 beschlagnahmte die von Ziegler geleitete siebenköpfige Kommission 18 Gemälde, fünf Plastiken und 35 Graphiken aus dem Galerie- und Depotbestand. Am 28. August 1937 wurden weitere 90 Gemälde, drei Plastiken, 466 Graphiken sowie 59 Mappenwerke ausgesondert und am 31. August 1937 nach Berlin verbracht. Am 1. Februar 1938 wurden eine Graphik und zwei Zeichnungen, am 6. April 1939 eine Plastik und im Januar 1940 ein Gemälde (Dok. 33) retourniert. Auf der Auktion der Galerie Fischer in Luzern am 30. Juni 1939 wurden sechs Werke aus Mannheimer Besitz angeboten (Lose 15, 17, 39, 42, 73, 89). Im April 1942 erhielt die Kunsthalle als Entschädigung vier aus der Sammlung Sofie und Emanuel Fohn stammende Kunstwerke des 19. Jahrhunderts sowie RM 29.800 (Dok. 34).
Rückerwerbungen: Max Pechstein, »Stilleben – Südseefigur und Blumen« (1948); Max Beckmann, »Pierrette und Clown« (1950); Georg Grosz, »Bildnis Max Herrmann-Neisse« (1950), »Bei der Toilette« bzw. »Im Boudoir« (1992); Christian Rohlfs, »Kirche in Soest« (1950); Oskar Schlemmer, »Anna Selbdritt«, »Cherubim«, »Kruzifix«, »Brautpaar Arnolfini nach van Eyck«, »Flucht nach Ägypten«, »Anna Selbdritt und zwei weitere Figuren« bzw. »Studienblatt« (alle sechs Zeichnungen 1952/53) und »St. Sebastian« (1994).
Inventarnummern 6023-6530, 14245-14248, 14556, 15032, 15052, 15936, 15953, 15956, 15989, 16064, 16154, 16157, 16178, 16184, 16185, 16187, 16194, 16195, 16216, 16248, 16328-16331.
Literatur: Rave 1949, S. 91 (Anzahl: 584); Passarge 1957, o. S.; Roh 1962a, S. 211-226 (Liste); Heinz Fuchs 1983, S. 25-27; ders., in: Kunsthalle Mannheim 1983, S. 7; Fath 1987; Wirth 1987, S. 268-274 (Liste); Buderer 1990 (S. 45-86: Verzeichnis der beschlagnahmten Gemälde, Plastiken und Graphiken); Schulz-Hoffmann 1990, S. 85 und S. 98-100; Barron 1992, passim; Janda/Grabowski 1992, S. 68; Schiller 1994, S. 52-57; Zuschlag 1995.

Marburg an der Lahn, Kunsthistorisches Museum der Universität
Marburger Universitätsmuseum für Kunst und Kulturgeschichte

Am 20. August 1937 konfiszierte eine Kommission je ein Gemälde von Curt Herrmann und von Karl Hofer.
Quellen: Korrespondenz im Archiv des Museums.
Literatur: Rave 1949, S. 91 (Anzahl: 2).

Mönchengladbach, Städtische Bildergalerie
Museum Abteiberg

Am 27. Dezember 1937 [?] wurden 69 Werke aus der Dr. Walter Kaesbach-Stiftung sowie drei Gemälde und eine Plastik beschlagnahmt. Im Januar 1942 erhielt die Stadt als Entschädigung RM 1.450.
Rückerwerbungen: Heinrich Campendonk, »Der Hirte« (1965, Dauerleihgabe); Christian Rohlfs, »Gottvater modelliert den Menschen« (1966); Erich Heckel, »Flandrische Ebene« (1979).
Inventarnummern 1275-1342.
Literatur: Rave 1949, S. 91 (Anzahl: 72); Roh 1962a, S. 226-229 (Liste); Kimpel 1978, S. 36-46 (mit Listen) und S. 47-181 (Katalog); Fehlemann 1991, besonders S. 32-42 (mit Listen) und S. 43-203 (Katalog).

Mülheim an der Ruhr, Städtisches Museum

Die Museumsakten wurden wahrscheinlich im Krieg zerstört. Eine 1952 durch den damaligen Museumsleiter Werner Kruse aus der Erinnerung erstellte Liste verzeichnet 19 Einzelwerke (acht Gemälde, sechs Aquarelle, eine Zeichnung, vier Werke ohne Angabe der Technik) sowie zehn Kartons von Wilhelm von Kaulbach [!].
Rückerwerbungen: Emil Nolde, »Wasserrosen-Stilleben« (1963); Karl Hofer, »Mädchen mit Blattpflanze« (1969).
Inventarnummern 13225-13242.
Quellen: Liste (angefertigt 1952) im Archiv des Museums.
Literatur: Rave 1949, S. 91 (Anzahl: 20); Stempel 1993, S. 69-71 und S. 117-119.

München, Bayerische Staatsgemälde-Sammlung
Bayerische Staatsgemäldesammlungen/Staatsgalerie moderner Kunst

Am 9. Juli 1937 wurden in der Neuen Staatsgalerie 15 Gemälde und eine Plastik beschlagnahmt und – mit Ausnahme eines aus Privatbesitz stammenden Bildes – am 12. Juli 1937 der Ausstellungsleitung »Entartete Kunst« übergeben. Am 25. August 1937 konfiszierten Emil Stahl, Gustav Adolf Engelhardt und E. Jäger weitere 110 Gemälde und Plastiken, von denen 106 am 29. Oktober 1937 nach Berlin

transportiert wurden. Am 2. März 1938 wurde brieflich Vincent van Goghs »Selbstbildnis« (heute Fogg Art Museum Cambridge/USA) beschlagnahmt. Mit Schreiben vom 7. Juni 1939 wurde dem Bayerischen Staatsministerium für Unterricht und Kultus die Rückgabe von 18 Plastiken und acht Gemälden an die privaten Eigentümer mitgeteilt; am 20. Dezember 1939 informierte das RMVP die Bayerischen Staatsgemäldesammlungen über die Rückgabe von drei Gemälden (Dok. 33). Auf der Auktion der Galerie Fischer in Luzern am 30. Juni 1939 wurden vier Werke aus dem Besitz der Bayerischen Staatsgemäldesammlungen angeboten (Lose 18, 22, 45, 79). 1940 erhielt das Museum als Entschädigung die Summe von RM 100.000, 1941/42 weitere RM 22.200.
Rückerwerbungen: Max Beckmann, »Badekabine (grün)« (1947); Wilhelm Thöny, »Streichquartett« (1956); Anton Faistauer, »Mutter und Kind« (1979).
Literatur: Rave 1949, S. 91 (Anzahl: 125); Roh 1962a, S. 229-238 (mit Dokumenten und Liste); Lott 1987 (mit Listen der am 9. Juli und am 25. August 1937 beschlagnahmten Gemälde und Plastiken auf S. 291 und S. 298-300, Anm. 25 sowie mit Ernst Buchners Protokoll der zweiten Beschlagnahme auf S. 292f.), 1988 (Katalog) und 1989; Barron 1992, S. 155 und S. 207; Janda/Grabowski 1992, S. 68.

München, Städtische Galerie

Städtische Galerie im Lenbachhaus

Für die Ausstellung »Entartete Kunst« wurden aus dem Besitz der Städtischen Galerie fünf Gemälde und eine Skulptur abgeholt. Zusätzlich wurden zahlreiche Arbeiten aus den Inventaren gestrichen, blieben aber in den Depots erhalten.
Rückerwerbung: Karl Caspar, »Ostern« (1952).
Literatur: Rave 1949, S. 91 (Anzahl: 2); Zweite 1987, S. 275-280; Barron 1992, S. 216f.

München, Staatliche Graphische Sammlung

Nach dem Besuch der Staatsgemäldesammlungen sonderte die Kommission am 9. Juli 1937 noch sechs Werke in der Staatlichen Graphischen Sammlung aus. Am 25. August 1937 wurden weitere 138 Graphiken konfisziert und am 29. Oktober 1937 nach Berlin gesandt.
Literatur: Rave 1949, S. 91 (Anzahl: 145); Roh 1962a, S. 238-242 (Liste); Kuhrmann 1987.

Inventarnummern für München 14251-14262, 15439 -15656, 15937, 15943, 16009, 16093, 16134, 16135, 16155, 16554.

Münster, Landesmuseum

Westfälisches Landesmuseum für Kunst und Kulturgeschichte

Im August 1937 wurden im Westfälischen Landesmuseum und im Westfälischen Kunstverein neun Gemälde, eine Skulptur, 16 Aquarelle und Zeichnungen sowie 16 Druckgraphiken beschlagnahmt.
Inventarnummern 9820-9860.
Quellen: Inventarbücher im Archiv des Museums.
Literatur: Rave 1949, S. 91 (Anzahl: 66); Ditt 1988, S. 308f. (mit Liste der Gemälde in Anm. 482).

Nürnberg, Städtische Galerie

Stadtgeschichtliche Museen

Am 23. August 1937 beschlagnahmten Emil Stahl, Gustav Adolf Engelhardt und der Landesstellenleiter des RMVP, Bäselsöder, 81 Gemälde, eine Plastik und 65 Graphiken, die Ende September 1937 nach Berlin transportiert wurden. Auf der Auktion der Galerie Fischer in Luzern am 30. Juni 1939 wurden zwei Werke aus dem Besitz der Städtischen Galerie Nürnberg angeboten (Lose 30, 36). Im November 1941 wurden der Stadt als Entschädigung RM 970 überwiesen.
Quellen: StA Nürnberg C 7/I GR Nr. 9967 (Liste und Korrespondenz).
BayHSTA MK 40849 (Brief des Oberbürgermeisters von Nürnberg an das Bayerische Staatsministerium für Unterricht und Kultus vom Januar 1942 im Zusammenhang mit der Entschädigungssumme; vgl. Dok. 36).
Literatur: Rave 1949, S. 91 (Anzahl: 118); Roh 1962a, S. 242-246 (Liste); Veit 1977, S. 53, D 48; Kett 1992, S. 80.

Nürnberg, Germanisches Nationalmuseum

Am 24. August 1937 überwies das Germanische Nationalmuseum je eine (vermutlich am Tage zuvor) von einer Kommission in der Graphischen Sammlung ausgeschiedene Lithographie von Erich Heckel und Matthias May an die Städtische Galerie Nürnberg, von wo aus sie – vermutlich zusammen mit den dort beschlagnahmten Werken – Ende September 1937 nach Berlin gesandt wurden.
Quellen: StA Nürnberg C 7/I GR Nr. 9967 (Schreiben des Germanischen Nationalmuseums an die Direktion der Kunstsammlungen der Stadt Nürnberg vom 24. August 1937).
Literatur: Rave 1949, S. 91 (Anzahl: 2).

Inventarnummern für Nürnberg 7229-7349.

Oldenburg, Landesmuseum

Nach mündlicher Überlieferung im Museum waren 106 bzw. 114 Werke betroffen, darunter 15 Gemälde. Dokumente und Listen sind im Landesmuseum bislang nicht auffindbar. Auf der Auktion der Galerie Fischer in Luzern am 30. Juni 1939 wurde ein Werk aus Oldenburger Besitz angeboten (Los 103).
Inventarnummern 10585-10687.
Literatur: Rave 1949, S. 91 (Anzahl: 103); Keiser 1967, S. 156 (Liste der Gemälde).

Osnabrück, Städtisches Museum

Kulturgeschichtliches Museum

Die Beschlagnahmung ist im Museum nicht dokumentiert.
Literatur: Rave 1949, S. 91 (Anzahl: 3).

Recklinghausen, Vestisches Museum

Museen der Stadt Recklinghausen/Vestisches Museum

Eine im StA Recklinghausen erhaltene Liste benennt als Mitglieder der Kommission Franz Hofmann, Carl Meder und Paul Waldow sowie die eingezogenen sieben Gemälde, neun Aquarelle, eine Zeichnung und 20 Druckgraphiken, wobei eine Mappe mit sieben Blättern und einem Widmungsblatt als ein Werk gezählt wird.
Inventarnummern 12028-12030.
Quellen: StA Recklinghausen, III, NL Heinrich Althoff, Nr. 2 (Liste).
Literatur: Rave 1949, S. 91 (Anzahl: 38); Ditt 1988, S. 310 mit Anm. 491.

Rostock, Städtisches Museum

Kulturhistorisches Museum

Am 17. August 1937 wurden sechs Gemälde, acht Aquarelle und Zeichnungen und eine Graphik ausgeschieden.
Inventarnummern 9931-9933.
Quellen: Archiv der Hansestadt Rostock 1.1.23.39 (Korrespondenz und Listen).
Literatur: Rave 1949, S. 91 (Anzahl: 15).

Saarbrücken, Staatliches Museum

Stiftung Saarländischer Kulturbesitz/Saarland Museum

Am 29. August 1937 beschlagnahmten Emil Stahl und Gustav Adolf Engelhardt insgesamt 285 Werke, vor allem Graphik.
Rückerwerbung: Emil Nolde, »Meer mit Dampfer« (1992).
Inventarnummern 6625-6888.
Quellen: Schreiben von Museumsleiter Hermann Keuth an Gaukulturwart Kurt Kölsch vom 3. September 1937 (Landesarchiv Saarbrücken, Dep. Saarland Museum, Nr. 32). Es existiert eine von Wolfgang Birk (Museumspädagogischer Dienst) durch Vergleich der Inventarbücher gewonnene Liste.
Literatur: Rave 1949, S. 91 (Anzahl: 272); Schmoll gen. Eisenwerth 1989, S. 12; Grewenig 1991, S. 11.

Schwerin, Staatliche Sammlungen

Staatliches Museum

Es wurden zwei Gemälde von Corinth und eine Holzskulptur von Barlach ausgesondert, wobei eines der Corinth-Bilder im Dezember 1939 oder im Januar 1940 mit der Maßgabe, es nicht auszustellen, zurückgegeben wurde (Dok. 33).
Inventarnummern 11244-11247.
Quellen: Unterlagen im Archiv des Museums.
Literatur: Rave 1949, S. 91 (Anzahl: 4).

Soest, Städtisches Museum

Städtische Kunstsammlungen/Wilhelm-Morgner-Haus

Die Beschlagnahme fand wahrscheinlich am 23. August 1937 durch Franz Hofmann, Guido Joseph Kern und Hellmut Sachs statt. Betroffen waren hauptsächlich Werke von Wilhelm Morgner. Um die Jahreswende 1944/45 erhielt die Stadt die Mehrzahl der beschlagnahmten Werke Morgners zurück.
Inventarnummern 2838-2862.
Quellen: Erinnerungen von Klaus Hilse, Augenzeuge der Beschlagnahme und später Leiter des Soester Kultur- und Verkehrsamtes (vgl. Hilse 1962 und 1977/78, S. 16f.; auszugsweise zitiert bei Lips 1986, S. 159; alle Materialien im StA Soest).
Literatur.: Rave 1949, S. 91 (Anzahl: 61); Ditt 1988, S. 310 mit Anm. 490; Hüneke 1988c, S. 15 und 1991c, S. 57.

Stettin, Städtisches Museum

Szczecin, Muzeum Narodowe

Hinsichtlich der ersten Beschlagnahmeaktion ist nur bekannt, daß die im Städtischen Museum beschlagnahmte Holzskulptur »Kruzifixus« von Ludwig Gies am 10. Juli 1937 in München eintraf. Am 5. und 6. August 1937 konfiszierte eine achtköpfige Kommission unter Leitung Franz Hofmanns etwa 300 Werke, die am 12. August 1937 nach Berlin gesandt wurden. Auf der Auktion der Galerie Fischer in Luzern am 30. Juni 1939 wurden drei Werke aus Stettiner Besitz angeboten (Lose 20, 28, 120). 1941/42 wurden dem Museum als Entschädigung RM 3.180 zugewiesen.
Inventarnummern 7569-7873, 16232.
Quellen: STA Stettin, Akte Nr. 97 (»Säuberung der Museen«) im Best. Landesmuseum.
Literatur: Rave 1949, S. 91 (Anzahl: 307); Barron 1992, S. 151 und S. 168; Janda/Grabowski 1992, S. 68. Bernfried Lichtnau hat die Akte bearbeitet; sein Aufsatz wird 1995 zweisprachig in der Museumszeitschrift »Materiały Zachodniopomorskie« erscheinen.

Stuttgart, Staatliche Galerie

Staatsgalerie

Am 10. Juli 1937 wurden in der Staatsgalerie 16 Gemälde beschlagnahmt. Am 27. August 1937 erschienen Franz Hofmann und Carl Meder, um weitere 26 Gemälde und zwölf Plastiken sowie aus dem Kupferstichkabinett 27 Zeichnungen und 328 Graphiken (davon 79 in sieben Mappenwer-

ken) »sicherzustellen«, die am nächsten Tag nach Berlin geschickt wurden. Auf der Auktion der Galerie Fischer in Luzern am 30. Juni 1939 wurden fünf Werke aus dem Besitz der Württembergischen Staatsgalerie angeboten (Lose 6, 13, 21, 72, 76).
Rückerwerbung: Max Beckmann, »Selbstbildnis mit rotem Schal« (1948).
Literatur: Rave 1949, S. 91 (Anzahl: 382); Roh 1962a, S. 246-248 (Liste); von Maur 1987 (mit Dokumentation); Wirth 1987, S. 259-265 (Liste); Barron 1992, S. 149 und S. 203f.

Stuttgart, Städtische Kunstsammlung
Galerie der Stadt Stuttgart

Günther Wirth veröffentlichte einen Briefwechsel, aus dem er schloß, daß aus Stuttgarter städtischem Kunstbesitz keine Werke beschlagnahmt wurden, sondern offenbar eine Verwechslung mit den staatlichen Sammlungen des Landes Württemberg (Staatsgalerie) vorliegt.
Literatur: Rave 1949, S. 91 (Anzahl: 8); Wirth 1987, S. 282f.

Inventarnummern für Stuttgart 9288-9655, 14266-14269, 15043, 15983, 15988, 15998, 16004, 16008, 16020, 16026, 16174, 16212, 16219, 16225, 16227.

Ulm, Stadtmuseum
Ulmer Museum

Am 26. August 1937 [?] wurden von der Kommission unter der Leitung Emil Stahls und Gustav Adolf Engelhardts 27 Gemälde, drei Plastiken sowie 123 Graphiken und sechs Mappenwerke mit weiteren 77 Blättern beschlagnahmt und am 7. Oktober 1937 nach Berlin abgeschickt. Auf Anordnung der RbK mußten am 1. November 1937 nachträglich zwei Werke des Wiener Malers Anton Faistauer (»Gardone di Sopra mit Gardasee«, »Bildnis einer jungen Frau«) nach Berlin geschickt werden, weil sich unterdessen herausgestellt hatte, »daß Faistauer einer jener Wiener Akademieprofessoren war, die Adolf Hitler im Jahre 1907 in der Aufnahmeprüfung durchfallen ließen und ihm damit den Zugang zur Akademie verschlossen« (Treu 1983, S. 15). Auf der Auktion der Galerie Fischer in Luzern am 30. Juni 1939 wurden drei Werke aus Ulmer Besitz angeboten (Lose 54, 69, 83). Ende November 1941 wurden dem Ulmer Museum als Entschädigung RM 5.590 zugewiesen.
Rückerwerbung: Karl Hofer, »Die Trunkene – Die Bacchantin« (1985).
Inventarnummern 9657-9814.
Literatur: Rave 1949, S. 91 (Anzahl: 162); Treu 1983, S. 14f.; Wirth 1987, S. 276-280 (mit Liste); Barron 1992, S. 156; Adams 1993, S. 58-97 (S. 88-95 Liste).

Weimar, Staatliche Kunstsammlungen
Kunstsammlungen zu Weimar/Schloßmuseum

Im August 1937 wurden 171 Werke beschlagnahmt, nämlich sechs Gemälde, zwei Plastiken, sechs Aquarelle und 157 Graphiken.
Inventarnummern 11249-11390, 15389, 15417.
Literatur: Rave 1949, S. 91 (Anzahl: 381); Dauer 1988.

Wiesbaden, Nassauisches Landesmuseum
Museum Wiesbaden

Die Beschlagnahmung fand am 26. August 1937 statt. Auf der Auktion der Galerie Fischer in Luzern am 30. Juni 1939 wurden zwei Werke aus Wiesbadener Besitz angeboten (Lose 25, 74). 1941/42 wurden dem Museum als Entschädigung RM 5.120 zugewiesen.
Inventarnummern 8703-8929, 15751.
Quellen: Unterlagen im Archiv des Museums.
Literatur: Rave 1949, S. 91 (Anzahl: 231); Janda/Grabowski 1992, S. 68.

Witten an der Ruhr, Märkisches Museum

Am 24. August 1937 wurden 35 Werke beschlagnahmt, nämlich vier Gemälde, elf Skulpturen, zwölf Aquarelle und Zeichnungen sowie acht Graphiken. Im November 1941 erhielt das Museum als Entschädigung RM 60.
Inventarnummern 11006-11037.
Literatur: Rave 1949, S. 91 (Anzahl: 35); Märkisches Museum der Stadt Witten 1967, S. 6 und S. 11f. (Liste); Drebusch 1986, S. 5; Vennemann 1987.

Worms, Gemäldegalerie
Museum der Stadt Worms und Städtische Gemäldegalerie

Der Vorgang ist weder im Museum noch im StA Worms dokumentiert.
Literatur: Rave 1949, S. 91 (Anzahl: 10).

Wuppertal-Barmen, Ruhmeshalle und Wuppertal-Elberfeld, Städtische Bildergalerie
Wuppertal, Von der Heydt-Museum

Bei der ersten Aktion am 5. Juli 1937 wurden 14 Gemälde aus den Ausstellungsräumen der Barmener Ruhmeshalle beschlagnahmt; bei der zweiten am 7. Januar 1938 71 Bilder aus dem Depot. Auf der Auktion der Galerie Fischer in Luzern am 30. Juni 1939 wurde ein Werk aus Barmener Besitz angeboten (Los 88).
Rückerwerbungen: Jankel Adler, »Bildnis Else Lasker-Schüler« (1986); Karl Hofer, »Schlafende Jünger« (1987); Oskar Kokoschka, »Bildnis einer Italienerin« (1988).

Aus Elberfelder Besitz wurden 56 Gemälde und 355 graphische Blätter beschlagnahmt. Auf der Auktion der Galerie Fischer in Luzern am 30. Juni 1939 wurden davon drei Werke angeboten (Lose 10, 115, 125). Als Entschädigung erhielt das Museum 1941/42 ein Werk von Friedrich Overbeck aus der Sammlung Sofie und Emanuel Fohn sowie RM 47.460.
Inventarnummern 1-317, 14271-14275, 15857-15882, 16015, 16018, 16029, 16117, 16133, 16188, 16190, 16218, 16538.
Literatur: Rave 1949, S. 91 (Anzahl für Ruhmeshalle: 82; Anzahl für Städtische Bildergalerie: 403); Aust 1977b, S. 324-326; Fehlemann 1987, besonders S. 78-81 und 1988; Schulz-Hoffmann 1990, S. 99; Barron 1992, S. 255f.; Aust/Becks-Malorny 1992; Becks-Malorny 1992, besonders S. 91-96 und S. 113-249 (Katalog der zwischen 1866 und 1946 in den Besitz des Barmener Kunstvereins gelangten Werke mit Angaben über die Beschlagnahmungen); Janda/Grabowski 1992, S. 68.

Zwickau, König Albert-Museum
Städtisches Museum

Am 20. August 1937 konfiszierte die aus drei Männern und einer Frau bestehende Kommission 59 Aquarelle, Zeichnungen und Druckgraphiken, die am 1. September 1937 nach Berlin versandt wurden. 1941/42 erhielt das Museum als Entschädigung RM 144,56.
Inventarnummern 977-1024.
Quellen: Akten, Korrespondenz und Liste im StA Zwickau. STA Dresden Best. Ministerium des Innern, Nr. 17321/1.
Literatur: Rave 1949, S. 91 (Anzahl: 63).

10.3 Kurzbiographien

Die folgenden Kurzbiographien stellen 40 Personen vor, die im Zusammenhang mit den Femeausstellungen eine bedeutsame Rolle spielten. Aus Platzgründen mußte auf Biographien der für die NS-Kulturpolitik Verantwortlichen wie Goebbels, Göring, Rosenberg und Rust verzichtet werden, zumal sie in den gängigen biographischen Lexika und Büchern[1] behandelt werden und weitere Literatur über diese sowie über allgemeine Abhandlungen zur Geschichte des Nationalsozialismus leicht zu erschließen ist. Desgleichen konnten die verfemten und verfolgten Künstler, Kunsthistoriker, Museumsleiter, Journalisten und Kunsthändler keine Berücksichtigung finden.[2] Vielmehr ging es darum, möglichst detaillierte Informationen über bislang weniger bekannte Kunstideologen, über die Organisatoren der Femeausstellungen, die Mitarbeiter des für das Ausstellungswesen zuständigen Instituts für Deutsche Kultur- und Wirtschaftspropaganda sowie die Mitglieder der Beschlagnahmekommissionen und der sogenannten Verwertungskommission zusammenzutragen. Dabei ließen sich nicht für alle in Frage kommenden Personen Angaben ermitteln. Quellen, Schriften und Literatur werden chronologisch aufgeführt (wobei die Verweise auf Thieme-Becker und Vollmer vorangestellt werden); bei der Literaturauswahl wurden möglichst neuere Titel berücksichtigt.

Baudissin, Klaus Graf von (Metz 4. November 1891 bis 20. April 1961 Itzehoe):
1912 bis 1922 Studium der Kunstgeschichte, Literaturwissenschaften und Geschichte in München und Heidelberg. 1922 Promotion *cum laude* über: »Georg August Wallis. Maler aus Schottland 1768-1847. Auf Seitenpfaden der deutschen Kunstgeschichte«, Heidelberg 1924 (Heidelberger Kunstgeschichtliche Abhandlungen; 7). 1919 bis 1922 Assistent am Kunsthistorischen Institut der Universität Heidelberg bei Carl Neumann. 1924 Assistent am Kunsthistorischen Institut der Universität Kiel und an der Kunsthalle Kiel. 1925 Assistent, ab 1930 Konservator, dann Oberkonservator am Graphischen Kabinett der Staatsgalerie Stuttgart. 1930 Ernennung zum kommissarischen Direktor der Staatsgalerie, nachdem er bereits zuvor längere Zeit den Direktor vertreten hat. Verfaßt 1930 den Sammlungskatalog der im Stuttgarter Kronprinzenpalais untergebrachten Gemälde und Plastiken neuerer württembergischer Künstler sowie 1931 den Katalog für die Gesamtbestände der Staatsgalerie. Tätigt während seiner Amtszeit in Stuttgart mehrere Ankäufe moderner Kunst, darunter Werke von Baumeister, Corinth, Felixmüller, Heckel, Hoelzel, Hofer, Marc, Nolde, Scharff und Schlemmer. Um 1929 Eintritt in die Deutsche Volkspartei.
Über seine Entwicklung zum Nationalsozialisten schreibt er am 1. Juni 1934 an Oskar Schlemmer: »Ich gehöre durchaus nicht zu den Parteigenossen von 1923, und ich kann es Ihnen auf den Tag genau bestimmen, wann ich [...] zur Bewegung hingefunden habe. [...] Das war erst 1930. Damals habe ich zum ersten Male eine Rede von Hitler gelesen. Von dem Tag an war mir aber auch klar, um wen es sich hier handle. Und dass ich von da an sehr viel gelernt habe, umdenken gelernt habe und heute noch lerne, das ist richtig«[3]. 1. April 1932 Pg. Propaganda- und Wehrsportleiter der Ogr Stuttgart-Kriegsberg der NSDAP. 1933 Organisator der Ausstellung »Novembergeist – Kunst im Dienste der Zersetzung«. 1. Februar 1934 Direktor des Museums Folkwang Essen, wo er die Wandbilder Schlemmers entfernen läßt, innerhalb der Schausammlung eine temporäre »Schreckenskammer« einrichtet sowie 1936 in einer spektakulären Aktion das Gemälde »Improvisation 28« von Kandinsky an den Berliner Kunsthändler Ferdinand Möller verkauft und eine landesweite Beschlagnahme und »Verwertung« der »Verfallskunst« vorschlägt. Kulturwart in der Ogr Essen der NSDAP. 1935 Eintritt in die SS, 1939 in die Waffen-SS, in der er bis 1943 zum Oberführer avanciert. 27. Juli 1937 bis Ende März 1938 kommissarischer Leiter des Amtes für Volksbildung im Reichs- und Preußischen Ministerium für Wissenschaft, Erziehung und Volksbildung. 1937 als Beobachter dieses Ministeriums Mitglied der ersten Beschlagnahmekommission. Im November 1938 Suspendierung vom Amt des Museumsdirektors in Essen, gegen die Baudissin vergeblich Dienstaufsichtsbeschwerde einlegt. 1939 strengen die Gauleitungen Essen, Weimar und Hagen ein Disziplinarverfahren gegen Baudissin an, mit der Begründung, er habe in Kunstfragen gegen die Parteirichtlinien gehandelt; Baudissins Schwager Karl Wolff (General der Waffen-SS und Chef

1 Vgl. etwa Wistrich 1987; Smelser/Zitelmann 1989; dies./Syring 1993.

2 Einige von ihnen werden in der Anthologie von Junge 1992 behandelt.

3 Brief von Klaus Graf von Baudissin an Oskar Schlemmer, 1. Juni 1934 (Photokopie im Getty Center for the History of Art and the Humanities, Archives of the History of Art, Arntz Papers).

des Persönlichen Stabes von Himmler) verzögert die Verhöre bis 1943, auf Anordnung Himmlers wird das Verfahren bis Kriegsende zurückgestellt.
1947 Entlassung aus russischer Kriegsgefangenschaft, bis Ende 1948 noch im Internierungslager Neuengamme. Bekommt 1949/50 in einem Prozeß gegen die Stadt Essen wegen seiner Entlassung aus dem Museum Folkwang recht und erhält daraufhin bis zu seinem Tod eine Pension.
Quellen/Schriften: BDC: PA in den Best. OPG und SS-Offiziersakte (letztere enthält einen maschinenschriftlichen Lebenslauf).
Ein unveröffentlichtes, 1949 [?] von Baudissin verfaßtes Typoskript mit dem Titel »Die Vorgänge in Stuttgart 1933« befindet sich in Kölner Privatbesitz (vgl. das Zitat in Kapitel 3.5).
Literatur: Hildegard Brenner 1963, S. 108 und S. 110; Diether Schmidt 1964, S. 255 und passim; Ebert 1983, S. 234f.; Museum Folkwang Essen 1983, besonders S. 103-113; Vogt 1983, S. 110-154; Wulf 1983a, S. 344-347; Weitz 1984; von Maur 1987, passim; Andrea Schmidt 1991.

Bergman-Küchler, Sofie (Frankfurt am Main 26. Januar 1879 bis 6. Juni 1960 Oberursel):
Studium der Kunstgeschichte in Heidelberg bei Henry Thode. Steht Thode, Hans Thoma, Josef August Beringer, Hans Adolf Bühler und der Familie Wagner in Bayreuth nahe. 1922 Mitbegründerin und Leiterin der Hans-Thoma-Gesellschaft in Frankfurt am Main. Veranlaßt im September 1936 die Übernahme der Dresdner Wanderschau »Entartete Kunst« nach Frankfurt am Main. 1939, zum 100. Geburtstag Thomas, stiftet sie der Stadt Frankfurt am Main (Städel) rund 45 Gemälde sowie Graphiken und gründet das Hans-Thoma-Museum in Bernau, dem Geburtsort Thomas.
1955 schreibt sie im Deutschen Geschlechterbuch über Bühler und Thoma. 1956 ruft sie die Hans-Thoma-Gedächtnisstätte (seit 1977 im Vortaunus Museum) in Oberursel ins Leben, wo Thoma von 1894 bis 1898 die Sommermonate verbracht hatte.
Quellen: K. 1939.
Literatur: Lautenschlager/Schulz, Bd. 6, Teil 1, Nr. 32782 und Bd. 6, Teil 2, Nr. 37347; Broeker-Liss 1978, S. 273f.

Beringer, Josef August (Niederrimsingen 27. Januar 1862 bis 6. Dezember 1937 Mannheim):
Studium der Kunstgeschichte in Heidelberg bei Henry Thode. Promotion über die »Geschichte der Mannheimer Zeichnungsakademie«. 1904 Oberreallehrer in Mannheim. Verfaßt Bücher über badische Malerei, Monographien und Artikel über badische Künstler, so im Thieme-Becker (z. B. über seinen Freund Hans Adolf Bühler, Bd. 5, S. 190), im Deutschen Biographischen Jahrbuch und in den Badischen Biographien. Freundschaft mit Hans Thoma. Als Mitbegründer (1922) und Vorsitzender der Hans-Thoma-Gesellschaft in Frankfurt am Main ediert er zwei Briefbände Thomas, nach dessen Tod 1924 verwaltet er den Nachlaß. Bis 1935 Bezirkspfleger der Kunst- und Altertumsdenkmäler für den Amtsbezirk Mannheim.
Tritt als Kunstberichterstatter des Karlsruher Tagblatts seit den frühen zwanziger Jahren auf dem Gebiet der völkischen Kunstpublizistik hervor; z. B. schreibt er am 3. August 1925 in dieser Zeitung über Gustav Friedrich Hartlaubs Ausstellung »Die Neue Sachlichkeit: Deutsche Malerei seit dem Expressionismus« in der Städtischen Kunsthalle Mannheim: »[...] die Ankäufe der Kunsthallen zeigen, daß unsere öffentlichen Galerien auf dem Wege sind, [...] Sammlungen von Zeugnissen geistiger und seelischer Erkrankungen [zu] werden [...]. Es ist dann an der Zeit, Karbol-, Lysol- und Jodoformgerüche für den deutschen Lebensatem zu erklären und die sehr ehrenwerten Psychiater zu Kunstministern und Kunsthallendirektoren zu machen«. Steht dem KfdK nahe. Im Schriftleitungsausschuß der von der DKG in Karlsruhe herausgegebenen Zeitschrift Das Bild.
Mitglied im Vorstand des Mannheimer Kunstvereins, dessen Geschäftsführung er 1933/34 kurzzeitig übernimmt und wo er am 29. Oktober 1933 die »I. Wanderausstellung Deutscher Kunst« eröffnet. Mitglied des »Sachverständigenausschusses« für die Mannheimer Vorläuferausstellung, deren Gestaltung er maßgeblich beeinflußt. Hält auf Einladung des KfdK am 17. Mai 1933 an der Universität Heidelberg einen Vortrag mit Lichtbildern über die »Herabwürdigung der deutschen Kunst in den Jahren 1918 bis 1933«, an den sich die Bücherverbrennung auf dem Universitätsplatz anschließt. Erhält im November 1933 auf Antrag Bühlers einen Lehrauftrag an der Hochschule der bildenden Künste in Karlsruhe.
Ein gemaltes Porträt aus dem Jahre 1924 von der Hand Bühlers ist abgebildet in: Busse 1931, S. 143.
Quellen: GLA: NL Beringer; 441 Zugang 1982 Nr. 38/107 und Nr. 38/112 (Sammlung von Ausstellungsrezensionen Beringers).
StA Mannheim: S 1/2102-Beringer (Presseartikel).
Nachrufe: J[acob] 1937 (mit Schriftenverzeichnis); Hans Adolf Bühler 1939.
Literatur: Lautenschlager/Schulz, Bd. 6, Teil 1, Nr. 32505 und Bd. 9, S. 21f.; Koch 1981, S. 123, Anm. 30 und S. 127, Anm. 193; Clemens Zimmermann 1983, passim; Sauder 1985, S. 198-201; Rave 1987, S. 46; Angermeyer-Deubner 1988, passim; Brömmer 1993, S. 154f.

Bühler, Hans Adolf (Steinen im Wiesental bei Lörrach 4. Juni 1877 bis 19. Oktober 1951 Burg Sponeck in Baden):
Ab 1892 Lehre als Maler und Anstreicher in Schopfheim. 1895 bis 1898 Besuch der Kunstgewerbeschule Karlsruhe und 1898 bis 1908 der Landeskunstschule (Kunstakademie) Karlsruhe. Dort Studium bei Friedrich Fehr und Ludwig Schmid-Reutte; zuletzt Meisterschüler von Hans Thoma, dessen Lehramt er 1914 übernimmt (bis 1941). 1910 bis 1912 Prometheus-Wandbild im Vorraum der Aula der Universität Freiburg. 1917 Erwerb der Burg Sponeck am Kaiserstuhl. Im Frühjahr 1930 Mitinitiator und Vorsitzender der

Ogr Karlsruhe des KfdK und Mitglied des Weimarer »Führerrats der Vereinigten Deutschen Kunst- und Kulturverbände«, dessen Zeitschrift Deutsche Bildkunst er leitet. Ab 1930 Mitglied und ab 1932 2. Vorsitzender und künstlerischer Leiter der DKG, die in Karlsruhe unter seiner Hauptschriftleitung die Zeitschrift Das Bild herausgibt und die von ihm organisierte »I. Wanderausstellung Deutscher Kunst« durchführt. 1932 bis 1934 Akademiedirektor in Karlsruhe. März 1933 Vorstandsmitglied des Badischen Kunstvereins, Juli 1933 des Reichsverbandes bildender Künstler. Gauleiter Südwest des Reichskartells der bildenden Künstler. März 1933 bis Juli 1934 Direktor der Kunsthalle Karlsruhe als Nachfolger der entlassenen Lilli Fischel. Veranstaltet dort im April 1933 die Vorläuferausstellung »Regierungskunst 1918-1933«. 1937 Ehrenbürger von Steinen und Jechtingen. 1. Dezember 1941 Ruhestand.
Von 1966 bis 1986 ist eine Schule in Steinen nach Bühler benannt.
Quellen: BDC: PA im Best. Ahnenerbe.
GLA: 235/64118 (darin ein »Gutachten« Bühlers über Gustav Friedrich Hartlaubs Tätigkeit an der Kunsthalle Mannheim vom 8. März 1934, reproduziert bei Buderer 1990, S. 18); 466/6094.
Literatur: Thieme-Becker, Bd. 5, S. 190 (J. A. Beringer); Vollmer, Bd. 1, S. 345; Beringer 1922, S. 152f.; Busse 1931; Reichshandbuch der deutschen Gesellschaft 1931, S. 240; Rüdiger 1931; Anonym 1934 (Titelblatt abgedruckt bei Zuschlag 1993, S. 192, Abb. 1); Wilkendorf 1951; Hildegard Brenner 1963, passim; Diether Schmidt 1964, S. 257; Lautenschlager/Schulz, Bd. 6, Teil 1, Nr. 32782 und Bd. 8, Teil 2, Nr. 48339; Mülfarth 1980, S. 28-30; Koch 1981, passim und 1988, S. 237f.; Ernst Friedrich Bühler 1982, S. 260-266 [eine vom Neffen Hans Adolf Bühlers verfaßte, dessen kunstpolitische Aktivitäten unterschlagende Biographie]; Wulf 1983a, S. 75-79; Heusinger von Waldegg 1987a, S. 10-15 und 1987b, S. 119-124; Rößling 1987a, S. 250; Poley 1991, S. 419; Davidson 1992, S. 261f.; Zuschlag 1993, S. 204, Anm. 8; Hille 1994, S. 386, Anm. 43; Klipfel 1994, S. 90-92.

Feistel-Rohmeder, Bettina (Heidenheim 24. August 1873 bis 3. Februar 1953 Karlsruhe):
Studium der Malerei an der Dachauer Schule bei Adolf Hoelzel und Ludwig Dill sowie auf der Kunstgewerbeakademie Stuttgart bei Johann Vincenz Cissarz und Bernhard Pankok. 1903 bis 1907 Studium der Kunstgeschichte bei Henry Thode in Heidelberg. 1903, 1905 und 1906 Ausstellungen im Heidelberger Kunstverein. 1905/06 in Venedig. Veröffentlicht »Das Frauenbildnis in der venezianischen Renaissance« (Leipzig 1905, 3. Auflage 1906). Kunstberichterstatterin beim Heidelberger Tagblatt. 1909 Gründung der »Mannheimer Werkstätten für Kunst und Handwerk« (bis 1912). Übersiedlung in die Schweiz.
Gründet 1920 in Dresden mit Unterstützung von Akademieprofessor Richard Müller die DKG mit dem Ziel, den Kampf gegen »die alten Erbfeinde Deutschen Wesens, Rom und Juda« und gegen den »Verfall Deutscher Kunst« durch Förderung »lebender echter Deutscher Künstler« zu führen. 1926 bis 1928 Vorträge über »Rasse und Kunst«. 1927 Gründung des bis September 1938 selbständig erscheinenden Nachrichtendienstes DK, in dessen Artikeln Feistel-Rohmeder gegen Ausstellungen und Vertreter der Moderne hetzt und das Erbe der deutschen Malerei des 19. Jahrhunderts beschwört. Hauptschriftleiterin der 1932 gegründeten Vierteljahresschrift Deutsche Bildkunst, aus der 1934, nach Übersiedlung der DKG nach Karlsruhe im November 1933, die Zeitschrift Das Bild hervorgeht, welche bis zum Frühjahr 1944 im Verlag C. F. Müller Karlsruhe erscheint (dessen Inhaber, Hermann Fecht, Vorsitzender der DKG ist); im Anhang der Zeitschrift werden Artikel des DK abgedruckt, ab Oktober 1938 erscheint der DK komplett nur dort. Hauptschriftleiter von Das Bild ist Bühler, einer der Mitarbeiter Beringer. Mitorganisatorin der »Wanderausstellungen Deutscher Kunst« der DKG. Feistel-Rohmeder verschreibt sich fanatisch dem publizistischen Kampf gegen den »Kunstbolschewismus«.
Versucht 1951, die DKG unter verändertem Namen wiederzubeleben.
Quellen/Schriften: Feistel-Rohmeder 1938 (enthält auf den S. 211-217 einen »Rückblick auf die Entstehung und Entwicklung der Deutschen Kunstgesellschaft«); Rüdiger 1933; Schindler 1938 (mit einer Photographie Feistel-Rohmeders von Hugo Erfurth) und 1943.
Literatur: Thieme-Becker, Bd. 11, S. 359f. (J. A. Beringer); Roh 1962a, S. 79-81; Diether Schmidt 1964, S. 259; Thomae 1978, S. 359f., A. 52; Merker 1983, S. 78-84; Nungesser 1983, S. 110 (mit der Photographie Hugo Erfurths aus Schindler 1938); Lautenschlager/Schulz, Bd. 9, S. 64; Rößling 1987a, passim; Hochschule für Bildende Künste Dresden 1990, passim; Bloth 1994, S. 32, Anm. 8, S. 175f. und passim; Präger 1994, S. 121 und S. 123.

Fischer, Hugo (geb. München 17. Januar 1902):
Kaufmännischer Angestellter. Ende 1922 Pg. 1923 Teilnehmer am Putschversuch in München (»Blutordensträger«). 1925 Propagandaleiter der NSDAP in München-Süd. Ende 1927 Adjutant des Reichspropagandaleiters Heinrich Himmler. Nach Übernahme der RPL durch Goebbels im August 1930 Leiter des gesamten Versammlungswesens der NSDAP. 1. März 1933 Eintritt in die SA. 10. April 1933 Hauptamtsleiter, Stabsleiter und Stellvertreter des Reichspropagandaleiters der NSDAP Goebbels. Juli 1933 Führer der Reichsfachschaft Deutscher Werbefachleute. Präsident des IKWP. Mitglied des Reichskultursenats. 1936 MdR für den Wahlkreis Berlin-Ost. 30. Januar 1938 SA-Oberführer, 30. Januar 1941 SA-Brigadeführer.
Quellen: BDC: PA in den Best. SA, Parteikanzlei-Korrespondenz und RKK sowie Research Ordner 195 II.
Literatur: Das Deutsche Führer-Lexikon 1934, S. 124; Wer leitet? 1941/42, S. 231; Stockhorst 1967, S. 136.

Freyberg, Alfred (geb. Harsleben/Halberstadt 12. Juli 1892): Jurist. 1925 Gründung und Leitung der Ogr Quedlinburg der NSDAP. 1927 bis 1929 Bezirksleiter der NSDAP. 1929 Stadtverordneter und Fraktionsführer der NSDAP in Quedlinburg. Mai 1932 Ministerpräsident in Anhalt und damit erster nationalsozialistischer Ministerpräsident.
1933 alleiniger Staatsminister in Anhalt. 1936 MdR für den Wahlkreis Magdeburg. Nimmt vermutlich am 19. Juli 1937 an der Eröffnung der Münchner Ausstellung »Entartete Kunst« teil und regt daraufhin die gleichnamige Schau in Dessau an, die er am 19. September 1937 eröffnet. 1940 Oberbürgermeister in Leipzig, SS-Gruppenführer im Sicherheitsdienst des Reichsführers-SS.
Quellen: Anhalter Anzeiger, 20. September 1937.
Literatur: Degener 1935, S. 442; Stockhorst 1967, S. 143f.

Gasch, Walther (geb. Leipzig 10. April 1886):
Studiert an der Dresdner Kunstakademie, dort Meisterschüler von Gotthardt Kuehl und Richard Müller. Mitglied der DKG. Profiliert sich seit Anfang der dreißiger Jahre in seinen Funktionen als Leiter der NS-Gaufachgruppe der Bildenden Künste in Sachsen und als Kunstberichterstatter des Dresdner NS-Organs Der Freiheitskampf durch seine wütenden Kampagnen gegen die Staatliche Gemäldegalerie und ihren Direktor Hans Posse. So im Artikel »Rettet die deutschen Kulturgüter! Auf zum Kampf gegen die Bastardisierung der deutschen Kunst!« im VB vom 7./8. September 1930, der mit dem Aufruf schließt: »Die Augen auf, Nationalisten! Lernt bewußt sehen! Lernt die Kunstgiftmischer erkennen und denkt über die Namen der internationalistischen Bastardisierung in euren Museen nach!« (zitiert nach Hopfengart 1989, S. 101).
Nach der Ernennung zum Kunstkommissar führt er im Frühjahr 1933 die »Reinigung« der Dresdner Museen durch, wobei der Plan für eine »Schandausstellung« gefaßt wird. Schickt am 19. März 1933 einen Situationsbericht an Staatskommissar von Killinger, in welchem er nicht nur Schmidt-Rottluff (»Bolschewist«), Dix (»Kommunist, verheiratet mit Jüdin«) und andere Dresdner Künstler, sondern auch den Galeriedirektor Posse (»Halbjude, Rotarier«) und sogar Richard Müller denunziert. Mit diesem und Wilhelm Waldapfel für die Dresdner Vorläuferausstellung »Entartete Kunst« verantwortlich. 1939 Beteiligung an der GDK und stellvertretender Rektor der Staatlichen Akademie für graphische Künste und Buchgewerbe zu Leipzig.
Quellen: BDC: PA im Best. Parteikanzlei-Korrespondenz (enthält lediglich ein Schreiben der NSDAP-Kanzlei, Philipp Bouhler, vom 18. November 1937, in dem es heißt: »Aufgrund der mir vom Führer mit Erlaß vom 27.7.37 erteilen Ermächtigung habe ich auf dem Gnadenwege entschieden, daß Sie trotz früherer Zugehörigkeit zu einer Loge weiterhin Parteiämter bekleiden können«.).
Sächsisches HStA Dresden: Best. Ministerium für Volksbildung, Nr. 14646, Bl. 130 (Schreiben Gaschs an von Killinger vom 19. März 1933).
Denkschrift von Hans Posse, Anfang 1934 (gekürzt abgedruckt bei Hildegard Brenner 1963, S. 173-175).
Literatur: Vollmer, Bd. 2, S. 204; Hans Meyer 1938; GDK 1939, S. 33, Nr. 287; Gustav Herrmann 1939; Feistel-Rohmeder 1941; Seydewitz 1957, S. 117-133 und 1960, S. 128-130; Hildegard Brenner 1963, S. 38; Diether Schmidt 1964, S. 260; Thomae 1978, S. 300, Anm. 315; Merker 1983, S. 123; Staatliche Kunstsammlungen Dresden 1985, S. 145, Nr. 173; Hopfengart 1989, S. 101; Hochschule für Bildende Künste Dresden 1990, passim.

Häberle, Adolf (Stuttgart 1886 bis 1959 Ulm):
Tapeziererlehre. Studium der Architektur und Innenarchitektur in Stuttgart. 1921 bis 1924 betreut er das Ulmer Gewerbemuseum. Nach dessen Einverleibung durch das Museum der Stadt Ulm im Jahre 1924 ist er dort unter Julius Baum als Kustos und Assistent tätig.
Nach der »Beurlaubung« Baums am 18. März 1933 interimistischer Museumsleiter. Führt in Zusammenarbeit mit dem Museumsbeirat, in dem der Ulmer Stadtrat und Kampfbund-Funktionär Carl Kraus eine wichtige Rolle spielt, die Ulmer Vorläuferausstellung durch. Über Häberle schreibt Adams (1993, S. 98, Nr. 128): »Häberle hielt eine Reihe von Vorträgen, deren Themen auf nationalistische und rassistische Einstellungen verweisen. Vor und während seiner Amtszeit als kommissarischer Leiter publizierte er Zeitungsartikel mit stark militaristischem Tenor. Nachdem am 6.7.1939 Carl Kraus zum Direktor des Museums ernannt worden war, blieb Häberle weiter Kustos. 1945 wurde er vom Dienst suspendiert, 1951 trat er endgültig in den Ruhestand«.
Literatur: Adams 1993, S. 98-105.

Hansen, Walter (Hamburg 21. September 1903 bis 13. Februar 1988 Gehrden/Landkreis Hannover):
Besuch des Lehrerseminars (1918 bis 1924) und der Landeskunstschule (1924 bis 1930) in Hamburg. Während seiner Anstellung als Berufsschullehrer studiert er an der Hamburgischen Universität Vorgeschichte, Volkskunde, Völkerkunde und Kunstgeschichte (1924 bis 1929). Promotion mit einer Arbeit über »Die Verbreitung und Bedeutung der Schalensteine im Glauben und Brauch der Vorzeit«. Das Rigorosum schließt er 1929 mit der Bewertung genügend ab. Da jedoch die Dissertation zur gründlichen Überarbeitung zurückgegeben und erst 1937 wiedereingereicht und als Teildruck veröffentlicht wird, erhält er die Promotionsurkunde nicht vor dem 30. März 1937; dennoch führt er seit 1930 den Doktortitel. Ab 1929 Lehrbeauftragter am Museum für Völkerkunde. 1932 Eintritt in den KfDK. Bewirbt sich in Schwerin um Stellen als Gymnasialzeichenlehrer und am Museum. 1. Mai 1933 Pg. Bemüht sich nach der Entlassung Max Sauerlandts am 5. April 1933 an der Landeskunstschule um eine Stelle mit Mal- und Zeichenklasse, die ihm verwehrt wird. 1935 lehnt die Landesstelle Norddeutschland der RbK Hansens Aufnahme mit der Begründung ab, seine Kunst sei dilettantisch.

5. März 1938
368/Dt.

An den
Stellvertreter des Führers,
Herrn Reichsminister R. H e s s,

<u>M ü n c h e n</u>
Braunes Haus.

Sehr geehrter Parteigenosse Hess!

Ich bitte Sie, ein beschleunigtes Verfahren beim Obersten Parteigericht anzuordnen mit dem Ziel des sofortigen Ausschlusses des Parteigenossen Dr. Walter H a n s e n, wohnhaft Berlin-Charlottenburg, Knesebeckstrasse 14, aus der Partei, da der Genannte seit langer Zeit seine Parteimitgliedschaft dazu benutzt, gegen die Dienststellen und die Interessen der Partei zu arbeiten und ein weiteres Verbleiben dieses Schädlings eine Gefahr für die Disziplin und das Ansehen der Partei bedeutet.

Der genannte Hansen gehört der Ortsgruppe Steinplatz im Gau Berlin an und ist am 1.5.1933 in die Partei eingetreten. Er wird unter der Mitgliedsnummer 3 025 978 geführt.

Die Begründung meines Antrags gebe ich in dem anliegenden Bericht.

Heil Hitler !

<u>Anlage</u>

<u>B e r i c h t</u>

<u>zum Antrag auf sofortigen Parteiausschluss des Dr. Walter H a n s e n, Berlin.</u>

Dr. Walter Hansen verfolgt seit Jahren den Mitarbeiter meines Amtes Parteigenossen Robert S c h o l z mit Angriffen und Verleumdungen, die sich auf ein angebliches Eintreten von Robert Scholz als Kunstschriftsteller für einzelne sogenannte kunstbolschewistische Künstler vor der Machtergreifung beziehen. Es ist einwandfrei bewiesen, dass Robert Scholz seit dem Jahre 1930 sich in Aufsätzen gegen den Kunstbolschewismus gewandt hat und für eine nationalsozialistische Kunstauffassung in Parteiblättern eingetreten ist, darüber hinaus, allein auf sich gestellt, in bürgerlich-nationalen Zeitungen. Wenn daneben Scholz in Sonderfällen <u>einzelne</u> Werke sogenannter Expressionisten gelegentlich positiv bewertet hat, so geschah das in Wahrung der unter damaligen Verhältnissen verständlichen kunstkritischen Haltung, um auch ferner in der in Frage kommenden Zeitung seine Ablehnung doppelt begründet vorbringen zu können, hat also, da die gleichzeitigen eindeutigen Ablehnungen des Kunstbolschewismus entgegenstehen, nicht den Sinn einer Bejahung entarteter Kunst. Die Aufsätze, in denen Robert Scholz sich eindeutig in der Zeit vor der Machtergreifung gegen den Kunstbolschewismus gewandt hat, liegen der Dienststelle im Original vor. Dazu kommt, dass Robert Scholz seit dem Jahre 1932 im Kampfbund für deutsche Kultur tätig war und sich schon damit eindeutig zu den kunstpolitischen Zielen des Nationalsozialismus bekannt hat. Ferner hat Scholz in meinem Amt und als Kunstschriftleiter des "Völkischen Beobachters" seit dem Jahre 1933 an verantwortlichster Stelle gegen alle kunstreaktionären und kunstbolschewistischen Bestrebungen gekämpft und für den Aufbau des Kunstlebens mit nachweislich grossen Erfolgen gearbeitet; gleichfalls als Ausstellungsleiter im Ausstellungsgebäude Tiergartenstrasse 21. Ungeachtet dessen und ohne Berücksichtigung der Tatsache, dass Pg. Robert Scholz nach Prüfung aller Umstände mein volles Vertrauen geniesst, hat der genannte Hansen durch haltlose Denunziationen

-2-

\- 2 -

an den verschiedensten Stellen versucht, die Arbeiten zu stören, mit denen ich Robert Scholz beauftragt habe.

Bei der Ausstellung "Entartete Kunst" in München hat Hansen, der sich dort eingedrängt hatte, es verstanden, hinter dem Rücken des Kammerpräsidenten Prof. Ziegler zwei Aufsätze von Robert Scholz, in denen er ein Eintreten für den Kunstbolschewismus zu sehen angab, in der Ausstellung auszustellen. Nach Entdeckung dieses Bubenstreichs wurden diese beiden aus dem Zusammenhang gerissenenеAufsätze sofort von Prof. Ziegler entfernt und Hansen wegen dieser und anderer Gemeinheiten von der weiteren Mitarbeit an dieser Ausstellung ausgeschaltet. Hansen hat in Wut über diesen Fehlschlag zwei von Verleumdungen übelster Art strotzende Briefe über Scholz an Reichsleiter Amann gerichtet, der mir diese zur Verfügung gestellt hat. U.a. soll Scholz die Arbeit der Katholischen Aktion in meinem Amt besorgen; ferner wird ihm vorgeworfen, den Bildhauer Thorak gefördert zu haben, also einen vom <u>Führer</u> besonders herausgestellten Künstler. Pg. Scholz hat daraufhin Klage gegen Hansen beim Parteigericht Gau Berlin Kreis I erhoben. Ich habe mich von amtswegen dieser Klage angeschlossen, da Hansen in diesen Briefen und durch die Verleumdungen gegen einen von mir Beauftragten in völlig unzulässiger Weise Kritik an mir und meinem Massnahmen geübt hat. Das Parteigerichtsverfahren ist, da sich nach der ersten Verhandlung das Kreisgericht wegen der Schwierigkeit der Materie für unzuständig erklären musste, nicht beendet und wird im schleppenden Dienstgang nach sechs Monaten jetzt vom Kreisgericht I an das Gaugericht Berlin abgetreten. Bereits in der ersten Verhandlung hat sich die Unwahrhaftigkeit der Anschuldigungen Hansens gegen Pg. Scholz ergeben.

Ungeachtet dessen hat Hansen, der sehr gut fühlt, dass seine Machenschaften durchschaut wurden, versucht, jetzt durch einen neuen ganz ungeheuerlichen Streich die Situation zu seinen Gunsten zu verschieben. Hansen hat in die jetzt in Berlin von der Reichspropagandaleitung München in Gemeinschaft

\- 3 -

mit der Gaupropagandaleitung Berlin durchgeführte Ausstellung "Entartete Kunst" wiederum durch einen <u>Betrug</u> an dem Ausstellungsleiter, Parteigenossen Pistauer, die in München aus der Ausstellung von Präsident Ziegler entfernten beiden Aufsätze von Pg. Scholz eingeschmuggelt. <u>Hansen hat diesmal mit der Ausstellung überhaupt nichts zu tun.</u> Er hat, wie einwandfrei festgestellt ist, dem Leiter der Ausstellung, Pg. Pistauer, am zweiten Tage nach der Eröffnung das Angebot gemacht, einiges in seinem Besitz befindliche Buchmaterial für die Ausstellung zur Verfügung zu stellen. Durchaus vertrauensvoll hat Pg. Pistauer dieses Angebot angenommen und dabei unterlassen zu kontrollieren, <u>was</u> durch Hansen in die Vitrinen der Ausstellung eingefügt wurde. Hansen hat bei dieser Gelegenheit die erwähnten beiden Aufsätze von Scholz ohne Wissen des Ausstellungsleiters eingefügt. Als dies entdeckt wurde, stellte der Ausstellungsleiter Pistauer fest, dass Hansen in der gemeinsten Weise sein Vertrauen missbraucht hat und von ihm über seine wahren Absichten getäuscht worden ist. Die beiden Aufsätze wurden selbstverständlich entfernt, ebenso zwei Aufsätze von Dr. Werner Rittich, eines anderen Mitarbeiters meines Amtes, die Hansen gleichfalls eingeschmuggelt hatte. Die Reichspropagandaleitung München hat von dem Vorfall durch mein Amt und ebenso durch den Ausstellungsleiter Pg. Pistauer Kenntnis erhalten und hat durch Fernschreiber Bericht des Ausstellungsleiters eingefordert, da die <u>Reichspropagandaleitung, Pg. Kaiser,</u> erklärte, dass Hansen versucht hätte, durch einen Betrug die Reichspropagandaleitung in Schwierigkeiten zu bringen. Die Richtigkeit dieser Vorgänge wird durch Pg. Pistauer, derzeit im Haus der Kunst, Berlin, und den stellvertr. Gaupropagandaleiter Pg. Lucht bestätigt, der bei diesen Feststellungen über den Betrug Hansens in dienstlicher Eigenschaft zugegen war.

Hansen hat durch diese niederträchtige Handlungsweise versucht, nicht nur den Pg. Robert Scholz unmöglich zu machen, sondern auch mein Amt und mich selbst öffentlich zu blamieren.

-4-

- 4 -

Er hat dabei in der Verfolgung persönlicher Rachebedürfnisse sich über die Tatsache hinweggesetzt, dass Pg. Scholz nicht nur als Leiter der Hauptstelle Bildende Kunst mein Amt in der Öffentlichkeit repräsentiert, sondern auch als Hauptschriftleiter der unter meiner Herausgeberschaft stehenden Zeitschrift des Zentralverlags der NSDAP "Die Kunst im Dritten Reich" für das offizielle Kunstorgan der Bewegung und des Führers als Kunstschriftleiter verantwortlich zeichnet.

Abgesehen von der Art, in der Hansen diesen Betrug durchgeführt hat, stellt es schon aus Gründen der Parteidisziplin eine Unmöglichkeit dar, wenn ein mit solcher Verantwortung betrauter Parteigenosse auf diese Weise öffentlich angegriffen wird. Der Bubenstreich Hansens hätte die schwersten Folgen haben können. Die Austellung findet bei der Auslandspresse naturgemäss das allergrösste Interesse vor allem aus dem Grunde, da die Auslandspresse begierig ist, in dieser Ausstellung Schwächen zu finden. Wenn ein Auslandsjournalist entdeckt hätte, dass der Hauptschriftleiter des offiziellen Kunstorgans der Bewegung gleichzeitig als Vertreter des kunstbolschewistischen Schrifttums in der Ausstellung angeprangert wird, dann wäre dieselbstverständliche Folge gewesen, dass die Auslandspresse mit Vergnügen behauptet hätte, dass man innerhalb der Partei sich über die Bewertung von Personen uneins und dass die Anprangerung des Kunstbolschewismus nur als eine Komödie zu werten sei. Hansen hat sich hierdurch des allerschwersten Angriffs gegen die Autorität und die Interessen der Partei schuldig gemacht.

Hinzu kommt, dass derselbe Hansen vor wenigen Wochen bereits auf ähnliche Weise der Partei und Deutschland den grössten Schaden dadurch zugefügt hat, dass er, durch niemanden legitimiert, in einer Versammlung der Museumsleiter Rembrandt und Grünewald als Vertreter der entarteten Kunst bezeichnete und die Behauptung aufgestellt hat, dass der Nationalsozialismus die Entfernung jener Werke Rembrandts aus den Museen fordere, welche Juden darstellten. Die Auslands-

-5-

- 5 -

presse hat diese geradezu verbrecherischen Aeusserungen eines Narren in grosser Aufmachung gebracht.

All diese Fälle, die sich überdies beliebig erweitern lassen, beweisen, dass dieser Hansen ein gemeingefährliches Subjekt ist. Die Empörung über die Tätigkeit und das Auftreten Hansens ist in allen Kunstkreisen allgemein.

Ueber die Vergangenheit Hansens geben die Akten der Gauleitung Hamburg genauesten Aufschluss. Der Mann hat sich bereits in Hamburg sehr unliebsam bemerkbar gemacht. Ein bereits gegen ihn in Hamburg ausgesprochener Parteiausschluss wurde durch eine Begnadigung des Gauleiters Kaufmann aufgehoben, der, wie mir mitgeteilt wird, diese Milde heute bedauert. Soweit ich unterrichtet bin, schwebt in Hamburg selbst wieder ein neues Parteiverfahren, da Hansen in seinem Verleumdungsfeldzug gegen alle möglichen Persönlichkeiten nicht nachlässt. Der Präsident der Reichskammer der bildenden Künste, Prof. Ziegler, hat die allerschlechtesten Erfahrungen mit diesem Mann gemacht und ihn als Hochstapler bezeichnet. Pg. Ziegler kann über die Persönlichkeit Hansens alle erforderlichen Auskünfte geben.

Abschliessend möchte ich feststellen, dass Hansen eine der übelsten Erscheinungen ist, die sich bemerkbar gemacht haben. Der Mann versucht mit aller Gewalt aus persönlichem Ehrgeiz von sich reden zu machen und sich nach vorn zu schieben. Im Interesse der Sauberkeit und der Autorität der Partei halte ich einen sofortigen Ausschluss Hansens aus der Partei für erforderlich, wobei zu erwägen ist, ob nicht gleichzeitig Hansen für längere Zeit in Schutzhaft zu nehmen ist, um zu verhindern, dass dieses krankhafte Subjekt der Partei noch weiteren Schaden zufügt.

Pg. R. Scholz ist Pg. Dr. Heim im Stabe des Stellvertreters des Führers persönlich seit langem bekannt.

2.3.1938 gez.: Alfred Rosenberg

Dok. 71 Abschrift eines Briefes von Alfred Rosenberg an Rudolf Heß, 5. März 1938 (BA NS 8/179, Bl. 124-129)

Mit fanatischem Eifer kämpft Hansen gegen die »Verfallskunst«. Die am 12. März 1933 im Hamburger Kunstverein eröffnete 12. Ausstellung der Hamburgischen Sezession wird vermutlich auf sein Betreiben hin geschlossen. In der NS-Presse veröffentlicht er Hetz- und Schmähartikel. In der Serie »Neue Zielsetzungen und Wertungen in der Deutschen Kunst des Dritten Reiches«[4] stellt er, typische Methoden der nationalsozialistischen Publizistik und Ausstellungsstrategie anwendend, »gute deutsche« Kunst (Wolfgang Willrich) und »Verfallskunst« (Werner Scholz) sowie Zeichnungen von Klee und Kindern gegenüber.

1935 Übersiedlung nach Berlin, wo er Willrich begegnet. Ernst Hanfstaengl, der Direktor der Nationalgalerie Berlin, fragt am 19. Dezember 1935 bei seinem Kollegen in der Hamburger Kunsthalle nach, ob ihm »ein Herr Hansen irgendwie bekannt« sei: »Dieses Mannsbild treibt sich in Berlin herum, macht Führungen und schimpft dabei in dummer und ungebildeter Form, so daß sich das Publikum bei mir beschwert hat«[5]. Alfred Hentzen (1970, S. 79) erlebt einige solcher Führungen Hansens im Kronprinzenpalais mit, »in denen er Gruppen von Hitler-Jungen die Neue Abteilung so erläuterte, als sei es die Ausstellung Entartete Kunst«. Weiterhin überliefert Hentzen, daß Hansen »häufig ins Kronprinzenpalais kam und sich in den Galerieräumen wie in der Handzeichnungen-Sammlung Notizen machte, aus denen die Listen entstanden, die der Beschlagnahmekommission am 7. Juli 1937 als Unterlage dienten«.

Als Hansen im Sommer 1937 zur Beschlagnahme und Ausstellung »Entartete Kunst« herangezogen wird, macht der Reichsstatthalter in Hamburg, Karl Kaufmann, in einem neunseitigen Brief an Erziehungsminister Bernhard Rust seine »ernsten Bedenken« dagegen geltend. Der im »Gau Hamburg höchst unliebsam bekannt gewordene« Hansen sei ein Mann »ohne Pflichtbewußtsein, ohne Selbstkritik, ohne Achtung vor einem akademischen Grad, vor der Ehre seiner Lehrer, ohne Respekt vor regierenden Männern und leitenden Beamten, ohne einen Funken anständiger Gesinnung, der nur darauf bedacht ist, sich mit allen Mitteln Geltung und Ansehen zu verschaffen« (zitiert nach Wulf 1983a, S. 396 und S. 400). Auf einer Museumsleitertagung in Berlin vom 23. bis 25. November 1937 kommt es zu einem international vielbeachteten Skandal, als Hansen in

4 Erstmals publiziert in der studentischen Monatsschrift Hansische Hochschul-Zeitung (Oktober 1935 und Januar 1936), dann in vier Folgen in der wöchentlich erscheinenden Zeitschrift Der SA-Mann (8., 15., 22. und 29. August 1936).

5 Zitiert nach einem Schreiben des Reichsstatthalters in Hamburg, Karl Kaufmann, an Rust vom 25. August 1937 (gekürzt abgedruckt bei Wulf 1983a, S. 396-400, hier S. 400).

einem Vortrag mit dem Titel »Die Ursachen der Entartung deutscher Kunst« Rembrandt als »Ghettomaler« geißelt.
Wegen staats- und parteischädigenden Verhaltens, insbesondere seiner fortgesetzten Intrigen gegen verschiedene Parteimitglieder wie Robert Scholz, Werner Rittich und Johann von Leers[6], sowie Disziplinlosigkeit und Beleidigung kommt Hansen kurzzeitig in Gestapo-Haft, wird am 13. April 1938 aus der Partei ausgeschlossen und am 1. März 1940 durch eine Entscheidung des OPG wiederaufgenommen.[7] In der Begründung des Parteiausschlusses heißt es: »Nachdem er dann besonders nach seiner Übersiedlung von Hamburg nach Berlin zunächst in verschiedenem Auftrage eine freie kunstpolitische Gutachtertätigkeit ausgeübt hatte, wurde er auf Privatdienstvertrag im Reichsministerium für Wissenschaft, Erziehung und Volksbildung angestellt und mit dem Sonderauftrag, ein Archiv für entartete Kunst anzulegen, betraut. Von dieser Tätigkeit ist der Angeschuldigte dann mit Beginn des Parteigerichtsverfahrens im März 1938 enthoben worden«[8]. Am 13. Dezember 1938 wird das Archivmaterial an die Nationalgalerie zur weiteren Bearbeitung überwiesen. Es handelt sich um »194 Fotos aus dem Hamburgischen Museum für Kunst und Gewerbe (Werke diffamierter Künstler), Drucksachen, ein Blatt aus der Materialsammlung von Wolfgang Willrich sowie 188 Fotos der Ausstellung ›Entartete Kunst‹ in München 1937«[9]. Darüber hinaus werden im Juni 1939 vom Kultusministerium Photographien der in den Museen beschlagnahmten Werke an die Nationalgalerie übergeben.
Während des Zweiten Weltkriegs Freiwilliger bei der Marine und Kriegsberichterstatter bzw. -zeichner.
Nach 1945 nennt er sich Haye W. Hansen. Ab 1949 mehrjähriger Aufenthalt auf Island. Nach seiner Rückkehr unterrichtet er an verschiedenen Schulen Schleswig-Holsteins, »zunächst als Zeichenlehrer in Heide, wo er trotz Entnazifizierung in gleicher Weise wie zur Zeit des Nationalsozialismus gegen den Expressionismus und gegen moderne Kunst polemisierte. Aufgrund der Beschwerden ortsansässiger Künstler wurde er nach Schleswig versetzt« (Weyhe 1974, S. 65, Anm. 1). Mitte der fünfziger Jahre ist er als Kunsterzieher im Meldorfer Gymnasium tätig, was Alfred Hentzen und Wolfgang Schöne zu einem erfolgreichen Protestschreiben an den Kultusminister von Schleswig-Holstein veranlaßt. 1971 erscheint sein Buch »Deutsche Holzschnittmeister des 20. Jahrhunderts«, worin er gegen »die abstrakten modernistischen Machwerke« polemisiert, die »das gesund gebliebene deutsche Volk« (zitiert nach der 3. Auflage 1979, S. 8 und S. 15) ablehne. Fortsetzung seiner Publikationen zur Ur- und Frühgeschichte und der Betätigung als Künstler. Am 1. März 1973 Übersiedlung von Schleswig ins Kloster-Wohnstift Barsinghausen bei Hannover, dort wohnhaft bis zu seinem Tod.
Verlag und Antiquariat Uwe Berg in 21442 Toppenstedt bei Lüneburg verlegt und führt nicht nur Hansens (und Willrichs) Schriften, sondern hat auch eine ständige Ausstellung mit Arbeiten Hansens eingerichtet.
Quellen: BA: NS 8/179, Bl. 124-129 (Schreiben Rosenbergs an Heß, betreffend Parteiausschluß Hansens, vom 5. März 1938; Dok. 71); R 55/1000, Bl. 24-47 (Beschluß und Begründung des Gaugerichts Berlin der NSDAP zum Parteiausschluß Hansens vom 7. November 1938).
BDC: PA in den Best. RKK und Parteikanzlei-Korrespondenz.
IfZ: Mikrofilm MA-286, 8291-8378 (diverse Korrespondenzen von Oktober 1936 bis Februar 1939).
Museum für Kunst und Gewerbe Hamburg: Archiv (Schreiben des Schloßmuseums Schwerin an Max Sauerlandt vom 11. März 1932 im Zusammenhang mit Hansens Bewerbungen sowie Antwort Sauerlandts vom 15. März 1932, in welchem er Hansen überdurchschnittliche Begabung, Arbeitsfreude und Enthusiasmus für die vorgeschichtliche Forschung bescheinigt; Bericht Konrad Hüselers vom 6. Dezember 1937 über die Museumsleitertagung in Berlin vom 23. bis 25. November 1937).
Brief des Künstlers Willem Grimm an die RbK vom 16. Februar 1935, in dem er sich über die Angriffe gegen ihn in einem Artikel Hansens in der Hamburger Grundeigentümerzeitung vom 8. Februar 1935 beschwert (abgedruckt in: Paas 1983, S. 145).
Brief Hansens an den thüringischen Reichsstatthalter und Gauleiter Sauckel vom 15. März 1935, in welchem er zur

6 Hansen hatte eigenmächtig Schriften von Scholz und Rittich, zwei leitenden Beamten im Amt Rosenberg, in den Münchner und Berliner Ausstellungen »Entartete Kunst« zur Schau gestellt, in welchen sich die Autoren 1933 und 1934 positiv über den Expressionismus geäußert hatten. Bei Rittich dürfte es sich um dessen Dissertation »Kunsttheorie, Wortkunsttheorie und lyrische Wortkunst im ›Sturm‹« aus dem Jahr 1933 gehandelt haben (vgl. Thomae 1978, S. 345, A. 21). Rosenberg sah seine Mitarbeiter und damit seine Dienststelle kompromittiert und beantragte den Parteiausschluß Hansens. Die Begründung des Antrags (Dok. 71) ist im Rahmen dieser Arbeit von hohem Interesse, weil wichtige Personen wie RbK-Präsident Adolf Ziegler, Ausstellungsleiter Pistauer und Fritz Kaiser (Verfasser des Ausstellungsführers »Entartete Kunst«) darin genannt werden. Zu den Anschuldigungen Hansens gegen SS-Hauptsturmführer von Leers vgl. Kapitel 4.1, Anm. 30.

7 Vgl. hierzu Bollmus 1970, S. 106 mit Anm. 9. Die Entscheidung des OPG, Hansen wieder in die Partei aufzunehmen, dürfte der Grund sein, warum dieser dem Vorsitzenden des OPG und Reichsleiter Walter Buch ein Exemplar seiner Schrift »Judenkunst« mit handschriftlicher Widmung verehrte (IfZ, Bibliothek, Signatur N 187).

8 BA R 55/1000, Bl. 27-47, hier Bl. 30. Der »Sonderauftrag« an Hansen war vermutlich noch im Herbst 1937 ergangen.

9 Janda/Grabowski 1992, S. 63. Die Unterlagen befinden sich nach wie vor im Archiv der Alten Nationalgalerie Berlin; das erwähnte Blatt aus der Materialsammlung von Wolfgang Willrich ist abgedruckt bei Janda/Grabowski 1992, S. 51. Die 188 Raumaufnahmen aus der Münchner Ausstellung »Entartete Kunst« waren die Grundlage für die 1987 und 1991/92 durch Mario-Andreas von Lüttichau vorgenommene Rekonstruktion.

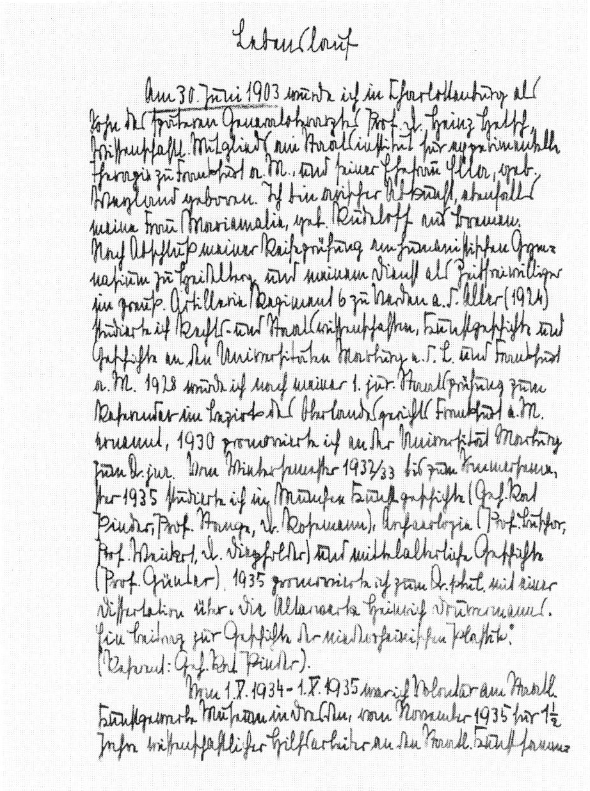

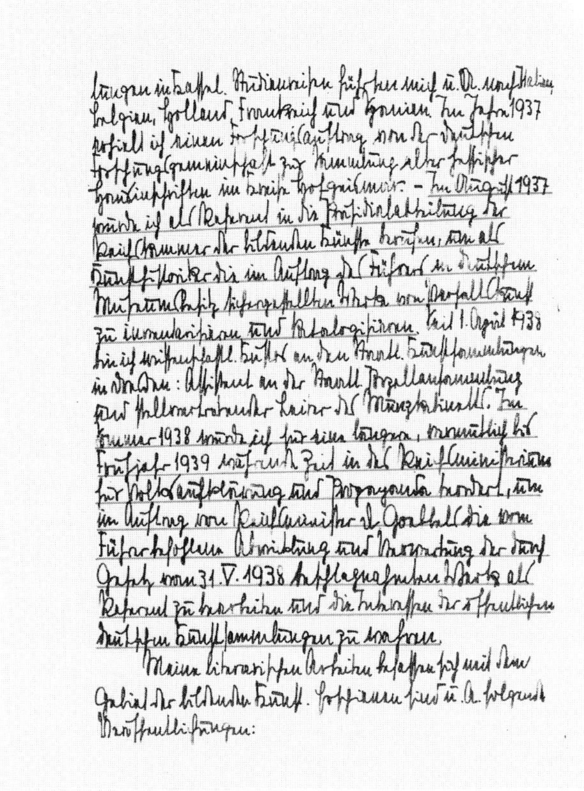

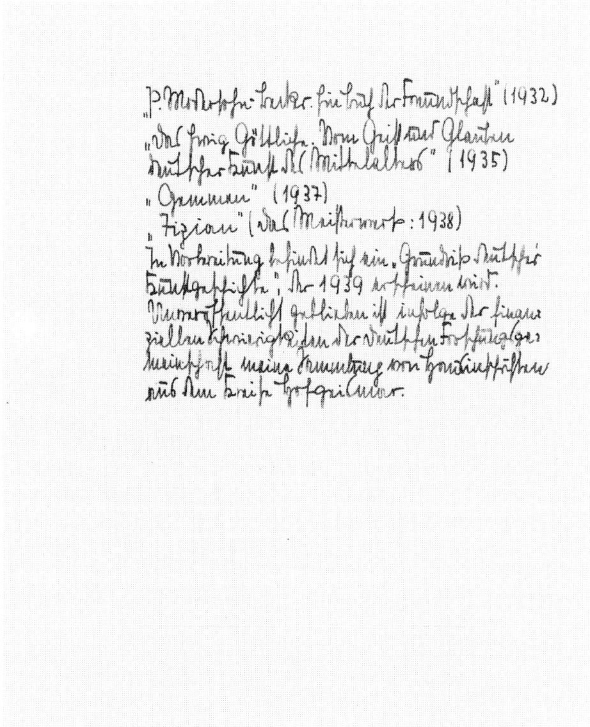

Dok. 72 Rolf Hetsch, handschriftlicher Lebenslauf (BDC, PA Hetsch im Best. Ahnenerbe)

Schließung einer Radziwill-Ausstellung im Kunstverein Jena rät (abgedruckt in: Hildegard Brenner 1963, S. 183; Diether Schmidt 1964, S. 215; Wietek 1990, S. 215, Anm. 851).

Paul Westheim, Die Geschichte von Rembrandt als Ghettomaler, in: Freies Deutschland. Alemania libre 2, 1942/43, Nr. 11, S. 26 (abgedruckt in: Tanja Frank 1985, S. 70-74; vgl. ebenda, passim).

Schriften: a) unter dem Namen Walter Hansen: Eine Liste mit 14 Artikeln in den NS-Zeitschriften Das Schwarze Korps, Der SA-Mann, Die Bewegung, Wille und Macht und Der Schulungsbrief befindet sich im BDC, PA im Best. RKK; Hansens Artikel in der Hamburger Grundeigentümer-Zeitung vom 3. Februar 1935 ist gekürzt abgedruckt in: Ernst Piper 1987, S. 121; Hansen 1942.

b) unter dem Namen Haye W. Hansen: 1978a [mit einem die Hetzschriften gegen die Moderne unterschlagenden Verzeichnis der zwischen 1929 und 1978 erschienenen Publikationen auf den S. 83-85]; 1978b und 1979.

Literatur: Hildegard Brenner 1963, S. 70; Diether Schmidt 1964, S. 262; Alfred Hentzen 1970, S. 78-80; Klein 1973 [unkritische und einseitige Darstellung, die Hansens kunstpolitische Aktivitäten in der NS-Zeit verschweigt]; Heydorn 1974, S. 173-176; Weyhe 1974, S. 65-70; Paas 1983, S. 14; Wulf 1983a, S. 396-404 und passim; Tanja Frank 1985, passim; Alfred Hentzen 1986, S. 281, Anm. 4; Howoldt 1987,

o. S.; Voigt 1989, S. 216; Wietek 1990, S. 220f., Anm. 986 und passim; Manitz, in: dies./Greifeld 1993, S. 16-18.
Für die Sendung »Entartete Kunst. Eine Spurensuche nach 50 Jahren« des Norddeutschen Rundfunks am 16. August 1987 (Wiederholung am 5. Januar 1988) wurde Hansen von dem Berliner Publizisten Peter Moritz Pickshaus interviewt.

Hetsch, Rolf Reinhold Bernhard (Berlin 30. Juni 1903 bis Juni 1946 in russischer Gefangenschaft):
1924 Studium der Rechtswissenschaften und der Volkswirtschaftslehre in Marburg, später in Frankfurt am Main. 24. November 1929 Promotion zum Dr. jur. in Marburg. Zweijährige Tätigkeit als Gerichtsreferendar. Ab 1932 Studium der Kunstgeschichte in Frankfurt am Main und München. 28. Juni 1935 Rigorosum, Druck der Dissertation »Heinrich Douvermann. Ein Beitrag zur Geschichte der niederrheinischen Plastik« im Mai 1937. Während des Studiums SA-Mitglied, im Februar 1934 aus gesundheitlichen Gründen entlassen. 1932 erscheint »Paula Modersohn-Becker. Ein Buch der Freundschaft« im Rembrandt-Verlag Berlin. 1. Oktober 1934 wissenschaftlicher Hilfsarbeiter am Staatlichen Kunstgewerbemuseum Dresden, ab 15. November 1935 an den Staatlichen Kunstsammlungen Kassel. 1. März 1937 Stipendium der DFG für die Erforschung hessischer Hausinschriften.
17. August 1937 bis 31. März 1938: Sachbearbeiter des »Sonderreferats ›Entartete Kunst‹« in der Präsidialabteilung der RbK, zuständig für die Registrierung und Inventarisierung der beschlagnahmten Kunst, legt dafür ein sechsbändiges Verzeichnis an. 1. April 1938 Kustos an den Staatlichen Kunstsammlungen Dresden, Assistent an der Porzellansammlung, stellvertretender Leiter des Münzkabinetts. Antrag auf Parteimitgliedschaft, jedoch erst 1942 Pg. 19. August bis 10. November 1938 Beurlaubung von der Kustodenstelle in Dresden zum Zwecke der Tätigkeit als Ministerialreferent in der Abteilung IX (Bildende Kunst, Leiter Franz Hofmann) des RMVP, dort verantwortlich für die Abwicklung der Verkäufe, Tauschgeschäfte und Rückgaben »entarteter Kunst«. Im Dezember 1938 und im Laufe des Jahres 1939 zur Fortsetzung dieser Tätigkeit mehrfach für einige Tage oder Wochen nach Berlin gerufen. 1. Januar 1940 Beamter im RMVP, Regierungsrat, stellvertretender Abteilungsleiter, 1944 Oberregierungsrat.
Quellen: BDC: PA in den Best. Ahnenerbe (enthält einen wohl im Herbst oder Winter 1938 verfaßten handschriftlichen Lebenslauf, Dok. 72) und Ministerium für Volksbildung (enthält einen maschinenschriftlichen Lebenslauf vom 12. April 1937 und Dienstzeugnisse über seine Tätigkeit in der RbK bzw. im RMVP vom 12. April [Dok. 32] und 28. Dezember 1938) sowie Research, Geschäftsverteilungsplan der RMVP, Stand 1. November 1942, PROMI-Freigaben und PROMI-Freigaben-Listen.
Literatur: Diether Schmidt 1964, S. 263; Thomae 1978, passim; Rave 1987, passim.

Hoffmann, Heinrich (Fürth/Bayern 12. September 1885 bis 16. Dezember 1957 München):
Photograph und Vertrauter Hitlers. Der Vater verbietet ihm eine Laufbahn als Maler. Ab 1909 als Porträt- und Pressephotograph in München tätig. 1914/15 Kriegsbildberichterstatter. Freundschaft mit dem Hauptschriftleiter des VB Dietrich Eckart. Im Sommer 1919 [?] Eintritt in die nationalistisch-völkisch orientierte »Einwohnerwehr« in München, am 6. April 1920 in die Deutsche Arbeiterpartei/NSDAP. Ab circa 1923 Freundschaft mit Hitler, zu dessen alleinigem Porträtisten und regelmäßigem Begleiter er bald avanciert. Wiedereintritt in die NSDAP am 24. März 1925 nach dem vorübergehenden Parteiverbot infolge des Hitlerputsches vom 9. November 1923. 1926 maßgeblich an der Gründung der Parteizeitschrift Illustrierter Beobachter beteiligt. 1928 Mitglied des Oberbayerischen Kreistages. Dezember 1929 bis Oktober 1933 Stadtrat in München. Vor 1932 heiratet seine Tochter Henriette den späteren Reichsjugendführer Baldur von Schirach. Nach der Machtübernahme Aufbau eines gewaltigen Photographie- und Verlagsimperiums und Annahme des – offiziell nie verliehenen – Titels Reichsbildberichterstatter.
1937 bis 1944 künstlerischer Leiter der GDK. 1937 Mitglied der zweiten Beschlagnahmekommission [?], 1938 der sogenannten Verwertungskommission. 1938 Ernennung zum Professor. Der »Papst der bildenden Künste im Dritten Reich« (so Arno Breker) berät Hitler in Kunstfragen und spielt bis zur Betrauung Hans Posses mit dem »Sonderauftrag Linz«[10], d. h. der Gründung des sogenannten Führermuseums, am 26. Juni 1939 eine maßgebende Rolle bei den Plänen für Linz.
1947 als Hauptschuldiger (Gruppe 1) eingestuft und zu zehn Jahren Arbeitslager verurteilt, erreicht er in Berufungsverfahren 1950 die Zurückstufung in Gruppe 2 (Belastete) und eine Verkürzung der Haftstrafe auf vier Jahre. Kommt 1950 aus der Haft fei und lebt fortan wieder in München.
Quellen: Heinrich Hoffmann 1974.
Literatur: Herz 1994, S. 26-47 und S. 64-69.

Hoffmann, Walter:
1933 Mitglied des Präsidialrats und Geschäftsführer der RbK. 1935 Reichskultursenator. 1937 Mitglied der ersten und zweiten Beschlagnahmekommission. 1938 bis 1941 vertritt er wiederholt Adolf Ziegler in der sogenannten Verwertungskommision.
Literatur: Diether Schmidt 1964, S. 264 und passim.

Hofmann, Franz (geb. Bad Reichenhall 1888):
Studium der Philosophie, Architektur und Kunstgeschichte. 1919 im Freikorps Epp an der Niederschlagung der Bayerischen Räterepublik beteiligt. 1923 Promotion an der Univer-

10 Vgl. hierzu Hildegard Brenner 1963, S. 156-159; Wulf 1983a, S. 428-430; de Jaeger 1989; Kubin 1989; Haase 1991, S. 30-85; Nicholas 1995, passim.

sität Erlangen über »Kritische Betrachtungen über die deutsche romantische Malerei im 19. Jahrhundert«. Pg, Teilnahme am Hitler-Putsch (»Blutordensträger«). 1931 Kunstkritiker beim VB. 1932 Eintritt in die SA. 1934 bis 1937 amtierender Direktor der Münchner Städtischen Galerie. 1937 Mitglied der zweiten Beschlagnahmekommission. 1. Januar 1938 Leiter der Abteilung IX (Bildende Kunst) im RMVP. Ministerialrat. Geschäftsführer der sogenannten Verwertungskommission. Setzt sich 1939 nachdrücklich für die Verbrennung des »unverwertbaren Restes« ein.
Quellen: Feistel-Rohmeder 1938, S. 202-204.
Literatur: Hildegard Brenner 1963, S. 108-110; Diether Schmidt 1964, S. 264 und passim; Wulf 1983a, S. 404f.; Zweite 1987; Hüneke 1988d, S. 49 (mit Reproduktion einer Porträtzeichnung Hofmanns von Knud Knudsen 1939).

Jacob, Gustav (Mannheim 3. Mai 1899 bis 18. April 1978 Mannheim):
Kustos am Städtischen Schloßmuseum in Mannheim. Mitglied des »Sachverständigenausschusses« für die Mannheimer Vorläuferausstellung. 1. Juni 1935 kommissarischer Leiter, 20. April 1936 Direktor des Schloßmuseums. Veranstaltet u. a. folgende Ausstellungen: »›Die deutsche Seele‹. Bilder und Worte von Hans Thoma« (6. Juni bis 1. September 1935) und »Vom Urpfad zur Reichsautobahn« (Oktober 1935, anläßlich der Eröffnung der Reichsautobahn Darmstadt-Mannheim-Heidelberg). Darüber hinaus kommissarischer Leiter (1. Juni 1935) des Museums für Naturkunde in Mannheim und, ebenfalls ab 1935, als Nachfolger von Beringer Bezirkspfleger der Kunst- und Altertumsdenkmäler für den Amtsbezirk Mannheim. Mitglied im Mannheimer Altertumsverein, publiziert regelmäßig in dessen Organ Mannheimer Geschichtsblätter.
Quellen: StA Mannheim: S 1/1366-Jacob.
Schriften: Vgl. Lautenschlager/Schulz, Bd. 9, S. 120. Vgl. die Berichte des Schloßmuseums in der Zeitschrift Oberrheinische Kunst (7, 1936, S. 228 und 8, 1939, S. 204f.).

Kaiser, Fritz:
1934 Gaukulturwart des Gaues Baden in Karlsruhe. Wählt in dieser Funktion für die vom 28. April bis 13. Mai 1934 in den Rhein-Neckar-Hallen Mannheim veranstaltete Braune Messe »kulturbolschewistische Bilder« als Leihgaben aus der Städtischen Kunsthalle Mannheim aus. 4. Dezember 1935 [?] bis 9. November 1942 in der RPL, Amtsleitung Kultur. 1936 Hauptstellenleiter. 1937 für den Inhalt des Ausstellungsführers »Entartete Kunst« verantwortlich. Sein Vorgesetzter, Hauptamtsleiter Hugo Fischer, steht dem IKWP vor, das die Tournee der Femeschau durchführt. Ungeklärt ist, ob Kaiser identisch ist:
1. mit dem »stellvertretenden Kulturamtsleiter« Fritz Kaiser, der Mitglied des Präsidialrats der Reichsmusikkammer war (vgl. Hildegard Brenner 1963, S. 246 und Michael Meyer 1991, S. 102);
2. mit dem 1891 in Villingen/Schwarzwald geborenen Künstler Fritz Kaiser (vgl. Vollmer, Bd. 3, S. 6 und Davidson 1992, S. 330), dessen NL sich im ABK befindet.
Quellen: ABK: NL Rolf Ludwig Fahrenkrog, 1 B 34, S. 37 (Otto Gebele von Waldstein, Bericht über Angelegenheit Kunsthalle und Dr. Kattermann, 9. November 1934; Durchschrift).
BA: NS 8/179, Bl. 124-129, hier Bl. 127 (Erwähnung Kaisers im Zusammenhang mit der Ausstellung »Entartete Kunst« in einem Schreiben Rosenbergs an Heß vom 5. März 1938, betreffend den Parteiausschluß Hansens [Dok. 71]); NS 8/171, Bl. 68-71, hier Bl. 71 (Unterschrift Kaisers auf einem Schreiben vom 18. März 1937).
BDC: Research, Ordner 195 II, Bl. 247 (Bestätigung des Dienstranges als Hauptstellenleiter Ende Oktober 1936) und Ordner 195 I, Bl. 164 (Dienstenthebung am 9. November 1942).
GLA: 235/6999 (Erwähnung Kaisers im Zusammenhang mit einer Ausstellung der NS-Gemeinschaft »Kraft durch Freude«, auf der Bilder Karl Hubbuchs gezeigt wurden, in einem Schreiben des Reichsstatthalters in Baden vom 10. April 1935).
Schriften: Kaiser 1934 und 1937.
Literatur: Hüneke 1992b; Zuschlag 1992a, S. 97, Anm. 64.

Kern, Guido Joseph (1878 bis 1953):
Künstler und promovierter Kunsthistoriker. 1913 bis 1923 Kustos an der Berliner Nationalgalerie. 1937 als Mitglied der zweiten Beschlagnahmekommission in Bautzen, Chemnitz, Dresden [?], Halle an der Saale und Soest tätig. Hält am 5. November 1937 vor der Kunsthütte Chemnitz einen Vortrag über Adolph von Menzel, in welchem Zusammenhang Kern von NS-Kulturrat Waldemar Ballerstedt als »der Sonderbeauftragte des Führers für die Säuberungsaktion der Museen« tituliert wird. Stellt 1941 in der Chemnitzer Kunsthandlung Gerstenberger aus (Katalog).
Quellen: Ballerstedt 1937, S. 390.
Literatur: Thieme-Becker, Bd. 20, S. 180; Vollmer, Bd. 3, S. 39.

Kummer, Otto:
Wirkt beim Hitler-Putsch 1923 mit. Ministerialrat. Personalreferent im Erziehungsministerium. 1937 als Beobachter des Erziehungsministeriums Mitglied der ersten Beschlagnahmekommission.
Literatur: Ebert 1983, S. 235.

Loeper, Friedrich Wilhelm (Schwerin 13. Oktober 1883 bis 23. Oktober 1935 Dessau [?]):
Armeelaufbahn. 1914 Hauptmann. 1918 bis 1920 Freikorps. 1920 bis 1924 Reichswehroffizier. 1924 Gauleiter von Magdeburg-Anhalt. 1928 Mitglied des Anhaltischen Landtags. 1930 MdR für den Wahlkreis Magdeburg. 6. Mai 1933 bis zu seinem Tod Reichsstatthalter in Anhalt und Braunschweig. Im Juli 1933 treibende Kraft bei der Dessauer Vorläuferausstellung. 1934 Eintritt in die SS.
In einem Brief des Polizeipräsidenten in Magdeburg an sei-

nen Berliner Amtskollegen vom 11. Juni 1931, betreffend ein Beleidigungsverfahren gegen Loeper, heißt es: »Hauptmann a. D. Friedrich Wilhelm Loeper, Reichstagsabgeordneter, geb. am 13.10.1883 zu Schwerin, in Dessau, Fürstenstr. 16 wohnhaft, ist Gauführer der NSDAP Magdeburg-Anhalt und Chef der Reichsleitung der Partei. Er zeichnet ferner als Herausgeber der beiden nationalsozialistischen Zeitungen ›Der Trommler‹ und ›Harzer Trommler‹. Loeper ist als temperamentvoller Redner und fanatischer Verfechter der nationalsozialistischen Ideen bekannt. Der Staat und seine Organe, die Regierungsvertreter und die Polizei werden von ihm in schärfster Weise bekämpft [...]« (BDC, PA im Best. Hauptarchiv).
Quellen: BDC: PA in den Best. Hauptarchiv, OPG, Parteikanzlei-Korrespondenz und SS-Offiziersakte.
Literatur: Reichstags-Handbuch 1933, S. 335; Wulf 1983d, S. 370 mit Anm. 1; Broszat 1989, passim.

Marx, Wolf:
Führt einen Doktortitel. Wird nach der Entlassung Erich Wieses Ende Juni 1933 kommissarischer Direktor des Schlesischen Museums der bildenden Künste (bis 1937?). Ordnet dessen Sammlungen neu und veranstaltet eine Vorläuferausstellung.
Quellen: Vgl. Kapitel 3.9.

Müller, Paul Richard (Tschirnitz bei Karlsbad in Böhmen 28. Juli 1874 bis 7. Mai 1954 Dresden-Loschwitz):
Studium an der Malschule der Königlich Sächsischen Porzellanmanufaktur Meißen (1888/89) und an der Dresdner Kunstakademie (1890-1896), dort bei Leonhardt Gey und Friedrich Leon Pohle. 1895 Begegnung mit Max Klinger. Ab 1897 Lehrer an der Dresdner Kunstschule Guido Richters. 1899 in der dritten und fünften Ausstellung der Wiener Sezession vertreten. 1900 Lehrer der Mittelklasse der Dresdner Akademie, dort 1903 zum Professor für Radierung und Zeichnung ernannt (bis 1935). Zu seinen Schülern zählen George Grosz, Bernhard Kretzschmar, Curt Querner, Wilhelm Rudolph, Richard Scheibe, Eva Schulze-Knabe, Georg Siebert und Wolfgang Willrich, nicht aber, wie immer wieder behauptet, Otto Dix[11].
Vorstandsmitglied des »Sächsischen Künstlerrates«. 1910 bis 1915 Mitglied der »Künstlervereinigung Dresden (Secession)«. 1911 Unterzeichner des sogenannten Vinnen-Protests. 1912 Mitglied der Ausstellungsjury der Vereinigung für die »Große Kunstausstellung Dresden 1912« für den Bereich Graphik. 1920 Mitbegründer der DKG. 1924 bis 1926 Studiendirektor der Dresdner Akademie. Auf der »1. Internationalen Kunstausstellung Dresden 1926« mit vier Gemälden vertreten. Als er »in den zwanziger Jahren künstlerisch so

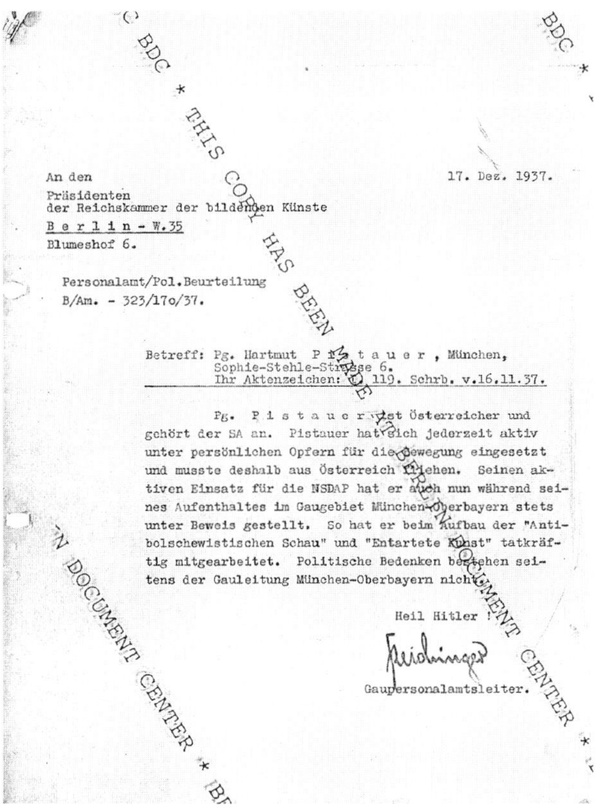
An den
Präsidenten
der Reichskammer der bildenden Künste
Berlin - W.35
Blumeshof 6.

17. Dez. 1937.

Personalamt/Pol.Beurteilung
B/Am. - 323/17o/37.

Betreff: Pg. Hartmut Pistauer, München,
Sophie-Stehle-Strasse 6.
Ihr Aktenzeichen: [illegible] 119. Schrb. v.16.11.37.

Pg. Pistauer ist Österreicher und gehört der SA an. Pistauer hat sich jederzeit aktiv unter persönlichen Opfern für die Bewegung eingesetzt und musste deshalb aus Österreich fliehen. Seinen aktiven Einsatz für die NSDAP hat er auch nun während seines Aufenthaltes im Gaugebiet München-Oberbayern stets unter Beweis gestellt. So hat er beim Aufbau der "Antibolschewistischen Schau" und "Entartete Kunst" tatkräftig mitgearbeitet. Politische Bedenken bestehen seitens der Gauleitung München-Oberbayern nicht.

Heil Hitler !

Gaupersonalamtsleiter.

Dok. 73 Durchschrift eines Briefes des Personalamts der Gauleitung München-Oberbayern der NSDAP an den Präsidenten der Reichskammer der bildenden Künste, 17. Dezember 1937 (BDC, PA Pistauer im Best. RbK)

gut wie vergessen war und wegen seiner zwar brillant gemalten, doch unzeitgemäßen Tierbilder den Spitznamen ›Mäuse-Müller‹ bekam, wurde er Nationalsozialist« (Lothar Fischer 1993, S. 19f.). Dezember 1932 Pg. März 1933 bis Anfang 1935 Rektor der Dresdner Kunstakademie. Bewirkt und vollzieht am 8. April 1933 auf Geheiß des Sächsischen Innenministeriums (Manfred von Killinger, Staatskommissar für Sachsen) die Demission von Dix als Akademieprofessor und anschließend den Ausschluß von dessen Schülern. Mit Oberbürgermeister Zörner, Gasch und Waldapfel verantwortlich für die Dresdner Vorläuferausstellung »Entartete Kunst«. Wegen seines selbstgefälligen und anmaßenden Verhaltens sowie wegen Verfehlungen im Amt fällt er in Ungnade, wird am 10. Januar 1935 als Rektor abberufen und schließlich aus der Partei ausgeschlossen. 1937 bis 1939 und 1941 bis 1942 Beteiligung an der GDK.
1947/48 wird Müller vor der zweiten Strafkammer im Landgericht Dresden wegen »Schädigung der Dresdner Künstlerschaft« der Prozeß gemacht. »Hans Grundig, der gegen Müller auftrat, bezeichnete seine Bilder als ›mit minuziöser Genauigkeit gemalt, dabei oft widerlich obszön‹. Er wiederholte damit einen Vorwurf der Nationalsozialisten. Müller brach in Tränen aus« (Lothar Fischer 1993, S. 123). Er wird

11 Die Behauptung, Müller sei der Lehrer von Dix gewesen, findet sich z. B. bei Rave (1987, S. 53), Roh (1962a, S. 54), Thomae (1978, S. 300, Anm. 314), Roters (1989, S. 53) und jüngst bei Peter Fischer 1994. Das Gerücht wurde schon von Löffler 1975 zurückgewiesen. Vgl. auch Zuschlag 1994.

zu zwei Jahren Haft verurteilt, jedoch als »minderbelastet« eingestuft und schließlich auf Bewährung entlassen.
1974 veranstaltet die Galerie Brockstedt in Hamburg eine umfangreiche Einzelausstellung, desgleichen 1993 die Städtische Kunstsammlung Freital/Sachsen im Haus der Heimat (mit Katalogen). Im Frühjahr 1994 zeigt die Londoner Galerie der internationalen Kunsthandlung Wildenstein 21 Radierungen aus den Jahren 1911 bis 1919 und zwei spätere Ölbilder Müllers. Die Galerie Saxonia in München verwaltet den Nachlaß des Künstlers und besitzt die Reproduktionsrechte, auch die Kunsthandlung Doris Blume in Hamburg vertreibt Müllers Werke.
An der Universität Halle-Wittenberg schloß Rolf Günther 1994 eine Diplomarbeit über Richard Müller ab; das darin enthaltene Werkverzeichnis der Graphik erscheint in Folge in der Zeitschrift Weltkunst (vgl. Weltkunst 65, 1995, Nr. 1, S. 21-24 und Nr. 3, S. 229f.). Am kunstgeschichtlichen Seminar der Universität Göttingen arbeitet Corinna Wodarz an einer Dissertation über das malerische und graphische Werk Müllers (vgl. Kunstchronik 46, 1993, Heft 8, S. 469 und Weltkunst 65, 1995, Nr. 5, S. 592).
Schriften: Artikel über die Dresdner Vorläuferausstellung im Dresdner Anzeiger vom 23. September 1933.
Literatur: Thieme-Becker, Bd. 25, S. 246; Vollmer, Bd. 3, S. 439; Meißner 1921; Das Deutsche Führer-Lexikon 1934, S. 321; GDK 1937-1939 und 1941-1942, passim; Meiners 1939 (mit Angabe der früheren Artikel über Müller in der Zeitschrift Das Bild); Diether Schmidt 1964, S. 271 und passim; Löffler 1967, S. 95; Galerie Brockstedt 1974; Grosz 1974, S. 66-68; Schröder 1974; Winter 1974; Löffler 1975; Krichbaum/Zondergeld 1977, S. 204-206; Veit 1977, passim; Thomae 1978, S. 300-302, B. 140 und S. 408, A. 220; Rudolph 1983, S. 7; Staatliche Kunstsammlungen Dresden 1985, S. 111, Nr. 35 und S. 234; Griebel 1986, passim; Hans Grundig 1986, S. 229f.; Staatliche Kunstsammlungen Dresden 1987, S. 235f., Nr. 1138-1141 und S. 394; Hartleb 1988, S. 35-42; Söder 1989, passim; Hochschule für Bildende Künste Dresden 1990; Dietrich Schubert 1991, S. 106 und S. 144; von Dewitz/Schuller-Procopovici 1992, Tafel 232-235, Nr. 243-248 und passim; Lothar Fischer 1993, passim; Rolf Günther 1993 und 1995; Thormüller 1993; Peter Fischer 1994; Zuschlag 1994.

Pistauer, Hartmut (Graz 3. April 1913 bis 15. Januar 1993 München):
Jura-Studium in Graz und Wien, ab 1935 in München. Eintritt in die SA. 1936/37 Arbeit im »Studentischen Führungsdienst« der Universität als Fremdenführer, u. a. in Propagandaausstellungen wie »Der Bolschewismus – Große antibolschewistische Schau« und »Der ewige Jude«. In einem auf Anfrage des Präsidenten der RbK angefertigten politischen Führungszeugnis der Gauleitung München-Oberbayern der NSDAP vom 17. Dezember 1937 heißt es: »Pg. Pistauer ist Österreicher und gehört der SA an. Pistauer hat sich jederzeit aktiv unter persönlichen Opfern für die Bewegung ein-

Dok. 74 Interview mit Hartmut Pistauer am 10. März 1990 in München

C. Z.: Sie haben 1937/38 als Ausstellungsleiter der Ausstellung »Entartete Kunst« gearbeitet und sie auf ihrer Wanderung durch deutsche und österreichische Städte begleitet. Wie kamen Sie zu dieser Tätigkeit?
Pistauer: Nachdem ich in meiner Geburtsstadt Graz und in Wien mit dem Jura-Studium begonnen hatte, setzte ich es 1935 in München fort. Dort arbeitete ich im »Studentischen Führungsdienst« der Universität als Fremdenführer. Ich führte regelmäßig Besuchergruppen durch die Stadt und durch Ausstellungen. Dadurch kam ich in Kontakt mit der »Reichskammer der bildenden Künste«, die mich dann zur Vorbereitung der Ausstellung »Entartete Kunst« engagierte.
C. Z.: Haben Sie entschieden, welche Werke in der Ausstellung gezeigt wurden?
Pistauer: Nein. Die Zusammenstellung erfolgte in Berlin, wo die Kunstwerke nach ihrer Beschlagnahmung in den Museen in einem Lagerhaus gesammelt wurden.
C. Z.: Welches war Ihr Aufgabengebiet im Zusammenhang mit der Ausstellung »Entartete Kunst« in München?
Pistauer: Ich arbeitete beim Aufbau mit, veranlaßte die Hängung und Beschriftung der Exponate und übernahm die laufenden Verwaltungsarbeiten.
C. Z.: Welche Personen waren bei dem Ausstellungsaufbau beteiligt? Erinnern Sie sich z. B. an Walter Hansen, Wolfgang Willrich oder Adolf Ziegler?
Pistauer: An Wolfgang Willrich erinnere ich mich nicht, Walter Hansen war vielleicht dabei. Adolf Ziegler, der Präsident der Reichskammer der bildenden Künste, war während des Aufbaus zwar nicht permanent anwesend, erschien aber einige Male und gab die Anweisungen für die Einteilung der Ausstellung.
C. Z.: Wieviel Zeit hatten Sie für den Aufbau der Ausstellung?
Pistauer: Wir arbeiteten unter großem Zeitdruck, häufig die Nächte durch. Der Eröffnungstermin hing ja mit der Einweihung des »Hauses der Deutschen Kunst« zusammen.
C. Z.: Waren Sie bei Hitlers Vorbesichtigung der Ausstellung am 16. Juli 1937 anwesend?
Pistauer: Ja. Ich befand mich in der Menschengruppe, die Hitler bei seinem Rundgang folgte. Nach Schluß der Ausstellung in München wurde sie von dem Berliner »Institut für Kultur- und Wirtschaftspropaganda« (IKWP) übernommen.
C. Z.: Die zweite Etappe der Ausstellung war Berlin. Hier erfuhr sie eine grundlegende Umgestaltung.
Pistauer: Im einzelnen erinnere ich mich nicht mehr an die Veränderungen. Ich weiß noch, daß Hitler und Goebbels, der mehrfach erschien, im Depot [Köpenicker Sraße] persönlich Anweisungen gaben, welche Werke ausgestellt werden sollten.
C. Z.: Was wissen Sie über die Präsentation von Schöpfungen Geisteskranker aus der Heidelberger Prinzhorn-Sammlung?
Pistauer: Wohl schon 1937 besuchte ich etwa zwei Wochen lang den damaligen Direktor der Psychiatrischen Klinik in Heidelberg, Carl Schneider. Ich suchte nach Vergleichsbeispielen

für die in der Schau »Entartete Kunst« gezeigten Exponate. Tatsächlich fand ich einige verblüffend ähnliche Werke von Patienten, mit denen ich z. T. auch persönlich sprach. Ich erinnere mich deutlich, Photographien gemacht, allerdings nicht daran, auch Originale ausgesucht bzw. entliehen zu haben. Herr Schneider war sehr interessiert und unterstützte meine Arbeit.
C. Z.: Sind das die Photographien, von denen vier im Ausstellungsführer verwendet wurden?
Pistauer: Das kann ich nicht sagen, an der Produktion des Ausstellungsführers war ich nicht beteiligt.
C. Z.: Haben Sie alle Etappen der Ausstellung als Leiter betreut?
Pistauer: Nein. Von Berlin wanderte die Ausstellung über Leipzig und Düsseldorf nach Salzburg. Dort gab ich die Ausstellungsleitung ab, um die örtliche Niederlassung des IKWP zu übernehmen.
C. Z.: Wer entschied über Auswahl und Reihenfolge der Städte?
Pistauer: Das Propagandaministerium, bei dem die Städte um Überlassung der Ausstellung nachsuchten. Ich erhielt meine Anweisungen vom IKWP. Von Berlin aus reiste ich dann an den neuen Einsatzort, um die notwendigen Vorbereitungen zu treffen. Ich nahm Kontakt zu den lokalen Parteistellen auf, die über die Räumlichkeiten entschieden, in denen die Ausstellung gezeigt werden sollte. Das war immer eine schwierige Angelegenheit, da Museen nach Möglichkeit nicht ausgewählt werden sollten. Ich richtete ein Ausstellungsbüro ein, engagierte Personal und verwaltete das Finanzbudget.
C. Z.: Zwischen den einzelnen Stationen der Ausstellung lagen häufig mehrere Wochen. Wo lagerten die Kunstwerke in dieser Zeit?
Pistauer: Bei den örtlichen Spediteuren, die mit dem Transport des Ausstellungsgutes beauftragt waren.
C. Z.: War der Aufbau der Schau immer ähnlich oder variierten Sie ihn von Station zu Station?
Pistauer: Ich erhielt die Anweisung, eine bestimmte Reihenfolge der Kunstwerke stets beizubehalten.
C. Z.: Hängt das mit dem schon erwähnten Ausstellungsführer und seiner Einteilung der »entarteten Kunst« in neun Gruppen zusammen? War er also das Vorbild für die Gestaltung des Ausstellungsaufbaus?
Pistauer: Ja, das ist möglich.
C. Z.: Wie sah das Programm der Ausstellungseröffnungen aus?
Pistauer: Immer sehr feierlich, mit Reden des Gauleiters und des Oberbürgermeisters, gelegentlich spielte ein Kammerorchester klassische Musik. Bei einem Rundgang mit der Parteiprominenz erläuterte ich die Ausstellung. Es kamen auch Künstler zur Eröffnung, z. B. in Düsseldorf, wo ich ganz offen mit ihnen diskutierte. Einige standen der Ausstellung ablehnend gegenüber, andere positiv. Sogar einige Künstler, die selbst in der Schau vertreten waren, an deren Namen ich mich aber leider nicht mehr erinnere, sind erschienen.
C. Z.: Was konnten die Besucher in der Ausstellung kaufen?
Pistauer: Es gab einen Stand mit Postkarten und dem Ausstellungsführer, der für jede Etappe nachgedruckt und in einer sehr hohen Auflage verkauft wurde. Die Plakate, um deren Produktion sich die örtlichen Parteistellen kümmerten, wurden jeweils am Ort gedruckt.
C. Z.: Auf welche Resonanz stieß die Ausstellung beim Publikum?
Pistauer: Die Masse stimmte der Ausstellung zu. Viele Menschen verstanden die moderne Kunst nicht. Wissen Sie, es gab viele Werke, mit denen ich auch heute noch nichts anfangen kann. Beispielsweise diese Collagen aus aufgeklebten Stoffetzen und Drahtgittern, die das Publikum ablehnte. Es gab aber auch kritische Stimmen.
C. Z.: Wie äußerte sich die Kritik, und wogegen richtete sie sich?
Pistauer: Bei den Führungen, die ich z. T. selbst durchführte, fielen Sätze wie: »Das ist keine ›entartete Kunst‹. Das gehört nicht hierher.« Vor allem gab es Proteste gegen die Diffamierung von Barlach, Lehmbruck und Nolde. Beschwerden von Künstlern beim Propagandaministerium führten bisweilen zur Entfernung ihrer Werke aus dem Ausstellungsbestand, z. B. wurden in Berlin Bilder Mondrians herausgenommen.
C. Z.: Ist Ihnen etwas über die Verbrennung »entarteter Kunst« am 20. März 1939 im Hof der Hauptfeuerwache in Berlin oder den Verbleib verschollener Kunstwerke aus den beschlagnahmten Beständen bekannt?
Pistauer: Nein. Nach dem Ende meiner Tätigkeit als Leiter der Ausstellung hatte ich keinerlei Verbindung mehr zu ihr.
C. Z.: Ich danke Ihnen für dieses Gespräch.

gesetzt und musste deshalb aus Österreich fliehen. Seinen aktiven Einsatz für die NSDAP hat er auch nun während seines Aufenthalts im Gaugebiet München-Oberbayern stets unter Beweis gestellt. So hat er beim Aufbau der ›Antibolschewistischen Schau‹ und ›Entartete Kunst‹ tatkräftig mitgearbeitet. Politische Bedenken bestehen seitens der Gauleitung München-Oberbayern nicht« (Dok. 73). 1937 Anstellung durch die RbK zur Vorbereitung der Ausstellung »Entartete Kunst« in München, Koordination der Führungen während ihrer viereinhalbmonatigen Laufzeit. Besuch in Heidelberg bei Carl Schneider zur Auswahl von Werken aus der Prinzhorn-Sammlung. 1937/38 im Dienst des IKWP Leiter der Ausstellung »Entartete Kunst« auf den Stationen Berlin, Leipzig, Düsseldorf und Salzburg. Dort Übernahme der Niederlassung des IKWP, u. a. Organisation der Schau »Salzburg im Vierjahresplan« (ab 27. Mai 1939; vgl. Pistauer 1939). Nach Kriegsausbruch Referent bzw. Regierungsrat im Wirtschaftsministerium Salzburg, zuständig für Mineralölwirtschaftungen. 1943 bis 1945 Militärdienst.
Nach 1945 Haft in Salzburg, dann selbständiger Kaufmann

ebenda. Gehobene Tätigkeit bei der Firma Esso in Wien, dann bei Agip in München. Zuletzt persönlicher Sekretär im Hauptsekretariat der Daimler-Benz AG Stuttgart.
Quellen: BA: NS 8/179, Bl. 124-129, hier Bl. 127 (Erwähnung Pistauers als Ausstellungsleiter »Entartete Kunst« in Berlin in einem Schreiben Rosenbergs an Heß, betreffend den Parteiausschluß Hansens, vom 5. März 1938 [Dok. 71]); R 55/1000, Bl. 27-47, hier Bl. 32 (Erwähnung Pistauers als Ausstellungsleiter »Entartete Kunst« in Berlin im Beschluß des Gaugerichts Berlin vom 7. November 1938, betreffend den Parteiausschluß Hansens).
BDC: PA in den Best. RbK, Parteikanzlei-Korrespondenz und Rückwanderungsamt der NSDAP.
Gespräche des Verfassers mit Pistauer am 10. März 1990 (Dok. 74) und am 10. Juni 1990.
Literatur: Zuschlag 1992a, S. 90 mit Anm. 57.

Rautenberg, Hermann von (geb. 18. April 1896):
Kaufmann. 1. September 1930 Pg. 1. Februar 1931 Eintritt in die SA. 1934 Generalkonsul Costa Rica. Geschäftsführendes Präsidialmitglied des IKWP. 1. Januar 1938 Oberste SA-Führung.
Quellen: BDC: PA im Best. SA.

Rüdiger, Wilhelm (Mülsen-St. Jacob/Kreis Zwickau 29. Februar 1908; lebt in Süddeutschland):
Studium der Kunstgeschichte und Archäologie in München, Berlin und Bonn. 1930 Pg. 1932 Promotion in München bei Wilhelm Pinder über »Leipziger Plastiker der Spätgotik« (Druck der Dissertation 1940 in Borna bei Leipzig). 1933 Veröffentlichung antisemitischer und gegen die moderne Kunst gerichteter Artikel im VB. Im selben Jahr kommissarischer Leiter der Städtischen Kunstsammlung und der Kunsthütte Chemnitz und Organisator der Vorläuferausstellung. 1934 Übersiedlung nach München, Tätigkeit als Kunstkritiker für VB und KIDR. 1943 verantwortlich für die Ausstellung »Junge Kunst im Deutschen Reich« in Wien.
Nach dem Krieg – so heißt es im Klappentext von Rüdigers Buch »Die gotische Kathedrale, Architektur und Bedeutung« (Köln 1979) – »hat er das Stuttgarter Kunstkabinett (Ketterer) mitgegründet; konzipierte in vier Jahren ›Kindlers Lexikon der Malerei‹, für das er auch zahlreiche Artikel geschrieben hat. Von 1962 bis 1966 entwarf er den Plan für die 20bändige Propyläen-Kunstgeschichte, engagierte die Fachautoren in der ganzen Welt und schloß die ersten Bände noch selbst ab. Für die 12bändige Enzyklopädie ›Die Großen der Weltgeschichte‹ schrieb er eine ganze Reihe umfangreicher Künstleressays. Weitere Publikationen u. a.: Kunst und Technik (1940); Das szenische Werk von Emil Preetorius (1945); Bildbiographie Albrecht Dürer (mit M. Steck, 1957); Der Bildhauer Richard Knecht (1968); Die Welt der Renaissance (1970); Mitarbeit an Knaur's Kulturführer in Farbe (1976)«.
Quellen: Schreiben Wilhelm Rüdigers an den Verfasser vom 11. September 1992 (zitiert in Kapitel 3.4).
Literatur: Nannen 1943; Diether Schmidt 1964, S. 243; Thomae 1978, S. 338f.; Rave 1987, S. 52; Zweite 1987, S. 273.

Sachs, Hellmut:
Architekt. Abteilungsleiter in der RbK, später Schriftleiter MittRbk. Mitglied der ersten und zweiten Beschlagnahmekommission.
Literatur: Thomae 1978, S. 223 und S. 299.

Schiebel, Hermann (Düben/Sachsen 5. Januar 1896 bis 1. November 1973 Bremerhaven):
1913 Gesellenprüfung als Maler, Lackierer und Tapezierer in Bitterfeld. 1914 bis 1915 Handwerkerschule Halle an der Saale. 1915 bis 1916 und 1919 bis 1920 Schüler an der Königlichen Akademie für graphische Künste und Buchgewerbe in Leipzig. 1919 Gesellenprüfung vor der Handwerkskammer in Halle. 1919 bis 1920 Studium der Pädagogik und Kunstgeschichte (bei Wilhelm Pinder) an der Universität Leipzig. 1920 Zeichenlehrerprüfung für Volksschulen und gewerbliche Schulen in Dresden, 1925 für Mittelschulen in Kassel. 1920 bis 1934 Zeichenlehrer in Bitterfeld, nebenamtlich Unterricht an Berufsschulen. 15. Dezember 1934 bis 21. Dezember 1946 (Beurlaubung zum 27. April 1945) Direktor der »Werkstätten der Stadt Halle. Staatlich-städtische Handwerkerschule« Burg Giebichenstein. 15. Februar 1935 bis 1939 nebenamtlicher kommissarischer Direktor des städtischen Moritzburgmuseums in Halle. Führt dort im Auftrag von Oberbürgermeister Johannes Weidemann eine Neuordnung der Sammlungen durch und richtet eine »Schreckenskammer« ein. 1942 bis 1945 Dozent am Werklehrerseminar in Halle.
1946 bis 1951 freischaffend als Graphiker in Bitterfeld. 1951 bis 1961 Kunsterzieher an einem Gymnasium in Bremerhaven. 1961 Pensionierung, bis 1970 weiterhin stundenweise als Kunsterzieher tätig.
Literatur: Vollmer, Bd. 4, S. 184; Staatliche Galerie Moritzburg Halle 1985, S. 92-95; Hüneke 1988c, S. 9 und S. 12-16; Angela Dolgner, in: Burg Giebichenstein 1993, S. 536.

Schneider, Carl Julius Paul (Gumbitz/Posen 19. Dezember 1891 bis 1947):
Psychiater. 1. Mai 1932 Pg. Im Herbst 1933 aufgrund seiner Linientreue Berufung zum Direktor der Psychiatrischen Universitätsklinik Heidelberg. Seit Dezember 1933 Mitglied des NS-Lehrerbundes (Abt. Dozenten), 1938 Gauamtsleiter des Gaudozentenbundes. 1936 zunächst kommissarischer Leiter, dann Gauhauptstellenleiter des rassepolitischen Amtes der NSDAP im Gau Baden. Stellt der Ausstellung »Entartete Kunst« über 100 Werke aus der Prinzhorn-Sammlung zur Verfügung. Maßgeblich an der Planung des sogenannten »Euthanasieprogramms« und an der Untersuchung von Euthanasieopfern beteiligt.
Stirbt 1947 in politischer Haft der Militärregierung.
Quellen: BDC: PA im Best. Parteikanzlei-Korrespondenz und Research, Ordner 195 I.
Universitätsarchiv Heidelberg: PA.

Schriften: Carl Schneider 1939.
Literatur: Becker-von Rose 1990; Schmuhl 1991, passim.

Scholz, Robert (geb. Olmütz/Mähren 9. Februar 1902): 1920 bis 1922 Studium der Malerei an der Preußischen Akademie der Künste bei Erich Wolfsfeld und Karl Hofer. 1929/30 bis 1933 Kunstkritiker bei verschiedenen Berliner Zeitungen (z. B. Steglitzer Anzeiger). 30. Januar 1933 bis 1. April 1934 aktiv im KfdK. 1933 Kunstschriftleiter des VB, Berlin. 1934 deutscher Staatsbürger. 1934 bis 1936 in der Leitung der Abteilung Bildende Kunst der NS-Kulturgemeinde. 1. April 1934 Übernahme in das Amt Rosenberg. 1. Januar 1935 Pg. 1935 Hauptschriftleiter Die Völkische Kunst. 1. Januar 1935 bis 1945 Leiter der Hauptstelle Bildende Kunst im Amt Rosenberg. 1937 Hauptschriftleiter von KIDR. 1938 Vertreter von Rosenberg in der sogenannten Verwertungskommission. 14. Juli 1939 Direktor des Moritzburgmuseums in Halle an der Saale. Oktober 1940 bis 1944 Leiter des Sonderstabs Bildende Kunst im Einsatzstab Rosenberg.
In einem Prozeß vor dem Militärgericht in Paris vom 1. bis 3. August 1950 wegen Plünderung von Kunstschätzen während des Krieges *in contumaciam* zu zehn Jahren Haft verurteilt. Läßt sich in Bayern nieder. Verteidigt publizistisch die NS-Kunstpolitik und setzt seine Angriffe auf die künstlerische Moderne bis in die achtziger Jahre fort.
Quellen: BA: NS 8/242, Bl. 61f.; R 55/1000, Bl. 11f. (maschinenschriftlicher Lebenslauf), Bl. 17f., Bl. 24-26 und Bl. 51-57.
The Getty Center for the History of Art and the Humanities, Archives of the History of Art: Arntz Papers (Kopie einer eidesstattlichen Erklärung des Marburger Juristen Erich Schwinge vom 22. September 1950, der als vom Bundesjustizministerium in Bonn bestimmter Pflichtverteidiger am Prozeß gegen Scholz u. a. teilgenommen hatte).
Schriften: Scholz 1937 (vgl. die Rezension in den NSMH 8, 1937, Heft 89, S. 753f.), 1965, 1970, 1977 und 1980.
Literatur: Hildegard Brenner 1963, S. 75 und S. 151; Diether Schmidt 1964, S. 275f. und passim; Bollmus 1970, S. 106 und S. 111f.; Thomae 1978, passim; Wulf 1983a, passim; Hüneke 1988c, S. 9; Haase 1991, S. 58f.; Davidson 1992, S. 486 (Bibliographie); Blühm 1993, S. 518f.; Bloth 1994, S. 89f., Anm. 13 und passim.

Schultze-Naumburg, Paul (Almrich bei Naumburg 10. Juni 1869 bis 19. Mai 1949 Jena):
Genremaler, Architekt, Kulturreformer und »Blut- und Boden«-Ideologe. 1886 Besuch der Kunstgewerbeschule und 1887 bis 1893 der Kunstakademie Karlsruhe. 1893 Übersiedlung nach München, dort 1895 Beitritt zur Münchener Secession. 1897 Umzug nach Berlin, dort Mitglied der Berliner Secession. 1901 Gründung der »Schulwerkstätten Saaleck« (1904 bis 1930 »Saalecker Werkstätten G. m. b. H.«) im Kreis Naumburg, in denen eine handwerkliche, idyllische Heimatkunst propagiert wird. 1897 bis 1917 erscheinen in insgesamt elf Bänden die vielbeachteten »Kulturarbeiten« zum Thema Hausbau, Garten, Städtebau etc., in welchen Schultze-Naumburg Photographien von Gut und Schlecht, von Beispiel und Gegenbeispiel vergleichend gegenüberstellt. 1904 Gründungsmitglied (und bis 1913 Vorsitzender) des »Deutschen Bundes Heimatschutz«, 1907 des »Deutschen Werkbundes«, den er 1927 verläßt. 1911 Unterzeichner des Vinnen-Protests. 1924 Bekanntschaft mit Hitler. 1928 veröffentlicht der Münchner Lehmanns-Verlag seine Schrift »Kunst und Rasse« (2., vermehrte Auflage 1935; 3., vermehrte Auflage 1938; 4. Auflage 1942), in denen Photographien körperlich und geistig behinderter Menschen solchen expressionistischer Kunstwerke gegenüberstellt sind. Dieses Verfahren wendet Schultze-Naumburg auch in zahlreichen, 1932 unter dem Titel »Kampf um die Kunst« in Buchform veröffentlichten Vorträgen des KfdK an, den er 1929 mitbegründet. 1928 Mitbegründer der konservativen Architektenvereinigung »Block«.
1930 Pg, Fachberater Wilhelm Fricks und Mitglied der Preußischen Akademie der Künste. 1. April 1930 bis Herbst 1932 durch Ernennung Fricks Direktor der neugebildeten Staatlichen Hochschule für Baukunst, Bildende Kunst und Handwerk in Weimar, wo er einem Großteil der Lehrkräfte kündigt und im Oktober 1930 in einem demonstrativen Akt im van de Velde-Bau die Wandreliefs und -bilder Joost Schmidts und Herbert Bayers sowie im Werkstattgebäude die Reliefs und Wandmalereien Oskar Schlemmers zerstören läßt. 1931 Ausschluß aus dem Deutschen Künstlerbund. 1933 Rückkehr in das Weimarer Amt des Direktors der Vereinigten Kunstlehranstalten (bis zur Pensionierung 1940). 1932 MdR (Reichswahlvorschlag). 1937 inaktives Mitglied der Preußischen Akademie der Künste. 1944 Adlerschild des Deutschen Reiches (höchste Auszeichnung des Reiches für Zivilisten); Prädikat »unersetzlicher Künstler«.
Literatur: Reichstags-Handbuch 1933, S. 403; Borrmann 1989 (enthält auf den S. 245-250 Verweise auf ältere Literatur sowie ein Verzeichnis der Schriften); Wimmer 1989, S. 355-362; Hütt 1990, passim; Lampugnani/Schneider 1992, passim; Mohr 1992; Gitta Günther/Huschke/Steiner 1993, S. 393; Bloth 1994, S. 61-64 mit Anm. 26; Hille 1994, S. 288.

Schweitzer, Hans oder Hanns (Berlin 25. Juli 1901 bis 15. September 1980 Landstuhl):
Graphiker, Illustrator, Maler, Zeichenlehrer. 1919 bis 1923 Studium an den Vereinigten Staatsschulen für Freie und Angewandte Kunst in Berlin. 1926 Pg. 1926 bis 1933 Pressezeichner mit dem Pseudonym Mjölnir (»Zermalmer«, in der germanischen Mythologie der Hammer des Gottes Thor) für NS-Zeitungen, u. a. VB, Der Angriff, Das Schwarze Korps, Berliner Arbeiter-Zeitung, NS-Briefe. Illustriert mehrere Bücher für Goebbels (»Kampf um Berlin«, »Michael«, »Buch Isidor«). In der »Kampfzeit« wichtigster Propagandakünstler und Plakatgraphiker im Dienst der RPL. SS-Oberführer. 1935 bis 1938 Reichskultursenator und Reichsbeauftragter für künstlerische Formgebung beim RMVP. Vorsitzen-

der des Reichsausschusses der Pressezeichner. 1936 Präsidialrat der RbK. Im Januar 1937 Verleihung des Professorentitels. 1937 Mitglied der Jury für die GDK und der ersten Beschlagnahmekommission, 1938 der sogenannten Verwertungskommission. 1943 bis 1944 Zeichner einer Propaganda-Kompanie der Wehrmacht.
Nach dem Zweiten Weltkrieg circa zweieinhalbjährige Internierung im Lager Neuengamme. Am 1. April 1948 vom Entnazifizierungsgericht Bergedorf wegen SS-Zugehörigkeit zu einer Geldstrafe von 500 Mark verurteilt, die durch seine Haft als abgegolten gilt. Im Auftrag der Bundesregierung für das Bundespresseamt als Plakatentwerfer tätig. Pressezeichner für rechtsextreme Zeitungen, z. B. Deutsche Nachrichten und Deutsche Wochen-Zeitung.
Literatur: Hildegard Brenner 1963, passim; Diether Schmidt 1964, S. 277 und passim; Thomae 1978, S. 426, A. 299 und passim; Hessisches Landesmuseum Darmstadt 1980, S. 154; Ebert 1983, S. 234; Gerhard Paul 1990, S. 161-164; Davidson 1992, S. 365-367; Deutsches Historisches Museum 1992, S. 268; Bloth 1994, S. 67, Anm. 63.

Sixt, Paul (Stuttgart 22. Februar 1908 bis 8. Januar 1964 Detmold):
Dirigent. 1928 Erster Kapellmeister, 1935 Generalmusikdirektor am Deutschen Nationaltheater in Weimar. 1939 bis 1945 zudem Leiter der dortigen Hochschule für Musik. 1938 mit Hans Severus Ziegler Organisator der Ausstellung »Entartete Musik« in Düsseldorf.
1945 bis 1950 Leiter des Stuttgarter Kammerorchesters. 1951 Berufung zum Generalmusikdirektor an das Detmolder Landestheater.
Literatur: Josewski 1964; Meinhard 1964; Wulf 1983c, S. 465; Dümling/Girth 1988, S. 145.

Stahl, Emil (Nürnberg 8. Dezember 1881 bis 30. September 1940 Nürnberg [?]):
Lehre als Dekorationsmaler. Studiert jeweils fünf Semester an der Kunstgewerbeschule Nürnberg und der Kunstakademie München. Obwohl er weder einen Hochschulabschluß noch eine staatliche Zeichenlehrerprüfung besitzt, stellt ihn die Stadt Nürnberg als Zeichenlehrer ein – zunächst vertretungsweise an der Kunstgewerbeschule, später nebenamtlich an der Kunstschule und an städtischen Schulen. 1. September 1910 hauptamtlicher Fachlehrer für die kunstgewerblichen Berufe. 1. April 1920 Beförderung zum Gewerbeoberlehrer, am 16. September 1924 zum Studienrat. 1. November 1930 [?] Pg. April 1933 kommissarischer Leiter der Städtischen Kunstsammlungen, organisiert dort die »Schreckenskammer«. Oktober 1933 Direktor der Städtischen Kunstsammlungen.
Spielt seit 1933 eine zentrale Rolle im kulturpolitischen Leben Nürnbergs, wie ein Eintrag in der Stadtchronik unter dem 25. Oktober 1933 (S. 260) belegt: »Zum Direktor der Städtischen Kunstsammlungen wurde in der geheimen Stadtratssitzung der städtische Studienrat und ehrenamtliche Stadtrat Emil Stahl berufen. Er gehört ab 1. November dem Hochbau- und Kunstreferat als 2. Hilfsreferent an und hat als solcher den Sachreferenten Stadtrat Brugmann bei der Behandlung aller Fragen der bildenden Künste zu unterstützen. Im einzelnen obliegt ihm die Verwaltung der Städtischen Galerie, der Fränkischen Galerie, des Musikhistorischen Museums, der Folterkammer, der Norishalle und des Pickarthauses. Ferner hat er bei Festen, Ausstellungen, in allen kunstpolitischen und kunsttechnischen Fragen beratend mitzuwirken und die Künstlernothilfe zu verwalten«.
Ehrenamtliche Tätigkeit als Stadtrat, Landesleiter des KfdK in Nordbayern-Franken, Landesleiter Franken der RbK sowie Vorstandsmitglied des »Bundes deutscher Kunstvereine« in der RbK. 1935 für die Übernahme der Dresdner Wanderausstellung »Entartete Kunst« nach Nürnberg verantwortlich. Büßt 1936 an Ansehen ein, als er ein echtes Gemälde von Pieter de Hooch gegen eine Spitzweg-Fälschung eintauschen will, was der Leiter der Bayerischen Staatsgemäldesammlungen, Ernst Buchner, im letzten Moment verhindern kann; daraufhin wird Stahl die alleinige Verantwortung für die Städtische Galerie entzogen und er für ein Jahr beurlaubt. 1937 Mitglied der zweiten Beschlagnahmekommission. Nach einer parteiinternen Liste vom 1. April 1937 ist Stahl Amtsleiter im Gaupropagandaamt. 1. Januar 1938 Ruhestand.
Quellen: BA: R 56 I/44, Bl. 3 (Liste der Landesleiter des KfdK vom 28. Dezember 1933).
BDC: PA im Best. RKK (enthält nur eine eigenhändig ausgefüllte Personalkarte, auf der Stahl als Beruf »Kunstmaler« angibt) sowie Research Ordner 195 I.
StA Nürnberg: C 7/I GR Nr. 9967 (Schreiben von Adolf Ziegler an den Oberbürgermeister von Nürnberg vom 4. August 1937 mit der Bitte, Stahl für drei Monate zu beurlauben, damit er bei den »Säuberungen« der Museen eingesetzt werden könne); Rep. G 1 – Nr. 46 (Stadtchronik Nürnberg).
Artikel in Zeitungen und Zeitschriften: Fränkischer Kurier, 27. Oktober 1933; Fränkische Tageszeitung, 2. September 1935; MittRbK 5, 1940, Heft 8, S. 8 (von Adolf Ziegler gezeichnete Todesanzeige Stahls).
Literatur: Diether Schmidt 1964, S. 243 und S. 278; Lott 1987, S. 292f.; Kett 1992, S. 72-80.

Steinecker, Waldemar (geb. Paderborn 1. August 1902):
Architekt. 1934 bis 1937 Leiter, anschließend Direktor des IKWP. Organisiert im Auftrag der RPL die »Große Antibolschewistische Ausstellung Nürnberg 1937«.
Quellen: BDC: PA in den Best. RKK und OPG.

Stohner, Karl (geb. Mannheim 1894):
Maler. Gründet am 15. September 1924 mit Helene von Heyden und Albert Henselmann die »Freie Akademie« in Mannheim. Mitglied des »Sachverständigenausschusses« für die Mannheimer Vorläuferausstellung, in deren »Musterkabinett« er mit einem Landschaftsbild vertreten ist. Wird gleichzeitig in der Karlsruher Vorläuferausstellung verfemt. 1937 und 1938 Beteiligung an der GDK.

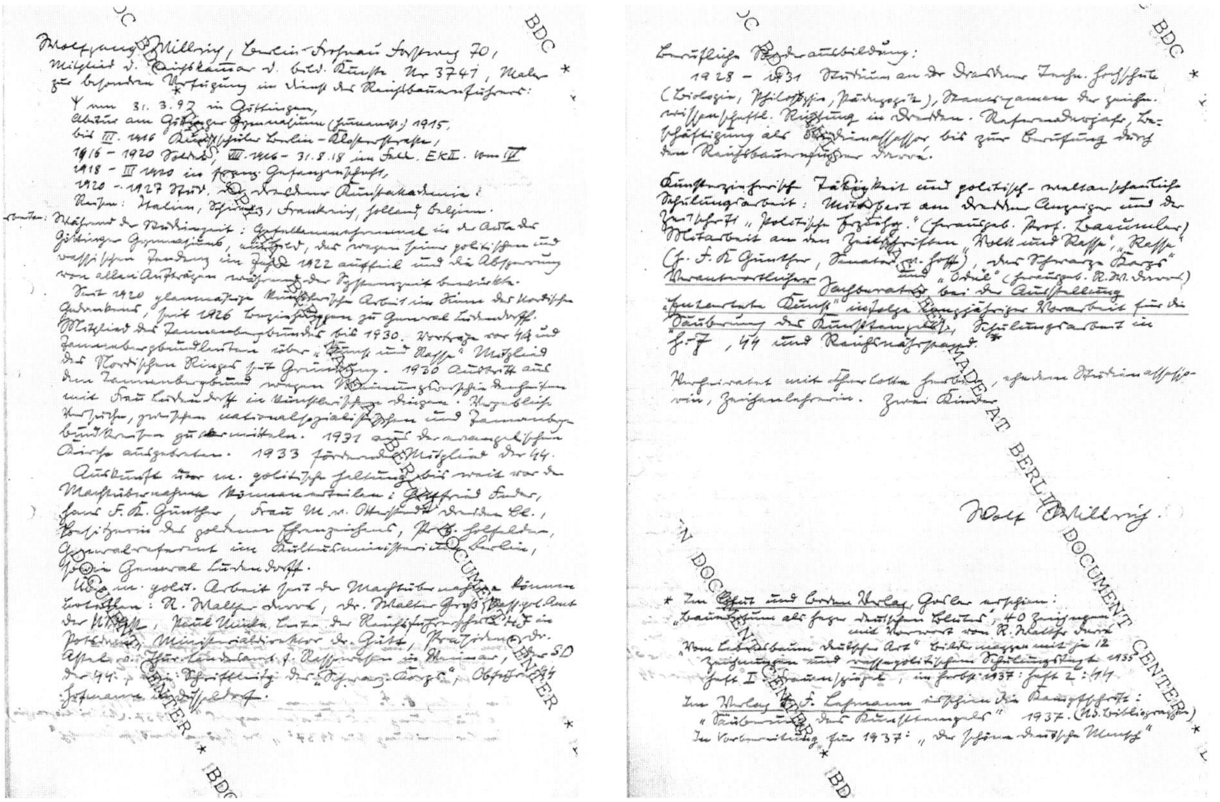

Dok. 75 Wolfgang Willrich, handschriftlicher Lebenslauf (BDC, PA Willrich im Best. RbK)

Quellen: StA Mannheim: S 1/824-Stohner; NL Wichert. General-Anzeiger, 11. September 1924.
Literatur: Beringer 1922, S. 179f.; GDK 1937, S. 78, Nr. 743 und 1938, S. 89, Nr. 1011.

Waldapfel, Wilhelm (Willy) (geb. Dresden 15. September 1883):
Ab 1909 Studium an der Dresdner Kunstakademie u. a. bei Gotthardt Kuehl, Richard Müller und Oskar Zwintscher. Mit Walther Gasch einer der Leiter einer Gruppe völkisch-reaktionärer, dem Nationalsozialismus nahestehender Dresdner Künstler. Nach der Machtergreifung Ratsherr und Sprecher der NSDAP-Fraktion im Rathaus. Mit Richard Müller und Gasch für die Dresdner Vorläuferausstellung »Entartete Kunst« verantwortlich. Mitglied der RbK. 1935 bis 1945 Professor im Zeichensaal der Dresdner Akademie. 1939 und 1942 Kunstpreis der Stadt Dresden. 1940 bis 1943 Beteiligung an der GDK. Ab Januar 1944 Dozentenschaftsleiter und Dozentenführer, März bis Juni 1945 amtierender Rektor der Dresdner Akademie.
Lebt nach dem Krieg in Wetter bei Marburg an der Lahn.
Quellen: BDC: PA im Best. RKK (enthält einen im März und April 1937 geführten Briefwechsel mit Richard Walter Darré über »gemeinsame Pläne«).
Literatur: Thieme-Becker, Bd. 35, S. 69; Vollmer, Bd. 5, S. 70; GDK 1940-1943, passim; Diether Schmidt 1964, S. 280 und passim; Thomae 1978, S. 531, A. 676; Hans Grundig 1986, S. 222; Hochschule für Bildende Künste Dresden 1990, passim; Davidson 1992, S. 446.

Waldstein, Otto Gebele von (Straßburg 24. Dezember 1885 bis 24. November 1978 Mannheim):
Der aus einer angesehenen Mannheimer Familie (Vater Ministerialbeamter) stammende von Waldstein erhält weder eine Berufsausbildung noch studiert er. 1900 bis 1918 Seefahrer bzw. Soldat. 1919 Mitglied im »Deutschbund«, später im »Deutschvölkischen Schutz- und Trutzbund«. 4. März 1922 Pg. Mitte 1928 Wiedereintritt nach Aufhebung des Verbots der NSDAP. 1. Juni 1929 Gründung der Ogr Mannheim-Oststadt, die er bis 1931 leitet. 1929 bis Herbst 1933 Vorsitzender des Parteigerichts für den Kreis Mannheim, Lehrer an der politischen Schule der NSDAP in Mannheim. Ab 1931 Mitglied im Verwaltungsausschuß der Städtischen Kunsthalle Mannheim. Bis 25. April 1934 Kreiskulturwart. Tritt als Redner auf. Steht dem KfdK nahe, dessen Versammlung in Mannheim am 7. Oktober 1931 er leitet.
Seit Gründung des Parteiorgans Hakenkreuzbanner am 3. Januar 1931 ehrenamtlicher Mitarbeiter und Kunstberichterstatter. Diffamiert dort 1931 und 1932 die Ankaufs- und Ausstellungspolitik des Direktors der Städtischen Kunst-

halle, Gustav Friedrich Hartlaub, in den von großem persönlichen Haß zeugenden Artikelserien »Mannheimer Kunstfragen – Judas Hand auf Kunst und Kunstverwaltung« und »Mannheims Kulturdämmerung«. 1930 Stadtverordneter der NS-Fraktion, 1933 Stadtverordnetenvorstand und stellvertretender Obmann. 1933 Kreisrat der Kreisverwaltung Mannheim. 3. April bis 1. Oktober 1933 Städtischer Hilfsreferent für das Nationaltheater und die Städtische Kunsthalle, in der er die erste Vorläuferausstellung organisiert.

Quellen: ABK: NL Rolf Ludwig Fahrenkrog, 1 B 34 (Otto Gebele von Waldstein, Bericht über Angelegenheit Kunsthalle und Dr. Kattermann, 9. November 1934; Durchschrift).

BDC: PA im Best. Parteikanzlei-Korrespondenz (enthält eine am 10. September 1942 eigenhändig ausgefüllte NSV-Personalkarte und einen handgeschriebenen Lebenslauf).

GLA: 465c Mannheim 70 (polizeiliches Schreiben vom 8. Oktober 1931, betreffend eine von von Waldstein geleitete Versammlung des KfdK in Mannheim).

Mündliche Mitteilungen des Enkels von Otto Gebele von Waldstein, des Mannheimer Rechtsanwalts Dr. Thor von Waldstein (zu dessen Aktivitäten in der rechten Szene vgl. Maegerle/Fromm 1993).

Literatur: Renner 1932, S. 13-16; Maser 1973, S. 314-317; Herbert Hoffmann 1982, S. 75f., S. 187 und S. 248; Fath 1987, S. 179; Hille 1994, S. 292-309.

Willrich, Wolfgang (Göttingen 31. März 1897 bis 18. Oktober 1948 Göttingen):

1920 bis 1927 Studium an der Dresdner Kunstakademie bei Ferdinand Dorsch, Max Feldbauer, Georg Lührig und Richard Müller. Sein Studienkollege Otto Griebel erinnert sich: »Er hatte überhaupt einen besonderen Stich, lief in einem Offiziersmantel umher, mit einem Sombrero auf dem Kopf und einem umgehängten Militärbrotbeutel. Einmal traf ich Willrich im Winternebel am Elbufer halbnackt vor der Staffelei stehend an. Er malte ein Selbstporträt. Gesinnungsmäßig zählte er zu den Deutsch-Völkischen, schlug sich später aber zu den Nazis, bei denen er als Kunstbonze eine große Rolle spielte« (Griebel 1986, S. 107).

1928 bis 1931 Studium der Biologie, Philosophie und Pädagogik an der Dresdner Technischen Hochschule. Bis 1934 Beschäftigung als Studienassessor.

Als vehementer Anhänger des »Rassegedankens« in der Kunst findet Willrich in Reichsbauernführer Richard Walter Darré einen den »Blut- und Boden«-Mythos nicht minder fanatisch vertretenden Gesinnungsgenossen. Darré ruft Willrich 1934 »zur künstlerischen Gestaltung des Staatsgedankens von Blut und Boden« (Hansen 1936, S. 332) nach Berlin, wo er 1935 Walter Hansen begegnet. Im Auftrag Darrés, fortan Willrichs wichtigster Protektor[12], bereist er das Land, um in photographistisch-süßlichem Stil »saubere Zeichnungen rassisch wertvoller Menschen aus allen Gauen Deutschlands« (Hansen 1936, S. 332) anzufertigen. Seine »prächtigen Zeichnungen von kraftvollen Bauern, gesunden Müttern und Mädchen aller deutschen Stämme« (ebenda), zu denen sich kernige SA- und SS-Männer und in den Kriegsjahren heroische Soldaten gesellen, werden in zahlreichen Schriften, Mappen und Postkarten verbreitet. Auch auf Ausstellungen illustrieren und propagieren Willrichs Bilder und Zeichnungen die Idee der »artbewußten Lebensführung« und »Volksaufartung«, so z. B. auf der »I. Wanderausstellung Deutscher Kunst« der DKG (1933), verschiedenen Braunen Messen des IKWP (Abb. 55) sowie auf den Ausstellungen »Die Auslese« (Berlin 1934) und »Erbgut und Rasse« (Stettin 1939). Darüber hinaus Einzelausstellungen wie »Rasse und Volk« (Berlin 1940). 1937 bis 1942 Beteiligung an der GDK. Mitglied der RbK und förderndes Mitglied der SS (1933).

Aufgrund seines berüchtigten Pamphlets »Säuberung des Kunsttempels. Eine kunstpolitische Kampfschrift zur Gesundung deutscher Kunst im Geiste nordischer Art« (München/Berlin 1937) wird Willrich auf ausdrücklichen Wunsch von Goebbels in die erste Beschlagnahmekommission berufen und von Adolf Ziegler mit der Gestaltung der Ausstellung »Entartete Kunst« in München betraut, die sich eng an sein Buch anlehnt. Schon im August 1937 überwirft sich Willrich mit Ziegler und spätestens Ende 1938 auch mit Darré, so daß er von der offiziellen Kunstpolitik ausgeschlossen wird.

Im Krieg bei der Propagandaabteilung im Oberkommando des Heeres eingesetzt zur zeichnerischen »Erfassung markanter Persönlichkeiten der deutschen Wehrmacht«[13], die z. B. 1940 in der Ausstellung »Polenfeldzug und U-Boot-Krieg in Bildern und Bildnissen«[14] im Berliner Künstlerhaus gezeigt werden. Willrichs letzte Serie, »Darum kämpft der deutsche Soldat« (1944/45), wird 1949 in Buenos Aires veröffentlicht.

1945 in der Normandie interniert. 1946 bis 1947 Arbeit als Porträtmaler. 1947 beginnt er seine Autobiographie »Aus Freude am Schönen«, die seine Ehefrau Charlotte 1987 ergänzt.

Verlag und Antiquariat Uwe Berg in 21442 Toppenstedt bei Lüneburg hat 1977 eine Mappe mit Kunstdrucken von Zeichnungen Willrichs ediert.

In der 1985 eröffneten, jeweils von Mai bis Mitte Oktober zugänglichen Dauerausstellung »Faszination und Gewalt« unter der Zeppelintribüne auf dem ehemaligen Reichsparteitagsgelände am Dutzendteich in Nürnberg ist seit 1988 Willrichs großformatiges Triptychon »Der Tod« zu sehen, das 1923 in Göttingen gemalt und seitdem dort in einem Gymnasium aufbewahrt wurde.

Quellen: BDC: PA in den Best. RbK (enthält u. a. einen handschriftlichen Lebenslauf; Dok. 75) und NS-Lehrerbund; Research, Ordner RKK-Reichsschriftumskammer.

12 Darré schreibt am 29. Dezember 1938 an Willrich, daß er ihn »immerhin fast ein halbes Jahrzehnt über Wasser gehalten und ihm erst die Möglichkeit gegeben habe, in der weiteren Öffentlichkeit bekannt zu werden« (zitiert nach Wulf 1983a, S. 395).

13 Vgl. den Brief des Volksbundes für das Deutschtum im Ausland an die Adjutantur Hitlers vom 5. Oktober 1939, abgedruckt bei Davidson 1992, Nr. 1562.

14 Vgl. hierzu Rittich 1940 und Herzog 1984.

IfZ: Mikrofilme MA-286, 8291-8378 und MA-286, 8379-8384.
Schriften: Eine Liste mit den Veröffentlichungen Willrichs bis 1936 befindet sich bei Hansen 1936 (gekürzt abgedruckt bei Wulf 1983a, S. 389f.). Im übrigen sei verwiesen auf die ausführliche, dabei rein affirmative Biographie Davidsons (1992, S. 459-462; mit Bibliographie).
Literatur: Thieme-Becker, Bd. 36, S. 35; Vollmer, Bd. 5, S. 140; Hansen 1936; GDK 1937-1942, passim; Hildegard Brenner 1963, S. 108 und Abb. 23; Diether Schmidt 1964, S. 247-249 und S. 280; Alfred Hentzen 1970, S. 47-52 und S. 78f.; Thomae 1978, S. 389, A. 154 und passim; Ebert 1983, S. 234; Wulf 1983a, S. 178-180 und passim sowie 1983b, S. 131-144 und passim; Griebel 1986, S. 107; Weickmann 1989; Hochschule für Bildende Künste Dresden 1990, passim; Poley 1991, S. 427; Wolfgang W. Weiß 1991; Davidson 1992, S. 459-462; Bloth 1994, passim; Meinik 1994, S. 26 (dort irrtümlich Spillrich).

Ziegler, Adolf (Bremen 16. Oktober 1892 bis 18. September 1959 Varnhalt bei Baden-Baden):
1911 bis 1924, unterbrochen durch den Kriegsdienst, Studium an den Kunstakademien Weimar und München, dort zuletzt bei Karl Caspar. 1925 Bekanntschaft mit Hitler, dem er sich anschließt. 1934 bis 1945 Professor für Maltechnik, 1942 bis 1945 Präsident [?] der Münchner Akademie der Bildenden Künste. Wegen seiner pedantisch-naturalistischen, allegorischen Aktdarstellungen als »Meister des deutschen Schamhaars« verspottet. Läßt 1935 mit Unterstützung des Gauleiters Wagner aus der Ausstellung »Berliner Kunst« in der Neuen Pinakothek am Tage der Eröffnung Werke von Barlach, Beckmann, Heckel, Kollwitz u.a. entfernen. Referent für Bildende Kunst in der Reichsleitung der NSDAP München. 1935 Reichskultursenator der bildenden Künste. 1934 Mitglied des Präsidialrats, dann Vizepräsident und vom 1. Dezember 1936 bis 1943 Präsident der RbK. 1937 bis 1943 Beteiligung an der GDK.
1937 Leiter der ersten und zweiten Beschlagnahmekommission. Eröffnet am 19. Juli 1937 die Münchner Ausstellung »Entartete Kunst«. 1938 Mitglied der sogenannten Verwertungskommission. Fällt 1943/44 in Ungnade (den Erinnerungen Heinrich Hoffmanns zufolge wegen geheimer Bemühungen um Friedensverhandlungen), was zum Verlust aller Ämter, Parteiausschluß und kurzzeitiger KZ-Haft führt.
Literatur: Thieme-Becker, Bd. 36, S. 486; Vollmer, Bd. 5, S. 205; GDK 1937-1943, passim; Hildegard Brenner 1963, passim; Diether Schmidt 1964, S. 281 und passim; Heinrich Hoffmann 1974, S. 154 und S. 218f.; Die Dreissiger Jahre 1977, S. 217, Kat. 123 und 124; Thomae 1978, S. 393, A. 160 und passim; Wulf 1983a, S. 152-155; Zacharias 1985, passim; Wistrich 1987, S. 384f.; Hoffmann-Curtius 1989; Poley 1991, S. 427; Davidson 1992, S. 467f.; Bloth 1994, passim.

Ziegler, Hans Severus (geb. Eisenach 13. Oktober 1893): Einer der frühesten Anhänger und »Kampfgenossen« Hitlers. Freundschaftliche Kontakte seiner Familie – der Vater ist Generalintendant des Deutschen Nationaltheaters in Weimar – bestehen zur Familie Wagner in Bayreuth. Nimmt in Weimar Privatunterricht in Harmonielehre und hört private Vorlesungen bei dem Literaturhistoriker Adolf Bartels, den er glühend verehrt. Studium der Germanistik, Kunstgeschichte, Geschichte und Philosophie in Cambridge, Jena und Greifswald, wo er, ganz im Geiste seines Lehrers Bartels, im März 1920 eine völkische Studentengruppe gründet. 1922 Promotion über »Friedrich Hebbel und Weimar«. 1922/23 Schriftleiter der von Bartels 1909 ins Leben gerufenen und herausgegebenen Monatsschrift Deutsches Schrifttum. Verfaßt Theaterkritiken. 1924 Gründung und Leitung (bis 1933) der ersten NS-Wochenzeitung Der Völkische, ein Jahr später umbenannt zu Der Nationalsozialist (aus ihr geht die Thüringer NSDAP-Tageszeitung Thüringer Gauzeitung hervor). Nimmt am 27. Februar 1925 an der Gründungsversammlung der NSDAP nach dem vorübergehenden Parteiverbot infolge des Hitlerputsches vom 9. November 1923 teil und wird Pg. 1925 Gründer der Ogr Apolda und Weimar. 1925 bis 1931 stellvertretender Gauleiter Thüringens und Reichsredner. Landesleiter des KfdK in Thüringen. Am 3./4. Juli 1926 konstituiert sich die von ihm organisierte NS-Jugendorganisation als Hitlerjugend. 1930 bis 1931 Ministerialreferent im Thüringischen Volksbildungsministerium (Frick) für Kunst, Kultur und Theater. In dieser Funktion erste Maßnahmen gegen »Verfallskunst«; außerdem Protektion seines Freundes, Gesinnungsgenossen und Kampfbund-Gefährten Paul Schultze-Naumburg. 1. April 1933 Chefdramaturg und Schauspieldirektor des Deutschen Nationaltheaters in Weimar, Staatskommissar für die thüringischen Landestheater. 1. Oktober 1933 Staatsrat[15] und Mitglied der thüringischen Staatsregierung. 1936 bis 12. April 1945 Generalintendant in Weimar. 1937 Reichskultursenator. Gaukulturamtsleiter. Kämpft gegen den »Musikbolschewismus«. 1938 mit Paul Sixt Organisator der Ausstellung »Entartete Musik« in Düsseldorf. 1939 für die Übernahme der Wanderausstellung »Entartete Kunst« nach Weimar und ihre Erweiterung um Teile aus der Schau »Entartete Musik« verantwortlich. 1940 Veröffentlichung eines Lyrikbandes.
Nach 1945 Privatlehrer, später Leiter des privaten Kammerschauspiels in Essen. 1954 bis 1962 Lehrer und Pädagoge an einem Gymnasium und Internat auf der Nordseeinsel Wangerooge. Schreibt noch 1968 in den Deutschen Nachrichten.
Quellen: BDC: PA im Best. RKK.
Artikel in Zeitungen und Zeitschriften: VB, 13. Oktober 1943; Anonym 1943.
Schriften: Ziegler 1932, 1938 und 1964 (diese autobiographische Schrift enthält auf den S. 291-293 einen Lebenslauf).
Literatur: Das Deutsche Führer-Lexikon 1934, S. 546; von Schirach 1967, S. 18-27; Bollmus 1970, passim; Wulf 1983a, 1983c und 1983e, passim; Dümling/Girth 1988, S. 144f.; Gitta Günther/Huschke/Steiner 1993, S. 503.

15 Zum Titel des Staatsrats – repräsentativ und politisch bedeutungslos – vgl. Broszat 1989, S. 141f.

Zörner, Ernst (geb. Nordhausen 27. Juni 1895): Kaufmann. 1922 Pg. Führender Nationalsozialist in Braunschweig, dort maßgeblich an der Einbürgerung Hitlers beteiligt. Februar 1928 Stadtverordneter, Februar 1931 Fraktionsführer der NSDAP in Braunschweig. 14. September 1930 Mitglied und 30. September 1930 Präsident des Braunschweigischen Landtags. 1932 MdR für den Wahlkreis Südhannover-Braunschweig. 21. März 1932 Vizepräsident des Reichstags. Juli 1933 Oberbürgermeister von Dresden.
Mitinitiator und Förderer der Dresdner Vorläuferausstellung »Entartete Kunst«, für die er ein »Geleitwort« (Dok. 6) verfaßt, welches am Eingang zur Ausstellung aufgehängt wird (Abb. 12a) und ihre Wanderung begleitet. 1936 Präsidialrat der RbK. 1939 Stadthauptmann im besetzten Krakau. 1940 bis 1943 Distriktsgouverneur Lublin; beteiligt an der Ermordung polnischer Juden.
Quellen: Eine Photographie der Tafel mit Zörners »Geleitwort« zur Dresdner Ausstellung »Entartete Kunst« befindet sich in der Sächsischen Landesbibliothek Dresden, Abteilung Deutsche Fotothek, Archiv-Nr. 55 919.
Literatur: Reichstags-Handbuch 1933, S. 455f. Das Deutsche Führer-Lexikon 1934, S. 548; Wulf 1983a, S. 110, Anm. 1. und S. 351, Anm. 3; Madajczyk 1987, passim; Höver 1992, S. 471.

Quellenverzeichnis

Das Verzeichnis umfaßt, alphabetisch nach Städten geordnet, die konsultierten Archive und Bibliotheken. Falls vorhanden, sind auch die Signaturen der zitierten Aktenbestände angegeben. Die Lokalpresse ist generell unter ihrem jeweiligen Erscheinungsort aufgelistet, auch wenn sie an einem anderen Ort eingesehen wurde. Die Standorte der einzelnen Zeitungen lassen sich über das Verzeichnis von Hagelweide 1974, den Standortkatalog der deutschen Presse in der Staats- und Universitätsbibliothek Bremen oder über das Institut für Zeitungsforschung in Dortmund leicht ermitteln. In einigen Fällen wurden die Archivalien in Form von dankenswerterweise zur Verfügung gestellten Reproduktionen ausgewertet.

Altenburg
Staatliches Lindenau-Museum, Archiv

Amsterdam
Allgemeen Handelsblad

Basel
Basler Nachrichten
National-Zeitung

Bautzen
Stadtmuseum, Archiv

Bensheim
StA

Berlin
Bauhaus-Archiv Museum für Gestaltung
BDC: PA Klaus Graf von Baudissin, Hans Adolf Bühler, Richard Walter Darré, Hugo Fischer, Walther Gasch, Walter Hansen, Rolf Reinhold Bernhard Hetsch, Friedrich Wilhelm Loeper, Hartmut Pistauer, Hermann von Rautenberg, Carl Julius Paul Schneider, Emil Stahl, Waldemar Steinekker, Wilhelm (Willy) Waldapfel, Otto Gebele von Waldstein, Wolfgang Willrich, Hans Severus Ziegler in den Best. Ahnenerbe, Hauptarchiv, Ministerium für Volksbildung, NS-Lehrerbund, OPG, Parteikanzlei-Korrespondenz, RbK, Reichsnährstand, RKK, Rückwanderungsamt der NSDAP, SA, SS-Offiziersakte; Research Bildarchiv Preußischer Kulturbesitz
DHM, Photosammlung und Plakatsammlung
George Grosz-Archiv, Stiftung Archiv der Akademie der Künste
Hannah-Höch-Archiv, Berlinische Galerie
Landesarchiv, Außenstelle Breite Straße: Rep. 120, Nr. 507 und Nr. 509
NL-Archiv Paul Ortwin Rave
SBBPK, Haus 1 und Haus 2
SMPK, Alte Nationalgalerie, Archiv
SMPK, Neue Nationalgalerie, Archiv
Ullstein Bilderdienst
Der Angriff
Berliner Börsen-Zeitung
Berliner Tageblatt
DAZ
Die Frau am Werk
KIDR
Kreuz-Zeitung
NS-Landpost
Das Schwarze Korps
VB, Berliner Ausgabe
Die Woche

Bielefeld
StA: Akten des ehemaligen Städtischen Kunsthauses (ohne Signatur)
Westfälische Neueste Nachrichten
Westfälische Zeitung

Bochum
StA: D St 52/1-2

Braunschweig
Braunschweigische Landeszeitung

Bremen
Staats- und Universitätsbibliothek, Standortkatalog der deutschen Presse
Bremer Nachrichten

Breslau (Wrocław)
StA: Muzeum Śląskie
Muzeum Narodowe (Nationalmuseum), M. N. Gabinet Dokumentów I/325 und I/426
Universitätsbibliothek
Breslauer Gerichtszeitung
Breslauer Neueste Nachrichten
Mittelschlesische Gebirgszeitung
Neue Breslauer Zeitung
Schlesische Illustrierte Zeitung
Schlesische Zeitung

Chemnitz
StA
Städtische Museen Chemnitz, Plakatsammlung der Städtischen Textil- und Kunstgewerbesammlung

Chemnitzer Neueste Nachrichten
Chemnitzer Tageblatt
Chemnitzer Tageszeitung

Cuxhaven
Cuxhavener Tageblatt
Cuxhavener Zeitung

Darmstadt
Hessisches Landesmuseum, Archiv
StA im Hessischen STA
Darmstädter Tagblatt
Darmstädter Wochenschau

Delitzsch
Delitzscher Zeitung

Dessau
StA: Verwaltungsakten der Anhaltischen Gemäldegalerie
Anhalter Anzeiger

Detmold
STA

Dortmund
Institut für Zeitungsforschung
StA: 113-29/1951-75, 113-29/1951-115, 113-29/1951-116, 113-29/1951-126, 113-29/1951-168
Dortmunder Zeitung
Dortmund-Mengeder Lokalanzeiger
Tremonia-Westdeutsche Volkszeitung
Westfälische Landeszeitung-Rote Erde
Westfälischer Kurier

Dresden
Sächsische Landesbibliothek
Sächsische Landesbibliothek, Abteilung Deutsche Fotothek
Sächsisches HSTA: Best. Ministerium für Volksbildung, Nr. 14901 und Nr. 14646
Staatliche Kunstsammlungen Dresden, Archiv
STA: Best. Ministerium des Innern, Nr. 17321/1
Stadtmuseum Dresden, Archiv
Dresdener Anzeiger
Dresdner Illustrierte
Dresdner Nachrichten

Düsseldorf
StA: XXIII-1429; Photosammlung
Stadtmuseum
Stadtmuseum, Archiv Lauterbach
Düsseldorfer Nachrichten
Düsseldorfer Tageblatt
Düsseldorfer Woche
Der Mittag
Rheinische Landeszeitung (Volksparole)

Erlangen
StA: 32.Nr.32.T.5
Erlanger Neueste Nachrichten
Erlanger Tagblatt

Essen
Deutsches Plakat Museum
National-Zeitung
Rheinisch-Westfälische Zeitung

Frankfurt am Main
Archiv Städel/Städtische Galerie, Bd. 36
StA: Magistratsakten Az. 6022, Bd. 1-2; 6040, Bd. 1; 6342/1; 3813; 8340/2, Bd. 1
Frankfurter Anzeigenblatt
Frankfurter Generalanzeiger
Frankfurter Volksblatt
Frankfurter Wochenschau
FZ
Rhein-Mainische Sonntags-Zeitung

Gelsenkirchen
StA

Genf
L'Observateur de Genève

Greifswald
Museum, Inventarbücher im Archiv

Hagen (Westfalen)
StA: Jahresbericht der Stadt Hagen 1934
Hagener Zeitung
Westdeutsche Volkszeitung

Halle an der Saale
Privatarchiv
StA: 321
Hallische Nachrichten
Mitteldeutsche Nationalzeitung
Saale-Zeitung

Hamburg
Eduard Bargheer NL-Archiv
Museum für Kunst und Gewerbe, Archiv und Plakatsammlung
Privatarchiv
Privatarchiv Roland Jaeger
STA: 131-4-1934 A 95, 131-6-187, 135-1 I-IV 5227, 361-2 VI 33, 361-2 VI 838, 361-2 VI 854/I, 361-2 VI 2331, 363-6 I B 18 und B 29
Staats- und Universitätsbibliothek
Staats- und Universitätsbibliothek, NL Max Sauerlandt
Bergedorfer Zeitung
Hamburger Anzeiger
Hamburger Fremdenblatt
Hamburger Nachrichten
Hamburger Tageblatt
Hamburger Tageblatt-Wochenschau

Der Wandsbecker Bote
Wilhelmsburger Zeitung

Hamm
Städtisches Gustav-Lübke-Museum, Archiv

Hannover
Hannoverscher Anzeiger

Heidelberg
Kunsthistorisches Institut der Ruprecht-Karls-Universität, Bibliothek
Privatarchiv Christoph Zuschlag
Psychiatrische Universitätsklinik, Archiv: Verwaltungsakten VIII/1 und X/4
Psychiatrische Universitätsklinik, Prinzhorn-Sammlung
StA: AA 225/1; UA 210/28
Universitätsarchiv: PA Carl Julius Paul Schneider
Universitätsbibliothek
Universitätsbibliothek, NL Henry Thode
Heidelberger Zeitung

Ingolstadt
StA: B 231, 1935-37
Donaubote
Ingolstädter Tagblatt

Karlsruhe
Badischer Kunstverein, Archiv: »Sitzungs-Protokolle ab 1919 bis 1936 einschl.«
GLA: 233/27808, 235/6733, 235/6999, 235/7001, 235/40090, 235/40092, 235/40237, 235/40269, 235/40412, 235/48201, 235/64118, 466/6094; 441 Zugang 1982 Nr. 38/107; 441 Zugang 1982 Nr. 38/112; 465c Mannheim 70; NL Beringer
Der Führer
Karlsruher Tagblatt
Karlsruher Zeitung

Kassel
Privatarchiv Werner Doede
Staatliche Museen/Neue Galerie, Archiv
Kurhessische Landeszeitung

Kiel
Kieler Neueste Nachrichten

Koblenz
BA: Bild; NS 8/122, NS 8/171, NS 8/172, NS 8/179, NS 8/242, NS 15/47, NS 15/82, NS 15/140, NS 15/157, NS 15/162a, NS 15/163, NS 18/254; NSD 9/20 (Der Schulungsbrief), NSD 12/3 (UWuW), NSD 14/5; Plakate; R 55/76, R 55/354, R 55/364, R 55/698, R 55/747, R 55/936, R 55/1000, R 56 I/7, R 56 I/8, R 56 I/9, R 56 I/44, R 56 I/45, R 56 I/67, R 56 I/68, R 56 I/95, R 56 I/102; RD 33/1 (Mitt. der RKK), RD 33/5 (MittRbK); ZSg. 1-157/4, ZSg. 1-193/1, ZSg. 103/1714, ZSg. 117/278, ZSg. 117/303, ZSg. 117/378, ZSg. 121/16
Koblenzer General-Anzeiger

Köln
Privatarchiv
Universitäts- und Stadtbibliothek
Kölnische Illustrierte Zeitung
Westdeutscher Beobachter

Leipzig
Deutsche Bücherei
Leipziger Neueste Nachrichten
Leipziger Tageszeitung

London
Axis
Life
London gallery bulletin
Weekly Illustrated

Los Angeles
Los Angeles County Museum of Art, The Robert Gore Rifkind Center for German Expressionist Studies
The Getty Center for the History of Art and the Humanities, Archives of the History of Art: Wilhelm Friedrich Arntz Papers; Alois J. Schardt Papers

Lübeck
Lübecker General-Anzeiger

Magdeburg
Kulturhistorisches Museum, Archiv
Der Mitteldeutsche

Mainz
Landesmuseum, Graphikinventar im Archiv
Stadtbibliothek
Mainzer Anzeiger
Mainzer Journal

Mannheim
Städtische Kunsthalle, Archiv, Photoarchiv und Inventarbücher
StA: NL Wichert; S 2/667-2; S 2/667-3; S 1/824-Stohner; S 1/1366-Jacob; S 1/2102-Beringer
Hakenkreuzbanner
Mannheimer Tageblatt
Neue Mannheimer Zeitung
Neues Mannheimer Volksblatt

Marburg an der Lahn
Universitätsmuseum für Kunst und Kulturgeschichte, Archiv

Mülheim an der Ruhr
Städtisches Museum, Archiv

München
BayHStA: MK 40849; MK 41289; Abt. V PrASlg 821 (Sammlung Rehse); Plakatsammlung
Bayerische Staatsbibliothek

Bayerische Staatsbibliothek, Fotoarchiv Hoffmann
Deutsches Museum, Archiv
IfZ, Bibliothek und Archiv: Mikrofilm MA-286, 8291-8378; MA-286, 8379-8384
Monacensia, Literaturarchiv und Bibliothek
Münchner Stadtmuseum, Plakatsammlung
Staatliche Graphische Sammlung, Archiv
StA: Kulturamt 595, 649/1, 649/2; ZA Entartete Kunst; ZA 1937/38 Der ewige Jude
Süddeutscher Verlag GmbH, Abteilung Bilderdienst
Bayrischer Kurier
Illustrierter Beobachter
Kunst und Antiquitäten
München-Augsburger Abendzeitung
Münchener Telegramm-Zeitung
Münchener Zeitung
MNN
Neue freie Volkszeitung
Neues Münchener Tagblatt
VB, Münchener Ausgabe
VB, Süddeutsche Ausgabe
Weltkunst

Münster
Westfälisches Landesmuseum für Kunst und Kulturgeschichte, Inventarbücher im Archiv

New York
Museum of Modern Art, Library: Alfred H. Barr, Jr. Papers; Curt Valentin Papers
Deutscher Weckruf
The New York Times

Nürnberg
ABK: NL Otto Dix; NL Rolf Ludwig Fahrenkrog; NL Fritz Kaiser; NL Hans Posse
Privatarchiv
StA: C 7/I GR Nr. 9967; Rep. G 1 - Nr. 46
Stadtbibliothek
8 Uhr-Blatt
Bayerische Volkszeitung
Fränkische Tageszeitung
Fränkischer Kurier
Nürnberger Zeitung
Der Stürmer

Oslo
Nationalgalerie, Archiv

Paris
Pariser Tageszeitung

Pasing
Würmtal-Bote

Potsdam
ZSTA: 50.01-743, 50.01-745, 50.01-1015, 50.01-1018, 62 DAF 3-19129, 62 DAF 3-19131, 62 DAF 3-19133, 62 DAF 3-19143

Prag
Die Neue Weltbühne
Volks-Illustrierte

Rastatt
Rastatter Tageblatt

Recklinghausen
StA: III, NL Heinrich Althoff, Nr. 2

Regensburg
StA: Vereine 10 S, Vereine 10 T
Bayerische Ostmark
Bayerischer Anzeiger

Remscheid
Remscheider General-Anzeiger

Rostock
StA: 1.1.23.39

Saarbrücken
Landesarchiv: Dep. Saarland Museum, Nr. 32

Salzburg
Salzburger Landesarchiv
Salzburger Landeszeitung
Salzburger Volksblatt

St. Gallen
St. Galler Tagblatt

Schwerin
Staatliches Museum, Archiv

Soest
StA: Erinnerungen von Klaus Hilse

Stettin (Szczecin)
STA: Akte Nr. 97 im Best. Landesmuseum
Pommersche Zeitung
Stettiner Generalanzeiger

Stuttgart
Privatarchiv Gunther Thiem
Staatsgalerie, Oskar-Schlemmer-Archiv
NS-Kurier
Schwäbischer Merkur
Stuttgarter Neues Tagblatt
Württembergischer Staatsanzeiger

Trier
Nationalblatt

Ulm
StA: 322/00-8, 322/00-10, 322/20-16; H-Dr. Hoelder-Weiß
Schwäbischer Volksbote
Ulmer Sturm
Ulmer Tagblatt

Waldenburg (Walbrzych)
Mittelschlesische Gebirgszeitung
Neues Tageblatt

Warschau (Warszawa)
STA

Washington, D. C.
The New Republic

Weimar
STA
StA
Allgemeine Thüringische Landeszeitung Deutschland
Thüringer Gauzeitung

Wien
Graphische Sammlung Albertina, Archiv
Hochschule für angewandte Kunst, Bibliothek
Künstlerhaus, Archiv: Akte »Entartete Kunst«
Österreichische Nationalbibliothek
Österreichisches STA: Best. Bundesministerium für Unterricht, Abt. Allgemeines Verwaltungsarchiv
Stadt- und Landesbibliothek
Illustrierte Kronen-Zeitung
Kunst dem Volk
Neue Freie Presse
Neues Wiener Tagblatt
Neues Wiener Tagblatt/6 Uhr-Abendblatt
Die Pause
VB, Wiener Ausgabe
Volks-Zeitung

Wiesbaden
Hessische Landesbibliothek
Museum, Archiv
Nassauer Volksblatt
Wiesbadener Tagblatt

Worms
StA Worms
Wormser Zeitung

Zürich
Museum für Gestaltung, Plakatsammlung

Zwickau
StA

Literaturverzeichnis

Das Literaturverzeichnis ist alphabetisch geordnet und besteht aus zwei Teilen. Teil 1 umfaßt die bis 1945, Teil 2 die nach 1945 erschienene Literatur. Werkverzeichnisse, Monographien und Kataloge zu einzelnen Künstlern sind nur aufgeführt, wenn wörtlich oder sinngemäß daraus zitiert wurde. Ausstellungskataloge ohne Angabe eines Autors oder Herausgebers sind unter ihrem Titel eingeordnet. Sind mehrere Werke eines Verfassers aufgenommen, so sind diese chronologisch geordnet. Kurzzitate verweisen auf das jeweilige Werk innerhalb des Literaturverzeichnisses. Angegeben ist jeweils die benutzte Auflage. Rezensionen der Femeausstellungen sind in Kapitel 10.1 unter den jeweiligen Städten aufgelistet.

Teil 1: Literatur bis 1945

Allgemeines Lexikon der bildenden Künstler von der Antike bis zur Gegenwart, begründet von Ulrich Thieme und Felix Becker, 37 Bände, Leipzig 1907-1950.

Alt, Theodor: Die Herabwertung der deutschen Kunst durch die Parteigänger des Impressionismus, Mannheim 1911.

Amt Lichtbild der Reichspropagandaleitung (Hg.): Deutsche Kunst gegen Kulturbolschewismus, bearbeitet von der Gaubildstelle Sudetenland, Berlin [1939] (Reihe III/39).

Anders, Günther: siehe Teil 2.

Anhaltisches Staatsministerium (Hg.): Anhalt im Dienste des Führers, Dessau 1937.

[Anonym:] Dr. Hans F. K. Günthers Berufung nach Jena, in: NSMH 1, 1930, Heft 4, S. 198f.

[Anonym:] Gegen den Kunst-Bolschewismus, in: Deutsche Zukunft 15, 1934, Nr. 3, S. 18f.

[Anonym:] Hans Adolf Bühler, ein badischer Maler, in: Der Führer. Bildwochenschau der deutschen Südwestmark, Folge 6, 27. Mai 1934, Titelblatt und S. 7.

[Anonym:] Hans Severus Ziegler 50 Jahre, in: Die RKK 1, 1943, Nr. 2, S. 29f.

[Anonym:] Die Reichspropagandaleitung der NSDAP, in: UWuW 6, 1936, Heft 1, S. 6-11.

Arndt, Rudolf: Biologische Studien. II: Artung und Entartung, Greifswald 1895.

Ballerstedt, Waldemar: Künstler Politiker Erzieher, in: 75 Jahre Kunsthütte in Chemnitz 1860-1935, Chemnitz 1935, S. 7-16.

ders.: Einkehr und Rückschau, in: Der Türmer von Chemnitz 3, 1937, Folge 12, S. 385-390.

Baum, Julius (Hg.): Erster/Zweiter/Dritter/Vierter Bericht des Museums der Stadt Ulm 1925/1927/1930/1933, Ulm 1925/1927/1930/1933 (Ulmer Schriften zur Kunstgeschichte; 2/4/6/9).

Beringer, Josef August: Badische Malerei 1770-1920, 2., überarbeitete und erweiterte Auflage, Karlsruhe 1922.

Berndt, Alfred-Ingemar: »Gebt mir vier Jahre Zeit«, München 1937.

Bloch, Ernst: siehe Teil 2.

Bockhoff, E. H.: Sowjetimperialismus und Komintern-Abwehr, in: NSMH 9, 1938, Heft 96, S. 203-216 (Teil 1) und Heft 97, S. 326-340 (Teil 2).

Boehm, G[eorg] A[rthur]: Die Offiziershetze als politisches Kampfmittel und Kulturerscheinung, München 1922.

Böttcher, Robert: Der Expressionismus im Lichte unserer Zeit, in: Kunst und Jugend 15, 1935, Folge 4, S. 78-80.

Brieger, Lothar: Ludwig Meidner, Leipzig 1919 (Junge Kunst; 4).

Brüns, Gerhard: Aus dem Kunstschaffen der Gegenwart. Die Sammlungen des Städtischen Kunstmuseums zu Hagen, Hagen 1939 (Veröffentlichungen der Städtischen Museen zu Hagen, Reihe A: Beiträge zur deutschen Kunst der Gegenwart; 8).

Bühler, Hans Adolf: Prof. Dr. Jos. Aug. Beringer †, in: Zeitschrift für die Geschichte des Oberrheins 91, Neue Folge 52, 1939, S. 542f.

Bumke, Oswald: Kultur und Entartung, 2., umgearbeitete Auflage, Berlin 1922.

Busse, Hermann Eris: Hans Adolf Bühler, Karlsruhe 1931 (Vom Bodensee zum Main; 38).

Degener, Herrmann A. L. (Hg.): Degeners Wer ist's?, 10., vollkommen neu bearbeitete und bedeutend erweiterte Ausgabe, Berlin 1935.

Das Deutsche Führer-Lexikon 1934/35, Berlin 1934.

Diebow, Hans: Der ewige Jude. 265 Bilddokumente, München/Berlin 1937.

Dresler, Adolf: Deutsche Kunst und Entartete »Kunst«. Kunstwerk und Zerrbild als Spiegel der Weltanschauung, München 1938.

Dreyer, Ernst Adolf (Hg.), Deutsche Kultur im Neuen Reich. Wesen, Aufgabe und Ziel der Reichskulturkammer, Berlin 1934 (Schlieffen-Bücherei. Geist von Potsdam; 7).

E., H.: Schultze-Naumburgs Kampf um die Kunst, in: Die Kunst 32, 1931, Band 63, S. 250-254 und S. 262-264.

Fechter, Paul (Einf.): Ernst Barlach – Zeichnungen, München [1935].

Feddersen, Martin: Die Entartung der Münchener Kunst, München [1894].

Feistel-Rohmeder, Bettina: Im Terror des Kunstbolschewismus. Urkundensammlung des »Deutschen Kunstberichtes« aus den Jahren 1927-33, Karlsruhe 1938.

dies.: Die Wandbilder in Kohren von Walther Gasch, in: Das Bild 8, 1941, S. 116-118.

dies.: Zur Ausstellung im Leipziger Kunstverein im Museum der bildenden Künste der 3. Wanderausstellung der Deutschen Kunstgesellschaft, in: Das Bild 10, 1943, S. 62f.

Fischer, Theodor: Gemälde und Plastiken moderner Meister aus deutschen Museen, Auktionskatalog Luzern 1939.

Fuchs, Eduard: Die Juden in der Karikatur. Ein Beitrag zur Kulturgeschichte, München 1921, Reprint Berlin 1985.

Gebt mir vier Jahre Zeit, Ausstellungskatalog Berlin, München 1937.

Goebbels, Joseph: Kampf um Berlin, 13. Auflage, München 1938.

ders.: siehe Teil 2 unter Fröhlich, Elke.

Grohmann, Will: Wassily Kandinsky, Leipzig 1924 (Junge Kunst; 42).

ders.: Paul Klee, Paris 1929.

Groß, [Walter?]: Die Propheten. Friedrich Nietzsche, Paul de Lagarde und Houston Stewart Chamberlain in ihrer Bedeutung für uns, in: NSMH 1, 1930, Heft 1, S. 29-33.

Grosse Deutsche Kunstausstellung 1937 im Haus der Deutschen Kunst zu München, Ausstellungskatalog München 1937 [ebenso 1938 bis 1944].

Grosz, George: Abrechnung folgt! 57 politische Zeichnungen, Berlin 1923 (Kleine revolutionäre Bibliothek; 10).

Guhr, Richard: Die Schuld am Verfall der Künste, Manuskriptdruck Dresden [1923].

Gutterer, Leopold: Die Landesstellen des Reichsministeriums für Volksaufklärung und Propaganda und ihre Aufgaben, in: UWuW 3, 1933, Heft 8, S. 202-205.

Halvorsen, Harald Holst: Katalog over Edv. Munchs malerier og grafiske arbeider fra tyske museer, Auktionskatalog Oslo 1939.

Hansen, Walter: Wolfgang Willrich, in: Das Bild 3, 1936, S. 332-337.

ders.: Judenkunst in Deutschland. Quellen und Studien zur Judenfrage auf dem Gebiet der bildenden Kunst. Ein Handbuch zur Geschichte der Verjudung und Entartung deutscher Kunst 1900-1933, Berlin 1942.

Harms, Richard (Hg.): Das Werk der Lebenden. Vom künstlerischen Drängen einer alten Stadt in Wort und Bild, Dessau 1938.

Hartlaub, Gustav Friedrich: Städtische Kunsthalle Mannheim. Vorläufiges Verzeichnis der Gemälde- und Skulpturen-Sammlung, Mannheim [1928].

Herrmann, Gustav: Das graphische Werk Walther Gaschs, in: DK, 1939, Folge 5 (abgedruckt in: Das Bild 6, 1939, o. S.).

Herrmann, Paul: Diktatur in der modernen Kunst. Anhang: Was die Künstler hierzu sagen. Aus 80 Antwortbriefen an den Verfasser, Berlin [1919].

Heuss, Theodor: Randbemerkungen zur Kunstpolitik, in: Die Hilfe 39, 1933, Nr. 16, S. 422-427.

ders.: Eine Kunstdebatte, in: Die Hilfe 42, 1936, Nr. 8, S. 188-190.

ders.: Sudetendeutsche Kunst in Berlin, in: Die Hilfe 43, 1937, Nr. 24, S. 550f.

Hildebrandt, Kurt R.: Norm und Entartung des Menschen, Dresden 1920.

Hinkel, Hans (Hg.): Handbuch der Reichskulturkammer, Berlin 1937.

Hitler, Adolf: Mein Kampf, 372./376. Auflage, München 1938.

ders.: Rede auf der Kulturtagung des Parteitages 1933. Die deutsche Kunst als stolzeste Verteidigung des deutschen Volkes, in: NSMH 4, 1933, Heft 43, S. 434-442.

ders.: siehe Teil 2 unter Domarus, Max.

Im Kampf um die Kunst. Die Antwort auf den »Protest deutscher Künstler«. Mit Beiträgen deutscher Künstler, Galerieleiter, Sammler und Schriftsteller, München 1911.

Institut für Deutsche Wirtschaftspropaganda (Hg.): Das Institut für Deutsche Wirtschaftspropaganda. Sein Aufgabenkreis – Seine Arbeit, Berlin [1936].

J[acob], G[ustav]: Josef August Beringer zum Gedächtnis, in: Mannheimer Geschichtsblätter 38, 1937, Heft 3, S. 82-84.

Junge Kunst im Deutschen Reich. Wien 1943, Ausstellungskatalog Wien [1943].

Junge Kunst im Deutschen Westen. Jahresschau 1939 des Kölnischen Kunstvereins, Ausstellungskatalog Köln [1939].

Justi, Ludwig: Der Zwickauer Skandal, in: Museum der Gegenwart 1, 1930, Heft 2, S. 49-60.

K., S.: Sechzigster Geburtstag der Gründerin der »Hans-Thoma-Gesellschaft«, Frau Sophie Bergmann-Küchler, Frankfurt am Main, in: DK 13, 1939, Folge 2 (abgedruckt in: Das Bild 6, 1939, o. S.).

Kaiser, Fritz: Kunst – Weltanschauung – Kritik, in: Hakenkreuzbanner, 25. April 1934.

ders.: Führer durch die Ausstellung »Entartete Kunst«, Berlin [1937].

Karaiskakis, Sizza: Das Dritte Reich durch meine Brille. Eine Bilanz der nationalsozialistischen Macht vom 30.1.33 bis 30.6.34, Berlin 1934.

Karpfen, Fritz: Der Kitsch. Eine Studie über die Entartung der Kunst, Hamburg 1925.

Kircher, Gerda: Karlsruhe: Badische Kunsthalle. Tätigkeitsbericht 1933/34, in: Oberrheinische Kunst 7, 1936, S. 224f.

Köhler, Gerhard: Kunstanschauung und Kunstkritik in der nationalsozialistischen Presse. Die Kritik im Feuilleton des »Völkischen Beobachters« 1920-1932, Dissertation München 1937.

Körber, Robert: Rassesieg in Wien, der Grenzfeste des Reiches, Wien 1939.

Lange, Konrad: Verzeichnis der Gemäldesammlung im Kgl. Museum der bildenden Künste zu Stuttgart, 2. Auflage, Stuttgart 1907.

Luther, Kurt: Zur Ausstellung: Malerei, Graphik, Plastik im »Haus der Kunst« am Königsplatz zu Berlin, in: Das Bild 3, 1936, S. 252-257 [= 1936a].

ders.: Schloß Niederschönhausen. Das neue Ausstellungshaus der Reichskammer der bildenden Künste, in: DK 10, 1936, Folge 10 (abgedruckt in: Das Bild 3, 1936, o. S.) [= 1936b].

Mann, Thomas: siehe Teil 2 unter Mendelssohn, Peter de.

Mannheim. Städtische Kunsthalle. Tätigkeitsbericht für die Zeit vom April 1933 bis 31. Dezember 1934, in: Oberrheinische Kunst 7, 1936, 226-228.

dies.: Tätigkeitsbericht der Städtischen Kunsthalle Mannheim, in: Oberrheinische Kunst 8, 1939, S. 202.

Meier-Graefe, Julius: siehe Teil 2 unter Schumann, Henry.

Meiners, J.: Richard Müller. Zu seinem 65. Geburtstage, in: Das Bild 6, 1939, S. 206-210.

Meißner, Franz Hermann (Hg.): Das Werk von Richard Müller. 175 Bilder und Text, Dresden 1921.

Meuldijk, M.: Ontaarde Kunst. Een aantal opstellen over beeldende kunst, Amsterdam 1941.

Meyer, Hans: Walther Gasch, in: Das Bild 5, 1938, S. 247-250.

Moraller, Franz: Die Reichskulturkammer, in: UWuW 6, 1936, Heft 2, S. 42-46.

ders.: »Das Verpurzelte im kaskadischen Labyrinth«. Aus der Hexenküche des Kulturbolschewismus, in: UWuW 9, 1939, Heft 1, S. 17-20.

Müller, Erwin: Gedanken über Ausstellungen, in: UWuW 6, 1936, Heft 7, S. 11-18.

Nannen, Henri: Junge Kunst im Deutschen Reich. Zu einer vom Reichstatthalter in Wien Reichsleiter Baldur von Schirach veranstalteten Ausstellung im Künstlerhaus zu Wien, in: Kunst für Alle 58, 1943, Heft 7, S. 137-148.

Nordau, Max: Entartung, 2 Bände, Berlin 1892/93.

Ohlekopf, R.: Entartete Musik, in: Signale 96, 1938, Nr. 24/25, S. 374f.

Onsager, Søren: Kunst og Ukunst, Ausstellungskatalog Oslo 1942.

Pilz, Kurt: Die Kunstsammlungen der Stadt Nürnberg 1933, in: Fränkische Heimat 13, 1934, Heft 6, S. 1f.

Pinder, Wilhelm: Die bildende Kunst im neuen deutschen Staat, in: ders., Reden aus der Zeit, Leipzig 1934, S. 26-69.

Pistauer, Hartmut: Salzburg im Vierjahresplan, in: Die Pause 4, 1939, Heft 4/5, S. 133.

Prinzhorn, Hans: siehe Teil 2.

R., A.: Dr. Wilhelm Frick, in: NSMH 1, 1930, Heft 5, S. 229-231.

Raabe, Peter: Die Musik im dritten Reich. Kulturpolitische Reden und Aufsätze, Regensburg 1935 (Von deutscher Musik; 48).

ders.: Kulturwille im deutschen Musikleben. Kulturpolitische Reden und Aufsätze, 2 Bände, Regensburg 1936 (Von deutscher Musik; 49).

Reichshandbuch der deutschen Gesellschaft, Band 1, Berlin 1931.

Reichstags-Handbuch, VII. Wahlperiode 1932, Berlin 1933.

Renner, Paul: Kulturbolschewismus?, Erlenbach-Zürich/München/Leipzig 1932.

Rittich, Werner: Ausstellung »Polenfeldzug und U-Boot-Krieg in Bildern und Bidnissen«, in: NSMH 11, 1940, Heft 119, S. 119-121.

Rosenberg, Alfred: Der Mythus des 20. Jahrhunderts. Eine Wertung der seelisch-geistigen Gestaltenkämpfe unserer Zeit, München 1930.

ders.: Revolution in der bildenden Kunst?, München 1934.

Rosenberg, Willi: Moderne Kunst und Schizophrenie. Unter besonderer Berücksichtigung von Paul Klee, Jena 1923.

Rüdiger, Wilhelm: Grundlagen deutscher Kunst, in: NSMH 4, 1933, Heft 43, S. 465-472.

Rüdiger, Wolfgang: Hans Adolf Bühler. Ein deutscher Maler, in: Der Führer, 24. Dezember 1931.

ders.: Bettina Feistel-Rohmeder zum 60. Geburtstag, in: Der Führer, 24. August 1933.

Rühle, Gerd: Das Dritte Reich. Dokumentarische Darstellung des Aufbaus der Nation. Das fünfte Jahr – 1937, Berlin o. J.

Sauerlandt, Max: Die Kunst der letzten 30 Jahre, hrsg. von Harald Busch, Berlin 1935 (Neuausgabe hrsg. von Kurt Sternelle, Hamburg 1948).

Sch., A. [d. i. **Schreiber,** Otto Andreas?]: Wie Kumpels Kunstwerke sehen. Schon über 1400 Fabrikausstellungen – Kulturelle Notstandsgebiete, in: Berliner Tageblatt, 18. März 1938.

Schapire, Rosa: Karl Schmidt-Rottluffs graphisches Werk bis 1923, Berlin 1924, Reprint Weinheim [1965].

Schemann, Ludwig: Gobineau und das deutsche Volk, in: NSMH 3, 1932, Heft 27, S. 261-267.

Schindler, Edgar: Die »Ehrenbeamtin der Deutschen Kunst«. Zum 65. Geburtstag von Frau Bettina Feistel-Rohmeder am 24. August 1938, in: Das Bild 5, 1938, S. 229-233.

ders.: Vom »Magischen Recht« der bildenden Kunst. Bettina Feistel-Rohmeder zum 70. Geburtstag, in: Das Bild 10, 1943, S. 139f.

ders.: Henry Thode. Lebensbild eines deutschen Kunsthistorikers, in: NSMH 14, 1943, Heft 160, S. 597-615 (Teil 1) und 15, 1944, Heft 161, S. 42-56 (Teil 2).

Schlesisches Museum der bildenden Künste Breslau: Katalog der Gemälde und Skulpturen, 6. Auflage, Breslau 1926.

Schmidt, Axel: Antikomintern, in: Die Hilfe 43, 1937, Nr. 22, S. 503-506.

Schmidt, Georg: siehe Teil 2.

Schmidt-Leonhardt, Hans: Die Reichskulturkammer, in: Die Verwaltungsakademie. Ein Handbuch für den Beamten im nationalsozialistischen Staat, Berlin 1936, o. S.

Schneider, Carl: Entartete Kunst und Irrenkunst, in: Archiv für Psychiatrie und Nervenkrankheiten 110, 1939, S. 135-164.

Schockel, Erwin: Das politische Plakat. Eine psychologische Betrachtung, München 1938 (Schriftenreihe der Reichspropagandaleitung der NSDAP; 1).

Scholz, Robert: Lebensfragen der bildenden Kunst, München 1937.

Schorer, Georg: Deutsche Kunstbetrachtung, 5. Auflage, München 1943.

Schultze-Naumburg, Paul: Kunst und Rasse, München 1928.

ders.: Kampf um die Kunst, München 1932 (Nationalsozialistische Bibliothek; 36).

ders.: Rassengebundene Kunst, Berlin [1934] (Volk und Wissen; 13).

Schulz, Wolfgang: Grundgedanken nationalsozialistischer Kulturpolitik, München 1939.

Schweinshaupt, Georg: Nationalsozialismus und Lagarde, in: NSMH 3, 1932, Heft 32, S. 500-503.

Schwinkowski, Arthur: Gobineau und die Rassenfrage, in: NSMH 5, 1934, Heft 51, S. 549-552.

St. [d. i. **Stapel,** Wilhelm]: Der Expressionismus und sein Zeitalter, in: Deutsches Volkstum 18, 1936, Heft 8, S. 648-659.

Stengel-von Rutkowski, Lothar: Hans F. K. Günther. Der Programmatiker des nordischen Gedankens, in: NSMH 6, 1935, Heft 68, S. 962-998 (Teil 1) und Heft 69, S. 1099-1114 (Teil 2).

ders.: Hans F. K. Günther 50 Jahre alt, in: NSMH 12, 1941, Heft 132, S. 263-265.

Tag der Deutschen Kunst. 100 Raumbild-Aufnahmen von Heinrich Hoffmann. Textgestaltung Albert Burckhard Müller, Diessen am Ammersee [1937].

Tießler, Walter: Der Reichsring für nationalsozialistische Propaganda und Volksaufklärung, in: UWuW 5, 1935, Heft 12, S. 412-416.

Tiltack, Curt: Paul de Lagarde. Zu seinem 50. Todestage am 22. Dezember, in: NSMH 12, 1941, Heft 141, S. 1016f.

Thode, Henry: Heinrich Reifferscheid, in: Heidelberger Zeitung, 15. Mai 1907, 4. Blatt.

Trienes, Walter: Musik in Gefahr. Selbstzeugnisse aus der Verfallszeit ausgewählt und erläutert von Walter Trienes, Regensburg 1940 (Von deutscher Musik; 53/54).

Tucholsky, Kurt: siehe Teil 2.

Vinnen, Carl (Einl.): Ein Protest deutscher Künstler, Jena 1911.

Wer leitet? Die Männer der Wirtschaft und der einschlägigen Verwaltung, einschließlich Adreßbuch der Direktoren und Aufsichtsräte, Berlin 1941/42.

Wesenswandel der Ausstellung. Ein Überblick über das deutsche Ausstellungswesen und die Ausstellungsarbeit des Instituts für Deutsche Kultur- und Wirtschaftspropaganda, Berlin 1938.

Westheim, Paul: siehe Teil 2 unter Frank, Tanja.

Wilhelm II.: siehe Teil 2 unter Johann, Ernst.

Willrich, Wolfgang: Säuberung des Kunsttempels. Eine kunstpolitische Kampfschrift zur Gesundung deutscher Kunst im Geiste nordischer Art, München/Berlin 1937.

ders.: Des Edlen Ewiges Reich, 4. Auflage, Berlin 1943.

Wolfradt, Willi: George Grosz, Leipzig 1921 (Junge Kunst; 21).

ders.: Otto Dix, Leipzig 1924 (Junge Kunst; 41).

Zahn, Leopold: Paul Klee. Leben – Werk – Geist, Potsdam 1920.

Ziegler, Hans Severus: Praktische Kulturarbeit im Dritten Reich. Anregungen und Richtlinien für eine gesunde Volksbildung, 2. Auflage, München 1932 (Nationalsozialistische Bibliothek; 22).

ders.: Entartete Musik. Eine Abrechnung, Düsseldorf [1938].

Teil 2: Literatur nach 1945

Abel, Karl-Friedrich: Presselenkung im NS-Staat. Eine Studie zur Geschichte der Publizistik in der nationalsozialistischen Zeit, Berlin 1968.

ABK (Hg.): Dokumente zu Leben und Werk des Malers Otto Dix 1891-1969. 2. Sonderausstellung des Archivs für Bildende Kunst der Reihe »Materialien – Dokumente zu Leben und Werk«, Ausstellungskatalog Nürnberg 1977.

dass. (Hg.): Conrad Felixmüller. Werke und Dokumente, Ausstellungskatalog Nürnberg 1981/82, Klagenfurt 1981 (Werke und Dokumente. Neue Folge; 4).

Adam, Hubertus / **Eggensperger,** Petra: Rezeption von NS-Kunst – warum gerade heute? Plädoyer für eine vernachlässigte Fragestellung, in: Tendenzen 30, 1989, Heft 167, S. 68-74.

Adam, Peter: The Arts of the Third Reich, London 1992.

Adams, Myrah: Kunst und Kultur in Ulm 1933-1945, Ausstellungskatalog Ulm, Tübingen / Stuttgart 1993.

Adkins, Helen / **Lackner,** Stephan: Exhibition of 20th Century German Art, in: Stationen der Moderne 1988, S. 314-337.

Adorno, Theodor W.: Was bedeutet: Aufarbeitung der Vergangenheit [1959], in: ders., Kulturkritik und Gesellschaft II: Eingriffe – Stichworte – Anhang, Frankfurt am Main 1977, S. 555-572 (Theodor W. Adorno: Gesammelte Schriften; 10,2).

ders.: Kultur und Verwaltung, in: Merkur 14, 1960, Nr. 2, S. 101-121.

Aichelburg, Wladimir: Das Wiener Künstlerhaus 1861-1986. 125 Jahre in Bilddokumenten, Wien 1986.

Alberg, Werner: Kunst zwischen Propaganda, Verdrängung und Anklage. Die Situation der bildenden Kunst in Düsseldorf 1933-1945, in: Stadtmuseum Düsseldorf / Rheinische Post (Hgg.), 1946. Neuanfang: Leben in Düsseldorf, Ausstellungskatalog Düsseldorf 1986, S. 247-256.

ders.: Düsseldorfer Kunstszene 1933-1945, Ausstellungskatalog Düsseldorf 1987.

Allgemeines Lexikon der bildenden Künstler von der Antike bis zur Gegenwart: siehe Teil 1.

Altshuler, Bruce: The Avant-Garde in Exhibition. New Art in the 20th Century, New York 1994.

Anders, Günther: Über Photomontage. Ansprache zur Eröffnung der Heartfield-Ausstellung 1938 in New York, in: ders., Mensch ohne Welt. Schriften zur Kunst und Literatur, München 1984, S. 175-191.

Angermeyer-Deubner, Marlene: Die Kunsthalle im Dritten Reich, in: Rößlingm 1987a, S. 139-163.

dies.: Hans Thoma – ein »Kämpfer für Deutsche Kunst«? Ein Beitrag zur Wirkungsgeschichte Hans Thomas, in: Jahrbuch der Staatlichen Kunstsammlungen in Baden-Württemberg 25, 1988, S. 160-187.

dies.: Die Avantgarde und der Verlust der Zukunft. Kunst in Karlsruhe zwischen den Kriegen, in: Renn / Zimmermann / Zoller 1993, S. 55-61.

Antoni, Ernst: Nibelungen und »Entartete«, in: Tendenzen 29, 1988, Heft 161, S. 76f. [= 1988a].

ders.: Wer »gewinnt die Zukunft«? Faschismus, Verfolgung, Widerstand in der Kunst – und die »kulturelle Hegemonie«, in: Tendenzen 29, 1988, Heft 164, S. 5-13 [= 1988b].

ders.: Ein sechspfündiger brauner Backstein. Zum ersten Band einer »Enzyklopädie« über die »Kunst in Deutschland 1933-1945«, in: Tendenzen 30, 1989, Heft 168, S. 48-53.

Arendt, Hannah: Elemente und Ursprünge totaler Herrschaft, Frankfurt am Main 1955.

Arndt, Karl: Das »Haus der Deutschen Kunst« – ein Symbol der neuen Machtverhältnisse, in: Schuster 1987, S. 61-82.

Arnold, Friedrich (Hg.): Anschläge. 220 politische Plakate als Dokumente der deutschen Geschichte 1900-1980, Ebenhausen 1985.

Arntz, Wilhelm F.: Bildersturm in Deutschland, in: Das Schönste 8, 1962, Nr. 5 (S. 45-48), Nr. 6 (S. 30-35), Nr. 7 (S. 26-29), Nr. 8 (S. 36-39), Nr. 9 (S. 42-45).

Artinger, Kai: Die Bremer Kunsthalle 1933-1945, Magisterarbeit Berlin 1990 [nicht eingesehen].

Ateliergemeinschaft Klosterstraße Berlin 1933-1945. Künstler in der Zeit des Nationalsozialismus, Ausstellungskatalog Berlin (u. a.), Berlin 1994.

Aubertin, Ulrike: La Grande Exposition de l'Art Allemand – L'Art Dégénéré 1937, Dissertation Paris 1981.

Aust, Günter: Traditionalismus und Trivialität, in: Die Dreissiger Jahre 1977, S. 65-93 [= 1977a].

ders.: Das Von der Heydt-Museum in Wuppertal, Recklinghausen 1977 [= 1977b].

ders. / **Becks-Malorny,** Ulrike: »Entartete Kunst«, in: Kunst- und Museumsverein Wuppertal 1992, S. 42.

Baader, Gerhard: Sozialdarwinismus – Vernichtungsstrategien im Vorfeld des Nationalsozialismus, in: Hohendorf / Magull-Seltenreich 1990, S. 21-35.

Backes, Dirk: Heinrich Hoerle. Leben und Werk 1895-1936, Köln / Bonn 1981.

Backes, Klaus: Hitler und die bildenden Künste. Kulturverständnis und Kunstpolitik im Dritten Reich, Köln 1988.

Badischer Kunstverein, Karlsruhe (Hg.): Widerstand statt Anpassung. Deutsche Kunst im Widerstand gegen den

Faschismus 1933-1945, Ausstellungskatalog Karlsruhe / Frankfurt / München, Berlin 1980.

Bächler, Christa: Die Akademie für Bildende Künste zwischen Novemberrevolution und faschistischer Machtübernahme (1918-1933), in: Hochschule für Bildende Künste Dresden 1990, S. 241-306.

Barron, Stephanie (Hg.): Skulptur des Expressionismus, Ausstellungskatalog Köln, München 1984.

dies. (Hg.): Expressionismus. Die zweite Generation 1915-1925, Ausstellungskatalog Düsseldorf / Halle, München 1989.

dies.: Der Ruf nach einer neuen Gesellschaft. Einführung, in: Barron 1989, S. 11-39.

dies. (Hg.) : »Entartete Kunst«. Das Schicksal der Avantgarde im Nazi-Deutschland, Ausstellungskatalog Berlin, München 1992.

dies.: 1937. Moderne Kunst und Politik im Vorkriegsdeutschland, in: Barron 1992, S. 9-23.

dies.: Die Auktion in der Galerie Fischer, in: Barron 1992, S. 135-169.

Bartmann, Dominik: Anton von Werner. Zur Kunst und Kunstpolitik im Deutschen Kaiserreich, Berlin 1985.

Basler Kunstverein (Hg.): Die Geschichte des Basler Kunstvereins und der Kunsthalle Basel 1839-1988. 150 Jahre zwischen vaterländischer Kunstpflege und modernen Ausstellungen, Basel 1989.

Bauhaus-Archiv Museum für Gestaltung (Hg.): Experiment Bauhaus. Das Bauhaus-Archiv, Berlin (West) zu Gast im Bauhaus Dessau, Ausstellungskatalog Dessau, Berlin 1988.

Baumeister, Annette: Das Archiv von Carl Lauterbach – Zeitzeuge der Friedensidee des »Jungen Rheinland«, in: Stadtmuseum Düsseldorf (Hg.), Das Junge Rheinland. Eine Friedensidee, Ausstellungskatalog Düsseldorf 1988, S. 44-47.

Baumeister, Willi: Gemälde, Ausstellungskatalog Berlin, Stuttgart 1989.

Beaucamp, Eduard: Ein fast postumer Kampf um die Moderne. Münchens stattliches Dauerprovisorium. Die neugegliederte Staatsgalerie und die Hoffnung auf das Jahrhundertende, in: FAZ, 16. Oktober 1993.

Becker, Heinrich: Das Städtische Kunsthaus in Bielefeld. Anfänge und Wachstum, in: Ulrich Weisner, Richard Kaselowsky Haus – Kunsthalle der Stadt Bielefeld. Gemälde, Bielefeld 1968, S. 2-6.

Becker, Peter Emil: Zur Geschichte der Rassenhygiene. Wege ins Dritte Reich, Stuttgart / New York 1988.

Becker von Rose, Peta: Carl Schneider – wissenschaftlicher Schrittmacher der Euthanasieaktion und Universitätspsychiater in Heidelberg 1933-1945, in: Hohendorf / Magull-Seltenreich 1990, S. 91-108.

Becks-Malorny, Ulrike: Der Kunstverein in Barmen 1866-1946. Bürgerliches Mäzenatentum zwischen Kaiserreich und Republik, Wuppertal 1992.

Behne, Adolf: Entartete Kunst, Berlin 1947.

Belting, Hans: Die Deutschen und ihre Kunst. Ein schwieriges Erbe, München 1992.

Benson, Timothy O.: Raoul Hausmann and Berlin Dada, Ann Arbor 1987 (Studies in the Fine Arts. The Avant-Garde; 55).

Bergmeier, Hinrich / **Katzenberger,** Günter (Hgg.): Kulturaustreibung. Die Einflußnahme des Nationalsozialismus auf Kunst und Kultur in Niedersachsen, Ausstellungskatalog Hannover, Hamburg 1993.

Bergschicker, H.: Deutsche Chronik. Alltag im Faschismus 1933-1945, Berlin 1983.

Berlinische Galerie e. V. / Museumspädagogischer Dienst Berlin (Hgg.): Hannah Höch 1889-1978. Ihr Werk, ihr Leben, ihre Freunde, Ausstellungskatalog Berlin 1989.

Berning, Cornelia: Vom »Abstammungsnachweis« zum »Zuchtwart«. Vokabular des Nationalsozialismus, Berlin 1964.

Bickendorf, Gabriele: Ausstellungswesen und -unwesen in Dortmund: Von der Galerie Utermann zum Haus der Kunst, in: Gisela Framke (Hg.), 8 Stunden sind kein Tag. Freizeit und Vergnügen in Dortmund 1870 bis 1939, Ausstellungskatalog Dortmund 1992/93, Heidelberg [1992], S. 216-230.

Bildzyklen. Zeugnisse verfemter Kunst in Deutschland 1933-1945, Ausstellungskatalog Stuttgart 1987.

Birmele, Jutta: Ein amerikanischer Kulturkampf? Kunstförderung in der politischen Auseinandersetzung, in: Entartete Kunst. Geschichte und Gegenwart einer Ausstellung, Oldenburg 1992, S. 7-27 (Oldenburger Universitätsreden; 51).

Bischoff, Ulrich (Bearb.): Katalog der Bildwerke aus dem Besitz der Kunsthalle zu Kiel, Rendsburg 1986.

Bismarck, Beatrice von: Georg Swarzenski und die Rezeption des Französischen Impressionismus in Frankfurt: Eine Stadt »im Kampf um die Kunst«?, in: Gallwitz 1992, S. 31-40.

Bloch, Ernst: Gauklerfest unterm Galgen (1937), in: ders., Erbschaft dieser Zeit, erweiterte Ausgabe, Frankfurt am Main 1985, S. 80-86 (Ernst Bloch Werkausgabe; 4).

Bloth, Ingeborg: Adolf Wissel. Malerei und Kunstpolitik im Nationalsozialismus, Berlin 1994.

Blühm, Andreas: Ludwigs Lücken, in: Kunstchronik 46, 1993, Heft 9, S. 513-521.

Blum, Helene: Otto Andreas Schreiber. Gouachen und Gemälde 1957-1977, Ausstellungskatalog Zons / Vreden / Borken 1978/79, Dormagen 1978.

Blume, Eugen: Die Auswirkungen der Beschlagnahme von Kunstwerken in Deutschland 1937 auf das Berliner Kupferstichkabinett, in: Kunstsammlungen zu Weimar 1988, S. 23-27.

ders.: Formabsichten der Gegenwart. Die deutsche Moderne in der Sammlung der Zeichnungen der Nationalgalerie zwischen 1919 und 1937, in: ders. / Roland März, Deutsche Expressionisten. Aquarelle und Zeichnungen im Berliner Kupferstichkabinett, Ausstellungskatalog Berlin, Hannover 1992, S. 14-25.

Boberach, Heinz (Hg.): Meldungen aus dem Reich. Die geheimen Lageberichte des Sicherheitsdienstes der SS 1938-1945, Band 2, Herrsching 1984.

Bock, Sabine: Die künstlerische Gestaltung der Heidelberger Universitätsjubiläen, Heidelberg 1993 (Kunsthistorisches Institut der Universität Heidelberg. Veröffentlichungen zur Heidelberger Altstadt; 28).

Bohlen, Friedrich: Die XI. Olympischen Spiele Berlin 1936. Instrument der innen- und außenpolitischen Propaganda und Systemsicherung des faschistischen Systems, Köln 1979.

Bohnke-Kollwitz, Jutta (Hg.): Käthe Kollwitz. Die Tagebücher, Berlin 1989.

Bollmus, Reinhard: Das Amt Rosenberg und seine Gegner. Zum Machtkampf im nationalsozialistischen Herrschaftssystem, Stuttgart 1970.

Borrmann, Norbert: Paul Schultze-Naumburg 1869-1949. Maler – Publizist – Architekt. Vom Kulturreformer der Jahrhundertwende zum Kulturpolitiker im Dritten Reich, Essen 1989.

Borst, Otto: Kunst – geknechtet. Zur Situation der Kunst in Baden und Württemberg zwischen den Weltkriegen, in: Renn / Zimmermann / Zoller 1993, S. 11-14.

Bracher, Karl Dietrich: Die deutsche Diktatur. Entstehung – Struktur – Folgen des Nationalsozialismus, 5., verbesserte Auflage, Köln 1976.

Brady, Robert: The National Chamber of Culture (Reichskulturkammer), in: Brandon / Will 1990, S. 80-88.

Bräunche, Ernst Otto: Von der Demokratie zur Diktatur in Baden und Karlsruhe, in: Rößling 1987a, S. 11-27.

Bramsted, Ernest K.: Goebbels und die nationalsozialistische Propaganda 1925-1945, Frankfurt am Main 1971.

Brand-Claussen, Bettina: Die »Irren« und die »Entarteten«. Die Rolle der Prinzhorn-Sammlung im Nationalsozialismus, in: Buxbaum / Stähli 1990, S. 143-150.

Braun, Emily: Return of the Repressed, in: Art in America 79, 1991, Nr. 10, S. 116-123 und S. 172.

Brenner, Gunther: Ottomar Anton, in: Günter Meißner (Hg.), Allgemeines Künstlerlexikon. Die bildenden Künstler aller Zeiten und Völker, Band 3, Leipzig 1990, S. 496.

Brenner, Hildegard: Die Kunst im politischen Machtkampf der Jahre 1933/34, in: VJHZ 10, 1962, Heft 1, S. 17-42.

dies.: Die Kunstpolitik des Nationalsozialismus, Reinbek 1963.

dies.: Ende einer bürgerlichen Kunst-Institution. Die politische Formierung der Preußischen Akademie der Künste ab 1933, Stuttgart 1972 (Schriftenreihe der VJHZ; 24).

Breyer, Heinrich: Als man Bilder an den Pranger stellte. Zur Ausstellung »Bildersturm vor 25 Jahren« im Haus der Kunst. Kunstwerke, die München verlorengingen, in: SZ, 8./9. Dezember 1962.

ders.: Wo man Angst kriegen und Hoffnung schöpfen kann. Ein Blick ins Besucherbuch der Ausstellung »Entartete Kunst«, in: SZ, 11. Februar 1988.

Brix, Karl: Karl Schmidt-Rottluff und der Kunsthandel in seiner Heimatstadt, in: Karl Schmidt-Rottluff 1884-1976. Ehrenbürger der Stadt Karl-Marx-Stadt. Künstler ehren Karl Schmidt-Rottluff zum 100. Geburtstag. Malerei und Grafik von Künstlern der DDR, Ausstellungskatalog Karl-Marx-Stadt 1984, S. 3-7.

ders.: Die Aktion »Entartete Kunst« in Chemnitz 1937, in: Städtische Museen Karl-Marx-Stadt, Information 3 / 1987, S. 16f.

ders.: Moderne Kunst am Pranger. Zur Ausstellung »Kunst, die nicht aus unserer Seele kam«, in: Karl-Marx-Städter Almanach 7, 1988, S. 64-67 [= 1988a].

ders.: »Stehende Bäuerin«. Zu einer 1934 in Chemnitz geführten Pressekampagne, in: Bildende Kunst 43, 1988, Heft 12, S. 556f. [= 1988b].

Brock, Bazon: Kunst auf Befehl? Eine kontrafaktische Behauptung: War Hitler ein Gott?, in: Brock / Preiß 1990, S. 9-20.

ders. / **Preiß,** Achim (Hgg.): Kunst auf Befehl? Dreiunddreißig bis Fünfundvierzig, München 1990.

Broeker-Liss, Marianne: Der Maler Hans Thoma in Oberursel, in: Waldemar Kramer (Hg.), Ursella. Quellen und Forschungen zur Geschichte von Oberursel am Taunus. Bommersheim / Oberstedten / Stierstadt / Weißkirchen, Frankfurt am Main 1978, S. 267-276.

Brömmer, Jürgen: Geschichte des Mannheimer Kunstvereins von der Gründung 1833 bis in die Zeit nach dem Zweiten Weltkrieg, in: ders. / Martin Stather, (Hgg.), 160 Jahre Mannheimer Kunstverein. Bilder von Nah und Fern, Ausstellungskatalog Mannheim, Leimen 1993, S. 19-166.

Broszat, Martin: Der Staat Hitlers, 12. Auflage, München 1989.

ders.: Die Machtergreifung. Der Aufstieg der NSDAP und die Zerstörung der Weimarer Republik, 3. Auflage, München 1990.

Brüning, Ute: Bauhäusler zwischen Propaganda und Wirtschaftswerbung, in: Nerdinger 1993a, S. 24-47.

Bruhns, Maike / **Preuschoft,** Claudia / **Skrentny,** Werner: Als Hamburg »erwachte«. 1933 – Alltag im Nationalsozialismus, Ausstellungskatalog Hamburg 1983.

Bruns, Heiner (Hg.): Entartet Verdrängt Vergessen. Bielefelds Oper erhebt Einspruch 1980-1993, Bielefeld 1993.

Buderer, Hans-Jürgen: Entartete Kunst. Beschlagnahmeaktionen in der Städtischen Kunsthalle Mannheim 1937, 2., überarbeitete Auflage, Mannheim 1990 (Kunst und Dokumentation; 10).

ders. / **Fath,** Manfred: Neue Sachlichkeit. Bilder auf der Suche nach der Wirklichkeit. Figurative Malerei der zwanziger Jahre, Ausstellungskatalog Mannheim 1994/95, München 1994.

Büchner, Rudolf: Eiermanns Berliner Zeit, in: Wulf Schirmer (Hg.), Egon Eiermann 1904-1970. Bauten und Projekte, Stuttgart 1984, S. 18-57.

Bühler, Ernst Friedrich: Steinen. Chronik eines Dorfers, Lörrach-Hauingen 1982.

Bürger, Peter: Theorie der Avantgarde, 2. Auflage, Frankfurt am Main 1988.

Bütikofer, Katharina / **Frey,** Stefan / **Nyffenegger,** Katharina: Zum Beispiel: Paul Klee. Wir entdecken Kunst, Solothurn 1992.

Burg Giebichenstein. Die hallesche Kunstschule von den Anfängen bis zur Gegenwart, Ausstellungskatalog Halle / Karlsruhe, Stuttgart 1993.

Busch, Günter: 20th Century German Art London 1938. Einige Erläuterungen zum Katalog der Ausstellung und zur Ausstellung selbst, München 1968.

ders.: Entartete Kunst. Geschichte und Moral, 2. Auflage, Frankfurt am Main 1969.

Bushart, Magdalena: Der Geist der Gotik und die expressionistische Kunst. Kunstgeschichte und Kunsttheorie 1911-1925, München 1990.

dies. / **Nicolai,** Bernd / **Schuster,** Wolfgang (Hgg.): Entmachtung der Kunst. Architektur, Bildhauerei und ihre Institutionalisierung 1920 bis 1960, Berlin 1985.

Bussmann, Georg (Red.): Kunst im 3. Reich. Dokumente der Unterwerfung, Ausstellungskatalog Frankfurt am Main (u. a.) 1974 / 75, 2. Auflage, Frankfurt am Main 1974.

ders.: Tradition und Kontinuität der Verführbarkeit. Kunst und Kulturpolitik des Nationalsozialismus, in: Die Kunst ist frei – Alles Nähere bestimmt das Gesetz. Karl-Hofer-Symposium 1983, Berlin 1985, S. 81-100 (Schriftenreihe der Hochschule der Künste; 6).

ders.: Lovis Corinth – Carmencita. Malerei an der Kante, Frankfurt am Main 1985.

ders.: »Entartete Kunst« – Blick auf einen nützlichen Mythos, in: Christos M. Joachimides / Norman Rosenthal / Wieland Schmied (Hgg.), Deutsche Kunst im 20. Jahrhundert. Malerei und Plastik 1905-1985, Ausstellungskatalog Stuttgart, München 1986, S. 105-113.

ders.: Arbeit in Geschichte – Geschichte in Arbeit, Ausstellungskatalog Hamburg, Berlin 1988.

Buxbaum, Roman / **Stähli,** Pablo (Hgg.): Von einer Wellt zu'r Andern. Kunst von Außenseitern im Dialog, Köln 1990.

Carls, Carl-Dietrich: »Entartete Kunst«. Zum Beispiel: Ernst Barlach, in: Frankfurter Hefte 38, 1983, Heft 4, S. 51-58.

Centrum Industriekultur Nürnberg: Kulissen der Gewalt. Das Reichsparteitagsgelände in Nürnberg, München 1992.

Christoffel, Udo (Hg.): Berlin in Bildpostkarten, Berlin 1987.

Claus, Jürgen: Entartete Kunst. Bildersturm vor 25 Jahren, Ausstellungskatalog München 1962.

Compton, Susan: Chagall, Ausstellungskatalog London 1985.

Crockett, Dennis: The Most Famous Painting of the »Golden Twenties«? Otto Dix and the ›Trench‹ Affair, in: Art Journal 51, 1992, Nr. 1, S. 72-80.

Czymmek, Götz; Ex cathedra über »Asphalt«, die »Hellmalerei« und die »Sekte der Impressionisten« oder: Lesefrüchte aus deutschen Kunstgeschichten bis 1894, in: ders. (Hg.), Landschaft im Licht. Impressionistische Malerei in Europa und Nordamerika 1860-1910, Ausstellungskatalog Köln / Zürich, Köln 1990, S. 24-29.

Dahm, Volker: Anfänge und Ideologie der Reichskulturkammer. Die »Berufsgemeinschaft« als Instrument kulturpolitischer Steuerung und sozialer Reglementierung, in: VJHZ 34, 1986, Heft 1, S. 53-84.

Daniel, Ute / **Siemann,** Wolfram (Hgg.): Propaganda. Meinungskampf, Verführung und politische Sinnstiftung 1789-1989, Frankfurt am Main 1994.

Dauer, Horst: Die Aktion »Entartete Kunst« 1937 und ihre Vorbereitung 1930 bei den Staatlichen Kunstsammlungen Weimar, in: Kunstsammlungen zu Weimar 1988, S. 13-19.

Davidson, Mortimer G.: Kunst in Deutschland 1933-1945. Eine wissenschaftliche Enzyklopädie der Kunst im Dritten Reich, Tübingen 1988-1992. Band 1: Skulpturen (1988), Band 2/1: Malerei A – Q (1990), Band 2/2: Malerei R – Z (1992).

Deneke, Bernward / **Kahsnitz,** Rainer (Hgg.): Das Germanische Nationalmuseum Nürnberg 1852-1977. Beiträge zu seiner Geschichte, München / Berlin 1978.

Deutsche Expressionisten aus dem Besitz der Kunsthalle zu Kiel, Ausstellungskatalog Kiel 1977.

Deutsches Historisches Museum (Hg.): Kunst! Kommerz! Visionen! Deutsche Plakate 1888-1933, Ausstellungskatalog Berlin, Heidelberg 1992.

Dewitz, Bodo von / **Schuller-Procopovici,** Karin (Hgg.): Hugo Erfurth 1874-1948. Photograph zwischen Tradition und Moderne, Ausstellungskatalog Köln 1992.

Diederich, Reiner / **Grübling,** Richard: Plakate des deutschen Faschismus. Die Darstellung des Feindes, in: Bussmann 1974, S. 200-217.

dies.: Sozialismus als Reklame. Zur faschistischen Fotomontage, in: Hinz / Mittig / Schäche / Schönberger 1979, S. 123-136.

Dilly, Heinrich: Deutsche Kunsthistoriker 1933-1945, München / Berlin 1988.

Ditt, Karl: Raum und Volkstum. Die Kulturpolitik des Provinzialverbandes Westfalen 1923-1945, Münster 1988 (Veröffentlichungen des Provinzialinstituts für westfälische Landes- und Volksforschung des Landschaftsverbandes Westfalen-Lippe; 26).

Dodd, William E. Jr. / **Dodd,** Martha: Diplomat auf heißem Boden. Tagebuch des USA-Botschafters William E. Dodd in Berlin 1933-1938, Berlin o. J.

Doering, Helga: Gerhard Marcks – Werke und Ausstellungen 1933 bis 1945, Magisterarbeit Heidelberg 1990.

Döring, Jürgen: Plakatkunst von Toulouse-Lautrec bis Benetton, Heidelberg 1994.

Dolgner, Angela: Zurück zum Handwerk. Die Burg Giebichenstein zwischen 1933 und 1945, in: Burg Giebichenstein 1993, S. 39-52.

Domarus, Max: Hitler. Reden und Proklamationen 1932 – 1945, kommentiert von einem deutschen Zeitgenossen, Band 1: Triumph, 1. Halbband 1932-1934, 2. Halbband 1935-1938, München 1965.

Donner, Wolf: Kein Engel über Wenders. Fliegen und fallen: Der Film »In weiter Ferne, so nah!«, in: FAZ, 9. September 1993.

Drebusch, Dagmar: Das Märkische Museum unter Peter Emil Noelle 1946 bis 1953, Witten 1986.

Die Dreissiger Jahre. Schauplatz Deutschland, Ausstellungskatalog München / Essen / Zürich, Köln 1977.

Dresch, Jutta / **Rößling,** Wilfried (Hgg.): Bilder im Zirkel. 175 Jahre Badischer Kunstverein Karlsruhe, Ausstellungskatalog Karlsruhe 1993.

Dressler, Fridolin: Bücher für die Ausstellung »Entartete Kunst«. Zum Schicksal der Leihgaben aus der Bayerischen Staatsbibliothek, in: Schuster 1987, S. 306-310.

Dronske, Kerstin: Kultur und Politik 1933-1937, in: Mitteilungen der Gesellschaft für Kieler Stadtgeschichte 69, 1984, Heft 7 / 8, S. 142-176.

Dross, Friedrich (Hg.): Ernst Barlach. Die Briefe 1888-1938, Band 2: Die Briefe II 1925-1938, München 1969.

Droste, Magdalena: Herbert Bayer. Das künstlerische Werk 1918-1938, Ausstellungskatalog Berlin / Basel, Berlin 1982.

dies.: »... du, liebe kunstpolitik!«. Kandinskys Ausstellungen und seine Verkäufe während der zwanziger Jahre in Deutschland, in: Peter Hahn (Hg.), Kandinsky. Russische Zeit und Bauhausjahre 1915-1933, Ausstellungskatalog Berlin 1984, S. 66-71.

dies.: Bauhaus 1919-1933, Köln 1990.

Drüll, Dagmar: Heidelberger Gelehrtenlexikon 1803-1932, Berlin / Heidelberg / New York / Tokyo 1986.

Dümling, Albrecht: Das Rassenprinzip im Nürnberger Musikleben, in: Ogan / Weiß 1992, S. 169-174.

ders. / **Girth,** Peter (Hgg.): Entartete Musik. Zur Düsseldorfer Ausstellung von 1938. Eine kommentierte Rekonstruktion, Ausstellungskatalog Düsseldorf (u. a.) 1988/89, 2., korrigierte Auflage, Düsseldorf 1988.

Dünkel, Günter: Die Liquidierung der Kunst. Zum 50. Jahrestag der Ausstellung »Entartete Kunst«, in: Tendenzen 28, 1987, Heft 157, S. 44-53 [= 1987a].

ders.: Die verzögerte Heimkehr der Verfemten. Über die Rezeption der »Entarteten Kunst« von 1945 bis heute, in: Tendenzen, 28, 1987, Heft 158, S. 65-69 [= 1987b].

Düring, Klaus von: Worpswede. Künstlerkolonie Norddeutschlands, Ausstellungskatalog St. Petersburg / Worpswede 1992/93, Worpswede 1992.

Dunlop, Ian: The Shock of the New. Seven Historic Exhibitons of Modern Art, London 1972.

Duvigneau, Volker / **Suckale-Redlefsen,** Gude (Bearb.): Plakate in München 1840-1940. Eine Dokumentation zu Geschichte und Wesen des Plakats in München aus den Beständen der Plakatsammlung des Münchner Stadtmuseums, Ausstellungskatalog München 1975/76, München 1975.

Eberlein, Erich: Zur Geschichte des Erlanger Kunstvereins, in: 75 Jahre Kunstverein Erlangen e. V. 1904-1979, Erlangen 1978, S. 31-63.

Ebert, Hans: Über faschistische Kultur- und Kriegspolitik und einige ihrer Auswirkungen auf Kunstmuseen, in: Neue Museumskunde 26, 1983, Nr. 4, S. 229-245.

ders.: Über Herkunft, Leben und Wirken des Chemnitzer Museumsdirektors Friedrich Schreiber-Weigand (1879-1953), in: Regionalgeschichtliche Beiträge aus dem Bezirk Karl-Marx-Stadt 1986, Heft 7, S. 41-47.

Ebertshäuser, Heidi C. (Hg.): Kunsturteile des 19. Jahrhunderts. Zeugnisse – Manifeste – Kritiken zur Münchner Malerei, München 1983.

Eckhardt, Wolfgang: Van Gogh und Deutschland. Ein Beitrag zum Thema: Künstler und Publikum, Dissertation Heidelberg 1956.

Effinger, Bruno: Maler in Oberschwaben und am Bodensee 1933-1945 »entartet« – verfemt, Ausstellungskatalog Saulgau 1983.

Ehlert, Ingrid: Von der Anhaltischen Gemäldegalerie zur Staatlichen Galerie Dessau, Dessau o. J.

Ehlich, Konrad (Hg.): Sprache im Faschismus, Frankfurt am Main 1989.

ders.: Über den Faschismus sprechen. Analyse und Diskurs, in: Ehlich 1989, S. 7-34.

Ehrmann, Anna-Maria / **Wahl,** Volker (Red.): Ernst Ludwig Kirchner. Von Jena nach Davos, Ausstellungskatalog Jena 1993/94, Leipzig 1993.

Eichler, Richard W.: Der gesteuerte Kunstverfall. Ein Prozeß mit 129 Bildbeweisen, München 1965.

ders.: Viel Gunst für schlechte Kunst. Kunstförderung nach 1945, München 1968.

ders.: Die Wiederkehr des Schönen. Plädoyer für eine Kunst mit Zukunft, Tübingen 1984 (Veröffentlichung der Stiftung Kulturkreis 2000; 3).

Eissenhauer, Michael: Die Stagnation einer kunsthistorischen Debatte, in: Kunstchronik 46, 1993, Heft 11, S. 693-695.

Emmerling, Leonhard: Bildnerei der Geisteskranken, Art Brut und Außenseiterkunst – Ansätze zu einer Begriffsklärung, in: Heidelberger Jahrbücher 37, 1993, S. 83-102.

»Entartete Kunst«. Dokumentation einer Schandtat, in: Zeitmagazin, 19. Juni 1987.

Ernst, Jimmy: Nicht gerade ein Stilleben. Erinnerungen an meinen Vater Max Ernst, Köln 1988.

Ernsting, Bernd: Ludwig Gies. Werke im Museum Morsbroich, Leverkusen 1990 [= 1990a].

ders.: Scandalum Crucis. Der Lübecker Kruzifixus und sein Schicksal, in: ders., Ludwig Gies 1887-1966, Ausstellungskatalog Leverkusen / Berlin / Niebüll, Leverkusen 1990, S. 57-71 [= 1990b].

Evans, Joan: Stravinsky's Music in Hitler's Germany, Vortragsmanuskript 1992.

Evers, Hans Gerhard (Hg.): Das Menschenbild in unserer Zeit, Darmstadt [1950] (Darmstädter Gespräch; 1).

Faber, Monika: Ganz modern und kühn. Die Avantgarde und die Propagandaausstellungen in den dreißiger Jahren, in: Tabor 1994, Bd. 1, S. 72-79.

Fath, Manfred: Die »Säuberung« der Mannheimer Kunsthalle von »Entarteter Kunst« im Jahre 1937, in: Ulrich Schneider (Hg.), Festschrift für Gerhard Bott zum 60. Geburtstag, Darmstadt 1987, S. 169-186.

Faustmann, Uwe Julius: Die Reichskulturkammer. Aufbau, Funktion und rechtliche Grundlagen einer Körperschaft des öffentlichen Rechts im nationalsozialistischen Regime, Dissertation Bonn 1990.

Fechter, Paul: Menschen und Zeiten. Begegnungen aus fünf Jahrzehnten, Gütersloh 1949.

ders.: Menschen auf meinen Wegen. Begegnungen gestern und heute, Gütersloh 1955.

Fehlemann, Sabine: Die Aktion »Entartete Kunst«. Ihre Auswirkung auf Wuppertal, in: Klaus Goebel (Hg.), Über allem die Partei. Schule / Kunst / Musik in Wuppertal 1933-1945, Oberhausen 1987, S. 65-84.

dies.: Oskar Kokoschkas Italienerin von 1909, in: Kulturstiftung der Länder 1988, S. 9-14.

dies.: Walter Kaesbach Stiftung 1922-1937. Das Schicksal einer Sammlung »entarteter Kunst«, 2., überarbeitete und ergänzte Auflage, Mönchengladbach 1991.

Feilchenfeldt, Walter: Zur Rezeptionsgeschichte Cézannes in Deutschland, in: Götz Adriani, Cézanne – Gemälde. Mit einem Beitrag zur Rezeptionsgeschichte von Walter Feilchenfeldt, Ausstellungskatalog Tübingen, Köln 1993, S. 293-312.

Feist, Günter: Das schlimme Jahr 1937. Zur Rolle der Ausstellung »Entartete Kunst« in der NS-Politik, in: Bildende Kunst 37, 1982, Heft 8, S. 366-371.

Ficker, Friedbert: Stadtmuseum Dresden, in: Weltkunst 63, 1993, Nr. 1, S. 34.

Fiedler-Bender, Gisela: Pfalzgalerie Kaiserslautern, in: dies. / Heinz Höfchen / Wolfgang Stolte, Pfalzgalerie Kaiserslautern, Braunschweig 1992, S. 10-28.

Fink-Madera, Andrea: Carl Neumann 1860-1934, Frankfurt am Main 1993.

Fischer, Jens Malte: Dekadenz und Entartung. Max Nordau als Kritiker des Fin de siècle, in: Roger Bauer (u. a. Hgg.), Fin de siècle. Zu Literatur und Kunst der Jahrhundertwende, Frankfurt am Main 1977, S. 93-111 (Studien zur Philosophie und Literatur des neunzehnten Jahrhunderts; 35).

ders.: »Entartete Kunst«. Zur Geschichte eines Begriffs, in: Merkur 38, 1984, Nr. 4, S. 346-352.

Fischer, Lothar: Otto Dix. Ein Malerleben in Deutschland, Berlin 1981.

ders.: Tanz zwischen Rausch und Tod. Anita Berber 1918-1928 in Berlin, 2., verbesserte Auflage, Berlin 1988.

ders.: George Grosz, vollständig überarbeitete Neuausgabe, Reinbek 1993.

Fischer, Peter: Wohl nicht nur des Müllers Vergnügen. Radierungen eines fast Vergessenen bei Wildenstein in London, in: FAZ, 26. Februar 1994.

Fischer-Defoy, Christine: Kunst Macht Politik. Die Nazifizierung der Kunst- und Musikhochschulen in Berlin, Berlin [1987].

Flaker, Aleksander: »Gesunde« oder »kranke« Kunst?, in: Harten / Schmidt / Syring 1987, S. 115-121.

Flechtheim, Alfred: Sammler – Kunsthändler – Verleger, Ausstellungskatalog Düsseldorf / Münster, Köln 1987.

Flügge, Matthias / **Freitag,** Michael: Kleine Umfrisierung oder: Plastische Chirurgie der Werke, in: Neue Bildende Kunst 2, 1992, Heft 3, S. 4-9.

François-Poncet, André: Als Botschafter in Berlin 1931-1938, Mainz 1947.

Frank, Hans Rudolf: Zur Sammlung Dr. Rudolf Frank und Frau Bertha Frank. Gedanken und Erinnerungen, Dokumente und Zitate, in: Wolfgang Beeh (Hg.), Sammlung Rudolf und Bertha Frank. Gemälde / Skulpturen / Aquarelle / Graphiken, Ausstellungskatalog Darmstadt 1986/87, Darmstadt 1986, S. 15-28.

Frank, Tanja (Hg.): Paul Westheim. Kunstkritik aus dem Exil, Hanau 1985.

Frei, Norbert: Der Führerstaat. Nationalsozialistische Herrschaft 1933 bis 1945, 2. Auflage, München 1989.

ders. / **Schmitz,** Johannes: Journalismus im Dritten Reich, München 1989.

Frenzel, Elisabeth: Stoffe der Weltliteratur. Ein Lexikon dichtungsgeschichtlicher Längsschnitte, 7., verbesserte und erweiterte Auflage, Stuttgart 1988.

Frey, Stefan: Chronologische Biographie (1933-1941), in: Josef Helfenstein / Stefan Frey (Hgg.), Paul Klee. Das Schaffen im Todesjahr, Ausstellungskatalog Bern, Stuttgart 1990, S. 111-132.

Fried, Kurt: Wie das Ulmer Museum Gestalt gewann, in: Südwest Presse, 30. September 1975.

Friedrich, Jörg: Die 13 »Nürnberger Prozesse« – oder: Was ist ein Staatsverbrechen?, in: Ogan / Weiß 1992, S. 71-76.

Friedrich, Thomas: Am Pranger: Ein Maler, ein Bild, ein Bürgermeister, in: Museums-Journal 5, 1991, Nr. 1, S. 4-9.

Fritzsch, Robert: Nürnberg unterm Hakenkreuz. Im Dritten Reich 1933-1945, Düsseldorf 1983.

Fröhlich, Elke: Die Kulturpolitische Pressekonferenz des Reichspropagandaministeriums, in: VJHZ 22, 1974, Heft 4, S. 347-381.

dies. (Hg.): Die Tagebücher von Joseph Goebbels. Sämtliche Fragmente, Teil 1: Aufzeichnungen 1924-1941, Band 2: 1.1.1931 – 31.12.1936, Band 3: 1.1.1937 –31.12.1939, München / New York / London / Paris 1987 [= 1987a].

dies.: Joseph Goebbels und sein Tagebuch. Zu den handschriftlichen Aufzeichnungen von 1924 bis 1941, in: VJHZ 35, 1987, Heft 4, S. 489-522 [= 1987b].

Froschauer, Hermann: Auswertungsmöglichkeiten des Stürmer-Archivs im Stadtarchiv Nürnberg, in: Anzeiger des Germanischen Nationalmuseums 1989, S. 97-101.

ders.: Streicher und »Der Stürmer«, in: Ogan / Weiß 1992, S. 41-48.

Frowein, Cordula: The Exhibition of 20th Century German Art in London 1938. Eine Antwort auf die Ausstellung »Entartete Kunst« in München 1937, in: Krohn 1984, S. 212-237.

dies.: Ausstellungsaktivitäten der Exilkünstler, in: NGBK (Hg.), Kunst im Exil in Großbritannien 1933-1945, Ausstellungskatalog Berlin 1986, S. 35-48.

dies.: Die verfemte Kunst im Exil – Kunsthandel und Nationalsozialismus. Das Schicksal der modernen Kunst am Beispiel der Sammlung Ludwig und Rosy Fischer, in: Krohn 1992, S. 74-83.

Fuchs, Eduard: siehe Teil 1.

Fuchs, Heinz: Die Kunsthalle 1907-1983. Geschehnisse und Geschichte, Mannheim 1983.

Fuhrich, Edda / **Prosswitz,** Gisela: Die Salzburger Festspiele. Ihre Geschichte in Daten, Zeitzeugnissen und Bildern, Band 1: 1920-1945, Salzburg / Wien 1990.

Funkkolleg Moderne Kunst. Studienbegleitbrief 9, Weinheim / Basel 1990.

Gabler, Josephine: »Vor allem aber, er hat keine Angst, sich durch die Ausstellung zu schaden«. Die Buch- und Kunsthandlung Karl Buchholz in Berlin, in: Ateliergemeinschaft Klosterstraße 1994, S. 84-95.

Galerie Bodo Niemann Berlin (Hg.): Novembergruppe, Ausstellungskatalog Berlin 1993/94, Berlin 1993.

Galerie Brockstedt Hamburg (Hg.): Richard Müller. Ölbilder – Zeichnungen – Radierungen, Hamburg 1974 [Text von Hanns Theodor Flemming].

Galerie Remmert und Barth (Hg.): Die Dresdner Künstlerszene 1913-1933, Ausstellungskatalog Düsseldorf 1987 (Die Zwanziger Jahre in Dresden; 2).

Gallwitz, Klaus (Hg.): ReVision. Die Moderne im Städel 1906-1937, Ausstellungskatalog Frankfurt am Main, Stuttgart 1992.

Gerlach-Laxner, Uta: Die »Entartete Kunst« im Wallraf-Richartz-Museum und die Kunstpolitik der Nationalsozialisten, in: Kölner Museums-Bulletin, 1987, Heft 4, S. 13-23.

Germer, Stefan: Kunst der Nation. Zu einem Versuch, die Avantgarde zu nationalisieren, in: Brock / Preiß 1990, S. 21-40.

ders. / **Preiß,** Achim (Hgg.): Giuseppe Terragni (1904-1943). Moderne und Faschismus in Italien, München 1990.

Gerner, Cornelia: Die Beschlagnahmung der Werke Munchs im Nationalsozialismus, in: Städtische Kunsthalle Mannheim (Hg.), Edvard Munch – Sommernacht am Oslofiord, um 1900, Ausstellungskatalog Mannheim 1988, S. 340-350 (Kunst und Dokumentation; 12).

Gesellschaft zur Förderung des Württembergischen Landesmuseums (Hg.): Neue Beiträge zur Archäologie und Kunstgeschichte Schwabens. Julius Baum zum 70. Geburtstag am 7.4.1952 gewidmet, Stuttgart 1952.

Geymüller, Johannes von (Bearb.): Kataloge des Kunstmuseums Düsseldorf. Malerei, Band 3: Die Gemälde des 20. Jahrhunderts, Teil 1, Düsseldorf 1977.

Gillessen, Günter: Auf verlorenem Posten. Die Frankfurter Zeitung im Dritten Reich, Berlin 1987.

ders.: Schon die Nachricht war subversiv. Vor fünfzig Jahren machte Hitler dem Überlebenskampf der »Frankfurter Zeitung« ein Ende, in: FAZ, 28. August 1993.

Glaser, Hermann: Spießer-Ideologie. Von der Zerstörung des deutschen Geistes im 19. und 20. Jahrhundert, Freiburg 1964.

ders.: Die Kultur der wilhelminischen Zeit. Topographie einer Epoche, Frankfurt am Main 1984.

ders.: Nürnberg: eine Stadt wie jede andere? Die Last, als Symbol des Nationalsozialismus zu gelten, in: Ogan / Weiß 1992, S. 39f.

Gleisberg, Dieter: Conrad Felixmüller. Leben und Werk, Dresden 1982.

Glozer, Laszlo: Die verfluchte Epoche. Zur unausgestandenen Diskussion über die Nazi-Kunst, in: SZ, 25./26. Juli 1987.

Glueck, Grace: »Degenerate« Art Survives Nazi Purge, in: The New York Times, 9. Juli 1990.

Godau, Marion: Anti-Moderne?, in: Weißler 1990, S. 74-85.

Göpfert, Hans-Jörg: Verzeichnis der 1937 aus der Gemäldegalerie entfernten Werke, in: Dresdener Kunstblätter 31, 1987, Heft 5, S. 178-182.

Görgen, Hans-Peter: Düsseldorf und der Nationalsozialismus, Dissertation Köln 1968.

Goergen, Jeanpaul: »X« heißt Vernichtung. Als die Nazis die moderne Kunst verbrannten, in: Zitty 10, 1986, Nr. 26, S. 47-53 [= 1986a].

ders.: »Für immer den Augen der Öffentlichkeit zu entziehen«. Vor 50 Jahren: Beginn der Aktion »Entartete Kunst«, in: Das Parlament 36, 1986, Nr. 49, S. 15 [= 1986b].

ders.: »Ein derartiger Dreck, daß einem bei der Besichtigung übel wird«. In der Köpenicker Straße in Kreuzberg befand sich von 1937 bis 1939 das Sammeldepot der entarteten Kunst. Insgesamt 17 000 Werke gelagert, in: Der Tagesspiegel, 10. März 1992.

Götz, Karl Otto: Erinnerungen und Werk, Band 1a, Düsseldorf 1983.

Goggin, Mary-Margaret: »Decent« vs. »Degenerate« Art. The National Socialist Case, in: Art Journal 50, 1991, Nr. 4, S. 84-92.

Gohr, Siegfried (Hg.): Museum Ludwig Köln. Gemälde, Skulpturen, Environments vom Expressionismus bis zur Gegenwart, Band 2: Bestandskatalog, München 1986.

Golomstock, Igor: Totalitarian Art in the Soviet Union, the Third Reich, Fascist Italy and the People's Republic of China, London 1990.

Gorsen, Peter; Stelldichein der Diktaturen. Kunst in totalitären Systemen. Ein Darstellungsversuch im Wiener Künstlerhaus, in: FAZ, 14. Mai 1994.

Graeve, Inka: Freie Deutsche Kunst, in: Stationen der Moderne 1988, S. 338-349.

Graml, Hermann: Reichskristallnacht. Antisemitismus und Judenverfolgung im Dritten Reich, München 1988.

Grasskamp, Walter: Museumsgründer und Museumsstürmer. Zur Sozialgeschichte des Kunstmuseums, München 1981.

ders.: »Entartete Kunst« und dokumenta I. Verfemung und Entschärfung der Moderne, in: ders., Die unbewältigte Moderne. Kunst und Öffentlichkeit, München 1989, S. 76-119.

Graumann, Carl F.: Die Sprache der NS-Propaganda und ihre Wirkung, in: Hohendorf / Magull-Seltenreich 1990, S. 185-199.

Greither, Aloys / **Zweite,** Armin: Josef Scharl 1896-1954, Ausstellungskatalog München 1982.

Greve, Reinhard: Die SS als Männerbund, in: Völger / Welck 1990, Band 1, S. 107-112.

Grewenig, Meinrad M.: Expressionismus und Neue Sachlichkeit, in: Ernst-Gerhard Güse (Hg.), Saarland Museum – Landesgalerie, Saarbrücken 1991, S. 9-23.

Griebel, Otto: Ich war ein Mann der Straße. Lebenserinnerungen eines Dresdner Malers, Halle / Leipzig 1986.

Grimm, Reinhold / **Hermand,** Jost (Hgg.): Faschismus und Avantgarde, Königstein/Ts. 1980.

Grohn, Christian: El Lissitzky als Ausstellungsgestalter, in: Staatliche Galerie Moritzburg Halle 1988, S. 232-238.

Grosshans, Henry: Hitler and the Artists, New York / London 1983.

Grosz, George: Ein kleines Ja und ein großes Nein. Sein Leben von ihm selbst erzählt, Reinbek 1974.

Grote, Ludwig (Hg.): Erinnerungen an Paul Klee, München 1959.

Gruchmann, Lothar: »Blutschutzgesetz« und Justiz. Entstehung und Anwendung des Nürnberger Gesetzes vom 15. September 1935, in: Ogan / Weiß 1992, S. 49-59.

Die Grünen im Bundestag (Hg.): Über den Umgang mit der sog. entarteten und mit der sog. schönen Kunst. Die Antwort der Bundesregierung auf die Große Anfrage der Grünen, Bonn 1989.

Grundig, Hans: Zwischen Karneval und Aschermittwoch, 14. Auflage, Berlin 1986.

Grundig, Lea: Gesichte und Geschichte, Berlin 1984.

Günther, Gitta / **Huschke,** Wolfram / **Steiner,** Walter (Hgg.): Weimar. Lexikon zur Stadtgeschichte, Weimar 1993.

Günther, Gitta / **Wallraf,** Lothar (Hgg.): Geschichte der Stadt Weimar, 2. Auflage, Weimar 1976.

Günther, Hans F. K.: Mein Eindruck von Adolf Hitler, Pähl 1969.

Guenther, Peter: Drei Tage in München: Juli 1937, in: Barron 1992, S. 33-43.

Günther, Rolf: Richard Müller (1874-1954), Ausstellungskatalog Freital / Sachsen 1993.

ders.: Richard Müller. Ein Künstler zwischen Anerkennung und Ablehnung, in: Weltkunst 65, 1995, Nr. 1, S. 21-24.

Günther, Sonja: Design der Macht. Möbel für Repräsentanten des »Dritten Reiches«, Stuttgart 1992.

Güse, Ernst-Gerhard (Hg.): Marc Chagall. Druckgraphik, Ausstellungskatalog Münster, Stuttgart 1985.

Haar, Carel ter: Max Sauerlandt – Kunst und Kunstpolitik für die Nation, in: Sauerlandt 1974, S. 545-596.

Haarmann, Hermann / **Huder,** Walter / **Siebenhaar,** Klaus: »Das war ein Vorspiel nur ...«. Bücherverbrennung Deutschland 1933: Voraussetzungen und Folgen, Ausstellungskatalog Berlin / Wien 1983 (Akademie-Katalog; 137).

Haase, Günther: Kunstraub und Kunstschutz. Eine Dokumentation, Hildesheim 1991.

Habermas, Jürgen: Was bedeutet »Aufarbeitung der Vergangenheit« heute? Bemerkungen zur »doppelten Vergangenheit« [1992], in: ders., Die Moderne – Ein unvollendetes Pojekt. Philosophisch-politische Aufsätze, 3. Auflage, Leipzig 1994, S. 242-267.

Haberstock, Magdalena (Vorw.): Hundert Bilder aus der Galerie Haberstock Berlin, München 1967.

Haenlein, Carl (Hg.): Photographie und Bauhaus, Ausstellungskatalog Hannover 1986.

Haerendel, Ulrike / **Ott,** Bernadette (Red.): München – »Hauptstadt der Bewegung«, Ausstellungskatalog München 1993/94, München 1993.

Haffner, Ingrid und Herbert: Kein »alter Zahmer«. Gespräch mit Johnny Friedlaender zum 80. Geburtstag, in: Neue Bildende Kunst 2, 1992, Heft 4, S. 45-47.

Haftmann, Werner: Bildersturm vor fünfundzwanzig Jahren. Die Ausstellung »Entartete Kunst« in München, in: Die Zeit, 9. November 1962.

ders.: Verfemte Kunst. Bildende Künstler der inneren und äußeren Emigration in der Zeit des Nationalsozialismus, Köln 1986.

ders.: Kriegserklärung an die moderne Kunst. Nachdenklicher Bericht zur Wiederkehr des 50. Jahrestages der »Entarteten«-Ausstellung, in: FAZ, 4. Juli 1987.

Hagelweide, Gert: Deutsche Zeitungsbestände in Bibliotheken und Archiven, Düsseldorf 1974.

Hagemann, Jürgen: Die Presselenkung im Dritten Reich, Bonn 1970.

Hahn, Peter (Hg.): Bauhaus Berlin. Auflösung Dessau 1932 – Schließung Berlin 1933 – Bauhäusler und Drittes Reich. Eine Dokumentation, zusammengestellt vom Bauhaus-Archiv Berlin, Weingarten 1985.

Haizmann, Hella / **Bamberger,** Maria (Hgg.): Richard Haizmann. Wandlung des Lebens. Briefe 1914-1963, Hamburg [1967].

dies. / **Gutsche,** Fritz (Hgg.): Richard Haizmann. Wandlung der Tage. Erinnerungen 1919-1961, Hamburg 1968.

Halbertsma, Marlite: Wilhelm Pinder (1878-1947), in: Heinrich Dilly (Hg.), Altmeister moderner Kunstgeschichte, Berlin 1990, S. 235-248.

dies.: Wilhelm Pinder und die deutsche Kunstgeschichte, Worms 1992.

Hamann, Richard: Nationalsozialismus und Bildende Kunst, in: Bildende Kunst 3, 1949, Heft 1, S. 25f.

Hanko, Helmut M.: Kommunalpolitik in der »Hauptstadt der Bewegung« 1933-1935. Zwischen »revolutionärer« Umgestaltung und Verwaltungskontinuität, in: Martin Broszat / Elke Fröhlich / Anton Grossmann (Hgg.), Bayern in der NS-Zeit, Band 3, München / Wien 1981, S. 329-441.

Hansen, Haye W. [d. i. **Hansen,** Walter]: Deutsche Holzschnittmeister des 20. Jahrhunderts, 3. Auflage, Toppenstedt 1979.

ders.: Jugenderinnerungen / Nordland-Studienreisen / Fahrtenberichte, Toppenstedt 1978 [= 1978a].

ders.: Wolfgang Willrich. Maler und Schriftsteller des klaren Werturteils, in: Deutsche Wochenzeitung, 10. November 1978 [= 1978b].

Harksen, Julie: Schicksale von Gemälden im Dessau-Wörlitzer Kulturkreis, in: Dessauer Kalender 19, 1975, S. 62-68.

Harten, Jürgen / **Schmidt,** Hans-Werner / **Syring,** Marie Luise (Hgg.): »Die Axt hat geblüht ...«. Europäische Konflikte der 30er Jahre in Erinnerung an die frühe Avantgarde, Ausstellungskatalog Düsseldorf 1987.

Hartlaub, Geno: Sprung über den Schatten. Orte, Menschen, Jahre, Erinnerungen und Erfahrungen, München 1987.

Hartleb, Renate (Hg.): George Grosz. Eintrittsbillet zu meinem Gehirnzirkus. Erinnerungen / Schriften / Briefe, Leipzig / Weimar 1988 (Gustav Kiepenheuer Bücherei; 83).

Hartmann, Wolfgang: Der historische Festzug. Seine Entstehung und Entwicklung im 19. und 20. Jahrhundert, München 1976 (Studien zur Kunst des 19. Jahrhunderts; 35).

ders.: Der historische Festzug zum »Tag der deutschen Kunst«, in: Hinz / Mittig / Schäche / Schönberger 1979, S. 87-99.

ders.: »La France«, in: Stadt Karlsruhe / Städtische Galerie 1993, S. 85-130.

Haug, Wolfgang Friedrich: Der hilflose Antifaschismus. Zur Kritik der Vorlesungsreihen über Wissenschaft und NS an deutschen Universitäten, 4., ergänzte Auflage, Köln 1977.

Hausenstein, Wilhelm: Was bedeutet die moderne Kunst? Ein Wort der Besinnung, Leutstetten 1949.

Hecker, Hans-Joachim: Mißbrauchtes Mäzenatentum. Die Gründung der Anstalt des öffentlichen Rechts »Haus der Deutschen Kunst (Neuer Glaspalast)« im Jahre 1933, in: Schuster 1987, S. 56-60.

ders.: Die Kunststadt München im Nationalsozialismus, in: Haerendel / Ott 1993, S. 310-316.

Heiber, Helmut: Joseph Goebbels, 3. Auflage, München 1988.

Heilbut, Anthony: Exiled in Paradise. German Refugee Artists and Intellectuals in America from the 1930s to the Present, Boston 1984.

Hein, Peter Ulrich: Die Brücke ins Geisterreich. Künstlerische Avantgarde zwischen Kulturkritik und Faschismus, Reinbek 1992.

Heise, Renate (Bearb.): Die Münchener Secession und ihre Galerie, Ausstellungskatalog München 1975.

Heister, Hanns-Werner / **Klein,** Hans-Günter: Musik und Musikpolitik im faschistischen Deutschland, Frankfurt am Main 1984.

Heizmann, Erwin: Richard Haizmann 1895 bis 1963. Beschreibendes Werkverzeichnis des Frühwerks bis 1934, Dissertation Hamburg 1988.

Held, Jutta: Kunst und Kunstpolitik 1945-49. Kulturaufbau in Deutschland nach dem 2. Weltkrieg, Berlin 1981.

Henke, Josef: Die Reichsparteitage der NSDAP in Nürnberg 1933-1938. Planung, Organisation, Propaganda, in: Heinz Boberach / Hans Booms (Hgg.), Aus der Arbeit des Bundesarchivs. Beiträge zum Archivwesen, zur Quellenkunde und Zeitgeschichte, Boppard 1978, S. 398-422 (Schriften des Bundesarchivs; 25).

Hentzen, Alfred: Malerei des XX. Jahrhunderts in der Hamburger Kunsthalle, Berlin o. J (Bilderhefte der Hamburger Kunsthalle; II/III).

ders.: Das Ende der Neuen Abteilung der Nationalgalerie im ehemaligen Kronprinzenpalais, in: Jahrbuch Preußischer Kulturbesitz 8, 1970, S. 24-89.

ders.: Die Entstehung der Neuen Abteilung der Nationalgalerie im ehemaligen Kronprinzenpalais, in: Jahrbuch Preußischer Kulturbesitz 10, 1972, S. 9-75.

ders.: Wolfgang Schöne an der Berliner Nationalgalerie. Erinnerungen an unsere Zusammenarbeit in den Jahren 1936 und 1937, in: Wilhelm Schlink / Martin Sperlich (Hgg.), Forma et subtilitas. Festschrift für Wolfgang Schöne zum 75. Geburtstag, Berlin / New York 1986, S. 269-289.

Hentzen, Kurt: Der Hofgarten zu München. Entwicklungsgeschichte einer historischen Gartenanlage, München 1959 (Kunstwissenschaftliche Studien; 29).

Hepp, Corona: Avantgarde. Moderne Kunst, Kulturkritik und Reformbewegungen nach der Jahrhundertwende, München 1987.

Hermand, Jost: Neuordnung oder Restauration? Zur Beurteilung der »faschistischen Kunstdiktatur« in der unmittelbaren Nachkriegszeit, in: Kritische Berichte 12, 1984, Heft 1, S. 78-83 (Kap. 1-2) und Heft 2, S. 69-79 (Kap. 3-4).

ders.: Gewollte Primitivität. Schwarze in expressionistischer Kunst und Literatur, in: Kritische Berichte 15, 1987, Heft 2, S. 4-19.

ders.: Der alte Traum vom neuen Reich. Völkische Utopien und Nationalsozialismus, Frankfurt am Main 1988.

Herz, Rudolf: Hoffmann & Hitler. Fotografie als Medium des Führer-Mythos, Ausstellungskatalog München 1994.

Herzog, Bodo: Die Berliner Kunstausstellung im Jahre 1940. »Die Helden des U-Boot-Krieges ... rassisch hochwertiges Menschenmaterial«, in: Kritische Berichte 12, 1984, Heft 1, S. 60-77.

Herzogenrath, Wulf (Hg.), Frühe Kölner Kunstausstellungen. Sonderbund 1912 – Werkbund 1914 – Pressa USSR 1928. Kommentarband zu den Nachdrucken der Ausstellungskataloge, Köln 1981.

ders. / **Schmidt,** Johann-Karl (Hgg.): Otto Dix zum 100. Geburtstag 1891-1991, Ausstellungskatalog Stuttgart / Berlin 1991/92, Stuttgart 1991.

Heskett, John: »Modernismus« und »Archaismus« im Design während des Nationalsozialismus, in: Hinz / Mittig / Schäche / Schönberger 1979, S. 53-60.

ders.: Modernism and Archaism in Design in the Third Reich, in: Brandon / Will 1990, S. 110-127.

Hessisches Landesmuseum Darmstadt (Hg.): Politische Plakate der Weimarer Republik 1918-1933, Ausstellungskatalog Darmstadt 1980.

Heusinger von Waldegg, Joachim: George Grosz: Porträt des Schriftstellers Max Herrmann-Neisse 1925, Mannheim 1979.

ders.: Die Hochschule der bildenden Künste in Karlsruhe im Dritten Reich. Akademiegeschichte von den zwanziger Jahren bis in die fünfziger Jahre und ihre kulturpolitischen Voraussetzungen, Karlsruhe 1987 [= 1987a].

ders.: Die Badische Hochschule der bildenden Künste, in: Rößling 1987a, S. 119-137 [= 1987b].

ders.: Otto Freundlich: Ascension. Anweisung zur Utopie, Frankfurt am Main 1987 [= 1987c].

Heyd, Werner P.: Gottfried Graf und die »entartete Kunst« in Stuttgart, Stuttgart 1987 (Beiträge zur Geschichte der Staatlichen Akademie der bildenden Künste; 6).

Heydorn, Volker Detlef: Maler in Hamburg, Band 1: 1886-1945, Hamburg 1974.

Hiepe, Richard: Die Wiederkehr der Blödheit. Richard W. Eichlers »Die Wiederkehr des Schönen« – das Kunstbuch zur Wende, in: Tendenzen 27, 1986, Heft 154, S. 14-16.

Hildebrand, Klaus: Das Dritte Reich, 3., überarbeitete und erweiterte Auflage, München 1987 (Oldenburg Grundriß der Geschichte; 17).

Hille, Karoline: Beispiel Thüringen. Die »Machtergreifung« auf der Probebühne 1930, in: Staatliche Kunsthalle Berlin 1983, S. 187-217 [= 1983a].

dies.: Der Kampfbund für deutsche Kultur, in: Staatliche Kunsthalle Berlin 1983, Ergänzungsband, S. 168-185 [= 1983b].

dies.: Chagall auf dem Handwagen. Die Vorläufer der Ausstellung »Entartete Kunst«, in: NGBK 1987, S. 159-168.

dies.: Mit heißem Herzen und kühlem Verstand. Gustav Friedrich Hartlaub und die Mannheimer Kunsthalle 1913-1933, in: Junge 1992, S. 129-138.

dies.: Spuren der Moderne. Die Mannheimer Kunsthalle von 1918 bis 1933, Berlin 1994 (Kunst und Dokumentation; 13).

Hilse, Klaus: Dramatische Odyssee seiner Gemälde vom Kesselgäßchen ins Morgner-Haus, in: Westfalenpost, 27. / 28. Oktober 1962.

ders.: »Und wenn es hochkommt, sind es 80 Jahre ...«. Leben und Arbeit in Soest, Typoskript Soest 1977 / 78.

Hinz, Berthold: Die Malerei im deutschen Faschismus. Kunst und Konterrevolution, München 1974 (Kunstwissenschaftliche Untersuchungen des Ulmer Vereins; 3).

ders.: »Zweierlei Kunst in Deutschland«, in: NGBK 1977, S. 264-267.

ders.: 1933/45 – Ein Kapitel kunstgeschichtlicher Forschung seit 1945, in: Kritische Berichte 14, 1986, Heft 4, S. 18-33.

ders. [Rez.]: Die »Düsseldorfer Kunstszene 1933-1945« (Stadtmuseum Düsseldorf) – mit einem Seitenblick auf das »Museum der Gegenwart« (Kunstsammlung Nordrhein-Westfalen), in: Kritische Berichte 16, 1988, Heft 2, S. 68-71.

ders. (Hg.): NS-Kunst: 50 Jahre danach. Neue Beiträge, Marburg 1989 [zugleich Kritische Berichte 17, 1989, Heft 2].

ders.: Bildende Kunst. NS-Kunst und »Entartete« Kunst: Ästhetik als soziale Norm, in: Hoffmann / Klotz 1991, S. 139-149.

ders. / **Mittig,** Hans-Ernst / **Schäche,** Wolfgang / **Schönberger,** Angela (Hgg.): Die Dekoration der Gewalt. Kunst und Medien im Faschismus, Gießen 1979.

Hirner-Schüssele, René: Von der Anschauung zur Formerfindung. Studien zu Willi Baumeisters Theorie moderner Kunst, Worms 1990 (Manuskripte zur Kunstwissenschaft in der Wernerschen Verlagsgesellschaft; 32).

»Historikerstreit«. Die Dokumentation der Kontroverse um die Einzigartigkeit der nationalsozialistischen Judenvernichtung, 7. Auflage, München / Zürich 1989.

Hoberg, Annegret [Rez.]: Endpunkt des Museums oder künstlerische Alternative? Monika Flacke-Knoch, Museumskonzeptionen in der Weimarer Republik. Die Tätigkeit Alexander Dorners im Provinzialmuseum Hannover, Jonas Verlag, Marburg 1985 (Kulturwissenschaftliche Reihe Bd. 3), in: Kritische Berichte 16, 1988, Heft 2, S. 114-120.

dies. (Hg.): Alfred Kubin 1877-1959, Ausstellungskatalog München / Hamburg 1990 / 91, München 1990.

Hochschule für Angewandte Kunst Wien (Hg.): Die Vertreibung des Geistigen aus Österreich. Zur Kulturpolitik des Nationalsozialismus, Ausstellungskatalog Wien 1985.

Hochschule für Bildende Künste Dresden (Hg.): Dresden. Von der Königlichen Kunstakademie zur Hochschule für Bildende Künste (1764-1989). Die Geschichte einer Institution, Dresden 1990.

Hockerts, Hans Günter: Mythos, Kult und Feste. München im nationalsozialistischen »Feierjahr«, in: Haerendel / Ott 1993, S. 331-341.

Höver, Ulrich: Joseph Goebbels – ein nationaler Sozialist, Bonn / Berlin 1992.

Hoffmann, Heinrich: Hitler wie ich ihn sah. Aufzeichnungen seines Leibfotografen, München / Berlin 1974.

Hoffmann, Herbert: Im Gleichschritt in die Diktatur. Die nationalsozialistische »Machtergreifung« in Heidelberg und Mannheim 1930 bis 1935, Dissertation Heidelberg 1982.

Hoffmann, Hilmar: Staatliche Lenkung der Kunst?, in: Ruprecht-Karls-Universität Heidelberg (Hg.), Kunst heute und ihr Publikum. Vorträge im Wintersemester 1988 / 89, Heidelberg 1990, S. 9-18.

ders.: Film. »... und zähle nicht die Toten!« Die Funktion von Film und Kino im Dritten Reich, in: Hoffmann / Klotz 1991, S. 151-183.

ders.: Mythos Olympia. Autonomie und Unterwerfung von Sport und Kultur, Berlin 1993.

ders. / **Klotz,** Heinrich (Hgg.): Die Kultur unseres Jahrhunderts 1933-1945, Düsseldorf (u. a.) 1991.

Hoffmann-Curtius, Kathrin: Die Frau in ihrem Element. Adolf Zieglers Triptychon der »Naturgesetzlichkeit«, in: Hinz 1989, S. 9-34.

dies.: Die Kampagne »Entartete Kunst«. Die Nationalsozialisten und die moderne Kunst, in: Funkkolleg Moderne Kunst 1990, S. 49-88.

Hofmann, Andrea: Geächtet-geachtet. Kunst im Nationalsozialismus am Beispiel Konstanz, Begleitheft zur Ausstellung im Kunstverein Konstanz, Konstanz 1987 [= 1987a].

dies.: Kunst in Konstanz von 1933 bis 1945, in: Rößling 1987a, S. 109-117 [= 1987b].

Hofmann, Helga / **Müller-Hauck,** Janni (Bearb.): Katalog der Meister des 20. Jahrhunderts in der Hamburger Kunsthalle, Hamburg 1969.

Hofmann, Karl-Ludwig: Antifaschistische Kunst in Deutschland: Bilder, Dokumente, Kommentare, in: Badischer Kunstverein Karlsruhe 1980, S. 34-77.

ders.: Reaktionen auf das Werk Karl Hubbuchs 1922 bis 1970, in: Stadt Karlsruhe / Städtische Galerie 1993, S. 157-209.

ders. / **Krohn,** Helga: Hanns Ludwig Katz. Leben und Werk, in: Jüdisches Museum Frankfurt 1992, S. 11-93.

ders. / **Präger,** Christmut: Gruppe Rih. Kunstrevolution in Karlsruhe, in: Staatliche Kunsthalle Karlsruhe 1981, S. 50-62.

dies.: Herbert Tannenbaum als Kunsthändler, in: dies. / Barbara Karpf (Red.), Für die Kunst! Herbert Tannenbaum und sein Kunsthaus. Ein Galerist – seine Künstler, seine Kunden, sein Konzept, Ausstellungskatalog Mannheim 1994, S. 37-71.

Hofmann, Karl-Ludwig / **Präger,** Christmut / **Bessel,** Barbara: Otto Pankok. Zeichnungen / Grafik / Plastik, Berlin 1982.

Hohendorf, Gerrit / **Magull-Seltenreich,** Achim (Hgg.): Von der Heilkunde zur Massentötung. Medizin im Nationalsozialismus, Heidelberg 1990.

Holland, Gabriele: »Entartete Kunst« in Kiel, in: Kieler Stadt- und Schiffahrtsmuseum 1984, S. 50-73.

Hollstein, Dorothea: »Jud Süß« und die Deutschen. Antisemitische Vorurteile im nationalsozialistischen Spielfilm, erweiterte Ausgabe, Frankfurt / Berlin / Wien 1983.

Holst, Niels von: Bilder am Pranger. Der NS-Bildersturm. Erinnerungen eines Zeugen, in: FAZ, 20. August 1990.

Holthusen, Agnes (Bearb.): Gustav Heinrich Wolff. Das plastische und graphische Werk, Hamburg 1964.

Holz, Keith: Responses from Bohemia to »Entartete Kunst«, 1937-1938, in: Krohn 1992, S. 33-49.

Hopfengart, Christine: Klee. Vom Sonderfall zum Publikumsliebling. Stationen seiner öffentlichen Resonanz in Deutschland 1905-1960, Mainz 1989.

Horst, Frauke von der: Die »entartete Kunst« im Los Angeles County Museum of Art, in: Entartete Kunst. Geschichte und Gegenwart einer Ausstellung, Oldenburg 1992, S. 29-45 (Oldenburger Universitätsreden; 51).

Howoldt, Jenns Eric: Der Freie Bund zur Einbürgerung der bildenden Kunst in Mannheim. Kommunale Kunstpolitik einer Industriestadt am Beispiel der »Mannheimer Bewegung«, Frankfurt am Main / Bern 1982.

ders.: Die Aktion »Entartete Kunst« im Lübecker Museum. Die Ereignisse und ihre Folgen, in: Erich Hoffmann / Peter Wulf (Hgg.), »Wir bauen das Reich«. Aufstieg und erste Herrschaftsjahre des Nationalsozialismus in Schleswig-Holstein, Neumünster 1983, S. 211-233 (Quellen und Forschungen zur Geschichte Schleswig-Holsteins; 81).

ders.: Bildersturm im Behnhaus. Mit einer Dokumentation der 1937 beschlagnahmten Gemälde und Skulpturen, Ausstellungskatalog Lübeck 1987/88, Lübeck 1987.

ders.: Der Kruzifixus von Ludwig Gies. Ein Beispiel »entarteter Kunst« in Lübeck, in: Der Wagen. Ein Lübeckisches Jahrbuch, 1988, S. 164-174.

Huber, Gabriele: Die Porzellan-Manufaktur Allach-München GmbH. Eine »Wirtschaftunternehmung« der SS zum Schutz der »deutschen Seele«, Marburg 1992.

Hülsewig, Jutta: Moderne Kunst in Düsseldorfer Galerien, in: Der westdeutsche Impuls 1900-1914. Kunst und Umweltgestaltung im Industriegebiet. Düsseldorf – Eine Großstadt auf dem Weg in die Moderne, Ausstellungskatalog Düsseldorf (u. a.), Essen 1984, S. 185-191.

Hüneke, Andreas: Der Versuch der Ehrenrettung des Expressionismus als »deutscher Kunst« 1933, in: Zwischen Widerstand und Anpassung 1978, S. 51-53.

ders.: Max Beckmann und die faschistische Aktion »Entartete Kunst«, in: Museum der bildenden Künste Leipzig (Hg.), Max Beckmann. Graphik / Malerei / Zeichnung, Ausstellungskatalog Leipzig 1984, S. 51-58.

ders.: Zum Ablauf der faschistischen Aktion »Entartete Kunst«. Feststellung einiger Fakten, in: Museum und Gegenwart 1985, S. 33-38 [= 1985a].

ders.: Werke Max Liebermanns in Halle. Zum 50. Todestag des Künstlers, in: Galeriespiegel, Staatliche Galerie Moritzburg Halle, 1985, Heft 2, S. 8-14 [= 1985b].

ders.: »Weg mit der Zwitschermaschine & Paukenorgel!«. Paul Klee und die Aktion »Entartete Kunst«, in: Staatliche Kunstsammlungen Dresden (Hg.), Paul Klee. Vorträge der wissenschaftlichen Konferenz in Dresden, 19. und 20. Dezember 1984, Dresden / Berlin 1986, S. 65-70 [= 1986a].

ders. (Hg.): Der Blaue Reiter. Dokumente einer geistigen Bewegung, Leipzig 1986 [= 1986b].

ders.: Schund aus dem Moritzburg-Museum? Werke aus der Hallenser Sammlung in der faschistischen Ausstellung »Entartete Kunst« 1937, in: Galeriespiegel, Staatliche Galerie Moritzburg Halle, 1987, Heft 2, S. 1-12 [= 1987a].

ders.: »Dubiose Händler operieren im Dunst der Macht«. Vom Handel mit »entarteter« Kunst, in: Flechtheim 1987, S. 101-105 [= 1987b].

ders.: Rückblick auf eine Ausstellung vor 50 Jahren, in: Bildende Kunst 42, 1987, Heft 11, S. 490-493 und S. 496 [= 1987c].

ders.: Der Angriff der Nationalsozialisten auf die Kunst als Mittel ihrer Propaganda, in: Kunstsammlungen zu Weimar 1988, S. 9-12 [= 1988a].

ders.: Dokumente faschistischer Attacken gegen die moderne Kunst, in: Kunstsammlungen zu Weimar 1988, S. 28-35 [= 1988b].

ders.: Die faschistische Aktion »Entartete Kunst« 1937 in Halle, Halle [1988] (Schriftenreihe zur Geschichte der Staatlichen Galerie Moritzburg Halle; 1) [= 1988c].

ders.: Funktionen der Station »Entartete Kunst«, in: Stationen der Moderne 1988, S. 43-52 [= 1988d].

ders.: Ponderation – das schöne Gleichgewicht. Zum 100. Geburtstag des Kunsthistorikers Alois J. Schardt, in: Bildende Kunst 45, 1990, Heft 2, S. 52-57 [= 1990a].

ders.: Die lange Geschichte der Hallenser Fischer-Bilder, in: Georg Heuberger (Hg.), Expressionismus und Exil. Die Sammlung Ludwig und Rosy Fischer Frankfurt am Main, Ausstellungskatalog Frankfurt am Main, München 1990, S. 81-94 [= 1990b].

ders. (Hg.): Oskar Schlemmer. Idealist der Form. Briefe, Tagebücher, Schriften 1912-1943, Leipzig 1990 [= 1990c].

ders.: Zum Beispiel: Bruno E. Werner. Kunstkritische und kunsthistorische Publizistik in den dreißiger Jahren, in: Rüger 1990, S. 198-204 [= 1990d].

ders.: Einer Legende begegnen. Besuch bei Karl Buchholz, in: Bildende Kunst 1, 1991, Heft 3, S. 54f. [= 1991a].

ders. (Hg.): Karl Hofer. Malerei hat eine Zukunft. Briefe, Aufsätze, Reden, Leipzig / Weimar 1991 [= 1991b].

ders.: »Rassische Verlotterung, Zynismus im religiösen Gewand«. Wilhelm Morgners Werke als »Entartete Kunst«, in: Klaus Bussmann (Hg.), Wilhelm Morgner 1891-1917. Gemälde, Zeichnungen, Druckgraphik, Ausstellungskatalog Münster / Soest / München 1991/92, Stuttgart 1991, S. 53-57 [= 1991c].

ders.: Halle – Episode oder Objekt der Sehnsucht? Entstehung und Schicksal der Halle-Bilder, in: Wolfgang Büche / Andreas Hüneke / Peter Romanus, Lyonel Feininger. Die Halle-Bilder, Ausstellungskatalog Halle an der Saale, München 1991, S. 9-19 [= 1991d].

ders.: Spurensuche – Moderne Kunst aus deutschem Museumsbesitz, in: Barron 1992, S. 121-133 [= 1992a].

ders.: Einführungskommentar zum Faksimile der Ausstellungs-Broschüre »Entartete Kunst«, in: Barron 1992, S. 356 [= 1992b].

ders.: Im Takt bleiben oder taktieren? – Alois J. Schardt, in: Junge 1992, S. 283-290 [= 1992c].

ders.: Weimarer Funde. Neue Fotodokumente von der Ausstellung »Entartete Kunst«, in: Neue Bildende Kunst 5, 1995, Heft 2, S. 14-20.

Hütsch, Volker: Der Münchner Glaspalast 1854-1931. Geschichte und Bedeutung, München 1980.

Hütt, Wolfgang (Hg.): Hintergrund. Mit den Unzüchtigkeits- und Gotteslästerungsparagraphen des Strafgesetzbuches gegen Kunst und Künstler 1900-1933, Berlin 1990.

Hughes, Robert: Whose Art Is It, Anyway?, in: Time 135, 1990, Nr. 23, S. 40-42.

ders.: On the Nazi Pillory. The Third Reich's mocking exhibit of »degenerate« works is re-created for the first time, in: Time 137, 1991, Nr. 9, S. 66f.

Im Namen des Volkes. Das »gesunde Volksempfinden« als Kunstmaßstab, Ausstellungskatalog Duisburg 1979.

Imdahl, Max: Pose und Indoktrination. Zu Werken der Plastik und Malerei im Dritten Reich, in: Bernhard Adams (u. a. Hgg.), Aratro corona messoria. Beiträge zur europäischen Wissensüberlieferung. Festgabe für Günther Pflug zum 20. April 1988, Bonn 1988, S. 355-369 [zugleich in: Staeck 1988, S. 87-99].

Institut für Kultur und Ästhetik, Berlin (Hg.): Faschistische Öffentlichkeit, Kronberg / Ts. 1976 (Ästhetik und Kommunikation 7, 1976, Heft 26).

Irving, David: Göring, München / Hamburg 1986.

Jacobi, Walter: Notizen aus der Provinz: Freiburg 1937, in: Rößling 1987a, S. 99-108.

ders.: Bildersturm in der Provinz. Die NS-Aktion »Entartete Kunst« 1937 in Südbaden, Freiburg 1988.

Jäckel, Eberhard: Hitlers Weltanschauung. Entwurf einer Herrschaft, 3. Auflage der erweiterten und überarbeiteten Neuausgabe, Stuttgart 1986.

Jaeger, Charles de: Das Führermuseum. Sonderauftrag Linz, Esslingen / München 1989.

Jaeger, Roland / **Steckner,** Cornelius: Zinnober. Kunstszene Hamburg 1919-1933, Hamburg 1983.

Jahn, Beate / **Berger,** Friedemann (Hgg.): Die Schaffenden. Eine Auswahl der Jahrgänge I bis III und Katalog des Mappenwerkes, Berlin 1984.

Janda, Annegret: Die Beziehungen zwischen Ernst Barlach und der Nationalgalerie, in: Forschungen und Berichte 25, 1985, S. 24-70.

dies.: Die Gemälde und Bildwerke der Expressionisten im ehemaligen Kronprinzenpalais. Ein Ausschnitt aus der Geschichte der Neuen Abteilung der Nationalgalerie 1918-1945, in: Annegret Janda (Red.), Das Schicksal einer Sammlung. Aufbau und Zerstörung der Neuen Abteilung der Nationalgalerie im ehemaligen Kronprinzenpalais unter den Linden 1918-1945, Ausstellungskatalog Berlin 1988, S. 22-86.

dies.: Werke von Joseph Anton Koch im Tausch gegen »entartete« Kunst. Aus der Geschichte der Nationalgalerie, in: Asmus Jakob Carstens und Joseph Anton Koch. Zwei Zeitgenossen der Französischen Revolution. Zeichnungen, Ausstellungskatalog Berlin 1989/90, Berlin 1989, S. 16-19.

dies.: Die Berliner Nationalgalerie im Kampf um die moderne Kunst seit 1933, in: Barron 1992, S. 107-119.

dies. / **Grabowski,** Jörn: Kunst in Deutschland 1905-1937. Die verlorene Sammlung der Nationalgalerie im ehemaligen Kronprinzen-Palais. Dokumentation, Berlin 1992 (Bilderheft der Staatlichen Museen zu Berlin; 70/72).

Jansen, Elmar (Gesamtred.): Ernst Barlach. Werke und Werkentwürfe aus fünf Jahrzehnten, Band 1: Vorworte. Einleitung. Plastik 1894-1937, Band 2: Zeichnungen und Skizzenhefte 1891-1938, Band 3: Rückblicke – Ausblicke. Studien zum Werk. Unbekannte Texte aus dem Nachlaß in Güstrow. Druckgraphik 1910-1930. Handschriften und Briefe 1899-1936, Ausstellungskatalog Berlin 1981.

ders.: Ernst Barlach – Käthe Kollwitz. Berührungen – Grenzen – Gegenbilder, Berlin 1989.

Janzarik, Werner: 100 Jahre Heidelberger Psychiatrie, in: ders. (Hg.), Psychopathologie als Grundlagenwissenschaft, Stuttgart 1979, S. 1-18 (Klinische Psychologie und Psychopathologie; 8).

Jarchov, Inge: Die Prinzhorn-Sammlung, in: Hans Gercke / Inge Jarchov (Hgg.), Die Prinzhorn-Sammlung. Bilder,

Skulpturen, Texte aus psychiatrischen Anstalten (ca. 1890-1920), Ausstellungskatalog Heidelberg, Königstein / Ts. 1980, S. 15-27.

Jasper, Willi: Enzyklopädie der Judenfeindschaften, in: Nachama / Sievernich 1991, S. 712-724.

Jayme, Erik: »Entartete Kunst« und Internationales Privatrecht. Kunstrechtsseminar in Budapest, in: IPRax 14, 1994, Heft 1, S. 66f. [= 1994a].

ders.: »Entartete Kunst« und Internationales Privatrecht, Sitzungsberichte der Heidelberger Akademie der Wissenschaften, Philosophisch-historische Klasse, 1994, Bericht 1, Heidelberg 1994 [= 1994b].

ders.: »Entartete Kunst« – Rechtsfragen heute, in: Akademie-Journal 3, 1994, Nr. 2, S. 12-16 [= 1994c].

Jensen, Jens Christian (u. a.): Kunsthalle zu Kiel. Christian-Albrechts-Universität. Sammlungen und Baugeschichte 1854 bis 1986, Hamburg 1986.

Jensen, Robert: The Politics of Silence: The Degenerate Art Show Revisited, in: Art Criticism 9, 1994, Nr. 1, S. 19-31.

Jörn, Rüdiger: »... wird unser Reich Jahrtausend dauern«. Bielefeld 1933-1945. Kunst und Kunstpolitik im Nationalsozialismus, Ausstellungskatalog Bielefeld 1981.

Johann, Ernst (Hg.): Reden des Kaisers. Ansprachen, Predigten und Trinksprüche Wilhelms II., München 1966.

John, Michael / **Lichtblau,** Albert: Schmelztiegel Wien – einst und jetzt. Zur Geschichte und Gegenwart von Zuwanderung und Minderheiten. Aufsätze / Quellen / Kommentare, 2., verbesserte Auflage, Wien / Köln / Weimar 1993.

Johne, Günter: Faschistische Aktion »Entartete Kunst« in der Dresdener Gemäldegalerie, in: Dresdener Kunstblätter 31, 1987, Heft 5, S. 166-173.

Josewski, Erwin W.: Verlust für das westfälische Musikleben. Paul Sixt ist tot, in: Westfalenspiegel 13, 1964, Heft 2, S. 32.

Jüdisches Museum Frankfurt (Hg.): Hanns Ludwig Katz 1892-1940, Ausstellungskatalog Frankfurt am Main / Emden, Köln 1992.

Junge, Henrike (Hg.): Avantgarde und Publikum. Zur Rezeption avantgardistischer Kunst in Deutschland 1905-1933, Köln / Weimar / Wien 1992.

dies.: Bauhausretter. Erinnerung an den Kunsthistoriker Ludwig Grote, in: FAZ, 7. August 1993.

Juppe, Gabriele / **Pfalzer,** Stephan: Der Verein »Kunsthütte« zu Chemnitz, in: Mitteilungen des Chemnitzer Geschichtsvereins 62, Neue Folge 1, 1992, S. 47-78.

Just, Lothar R. (Hg.): Film-Jahrbuch 1994, München 1994.

Justin, Harald: »Tanz mir den Hitler«. Kunstgeschichte und (faschistische) Herrschaft. Die Entfaltung einer Idee, exemplarisch verdeutlicht an Theorie und Praxis prominenter Kunsthistoriker unter dem Nationalsozialismus, Münster 1982.

Kämpfer, Frank: »Der rote Keil«. Das politische Plakat. Theorie und Geschichte, Berlin 1985.

Kaltenbrunner, Gerd-Klaus: Houston Stewart Chamberlains germanischer Mythos, in: Politische Studien 18, 1967, Heft 175, S. 568-583.

Kamolz, Klaus: »Schreckenskammern«. Die Femeschau »Entartete Kunst« – derzeit rekonstruiert in Berlin zu sehen – machte nach einem NS-internen Ideologiestreit 1939 auch in Wien Furore, in: Profil 23, 1992, Nr. 19, S. 101f.

Karsch, Florian: Otto Dix. Das graphische Werk 1913-1969, Hannover 1970.

Kassay-Friedländer, Anne-Marie: Der Bildhauer Christoph Voll 1897-1939, Worms 1994 (Manuskripte zur Kunstwissenschaft in der Wernerschen Verlagsgesellschaft; 39).

Kater, Michael H.: The Jazz Experience in Weimar Germany, in: German History 6, 1988, Nr. 2, S. 145-158.

ders.: Forbidden Fruit? Jazz in the Third Reich, in: The American Historical Review 94, 1989, Nr. 1, S. 11-43.

ders.: Different Drummers. Jazz in the Culture of Nazi Germany, New York 1992.

Keiser, Herbert Wolfgang: Gemäldegalerie Oldenburg, 2., verbesserte Auflage, München 1967.

Kemfert, Beate: Der nationalsozialistische Bildersturm im Kaiser Wilhelm Museum 1937-1942, in: Die Heimat 58, 1987, S. 86-91.

Kerschbaumer, Gert: Alltag, Feste und Feiern im Wandel. Nationalsozialistische Regie des öffentlichen Lebens und praktizierte Kulturen in Salzburg von 1938 bis 1945, Dissertation Salzburg 1986 [gekürzt erschienen unter dem Titel: Faszination Drittes Reich. Kunst und Alltag der Kulturmetropole Salzburg, Salzburg 1988; = 1988a].

ders.: »Frei und Deutsch sei die Stadt Mozarts«. Über das kulturelle Leben in Salzburg vor und nach 1938, in: Salzburger Festspiele 1988, S. 52-78 [= 1988b].

Kersting, Markus: »Stete Intensivierung« – Sammlungsideen im Städelschen Kunstinstitut, in: Gallwitz 1992, S. 11-30 [= 1992a].

ders.: Dokumentation zu den beschlagnahmten Bildern der Städtischen Galerie Frankfurt am Main, in: Gallwitz 1992, S. 157-172 [= 1992b].

Kett, Siegfried: Das Nürnberger Künstlerhaus. Eine Stadtgeschichte von 1867-1992, Nürnberg 1992.

Ketterer, Roman Norbert: Dialoge. Bildende Kunst – Kunsthandel, Stuttgart / Zürich 1988.

Kieler Stadt- und Schiffahrtsmuseum (Hg.): Beiträge zur Ausstellung »Auf gut deutsch ...«. Kunst in Kiel in der Diktatur, Kiel 1984.

Kilb, Andreas: Der Sturz. Kino: »In weiter Ferne, so nah!«, der neue Wim Wenders, in: Die Zeit, 10. September 1993.

Kimpel, Sabine: Walter Kaesbach Stiftung 1922-1937. Die Geschichte einer expressionistischen Sammlung in Mönchengladbach, Mönchengladbach 1978 (Beiträge zur Geschichte der Stadt Mönchengladbach; 11).

Kipphoff, Petra: Schöne Rekonstruktion des Schrecklichen. Ausstellung in Los Angeles: »Entartete Kunst – das Schicksal der Avantgarde in Nazi-Deutschland«, in: Die Zeit, 22. Februar 1991.

dies.: Von C. D. Friedrich zu A. Hitler? »Der romantische Geist in der deutschen Kunst« – eine Ausstellung in der Londoner Hayward-Galerie entdeckt in der deutschen Romantik den Keim des Holocaust, in: Die Zeit, 14. Oktober 1994.

Kishon, Ephraim: »Picasso war kein Scharlatan«. Randbemerkungen zur modernen Kunst, München 1987.

Klafki, Wolfgang (Hg.): Verführung, Distanzierung, Ernüchterung. Kindheit und Jugend im Nationalsozialismus. Autobiographisches aus erziehungswissenschaftlicher Sicht, Weinheim / Basel 1988.

Klein, Klaus-Friedrich: Haye W. Hansen zum 70. Geburtstag, in: Mitteilungsblatt der Gesellschaft für Vor- und Frühgeschichte, Blatt 5, 1973, S. 35f.

Kliemann, Helga: Die Novembergruppe, Berlin 1969 (Bildende Kunst in Berlin; 3).

Klipfel, Werner: »Was wird Bissier morgen sein?« Das frühe Werk aus der Sicht von Freunden und Bekannten, in: Jochen Ludwig / Dieter Weißenberger (Red.), Julius Bissier. Vom Anfang der Bilder 1915-1939, Ausstellungskatalog Freiburg 1994, S. 89-99.

Kneher, Jan: Edvard Munch in seinen Ausstellungen zwischen 1892 und 1912. Eine Dokumentation der Ausstellungen und Studie zur Rezeptionsgeschichte von Munchs Kunst, Worms 1994 (Manuskripte zur Kunstwissenschaft in der Wernerschen Verlagsgesellschaft; 44).

Knott, Hermann J.: Wem gehört Paul Klees »Sumpflegende«? »Entartete Kunst« – Zu den Eigentumsverhältnissen im Dritten Reich eingezogener Werke, in: Handelsblatt, 11. August 1992.

Knust, Herbert (Hg.): George Grosz. Briefe 1913-1959, Reinbek 1979.

Koch, Michael: Kulturkampf in Karlsruhe. Zur Ausstellung Regierungskunst 1919-1933, in: Staatliche Kunsthalle Karlsruhe 1981, S. 102-128.

ders.: Der »entartete« Parteigenosse. Alexander Kanoldt im Dritten Reich, in: Alexander Kanoldt 1881-1939. Gemälde – Zeichnungen – Lithographien, Ausstellungskatalog Freiburg / Wuppertal, Waldkirch 1987, S. 47-72.

ders.: Kunstpolitik, in: Otto Borst (Hg.), Das Dritte Reich in Baden und Württemberg, Stuttgart 1988, S. 236-249 (Stuttgarter Symposien; 1).

ders.: Die Wanderausstellung französischer Neoimpressionisten von 1906 und ihre Auswirkung auf das Frühwerk Alexander Kanoldts, in: Dresch / Rößling 1993, S. 165-173.

Köster, Hein: Wahrnehmen und Gebrauchen. Zu Museal- und Ausstellungskonzeptionen der Avantgarde, in: Museum und Gegenwart 1985, S. 72-80.

Koller, Gabriele: Verordnungen zur Mittelmäßigkeit. Malerei und Nationalsozialismus in Österreich, in: Christoph Bertsch / Markus Neuwirth (Hgg.), Die ungewisse Hoffnung. Österreichische Malerei und Graphik zwischen 1918 und 1938, Salzburg / Wien 1993, S. 126-136.

Korff, Gottfried / **Rürup,** Reinhard (Hgg.): Berlin, Berlin. Die Ausstellung zur Geschichte der Stadt, Ausstellungskatalog Berlin 1987.

Kosinski, Dorothy: Los Angeles and Chicago – »Degenerate Art«, in: The Burlington Magazine 133, 1991, Nr. 1058, S. 346f.

Kotteder, Franz: Nazikunst bleibt vorerst in München. Bilder aus NS-Zeit werden nicht komplett in München ausgestellt, in: SZ, 16. August 1993.

Krämer, Gode: Edmund Steppes, in: Weltkunst 61, 1991, Nr. 23, S. 3710f.

Krämer, Hermann: Schubert, die Frankfurter Ausstellung »Entartete Kunst« und was Kokoschka dazu sagte. Der Zeichenlehrer Paul Schubert (1876-1954), in: Jahrbuch der Wöhlerschule, 1986, S. 51f.

Krauss, Erna / **Hartlaub,** Gustav Friedrich (Hg.): Felix Hartlaub in seinen Briefen, Tübingen 1958.

Kreis, Georg: »Entartete« Kunst für Basel, Basel 1990.

Krejsa, Michael: NS-Reaktionen auf Heartfields Arbeit 1933-1939, in: Pachnicke / Honnef 1991, S. 368-378.

Krempel, Ulrich (Hg.): Am Anfang: Das Junge Rheinland. Zur Kunst- und Zeitgeschichte einer Region 1918-1945, Ausstellungskatalog Düsseldorf 1985.

ders. / **Thomas,** Karin: Jankel Adler 1895-1949, Ausstellungskatalog Düsseldorf / Tel Aviv / Łódź 1985/86, Köln 1985.**Kreul,** Andreas: Die *Pariser Oper* von Oskar Kokoschka, in: Kulturstiftung der Länder 1992b, S. 6-11.

Krichbaum, Jörg / **Zondergeld,** Rein A.: DuMont's kleines Lexikon der Phantastischen Malerei, Köln 1977.

Krohn, Claus-Dieter (u. a. Hgg.): Erinnerungen ans Exil – kritische Lektüre der Autobiographien nach 1933, München 1984 (Exilforschung. Ein internationales Jahrbuch; 2).

dies.: Künste im Exil, München 1992 (Exilforschung. Ein internationales Jahrbuch; 10).

Kroll, Erwin: Verbotene Musik, in: VJHZ 7, 1959, Heft 3, S. 310-317.

Kubin, Ernst: Sonderauftrag Linz. Die Kunstsammlung Adolf Hitler. Aufbau, Vernichtungsplan, Rettung. Ein Thriller der Kulturgeschichte, Wien 1989.

Kühnl, Reinhard: Der deutsche Faschismus in Quellen und Dokumenten, 5. Auflage, Köln 1980.

Kuhrmann, Dieter: Die Säuberungsaktion in der Staatlichen Graphischen Sammlung, in: Schuster 1987, S. 301-305.

Kulturstiftung der Länder (Hg.): Von der Heydt-Museum. Oskar Kokoschka – Italienerin, 1909, Wuppertal 1988 (Patrimonia; 2).

dies. (Hg.): Karl Hofer – Tischgesellschaft, Leipzig 1992 (Patrimonia; 40) [= 1992a].

dies. (Hg.): Der Kunstverein in Bremen. Kunsthalle Bremen. Oskar Kokoschka – Pariser Oper, Berlin 1992 (Patrimonia; 46) [= 1992b].

dies. (Hg.): Museum der bildenden Künste Leipzig. Oskar Kokoschka – Genfer Seelandschaft von 1923, Leipzig 1993 (Patrimonia; 77).

dies. (Hg.): Staatliche Galerie Moritzburg Halle. Lyonel Feininger – Am Trödel I, Berlin / Halle an der Saale 1994 (Patrimonia; 82) [= 1994a].

dies. (Hg.): Staatliche Galerie Moritzburg Halle. Erich Heckel – Beim Vorlesen, Berlin / Halle an der Saale 1994 (Patrimonia; 92) [= 1994b].

dies. (Hg.): Staatliche Kunstsammlungen Dresden – Skulpturensammlung. Wilhelm Lehmbruck – Kniende (1911), Berlin / Dresden 1994 (Patrimonia; 93) [= 1994c].

dies. (Hg.): Museum Folkwang Essen. Emil Nolde – Stilleben mit Holzfigur, Berlin / Essen 1995 (Patrimonia; 91).

Kunert, Günter: Die Musen haben abgedankt. Über die Sinnlosigkeit der zeitgenössischen Kunst, in: Die Zeit, 2. Dezember 1988.

Kunsthalle Bielefeld (Bearb.): Richard Serra – Axis. Bielefeld sculpture. Pressespiegel 1979-1989, Bielefeld 1989.

Kunsthalle Mannheim: Kunst auf Papier. 19. und 20. Jahrhundert, Mannheim 1983.

Kunsthandlung Goyert (Hg.): Otto Andreas Schreiber. Gemälde und Gouachen, Köln 1987 [Texte von Mathias Schreiber und Günther Ott].

Kunstsammlungen zu Weimar (Hg.): Angriff auf die Kunst. Der faschistische Bildersturm vor 50 Jahren, Ausstellungskatalog Weimar 1988.

Kunst- und Museumsverein Wuppertal (Hg.): Kunstgeschichten. Bürger / Bilder / Kontroversen, Wuppertal 1992.

Kunstverein Darmstadt (Hg.): 150 Jahre Kunstverein Darmstadt, Darmstadt 1987.

Kurzhals, Frank G.: Die Entfernung der bildenden Kunst aus Hannover. Das Landesmuseum in Hannover, in: Bergmeier / Katzenberger 1993, S. 84-87.

Lambrecht, Jutta: »Nicht jede Musik paßt für jeden ...«. Anmerkungen zur Musik im Dritten Reich, in: Brock / Preiß 1990, S. 137-159.

Lammert, Angela: Dokumentation, in: Ateliergemeinschaft Klosterstraße 1994, S. 158-215.

Lampugnani, Vittorio Magnago / **Schneider,** Romana (Hgg.): Moderne Architektur in Deutschland 1900 bis 1950. Reform und Tradition, Ausstellungskatalog Frankfurt am Main, Stuttgart 1992.

Langaard, Johan H. / **Revold,** Reidar: Edvard Munch fra år til år. A year by year record of Edvard Munch's life, Oslo 1961.

Lange, Barbara: »... Eine neue Art von Kunstgeschichte. Eine neue Art von Geschichte...«. »Die Erschießung Kaiser Maximilians« von Edouard Manet in der Diskussion um Moderne in Deutschland, in: Manfred Fath / Stefan Germer (Hgg.), Edouard Manet. Augenblicke der Geschichte, Ausstellungskatalog Mannheim 1992/93, München 1992, S. 171-181.

Lange, Horst H.: »Artfremde Kunst und Musik unerwünscht«. Jazz im Dritten Reich, in: Wolbert 1988, S. 391-403.

Lange, Regina: »Metropolis« Düsseldorf. Aspekte von Bauten und Entwürfen zwischen 1919 und 1942, in: Krempel 1985, S. 128-142.

Lankheit, Klaus: »Es ist direkt ein Skandal« – Der Einbruch der Moderne in Karlsruhe, in: Badischer Kunstverein Karlsruhe (Hg.), 1818-1968. Festschrift zum 150jährigen Jubiläum des Badischen Kunstvereins Karlsruhe, Karlsruhe 1968, S. 85-101.

Larsson, Lars Olof: Nationalstil und Nationalismus in der Kunstgeschichte der zwanziger und dreißiger Jahre, in: Lorenz Dittmann (Hg.), Kategorien und Methoden der deutschen Kunstgeschichte 1900-1930, Stuttgart 1985, S. 169-184.

Laur, Elisabeth: Die Gemälde von Alfons Lütkoff aus den Jahren 1930-1945. Ein bisher unbekanntes Beispiel »entarteter Kunst«, Magisterarbeit Kiel 1992 [nicht eingesehen].

Lautenschlager, Friedrich / **Schulz,** Werner: Bibliographie der badischen Geschichte, 9 Bände, Karlsruhe und Stuttgart 1929-1984.

Lauts, Jan: Meisterwerke der Staatlichen Kunsthalle Karlsruhe, Honnef / Rhein o. J.

ders. / **Zimmermann,** Werner: Staatliche Kunsthalle Karlsruhe. Katalog Neuere Meister. 19. und 20. Jahrhundert, Karlsruhe 1971.

Lehmann, Hans Ulrich: Das »Graphische Kabinett Hugo Erfurth« in Dresden. Zur künstlerischen Situation in Dresden von der Jahrhundertwende bis zu den 1920er Jahren, in: von Dewitz / Schuller-Procopovici 1992, S. 109-118.

Lehmann-Haupt, Helmut: Art under a Dictatorship, New York 1954.

Lehnert, Detlef: Interesse–Macht–Ideologie. Die historisch-gesellschaftlichen Ursprünge und Entwicklungslinien des

Nationalsozialismus bis 1933, in: Haarmann / Huder / Siebenhaar 1983, S. 9-29.

Lenman, Robin: Die Kunst, die Macht und das Geld. Zur Kulturgeschichte des kaiserlichen Deutschland 1871-1918, Frankfurt am Main 1994 (Edition Pandora; 23).

Lepper, Barbara: Verboten-Verfolgt. Kunstdiktatur im Dritten Reich, Ausstellungskatalog Duisburg / Hannover / Wilhelmshaven, 2. Auflage, Oberhausen 1983.

dies.: »Verboten-Verfolgt«. Ereignisse nach dem 30.01.1933, in: Barbara Lepper 1983, S. 7-28.

Lepper, Katharina / **Barbian,** Jan-Pieter: Moderne Kunst im Nationalsozialismus. Die Kampagne »Entartete Kunst« und die Sammlung des Wilhelm Lehmbruck Museums Duisburg 1933-1945. Museumspädagogisches Begleitheft, Duisburg 1992.

Lewin, Michael: Alfred Hrdlicka. Das Gesamtwerk. Band 1: Bildhauerei, Wien / Zürich 1987.

Lips, Peter: Organisation und Pflege der bildenden Künste in Soest im Zeichen des Nationalsozialismus (1933-1945), Examensarbeit Münster 1986.

Liška, Pavel: Nationalsozialistische Kunstpolitik, Berlin [um 1975].

ders.: Zur Funktion der Kunstkritik im Nationalsozialismus, in: Zwischen Widerstand und Anpassung 1978, S. 58-64.

ders.: Der Weg in die innere Emigration, in: Berlinische Galerie e. V. / Museumspädagogischer Dienst Berlin 1989, S. 63-73.

Löffler, Fritz: Das alte Dresden. Geschichte seiner Bauten, Dresden 1955.

ders.: Otto Dix. Leben und Werk, Wien / München 1967.

ders.: Wer war der Maler Richard Müller?, in: FAZ, 12. März 1975.

ders. (Hg.): Otto Dix. Graphik aus fünf Jahrzehnten, Leipzig 1978.

ders.: Die Dresdner Sezession Gruppe 1919. 1919-1925, in: Staatliche Kunstsammlungen Dresden 1980, S. 39-49.

ders.: Otto Dix 1891-1969. Oeuvre der Gemälde, Recklinghausen 1981.

ders.: Dresdner Sezession Gruppe 1919, in: Barron 1989, S. 61-83.

Loers, Veit: Fra Merz-Bau e Bauhaus. La pittura astratta degli anni trenta in Germania, in: Luciano Caramel (Hg.), L'Europa dei razionalisti. Pittura scultura architettura negli anni trenta, Ausstellungskatalog Como, Mailand 1989, S. 166-191.

Löwenthal, Leo: Calibans Erbe. Bücherverbrennungen und kulturelle Verdrängungsmechanismen, in: Aleida und Jan Assmann (Hgg.), Kanon und Zensur. Beiträge zur Archäologie der literarischen Kommunikation II, München 1987, S. 227-236.

Lott, Dagmar: Münchens Neue Staatsgalerie im Dritten Reich, in: Schuster 1987, S. 289-300.

dies.: Katalog der 1937 in der Neuen Staatsgalerie beschlagnahmten Werke, in: Schuster 1988, S. 184-213.

dies.: Die neue Staatsgalerie in München und die nationalsozialistische Aktion »Entartete Kunst«, Magisterarbeit Hamburg 1989.

Lucke, Mechthid / **Hüneke,** Andreas: Erich Heckel – Lebensstufen. Die Wandbilder im Angermuseum zu Erfurt, Dresden 1992.

Lüttichau, Mario-Andreas von: »Deutsche Kunst« und »Entartete Kunst«: Die Münchner Ausstellungen 1937, in: Schuster 1987, S. 83-118.

ders.: Entartete Kunst, in: Stationen der Moderne 1988, S. 288-313 [= 1988a].

ders.: »Führer durch die Ausstellung ›Entartete Kunst‹«, in: Eberhard Roters (Hg.), Stationen der Moderne. Kataloge epochaler Ausstellungen in Deutschland 1910-1962, Kommentarband, Köln 1988, S. 151-164 [= 1988b].

ders.: »Entartete Kunst«. Der Ausverkauf deutscher Expressionisten, in: Du, 1989, Heft 7, S. 38-41 und S. 84-89.

ders.: »Verrückt um jeden Preis«. Die »Pathologisierung« der Moderne von Schultze-Naumburg bis zum Ausstellungsführer »Entartete Kunst«, in: Buxbaum / Stähli 1990, S. 125-142.

ders.: Die Ausstellung »Entartete Kunst«, München 1937. Eine Rekonstruktion, in: Barron 1992, S. 45-81 [= 1992a].

ders.: Die Moderne Galerie Heinrich Thannhauser in München, in: Junge 1992, S. 299-306 [= 1992b].

Lukács, Georg: Die Zerstörung der Vernunft, Berlin 1954.

Maas, Utz: »Als der Geist der Gemeinschaft eine Sprache fand«. Sprache im Nationalsozialismus. Versuch einer historischen Argumentationsanalyse, Opladen 1984.

Madajczyk, Czeslaw: Die Okkupationspolitik Nazideutschlands in Polen 1939-1945, Berlin 1987.

Maegerle, Anton: Hort des bundesdeutschen Revisionismus. Der neofaschistische Grabert- und Hohenrain Verlagskomplex in Tübingen, in: Hintergrund Information, 5/1993, S. 4-7.

ders. / **Fromm,** Rainer: Tips von Mäxchen Treuherz. Die Neue Rechte: Wie radikale Anwälte die Szene unterstützen und woher rechte Intellektuelle ihr Weltbild beziehen, in: Rheinischer Merkur, 18. Juni 1993.

Märkisches Museum der Stadt Witten (Hg.): Kunstsammlung der Stadt Witten, Band 1: Deutsche Malerei und Graphik seit 1900, Witten 1967.

März, Roland: Kunst in Deutschland 1905-1937. Gemälde und Skulpturen aus der Sammlung der Nationalgalerie, Berlin 1992 (Bilderheft der Staatlichen Museen zu Berlin; 67-69).

ders.: Heartfield montiert – 1930-1938, Leipzig 1993.

Mai, Ekkehard: Expositionen. Geschichte und Kritik des Ausstellungswesens, München / Berlin 1986.

ders. / **Pohl,** Hans / **Waetzold,** Stephan (Hgg.): Kunstpolitik und Kunstförderung im Kaiserreich. Kunst im Wandel der Sozial- und Wirtschaftsgeschichte, Berlin 1982.

Malhotra, Ruth (Bearb.): Politische Plakate 1914-1945, Hamburg 1988 (Bilderhefte des Museums für Kunst und Gewerbe; 22).

Manheim, Ron: »Im Kampf um die Kunst«. De discussie van 1911 over contemporaine kunst in Duitsland, Hamburg 1987 [mit deutscher Zusammenfassung].

Manitz, Bärbel / **Greifeld,** Thomas Al. (Hgg.): KuNSt ohne Museum. Beiträge zur Kunst in Schleswig-Holstein 1933-1945, Heide 1993.

Mann, Stephan: Erworben 1917. Beschlagnahmt 1937. Zurückerworben 1962, in: Gallwitz 1992, S. 75-78.

Martens, Erika: Zur Phänomenologie der Presse im totalitären Regime. Zum Beispiel: Das Reich, Köln 1972.

Maser, Werner: Der Sturm auf die Republik. Frühgeschichte der NSDAP, Stuttgart 1973.

Mattenklott, Gert: Entartung. Max Nordaus Theorie kultureller Degeneration, in: Museum der Gegenwart 1987, S. 25-31.

Mattick Jr., Paul: Arts and the State, in: The Nation, 1. Oktober 1990, S. 348-358.

Maur, Karin von: Oskar Schlemmer, Band 1: Monographie, Band 2: Oeuvrekatalog, München 1979.

dies. (Bearb.): Bildersturm in der Staatsgalerie Stuttgart. Mit einer Dokumentation der 1937 beschlagnahmten Gemälde und Skulpturen, Aquarelle, Zeichnungen und Druckgraphiken, in: Bildzyklen 1987, S. D 1-D 68.

Mayer, Monika: Gesunde Gefühlsregungen. Das Wiener Ausstellungswesen 1933-1945, in: Tabor 1994, Bd. 1, S. 294-301.

Mehnert, Karl-Heinz: Die »entartete Aktion«, in: Dieter Gleisberg (Gesamtred.), 150 Jahre Museum der bildenden Künste Leipzig 1837-1987, Ausstellungskatalog Leipzig 1987, S. 33-38 [überarbeitete und ergänzte Fassung unter dem Titel »Die entartete Aktion«, in: Kulturstiftung der Länder 1992a, S. 17-26].

Meinhard, Erich: Paul Sixt , in: Lippische Landes-Zeitung, 9. Januar 1964.

Meinik, Hans Jürgen: Die Ateliergemeinschaft Klosterstraße innerhalb der nationalsozialistischen Kunst- und Kulturpolitik, in: Ateliergemeinschaft Klosterstraße 1994, S. 12-39.

Meißner, Karl-Heinz: »Deutsches Volk, gib uns vier Jahre Zeit ...«. Nationalsozialistische Kunstpolitik 1933-1937. Große Deutsche Kunstausstellung – Ausstellung »Entartete Kunst«, München 1937, in: Harten / Schmidt / Syring 1987, S. 368-375 [= 1987a].

ders.: »München ist ein heißer Boden. Aber wir gewinnen ihn allmählich doch.« Münchner Akademien, Galerien und Museen im Ausstellungsjahr 1937, in: Schuster 1987, S. 37-55 [= 1987b].

ders.: Große Deutsche Kunstausstellung, in: Stationen der Moderne 1988, S. 276-284.

ders.: Der Handel mit Kunst in München 1500-1945, in: Walser / Wittenbrink 1989, S. 12-102 [= 1989a].

ders.: Dokumentation zur Ausstellungsgeschichte der Münchner Galerien im 20. Jahrhundert, in: Walser / Wittenbrink 1989, S. 257-302 [= 1989b].

Melichar, Alois: Überwindung des Modernismus. Konkrete Antwort auf einen abstrakten Kritiker, Wien / Frankfurt / London 1954.

Mellinghoff, Frieder (Hg.): Kunst-Ereignisse. Plakate zu Kunst-Ausstellungen, Dortmund 1978.

Mendelssohn, Peter de (Hg.): Thomas Mann. Tagebücher 1937-1939, Frankfurt am Main 1980.

Mendlewitsch, Doris: Volk und Heil. Vordenker des Nationalsozialismus im 19. Jahrhundert, Rheda-Wiedenbrück 1988.

Mensch, Bernhard (Gesamtred.): Otto Pankok 1893-1966. Retrospektive zum 100. Geburtstag, Ausstellungskatalog Mülheim an der Ruhr / Oberhausen / Hünxe-Drevenack, Oberhausen 1993.

Merker, Reinhard: Die bildenden Künste im Nationalsozialismus. Kulturideologie, Kulturpolitik, Kulturproduktion, Köln 1983.

Merkert, Jörn: Der Auftrag heißt Gegenwart, in: Museum der Gegenwart 1987, S. 9-11.

Mertin, Andreas: Der Heidelberger Fensterstreit. Ein bürgerliches Trauerspiel in fünf Akten, in: ders. / Horst Schwebel (Hgg.), Kirche und moderne Kunst. Eine aktuelle Dokumentation, Frankfurt am Main 1988, S. 99-112.

Meyer, Franz: Marc Chagall. Leben und Werk, Köln 1961.

Meyer, Michael: The Politics of Music in the Third Reich, New York 1991.

ders.: Eine musikalische Fassade für das Dritte Reich, in: Barron 1992, S. 171-183.

Meyer-Tönnesmann, Carsten: Bilder aus Hamburg, in: Kunst ins Leben. Alfred Lichtwarks Wirken für die Kunsthalle und Hamburg von 1886 bis 1914, Ausstellungskatalog Hamburg 1986/87, Hannover 1986, S. 69-78.

Miller Lane, Barbara: Architecture and Politics in Germany 1918-1945, 2. Auflage, Cambridge / London 1985.

Mittig, Hans-Ernst [Rez.]: München, 50 Jahre nach der Ausstellung »Entartete Kunst«, in: Kritische Berichte 16, 1988, Heft 2, S. 76-88.

ders.: Kunst und Propaganda im NS-System, in: Funkkolleg Moderne Kunst 1990, S. 11-48 [= 1990a].

ders.: »Entartete Kunst«: Künstlerische Rückblicke, in: Kritische Berichte 18, 1990, Heft 4, S. 34-51 [= 1990b].

ders.: Thesen der Kritischen Theorie bei der Analyse der NS-Kunst, in: Andreas Berndt (u. a. Hgg.), Frankfurter Schule und Kunstgeschichte, Berlin 1993, S. 85-116.

Mohler, Armin: Die Konservative Revolution in Deutschland 1918-1932. Ein Handbuch, 3., um einen Ergänzungsband erweiterte Auflage, Darmstadt 1989.

Mohr, Christoph: Schultze-Naumburg, in: Nikolaus Pevsner / Hugh Honour / John Fleming, Lexikon der Weltarchitektur, 3., aktualisierte und erweiterte Auflage, München 1992, S. 784.

Mommsen, Hans: NS-Ideologie. Der Nationalsozialismus – eine ideologische Simulation?, in: Hoffmann / Klotz 1991, S. 43-53.

Mosse, George Lachmann: Der nationalsozialistische Alltag. So lebte man unter Hitler, Königstein / Ts. 1978 [= 1978a].

ders.: Rassismus. Ein Krankheitssymptom in der europäischen Geschichte des 19. und 20. Jahrhunderts, Königstein / Ts. 1978 [= 1978b].

ders.: Ein Volk – Ein Reich – Ein Führer. Die völkischen Ursprünge des Nationalsozialismus, Königstein / Ts. 1979.

ders.: Faschismus und Avantgarde, in: Grimm / Hermand 1980, S. 133-149.

ders.: Schönheit ohne Sinnlichkeit. Die Ausstellung »Entartete Kunst«, in: Barron 1992, S. 25-31.

Mülfarth, Leo: Kleines Lexikon Karlsruher Maler, Karlsruhe 1980.

Müller, Detlef W.: Wege zum Publikum. 100 Jahre Ausstellungstätigkeit im Landesmuseum für Vorgeschichte Halle (Saale), in: Jahresschrift für Mitteldeutsche Vorgeschichte 67, 1984, S. 180-196.

Müller, Hans-Joachim: Die Entsorgung des Kunsttempels, in: Die Zeit, 26. Januar 1990.

Müller, Thorsten: Feindliche Bewegung, in: Wolbert 1988, S. 379-387.

Müller-Mehlis, Reinhard: Entartete Kunst, in: Tendenzen 3, 1962, Heft 17/18, o. S.

ders.: Der Fall Hermann Kaspar. Eine Dokumentation, München [nach 1966].

ders.: Die Kunst im Dritten Reich, 2. Auflage, München 1977.

ders.: Bilderverbrennung – ein Scheinmanöver? Was mit der »entartete Kunst« im Dritten Reich geschah, in: FAZ, 14. August 1987.

ders.: Staatsgalerie moderner Kunst, in: Weltkunst 63, 1993, Nr. 24, S. 3410.

Museen der Stadt Erfurt / Angermuseum (Hg.): Angermuseum 1886-1986, Gotha [1986].

Museum der Gegenwart. Kunst in öffentlichen Sammlungen bis 1937, Ausstellungskatalog Düsseldorf 1987.

Museum Folkwang Essen (Hg.): Dokumentation zur Geschichte des Museum Folkwang 1912-1945, Essen [1983].

Museum und Gegenwart. Zum Verhältnis von zeitgenössischer Kunst und Museum in der ersten Hälfte des 20. Jahrhunderts in Deutschland. Kolloqium am 25. September 1985 in Halle. Bearbeitetes Protokoll, Halle an der Saale 1985.

Nachama, Andreas / **Sievernich,** Gereon (Hgg.): Jüdische Lebenswelten. Jüdisches Leben und Glauben, Leben und Arbeiten in den Kulturen der Welt, Ausstellungskatalog Berlin, Frankfurt am Main 1991.

ders. / **Schoeps,** Julius H. / **Voolen,** Edward van (Hgg.): Jüdische Lebenswelten. Essays, Frankfurt am Main 1991.

Nazikunst ins Museum? Antworten auf eine Tendenzen-Umfrage, in: Tendenzen 28, 1987, Heft 157, S. 5-23.

Nerdinger, Winfried (Hg.): Bauhaus-Moderne im Nationalsozialismus. Zwischen Anbiederung und Verfolgung, München 1993 [= 1993a].

ders.: Modernisierung – Bauhaus – Nationalsozialismus, in: Nerdinger 1993a, S. 9-23.

ders.: Bauhaus-Architekten im »Dritten Reich«, in: Nerdinger 1993a, S. 153-178.

ders. (Hg.): Bauen im Nationalsozialismus. Bayern 1933-1945, Ausstellungskatalog München 1993/94, München 1993 (Ausstellungskataloge des Architekturmuseums der Technischen Universität München und des Münchner Stadtmuseums; 9) [= 1993b].

ders.: Bauen im Nationalsozialismus: Von der quantitativen Analyse zum Gesamtzusammenhang, in: Nerdinger 1993b, S. 9-16.

Neubeck, Hanskarl von: In Ulm vor 50 Jahren. Als man die Kunst aus dem Museum verbannte, in: Südwest Presse, 18. Juli 1987.

Neuenhausen, Siegfried / **Lyra-Wex,** Marianne: 1936 – Verbotene Bilder, Ausstellungskatalog Bonn 1986.

Neugebauer, Rosamunde Gräfin von der Schulenburg: George Grosz. Macht und Ohnmacht satirischer Kunst. Die Graphikfolgen *»Gott mit uns«*, *Ecce homo* und *Hintergrund*, Berlin 1993.

NGBK (Hg.): Wem gehört die Welt. Kunst und Gesellschaft in der Weimarer Republik, Ausstellungskatalog, 4., überarbeitete Auflage, Berlin 1977.

dies. (Hg.): Inszenierung der Macht. Ästhetische Faszination im Faschismus, Ausstellungskatalog Berlin 1987.

dies. (Hg.): Erbeutete Sinne. Nachträge zur Berliner Ausstellung »Inszenierung der Macht. Ästhetische Faszination im Faschismus«, Berlin 1988.

Nicholas, Lynn H.: Der Raub der Europa. Das Schicksal europäischer Kunstwerke im Dritten Reich, München 1995.

Nicolaus, Frank: Verfolgt, verfemt, entartet. Künstler unterm Hakenkreuz, in: Art, 1982, Nr. 3 (S. 84-104), Nr. 4 (S. 78-86), Nr. 5 (S. 58-68), Nr. 6 (S. 70-79), Nr. 7 (S. 54-62), Nr. 8 (S. 76-85) und Nr. 9 (S. 66-73).

Nierhaus, Irene: Das Zwiegesicht. Facetten der Kunst und Politik der Vereinigung bildender Künstler-Wiener Sezession 1914-1945, in: Vereinigung bildender Künstler-Wiener Sezession (Hg.), Die Wiener Sezession. Die Vereinigung bildender Künstler 1897-1985, Wien / Köln / Graz 1986, S. 67-99.

Niethammer, Lutz: (Hg.): Lebenserfahrung und kollektives Gedächtnis. Die Praxis der »Oral History«, Frankfurt am Main 1980.

ders.: Fragen–Antworten–Fragen. Methodische Erfahrungen und Erwägungen zur Oral History, in: ders. / Alexander von Plato (Hgg.), Wir kriegen jetzt andere Zeiten, Berlin / Bonn 1985, S. 392-445.

Nikolov, Russalka: Die Forderung des Tages. Carl Georg Heise in Lübeck 1920-1933, Lübeck 1990.

dies.: Carl Georg Heise in Lübeck 1920-1933, in: Junge 1992, S. 139-148.

Nobis, Beatrix: Die Rückkehr des verlorenen Sohnes. Ein Bildschicksal: E. L. Kirchners *Kranker in der Nacht,* 1920 (1922), in: Bergmeier / Katzenberger 1993, S. 92f.

Nolde, Emil: Reisen – Ächtung – Befreiung 1919-1946, Köln 1967.

Nolte, Ernst: Der europäische Bürgerkrieg 1917-1945. Nationalsozialismus und Bolschewismus, Frankfurt / Berlin 1987.

Nolte, Jost: Kollaps der Moderne. Traktat über die letzten Bilder, Hamburg 1989.

Nova, Fritz: Alfred Rosenberg. Nazi Theorist of the Holocaust, New York 1986.

Nungesser, Michael: »Als die SA in den Saal marschierte ...«. Das Ende des Reichsverbandes Bildender Künstler Deutschlands, Ausstellungskatalog Berlin 1983.

Ogan, Bernd / **Weiß,** Wolfgang W. (Hgg.): Faszination und Gewalt. Zur politischen Ästhetik des Nationalsozialismus, Nürnberg 1992.

Osten, Gert von der: Ludwig Grote †, in: Kunstchronik 27, 1974, Heft 7, S. 231-237.

Osterwold, Tilman: Der Württembergische Kunstverein in Stuttgart 1827-1977, in: Württembergischer Kunstverein (Hg.), 150 Jahre Württembergischer Kunstverein Stuttgart 1827-1977, Stuttgart 1977, S. 9-93.

ders. (Hg): Künstler in Deutschland. Individualismus und Tradition. 1900-1945, Ausstellungskatalog Stuttgart, Stuttgart / Wien / Bern 1986.

Ott, Sieghart: Kunst und Staat. Der Künstler zwischen Freiheit und Zensur, München 1968.

Paas, Sigrun (Red.): Verfolgt und Verführt. Kunst unterm Hakenkreuz in Hamburg 1933-1945, Ausstellungskatalog Hamburg, Marburg 1983.

dies.: Verfolgt und Verführt. Kunst unterm Hakenkreuz in Hamburg, in: Paas 1983, S. 11-20.

dies. [Rez.]: »Die Axt hat geblüht ...«. Europäische Konflikte der 30er Jahre in Erinnerung an die frühe Avantgarde. Städtische Kunsthalle Düsseldorf, in: Kritische Berichte 16, 1988, Heft 2, S. 71-76.

Pachnicke, Peter / **Honnef,** Klaus (Idee und Konzeption): John Heartfield, Ausstellungskatalog Berlin (u. a.), Köln 1991.

Pallmert, Sigrid: Adolf Wölfli und Walter Morgenthaler oder Der Beginn der Rezeption der Kunst der Geisteskranken, in: Zeitschrift für Schweizerische Archäologie und Kunstgeschichte 50, 1993, Heft 3, S. 301-312.

Palmier, Jean-Michel (u.a.): L'art dégénéré. Une exposition sous le IIIe Reich, Paris 1992.

Paret, Peter: Die Berliner Secession. Moderne Kunst und ihre Feinde im Kaiserlichen Deutschland, Berlin 1981.

Pars, H. H.: Noch leuchten die Bilder. Ihr Schicksal – ihre Rettung – ihr Untergang, Stuttgart 1953.

Passarge, W. [d. i. Walter]: Die Kunsthalle von 1933-1955, in: Kunsthalle Mannheim. Verzeichnis der Gemäldesammlung, Mannheim 1957, o. S.

Paul, Barbara: Hugo von Tschudi und die moderne französische Kunst im Deutschen Kaiserreich, Mainz 1993 (Berliner Schriften zur Kunst; 4).

Paul, Gerhard: Aufstand der Bilder. Die NS-Propaganda vor 1933, Bonn 1990.

Pawlik, Johannes: Theorie der Farbe. Eine Einführung in begriffliche Gebiete der ästhetischen Farbenlehre, 4., erweiterte Auflage, Köln 1976.

Paysan, Marko: »Entartete Musik« – in Hannover? Anmerkungen zur gleichnamigen Ausstellung, zum Jazz und zur jazzverwandten Tanzmusik der 30er und 40er Jahre in Europa, in: Bergmeier / Katzenberger 1993, S. 142-145.

Pehle, Walter H. (Hg.): Der historische Ort des Nationalsozialismus. Annäherungen, Frankfurt am Main 1990.

Peters, Heinz (Bearb.): Die Bauhaus-Mappen. »Neue europäische Graphik« 1921-23, Köln 1957.

Petersen, Klaus: Zensur in der Weimarer Republik, Stuttgart / Weimar 1995.

Petsch, Joachim: Baukunst und Stadtplanung im Dritten Reich. Herleitung / Bestandsaufnahme / Entwicklung / Nachfolge, München / Wien 1976.

ders.: Kunst im »Dritten Reich«. Architektur / Plastik / Malerei / Alltagsästhetik, 2., veränderte und erweiterte Auflage, Köln 1987.

Picker, Günther E. P.: Die Sumpflegende. Ein Bild macht Rechtsgeschichte, in: Artis 44, 1992, Heft 9, S. 58f.

Picker, Henry: Hitlers Tischgespräche im Führerhauptquartier, 3., vollständig überarbeitete und erweiterte Neuausgabe, Stuttgart 1976.

Pickshaus, Peter Moritz: »Entartete Kunst«. Eine Spurensuche nach 50 Jahren, Manuskript einer Rundfunksendung des NDR 3 vom 16. August 1987 [Wiederholung am 5. Januar 1988].

Piechocki, Werner: Bemerkungen zur faschistischen Kunstpolitik 1933/34 in Halle, in: Staatliche Galerie Moritzburg Halle 1985, S. 85-90.

Pini, Udo: Leibeskult und Liebeskitsch. Erotik im Dritten Reich, München 1992.

Piper, Ernst: Nationalsozialistische Kulturpolitik. Ernst Barlach und die »entartete Kunst«. Eine Dokumentation, Frankfurt am Main 1987.

Piper, Reinhard: Vormittag. Erinnerungen eines Verlegers, München 1947.

ders.: Nachmittag. Erinnerungen eines Verlegers, München 1950.

Plakate. Jörg Weigelt Auktionen 16, Hannover 1990.

Pohlmann, Ulrich: »Nicht beziehungslose Kunst, sondern politische Waffe«. Fotoausstellungen als Mittel der Ästhetisierung von Politik und Ökonomie im Nationalsozialismus, in: Fotogeschichte 8, 1988, Heft 28, S. 17-31.

ders.: »Im Einklang mit den Großen der Zeit«. Anmerkungen zur Rezeptionsgeschichte des Erfurthschen Porträtwerkes in Ausstellungen und Publikationen, in: von Dewitz / Schuller-Procopovici 1992, S. 119-138.

Poley, Stefanie: Fall Nummer 2. Deutsche Kunst und entartete Kunst. Das »gesunde Volksempfinden« im Dritten Reich, in: Im Namen des Volkes 1979, S. 22-35.

dies. (Hg.): Rollenbilder im Nationalsozialismus – Umgang mit dem Erbe, Ausstellungskatalog Bonn, Bad Honnef 1991.

Poliakov, Léon / **Wulf,** Joseph (Hgg.): Das Dritte Reich und seine Denker, Reprint München 1978.

Polster, Bernd: Es zittern die morschen Knochen. Orchestrierung der Macht, in: ders. (Hg.), »Swing Heil«. Jazz im Nationalsozialismus, Berlin 1989, S. 9-30.

Präger, Christmut: 125 Jahre Heidelberger Kunstverein. Chronik und Materialien, Heidelberg 1994.

Preiß, Bettina: Eine Wissenschaft wird zur Dienstleistung. Kunstgeschichte im Nationalsozialismus, in: Brock / Preiß 1990, S. 41-58.

Prieberg, Fred K.: Musik im NS-Staat, Frankfurt am Main 1982.

Prinz, Michael / **Zitelmann,** Rainer (Hgg.): Nationalsozialismus und Modernisierung, Darmstadt 1991.

Prinzhorn, Hans: Bildnerei der Geisteskranken. Ein Beitrag zur Psychologie und Psychopathologie der Gestaltung, 4. Auflage, Berlin (u. a.) 1994.

Pross, Harry: Presse. Propaganda und Autorität: Die Presse 1933-1945, in: Hoffmann / Klotz 1991, S. 185-201.

Rathkolb, Oliver: Führertreu und gottbegnadet. Künstlereliten im Dritten Reich, Wien 1991.

ders.: Die Wiener Note in der deutschen Kunst. Nationalsozialistische Kulturpolitik in Wien 1938-1945, in: Tabor 1994, Bd. 1, S. 332-335.

Raue, Peter: Die »Sumpflegende« – oder Recht gegen Eigentum, in: Die Zeit, 1. Mai 1992.

Rautmann, Peter: Max Beckmann in Paris 1937 bis 1939. Kunst und Gewalt am Vorabend des Zweiten Welkriegs, in: Krohn 1992, S. 12-25.

Rave, Paul Ortwin: Kunstdiktatur im Dritten Reich, Hamburg / Berlin 1949, neu hrsg. von Uwe M. Schneede, Berlin [1987].

Reed, Orrel P. Jr.: German Expressionist Art. The Robert Gore Rifkind Collection. Prints / Drawings / Illustrated Books / Periodicals / Posters, Los Angeles 1977.

Reich, Steven A. / **Fischer,** Hermann J.: Wem gehören die als »entartete Kunst« verfemten, von den Nationalsozialisten beschlagnahmten Werke?, in: NJW 46, 1993, Heft 22, S. 1417-1421.

Reich, Wilhelm: Die Massenpsychologie des Faschismus, Köln 1986.

Reichel, Peter: Der schöne Schein des Dritten Reiches. Faszination und Gewalt des Faschismus, München / Wien 1991.

Reising, Gert / **Rößling,** Wilfried: Christoph Voll (München 1897 – Karlsruhe 1939). Ein Bildhauer zwischen Revolte und Reaktion, in: Jahrbuch der Staatlichen Kunstsammlungen in Baden-Württemberg 22, 1985, S. 112-149.

Renn, Wendelin / **Zimmermann,** Horst / **Zoller,** Andreas (Hgg.), Südwestdeutsche Kunst zwischen Tradition und Moderne 1914 bis 1945, Ausstellungskatalog Dresden / Hausen ob Verena / Villingen-Schwenningen, Sigmaringen 1993.

Reuth, Ralf Georg: Goebbels, München 1990.

Richard, Lionel: Deutscher Faschismus und Kultur aus der Sicht eines Franzosen, München 1982.

Richter, Gisela M. A.: Perspective in Greek and Roman Art, London / New York [1970].

Rieber, Albrecht: Museum und Sammlungen in Ulm, Ulm 1983 (Ulmer Stadtgeschichte; 16).

Riedl, Peter Anselm: Abstrakte Kunst und der Traum von der rezeptiven Gesellschaft, in: Wolfgang Hartmann (Hg.), Festschrift Klaus Lankheit zum 20. Mai 1973, Köln 1973, S. 67-77.

ders.: Wassily Kandinsky, Reinbek 1983.

Riefenstahl, Leni: Memoiren, München / Hamburg 1987.

Rinser, Luise: Den Wolf umarmen, Frankfurt am Main 1981.

Rischer, Walter: Die nationalsozialistische Kulturpolitik in Düsseldorf 1933-1945, Dissertation Düsseldorf 1972.

Ritter, Franz (Hg.): Heinrich Himmler und die Liebe zum Swing. Erinnerungen und Dokumente, Leipzig 1994.

Rößling, Wilfried: Kunst in Karlsruhe 1933-1945, in: Staatliche Kunsthalle Karlsruhe 1981, S. 129-133.

ders. (Hg.): Stilstreit und Führerprinzip. Künstler und Werk in Baden 1930-1945, Ausstellungskatalog Karlsruhe 1987 [= 1987a].

ders.: Vom Stilstreit zum »Führerprinzip«. Zur Auseinandersetzung um die Kunst in der badischen Landeshauptstadt, in: Andrea Hofmann 1987, S. 32-34 [= 1987b].

Roethel, Hans K. / **Benjamin,** Jean K.: Kandinsky. Werkverzeichnis der Ölgemälde, Band 2: 1916-1944, München 1984.

Roh, Franz: »Entartete« Kunst. Kunstbarbarei im Dritten Reich, Hannover 1962 [= 1962a].

ders.: Streit um die moderne Kunst. Auseinandersetzungen mit Gegnern der neuen Malerei, München 1962 [= 1962b].

ders.: Der verkannte Künstler. Studien zur Geschichte und Theorie des kulturellen Mißverstehens, Neuausgabe, Köln 1993.

Rohrbacher, Stefan / **Schmidt,** Michael: Judenbilder. Kulturgeschichte antijüdischer Mythen und antisemitischer Vorurteile, Reinbek 1991.

Rosenberg, Raphael: Methodische Ansätze in der Kunstgeschichte. Versuch einer gegliederten Bibliographie, in: Fachschaft Kunstgeschichte München (Hg.), Kunstgeschichte – aber wie? Zehn Themen und Beispiele, Berlin 1989, S. 295-307.

Rosh, Lea / **Jäckel,** Eberhard: »Der Tod ist ein Meister aus Deutschland«. Deportation und Ermordung der Juden. Kollaboration und Verweigerung in Europa, München 1992.

Roters, Eberhard: Galerie Ferdinand Möller. Die Geschichte einer Galerie für Moderne Kunst in Deutschland 1917-1956, Berlin 1984.

ders.: Vorkrieg – Krieg – Nachkrieg. Expressionismus in Berlin zwischen 1912 und 1922, in: Barron 1989, S. 41-59.

Roth, Martin: Xenophobie und Rassismus in Museen und Ausstellungen, in: Zeitschrift für Volkskunde 85, 1989, S. 48-66.

Rothe, Hans: Anton Tschechov oder Die Entartung der Kunst, Opladen 1990 (Rheinisch-Westfälische Akademie der Wissenschaften. Geisteswissenschaften. Vorträge; G 306).

Rudloff, Christa: Materialien zur Kunst- und Kulturpolitik im »3. Reich« am Beispiel Emil Nolde, Nürnberg 1982.

Rudolph, Wilhelm: Dresden 45. Holzschnitte und Federzeichnungen, Leipzig 1983.

Rübe, Werner: Provoziertes Leben. Gottfried Benn, Stuttgart 1994.

Rüdiger, Horst: Entartete Kunst. Ursprung und Degeneration eines Begriffs, in: Arcadia 16, 1981, Heft 1, S. 284-289.

Rüdiger, Wilhelm: Die gotische Kathedrale. Architektur und Bedeutung, Köln 1979.

Rüger, Maria (Hg.): Kunst und Kunstkritik der dreißiger Jahre, Dresden 1990.

Rühle, Günther (Hg.): Bernhard Minetti. Erinnerungen eines Schauspielers, Stuttgart 1985.

Ruhl, Klaus-Jörg: Brauner Alltag 1933-1939 in Deutschland, Düsseldorf 1981.

Ryan, Judith: Ezra Pound und Gottfried Benn: Avantgarde, Faschismus und ästhetische Autonomie, in: Grimm / Hermand 1980, S. 20-34.

Sachsse, Rolf: Propaganda für Industrie und Weltanschauung. Zur Verbindung von Bild und Technik in deutschen Photomessen, in: NGBK 1987, S. 273-284.

Sager, Peter: Comeback der Nazi-Kunst?, in: Zeitmagazin, 24. Oktober 1986, S. 58-70.

ders.: Die Zeugen, in: Zeitmagazin, 19. Juni 1987, S. 28-40.

Sagmeister, Rudolf (Hg.): Rudolf Wacker. Tagebücher 1913-1939, Band 2, Vaduz 1990.

Salzburger Festspiele 1937 und 1938. Kulturelles Leben in Salzburg vor und nach 1938. Annäherungen an ein Thema. Sonderheft der Salzburger Festspiele 1988, Salzburg 1988.

Salzmann, Siegfried: Fall Nummer 1. Wilhelm Lehmbruck, Die Kniende – Duisburg 1927, in: Im Namen des Volkes 1979, S. 8-21.

ders.: Hinweg mit der »Knienden«. Ein Beitrag zur Geschichte des Kunstskandals, Duisburg 1981.

Sander, Hildegard (Bearb.): Ulmer Bilder-Chronik, Band 5a, beschreibend die Zeit vom Jahr 1933 bis 1938, Ulm 1988.

Sauder, Gerhard (Hg.): Die Bücherverbrennung. 10. Mai 1933, Frankfurt / Berlin / Wien 1985.

Sauerlandt, Max: Im Kampf um die moderne Kunst. Briefe 1902 – 1933, hrsg. von Kurt Dingelstedt, München 1957.

ders.: Ausgewählte Schriften, hrsg. und kommentiert von Heinz Spielmann, Band 2: Aufsätze und Referate 1912-1933, Hamburg 1974 (Veröffentlichungen der Lichtwark Stiftung; 13).

Schadendorf, Wulf (Hg.): Beiträge zur Rezeption der Kunst des 19. und 20. Jahrhunderts, München 1975 (Studien zur Kunst des neunzehnten Jahrhunderts; 29).

Schäfer, Hans Dieter: Das gespaltene Bewußtsein. Über deutsche Kultur und Lebenswirklichkeit 1933-1945, München / Wien 1981.

Schapire, Rosa: siehe Teil 1.

Scheffler, Karl: Die fetten und die mageren Jahre. Ein Arbeits- und Lebensbericht, Leipzig / München 1946.

Scheyer, Ernst: Die Kunstakademie Breslau und Oskar Moll, Würzburg 1961 (Aus dem Göttinger Arbeitskreis; 236).

Schickel, Gabriele (Bearb.): Kultur, Sport und Freizeit, in: Nerdinger 1993b, S. 330-363.

Schieder, Wolfgang / **Dipper,** Christof: Propaganda, in: Otto Brunner / Werner Conze / Reinhart Koselleck (Hgg.), Geschichtliche Grundbegriffe. Historisches Lexikon zur politisch-sozialen Sprache in Deutschland, Band 5, Stuttgart 1984, S. 69-112.

Schiller, Susanne: Die Stiftung Sally Falk. Ein Sammler und seine Bedeutung für die Mannheimer Kunsthalle, in: Stiftung und Sammlung Sally Falk, Mannheim 1994, S. 11-65 (Kunst und Dokumentation; 11).

Schimpff, Volker: Leipziger Fachschulabschlußarbeiten zur Geschichte des Museumswesens, in: Neue Museumskunde 32, 1989, Nr. 1, S. 58f.

Schirach, Baldur von: Ich glaubte an Hitler, Hamburg 1967.

Schirmbeck, Peter: Oral History als Methode, in: ders. (Hg.), »Morgen kommst Du nach Amerika«. Erinnerungen an die Arbeit bei Opel 1917-1987, Berlin / Bonn 1988, S. 19-23.

Schlemmer, Tut (Hg.): Oskar Schlemmer. Briefe und Tagebücher, München 1958.

Schlick, Johann: Der Schleswig-Holsteinische Kunstverein von 1843-1970, in: Hans-Werner Schmidt (Hg.), Das Jubiläum. Schleswig-Holsteinischer Kunstverein 1843-1993, Neumünster 1993, S. 3-157.

Schmalenbach, Werner: Kurt Schwitters, Köln 1967.

Schmidt, Andrea: Klaus Graf von Baudissin. Kunsthistoriker zwischen Weimarer Republik und Drittem Reich, Magisterarbeit Heidelberg 1991.

Schmidt, Diether (Hg.): In letzter Stunde 1933-1945, Dresden 1964 (Schriften deutscher Künstler des 20. Jahrhunderts; 2).

ders.: Otto Dix im Selbstbildnis, Berlin 1978.

Schmidt, Doris (Hg.): Briefe an Günther Franke. Porträt eines deutschen Kunsthändlers, Köln 1970.

dies.: Bilder sind wehrlos. Vor 50 Jahren wurde in München die Ausstellung »Entartete Kunst« gezeigt, in: SZ, 18./19. Juli 1987.

Schmidt, Georg: Zweiundzwanzig Jahre Kunstmuseum Basel. Versuch einer persönlichen Bilanz, in: Die Weltwoche, 12. Januar 1962.

ders.: Die Ankäufe »Entarteter Kunst« im Jahre 1939. Aus der Ansprache zur Eröffnung der Ausstellung »Die Neuerwerbungen des Jahres 1939«, gehalten am 19. November 1939 im Kunstmuseum Basel, in: ders., Schriften aus 22 Jahren Museumstätigkeit, Basel 1964, S. 6-10.

ders.: Umgang mit Kunst. Ausgewählte Schriften 1940-1963, Olten / Freiburg 1966.

Schmidt, Hans-Werner: Die Hamburger Kunsthalle in den Jahren 1933-1945. Chronologie und Dokumentation des Verwaltens und Verwandelns einer Sammlung, in: Paas 1983, S. 50-67 [= 1983a].

ders.: Otto Dix – »Der Krieg«. Ein verfemter Künstler und ein verstecktes Gemälde, in: Paas 1983, S. 108-133 [= 1983b].

Schmidt, Helmut: Die »Entarteten« – ein deutscher Glücksfall, in: Die Zeit, 19. Juni 1987.

Schmidt, Rudolf: Das Wiener Künstlerhaus. Eine Chronik 1861-1951, Wien 1951.

Schmidt, Werner: Der Verzicht der Dresdener Museen auf das Angebot eines Gemäldes von Kokoschka, in: Dresdener Kunstblätter 35, 1991, Heft 4, S. 122-125.

Schmied, Wieland: Die Kunst ist quicklebendig. Wir sind umringt von spannenden Weltentwürfen, in: Die Zeit, 2. Dezember 1988.

Schmoll gen. Eisenwerth, Josef A.: Zur Geschichte der Modernen Galerie des Saarland-Museums und ihrer Sammlung von Bildwerken des 19. und 20. Jahrhunderts, in: Georg-W. Költzsch (Hg.), Skulptur und Plastik. Skulptur, Plastik und Zeichnungen von Bildhauern des 19. und 20. Jahrhunderts aus der Sammlung der Modernen Galerie des Saarland Museums Saarbrücken, Saarbrücken 1989, S. 11-15.

Schmuhl, Hans-Walter: Reformpsychiatrie und Massenmord, in: Prinz / Zitelmann 1991, S. 239-266.

Schneider, Johannes: Geschichte des Museums 1912-1945 [Landesmuseum für Vorgeschichte Halle], in: Jahresschrift für Mitteldeutsche Vorgeschichte 67, 1984, S. 87-115.

Schneider, Reinhold: Verhüllter Tag, Köln / Olten 1954.

Schneider-Henn, Dietrich: Fotografie und Dokumentation. Historische und zeitgenössische Bildleistungen, Auktionskatalog München 1994.

Schnell, Ralf (Hg.): Kunst und Kultur im deutschen Faschismus, Stuttgart 1978 (Literaturwissenschaft und Sozialwissenschaften; 10).

Schönemann, Herbert: Der Aufbau einer Modernen Galerie im Angermuseum Erfurt bis 1933 und deren Zerstörung in der Zeit des Faschismus, in: Kunstsammlungen zu Weimar 1988, S. 20-22.

Scholz, Robert: Zerstörung des Menschenbildes, in: Deutsche Nachrichten, 18. Juni 1965 [nicht eingesehen].

ders.: Vom Eros der Kunst, München 1970.

ders.: Architektur und Bildende Kunst 1933-1945, Preußisch Oldendorf 1977.

ders.: Kunsthistoriker über Kunst und Antikunst, in: Klüter Blätter, April 1980, S. 4-7 [nicht eingesehen].

Schreiber, Otto Andreas: Die »Fabrikausstellungen« der dreißiger Jahre, in: Die Dreissiger Jahre 1977, S. 96f.

Schröck-Schmidt, Wolfgang: Die Rezeption des »Schützengraben« von Otto Dix, Magisterarbeit Heidelberg 1989.

ders.: Der Schicksalsweg des »Schützengraben«, in: Herzogenrath / Schmidt 1991, S. 161-164.

Schröder, Thomas: Der Abgrund in Herrn Müller, in: Zeitmagazin, 1. November 1974.

Schubert, Dietrich: Die Kunst Lehmbrucks, 2., überarbeitete und erweiterte Auflage, Worms / Dresden 1990.

ders.: Otto Dix, 3., überarbeitete Auflage, Reinbek 1991 [= 1991a].

ders.: »Ich habe Landschaften gemalt – das war doch Emigration«. Zur Lage von Otto Dix und zur politischen Metaphorik in seinem Schaffen 1933-1937, in: Herzogenrath / Schmidt 1991, S. 273-282 [= 1991b].

ders.: »Um die Kniende muß man sich bemühen ...«. Zur Rückkehr von Wilhelm Lehmbrucks Figur nach Dresden, in: FAZ, 6. Dezember 1993.

Schubert, Giselher: Musik / Musiktheater. Gleichschaltung und Vertreibung. Szenen aus dem deutschen Musikleben, in: Hoffmann / Klotz 1991, S. 105-121.

Schültke, Karl R.: Ausstellungen und Galerien in Frankfurt 1898-1938, in: Cordula Frowein, Samson Schames 1898-1967. Bilder und Mosaiken, Ausstellungskatalog Frankfurt am Main 1989, S. 62-69.

Schümann, Carl-Wolfgang (Red.): Wilhelm Wagenfeld. 50 Jahre Mitarbeit in Fabriken, Ausstellungskatalog Köln (u. a.) 1973/74, Köln 1973.

Schulte-Wülwer, Ulrich: Niko Wöhlk als »entarteter Künstler«, in: Ulrich Bischoff (Hg.), Romantik und Gegenwart. Festschrift für Jens Christian Jensen zum 60. Geburtstag, Köln 1988, S. 213-223.

ders.: Malerei in Schleswig-Holstein. Katalog der Gemäldesammlung des Städtischen Museums Flensburg, Heide 1989.

Schultze, Bernard: Lüsterne Blicke, spuckende SA-Männer, in: FAZ, 4. Juli 1987.

Schulz-Hoffmann, Carla (Hg.): Die Sammlung Sofie und Emanuel Fohn. Eine Dokumentation, München 1990 (Bayerische Staatsgemäldesammlungen. Künstler und Werke; 11).

dies. (Hg.): Widerstand. Denkbilder für die Zukunft, Ausstellungskatalog München 1993 / 94, Ostfildern 1993.

Schulze, Ingrid: Die Erschütterung der Moderne. Grünewald im 20. Jahrhundert, Leipzig 1991.

Schumann, Henry (Hg.): Julius Meier-Graefe. Kunst-Schreiberei, Essays und Kunstkritik, Leipzig / Weimar 1987 (Gustav Kiepenheuer Bücherei; 65).

Schuster, Peter-Klaus (Hg.): »München leuchtete«. Karl Caspar und die Erneuerung christlicher Kunst in München um 1900, Ausstellungskatalog München 1984.

ders. (Hg.): Die »Kunststadt« München. Nationalsozialismus und »Entartete Kunst«, Ausstellungskatalog München 1987.

ders.: München – das Verhängnis einer Kunststadt, in: Schuster 1987, S. 12-36.

ders. (Hg.): Dokumentation zum nationalsozialistischen Bildersturm am Bestand der Staatsgalerie moderner Kunst in München, München 1988.

Schweiger, Werner J.: Rudolf Ibach. Mäzen, Förderer und Sammler der Moderne 1873-1940, Privatdruck, Bad Vöslau [1994].

Schwerter, Werner: Heerschau und Selektion, in: Dümling / Girth 1988, S. 111-125.

Seckendorff, Eva von / **Sonnabend,** Martin: Das Museum für Kunst und Gewerbe 1933-1945, in: Paas 1983, S. 77-85.

Sedlmayr, Hans: Verlust der Mitte. Die bildende Kunst des 19. und 20. Jahrhunderts als Symptom und Symbol der Zeit, 10. Auflage, Frankfurt am Main / Berlin 1983.

Selig, Wolfram: Vor 50 Jahren. Eine schlimme Erinnerung. Antisemitische Ausstellung in München, in: Münchner Stadtanzeiger, 20. November 1987.

Sello, Gottfried: Wer kollabiert hier eigentlich? Versuch, auf Jost Noltes Traktat über den »Kollaps der Moderne« zu antworten, in: Die Zeit, 13. Oktober 1989.

Sello, Katrin: Liste der konfiszierten Werke und unveröffentlichte Dokumente. Dokumentation im Rahmen der Ausstellung »Verboten–Verfolgt. Kunstdiktatur im Dritten Reich«, Hannover 1983.

Seydewitz, Ruth und Max: Das Dresdener Galeriebuch. Vierhundert Jahre Dresdener Gemäldegalerie, Dresden 1957.

dies.: Die Dresdener Kunstschätze. Zur Geschichte des grünen Gewölbes und der anderen Dresdener Kunstsammlungen, Dresden 1960.

Siemes, Christof: Totale Faszination. Zwei Wiener Ausstellungen über Kunst und Diktatur. Zwei Mißverständnisse, in: Die Zeit, 22. April 1994.

Siepmann, Eckhard: Montage: John Heartfield. Vom Club Dada zur Arbeiter-Illustrierten Zeitung. Dokumente / Analysen / Berichte, 3., verbesserte Auflage, Berlin 1977.

Silva, Umberto: Kunst und Ideologie des Faschismus, Frankfurt am Main 1975.

Skierka, Volker: Versteckt hinter Büchern und Bildern. Ein Zeuge deutscher Kulturgeschichte: der Buchhändler und Galerist Karl Buchholz in Bogotá, in: SZ, 22. / 23. September 1990.

Skulptur und Macht. Figurative Plastik im Deutschland der 30er und 40er Jahre, Ausstellungskatalog Berlin 1983 (Akademie-Katalog; 138).

Smelser, Ronald / **Zitelmann,** Rainer (Hgg.): Die braune Elite. 22 biographische Skizzen, Darmstadt 1989.

dies. / **Syring,** Enrico (Hgg.): Die braune Elite II. 21 weitere biographische Skizzen, Darmstadt 1993.

Smitmans, Adolf: Die Vorgänge 1936/37, in: Städtische Galerie Albstadt 1993, S. 19-22.

Söder, Gerlint und Gert: 1895-1949, in: Kunst-Akademie-Dresden. Malerei, Grafik, Plastik von Lehrern und Schülern im 20. Jahrhundert. Ausstellungen der Hochschule für Bildende Künste Dresden aus Anlaß des 225. Jahrestages 1764-1989, Ausstellungskatalog [Dresden 1989], S. 4-33.

Sombart, Nicolaus: Jugend in Berlin 1933-1943. Ein Bericht, München / Wien 1984.

Sonnabend, Martin: Der neue Mensch. Eine Plastik von Otto Freundlich, in: Paas 1983, S. 86-90.

Sontheimer, Kurt: Antidemokratisches Denken in der Weimarer Republik. Die politischen Ideen des deutschen Nationalismus zwischen 1918 und 1933, 3. Auflage, München 1992.

Speer, Albert: Erinnerungen, 7. Auflage, Frankfurt / Berlin 1970.

Sprengel, Annette: Die Bedeutung der Museen für die Arbeit des faschistischen Propagandaministeriums 1933 bis 1945, Vortragsmanuskript 1989.

dies.: Museen im Faschismus. Bericht über eine Tagung, in: Neue Museumskunde 33, 1990, Nr. 1, S. 64.

Springer, Peter: Alfred Flechthein: ein Kunsthändler neuen Typs, in: Junge 1992, S. 79-91.

Staatliche Galerie Moritzburg Halle (Hg.): Im Kampf um die moderne Kunst. Das Schicksal einer Sammlung in der 1. Hälfte des 20. Jahrhunderts, Ausstellungskatalog Halle an der Saale, Erfurt 1985.

dies. (Hg.): El Lissitzky 1890-1941. Retrospektive, Ausstellungskatalog Cambridge / Hannover / Halle an der Saale 1987/88, Halle an der Saale 1988.

Staatliche Kunsthalle Berlin (Hg.): 1933 – Wege zur Diktatur, Ausstellungskatalog Berlin 1983.

Staatliche Kunsthalle Karlsruhe (Hg.): Kunst in Karlsruhe 1900-1950, Ausstellungskatalog Karlsruhe 1981.

Staatliche Kunstsammlungen Dresden (Hg.): Kunst im Aufbruch. Dresden 1918-1933, Ausstellungskatalog Dresden 1980/81, Dresden 1980.

dies. (Hg.): Dresden. Bekenntnis und Verpflichtung. Malerei / Graphik / Plastik / Dokumente, Ausstellungskatalog Dresden 1985.

dies. (Hg.): Gemäldegalerie Dresden – Neue Meister. 19. und 20. Jahrhundert. Bestandskatalog und Verzeichnis der beschlagnahmten, vernichteten und vermißten Gemälde, Dresden 1987.

Staatliche Museen zu Berlin (Hg.): Expressionisten – Die Avantgarde in Deutschland 1905-1920. 125 Jahre Sammlungen der Nationalgalerie 1861-1986, Ausstellungskatalog Berlin 1986.

Stadt Karlsruhe / Städtische Galerie (Hg.), Karl Hubbuch. Retrospektive, Ausstellungskatalog Stuttgart 1993.

Staeck, Klaus (Hg.): Nazi-Kunst ins Museum?, Göttingen 1988.

Städtische Galerie Albstadt: Maria Caspar-Filser – Karl Caspar. Verfolgte Bilder, Ausstellungskatalog Albstadt 1993 / 94, Reutlingen 1993 (Veröffentlichungen der Städtischen Galerie Albstadt; 86).

Städtische Museen Karl-Marx-Stadt (Hg.): Karl Schmidt-Rottluff 1884-1976. Malerei / Graphik. Werke im Besitz der Städtischen Kunstsammlung Karl-Marx-Stadt, Karl-Marx-Stadt o. J.

Stationen der Moderne. Die bedeutenden Kunstausstellungen des 20. Jahrhunderts in Deutschland, Ausstellungskatalog Berlin 1988.

Steckner, Cornelius: Kunstpolitik 1930-1933 am Beispiel des Malers Charles Crodel, in: Zwischen Widerstand und Anpassung 1978, S. 37-40.

Stempel, Karin (Hg.): Meisterwerke des 20. Jahrhunderts aus der Sammlung Städtisches Museum Mülheim an der Ruhr, Oberhausen 1993.

Stern, Fritz: Der Nationalsozialismus als Versuchung, in: Otfried Hofius (Hg), Reflexionen finsterer Zeit. Zwei Vorträge von Fritz Stern und Hans Jonas, Tübingen 1984, S. 1-59.

ders.: Kulturpessimismus als politische Gefahr. Eine Analyse nationaler Ideologie in Deutschland, München 1986.

Sternberger, Dolf / **Storz,** Gerhard / **Süskind,** W. E.: Aus dem Wörterbuch des Unmenschen, Neuausgabe mit Zeugnissen des Streites über die Sprachkritik, Frankfurt / Berlin 1989.

Stockhorst, Erich: 5000 Köpfe. Wer war was im 3. Reich?, Wiesbaden [1967].

Stölzl, Christoph (Hg.): Die Zwanziger Jahre in München, Ausstellungskatalog München 1979 (Schriften des Münchner Stadtmuseums; 8).

Streim, Alfred: Zur Legende von der »zweiten Schuld«, in: Tribüne 33, 1994, Heft 131, S. 129-142.

Strobl, Karl: Entartete und entwertete Kunst, in: Kunst ins Volk 18, 1967/68, Nr. 3/4, S. 97-107.

Struwe, Marcel: »Nationalsozialistischer Bildersturm«. Funktion eines Begriffs, in: Warnke 1988, S. 121-140.

Stumpp, Emil: Über meine Köpfe. Texte, Porträts, Landschaften, Berlin 1983.

Süskind, W. E.: Propaganda [1947], in: Sternberger / Storz / Süskind 1989, S. 147-153 [mit einer Ergänzung von Dolf Sternberger auf S. 153-156].

Sywottek, Jutta: Mobilmachung für den totalen Krieg. Die propagandistische Vorbereitung der deutschen Bevölkerung auf den Zweiten Weltkrieg, Opladen 1976 (Studien zur modernen Geschichte; 18).

Szylin, Anna Maria: Henry Thode (1857-1920). Leben und Werk, Frankfurt am Main 1993.

Tabor, Jan (Hg.): Kunst und Diktatur. Architektur, Bildhauerei und Malerei in Österreich, Deutschland, Italien und der Sowjetunion 1922-1956, Ausstellungskatalog Wien, 2 Bände, Baden 1994.

ders.: Der Irrweg eines wahnsinnigen Wortes. Entwicklung und Anwendung des Begriffes Entartung, in: Tabor 1994, Bd. 1, S. 90-97.

Taylor, Brandon / **Will,** Wilfried an der (Hgg.): The Nazification of Art. Art, Design, Music, Architecture and Film in the Third Reich, Winchester 1990.

Teeuwisse, Nicolaas: Vom Salon zur Secession. Berliner Kunstleben zwischen Tradition und Aufbruch zur Moderne 1871-1900, Berlin 1986.

Teuber, Dirk: Die Ausstellungen im Spiegel der Kölner Presse. Sonderbund – Werkbund – Pressa, in: Herzogenrath 1981, S. 147-237.

Thamer, Hans-Ulrich: Von der »Ästhetisierung der Politik«: Die Nürnberger Reichsparteitage der NSDAP, in: Ogan / Weiß 1992, S. 95-104.

Theunissen, Gert H.: Ein Kunstkritiker stellt sich. Zwei Ausstellungsbesprechungen aus dem 3. Reich und ein Nachwort, in: Die Zeit, 3. Mai 1963.

Theweleit, Klaus: Männerphantasien, Band 1: Frauen – Fluten – Körper – Geschichte, Frankfurt am Main 1977. Band 2: Männerkörper – Zur Psychoanalyse des weißen Terrors, Reinbek 1980.

ders.: Gottfried Benn Ali greift nach der Krone, in: NGBK 1987, S. 169-217.

Thiele, Gertrud: Die Akademie unter der Herrschaft des deutschen Faschismus (1933-1945), in: Hochschule für Bildende Künste Dresden 1990, S. 307-390.

Thieme, Hans: Oral History, in: Politische Studien 34, 1983, S. 92-94.

Thieme, Horst: Über die letzten Jahre des Leipziger Kunstvereins. Ein Kapitel faschistischer Kulturpolitik nach Akten des Stadtarchivs Leipzig, in: Jahrbuch für Regionalgeschichte, 1988, S. 174-186.

Thomae, Otto: Die Propaganda-Maschinerie. Bildende Kunst und Öffentlichkeitsarbeit im Dritten Reich, Berlin 1978.

Thormaehlen, Ludwig: Erinnerungen an Stefan George, Hamburg 1962.

Thormüller, Anton: Die Schöne und das Biest. Eine Ausgrabung: Richard Müller im sächsischen Freital, in: FAZ, 25. September 1993.

Thurn, Hans Peter: Im Kampf für das Neue. Zur soziopolitischen Situation des modernen Kunsthandels zwischen Kaiserreich und Diktatur, in: Flechtheim 1987, S. 93-99.

Tittel, Lutz (Hg.): Otto Dix. Die Friedrichshafener Sammlung. Bestandskatalog, Friedrichshafen 1992.

Traber, Habakuk / **Weingarten,** Elmar (Hgg.): Verdrängte Musik. Berliner Komponisten im Exil, Berlin 1987.

Tratz, Helga: Staatliche Kunsthalle Karlsruhe. »Entartete Kunst«: Ein Kapitel zur Geschichte der Kunsthalle von 1933-1945, Faltblatt, Karlsruhe 1987.

Treu, Erwin: Museum der Stadt Ulm. Ulmer Museum 1925-1975, in: Ulmer Forum, 1975/76, Heft 36, S. 1-7.

ders.: Geschichte des Ulmer Museums, in: Bildhauerei und Malerei vom 13. Jahrhundert bis 1600, Ulm 1981, S. 6-17 (Kataloge des Ulmer Museums; 1).

ders.: Von der »Modernen Galerie« Julius Baums zur »Graphischen Sammlung moderner Kunst«, in: Norbert Nobis (Bearb.), Ulmer Museum. Graphische Sammlung, Teil 1, Ulm 1983, S. 9-20 (Kataloge des Ulmer Museums; 6).

Treue, Wilhelm: Kunstraub. Über die Schicksale von Kunstwerken in Krieg, Revolution und Frieden, Düsseldorf 1957.

Trocka-Hülsken, Ingrid: Mit Volkskunst auf Hitlers Wunsch die »Aufgabe der Zeit« unterstützt. Das Dortmunder Museum für Kunst und Kulturgeschichte von 1933-1945, in: Heimat Dortmund 1992, Nr. 1, S. 4-8.

Tucholsky, Kurt: Die Erdolchten [1922], in: ders., Politische Texte, Reinbek 1990, S. 45-53.

Tümpel, Christian (Hg.): Deutsche Bildhauer 1900-1945 Entartet, Ausstellungskatalog Nimwegen (u. a.) 1991/92, Zwolle 1992.

ders.: »Herzliche Grüße von Scheiterhaufen zu Scheiterhaufen« (Ringelnatz an Marcks). Zur Rezeption moderner Plastik in den Jahren 1933-1945, in: Tümpel 1992, S. 17-32.

Ulbricht, Justus H.: Völkische Publizistik in München. Verleger, Verlage und Zeitschriften im Vorfeld des Nationalsozialismus, in: Haerendel / Ott 1993, S. 131-136.

Unsterbliche Reutter-Vorträge, Band 4, Darmstadt o. J.

Unverfehrt, Gerd: Die Kunstsammlung der Universität Göttingen. Ein Abriß ihrer Geschichte, in: ders. (Bearb.), Rembrandt als Radierer. Die Bestände der Universitäts-Kunstsammlung Göttingen, Ausstellungskatalog o. O. o. J., S. 3-16.

Urban, Martin: Emil Noldes »umalede billeder«, in: Louisiana Revy 27, 1986, Nr. 2, S. 11-17.

ders.: Emil Nolde. Werkverzeichnis der Gemälde, Band 1: 1895-1914, München 1987, Band 2: 1915-1951, München 1990.

Uthmann, Jörg von: Schauerliche Ahnungen. Das County Museum in Los Angeles rekonstruierte die »Entarteten«-Ausstellung von 1937, in: FAZ, 21. Februar 1991.

Veit, Ludwig: Dokumente zu Leben und Werk des Malers Otto Dix 1891-1969, Ausstellungskatalog Nürnberg 1977 (Materialien – Dokumente zu Leben und Werk; 2).

Venema, Adriaan: Kunsthandel in Nederland 1940-1945, Amsterdam 1986.

Vennemann, Winfried: Mit 60 Reichsmark abgespeist. Vor 50 Jahren: Nazi-Bildersturm im Märkischen Museum, in: Ruhr-Nachrichten, Weihnachten 1987.

Venzmer, Wolfgang: Die Situation um und nach 1945 – ein Aufbruch?, in: Berthold Roland (Hg.), Aufbruch nach 1945. Bildende Kunst in Rheinland-Pfalz 1945-1960, Ausstellungskatalog Mainz 1987, S. 11-28.

Verband Bildender Künstler Württemberg (Hg.): Künstlerschicksale im Dritten Reich in Württemberg und Baden, Stuttgart [1987].

Verkannte Kunst. Ausstellungskatalog Recklinghausen 1957.

Vespignani, Renzo: Faschismus, Berlin 1976.

Vitali, Christoph (Hg.): Ernste Spiele. Der Geist der Romantik in der deutschen Kunst 1790-1990, Ausstellungskatalog München, Stuttgart 1995.

Völger, Gisela / **Welck,** Karin von (Hgg.): Männerbande – Männerbünde. Zur Rolle des Mannes im Kulturvergleich, Ausstellungskatalog, 2 Bände, Köln 1990.

Vömel, Alex: Als Galerist im Nazireich, in: Zwischen Widerstand und Anpassung 1978, S. 68.

Vogt, Paul: Erich Heckel, Recklinghausen 1965 [= 1965a].

ders.: Museum Folkwang Essen. Die Geschichte einer Sammlung junger Kunst im Ruhrgebiet, Köln 1965 [= 1965b] [3., verbesserte und erweiterte Auflage 1983].

ders. (Hg.): Christian Rohlfs. Oeuvre-Katalog der Gemälde, Recklinghausen 1978.

Voigt, Wolfgang: Zwischen Bildersturm und Ausbombung. »Hansische Hochschule für bildende Künste«, in: Hartmut Frank (Hg.), Nordlicht. 222 Jahre. Die Hamburger Hochschule für bildende Künste am Lerchenfeld und ihre Vorgeschichte, Hamburg 1989, S. 211-234.

Volkmann, Hans-Erich (Hg.): Das Rußlandbild im Dritten Reich, Köln / Weimar / Wien 1994.

Vollmer, Hans (Hg.): Allgemeines Lexikon der bildenden Künstler des 20. Jahrhunderts, 6 Bände, Leipzig 1953-1962.

Volmert, Johannes: Politische Rhetorik des Nationalsozialismus, in: Ehlich 1989, S. 137-161.

Vorderwülbecke, Elisabeth: Heimat – Region – Nation. Kunst im Nationalsozialismus am Beispiel Schleswig-Holstein, unveröffentlichte Dissertation, Kiel 1994.

Vorländer, Herwart (Hg.): Oral History. Mündlich erfragte Geschichte, Göttingen 1990.

Voss, Heinrich: Franz von Stuck 1863-1928. Werkkatalog der Gemälde mit einer Einführung in seinen Symbolismus, München 1973 (Materialien zur Kunst des 19. Jahrhunderts; 1).

Wagner, Frank: Sigmar Polke – »Entartete Kunst«, in: Bussmann 1988, S. 200-203.

Wagner, Manfred: Die Bildzerstörung des Nationalsozialismus wirkt heute noch nach, in: Kunst und Kirche 4 / 93, S. 269-272.

Wahl, Volker: Jena als Kunststadt. Begegnungen mit der modernen Kunst in der thüringischen Universitätsstadt zwischen 1900 und 1933, Leipzig 1988.

Walberer, Ulrich (Hg.): 10. Mai 1933. Bücherverbrennung in Deutschland und die Folgen, Frankfurt am Main 1983.

Walser, Rupert / **Wittenbrink,** Bernhard (Hgg.): Ohne Auftrag. Zur Geschichte des Kunsthandels, Band 1: München, München 1989.

Walter, Friedrich: Schicksal einer deutschen Stadt. Geschichte Mannheims 1907-1945, Band 2: 1925-1945, Frankfurt am Main 1950.

Wappenschmidt, Heinz-Toni: Berlin – München um 1900. »Panorama oder Ansichten« kunstgeschichtlicher Literatur zum Streit um Tradition und Moderne, in: Kunstchronik 41, 1988, Heft 1, S. 59-77.

Warnke, Martin (Hg.): Bildersturm. Die Zerstörung des Kunstwerks, Frankfurt am Main 1988.

Wechssler, Albrecht: Prof. Dr. Gustav Friedrich Hartlaub 1884-1963, in: Ruperto-Carola 15, 1963, Band 34, S. 135-138.

Wehler, Hans-Ulrich: »Durch und durch doktrinär«. Hans-Ulrich Wehler über die immer gleichen Thesen des NS-Deuters Ernst Nolte, in: Der Spiegel 47, 1993, Nr. 37, S. 81-87.

Weickmann, Dorion: Schon wieder Fahnengeflatter. Mit Hitlergruß und Nazilieder in die NS-Dokumentation, in: Die Zeit, 22. September 1989.

Weidemann, Friedegund: »Was man täglich erlebte ...«. Otto Pankoks Zyklus »Die Passion in 60 Bildern«, 1933/34, in: Rüger 1990, S. 188-197.

dies. / **März,** Roland (Bearb.): Katalog. Staatliche Museen zu Berlin. National-Galerie. Gemälde des 20. Jahrhunderts, 2., unbearbeitete Auflage, Berlin 1977.

Weinberger, Ota: Geistesgeschichtliche und philosophische Voraussetzungen für Hitlers radikalen Antisemitismus, in: Geschichte und Gegenwart 7, 1988, Nr. 4, S. 313-327.

Weise, Bernd: Stationen der Photo-Montage, in: Berlinische Galerie e. V. / Museumspädagogischer Dienst Berlin 1989, S. 153-160.

Weiss, Evelyn: Russische Avantgarde 1910-1930. Sammlung Ludwig, Köln, Ausstellungskatalog Köln, München 1986.

dies.: (Hg.) Von Malewitsch bis Kabakov. Russische Avantgarde im 20. Jahrhundert. Die Sammlung Ludwig, Ausstellungskatalog Köln 1993/94, München 1993.

Weiß, Wolfgang W.: »... pro patria mori.« Zur Geschichte eines Bilds von Wolfgang Willrich 1923, in: Nürnberger Lehrerzeitschrift, 1991, Nr. 13, S. 25f.

Weißler, Sabine (Hg.): Design in Deutschland 1933-45. Ästhetik und Organisation des Deutschen Werkbundes im »Dritten Reich«, Gießen 1990 (Werkbund-Archiv; 20).

dies.: Bauhaus-Gestaltung in NS-Propaganda-Ausstellungen, in: Nerdinger 1993a, S. 48-63.

Weitz, Ulrich: »Das Bild befindet sich in Schutzhaft«. Der Konservator von der SS - Graf Klaus von Baudissin, in: Stuttgart im Dritten Reich. Anpassung / Widerstand / Verfolgung. Die Jahre 1933-1939, Ausstellungskatalog Stuttgart 1984, S. 150-163.

ders.: Braune Bilderräuber im Fuchsbau. Wie die Kunstsammlung von Eduard Fuchs geplündert wurde, in: Tendenzen 29, 1988, Heft 164, S. 14-30.

Weizsäcker, Richard von: Der 8. Mai 1945 – 40 Jahre danach, in: ders., Von Deutschland aus. Reden des Bundespräsidenten, Berlin 1985, S. 11-35.

Wember, Paul: Kunst in Krefeld. Öffentliche und private Kunstsammlungen, Köln 1973.

Wenk, Silke: Aufgerichtete weibliche Körper. Zur allegorischen Skulptur im deutschen Faschismus, in: NGBK 1987, S. 103-118.

dies.: Volkskörper und Medienspiel. Zum Verhältnis von Skulptur und Fotografie im deutschen Faschismus, in: Kunstforum International 114, 1991, S. 226-236.

Werckmeister, Otto Karl: »Degenerate Art«, Vortragsmanuskript 1989.

Werner, Bruno E.: Als die entfesselte Halbbildung triumphierte. Ein gespenstischer Gedenktag – Zur Wiederbegegnung mit der Ausstellung »Entartete Kunst«, in: Die Welt, 3. November 1962.

Werner, Wolfram: Reichskulturkammer und ihre Einzelkammern. Bestand R 56, Koblenz 1987 (Findbücher zu Beständen des Bundesarchivs; 31).

Westphalen, Ludger Graf von: Geschichte des Antisemitismus in Deutschland im 19. und 20. Jahrhundert, Stuttgart 1971.

Wette, Wolfram: Das Rußlandbild in der NS-Propaganda. Ein Problemaufriß, in: Volkmann 1994, S. 55-78.

Wex, Reinhold: 100 Jahre Museumstr. 1. Ein Museum stellt sich aus, Ausstellungskatalog Braunschweig 1987.

ders.: »Entartete Kunst«. Die Schenkung der »Gesellschaft der Freunde junger Kunst« in Braunschweig 1933 und ihr Schicksal im »Dritten Reich«. Ein Dank an Käte Ralfs, Braunschweig, aus Anlaß ihres 90. Geburtstages, Ausstellungskatalog Braunschweig 1988.

Weyhe, Mechthild: Nationalsozialistische Kunstpolitik am Beispiel der Kieler Kunsthalle, Examensarbeit Kiel 1974.

Wichmann, Hans (Bearb.): Bibliographie der Kunst in Bayern, Band 4, Wiesbaden 1973.

Wiemann, Hermann: »Entartete Kunst« = »Kunst der Verfallszeit«? Eine notwendige Begriffserklärung anläßlich Paul Ortwin Raves »Kunstdiktatur im Dritten Reich«, in: Bildende Kunst 3, 1949, Heft 10, S. 347-350.

Wiener Stadt- und Landesbibliothek (Hg.): Tagebuch der Straße. Geschichte in Plakaten, Wien 1981.

Wiese, Stephan von (Hg.): Gert H. Wollheim 1894-1974. Monographie und Werkverzeichnis, Köln 1993.

Wietek, Gerhard: Die Skulpturen, in: Gunther Thiem / Armin Zweite (Hgg.), Karl Schmidt-Rottluff. Retrospektive, Ausstellungskatalog Bremen / München, München 1989, S. 53-58.

ders.: Franz Radziwill – Wilhelm Niemeyer. Dokumente einer Freundschaft, Oldenburg 1990.

Wilkendorf, Fritz: Leben und Werk von Hans Adolf Bühler. Gedenkansprache bei seiner Grablegung, Burg Sponeck am 21. Oktober 1951, o. O. 1951 [Privatdruck]. Wiederabdruck: ders., Leben und Werk von Hans Adolf Bühler. Zum 10jährigen Gedenktag. Ansprache bei seiner Grablegung Burg Sponeck am 21. Oktober 1951, in: Ekkhart, 1961, S. 91-100.

Willett, John: Explosion der Mitte. Kunst und Politik 1917-1933, München 1981.

ders.: Die Weimarer Jahre. Eine Kultur mit gewaltsamem Ende, Stuttgart 1986.

Wimmer, Clemens Alexander: Geschichte der Gartentheorie, Darmstadt 1989.

Wingler, Hans Maria: Oskar Kokoschka. Das Werk des Malers, Salzburg 1956.

ders.: Die Mappenwerke »Neue Europäische Graphik«, Mainz / Berlin 1965.

ders.: Das Bauhaus 1919-1933. Weimar Dessau Berlin und die Nachfolge in Chicago seit 1937, 3., verbesserte Auflage, Bramsche 1975.

ders. (Hg.): Kunstschulreform 1900-1933, Berlin 1977.

ders.: Ein Sohn aus bürgerlicher Familie, in: Zwischen Widerstand und Anpassung 1978, S. 69-75.

Winter, Peter: Der Friedhof der Lüste. Das Werk Richard Müllers in Hamburg. Sadismus im Salon, in: FAZ, 22. November 1974.

ders.: Verfemt und standfest. Ein Ausstellungsversuch über »entartete« Skulptur in Bremen, in: FAZ, 10. März 1992.

Wippermann, Wolfgang: Das Leben in Frankfurt zur NS-Zeit, Band 3: Der Alltag, Frankfurt am Main 1986.

Wirth, Günther: Verbotene Kunst 1933-1945. Verfolgte Künstler im deutschen Südwesten, Stuttgart 1987.

Wistrich, Robert: Wer war wer im Dritten Reich? Ein biographisches Lexikon. Anhänger, Mitläufer, Gegner aus Politik, Wirtschaft, Militär, Kunst und Wissenschaft, Überarbeitet und erweitert von Hermann Weiß, Frankfurt am Main 1987.

Wittkower, Margot und Rudolf: Künstler – Außenseiter der Gesellschaft, Stuttgart 1989.

Wolbert, Klaus: Die Nackten und die Toten des »Dritten Reiches«. Folgen einer politischen Geschichte des Körpers in der Plastik des deutschen Faschismus, Gießen 1982 (Kunstwissenschaftliche Untersuchungen des Ulmer Vereins; 12).

ders. (Hg.): That's Jazz. Der Sound des 20. Jahrhunderts, Ausstellungskatalog Darmstadt 1988.

Worringer, Wilhelm: Problematik der Gegenwartskunst (1948), in: ders., Fragen und Gegenfragen. Schriften zum Kunstproblem, München 1956, S. 138-151.

Wulf, Joseph: Die bildenden Künste im Dritten Reich. Eine Dokumentation, Frankfurt / Berlin / Wien 1983 [= 1983a].

ders.: Literatur und Dichtung im Dritten Reich. Eine Dokumentation, Frankfurt / Berlin / Wien 1983 [= 1983b].

ders.: Musik im Dritten Reich. Eine Dokumentation, Frankfurt / Berlin / Wien 1983 [= 1983c].

ders.: Presse und Funk im Dritten Reich. Eine Dokumentation, Frankfurt / Berlin / Wien 1983 [= 1983d].

ders.: Theater und Film im Dritten Reich. Eine Dokumentation, Frankfurt / Berlin / Wien 1983 [= 1983e].

Wyss, Beat: Trauer der Vollendung. Von der Ästhetik des Deutschen Idealismus zur Kulturkritik an der Moderne, 2., verbesserte und erweiterte Auflage, München 1989.

Zacharias, Thomas: Tradition und Widerspruch. 175 Jahre Kunstakademie München, München 1985.

ders. (Hg.): (Art) Reine Kunst. Die Münchner Akademie um 1937. Eine Dokumentation 50 Jahre danach [München 1988].

Zeitgeist wider den Zeitgeist. Eine Sequenz aus Österreichs Verirrung, Ausstellungskatalog Wien 1988.

Zelnhefer, Siegfried: Die Reichsparteitage der NSDAP. Geschichte, Struktur und Bedeutung der größten Propagandafeste im nationalsozialistischen Feierjahr, Neustadt / Aisch 1991 (Nürnberger Werkstücke zu Stadt- und Landesgeschichte; 46).

ders.: Die Reichsparteitage der NSDAP, in: Ogan / Weiß 1992, S. 79-94.

Zentner, Christian / **Bedürftig,** Friedemann (Hgg.): Das große Lexikon des Dritten Reiches, München 1985.

Zentrum für Kunstausstellungen der DDR (Hg.), Eugen Hoffmann 1892-1955. Zum 30. Todestag des Künstlers, Ausstellungskatalog Dresden 1985.

Ziegler, Hans Severus: Adolf Hitler aus dem Erleben dargestellt, 2. Auflage, Göttingen 1964.

Zimmermann, Clemens: Die Bücherverbrennung am 17. Mai 1933 in Heidelberg. Studenten und Politik am Ende der Weimarer Republik, in: Joachim-Felix Leonhard (Hg.), Bücherverbrennung. Zensur, Verbot, Vernichtung unter dem Nationalsozialismus in Heidelberg, Heidelberg 1983, S. 55-84 (Heidelberger Bibliotheksschriften; 7).

Zimmermann, Horst: Robert Sterl und die Aktion »Entartete Kunst«, in: Dresdener Kunstblätter 31, 1987, Heft 5, S. 174-177 [= 1987a].

ders.: Zur Erwerbungsgeschichte der Gemäldegalerie Dresden Neue Meister, in: Staatliche Kunstsammlungen Dresden 1987, S. 9-53 [= 1987b].

Zimmermann, Peter: Zur Bildsprache des Nationalsozialismus im Plakat, in: Rüger 1990, S. 223-236.

Zimmermann, Rainer: Otto Pankok. Das Werk des Malers, Holzschneiders und Bildhauers, Berlin 1964.

ders.: Expressiver Realismus. Malerei der verschollenen Generation, überarbeitete Neuausgabe, München 1994.

Zuschlag, Christoph: Los Angeles. Rekonstruktion der Femeschau von 1937. Zur Ausstellung »›Entartete Kunst‹ – Das Schicksal der Avantgarde im Nazi-Deutschland«, in: Artium Kunstkalender 2, 1991, S. 147-150.

ders.: »Es handelt sich um eine Schulungsausstellung«. Die Vorläufer und die Stationen der Ausstellung »Entartete Kunst«, in: Barron 1992, S. 83-105 [= 1992a].

ders.: Die verfemte Moderne. Die Ausstellung »Entartete Kunst« – München 1937, in: Kunstpresse, 1992, Nr. 2, S. 28-32 [= 1992b].

ders.: Der Kunstverein und die »Neue Zeit«. Der Badische Kunstverein zwischen 1933 und 1945, in: Dresch / Rößling 1993, S. 191-207.

ders.: Weder Klinger-Schüler noch Dix-Lehrer, in: FAZ, 8. März 1994 [Leserbrief zu Peter Fischer 1994].

ders.: Das Schicksal von Chagalls »Rabbiner«. Zur Geschichte der Kunsthalle Mannheim im Nationalsozialismus, in: Stadtarchiv Mannheim (Hg.), Mannheim 1933-1939, Mannheim [Druck in Vorbereitung für 1995].

ders.: The »Chambers of Horrors of Art«. An Example of Censorship in the Third Reich, in: Elizabeth Childs (Hg.), Censorship and the Visual Arts. Current Issues and Historical Perspectives, Washington 1995 [Druck in Vorbereitung für 1996].

Zweite, Armin: Franz Hofmann und die Städtische Galerie 1937. Eine nationalsozialistische Museumskarriere, ihre Vorgeschichte und Konsequenzen, in: Schuster 1987, S. 261-288.

ders. (Hg.): Der Blaue Reiter im Lenbachhaus München, München 1991.

Zwerin, Mike: La Tristesse de Saint Louis. Swing unter den Nazis, Wien 1988.

Zwischen Widerstand und Anpassung. Kunst in Deutschland 1933-1945, Ausstellungskatalog Berlin 1978 (Akademie-Katalog; 120).

Personenregister

Die Namen Hitler und Goebbels sind nicht aufgeführt. **Fettgedruckte** Namen verweisen auf Kurzbiographien in Kapitel 10.3, Abbildungsnummern auf Bildunterschriften. Von den Dokumenten sind diejenigen erfaßt, bei denen es sich um Listen von ausgestellten Kunstwerken handelt (Dok. 1, 2, 3, 4, 9, 10, 41, 46, 50, 51, 55, 62, 65, 66). Namenskürzel, z. B. von Presserezensenten, sind nicht aufgenommen.

Abbildungsnachweis

Nicht in allen Fällen war es möglich, die Rechtsinhaber der Abbildungen ausfindig zu machen. Berechtigte Ansprüche werden selbstverständlich im Rahmen der üblichen Vereinbarungen abgegolten.

Berlin: *Alte Nationalgalerie:* Dok. 40, 41, 57, 65; Abb. 29, 30, 31, 36, 37, 38, 39, 40; *Bauhaus-Archiv Museum für Gestaltung:* Abb. 17; Farbabb. 4; *BDC:* Dok. 32, 72, 73, 75; *Bildarchiv Preußischer Kulturbesitz:* Abb. 26, 27, 130; *DHM:* Abb. 63, 110; Farbabb. 11; *George Grosz-Archiv, Stiftung Archiv der Akademie der Künste:* Abb. 34; *Neue Nationalgalerie:* Abb. 45, 46, 47, 48, 49, 50, 51, 52, 53, 54; *SBBPK, Haus 1:* Abb. 55, 56, 136; *SBBPK, Haus 2:* Abb. 94, 95, 97, 99, 100, 101; *Ullstein Bilderdienst:* Abb. 119, 144; **Bielefeld:** *StA:* Dok. 3; **Breslau (Wrocław):** *Muzeum Narodowe (Nationalmuseum):* Abb. 21; *StA:* Dok. 17; *Universitätsbibliothek:* Abb. 113, 114; **Chemnitz:** *StA:* Abb. 10, 112; *Städtische Museen, Plakatsammlung der Städtischen Textil- und; Kunstgewerbesammlung:* Abb. 109; Farbabb. 10; **Dortmund:** *StA:* Dok. 7, 8, 9, 10, 11, 12, 67; Abb. 14; **Dresden:** *Sächsische Landesbibliothek:* Dok. 5; *Stadtmuseum:* Dok. 4; **Düsseldorf:** *Kunstmuseum:* Dok. 46; *StA:* Dok. 70; Abb. 76, 77, 78, 79, 80, 140, 141; *Stadtmuseum:* Abb. 75; *Stadtmuseum, Archiv Lauterbach:* Abb. 65, 107; **Frankfurt am Main:** *StA:* Dok. 59; Abb. 108; *Städel/Städtische Galerie:* Dok. 66; **Halle an der Saale:** *StA:* Abb. 116, 117; **Hamburg:** *Eduard Bargheer NL-Archiv:* Abb. 41; *Roland Jaeger:* Dok. 56; *Museum für Kunst und Gewerbe, Plakatsammlung:* Abb. 85; Farbabb. 9; *STA:* Dok. 52, 53, 54; Abb. 86, 87; *Staats- und Universitätsbibliothek:* Abb. 88, 89, 146, 147; **Heidelberg:** *Kunsthistorisches Institut der Ruprecht-Karls-Universität:* Abb. 1, 2, 3, 4, 11, 20, 23, 25, 28, 35, 57, 58, 59, 61, 62, 82, 83, 111; Farbabb. 1, 6; *Psychiatrische Universitätsklinik:* Dok. 45, 47; *Universitätsbibliothek:* Dok. 27, 39; Abb. 33, 42, 127, 128; **Karlsruhe:** *GLA:* Dok. 6, 30, 33, 34; **Koblenz:** *BA:* Dok. 37, 60, 71; Abb. 13, 60, 121, 122, 123, 124, 125, 126, 131, 132, 134, 143; Farbabb. 7, 15, 16; **Köln:** *Universitäts- und Stadtbibliothek:* Abb. 142; **Leipzig:** *Deutsche Bücherei:* Abb. 74; **Los Angeles:** *Los Angeles County Museum of Art, The Robert Gore Rifkind Center for German Expressionist Studies:* Abb. 137, 138, 139; Farbabb. 17; **Mannheim:** *Städtische Kunsthalle:* Dok. 1, 2, 29; Abb. 6, 7, 8, 9; **München:** *Bayerische Staatsbibliothek, Fotoarchiv Hoffmann:* Abb. 43, 44; *BayHSTA:* Dok. 19, 28, 35, 36; Abb. 5, 22, 118, 120, 129; Farbabb. 2, 5, 12, 13, 14; *Bilderdienst Süddeutscher Verlag:* Abb. 64, 66, 67, 68, 69, 70, 71, 72; *Deutsches Museum:* Abb. 133; *Staatliche Graphische Sammlung:* Dok. 20, 21, 22, 48, 64; *StA:* Dok. 15, 18, 24, 25, 68; Abb. 16, 18, 19, 32, 135; Farbabb. 3; **Nürnberg:** *Siegfried Kett:* Abb. 24; **Potsdam:** *Andreas Hüneke:* Abb. 115; *ZSTA:* Dok. 16, 23, 31, 42, 43, 44, 50, 51, 55, 61, 62, 63; **Rastatt:** *StA:* Dok. 38; **Regensburg:** *StA:* Dok. 13, 14; Abb. 15; **Salzburg:** *Salzburger Landesarchiv:* Dok. 49; Abb. 81, 84; **Stuttgart:** *Staatsgalerie:* Dok. 26; *Gunther Thiem:* Abb. 12; **Warschau (Warszawa):** *STA:* Abb. 90, 91, 92, 96, 98; **Weimar:** *STA:* Abb. 103, 105, 145; *StA:* Abb. 102, 104; **Wien:** *Hochschule für angewandte Kunst:* Abb. 106; *Österreichische Nationalbibliothek:* Dok. 58; *Österreichisches STA:* Dok. 69; **Zürich:** *Museum für Gestaltung, Plakatsammlung:* Abb. 73; Farbabb. 8.